JN280524

開発経済学事典

拓殖大学国際開発研究所
渡辺利夫
日本総研環太平洋研究センター　編
佐々木郷里

Dictionary of
Development
Economics

弘文堂

まえがき

　韓国や台湾などのNIES（新興工業経済群）、タイやマレーシアなどのASEAN（東南アジア諸国連合）諸国、さらには中国を含む東アジアの経済発展はめざましい。他方、世界人口の5分の1に相当する約12億人が1日1ドル以下の所得での生活を余儀なくされており、この「絶対的貧困人口」の総数においてアジアは最大である。貧困からの脱却はアジアをも含む開発途上国のなお最大の課題なのである。
　これに加えて、冷戦崩壊後の現在、開発途上国の抱える課題はさらに錯綜化した。冷戦崩壊は「歴史の終わり」となるどころか、冷戦時代に抑圧されていた民族的、宗教的、言語的な人間集団間の軋轢を一挙に表面化させ、地域紛争の群発を招来した。統治機構の壊滅と貧困の深刻化が地域紛争を一段と凄惨なものにしている。旧ユーゴスラビア、東チモール、アフガニスタン、イラクと開発途上国を舞台にした悲劇はやみそうにない。
　世界が立ち向かわねばならない課題は、貧困、地域紛争、難民、テロリズム、感染症、環境破壊等々、とめどもなく拡散しつつある。しかも、これらの問題は、しばしば「グローバルイッシュー」と称されるように、国境を超えて地球の全体に深甚な負の影響を与え、国際社会が「協働」して取り組まなければ

ならない重いテーマとして浮上している。

　1960年代初めに登場した開発経済学は、すでに1つの確立した分野として定着したかにみえる。しかし現実を見据えれば、貧困の解消はいまだ道半ばにも達しておらず、上述したような課題が次々と生まれ、開発経済学は休むゆとりもなく問題意識を研ぎすませ新しい課題に対応していかなくてはならない。

　開発経済学が対象とするそれぞれの開発課題は、それぞれの開発途上国の地域性とも分かち難く結びついており、このことが究明すべきテーマをさらに奥深いものとしている。開発途上国問題は、将来にわたり解決を要すべき最大の課題でありつづけるにちがいない。アジアを中心に開発途上国との関係を顧慮せずしてみずからの平和と繁栄を維持することのできない日本と日本人は、開発途上国の開発に応分以上の貢献を継続しなければならない。

　その重要性にもかかわらず、開発途上国問題をトータルに扱った、誰にでも簡単に利用できる辞書、事典の類は、少なくとも日本においては存在しない。「経済学」の辞書、事典には事欠かない一方で、このことは奇妙なアンバランスである。われわれがこの度、本書『開発経済学事典』の作成を企図したのは、このアンバランスを正し、社会科学における開発経済学の重要性にしかるべき位置を与えねばならないという使命感からである。

　拓殖大学国際開発研究所は、『東アジア長期経済統計』（全15巻、勁草書房）を刊行中であり、その作成に携わる開発経済学の研究者を多数擁する。（株）日本総合研究所調査部環太平洋研

究センターは、アジア太平洋諸国の地域研究にいそしむ十数名のスタッフをもち、専門誌『RIM』を主要な媒体として最新の地域情報をビジネス界に発信しつづけている。本書はこの2つの組織の協力の成果である。

　開発経済学を構成する諸概念、開発途上国に関する基礎的情報、開発協力ならびに関連機構・制度・組織・人物の解説など972項目を周到に選択した。概念の重要度を勘案して大項目、中項目、小項目に分類し、執筆の字数に配慮した。

　開発問題の専門的研究者、大学院生、大学生、さらには国際開発と経済協力に携わる民間企業、政府関係組織、地方自治体、NGOのスタッフなどにとって不可欠の事典として本書を上梓できたことを自負している。

　執筆者諸兄の協力に厚く御礼申し上げる。本書の編集にたゆまぬ支援を惜しまなかった拓殖大学国際開発研究所の徳原悟氏に深く感謝する。

　　2004年　春時雨

　　　　　　　　　　　拓殖大学国際開発研究所長
　　　　　　　　　　　　　　　渡　辺　利　夫
　　　(株)日本総合研究所調査部環太平洋研究センター所長
　　　　　　　　　　　　　　　佐　々　木　郷　里

編　集

渡辺利夫　　　　佐々木郷里

執　筆　者

赤石和則	梶原弘和	清水聡	三浦有史
新井典子	川畑康治	白砂堤津耶	向山英彦
新田目夏実	北村かよ子	高安健一	文大宇
飯島健	小池洋一	竹内順子	孟芳
今井宏	小島眞	徳原悟	森美奈子
岩崎育夫	佐々木郷里	杜進	森脇祥太
王曙光	佐野淳也	長坂寿久	安田靖
大泉啓一郎	佐原隆幸	西浦昭雄	横山真規雄
小野沢純	篠塚徹	原嶋洋平	吉田恒昭
甲斐信好	四戸潤弥	坂東達郎	渡辺幹彦

凡例と使用の手引き

【項目見出し】
◆1行目は日本語表記、あるいは略号表記、2行目はその外国語表記である。
◆項目名から地域が判別できない項目には、1行目末尾に【　】で国名・地域名を示した。
◆2行目の外国語表記は原則として英語である。それ以外は以下の略号で示した。

[韓]＝韓国語　　　　[タ]＝タイ語　　　　[マ]＝マレー語　　　　[イ]＝インドネシア語
[ア]＝アラビア語　　[ス]＝スワヒリ語　　[独]＝ドイツ語　　　　[仏]＝フランス語
[西]＝スペイン語　　[ロ]＝ロシア語

◆人名項目の2行目末尾の数字は生(没)年を表す。
◆項目は下記の原則に従い配列した。
・1行目の先頭が日本語の項目を先に、その後に1行目の先頭がアルファベットの項目を配列した。
　　例：ワワサン2020
　　　　ADB（アジア開発銀行）
・項目名は、濁点、半濁点、記号類（中黒や長音）を無視して読み、配列した。
　　例：国連ラテンアメリカ・カリブ経済委員会
　　　　ゴー・ケンスイ
　　　　コースの定理
・事件などの日付は数字を仮名読みした。
　　例：4・19革命（よんいちきゅうかくめい）
・名前は姓名連続で読み、配列した。
　　例：ウ・タント（うたんと）
◆外国地名・人名は原則として日本語読みで配列した。
　　ただし外国語音が定着していると認められる地名、および韓国・北朝鮮の人名は、その読み方に従って配列した。
　　例：香港（ホンコン）、金大中（キム・デジュン）

【関連項目】
◆当該項目と関連のある項目を示した。

【参考文献】
◆表記内容は以下の通り。
・書籍
　　編著者名、書名（和文は『　』、その他の言語ではイタリック体で示す）．発行地：発行所，発行年．
・雑誌掲載論文
　　著者名，論文名（和文は「　」、その他の言語では"　"で示す），雑誌名（和文雑誌は『　』、その他の言語の雑誌はイタリック体で示す）．巻号，発行年．
・単行本収載論文
　　著者名，論文名（和文は「　」、その他の言語では"　"で示す），書名（以下、書籍の場合と同じ）．
◆文献の出版地は日本の出版社については省略した。

【執筆者名】
◆解説文末尾の[　]内に示した。

ア

アウトソーシング
Outsourcing

　アウトソーシングは、大きく分けて2つの意味で用いられる。1つは「海外調達」である。1960年代後半以降、日本とそれに続くアジア諸国の輸出の増加によって国内市場を浸食された米国企業は、価格競争力のある製品を海外から調達することにより対抗した。海外調達には、海外子会社が労働コストの低い国で生産した製品を本国に輸入するケース（逆輸入）と現地の企業から調達するケースがある。後者のうち、他社に生産を委託し、調達した製品を自社のブランドで販売するのがOEM調達である。こうした調達の方法は今日では世界中の企業が用いている。

　もう1つは「外部調達」である。海外のメーカーからのOEM調達もその一部に含まれるが、1990年代以降、特定の製品の生産だけではなく、ロジスティックスや設計といった機能についても外部委託する方式が広まった。そこで、アウトソーシングの概念も国内外を問わず何らかの業務を社外に委託するという、より広い意味をもつようになった。

　世界的に企業間の競争が激しさを増す中で、企業は自らの業務のコアとなる部分に経営資源を集中し、それ以外の部分を切り離す傾向が強まっている。先進国企業がある分野から退出するということは、そこに参入の余地が生じることでもある。「海外調達」および「外部調達」の活発化は開発途上国にも産業発展の機会をもたらしている。マーケティング力に劣り、海外での販売チャネルをもたない企業も、OEMであれば比較的容易に輸出を拡大することができる。また、1990年代半ば以降、設計から生産、配送までを一括して請け負う電子製品製造サービス（EMS）や半導体製造の前工程に相当するウェハー・ファブリケーションの受託専業事業者であるファウンドリという業態がアジアにおいて急激な成長を遂げたのも、先進国企業の特化戦略と表裏の関係にある。

[竹内順子]

【関連項目】　OEM、国際下請け生産、委託加工貿易
【参考文献】　ゲイリー・ハメル, C. K. プラハラード（一條和生訳）『コア・コンピタンス経営―大競争時代を勝ち抜く戦略』日本経済新聞社, 1995年.

アウン・サン【ミャンマー】
Aung San, 1915〜47

　ビルマ（現ミャンマー）独立の父といわれる政治家。ラングーン大学在学中から、反英運動に従事し、1938年には早期独立を主張するタキン党書記長に就任。日本の鈴木啓司陸軍大佐は、南機関という団体名の下で反英運動に熱心なタキン党に目をつけ、若者30人（後に「30人の志士」と呼ばれた）を海南島で軍事訓練を施したが、アウン・サンはその中心人物となった。1943年の国会での東条英機首相の約束にもとづき、同年8月にビルマは独立を宣言し、アウン・サンは陸軍大臣に就任した。しかし、現実は憲兵の下での独立であり、「紙の上の独立」であるに過ぎないとして、アウン・サンは1945年3月から対日反乱を強化した。第2次世界大戦終了後、アウン・サンは英国と交渉を続け、1947年1月には、アウン・サン＝アトリー協定によって独立への道筋をつけたが、7月19日閣議の最中に、他の6閣僚とともに射殺された。戦前、首相の地位にあったウ・ソー派による暗殺計画であった。ビルマは同年10月のヌ＝アトリー協定により、1948年1月に独立したが、独立後のビルマを指導するとみられていたアウン・サンの死は、大きなマイナスになった。

[安田　靖]

【関連項目】　アウン・サン・スー・チー、ウ・タント
【参考文献】　バー・モウ（横堀洋一訳）『ビルマの夜明け』太陽出版, 1973年.

アウン・サン・スー・チー【ミャンマー】
Aung San Suu Kyi, 1945〜

　ミャンマー自由同盟（National League of Democracy）書記長。父は、第2次大戦後のビルマ独立の父といわれるアウン・サン（Aung San）、母はインド大使。彼女は、英国で教育を受け、1972年に英国人マイケルと結婚。1児の母。ミャンマー軍事政権への抵抗運動を組織化し、指導してきたとして、

1991年にノーベル賞平和賞受賞。1988年軍事政権は、自由同盟の圧勝に終わった選挙結果を無視し、彼女を自宅軟禁した。こうした軍事政権の行動に抗議して、米国ではミャンマーで営業をしている企業の不買運動を起こし、ILOは囚人労働を問題にして、製材制裁を課している。自宅軟禁はいったん解除されたが、2003年5月再び軟禁している。国連はマレーシア外交官ラザリ（Razali Ismail）を特使として軍事政権側とスーチー側との対話を促進させようとしたが、効果を上げていない。　　　　　　　　　　　　　　［安田　靖］

【参考文献】　アウンサン・スーチー（ヤンソン由実子訳）『自由』集英社, 1991年.／アウンサン・スーチー（土佐桂子，永井浩訳）『ビルマからの手紙』毎日新聞社, 1996年.

▶アキノ、マリア・コラソン【フィリピン】
Maria Corazon Aquino, 1933〜

フィリピン共和国第11代大統領（在任1986〜92年）。初の女性大統領である。裕福で政治的に力をもつコファンコ（Cojuangco）家に生まれた。1955年、政治家ベニグノ・ニノイ・アキノ（Benigno Ninoy Aquino）と結婚、5人の子を設けた。マルコス政権の抵抗勢力のリーダーであったアキノが1983年8月21日に暗殺されたことから、夫の後継者として政治家となる。1986年2月25日、いわゆるエドサ革命を経て、大統領に就任した。

アキノ政権が直面した課題は、政治安定化と経済再建であった。とりわけ、20年以上続いたマルコス政権およびクローニー・キャピタリズムが残した負の遺産である非効率な経済システムの改革が必要であった。政治安定化については、1987年の国民投票による新憲法の制定、1988年の上下両院選挙などに取り組んだ。しかし、アキノ政権はエリートから急進派まで幅広い勢力の連合体であり、マルコス忠誠派や国軍改革運動（RAM）などによる7回のクーデター未遂、共産主義勢力やイスラム勢力との和平交渉の失敗などから、政治的安定を達成することはできなかった。

経済再建に関しては、拡張的な財政・金融政策がとられた。これにより経済成長率が高まったが、成長を牽引したのは消費需要であり、投資の回復はみられなかった。そのためインフラ整備が遅れ、1990年以降は電力不足が発生して1日約8時間の停電が続き、経済活動に大きなダメージを与えた。

アキノ政権では、マルコス政権時代に拡大した政府の役割が見直され、政府系企業の民営化が促進された。また、国際機関からの要請を受け、貿易自由化、税制改革、金融制度改革などの構造調整政策が実施された。さらに、周辺諸国が直接投資ブームを迎えて外国投資の促進が重視され、1987年包括投資法、1991年外国投資法などが制定された。しかし、政情不安や1990年以降の自然災害（バギオ大地震、ピナツボ火山の噴火など）、湾岸戦争などの影響を受け、経済成長率は1991年、1992年にはほぼゼロに落ち込んだ。1992年に、アキノ大統領の任期満了に伴い、ラモス（Fidel V. Ramos）新大統領が後を引き継いだ。　　　　　　　　　　　［清水　聡］

【関連項目】　マルコス・クローニー、ファミリー・ビジネス、民衆革命

【参考文献】　佐藤宏, 岩崎育夫編『アジア政治読本』東洋経済新報社, 1998年.／渡辺利夫編『アジア経済読本（第2版）』東洋経済新報社, 1998年.

▶アグリビジネス
Agri-Business

農業生産構造の近代化は規模の拡大と分業化を伴っていた。規模の拡大は機械や化学肥料などの近代投入財への依存を高め、分業化は輸送、倉庫などの他部門との関係を深めた。さらに農業技術、特に改良品種（質を高めるだけでなく生産量を増加させる）、競争力強化、需要増加を図るために民間企業への依存を高めた。米国農業では大手の種子、種畜、肥料、飼料、機械、薬品、などの民間企業だけでなく、中小の設計会社や各種コンサルタントがアグリビジネスで競争を展開している。アグリビジネスとは、農業生産や消費に関係した事業において民間会社がこれを担う部門である。米国だけでなく、世界的に農業生産において民間企業への依存が高まっている。アグリビジネスが高い品質と技術に裏付けられた商品を提供し、この投入なくして農業生産の品質を維持できなくなっているからである。したがって先進国の大手アグリビ

ジネス企業は多国籍化し、世界的に農業投入財を供給したり、農産物を世界的に供給するようになっている。

アグリビジネスの中で世界的な影響力を有するのは、新品種の開発である。種子を制するものは世界の農業を制すといわれており、世界穀物生産の増産においても新品種の開発が大きな成果をあげた。世界的な種子会社は激しい競争を展開している。日本では野菜や園芸を対象とした民間種子会社が世界的に競争力を有している。例えば世界のブロッコリー種子は日本の民間企業がほぼ100％提供している。日本企業は収穫時期が揃い、1年中生産できる種子を開発し、他の種子を駆逐した。競争、品質のために世界的にこうした新品種が導入されている。農業の工業化ともいえる変化であり、製造業だけでなく農業もボーダーレスになってきている。　　[梶原弘和]

【関連項目】　緑の革命、土地所有形態と農地改革、農業生産性
【参考文献】　速水佑次郎『農業経済論』岩波書店、1986年。／竹中久二雄編『世界の農業支援システム』農文協、1994年。／荏開津典生『飢餓と飽食』講談社、1994年。

アグロフォレストリー
Agro-Forestry

一定面積の土地を農業、林業、家畜、養魚などの産業で同時あるいは交互に利用して土地の有効な利用を促進するとともに、土地の地力を維持・改善することがアグロフォレストリーである。2つの主要な形態がある。第1に、農業、林業など一つの土地を重層的に利用して多種類の作物を同時に連続して収穫する形態がある。インドネシアでサトウキビ栽培が拡大し、耕地が減少した時に農民の居住地に樹木や農作物が混植されるというのがこれにあたり、Pekarangan型とも呼ばれる。しかしこの形態はつねに強い日射、高温多湿という立地条件を必要とし、世界的に事例は少ない。

もう一つの形態は、樹木の苗木を植え付ける時期に農業や畜産を同じ土地で同時に行う。樹木の生長に伴い農業や畜産の内容は変化し、最終的には森林となる。Taunya型と呼ばれ、世界的に多く事例がある。この形態はさまざまな収穫物をもたらして農業所得を向上させるとともに、地表がつねに食物で覆われるために土壌の維持にも役立つ。

アグロフォレストリーは熱帯地域だけでなく古くから世界各地で展開されてきた。日本の18世紀の焼き畑農業はTaunya型であり、スイスでは19世紀にジャガイモの病気を防ぐために森林で栽培された。また近年では開発途上国の農林業発展、所得向上、雇用維持、さらに土壌の維持のためにこうした形態が注目されている。例えば熱帯雨林を間伐し、カカオ、キャッサバ、大豆、油椰子などの栽培、乾燥林でのナッツ栽培などにより農業労働力の周年活用と所得増加、環境保全がなされている。　　[梶原弘和]

【関連項目】　土地所有形態と農地改革、緑の革命、農業生産性
【参考文献】　速水佑次郎『農業経済論』岩波書店、1986年。／Chris Dixon, *Rural Development in the Third World*. Routledge, 1990. ／Gordon Conway and Barbier Edward, *After the Green Revolution*. Earthscan Publications Ltd., 1990.／荏開津典生『飢餓と飽食』講談社、1994年。

アジア共通通貨構想
A Proposal of Asian Common Currency

アジア共通通貨構想は、1997年7月のタイ通貨バーツの暴落に端を発し東アジア経済に深刻な打撃を与えたアジア通貨危機の教訓および1999年のEUにおける単一通貨ユーロの導入を契機として、東アジア諸国共通の課題として浮上したものである。アジア通貨危機の教訓からは、為替レートの変動リスクを回避するための為替制度の採用とそのための地域協調ルールの設定が必要との声が高まった。東アジアでは域内貿易・投資の比率が急速に上昇しており、域内において為替レートを安定させることが各国の重要な関心事であったためである。他方、1999年1月からのユーロの導入は、米ドルとユーロの二大通貨の間で、「アジアの通貨政策をどうするか」という大きな課題を浮上させた。この点に関しては、急激な円高が進んだ1995年以来日本において「円圏」形成に関する議論が急速に高まっていた。しかし東アジア諸国との経済取引における円のウエイトが低いことに加えて、円圏形成のための具体的な方針が示され

なかったことなどから、東アジア共通の討議課題とはならなかった。

現在アジア各国で主たる研究対象となっているのは、将来の単一通貨導入を最終目的とするアジア共通バスケット通貨構想である。この構想は、初めに各国が自らの貿易構造を基にドル、円、ユーロの三大通貨を要素とするバスケット通貨単位をつくり、それに自国通貨を固定しこの方式が定着した後、域内共通のバスケット通貨に移行するというものである。ただし、アジアにおいて通貨同盟が実現するまでには多くの努力と長い時間がかかろう。通貨同盟を実現するための地域レベルの組織が整備されていない上、最適通貨圏の理論からみて、通貨同盟のための条件が満たされていないためである。すなわち最適通貨圏の理論によれば、最適通貨圏が有効に機能するには、①財市場の統合、②生産要素市場の統合、③経済構造・実物ショックによる対称性、④金融市場の統合、⑤マクロ経済政策協調の5つの条件が充足されていなければならないとされる。しかし、東アジアでは財市場の統合に関して協議が開始され始めた段階であり、さらに各国の強い政治的決断が必要な②と④に関しては協議すらなされていないのが現状である。　　　　　　〔北村かよ子〕

【関連項目】　アジア経済危機
【参考文献】　河合正弘『国際金融論』東京大学出版会, 1994年。／白井早由里「補論 東アジアにおける通貨統合の展望」木村福成, 鈴木厚編『加速する東アジアFTA』, 日本貿易振興会, 2003年。

アジア経済危機
Asian Economic Crisis

アジア経済危機とは、1997年7月にタイで発生した通貨危機が周辺アジア諸国へ波及、金融危機、経済危機へと拡大し、東アジア経済に深刻な影響を与えた事実を指す。

危機は、1997年5月にシンガポール外国為替市場で、タイ・バーツが海外投機筋から売り浴びせを受けたことに始まる。タイ中央銀行はバーツの買い支えを続けたが、7月2日に外貨準備が底をついてバーツが暴落した。危機は瞬く間に東アジア域内に波及し、各国で通貨が急落した。タイ、インドネシア、韓国は、急激な資本流出によって外貨準備が急減し流動性の危機に直面した。

通貨下落は、各国で外貨建て債務を抱えていた金融機関や民間企業を直撃した。多くの金融機関が債務超過に陥り、大量の不良債権を抱え込んだ結果、深刻な信用収縮が起こって資金仲介機能が麻痺した。外貨を借り入れていた民間企業も現地通貨建て債務が急増した。さらに国内需要の低迷により企業業績が急激に悪化した。以上のメカニズムを経て、通貨危機は金融危機、経済危機へと深刻化した。1980年代後半以降、高度経済成長を辿ってきた東アジア諸国は、一部の国を除き相次いでマイナス成長に転落した。

経済危機は、①金融グローバル化の進展、②柔軟性に欠けた為替制度、③金融・企業部門の脆弱性という東アジア各国に共通した要因によって引き起こされた。

1990年代に入ってから、東アジア諸国は国際資本移動の循環の中に組み込まれ、金融機関や民間企業が世界から資金を取り込むようになった。ASEAN 4カ国および韓国への民間資金フロー（純流入額）は、1992～95年の3年間に290億ドルから742億ドルへ2.6倍に増えた。形態別では、直接投資は微増であったのに対して、証券投資が2.7倍、銀行貸出が3.2倍と、大量の短期資金が流入したことが特徴である。また多くの東アジア諸国は自国通貨を米ドルに実質的にペッグ(固定)させ、国内金利をドル金利より高めに設定していた。ドル・ペッグ制は、貿易・投資の安定に寄与し直接投資の流入を促したものの、金利差を追求するヘッジファンドなどの投機や国内企業による外貨建て借り入れを増加させた。さらに東アジア諸国では中央銀行による金融監督体制が整っていなかった。とくにASEAN諸国や韓国では、高成長を維持するために海外資金の取り入れが強く要請され、国内金融システムの整備が先送りされてきた。

このような状況の下、タイで、輸出や株式市場が低迷したことなどを背景に、短期資金の流出が始まった。さらに経常収支の赤字、資産バブル、輸出不振など類似した構造問題を抱えていた他の東アジア諸国に危機が波及した。

危機の影響がとくに大きかったタイ、イン

ドネシア、韓国は、外貨準備が枯渇し、1997年8〜11月にかけて、相次いでIMFを中心とする国際機関や海外諸国に金融支援を要請した。タイに対しては172億ドル、インドネシアに対しては361億ドル、韓国に対しては583億ドルの金融支援が行われた。IMFは融資条件として、①金融引き締め、②緊縮財政、③構造改革を課した。しかし過度の緊縮政策がとられたことから、景気低迷が一段と深刻化する結果となった。とくにインドネシアでは、燃料油に対する政府補助金の削減が国民の強い反発を招き、1998年5月に首都ジャカルタで大暴動が発生し、スハルト(Thojib N J Suharto)大統領の辞任へとつながった。一方、韓国では、財閥グループが解体されるなど、これまで手つかずであった構造問題にメスが入れられた。

東アジア諸国の経済も1998年半ばには徐々に安定を取り戻した。しかし危機で明確になった金融・企業部門の改革のペースは遅く、今後の課題として残されている。韓国では、政府の強いリーダーシップの下でいち早く不良債権処理や企業債務処理が進んだものの、タイやインドネシアでは、金融関連法制度の整備が遅れたことなどのために改革はなお道半ばである。　　　　　　　　　　　［坂東達郎］

【関連項目】　不良債権問題、国際通貨基金
【参考文献】　山本栄治編『アジア経済再生』日本貿易振興会、1999年．／国宗浩三『アジア通貨危機と金融危機から学ぶ』日本貿易振興会アジア経済研究所、2001年．／今井宏、高安健一、坂東達郎、三島一夫『テキストブック21世紀アジア経済』勁草書房、2003年．

アジアダラー市場
Asia Currency Unit : ACU

シンガポール政府が1968年に開設したアジア初のオフショア金融市場である。米国に滞留していた華僑マネーと域内諸国の資金需要を結び付けることを狙って、バンク・オブ・アメリカがシンガポール支店に口座を開設したのがアジアダラー市場（ACU）の始まりである。ACUは、国内銀行業務勘定とは別勘定で外貨取引を行う内外分離型のオフショア市場であり、主に米ドルによる非居住者間での外貨の受け入れと貸し付けがなされている。政府は、シンジケートローン（協調融資）や資産運用業の育成にも積極的に取り組んでいる。

1965年にマレーシアから独立したシンガポールは、金融部門の育成を経済発展戦略の柱として位置付けた。ACUは、SIMEX（シンガポール国際金融取引所）とSES（シンガポール証券取引所）を統合して1999年に発足したSGX（シンガポール取引所）、世界第4位の市場規模（2001年）を誇る外国為替市場と並んで、国際金融センターであるシンガポールの中核市場を形成している。ACU勘定を有している国内外の金融機関は、2003年6月時点で161を数え、世界の主要な金融機関が拠点をおいている。

市場規模は、1997年末に5572億米ドルに達したものの、その後はBIS規制を達成するために日本を初めとする外国銀行が資産を圧縮していることなどにより縮小に転じた。2003年3月末時点の市場規模は4845億米ドルで、東京オフショア市場の3847億ドルを上回った。ACUが発展した背景として、①政府による金融インフラの整備、②非居住者外貨預金の利子課税の免除およびオフショア所得に対する源泉税率の軽減、③欧州市場と米国市場を結ぶタイムゾーンに位置する地理的条件、④高い政治的安定性などがあげられる。

　　　　　　　　　　　［高安健一］

【関連項目】　オフショア金融市場
【参考文献】　生田真人、松澤俊雄編『アジアの大都市(3) クアラルンプル／シンガポール』日本評論社、2000年．

アジア・ハイウェー
Asian Highway

国連のアジア大洋州社会経済委員会（ECAFE）がアジア極東経済委員会（ESCAP）時代に提言した、アジアを縦横に結ぶ道路網構築計画のこと。欧州の国際道路網（E-road）にヒントを得た構想である。1958年のECAFE総会で決議され、関係14カ国によってアジア・ハイウェー調整委員会が設立された。この計画の特色は、新たな道路建設を急ぐのではなく、既存の道路網を整備し、部分的延長や拡幅によって、できるだけ多くの首都や港を結ぶというきわめて現実的な発想をもっていたことである。タイなどで

は、アジア・ハイウェーの頭文字をとってA路線などの標識をもつ道路があったが、インドシナ半島などでの戦乱のために、現実にはこの構想はほとんど進展しなかった。忘れられていた計画が日の目を浴びようとしているのは、インドシナ半島やアフガニスタンなどでの戦乱が収まり、この地域の国民が成長や開発を求めるようになったからである。1992年にはアジア開発銀行のGMS地域協力プログラムが開始され、ESCAP第45回総会において「アジア陸上輸送社会基盤整備プロジェクト」も承認された。この陸上輸送社会基盤整備プロジェクトはアジア・ハイウェー、アジア横断道路などを包括している。またESCAPは各国の道路状況の調査、構造基準などを見直し、ハイウェー網を旧ソ連圏、中国からモンゴルなどへと延伸するプロジェクトを検討している。アジア開発銀行(ADB)やESCAPなどは、道路だけでなく、鉄道などを組み合わせた総合的視点にもとづく計画は、成長への起爆剤になるとしてその実現を急ごうとしている。　　　　〔安田　靖〕

【関連項目】　メコン開発
【参考文献】　野本啓介「メコン地域開発をめぐる地域開発の現状と展望」『開発金融研究所報』2002年9月号.

アフリカ開発会議
Tokyo International Conference on African Development : TICAD

1993年に東京で開催されたアフリカの開発を支援するための国際会議。日本政府が国連機関と共催で呼びかけ、アフリカ諸国48カ国、援助供与国13カ国、国際機関10機関およびNGO他関連団体が参加した。5年後の1998年10月には第2回アフリカ開発会議(TICADⅡ)が、2003年9月には第3回会議(TICADⅢ)がいずれも東京で開催された。参加国数および団体数ともに拡大し、アフリカの開発の方向性を決める重要な会議の一つとしての位置付けを得てきた。

第1回会合では開発に取り組むアフリカ諸国の「自助努力の促進」、および国際社会側からの「パートナーシップ」の強化がうたわれた。その精神は開発援助委員会(DAC)が1996年に打ち出した新開発戦略(Shaping the 21st Century—A New DAC Strategy of Development Cooperation)の基本理念として引き継がれるとともに、具体的な数値目標を伴う行動計画の中で、アフリカを含む世界の開発をどこまで進めるかが明示された。第2回会合では、DACの新開発戦略の流れも汲んで、「21世紀に向けたアフリカ開発のための東京行動計画」が採択された。社会開発(特に教育・保健・安全な水)および経済開発(特に民間の役割の拡大)への一層の取り組みと、開発の制度的な基盤をなす「平和構築」と「良い統治」の必要性が確認された。「アジアの経験をアフリカに」というスローガンの下アジア・アフリカの南南協力の促進がうたわれ、先進諸国もこれを側面支援することが打ち出された。この会合で日本政府は5年間で7億5000万ドルの支援を約束した。

第3回会合では、「自助努力の促進」、および国際社会側からの「パートナーシップ」の強化を再確認し、過去10年間の活動の総括と具体的な成果の確認、支援拡大の必要が焦点として取り上げられた。2001年7月のアフリカ統一機構(OAU)第37回会合で、アフリカ諸国が策定したアフリカ開発のための新パートナーシップ(New Partnership for Africa's Development)では平和構築支援、民主化支援、ガバナンス改善が打ち出されたが、アフリカ諸国が主導して作成した復興戦略の枠組みへ先進諸国が合流することが、TICADの精神であるとのアフリカ諸国の主張と、会議主催国としてこれまでアフリカ支援の枠組み形成の議論を主導してきたと自認する日本政府の間の協調がTICADの新たな課題として浮上した。日本政府は今後の5年間で10億ドルの支援を約束した。平和構築への動きが本格化する中で、食糧支援や難民支援へ支援の重心が移ることも想定される。

〔佐原隆幸〕

【関連項目】　平和構築、民主化支援、PRSP、アフリカ連合、パン・アフリカニズム、ガバナンス、安定化政策／構造調整政策
【参考文献】　国連開発計画(UNDP)編『ガバナンスと人間開発』国際協力出版会、2002年./外務省ホームページ(http://www.mofa.go.jp/mofaj/).

アフリカ開発銀行
African Development Bank : AfDB

　アフリカ開発銀行（AfDB）は、アフリカ地域の経済的、社会的発展を支援することを目的に1964年に設立された国際開発銀行である。加盟国は、設立当初、アフリカ域内国に限定されていたが、現在では、アフリカ地域の53カ国および先進国を初めとした域外の24カ国の合計77カ国となっている。日本は他の域外国とともに1983年に加盟している。本部はコートジボアールのアビジャンにおかれている。AfDBの主要業務は、アフリカ地域の加盟国に対する融資、保証、技術支援などであり、最近では民間部門を対象とした案件が増加している。また、AfDBの経営理念は、アフリカ域内国政府の能力強化、地域経済協力・統合の推進、環境やジェンダーへの配慮を前提に、農業・農村開発、人的資源開発、民間セクター開発などに対して優先的に支援することである。2001年の部門別融資状況は、鉱工業（全体の16.9%）を筆頭に、以下農業・農村開発（同15.3%）、金融（同15.1%）、社会整備（同11.3%）などとなっている。　　　　　　　　　　　［佐々木郷里］

【関連項目】　ADB、IDB、EBRD

アフリカ連合
African Union : AU

　2002年7月に発足した世界最大規模の地域機構。加盟国53カ国、人口約8億人を抱える。アフリカ連合（AU）は欧州連合（EU）をモデルとし、アフリカ全体の政治経済統合を目指している。それは最高意思決定機関の首脳会議を初め、閣僚執行理事会、各国AU大使からなる常設代表委員会、委員会（事務局）などで構成される。将来的には、議会や裁判所、中央銀行などを創設する予定である。また、AUは、開発計画である「アフリカ開発のための新パートナーシップ」（NEPAD）を軸に、投資と経済援助を呼び込み、貧困削減と経済発展をもたらすことを期待している。

　AUはアフリカ統一機構（OAU）が発展解消される形で発足した。OAUは、1963年にアフリカ諸国の統一と連帯の促進、植民地主義の根絶、独立の支援、諸国民の生活水準の向上を目的として発足した。アフリカ諸国の独立や南アフリカのアパルトヘイト廃絶に一定の役割を果たしたが、加盟国間の主権平等や内政不干渉を原則としていたため、紛争解決には十分な機能を発揮しなかった。したがって、OAUでは、国連安全保障理事会をモデルに、15カ国で構成される平和・安全保障理事会を設置した。そこでは紛争や人権侵害、大量虐殺などに対して当事国に介入し、事態によっては平和維持軍を派遣することも想定している。

　AUの課題の一つはモロッコの加盟問題である。モロッコは、OAUによるサハラ・アラブ民主共和国（西サハラ）の加盟承認に反対して、同機構から1985年に脱退した。AUの発足にあたってもモロッコは加盟せず、アフリカ大陸の独立国で唯一の未加盟国となっている（サハラ・アラブ民主共和国はアフリカ連合に加盟）。　　　　　　　［西浦昭雄］

【関連項目】　パン・アフリカニズム
【参考文献】　川端正久『アフリカ・ルネサンス―21世紀の針路』法律文化社, 2003年.

アミン、サミール
Samir Amin, 1931〜

　エジプト生まれの代表的な従属理論家であり、アフリカのアミン、中南米のフランク（Andre Gunder Frank）と呼ばれる。アフリカ諸国の「自律的蓄積」、「自律的発展」を提唱した。アミンは、世界資本主義の構造は先進諸国からなる中心と、開発途上諸国からなる周辺との二極構造であると捉える。開発途上国は、「周辺資本主義」として先進諸国のための原材料や食糧の供給基地の役割を果たす。これは、先進国の帝国主義的行動によって開発途上国の植民地化が産み落とした従属関係である。このような国際分業体制は、不等価交換を周辺に押し付ける。

　アミンによれば、この不等価交換は賃金格差や資本の有機的構成の相違にあるのではなく、「国民価値に対する世界価値の優位性」にあると主張している。別のいい方をすれば、周辺国の価格体系は世界の価格体系によって決定付けられているということである。

アミンはここに、先進諸国はつねに開発途上諸国から余剰を吸い上げているという主張の根拠を求める。余剰が先進国に搾取されると、周辺国の資本蓄積は従属的な低蓄積となる。そのため周辺諸国は低開発段階から抜け出せないとするのが、アミンの主張である。

アミンは、このような経済構造をもつ周辺国に先進的な生産様式が導入されると、さまざまなレベルの生産様式が混在することになり、それらは決して有機的に統合されることはないという。そのため、在来的な生産様式に基礎をもつ手工業は徐々に消滅し、失業の増大と賃金の低下が生じてますます従属的な生産・蓄積構造が強化されることになる。周辺国がこの従属関係から脱却するために、世界資本主義から脱却し「自律的蓄積」や「自律的発展」を求める行動を起こさなければならないと主張する。そして、各国は自国民による発展戦略を基軸に対外関係を構築すべきであり、それを基盤とした「多中心的な世界」を構築することが、覇権的な世界システムからの脱却の方途になると主張している。

〔徳原 悟〕

【関連項目】 従属理論、プレビッシュ報告、フランク、世界システム論
【参考文献】 サミール・アミン(西川潤訳)『不均等発展—周辺資本主義の社会構成体に関する試論』東洋経済新報社、1983年。/サミール・アミン(久保田順、高中公男、戸崎純訳)『開発危機—自立の思想・自立する世界』文眞堂、1996年。

アラブ共同体統一国家
al-Umatu al-Arabiatu al-Wahidah〔ア〕

アラブ民族主義指導者たちが西欧に対抗するアラブ統一国家を目指すスローガンとして使用されてきた概念。アラビア語では、「アルウンマトゥ・ル アラビーアトゥ・ル・ワーヒダ」と表現される。ウンマ(共同体国家)、アラビーア(アラブの)、ワーヒダ(一つの)となる。アラブでは西欧流の国民国家概念は存在しない。アラビア語で国家は「ダウラ」というがそれは、支配者が創設した国家、王朝の意味に近い。支配者はやがては別の支配者に取ってかわられる不安定なものであり、部族、血縁関係こそが永遠であるとするのが中東地域の人々の共通した感情である。2002年のアフガン、2003年のイラクが戦後も国民国家ではなく、部族勢力間の調整が国家の重要事項であり続けること自体、そのことを証明するものである。このため、アラブ民族主義者にとって、西欧流の国民国家に近い民族国家を創設するために、「ウンマ(共同体国家)」という概念に訴えたのである。「ウンマ」とはアラビア語で、「目指す方向、集団、宗教」などの意味がある。イスラム教の預言者ムハンマドがメディナに移住してつくった最初のイスラム集団がウンマ(宗教を同じくする集団:共同体)の始まりである。このウンマの概念はそれまで部族、血縁によって結ばれていた人々の社会的関係を、それを超えた宗教的同胞関係とするものであった。ウンマの概念は世界中のイスラム教徒たちを宗教的同胞として結び付ける概念として現在も生きている。そして地域的連続性と民族、宗教の同一性をもつ中東、北アフリカの統一を目指すため、イスラムのウンマ概念を使い、「アラブ共同体統一国家」がアラブの理想の国家像として提示されてきた。そして西欧への対抗に加え、部族や血縁集団を乗りこえる国家を目指す時に、ウンマ概念が使われる。アラブ諸国の国会には、「ウンマ会議」との名称が多く用いられている。

〔四戸潤弥〕

【関連項目】 イスラム教
【参考文献】 梅津和郎『現代中東の民族主義と共産主義』晃洋書房、1989年。

アルゼンチン経済危機
Argentine Economic Crisis

外国からの資金流入の減少、対外債務支払い停止によって2001年末以降、アルゼンチンが陥った経済危機。経済は大幅なマイナス成長となり、インフレが再燃した。失業率は20%を超え、社会支出を含め政府支出の大幅削減によって国民は厳しい困窮生活に直面した。

アルゼンチンは1991年にカレンシー・ボード制にもとづく1ドル=1ペソのドル・ペッグによって、ハイパー・インフレを抑制し、多額の外国資金流入によって1990年代に高い成長率を実現した。カレンシー・ボード制

は、外貨準備の裏付けを条件とした通貨供給によってインフレを終息させる政策であったが、為替相場の過大評価が経常収支赤字を増大させた。カレンシー・ボード制の下では、財政赤字を通貨発行によってファイナンスできないが、国債発行は認められ、海外でも起債がなされた。海外から資金が順調に流入していればこうした仕組みは維持可能であるが、経済への信頼性が崩れれば破綻する。1997年のアジア、1999年のブラジルの通貨危機は資金流入を著しく減少させた。国営企業の売却終了によって民営化資金の流入もなくなった。1999年1月のブラジルの為替切り下げはアルゼンチンの貿易収支をさらに悪化させた。

こうした困難な状況の中でもアルゼンチンにとって為替切り下げという選択は可能ではなかった。為替切り下げは、インフレを再燃させ、大半を占めるドル建国内債務の支払いを増大させ、国内経済を混乱させるからであった。デフォルトへの懸念から債務借り換えも進まず、他方で預金引き出しが始まり、2001年12月にはデフォルトを宣言、2002年2月には兌換法を廃止した。頻繁な政権交代など政治の不安定性もまた経済混乱に拍車をかけた。

アルゼンチン経済危機については、それが兌換法の欠陥、財政規律の欠如に起因するという理解と、兌換法を含む新自由主義にもとづく経済改革、カジノ化した国際金融システムに起因するという理解が存在する。

[小池洋一]

【関連項目】 カバロ・プラン
【参考文献】 西島章次、細野昭雄編『ラテンアメリカにおける政策改革の研究』神戸大学経済経営研究所、2002年。／石黒馨編『ラテンアメリカの経済学―ネオ・リベラリズムを超えて』世界思想社、2003年。

▶アロヨ、グロリア・マカパガル【フィリピン】
Gloria Macapagal Arroyo, 1947〜

フィリピン共和国第14代大統領（在任2001年〜）。父は1961年から1965年まで第9代大統領を務めたディオスダド・マカパガル（Diosdado Macapagal）（故人）。アキノ（Maria Corazon Aquino）元大統領に次ぐ2人目の女性大統領である。フィリピン大学経済学博士、アキノ政権下で貿易産業次官に抜擢され、1992年に上院初当選した。1995年にフィリピン史上最高の得票数で再選を果たし、1998年にはエストラダ（Joseph Ejercito Estrada）政権の副大統領に就任した。エストラダ大統領批判の先頭に立ち、2001年1月20日、民衆革命（ピープル・パワー2）を経て大統領に就任した。

アロヨ政権の課題は、前政権が残した腐敗・汚職や縁故主義のイメージを払拭し、急増していた財政赤字の削減を図るとともに、経済構造改革や貧困問題の解決を推進することであった。経済政策のポイントは、①貧困撲滅を最重要課題とし、住宅・教育等の基礎的サービスの提供、農業改革、中小企業育成などに注力する、②サービス業を中心とする規制緩和の推進、情報通信等の新規産業の育成などにより、競争力の向上や雇用の確保を図る、③外資導入を促進するとともに地域経済協力の推進に積極的に取り組む、などの点におかれた。これらの方針を反映した政策の実施により、マクロ経済面での改善がみられ、実質GDP成長率は3〜4％台で安定的に推移している。しかし、貧困問題の解決に関する目覚ましい成果がみられないこと、財政赤字の削減に目途が立たないこと、ミンダナオ問題が長期化しテロ活動が激化していること、国内情勢が不安定なため海外投資家の信認を回復していないことなど、残された課題も多い。

大統領就任当初は政治力に不安があるとみられていたが、アキノ、ラモス（Fidel V. Ramos）などの大物政治家のバックアップを受けたこともあり、政治面での大きな問題は起きていない。2004年の大統領選挙にも、出馬の意向を表明している。

[清水 聡]

【関連項目】 マルコス・クローニー、ファミリー・ビジネス、民衆革命
【参考文献】 アジア経済研究所『アジア動向年報2002』2002年。／渡辺利夫編『アジア経済読本（第3版）』東洋経済新報社、2003年。

アンテイカ

安定化政策／構造調整政策
Stabilization Policy, Structural Adjustment Policy

　安定化政策はマクロ経済安定化政策ともいわれる。緊縮的な財政・金融政策によって総需要を引き下げ、国際収支赤字の縮小、インフレの抑制、および財政赤字の削減などを行う。国際通貨基金（IMF）が経常収支赤字削減の処方箋として提示する政策がこれにあたる。ここでは、国内総需要の抑制を通じて輸入が削減される。安定化政策は短期的な経済政策であり、約半年から1年程度でその調整が行われる。国際収支が赤字になると国内経済を引き締めて、輸入の削減によって国際収支を黒字化させる。このような政策は、ストップ・アンド・ゴー政策ともいわれる。高度経済成長期の日本や英国で採用されていた政策である。

　これに対して、構造調整政策では、より全般的な経済構造の改革に焦点があてられる。安定化政策による総需要管理を行うとともに、大規模な経済構造改革も同時に実施される。経済構造改革の目的は、開発途上諸国の供給能力の改善および向上にある。これら諸国では、さまざまな規制が張りめぐらされており、それによって資源配分が歪められている。また、規制によって各種産業が保護を受け、生産の効率性が低い。種々の規制を緩和ないしは撤廃することによって、価格メカニズムを機能させながら供給能力の向上を目指す。供給能力が拡大すれば、輸入への依存度も低下して経常収支赤字を回避することが可能になる。したがって、構造調整政策は時間的視野の長い長期的な政策となる。

　このような構造調整政策は、世界銀行（World Bank）が行う構造調整融資（Structural Adjustment Loan：SAL）においてみることができる。構造調整が実施される分野は、大別すると4分野となる。輸入障壁の撤廃や為替レート水準の調整を行う貿易分野。補助金、許認可、価格統制の緩和・撤廃を旨とする国内経済規制の領域。公共投資や支出の見直しなどを目的とする行財政改革。そして、国内経済での資源動員力を高めるための税制改革、金融制度の改革などである。これらの改革は、基本的には経済運営を市場原理に委ねることによって経済の効率化を図り、持続的な経済成長を可能にすることに目標がおかれる。近年、このような構造改革は、世界銀行のみならずIMFからも開発途上諸国は求められるようになった。

　例えば、1997年に生じた東アジアの経済危機において、タイ、韓国、インドネシアはIMFから融資を受けた。その融資のコンディショナリティの中に、これらの要件が盛り込まれた。これらの改善目標の進捗度合いを評価しながら、融資プログラムを進めていく形がとられた。経済危機の際、IMFが提示した処方箋は、財政・金融政策の引き締めと同時に、これらの構造改革を1つのパッケージとするものであった。特にインドネシアでは、エルニーニョ現象による食料事情の悪化と為替レートの下落等により国内の食料価格が高騰した。そこに、IMFから補助金削減政策が打ち出され、公共料金が急激に上昇し、それが民衆暴動につながった。

　IMFや世界銀行が提唱する構造改革は、現代のミクロ経済学にその理論的基礎をもつ。そこでは、生産者や消費者が経済合理的であることが前提とされている。この経済主体の経済合理性を実現させるためには、市場（価格）メカニズムが機能するような制度環境を創設することが重要になる。そうした制度が確立されれば、その経済合理性にもとづいて経済は円滑に機能するという考え方が、その背景にある。このような考え方は、開発途上諸国の経済発展段階を考慮していない。同様な試みが、中・東欧の移行経済諸国に対してもなされた。「ビックバン・アプローチ」といわれるその試みは、一挙に規制を緩和・撤廃し市場メカニズムに委ねようというものであった。しかし、そのショックを吸収できるだけの力が備わっていなかったため、悲惨な結果に終わった。アジア経済危機以降、IMFや世界銀行のこのような思考に対して大きな批判が寄せられている。　　　　［徳原 悟］

【関連項目】　ワシントン・コンセンサス、国際開発金融機関、漸進主義／急進主義
【参考文献】　大野健一、大野泉『IMFと世界銀行―内側からみた開発金融機関』日本評論社、1993年．／小浜裕久、柳原透編『東アジアの構造改革』日本貿易振興会、

1995年。／大野泉『世界銀行―開発援助戦略の変革』NTT出版、2000年。／ジョセフ・E. スティグリッツ（鈴木主税訳）『世界を不幸にしたグローバリズムの正体』徳間書店、2002年。

安定と開発【インドネシア】

「安定と開発」はインドネシアのスハルト（Thojib N J Suharto）政権を支えた国策の課題で、これらの課題を達成することによって自らの政権維持を正当化した。政治的「安定」の下で社会も「安定」し、そのような状況でこそ合理的な「開発」が推進されて経済が発展する。その結果がさらに政治的・社会的安定をもたらし、開発を進めて経済がさらに発展する。この考え方は、もともと1966年3月のスカルノ（Achmad Soekarno）からスハルトへの大統領権限委譲に伴うスハルト新秩序体制を正当化するために打ち出された課題である。この「安定と開発」という国策の課題が、「開発」を最優先の目標に掲げたスハルト長期政権を貫く柱となった。

スハルト政権は一元的に国民統治を行うために、国軍と内務省が中心となって国民を統治し、国民を監視する中央集権的な機構をつくり上げ、政治的安定を図った。具体的には、居住地域において隣組、警防団、青年団、婦人会などが組織され、企業などの生産分野では官製労働組合、官製農民組合、官製商工会議所などが組織された。総選挙を通じて国会に代表を送ることのできる政治団体は、ゴルカル（職能グループ）、開発統一党（PPP）、インドネシア民主党（PDI）のみとし、公務員は総選挙でゴルカルに投票することを義務付けられた。この結果、ゴルカルが総選挙の度に絶対多数の票を得て議会と国民評議会を掌握し、スハルトが必ず国民協議会で大統領に選出される体制を構築した。

このような「安定」の下で「開発」が行われた。スハルトは経済の近代化を図るために経済閣僚にテクノクラート＝エコノミストを登用し、マクロ経済運営を行わせた。テクノクラートは、工業化と農業振興を目指して合理的な経済開発政策を立案・実施し、世界銀行や日本、欧米などから多額の援助資金を引き出した。外国投資法・国内投資法を制定して積極的に民間直接投資を呼び込み、石油・天然ガスをもとにした財政資金も投入して、経済成長を進め、工業化を進展させ、農業振興を図り、米の自給を達成した。この間に、雇用が大いに創出され、国民の所得水準も増大した。かくして「開発」の成果は、ますますスハルト政権の掲げる新秩序体制を正当化し、さらなる「安定」を演出した。［篠塚　徹］

【関連項目】　スカルノ、スハルト
【参考文献】　尾村敬二『インドネシア政治動揺の構図』有斐閣、1986年。／白石隆『スカルノとスハルト』岩波書店、1998年。

アンデス共同市場
Andean Common Market : ANCOM

アンデス共同市場は、ラテンアメリカ自由貿易連合（LAFTA）のサブリージョナルな地域統合体として1969年に採択されたカルタヘナ協定にもとづいて発足した。設立当初の加盟国はコロンビア、ペルー、エクアドル、ボリビア、チリの5カ国であったが、後にベネズエラが加盟するもチリが脱退したため、現在も5カ国がメンバーである。設立当初のアンデス統合の基本理念は、輸入代替工業化を地域レベルに拡大し規模の経済によって域内諸国の産業発展を追及しようというものであった。そのため加盟諸国は、各国間の産業補完、政策協調ならびにアンデス議会や裁判所など統合組織の整備といった課題に取り組み一定の成果は得たものの、域内貿易自由化、対外共通関税の設置に関する交渉が遅れた上、1980年代に入り深刻化した経済危機によって交渉自体も停滞した。交渉が再開されたのは1990年代に入ってからである。各国で経済自由化政策が採用され始めたことに加えて、NAFTAやメルコスルなど中南米地域で地域統合の動きが急進したためである。1991年末バラオナ協定が合意され自由貿易地域の設置と4段階の対外共通関税の設置が約束された。自由貿易地域は、1992年に共同体から脱退したペルーを除く4カ国の間で1993年3月からスタートした（ペルーは1998年から共同体に復帰した）。自由貿易地域のスタートは域内貿易を急速に拡大させた。世界貿易に占める域内貿易の比率は1990年にはわずか4.2％に過ぎなかったが、1995年には12.4％

(11)

と3倍に増え2000年以降もほぼ10％台で推移している。一方対外共通関税は1995年に財別に4段階の共通関税が導入されたが、当初実際に実施したのはコロンビアとベネズエラだけであり、小国で国内産業の発展が遅れているボリビアとエクアドルには特別な措置が認められた。1999年以降対外共通関税は3段階に改められ、ボリビアとペルーを除く3ヵ国が実施している。またANCOMは1998年からメルコスルとの自由貿易交渉を開始している。　　　　　　　　　　　　　　［北村かよ子］

【関連項目】　NAFTA、MERCOSUR
【参考文献】　坂口安紀「アンデス共同体の進展とその影響」浜口伸明編『ラテンアメリカの国際化と地域統合』日本貿易振興会アジア経済研究所、1998年．／ECLAC, "Regional Integration in Latin America and the Caribbean: Recent Trends," *Latin America and the Caribbean in the World Economy: 2001-2002 Edition*. New York, United Nations. 2003.

◀イ▶

域内分業
Intra-regional Trade

　ある一定の地域内において行われる貿易で、各国（地域）が異なる製品を相互に輸出入する分業のことである。例えば東アジア地域においてベトナムが製品A、中国が製品B、マレーシアが製品C、台湾が製品D、日本が製品Eというように、それぞれ異なる製品を東アジア域内国に輸出するとした場合、域内分業が生じているという。域内分業は域内の国々が経済発展するに伴って、貿易形態が垂直貿易から水平貿易に移行する。産業・貿易構造はより複雑化する一方で、主要な輸出入品目はより近似した産業の製品に収束する傾向がある。

　こうした分業体制が確立する理由として、域内各国が比較優位産業に特化することによって域内全域で貿易利益を享受できることがあげられる。一例として東アジアにおける域内分業では、直接投資が地域全体としてより効率性の高い分業体制を形成する調整作用として働き、その結果、域内各国の生産・貿易構造がそれぞれ比較優位をもつ産業に特化し

たものになっている。すなわち経済発展に伴い一国の産業構造はより付加価値の高いものへと移行するが、その過程において先行工業国Aで国際競争力を失った財・産業については、後発工業国Bに生産移管する。またその後発工業国Bで競争力を失った財・産業については、さらに後発の工業国Cへと移管される。この先行工業国から後発工業国へ新たな工場建設を伴う資本フローや技術移転を促進する原動力が直接投資であり、このように玉突き的に財・産業の生産移管が進むことで域内分業体制が形成される。　　　　　　［川畑康治］

【関連項目】　垂直分業／水平分業、国際分業
【参考文献】　原洋之介『アジア・ダイナミズム』NTT出版、1996年．／大野健一、桜井宏二郎『東アジアの開発経済学』有斐閣、1997年．

移行経済
Economies in Transition

　社会主義から市場主義的経済に移行しようとしている国々をいう。自由放任の市場経済は、競争を通じて社会に発展をもたらすという考え方であるが、かつてソ連や東欧は、経済計画を軸にして、強固な国家の指導によって社会的効率化を達成させようと、投資額、投資先、生産量、価格などあらゆる企業行動を計画によって決めた。しかし、経済的成果において、米国を中心とする市場経済の国々に敗北した。計画に従っている限り、責任は問われず、赤字は最終的には財政が負担するという、いわゆる「緩やかな予算制約（Soft Budget Constraint）」が、個人のイニシアチブの発揮を妨げ、企業に生産性向上意欲を失わせたからである。個人の間でも企業の間でも、競争がなかったからだといっていい。旧社会主義国は、疲弊した経済を建て直そうとして、世界銀行やIMFの指導を受けながら、市場経済を重視した政策への転換を試みている。貿易や為替、価格や金融の諸制度の自由化、国有企業の民営化が行われている。ここには、自由化、民営化が経済の効率化をもたらすという考え方がある。こうした自由化政策の基本路線はほとんどの移行経済諸国が採用しているが、旧社会主義の中には、中国のように一党独裁という政治体制をそのままにしている国もあるし、ロシアなどのように、

複数政党制度の採用など政治制度を変革している国もある。社会主義からの移行過程の難しさは、政治経済すべての側面での改革が必要だというところにある。　　　〔安田　靖〕

【関連項目】　漸進主義／急進主義
【参考文献】　大野健一『市場移行戦略』有斐閣, 1996年.

移行指標
Transition Indicator

　欧州復興開発銀行（European Bank for Recovery and Development）の作成による移行国の市場経済化の度合いを示す指標。EBRDは、旧社会主義国の移行を支援する国際金融機関の一つであり、それぞれの国がどの程度市場経済化に対して積極的な政策を展開しているかを、融資にあたっての重要な基準としている。具体的には、「企業」、「市場と貿易」、および「金融制度」のそれぞれについて、移行努力の時系列的な変化と各国間の移行の進展度合いの比較をする指標である。「企業」の指標については、大規模民営化、小規模民営化の進展度合いおよびガバナンスと企業再編成の現状の3項目について、1から4＋までの5段階評価し、総合する。「大企業民営化」については、民営化がほとんど進展していない場合を1とし、先進工業国とほぼ同様なガバナンスを行い、民営化企業比率が75％を超えている場合を4＋とする。小規模企業民営化についても同様な点について評価する。移行指標はさらに法的整備、インフラ部門などにも拡大されている。こうした指標は、時系列的変化と国際的変化を同じ視点に立って評価すること、経済的指標だけでなく、法的整備などにも広げようとしていることなどの配慮が加えられている。しかし、民営化については、法的には民営化されたとしても、経営者が社会主義的政策が行われていた時と同じであるなど、経営の実態に触れることがないなどの、多くの問題点がある。　　　　　　　　　〔安田　靖〕

【関連項目】　移行経済
【参考文献】　EBRD, *Transition Report*, London: European Bank for Reconstruction and Development, 各年版.

蔚山石油化学コンビナート
⇨蔚山（ウルサン）石油化学コンビナート

維新体制／中央情報部【韓国】
Korea Central Intelligence Agency：KCIA

　維新体制は1972年10月17日、朴正熙（Pak Chŏng-hŭi）韓国大統領が長期政権維持のために行った非常措置。この非常措置により維新体制が成立し、1979年10月の大統領死亡まで7年間持続された。1961年の軍事クーデターにより政権を掌握した朴正熙は、軍部の反対勢力を排除して長期政権の基盤をつくった。しかし、権力集中に対する国民と野党の批判が高まり、政治、社会的に危機が表出した。1970年代初期は、対外的にもニクソン・ドクトリンによる米軍のアジアからの撤退表明、米中接近など、朴正熙政権に不利な情勢となり、危機感が高まった。1971年の大統領選挙において野党の金大中（Kim Tae-jung）候補と接戦となり、大統領就任後は独裁体制に一層傾斜することになった。

　維新体制では非常戒厳令の発動とともに、国会の解散、政治活動の停止、維新憲法の採択などがなされた。維新憲法の内容は、①「統一主体国民会議」を設置し、この機関が大統領選挙、国会議員定数の3分の1選出の機能をもつ。②国民の直接投票による大統領選挙方式を間接選挙制に変更し、統一主体国民会議で大統領を選出する。③大統領任期を4年から6年に延長する。④国会議員の任期を6年と3年の二元制とし、統一主体国民会議選出の国会議員は3年にする。⑤国会の国政監査権、地方議会の廃止などである。このように維新憲法は、立法、行政、司法の三権のすべてを大統領に集中させた絶対権力の大統領制であった。

　維新体制は、自由民主主義の基本原則を制限したことで韓国の民主主義を大きく後退させた。1973年から維新憲法改正のための100万人署名運動、1976年の民主救国宣言、1979年の学生運動の激化など、国民の抵抗もさらに激しくなった。

　朴正熙長期政権およびその後の軍事政権において重要な役割を担ったのが、中央情報部（KCIA）である。中央情報部は、1961年の

軍事クーデター成功後に設立され、国家安全保障に関する情報収集、対共産主義捜査を担当する大統領直属の国家情報機関であった。しかし、独裁政権下において中央情報部は、権力維持のための国民監視の機関となり、反政府運動の学生、在野の活動家の不法逮捕、拷問などで悪名が高かった。1993年に文民政権の樹立とともに従来の政治介入から脱皮し、共産主義に対する国家保安業務に専念することで大幅な組織改編が行われた。その後も国民に信頼される情報機関として継続的に改革が進められ、現在は国家情報院という名称に変わった。

一方、維新体制によって成立された第4共和国では経済的に大きな成果を達成した。1人当たり国民所得は、1972年の255ドルから1980年の1481ドルへと5.8倍の増加であった。また、政府主導の経済開発5カ年計画の順調な達成、セマウル運動による農村近代化の進展、輸出志向工業化による工業製品の輸出拡大など、韓国が貧困の農業国から重化学工業国へと発展する基盤をつくったのはこの時期である。　　　　　　　　　　　［文　大宇］

【関連項目】　朴正煕、民主化運動
【参考文献】　金忠植『実録KCIA―南山と呼ばれた男たち』講談社、1994年。／木宮正史『韓国―民主化と経済発展のダイナミズム』ちくま新書、2003年。

イースタリン・モデル
Easterlin's Model

イースタリン (Richard A. Easterlin) は出生力を決定する要因を以下の3つであると仮定する。意識的な出生力調整が行われない場合の出生数とみなす子供の自然潜在供給 (Cn)、親が希望する子供の数(需要される子供の数、Cd)、出生力調整に要する費用である。図はイースタリン・モデルを説明する。横軸は長期的な時間的経過、縦軸が子供の数、C は実際の子供の数を示す。発展の初期段階では、子供の自然潜在供給力は栄養状態、医療・衛生状態が悪いために低い。親が希望する子供の数は、ライベンシュタイン (Harvey Leibenstein) が考えたように追加的な子供をもつことによって得られる効用が高いがゆえに多くなり、また自然潜在供給力が低いがゆえに希望する子供の数は多くなる。実際の子供の数は自然潜在力により規定され、親が希望(需要)する数よりも少なくなる。ゆえに需要超過の状態になっている。発展段階が進展するに伴って栄養状態、医療・衛生技術の改善から子供の自然潜在供給力は上昇する。逆に親の希望する子供の数は効用の減少と不効用の増加から減少する。m 点以降は親が希望しない子供、つまり超過供

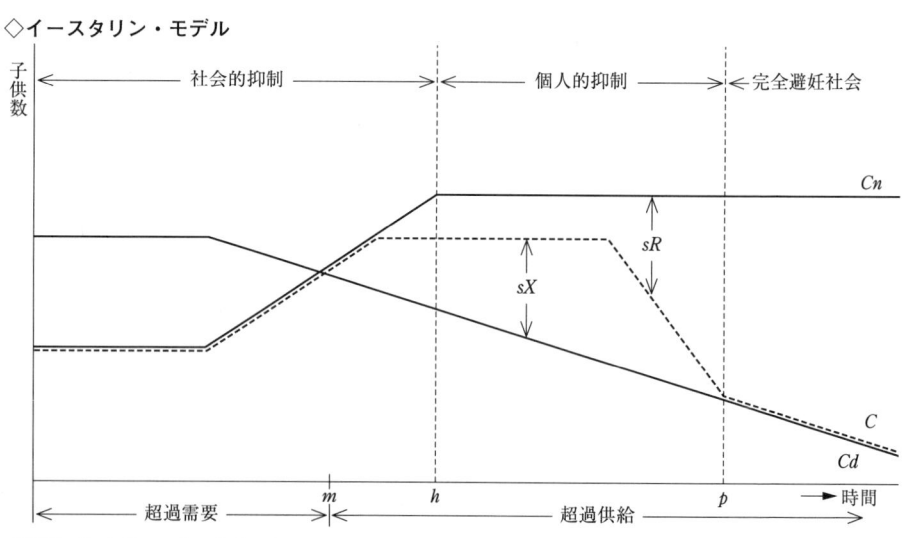

◇イースタリン・モデル

(出所) R. A. Easterlin, "The Economics and Sociology of Fertility : a Synthesis," in C. Tilly, ed., *Historical Studies of Changing Fertility*. N. J. : Princeton University Press, 1978.

給 sX が生じる。超過供給の初期段階（m と h 間）では、出生調整を行う費用が希望しない子供の不効用よりも大きく、実際の子供の数は自然潜在供給力に規定される。しかし h を超えると希望しない子供の不効用が出生力調整費用を上回り、出生が自発的に調整されるようになる。したがって実際の子供の数は次第に親が希望する数へと向かう。sR は出生力調整により生まれなかった子供の数である。しかし出生力調整費用が無視しうるほどに小さくなるまでは希望しない子供が存続する。発展に伴う所得増加により調整費用が小さくなり、p 点以降に実際の子供の数と親が希望する子供の数が避妊などの結果、一致することになる。

イースタリン・モデルでは、発展の初期段階では社会・生物学的メカニズムが作用する自然潜在出生力により出生力が調整され、近代化とともに出生力の調整は社会的抑制から個人的抑制へと転換する、と考えられている。伝統的な規範に支配された出生力決定メカニズムが、個人による決定メカニズムに変貌していく過程を示している。またイースタリンは、出生力の経済学が対象とする出生力抑制の動機付け、その方法、媒介変数（性交頻度、自発的禁欲、避妊方法など）は先進国の状況を説明できるだけであり、子供の数に関して超過需要が存在する発展の初期段階では社会学的接近が必要である、と主張する。図の h の左側が社会学の領域であり、右側が経済学の領域である。ゆえに長期的な人口動態分析は社会学と経済学の両面から行わなければならないとみなしている。この分析は発展途上国の人口分析に有効であり、また家族計画による調整費用の削減は m、h、p 点の間隔を狭め、政策的な人口転換への可能性を高める。イースタリンの分析は経済的要因に社会的、生物学的要因を含めており、人口推移は社会の総合的な変化であると考えるならば、分析的な興味だけでなく人口急増により困難を極めている発展途上国分析に有効であるといえよう。　　　　　　　　　　［梶原弘和］

【関連項目】　ライベンシュタイン・モデル、ベッカー・モデル、経済人口学

【参考文献】　大淵寛、森岡仁『経済人口学』新評論、1981年。／石南國『人口論―歴史・理論・統計・政策』創成社、1993年。／梶原弘和、武田晋一、孟建軍『経済発展と人口動態』（東アジア長期経済統計シリーズ第2巻）勁草書房、2000年。

イスラエルとパレスチナ
Israel and Palestine

第1次世界大戦で枢軸国側についたオスマントルコは敗戦国となって崩壊、アナトリア半島を除いた領土は独立、あるいは国際連盟委任統治領という形で戦勝国の管理下におかれることになった。パレスチナは1923年から英国委任統治領となったが、1947年、英国は国際連合にパレスチナ委任統治領を委ねた。これを受けて国連は、アラブ国家、ユダヤ国家、聖地エルサレム特別管理地区のパレスチナ3分割決議を採択、翌1948年イスラエル国家が樹立された。イスラエル領土はパレスチナ全土の57%だったが、その多くは住民の希薄な砂漠地帯であった。だがイスラエルの国家樹立に伴い、大量のパレスチナ住民は追放され大量難民となって国際問題化し、現在もなお解決されていない。

パレスチナ領土をめぐるアラブ・イスラエルの戦争は中東戦争と呼ばれ、第1次（1948年）、第3次（1967年）、第4次（1973年）と戦われた。パレスチナ人による対イスラエル闘争は1964年のPLO結成から始まった。1982年、イスラエルによるレバノン侵攻作戦が実施され、PLOを初めとするパレスチナ闘争組織はレバノン、ヨルダンから追放され、アラブ各国へと分散された。そうした中、1987年から、パレスチナ民衆の蜂起（インティファーダ）が始まり、PLOなどの国外組織とは一線を画した闘争形態がパレスチナ住民の支持を得て拡大していった。中でもイスラム指導者アフマド・ヤースィン（Sheikh Ahmed Yassin）を精神的師とするハマス組織の伸張が目立った。1991年イラクのクウェート侵略を支持したアラファト（Yasir Arafat）はアラブ穏健諸国の支持を失い窮地に追い込まれた結果、1993年、ガザ地区とヨルダン西岸の一部を領土とするパレスチナ暫定自治国家樹立を盛り込んだイスラエル、パレススチナ共存を目指すオスロ合意を受諾した。これはそれまでの歴史的闘争を

放棄することであり、パレスチナ民衆は納得するわけがなく、アラファトはパレスチナ過激派を統制できなかった。この結果、パレスチナ人との協定遵守への不信感がイスラエルに募り、攻撃ヘリやミサイルを使ったパレスチナ指導者暗殺や自治政府攻撃が展開される一方、パレスチナの自爆テロが行われ、両者の対立は一層激化している。　　　〔四戸潤弥〕

【関連項目】　中東地域紛争、パレスチナ和平
【参考文献】　高橋和夫『アラブとイスラエル―パレスチナ問題の構図』講談社現代新書, 1992年.

イスラム教
Islam

　ユダヤ教、キリスト教のセム民族の一神教の系譜につながる現在12億人（推定）の信者を有する世界宗教。イスラムの意味は、「アッラー（唯一神）への帰依」の意味であるが、ユダヤ教、キリスト教の一神教の系譜につながりながら、アラブ人の預言者ムハンマドを通じて啓示された教えが「イスラム」という独自の名称をもつに至った根拠は、アッラーからの啓示である聖典コーランの中の「今日、あなたたちのために、あなたたちの宗教を完全なものとし、そして私（アッラー）の恩寵をあなたたちに十二分に与えた、私はあなたたちのためにイスラムが宗教となることに満足をもって受け入れることにした」（メディナ章3節）にある。

　人類の祖アダム（アーダーム）が創造された後、アッラー（唯一神）は人類への怒りとして地上に大洪水を引き起こし、ノア（ヌーフ）一族だけを残して人類を滅亡させた。やがて、現在のイラクのウル近くに住んでいたアブラハム（イブラーヒーム）が、アッラーの啓示により、堕落した一族の宗教である多神教を否定し「一神教」に帰依、アッラーの命に従い故郷を捨てパレスチナへ向かい定住する。彼はサラ（サーラ）を母とするイサク（イスハック）とハガル（ハジャル：エジプト人奴隷女）を母とするイシュマーイル（イスマーイル）の2人の子の父となる。イサクはユダヤ人の祖となり、イシュマーイルは母ハガルとともにメッカのザムザムの泉付近に定住しアラブ人の祖となる。イサクの子ヤコブは息子ヨセフ（ユーセフ）の招きにより飢饉を逃れるため、一族を引き連れパレスチナからエジプトへ避難定住する。長い歳月が流れ、エジプトで人口が増加したユダヤの民は迫害され、神の御使いモーゼ（ムーサ）の指導によりエジプトを脱出、40年間荒野を彷徨い、パレスチナに定住する。この時モーゼに下された十戒を基礎としてユダヤの戒律が成立する。

　旧約聖書の最初の5書を「モーゼ五書」と呼ぶ。再び長い歳月が流れ、ローマ支配下のパレスチナの地にマリヤ（マルヤム）が神の精霊を宿しイエス（イーサ）が誕生する。イエスは人々に「神の愛」を伝える役目を担い、十字架により自らを犠牲とし、彼の犠牲の血により「神との新しい契約」を成立させる（新約）。これ以後、再び堕落し、610年、現在のアラビア半島にある巡礼、交易市が行われるメッカに住むムハンマドに啓示が下り、アブラハムの使命（一神教の覚醒）を再び担うことになる。アブラハムは民族を導き、イエスは愛を伝え、そしてムハンマドは福音と警告（唯一神信仰に帰依することにより現世来世の幸福を得、否定することにより滅び、死後地獄の永遠の住人となる）を伝える役割を担った。これがイスラム側の一神教の系譜の理解である。

　イスラムはアブラハム、イエスという一神教の系譜に連なる一神教の覚醒を行う役割を担った宗教である。アブラハムの子イシュマーイルの母がエジプト人であったことにより、アラブ人全体が民族として、宗教的にもアブラハムの系譜に連なることになった。

　預言者ムハンマドは570年メッカで生まれ、610年、彼が40歳の時に、メッカ郊外の高い岩山の上にあるヒラーの洞窟で瞑想している時、天使ガブリエル（ジブラーイル）が舞い降り、彼にアッラー（唯一の神様）の啓示を伝えた。驚いたムハンマドは帰宅し、妻ハディージャに事の次第を告げると、妻は従兄弟でキリスト教学者ワラカに相談した。ワラカはムハンマドが待ち望まれた約束の預言者であることを確認し、ここに名実ともに一神教の預言者ムハンマドの召命と伝道が開始される。しかし最初の啓示後の3年間は啓示が途

絶えた。再び啓示を受けた預言者ムハンマドはメッカで布教活動を拡大、通算13年間にわたって続けたが迫害は止まず、622年メディナに移住し、最初のイスラム教徒の共同体が成立した。これ以後、メッカの多神教との戦いを開始、630年メッカを征服した。632年、メディナでの10年の布教活動の後、アッラーの御許に召された。しかし彼の後継者たちは布教活動を続けるとともに、ローマ領シリア、またエジプト、ペルシャを征服し、中東、北アフリカにまたがるイスラム帝国を成立させた。その後、中央アジア、中部アフリカ、そして13世紀頃、中国、東南アジアへ布教拡大し、現在12億人の信者をもつ大宗教に発展した。　　　　　　　　　　　[四戸潤弥]

【関連項目】　シーア派、スンニー派
【参考文献】　後藤明、山内昌之編『イスラームとは何か』新書館、2003年.

イスラム銀行
Islamic Bank

　イスラム教は利子取得行為を禁止している。この教義に則って設立された銀行システムをイスラム銀行、あるいは無利子銀行と呼ぶ。1974年の中東戦争で親イスラエル国への石油禁輸措置がアラブ石油産油国を中心に実施されたが、それはまたアラブ石油産油国の石油完全国有化を進めることにもなった。その莫大な石油収入を欧米の金融システムに預けることは、利子を禁じるイスラムの教義に反するばかりか、アラブ・イスラム諸国国内での投資機会、産業育成の機会を奪い、欧米を強化することにもなるとの主張が強くなった。これは反体制勢力の体制批判にもつながった。このためサウジアラビアなどアラブ湾岸石油産油国では「無利子銀行」設立の動きが活発になった。1970年代半ばにイスラム開発銀行、ファイサルバンクなどが設立され、1980年代にはイスラム投資会社が数多く設立された。成功した銀行もあれば、乱脈経営で破産した投資会社もあるが、次第に安定した運営がなされるようになった。イスラム銀行の運営は、預金者を投資者とみて、ムダーラバ（匿名組合）による共同投資行為を行い、事業利益を分配することで利子取得行為を回避する。同時に事業者への貸し出しは銀行による投資行為として出資し、同じように事業利益を分配する。この他に銀行は金融サービスとして手数料収入を得る。設立当時は無利子銀行システムを日本では信じられない行為として嘲笑されたが、1990年代のグローバル化、金融自由化で銀行の経営基盤が厳しくなった日本では金利が0％に近い状態が続き、生命保険業務が成立しなくなるような状況で、投資プランナー会社が匿名組合方式で運営され、さらに銀行がそれまで無料が当然であった金融サービスの手数料収入を確保するようになったことをみれば、イスラムの無利子銀行が本来の投資活動の意味を再確認する状況になったといえる。そしてイスラム世界での無利子銀行システムの基本であるムダーラバが地中海で発達した冒険貸借と歴史的に深い関係にあればなおさらである。[四戸潤弥]

【関連項目】　イスラム教
【参考文献】　ムハンマド・バーキルッ＝サドル（黒井寿郎、岩井聡訳）『無利子銀行論』未知谷、1994年.

イスラム原理主義
Islamic Fundamentalism

　イスラム法にもとづいたイスラム国家樹立と、西欧のアラブ、イスラム諸国支配に聖戦をもって武装闘争するグループの理論。1973年の第4次中東戦争は、それまでの中東戦争のように「アラブの大義」としてではなく、「イスラムの大義」として戦われた。エジプト、シリア軍はサウジアラビア、リビアなどアラブ石油産油国の親イスラエル国への禁輸政策と財政支援を得ながら善戦し、第3次中東戦争でのイスラエル不敗神話を払拭した。これ以後、石油収入に裏打ちされた上からのイスラム政策と教育がイスラム諸国の学者と留学生も受け入れた形で湾岸諸国で実施され、イスラム原理主義の教育の基礎となった。
　エジプトは1979年のキャンプデービット協定を締結、イスラエルと単独和平を結び、アラブ・イスラム戦線を離脱したため、これに怒ったイスラム過激派が1982年、サダト大統領を暗殺、過激派の存在が注目を集めた。これと前後して1979年、イランにイスラム革命が起こり、イスラム法学者ホメイニ師が統治

するイスラム国家が樹立された。呼応するようにマハディー（救世主）と自称するイスラムグループが、イスラムの聖地メッカのカーバ神殿をイスラム新世紀を迎える日に占拠する事件が起こった。またソ連に対するアフガニスタンでのイスラム聖戦が開始された。

　ここで重要なことはイスラム原理主義がイラン革命を実現させたシーア派ではなく、9・11事件（米国同時多発テロ）の実行犯とされるアルカーイダ組織に代表されるようにアラブやその他のイスラム諸国の多数派スンニー派の中に存在することである。彼らは一様にアラブ諸国の現政権をイスラム法を実施しない不信仰者と断罪し、イラン・イスラム革命の成就を眼前にみて、彼ら自身でのイスラム政権樹立を目指した。イランのシーア派では法学者に従うことがイスラムの教えとなるが、多数派であるスンニー派の中に芽生えた原理主義者たちはイスラムにもとづく統治を行う為政者に忠誠（バイア）を誓って、イスラムの前衛となる形を取る。彼らは国際旅団のごとく、イスラム法による統治が行われる可能性を目指して国境を越えて活動している。

[四戸潤弥]

【関連項目】　イスラム教、シーア派、スンニー派
【参考文献】　山内昌之『「イスラム原理主義」とは何か』岩波書店、1996年.

委託加工貿易
Processing Deal Trade

　原材料を輸入して加工した製品を輸出する貿易形態である。その他に、原材料、加工品とも委託者の所有で受託者は加工賃だけを現金または原料で受け取るタイプもある。資源の乏しい国の貿易は、総じて原材料を輸入し、加工して製品を輸出する加工貿易といえる。加工貿易の原型は、産業革命以降の工業国としての宗主国と、原材料供給地であった植民地との貿易関係で始まったものである。19世紀の英国ではインド、エジプト、米国などから綿花を輸入し、これを本国で加工し再輸出する加工貿易を行った。1960年代の高度成長期の日本では、加工貿易は近年のように個々の企業の貿易形態ではなく、資源小国日本の産業構造を象徴する言葉として使われていた。原料のほとんどを輸入し、製品の多くを輸出する工業大国日本は、世界一の加工貿易国であった。

　開発途上国の工業化過程では、先進国企業が開発途上国の加工賃の安い工場に原材料、中間財を供給し、その完成品に対し加工賃を支払うことで製品を買い取る「委託加工貿易」が多くみられる。経済のグローバル化と自由貿易の進展で、加工・組立工場の最適立地を世界中に求める多国籍企業が開発途上国の安価な労働力を求めて行う取引形態である。

　加工貿易が可能な条件としては、先進国企業が要求する技術水準と生産性の保持、委託企業への納期厳守、政治的安定などが必要であるが、開発途上国における委託加工貿易では、相対的に安い労働賃金が重要な条件となる。開発途上国の立場からすると、委託加工貿易は外貨獲得が容易であり、経済発展の初期段階においては工業化推進にも大きく貢献する。一方、技術移転が進まないこと、国内産業への波及効果が小さいことが委託加工貿易の問題点としてあげられる。東アジアにおいては、韓国、台湾が積極的に加工貿易を活用することにより、いち早く高度経済成長を達成した。特に香港、台湾企業の中国広東省、福建省への企業進出と委託加工貿易の活性化は、局地経済圏としての相互補完関係の形成と中国経済発展の起爆剤として注目された。

[文　大宇]

【関連項目】　域内分業、三来一補、国際下請け生産
【参考文献】　谷浦孝雄編『アジア工業化の軌跡』アジア経済研究所、1994年.／石田浩『アジアの中の台湾』関西大学出版部、1999年.

一国両制【中国、台湾】
One Country, Two Systems

　一国両制とは、1つの国家の中に社会主義と資本主義の2つの制度の共存を容認した上で国家統合を目指すモデルのことである。一国二制度とも呼ばれる。もともとは、1980年代前半に中国が台湾との平和的統一を視野に入れて打ち出した政策である。

　国民党政府は、1949年に中国共産党との内戦に敗れて台湾に移住して以来、共産党の武力侵攻を恐れ、大陸との間の三通（通信、通

航、通商）を厳禁し、「接触せず・交渉せず・妥協せず」の「三不政策」を堅持した。

これに対して、中国は1979年の米中国交樹立後に「台湾同胞に告げる書」を発表し、「一つの中国」の原則の下に祖国統一を完成するよう呼びかけた。1981年9月には第3次国共合作に関する提案を行った。提案では、一国の中に大陸の社会主義と台湾の資本主義が並存する「一国両制」を認め、台湾を特別行政区にして高度の自治権を与えるとともに軍隊の保有も認めた。台湾側は「一国両制」を明確に否定し、台湾の政治的主体性を確保する「一国二政府」を主張した。また中台指導者の会談についても、両岸が平等な立場で交渉に臨むとの前提を崩していない。

1993年4月に、台湾側の民間交流窓口の海峡交流基金会の辜振甫（Gū Zhěnfǔ）理事長と中国側の海峡両岸関係協会の汪道涵（Wāng Dàohán）会長がシンガポールで会談し、共存のための対話を定期的に継続することで合意した。1995年1月には、中国の江沢民（Jiāng Zémín）国家主席（当時）が台湾政策に関する8項目提案を行い、同年4月に李登輝（Lǐ Dēnghuī）総統が6項目の正式回答を発表した。しかし、両指導者とも平和的統一の達成を目標とする点では共通していたものの、政治的な歩み寄りはみられなかった。さらに、1995年6月の李登輝の訪米と、同年7月、8月および1996年3月の中国による台湾海峡でのミサイル訓練の実施により、中台間の緊張が高まった。その後、1998年10月に台湾の海基会・辜振甫理事長が訪中して、中国の海協会・汪道涵会長との民間レベルのトップ会談が実現した。しかし、1999年7月の李登輝総統の「両岸関係は国家と国家の関係、少なくとも特殊な国と国の関係」といういわゆる二国論発言に対して、「一つの中国」を前提とする中国側が態度を硬化させた。また、2000年に総統に就任した陳水扁（Chén Shuǐbiǎn）も、中国側からは統一を望まない独立派とみられており、政治対話は途切れた状態となっている。

台湾との統一が進まない中で、一国両制は香港とマカオに適用された。中国は1997年7月の香港返還にあたり、香港の資本主義体制の維持を保障し、外交と国防を除く高度の自治権と言論・出版・結社の自由などを認める「一国二制度」を適用した。1998年10月のマカオ返還にあたっても、「一国二制度」が適用された。このような香港とマカオでの「一国二制度」の適用を受けて、中国側は、現在でも台湾との統一を進める方法として一国両制を提唱しているが、台湾側は両岸は対等の存在であると主張して一国両制の受け入れを一貫して拒否している。

統一に向けての政治対話が停滞する一方、台湾と中国との間の経済交流は確実に拡大している。台湾の中国向け直接投資額は、2002年に全体の5割を超えた。また、貿易面では台湾から中国への輸出が急増しており、迂回輸出を含めた輸出額では米国向けを上回った。　　　　　　　　　　　　　〔今井　宏〕

【関連項目】　国民党、三通、李登輝、陳水扁、香港返還、港人治港
【参考文献】　若林正丈, 劉進慶, 松永正義編『台湾百科』大修館書店, 1990年.／喜安幸夫『台湾の歴史』原書房, 1997年.

一般借入協定

General Arrangements to Borrow：GAB

IMF（国際通貨基金）の資金不足を補うために、1962年10月にIMFとパリ・クラブといわれる先進10カ国（米、英、西ドイツ、仏、伊、日本、カナダ、オランダ、ベルギー、スウェーデン）との間で締結された総額60億ドルのスタンドバイ・クレジット方式による借入れ取り決め。協定参加国は、あらかじめ設定された金額と期間の範囲内で自国通貨をIMFに貸し付ける約束をする。本協定が1960年代に締結された背景には、ドル不安の問題があった。IMFは、設立当初はドルで貸付けを行っていたが、トリフィン（Robert Triffin）の「流動性ジレンマ論」が注目されたように、ドルの信認低下問題が生じたためにドル以外の通貨が必要になった。米国の国際収支赤字が慢性的に拡大し、ドルの過剰流動性が発生しつつあった。当時、米国は金1オンス＝35ドルで通貨当局に対してのみ金交換を実施する制度を維持していた。しかし、海外で保有されるドルの量が米国の金保有量を上回るようになり、交換性

に疑念が生じてドルの信認が低下した。その ため、強い通貨を有する国にドル資金が投機 的な移動を始め、国際金融情勢は不安定化し たのであった。

このことから本協定は、当初、ドルの信認 低下問題および協定参加国の投機的資本移動 に伴う流動性危機に対処することを目的とし ていた。しかし、その後、第2次石油ショッ クや米国の高金利・ドル高政策により開発途 上諸国の累積債務問題が危機的状況に瀕した ため、協定の枠組みを拡大・改組する必要が 出てきた。1983年1月の10カ国蔵相会議で改 革案が発表され、同年12月に発効した。新協 定では、スイスの加盟が認められるととも に、信用供与枠が11カ国で170億SDRへと拡 大された。また、協定参加国以外の国への貸 付けも認められることになった。同改革案で は、GABと同様の条件で資金提供をする国 が出てくることを期待する声明が出され、サ ウジアラビアの参加を歓迎した。サウジアラ ビアをも含めた12カ国における信用供与枠は 総額185億SDRとなった。さらに、1997年に は本協定を補完するものとして、新規借入協 定（New Arrangements to Borrow）が締 結された。　　　　　　　　　　［徳原 悟］

【関連項目】　スタンドバイ協定、対外債務危機／債務削 減戦略、国際開発金融機関の融資制度、SDR
【参考文献】　ロバート・トリフィン（村野孝，小島清監 訳）『金とドルの危機—新国際通貨制度の提案』勁草書 房, 1961年.／西村閑也, 小野朝男編『国際金融論入門 （第3版）』有斐閣, 1989年.／滝沢健三『国際通貨入門』 有斐閣, 1992年.

一般均衡理論
General Equilibrium Theory

一般均衡理論とは、すべての財およびサー ビスの市場均衡について、それらの相互依存 関係を同時に分析するためのものであり、ワ ルラス（Marie Esprit Léon Walras）、パレ ート（Vilfredo Pareto）、エッジワース （Francis Ysidro Edgeworth）によって創始 され、アロー（Kenneth Joseph Arrow）、 デブリュー（Gerard Debreu）、ゲール （David Gale）、二階堂副包らによって精緻 化された。一般均衡理論は、他の条件を一定 として特定の財の市場均衡についてのみ分析 する部分均衡理論とは対照的な概念である。 ここでは、一般均衡理論のフレーム・ワーク に従って、2財、2消費者の純粋交換モデル を説明してみよう。

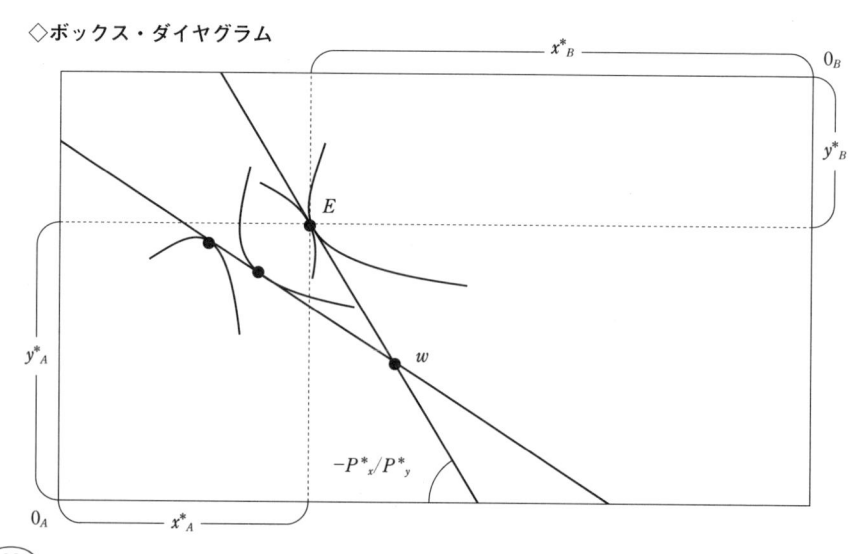

A と B の2人の消費者のみからなる社会 を考えてみよう。この社会では、消費者 A と B は、自身が初期時点で保有している x 財、y 財を相互に交換することによって消費 活動を行っている。消費者 A が初期時点で 保有している x 財、y 財は、消費者 A の初 期保有量 w_A $(\overline{x_A}, \overline{y_A})$ と表わされる。ま

◇ボックス・ダイヤグラム

た、同様に、消費者Bの初期保有量は w_B $(\overline{x_B}, \overline{y_B})$ と表わされる。x 財の価格を p_x、y 財の価格を p_y とすれば、消費者 A、消費者 B の予算制約式はそれぞれ、以下のように表わされる。

$$p_x x + p_y y = p_x \overline{x_A} + p_y \overline{y_A} \cdots\cdots\cdots\cdots ①$$
$$p_x x + p_y y = p_x \overline{x_B} + P_y \overline{y_B} \cdots\cdots\cdots\cdots ②$$

消費者 A と消費者 B の消費選択をエッジワースのボックス・ダイアグラムを使用して表わしてみよう。ボックス・ダイアグラムの横軸にはこの社会に存在するすべての x 財の量が、縦軸にはこの社会に存在するすべての y 財の量がとられている。また、消費者 A については左下の原点 0_A から、消費者 B については右上の原点 0_B から、その消費活動を観察することが可能である。図においては、それぞれの消費者の効用水準は右下がりの無差別曲線によって示される。また、それぞれの消費者の初期保有量は w 点で表わされる。それぞれの消費者は、効用を最大化するように消費活動を行い、それゆえ無差別曲線と予算制約線が接する点で消費量が決定される。この社会の需給均衡が達成されるのは、x 財の価格が p^*_x、y 財の価格が p^*_y の時に、消費者 A と消費者 B の無差別曲線が接する E 点となる。この場合、消費者 A は x 財を供給して y 財を需要しており、逆に消費者 B は y 財を供給して x 財を需要しており、社会全体の需給と供給が均衡している。需給均衡点 E は、競争均衡もしくはワルラス均衡と呼ばれており、パレート最適条件を満たしている。

[森脇祥太]

【関連項目】 部分均衡理論、予算制約式、無差別曲線、パレート最適

【参考文献】 西村和雄『ミクロ経済学』東洋経済新報社、1990年。／武隈慎一『ミクロ経済学 増補版』新世社、1999年。

一般特恵関税
Generalized System of Preferences: GSP

一般特恵関税は先進国が開発途上国から輸入する産品に対して、無差別かつ一方的(非互恵的)に最恵国関税よりも低い関税率を適用する制度である。これは開発途上国の輸出拡大と輸出所得の増加、工業化の促進および経済発展を支援するために設けられた制度である。一般特恵関税は、一定の条件を満たした開発途上国のすべてに対して等しく適用し、受益国は開発途上国のみである。さらに、この制度は先進国からの一方的な供与であるという特徴をもつ。すなわち、一般特恵関税の実施にあたって、受益国の認定は供与国に任されている。

同制度は国連貿易開発会議(UNCTAD)において、南北問題解決の一つの手段として先進国から開発途上国に対し一方的に便益を与える特別の措置として検討がなされ、制度の枠組みが合意された。先進国の中ではオーストリアが1966年から小規模な特恵制度を独自に実施していたが、1974年に新しい体制で再スタートした。ECと日本は1971年、カナダは1974年から開始され、米国も1976年から実施した。現在は多くの先進国が同制度を導入している。

一般特恵関税制度は、次のようなメカニズムを通じて開発途上国の輸出拡大に貢献して

◇日本の特恵関税措置の内容

	農水産品	鉱工業産品
対象品目	特定の品目を選定し、その品目に対して特恵関税を供与。約340品目	石油、毛皮など一部の例外商品を除き、原則としてすべての品目に特恵関税を供与。約3300品目
特恵税率	個々の品目ごとに一般の関税率より引き下げ	1) 原則として無税 2) ただし、シーリング対象品目は無税または一般税率の20%、40%、60%、80%
特恵停止方法	エスケープ・クローズ方式：国内産業に損害を与える等の場合に、政令で特恵適用を停止	1) エスケープ・クローズ方式：同左 2) シーリング方式：年度当初に一定の品目ごとに特恵適用限度額または限度数量を設定。それを超えた場合には自動的に特恵適用を停止

(出所) 外務省ホームページ「分野別外交政策－経済」(http://www.mofa.go.jp/mofaj/gaiko/)

いる。第1は、貿易創造効果である。開発途上国からの輸入品の関税負担低下が先進国内での価格低下をもたらし需要を拡大することにより、先進国の輸入全体が増大するという効果である。第2は、一般特恵関税により開発途上国からの輸入品が他の先進国からの輸入品に比べて相対的に競争力をもつため、先進国から開発途上国への輸入シフト要因が生じるという効果である。以上は関税率変化による開発途上国の輸出拡大効果であるが、これに加えて先進国企業が一般特恵制度を利用して他の先進国への迂回輸出を拡大するため、開発途上国に直接投資や技術移転を行い、これが開発途上国の産業発展を促進する投資効果も重要である。外国企業であっても開発途上国内に進出して生産、輸出活動を行えば、地場企業と同様に一般特恵関税の利益を享受することができるため、輸出志向型の外国企業の開発途上国向け直接投資が加速される。

　一般特恵関税はほとんどの開発途上国に対し供与されているが、事実上、同制度の利益を受けるのは、輸出能力が高い開発途上国である。したがって、1980年代に世界の工場として高い生産力と輸出能力をもつNIESが、一般特恵関税制度から大きな利益を受けたと推測される。実際、1980年代におけるOECD特恵供与国の特恵輸入はNIESからが最も多く、シンガポールを除く韓国、台湾、香港からの特恵輸入の伸び率は全輸入のそれを上回っていた。

　現在（2003年）、日本の特恵関税制度を受けている国・地域は148カ国、15地域である。他に、1980年より日本は後発開発途上国（LDC）に対する特別特恵措置を導入している。これは後発開発途上国の47カ国に対して特恵対象品目すべてに加え、さらに特別特恵対象品目（約1200品目）を指定して無税、無枠の措置を供与しているものである。

〔文　大字〕

【関連項目】　国連貿易開発会議、南北問題
【参考文献】　平川均『NIES』同文舘、1992年．／新堀聡『ウルグアイ・ラウンド後の世界の貿易体制と貿易政策』三嶺書房、1994年．／白石孝『グローバリズムとリージョナリズム—新たな世界貿易秩序への模索』勁草書房、1995年．

移転価格操作
Transfer Pricing

　移転価格とは、財、サービス、技術などを多国籍企業内部で取引するために設定される移転価格を全体の利潤の最大化を目的として、市場で自由に取引される場合の価格（arm's length price）とは異なる水準に設定することをいう。例えば、ある国の法人税率が他の国よりも高いとしよう。ある国の子会社から他の国の子会社へと財、サービス、技術などが販売される場合、移転価格操作によって高水準の価格設定を行えば、より法人税率の低い他の国の子会社の売上高を大きくすることが可能となる。多国籍企業は、法人税率の低い国や地域に海外子会社を設置し、移転価格操作によって売上高を高めて、法人税の軽減を図る場合もある。

　また、ある国の子会社から他の国の子会社に対して資金援助を行う場合、資金移転に伴う制約が問題となる場合が多い。その場合、ある国の子会社から他の国の子会社への販売価格を低い水準に設定することによって、そのような制約を無効化することも可能となる。多国籍企業は、各国間の法人税率の相違や資金援助以外に関しても、例えば、各国間の関税率や輸出補助金額の相違に対応して有効に移転価格を活用している。このような多国籍企業の行動に対抗するために、例えば、米国では内国歳入法第482項、英国では法人所得税法第485項が制定されており、国税当局に、移転価格を調節した場合の企業収益に対して課税を行うことができるような権限が与えられている。そのような国家による対抗策や厳しい監視が行われるようになった結果、現在においては、市場価格と極端にかけ離れた水準に移転価格を設定することは、困難になった。

〔森脇祥太〕

【関連項目】　多国籍企業
【参考文献】　江夏健一『多国籍企業要論』文眞堂、1984年．／今木秀和「財務戦略」車戸實編『国際経営論』八千代出版、1989年．

移動平均
Moving Average

　時系列データについて、前後のデータの平均を求めることで不必要な変動を除去し、滑

らかな傾向線（トレンド・ライン）を得るための方法。　　　　　　　　　　［白砂堤津耶］

インデクセーション
Indexation

インフレーションによって、賃金、年金、貯蓄、金利、債務などの実質価値は低下するが、これらの実質価値を保全するために物価上昇率に合わせて名目額を調整する政策のこと。物価スライド制ともいわれ、賃金インデクセーションはその代表的なものである。インフレーションとは貨幣の購買力の低下であるから、所得額は変わらなくとも、財貨の購入量は以前よりも低下する。そこで所得をインフレ上昇率分だけ上乗せすれば、購買力は維持される。

ただし、賃金インデクセーションによって名目賃金額が増加するため、所得税の負担が上昇することがある。その場合には、物価調整減税等の減税措置が実施されなければ、実質所得は減少してしまう。また、物価変動の影響は、年金受給者にも及ぶ。現在、日本ではデフレ（物価下落）が進んでいるため、貨幣の購買力は一般的にみて上がっているといえる。そのため、年金支給額を減額する措置が実施されている。金利・債務なども名目値では固定されているため、インフレ率が上昇すると債務者の金利や債務負担が軽減される。債権者は購買力の低い貨幣で返済されることになり、債務者利得となる。

1920年代にドイツで発生したハイパーインフレ時には、債務者からの返済を逃れるために、債権者の方が雲隠れをしたというエピソードもある。このようなインデクセーションは、開発途上諸国、特にインフレ率の高い中南米諸国ではインフレヘッジ手段としての重要な役割をもっている。インフレーションは経済取引に伴う貨幣の受領者と債権者には損失をもたらし、支払者や債務者には利益をもたらす。つまり、インフレーション下では、貨幣はババ抜きのババであり、貨幣から財への選好が高まるにつれて実体経済にもその影響が伝播する。しかし、インデクセーション政策が実施されるならば、インフレがもたらす所得分配や実物経済への影響も軽減される。

[徳原　悟]

【関連項目】　ハイパーインフレーション、シニョーレッジ、金融抑圧／金融抑制、政府債務
【参考文献】　John Williamson (ed), *Inflation and Indexation : Argentina, Brazil, and Israel*. Washington D. C. : Institute for International Economics, 1985. ／奥田英信・黒柳雅明編『入門　開発金融―理論と政策』日本評論社、1998年.

インド国民会議派
Indian National Congress Party

インド国民会議派（以下、会議派と略称）は、インドの独立運動を指導し、また独立後、1947〜77年、1980〜89年、1991〜96年の期間、政権党として中央政府を担ってきたインドを代表する政党である。会議派の起源は、1885年11月、ボンベイ（現、ムンバイ）で開催されたインド国民会議に求められる。この会議は、インド人に発言の機会を与えて、英国のインド植民地支配に対するインド人の不満を解消することを狙いとしたもので、当初は年1回開催されるだけの「会議」に過ぎなかった。会議派を担った人々は、知的専門職を中核とした穏健な中産階級であり、1885〜1905年の期間中、会議の議長16人中、11人が弁護士によって占められていた。

20世紀に入ると、民族意識が高揚し、1906年の会議ではスワラージ（自治）の達成が綱領として採択された。インド国民会議は単なる「会議」の場にとどまらず、持続的な民族運動を展開する組織として機能することになった。さまざまな社会問題を抱える中でのスワラージの達成をめぐって、ゴーカレー（Gopal Krishna Gokhale）ら穏健派とティラク（Bal Gangadhar Tilak）ら急進派の対立が生じた。前者はまず社会改革に取り組み、その上で独立達成を目指すべきだとする考え方であり、後者は独立達成を優先すべきであり、社会改革はその後でも可能であるとする考え方である。

こうした状況下で忽然と両者を糾合し、会議派を大衆化して国民組織体に改組したのがマハトマ・ガンディー（Mahatma Gandhi）であった。1920年のナーガプール大会以降、政党としての組織、性格をもつようになった。ガンディーは言語別の州会議派組織を

形成し、会議派支部を都市から農村レベルまで設け、役員選挙手続きも確立した。会議派を核として、婦人、福祉、学生、労働など各種運動が徐々に組織的に展開されるようになった。自治獲得を目指して展開されたのが、1919年に始まる対英不服従運動であり、それは「非暴力」を指針とするものであった。1930～34年の第2回目の対英不服従運動を経て、1942年には英国は「インドから出てゆけ」(Quit India)の運動が展開された。

独立後、インドでは議会制民主主義が確立されたが、これはさまざまな階層やグループを包含し、世俗主義を標榜する会議派の一党優位性の下で政治的安定性が維持されたことに負うところが多い。会議派の権威に翳りが生じるようになったのは、1962年の中印国境紛争で敗北を喫してからのことである。独立以前、会議派では分権化と中央でのリーダーシップ発揮を両立させ、全体を一つにまとめあげる営みが展開された。しかし独立後、そうした営みは後退し、許認可制度の下で政治家の汚職が蔓延するとともに、党首の独善が優先される「私党化」が進行した。こうした傾向が顕著になったのはインディラ・ガンディー政権が誕生してからであり、1972年以降、党組織選挙は実施されないままになっている。

インディラ・ガンディー(Indira Gandhi)の中央集権的な党運営は、1969年に会議派を分裂させ、少数与党に追い込んだ。1975年には、ガンディー首相自身の当選無効という有罪判決に伴う政治的混乱を理由に、非常事態宣言を発令した。議会制民主主義の原則にもとる一党独裁の道を開いたことが裏目に出て、1977年の第6回総選挙で会議派は大敗し、ジャナタ党に政権の座を明け渡し、1978年には会議派は再分裂した。その後1980年1月の第7回総選挙で会議派は勝利を収め、インディラが政権の座に返り咲いた。1984年10月のインディラ暗殺に伴い、長男ラジーヴ(Rajiv Gandhi)が政権を引き継いだ。当初、ラジーヴは清新なイメージでもって国民的人気を博していたが、汚職や稚拙な政治運営が災いし、1989年の第8回総選挙で敗北し、会議派は再び野に下った。ラジーヴ暗殺直後の1991年6月の第9回総選挙で、長老のナラシンハ・ラオ(Narasimha Rao)を担いだ会議派は第1党に躍り出て、連立政権を成立させた。ラオ政権は1991年7月に「新経済政策」を導入し、インドに本格的な経済自由化時代をもたらしたが、1996年5月の第10回総選挙で敗北し、爾来、会議派は政権の座から遠ざかっている。　　　　[小島　眞]

【関連項目】ガンディー(マハトマ)、ネルー、ガンディー(インディラ)、ガンディー(ラジーヴ)
【参考文献】堀本武功『インド現代政治史』刀水書房, 1997年。／広瀬崇子編『10億人の民主主義』御茶の水書房, 2001年。

インド人民党
Bharatiya Janata Party: BJP

インド最大の全国政党の一つである。BJPの前身は、1905年に結成されたヒンドゥー大連合の流れを汲む大衆連盟(ジャン・サング：1951年結成)であり、1977年のジャナタ党結成に合流した後、1980年にBJPとして再登場した。BJPの精神的バックボーンをなしているのが、非政治組織を装いながら、訓練キャンプを設置し、ヒンドゥー教徒としての規律、誇り、闘争心を鼓吹する団体である民族義勇団(RSS)である。1980年の総選挙で、BJPは2議席の獲得にとどまったが、多くの州で党組織を固め、RSSの支持を仰ぎながら徐々に北部から西部を中心に支持地盤を拡大し、急速に議席を伸ばしてきた。1996年5月の第10回総選挙ではわずか2週間であるが、アタル・ビハリ・バジパイ(Atal Bihari Vajpayee)政権を誕生させ、その後1998年3月の第11回総選挙で再びバジパイ連立政権を誕生させ、政権党としての地位を確保するに至っている。

BJPとその支持母体はヒンドゥー復興主義を標榜し、インドは本質的にヒンドゥー社会の国家であり、そのためヒンドゥー教徒の価値観と願望が国家に反映されるべきであるとの立場を明確にしている。BJPは強硬派と知られるラル・クリシュナ・アドバニ(Lal Krishna Advani)(バジパイ政権の内相兼副首相)を中核として、アヨーディア解放運動(ラーマ生誕地とされるアヨーディアにてラーマ寺院を復元しようとする運動であり、同

一場所に16世紀よりイスラム寺院が建立された）を通じて1980年代後半より党勢を急速に拡大した。BJPの支持層は、社会経済的には上中位カースト、高学歴、都市部住民であり、職業別では中小企業経営者、商店主、専門職、管理職などである。

対外的には、1998年に核実験を指導し、強国インドのイメージを対外的に示す一方、現実主義的外交を展開している。国内面では政権党として、BJPは多様な諸階層からの支持を得ることが要求され、当初のヒンドゥー至上主義的要素は抑制される傾向にある。経済面では、雇用確保上、各種既得権に考慮しつつも、グローバリゼーションの下でインド経済の競争力を高める政策を志向している。

[小島　眞]

【参考文献】　スティーヴン・P.コーエン（堀本武功訳）『アメリカはなぜ台頭するインドに注目するのか―台頭する大国』明石書店, 2003年.

インドネシア援助国会議／インドネシア支援国会合

Inter-Governmental Group on Indonesia : IGGI, Consultative Group on Indonesia : CGI

IGGIは、インドネシアの経済再建を支援するために、先進諸国や国際機関がインドネシアの開発計画、開発プロジェクトなどについて意見交換や援助の協調を図るための会議であり、1967年に第1回会議がオランダで開かれた。

IGGIを通じて、1970年代にインドネシアに対して資金援助が行われた。しかし、1983年に国際石油価格の暴落によってインドネシアの国際収支が急激に悪化したために、IGGIの支援はもっぱら国際収支の改善を目的としたものとなった。

1990年代に入り、東チモールをめぐる対立からインドネシアとオランダの関係が悪化し、1992年3月、インドネシア政府はIGGIの議長を務めていたオランダからの援助を拒否すると発表した。これによってIGGIは事実上機能を停止し、代替として世界銀行を議長とするCGIが開催されることになり、1992年7月に第1回会議が開かれた。

CGIの支援額は、年間50億ドル前後で推移してきたが、アジア通貨危機の影響によってインドネシアの国際収支が危機的状況に陥った1998年度（1998年4月～1999年3月）には、79億ドルの支援が実施された。1998年度以降、主要債権国会議（パリクラブ）において公的対外債務の返済繰り延べが実施されていることもあり、CGIの支援額は減少し、2002年度（1～12月）は31億ドルにとどまった。このうち、アジア開発銀行（ADB）、世界銀行、日本の3機関・国が9割強を供与している。2002年末時点でのCGIの主要構成メンバーは、世界銀行、IMF、ADB、UNDP（国連開発計画）、OECD、EUなどの国際機関と、日本、米国、オランダ、英国、ドイツ、スペイン、韓国などである。

[坂東達郎]

【関連項目】　アジア経済危機
【参考文献】　黒岩郁雄編『アジア通貨危機と援助政策：インドネシアの課題と展望』日本貿易振興会アジア経済研究所, 2002年.

インドネシア銀行再建庁

Indonesian Bank Restructuring Agency : IBRA

IBRAは、危機に陥ったインドネシアの金融システム再建のため、1998年1月、財務省傘下の独立機関として設立された。6年間の時限立法で設立され、2004年2月までの解散を前提としている。①銀行の整理・統合を行う銀行再編部（BRU）、②営業停止あるいは清算された銀行の資産を管理する資産管理部（AMI）、③不良債権と担保の処理を行う債権管理部（AMC）の主要3部門と、④リスク・マネジメント部（RM）、⑤システム支援・総務部（ADM）の合計5部門から構成されている。

IBRAが設立された背景には、インドネシアにおける金融危機の発生がある。1997年11月、インドネシア政府はIMFとの合意にもとづいて地場銀行16行を閉鎖した。しかし預金者保護が不十分であったために預金者の不信感が高まり、多くの銀行で取り付けが発生した。さらに1998年10月には商業銀行全体が債務超過に陥り、金融仲介機能が全面的に停止する事態となった。このような状況の中で、銀行から移管された不良債権ならびに傘下に入った問題銀行を一定期間管理した上

で、民間セクターに返還することを目的としてIBRAが設立された。

　IBRAの活動を振り返ると、1998年1月の発足後ただちに銀行の整理・統合に着手、1996年末に239行あった銀行数が1998年末には208行に減少した。1998年末からは、国際監査法人による自己資本比率の監査が実施された。自己資本比率の高さに応じて、自力再建、資本注入、閉鎖のいずれかの措置がとられることになり、13行が国有化され27行が資本注入を受けた。こうした一連の措置によって、2002年には141行に整理された。IBRAに移管された資産総額は額面で約550兆ルピア、名目GDPの約4割に上った。　［坂東達郎］

【関連項目】　アジア経済危機
【参考文献】　佐藤百合編『インドネシア資料データ集：スハルト政権崩壊からメガワティ政権誕生まで』日本貿易振興会アジア経済研究所，2001年．／The Indonesian Bank Restructuring Agency Home Page (http://www.bppn.go.id)．／財務省ホームページ (http://www.mof.go.jp)．

インドネシア債務再建庁
Indonesian Debt Restructuring Agency : INDRA

　INDRAは、民間企業の過重な対外債務を処理し経営を再建させるために、フランクフルト合意に基づきインドネシア政府により1998年5月に設立された債務処理機関である。

　INDRAは、対外債務を抱える民間企業と債権者である海外金融機関との間に入り、①8年以上の債務繰り延べの合意を促す、②為替レートを確定することによって外貨建て債務のルピア相当額を確定する、③債務者はINDRAに対してルピア建てで元利金を返済する、④INDRAは債権者にドル建てで返済するというスキームである。すなわち、インドネシア政府が為替変動リスクを負うことによって、為替レートの変動により民間企業が対外債務の返済不能に陥ることを防ぐことを目的としている。

　しかし、INDRAは1998年8月に業務を開始したものの、1999年6月に国営証券会社ダナレクサがこれを利用したのが唯一の例であり、事実上、業務が停止している。INDRAが機能していない理由として、INDRAへの参加が任意であること、債権者にとって債務者の返済能力に関する情報開示が不十分であること、債務者にとってルピア建ての返済額が通貨危機前と比べて大幅に増加したことなど、債権者・債務者双方にとってメリットが大きくないことがあげられる。

　一方、政府は、対外債務を抱える民間企業と海外の債権者との間の法廷外での債務処理を進めている。1998年8月に新破産法が制定され、これに合わせて同年9月には世界銀行の支援の下、「ジャカルタ・イニシアチブ」という債務交渉の枠組みがつくられた。ジャカルタ・イニシアチブにおける債権者と債務者間の合意は、債務繰り延べや債務削減などインドネシア側の意向が強く反映されたものとなっており、INDRAに代わって民間債務リストラの成果をあげている。　［坂東達郎］

【関連項目】　インドネシア銀行再建庁
【参考文献】　川村晃一「経済危機の深化とスハルト体制の崩壊」アジア経済研究所『アジア動向年報1999』日本貿易振興会アジア経済研究所，1999年．

インドネシア支援国会合
⇨インドネシア援助国会議／インドネシア支援国会合

インドネシア石油公社
⇨プルタミナ

インド・パキスタン戦争
Indian-Pakistan Wars

　1947年8月にインドとパキスタンは分離独立した。しかしこれは、前年8月にヒンドゥー・ムスリム宗派間で暴動が発生し、ヒンドゥー・ムスリム双方に不信と憎しみを生じさせた中で達成されたものであった。両国間の対立は、建国理念の相違にも由来している。ヒンドゥー教以外にも多くの宗教を抱えるインドは世俗主義を国是としているのに対して、パキスタンはイスラム国家を標榜している。これまで印パ両国は、3度にわたる大規模な戦争に突入した。第1次印パ戦争は、分離独立直後の1947年10月、カシミールの帰属問題をめぐって勃発した。カシミールはムスリム住民が多数を占める地域である。インドとパキスタンのいずれに帰属するか、いまだ

態度を明確にしていなかった矢先、パキスタンの支援を受けた武装勢力がカシミール渓谷に侵入し、支配を広げたため、カシミール藩王（ヒンドゥー教徒）はインド軍の支援を要請し、印パ両軍が直接戦火を交えた。1948年12月末、国連の調停で停戦が成立した。1965年の第2次印パ戦争は、カシミール帰属問題が引き金となり、西部戦線を中心に両国間での全面戦争に発展した。しかし、英米両国の停戦圧力などで、国連安保理事会の停戦決議を受諾した。

　第3次印パ戦争は、バングラデシュ独立をめぐっての印パ両軍の衝突である。1970年12月の総選挙で東パキスタンのアワミ連盟が過半数を制し、パキスタンからの独立を主張したため、パキスタン軍が武力でもって鎮圧し、大量の犠牲者とインドへの難民を生み出した。東西パキスタンの分断を願っていたインドは、バングラデシュ独立を支援すべく、1971年12月、軍事介入した。西部戦線でも印パ両軍は衝突したが、同年12月、パキスタン軍は東パキスタンから撤退し、停戦を受け入れ、1972年1月、バングラデシュで新政府が発足した。印パ両国の間には依然としてカシミール問題を紛争の火種として抱えており、厳しい対立状態が続いている。　　　［小島　眞］

【関連項目】　カシミール問題
【参考文献】　岡本幸治、木村雅昭編『南アジア』同文館、1994年。

インナーシティ問題
Inner-city Problems

　バーグ（L. van den Berg）とクラッセン（D. R. Klassen）は、欧米の大都市圏の動向をもとにして、都市の成長過程を都市圏人口の空間配置の観点から次の4段階にモデル化した。①都市化（Urbanization）、②郊外化（Suburbanization）、③反都市化（Counter-urbanization）、④再都市化（Reurbanization）。最初の段階は、工業化の初期に典型的な都市化であり、非都市圏から都市圏への人口移動が生じる。第2段階は、いわば分散型都市化の段階であり、非都市圏からの流入により都市圏の成長は続くが、都心より都市圏郊外の成長率が目立つ。いわゆるスプロール化現象の兆候がみえてくるのがこの時期である。スプロール化は大都市圏の郊外に進展する無計画な市街化現象であり、わが国では鉄道の路線に沿って遠隔化した。都心のドーナツ化現象、すなわち就業目的の昼間人口の増加と夜間人口の減少が同時に生じてくる。第3段階に入ると、都心部の人口減少が顕著になり都市圏全体でも人口減少に転じる。スプロール化現象のピークといってよい時期である。その一方で、インナーシティ問題がこの時期顕在化してくる。最後の第4段階に入ると、都市圏全体では依然として人口減少が継続するが、都心部の減少率が低下し、時には人口増に転じるところが現われてくる。

　米国では1960年代から1970年代にかけて、またヨーロッパでは1970年代後半から1980年代にかけて反都市化傾向が顕著になり、「インナーシティ」あるいは「インナーエリア」問題などという表現により、「都市の危機」、「都市の衰退」現象が注目を集めた。特に注目されたのが財政危機に陥ったニューヨークと、暴動、放火事件の発生した英国諸都市であるが、その他ヨーロッパ都市においても類似の問題が顕在化した。インナーシティ問題を構成する要素として、①都心の雇用、特に製造業の郊外移転による雇用減少、②建物の老朽化、③高い失業率と低賃金、貧困層の密集、④マイノリティ人口の集中があげられる。その後欧米では地方自治体による再開発事業、民間セクターによる住宅再開発（Gentrification）、居住者や企業に対する税制優遇の結果、最悪の事態を脱し、第4の再都市化の段階に入った。しかし、その背景は、単なる自治体レベルの対応ではなく、世界的規模の金融センター化や世界的企業の本社機能の立地など、経済のグローバル化の流れが都心回帰を促したのである。確かに人口変動の観点からいえば日本もこの4段階を経過しつつあるが、日本のインナーシティ問題は欧米諸国で生じたような都市の衰退ともいえる深刻な状況にはない。1980年代半ば以降に顕在化した都心の空洞化、業務地化に貢献した要素は、異常ともいえる地価高騰による人口流出であり、これは東京型（日本型）インナーシティ問題ということができる。ただ

し徐々にではあるが東京都心東部周辺の下町地区（台東、墨田、荒川、北区）における製造業の衰退や、新宿、池袋などへの外国人の流入、集住の進展など、緩やかではあるが欧米型インナーシティ問題発生の兆しがある。

［新田目夏実］

【参考文献】 高橋勇悦編『大都市社会のリストラクチャリング―東京のインナーシティ問題』東京都立大学出版会、1992年。／高橋伸夫、菅野峰明、村山祐司、伊藤悟『新しい都市地理学』東洋書林、2001年.

インフォーマル・クレジット
Informal Credit

インフォーマル・クレジットは、融資の側面を強調した言葉である。融資の他に貯蓄手段の提供など全般的な金融サービスに着目する場合にはインフォーマル・ファイナンスといわれる。在来金融、非制度金融、未組織金融などともいわれ、広く開発途上国にみられる金融形態である。家計、農業、および商人や小規模製造業などの非法人企業への融資・貸付けを業務とする。金貸業者、質屋、日本の頼母子講や無尽にあたる組織が含まれる。アジアでは、韓国の「契（ケイ）」、台湾の「会仔（ホアエ）」、タイの「チット・ファンド」、インドネシアの「アリサン」などがある。

グラミン銀行などのマイクロファイナンス（小規模金融）は、貧困層や低所得層の貧困緩和をその目的としているため、インフォーマル金融とはその性格を異にする。一般に、インフォーマル金融は、高利貸しや、無理な担保設定と担保の不当な差し押さえなどを行うために、ダーティーなイメージが抱かれがちである。しかし、そのようなものだけでなく、零細企業、貧困層住民、小農などの金融サービス需要を満たすために、制度的金融の補完的な機能を担っているものも含まれる。商業銀行や証券会社からなる制度金融は、主として法人企業や富裕層を顧客としている。その支店網は農村地域にまで十分に拡大されていなかった。そのため、農村地域では非法人企業や貧困層住民などは締め出されてしまう。また、融資手続きの煩雑さや担保設定の点でも、彼らの実情に沿うものではなかった。ここに、インフォーマル金融の存在理由が求められる。

インフォーマル金融は、法的手段に訴えて貸出しの回収を行うことができない。そのため、インフォーマル金融取引では取引当事者間の面識と地域的な制裁が、貸出リスクの軽減に役立つ。地域住民に悪い噂が広まることは社会的地位の喪失につながる。社会的信頼を失うことにより、金融サービスを利用する方途が閉ざされるという制裁がインフォーマル金融を支える重要な要素となっている。近年、インフォーマル金融にも金融革新の波が押し寄せており、政府やNGOなどの支援を受けたセミ・フォーマルな金融が大きな成果を上げている。従来のフォーマルな金融とインフォーマルな金融との狭間におかれてきた人たちへの資金供与の道を開くものである。

［徳原 悟］

【関連項目】 マイクロファイナンス、グラミン銀行、金融制度、回転貯蓄信用組合
【参考文献】 奥田英信, 黒柳雅明編『入門 開発金融―理論と政策』日本評論社、1998年。／岡本真理子, 粟野晴子, 吉田秀美編『マイクロファイナンス読本―途上国の貧困緩和と小規模金融』明石書店、1999年.

インフラストラクチャー
Infrastructure

インフラストラクチャー（以下インフラと呼ぶ）の語源は、ローマ人の使っていたラテン語のinfra「下部に」とstructura「構築物」を合成した英語infrastructureである。ローマ人は紀元前後に「人間が人間らしい生活を送るために必要な大事業」として約10万kmに及ぶローマ街道、水道、港、公会堂などをつくった。また古代中国では「水を治めるものは国を治める」といわれたように、不特定多数のための生産基盤、生活基盤、防災基盤としての治水を国家統治の要諦とした。このように歴史的にみるとインフラは国家権力の維持装置であるとともに文明（人間らしい生活）を下支えする社会基盤と考えることができる。

17世紀に英国に起こった産業革命は、生産と消費システムを効率的にする中間サービスとしての運河、道路、鉄道、電力などの経済基盤を民間産業資本によって構築することを可能にした。20世紀初頭になると、インフラ

は「国民の基本的ニーズ」と認識され、国家が所有経営することが多くなった。特に第2次世界大戦後に独立した多くの開発途上国ではインフラ構築に不可欠な莫大な資本と技術管理能力が民間に欠如していたため、ほとんどのインフラ整備と経営は国家の役割となった。しかしながら国家によるインフラ事業経営は財源不足、技術革新の遅滞、サービスの質の低下に直面しきわめて非効率的になってきた。一方、1980年代以降に世界的に広まった「小さな政府志向」の潮流の中で、インフラ事業を国家から民間へ移行する機運が一気に高まった。先進国ではインフラ事業の民営化、開発途上国では民間資源によるインフラ開発整備事業が盛んになってきた（PPP参照）。鉄道、有料道路、電気、水道などは使用量に応じて料金徴収が可能で民間事業が供給できるサービスである。したがって、この従量料金徴収可能性がインフラ整備における官民の役割分担の基準となる。ただし、これらのサービスのもつ公益性、地域独占性などから政府公共の民間インフラ事業への適切な介入が必要である。

　上述の歴史的経緯と経済学的知見を踏まえて、インフラとは「人々が望む好ましい状態に至ることを目的として、生産性の向上や所得分配などに役立ち、社会の安定に資するとともに、人々の潜在能力の発現を支援し、生活の質の向上に直接・間接的に資する、市場が成立しないかあるいは市場だけの取引では供給に過不足が生じる公益性の高いサービスを効率的に生み出す制度・組織・物的施設・機能・効果の総体」と定義できる。このインフラの定義から、インフラの多くは、経済学的には非市場的意思決定にかかわる領域を分析対象とする、公共経済学の中で議論される「公共財」として扱われる。

　インフラは人々の望む目的に沿って4つに分類されるのが適切である。経済成長に資する産業インフラ（通信、港湾、工業用水、灌漑施設など）、生活者の質の向上に資する社会インフラ（防災、水道、公園、生活道路、文化施設など）、人間としての潜在能力の発現に資する人道インフラ（基礎教育、公衆衛生、基礎医療など）、世代を超える自然環境の保全に資する環境インフラ（下水道、廃棄物処理、自然環境保護施設など）である。インフラの供給レベルの選択（何を優先的にどれだけ整備すべきか）は時代や国によって変化する人々の価値に依存する。したがって、インフラの最適整備には民主的な統治システムが機能することが前提となる。　　［吉田恒昭］

【関連項目】　公共政策、公共事業、PPP
【参考文献】　世界銀行『世界開発報告　開発とインフラストラクチャ』世界銀行，1994年．／宇沢弘文『社会的共通資本』岩波新書，2000年．／塩野七生『すべての道はローマに通ず』新潮社，2001年．

ウォーラーステイン、イマニュエル
Immanuel Wallerstein, 1930〜

　米国の社会学・歴史学者。「世界システム論」の提唱者として知られる。1930年ニューヨーク生まれ。ユダヤ人家庭に生まれたこともあって、世界情勢への関心や政治意識が青年期より高かった。また、高校生時代よりガンジーやネルーの書物を読むなど、非西欧世界への関心を高め、コロンビア大学の学生時代には積極的に国際交流活動に参加した。アフリカ諸国の学生と密接に交流し、学究生活をアフリカ研究から歩み出した。1955年のアフリカ留学期から1960年代にかけて、アフリカ植民地の歴史的研究を進めた。1960年代後半に入り、独立後のアフリカ諸国の経済的・社会的発展に翳りが出てくると、アフリカの困難をアフリカ独自の問題として考えるのではなく、世界システムの中に位置付けて考えねばならないという問題意識をもつようになった。

　このような意識の萌芽がみえ始めた頃に、『地中海』（*La Méditerranée et le monde méditerranéen à l'époque de Philippe II*. 2 vols., 2ᵉᵐᵉ édition revue et corrigée, Araman Colin, 1966.）（浜名優美訳、藤原書店、1991〜95年）の著者として知られるフェルナン・ブローデル（Fernand Braudel, 1902〜85）との出会いが契機となり、「世界システム論」へと研究領域を発展させていっ

た。「世界システム論」の研究の深化に伴い、「反システム運動」や「長期波動」という分析概念を導入するようになった。「反システム運動」とは、例えば環境運動についていえば、環境基準の設定や罰則の強化などの漸進的かつ部分的な改善ではなく、利益追求型システムそれ自体を根底から変革することを要求する社会的・政治的運動を指す。この分析概念により、近代世界システムの限界と反システム運動の連関が明らかにされた。「長期波動」とは、技術革新によって生ずる50年周期のコンドラチェフ循環のことであるが、それから惹起される政治的帰結が重視された。長期波動によって各国間で産業構造の変化が生じ、それに応じて自国を有利化する国際政治活動も活発化する結果、戦争や覇権国が交替する可能性があるという。　　　〔徳原 悟〕

【関連項目】　世界システム論、コンドラチェフ循環、従属理論、帝国主義、資本主義
【参考文献】　イマニュエル・ウォーラステイン（川北稔訳）『近代世界システム―農業資本主義と「ヨーロッパ世界経済」の成立（Ⅰ・Ⅱ）』岩波書店、1981年。／イマニュエル・ウォーラステイン（川北稔訳）『新版 史的システムとしての資本主義』岩波書店、1997年。／川北稔編『知の教科書　ウォーラステイン』講談社選書メチエ、2001年。

請負経営責任制【中国】
Contracted Management Responsibility System

　請負経営責任制とは、中国の国有企業の経営を経営者に委ね、国家が経営者の経営責任と相応の経済的利益を決定することである。すなわち、企業資産の国有制という性質を変えないことを前提に、企業の所有と経営を分離し、経営を経営者に委ねることである。1982年に大型国有企業である首都鉄鋼公司に初めて導入された。1986年に国務院は「企業改革の深化と企業活力増強に関する決定」を公布し、大中型の国有企業に請負経営責任制を導入することを正式に決定した。

　さらに、1988年2月にすべての国有企業を対象とした「全人民所有制工業企業請負経営責任制暫定条例」が国務院から公布された。本条例では、経営請負責任制は経営と所有の分離の原則にもとづき、契約によって国家と企業の責任・権限・利益の関係を確定し、損益は企業が責任をもつ制度と定義された。

　請負経営責任制においては、企業は計上した利益から一定の上納利潤を国家に納めれば、残りは企業内部に留保して自らの判断で経営拡大のために投資することが認められる。上納利潤額の決定方式には、①基準枠とその逓増率を決める上納利潤逓増請負、②超過達成分に対して高留保率が認められる上納利潤超過達成留保、③基準枠だけを決める上納利潤定額請負などがある。基本的には、企業は一定の上納利潤額を上回る利益を達成すれば企業留保を増やし、未達成の場合は企業がそれを補う。

　1980年代末には、大半の大中型の国有企業において請負経営責任制が導入され、国有企業が自らの努力で獲得した利益の一部を自らの判断で投資にまわすようになり、企業経営者の責任感の増強、従業員の労働意欲の向上に貢献した。しかし、国と国有企業が個別に「請負契約」を結ぶため、内容が恣意的になりがちなこと、経営者が「請負契約」期間だけの短期的視野から経営をしがちになるなどの問題がみられた。結果的に、請負経営責任制の導入は国有企業の経営不振を解決する根本的な手段とはなりえず、1990年代以降は国有企業の株式制公司（「股分有限公司」）化に移行していった。　　　〔孟 芳〕

【関連項目】　国有企業改革、工場長責任制

失われた10年【中南米】
The Lost Decade

　ラテンアメリカ諸国が1980年代に経験した、第2次世界大戦以降最も深刻な経済危機のことである。比較的高い経済成長率を維持していたラテンアメリカ諸国は、1982年に累積債務危機に見舞われてから低迷期に入った。1980年代の域内の年平均実質経済成長率は1.1％にとどまり、1人当たりGDPは年率0.9％減少した。域内の多くの国々が、国際収支危機、財政赤字、投資の停滞、物価高騰、失業や不完全就業の深刻化などを経験した。

　累積債務問題が深刻化した国々では、IMF・世界銀行による経済安定化政策が実施された。しかし、緊縮政策、1次産品価格

の下落、先進国の金利高止まりなどは、経済危機をより深刻なものとした。IMF・世界銀行による経済安定化政策とは別に、アルゼンチンがアウストラル計画（1985年）、ブラジルがクルザード計画（1986年）と呼ばれるインフレを封じ込めるための総合経済政策を実施したものの、経済危機から脱することはできなかった。

1980年代を通じて、輸入代替工業化政策、石油資源への依存、政府の経済活動への介入などが批判された。多くの国々で民営化と規制緩和が進められ、民間部門主導の経済システムへの転換が模索された。そして、欧米の多国籍企業による直接投資のみならず、海外からの証券投資など、資本流入が加速した。また、1980年代終盤になると、米銀の体力回復に伴いラテンアメリカ向けの不良債権を処理する余力が生まれ、1989年の新債務戦略（ブレイディー提案）を契機に債務問題の処理が進んだ。1990年代初頭には、ハイパーインフレの終息と比較的高い経済成長率が同時に達成されるようになった。しかしながら、脆弱な経済構造や成長資金の対外依存度の高さなどの問題は依然として残り、メキシコ（1994年）、ブラジル（1998年）、アルゼンチン（2000年）などで通貨・金融危機が発生した。　　　　　　　　　　　　［高安健一］

【関連項目】　安定化政策／構造調整政策、対外債務危機／債務削減戦略
【参考文献】　グスタボ・アンドラーデ、堀坂浩太郎編『変動するラテンアメリカ社会―「失われた10年」を再考する』渓流社、1999年。

ウジャマー【アフリカ】
Ujamaa［ス］

タンザニアで実施されたアフリカを代表する社会主義思想。ウジャマーとはスワヒリ語で家族共同体を意味し、ウジャマー社会主義はアフリカの伝統を重んじた共同体の成員同士の相互扶助を基盤としている。1967年にタンザニア初代大統領のニエレレ（Julius Kambarage Nyerere）が発表したアルーシャ宣言は、ウジャマー社会主義の実現に向けて、基本的な生産手段を政府および共同組合を通じて農民と労働者の所有と管理の下におくことを主張している。さらに、同宣言では、農業開発を重視し、外国の援助に頼らない自立的経済の建設を目標とした。

アルーシャ宣言後、タンザニアでは銀行、製粉業、ビール製造、セメント製造などの主要企業を国有化した。また、農村の所得を都市の所得に近づけることを目標とし、ウジャマー村の建設に取りかかった。このウジャマー村政策は、集村化を図り、学校や病院などの社会サービスを農村で実施（第1段階）、集団農場の設立（第2段階）、集団農場を中心とする農業生産（第3段階）からなっていた。

1975年、タンザニア政府は「村落およびウジャマー村法」を発布し、村民による自治的な村落政府をつくるよう促した。こうした一連のウジャマー村政策によって、ウジャマー村への移住者は増加し、さらに就学率や識字率の向上や病院の増加がみられる村もあった。しかし、現実には農民に強制移住を強いることが多く、農業生産の低下と製造業部門の稼働率の低下を招く結果となった。経済危機に陥った政府は1983年に農村開発の転換を行い、個別農園重視の姿勢を示した。これによりウジャマー村政策は実質的に放棄され、タンザニアのウジャマー社会主義は挫折することになった。　　　　　　　　　　　　　　［西浦昭雄］

【関連項目】　ネリカ米
【参考文献】　平野克己『図説アフリカ経済』日本評論社、2002年。／岡倉登志編『ハンドブック　現代アフリカ』明石書店、2002年。

ウ・タント【ミャンマー】
U Thant, 1909～74

ビルマ（現ミャンマー）の政治家、第3代国連事務総長。中部ビルマ生まれ。父は弁護士。ウー・ヌー（U Nu）らとともに反ファシスト運動に加わり、1948年の独立後、官房長官などを歴任し、1957年にビルマ国連常駐代表になった。1961年ハマーショルド（Dag Hjalmar Agne Carl Hammarskjöld）事務総長の事故死に伴い、暫定事務総長になり、キプロス事件やキューバ事件などの処理にあたった。1962年には開発途上国出身で初めての事務総長に就任し、1966年に再選を果たした。この頃の大きな問題は、中国の代表権問題、ベトナム停戦問題などであったが、国連

開発10年計画にも力量を発揮した。1974年11月に亡くなったが、ビルマ政府はほとんど葬儀の準備をしなかった。ネ・ウイン（Ne Win）大統領と仲が悪かったからだといわれる。激怒した学生や僧侶は、遺体を政府の安置所から奪い、ラングーン大学構内に埋葬した。
　　　　　　　　　　　　　　　[安田　靖]
【関連項目】　ネ・ウイン、アウン・サン・スー・チー
【参考文献】　バー・モウ（横堀洋一訳）『ビルマの夜明け』太陽出版、1973年.

蔚山石油化学コンビナート【韓国】
Ulsan Petrochemical Industrial Complex
　1972年に完成した韓国最初の石油化学コンビナート。韓国では1964年の大韓石油公社の稼動により、ナフサの国内供給が可能となった。さらに1968年の「石油化学産業育成計画」にもとづいて石油化学コンビナートの建設が推進された。

　建設にあたっては資本と技術の両面において外資に大きく依存した。大韓石油公社（ガルフ社が50％出資）が精製からナフサ分解を行い、低密度ポリエチレンや塩化ビニールは韓洋化学（ダウケミカルが50％出資）が生産し、カプロラクタムは韓国カプロラクタムが生産するというものである。蔚山石油化学コンビナートは1972年に完成し、大韓石油公社のエチレン換算年産10万t規模のナフサ分解工場を中心に、低密度ポリエチレン5万t、塩ビモノマー6万t、ポリプロピレン9万t、アクリルニトリル2万7000tでスタートした。

　1973年には、「重化学工業宣言」が発表され、重化学工業化時代の幕開けとなった。蔚山石油化学コンビナートの建設により、石油化学製品の輸入依存度は大幅に低下したが、その後、合成繊維や合成樹脂、合成ゴムなどの需要拡大により生産能力の拡張が必要となった。1978年にはナフサ分解能力が15万tに拡張され、6万t規模のエチレンモノマー工場、10万tのTPA工場が新設された。また1977年からの第4次5カ年計画では、麗川に新たな石油化学コンビナートが建設された。
　　　　　　　　　　　　　　　[向山英彦]
【関連項目】　重化学工業化政策
【参考文献】　深川由起子『韓国―ある産業発展の軌跡』日本貿易振興会、1989年．／渡辺利夫、金昌男『韓国経済発展論』勁草書房、1996年.

エ

エージェンシー理論
Agency Theory
　エージェンシー理論とは、エージェント（代理人）とプリンシパル（依頼人）の間に成立している関係を分析するためのゲーム理論の一分野であり、開発経済学においては、開発途上国の農村における地主（プリンシパル）と小作農（エージェント）間の契約等を分析する際に用いられている。エージェンシー関係とは、プリンシパルがエージェントに何らかの仕事を要請する際に生じる関係のことをいう。エージェンシー関係は、エージェントがプリンシパルよりも要請された仕事に対する知識量や情報量が多く、効率的に仕事を行うことが可能であるために成立している。しかし、一般的に、プリンシパルはエージェントに関する情報が乏しく、そのため仕事を行う上でモラル・ハザードが発生しやすいという問題が生じる。
　　　　　　　　　　　　　　[森脇祥太]
【関連項目】　プリンシパル、エージェント、モラル・ハザード
【参考文献】　丸山雅祥、成生達彦『現代のミクロ経済学―情報とゲームの応用ミクロ』創文社、1997年.

エージェント
Agent
　エージェントとは代理人のことをいい、プリンシパル（依頼人）との関係のことをエージェンシー関係（代理人関係）という。エージェンシー関係のゲーム理論による分析がエージェンシー理論である。開発経済学においては地主（プリンシパル）・小作農（エージェント）間に結ばれる契約等を分析する際に使用される。プリンシパルはエージェントの行動を正確に知ることができないために、エージェントによってモラル・ハザードが引き起こされ、経済的不利益を被る可能性がある。モラル・ハザードを防ぎ、エージェントが真剣に仕事をするようなインセンティブを与えるために、インセンティブ契約が結ばれ

ることがある。　　　　　　[森脇祥太]
【関連項目】　プリンシパル、エージェンシー理論、モラル・ハザード

沿海開発戦略【中国】
Economic Development Strategy in Coastal Area

　中国の沿海開発戦略は、沿海地区の豊富な労働力を生かし、特に労働集約的産業の発展、原材料輸入と製品輸出の促進、海外投資の奨励などにより、沿海地区の経済発展の加速を目的とした戦略構想である。1985年のプラザ合意以降、円・韓国ウォン・台湾ドルなどが切り上げられ、日本企業をはじめ韓国・台湾企業の東南アジア諸国への直接投資が急増した。これを受けて、1988年1月に当時の共産党総書記・趙紫陽（Zhào Zǐyáng）は、一層の対外開放が中国の経済発展に不可欠と考え、「沿海地区経済発展戦略」を提案した。趙紫陽総書記は、沿海地域の郷鎮企業と呼ばれる農村工業に着目し、これに外資を導入することにより豊富な安価労働力を駆使して、労働集約型産業を育成することを企図した。原材料と市場の双方を海外に求める「大進大出」（大いに輸入し大いに輸出する）が提唱された。

　また、1980年代の中国では、経済発展に伴い、資源の制約が顕在化しつつあり、沿海部と内陸部が「原材料を奪い合う」状況にあった。沿海開発戦略は国内の原材料と市場を内陸部に譲ることによって、このような国内問題を改善し、沿海部と内陸部の均衡発展を目指した。

　沿海開発戦略は、1988年3月に国務院が開いた沿海地区開放工作会議で正式に政府の経済発展戦略として確認されたが、その後、1989年の天安門事件の影響により、趙紫陽総書記が失脚したため、一時的に棚上げされた。1991年4月の全人代において再び提起され、「経済発展10ヵ年計画と第8次5ヵ年計画要綱」に盛り込まれた。その後の対外開放政策を支える基本戦略として位置付けられている。　　　　　　　　　　　[孟　芳]
【関連項目】　改革・開放政策、経済特区
【参考文献】　通商産業省編『通商白書　平成元年版』大蔵省印刷局、1989年。／矢吹晋、S.M.パーナー『図説・中国の経済（第2版）』蒼蒼社、1998年。

エンゲル係数
Engel's Coefficient

　可処分所得に占める飲食費の比率をエンゲル係数という。ドイツ生まれの社会統計学者エンゲル（Christian Lorenz Ernst Engel, 1821～96）の名にちなんで、このように呼ばれている。エンゲルは、19世紀のベルギーとザクセン王国の労働者家族の家計調査を行った。この調査から、所得が上昇するにつれて、可処分所得に占める飲食費の割合が低下することを発見した。この経験的に得られた法則をエンゲルの法則（Engel's Law）と呼ぶ。その後、エンゲルと同様の調査が各国で行われ、その経験的法則性が存在することが確認された。

　エンゲルの法則は、飲食費の所得弾力性が1以下であることを示している。例えば、所得が1万円上昇しても、飲食費の支出はそれ以下でしか増加しないことになる。エンゲル係数は、生活水準を示す一つの指標として位置付けられており、家計調査等に使用されている。しかし、飲食物の価格が大きく変動したり、消費者の嗜好の変化によって消費行動が変化する場合には、エンゲル係数を用いて生活水準の比較を行うことは難しいことが、エンゲルによって指摘されている。飲食物の価格が上昇すれば、物量単位では増加していなくても、飲食費のシェアが上昇することになるからである。飲食費のシェアが上昇することは生活水準の低下を表わすので、正確な生活水準を測定することが困難になる。

　同様のことは、家計の嗜好変化により消費行動が変化した場合にもいえる。嗜好の変化が、飲食物の相対価格を変化させる場合には、生活水準の実態を把握することが困難になる。また、所得が一定水準以下に落ちると、エンゲル係数が低下する現象もみられる。生活を維持するために飲食費、住居費や衣料費などさまざまな支出を行うが、各費目に対する支出額を最低限に抑えても飲食費が食われてしまうケースがみられる。これをエンゲル法則の逆転（Reversal of Engel's Law）と呼ぶ。このようなエンゲル係数の

概念は、可処分所得に占める飲食費の割合だけでなく、住居費、衣料費、娯楽費などの各費目の可処分所得に占める割合までに拡張されている。エンゲル係数では可処分所得と飲食費がある一定の関係にあることが想定されている。この一定の関係を他の費目や品目にまで拡張することができるのではないかと考えられるようになったのである。

可処分所得に占める各費目や品目の割合を明らかにするものが、エンゲル関数 (Engel's Function) と呼ばれるものである。これは、英国の家計調査を実施するためにアレン (Roy George Douglas Allen) とボウレイ (Arthur Lyon Bowley) が用いた概念である。エンゲル係数は、可処分所得と飲食費の関係を示すものであり、その後生活にかかわるその他の費目にまで拡張されてきた。これらの概念は、所得の上昇と家計の消費行動を明確にするための1つの分析ツールである。いいかえるならば、経済発展と消費行動の変化を明らかにするものだともいえる。なお、エンゲルと同様にドイツの統計学者シュワーベ (Herman Schwabe, 1830～74) は、可処分所得と家賃の関係を明らかにした。家計支出に占める家賃の比率は、所得が増加するにつれて低下するという経験法則を導き出したのである。これは、「シュワーベの法則 (Schwabe's Law)」と呼ばれる。高所得者層ほど高い家賃を支払っているが、その家計支出に占める割合は低下するということである。

しかし、これにはいくつかの批判が寄せられている。持ち家がある場合には、家賃を支払わなくてすむ。この場合には帰属家賃を算出してそのシェアを出さなければならない。また、日本の場合にみられるように、社宅や官舎に住む場合なども、何らかの考慮をしなければならない。これらの修正を行わなければ、高所得者層の家賃支出が大きく低下することになるからである。　　　　　　［徳原 悟］

【関連項目】　ジニ係数、経済成長／経済発展、効用、最適消費点、予算制約式、絶対的貧困

【参考文献】　Roy George Douglas Allen and Arthur Lyon Bowley, *Family Expenditure : A Study of Its Variation*. London, Macmillan, 1940.／エンゲル（森戸辰男訳）『ベルギー労働者家族の生活費』大原社会問題研究所編統計学古典選集第12巻, 栗田書店, 1941年.／大川一司『生活水準の測定』岩波書店, 1953年.／関口末夫編『日本の貧困―生活水準の分析と国際比較』日本経済新聞社, 1976年.

エンタイトルメント
Entitlement

エンタイトルメント（「権原」と訳される）という概念は、ロバート・ノージック (Robert Nozick) の『アナーキー・国家・ユートピア―国家の正当性とその限界』(*Anarchy, State, and Utopia*. New York, Basic Books, 1974.)（嶋津格訳、木鐸社、1989年）において最初に用いられた規範的概念である。ノージックは、正規の手続きに則り財貨を取得した人がその財貨に対してもつ「正当な資格」と規定した。しかし、セン (Amartya Kumar Sen) の場合には、規範的な面よりも、ある社会において他者から承認や資格を付与されることで財貨の所有権が正当化されるという面が重視されている。すなわち、他者から付与された権利や機会を行使して、個人が自由に使える財貨の組み合わせと規定される。

センによれば、大飢饉の原因が、各個人が入手可能な食糧を決定する現実の財と人間の関係、そしてその背後にある所有権の構造にあると考えられている。例えば、何らかの要因で不作が生じると、食糧価格の上昇により食糧が都市部に集中することになる。そのため、農村では食糧を手に入れることが困難になり、多数の餓死者が出る。したがって、農民が食糧を入手できるような社会構造の変革が必要になる。センは、ベンガル大飢饉を事例として、飢饉は食糧を入手して消費する能力および資格が農村の人々から剥奪されたために生じたのであり、その対応策として「権原剥奪状態」の回復を主張した。　　［徳原 悟］

【関連項目】　ケイパビリティ、ファンクショニング、セン

【参考文献】　アマルティア・セン（黒崎卓, 山崎幸治訳）『貧困と飢餓』岩波書店, 2000年.／アマルティア・セン（徳永澄憲, 松本保美, 青山治城訳）『経済学の再生―道徳哲学への回帰』麗澤大学出版会, 2002年.

円高
⇨プラザ合意／円高

円の国際化
Internationalization of the Japanese Yen

円の国際化とは、国際取引（経常・資本取引）において円建て取引が増加することである。一般に貨幣の役割は、①支払手段、②価値の尺度（計算単位）、③価値の貯蔵手段である。円の国際化は、国際取引において円がこれらの機能をより多く演じるようになることを意味している。日本では、1980年に外為法が全面改正され、対外取引の「原則自由」化が実現した。それ以来、政府は円の国際化および金融・資本市場の自由化を推進してきた。具体的には、金融・資本市場の整備や非居住者の利便性の向上などが図られている。1998年4月には改正外為法が施行され、内外取引の一段の自由化が定められた。

「円経済圏」も「円の国際化」と同じ趣旨で用いられる場合があるが、これはアジア地域における経済統合の意味を含む場合が多い。政府方針として明示されているのは、「円の国際化」である。財務省が2003年1月に発表した『円の国際化の推進「円の国際化推進研究会」座長とりまとめ』では、円の国際化の必要性について次のように説明している。①グローバルな観点：ドル、ユーロに加えて円が国際的に幅広く利用されることが、国際通貨体制のより一層の安定、国際貿易・投資の促進、世界経済の安定的成長の確保などの観点から望ましい。②アジアの観点：アジア諸国と日本は、貿易、直接投資、資本取引、経済協力等多くの点で緊密な関係を築いており、域内の経済取引において円の役割が高まることは、リスク分散のため、さらには域内経済の安定のためにも望ましい。③日本にとっての必要性：企業などにとっての為替リスクの軽減、金融機関などにとっての外貨流動性リスクの軽減、国内金融・資本市場の国際金融センターとしての活性化などに役立つと考えられる。

円の国際化の現状をみると、①輸出の円建て比率は1993年まで上昇傾向にあったが、その後低下に転じ、最近は35％前後となっている。輸入の円建て比率は低下傾向にあったが、1997年の18.9％を底に上昇に転じ、最近は24％程度となっている。②国際債券の発行に占める円の割合は2001年に約6％、世界の外為取引に占める円の割合は2001年に11.4％、主要国の外貨準備に占める円の割合は5％前後であり、いずれも低下傾向にある。円の国際化が進まない背景としては、日本経済の長期停滞に伴う円の信認の低下、国際取引における通貨の選択に関する制度・慣行上の問題などが指摘される。

円の国際化を促進するための方策としては、貿易取引については、取引慣行、輸出先・輸入元の選好などのさまざまな事情があるため、促進は容易ではない。一方、国内金融・資本市場の整備については、短期金融市場の整備、国債市場の整備、サムライ債市場の利便性の改善、オフショア市場に債券市場としての機能を与えるための制度変更、証券決済システムの整備などが課題とされる。

アジア通貨危機以降、地域金融協力が進められているが、その中で、実質的なドル・ペッグとなっていた各国の通貨制度を、ドル、ユーロ、円などの主要通貨から構成される通貨バスケットにペッグする制度に変更することが提案されている。新たな金融協力体制の構築とともに、円の果たすべき役割に見合った国際的利用を実現することが望まれる。

〔清水　聡〕

【関連項目】　為替レート制度、外国為替管理、チェンマイ合意
【参考文献】　外国為替等審議会答申『21世紀に向けた円の国際化』, 1999年4月20日. ／井上伊知郎「円の国際化」上川孝夫、藤田誠一、向壽一編『現代国際金融論』有斐閣ブックス, 2003年.

エンパワーメント
Empowerment

個々人が社会的・経済的な力をつけること。日本の国立国語研究所は、2003年11月、第2回外来語言い換え用語に「エンパワーメント」を加え、「能力強化・権限付与」（本来有している能力を引き出し、社会的な権限を与えること）といいかえることを提言した。

開発の分野では、すでに1970年代に「人々の開発への参加」の重要性が叫ばれて以降、1980年代に入って、特に社会的に弱い立場におかれてきた開発途上国の女性たちの社会参加、自立的活動の文脈で「エンパワーメン

ト」のあり方がしばしば論議されてきた。「開発と女性」(Women in Denelopment：WID)や「ジェンダーと開発」(Gender and Development：GAD)の中で、「女性のエンパワーメント」の重要性が指摘され、具体的には「収入向上や技術習得のみならず、問題を自覚し、生活や人生の上で自己決定権をもつようになり、他の女性たちと連帯して、社会的不平等を克服するという総合的・長期的な取り組み」(田中由美子ほか、2002年)を意味するとされる。最近注目を集めたバングラデシュのグラミン銀行の取り組みも、社会的に不利な立場にある女性たちが、安心して融資を受けて、経済的な安定を得る過程で社会的な自立を奨励した例として「女性のエンパワーメント」に重要な教訓を指し示したとされている。

エンパワーメントは女性に限定される課題ではない。開発途上国において最近の開発プロジェクトの基本テーマとなっている「参加型開発」は、単に人々を動員するだけではなく、自らが開発の主体であるというオーナーシップ(主体性)を自覚する中で、自ら学び、プロジェクトに取り組むという意味で、エンパワーメントのプロセスそのものであると考えられる。エンパワーメントは誰かによって能力が引き出されたり、権限を与えられたりするのではなく、自らの強い自覚によって達成できるものである。開発協力は、そうした人々の意欲や取り組みを側面から促進するものであるという考え方が「社会開発」などの分野で強くうたわれるようになってきた。　　　　　　　　　　　　　[赤石和則]

【参考文献】　渡辺利夫編『国際開発学入門』弘文堂, 2001年. ／佐藤誠編『社会開発論』有信堂, 2001年. ／JICA『国際協力と参加型評価』国際協力総合研修所, 2001年. ／田中由美子, 大沢真理, 伊藤るり編『開発とジェンダー——エンパワーメントの国際協力』国際協力出版会, 2002年.

オ

黄金の三角形【ミャンマー、ラオス、タイ】
Golden Triangle

ミャンマー、ラオス、タイを挟む3国国境地帯のこと。麻薬生産基地として有名であるが、阿片栽培規制が強まったため、カジノを含む観光基地として発展しようとしている。この地域では、古くからケシ栽培が行われていたが、19世紀末からは組織的に行われるようになった。インドシナを植民地にしていたフランスが、植民地政府の財政悪化をアヘン事業で改善させようとしたからであった。中国の雲南省からラオスにかけての地域で生産を増大させ、サイゴン（現ホー・チ・ミン市）にアヘン精製所や、アヘン窟を設置した。財政は大きく改善した。第1次世界大戦後、フランスはラオスのメオ族にアヘン生産をさらに増大させたが、メオ族などが大規模な反乱を起こして対抗した。つまり、商業を目的に麻薬を栽培するようになったのは、この地域が植民地になってからであった。英国も中国からのお茶の輸入に対する対価として、ビルマ山岳民族に阿片をつくらせたのである。第2次大戦終了時に中国共産党に追われた国府軍の残党が麻薬生産に従事してから、麻薬生産はさらに拡大した。ベトナム戦争の時期には、CIAがカレン族に軍事教練し、資金を供与して、麻薬の生産を増大させた。ビエンチャン近郊などには、まだ小さな飛行場が残っているが、これはラオスからベトナムに麻薬を輸送した証拠といっていい。世界的な麻薬撲滅運動が行われており、20世紀末頃からミャンマー、ラオスなどが麻薬撲滅に積極的になってきている。しかし、国境地帯ではエクスタシーなどといわれる錠剤生産が盛んであり、タイなどを経由して先進国に運ばれている。麻薬生産の根拠地は、黄金の三角地帯からアフガニスタン、トルコに移動し、中央アジアを経由して欧州へ輸送されるようになったといわれている。　[安田 靖]

【関連項目】　メコン開発

【参考文献】 アルフレッド・マッコイ（堀たお子訳）『ヘロイン』サイマル出版社, 1974年. ／ブライアン・フリーマントル（新庄哲夫訳）『FIX―世界麻薬コネクション』新潮社, 1985年.

黄金率
Golden Rule

1人当たりの消費が最大となる定常状態の成立条件のことを資本蓄積の黄金率 (Golden Rule of Accumulation) という。ソロー＝スワン・モデルにおける定常状態は、

$$sf(k)=nk \quad \cdots\cdots\cdots①$$

s：貯蓄率、k：資本装備率、n：労働人口成長率のように表わされる。この場合、1人当たりの消費 c は以下のように示される。

$$c=f(k)-nk \quad \cdots\cdots\cdots②$$

この時、1人当たり消費 c を最大化するためには、①式を k で微分してゼロとおけばよい。その結果、黄金率は、

$$f'(k)=n \quad \cdots\cdots\cdots③$$

として表わすことができる。

ソロー＝スワン・モデルにおいては、定常状態は図中の k^* で成立している。この場合、$f(k)$の接線の傾きの大きさが $f'(k)$ であり、その大きさは労働人口の成長率 n と等しいことから、k^* においては②式の条件が成立している。すなわち、資本装備率が k^* の時、定常状態にありながら1人当たり消費が最大化されている状態であると解釈するこ とが可能である。

[森脇祥太]

【関連項目】 ソロー＝スワン・モデル、定常状態
【参考文献】 岩井克人, 伊藤元重『現代の経済理論』東京大学出版会, 1994年.

汚職
Corruption

汚職とは、官僚や政治家など公的な地位についている者が、金銭や供応などにより、公平に実行されるべき政策を歪めることである。スウェーデンのNPO・トランスペアレンシー・インターナショナルは、各国政府の汚職・透明度の程度を表わした指数CPI (Corruption Perceptions Index) を発表している。CPIは、ギャロップの世論調査、ウォールストリート・ジャーナルのアンケートや世界銀行の調査などをもとに、各国政府の汚職や透明度のランキングを付けている。2000年のトップはデンマークの10.0、米国は7.5であった。シンガポールは9.1で米国よりも高い第7位、欧米のビジネスマンからも透明度が高いと評価されている。「強権政治」として欧米のメディアから批判されることが多いシンガポールが、欧米のNPOからその透明度を高く評価されていることは、それだけシンガポールで汚職が少ないことが誰の目にも否定しがたいからであろう。権威主義開発体制の正統性は、経済発展を続けるために権力と資本を集中させた方が効率的というと

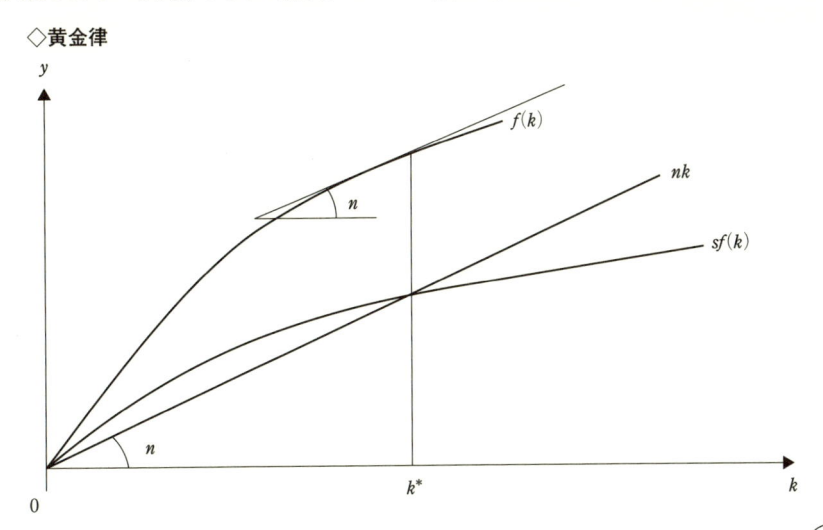

◆黄金律

ころにある。もし、政府が多くの汚職を抱え非効率であるとしたら、あるいはそのように多くの国民の目に映ったとしたら、それは自らの正統性を失うことにつながる。　［甲斐信好］

【関連項目】　開発体制／開発主義、開発独裁

汚染者負担原則
Polluter Pays Principle : PPP

汚染者負担原則（PPP）は、「環境政策の実施にかかる費用は、汚染の原因者が第1の負担者であるべきとする原則」と定義される。PPPは、1972年にOECDの「環境政策の国際経済面に関する指導原理」によって提唱された。その背景として、政府が補助金を企業に与えて汚染物質の削減を行うと製品の価格が低く抑えられるので、国際競争上不公平になるという考え方がある。

費用負担の主体としては、汚染の原因者、汚染の被害者、政府の3つの選択肢がある。PPPは、汚染の原因者（生産過程で汚染物質を排出する企業など）による費用負担を原則とする。負担すべき環境政策費用には、汚染物質などの排出削減にかかる費用、汚染された環境を修復する費用、汚染の被害者への補償費用などのすべてを含む。

PPPは、現在では、「拡大生産者責任（Extended Producer Responsibility : EPR）」に発展している。EPRは、「製品に対する生産者の物理的若しくは財政的な責任が、製品のライフサイクルにもとづき、消費後まで拡大される環境政策」と定義される。EPRは、製品の生産時だけではなく、製品の廃棄後まで費用負担の範囲を広げる環境政策である。

この政策には、①責任を生産の上流に位置する生産者に転嫁する、②生産者に設計段階で環境への配慮を取り込めるような誘引を与えるという2つの特徴がある。例えば、日本の「家電リサイクル法」にはEPRの概念が取り入れられている。家電メーカーは、製品について消費者の使用後まで、廃棄の責任をもつ。家電メーカーは、リサイクル費用を最小化するために、廃棄の可能性を考慮して製品素材の選択や製造過程の設計を行う。また、環境配慮の誘引として、廃棄量が少ない製品に対してはエコラベルが与えられる。エコラベルがある製品は市場で優位性があり、家電メーカーが環境に配慮した設計を行うよう促す。　［渡辺幹彦］

【参考文献】　OECD, *Extended Producer Responsibility : A Guidance Manual for Government*. OECD, 2001. ／細田衛士「拡大生産者責任の経済学」細田衛士・室田武『循環型社会の制度と政策』岩波書店、2003年.

汚染の逃避地
Pollution Haven

環境規制が異なる国々の間で、貿易や投資に対して各国が行っている制限措置が撤廃されて、製品、サービス、資本の移動が自由になると、環境面においても新たな問題が引き起こされる。中でも最も懸念されるのが、汚染の逃避地である。すなわち、種々の産業のうち、特に鉄鋼、非鉄金属、紙パルプ、化学など汚染集約型産業は環境規制が厳しい国での操業を好まない。生産費用を低く抑えることによって競争上の優位を獲得するために、その生産拠点を環境規制が緩やかな国に移転させる。その結果、環境規制が緩やかな国々に汚染集約型産業が過度に集中し、環境がさらに悪化する。特に、開発途上国においては環境規制が先進国よりも緩やかである場合が多く、開発途上国が汚染の逃避地となりやすい。現実に、インドのボパール事件やマレーシアのエイシアン・レア・アース（ARE）社事件など、海外からアジアの開発途上国に移転した生産拠点が深刻な環境問題を引き起こす事件事故が発生している。しかし、この現象に否定的な立場は、生産費用の中で環境対策の費用が占める割合はほんのわずかで、貿易と投資のパターンを変えるほどのものではないと主張する。例えば、世界貿易機関（WTO）の研究によれば、企業が環境政策を遵守するために負担する追加的な費用は、環境規制が比較的厳しい先進国の場合でさえ、生産費用のわずか1〜5％に過ぎない。この程度の費用が、産業の国際移転や国際競争力を左右する重要な要因とはならないという。実証的な研究によっても汚染の逃避地を否定するものが多く、一般化はできない。

［原嶋洋平］

【関連項目】　環境規制
【参考文献】　日本弁護士連合会公害対策・環境保全委員会編『日本の公害輸出と環境破壊―東南アジアにおける企業進出とODA』日本評論社，1991年．／Hakan Nordstrom and Scott Vaughan, *Trade and Environment*. WTO Special Studies No. 4, 1999. ／松岡俊二「国際資本移転と途上国の環境問題―持続的発展と直接投資・政府開発援助」森田恒幸，天野明弘編『地球環境問題とグローバル・コミュニティ』岩波書店，2002年．

オゾン層破壊
Ozone Layer Depletion

　フロン（クロロフルオロカーボン：CFC）やハロンに代表される人工の化学物質の大気中への放出によって，成層圏のオゾン層が破壊されること。オゾン層は太陽光に含まれる有害な紫外線の大部分を吸収し，地球上を守っている。しかし，オゾン層が破壊されると，地上に達する有害な紫外線の量が増加する結果として，人体にとっては白内障や皮膚ガンの発生率が増加し，穀物の収穫の減少，プランクトンの減少による魚介類の減少など自然生態系にも悪影響が生じる。この問題は1970年代に認識されて，国連環境計画（UNEP）を中心に対策の検討が開始された。そして，1985年に，オゾン層保護対策の一般的な枠組みを定めた「オゾン層の保護に関するウィーン条約」が採択された。さらに，南極域の上空においてオゾンの量が極端に減少するオゾンホールという現象が観測され，大きな衝撃を与え，この問題に対する関心が一層高まった。1987年には「オゾン層を破壊する物質に関するモントリオール議定書」が採択され，生産と消費の規制対象とするオゾン層破壊物質の種類や規制スケジュール，非締約国との規制物質の貿易の禁止を定めた。
　この議定書は，当初の予想以上にオゾン層の破壊が進行していることが観測されたことなどを背景として，何度かにわたって改正され，規制物質の追加と規制スケジュールの前倒しなど，段階的に規制が強化された。さらに，先進国と開発途上国との間に生じる不公平を是正し，開発途上国が参加しやすいように，開発途上国への特別な配慮に関する規定をおいた。これによって，開発の水準に応じて規制内容を変えており，開発途上国には規制が緩和されている。具体的には，一定の基準（規制物質の消費量が１人当たり0.3kg未満）を満たす開発途上国は，その基礎的な国内需要のため，生産と消費の規制を10年遅らせることができる。さらに，開発途上国による規制措置の実施を可能とするために資金供与と技術移転の制度を設けることを定め，1990年からは多国間基金（オゾン層保護基金）が設立されている。すでに，先進国においては1996年までに多くのオゾン層破壊物質の生産と消費が全廃されたのに対して，1999年からは開発途上国に対する規制が開始された。

［原嶋洋平］

【関連項目】　国連環境計画
【参考文献】　リチャード・E. ベネディック（小田切力訳）『環境外交の攻防―オゾン層保護条約の誕生と展開』工業調査会，1999年．／磯崎博司『国際環境法』信山社，2000年．／亀山康子『地球環境政策』昭和堂，2003年．

オフショア金融市場
Offshore Financial Market

　預金準備率，源泉所得税，為替管理などに関する規制を緩和することによって，非居住者による資金の運用・調達活動の拡大を目的に設立された金融市場である。オフショア金融市場には，３つのタイプがある。第１は，ロンドンや香港のように，国内市場とオフショア市場の間の資金移動が完全に自由で，国内と対非居住者の金融取引が一体化した市場である（内外一体型）。第２は，ニューヨーク，シンガポール，東京のように，国内市場とオフショア市場との区分が明確で，資金移動が遮断されているものである（内外分離型）。第３は，バハマ，ケイマンなどの税制上の特別措置（低い税率など）が適用されている地域にペーパーカンパニーを設立して，取引の記帳のみを行うタックス・ヘブン（租税逃避地）である。
　1968年にシンガポールが開設したアジア・ダラー市場（ACU勘定）が，アジアで最初のオフショア市場である。香港は，1970年代に自然発生的に形成されたオフショア金融市場であり，華人マネーの運用拠点となっている。ASEANでは，1990年にマレーシアで地方振興策を兼ねてラブアン・オフショア市場

が設立された。また、タイでは1993年に、インドシナの国際金融センターとして育成することを目指して、バンコク国際銀行市場（BIBF）が新設された。

　このように、アジアで多くのオフショア金融市場が設立されてきた背景として、華人マネーの取り込み、経済発展に必要な資金の調達、域内に蓄積された金融資産の運用手段の提供などがあげられる。また、オフショア金融市場には国内外の主要な金融機関が多数参加しており、国際金融センターとしての自国の発展を目指す国々にとっては重要な市場である。シンガポールや香港では、シンジケートローン（協調融資）や債券発行などの業務も活発に行われている。　　　　　［高安健一］

【関連項目】　アジアダラー市場

オランダ病
Dutch Disease

　オランダ病とは、ある国において天然資源の輸出が急増すると、経常収支が改善することによって為替レートが上昇し、資源関連以外の産業の国際競争力が低下して、経済発展に悪影響を及ぼす事態をいう。1970年代にオランダの北海で天然ガス田が発見され、その急激な資源輸出の増加によって、経常収支が黒字化した。経常収支の黒字化が為替レートの急上昇をもたらし、その結果、オランダ国内の製造業は国際競争力を失うことになって生産が停滞し、不況が長期化する要因となった。また、資源に関連した産業の一時的な生産拡大が生じることによって、国内需要は増大して、非貿易財産業の生産が誘発されることもある。しかし、天然資源の国際価格は不安定であり、その活況は持続的なものとはならない。非貿易財産業の好況も一時的なものにとどまる可能性が高いという。　［森脇祥太］

【関連項目】　為替レート
【参考文献】　速水佑次郎『新版　開発経済学―諸国民の貧困と富』創文社, 2000年.

カ

外延的発展
Extensive Development

　外延的発展とは、土地、労働、資源などの生産要素の量的拡大を求める経済発展のパターンを示す。このようなパターンは、国家間にまたがるものから一国内部までと広くみられる。国際的な場合には、先進国の植民地獲得に端的に表われる。先進諸国は開発途上国を植民地化することにより、その土地、労働力を用いて原材料等を生産する。原材料を用いて安価な製品を生産し、本国内で販売するというやり方である。植民地のモノカルチャー経済は、この発展パターンの結末であった。このような生産構造をもつ開発途上国は、独立後も同様な発展パターンを継続した。1次産品の輸出量を拡大させるために、森林伐採などによって未開地を開拓した。つまり、生産量の拡大を生産要素の投入増大によって実現したのであり、集約化や技術革新等による生産の効率化によるものではなかった。中南米の木材やアフリカ諸国のコーヒー生産に典型的にみられるパターンである。

　このような発展パターンは一国内においてもみることができる。発展初期段階には、都市部に企業や工場が建ち、それを取り巻く形で住宅建設が起こる。やがて、都市部が過密状態になると、開発の手が外へと向かう。それにより、住宅や企業の立地も地理的に拡大していく。これにより都市で必要とされるエネルギーは増加し、それとともに排出される廃棄物の量は著しく、都市部内で処理不可能になる。この処理を地方に委ねて、都市の拡大が可能になる。産業廃棄物や核燃料処理は、典型的なパターンである。

　このような発展パターンに対するアンチテーゼとして、「内発的発展」論が提唱されている。その内容は多岐にわたるため一般化することは困難である。西川潤の定義によれば、「他者への依存や従属を峻拒する人間、または人間たちの発展のあり方」ということ

になる。各個人の自律を前提として、地域住民の意思にもとづき発展のあり方を問うものといえよう。このような思想は、先進国の社会・住民運動や開発途上諸国の発展にも適用可能であるといわれている。　　　　［徳原　悟］
【関連項目】　植民地、モノカルチャー経済、内発的発展論
【参考文献】　鶴見和子、川田侃編『内発的発展論』東京大学出版会, 1989年。／西川潤編『アジアの内発的発展』藤原書店, 2001年。

海外直接投資
Foreign Direct Investment : FDI

　海外直接投資（FDI）とは、国境を越える投資（＝資本移動）の一形態である。企業が海外企業の経営を支配したり関与することを目的に、海外子会社を設立したり、海外企業に出資することなどを指す。国際通貨基金（IMF）は、「居住者による、非居住者企業（子会社、関連企業、支店）に対する永続的権益の取得を目的とする国際投資」と定義している。また株式の取得による出資については、出資比率10％以上が直接投資に分類される。10％未満の出資は、株の配当や値上がりなど資産運用を目的とした投資とみなされ、間接投資と呼ばれる。

　国際収支統計（International Balance of Payments Statistics）では、直接投資は、資本収支（Balance of Capital Account）の中の直接投資（Foreign Direct Investment）に分類される。10％未満の出資は、対外ポートフォリオ投資（Foreign Portfolio Investment）の中の対外ポートフォリオ株式投資（Foreign Portfolio Equity Investment）に分類されている。

　直接投資の分類に関して注意を要するのが、近年増加しているクロスボーダーＭ＆Ａ（Merger & Acquisition）と呼ばれる国際間の企業合併・買収の取り扱いである。Ｍ＆Ａは、一般的に企業の資産や株式の取得により、経営への参加や支配を狙った合併・買収を指す。出資比率の定義は統計によって異なるが、出資比率が10％未満であっても経営への関与が明確な場合には、直接投資とみなされることがある。その場合でも、IMFの定義ではポートフォリオ株式投資に分類される。

　直接投資の目的は、①資源の確保、②労働力の確保、③市場の確保、④貿易摩擦の回避、⑤世界的ネットワークの構築など多岐にわたる。一方、受け入れ国側は、①雇用の創出、②技術の移転、③外貨の獲得などの利益を享受できる。

　日本の直接投資は、戦後間もなく資源の確保を目的として始まった。天然ガス、木材、鉄鉱石、スズ、アルミニウム、天然ゴムなどを求めてマレーシア、インドネシア、タイなどへの投資が行われた。1960年代から1970年代には、国内の労働コストが経済成長や通貨高によって上昇したために国際競争力を喪失した企業を中心に、海外直接投資は徐々に増加していった。繊維産業や電気機械産業などがまず韓国、台湾、シンガポールなどのNIESへ進出した。その後NIESでも1970年代の高度経済成長期に労働コストが上昇した結果、日本企業の直接投資は、より労働コストの低いASEAN諸国や中国などの開発途上国へと対象国を変えていった。

　日本企業の直接投資が急増する契機となったのは、1985年の先進5カ国蔵相会議（G5）における、いわゆるプラザ合意によるドル高是正である。合意前に1ドル＝240円前後であった通貨は急激な円高へと転じ、その後2年間で約65％、3年間で約85％の切り上げとなった。円高の結果、ドル換算した日本国内の労働コストが急上昇した。国際競争力の低下を防ぎ、また欧米諸国との間で顕在化した貿易摩擦を回避するために、日本企業は、競争力の低下した産業の海外への生産移管を余儀なくされた。この結果労働集約型産業を中心に、豊富で低廉な労働力が得られるASEAN諸国などへの投資が急増した。一方、ASEAN諸国は、直接投資の導入により輸出志向工業化を進め、高成長を遂げることが可能となった。　　　　　　　［坂東達郎］
【関連項目】　Ｍ＆Ａ、技術移転、多国籍企業
【参考文献】　伊藤元重『ゼミナール国際経済入門（第2版）』日本経済新聞社, 1996年。／渡辺利夫『開発経済学入門』東洋経済新報社, 2001年。

改革【インドネシア】
Reformasi［イ］

　1998年5月21日にインドネシアのスハルト（Thojib N J Suharto）政権は崩壊したが、その日をもって「開発」にかわって「改革」（レフォルマシ）が歴代政権の正当性の根拠となり、新たな時代のスローガンとなった。改革の象徴が民主化であり、政治体制が権威主義体制から民主主義体制へと大きく転換した。その結果が、政治3法（政党法、総選挙法、議会構成法）や地方分権2法の制定、数次にわたる憲法改正などを通じて具体化された民主化への動きである。言論の自由（出版物発行許可権の廃止と出版物発行登録制の新設など）、信条の自由（パンチャシラを唯一の国家原則とする政策の破棄）、集会の自由、基本的人権の保障、政党の選挙参加への自由、公務員の政党活動への参加禁止、大統領の国民協議会議員任命権の剥奪、大統領任期制の導入（2期10年まで）、大統領の国民による直接選挙選出、地方自治の確立と地方分権化などが、急速かつ精力的に規定化された。ことに、中央集権の典型とされたスハルト政権崩壊後の「改革」の時代においては、スハルト・イメージの一新が求められ地方分権化がクローズアップされた。　　　［篠塚　徹］

【関連項目】　パンチャシラ、スハルト、ハビビ
【参考文献】　佐藤百合編『民主化時代のインドネシア』アジア経済研究所，2002年．

改革・開放政策【中国】
Reform and Open-door Policy

　「改革」とは経済体制の改革であり、計画経済時代に形成された経済システムを市場経済体制へ移行するプロセスを指す。中国が「体制移行経済」と呼ばれる理由はここにある。他方、「開放」とは、閉鎖的体制を改め海外との取引を逐次自由化する政策をいう。1970年代の末から始まった改革・開放政策は、冷戦後の世界経済の市場化とグローバル化の流れをくむものであり、中国の経済開発戦略の根本的転換を意味するものである。

　改革・開放政策が登場した背景には、30年にわたって追求してきた計画経済・閉鎖体制の非効率性・不安定性にある。著しい経済成長を遂げた周辺国家・地域との比較において、技術、消費、生産性、所得などの面で中国が大きく遅れをとった。経済の活性化を図るために、毛沢東（Máo Zédōng）時代の計画経済と自力更生の発展戦略を改め、周辺国家・地域でその有効性が証明された開発戦略を採用することは、改革・開放政策の真髄である。この政策の主な内容は、計画経済に市場メカニズムの機能を導入し、市場による資源配分の役割を発揮させると同時に、市場経済が確立している先進国家との交流を通じて、国内経済の活性化と市場経済システムを確立させることである。

　開発戦略の転換には大きな政治的エネルギーが必要であった。1976年毛沢東が逝去した後、四人組を中心とした急進的リーダーが失脚し、経済発展を促進する機運が高まった。しかし、党内を中心に、社会主義的イデオロギーの束縛から抜け出せない状態にあった。政治的復権を果たした鄧小平（Dèng Xiǎopíng）の主導の下で、「真理の基準」についての大論争がなされ、その結果、「実践こそが政策を評価する際の唯一の基準」だとする原則が確認された。中国の漸進主義的改革戦略、すなわち実績を重んじて実験的アプローチで改革を進めるという鄧小平路線が確立された。

　経済体制の改革は農村改革から始まった。1978年末、中国共産党11期3中全会で経済建設を促進するための決議が採択された。農村経済の活性化を旨とする方針の下で、農業経営制度の大変革が起こり、1983年までのわずか数年の時間で、人民公社が解体され農家経営請け負い制が普及した。農村改革の成功に勇気付けられた党の指導部は、1984年の12期3中全会において「経済体制改革に関する決定」を採択し、鉱工業企業が集中する都市部の体制改革を全面的に展開した。1987年の党の13期大会においては「社会主義初級段階論」が提起され、社会主義と相容れないと考えられてきた株式配当や私営企業などにも合法的な地位を与えるようになった。1992年の中共14期3中全会に「社会主義市場経済論」が登場し、現代的企業制度の導入、要素市場を含む経済の全面市場化の推進、財政と金融

制度の改革、などが叫ばれるようになった。2003年10月の中共16期3中全会においては、弱者にも配慮を示すような成熟した市場経済体制の確立を新たな目標として掲げている。このように、経済体制改革は、農家や企業、価格制度、租税制度、金融制度など、ミクロからマクロまで全面的に進められている。

　特筆すべきは、対外開放が改革とは両輪のごとく並行的に推進されてきたことである。1979年に対外開放の実験区として広東と福建に特別措置を与え、経済特別区を創設した。その経験を踏まえて1984年以降、14の沿海開放都市の指定と経済技術開発区の設立、海南省や上海浦東地域の開発など、対外開放の範囲が次第に拡大し、1990年代半ば以降の全面開放に導いた。対外取引の拡大に伴い、貿易制度や海外投資の誘致制度などが次第に世界基準を導入するようになった。1986年にGATT（関税および貿易に関する一般協定）への加盟（復帰）を申請し、1996年に人民元の経常取引における交換性の付与とIMFの8カ国への移行、国際決済銀行（BIS）の加盟など、国際機構との協力と協調が進められてきた。2001年のWTOへの加盟は、中国政府が進んで「外圧」を導入し、国内の体制改革を推進しようとする大きな決断を表明するものといえる。

　経済成長と所得向上をもたらした改革・開放政策は、中国の「国是」（基本国策）としてすでに定着している。ただし、改革・開放政策の影響は経済面に限られるものではなく、政治や社会的にも大きな変化をもたらしており、人々の意識もそれに伴って変化している。今後も、改革・開放政策の社会的、政治的帰結に注目する必要があろう。　［杜　進］

【関連項目】　移行経済、社会主義市場経済
【参考文献】　林毅夫、蔡昉、李周（渡辺利夫監訳、杜進訳）『中国の経済発展』日本評論社、1997年.／渡辺利夫、小島朋之、杜進、高原明生『毛沢東、鄧小平、そして江沢民』東洋経済新報社、1999年.／中兼和津次『経済発展と体制移行』シリーズ現代中国経済1、名古屋大学出版会、2002年.

外貨準備
Foreign Currency Reserves

　外貨準備とは、通貨当局（政府および中央銀行）が対外的な支払いに即座に使用可能な外貨建て資産のことである。外貨準備は、ドルを中心とした外国為替、SDR、IMFのリザーブポジション、金、およびその他の流動的な外貨建債権から構成される。これらのデータは、IMFが発行する *International Financial Statistics* から得ることができる。

　外貨準備は、緊急時も含めて、輸入代金の決済、国際収支赤字の支払い、対外債務の支払い、および為替レートを維持するための市場介入を実施するために使用される。そのため、各国の通貨当局は、自国の為替レート政策、国際収支構造、および外貨借入能力等を勘案して、相当額の外貨準備を保有している。しかし、開発途上諸国は外貨獲得能力をもつ輸出産業が少ないため、外貨準備は稀少資源である。貿易は輸入超過傾向にあり、したがって恒常的な国際収支の赤字のため、外貨の支払い需要が高い。また、固定相場制を採用している国が多く、為替市場介入においても外貨需要は高い。輸入超過や国内インフレにより自国通貨価値が低下する傾向にある。為替レートを維持するために自国通貨買い・外貨売りの介入政策をとる必要が出てくる。

　開発途上諸国では外貨需要が高い割に、外貨を取得する能力が制限されている。外貨借入という途もあるが、対外債務の増加という副作用をもつため、外貨準備を維持・確保するのは難しい。アジア経済危機以前は、外貨準備の適正水準は、輸入の3カ月分とされ、その水準を下回ると対外支払いができなくなる可能性があるとみられていた。しかし、アジア危機で急激な短期資金の流出に見舞われると、輸入の3カ月分では到底間に合わないことが明らかになった。これにより、IMFは対外短期債務のデータも公表するように求めている。2003年4月時点のアジアで外貨準備の多い国をみると、日本の4800億ドル、中国3200億ドル、台湾1700億ドルとなっており、米国やドイツを上回る水準に達している。

［徳原　悟］

【関連項目】 国際収支、不胎化介入、債務関連指標
【参考文献】 International Monetary Fund, *International Financial Statistics*. Washington D. C.: IMF Publication Services. ／白井早由里『入門現代の国際金融―検証 経済危機と為替制度』東洋経済新報社、2002年.

回帰係数
Regression Coefficient

回帰式の中にあるパラメータを、回帰係数あるいは回帰パラメータという。 ［白砂堤津耶］

回帰分析
Regression Analysis

回帰分析とは、2つの変数 X と Y について、X で Y を定量的に説明するモデル（回帰式）を統計的に求めることをいう。説明する変数 X を独立変数あるいは説明変数といい、説明される変数 Y を従属変数あるいは被説明変数という。

回帰分析の中心的手法は、最小2乗法である。 ［白砂堤津耶］

【関連項目】 最小2乗法

海峡両岸経済【中国、台湾】
Economic Relationship between Mainland China and Taiwan

台湾海峡を挟んで拡大する中国と台湾の経済関係を表わす言葉である。中国と台湾の経済交流は、1979年に中国の改革・開放政策への転換、台湾に対する「台湾同胞に告げる書」の発表などを契機に、第3国経由という条件つきながら徐々に始まった。中国に対し強い警戒心をもっていた台湾も、1987年に大陸への親族訪問を正式に解禁するなどその態度を軟化し、両者の交流が多方面で生まれ両岸経済が拡大した。

両岸経済の特徴をみると、第1に、台湾の人々の多くは中国大陸の出身であり、両岸の人々は地縁、風俗や人情、言語文化など、多くの面で共通点がある。それゆえに両岸の経済交流には、他の地域にはない特異性がある。第2に、両岸経済の相互補完性である。中国は労働力、資源、消費市場の面で潜在的な力をもち、基礎科学技術も備えている。一方、台湾は十分な資金力と市場経済を熟知した経営管理のノウハウ、実用加工技術などの面で優位性がある。第3に、両岸経済は台湾の中国に対する圧倒的な輸出超過、投資超過である。これは主に台湾側の政治的規制によるもので、台湾は中国との経済関係において貿易が黒字である一方、企業は多額の資金を中国に投資している。

一方、両岸経済関係の最大の問題点は、密接な経済関係が政治関係によって制約されることにある。政治、安全保障の観点から台湾の立場は、間接貿易ならびに間接投資の水準で両岸関係を制限している。事実上、1996年に中国のミサイル実射演習によって台湾海峡の緊張が高まったため、それまで順調に拡大していた両岸関係が急速に縮小した。これによって台湾企業の対中投資にブレーキがかかり、成長を鈍化させた。その後、中国は2000年12月に「対台湾地区貿易管理方法」を公布し、関係改善を図った。これは対台湾貿易の管理方法、紛糾の解決方法の規範化を目的としていて、①一国二制度の原則、②市場経済の原則、③現行管理法との一致原則にもとづいて制定され、台湾からの貿易拡大を狙ったものである。一方、投資の面でも2000年以降、多くの台湾企業が再び対中投資を拡大している。これは中国の投資関連環境の大幅な改善、西部開発戦略の具体的対策の発表、世界貿易機関（WTO）加盟後の中国市場の将来性への期待などが、主な原因としてあげられる。ちなみに、中国と台湾は2002年にWTO加盟を果たした。これにより、今後も両岸経済のさらなる発展が期待される。

［文　大宇］

【関連項目】 両岸三地、大陸委員会
【参考文献】 渡辺利夫編『両岸経済交流と台湾』ジェトロ、1993年. ／涂照彦『台湾の選択―両岸問題とアジアの未来』平凡社新書、2000年. ／藤原弘『拡大する両岸ビジネス中国・台湾』リブロ、2003年.

外国為替管理
Foreign Exchange Control

国家が外国為替の売買を管理する規制、およびそれに付随する関連諸規制を指している。外国為替管理の目的は、国際収支均衡の維持、為替レートの安定化、為替レート変動によってもたらされる国内金融・資本市場へ

の波及効果の遮断、資本逃避の防止、外貨準備の安定的確保などにおかれている。これらの目的を達成するために、国家は外国為替取引に対して規制を行う。外国為替管理が実施されている場合には、外国為替の取引は外国為替公認銀行との間で行われる。外国為替の需給状態を正確に把握するため、外国為替取引の取り扱いを政府が認可した銀行に集中させる。

輸出業者は、輸出代金として得た外貨を国内通貨に交換するために、公認銀行に売却する義務がある。また、輸入業者が輸入代金決済用外貨を獲得するためにも、公認銀行から購入しなければならい。特に輸入代金が大きな場合には、事前に許可を受けなければならないケースもある。このように外国為替取引を公認銀行に一元的に集中させることを為替集中制と呼ぶ。一般的には、外国為替管理はこのような仕方でなされるが、すべての為替取引を制限する場合と、特定の取引だけを制限する場合とがある。取引の区分には、取引当事者が居住者であるか非居住者であるか、為替取引が経常的取引から生じているのかそれとも資本取引によってなのか、取引対象通貨などがある。

国際通貨基金（IMF）は、その加盟国に対して経常取引に関する為替取引の自由化を義務付けている。この自由化が達成されることを経常勘定の自由化とか交換性の回復という。IMFは、経常勘定の自由化ができない国をIMF14条国と呼び、過渡的な措置として認めている。自由化された国をIMF8条国と呼んでおり、加盟国はIMF8条国に移行するまで、毎年IMFと協議をしなければならない。日本は、ヨーロッパ諸国よりも若干遅れた1964年4月にIMF8条国へ移行した。資本勘定については、1980年12月施行の改正外国為替管理法によって、部分的な制限は残されているものの、自由化が進められた。1998年4月に施行された「外国為替及び外国貿易法」（通称「外為法」）によって、名実ともに自由化が完了した。

開発途上諸国でも、このような外国為替管理が実施されている。特に開発途上諸国の場合には、資本逃避や資本流出による外貨準備の枯渇を回避するために導入されている。しかし、これだけでは十分に外貨準備を確保することができないために、輸入割当制や外貨割当制を導入し経常取引にもとづく為替取引を制限している。開発途上諸国の場合には、外貨獲得能力をもつ輸出産業が十分に育っていない。しかし、半面、先進諸国から中間財や資本財を購入するための為替需要が強くなる傾向にある。そのため、為替管理が実施されることになるが、これが資本逃避や外国為替闇市場（ブラック・マーケット）を生み出す原因にもなっている。アジア諸国をみると、1970年代後半から1980年代前半にかけて経常取引に関する為替取引を自由化し、IMF8条国へ移行した。そして、1990年代に入ると資本勘定取引に関する為替取引に関しても自由化を始めた。この自由化により、1990年代にはアジア諸国に巨額の資金が流入した。直接投資をはじめ、ポートフォリオ投資、銀行融資やその他短期資本の形態で、経常収支赤字をはるかに上回る資金が流入した。これらの外国資金が急激にアジア諸国から流出して経済に大打撃を与えたのがアジア通貨・金融危機であった。資本勘定の自由化が時期尚早であったことが危機をもたらした原因である。資本勘定の自由化を行うためには、十分にリスク管理能力のある国内金融環境を整備する必要があるといえる。［徳原 悟］

【関連項目】 経常勘定の自由化、外貨準備、ブラック・マーケット、資本逃避、金融自由化、アジア経済危機
【参考文献】 木下悦二『外国為替論』有斐閣、1991年。／白井早由里『検証 IMF経済策—東アジア危機を超えて』東洋経済新報社、1999年。／ジョン・L.イートウェル、ランス・J.テイラー（岩本武和、伊豆久訳）『金融グローバル化の危機—国際金融規制の経済学』岩波書店、2001年。／吉冨勝『アジア経済の真実—奇蹟,危機,制度の進化』東洋経済新報社、2003年。

外国為替割当制度
Foreign Exchange Allocation System

外貨資金割当制度ともいわれ、輸入品目ごとに外国為替資金を割り当て、その割当額の範囲内において輸入を承認するという制度のこと。外国為替準備が稀少資源である開発途上諸国では一般的にみられる。外貨保有量は、その国の輸出稼得能力に依存する。輸出競争力の高い産業を多数有する国では、輸出

代金として外貨を獲得することができ、獲得した外貨を使って必要な輸入財を購入する。開発途上諸国では、一般的に慢性的な輸入超過状態にあるので、外貨不足が発生する傾向にある。そのため、外貨は稀少資源である。稀少な外貨を効率的に利用することを目的として、外国為替割当制が導入される。この制度の下では、食糧、燃料などの生活必需品関連物資や中間財・資本財などの産業活動にとって重要な製品の輸入には比較的割当額が大きく、嗜好品、贅沢品、および輸入競争産業が生産する財貨の輸入に対しては、その割当額が制限される。割当対象下の品目は、輸入承認を取り付けた後でなければ、実際に輸入することができない。

外国為替割当制度が導入されている国では、一般的に、外貨集中制度があわせて導入されている。この制度は、外貨の売買を外国為替公認銀行に集中して取引を行う制度である。輸出代金として得た外国為替は、外国為替公認銀行に売却しなければならない。また、輸入決済用外貨資金も公認銀行からしか購入できない。これらの制度が導入されると、外国為替の需要が増大し、資本逃避の舞台となるブラック・マーケット（闇市場）が形成される傾向にある。開発途上諸国では、公定レートを上回るレートで外国為替が売買されている。このような外貨規制は、IMF8条国への移行とともに解除される。しかし、外貨不足が解消されるわけではないので、輸入数量規制という形で輸入を抑制して、外貨の流出を食いとめることになる。

〔徳原 悟〕

【関連項目】 外国為替管理、ブラック・マーケット、経常勘定の自由化、資本逃避

【参考文献】 木下悦二『外国為替論』有斐閣、1991年．／マイケル・P. トダロ（岡田靖監訳、OCDI開発経済研究会訳）『M. トダロの開発経済学（第6版）』国際協力出版会、1997年．

外国人労働者【シンガポール】
Foreign Workers

多くの国で都市産業部門の労働力不足を農村の流入者が補うが、シンガポールは農村がないので外国人労働者がそれを代替している。1970年代以降、総労働人口比率の10数％を占めるようになり、2002年現在、シンガポール居住者のうち、シンガポール国民約338万人、外国人約79万人（19％）である（外国人は外国人労働者の家族も含む）。

政府は、外国人労働者の雇用に細かい基準を定めている。製造業の場合、建設業は、シンガポール人労働者1人対外国人労働者5人、造船業はシンガポール人1人対外国人3人、その他製造業はシンガポール人1人対外国人1人の雇用比率である。それ以外の産業は従業員総数の30％以内で雇用制限が厳しい。外国人労働者を雇用する企業は、政府に許可申請を行い、職種に応じて毎月30〜470Sドルの外国人雇用税を支払う義務を負う。現在、雇用需要が大きい建設労働者は470Sドル、メイドは345Sドルと高い。外国人労働者の出身国は、当初マレーシアが多かったが、その後、インドネシア、タイ、南アジア、中国へと拡大している。政府はここでも、シンガポール社会の「アジア性」を損なわない国の出身者、政治安定を阻害しない程度の比率までは容認、という原則を設けている。

外国人労働者のうち、未熟練労働者は「ワークパーミット」が発給され、雇用は2年間で原則的に延長は認められない。これに対して、専門家や熟練労働者には「エンプロイメントパス」が発給され、管理は比較的緩やかで、永住権取得の道も開かれている。シンガポール人労働者が「3K」と呼ばれる単純労働を敬遠する状況下で、外国人労働者はシンガポールの労働集約型製造業を支えているが、不景気の際は最初に解雇されるのが外国人労働者であり、雇用の調整弁ともなっている。

〔岩崎育夫〕

【参考文献】 田村慶子『シンガポールを知るための60章』明石書店、2001年．

外資主導型成長
FDI-led Industrialization

外資主導型成長とは、外資を積極的に取り入れることによって、工業化と高度経済成長を達成することをいう。経済のグローバル化が進展する中にあって、開発途上国の基本的な経済発展パターンとなっている。

外資主導型成長の典型的な例が東アジアである。東アジアの多くの国々は、1960年代に入り輸入代替工業化政策を採用した。その対象は軽工業品など技術水準が比較的低い産業からスタートし、鉄鋼、石油化学など素材産業に及んだ。輸入代替工業化政策は、東アジア諸国が工業化の基盤を形成する上では効果があったが、国内市場の狭隘性を主因に1970年代には限界に直面した。このため、東アジア各国は外資主導による輸出志向工業化という成長戦略をとるようになった。

技術・資本の蓄積が遅れていた東アジアでは、輸出産業の育成にあたって先進諸国からの投資誘致が不可欠であった。各国は、直接投資を誘致するために、①外国投資の自由化、②投資優遇措置の供与、③輸出加工区・保税工業団地の整備など、に力を注いだ。この政策は、外国企業の誘致に大きな効果をもたらした。欧米や日本の企業が輸出加工区への進出を始め、主要輸出産業としての地位を築いていった。輸出産業として成長したのは、当初は繊維・衣料、食品加工、木材加工、雑貨などの労働集約的な軽工業品であった。その後1980年代後半には、電気・電子などの機械産業が急成長した。

外資主導型成長は、後進国は先発国で開発された技術を導入することによって短期間で工業化を実現できるという、アレクサンダー・ガーシェンクロン（Alexander Gerschenkron）が指摘した「後発者の利益」を享受することを可能にした。先進国に遅れて高度経済成長段階に入ったNIES、ASEAN諸国は、外国企業による投資を受け入れることにより技術、資本、経営ノウハウなどをパッケージとして導入することができた。このような成長戦略によって実現した工業化の進展と工業製品の輸出の拡大が、雇用や所得の増加を通じて国内需要の拡大につながった。また外資主導型成長は、東アジア各国が労働集約型産業からより高度な産業に移行する際の技術のキャッチアップを容易にした。このように工業化の進展に対応して、東アジア各国の重点産業は、繊維、雑貨などの軽工業からエレクトロニクス産業や自動車産業を中心とする機械産業に移った。

一方、外資主導型成長の進展に伴い、①技術の外国企業への依存、②関連産業の発達の遅れという問題が生じた。この結果、東アジア、とくにASEAN諸国では1980年代後半から外資主導型成長を本格化させるとともに、生産財・中間財の輸入が大幅に増加するという貿易構造ができあがった。

中間財輸入を減らすためには、国内に素材、部品や関連サービスを供給するサポーティング産業が存在することが不可欠である。サポーティング産業は、自国内で操業する外国企業への部品供給を通じて、外国企業から技術を受け入れることができた。1990年代に入ってASEAN諸国はサポーティング産業の育成を重視するようになったものの、その発展はなお遅い。エレクトロニクス産業を中心とする輸出志向型の直接投資の受け入れは、輸出加工区内で「飛び地経済」（外資が進出する輸出加工区が地場経済と経済的に切り離された状態）を形成した。地場企業とのリンケージを伴わなかったことが一因である。東アジア諸国に進出した外国企業は、厳しい国際競争の中でコスト引き下げを迫られており、部品を国内で調達する必要性に迫られている。電気・電子、自動車などの主要産業の付加価値を高め、これらの産業の海外流出を避けるためにもサポーティング産業の育成が求められる。

［坂東達郎］

【関連項目】　外資政策、垂直分業／水平分業
【参考文献】　大野健一、桜井宏二郎『東アジアの開発経済学』有斐閣、1997年．／渡辺利夫『開発経済学入門』東洋経済新報社、2001年．

外資政策
Policy for Foreign Capital

　開発途上国の経済発展において外国資本の役割は大きい。東アジアの高度経済成長と工業化の進展が外国資本の有効利用による成果であったことが、多くの開発途上国に影響を与えた。

　先進国では海外への投資も海外からの投資の受け入れも自由化されているが、開発途上国は外資の受け入れを許可制にしている場合が多い。1970年代には開発途上国において自立経済への熱意が高く、外国資本に対して規制の強い外資政策がとられた。しかし、その

後東アジア諸国が外資を利用し、高度経済成長を成し遂げたことから外国資本の役割が再認識され、外資を積極的に受け入れるとともに外資への規制を緩和する動きが強まった。投資の自由化はいまや開発途上国にとっても避けられない政策課題になっており、外資政策の基本でもある。

先進国企業からの海外直接投資の受け入れは、開発途上国に先進経営資源をパッケージとしてもたらすメリットがある。先進経営資源とは、資金のみならず、機械設備、生産財、技術、特許、経営方式など有形無形の多様なものを含む。開発途上国はこのような先進経営資源を利用することにより、経済発展を促進することができる。開発途上国の投資環境は、現地生産活動の制約、政治的リスク、さらにはインフラの未整備などのマイナス要因が多い。したがって開発途上国は外資に何らかの優遇策を実施することにより、先進国企業の進出を促す必要がある。そのために多くの開発途上国では、外資優遇政策を打ち出しており、その手段としては国内税の減免、生産活動に必要な原料、中間財、機械設備の輸入に対する関税の優遇、行政サービスの提供などがとられている。

一方、外資の受け入れ側である開発途上国の立場からは、外資の進出が望ましくない分野もあり、外資優遇の対象を一部の産業分野に限られる場合がある。そのために開発途上国の外資政策には外資の進出を認める分野と、制限する分野に分けて業種指定を行うことが多い。東アジアの外資政策をみると、1960年代以降NIESを先頭に外資に対する優遇と規制を含む外資関連法を整備され始めた。これらは外資の進出を制限する業種と奨励する業種を区別し、出資比率などについても制限を設けており、当時の外資政策はおおむね現地資本に多くの事業を与えるものである。1980年代からは、次第に各国の外資政策が投資自由化に向けて転換した。進出対象業種や出資比率の制限緩和、あるいは完全な100%子会社の容認がなされ、ほとんどの国が自由化の方向に政策を変更した。特に東アジアの外資動向に重要な意味をもつ変化として、中国が改革・開放政策下で外資の積極的な受け入れに乗り出し、外資に対する開放的な政策を取るようになったことである。近年、中国は投資自由化の措置として、従来の外資三法（合弁法、合作法、外資法）を改定し、これまでのローカルコンテンツ規制、外貨バランスや輸出義務条項などを撤廃した。一方で、投資を制限している分野に対する修正作業も行い、従来の制限分野を減らすとともに投資制限を大幅に緩和する外資政策をとっている。その一環として、一般的な製造・加工業は投資制限をほぼ撤廃し、出資比率についても基本的に制限を設けない方向で改定を進めている。また、優先的な外資受け入れ分野として、ハイテク産業、ソフトウェア開発、バイオなどを一層重視する意向である。

〔文　大宇〕

【関連項目】　現地調達比率、内国民待遇、海外直接投資
【参考文献】　谷浦孝雄編『アジアの工業化と直接投資』アジア経済研究所, 1989年. ／島田克美『概説海外直接投資（第2版）』学文社, 2001年. ／三木敏夫『アジア経済と直接投資促進論』ミネルヴァ書房, 2001年. ／渡辺利夫編『アジアの経済的達成』東洋経済新報社, 2001年.

外生変数
Exogenous Variable

連立方程式モデルなどの計量経済モデルにおいて、モデルの内部の相互依存関係によってその値が決定される内生変数とは異なり、モデルの外部からその値が決定される変数のことをいう。

〔白砂堤津耶〕

【関連項目】　連立方程式モデル、内生変数

回転貯蓄信用組合
Rotating Savings and Credit Associations

インフォーマル金融の一つの組織形態。比較的少数（6〜40人が一般的である）の個人によって構成されるインフォーマルな団体である。その構成員は定期的（通常、毎月）に基金に対して拠出金を納める。この基金から各メンバーにローテーションで無利息の貸し出しが行われる。貸し出しを受けた構成員は、決められた期間内に基金に対して返済を行う。一般的に、これら団体の貸出回収率は非常に高い水準にある。その理由としては、構成員同士が顔見知りであり、借り手の情報が日常的に収集・蓄積が可能であること。ま

た、各構成員は、他の構成員の貸し手であり、借り手でもあるという相互依存関係にあることも、確実な返済を行わせる重要な要素となっている。すなわち、監督官庁や適用される法律がない代わりに、道徳的規範、共同体意識、および互助的意識がこれらの組織の存続を可能にしている。

この種の形態で運営されているインフォーマル金融は開発途上諸国で広くみられる。韓国の「契（ケイ）」、台湾の「会仔（ホアエ）」、タイの「ピアホエイ（piahuey）」、インドネシアの「アリサン（arisan）」、フィリピンの「パルワガン（paluwagan）」、インド、スリランカの「チットファンド（chit fund）」などが、その典型である。　[德原 悟]

【関連項目】インフォーマル・クレジット、グラミン銀行
【参考文献】岡本真理子, 粟野晴子, 吉田秀美編『マイクロファイナンス読本―途上国の貧困緩和と小規模金融』明石書店, 1999年. ／Marguerite S. Robinson, *The Microfinance Revolution : Sustainable Finance for the Poor*. Washington D. C. : The World Bank, 2001.

開発教育
Development Education

1960年代後半、欧米の国際協力NGOや国連機関などによって提唱されて以降、主に先進工業諸国を中心に推進されてきた、「開発」分野の教育・学習活動。日本には1970年代後半に紹介されて今日に至っている。開発経済学が「経済現象の全体像、社会的文脈を理解する中から、社会科学の"総合性"を追究する」（渡辺利夫、1996年）学問体系であるならば、開発教育の理念・実践はまさに、幅広い意味の開発経済学の重要な一部であり、開発経済学の進展とともにまた変化してきたといえる。すなわち開発経済学が、開発途上国の経済・社会開発の今後の進展に大きな進路を指し示すという「使命」をもって登場してきたように、開発教育もまた開発途上国が抱える諸問題を、すべての地球社会に生きる人々の共通の課題にしようという目的をもって開始された。その意味で開発教育の原点は、開発経済学と同様に「開発途上国への視点」にある。また開発経済学が、開発途上国の現場に起こる諸現象の理論的解明と「処方箋」（渡辺）の提示とともに、その必然の結果として、先進工業国のかかわり方、例えば南北問題の解明や、国際協力のあり方がテーマとなるように、開発教育もそれらが重要なテーマとなってきた。つまり開発教育は、開発経済学が取り上げる分野について、教育・学習を通して学び、かつ「個人」の生き方として、より具体的な行動につなげていくことを促進するという意味で、きわめて実践的な「教育・学習」活動であるといえる。

開発教育はいかなる推移で提唱され、進展してきたのか。1960年代後半、開発協力に従事していた北欧やカナダのNGOは、アフリカやアジアなどでの開発問題が深刻であり、支援活動が長く続くことを予測し、自国の人々の理解と支持がなければ継続できないことを痛感した。そこで自国での理解と支持を得て、資金を確保することを目的に、「援助促進教育」としての開発教育が開始された。1970年代以降、国連の各専門機関はこの取り組みを支持し、豊富な資金と人材を動員して、開発教育についての調査研究、啓発に乗り出した。その一つFAO（国連食糧農業機構）は、1974年、欧州6カ国の学校での開発教育の可能性を調査し、報告書をまとめた。その中で開発教育は次のように定義された。①子供たちに、開発途上国の実状、開発途上国と先進工業国との関係を知らせること。②子供たちの生活、経験などと結び付けて考え、人種の違いや学校内外の社会的不平等などについて、子供たちが自分の意見を表明できるようにすること。他にもUNICEF（国連児童基金）やILO（国際労働機関）、また国連の本部組織も独自の啓発活動を始めた。こうした動きの中に開発教育の原点をみることができる。①は現状をよく「知る」ことであり、②はその上で自らの「考え」をもち、それが何らかの「援助のための行動」をつくる契機となる。

1970年代の後半以降は、さまざまな視点に立った開発教育が進展した。例えば、世界の貿易構造の格差をテーマとする学習などにみられるような、南北格差是正の視点に立った教育活動や、地球環境問題への配慮を強く意識した教育活動である。今日では、特に「持続可能な開発」を目的とした開発教育が叫ば

カイハツキ

れている。その基本は、開発途上国とともに、先進工業国も、地球環境全体への配慮をもって「開発」を考え直していこうというものである。しかし、どのような目的であれ、開発教育は、開発途上国に暮らす人々に目を向けながら「開発のあり方」を考えることが原点であり、そのための「人間の育成」が基本にある。なお関連領域の教育活動として、国際理解教育、環境教育、グローバル教育などがある。

　日本では、NGOであれ、政府機関であれ、それぞれの支持拡大の手段として開発教育が利用されてきた傾向があるが、本来はさまざまな意見・思想を学び、自らの意思で判断することを促すのが開発教育の本旨である。特に長い間開発教育の普及・推進にあたってきた民間の団体や個人の中に、異なる意見・主張を排除する傾向がある。そのことが日本における開発教育の幅広い進展を阻害してきたといわざるをえない。客観的立場からの開発教育推進の教育・研究機関への期待が高まっている。

［赤石和則］

【関連項目】　国際理解教育、地方自治体の国際協力
【参考文献】　国際協力推進協会『開発教育ガイドブック』明石書店, 1991年。／開発教育協会『開発教育ってなあに』1994年。／渡辺利夫『開発経済学―経済学と現代アジア（第2版）』日本評論社, 1996年。／JICA『開発教育支援のあり方調査研究報告書』1999年。／渡辺利夫編『国際開発学入門』弘文堂, 2001年。

◀開発金融機関
Development Finance Institution

　工業、農業、住宅、インフラなどの特定領域の開発に、中・長期の開発資金を融資する金融仲介機関のこと。産業政策などの特定の政策目的を達成するための実施機関である。高度成長期の日本でも、日本開発銀行を中心とする政府系金融機関が大きな役割を果たした。アジア諸国においても、長期の開発資金の融資機能をもつ政府系の開発金融機関があり、その法律上の設立根拠は特別法によって規定されている。開発金融機関設立の根拠は、一般的には、金融機関網の未発達、株式や債券を中心とする資本市場の発展の遅れなどにより、長期資金供給の機能を十分に果たせるだけの基盤が存在しないことにある。

　その一方、工業化プロセスにおいてますます資金需要が高まり、限られた資金を重点部門に向けて配分するための金融機関を設置することが急務の状況にあった。韓国の産業銀行、輸出入銀行や長期信用銀行、台湾の交通銀行や中国輸出入銀行は、1960年代から1970年代後半にかけて経済発展に重要な役割を果たしてきたが、近年その役割は次第に低下している。韓国や台湾は経済発展とともに、金融資産の蓄積が進み金融部門の発展がみられる。資金の調達や分配を市場機能に委ねる環境が整備されてきたため、開発金融機関のあり方が問われ始めているといえよう。

　香港とシンガポールはアジアの2大国際金融センターであり、また金融・サービス業を中心とする都市経済のため、政策金融の余地は乏しい。タイ、マレーシア、インドネシア、フィリピン等にも開発金融機関があるが、各国金融部門の総資産残高に占めるシェアは1割を割り込んでいる。ASEAN諸国は、韓国や台湾が経た環境とは異なり、国際金融市場から低いコストで民間資金を調達できる環境にある。また、先進諸国からの海外直接投資をはじめとする各種の資金フローを取り入れることができることも、開発金融機関のシェア低下の要因といえよう。また、金融改革の進展により、商業銀行への転換や統合なども進んでいる。経済発展が進むにつれてこれら開発機関は、民間金融機関を補完する役割を担うことになろう。例えば、農村部における小規模事業資金の供与や貧困層への融資など、民間部門の活動としては採算のとれない分野に活動領域をシフトさせていくことになろう。

［徳原　悟］

【関連項目】　政策金融、金融自由化
【参考文献】　大蔵省財政金融研究所内金融・資本市場研究会編『アジアの金融・資本市場』㈱金融財政事情研究会, 1991年。／奥田英信, 黒柳雅明編『入門　開発金融―理論と政策』日本評論社, 1998年。

◀開発計画
Development Program and Project

　開発計画とは、国家開発計画、地域開発計画、セクター開発計画などの上位計画と、これを具体化するための個別プロジェクトの計画を含み、一定の期間内に定められた目標を

実現するための合目的的な営為である。開発の目的は計画のレベルごとに異なるが、国家レベルの計画では、国民経済の成長、福祉の向上、地域開発計画では対象地域の成長、分配、雇用あるいは土地の高度利用などが対象となる。セクターレベルでは、生産増大、自給率の向上、輸出促進。市町村の開発計画では住民生活の向上などがあげられる。

これらを具体化するために行われるのが個別プロジェクトである。その実施主体には公共団体あるいは民間団体の両者が含まれる。その方法は投資が主体となるが、上位計画が主に公共政策（金融、貿易、税制、行政、財政）、規制あるいは補助金を手段として誘因をつくり、個別プロジェクトがこの誘導に従う形で実施されることが多い。これらの誘因は理論的には以下のメカニズムを通じてその方向および軽重が決定される。①内閣、国会での議論を踏まえた政治プロセスを経て、国家目標、開発戦略、開発政策の優先順位が設定される。②国家目標の優先順位、セクター開発目標間の優先順位が公共投資、公共政策、規制、補助金などの手段の選択に反映される。③セクター開発目標、地域開発および市町村開発目標の優先順位が、個々の投資案件の認可の基準に反映される。

個別プロジェクトを実施する際には、民生の向上に効果的に貢献し、自立発展性が高く、便益が大きく副作用は少ない、いわゆる妥当性の高い計画を立てることが重要となる。上位計画の優先順位に沿って配分される誘因を考慮する他に、当該計画の妥当性をその経済性、社会性の両面から検討することが一般的である。その基礎的な手法としては、経済分析と社会分析の手法があるが、この手法は国内のみならず国際協力の世界でも活用されている。経済分析では当該案件の財務的な健全性（費用便益、純現在価値、内部収益率）を確認するとともに、国の経済という観点からその経済効果が検討される。社会分析では当該案件の実施に伴う社会的な影響（環境影響や女性への配慮）が検討される。

このように開発計画の立案にあたっては最上位目標の優先事項が順次下位レベルの計画に反映され、最終的には個別の開発プロジェクトの審査基準に反映されることが想定されている。しかし、注意すべきは、経済分析の考え方では、政策的に設定される優先策に沿って設定される課税や補助金をいったんは除外した形でその経済性を検討するという立場をとっていることである。国際協力の一環として実施される借款プロジェクトでは、経済分析の結果は採否の重要な基準となっている。開発途上国自身の資金手当てで実施されるプロジェクトが、政策判断にもとづく優先順位を重視して採否が決定されるのに対し、国際協力による投資案件はいったんは政策判断を外して経済性を中心に検討し直すという点できわだった対照をなしている。［佐原隆幸］

【関連項目】　経済分析、財務分析、プロジェクト・サイクル
【参考文献】　鳥山正光『F／Sの理論と実践』国際開発センター, 1980年. ／国際協力サービス・センター『プロジェクトの経済分析・評価の調査研究』1984年. ／嘉数啓, 吉田恒昭編『アジア型開発の課題と展望—アジア開発銀行30年の経験と教訓』名古屋大学出版会, 1997年.

開発経済学
Development Economics

開発経済学は、開発途上国の経済構造や経済成長メカニズムを分析することにより、開発政策の立案に理論的および実証的な基礎を提供する応用経済学の一分野である。また、経済開発に伴う制度的・社会的・文化的変容をも分析の対象とする。開発経済学は経済学の一分野であり経済理論を用いて分析を行うが、開発途上国の社会・経済構造を分析するのに適した理論モデルに再構築しなおす必要がある。開発経済学は、経済理論の発展とともに専門分化され、最近では開発マクロ経済学や開発ミクロ経済学というタイトルの研究書も出版されている。

開発経済学は、比較的最近用いられるようになった用語である。もともとは「低開発国経済学」や「後進国経済学」といわれていた。さらに時代を遡れば、当時の時代状況を反映して「植民地経済学」ともいわれていた。しかし、第2次世界大戦後、開発途上諸国が独立するに従い、低開発国や後進国と呼ばれるようになった。その後、1960年代から1970年代頃にかけて発展途上国や開発途上国

と呼ばれるようになった。ちなみに日本で開発経済学という言葉が研究書のタイトルに使われるようになったのは、現在でもこの分野における先駆的業績として評価されている村上敦と渡辺利夫の業績である。

初期の開発経済学研究においては、植民地的経済構造をもつ開発途上諸国の経済発展に関心が寄せられた。植民地体制下で開発途上国の経済構造は、先進諸国から技術や資本が導入された近代部門と農業、零細手工業から構成される伝統産業の二重構造を特徴とした。オランダの経済学者ブーケ（Julius Herman Boeke, 1884～1956）による「社会的・経済的二重構造（Social and Economic Dualism）」や英国の植民地経済学者ファーニバル（John Sydenham Furnivall, 1878～1960）の「複合社会（Plural Societies）」、これらの社会学的な二重経済論を批判したヒギンズ（Benjamin Howard Higgins, 1912～2001）の「技術的デュアリズム（Technological Dualism）」が初期の二重経済論であった。

その後、最も大きな影響力をもったのが、ルイス（Sir William Arthur Lewis, 1915～91）の「無制限労働供給」モデルである。ルイスは、都市近代部門の資本蓄積は農村伝統部門の低賃金労働力を際限なく利用しながら可能になるとした。その後、この二重経済モデルは展開され、無制限労働供給が終了する「転換点」を示したフェイ＝レイニス・モデル（John C. H. Fei and Gustav Ranis）、そして近代部門と伝統部門から構成される2部門モデルに都市インフォーマル部門を導入したトダロ・モデル（Michael P. Todaro）がある。

その一方で、植民地体制下においてモノカルチャー経済に着目し、1次産品輸出によっても経済発展が可能であるとする「ステイプル・モデル（Staple Model）」が提示された。このモデルは、米国の南部における綿花の輸出を通じての国民経済の形成過程を分析した結果として得られた主張である。そこでは、周辺国が「貿易利益」を「成長の利益」として「内部化」していった経路が示されている。この分析から外国貿易は「成長のエンジン」であるとの見解が提出された。

これに対して、ヌルクセ（Ragnar Nurkse, 1907～59）は、貿易は「成長のエンジン」たりえないとした。また、プレビッシュ（Raúl Prebisch, 1901～85）とシンガー（Hans Wolfgang Singer, 1910～）は、プレビッシュ＝シンガー命題と呼ばれる1次産品交易条件の長期的悪化傾向を示した。先進国は工業製品に特化した貿易構造をもつのに対して、開発途上諸国は1次産品輸出に特化した構造をもつ。そして、工業製品に対する1次産品の交易条件の悪化が、開発途上国に低開発を強いるとした。ここから、開発途上国が低開発を脱却するための処方箋として工業化戦略が打ち出された。ここでヌルクセが提示したのは、均斉成長（Balanced Growth）論である。これは、ケインズ理論に従い資本形成を重要視して、国民経済の均衡的な成長を目指す考え方である。需要構造にそってさまざまな産業を同時に設立して経済発展を促進しようというものである。また、ローゼンシュタイン-ロダン（Paul N. Rosenstein-Rodan, 1902～85）は、「ビッグ・プッシュ（Big Push）」の概念を提示した。これは、各産業が投入・産出関係において密接に関連しあっているため容易に分割できない一定規模の投資が必要であるとする考えである。これも一種の均斉成長論である。

しかし、これに対してハーシュマン（Albert Otto Hirschman, 1915～）は不均斉成長（Unbalanced Growth）論者であった。特定産業をまず設立し、その投入・産出関係を通じて新たな産業を創設するというものである。また、ミュルダール（Karl Gunnar Myrdal, 1898～1987）やロストウ（Walt Whitman Rostow, 1916～）からは、社会的・政治的制度や文化などの要因にも目を配る必要があるとされた。しかし、これらの工業化戦略はいずれにしても輸入代替工業化であった。そのため、工業部門は市場の狭隘性に直面することになり、開発は行き詰まりをみせた。これに対して、ラ・ミント（Hla Myint, 1920～）は、開発途上国の経済発展における貿易の役割を重要視した。貿易に門戸を開くことによって、初めて海外需要が発

生し輸出が可能になると把握した。また、海外直接投資を受け入れる際には、自由貿易を維持するならば、進出企業は輸出を目的としているため、先進国の技術や資本の導入が促進され、輸出市場開拓の障害からもまぬがれることになる。また、先進国の貿易障壁からも逃げられるなどのメリットがあると主張した。

このような「外向き政策」は、その後新古典派経済学にもとづく実証分析においてさらに強い影響力をもつようになった。リトル(Ian Malcolm David Little)、バラッサ(Bela A. Balassa)、クルーガー(Anne O. Krueger)、バグワティ(Jagdish Natwarlal Bhagwati)らは、韓国や台湾の実証分析の結果から、開発途上諸国の経済発展にとって貿易政策と産業政策の重要性を強調した。開発途上国は輸入代替を放棄して、輸出志向と経済の自由化を目指すべきだとした。しかし、渡辺利夫は、韓国の経済的成功の要因を、①農業開発の成功、②官主導の発展指向型国家の存在、③先進国からの資本と技術の積極的な導入、④投資と輸出の拡大循環メカニズムの定着、など多くの要因を整理・体系的に指摘している。その後これらの要因の中でも開発における政府の役割に注目が寄せられるようになった。輸入代替から輸出志向へ、政府統制から市場自由化へという両極的な見解が優位になったが、より詳細な研究にもとづき政府の役割が見直されるようになった。

この点を積極的に研究してきたのは、主に日本やアジアの開発経済学者であった。世界銀行報告『東アジアの奇跡』でも指摘されているように、日本、韓国、台湾では、政府介入の程度という点では不明確であるが、事実の問題として政府が経済に積極的に介入していた。新古典派経済学による市場自由化一本槍の開発戦略とは大きく異なる。そのため、今後、日本、韓国、台湾の経済発展を多角的な視点から実証分析を行う必要性がある。そして、この開発戦略が他の開発途上諸国に移植可能なのか、可能であるならばどのような環境の下でかという課題が残されている。

近年、開発経済学の領域がますます広まりつつある。貧困、農村開発、制度開発、移行経済など枚挙に暇がない。また、マクロ・ミクロの経済理論もさることながら、国際金融、国際貿易、ゲーム論などの最先端の理論が開発経済の諸問題に適応されている。この結果、開発途上国の経済・社会問題に対して新たな分析視角が提供されることになった。その意味で、開発途上諸国の経済・社会発展に対する開発経済学の役割も高まりつつある。これらの動きは学問の専門分化による深化の成果である。しかし、その一方で時として、その弊害がみられる。かつて、ルイスは、現在の開発経済学者は歴史の素養もないと喝破したが、開発経済学を志す研究者には歴史、文化、社会、風土、慣習、また位層は異なるが哲学、倫理等の素養をもつことも要請されている。また、各専門領域の研究結果がどのような相互性をもち、それによって開発途上国の現実をどれだけ体系的に描写することができるのかという問題もある。開発経済学研究の実りある諸成果を総合化する作業も、開発経済学者が取り組むべき重要な問題であるといえる。　　　　　　　　［徳原 悟］

【関連項目】　新古典派経済学、二重経済、技術的デュアリズム、複合社会、社会的・経済的二重構造、均斉成長説、不均斉成長説、ミュルダール、ローゼンシュタイン-ロダン、前方連関効果、ラ・ミント、ルイス・モデル

【参考文献】　村上敦『開発経済学』ダイヤモンド社、1971年。／渡辺利夫『開発経済学研究―輸出と国民経済形成』東洋経済新報社、1978年。／Gerald M. Meier and Dudley Seers, *Pioneers in Development*. Washington D.C.: The World Bank Publication, Oxford University Press, 1984. ／カウシック・バス（大西高明訳）『開発経済学―既存理論の批判的検討』成文堂、1986年。／絵所秀紀『開発経済学―形成と展開』法政大学出版局、1991年。／渡辺利夫『開発経済学―経済学と現代アジア（第2版）』日本評論社、1996年。／マイケル・P. トダロ（岡田靖夫監訳、OCDI開発経済研究会訳）『M. トダロの開発経済学（第6版）』日本協力出版会、1997年。／ジェラルド・M. マイヤー編（松永宣明、大坪滋訳）『国際開発経済学入門』勁草書房、1999年。／速水佑次郎『新版　開発経済学―諸国民の貧困と富』創文社、2000年。／渡辺利夫『開発経済学入門』東洋経済新報社、2001年。／原洋之介『開発経済論（第2版）』岩波書店、2002年。／黒崎卓、山形辰史『開発経済学―貧困削減へのアプローチ』日本評論社、2003年。

▶開発主義
⇨開発体制／開発主義

カイハツタ

開発体制／開発主義
Developmentalism

　開発とは多義的な言葉である。同じDevelopmentの訳語には、「発展」と「開発」の両方が当てられている。多くの場合は、「発展」を1人当たり国民所得の増大に代表される経済発展、「開発」をそれ以外の社会開発も含めた用語として使用している。英語で表現するならば、開発（Development）＝Economic Growth & Structural Changeとなる。一方で「開発と環境」というように、「開発」に環境と対立する、マイナスの意味をもたせて使われることもある。国連では開発の定義を「開発とは成長に変革（Change）を加えたものであり、変革とは経済面のみならず社会文化にわたる変革、量的であると同時に質的な変革を意味する。キー概念は人々の生活の質の向上である」（「国連開発の10年」の行動計画、1961年12月）としている。

　主として開発途上国において軍・政治エリートがこの「開発」を至上の目的として設定し、開発を達成すべく彼らが育成した官僚テクノクラートに経済政策の立案・施行の任にあたらせ、開発の成功をもって自らの支配に関して正統性の根拠とするシステムが「開発体制」であり、その中心となるイデオロギーが「開発主義」である。

　開発主義について、村上泰亮は以下のように定義している。「開発主義とは、私有財産制と市場経済（すなわち資本主義）を基本枠組みとするが、産業化の達成（すなわち1人当たり生産の持続的成長）を目標とし、それに役立つかぎり市場に対して長期的視点から政府が介入することも容認するような経済システムである。開発主義は明らかに国家（あるいは類似の政治統合体）を単位として設定される政治経済システムである。その場合、議会制民主主義に対して何らかの制約（王制・一党独裁・軍部独裁など）が加えられていることが多い」。

　つまり開発体制とは、開発を至上の目的とし、官僚テクノクラートが実権を握り、市場に関して政府が何らかの介入を行い、また開発の成功をもって自らの正統性とする体制である。デモクラシーには何らかの制約が加えられることが多く、その場合、これを権威主義開発体制と呼ぶ。

　末廣昭は開発体制の柱を、危機に関する管理体制（権力の集中と資源・国民の政策的動員体制など）とキャッチアップ型工業化（集権的な経済運営と成長イデオロギーの国民的共有）との2つとする。それら2つの柱は再編を迫られているが、それは開発主義が不用になったということではない。「開発主義を構成する不可欠の成立要件は、反共などを目的とする危機管理と後発国におけるキャッチアップ型工業化の要請であった。このうち前者は、冷戦体制が終焉した現在、その存在根拠を失い、民主化の流れを側面から支える結果となっている。しかし後者の側面は冷戦が終焉したからといって、その存在根拠を失ったわけでは決してない。いったん定着した成長イデオロギーは、むしろ大衆消費社会の拡大・深化に伴って、ますますその力を強めているかにみえる。『開発の時代』は終わったのではなく、『危機管理なき開発の時代』とも呼ぶべき時代が始まったのである」。

[甲斐信好]

【関連項目】　開発独裁、官僚テクノクラート
【参考文献】　村上泰亮『反古典の政治経済学』中央公論社，1992年．／東京大学社会科学研究所『20世紀システム4　開発主義』東京大学出版会，1998年．／末廣昭「開発主義・国民主義・成長イデオロギー」『岩波講座開発と文化6　開発と政治』岩波書店，1998年．

開発調査
Development Studies

　開発調査とは、国際協力機構（JICA）の技術協力の一形態である。開発途上国の社会・経済発展に重要な役割を果たす公的な開発計画の作成のために調査団を派遣し、開発の青写真を作成する。調査には、①国や地域あるいは特定セクターの総合開発計画の策定、②開発プロジェクトの実施可能性、実施する場合の具体的な内容の調査、③金融・財政改革などを支援する政策・プログラム支援協力などがある。

　相手国の担当者とともに調査・分析し、報告書をまとめることにより、相手国に調査方法などのノウハウを移転することも開発調査の目的の一つである。開発調査の多くが、円

借款、無償資金協力、技術協力に結びついている。開発調査は、開発途上国政府の政策判断のための資料となるとともに、国際機関や先進国など援助する側にとっては協力内容を検討するための資料となる。調査対象は、道路・港湾・空港などの「運輸・交通」、電力・上下水道・通信などの「生活基盤」をはじめ、農林水産業や鉱工業などの産業育成、教育機関、保健・医療、環境など、幅広い分野に及ぶ。2001年度の実績は、233件（67カ国）となっている。

[三浦有史]

【関連項目】　JICA、ODA大綱、プロ技協、青年海外協力隊、シニア海外ボランティア、技術協力、無償資金協力、借款の定義
【参考文献】　国際協力事業団『国際協力事業団年報2002』．／国際協力機構ホームページ（http://www.jica.go.jp/）．／外務省ホームページ（http://www.mofa.go.jp/mofaj/）．

開発独裁
Development Dictatorship

開発独裁とは、開発の成功によって政治権力の正統性を保つ政治体制のことである。開発を至上の目的とし、官僚テクノクラートが実権を握り、市場に関して政府が何らかの介入を行い、また開発の成功をもって自らの正統性を主張する体制が開発体制である。デモクラシーには何らかの制約が加えられることが多く、その場合、これを権威主義開発体制（開発独裁）と呼ぶ。「開発独裁」と「権威主義開発体制」は同じ開発体制の陰の部分と陽の部分にそれぞれ光を当てたものである。代表的な例として、韓国の朴正熙（Pak Chŏng-hui）、シンガポールのリー・クアンユー（Lee Kuan Yew）、さらにタイのサリット（Sarit Thanarat）、インドネシアのスハルト（Thojib N J Suharto）などがあげられる。

1961年5月、軍事クーデターによって韓国の全権を掌握した朴正熙は1963年10月に直接選挙による大統領に当選し、強力なリーダーシップをもって経済建設に力を注いだ。経済開発計画の立案と実施に強力な権限をもつ官僚機構として経済企画院を創設、輸出志向工業化が推進され、第1次経済5カ年計画（1962〜66年）は目標を上回る年平均8.5％の成長を達成した。経済発展に必要な資源をまったくもたないシンガポールは、リー・クアンユーの強力なリーダーシップのもとで、「生き残り」をかけて開発を効率的に進める政府・行政組織を構築した。労働組合運動にも制限を設け、労使関係の規制を図った。岩崎育夫はシンガポール型開発体制のメカニズムとして①絶対的な行政権力、②政府地域機関の活用、③国家の経済介入、④エリート集団の開発行政の4点をあげ、「国家主導型タイプのひとつの極限状態」と表現している。

開発独裁（権威主義開発体制）は、人権の抑圧など明らかに陰の部分をもつ。すべての開発体制が成功したわけでもない。仮に成功したとしても、経済成長が飽和状態に達して、国民が政治的多様性を求めるのは必須である。この体制はどのようにして消え去るのであろうか。開発体制が成功裡に展開し、1人当たりGNPの増大や所得分配の平等化、教育・医療水準の上昇など社会厚生が達成され、そうして経済発展の結果新しく生まれた新中間層や労働者層がその厚みを増せば、民主化への政治的条件が次第に整えられていくであろう。そのようにして初めて、無用な血を流すことなく民主化への移行が可能になる。これが権威主義開発体制の「溶解」による民主化への軟着陸のメカニズムである。

[甲斐信好]

【関連項目】　開発体制／開発主義
【参考文献】　末廣昭『タイ　開発と民主主義』岩波新書，1993年．／岩崎育夫編『開発と政治―ASEAN諸国の開発体制』アジア経済研究所，1994年．／渡辺利夫『新世紀アジアの構想』筑摩書房，1995年．

「開発と女性」アプローチ
WID (Women in Development) Approach

開発における女性の役割や開発が女性に与える影響などを分析・評価し、適切な政策を形成するアプローチである。WIDのアプローチは、①福祉、②公正、③反貧困、④効率の4つに類型化される。①は1950年頃より始まった初期的WIDアプローチ、②〜④は1970年以降、女性の経済的役割に注目した後のWIDアプローチで、時代とともにその焦点を変えてきたが、どれも開発過程の中にいかに女性を取り込めるかを統合的に考え、女

性のみに焦点をあてたものである。WIDの必要性を世に知らしめたのは、1970年刊行のデンマークの経済学者ボズラップ（Ester Boserup）による『経済開発における女性の役割』（Woman's Role in Economic Development）であり、WIDという用語は1970年代初めに、米国の国際開発学会の部会「ワシントンDC女性委員会」によってつくられた。

WIDアプローチは、より効果的な開発を実施することを目的として、女性が開発の担い手であることに留意し、開発のすべての段階へ女性が積極的な参加者および受益者となるように配慮した開発事業を進めることにあったが、あくまで開発の手段として女性の労働や知識を開発資源として使おうという考えにもとづいていた。そこでは女性が開発過程に統合される上で欠いている生産資源や雇用へのアクセスを高めることが政策や開発計画の問題となり、その結果、女性を取り巻く家族・親族関係や社会構造・制度などが軽視され、女性の地位が向上せず、男女の不平等な関係も、女性がおかれた社会経済的に不利な状況も、固定的な男女役割分業も変化しないという限界があった。そのため、1980年代中頃から、ジェンダーに焦点をあてた「ジェンダーと開発」（Gender and Development：GAD）という立場がとられるようになった。

[新井典子]

【関連項目】　ジェンダー、「ジェンダーと開発」アプローチ
【参考文献】　キャロライン・モーザ（久保田賢一, 久保田真弓訳）『ジェンダー・開発・NGO—私たち自身のエンパワーメント』新評論, 1996年.／田中由美子, 大沢真理, 伊藤るり編著『開発とジェンダー—エンパワーメントの国際協力』国際協力出版会, 2002年.

開発と税制
Development and Taxation System

経済開発過程において税制が着目されるのは、何よりも課税の問題である。いかにして課税基盤を拡大し、徴税力を強化するかという点が重視される。税収の増加は歳入の増加に直結し、開発資金の増大につながる。そのため、開発途上諸国では、輸出入税、奢侈税、消費税、土地税、遺産税、賭博税などの新たな課税を設けて税収の拡大を図ろうとしてきた。また、石油、鉛、錫、ゴムなどの天然資源を豊富にもつ国では、それらの企業への課税を強化してきた。また、国有企業が経済において高いシェアを占める国は、上納金という形でこれまで国家財政に寄与してきた。しかし、この上納金も近年においては税金に変更されている。

その反面、税の水平的・垂直的平等や社会的弱者を保護するための移転支出、公的年金や社会保障などの面が等閑視される傾向が強い。これに加え、徴税管理体制の欠陥や、徴税コストが割高なため、税の公平性は損なわれる。経済発展が進み、海外企業との関係も親密になるにつれて、開発途上諸国の税制も改革を余儀なくされている。これに加え、貧困層、低所得者、老人、病人などの社会的弱者への財政を通じた所得移転も重要になってきている。特に、東アジア諸国ではいわゆる新中間層が誕生しつつあり、これを背景に民主化が進み課税の不公平性を是正しなければならなくなっている。

開発途上諸国の課税の不公平性は、所得税の累進性や限界税率の水準が極端に高いことに象徴されている。所得税の累進制は、高所得者に高い税率が適用される制度である。これは、課税の垂直的公平性の原則に則るものである。所得税率を所得額に応じて設定することは、所得の再分配機能をもつ。しかし、あまりにも限界税率が高くなると、勤労のインセンティブを喪失させる。働けば働くほど税金を取られるならば、食べていける程度に働けばよいという行動を納税者にとらせることになる。

消費税等の間接税も開発途上諸国で導入されているが、これは逆進性が高い傾向がある。消費税は、所得水準に関係なく消費単位ごとに課される課税である。そのため、貧困層や低所得者層にとっては税負担が重くなる。しかも、徴税管理体制が十分に整備されていないため、小売業者からの納税が漏れてしまい、業者の懐に転がり込む。そのため、税の公平性は大きく損なわれる。一般的にいって、開発途上諸国の税制は貧困者や低所得者層にとって厳しい体系となっている。そのため、社会的弱者に対するセーフティーネッ

トの構築が急がれる。失業保険、生活保護、職業教育プロジェクト、公的年金、食糧キップ等の現物ないしは現金給付による社会的な所得移転が重要になっている。

現在、世界的に「小さな」政府という考え方が普及し、無駄な歳出を切り落とすとともに、歳入基盤を強化しようという方向で財政構造改革が進められている。これに加え、開発途上諸国では急速な市場改革が進められており、課税基盤の強化とともに社会的なセーフティーネットの構築が必要になる。一層の市場経済化は、社会的弱者にとって大きな打撃をもたらすことになるからである。市場経済では、お金をもって市場に参加できる人が中心の社会になる。お金のない人も潜在的な需要をもつが、これは市場経済において顕現しない。

中国などの国有企業が経済において支配的であった国は、厳しい税制改革の道を歩むことになろう。国有企業が全盛を誇る時期には、国有企業が国家に上納金を納めてきた。しかし、国有企業の経営状況の悪化はますます深刻化しており、むしろ財政赤字の大きな原因にさえなっている。これら企業の民営化もままならない。かといって強制的に閉鎖するならば、膨大な失業者を生み出し社会不安は回避できない。開発途上諸国も開発と税制の両立を図らねばならない状況に突入したといえよう。　　　　　　　　　　〔徳原　悟〕

【関連項目】　財政と開発戦略、国有企業の民営化、社会的安全網
【参考文献】　木村元一編『アジア開発のメカニズム―財政・金融編』アジア経済調査研究双書186, アジア経済研究所, 1970年. ／貝塚啓明, 石弘光, 野口悠紀雄, 宮島洋, 本間正明編『グローバル化と財政』（シリーズ現代財政4巻）有斐閣, 1990年. ／大蔵省財政金融研究所編『ASEAN 4の金融と財政の歩み―経済発展と通貨危機』大蔵省印刷局, 1998年. ／貝塚啓明『財政学（第3版）』東京大学出版会, 2003年.

外部経済
External Economies

外部経済とは、ある経済主体の行動が他の主体にプラスの影響を及ぼすことをいい、特に、市場を経由せず影響を及ぼす場合を技術的外部経済という。市場を経由して影響を及ぼす場合を金銭的外部経済という。市場の失敗の原因となって、政府の適切な政策的介入が必要となるのは、前者の技術的外部経済が発生する場合である。ここでは、技術的外部経済を外部経済と定義して、それにより生じるであろう市場の失敗の状態を説明し、その場合、政府によってどのようなタイプの政策が採用されるべきなのかを説明する。

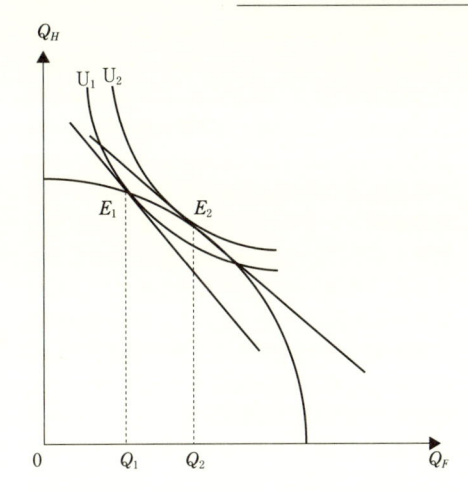

ある養蜂業者が、蜜蜂を飼育して蜂蜜を採集しているとしよう。この養蜂業者の近隣に果樹園があるとすれば、より多くの蜂蜜を採集することが可能であろう。また、蜜蜂によって花粉が運ばれるならば、果物の生育にも良好な影響を与えることができ、双方にプラスの効果が生じる。しかし、簡略化のために、花粉が運ばれる効果を無視して考えよう。すなわち、外部経済については、果物が栽培されることによって蜂蜜の生産に正の効果が生じていることのみを対象とする。

この場合、土地 A を唯一の生産要素とするならば、果物の生産量 Q_F と蜂蜜の生産量 Q_H は以下のような生産関数によって、それぞれ表わすことが可能である。果物の生産量が蜂蜜の生産量に正の影響を与えることが示されている。

$$Q_F = f(A) \cdots\cdots ①, \quad Q_H = f(A, Q_F) \cdots\cdots ②$$

上述のように外部経済が発生している状態を生産可能性フロンティアを使用して示したのが、図である。当初、生産と消費の均衡は E_1 点で実現する。E_1 点は、果物の生産を増加させることによって、効用を U_1 から U_2

へと上昇することが可能であるから、パレート最適点ではない。この場合、無差別曲線 U_1 の接線の傾き（限界代替率）と生産可能性フロンティアの傾き（限界変形率）は一致しない。このような状態が生じるのは、果物が蜂蜜生産に外部経済を与えることによって生じる便益を市場が評価することができず、蜂蜜を基準とした果物の相対価格が生産者により高く評価されているためである。限界代替率と限界変形率が一致して、パレート最適の資源配分を実現することができるのは E_2 点である。E_1 点と E_2 点を比較すると、E_1 点における果物の生産量 Q_1 はパレート最適な生産量 Q_2 よりも小さな生産量となっている。蜂蜜の生産に外部性を与える果物の生産は、最適な生産量と比較して過少な生産量となる。

ある財の生産量が社会的に最適とされる生産量と比較して過少である場合、そのような状態を改善するために適切な政策であると考えられるのが、補助金政策と当事者間の交渉である。果物1単位につき s 円の補助金を果樹園を経営する農家に与えるとする。この場合、農家に果物の限界価値生産性と等しい額の補助金 s 円が与えられるならば E_2 点を実現して外部性を内部化することが可能となる。また、養蜂が行われる前の段階で、養蜂業者が果樹園農家と外部経済によって得られる便益と等しい料金を支払うような契約を結ぶことが可能であれば、外部性は内部化されることになる。　　　　　　　　　　［森脇祥太］

【関連項目】　金銭的外部経済、市場の失敗、パレート最適、無差別曲線
【参考文献】　石弘光『財政理論』有斐閣、1984年.

外部効果
External Effect

外部効果とは、ある経済主体の行動が他の経済主体の行動に影響を与えることをいい、プラスの影響のことを外部経済、マイナスの影響のことを外部不経済という。また、外部効果は金銭的外部効果と技術的外部効果に区別される。金銭的外部効果は、ある経済主体の行動が市場を経由して他の経済主体に影響を与えることをいい、市場の失敗の要因とはならない。技術的外部効果は、ある経済主体の行動が市場を経由せず、他の経済主体の行動に影響を与えることをいい、市場の失敗の要因となる。公害のような技術的外部不経済が発生した場合、生産量は社会的に最適な量より過大生産となり、逆に技術的外部経済の場合は過少生産となる。
　　　　　　　　　　　　　［森脇祥太］

【関連項目】　金銭的外部経済、外部経済

外部不経済
External Diseconomy

ミクロ経済学は完全競争市場を前提としているが、現実には市場の失敗がある。市場の失敗の原因となる代表例が外部効果である。外部効果（External Effects）とは、市場を媒介しない経済主体相互の影響のことである。外部効果の中で、経済主体に望ましい影響を与えるものを外部経済（External Economy）、望ましくない影響を与えるものを外部不経済（External Diseconomy）という。

汚染などの環境破壊は外部不経済の代表例であり、市場を介さずに他の経済主体に対して生産の減少や健康被害などの悪影響を及ぼす。また外部不経済の例として頻繁に取り上げられるのが、海岸に立地した製紙工場が沿岸漁業に及ぼす損害である。図にこれらの関係を示した。製紙工場は、私的限界費用曲線（Sp-Sp'）に従って紙を生産供給する。一方、紙の需要は需要曲線（D-D'）で表わされる。この時、均衡点は $E1$、供給量は $Q1$、価格は $P1$ となる。製紙工場は、生産過程で発生する廃水により海を汚染する。汚染により、

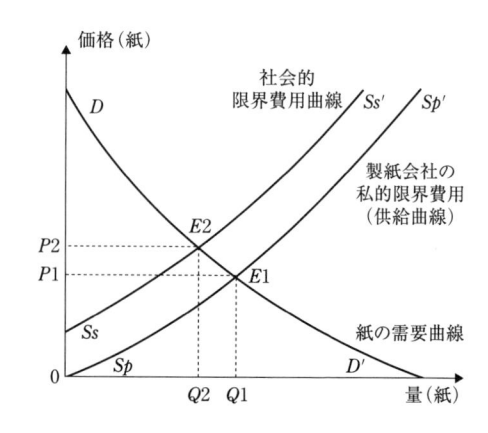

漁獲量が減り沿岸漁業は損害を被る。このような損害は、沿岸漁業にとって外部不経済であり、その損害の集積は製紙に伴う社会的費用である。私的限界費用に社会的費用を加えたものが社会的限界費用であり、社会的限界費用曲線（Ss-Ss'）によって示される。

仮に、社会的費用が生産に含まれていれば、均衡点は E_2、供給量は Q_2、価格は P_2 で決定される。したがって、社会的費用が含まれない時は、含まれる時に比べて供給量は多く価格は低くなる。一方、漁業の立場からみれば、外部不経済の存在により、汚染に伴って漁獲量が少なくなり、操業費用がより多く必要となる。そのために外部不経済が存在しない時に比べて、供給量は少なく、価格は高くなる。

このような状態を解消する方法として以下の2つが考えられる。第1は、補助金の付与と課税である。製紙会社に補助金を付与して、最初から水質汚染の発生を回避すれば、社会的費用である沿岸への外部不経済は発生しない。ただし、この場合本来の汚染者である製紙会社以外にも税源を求めることになるので社会的公平性の観点から問題が残る。また、社会的限界費用と私的限界費用の乖離分を製紙企業に課税すれば、製紙会社は課税分を価格に転嫁するか、汚染の状態を課税対象以下にする処置に費用をかけるかの行動をとる。課税による方法は、企業に汚染水準を引き下げるための処置を取らせるインセンティブを働かせると考えられる。課税金額については、外部性が存在しない状態と存在する状態の乖離分とする方法と、科学的データから目標となる汚染削減量をあらかじめ決定して、それに達する水準とする方法の2種類があり、前者をピグー税、後者をボーモル＝オーツ税と呼ぶ。

第2は、所有権の付与である。例えば、公海である沿岸の所有権についてみてみよう。沿岸漁業側に所有権を付与すれば、製紙工場は損害金を支払って操業を継続するか、費用をかけて移転するかを選択する。限界収入が損害金の支払い額を上回る限り、製紙工場は操業を続けるであろう。一方、沿岸漁業側は受け取った損害金を汚染の除去費用に充当する。逆に、工場側に所有権を付与すると、沿岸漁業側は自らの費用で汚染を除去して操業を続けるか、工場側に補償金を支払って移転してもらうかを選択することになる。このような所有権の付与による解決は「コースの定理」と呼ばれる。コースの定理の特徴は、所有権の付与という制度的な工夫によって解決することである。　　　　　　［渡辺幹彦］

【関連項目】　汚染者負担原則、持続可能な開発、環境価値評価
【参考文献】　柴田弘文、柴田愛子『公共経済学』東洋経済新報社、1988年．／植田和弘『環境経済学』岩波書店、1996年．／寺西俊一「環境問題への社会的費用論アプローチ」佐和隆光、植田和弘編『環境の経済理論』岩波書店、2002年.

価格自由化
Prices Liberalization

それまで政府が行っていた価格設定を、企業に行わせるようにすること。社会主義から市場経済に移行しようとする国に求められている政策の一つ。市場経済では、公共料金以外の価格や料金は企業などが自由に設定するが、社会主義の国では原則として価格は国家が設定していた。社会主義のうたい文句は、インフレのない社会であり、それを実現させたのが政府による価格設定であった。しかし、公定価格制度は企業に生産性上昇による価格引き下げ実現への意識を失わせた。社会主義国には、確かにインフレはなかったが、品不足と行列を生じさせた。企業にイニシアチブの発揮を認めなかったからである。価格の自由化の重要性が指摘されるのは、市場経済への移行において企業家精神を発揮させる必要があると考えられるからである。

［安田　靖］

【関連項目】　国有企業の民営化
【参考文献】　大野健一『市場移行戦略』有斐閣、1996年.

価格双軌制【中国】
Two-tracks Price System

2つの異なるシステムやメカニズムが並存し、あたかも鉄道の複線で走行・運営している状況を「双軌制」という。価格双軌制とは、ある財やサービスについては、自由化された市場価格と統制された計画価格が併存する状態を指し、価格自由化を実施する上での

中国の独特の制度的革新として世界的に注目されている。

　市場メカニズムの導入は、計画経済から市場経済への経済体制の移行の中心的課題である。そのためには価格の自由化は不可欠であるが、その実現にさまざまな実施方法がありうる。通常、価格自由化の進め方を評価する際に2つの基準が考えられる。その1つは、価格自由化の効率基準といわれ、資源配分の効率性が自由化によってどれくらい改善されるかという基準である。もう1つは、政治経済学的意味での再分配と社会福祉の変化という基準である。価格自由化は少なくとも短期において、受益者グループと不利益を被る個人やグループを生むが、この基準によれば不利益集団への補助を通じて社会福祉がどう変化するかを考慮しなければならない。

　ロシアや東欧の大部分の旧社会主義経済においては、ビッグバン方式の価格自由化、すなわち部分的に価格に対するコントロールを緩めていくのではなく、一気にコントロールを撤廃する戦略が採用された。この戦略を選んだ最大の理由は、部分的で小幅な価格自由化は、新たな資源配分の歪みと新しい利益集団を生み出す恐れがあり、そうなれば、改革への抵抗は一層強くなり、価格自由化が実現できなくなる危険性があるとの判断である。しかし、このビッグバン戦略の信奉者のほとんどは、市場形成についての歴史的、制度的視点をもち合わせておらず、政府の干渉さえなければ、市場は自然に形成して機能するはずだとの信念を抱いているように思われる。現実には、市場は制度の真空状態からは生まれず、既存の価格形成のメカニズムを一挙に打ち破ることによって、取引環境が大混乱に陥り、供給体制が崩れるにつれ生産が急速に減少していった。実際に価格の形成に影響力を行使するものは、独占企業の経営者などのインサイダー、闇社会の実力者、およびそれらのグループと結託する政治家たちであった。

　市場メカニズムの導入は中国の体制改革の目標であり、価格インセンティブの強化は経済活性化の主な手段として用いられている。しかし、統制価格を一挙に撤廃すれば、物価の急上昇や商品の買占めなど社会的・経済的混乱が起こることは、指導部は過去の経験から認識していた。現状を安定させながら自由化を推進していくために、2つの価格システムが並存する価格双軌制が考案された。すなわち、最低限の安定供給を保障するために生産計画を維持し、この部分の供出には公定価格が適用される。これに対して、生産計画を超えた部分の製品については、その取引について市場の需給関係によって決まる市場価格に委ねる。いいかえれば、中国の価格自由化は、生産計画を上回る増加分から「限界」的に行われている。この戦略のメリットは、まず既存の生産・分配関係が基本的に維持され、経済的・社会的安定の維持に寄与していることであるが、同時に生産の拡大に価格インセンティブが与えられ、経済成長が促進されることである。生産の拡大に伴い所得が絶対的に減少するという被害を受けるグループが存在しないので、中国の経済成長は「パレート改善」の性格をもつ。また、成長の持続を通じて市場取引の部分が絶えず増大し、相対的に縮小する計画部分の改革を容易にしている。価格双軌制は、経済成長と市場化の同時実現を可能にする方法である。ただし、価格双軌制の下で市場価格と公定価格の差益を狙う官僚ブローカーが横行し、体制移行時期の役人の腐敗を招くことも事実であり、このようなデメリットを克服するためには、双軌制の早期撤廃と市場規律の強化が必要となる。　　　　　　　　　　　　　　　［杜　進］

【関連項目】　価格自由化、漸進主義／急進主義
【参考文献】　W. A. Byrd, *The Market Mechanism and Economic Reform in China*. New York：M. E. Sharp, 1991.／B. Naughton, *Growing out of the Plan*. Cambridge：Cambridge University Press, 1995.／中兼和津次『経済発展と体制移行』シリーズ現代中国経済1，名古屋大学出版会，2002年.

華僑・華人
Overseas Chinese

　英語ではOverseas Chinese（海外華人）と呼ばれるが、中国や日本などの漢字圏においては、中国国籍（台湾を含む）を保有する者を「華僑」、居住地の国籍を取る者を「華人」とする分類が一般的である。もともと華

僑の華は中国、僑は僑居、すなわち一時的な仮住まいの意味であり、華僑とは一時的に海外に住む中国人を指す。これに対して、華人とは居住国の中国系市民であり、国籍とは別に人種的に中国人（Ethnic Chinese）であることを指す。ちなみに、海外で生まれ育った2世、3世などの「華裔」はほとんど華人である。また、1978年以降の改革・開放時代に海外に出た者は「新華僑・華人」と呼ばれ、「老華僑・華人」と区別されている。

歴史上、海外への流出者のうち、漁業や貿易に従事する者が多く、その大部分は土地資源の少ない華南地域の出身者であった。1860年以降、戦争がもたらす混乱から逃れるために大量の海外移住者が現われたが、これが東南アジアの経済開発に伴って労働力に対する需要が高まった時期と重なり、大規模な海外移民が起こった。この時期に北米においても鉄道建設のために、大量の中国人労働者を募集したが、人数的には東南アジアへの移住者が最も多かった。

新中国成立後、中国人の海外流出は一時期ストップした。中国側のコントロールが厳しくなったことと、受け入れ側としての東南アジア各国が中国からの「革命の輸出」を警戒したためであった。その結果、華僑・華人のうち現地生まれの華裔が増えた。中国政府は、関係諸国との摩擦を回避するために、華僑・華人の現地化を促し、二重国籍を認めず、海外の中国人に所在国の国籍を取得するよう奨励していた。

冷戦時代においては華僑・華人の存在は「負の遺産」として捉えられていた。国家間関係からいえば、華僑・華人は中国と東南アジア諸国の関係を複雑化させる要因となっており、個人レベルからいっても、中国では華僑を親戚にもつ家計が「海外関係」でスパイ視されたりして多くのトラブルの元となった。しかし、冷戦の終焉に伴い、中国が改革・開放政策を開始してからは、貿易と投資の発展にとって華僑・華人は「プラスの財産」になったのである。

異郷での生活の厳しさを乗り超えるために、華僑・華人の社会からさまざまな助け合いのための組織が生まれ、特に地縁的つながりを基礎とする「幇」が大きな結束力をもった。これらの擬似家族的な強靭なネットワークを有するためには、信用を重んじ集団を裏切らないというメンバーの帰属の意識が必要とされ、広東幇、福建幇、温州幇、海南幇などが広く知られている。レストランやその他地域社会に密着するサービス業に従事する華僑・華人が多いが、東南アジアにおいては、かつて欧米貿易会社の仲介役を務めた関係で、米、ゴム、木材、錫などの流通・貿易に携わる者も多い。また金融業や不動産業に大きなプレゼンスを示し、華僑・華人の経済力は所在国において無視できない。特に1960年代以降の東南アジアの輸出志向工業化の流れの中で、華僑・華人のネットワークが拡大し、家族を中心とする華人企業の経営が多産業化、多国籍化の方向へと発展した。世界の華僑・華人の連携が強まり、華人ビジネスの国際連合（「世界華商会議」）が定期的に開かれるようになった。こうした華人ビジネスの形成拠点として、自由貿易港である香港と都市国家シンガポールの存在がきわめて大きい。

華僑・華人のアイデンティティは多面性をもっている。一方、海外にいるがゆえに民族主義的意識が高いという側面がある。孫文（Sūn Wén）が指導した革命への華僑の支援、故郷への「華僑送金」と寄付、1980年代以降行われてきた巨額の直接投資など、その背景には強い祖国への熱望があることは否めない。他方、所在国の文化と社会への帰属意識も強く、所在国の近代化プロセスに参加することによって、資本主義的、民主主義的価値観が確立されている。華僑・華人は、しばしば中国と所在国との狭間に立たされるが、中国の対東南アジア政策を左右する重要なファクターとしてその動きが注目されている。今後、グローバル時代に華人ビジネスのネットワークは大きな力を発揮することが考えられる。また、高学歴者が多い「新華僑・華人」は、中国と世界を結ぶ知的ネットワークを形成し始めている。　　　　　　［杜　進］

【関連項目】　華僑・華人資本、華僑・華人ネットワーク
【参考文献】　游仲勲『華僑はアジアをどう変えるか—中国系経済圏の挑戦』PHP研究所、1995年．／渡辺利夫『華人ネットワークの時代—アジア新潮流』NHK人間

大学, 日本放送協会, 1997年. ／岩崎育夫『華人資本の政治経済学』東洋経済新報社, 1997年.

華僑・華人資本
Overseas Chinese Capital

　華僑とは、海外に住む中国系人のうち、中国生まれで各種の方言を含む中国語を話し、中国籍をもつ1世のことである。華人とは、居住国で生まれ、主として居住国語を話し、居住国籍をもつ2世以降の世代を称する。一方、中国籍をもつ1世が帰化して、現地国籍を取得したものを華人と呼び、現地生まれの2世、3世等々はこれと区別して華裔（かえい）と呼ぶ場合もある。

　アジアにおいて華僑・華人資本が注目される理由は、経済発展に伴い華僑・華人企業が大きく成長し、各国で華僑・華人資本の経済的プレゼンスが高まったからである。ASEAN諸国の華僑・華人資本は各国経済政策の輸出志向工業化への転換や、政府の対華人政策の変化などを背景に大きく発展してきた。この結果、華僑・華人を抜きにしてアジア経済を語ることはできないといっても過言ではない。近年、華僑・華人資本の存在感を世界に知らせたもう一つの要因が中国の改革・開放政策である。中国の対外開放において、海外の華僑・華人資本が中国経済の国際化を牽引する役割を果たし、自らも中国ビジネスを成功させた。中国の改革・開放政策への転換後、中国経済の高度成長を導いた要因の一つが海外からの直接投資の急増である。毎年膨大に上る海外からの対中投資の主要な担い手が他ならぬ華僑・華人資本である。経済分野以外においても海外の華僑・華人社会が経済的成功を背景にして、近代西欧と伝統中国との双方を融合した独自のアジア的特性が築かれ始めている。アジアの華僑・華人社会は、新しい行動原理や大衆文化を通じて結ばれつつあり、その影響が中国大陸にも及んでいる。

　華僑・華人資本の特徴として地縁・血縁・業縁による人脈重視の強い結び付き、家族による閉鎖的経営、商業・金融・不動産などに偏った事業展開、資金の短期回収やリスク管理の重視などが指摘されている。他方、華僑・華人企業の世代交替や留学帰りの若手経営者の増加、新興事業家やテクノクラートの台頭によって華僑・華人企業の経営スタイルも変化しつつある。製造業、ハイテク産業、インフラ部門への進出、外国企業との連携強化など、グローバルな経営環境変化への敏速な対応が新しい動きとして目立つようになった。

　アジア経済危機後、ASEAN諸国の華僑・華人企業の中国への投資活動は鈍化した。対中投資の拠点としての香港、シンガポールの機能も低下し、華人企業間のネットワーク拡大への勢いが沈静化した。しかし、欧米企業や日本企業との連携強化への動きが強まっていることが、近年の華僑・華人資本の新しい動きである。同時に、華僑・華人企業の経営は従来の拡張主義から、より地道な経営を志向し、また米国型の合理的経営が浸透しつつある。経済規模の拡大に伴い製造業、輸出産業の重要性が高まり、いままで薄かった「ものづくり」への認識も広がっている。

［文　大宇］

【関連項目】 ファミリー・ビジネス、華人コングロマリット
【参考文献】 游仲勲『華僑・華人経済』ダイヤモンド社, 1995年. ／徐照彦編『華人経済圏と日本』有信堂, 1998年. ／渡辺利夫, 岩崎育夫『海の中国』弘文堂, 2001年. ／野村総合研究所『華人経済圏研究会報告書』財務省国際局委託研究, 2001年.

華僑・華人ネットワーク
Overseas Chinese Network

　華僑・華人の中国系人の経済力はアジア地域にとどまらず、世界経済にそのプレゼンスを高めている。華僑・華人ネットワークとは、このように世界に散らばっている中国系の人々のつながりである。特に、アジア諸国の経済成長に伴い華僑・華人資本の発展が著しく、華僑・華人ネットワークが注目されるようになった。一研究によると、中国系の企業は国内ビジネスにおいて5割以上、国際ビジネスでは4割近くの企業が取引の半分以上を中国系の人々同士、いいかえれば中国系のネットワークに頼っているという。

　華僑・華人ネットワークの強いつながりは、中国人のビジネス・スタイルにおける特

徴からも説明される。第1に、華僑・華人社会は血縁、地縁による結び付きが強い。血縁、地縁のみならず、彼らは同じ職業に携わる同業者間でも活発な情報交換と相互扶助を行い、ビジネスを拡大する。代表的なものとして、福建、広東、海南、潮州、客家の5つの華僑・華人ネットワークが有名である。このような血縁、地縁による強い結び付きを利用し、彼らは最初に移民してきた居住国で出身地別に大きなシェアを占める傾向がある。

第2に、家族経営と閉鎖的な経営があげられる。大部分の企業でオーナーやその一族が経営権を握っており、企業を実質的に所有している。会社の情報公開を嫌い、そのために自己資金率が高く、親族からの資金の借り入れに頼る傾向も強い。さらに、ビジネスの多くが商業、不動産、金融など商業資本、あるいは金融資本に偏る傾向がある。これらの事業分野の華僑・華人企業は投資資金の短期回収志向が強く、小規模で多数の企業を抱えながら出資の細かいネットワークを張る。そのために資金の流れが複雑になり、リスク管理に慎重である。

第3に、華僑・華人は信用を重視し、フェース・トゥー・フェースのコミュニケーションを重視する。華人の最も一般的なコミュニケーション手法が会食であり、会食の場を通じて密接なコミュニケーションを志向する傾向がある。国境を超えてつながっている華僑・華人は、アジアから北米までの事業展開において、ネットワークを形成して共同で行動している。例えば、相手企業への出資や、特定プロジェクトへの共同出資なども行っており、場合によっては競合関係にある企業に出資することもある。こうした企業間の支配と従属関係を伴わない、長期的かつ安定的な信頼関係にもとづいた提携によって形成される華僑・華人企業のネットワークは、新市場への参入や、ハイリスク・ハイリターン案件のリスク分散に効果的とされている。華僑・華人ネットワークは、経営規模の拡大、事業リスクの分散、人・モノ・カネ・情報などの経営資源の共有による取引コストの低減などのメリットをもっている。

最近の華僑・華人ネットワークの動きをみると、中国経済の高い成長とともに大陸のビジネスが活発化する過程で、共産革命以前の中国において活動していた浙江省、江蘇省などの事業家たちの末裔たちが大陸内のビジネス界に台頭し、大陸外の華僑・華人事業家たちと伝統的な人脈を復活する動きが注目される。一方、ASEAN諸国の華僑・華人企業の多くは、アジア経済危機から多大な打撃を被り、各国内での事業立て直しに追われている。アジア経済危機以前に手がけていた中国本土を含めた国際的な事業の縮小・再編成に追い込まれている。

今後、華僑・華人ネットワークは既存の人脈ネットワークを維持するとともに、居住国の社会組織との連携や、先進的な企業経営の導入などが重要になるであろう。また、中国大陸企業と華僑・華人企業の連携強化や台湾企業の活発な大陸進出を通じて、新しいタイプの華僑・華人ネットワークの形成も予想される。　　　　　　　　　　　　　　[文　大宇]

【関連項目】　華僑・華人、華僑・華人資本
【参考文献】　游仲勲『華僑・華人経済』ダイヤモンド社、1995年。／涂照彦編『華人経済圏と日本』有信堂、1998年。／渡辺利夫、岩崎育夫『海の中国』弘文堂、2001年。／野村総合研究所『華人経済圏研究会報告書』財務省国際局委託研究、2001年。／可児弘明、斯波義信、游仲勲編『華僑・華人事典』弘文堂、2002年。

撹乱項
Disturbance Term

回帰モデルにおいて、説明変数以外に被説明変数に影響を与える要因は、偶然変動をする確率変数とみなされ、撹乱項で一括して処理される。一般に撹乱項は、平均が0、分散が一定、共分散が0となる正規分布を仮定する。誤差項（Error Term）ともいう。

[白砂堤津耶]

【関連項目】　回帰分析

下崗【中国】
Lay-off

「下崗」とはレイオフ、すなわち中国の国有企業の人員整理により、職場を一時帰休させられることをいう。一時帰休は失業や退職と異なり勤務先の企業との雇用関係は続いており、新しい就職先がみつかるまで一定の手当てが支給される。1990年代中頃より国有企

業改革の一環として現代的企業制度が導入された結果、下崗労働者が急増した。下崗労働者は1996年には892万人であったが、1998年末には1600万人、1999年末には2700万人に増加した。

下崗労働者が急増した背景には、産業構造の調整によって紡績、繊維、機械など伝統産業の国有企業の多くが生産の停止あるいは破産に追い込まれたこと、中国経済に占める国有企業のウェイトが著しく低下するなか、非国有企業が国有企業の余剰労働者を大量に吸収するほどには成長していなかったことなどがある。

1998年から国有企業の下崗労働者の基本生活の保障、再就職活動の支援を目的に、各地に「再就職サービスセンター」が設立された。下崗労働者は、「再就職サービスセンター」に登録することにより、3年間にわたって一定の生活支援を受けると同時に、再就職のための訓練を受けることができる。1999年1月の国務院の工作会議で、下崗労働者の不安を解消するため、失業保険、養老保険、社員医療保険制度などが一体として組み合わされた「社会保障体系」の整備を急ぐことが決定された。また1999年3月の全人代で、「3本の保障ライン（三条保障線）」政策が打ち出された。3年経っても再就職できない下崗労働者は元の企業との労働関係を解除して、失業保険金を受け取る。その後、2年間の失業保険受給後もなお就職できない場合、都市部住民の最低生活費を受け取る、などの内容となっている。一連の施策によって、2001年までに国有企業の下崗労働者のうち、1680万人が再就職した。この結果、2002年末の下崗労働者数は410万人に減少した。　［孟　芳］

【関連項目】　国有企業改革
【参考文献】　「下崗と工業労働者急増の背景」『海外労働時報』日本労働研究機構, 1995年5月号. ／「下崗（一時帰休）から失業保険制度へのシフトが加速」『海外労働時報』日本労働研究機構, 2001年6月号.

◀ 加工貿易
◀ ⇒委託加工貿易

◀ 加工貿易型経済構造【台湾】
Processing Export-oriented Economic Structure

　台湾経済の特徴は、天然資源が乏しいこと、良質な人的資源が豊富なこと、国内市場が狭いことである。そのため、海外から輸入した原材料を国内で加工し、海外に製品を輸出する、いわゆる加工貿易型の経済発展を遂げてきた。

　1949年に共産党との内戦に敗れた国民党政権が中国大陸から逃れてきたことから、台湾はその後共産党政権が支配する中国と対立した。このような厳しい政治的環境に対応するために、台湾では経済力の強化が最優先に位置付けられ、工業化が進められた。工業化初期の1950年代初頭においては、資金力・技術力ともに不足していたため生活必需品のほとんどを輸入に依存しており、これらの国内生産への転換が図られた。高率の関税や輸入規制などにより国内産業保護策が講じられるとともに、小規模かつ労働集約型の輸入代替産業の育成が進められた。第1段階として、衣類、靴、雑貨などの非耐久消費財や、繊維、皮革、木材製品など一部の中間財を中心に輸入代替化が進められた。これが輸入代替工業化である。これらの製品は、労働集約的で、要求される技術も高度ではなく、労働者の熟練度が低くても生産可能であり、生産に必要な資本財や中間財を輸入すれば、輸入代替が比較的容易であった。

　しかし、1950年代後半になると、輸入代替工業化政策は、狭い国内市場が飽和に近づくにつれ、限界がみえ始めた。また、所得上昇に伴う輸入消費財への需要の増加、外貨獲得の必要性、米国からの援助停止などの要因も加わり、成長を維持するためには輸出産業の育成が急務となった。そこで、それまでの輸入代替工業化政策を見直し、工業製品の輸出振興政策へと転換した。これが輸出志向工業化戦略である。工業化投資に必要な資金・技術を海外に依存する一方、比較優位が低廉な労働力のみにあるといった状況の中では、輸出志向工業化は合理的かつ必然的な選択であった。また、1次産品に乏しく、外貨獲得のためにも工業製品の輸出が不可欠であった。

当初は原材料や素材を輸入し、それを製品に加工して輸出するという形態をとらざるをえなかった。

このため、日本を中心とする先進国から中間財を輸入し、国内の安い労働力を使って組立・加工した上で、製品を輸出するという、加工貿易型産業が発達した。輸出志向工業化政策の下ではさまざまな輸出支援策がとられた。台湾が導入した輸出加工区などの輸出促進策は、その後工業化を進めたアジア諸国のモデルとなった。また、輸出の増加は、資本の蓄積、生産性の向上、技術水準の向上などをもたらし、台湾の経済発展の原動力となった。しかし、中間財の大部分を輸入に頼っていたことから産業基盤は脆弱であり、貿易収支の改善も進まなかった。工業製品の輸出が増加すると、中間財や生産に必要な機械設備などの資本財の輸入が増加した。経済的自立のためには輸入誘発的な産業構造を転換し、資本財や中間財産業の育成が必要となった。このため、1970年代に入ると重化学工業化政策がとられた。

重化学工業化後の台湾の工業発展は、輸出志向型の軽工業部門と、それに必要な中間財などを供給する後方支援型の重化学工業部門とが並行して発展した「複線型工業化」であった。したがって、輸出志向工業化と同時に、中間財部門での輸入代替工業化が進められ、これが工業生産の増大に大きく貢献した。この結果、台湾では、工業品の輸出重視という開発戦略の下で、高付加価値工業製品を中心とした輸出構造への転換が進み、成長の維持と国際収支の改善を同時に進めるための下地がつくられた。　　　　　　［今井　宏］

【関連項目】　国民党、重化学工業化政策
【参考文献】　文大宇『東アジア長期経済統計　台湾』勁草書房、2002年．／今井宏、高安健一、坂東達郎、三島一夫『テキストブック21世紀アジア経済』勁草書房、2003年．

カシミール問題【インド、パキスタン】
Kashmir Problems

独立以前、インドには英領インドとは別に500有余の藩王国が存在し、印パ分離独立に際して、いずれかに帰属することが求められた。その帰属をめぐってインド、パキスタン両国間で対立が生じ、両国間の最大の係争に発展しているのがカシミール問題である。これまで印パ両国間で3度の戦争が繰り広げられたが、そのうち2回はカシミール帰属をめぐって発生し、いまだにカシミールは両国間で最も危険な火種になっている地域である。

帰属問題がこじれた原因は、カシミールはムスリム多住地域で住民の77%がムスリムであったのに対して、藩王ハリ・シング（Hari Singh）がヒンドゥーであったことにある。分離独立直後の1947年10月、藩王が帰属をめぐって逡巡している最中、パキスタンから越境した武装勢力がカシミール渓谷で支配を広げるようになった。急遽、藩王はインド側の応援を頼み、印パ両軍が激突した。パキスタン軍はカシミール渓谷から撤退し、1948年12月、国連調停で停戦を迎えたが、印パ両国間で大きなしこりを残す結果になった。停戦ラインによれば、カシミールの3分の2はインド支配地域（ジャンムー・カシミール州）、3分の1はパキスタン支配地域（北方地域、アーザード・カシミール）になっている。またアクサイチン（1962年の中印国境戦争でインドより領有）、スクスガム（1963年にパキスタンより割譲）は中国支配地域になっている。

1972年末の第3次印パ戦争後、シムラ協定の調印にもとづいて、停戦ラインにかわる実効支配線が引かれ、事実上の国境とされている。しかし1989年末からインド支配地域ではアラブ系など外国人を含む越境イスラム系過激派によるゲリラ活動が活発化し、インド治安部隊との間での衝突が日常化するとともに、1999年5月から59日間カルギルで印パ正規軍の軍事衝突を招いている。　　［小島　眞］

【関連項目】　インド・パキスタン戦争
【参考文献】　岡本幸治、木村雅昭編『南アジア』同文館、1994年．／堀本雅功『インド現代政治史』刀水書房、1997年．

加重算術平均
Weighted Arithmetic Mean

n 個のデータ $x_1, x_2, \cdots, x_n$ に、その重要度に応じてウェイト $w_1, w_2, \cdots, w_n$ を付けて計算した平均値を加重算術平均 $\bar{x}_w$ といい、以下のように定義される。

$$\bar{x}_w = \frac{w_1 x_1 + w_2 x_2 + \cdots + w_n x_n}{w_1 + w_2 + \cdots + w_n}$$

$$= \frac{\sum_{i=1}^{n} w_i x_i}{\sum_{i=1}^{n} w_i}$$

［白砂堤津耶］

過剰人口
Overpopulation

過剰人口とは土地面積、生産力に対して過剰なのか、またその水準がどれほどであれば過剰なのか、という基準が恣意的であることが多い。極端な考えとしては、社会主義国の旧ソビエトや中国では一時期、過剰人口は資本主義社会における現象であり、社会主義社会には過剰人口は存在せず、むしろ人口増加は生産力の増加につながるとして家族計画などに反対した。

過剰人口を考えるには適切な人口とは何かを規定しなければならない。適度人口（Optimum Population）は、極大人口と極小人口の間のどこかに存在し、過剰人口と過少人口の理論的な判断基準となる。適度人口の考え方はマルサス（Thomas Robert Malthus）を初め過剰人口や過少人口を議論した研究者に認識されていたが、20世紀初頭にヴィクセル（Johan Gustaf Knut Wicksell）などにより、満足される方法で定められた目的の実現を保証する人口である、と定義された。当初の適度基準、つまり追求されるべき目的は1人当たり生産額であったが、その後、多様化して、福祉、成長、消費、雇用、国力、長寿、軍事力などが加えられた。代表的な1人当たり生産額により定義された適度人口とは、1人当たり生産額は人口増加に伴って増加し、当初は収穫逓増状態にある。これが次第に収穫不変、から収穫逓減に変わっていく。収穫不変の時に1人当たり生産は極大であり、その時点の人口が適度人口とされる。収穫逓増時期は過少人口であり、収穫逓減時期には過剰人口となる。しかし現実には適度人口に達した後に人口が変化しないという保証はない。　　　　［梶原弘和］

【関連項目】　静止人口、人口爆発、人口増加
【参考文献】　大淵寛, 森岡仁『経済人口学』新評論, 1981年./石南國『人口論―歴史・理論・統計・政策』創成社, 1993年.

過剰都市化
Overurbanization

バート・ホゼリッツ（Bert F. Hoselitz）、キングスレー・デービス（Kingsley Davis）とヒルダ・ゴールデン（Hilda H. Golden）らにより提唱され1950年代半ば以降広まった概念。開発途上国の都市化は、第2次世界大戦後経済発展の速度を上回るペースで進行した。その結果、近代産業部門で就業できない人口が発生し、一方では失業・不完全就業のような雇用問題が、他方スラムのような劣悪な居住地域が顕在化し恒常化した。過剰都市化を考える際の基準になるのが、欧米先進国の都市化と産業発展の経験である。そこでは一般に産業化が第1次、第2次、第3次産業の順序で進行し、都市化はその過程と平行して進んだ。しかし開発途上国では都市化のレベルに比して第3次産業の比重が高い。この意味で開発途上国の都市化は産業化なき都市化であり、歴史的パターンから逸脱しているという意味で過剰都市化といわれることになった。開発途上国都市にさまざまな問題が存在しているのは疑いない事実であるが、過剰都市化概念の妥当性について多様な観点から疑義が提起されている。重要なものをあげると、どのような指標を取り上げて過剰を定義するか（データおよび測定方法の問題）、どのくらいのレベルになれば「過剰」といえるのか（基準の問題）、過剰都市化は進行しているのか（傾向的変化）、そもそも先進国の経験でもって開発途上国の経験を計ることが可能なのか（歴史性の問題）、過剰都市化はマイナスか（都市化の外部経済性の評価）といった点が繰り返し指摘されてきた。

例えば指標についてみると、産業構造について取り上げる場合、工業部門就業者比率を用いることも生産高比率を用いることも可能である。問題によっては公共サービスの充足度やスラム人口・貧困人口比率を用いることにも意味がある。ある目的に照らして適当な指標を定めたとしても、過去の先進国の歴史からどれだけ逸脱した場合過剰と判断するのかも難しい。場合によっては過少である場合も現実には存在する。さらに、ある時点で過

剰であっても、その傾向が徐々に解消されているかどうかは理論の妥当性を判断する上で重要な基準である。開発途上国の「過剰都市化」は歴史上始まって以来の異常な人口増加を背景として生じており、先進国と比べ、そもそも都市化の初期に生じる失業・不完全就業などの雇用問題や貧困人口の滞積がより激しく、また長期化する傾向にある。しかし、その状況が徐々に改善されているならば、必ずしも先進国型都市化の経験則が否定されることにはならない。さらに、現在の先進国と開発途上国では発展の初期条件が大きく異なっている。にもかかわらず、先進国の経験が開発途上国で繰り返されるという必然性はないという批判も強い。歴史性の問題とも関連するが、「過剰」という表現自体の中にすでにネガティブな評価が含まれている。しかし、経済学的にみても社会学的にみても過剰都市化の功罪（外部経済性）を評価するのはそれほど容易ではない。みかけは貧困であり低賃金で就業していても、トダロ・モデルが指摘するように、移動者個人にとっては過剰都市化に「参加」することは合理的であり、またスラム地域はそのような移動者に職住を提供している。劣悪な住居であっても、それは政府が提供できない住宅ストックの増加を意味している。以上のような状況は望ましくはないが、開発途上国がおかれた状況に対する適応として考えるならば、単純な善悪の判断は難しい。

以上のような点をめぐり論争が展開されてきたが、「過剰性」を厳密に検証した研究は意外に少ない。また開発途上国の多様性についての配慮が十分でないという問題がある。例えば、先述のデービスとゴールデンは1954年の論文の中で、開発途上国の中には先進国よりも過剰都市化が進んでいる国、ほぼ予想通りのパターンを示している国、過少都市化状態にある国が存在することを指摘している。今日でもアジアやアフリカの開発途上国の都市化率は低レベルにとどまっている。ラテンアメリカの都市化率が先進国レベルであるのに対し、アジアの都市化率は2000年には37％であり、50％（先進国の1950年頃のレベル）を超えるのは2030年以降と予測されている。その後の過剰都市化論の中にはこのような地域的多様性や各国の個々の歴史的状況が十分反映されているとはいいがたい。

現在、先進国では都市化の進展と相関の高い要素は、工業ではなくサービス産業である。アジアにおいても東アジア、東南アジア諸国を中心に急速な工業化の結果、過剰都市化は徐々に緩和傾向にあり、むしろ近代的サービス産業との関連が強くなりつつある。ただし南アジアについては過剰都市化傾向が続いている。古典的過剰都市化論はもともと都市化と工業化の相関を問うものであったが、今日では都市化とサービス産業の関係も含め、より一般的な都市化と経済発展の観点から開発途上国の都市化の実態を把握する段階にきているといえる。　　　　〔新田目夏実〕

【関連項目】　首位都市、都市インボリューション、労働移動、都市インフォーマル部門
【参考文献】　Jeffrey G. Williamson, "Migration and Urbanization," H. Chenery and T. N. Srinivasan eds., *Handbook of Development Economics*. Vol. I, New York：Elsevier Science Publishers B. V., 1988. ／新津晃一編『現代アジアのスラム　発展途上国都市の研究』明石書店, 1989年. ／John D. Kasarda and Edward M. Crenshaw, "Third World Urbanization : Dimensions, Theories, and Determinants," *Annual Review of Sociology*. Vol. 17, 1991. ／新田目夏実「アジア都市化の新局面」新津晃一, 吉原直樹編『グローバル化とアジア社会――ポストコロニアルの新地平』東信堂, 2004年.

華人コングロマリット【インドネシア】
Konglomerasi［イ］

傘下に多数かつ多業種の系列企業をもつ華人企業グループのことをいう。スハルト（Thojib N J Suharto）大統領は華人資本を国内資本と認定して経済開発に動員したため、外国資本や国家資本と提携しうる国内ビジネス・グループとしてスハルト政権時代にその地位を強固なものにした。当初、華人資本は外国資本の一部として排除されていたが、スハルト（当時内閣幹部会議長）は1967年6月以降政策を転換し、華人を共産主義とは切り離して経済開発に積極的に活用する方針を打ち立てた。在住華人に身分の保護と保証を与え、彼らの資本を外国資本と区別して国内資本と位置付け、経済開発に利用することにしたが、国民の反華人感情に配慮して、

華人の政治活動や公的な中国語教育などは禁止した。

　華人企業は、家族経営を基盤とした強い結束力と国際的な金融・流通の強力な華人ネットワークに支えられて成長した。外資企業や軍企業は華人の国際的な資金力と情報網に着目して積極的に提携し、有力華人グループはチュコン（政商）といわれるほど、スハルトを初め政権中枢の国軍系要人と深く結び付いて活動した。華人グループは、政権要人に政治資金を提供し、合弁事業の形で軍企業を支えるかわりに、貿易、国営企業融資、食糧公社物資の流通、輸入許可証取得、大型国家プロジェクトの物資購入などに特権的な地位を築いた。このような巨大化した華人グループを華人コングロマリットと呼ぶ場合も多い。

　1997年のアジア通貨・金融危機までは、インドネシアの大・中規模企業の圧倒的多数を華人企業グループが占めていた。例えば、1990年の売上高でみたビジネス・グループの上位10社はすべて華人企業グループであった。代表的な大手華人企業の一つはサリム・グループだが、創始者のリム・シウ・リオン（林紹良（Liem Sioe Liong））、インドネシア名はスドノ・サリム（Soedono Salim））は中国福建省出身で、1930年代後半中部ジャワに渡って丁子の納入販売など商業に従事していた。1950年代に中部ジャワのディポネゴロ師団（スハルト師団長）の物資納入業者なってからスハルトと盟友関係となり、事業の規模を拡大した。外資系企業、スハルト家、国軍などと組んで、商業・流通部門、自動車販売・組立、製造業、不動産、ホテル、建設、金融、木材など事業を幅広く展開した。アストラ・グループはサリム・グループに次ぐ規模で、創始者のチア・キアン・リオン（謝建隆、インドネシア名はウィリアム・スルヤジャヤ（William Soeryadjaya））は西ジャワ州出身（両親が中国広東省出身）で、1957年にアストラ・インターナショナル社を設立し、プルタミナ（インドネシア石油公社）総裁ストウォ（Ibunu Sutowo）やスハルト一族と深い関係を結び、大グループを形成していった。海外の大手自動車メーカーと提携して自動車の組立・代理店となり、自動車部門

最大の企業グループとなって、不動産、建設、重機、銀行、農園業などの分野にも進出した。なお、1990年代に一時経営危機に陥り、経営陣が替わっている。

　1997年7月のアジア通貨危機が波及して銀行と企業グループの分離政策が履行された結果、多くの有力華人企業グループが解体過程にあり、特にサリム・グループはほとんどの企業がIBRA（インドネシア債務再建庁）の管理下にあって、資産が売却対象となっている。

〔篠塚　徹〕

【関連項目】　スハルト、政商、ファミリー・ビジネス、プルタミナ、インドネシア銀行再建庁、華僑・華人資本
【参考文献】　磯松浩滋『どこへ行くインドネシア』めこん、1995年．／佐藤百合編『民主化時代のインドネシア』アジア経済研究所、2002年．／宮本謙介『概説インドネシア経済史』有斐閣、2003年．

カースト【インド】
Cast

　カーストとは、職業、結婚などの面で厳格な規律の下におかれた排他的社会集団のことをいう。語源は、階級を意味するポルトガル語のCastaに由来する。カースト制度の起源は、インド・ヨーロッパ語族に属するアーリヤ人が紀元前1500年頃にインド西北部に進入し、ドラヴィダ人を征服・支配し、上位カーストして君臨するようになったことに求められる。カーストは、ヴァルナ（色）とジャーティ（生まれ）の2つの観点から区別されている。カースト制度といえば、日本では通常、バラモン（司祭階級）、クシャトリヤ（王侯士族）、ヴァイシャ（庶民）、シュードラ（隷属民）の4つの種姓（不可触民を加えれば5つの種姓）によって構成される閉鎖的身分制度として理解されているが、これはヴァルナにもとづく理解である。

　カースト制度を説いた権威ある古典として知られているのが、紀元前後の著作とされる『マヌ法典』である。そこでは各ヴァルナの宗教的・社会的義務として、バラモン（白）はヴェーダ（バラモン教の根本聖典）を学習・教授し、儀式の司祭を執行すること、クシャトリヤ（赤）はヴェーダを学習し、人民の保護・支配にあたること、ヴァイシャ

（黄）はヴェーダを学習し、農業、牧畜業、商業に従事すること、またシュードラ（黒）は上位3つのカーストに奉仕することが説かれている。カーストの上下関係を規定している基準は、「浄」・「不浄」という概念である。下位カーストは「不浄」とされるため、上位カーストは下位カーストとの接触を忌避することになる。閉鎖的身分制度としてのカースト制度がもつ大きな特徴は、輪廻転生と因果応報の考え方にもとづいて、低カーストに対して、宇宙を支配する自然的秩序に従って自らが低い地位におかれていることを当然であると受け入れさせているところにある。

　ヴァルナによる区別とは別に、インド人の日常生活により密接なかかわりをもっているのが、ジャーティによる区別である。ジャーティとは、結婚、伴食（身分を同じくする仲間同士で飲食をともにすること）、職業を規定する閉鎖的集団であり、通常、県単位のレベルで数十ほど、インド全体で3000ほど存在しているといわれる。各ジャーティは、いずれかのヴァルナに属しており、それほど厳密ではないにしても互いに上下関係を形成している。ジャーティを単位とするカースト制度が社会的に定着するようになったのは、中世前半（7～12世紀）からのことである。カーストの規定が特に厳しく適用されてきたのは結婚や伴食についてであり、職業についての規定は比較的緩やかであった。例えば、バラモンであっても、職業は必ずしも司祭職に限定されているわけではなく、地主になり、また行政職や商業に従事している者が多く存在する。

　カースト制度がインド社会で長期にわたって定着してきたのは、経済・社会の変動に対して硬直的ではなく、柔軟に対応できる側面をもっていたためでもある。戦争に直面した場合には、農民の間で兵士に相当するサブ・カーストが形成され、また織物輸出が拡大した場合には、農村で新たに裁縫や染色に従事するサブ・カーストが形成されるといった具合である。現在、カースト制度は農村では依然として色濃く残存しているものの、都市化や工業化の進展に伴い、特に1980年代以降、インドではカースト制度の縛りや差別は急速に弱まりつつある。「インド憲法」では、不可触民制度の禁止、それにカーストにもとづく公的差別の禁止がうたわれているが、カースト制度それ自体の存在は否定されているわけではない。カースト差別の弊害を緩和するための措置として重要なのが、中央政府、および州政府レベルで採用されている留保政策である。現在、上カーストからの不満の声を押し切る形で、人口比に準じて、公務員ポストや高等教育機関の入学枠の22.56％を指定カースト（不可触民）及び指定部族（未開部族）に、また27％を「その他後進階層」に留保する措置が講じられている。　　　〔小島　眞〕

【参考文献】小谷汪之著『不可触民とカースト制度の歴史』明石書店, 1996年. ／小谷汪之編『現代南アジア⑤ 社会・文化・ジェンダー』東京大学出版会, 2002年.

化石燃料
⇨枯渇性資源

寡占
Oligopoly

　寡占とは、2企業以上の少数の企業によって市場が支配されている状態のことをいう。また、2企業によって市場が支配されている状態のことを複占（Duopoly）という。複占市場においては、クールノー（Antoine Augustin Cournot）均衡、シュタッケルベルグ（Heinrich von Stackelberg）均衡、ベルトラン（Joseph Louis François Bertrand）均衡などの均衡が成立することが知られている。クールノー均衡においては、ある企業は、他の企業の生産量を所与として自社の最適な生産量を決定する。シュタッケルベルグ均衡では、追随者は先導者の生産量を所与として最適な生産量を決定する一方、先導者はこのような追随者の行動を考慮して最適な生産量を決定する。ベルトラン均衡では、ある企業は他の企業の商品価格を所与として自社の最適な商品価格を決定する。

〔森脇祥太〕

家族計画
Family Planning

　母体の健康と家族の経済能力を考えて、計画的に妊娠・出産を奨める政府機関による活動を指す。開発途上国の家族計画は1950年代初期にインドで最初に実施され、1960年代には多くの開発途上国で家族計画が採用された。しかし爆発的な人口増加が続く中で効果が表われなかったことから、出生抑制策を実施する制度的・技術的手段が家族計画に導入されるようになった。穏やかな家族計画は宣伝や教育を通じて望ましい結婚年齢、家族数などを認識させる活動が中心となっている。しかし人口増加が著しく、穏やかな道徳的手段では人口圧力により経済・社会問題が厳しくなる国では、堕胎・避妊の奨励（器具や手術の無料提供）、子供の数を政策的に制限する法律を制定（違反した場合には課税などの不利益を被る）して、より厳しい計画を実施してきた。多くの開発途上国では穏やかな家族計画が採用・実施されてきたが、中国や一部の開発途上国では厳しい家族計画が採用された。

　例えば世界最大の人口規模を有する中国で人口抑制政策が本格的に実施されたのは1970年代である。1976年からの鄧小平（Dèng Xiǎopíng）指導体制下において、急速な人口増加は経済発展に不利であるという認識から家族計画が重視されることになった。1979年に政府は子供を1人しか生まない夫婦に奨励金を与える施策を検討し、1980年の第5期全国人民委員会第5回総会で1組の夫婦に子供1人を定めた1人っ子政策を確立した。これ以降、人口抑制政策は1人っ子政策を意味し、説得による思想教育と賞罰制度による1人っ子政策を展開した。また家族計画を失敗した場合には、政府により人工中絶や不妊手術の手段が提供された。

　1人っ子政策の基本は、晩婚、晩産、少生、稀、優生である。晩婚は法定婚姻年齢男性22歳、女性20歳より3年以上遅らせて結婚すること、晩産は女性は24歳を過ぎてから出産すること、少生は少なく生むこと、稀は出産期間を3～4年あけること、優生は遺伝的傷害がなく徳、知、体が優れていることである。人口抑制は数の抑制だけでなく、質が加えられて計画出産概念が確立した。中国の人口計画は国家社会経済計画に組み込まれ、生産と人口のバランスを図ることに特徴がある。こうした政策により総人口を12億人以内に抑えることが当初には目標とされたが、現在では12億人前後と修正された。それはかつての人口増加時代の子供が成人して適齢期に達し、現在でも毎年2000万人近い新生児が誕生しているからに他ならない。

　しかし1984年から農村では第1子が女児の場合は、第2子出産が認められるようになった。1人っ子政策が農村では女児の間引きなどの弊害をもたらしたこと、米国が中国では強制堕胎・女嬰児殺害を人口抑制の手段としていると非難したことなどのために、第2子出産の緩和が実施された。また小数民族には第2子、場合によっては第3子の出産が認められ、法定結婚年齢も2歳引き下げられている。これによって小数民族の人口が増加し、1964～82年の人口増加率は漢族の2.04%に対して小数民族は2.94%である。小数民族の人口は1978年の5580万人から1990年に9120万人に増加した。さらに最近、中国政府は上海などの大都市に住む外資企業の社員、医者などの若手エリート層の夫婦に両者がともに1人っ子であることが条件であるが、第2子の出生をも認め始めた。要因は老齢人口比率の増加である。厳しい家族計画が人口増加を抑制した結果、老齢人口比率が増加した。他方、抑制の緩和は今後、人口増加となって中国の人口問題を難しくさせることは間違いない。

［梶原弘和］

【関連項目】　人口爆発、過剰人口、人口転換
【参考文献】　若林敬子『中国の人口問題』東京大学出版会, 1991年。／早瀬保子編『中国の人口変動』アジア経済研究所, 1992年。／梶原弘和, 武田晋一, 孟建軍『経済発展と人口動態』（東アジア長期経済統計シリーズ第2巻）勁草書房, 2000年。

カーディ【インド】
Khadi

　カーディはインドの伝統的な農村工業製品であり、かつてはヨーロッパ市場にも大量に輸出されていた。しかし英国の植民地支配が確立される過程で、英国で工場制綿製品が大

量生産されるようになると、英国綿布のインドでの販路を確保する狙いから、カーディは没落の運命を強いられた。その後、19世紀後半より民族系資本によってインドで近代的綿工場が設立され、輸出産業としても1870年代より軌道に乗るようになったが、他方においてカーディは衰退したままであった。

　カーディが再び日の目を見るようになったのは、1920年代に大衆民族運動が盛り上がる中で、マハトマ・ガンディー（Mahatma Gandhi）によって復活・奨励されたためである。1925年の国民会議派大会において、その生産の組織的拡大を図るべく、全インド紡績者協会が設立された。手織り機と手紡ぎ機のうち、後者はもはや使用されておらず、当時、その使用方法を知る者は誰もいなかったほどである。ガンディーがカーディを復活・奨励しようとしたのは、貧困解決、自治確立の手がかりをそこに見出したためである。インドが「富裕な国」になる上で、ガンディーは動力機械に依存した近代文明を目指すことには懐疑的であり、農村的自給生産を理想とした。カーディこそ、雇用の確保、女性の地位向上を確保し、経済的効用において優れているとみなされた。大衆民族運動を組織する上でのシンボルとして、それまで国民会議派はしばしばヒンドゥーの神や英雄を担ぎ上げていたが、国産品奨励のシンボルとしてのカーディの方が宗教的に中立であり、イスラム教徒にも広く受け入れられる結果になった。独立後、インド政府の統計ではカーディ部門は手織り機部門とは区別して扱われてきた。ちなみに1996～97年現在、カーディ部門の雇用数は手織り機部門の1240万人に対して数十万人程であり、また綿布生産は手織り機部門の72億3500万平方メートルに対して、1億2500万平方メートルである。その後、カーディの綿布生産（金額表示）は、1997～98年の62億4000万ルピーから2000～01年の43億2000万ルピーへと低下傾向にある。　　　［小島 眞］

【参考文献】　長崎暢子『ガンディー：反近代の実験』岩波書店、1996年．／*Planning Commission, Ninth Five Tear Plan 1997-2002*. Government of India, 1997.

カナダ国際開発庁
Canadian International Development Agency：CIDA

　カナダの対外援助の企画・調整・実施を目的とする政府機関である。1960年12月に対外援助庁として設立後、1968年9月に現在の名称に変更された。1996年1月の内閣改造で新設された国際協力大臣の管轄下におかれている。カナダの援助の8割はCIDAに計上され、その他は世界銀行への出資・拠出などを担当する大蔵省や外務貿易省に計上される。しかし議会に対する責任はCIDAが負っており、二国間援助、多国間援助ともにCIDAが中心となって関係省と協議し、政策の立案および実施にあたっている。CIDAの援助はすべて無償資金協力である。

　CIDAは、①BHN（Basic Human Needs）、②女性の機会、③インフラサービス、④人権・民主主義・グッドガバナンス、⑤民間セクターの発展、⑥環境の6項目を重点目標に定めている。また、援助の実効性を高めるために重点対象地域・セクターの見直しを行い、①地域プログラム局、②体制移行国プログラム局、③多国間援助プログラム局、④カナディアン・パートナーシップ局（産業協力や奨学金など）、⑤政策局、⑥広報局、⑦組織支援局の7つの局が業務を分担している。

　2001年度の予算規模（会計年度4月～翌年3月）は、19億7034万カナダドルで、その内訳は地域プログラムが7億1103万カナダドル、体制移行国プログラムが5903万カナダドル、多国間援助プログラムが7億6701億カナダドル、カナディアン・パートナーシップが2億8160万カナダドルなどであった。

［三浦有史］

【参考文献】　外務省経済協力局編『わが国の政府開発援助上巻2000』財団法人国際協力推進協会、2001年．／国際協力銀行『国際協力便覧2002』2002年．

華南経済圏
The Southern China Economic Zone

　華南経済圏とは、高い経済成長を達成している中国の広東省、福建省と、香港、台湾を含む地域のダイナミックな経済交流関係を表

わす言葉である。本来、華南とは中国の南東部（広東省、福建省、海南省、広西自治区の一部）を示す概念である。

華南経済圏は地縁、血縁による結び付きの強い関係を通じて中国南部の省と香港、台湾を結んでおり、経済関係は1970年代の香港企業による広東省での委託生産を始まりとしている。華南経済圏は、民間セクターのリンケージと後背地への市場アクセスを通して形成される経済統合過程の一例ということができる。特に、華南経済圏は各国・地域間の政治的な協定にもとづいてつくられたものではなく、域内の貿易・投資の経済交流の実体が先行した。

従来、この地域は政治的な問題が障害となり、域内の交流が制限されていた。しかし、1979年より経済改革に着手した中国は、積極的に外資を導入するとともに、対外諸国・地域との貿易を拡大した。このような動きの中で、香港、台湾とは投資・貿易の拡大や分業関係を深め、相互に活発な経済交流を拡大した。中国政府は対外開放政策の実施にあたり1980年に広東省の深圳、珠海、汕頭、福建省の厦門の4ヵ所に経済特区を設置した。これら特区では外資の積極的な導入が奨励され、外資企業に対する各種の優遇策がとられた。広東省、福建省は改革・開放のモデル・ケースとされ、改革の進展速度も速く、市場経済化が進んだ。このように外資に対してより開放的な政策をとったことが、結果として香港、台湾との交流の活性化に寄与した。

今日、華南経済圏は人口1億人を超え、高い経済成長を背景に所得増加、輸出拡大により一大経済圏となっている。アジアでは、インドシナ経済圏、環日本海経済圏、黄海経済圏など、さまざまな地域経済圏の構想が唱えられている。しかし、すでに域内の相互依存関係を深めながら、高い経済成長を達成している点で、華南経済圏はこれらの中でも一歩進んだ地域である。　　　　　［文　大宇］

【関連項目】　局地経済圏、大中華経済圏、経済特区
【参考文献】　丸山伸郎編『華南経済圏―開かれた地域主義』アジア経済研究所, 1992年. ／経済企画庁『年次世界経済報告』大蔵省印刷局, 1992年. ／三木敏夫『アジア経済と直接投資促進論』ミネルヴァ書房, 2001年.

ガバナンス
Governance

UNDP（国連開発計画）ではガバナンスを「国家が社会統合を進め、国民の幸福を確実なものとするため、あらゆるレベルと手段によって国家運営を行う上での経済的、政治的、行政的な権力の行使」と定義している。そしてガバナンスを「持続可能な人間開発（特に貧困の解決、雇用の創出と生計の維持、環境の保全と再生、女性の進出支援）」の重要な要素と捉えている。また世界銀行では、開発途上国のパフォーマンスに大きく影響する公的部門の効率性と責任性の観点から、1980年代後半よりガバナンスの重要性が認められてきた。1992年には「政治体制の形態、国の社会経済的資源を運営する上で権力が行使される過程、政策を計画・策定・施工するための政府の運用能力」を、ガバナンスの3つの側面として明らかにした。さらに1998年には、ガバナンスを「一国において公益のために権力が行使される制度・仕組みや慣習である」と定義している。

OECDでも1996年に提唱された「DAC新開発戦略」において、経済、社会、環境の側面での7つの開発目標の達成は、効果的で責任説明を果たしうる民主的な政府、人権の尊重、法制度の遵守などのグッド・ガバナンスにかかっているとされている。このような議論の前提には、デモクラシー、人権、参加などの価値観がかかわってきており、これらと切り離せないものとしてガバナンスが議論されている。開発途上国に関して、その望ましい政治のあり方とされ、援助などの基準となっているガバナンスだが、日本語にはない言葉であり、その定義も多様である。その意味がはっきりしない背景には、「統治」という言葉が援助にはふさわしくないという配慮と、民主化や政治体制の変革は援助機関として直接言及することが難しいためであろう。

［甲斐信好］

【関連項目】　デモクラシー、政治体制、UNDP、OECD-DAC
【参考文献】　UNDP編『人間開発報告書2002―ガバナンスと人間開発』国際協力出版会, 2002年. ／国際協力事業団国際協力総合研修所編『民主的な国づくりへの支援に向けて―ガバナンス強化を中心に』同研修所,

2002年.

カバロ・プラン【アルゼンチン】
Caballo Plan

　アルゼンチンの経済相ドミンゴ・カバロ（Domingo Caballo）が作成した経済安定化政策。1991年3月に国会で承認された兌換法によって制度化された。カレンシー・ボード制にもとづく1ドル1ペソの固定相場制、外貨準備を裏付けとする通貨供給、外貨取引の自由化などを内容とする。兌換法導入に伴い、財政赤字補塡のための通貨発行ができなくなり、またドル・ペッグによってインフレ期待が抑制される。3000％を超えたインフレは急速に収束し、また民営化もあって大量の外資が流入し、経済の安定と成長が実現した。しかし、兌換法は、外貨準備として3分の1を限度として外貨建て国債による保有が認められていること、また中央銀行の裁量的な通貨政策の余地があることなどの点で、純粋なカレンシー・ボード制とは異なっていた。そのため財政赤字補塡のため国債が発行され、財政の健全化は達成されなかった。加えて、為替レートの固定化によって実質為替レートが過大評価されたため、貿易収支、経常収支が悪化した。

　その結果、カレンシー・ボード制は2001年から2002年に重大な危機に直面することになった。1997年のアジア危機、1998年のブラジルの通貨危機を契機にアルゼンチン経済への信頼性が揺らぎ、外資流入が減少した。同じくカレンシー・ボード制を導入したブラジルが、通貨危機に対応して同制度を放棄し、1999年に通貨レアルを大幅に切り下げると、ブラジルを最大の輸出先とするアルゼンチンの競争力は急速に低下し、対外不均衡は拡大した。2001年12月には再登場したカバロ経済相が辞任し、2002年1月には、兌換法を改正、1ドル1ペソの固定相場制とペソのドルへの兌換を停止した。こうしてアルゼンチン経済の根幹をなしていたカバロ・プランとカレンシー・ボード制は終了した。　［小池洋一］

【関連項目】　アルゼンチン経済危機、レアル・プラン
【参考文献】　西島章次、細野昭雄編『ラテンアメリカにおける政策改革の研究』神戸大学経済経営研究所、2002年.

貨幣乗数
Money Multiplier

　貨幣乗数とは、マネーサプライをハイパワードマネー（ベースマネーとも呼ばれる）で割った値のことであり、信用乗数（Credit Multiplier）とも呼ばれる。マネーサプライの大部分を占める預金通貨は、民間金融機関がハイパワードマネーを基礎にして行う信用創造から生み出される。そのため、マネーサプライは、ハイパワードマネーの乗数倍になる。つまり、ハイパワードマネーの増減は、乗数倍のマネーサプライの増減をもたらすのである。貨幣乗数が安定しているならば、ハイパワードマネーの供給を中央銀行が管理することによって、物価や景気変動を安定化させることができる。これこそが、ミルトン・フリードマン（Milton Friedman）率いるマネタリストが主張してやまないことである。しかし、近年、金融自由化の進展、および新しい金融商品の登場によって貨幣代替資産の多様化が進むなどの要因によって、先進国はもとより、一部の開発途上諸国でも貨幣乗数が不安定化する傾向が観察されている。

［徳原　悟］

【関連項目】　信用創造、マネーサプライ、ハイパワード・マネー、通貨
【参考文献】　堀内昭義『金融論』東京大学出版会、1990年.

下放【中国】
Transfer to a Lower Level

　「下放」運動は、1950年代中頃から始まり、文化大革命時にピークを迎え、1970年代末頃まで続いた。「下放」には2つの意味がある。1つは、「上山下郷」（若者を農村や辺境の建設に参加させる）と呼ばれる「下放」であり、文化大革命以降、都市部の知識青年（16〜21歳）を半強制的に農村に移住させた運動を指す。もう1つは、「思想改造」と呼ばれる「下放」であり、上級の幹部、事務職員などを下級の機関や農村、工場などに派遣して一定の期間現場で労働させることを指す。

　「上山下郷」による「下放」は、「三大差別（都市と農村、労働者と農民、知的労働と肉体的労働の格差）」の縮減を目的とし、「思想

改造」による「下放」は、「農民階級に学べ」というイデオロギー的な意味をもっている。

1968年末に、毛沢東（Máo Zédōng）が「知識青年が農村へ行き、農村で新たな教育を受けることは有益である」と呼びかけたことを契機に、知識青年の農村への下放運動が始まった。同年年末の『人民日報』は、「知識青年が下放を望むか、労働者・農民・士兵と結合する道を選ぶかは、毛主席の革命路線に忠実であるか否かという大きな問題である」と述べた。これによれば、知識青年が革命的であるか、非革命的であるかの判断基準は「下放」に対する認識によるとされた。

その後、全国的に広がった知識青年の下放運動は、高校卒業生および大学卒業生のほぼ全員が対象となった他、一部の地域では中学卒業生もすべて下放されたため、高校は閉校状態が続いた。しかし、実際には下放した多くの知識青年は過酷な労働、農村の厳しい生活環境、さまざまな迫害などに苦しんだ。

1968～78年までの10年間に、全国で下放した知識青年は約1623万人といわれている。彼らは正規の教育を受ける機会を失い、彼ら自身にとっての損失だけではなく、国家にとっても大きな損失となった。文化大革命期に、十分な教育を受けることができなかった大学生は約100万人、高校生は200万人以上といわれている。　　　　　　　　　　　　　［孟　芳］

【関連項目】　文化大革命、毛沢東
【参考文献】　矢吹晋『文化大革命』講談社、1989年.

借り入れ技術
Borrowed Technology

開発途上国など後れて工業化を開始する国は、一般に工業化に必要な技術に関して自前の研究・開発組織が未整備であるため、すでに先進国で開発された技術知識の蓄積を導入して利用する。この導入された技術のことを借り入れ技術と呼び、この種の技術は資本に体化されていることが多い。このように後発工業国は、先発工業国における技術発展の過程を繰り返すのではなく、先行国においてすでに開発されストックされた技術を借り入れしてキャッチアップを図る。したがって工業化の時期が後発であればあるほど、借り入れ技術の蓄積が大きく、また一層低コストで技術を使用できることになる。この結果、後発工業国は先発工業国の歴史的経験を上回るスピードでの発展が可能となり、「後発性の利益」を享受することができる。

しかし借り入れ技術の存在は後発工業国の有利性とされる一方で、その技術は要素賦存状況において資本・労働比率の高い先進国で開発されるために労働節約的であり、雇用増大を望む開発途上国にそのままの形で導入するには問題も多い。したがって後発工業国において借り入れ技術を有効に利用するには、自国の要素賦存状況等に適合するように借り入れ技術そのものを修正し、また導入技術の効率性を高めるような金融、財政、教育などの制度的な革新が必要とされる。　　［川畑康治］

【関連項目】　後発性利益論
【参考文献】　Alexander Gershenkron, *Economic Backwardness in Historical Perspective*. Cambridge, MA: Harvard University Press, 1962. ／速水佑次郎『新版 開発経済学―諸国民の貧困と富』創文社、2000年.

カリブ共同体
Caribbean Community: CARICOM

カリブ共同体（CARICOM）は、カリブ地域の旧英領諸国によって1968年に結成されたカリブ自由貿易連合（CARIFTA）を、1973年のジャグアラマス条約にもとづいて発展的に解消したものである。加盟国はスリナム、ハイチ、バハマ、ジャマイカ、トリニダート・トバゴ、ドミニカ、セントルシア、アンティグア・バーブーダ、バルバドス、セントビンセント・グレナディーン、グレナダ、セントクリストファー・ネイビス、モンセラート（英領植民地）、ベリーズ、ガイアナの12カ国1地域である。CARICOMは、関税同盟としてスタートしたが、域内貿易の実態をみると世界貿易に占める域内貿易の比率は15％程度、総輸出に占める域内輸出の比率は21％程度であり、関税同盟による効果は大きくない。加盟諸国の産業構造がおしなべて観光業と輸出用商品作物に特化していること、欧・米・日など域外先進諸国との貿易に強く依存していることなどがその原因である（特に砂糖、バナナなど輸出用農産物の域外への輸出は、EUのロメ協定によって発展したも

のである)。そこで加盟諸国は、関税同盟による経済効果をより確実にするため、1994年に米国および植民地を除く環カリブ諸国を包含するカリブ諸国連合（ACS）を設立した他、NAFTAなど他の地域統合への組み入れを模索しているが、この点に関してはジャマイカなど域内大国とその他小国との意見対立から実現性は薄いとみられている。関税同盟の他にCARICOMは地域協力体として2つの重要な機能を有している。1つは、運輸、観光、教育、環境問題、人的資源開発など経済開発面での協力機能であり、経済開発を資金面で支援するためカリブ開発銀行が設立されている。もう1つは、対外交渉における共同歩調の枠組みや、加盟諸国の民主化支援活動を行うための枠組みとしての機能である。

〔北村かよ子〕

【関連項目】 NAFTA
【参考文献】 山岡加奈子「カリブ海地域の統合」浜口伸明編『ラテンアメリカの国際化と地域統合』アジア経済研究所, 1998年.

為替レート
Exchange Rate

為替レートとは、円とドルのような異種通貨の交換比率を示したものである。通常、目にする為替レートは名目為替レートといい、両国の物価水準の違いは考慮されていない。名目為替レートはまた、取引相手や取引時点によって区別される。取引相手別にみると、銀行間同士の為替レートをインターバンク・レート（Interbank Rate、銀行間レート）と呼ぶ。外国為替の卸売り取引において用いられるレートである。もう1つは、海外旅行に行くような人たちに外国為替を販売する際に用いる対顧客レートがある。

取引時点に着目すると、直物レート（Spot Rate）と先物レート（Future Rate）とに区別される。直物レートは通貨売買契約成立後、2営業日以内に取引が行われる際に用いられるレートである。先物レートは、契約成立後3営業日以降に取引が行われる際に用いられるレートである。先物取引とは、例えば、半年後に1ドル＝120円でドルを買うとか、売るという契約を現時点で結ぶことである。これに用いられるレートが先物レートになる。

為替レートの概念には他にも実質為替レートや実効為替レートがある。実質為替レートとは、名目為替レートから両国のインフレ率格差を考慮して計算されたレートである。実質為替レートは、名目為替レートの変化率＋外国の物価上昇率－自国の物価上昇率として定義される。例えば、現在の名目円・ドルレートを1ドル＝100円とし、1年後も変化がないとする。米国の物価上昇率を10％、日本の物価上昇率を0％とする。その時、実質為替レートの算出式は、0％＋10％－0％となり、100×1.1となる。実質レートは1ドル＝110円となる。これは、日本からみるならば米国製品の価格競争力が低下し、日本製品の価格競争力は上昇していることを示す。米国の物価が10％上昇しているので、現在1ドルの財貨が1年後には1.1ドルになる。つまり、現在100円で1個買えたものが1年後には買えなくなるので、日本は米国からの輸入を減らすことになる。逆にいえば、米国の輸出が減少する。日本の為替レートは実質的には10％の円安なので、輸出の価格競争力が強くなる。そのため、日本の輸出は増加する。

このように、実質為替レートとは、輸入価格と輸出価格の比率といいかえることができる。そして、この輸入価格と輸出価格の比率は交易条件（Terms of Trade）と呼ばれる。この他、為替レートには実効為替レート（Effective Exchange Rate）がある。これは、貿易取引上において重要な相手国となる複数の国との為替レートを貿易量でウェイト付けし、加重平均して算出した為替レートである。実効為替レートは、ある通貨の価値が主要取引国通貨のそれに対してどのように変化したのかを総合的にみる為替レートである。つまり、円はドルに対してだけ強くなっているのか、それともユーロやポンドに対しても強くなっているのかを判断することができる。

例えば、日本の主要な輸出相手国を、米国、EU、英国とする。日本の総輸出に占めるこれらの国・地域のシェアを、60％、30％、10％とする。ドル、ユーロ、ポンドに対する基準時点の為替レートを100とする。

そして円の為替レートが各通貨に対して、30％、20％、10％上昇したとする。その時の円の実効レートは、(130)×0.6＋(120)×0.3＋(110)×0.1＝125となる。なお、名目レートをウェイト付けして加重平均したものを名目実効レート（Nominal Effective Exchange Rate）と、そして実質レートにウェイト付けして加重平均したものを実質実効為替レート（Real Effective Exchange Rate）と呼ぶ。物価変動の影響を加味した後者の方が通貨価値をより正確に捉えていると考えられている。なお、国際通貨基金（IMF）は、多国間実効為替レート（Multilateral Exchange Rate Model：MERM）を1976年4月から発表している。　　　［徳原　悟］

【関連項目】　購買力平価、アジア経済危機、為替レート制度
【参考文献】　天野明弘『国際金融論』筑摩書房、1980年。／河合正弘『国際金融論』東京大学出版会、1994年。／白井早由里『検証　IMF経済政策―東アジア危機を超えて』東洋経済新報社、1999年。／ピーター・アイザルド（須齋正幸, 高屋定美, 秋山優訳）『為替レートの経済学』東洋経済新報社、2001年。

為替レート制度
Exchange Rate Regimes

1944年7月、米国ブレトンウッズにおいて連合国通貨会議が開かれ、国際通貨問題に関する常設の協議機関として国際通貨基金（IMF）が設立された。ブレトンウッズ体制の下では、米ドルが公式の基軸通貨とされ、一定の交換比率で金との兌換が保証される一方、各国通貨は米ドルにリンクする固定相場制が採用された。しかし、1971年のニクソン・ショックを契機に主要国は変動相場制に移行し、1978年のIMF協定の改正によって、各国は自由に為替レート制度を決定できる一方、為替政策はIMFの監視に従うこととなった。

現在IMFは、為替レート制度を以下の8種類に分類している（括弧内は2001年末時点での採用国数）。①固有の法定通貨をもたない制度：他国通貨が法定通貨として流通するか、あるいは単一の法定通貨が共有される通貨同盟に所属する（40カ国）。②カレンシー・ボード制：通貨発行当局が、国内通貨と特定の外国通貨との固定レートによる交換を法的に保証する。また、通貨（ハイパワード・マネー）の新規発行額について、外貨準備の増加分を上限とする（8カ国）。③その他の固定相場制（管理変動相場制における事実上のペッグ制を含む）：主要通貨または通貨バスケットに対し、公式または非公式にペッグする。為替レートは、中心レート±1％の範囲内での変動が認められる（40カ国）。④一定の変動幅（バンド）を許容する固定相場制：為替レートの変動に関し、公式または非公式に、中心レート±1％よりも広い変動幅が認められる（5カ国）。⑤クローリング・ペッグ制：固定為替レートを、定期的に小刻みに調整する。調整は特定の数量的指標（インフレ率など）の変化に対応して行われる（4カ国）。⑥クローリング・バンド制：為替レートは、中心レート周辺の一定の幅で変動するが、中心レートは、特定の数量的指標の変化に対応して定期的に調整される（6カ国）。⑦管理変動相場制：通貨当局は、外国為替市場に対する積極的な介入を通じて、為替レートの変動に影響を与える。ただし、為替レートの特定あるいはコミットはしない（42カ国）。⑧自由変動相場制：為替レートは市場において決定される。外国為替介入は行われるが、その目的は特定のレート水準の維持ではなく、為替レートの過度の変動を抑制することに限定される（41カ国）。

以上の8分類を大きく分ければ、①と②は厳密に固定的な制度、③から⑥までは中間的な制度、⑦と⑧はより柔軟な制度といえよう。なお、加盟国がどの分類に属するかは、各国の公式発表にもとづいて決められるが、分類が実態に即していないとの批判がしばしばなされる（例えば、Carmen M. Reinhart and Kenneth S. Rogoff, "The Modern History of Exchange Rate Arrangements: A Reinterpretation," *NBER Working Paper.* No. W8963, May, 2002. を参照）。そのため、1999年から、実際の運営方法も考慮した分類が行われるようになった。

複数為替レート制（Multiple Exchange Rate Systems）は、以上の分類とは異なるものであり、①取引形態（例えば公的取引、商業取引、観光客の取引など）に応じて異な

る為替レートを適用する、②国内に複数の外国為替市場をもつ、③為替取引に課税あるいは補助を行う、などの制度を意味する。1997年末時点で43カ国（加盟国の24％）が採用していた。IMFは、国際収支の改善などの目的に限定し、あくまで一時的な措置としてこれを認めるスタンスを取っているが、市場原理をゆがめる弊害の多い制度であると評価している。

IMFは、開発途上国にとって適切な為替レート制度は当該国のおかれた環境によって異なるとしながらも、国際金融市場との結び付きが強まっていることを考慮すれば、より柔軟な為替制度が望ましいという。通貨危機以降、アジア諸国は通貨バスケット・ペッグ制を採用すべきであるとの提案が多くなされたが、IMFは、より柔軟な制度が適切であると考えている。　　　　　　　　［清水 聡］

【関連項目】　為替レート、購買力平価、外国為替管理
【参考文献】　IMF, "Exchange Rate Arrangements and Currency Convertibility Developments and Issues," *World Economic and Financial Surveys*, 1999. ／ Michael Mussa et al., "Exchange Rate Regimes in an Increasingly Integrated World Economy," *IMF Occasional Paper*, No. 193, 2000.

環境円借款
Yen Credit for Environmental Preservation

環境円借款とは、開発途上国の環境問題への取り組みを積極的に支援する目的で、環境案件に対する貸付条件を国際開発協会（International Development Association：IDA）の無利子（手数料0.75％）償還期間40年、据え置き10年と同等にして実施する円借款のことである。環境円借款の導入の背景には、1997年に地球温暖化防止を目指して開催された京都会議の決定事項を実現するために、日本として具体的なイニシアチブを取る必要に迫られていたという事情がある。京都会議では日本の指導の下に、2008～12年の間に、炭素エネルギー使用の削減、植林によるガスの吸収などを通じて、二酸化炭素ほか6種類のガスの排出量を1990年の排出量より5％削減することが合意された。

環境円借款は、京都会議と同年の1997年に導入された。対象は地球温暖化抑制効果のある案件、環境保全効果を有する案件に幅広く設定された。具体例としては、植林、省エネルギー促進、大気・水の汚染防止、都市への公共大量交通機関導入、非石油型発電などがある。環境円借款に先立ち、日本政府は1992年の国連環境開発会議で環境分野への政府開発援助の拡充を表明し、1992年度からの5年間で1兆円を目処に環境分野のODA供与を行うとした。1996年には当時の橋本龍太郎総理が環境開発支援構想を提唱するなど、環境問題への取り組みを強化してきた。環境円借款はこれをさらに前進させ、環境分野の円借款供与に大幅な譲許性を与えて具体化させたものといえる。　　　　　　　　［佐原隆幸］

【関連項目】　国際開発協会、環境開発サミット、地球温暖化、国連環境計画
【参考文献】　国際協力総合研修所『地球規模の課題』1995年。／外務省経済協力局編『我が国の政府開発援助ODA付表』国際協力推進協会, 1999年。

環境会計
Environmental Accounting

環境会計とは、「国、地域、企業などの組織の活動が及ぼす経済的影響と環境への影響を定量的に測定し、伝達するプロセス」と定義される。環境会計は、環境経済統合勘定（マクロ環境会計）と環境会計（ミクロ環境会計）に大別される。

環境経済統合勘定は、「国民経済計算体系（SNA）」に環境要素を加味したものである。

◇環境会計の分類

大分類	環境経済統合勘定 （マクロ環境会計）	環境会計 （ミクロ環境会計）	
中分類	─	外部環境会計	内部環境会計
対象	国・地域など	企業、自治体などの組織	
推奨される 会計の手法	「環境・経済統合勘定」 「環境勘定を統合した 国民経済マトリックス」	「環境会計ガイドライン」	

環境経済統合勘定の手法として、「環境経済統合勘定（SEEA）」と「環境勘定を統合した国民経済計算マトリックス（NAMEA）」の2つがある。SEEAは、自然資産の減耗分を評価し、国民経済計算から減額する。NAMEAは、経済活動による自然環境への排出物をマトリックスで表示し、環境問題ごとにその影響を貨幣評価する。

環境会計は、外部環境会計と内部環境会計に分類される。外部環境会計には、開示に法的義務がある財務報告書などの制度会計と、任意である環境報告書などの非制度会計がある。前者については、米国には環境関連の会計基準があるが、日本では会計基準がない。後者については、環境省による「環境会計ガイドライン（2000年発行、2002年改定）」がある。環境会計ガイドラインは、①環境保全コスト、②環境保全効果、③環境保全に伴う経済効果を明示することを要求している。一方、内部環境会計は、組織の意思決定に反映させるために組織内部での環境関連情報を把握、測定、分析、伝達する会計分野である。環境会計ガイドラインを採用した環境報告書を発行する企業が急速に増加しており、優良企業であるためには環境会計の実施が必須となりつつある。　　　　　　　　［渡辺幹彦］

【関連項目】　ISO14000、環境価値評価
【参考文献】　藤崎成昭編『環境資源勘定と発展途上国』アジア経済研究所、1994年. ／國部克彦『環境会計』新世社、1998年. ／河野正男『環境会計―理論と実践』中央経済社、2001年. ／吉田文和、北畠能房『環境の評価とマネジメント』岩波書店、2003年.

環境開発サミット
Summit on Environment and Development

先進国における産業公害と開発途上国における貧困に起因する諸問題に対して、「かけがえのない地球」というキャッチフレーズの下に、1972年にスウェーデンのストックホルムで国連人間環境会議（ストックホルム会議）が開催された。この会議が、環境問題の全般にわたる史上初の世界的な会議であった。ここでは、先進国における環境問題については経済成長から環境保全への転換が、開発途上国における環境問題については開発の推進と援助の増強が重要であることが明らかにされ、人間環境宣言と行動計画が採択された。特に、アジアの開発途上国の政府にとって、この会議は環境政策の必要性を認識させる画期となった。この会議を受けて、1970年代を通して、アジアの多くの国々で環境政策が開始された。1980年代に入ると、新しく地球環境問題に国際的な関心が集まり、環境と開発の統合を目指した「持続可能な開発」という新たな概念が提唱されたことを背景にして、1992年にはブラジルのリオデジャネイロで国連環境開発会議（地球サミット）が開催された。持続可能な開発を進めることが人類の安全で繁栄する未来への道であることが確認され、環境と開発に関するリオ宣言と持続可能な開発のための具体的な行動計画であるアジェンダ21が採択された。

ここでの最大の争点は環境問題の責任をめぐる南北対立であった。開発途上国側は、これまでの地球環境問題の主要な責任は先進国にあることを主張した（先進国責任論）。これに対して、先進国側は、地球環境問題は人類共通の課題であり、南北が共通して取り組む必要性を強調した。リオ宣言では、地球環境問題の解決策に向けて先進国と開発途上国は共通した責任をもつが、責任の程度には自ずと差異があるという「共通だが差異ある責任（common but differentiated responsibility）」という考え方で合意した。さらに、気候変動枠組み条約と生物多様性条約の署名も開始された。森林条約の交渉も行われたが、各国の利害対立が激しく、合意に達することができず、森林原則声明の採択にとどまった。この会議が契機となって、地球環境問題が国際社会における重要な課題の一つであるとの認識が世界的に広まった。アジェンダ21の着実な実施を国際的に見直し、今後の行動計画を練るための機構として、国連の経済社会理事会に持続可能な開発委員会（CSD）が1993年に設立された。その後も数多くの国際環境条約が採択され、世界の各国や国際機関による環境問題への取り組みは拡大した。

それにもかかわらず、持続可能ではない生産と消費のパターンや貧困の拡大などによる地球環境の悪化は食いとめられていない。経済のグローバリゼーションによる貧富の格差

の拡大や国際環境条約と国際機関相互の連携不足など、新たな問題点も顕在化した。こうした状況の下に、アジェンダ21の実施状況や新たな課題を検証し、取り組みの強化を図ることを目的として、2002年には南アフリカのヨハネスブルグで持続可能な開発に関する世界首脳会議（ヨハネスブルグサミット）が開催された。この会議の結果、世界各国の首脳による持続可能な開発に向けた政治的意思を示すヨハネスブルグ宣言、ならびに持続可能な開発を進めるための各国の指針となる実施計画が採択された。従来にない取り組みとしては、すべての国の合意を必要とせず、各国や関係する主体がそれぞれ自主的に実施を表明した具体的なイニシアチブ（タイプⅡイニシアチブ）の提案と表明を記載した文書が取りまとめられ、実践行動の重要性が強調された。

[原嶋洋平]

【関連項目】 地球温暖化、持続可能な開発、生物多様性
【参考文献】 赤尾信敏『地球は訴える─体験的環境外交論』世界の動き社、1993年。／「エネルギーと環境」編集部『アジェンダ21実施計画（'97）─アジェンダ21の一層の実施のための計画』エネルギージャーナル社、1997年。

環境価値評価
Environmental Valuation

環境破壊は、環境の価値が正しく評価されていないために発生する。いいかえれば、資源の過剰収穫や環境汚染にはコストがかからないと誤認されることから環境破壊が発生する。それゆえ環境破壊を防止するためには、環境本来の価値を貨幣単位で評価し、環境破

◇表1　環境価値の種類

大分類	小分類	具体例
1．利用価値	① 直接利用価値	木材など 観光など
	② 間接利用価値	水域保全 CO_2吸収
	③ オプション価値	将来の医薬品の開発など
2．非利用価値	存在価値、本源的価値、遺産価値	存在自体に価値がある 子孫へ残すことの満足感

◇表2　環境価値評価の主な手法

	名称	価値評価の考え方	例
1	仮想評価法 (Contingent Valuation Method: CVM)	環境に対する支払意思額のアンケートを実施する。	平均支払意思額（Willingness to Pay：WTP）⇔ 10,000円 住民数 ⇔ 100人 CVMによる国立公園の環境価値＝100万円
2	トラベルコスト法 (Travel Cost Method)	国立公園などへの旅行費用と訪問回数を計測する。	旅費1,000円の訪問者 ⇔ 訪問回数10回 旅費2,000円の訪問者 ⇔ 訪問回数5回 旅費5,000円の訪問者 ⇔ 訪問回数2回 公園の環境価値 ⇔ 1000円×10＋2000円×5＋5000円×2＝30,000円
3	ヘドニック価格法 (Hedonic Pricing Method)	不動産価値に表われている環境評価額を計測する。	公園に隣接する賃貸マンション ⇔ 15万円 公園から遠い賃貸マンション ⇔ 13万円 公園の環境価値＝2万円
4	除去費用法 (Replacement Costs Approach)	汚染を除去する費用を環境がもつ価値として評価する。	森林伐採後のダムの浚渫費用⇔1億円 森林の環境価値＝1億円
5	事前防止費用法 (Preventive Expenditure Approach)	環境被害を事前に防ぐ費用。	土壌浸食を防ぐ植林 ⇔ 100万円 森林の土壌浸食防止の環境価値＝100万円

壊に対してコスト負担を求めることが必要になる。しかし、環境に価格を与える市場が存在しないので、その評価のための手法が開発されている。

環境の価値は、表1のように整理される。価値は、利用価値と非利用価値に分けられる。利用価値とは、われわれが利用して恩恵を受けている価値である。利用価値は、①直接利用価値、②間接利用価値、③オプション価値に分類される。森林を例にとると、木材には直接利用価値がある。また風光明媚な自然は、観光としての直接利用価値がある。森林には、水源涵養機能による安定した水の供給やCO_2吸収による地球温暖化防止という間接利用価値がある。また森林には将来、他の用途に変えられる選択肢(オプション)を残すオプション価値がある。非利用価値は、自然が存在すること自体の価値を指し、存在価値、本源的価値、遺産価値がある。

このような価値のうち、直接利用価値以外は市場が存在しないので、表2に示した手法により価格を設定する。仮想評価法(CVM)では、周辺住民に対して国立公園の保全費用への支払意思額についてアンケートを実施する。トラベルコスト法では、国立公園の訪問者から訪問回数と旅費に関する情報を得る。ヘドニック価格法は、不動産価格の差額を環境価値とする。除去費用法では、汚染や環境破壊を修復するために必要な費用を、本来健全な環境がもつ価値として評価する。事前防止費用法では、ダム周辺の傾斜地の土壌浸食を防ぐ植林の費用を森林の土壌浸食防止の価値とみなす。 [渡辺幹彦]

【関連項目】 持続可能な開発、環境会計、費用便益分析
【参考文献】 D. Pearce, *Economic Value and the Natural World*. London: Earthscan, 1993. ／J. T. Winpenny, *Values for the Environment—A Guide to Economic Appraisal*. London: HMSO Publications, 1993. ／栗山浩一『環境の価値と評価手法—CVMによる経済評価』北海道大学図書刊行会, 1999年.

環境規制
Environmental Regulation

環境政策において用いられる手段にはいくつかの種類があるが、それらは次の3つに大きく分けることができる。①一定の目標や遵守事項を法律などで定めて、これらに適合しない行為を強制的に禁止または制限する規制的手段、②税・課徴金、補助金、排出量取引、預託払戻制度などの経済的手段、そして③企業が自らの行動に一定の目標を設けて、自主的に環境対策を行うという自主的な取り組みである。これらのうち、規制的手段が、これまでほとんどの国において環境政策の中心的な手段として用いられてきた。具体的には、生産活動に伴い工場などの施設から外部に排出される汚染物質の濃度の許容基準を定めて、その遵守を強制する排出基準が多くの国々で導入されている。特に、工場などが集中している地帯においては、特定の汚染物質の排出量を制限する総量規制が導入されることがある。また、土地利用を禁止または制限することも、規制的手段の一つとして、主に自然保護の手段として用いられてきた。

規制的手段は、直接的であり効果が大きい。そのため、特定の工場地帯に発生源がかなり集中していた産業公害に対しては有効に働く。しかしながら、発生源が不特定多数にわたる場合には、すべてに目が届かず、規制の実施に伴う費用は大きなものとなってしまう。また、規制はしばしば各経済主体に対して一律の規制を課す形をとるが、低い費用で所定の水準を達成できる主体と、高い費用でしかそれが達成できない主体とがある場合には、全体の費用を高めてしまう。さらに重大な問題点は、各経済主体がいったん規制の水準を達成してしまうと、規制で定められた以上に努力する誘因が与えられない点である。既存の規制以上の努力を求めるには、その都度、規制それ自体を改正する手続が必要となる。これらの問題点を克服して、廃棄物、自動車公害、地球温暖化など新たな種類の環境問題に対処するために、規制的手段に加えて、経済的手段や自主的な取り組みの必要性が世界的に広く認識されてきた。環境問題の種類に応じた手段の選択と組み合わせが肝要である。 [原嶋洋平]

【関連項目】 経済的手段
【参考文献】 植田和弘『環境経済学』岩波書店, 1996年. ／天野明弘『環境との共生をめざす総合政策・入門』有斐閣, 1997年. ／原嶋洋平「環境対策の手法とその課題」地球環境戦略研究機関編『環境革命の時代—

21世紀の環境概論』東京書籍, 2002年.

環境クズネッツ曲線
Environmental Kuznets Curve: EKC

　世界銀行『世界開発報告』の1992年版は「開発と環境」を主要テーマとして取り上げ、その中で環境と経済成長の関係に関して3つのパターンを示した。第1のパターンとして、いくつかの環境問題は、所得が増加するにつれて減少する。これは、所得増加が、衛生、農村電化など公共サービスのための資源を提供するからである。個人はもはや日々の生存について心配しなくてもよいので、環境保全のために有益な投資に資源を向けることができる。第2のパターンとして、いくつかの環境問題は、所得が増加するにつれて当初は悪化するが、その後改善する。大気と水の汚染の大半はこの類型に属し、また、森林破壊と自然の生息地への侵入の中にも同様のものがある。この改善は決して自動的に生じるものではなく、追加的資源が環境問題への対処に向けられることを確実にするための政策を国が意識的に導入する場合にのみ可能となる。第3のパターンとしては、環境面への圧力のいくつかの指標は、所得が増加するにつれて悪化する。炭素や窒素酸化物の排出量と都市の廃棄物が現在の実例である。これらの場合には、緩和は比較的高くつき、また、排出と廃棄物に伴う費用はまだ高いものとして認識されない。しばしばその費用は誰か他の人によって負担されるからである。

　一般的に、経済成長に伴いエネルギーと資源の利用が増加し、汚染物質の排出量も増える結果として、環境が悪化するという事実については疑問の余地はない。しかしながら、第2のパターンに表わされるように、国の経済成長がある一定の水準に到達した後は、経済成長が環境の改善をもたらすという結び付きは単純でない。このパターンは環境と経済成長の関係が逆U字型を描いており、所得配分の変化に関するクズネッツ曲線と類似していることから環境クズネッツ曲線（EKC）と呼ばれる。

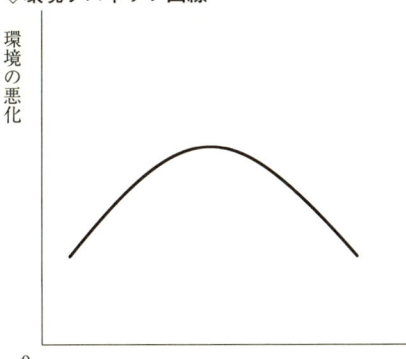

　環境問題は多種多様であり、すべての種類の環境問題について環境クズネッツ曲線が成立するものではない。また、環境クズネッツ曲線が成立する場合であっても、経済成長に伴う所得増加がそのまま自動的に環境を改善させるわけではない。環境の改善と経済成長との間には、環境意識の向上、環境政策の導入、環境技術の普及、そして環境投資の増大といったさまざまな要因が複雑に介在する。そのため、環境クズネッツ曲線の考え方が、経済成長こそが環境問題の唯一の解決策であり、適切な環境政策がなくとも環境が改善することを示唆していると理解することは誤りである。それにもかかわらず、環境クズネッツ曲線は、主に先進国の経験によって観察されたまぎれもない事実である。さらに、経済成長と環境がトレード・オフの関係にあるという旧来の考え方に見直しを求めたという点でその意義は大きい。開発途上国には、後発性の利益を享受して逆U字のピークを低めて、環境の悪化を抑えて経済的な豊かさを手に入れるという代替的な戦略が求められている。

[原嶋洋平]

【参考文献】 世界銀行『世界開発報告1992―開発と環境』イースタン・ブック・サーヴィス, 1992年. ／松岡俊二, 松本礼史, 河内幾帆「途上国の経済成長と環境問題―環境クズネッツ曲線は成立するか」環境科学会誌第11巻第4号, 1998年. ／速水佑次郎『新版 開発経済学―諸国民の貧困と富』創文社, 2000年. ／入江康子, 小林由典, 森田恒幸「環境クズネッツ曲線を用いた低公害型経済発展の政策分析」環境経済・政策学会編『経済発展と環境保全』東洋経済新報社, 2001年.

◇環境クズネッツ曲線

（縦軸：環境の悪化、横軸：1人当たり国民所得）

環境スワップ
Debt-for-Nature Swap

　開発途上国の自然（開発行為の断念）と開発途上国の債務を交換する試み。先進国の環境保護と開発途上国の環境保護は直結した問題であるとの認識から、欧米のNGOは開発途上国政府に対し資金提供し、環境保全上重要な地域を買い取らせ保護区として設定、自然保護活動を展開してきた。資金提供にあたり、先進国の民間銀行が開発途上国に所有する不良債権を割引購入し、これを現地通貨建てで基金とし、この基金を使って開発途上国NGOあるいは政府の自然保護活動を支える形とした。自然保護という先進国の利害と、債務削減という開発途上国の利害に同時に配慮する仕組みであることから、スワップ（交換）という通称が用いられた。南米、中米、東欧へと広がり、環境保全の重要な手段として位置付けられている。

　環境スワップは、開発途上国の官・民が実施する直接規制を先進国の官・民が経済的に補完するというものであるが、先進国側の支援をさらに促進する試みとして注目されたのが、排出権取り引きである。1997年の第3回気候変動枠組み条約（United Nations Framework Convention on Climate Change）締約国会議（京都会議）で、米国は温室効果ガス排出の権利の売買を可能にする排出権取り引きの仕組みの導入を提案した。開発途上国の環境保全に協力し開発途上国の温室効果ガスの量を削減すれば、それと同等の量を自国の排出許容量に上乗せできるとするもの。環境保全協力の推進に対し、経済的な動機付けを与えたものであり、環境スワップの考え方をさらに推し進めた方途として注目された。　　　　　　　　［佐原隆幸］

【関連項目】　環境規制、オゾン層破壊、経済的手段
【参考文献】　日本経済新聞社編『ベーシック　地球環境問題入門』日経文庫、2000年．／International Panel on climate change, *Climate Change 2001 Synthesis Report*. Cambridge University Press, 2001．／経済産業省ホームページ（http://www.meti.go.jp/）．

環境税
Environmental Taxation

　環境税は地球温暖化など環境に悪影響を及ぼす物質の排出源に対して課税するもの。その目的は、排出量の削減をもたらし、ひいては環境の保全を進めることにある。日本は地球温暖化の緩和に向けて各国に京都議定書の採択を働きかけ、2002年3月には地球温暖化対策推進大綱を閣議決定し温室効果ガス削減目標を設定、2002年6月には議定書の批准を終え、他の国の積極的な対応を待っている。国内での具体的な取り組みとして、第1段階では、産業界の自主的対応の促進（2002〜04年）を図り、第2段階では、環境税の導入（2005〜07年）を検討している。

　環境税の議論の中心は炭素税である。1990年代初頭に、オランダ、フィンランド、スウェーデンで導入され、日本でも導入が検討されている。日本の場合すでに先行して課税されている石油税が、石油備蓄などエネルギーの安定的な確保に加えて、省エネルギーおよび新エネルギー技術の開発、天然ガスなどの低CO_2エネルギー利用の促進に使われている。石油税を石油・石炭税に広げ、上記使途のうち、省エネルギーおよび新エネルギー技術の開発、天然ガスなどの低CO_2エネルギー利用の促進の部分をさらに拡充する方向で検討が進んでいる。

　環境税は国内的にはこの石油・石炭税による消費の抑制と省エネ、新エネ、代替エネルギーの導入による排出量削減の議論に収斂する。適正な税率の選択、適正な技術の導入の配分をどうするかという議論である。しかし、国際的には二酸化炭素排出権取引の議論を視野に入れる必要がある。省エネルギー技術の導入がすでに相当程度進んでいる日本では、二酸化炭素削減に必要な限界削減費用は高く、開発途上国での削減努力に貢献するかわりにその分の排出権を獲得するという選択を行う方が合理的な側面がある。米国やロシア、開発途上国など、地球温暖化につながる物質を排出している主要な国々の取り組みが流動的な状況の中では、環境税をめぐる議論もその方向性が大きく変わる可能性がある。

［佐原隆幸］

【関連項目】 地球温暖化、酸性雨
【参考文献】 日本経済新聞社編『ベーシック 地球環境問題入門』日経文庫、2000年。／International Panel on Climate Change, *Climate Change 2001 Synthesis Report*. Cambridge University Press, 2001.

環境都市クリチバ【ブラジル】
Ecological City Curitiba

クリチバは人口は約160万のブラジル南部パラナ州の州都である。国際的に環境都市として知られるが、近年は自らを社会都市と表現している。クリチバは1960年代から計画的な都市づくりを開始した。ゾーニングを進め、公共交通を発達させた。スラム、貧困政策に結び付けたゴミ分別システムを導入した。歴史的な建造物を保存し、公園を拡張し、学校、地域社会の環境教育を始めた。

クリチバを国際的に有名にしているのはその交通システムである。交通渋滞、大気汚染をもたらしている放射状の交通システムを改め、周辺から都心に向かう幹線道路と環状道路を組み合わせた統合的交通システムの導入である。幹線道路にはバスの専用レーンを設け、急行バスを走らせた。傾斜的な容積率を設定し、幹線道路沿いに人口を集中させることによって、都心へのアクセスを容易にするとともに、公共交通の利用を促した。幹線道路と環状道路が交差するターミナルには行政、銀行、病院など公共施設を配置し住人がわざわざ都心に行かなくてもいいようにした。こうした工夫によって多くの人々が自家用車の利用を減らしバスを使うようになった。それは大気汚染を減らすことを可能にした。

クリチバ市はゴミの分別収集とリサイクルで成功した都市でもある。「ゴミはゴミではない」というプログラムで家庭ゴミの分別回収を始め、貧困居住地域を対象に「緑の交換計画」によって低所得層がもち込んだリサイクル可能なゴミと野菜などの作物と交換した。「緑の交換」制度は、ゴミ分別意識の向上、ゴミ投棄の防止とともに、低所得層の食料事情の改善を狙ったものである。クリチバ市ではまたゴミの収集、分別にスラム住人、失業者を当てる政策もとっている。つまりクリチバ市の環境政策は、貧困対策、スラム対策、失業対策などとの統合的な視点をもっており、このことが環境政策を成功に導いた。賢明な政府、市民参加もまた成功の要因であった。
[小池洋一]

【参考文献】 ポール・ホーケン、エイモリ・B. ロビンス、L. ハンター・ロビンス（佐和隆光監訳、小幡すき子訳）『自然資本の経済―成長の限界を突破する新産業革命』日本経済新聞社、2001年。

雁行形態論
The Theory of the "Flying Geese" Pattern of Development

雁行形態論とは、西欧諸国から遅れて工業化を開始した日本のような後発国において典型的に観察される産業発展のパターンのことをいい、赤松要によって提起された。雁行形態論によると後発国の新たな産業の発展は、当初、輸入段階から出発し、輸入代替生産の段階を経て最終的に輸出段階に至るようなパターンをたどる。このような産業発展のパターンを図で描くと、最初は輸入が増加して一つの山として描くが、発展が進行すると、輸入代替生産、輸出の状態を新しい山として次々に描くことが可能となる。その状態が、あたかも雁が群れをなして飛行するように見えることから雁行形態論と呼ばれるようになった。

ある国で新しい産業が発展を開始した時、その産業における最終財の国内需要 D_f が国内生産 S_{f1} を上回る需要超過の状態にあったとしよう。この場合、需要超過分を海外からの輸入 M_{f1} で補うことになる。輸入量が増加して、これが国内生産を可能とする有効最小生産規模 Q_{f1} となった時点で、新たに国内生産が開始される。これは、輸入を国内生産に切り替えていく輸入代替過程の開始を意味する。そして、国内生産が増加して供給超過となる時点 t_3 以降、輸出 E_f が開始される。輸入期は t_2 までであり、t_2 t_3 が輸入代替期、t_3 以降が輸出期ということになろう。同様のことは、輸入依存度 $M_{f1}/(S_{f1}+M_{f1})$、輸出依存度 $E_{f1}/(D_{f1}+E_f)$ によっても確認が可能であり、図の下の部分がそれを表わす。なお、輸入制限政策を行うと輸入量は M_{f1} から M_{f2} へと減少するが、需要超過分を満足するために、国内生産は S_{f1} から S_{f2} へと増加する。

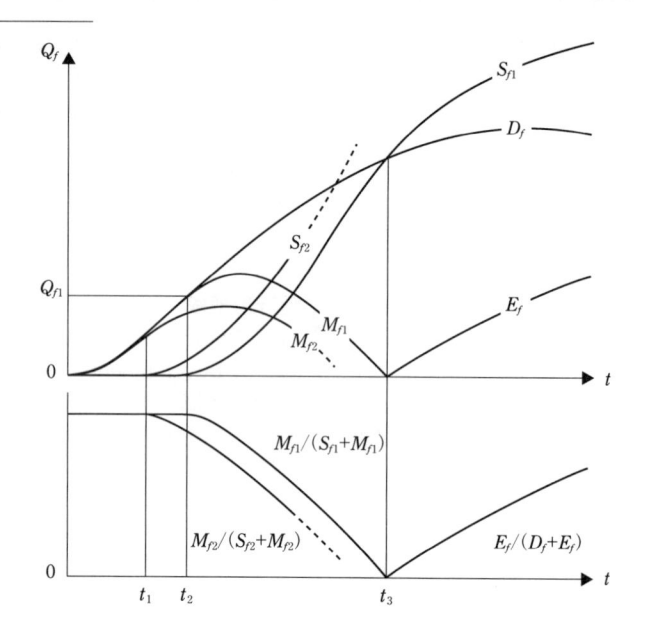

通常の市場メカニズムによるならば、t_2の時点から開始された国内生産がより早いt_1の時点から開始されることになり、輸入代替工業化政策の有効性を示す。　　　　　［森脇祥太］

【関連項目】　輸入代替工業化
【参考文献】　山澤逸平『日本の経済発展と国際分業』東洋経済新報社, 1984年. ／渡辺利夫『開発経済学―経済学と現代アジア（第2版）』日本評論社, 1996年.

漢江の奇跡
⇨漢江（ハンガン）の奇跡

韓国銀行
The Bank of Korea

1950年6月に、「韓国銀行法」にもとづいて設立された中央銀行である。1962年の「韓国銀行法」の改正により、韓国銀行の予算、業務に関する権限が財務部に移管され、韓国銀行は財務部の権限下におかれた。「官治金融」の下、韓国銀行は手形再割引政策を通じて、輸出促進と重化学工業育成に大きな役割を果たした。1990年代に入り金融自由化が進み政策金融が縮小される過程で、韓国銀行の手形再割引の位置付けも縮小した。

1998年12月に「韓国銀行法」が大きく改正された。韓国銀行は、総裁および大統領に指名された財政経済院代表を含む7人の委員（任期は4年）からなる通貨委員会を頂点に組織されることになった。また、この改正により銀行監督機能が韓国銀行から切り離され、首相傘下の金融監督委員会（その後金融監督院）に移された。

韓国銀行の主要業務は、紙幣および硬貨の発行、金融政策の立案・運営、政府国庫金の取り扱い、対政府与信、外国為替政策についての助言などである。金融政策の手段としては公定歩合操作、公開市場操作、支払い準備率操作などがある。1970年代までは貸出総量規制が多く使われたが、1980年代以降は公開市場操作や支払い準備率操作などの間接的操作が中心となった。また近年では、物価の安定を図る目的で、インフレターゲットを設定している。　　　　　　　　　　［向山英彦］

【関連項目】　官治金融
【参考文献】　Ch, Dong-Se, Kwang S. Kim, and Dwight H. Perkins eds., *The Korean Economy 1945-1995 : Performance and Vision for the 21st Century*. ／Korea Development Institute, The Bank of Korea, *Financial System in Korea*.

慣習経済
Customary Economy

慣習経済とは、市場経済成立段階以前の農村経済における行動様式や資源の分配原理

が、習慣に規定されている経済を指す。資源配分の原理についての議論は錯綜している。

慣習経済下の資源配分は、市場経済や計画経済下でのそれと明確に区別できるのかという点である。慣習経済下の分配システムは、各共同体で内容が異なり十分解明し尽くされていない点が多い。慣習経済における行動原理や分配原則については、非合理的で非効率であるというイメージがしばしばつきまとう。しかし、それは、各共同体の生活環境を前提として生み出されたものであるという点では非合理的であるとはいえない。また、これらの原則は与えられた環境の中で、共同体の成員間相互の厚生を高めるためのものであることも考慮すべき点である。

このような要素を抱える慣習経済の具体例として、インドネシアのジャワの農村社会がしばしば言及される。農耕地の制約下で強い人口増加圧力がかかる状況の下で、共同体成員の生活を維持する資源配分関係が成立したのである。稲作を行うための土地を共同体成員に行き渡るように、土地の細分化を行った。そして共同体成員の生存を維持するために、労働を行う権利とそれを提供する義務を成員相互に課した。土地を借りて耕作を行う小作農自身が、他の成員に土地を貸すという形をとることで、権利と義務の両方を満たした。このような形で成員間に土地を配分し、辛うじてその生存を維持してきたのがジャワの農村であった。満足といえる生活水準ではないが、共同体成員の生存が維持され生活水準の均質化がもたらされ、共同体を安定的に維持することが可能となった。共同体の成員とそうでないものの区別が明確になされているため、原洋之介はジャワの農村を「内向きで閉ざされた農村社会」と特徴付け、その代表例としている。　　　　　　　　［德原 悟］

【関連項目】農業インボリューション、貧困の共有、分益小作制、地主小作関係
【参考文献】石川滋『開発経済学の基本問題』岩波書店、1990年. ／速水佑次郎『新版 開発経済学—諸国民の貧困と富』創文社、2000年. ／原洋之介『開発経済論（第2版）』岩波書店、2002年.

間接金融／直接金融
Indirect Finance, Direct Finance

「間接金融」と「直接金融」とは、資金余剰主体と資金不足主体との間の金融仲介、すなわち資金の「貸し借り」の形態を分類したものである。これは、米国の経済学者ジョン・ガーレイ（John G. Gurley）とエドワード・ショウ（Edward S. Shaw）が行った分類である。間接金融は、銀行借り入れによって資金調達を行うことである。また直接金融は、証券市場から資金調達を行うことである。いずれの形態も、資金余剰主体から資金不足主体へと資金の融通を行うが、その融通の仕方が異なることから区別される。

間接金融の場合には、銀行などの金融仲介機関が預金証書、金融債、保険証書などを発行して、資金余剰主体から資金を集める。この預金証書、金融債などを間接証券と呼ぶ。この間接証券は、金融仲介機関の負債となる。この間接証券の発行によって得た資金を金融仲介機関は資金不足主体に融資する。その際、金融仲介機関は、資金不足主体が発行する株式、事業債などの本源的証券を購入することによって融資を行う。このように、資金余剰主体と資金不足主体との間を仲介する金融機関が存在して初めて機能する資金融通形態なので、間接金融と呼ばれる。

これに対して、直接金融とは資金不足主体が発行する本源的証券を資金余剰主体が直接購入することによって、資金融通が行われる。確かに、直接金融においても資金余剰主体と資金不足主体との間に証券会社が介在している。しかし、証券会社は、証券の販売を行っているだけであり、間接証券を発行しているわけではないので、間接金融とは異なる。資金余剰主体は、企業の発行する社債や国および地方公共団体の発行する公債を自ら選択して購入するのである。そのため、資金余剰主体と資金不足主体が直接資金の融通を行う形となる。

間接金融の場合には、資金余剰主体は銀行に預金をするだけであり、どの資金不足主体に資金の貸し付けを行うかは、金融仲介機関が決定する。そのため、資金余剰主体と資金不足主体との直接的取引ではなくなる。これ

が間接金融と呼ばれる所以である。間接金融を担う代表的な機関は、預金取り扱い銀行である。この預金取り扱い銀行とその他の金融機関の大きな違いは、信用創造機能をもっているかどうかにある。銀行は、信用創造機能を有しているため、貸し出しを行うことによって本源的証券を取得する一方で、貸し出しによって生み出されたマネーを預金として受け入れて間接証券を発行する。銀行の預金とは、銀行の受信業務から得た預金（本源的預金）と銀行の与信業務から生じる預金（派生的預金）からなる。前者は、預金者が銀行に預金をすることによって生じる預金である。後者は、貸し出しを借り手の預金口座に入金する形で行うので、貸し出しと同時に預金も増加することになる。この点に間接金融と直接金融の大きな違いがある。

また、資産変換機能の点でも違いがある。銀行は短期の預金を受け入れて、長期の貸し出しを行う。これが「短期借りの長期貸し」と呼ばれるものである。銀行は大量の預金を受け入れているためにこれが可能になる。しかし、直接金融の場合には、貸し手が直接本源的証券を入手するために期間変更ができない。期間変更を行うには証券流通市場で証券の売却を行うしかない。証券の売却には価格変動リスクが伴うため、リスクを貸し手が背負うことになる。しかし、間接金融の場合には、リスクを背負うのは銀行であり、預金者ではない。間接金融と直接金融では、リスクの負担者が異なることも一つの特徴である。

銀行がこのようにリスクを預金者に代わって負うことができるのは、その情報生産機能によるところが大きい。銀行は融資を行うに際して審査を行う。借り手に関する情報を、調査・情報収集・分析の作業によって得ることができる。貸し出し前の借り手の信用状態、返済能力、投資案件などの事前調査に加え、貸し出し後にも借り手の行動を監視し、返済が履行されるまでそれが続く。直接金融の場合には、格付けや証券の発行条件に借り手の情報が含まれるが、それを判断するのは投資家であり、リスクも当然負担する。アジア経済危機後に、間接金融よりも直接金融の方が優れているという論調がみられるように

なった。アジアの金融システムは、銀行を中心とする間接金融が優位なシステムである。しかし、これまでみてきたように、間接金融と直接金融の利点は異なっている。どの利点を受け入れるかは、各貸し手と借り手で異なってくる。一方的な優位性を示す議論は価値判断を強くにじませている。　　〔徳原 悟〕

【関連項目】　金融仲介機能、預金取扱銀行、メインバンク制、信用創造

【参考文献】　ジョン・ガーレイ、エドワード・ショウ（桜井欣一郎訳）『貨幣と金融』至誠堂、1963年。／堀内昭義『金融論』東京大学出版会、1990年。／奥田英信,黒柳雅明編『入門　開発金融─理論と政策』日本評論社、1998年。／Franklin Allen and Douglas Gale, *Comparing Financial Systems*. Cambridge, Massachusetts：The MIT Press, 2000。／岩本康志、齋藤誠、前多康男、渡辺努『金融機能と規制の経済学』東洋経済新報社、2001年。

▶完全競争
Perfect Competition

完全競争が成立している市場のことを完全競争市場という。完全競争市場の最も大きな特徴は、価格を所与（市場で与えられたもの）として行動する、多数の価格受容者（プライス・テイカー）が存在していることである。完全競争市場はミクロ経済理論においては、理想的な状態として扱われることが多い。完全競争市場の成立条件としては、①多数の取引主体の存在、②情報の完全性、③財の同質性、④参入・退出の自由、などをあげることができる。単独の企業や少数の企業によって市場が支配されている場合には、独占や寡占の状態が成立し、企業に価格支配力が生じる。しかし、多数の消費者・生産者（企業）が市場に存在する場合、誰も市場価格に対して影響を与えることはできず、プライス・テイカーとなる。また、完全競争市場においては、個々の消費者や生産者は取引される財の品質や価格に対して完全な情報や知識を保有している。逆に、個々の消費者や生産者間において情報の非対称性のような状態がある場合、完全競争市場は成立しない。さらに、完全競争市場においては、財の生産者は同じ種類の財に関して同じ品質の財を生産することが想定されており、生産者の市場への自由な参入・退出も可能である。完全競争市場と類似した概念である独占的競争市場にお

いては、生産者の市場への自由な参入・退出は可能であるが、製品が差別化されているため、ある程度自社製品に対して価格支配力を持つ生産者が市場に存在する。プライス・テイカーとなっていない点で完全競争市場とは異なる概念である。　　　　　　［森脇祥太］

【関連項目】　独占、寡占、情報の非対称性

感染症
Infectious Disease

短期間に大量の人や物を運ぶ交通機関の発達や、グローバル化による世界経済の統合に伴う交易範囲の拡大、熱帯森林の伐採や極地開発による未知の生物との接触拡大、そして生物兵器の開発など軍事技術の進歩と拡散から、今までみられなかった感染症やすでに克服したはずの既知の感染症が復活し、国境を超えて急速にかつ広範囲に流行する可能性が高まり、国際的に連携して検疫、検査、隔離、治療、予防などの対策を講じる必要性が認識されてきている。例えば、エイズ（HIV）感染に対する取り組みは、国際協力の重要な課題として取り上げられている。当初は同性間性交による特殊な病気とみなされていたが、やがて異性間性交による感染、母子感染、輸血や汚染された医療機器からの感染が確認され、その抑制のためには感染を招く行動および経路についての組織的な教育と予防のためのコンドーム使用の習慣形成、および薬物常習者の注射器の適正な管理を、開発途上国および先進国を問わず国境を超えて連携して進めていくことが求められている。

発症者への差別緩和、カウンセリング、破壊的行動の抑制、未発症者への安価な治療薬の供給などの対策が進展したタイでは、感染の拡大に歯止めがかかりつつあるが、対策が遅れた国では蔓延化し対応が一層困難になっている。陸運輸送に頼るアフリカのザンビアなど内陸国では、感染した性産業従事者と運輸業従事者の性交を通じて、感染が周辺国にまで広汎に拡大しており、安全な性行動についての教育とコンドーム着用習慣の形成が喫緊の課題となっている。

感染症は現在、既知の感染症についてはⅠ類からⅣ類まで4つに区分され、その他に未知の感染症が新感染症として分類されている。感染力の強弱および殺傷力の強弱により、強制隔離入院措置が必要なものから流行状況の収集と公開ですむものまで対応が分かれている。2003年初頭に流行したSARS（Severe Acute Respiratory Syndrome：重症急性呼吸器症候群）など未知の感染症については、国際的な協力による感染の防圧と対処法の開発を短期間に進める必要がある。医療関係者間の緊密な情報および成果の交換を進め、対策が確立された場合にはこれを公共財として広く提供する姿勢と態勢の確立が急がれる。　　　　　　　　　　［佐原隆幸］

【関連項目】　保健医療
【参考文献】　D. T. Jamison, *Disease Control Priorities in Developing Country*. Oxford University Press, 1993.／外務省経済協力局編『我が国の政府開発援助』国際協力推進協会、1995年.／遠藤弘良「WHOの公衆衛生政策」『公衆衛生』59(1), 1995年.

官治金融【韓国】
Government-controlled Financial Markets

「金融機関に関する臨時措置法」にもとづき1961年に、民間銀行が国営化されて以降、韓国の金融機関は資金配分や人事面で政府の強い影響下におかれ、「官治金融」と呼ばれた。「官治金融」の下で、商業銀行の貸し出しに占める政策金融のウェイトが高くなった。

政策金融には、特定産業向けの融資、輸出金融、重化学工業化のための国民投資資金などがある。政策金融の全貸付に占める割合は高く、「1973年から1981年の間、韓国の政策金融は、預金銀行の全貸付の約60％を占めた」（世界銀行『東アジアの奇跡』）と指摘される。輸出金融が韓国の輸出拡大に大きく貢献したことや、特定産業に対する低利融資が産業の発達を促進したことは間違いない。

半面、官治金融にはいくつかの問題が存在した。第1は、貸出金利に合わせて預金金利が低く設定されたために、組織金融市場に国内貯蓄が十分に動員されなかった。また、インフレの激しかった1970年代半ばは実質金利がマイナスないしゼロであったために、融資を受けられた企業はそれだけでも利益が生じた。第2は、政府の振興対象外となった産業

に属する企業や中小企業の資金調達が困難となった。こうした企業は私金融に依存した。私金融市場の金利は高く、1970年代初めまで実質金利は30％を上回っていた。第3は、資金が人為的に割り当てられることになったために、資金配分を通じて政官財の癒着関係がつくられた他、金融機関の審査能力の向上を阻害することにもなった。

1980年代以降、金融自由化が推進され政策金融は縮小し、官治金融は是正された。また通貨危機後、外国人の取締役就任や経営陣の若返りなどを通じて、金融機関のガバナンスは大きく改善した。

[向山英彦]

【関連項目】　重化学工業化政策、私金融
【参考文献】　谷浦孝雄『韓国の工業化と開発体制』アジア経済研究所、1989年.

ガンディー、インディラ【インド】
Indira Gandhi, 1917～84

インドの初代首相ネルー（Pandit Jawaharlal Nehru）の一人娘で、政治家。パールシー（ゾロアスター教徒）の政治家フェローズ・ガンディー（Feroze Gandhi, 1913～60）と結婚し、長男ラジーヴ（Rajiv, 1944～91）と次男サンジャイ（Sanjay, 1946～80）の2児の母となる。オックスフォード大学で学び、父ネルーの下で帝王学を積み、1959～60年に国民会議派総裁を務めた。1966年1月、ネルーの後継者であったシャストリ（Lal Bahadur Shastri）が第2次印パ戦争の後始末でタシケントに滞在中、客死したのに伴い、第3代首相に就任した。

当初、経済自由化の推進を試みた時期もあったが、インディラは1969年の大手商業銀行国有化措置にみられるように、やがて統制主義的、閉鎖的経済運営に傾斜し、1969年には与党国民会議派の分裂を招いた。インディラの経済政策はネルー時代のような確固たる青写真の下で展開されたわけではなく、政治的駆け引きやポピュリスト的性格の濃いものであった。1971年の第3次印パ戦争ではバングラデシュを支援し、勝利を収めたものの、戦費増大や行き過ぎた政府介入に伴い、経済面で実質的成果をあげるには至らなかった。1975年6月、反政府運動を抑えるため非常事態宣言を発令するなど強権政治を導入したことが裏目に出て、1977年の総選挙で大敗し、野に下った。

1980年1月、ジャナタ党政権にかわって政権の座に返り咲いたが、その際、IMFから50億SDRを借り入れ、構造調整プログラムを受け入れたこともあって、インディラは従来の介入主義的政策と一線を画す経済政策を採用するようになった。生産拡大が強調され、生産性向上をもたらす各種規制緩和措置が導入された。他方、インディラは中央政府運動に走ったパンジャーブ州のシク教徒過激派には強圧的姿勢で臨んだ。1984年6月、過激派が立てこもったアムリッツァルのシク教総本山の黄金寺院に軍隊を投入し、弾圧したことから、同年10月、シク教徒の護衛に暗殺された。経済自由化に向けてのインディラの政策は、長男のラジーヴに継承された。

[小島　眞]

【関連項目】　インド国民会議派
【参考文献】　小島眞『インド経済がアジアを変える』PHP研究所、1995年./堀本武功『インド現代政治史』刀水書房、1997年.

ガンディー、マハトマ【インド】
Mahatma Gandhi, 1869～1948

インドの政治家、思想家。本名シリー・モハンダス・カラムチャンド・ガンディー（Shri Mohandas Karamchand Gandhi）マハトマ（偉大な魂）と尊称され、インド独立運動の最大の功労者である。バニヤー（商人カースト）の家系に属しながら、グジャラート地方のカーティアワール半島にある小藩王国ポールダンバルの宰相であった父親の末っ子として生まれる。母親はヴィシュヌ派の敬虔なヒンドゥー教徒であり、厳格な菜食主義者であった。1888～91年のロンドン滞在中、弁護士資格を得て帰国。1893年、インド人間の訴訟事件（約束手形をめぐるトラブル）の依頼を受け、1年間の滞在予定で南アフリカにおもむいた。滞在中、想像を絶する人種差別の体験がガンディーの心中に重大な変化をもたらし、在住インド人の公民権獲得のために立ち上がらせることになった。サティヤーグラハ（真理の把持）と命名される不服従運動（良心に照らして悪法に従わず、罰を甘ん

じて受けるという形の抗議運動）を展開し、大きな成果をもたらし、商人、ムスリム、年季労働者など幅広い層の人々の支持を獲得した。実に22年間に及ぶ南アフリカでの滞在を経て、1915年1月インドに帰国した。

帰国後、ガンディーはビハール州の外国人所有者インディゴ（藍）農園をめぐる農民運動、それにグジャラートの地租徴収法をめぐる小作争議で相談を受け、いずれもサティヤーグラハにもとづいて解決に導くとともに、グジャラート州アフマダーバードの紡績工場での労働争議に対しては自ら断食するという手段を講じ、労使仲介に成功した。全国的な民族運動の指導者として、やがてガンディーが名を轟かせる働きをするきっかけになったのは、反英闘争弾圧を目的としたローラット法（1919年成立）の立法化であった。ローラット法反対の反英運動を展開すべく、ガンディーが採用した手段は、祈りと断食が込められた一斉休業（ハルタール）であり、1919年4月6日、整然と実行された。その直後、英国軍によるアムリッツァル大虐殺事件が発生し、インドの民族運動は一挙に盛り上がる結果となり、1920年の「非協力運動」へと発展する。

非協力運動はヒンドゥー・ムスリム、急進派・穏健派を糾合し、全インド的な広がりをみせたが、1922年、農民による警察官殺害を引き起こしたため撤回され、ガンディーは投獄された。ガンディーの考える独立は単に政治的独立だけではなく、欲望解放、過剰消費を特徴とする近代文明への異議申し立ての観点から、自己抑制を伴う自立という意味が込められている。雇用創出、国産品奨励という観点から手織り綿布生産を奨励し、そのための手紡ぎ車が大衆運動のシンボルにされた。

インド側の要求に一向に耳を傾けない英国の姿勢に業を煮やして、1930年3月、ガンディーは塩税法の撤回を求めて再び不服従運動を指導し、大きな反英政治闘争の波が巻き起こった。その結果、アーウィン（Edward Frederick Lindley Wood Irwin（Halifax））総督とインド側との間で円卓会議が開催され、1931年の2回目の会議は「塩の行進」で釈放直後のガンディーが立ち会い、ガンディー＝アーウィン協定が締結された。この間、ガンディーが直面した最大の課題は、不可触民とムスリムの問題であった。分離選挙の要求を掲げて差別反対運動を展開するアンベードカル（Bhimrao Ramji Ambedkar）の不可触民運動に対し、留保議席の提供を通じてインド民族運動に組み込むべく決死の説得を試み、かろうじて折り合いを見出すことに成功した。他方、ヒンドゥー・ムスリムの対立問題について、ジンナー（Muhammad Ali Jinnah）ら全国政党としてのムスリム連盟が台頭する一方、会議派内部でネルー（Pandit Jawaharlal Nehru）、パテール（Sardar Vallabhbhai Patel）など有力な指導者が強い中央政府を構想するようになっていたため、連邦制の下でパンジャーブやベンガルなどムスリム多住地域での地方自治を認めるという構想は行きづまり、ガンディーとして有力な打開策を打ち出せない状況にあった。1947年に達成された独立は、ガンディーの想像しなかったインド、パキスタンの分離独立という結果となった。インドが社会的・道徳的・経済的独立を達成すべく、会議派を農村の立場に立った国民奉仕協会への改組を提案するメッセージを書き終えた1948年1月30日、狂信的なヒンドゥー主義者の手によって暗殺された。

［小島　眞］

【関連項目】　インド国民会議派
【参考文献】　長崎暢子『ガンディー：反近代の実験』岩波書店, 1996年.／堀本武功『インド現代政治史』刀水書房, 1997年.

ガンディー、ラジーヴ【インド】
Rajiv Gandhi, 1944～91

インドの政治家。インディラ・ガンディー（Indira Gandhi）の長男で、ネルーの孫にあたる。インディアン・エア・ラインのパイロットを務めていたところ、インディラの後継者と目された弟のサンジャイ（Sanjay）が飛行機事故で不慮の死を遂げたのに伴い、1981年に下院総選挙に当選し、国民会議派の筆頭幹事長になる。その後1984年10月にインディラが暗殺されるや、40歳の若さで首相に抜擢され、2カ月後の第8回総選挙で国民会議派を圧倒的勝利に導いた。

当初は清新さが国民的人気を博し、ミスタ

ー・クリーンと呼ばれた。強圧的な政治的手法を採用したインディラとは異なり、対話重視の政治姿勢を打ち出し、パンジャーブ、アッサム、タミル問題の沈静化を図った。経済政策面では規制緩和、対外開放を促進し、自由化路線を打ち出した。コンシューマリズムが生じるようになったのも、ラジーヴの時代においてである。効率性と近代化を重視する観点から、科学技術の最大限の活用を伴う近代社会の建設を目標に掲げた。とりわけラジーヴはコンピューターに強い関心があり、1984年に発表された「新コンピューター政策」は、その後インドがソフトウェア産業で大きく発展する上での重要な契機になった。ラジーヴ政権は規律ある経済運営を欠いていたため、やがて財政赤字や国際収支赤字が拡大し、経済自由化も行きづまるようになった。

　スリランカのタミル人ゲリラ問題に介入し、インド平和維持軍を派遣したが、過激派と衝突し、仲介工作は失敗を余儀なくされた。国内政治でもやがて独断専行的な人事、ボフォールズ事件（スウェーデンからの兵站購入に関する贈収賄）のスキャンダル、側近による汚職の蔓延など末期的症状が進行し、1989年11月の総選挙で大敗し、ジャナタ・ダル（Janata Dal）を中核とする国民戦線に政権を譲った。1991年5月、総選挙のため遊説中、タミル・ナードゥ州でスリランカの「タミル・イーラム解放のトラ」による爆弾テロに遭い、暗殺された。イタリア人であった妻のソニア（Sonia Gandhi）は、国民会議派総裁を務めている。　　　　　〔小島　眞〕

【関連項目】　インド国民会議派
【参考文献】　小島眞『インド経済がアジアを変える』PHP研究所, 1995年. ／スティーヴン・P.コーエン（堀本武功訳）『アメリカはなぜ台頭するインドに注目するのか―台頭する大国インド』明石書店, 2003年.

カントリーリスク
Country Risk

　企業や金融機関は、直接投資、海外融資などの対外経済取引を行う。その場合に、相手国で発生する政治的、経済的、社会的混乱によって資金、投資収益の回収ができなくなる危険性がある。この危険度のことをカントリーリスクという。相手国の総合的な信用度を評価したものをカントリーリスク評価という。カントリーリスクは、しばしばソブリンリスク（Sovereign Risk）と同一視されているが、厳密にはカントリーリスクと異なる。ソブリンリスクとは、政府および政府系機関に対して行われる投融資や、政府保証を受けた民間への金融取引において発生するリスクである。また、外国為替管理などの導入による民間借入主体の債務返済を困難にするような政策変更のリスクも含まれる。

　カントリーリスクには、モラトリアム（Moratorium）、デフォルト（Default）、リスケジューリング（Rescheduling）などの具体的な形態がある。モラトリアムとは、債務返済を一定期間中止したり延長したりすることである。デフォルトとは、債務者に返済資金がまったくなく、返済不可能を宣言することである。リスケジューリングとは、返済猶予期間を再度設定し直し、最初に約定された返済期限を延長することである。

　カントリーリスク発生の典型的な原因としては、拡張的な財政・金融政策による財政赤字やインフレーションの恒常化、対外借入依存体質、国際収支の悪化などが指摘できる。また、内戦を含む戦争、革命政権の樹立、分離・独立運動などの政治的不安要因も債務不履行の原因としてみられる。そのため、カントリーリスク評価を行う際に、国民所得、外貨準備、国際収支、対外債務、政治的安定度が重要視される。　　　　　〔徳原　悟〕

【関連項目】　対外債務危機／債務削減戦略、外貨準備
【参考文献】　アービング・フリードマン（国際金融情報センター訳）『カントリーリスク管理の研究』日本経済新聞社, 1984年. ／井上久志『カントリーリスクの研究―理論と実証と評価モデル』東洋経済新報社, 1985年.

カンボジア侵攻

　1978年12月、ベトナム正規軍約15万がカンボジア領内に侵攻し、1979年1月にはプノンペンを占領した。カンプチア救国民族統一戦線を母体としたカンプチア人民評議会が樹立され、同評議会はカンプチア人民共和国（ヘン・サムリン（Heng Samrin）政権）の樹立を宣言した。これによって、ベトナムのイ

ンドシナにおける覇権が確立した。ベトナム軍は1989年9月までカンボジアに駐留し、カンボジア和平、中越関係改善の障害となった。

カンボジアでは1970年に米国を後ろ盾としたロン・ノル（Lon Nol）将軍による無血クーデターが成功し、クメール共和国が樹立された。しかし、1975年4月にはカンボジア共産党がプノンペンを占拠し、1976年1月、ポル・ポト共産党書記を首相とする民主カンボジア政府が誕生した。1977年9月にポル・ポト（Pol Pot）首相は訪中し、中国の支援を取り付けることに成功した。

ポル・ポト政権は、中国の文化大革命の影響を受け、都市住民を農村に強制的に移住させるなど急進的な社会主義革命を志向した。また、政権内から親ベトナム勢力を追放し、インドシナにおける覇権を強めるベトナムとそれを支援する旧ソ連との対決姿勢を明確にした。1977年12月、カンボジアはベトナムとの国交断絶を発表した。

ベトナムとカンボジアの対立の直接的な原因は領土問題であったが、その背後には中ソ対立がある。ベトナムは等距離外交を維持することによって、各国の援助を引き出そうとしたが、中国と米国からの援助に見通しがたたないため、1978年5月にコメコンに加盟、12月には越ソ友好協力条約を締結し、旧ソ連との同盟関係が確立した。　　　　［三浦有史］

【関連項目】　中越戦争、ポル・ポト政権、フン・セン
【参考文献】　三尾忠志編『インドシナをめぐる国際関係―対決と対話』国際問題研究所、1988年。／木村哲三郎『ベトナム―党官僚国家の新たな挑戦』アジア経済研究所、1996年。

関与政策【中国】
Engagement Policy

大国化のプロセスにある中国にとっては、超大国米国との間に安定的な関係をどう構築するかは最も重要な外交課題である。これまでの両国関係は「対立と協調」の2つの軸の間で振り子のように揺れ動いてきた。特に天安門事件以降、米国内では人権問題や台湾問題などをめぐって対中批判が高まり、さらに、経済発展を遂げる中国は将来米国にチャレンジするのではないかという脅威論も台頭している。中国の国力増強と国際的地位の向上を阻止しようとする「封じ込め政策」（Containment Policy）を提唱する政治家は少なくない。これに対して、「中国は敵として扱うと敵になる」という認識もあり、協調的な対中関係は米国の国益になるとの考え方もある。特に1997年からの第2期クリントン（Bill Clinton）政権の時期に、積極的な対中「関与政策」（Engagement Policy）を展開した。中国との協調を重視し、中国がアジア太平洋地域の安定的秩序形成と維持に積極的に貢献するような「責任ある大国」に成長するよう後押しすることがこの政策のエッセンスである。ブッシュ（George W. Bush）政権になってからは、中国を「潜在的競争ライバル」と位置付けながらも、基本的にはこの関与政策を継続している。

他方、中国国内でも、米国の覇権主義と対中国の内政干渉に強い不信感と警戒感があり、米国を中国にとっての最大の脅威とし、「中米衝突不可避」論がある一方、米国の対中政策決定の複雑さに理解を深めた中国の指導部は、基本的には関与政策を歓迎し対米協調路線を堅持してきた。むろん、関与政策は対中友好を示すものではなく、中国との交流と協力を維持しながら、米国政府がその経済、政治、文化、思想的影響によって中国に浸透し、資本主義と民主化の実現という「和平演変」を促す思惑が基礎にある。また、国際規範と競争規範で中国を制約しようとする側面があることも指摘されている。ただし、中国でも「国際協調主義」が芽生えている。すなわち、米国の覇権に挑戦するよりは、国際関係における相互依存関係を重視し、中国が積極的にグローバルな地域的レジームにかかわり、国際社会の枠組みの中に積極的に参与する、という大国外交の発想が生まれ、このような外交の新思考に立ち、米国との間に決定的な対立をもたらさないよう、協調的関係の修復に努め、米中関係の安定的発展を目指している。　　　　　　　　　　　　　［杜　進］

【関連項目】　改革・開放政策、WTO加盟
【参考文献】　天児慧『等身大の中国』勁草書房、2003年。

カンリョウ

官僚テクノクラート
Burocratic Technocrat

　開発体制がめざす経済開発行政を任務とする専門家集団を官僚テクノクラートと呼ぶ。開発体制下では、国によって違いはあるが、国家（軍や政党）が政治的安定を創出し、政治的圧力から自由な官僚が開発行政を担当して経済成長を達成した。経済政策の立案、開発行政を担う官僚テクノクラートは開発体制の一員となり、経済団体や農民団体、あるいは労働組合といった集団の政治的圧力から自由な立場に立ち、それらの集団の既得権益に配慮することなくもっぱらマクロ的経済成長と迅速な成長の達成を念頭において、合理的・効率的な開発政策と開発行政を追求した。

　ASEAN諸国の開発体制において、官僚テクノクラートが大きな権力をもった原因について岩崎育夫は次の点をあげている。開発体制の目的と課題が経済開発にあり、官僚テクノクラートはそのための専門家集団であること。インドネシアではスハルト（Thojib N J Suharto）政権の登場とともにカリフォルニア大学バークレー校出身の「バークレー・マフィア」と呼ばれるエコノミスト官僚が権力の一群となって開発を担った。第2は、マレーシア、シンガポールでは、英国植民地支配の下で現地人官僚が育成されただけではなく、独立後もその組織が継承され、国家統治における有力な組織集団となったこと。岩崎はシンガポール型開発体制のメカニズムとして、①絶対的な行政権力、②政府地域機関の活用、③国家の経済介入、④エリート集団の開発行政の4点をあげ、「国家主導型タイプの一つの極限状態」と表現している。また、韓国の朴正煕（Pak Chŏng-hŭi）政権やタイのサリット（Sarit Thanarat）政権などの軍の支配統治を補佐するために、官僚が強力な権限をもつに至ったこともあげられる。朴正煕は経済開発計画の立案と実施に強力な権限をもつ官僚機構として経済企画院を創設、輸出志向工業化を推進した。　　　［甲斐信好］

【関連項目】　開発体制／開発主義、開発独裁
【参考文献】　岩崎育夫「ASEAN諸国の開発体制論」同編『開発と政治—ASEAN諸国の開発体制』アジア経済研究所、1994年。／渡辺利夫『新世紀アジアの構想』筑摩書房、1995年。

◀キ▶

幾何平均
Geometric Mean

　n 個のデータ $x_1, x_2, \cdots, x_n$ の積の n 乗根をとったものを、幾何平均という。

$$幾何平均 = \sqrt[n]{x_1 \times x_2 \times \cdots \times x_n}$$

　データはすべて正の値に限る。主に増加率の平均を求める場合に用いられる。

［白砂堤津耶］

企業内貿易
Intra-firm Trade

　企業内貿易とは、ある企業の本社と海外子会社との間で行われる財およびサービスの取引のことをいう。また、広い意味で使用される際には、完全な海外子会社のみならず、影響力をもつ海外企業や技術面、業務面において提携関係にある海外企業と本社との間の取引のことをいう。企業内貿易は、完全に独立している状態の企業間の取引とは異なり、企業グループ内部の取引である。そのため、自由貿易によるオープンな取引とは異なり、本社によって価格設定がコントロールされる取引が一般的である。企業内貿易は、従来、同一産業内の海外貿易を意味する産業内貿易の一種として捉えられてきた。しかし、近年、多国籍企業による海外直接投資に代表される企業のグローバル化が急速に進展している状況の中で、その特徴や実態面についての関心が深まっており、そのメカニズムについての解明が理論、実証の両面から行われるようになってきた。

　企業内貿易は、日本企業のアジアへの進出をその例にとった場合、①水平的な製品差別化、②垂直的製品差別化、③生産工程別、④市場密着型、の4つのパターンに区分することができる。水平的な製品差別化による企業内分業とは、貿易摩擦が激化することへの対策として、例えば、日本から欧米へと輸出される製品の生産拠点をアジア諸国へと移動す

ることによって生じる。高度経済成長期以降、今日まで、日本企業から欧米への輸出増加によって生じた貿易摩擦は、さまざまであった。特に、自動車や機械製品などの輸出志向型企業にとって貿易摩擦は、きわめて重要な問題となっており、アジア諸国への生産拠点の移動が急速に進行した。しかし、当然、このパターンの企業内分業の場合、アジア諸国の海外子会社から日本の本社への製品輸出シェアは小さく、海外拠点から欧米への直接的な輸出シェアが大きくなると考えられる。

また、垂直的製品差別化による企業内分業とは、比較優位にもとづいた分業を海外子会社との間で行うことによって、本社の販売機能を高めるために行われる。日本企業の場合、例えば、本社で資本集約的な高付加価値製品を生産し、労働集約的な低級品に関してはアジアの海外子会社で生産を行うようなパターンが考えられる。この場合、本社は、海外子会社へ原材料を輸出し、海外子会社から逆に完成品を輸入するというような企業内貿易が行われる。その結果、この企業は低級品から高付加価値製品に至る多種多様な製品の販売を行うことが可能となろう。また、生産工程別の分業とは、部品の加工組み立てを行う自動車メーカーなどの場合、技術集約的な開発・設計工程は日本、簡単な部品の生産や組み立て工程は、労働コストの低い中国で行うというような分業を企業グループの内部で行うことをいう。この場合、試作品や設計図などを日本の本社が海外子会社へ提示し、その指示に応じて海外子会社が生産を行い、製品を日本へと輸出するようなタイプの企業内貿易となる。最後に、市場密着型の企業内分業である。これは海外子会社が現地市場に浸透し、その要請に応じた生産活動を展開するようなパターンである。本社の子会社への影響力が原材料と完成品の相互取引面でも、価格コントロールの面でも小さくなる傾向がある。

日本の企業内貿易の実態であるが、1980年と1995年を比較すると、本社から海外子会社への輸出が292億ドルから1711億ドルへと約5.9倍の増加、海外子会社からの輸入が363億ドルから458億ドルへと約1.3倍の増加となっている。海外子会社からの輸入が少ないのは、特にアジアの子会社が生産と同時に海外への販売を行っていることが理由としてあげられよう。

［森脇祥太］

【関連項目】 海外直接投資、国際分業、比較生産費説
【参考文献】 江夏健一、首藤信彦編『多国籍企業論』八千代出版、1993年。／田中拓男『国際貿易と直接投資―国際ミクロ経済のモデルと検証』有斐閣、1995年。／岩田一政『国際経済学（第2版）』新世社、2000年。

▶技術移転
Technology Transfer

技術移転とは国際間で技術が伝播することをいい、開発経済学においては、特に先進国から開発途上国への技術の伝播を研究対象としている。技術移転の概念については、ローゼンブルーム（Richard S. Rosenbloom）、スペンサー（Daniel Lloyd Spencer）、ブラッドベリー（Frank Bradbury）らによる定義が行われてきた。ブラッドベリーらによる研究では、技術移転は、「垂直的技術移転」と「水平的技術移転」に区分されている。「垂直的技術移転」とは、基礎研究から開発に至る過程で行われる技術移転のことである。また、「水平的技術移転」とは、ある領域で使用されていた技術が改良や改善によって、他の領域でも使用されるようになる過程で行われる技術移転のことである。垂直的技術移転や水平的技術移転の速度は、企業で行われている研究開発（R&D）の効率性や技術革新の可能性の大きさに依存するとされる。

現在、拡大し続けている先進国と開発途上国の格差を解消するためには、前者による後者への援助が必要とされている。特に、技術移転を含んだ援助が有効的であるとされており、より望ましい技術移転に関する検討がさまざまな国際機関において行われてきた。その契機を与えたのは、1969年に発表された『ピアソン委員会報告』である。世界銀行年次総会で発表された『ピアソン委員会報告』は、開発途上国の経済発展にとって先進国からの技術導入を行うことが重要な役割を果たしているとしており、技術移転の重要性を国際的に認識させた。そして、これ以後、先進国と開発途上国の格差を是正するための有効

な技術移転のあり方について、UNESCO、UNIDO、UNCTADなどの国連諸機関やOECD（経済協力開発機構）において積極的な議論が行われた。

技術移転の問題点は、技術の送り手と受け手の双方の立場から整理することができる。まず、送り手の問題となるのは。受け手が望むような技術をスムーズに移転することが可能であるのかである。技術の送り手となる先進国が自国の技術を独占し、情報を与えない場合、技術移転はスムーズに行われないことになる。先進国からの技術移転は、多国籍企業によって担われるケースが多いが、マギー（Stephen P. Magee）やハイマー（Stephen Herbert Hymer）によれば、多国籍企業は市場の支配力を強めるために技術を独占し、秘匿するような傾向があるとされる。企業レベルと同様の状況は、国レベルでも生じる。開発途上国が必要とされる技術が先進国によって独占されており、スムーズに移転されないようなケースも実際に生じている。

また、技術の受け手となる開発途上国の最も大きな問題は、先進国から技術を導入したことによって利益を生み出すことが可能であるのかである。そして、技術移転によって利益を生み出すためには、生産した製品の市場適合性が高く、生産を行うのに必要な資金の調達法が整っており、労働者の熟練度が高い、などの多様な条件を満足する必要がある。受け手側の開発途上国にとっては厳しい条件である。

技術移転のプロセスに関しては、マンスフィールド（Edwin Mansfield）やロジャース（Everett M. Rogers）によって、S字型のロジスティック曲線を用いた理論的な説明が行われてきた。技術導入を行う企業の数は、最初は緩やかに増加するが、ある時点から急速に増加し、最終的には緩やかな増加となる状態がS字型のロジスティック曲線によって描かれることになる。このような技術移転のプロセスの進展には、技術導入によって企業が獲得する利潤の大きさが影響を与えている。技術移転のプロセスに関しては、基礎的な技術の移植が行われる第1段階、技術が伝播する第2段階に区分する手法も存在しており、広範な応用を見込むことができる第2段階へのスムーズな進行が重要であるとされている。
〔森脇祥太〕

【参考文献】　ピラソン委員会（大来佐武郎監訳）『開発と援助の構想』日本経済新聞社，1969年．／大塚勝夫『経済発展と技術選択―日本の経験と発展途上国』文眞堂，1990年．

技術革新
⇨技術進歩／技術革新

技術協力
Technical Assistance

政府開発援助（Official Development Assistance：ODA）の中の一協力形態で、開発援助委員会（Development Assistance Committee：DAC）の分類で贈与要素（Grant Element：GE）100％の二国間贈与の活動として位置付けられ、開発途上国の経済・社会の発展の担い手を育成することを目的とした協力。日本の場合、技術協力は国際協力機構（Japan International Cooperation Agency：JICA）が実施するものが政府ベース技術協力予算額の約半分、中央の各省庁が個別に実施するものが残りの半分を占めている。

技術協力の中の主要な事業は、①開発途上国政府の技術者を日本、当該国、あるいは第三国にて訓練する研修員受け入れ事業、②開発途上国へ日本あるいは第三国から技術者を派遣し指導する専門家派遣事業、③研修員受け入れあるいは専門家派遣に関連して必要な機材を供与する機材供与、④開発途上国に設置される技術協力センターの運営、⑤開発途上国の社会・経済開発の中・長期計画作成や個々の案件の実施可能性を調査することを主とする開発調査事業、⑥無償資金協力の実施に関連する、準備のための調査、および実施促進のための調査、⑦青年海外協力隊派遣、シニア海外ボランティア派遣、草の根技術協力を単体あるいは組み合わせで行う「国民等の協力活動」（別名：国民参加型協力活動）、⑧開発途上国での大規模災害に対する国際緊急援助活動、⑨人材の養成・確保事業、⑩その他の付帯業務、などがあげられる。

技術協力の領域として、最近平和構築の中

の「復興」支援が加わった。冷戦終了後に多発する地域紛争、民族や宗教・文化の相違に起因する紛争に対し、紛争終結後の復興段階での人的・物的貢献を技術協力の中に含める考え方は、2003年10月1日に発足した独立行政法人の国際協力機構の組織の設置目的の中に明示的な記載がなされたことで、予算的な裏付けのある考え方として主流化したといえる。　　　　　　　　　　　　［佐原隆幸］

【関連項目】　ODA分類表、プロ技協
【参考文献】　国際協力機構法（JICAホームページhttp://www.jica.go.jp/）、/外務省監修『経済協力参加への手引き』(財)国際協力推進協会、昭和59年版、平成14年度版。

技術経済協力局【タイ】
Department of Technical and Economic Cooperation：DTEC

　主に外国からの援助受け入れの窓口としての役割を担う。DTECは、1950年に米国との間で締結された「タイ米経済・技術援助協定」の運営機関である「対米国技術経済協力運営委員会」を母体とする。その後、同委員会は「対外技術経済協力分析・運営委員会」に改組され、1959年に国家経済社会開発庁（NESDB）の設立にあわせ、同傘下の「対外技術経済協力担当課」となった。1960年代に入り援助受け入れが本格化したことから、1963年に首相府の独立機関に格上げされ、名称も「技術経済協力局（DTEC）」と改められた。

　DTECの主な任務は、①技術協力計画の作成、②海外協力パートナーとの交渉・合意、③技術協力案件の評価・モニタリング、④技術協力案件の資金・設備支援などである。
　日本はタイに対する最大の援助供与国であ

り、DTECは国際協力機構（JICA）のカウンターパートとして重要な役割を果たしてきた。DTECは、援助受け入れだけでなく、援助供与に関する任務も担っている。タイは、1990年以降「タイ国際協力プログラム（Thai International Cooperation Program：TICP）」の下に、他国に対する技術協力支援を積極的に行ってきた。中でも近隣諸国（ベトナム、カンボジア、ラオス、ミャンマー）向けが多く、総額の70～80％を占める。

　なお、2002年10月の行政改革の中でDTECは首相直轄から外務省傘下に移された。タクシン（Thakshin Shinawatra）首相（2001年～）は、タイが「レシピアント（援助受け入れ国）」から「ドーナー（援助供与国）」へ転換する時期にさしかかっているとの見解を示しており、この考えにもとづきDTECは、2004年までに再編されることが決まっている。　　　　　　　　　　　　　［大泉啓一郎］

【参考文献】　DTECホームページ（www.dtec.thigov.net）．

技術進歩／技術革新
Technological Progress, Technological Innovation

　技術進歩とは、一般的に生産要素投入量一定の下でより多くの生産物の産出を可能とする生産技術上の改善のことである。また技術革新はシュンペーター（Joseph Alois Schumpeter）によって経済発展における重要な概念として強調された言葉で、技術進歩を促す革新的な生産方法の導入のことである。両者は同義で使われることが多い。
　経済理論的には、技術進歩はしばしば技術的水準の上昇に伴う生産関数の上方へのシフトを指している。時間の経過のみによってもたらされるものを「体化されない技術進歩」、新しい資本財の建設などによって技術進歩の効果を具体化しなければならないものを「体化された技術革新」という。一般に経済発展は資源の蓄積と技術進歩によって実現されるが、工業化過程における技術進歩の多くは、技術進歩を体現したより効率性の高い機械設備の使用等、資本の投下によって具現化する。したがって多くの場合、資本に体化した

◇ DTECの援助受け入れ額

	総額		日本
	1000 バーツ	1000 ドル	1000 ドル
1998	4,402,266	106,079	29,795 (28.1)
1999	4,409,991	119,512	31,721 (26.5)
2000	4,201,302	107,726	32,589 (30.3)
2001	3,802,887	86,824	24,181 (27.9)
2002	3,094,908	71,975	23,452 (32.6)

（注）タイの財政年度は、前年10月～9月
（資料）DTECホームページ統計より作成

技術進歩が使用されるが、実際の分析には、こうした概念を取り入れることには多くの困難を伴うため、体化されない技術進歩を想定することが多い。

技術進歩にはいくつかの型があり、1932年にヒックス（John Richard Hicks, 1904～89）が最初の分類を提唱して以来、多くの概念が提起されてきた。ある一定の基準の下で生産要素の限界生産力比率を不変に保つような技術進歩を中立的技術進歩、反対に限界生産力比率を変えるような技術進歩を非中立的技術進歩と呼ぶ。代表的なものとして、労働と資本を生産要素とする2要素1生産物の生産関数では、資本労働比率、資本産出比率、産出労働比率を一定とする3つの基準が考えられ、それぞれ提唱者の名をとってヒックスの基準、ハロッドの基準、ソローの基準と呼ばれる。したがってこれらの基準の下で各生産要素の限界生産力比率（技術的限界代替率）を不変に保つような技術進歩はそれぞれヒックス中立的技術進歩、ハロッド中立的技術進歩、ソロー中立的技術進歩として定義される。

これに対し非中立的技術進歩では、これら3つの基準の下で限界資本生産性に対する限界労働生産性の比率を上昇させるような技術進歩は労働使用的（資本節約的）、逆に低下させるような技術進歩を資本使用的（労働節約的）と定義される。例としてヒックスの基準（資本労働比率一定）の下で限界資本生産性に対する限界労働生産性の比率を上昇させるような技術進歩は労働使用的（資本節約的）技術進歩、逆に低下させるような技術進歩は資本使用的（労働節約的）技術進歩と定義される。なおハロッド中立的技術進歩はヒックスの基準では資本使用的であり、ソロー中立的技術進歩はヒックスの基準では資本節約的である。

技術進歩の実際の計測に関して、最も使用されているものが1957年にソロー（Robert Merton Solow, 1924～）が提唱した成長会計式である。これは生産増加率から各投入要素の増加率を加重平均したものを控除した残差を全要素生産性の増加率とするものであり、これは技術進歩率として理解することができる。　　　　　　　　　　　［川畑康治］

【関連項目】　全要素生産性
【参考文献】　荒憲治郎『経済成長論』岩波書店，1969年．／J. A. シュンペーター（塩野谷祐一，中山伊知郎，東畑精一訳）『経済発展の理論』岩波書店, 1977年．／速水佑次郎『新版　開発経済学―諸国民の貧困と富』創文社, 2000年．

技術的デュアリズム
Technological Dualism

カナダ生まれの経済学者、ヒギンズ（Benjamin Howard Higgins, 1912～2001）が構築した開発途上国の二重構造理論のこと。伝統的な農村部門と、海外から新しい技術を導入する近代部門の技術特性の相違に着目した二重経済論である。この技術特性の相違が、開発途上諸国における失業あるいは偽装失業問題の原因であるとする考え方は、エッカウス（Richard S. Eckaus）の議論に依拠したものである。エッカウスは、持続的な失業問題、資本集約的技術と労働集約的技術の並存、各産業部門の要素収益率の格差を説明する要因として、生産要素移動の不完全性や生産要素の技術的代替可能性の制約を指摘している。資本集約的技術は、産出量と生産要素としての資本と労働の投入量との間に固定的な関係があり、生産関数はL字型になる。そのような技術を導入しても、開発途上国の労働が豊富で資本が稀少な要素賦存状態や要素移動の不完全性という環境には適合しないとしている。

この理論モデルでは、農村部門は小規模農業、手工業、零細工業から構成される。そこで生産される財貨は、資本と労働に加え、さまざまな水準の技術を用いて生産することが可能である。しかし、労働が豊富なため労働集約的な技術が利用されるとする。一方、近代部門はプランテーション、鉱山、大規模工業から構成される。近代部門は資本集約的な生産を行っており、労働と資本の投入比率が固定的な技術を採用すると仮定する。

ここで、近代部門に労働の超過供給が発生したとする。近代部門では資本と労働の投入比率が固定的な技術を採用しているため、労働の超過供給は、資本の蓄積が進むか、伝統部門によって吸収されない限り、失業者にな

ってしまう。次に、近代部門での失業者が伝統部門に吸収されていくとしよう。農業の場合には、最初に耕作地の開拓によって余剰労働力を吸収する。しかし、やがて開拓可能な土地が消滅すると、資本と労働の投入比率が伸縮的なため労働投入量が増加し、ますます労働集約的な技術が使用されるようになる。手工業や零細工業においても低い水準の技術を用いることになるので、その生産過程は労働集約的になる。

　それでもさらに人口成長が続くと、最終的に労働の限界生産力はゼロないしはマイナスになる。余剰労働が存在する限り、労働節約的技術を導入するインセンティブは生まれない。そのため、1人当たり所得は徐々に低下し、貧困からの脱出は不可能になる。ヒギンズのモデルでは、近代部門の資本集約的な技術によって余剰労働力が生み出され、それが伝統部門の貧困の原因であるいう。しかし、開発途上諸国の余剰労働力は近代部門が参入してくる以前にも存在した。このモデルは、事実認識とは異なるという欠陥はあるものの、技術特性に最初に着目した点に意義がある。また、ブーケ（Julius Herman Boeke）の「社会的二重経済論」やファーニバル（John Sydenham Furnivall）の「複合社会論」とは異なり、伝統部門と近代部門の相互依存関係をモデル化したことも重要な貢献である。　　　　　　　　　　　　　[徳原 悟]

【関連項目】　複合社会、社会的・経済的二重構造、フェイ＝レイニス・モデル、二重経済
【参考文献】　Richard S. Eckaus, "Factor Proportions in Underdeveloped Areas," *American Economic Review*. Vol. XLV, No. 4, September, 1955, pp. 539-565. ／Benjamin Higgins, "The Dualistic Theory of Underdeveloped Areas," *Economic Development and Cultural Change*. January, 1956, pp. 99-112. ／板垣與一『アジアの民族主義と経済発展』東洋経済新報社、1962年。／鳥居泰彦『経済発展理論』東洋経済新報社、1979年。／ジェラルド・M. マイヤー（松永宣明、大坪滋訳）『国際開発経済学入門』勁草書房、1999年。

規制緩和政策
Deregulation Policy

　民間企業の経済活動に対する政府規制を緩和・撤廃することにより、企業活動を活性化するとともに経済効率を向上させるための諸施策のこと。つまり政府の市場介入を最小限にとどめ、市場原理に委ねるという経済構造の改革を主眼とする政策である。規制緩和が行われることで、経済の供給サイドが効率化され、消費者の利益が増進される。本来、民間の経済活動に政府が規制を課したのには、自然独占、外部性、情報の非対称性という問題に対処するためであった。これらの問題は、民間企業の活動に対策を委ねておいては、最適な資源配分が達成できないからである。これらの問題に対処するために、政府は許認可の交付や法的措置を講じて、参入規制、価格・料金設定、独占禁止、補助金交付などの形で民間部門の経済活動に介入したのである。

　しかし、これらの諸施策が増大するにつれて、行政側には権力の乱用や財政負担の問題が生じる。一方、民間企業においては、規制産業の既得権益化により、生産面などの効率性の低下が生じることになった。規制対象外産業にとっては、新規事業開拓への障害となるなどのさまざまな問題が生じた。製品の安全性や公害対策などの基本的な規制を除き、規制緩和を行うことで民間部門の経済活動を活発化させようとするのが規制緩和政策の目的である。これらの問題は、先進国と開発途上国の双方を含む、世界的にみられる問題である。開発途上諸国の場合には、貿易、金融、国有製造業企業など広範な分野に規制が課されている。これにより、行政側には特権意識が生まれ、贈収賄や賄賂などの汚職の原因となっている。規制産業においては、補助金の交付を受けることで生産効率が低下するなどの問題が発生している。補助金は、最終的には消費者に対する課税となるため、消費者を犠牲にして規制産業は超過利潤を得ることになる。

　このような規制が撤廃されにくいのは、ある意味で政治の問題である。規制産業と政治家の癒着関係にみられるように、規制による利益を産業に与えることにより、政治家は選挙支援を受け政治家を続けられるためである。経済理論が示す処方箋は、規制産業と政治家にとって苦い薬であることは、世界的にみられる現象である。　　　　　　[徳原 悟]

【関連項目】　安定化政策／構造調整政策、情報の非対称

性、独占、外部効果
【参考文献】　アラン・S. ブラインダー（佐和隆光訳）『ハードヘッド・ソフトハート』TBSブリタニカ，1988年。／ジョセフ・E. スティグリッツ（藪下史朗，秋山太郎，金子能宏，木立力，清野一治訳）『ミクロ経済学（第2版）』東洋経済新報社，2000年。

偽装失業
Disguised Unemployment

　開発途上国の伝統部門に豊富に存在している限界生産力ゼロの余剰労働者のことをいう。開発途上国の伝統部門に偽装失業が存在している場合、農業生産高を減少させることなく、近代部門に余剰労働力が移動することが可能となり、近代部門の資本蓄積を促して持続的な経済成長が実現できる。しかし、偽装失業を実際に測る際に農業生産に必要とされる総労働時間数で測るのか、労働者数で測るのかについては議論のあるところである。例えば、ある農産物を生産する場合に必要とされる労働時間 H_1 を、伝統的な村落共同体では村民相互にシェアしていると考えられよう。図によると、総労働時間が H_1 を超えた場合、労働時間数で測った限界生産力はゼロとなる。総労働時間が H_1 である場合、この農村から都市へと労働力が移動すると、当然、1人当たり労働時間が長くならなければ全体の労働時間も減少して、その農村では農産物の生産高も減少すると考えられよう。したがって、総労働時間が H_1 の場合、この農村に偽装失業は存在しないことになる。しかし、図のように1人当たりの労働時間が OH_1/OL_2 から OH_1/OL_1 へと上昇するならば、生産量が Q_1 の水準から低下することなく、L_1L_2 の農村労働力が都市へと移動することが可能となる。この場合、偽装失業は L_1L_2 となって労働者数で測った労働の限界生産力は L_1 でゼロとなる。

[森脇祥太]

【関連項目】　伝統部門、限界生産力、近代部門
【参考文献】　渡辺利夫『開発経済学─経済学と現代アジア（第2版）』日本評論社，1996年。

◇偽装失業

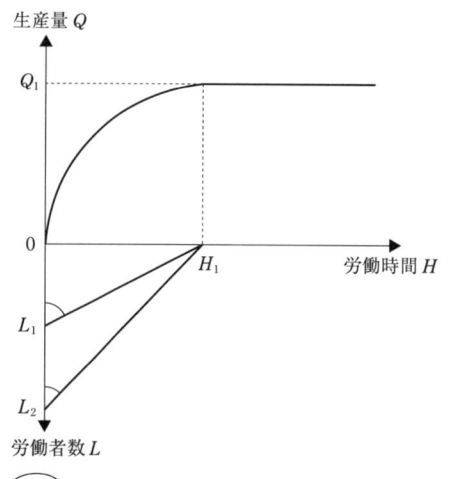

北朝鮮
North Korea

　正式な名称は、朝鮮民主主義人民共和国である。第2次大戦後、朝鮮半島の北緯38度線以北をソ連が占領するに伴い、ソ連の力を背景に金日成（Kim Il-sŏng）が1948年に朝鮮民主主義人民共和国の政府を樹立した。北朝鮮は朝鮮半島の北部半分強の面積（12万余 km^2）を占め、人口約2300万人（1999年推計値）、首都は平壌（ピョンヤン）である。政治の基本政策は、主体思想にもとづく独自の社会主義建設であり、政治の自主、経済の自立、国防の自衛を骨子とする自主独立路線を推進している。

　建国者である金日成国家主席が1994年に死去してからは、息子の金正日（Kim Chŏng-il）が1997年10月に労働党総書記に就任、1998年9月に修正憲法の下、国防委員長に再選された。金正日総書記が全権を掌握している。深刻な食糧不足と経済破綻に直面しており、この克服が重要な課題である。世界で5番目に大きい軍隊（100万人以上）を維持するために、過去数十年にわたり軍事関係に莫大な資源をつぎこんできた。GDPに占める国防費の比率が高く、国民経済の軽視による国民生活の低下をもたらした。近年は、自然災害、食糧不足、経済運営の失敗、エネルギー不足などにより経済が破綻寸前の危機的な状況にある。食糧不足は特に深刻であり、全国各地で飢餓による大量の死者が発生し、海外からの食糧支援に大きく依存している。これまでの主体農法を実質的に変更し、ジャガイモの増産を指示している。その他、家畜飼

育、養魚、土地整理事業にも力を入れ、食糧事情の改善を図っている。

深刻な経済状況を打開するために金正日は強盛大国建設を掲げ、憲法改正により行政機関に経済を指導する権限を強化した。生産意欲を刺激するための食糧配給制の廃止、市場経済原理の部分的な容認、人民経済計画法を制定するなど、経済復興に力を入れている。2001年初めには金正日総書記が上海を訪問し、新思考を強調するなど改革開放に向けた動きもみせた。しかし、これまでのところ根本的な経済状況の改善はみられない。2001年の推計で北朝鮮の経済規模（名目GNI）は157億ドルであり、1人当たりGNIは706ドルとされる。貿易関係は、輸出6億5000万ドル、輸入16億2000万ドルであり、主要貿易相手国（2000年）としては、中国（4億9000万ドル）、日本（4億6000万ドル）、韓国（4億3000万ドル）である。

これまで政治的閉鎖性から中国とロシア以外、外国との交流がきわめて少ない関係であった。しかし、2000年以降、積極的な外交を展開し、2000年6月に韓国の金大中（Kim Tae-jung）大統領と南北首脳会談を開催した。その後も、ロシア大統領の訪問、趙明録国防委第一副委員長の訪米、米国クリントン政権のオルブライト（Madeleine Korbel Albright）国務長官の訪問が続いた。2001年にはEU代表団の北朝鮮訪問、金正日総書記のロシア訪問、中国の江沢民（Jiāng Zémín）国家主席の訪朝など、現在は世界151カ国と外交関係をもっている。　　　　［文　大宇］

【関連項目】　金日成、金正日、朝鮮戦争
【参考文献】　金学俊『北朝鮮50年史―「金日成王朝」の夢と現実』朝日新聞社，1997年．／木村光彦『北朝鮮の経済―起源・形成・崩壊』創文社，1999年．／徐大粛『金正日の北朝鮮』岩波ブックレット，1999年．／重村智計『最新・北朝鮮データブック―先軍政治，工作から核開発，ポスト金正日まで』講談社現代新書，2002年．

キチン循環
Kitchin Cycles

ジョセフ・キチン（Joseph A. Kitchin）によって発見された約40カ月の周期をもつ景気循環である。約40カ月の周期をもつため、短期循環とも呼ばれる。この循環は、1890年から1922年における米、英両国の商業手形割引率、手形交換残高、物価、商品価格の分析から得られたものである。また、クラム（William L. Crum）もニューヨークの月別商業手形割引率の分析から、約40カ月の循環を発見していたことをシュンペーターは指摘している。そのため、キチン＝クラム循環（Kitchin-Crum Cycles）と呼ばれることもある。

この循環の原因は、一般的に企業の在庫変動によって発生すると考えられている。企業家が保有しようと考える適正在庫水準と実際の在庫水準との間に乖離が生じることになるからである。在庫量が適正かどうかは、将来の売上高の期待に依存するということには注意が必要である。現実の在庫が低水準であっても、売上が低下するという将来予測をもつ場合には、在庫の切り崩しが起きるケースもある。また、この在庫の循環をもたらす要因を識別することは困難である。在庫の循環が単に在庫量の変動によって起きるのか、それとも拡張的ないしは緊縮的なマクロ経済政策によって生じるのかを区別しなければならない。

全米経済調査会（National Bureau of Economic Research：NBER）の調査によれば、1854年から1970年の平均周期は49カ月であり、第2次世界大戦後から1970年までの時期をみても49カ月の周期をもっていたとされる。しかし、拡張期と縮小期の期間がそれぞれ異なっていることが指摘されている。1854年から1970年の平均的な拡張期と収縮期は31カ月と18カ月であった。しかし、戦後をみると、拡張期は39カ月、収縮期は10カ月となり、戦後は拡張期が長期化し、収縮期が短縮されることが調査から明らかにされている。同様な動きは、英国や日本でも観察されている。　　　　　　　　　　　［徳原　悟］

【関連項目】　ジュグラー循環、コンドラチェフ循環、クズネッツ循環、経済成長／経済発展
【参考文献】　Joseph A. Kitchin, "Cycles and Trends in Economic Fctors," *Review of Economic Statistics*. Vol. V, January, 1923, pp. 10-16．／稲田献一，宇沢弘文『経済発展と変動』岩波書店，1972年．／鳥居泰彦『経済発展理論』東洋経済新報社，1979年．／南亮進著，牧野文夫協力『日本の経済発展（第3版）』東洋経済新報社，2002年．

規模に関する収穫
Returns to Scale

規模に関する収穫については、規模に関する(1)収穫一定、(2)収穫逓減、(3)収穫逓増の3つの概念が存在している。規模に関する収穫一定とは、①式のように、すべての生産要素を同時に n 倍した場合に生産量も n 倍になるようなことをいう。

$$f(nx_1, nx_2) = nf(x_1, x_2) \cdots\cdots\cdots①$$

規模に関する収穫逓減とは、②式のように、すべての生産要素を同時に n 倍した場合、生産量が n 倍以下になるようなことをいう。

$$f(nx_1, nx_2) < nf(x_1, x_2) \cdots\cdots\cdots②$$

規模に関する収穫逓増とは、③式のように、すべての生産要素を同時にn倍した場合、生産量が n 倍以上になるようなことをいう。

$$f(nx_1, nx_2) > nf(x_1, x_2) \cdots\cdots\cdots②$$

［森脇祥太］

規模の経済
Economies of Scale

規模の経済とは、生産の規模が大きくなるにつれて効率性が上昇し平均費用が低下する状態をいう。逆に、生産の規模が大きくなるとともに効率性が低下して平均費用が上昇するようなことを規模の不経済 (Diseconomies of Scale) という。規模の経済について、短期の平均費用曲線、長期の平均費用曲線を使用しながら説明してみよう。図1の横軸には生産量 Q が、縦軸には平均費用 AC がとられ、短期費用曲線が描かれている。SAC_1 は工場1の短期費用曲線を、SAC_2 は工場2の短期費用曲線をそれぞれ表わす。工場1が Q_1 の生産を行う時、また、工場2が Q_2 の生産を行う時、それぞれの工場の平均費用は最小値となる。図1によれば、SAC の最低点は工場1が工場2よりも右側に存在しているため、ある企業が追加的に工場を建設しようとする場合、工場2のような工場を建設す

◇図1 短期費用曲線

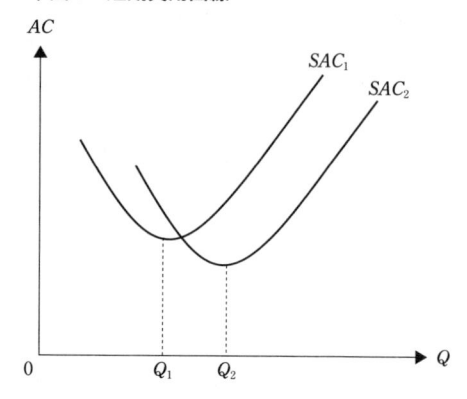

◇図2 長期平均費用曲線

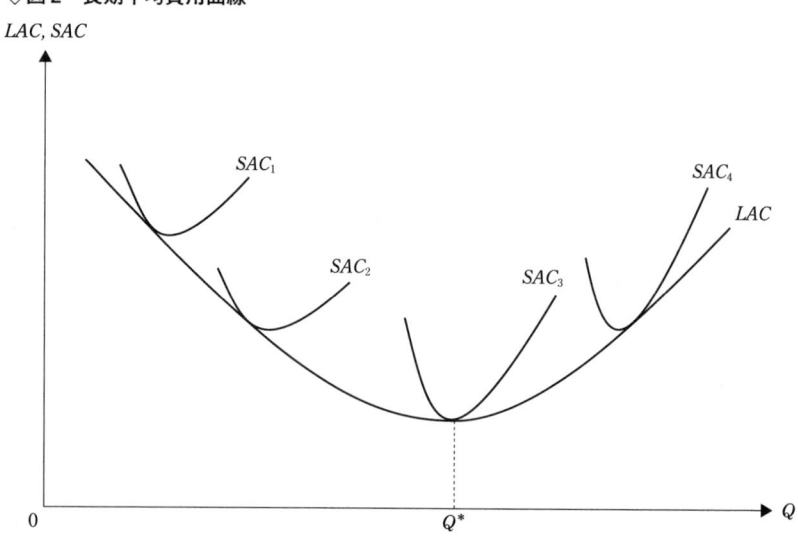

ることになろう。それは、工場2が工場1よりも、低いコストでより大きな生産を行うことができることを意味している。しかし、例えば、この企業が Q_1 の生産を行う場合には工場1が建設されることになろう。それは、生産量が Q_1 の時、工場1の SAC が工場2を下回る位置にあり、より低いコストで生産を行うことができるからである。

短期的には、これら企業が新しい工場を建設することによって生産規模を拡大させることは不可能であるが、長期的には可能となろう。その場合、ある生産を行う際に、最もコストの低い工場を建設することは、ある生産量において最も低い SAC を選ぶことを意味している。そのため、この企業の長期平均費用曲線 LAC は、図2のように SAC の包絡線として描くことが可能である。図2の Q^* よりも生産量が低くなれば長期平均費用は低下し、逆に、Q^* よりも生産量が高くなれば長期平均費用は上昇する。換言すれば、Q^* までは規模の経済が働くが、Q^* を超えれば規模の不経済が働くことになる。鉄鋼や化学プラント、自動車の組み立て工場などにおいては大規模な生産を行うことによってコストが低下すると考えられ、規模の経済が働いていると考えられよう。

[森脇祥太]

【関連項目】　費用関数
【参考文献】　荏開津典生『明快ミクロ経済学』日本評論社、2000年.

金日成【北朝鮮】
Kim Il-sŏng, 1912〜94

北朝鮮の最高権力者。北朝鮮の平安道で生まれ、幼い頃、一家が満州の吉林省に移住し、そこで青少年時代を過ごした。その後、ソ連で軍事訓練を受けた。日本植民地からの解放後、ソ連軍とともに平壌に戻り、1948年、朝鮮民主主義人民共和国の成立と同時に内閣首相に就任した。ソ連軍の力を背景に朝鮮共産党の委員長、人民軍の最高司令官など、北朝鮮の実権を掌握した。1953年に南朝鮮労働党を中心とする国内派、1956年にはソ連派の反対勢力、ならびに親中国であった延安派など権力内部の反対勢力を粛清し、自分を頂点とする1人独裁指導体制を確立した。

1962年のキューバ危機後、金日成はソ連に軍事援助を要請したが、拒否された。その後、金日成はソ連に対する不信感をもち、国民経済の犠牲があっても自主的な国防力の強化を達成するために政策転換を行った。1970年代には全人民の武装化、全国土の要塞化、人民軍の幹部化、人民軍装備の現代化を目標とする自主防衛の軍事強化路線を採択した。それまで推進してきた7カ年経済計画は目標達成が難しくなり、それをカバーするために自力更生、民族経済建設のスローガンを中心とする経済の主体思想を大きく宣伝した。

1965年には主体思想を提唱し、これを北朝鮮の政治、経済、社会における唯一思想として位置付けた。主体思想は、1970年代に現実の政治や統治理念への適用が強力に進められるとともに、金日成個人崇拝の独裁体制を強化する手段とされた。金日成の統治基盤が確立し始めた1960年代は、重工業中心の経済運用により北朝鮮の経済、軍事力が韓国より優位であった。これを背景に金日成は朝鮮半島の統一問題にも攻勢的な立場を維持した。「連邦制統一案」を提示するとともに、朝鮮半島における米軍撤退、南北平和協定の締結などを提案した。

しかし、統一に関する金日成の基本路線は、武力による韓国の赤化統一であった。軍事的な優位を背景に偽装的な平和統一案を提示しながら、一方では韓国内の社会混乱を煽るために多くのスパイと武装ゲリラを送る二律背反的な行動をとった。1972年には主席制度を新しく設け、自らが主席に就任した。1980年代からは息子金正日（Kim Chŏng-il）への権力世襲体制に着手し、1991年に金正日が人民軍最高司令官になった。息子への権力継承をする過程で、1994年に心臓病により急死した。

[文　大宇]

【関連項目】　北朝鮮、主体思想
【参考文献】　徐大粛（林茂訳）『金日成―思想と政治体制』御茶の水書房、1992年. ／徐大粛『金日成と金正日』岩波書店、1996年. ／金学俊『北朝鮮50年史―「金日成王朝」の夢と現実』朝日新聞社、1997年. ／木村光彦『北朝鮮の経済―起源・形成・崩壊』創文社、1999年.

キムジョン

金正日【北朝鮮】
キムジョンイル
Kim Chŏng-il, 1942〜

　朝鮮民主主義人民共和国の最高指導者。1942年、金日成（Kim Il-sŏng）前国家主席と金正淑の長男としてロシア極東のハバロフスクで生まれたとされる。1945年に母親とともに北朝鮮に帰国したが、1947年に弟が庭の池に落ち溺死し、1949年9月には母親も死亡した。1950年6月の朝鮮戦争に伴い妹の金敬姫と中国吉林省に避難し、1953年8月に戻ってきた。

　1964年に金日成総合大学を卒業後、朝鮮労働党中央部に入る。1966〜69年に金日成護衛総局勤務、1971年に党文化芸術部副部長を歴任した。1973年9月、労働党中央委員会全員会議で組織・宣伝・煽動担当の書記に任命され、事実上、金日成の後継者に指名された。1974年には金正日の命令によって、金日成・金正日父子に絶対的に忠誠を誓い服従することを規定した党の唯一思想体系確立の10大原則を発表した。この原則では、金日成の発言が教示とされ、法であると規定されている。

　1980年には政治局常任委員、政治局委員、書記局書記に就任し、その地位を固めた。1994年の父金日成の死後から満3年間にわたる喪中期の空白を経て、1997年10月、労働党総書記に就任した。金正日を頂点とする新体制の権力中枢は軍幹部が多数を占め、軍事独裁統治を憲法上でも保障した。また、憲法改正によって父金日成の死後4年以上にわたり空席となっていた国家主席を廃止し、国防委員会委員長を国家の最高ポストとする体制変更を行った。このように金正日体制の権力基盤の拠り所は軍である。金正日自身は軍歴がないこともあって、とりわけ父金日成と朝鮮戦争を戦った革命第1世代を体制の中枢に重用することで権力掌握に腐心してきた。事実、最高人民会議の代議員のうち、軍関係者が全体の15％を占め1990年の前回よりも倍増した。さらに、体制の中核である国防委員会も委員の数が5人から10人へ増員され、委員全員が北朝鮮の権力序列20位以内に入っている。軍事優先路線が金正日体制の特色といえよう。

　対外的には、2000年にイタリア、オーストラリア、英国など各国との国交を回復し、2000年6月には、韓国の金大中（Kim Tae-jung）大統領との分断後初の南北首脳会談を行った。2002年9月17日、日本の小泉純一郎首相と会談し、これまで否定してきた拉致疑惑を認め謝罪、「日朝平壌宣言」に署名した。

〔文　大宇〕

【関連項目】　北朝鮮、金日成、朝鮮戦争
【参考文献】　徐大粛『金日成と金正日』岩波書店，1996年．／徐大粛『金正日の北朝鮮』岩波ブックレット，1999年．／重村智計『最新・北朝鮮データブック―先軍政治，工作から核開発，ポスト金正日まで』講談社現代新書，2002年．

金大中【韓国】
キム デジュン
Kim Tae-jung, 1925〜

　政治家、韓国の第15代大統領（1998〜2003年）。1925年12月、韓国南西部の全羅南道生まれ。1960年、民議院議員に当選したが、朴正煕（Pak Chŏng-hŭi）少将らによる1961年の軍事クーデターで議員職を失う。1971年までに3回国会議員となり、同年4月に野党新民党から大統領選に出馬した。この選挙では、朴正煕候補に僅差で敗れて大統領当選への目標は実現できなかったが、46％の高い支持率とともに国民の政治家としての印象を与えた。この選挙戦では1960年代を通じてタブー視されてきた南北問題について、新しい政策を打ち出したことにより国民の関心を集めた。朝鮮半島周辺の4カ国による南北交差承認論、南北の交流拡大、予備軍制の廃止など、朴政権にとって衝撃的な政策を掲げたことで、これが後に彼への弾圧につながった。その後、米国、日本で反政府運動展開中の1973年8月、東京のホテルから拉致され、殺害されかけた。1976年には朴政権批判の民主救国宣言を発表し、禁固8年の判決を受けた。

　朴大統領暗殺の後、1979年に釈放されたが、翌1980年、新軍部の全斗煥（Chŏn Tu-hwan）らの非常戒厳令によって再び逮捕、監禁された。1980年5月の光州事件に関連して、内乱陰謀罪で同年9月に軍事裁判で死刑判決を受けた。しかし、再度の国際救援運動により1982年に刑執行停止となり、米国へ渡る。2年後の1985年に帰国し、政治活動を制

限されながらも民主化闘争の中心的な存在となった。

1987年、1992年の大統領選挙に出馬するが落選、政界引退を宣言する。1993年から1年間英国のケンブリッジ大学で生活後、帰国し、1995年に政治活動を再開した。同年、新しい政党として「新政治国民会議」を結成し総裁に就任するとともに、従来の進歩路線から中道穏健路線への転換を明確にした。1997年12月の大統領選挙に4度目の挑戦をし、ついに大統領に当選した。

しかし、大統領就任直前の韓国経済は未曾有の金融・通貨危機により国家倒産の危機に瀕していた。そのために就任早々に経済危機を朝鮮戦争以来の国難と位置づけ、経済危機克服に全力を注いだ。4大分野の構造改革を発表し、金融機関の健全性回復、財閥改革と企業支配構造の改善、公企業の民営化と経営革新、労使関係の安定化を最優先課題として取り組んだ。金大中政権は、1997年から始まった金融・通貨経済危機によりIMFの経済管理状況におかれた韓国で経済通の新しいリーダーとして出発したのである。韓国経済の構造改革と社会改革を強力に進めることによって就任当時は、国家破綻の危機にあった韓国経済を急回復させることに成功した。IMF側も驚くほどの経済の急回復は金大中政権の大きな成果である。1999年に米国の経済週刊誌ビジネスウィークからアジアの改革をリードする代表的な指導者に選ばれるなど、高い評価を受けた。

一方、対北朝鮮政策では南北間の交流、協力拡大を通じて北朝鮮との融和を図る「太陽(包容)政策」を推進した。2000年6月13〜15日に北朝鮮を訪問し、金正日(Kim Chŏng-il)労働党総書記と歴史的な南北首脳会談を行い、「6・15南北共同宣言」を発表した。この訪問により過去半世紀以上続いてきた朝鮮半島の緊張緩和と相互不信を清算する新しい契機をつくった。南北首脳会談の実現と対日融和政策による東アジア平和構築への貢献が認められ、2000年度ノーベル平和賞を受賞した。

過去の民主化闘争の時代に経験した苦難の人生について、彼は生死の危機が5回、監獄生活が6年、そして亡命と軟禁生活が10年間であったと回想する。この表現通り、金大中の人生は民主主義と人権、南北統一のための戦いと苦難の連続であった。　　　［文　大字］

【関連項目】　朴正煕、アジア経済危機、民主化運動、整理解雇制、IMF
【参考文献】　アジア太平洋平和財団(波佐場清訳)『金大中・平和統一論』朝日新聞社、1999年．／金大中『金大中自伝—わが人生、わが道』千早書房、2000年．／文明子『朴正煕と金大中—私の見た激動の舞台裏』共同通信社、2001年．

▶逆選択
Adverse Selection

逆選択(アドバース・セレクション)とは、ある財の市場に情報の非対称性が存在する場合、品質のよい財は市場から排除され、逆に品質の悪い財(レモン)が市場で選択されるようになることをいう。金融市場において、貸し手が個々の借り手の企業家としての能力を厳密に審査する力がないような状態を考えてみよう。この場合、利子率が上昇すると、リスクの小さい借り手は利益が縮小するために、資金の借り入れを中止することになろう。逆に、リスクの大きい借り手は、借り入れによって利益を出すことができるので、借り入れを行う。貸し手の審査能力が低い開発途上国においては、信用市場において特にこのような逆選択の問題が起こりやすい。開発途上国においては、貸し手が利子率を低い水準にとどめ、少数のリスクの低い借り手のみに貸し付けを行う「信用割当」の問題が多く発生することになる。　　　［森脇祥太］

【関連項目】　レモンの原理、情報の非対称性
【参考文献】　黒崎卓、山形辰史『開発経済学—貧困削減へのアプローチ』日本評論社、2003年．

▶逆輸入
Reimport

逆輸入とは、海外子会社が生産した製品を本国の親会社に販売(輸出)することを指しており、アウトソーシングの一形態である。海外子会社の販売額全体に占める本国向け販売額の割合を逆輸入比率と呼ぶ。

1960年代後半以降、米国企業は急増する輸入品に対抗するために、生産コストの削減を目的に中南米やアジアに設立した子会社から

◇日系海外法人の地域別逆輸入比率の推移

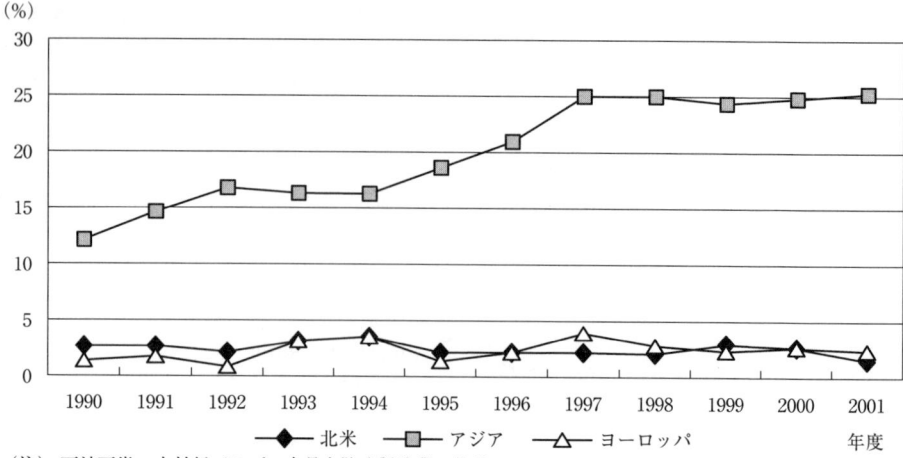

(注) 石油石炭、木材紙パルプ、食品を除く製造業で集計。
(資料) 経済産業省『第32回海外事業活動基本調査』

の逆輸入を積極的に進めた。特に輸送コストが小さい半導体、情報機器などの分野では逆輸入が盛んに行われ、1982年の米系電子機械企業のアジア法人における逆輸入比率は約6割に達した (U.S. Department of Commerce, *Benchmark Survey 1982*)。

日本企業も1990年代を通じて逆輸入を急速に増加させた。逆輸入額は1990年度の1.3兆円から2001年度には5.6兆円へと増加し、総輸入額に占める割合も4.1%から15.1%へと上昇した。ただし、逆輸入比率は地域や業種によって大きく異なる。アジア法人の逆輸入比率が25%に達する一方、北米・欧州法人では5%に満たない(図)。逆輸入額の地域別内訳では86.3%をアジアが占め、業種別内訳では56.5%を電気機械および情報通信機械が占める(2001年度)。逆輸入には国内の生産を代替するという性格が強いため、逆輸入が多い電気・電子産業などでは国内の構造変化が進んでいる。　　　　　　　　　[竹内順子]

【関連項目】アウトソーシング、企業内貿易、国際分業
【参考文献】経済産業省『海外事業活動基本調査』各年版.

急進主義
⇨漸進主義／急進主義

教育投資
Investment in Education

　学校教育の内部収益率を正確に推計するためには、授業料、教科書代などの直接費用と同時に間接費用(機会費用、放棄収入)、さらには外部経済効果を同時に考慮することが必要である。教育段階別にみると、放棄収入が低いため、初等教育の収益率は高等教育のそれよりも低い。ただし、初等教育の教育内容は専門教育よりも一般性が高いため外部経済効果が高い。この点を考慮すると、初等教育の収益率は大幅に高くなる。開発途上国の経済開発における教育投資、特に初等教育の重要性の根拠の一つはここに求めることができる。

　学校教育に対して企業内教育、すなわち職場訓練には一般訓練と特殊訓練がある。一般訓練とは訓練を行う企業以外の他の企業にとっても有用なものであり、特殊訓練とは当該企業の生産性は増加するが、他の企業では役に立たないような種類の訓練である。訓練費の負担に関し、特殊訓練の場合企業が負担することが多いが、一般訓練の場合、企業は訓練費を負担する動機付けが弱く、雇用者自身の負担率が高くなる。人的資本理論は職場訓

練に関する理論の中で、特に年齢に伴う賃金上昇に熟練が関係していること、職場訓練のタイプにより賃金が限界生産性から乖離する場合があること、特殊訓練の量の増大とともに解雇の可能性が低くなることなどを指摘した。日本の年功賃金制や終身雇用制もこの観点から説明することが可能である。

　人的資本理論に対する重要な批判として、スクリーニング仮説（あるいはシグナル理論）と内部労働市場理論があげられる。前者は教育は生産性を高めるための投資ではなく、能力があると思われる労働者を選別するためのシグナルだと考える。卒業証書効果（Diploma Effect）、すなわち賃金の決定にあたり教育年数よりもあるレベルを修了するか否かが重要な影響を及ぼすという観察もこの立場に根拠を与えている。職場教育における各種資格試験も同様な観点から理解することができる。後者によれば、企業内の労働力の配分と賃金決定メカニズムが外部労働市場から隔絶している場合、採用、昇進、賃金の決定過程が外部労働市場における労働需給とは異なるルールで決まりうると考える。実際には以上の諸理論はまったく排他的なものではなく相対的なものであり、現実に照らして適用する必要があるが、一般的にいって、企業間・産業間競争が激しくなるにつれて労働市場の流動化が進み、それに伴い人的資本の重要性が増大すると考えられる。　　　［新田目夏実］

【関連項目】　内部労働市場、人的資本
【参考文献】　セオドア・W. シュルツ（清水義弘訳）『教育の経済価値』日本経済新聞社、1964年。／大橋勇雄『労働市場の理論』東洋経済新報社、1990年。／ゲーリー・S. ベッカー（佐野陽子訳）『人的資本―教育を中心とした理論的・経験的分析』東洋経済新報社、1997年。／中馬宏之、樋口美雄『労働経済学』岩波書店、1998年。

◀**供給曲線**
　Supply Curve
　供給曲線とは、価格と供給量の関係を示す。価格 p を縦軸にとり、供給量 x を横軸にとった場合、通常、図のように右上がりの供給曲線が描かれる。　　　　［森脇祥太］

◇供給曲線

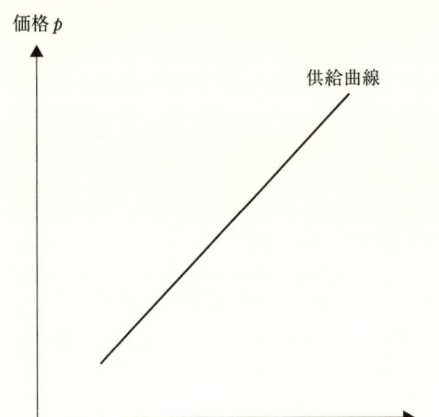

価格 p

供給曲線

0　　　　　　　　　　　　　　供給量 x

◀**強制貯蓄**
　Forced Saving
　物価上昇等が原因で消費者が強制されて行う貯蓄のこと。賃金と物価との関係をみると、通常、賃金上昇よりも物価上昇の方が先行する。これは消費者の実質所得の低下を意味し、したがって消費者の消費量も減少する。一方、企業は、物価上昇によって製品価格が上昇するとともに、労働者に支払う実質賃金が低下するため、利潤が増大し貯蓄も増加する。物価スライド制が導入され、賃金が物価上昇率に見合って引き上げられれば、消費者の実質所得は維持される。そのため、企業の貯蓄も増加することはない。

　強制貯蓄は、企業が意図したものではないが、消費者から企業へ強制的に所得が移転されたことになる。消費者からすれば、それは強制的に貯蓄させられたものと捉えられ、強制貯蓄と呼ばれる。このようなことは一国レベルでも起きる。例えば、ハイパーインフレ時に財貨を購入しようとしても品不足のために購入できず強制的に貯蓄させられてしまい、次第にその購買力も失われていく。

　強制貯蓄には、もう一つの意味がある。雇用者が被雇用者の給与から天引きの形で強制的に貯蓄を行わせることである。日本の労働基準法第18条では、強制貯蓄を盛り込んだ雇用契約は禁止されている。しかし、任意の委託を被雇用者から受け、労使間協定の締結と

主務官庁への届出などの要件が整えば、雇用者が貯蓄の管理を行うことができる。この貯蓄金は、福利厚生などの企業の労務管理的機能を担うとともに、余裕資金の運用という財務機能を果たす。このようなことは企業レベルだけでなく一国レベルでも行われている。例えば、シンガポールの中央積立基金(Central Provident Fund: CPF)は、雇用者と被雇用者から給与の一定割合を国家が運営する年金基金に強制的に積み立てさせている。この制度は、定年後の年金給付という社会政策的な役割をもつとともに、積み立て基金の資金を原資としてインフラや住宅などの長期投資や国債の購入という形で国家の開発資金の原資としても役立っている。　［徳原　悟］

【関連項目】　中央積立基金、インデクセーション、ハイパーインフレーション
【参考文献】　奥田英信,黒柳雅明編『入門　開発金融―理論と政策』日本評論社, 1998年. ／厚生労働省労働基準局編集『労働基準法解釈総覧』労働調査会, 2003年.

強貯蓄 【中国】
Compulsory Saving Strategy

強貯蓄とは、計画経済の下で政府が非市場的な資源配分の方法によって経済成長と工業化を促進させる戦略を指す。一般的にいえば、所得のうち貯蓄に振り向ける部分が多ければ多いほど、またその貯蓄が資本財への投資に振り向ける比率が高ければ高いほど、経済成長率が高くなる。このことを理論的に示したのはフェルドマン(Grigorii Alexandrovic Fel'dman)＝ドーマー(Evsey David Domar)モデルである。計画経済時代に中国が推し進めた重工業化戦略、すなわち工業化を促進するために貯蓄を増やし、それを集中的に資本財産業に投入するという戦略は、まさにこのモデルの具現化であった。強貯蓄のメカニズムを確立するために、計画当局は貯蓄と投資にかかわる諸制度を変えた。まず、政府部門が家計部門にかわって貯蓄の主体となり、農産物の強制供出制度の下で政府は買付価格を低く抑え農業の余剰を吸い上げ、また都市労働者に対し低賃金制度を適用した。このような価格操作と計画的資源配分の結果、経済的余剰は国有工業企業の高い利潤として計上され、計画当局はこれをもって重工業の発展に優先的に投資することができた。国家が家計と企業のかわりに貯蓄と投資の主体となったことで、中国の貯蓄率は短期間で高まり、また、重工業に傾斜的に投資することができた。

しかし、強貯蓄のメカニズムには著しい非効率性が存在する。低収入と低消費は労働者の勤労意欲を損なうと同時に、集団農業と国有企業の制度の非効率性もきわだつ。さらには、資本集約的重工業への集中投資は、開発途上国経済がもつ「労働が相対的に豊富、資本が相対的に稀少」という資源構造とは合致しない。無理な重工業化の推進の結果、近代的工業部門の雇用増加が制約され、都市化の進展も遅れ、マクロ的資源配分の効率性が損なわれる。改革・開放以来、資源配分の市場メカニズムの導入は大きく進展し、家計が次第に貯蓄の主体となり、投資主体多様化し、特に国際分業に参加することによって中国が比較優位をもつ労働集約的製品の輸出が大きく増加し、強貯蓄のメカニズムは溶解している。　［杜　進］

【関連項目】　農工間交易条件、強制貯蓄
【参考文献】　林毅夫, 蔡昉, 李周（渡辺利夫監訳, 杜進訳）『中国の経済発展』日本評論社, 1997年. ／中兼和津次『中国経済発展論』有斐閣, 1999年.

共通移民・難民政策
Common Immigration and Asylum Policy

欧州連合（EU）は、共通政策の一つとして、加盟国民以外の移民や難民に対する政策の統一化を目指すが、ようやく取り組みは始まったばかりでいまだ不確定面が多い。EUは、加盟国民には設立当初から、入国、居住、残留などの入国管理上の特権を認め、「移動の自由」を保障してきた。単一市場の形成とともに権利内容は充実し、1993年以降はすべての加盟国民は、域内を自由に移動し居住できるようになった（ローマ条約14条）。もっとも、法整備は進んだものの、各国の意見が対立する部分はあり、域内国境では一切検問を不要とする立場と、第3国国民への検問は必要であるとの意見調整がつかず、EU枠外でシェンゲン協定が結ばれるという変則的事態を招いた。アムステルダム条約（1999年）の成立に伴い、同協定がEU体制に取り

込まれ、域内の検問廃止が方針となったことから、現在の関心は、第3国国民に対する移民・難民行政の統一基準づくりに移行している。近年、入国管理が緩いイタリアとギリシャに密入国し、そこから他のEU地域に流出する不法移民の存在が社会問題化し、極端な移民排除を求める右翼勢力が台頭していることもあって、対策は急務とされる。EUはローマ条約62条以下に従い、加盟国が増加する2004年までに制度づくりを目指すが、たとえ制度ができあがったとしても、最初の一歩を踏み出したに過ぎない。

当面の課題は、これまでに出されたいくつかのガイドラインや決議を整理し、入国審査手続き、ビザ発給、難民認定手続き、退去処分事由、居住条件、滞在許可証などの基準を定め運用の統一化を図ることである。しかし手続き運用面にとどまらず、不法就労者、難民申請者、長期滞在者の情報ネットワークを構築し、入国審査機関の人的交流や人権対応の一致化を図るなど、どこまで加盟国の相互協力体制を構築できるかが鍵を握ると考えられる。さらには人種差別撤廃や、極端な排外主義に対抗するEU共通政策の策定も、今後の重要課題となる。第3国国民への共通移民・難民政策は、対外政策の一環を成すだけに、加盟国の足並みがそろうかそろわないかは、EU政治統合の帰趨を占う際にも重要な判断材料となる。　　　　　　　［横山真規雄］

【関連項目】　EU、共通農業政策
【参考文献】　Kay Hailbronner, *Immigration and Asylum Law and Policy of the European Union*, Kluwer law International, 2000.／Elspeth Guild, *Immigration Law in the European Community*, Kluwer Law International, 2001.

共通農業政策
Common Agricultural Policy：CAP

共通農業政策（CPA）は、加盟国からの全面的権限委譲にもとづき欧州連合（EU）が行う共通政策のうちでも、最も予算規模が大きく、運用体制も充実した代表的分野である。そもそも、農業問題がEUの政策レベルにおきかえられたのは、ローマ条約の締結時、農業従事者が労働人口に占める割合が高い（各国平均22％）にもかかわらず、農産物価格が不安定で農家の収入が一般に低く、しかも各国間に格差があったことによる。その是正のためには、農業政策を統一し農業市場の育成を図る必要があるとされ、ローマ条約33条（旧39条）で、①生産性向上、②農民の所得増加、③市場の安定化、④安定供給と適正価格の維持などが目指された。価格を統一し、域内流通を自由化し、自由競争を確保するとともに、域外に対しては共通国境障壁が築かれた。

ところが現実は、農産物の価格支持政策に多くの予算とエネルギーが注ぎ込まれ、農業の構造改革・地域改善などへの取り組みは大幅に遅れた。EU農業は、育成ではなく、保護政策を中心に据えた結果、国際競争力が容易に育たず、域外から流入する安価な農産物の対応に追われることになる。しかも比較的高い水準の価格保証が、農産物の過剰供給を招き、そのため補助支出は膨らみ続け、一時期全予算の70％を占めるまでとなった。幾度か改革は試みられたものの、一度染み付いた保護体質から脱却するのは難しく、改革は遅々と進んでいない。しかし、①WTOでの農産物完全自由化の動き、②東欧諸国新規加盟に伴う農村人口の増大化などから、抜本的改革を迫られており、改めてEU農業の発展と活性化に向けた模索が続いている（アジェンダ2000など）。

EU農業政策の推移をたどると、地域統合体における農業政策の舵取りの難しさがうかがわれる。他の地域共同体がEUと同じ道を歩まないためには、保護政策に走るのではなく構造改革を中心に据えた政策立案が不可欠と考えられる。　　　　　　　［横山真規雄］

【関連項目】　EU、共通移民・難民政策
【参考文献】　渡辺寛『迷走するECの農業政策』批評社、1994年。／ローズマリー・フェネル（荏開津典生訳）『EU共通農業政策の歴史と展望』農山漁村文化協会、1999年。／磯野喜美子「共通農業政策（CAP）改革の現段階」日本EU学会編『21世紀へ向かうEU』有斐閣、2001年。

共同農業
Soviet Collective Farming

原則として自営農民を認めず、共同で農業経営させる政策。社会主義における重要な政

策の一つが、農業の共同化であり、農地のほとんどを国営農場、公営農場にしていた。ソ連だけでなく東欧などでも行われたが、農民には、決して評判のいいものではなかった。生産物は国家調達制度に従って共同出荷され、国家に販売したが、価格は低く抑えられた。この低価格は、農業生産の余剰で工業化を図ることが意識されていたからであった。農民の、自らの農地をもち、自らの決定で生産し販売したいとの意思もあって、東欧などでの共同化比率は上昇せずやがて強制的共同化率引き上げ政策は断念されるようになった。社会主義崩壊後、逆に農業協同組合的発想が注目を浴びるようになったが、社会主義時代の共同農業の記憶がゲマインシャフト的協同化の動きを制約している。　　［安田　靖］

局地経済圏
Local Economic Bloc

　局地経済圏は、直接投資の拡大とともに1980年代後半に東アジア地域に新しく発生した地域経済圏である。局地経済圏は成長を牽引する先発地域と後発地域の間に、相互に必要とする経済要素を互いに補い合う経済的補完関係で結ばれている。先発地域は相対的に豊かな資本と高い技術力を蓄積している反面、労働力が不足し、賃金上昇の圧力と土地不足による地価高騰の成長の制約要因がある。これに対して後発地域は、低賃金で良質の豊富な労働力や土地など、低コストの生産要素を有している地域である。このように相互間の実利にもとづいた経済協力関係が局地経済圏の活性化をもたらしている。局地経済圏の生産要素を補完する度合いによる発展段階をみると、最初は国境貿易からスタートし、委託加工による生産拡大の段階に進む。続く時期に直接投資の拡大とともに、先発地域企業の後発地域への現地化が盛んになる。
　局地経済圏は地理的な近さ、言語・文化、地縁・血縁による結びつきから低廉な輸送コスト、速い情報伝達、人の往来の容易さなどのメリットがある。さらに、局地経済圏内の活発な経済活動は人やモノの移動が一方的な関係ではなく、双方向的な関係である。この点が、先進国から地理的に離れた開発途上国への対外直接投資と異なる点であり、局地経済圏においては経済面での関係が双方向的であるからこそ、より緊密な関係が築かれている。
　局地経済圏の発生要因としては、輸出志向工業化により高度経済成長を達成したNIESを中心に、東アジア地域における相互依存関係の深化と域内の自律的な成長メカニズムが形成されつつあることに求められる。もう一つは、東アジア地域における冷戦構造の終焉とともに、市場経済と社会主義経済の境界線に位置している地域で、生産要素の補完関係を生かした自発的な民間経済活動が活発化したことが考えられる。このような意味から東アジアの局地経済圏は、EUやNAFTAのように政府間の協定にもとづく経済圏と異なり、自然発生的に形成された特異な経済圏である。香港と華南部を結ぶ局地経済圏がその典型例である。局地経済圏を理論化し実証したのは渡辺利夫である。　　［文　大宇］

【関連項目】　外資主導型成長、経済特区、三来一補
【参考文献】　渡辺利夫編『局地経済圏の時代』サイマル出版会，1992年．／永井敏秀，小林誠，山本聡「アジア局地経済圏の基本構造と発展メカニズム」『フィナンシャル・レビュー』大蔵省財政金融研究所，第29号，1993年．／林華生『ASEAN経済の地殻変動―21世紀に向けての局地経済圏の形成』同文舘出版，1993年．／三木敏夫『アジア経済と直接投資促進論』ミネルヴァ書房，2001年．

寄与度・寄与率
Contribution

　ある時系列データの変動に対して、その構成項目の増減がどれだけ影響しているかを示す指標。寄与度とは各構成項目の変化分を、前期の項目の和で割った値をいい、寄与率とは各構成項目の変化分を、構成項目の和の変化分で割った値をいう。　　［白砂堤津耶］

均衡予算原則
Balanced Budget Principle

　歳出財源はすべて税収で賄い、公債や借入金は原則的に歳出財源としては認めないとする考え方。すなわち、歳出と歳入を均衡させる考え方で、財政規律を厳格に遵守することを重視する立場である。財源の調達手段として公債の発行を認めると、財政赤字を抑制す

るための歯止めがなくなる。その結果として、増発される公債が中央銀行引き受けの形で賄われ、貨幣供給量の増加を通じてインフレーションをもたらす。このような事態を回避することを法律的に保証するために財政法にも盛り込まれる。健全財政主義的な考え方は、第2次世界大戦以前においてはごく一般的であった。政府の役割は、議会、司法、防衛、警察などに限定され、小さな政府が望ましいとされていた。

健全財政主義は、アダム・スミス（Adam Smith, 1723～90）を中心とした古典派経済学から、ミルトン・フリードマン（Milton Friedman, 1912～）やハイエク（Friedlich August von Hayek, 1899～1992）などに引き継がれ、現代にまで至る。しかし、第2次世界大戦以後に、いわゆるケインズ経済学が登場し、財政の経済安定化機能に脚光が当てられた。不況期には財政支出を拡大して景気浮揚を図り、好況期には財政支出を抑制し景気変動を平準化させるというものである。その財源を公債発行で賄うという状況が到来したのである。

ケインズ（John Maynard Keynes, 1883～1946）は財政赤字の継続を容認していたわけではなかったが、恒常的な財政支出の拡大を生み出す余地が開かれたのであった。開発途上諸国、とりわけ中南米諸国における財政赤字は高率のインフレや国際収支危機の原因になるほど恒常化している。開発資金を捻出するために、公債発行による財政赤字という安易な財源調達手段を利用したためである。これとは対照的に、東アジア諸国の財政状況は、概して均衡ないしは黒字であり、これが高成長の1つの要因であると考えられる。現在、日本でも財政構造改革が行われており、プライマリー・バランス（Primary Balance：基礎的収支といわれ、公債発行と公債利払い等を除いた収支）の均衡化が目指されている。 ［徳原 悟］

【関連項目】 財政構造改革、スミス、景気循環、ハイパーインフレーション

【参考文献】 加藤治彦編『図説 日本の財政（平成14年度版）』東洋経済新報社、2002年．／貝塚啓明『財政学（第3版）』東京大学出版会、2003年．

金正日
⇨金正日（キムジョンイル）

均斉成長説
Balanced Growth

均斉成長説とは、低所得水準にある国が経済発展を志向する際には、多くの異なる産業に同時に資本を投下して、それらの産業が比例的に発展するようなバランスのある発展戦略をとるのが望ましいとするものであり、ヌルクセ（Ragnar Nurkse）やローゼンシュタイン-ロダン（Paul N. Rosenstein-Rodan）によって提唱された。均斉成長説は、ある特定の産業に集中して資本投下を行い、その結果生じる産業間のアンバランスな発展を許容するハーシュマン（Albert Otto Hirschman）の不均斉成長説とは対照的な発展戦略である。第2次世界大戦後独立を達成した多くの開発途上国にとって、大戦後も大戦前と同様に依然として先進国への1次産品輸出に依存した経済構造を持続することは困難であった。また、それら諸国の農村には多くの過剰労働力が存在しており、「偽装失業」の状態にあった。そのような過剰労働力を解消して1人当たり国民所得を上昇させるためには、資本蓄積を促進して工業化を進めることが重要であった。ヌルクセの均斉成長説においては、工業化が成功するためにはすべての産業が均等に発展するような発展戦略が必要であるとした。すべての産業が均等に発展するためには、それらの産業に対して同時に大量の資本投入が行われる必要がある。さらに、開発途上国の貯蓄水準が低いことを考慮し、また海外からの資本移動が不活発であるとすれば、政府が何らかの形で国内の資本を動員する必要があるとされた。

ヌルクセは、「貧困の悪循環」があてはまるような低所得水準にある開発途上国を対象として均斉成長説を考案した。ヌルクセによると、1人当たり国民所得が低く、人々の暮らしが貧しい開発途上国においては「貧困の悪循環」が存在しているという。ある国の実質所得が低いことは、その国の貯蓄が低い水準であることを意味する。低貯蓄は低水準の資本形成をもたらすためにその国の生産力も

低い水準にとどまる。生産力が低いことは人々の所得が低い水準にとどまり、実質所得が低いことは同時に、人々の購買意欲も低いことを意味する。人々の購買意欲が低ければ、企業の投資意欲も低く、資本不足となって生産能力を低下させるために、所得水準も低いことになる。所得水準が低いこと、すなわち貧しい状態にあることが需要と供給の両面から貧困をもたらすのである。このような「貧困の悪循環」を断ち切るためには、資本形成が活発に行われて生産能力を高める必要がある。しかし、資本形成を活発に行うためには企業の投資意欲が高まる必要があるが、そのためには市場規模が大きくなければならない。ヌルクセは、多くの異なる産業において同時に投資を行うことによって生じる相互補完性によって、狭小な国内市場による制約を克服しようとしたのである。

経済発展論においては、ある国の経済発展において均斉成長が実現したか、もしくは不均斉成長が実現したかということも重要なテーマとなる。実際に均斉成長が実現した国としては、オーストラリアをあげることができよう。オーストラリアの経済発展の特徴は、産業部門間のGDPおよび労働力の成長率の格差が小さいことにある。また、産業構造の変化も緩やかであり、労働生産性の格差が産業部門間で均等化するような発展が観察され、結局、1970年代に産業部門間の労働生産性格差が解消された。農業と工業、サービス業のバランスのとれた発展がオーストラリアにおいては実現したのである。　　［森脇祥太］

【関連項目】　ローゼンシュタイン-ロダン、不均斉成長説、偽装失業、貧困の悪循環
【参考文献】　ラグナー・ヌルクセ（土屋六郎訳）『後進諸国の資本形成』厳松堂書店, 1955年. ／大塚勝夫『比較経済発展論』早稲田大学出版部, 1995年. ／絵所秀紀『開発の政治経済学』日本評論社, 1997年.

金銭的外部経済
Pecuniary External Economies

金銭的外部経済（金銭的外部不経済）とは、ある経済主体の活動が市場を経由して他の主体に正の影響（負の影響）を及ぼすことをいう。金銭的外部経済・不経済のことを金銭的外部効果という。金銭的外部効果は、市場を経由して他の経済主体に影響を及ぼすため、資源配分を歪めることはなく市場の失敗の原因とはならない。一方、市場を経由することなく、他の主体に影響を及ぼすことを技術的外部効果といい、資源配分を歪めて市場の失敗の原因となる。ある地域で、何らかの要因により総需要が増加したとしよう。総需要の増加は総供給が短期的に一定であれば、価格上昇をもたらす。価格上昇は産業利潤を高め、この地域にはさまざまな新しい産業が参入することになろう。新しい産業の参入は、価格上昇による超過利潤がゼロとなるまで継続し、総生産は増加することになる。また、新しい産業がこの地域に参入すると、労働、資本、原材料等の生産要素需要が増大する。

しかし、生産要素の供給が、教育、資本市場、原材料輸入等の振興政策により需要を上回って増加した場合、生産要素価格は低下する。生産要素価格の低下によって個別産業の生産費用も低下するという金銭的外部経済が生じ、地域全体においても価格の低下と生産の増大を同時に実現することが可能となる。ローゼンシュタイン-ロダン（Paul N. Rosenstein-Rodan）やデ・シトフスキー（Tibor de Scitovsky）らに代表される初期の開発経済学者たちは、金銭的・技術的外部経済が開発途上国の工業化に与える影響に注目し、地域の総需要を高め、外部効果を発生させるための大規模な投資の重要性を主張した。　　［森脇祥太］

【関連項目】　ローゼンシュタイン-ロダン、デ・シトフスキー、外部効果
【参考文献】　西村和雄『ミクロ経済学』東洋経済新報社, 1990年. ／絵所秀紀『開発の政治経済学』日本評論社, 1997年.

近代経済成長
Modern Economic Growth

近代経済成長とは、ある国において、近代的な科学技術が産業内で意識的に応用され、人口や1人当たり国民所得が持続的に増加しながら、急速な貿易の拡大、産業構造の変化、都市への人口集中、などの現象が観察されるような状態をいい、サイモン・クズネッツ（Simon Smith Kuznets）によって提起さ

れた概念である。ある国において経済発展が進んでいる場合、その国の経済構造において数量的な拡大と質的な改善が生じ、社会構造も大きく変化する。経済発展論とはある国の発展過程を分析するための学問分野であるが、その研究においては数量データを使用した実証分析が多く試みられている。それらの実証分析の中でも、クズネッツによる世界各国の経済発展の比較研究は、経済発展論のみならず、経済学全体にも大きく貢献した。

クズネッツは、国民経済計算の概念を使用して世界各国の歴史的数量データを整備し、1人当たり国民所得が持続的に上昇しながら産業構造が変化する経済発展の過程を分析した。クズネッツ以前のドイツ歴史学派やマルクス唯物史観による伝統的な経済史研究においては、世界各国の歴史的発展過程が断片的な資料にもとづいて、個別に分析されていたに過ぎない。経済発展の特殊性のみを扱うのではなく、普遍性をも重視した分析を行うためには、何らかのフレーム・ワークによって客観的な数量データを統一的に整備する必要があろう。クズネッツは、自身が発掘・発見した膨大な世界各国の数量データを国民経済計算の概念によって整備して、それら諸国の経済発展過程を実証的に分析し、多くの普遍的事実を発見した。それらの普遍的事実は、彼の主著である『近代経済成長の分析』(*Modern Economic Growth : Rate, Scructure and Spread*. New Haven : Yale University Press, 1966.)や『諸国民の経済成長』(*Economic Growth of Nations : Total Output and Production Structure*. Cambridge : Harvard University Press, 1971.)を通じて発表された。

クズネッツの実証分析によって、ほとんどの先進国において1人当たりの国民所得が持続的に上昇するような現象が生じていることが確認された。また、クズネッツは、経済発展の初期時点においては1次産業が雇用や生産量のシェアが最も高い産業であるが、近代経済成長が進行するにつれて、2次産業が高くなり、最終的には3次産業が最も高くなる傾向があるという事実を解明した。クズネッツは、数量データを使用した厳密な実証分析によって経済発展の普遍性を確認した。

しかし、ロストウ(Walt Whitman Rostow)の経済発展段階理論については実証的に確認されたものではないとして批判していた。ロストウは、国民所得に対する投資の比率(＝投資率)が10％以上となった時、伝統社会から近代社会への「離陸(take-off)」が実現し、その際、特定の部門(製造業)が離陸への先導的役割を果たすことが想定されている。しかしクズネッツは、世界各国において投資率が10％以上となるようなことや、製造業が主導して一気に経済発展が達成されるようなことは観察されないとする。そして、ロストウ流の伝統社会と近代社会を明確に区分する経済発展段階理論はアイディアとしては優れているが、普遍的理論としては成立していないと主張した。クズネッツは、国際的な経済発展の比較研究のみならず、クズネッツ逆U字仮説、クズネッツ型消費関数、クズネッツ・サイクルなどに示されるような所得分配、消費関数、景気循環等にわたる数多くの実証的な研究を行い、その業績によって1971年度のノーベル経済学賞を受賞した。

［森脇祥太］

【関連項目】　マルクス、経済発展段階理論、クズネッツ逆U字仮説、クズネッツ型消費関数、クズネッツ循環
【参考文献】　クズネッツ(塩野谷祐一訳)『近代経済成長の分析(上・下)』東洋経済新報社、1968年。／クズネッツ(西川俊作、戸田泰訳)『諸国民の経済成長―総生産高および生産構造』ダイヤモンド社、1977年。／大塚勝夫『比較経済発展論』早稲田大学出版部、1995年。

金大中
⇨金大中（キムデジュン）

近代部門
Modern Sector

開発経済学においては、近代部門は工業部門や都市部門を示す場合が多く、利潤最大化原理にもとづき生産活動を行っていると想定されている。相互扶助的な共同体原理が行動規範となっている伝統部門とは明白に異なって、「二重経済発展モデル」においては、近代部門の発展によって伝統部門の近代化も達成されることになる。近代部門の代表的産業は工業部門であるため、生産要素は労働と資

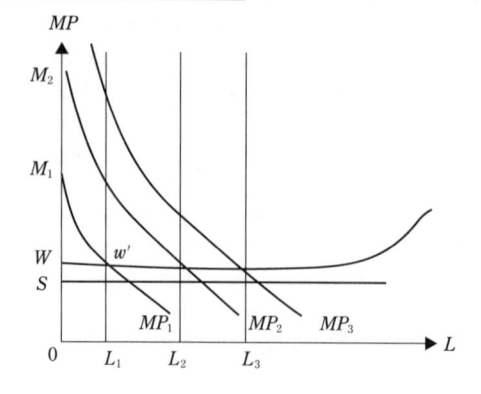

本である。この場合、収穫逓減法則が成立していれば、労働力量 L を横軸に限界生産力 MP を縦軸にとった場合、労働の限界生産力 MP は、右下がりの曲線となり、図のように示される。伝統部門で決定される「制度賃金」、もしくは「最低生存賃金」の水準を $0S$ とすると、伝統部門から労働力を吸収するために、近代部門の賃金水準は $0S$ を上回る $0W$ となる。また、近代部門の雇用労働力は、賃金と労働の限界生産力が均等化する水準で決定される。当初の近代部門の労働力量が L_1 の水準にあるとすれば、図において、近代部門の利潤は、総収入 $0L_1w'M_1$ から $0L_1w'W$ を引いた $Ww'M_1$ となる。近代部門は利潤を再投資することで成長し、労働の限界生産力は $MP_1 \to MP_2 \to MP_3$ へとシフトし、伝統部門の余剰労働力を吸収して近代部門の雇用量は $L_1 \to L_2 \to L_3$ へと増加する。

〔森脇祥太〕

【関連項目】 限界費用と利潤最大化、伝統部門、収穫逓減の法則、限界生産力、最低生存賃金
【参考文献】 渡辺利夫『開発経済学―経済学と現代アジア(第2版)』日本評論社、1996年.

金日成
⇨金日成(キムイルソン)

金融監督機関
Financial Supervisory Agency

金融システムの安定と発展を目的に、設立・運営される公的機関である。1980年代以降、世界的に金融の自由化と国際化が進展する中にあって、開発途上国においても金融危機が頻発し、金融監督体制の強化が重要な課題となった。従来、財務省や中央銀行が、金融制度の立案、金融機関の設立・退出の許認可、プルーデンス規制の適用、金融機関の監督・検査業務、金融危機への対応などの機能を分担してきた。

1990年代に入ると、北欧諸国や英国などで、財務省や中央銀行とは別に金融監督機関を新設し、金融監督機能を一元化する動きがみられるようになった。この背景には、①中央銀行の業務を物価安定に限定して、金融監督機能を分離すべきである、②金融持株会社制度の導入や金融コングロマリットの登場に伴い、銀行のみならず証券会社、保険会社、ノンバンクなどを含む多くの金融業を一元的に監督する必要性が高まっているという認識がある。1997年に金融危機に見舞われた韓国は、財政経済部と韓国銀行(中央銀行)に分かれていた金融監督機能を、1998年に新設した金融監督委員会に一元化した。

開発途上国においても、金融監督の手法は、金融機関の経営内容や行動を事前にチェックする方式から、預金者や機関投資家などの市場参加者を通じてチェックする方式へ転換しつつある。「裁量」ではなく「ルール」にもとづいて金融機関や金融システムの安定性を維持するためには、法整備、資本市場改革、コーポレートガバナンスの向上などを徹底する必要がある。また、金融機関に規制を遵守させるには、まず金融監督当局の体制を強化しなければならない。その一環として、多くの開発途上国がBIS(国際決済銀行)の「実効的な金融監督のためのコアとなる諸原則(Core Principles)」の導入を進めている。

〔高安健一〕

【関連項目】 金融自由化、プルーデンス(健全性)規制、金融制度、自己資本比率規制
【参考文献】 打込茂子『変革期の国際金融システム』日本評論社、2003年.

金融実名制【韓国】
Real Name Financial Transaction System

金融実名制はすべての金融資産の取引を本人名義で行うことを義務付け、他人名義や架空名義による利子・配当所得に対しては高率の税金を課すという制度で、韓国版グリーンカード制である。韓国では長い間、金融機関

との取引において仮名や借名の使用がなされ、それが不正資金や秘密政治資金の温床となった。1989年の財務部の非公式推計によれば、他人および架空名義のアングラマネーの規模は、GNPの17%近くに相当した。また労働所得に対する課税と金融資産からの利子・配当所得に対する課税の不公平も問題とされていた。そのために金融取引の透明性を高め、金融資産からの所得を捕捉するために、金融実名制の実施が求められた。

　金融実名制は全斗煥（Chŏn Tu-hwan）政権下の1982年に法律として制定されたにもかかわらず、大企業や富裕層の反発および経済的諸条件の未整備などからその施行が遅れた。1993年2月に政権についた金泳三（Kim Yŏngsam）大統領が同年8月、大統領緊急命令により電撃的に実施に踏み切った。これにより2年間で約98%が実名化した。一方、1995年10月には盧泰愚（No T'aeu）前大統領が借名で300億ウォンもの秘密政治資金を保有していたことが明らかとなり、逮捕される事態にまで至った。金融実名制は同じく金泳三政権下の1995年7月に施行された不動産取引実名制とともに、韓国のアングラマネーの削減に貢献したと評価できる。　[向山英彦]

【参考文献】　渡辺利夫編『アジア経済読本』東洋経済新報社, 1994年。／金宗炫, 大西健夫編『韓国の経済』早稲田大学出版部, 1995年。

▶金融自由化
Financial Liberalization

　金融自由化とは、金融業に課されてきた諸規制を緩和ないしは撤廃することにより、金融機関の金融仲介機能を向上させることである。開発途上諸国の金融システムの特徴は、政府・中央銀行による統制が張りめぐらされていることである。預金・貸出金利の上限規制、信用割り当て、金融機関の参入規制などの諸規制により、金融機関の活動が制約されるのである。これらの規制は、貯蓄動員能力と資金配分の効率性を大きく損なうものであり、経済発展の障害であるとの主張がなされた。これが、マッキノン（Ronald I. Mckinnon）やショウ（Edward S. Shaw）などが主張する「金融自由化論」であった。

　この「金融自由化論」を理論的支柱として、1980年代半ば頃より、東アジア諸国で金融自由化の第一弾が実施された。この第一段階では、主として国内金融面における自由化が中心に据えられた。預金・貸出金利の自由化、信用割当、金融機関の競争促進がそれである。「金融自由化論」によれば、預貸金利の自由化、信用割当を撤廃すれば、貯蓄と投資の増加により経済発展が促進されるという。預金金利を自由化すると実質金利が上昇するので貯蓄が増加し、貸出金利が上昇すると非効率な投資案件が排除されるために、社会全体の平均投資効率が上昇する。優先的資金配分を排除するならば、金融機関は融資案件を慎重に審査するため、非効率な投資への融資が断たれることになり、投資効率を引き上げることになる。

　このような観点から、東アジア諸国で段階的に預金貸出金利の自由化が進められた。例えば韓国では、1988年に2年物以上の定期預金金利の自由化がなされ、さらに1991年11月と1993年11月には段階的金利自由化措置が発表された。一方、貸出金利については、1984年に優遇貸出金利が廃止され、貸出金利が弾力化された。1986年には産業別金利が廃止され、社債・金融債の発行金利が弾力化された。その後、1991年と1993に段階的な金利自由化計画が発表された。これらの計画は、1997年を目途に政策金融を除く預金・貸し出し金利を自由化するというものである。また、信用割当政策も緩和ないし撤廃の方向に向かっている。

　急速な工業化を推し進める一方で、国内貯蓄制約がある状況では、信用割当政策は特定産業部門に国内貯蓄を動員するための効果的な手段である。しかし、この特定産業が高い収益をあげ、融資を返済できるという保証はどこにもないのである。むしろ、採算の合わない部門に融資が行われる傾向が強く、金融機関は不良債権の増加に苦しめられるというのが一般的である。また、信用割当政策は銀行経営に対する公的介入を意味するし、経営の自立性が大きく損なわれる。金融機関の経営効率と資金配分の効率性を大きく歪めてきた。このため、預金・貸出金利の自由化、信

用割当政策の緩和が進められる必要があった。さらに、金融業への参入規制を緩和することによって、金融機関の仲介機能の効率性を高めることを狙いとしていた。

1990年代に入ると、自由化第2弾として対外金融の自由化が進められた。直接投資の自由化、オフショア金融市場の創設、および証券投資の対外開放が行われた。また、マレーシアでは1990年にラブアン・オフショア市場、タイでは1993年にバンコク・オフショア市場が創設され、銀行間の資金取引が活発化した。オフショア市場の創設と銀行業務規制の緩和により、海外資金が急速に流入し始めた。そして、これらの対外取引を可能にしたのが為替管理の自由化であった。

これにより、直接投資、ポートフォリオ投資、銀行貸付やその他の短期資本が経常収支赤字をはるかに上回る勢いで流入した。この海外資金が逆流し東アジア経済を大混乱に陥れたのが、1997年のアジア通貨・金融危機であった。その原因の一つは、国内金融システムにおけるリスク管理やプルーデンス規制などの整備が行き届かぬうちに対外取引の自由化を行ったことにある。これらの体制を強化することに加え、先物、社債、株式などを取引する金融・資本市場の育成・強化、金融機関を含めた法人企業のコーポレート・ガバナンスの確立が必要とされる。これらは、すべてが有機的に連関してこそ有効に機能するものであるため、資本移動が自由化された状況に適合した金融システムの整備までには長い時間を要する。　　　　　　　　　〔徳原 悟〕

【関連項目】　金融制度改革、アジア経済危機、ポートフォリオ投資、外国為替管理、オフショア金融市場
【参考文献】　Edward S. Shaw, *Financial Deepening in Economic Development*. New York : Oxford University Press, 1973. ／Ronald I. Mckinnon, *Money and Capital in Economic Development*. Washington D. C. : The Brookings Institution, 1973. ／寺西重郎『工業化と金融システム』東洋経済新報社、1991年.／Maxwell J. Fry, *Money, Interest and Banking in Economic Development*. Second Edition, Baltimore : The Johns Hopkins University Press, 1995. ／奥田英信、黒柳雅明編『入門　開発金融―理論と政策』日本評論社、1998年.

金融深化
Financial Deepening

金融深化とは、金融仲介機関としての預金取扱銀行が行う金融仲介活動の水準、すなわち金融部門の発展度を示す1つの指標である。一国の銀行部門の金融仲介活動の水準は、経済規模当たりの流動性をもつ貨幣の流通量で代用的に説明される。一般的には、M_2〔現金通貨+要求払預金+定期性預金〕／GDPで測定される。この比率の上昇は、国民の多くがその貯蓄を定期性預金で保有する傾向が強まることを意味する。また、それは貸し付け可能な長期性資金の増加を意味する。開発途上諸国では、銀行部門が金融仲介活動の主役を担っているため、金融部門の発展を測定する場合に多用される。

この金融深化指標は、比較的入手が容易なデータであり、金融部門の発展度の測定を容易にするが、その解釈には十分な注意が必要である。M_2がGDPの成長を上回る速度で増加すれば、この指標は上昇する。ここでは、M_2の量的拡大が焦点となっており、その増加要因は問われていない。マネーサプライの増減は、政府や民間部門に対する信用創造、外貨の流出入によって左右される。例えば、赤字国債の中央銀行や商業銀行による引き受け、杜撰な融資審査による民間企業への貸出しなどの要因によっても、マネーサプライは増加する。そのため、この指標では、資金が効率的に利用されているかどうかという質的側面は考慮されていない。

また、国際比較を行う場合にも、対象国の金融制度の特徴を考慮する必要がある。例えば、韓国、ブラジル、メキシコなどでは非銀行金融機関が発達しており、その金融債務がM_2の代替資産としてかなり機能している。そのため、M_2よりもより広義な貨幣集計量M_3（M_2+非銀行金融機関の預金）を用いて測定する必要がある。なお、証券市場の発展を測定するための一般的な代理指標としては、株式時価総額／GDPが利用される。

〔徳原 悟〕

【関連項目】　マネーサプライ、金融仲介機能、間接金融／直接金融、通貨
【参考文献】　Edward S. Shaw, *Financial Deepening in Economic Development*. New York : Oxford Univer-

sity Press, 1973. ／Ronald I. Mckinnon, *Money and Capital in Economic Development*. Washington D. C.: The Brookings Institution, 1973. ／河合正弘, QUICK総合研究所アジア金融研究会編『アジアの金融・資本市場―自由化と相互依存』日本経済新聞社, 1996年.

金融政策
Monetary Policy

　金融政策は、財政政策と並ぶ代表的なマクロ経済政策である。金融政策の代表的な手段には、公定歩合政策、公開市場操作、法定準備率操作がある。これらの手段以外にも、政治的要素の強い窓口指導（Window Guidance）などがある。これは、中央銀行の金融機関に対する道徳的説得（Moral Suasion）といわれ、貸出増加額の枠を設定しそれを金融機関に遵守させる。この貸出増加額規制は、各国によりその名称は異なるが、開発上諸国でしばしば利用されていることが指摘されている。これらの政策手段を利用して物価の安定、完全雇用の維持、国際収支の均衡のいずれかを目標にして、政策運営がなされる。各種市中金利や市中銀行の行動に影響を与えることによって、これらの目標を追求することになる。

　しかし、開発途上国の金融市場は、一般的に未発達であるとともに、さまざまな規制が張りめぐらされているため、金融政策の手段やその効果に大きな制約が生じる。また、資本移動や為替レートの国内経済に及ぼす影響が大きいために、政策運営に際して先進国以上に大きな注意を払わなければならない。インドネシアでは、従来から政府は健全財政主義をとって、国債が発行されなかったため公社債市場の発展が遅れており、債券の売買を通じて金融調節を行う公開市場操作を実施することができなかった。そのため、オペ対象証券として1984年に中央銀行債務証書（Sertifikat Bank Indonesia：SBI）を、1985年には商業銀行引受手形（Surat Berharga Pasar Uang：SBPU）を発行した。通貨および金利調節手段としてのSBIは、1990年代に入ると巨額の海外資金の流入を背景に発行量が増大した。SBIは期間が1週間から半年の高金利証券であり、しかも信用度が高いため、海外投資家の投資対象になった。しか

も、管理変動相場制を採用していたため、対ドル為替レートが安定していたことも資金流入を促進した。その結果、かえって外貨準備が積み上がり、国内通貨量が拡大してしまった。開発途上諸国の金融政策はその経済環境によって政策手段の数やその効果が大きく左右されるのである。　　　　　　　［徳原　悟］

【関連項目】公定歩合政策、公開市場操作、法定準備率操作、不胎化介入、信用創造

【参考文献】Sheila Page ed., *Monetary Policy in Developing Countries*. New York：Routledge, 1993. ／伊東和久、山田俊一編『経済発展と金融自由化』研究双書No. 429, アジア経済研究所, 1993年. ／奥田英信、黒柳雅明編『入門　開発金融―理論と政策』日本評論社, 1998年.

金融制度
Financial System

　金融制度とは、銀行制度（決済制度）、通貨制度、証券取引制度などの諸制度から構成される一国の金融の枠組みのことを指す。なお、金融システムという用語があるが、これは金融制度とは若干異なる内容をもつ。システムという場合には、制度的枠組みによって成立する金融の構造に着目する。金融制度の特徴は、国や時代によって異なる。例えば、ガーシェンクロン（Alexander Gerschenkron）は、英国とドイツの経済発展プロセスを比較した歴史研究から、後発国ほど銀行部門、次に政府の役割が重要になると指摘している。これは、日本や東アジア諸国の金融制度をみるならば、容易に確認できる。

　現在、金融制度のタイプは大きく分けると2つある。米国や英国を代表例とする市場取引型システムと、日本、ドイツおよび東アジア諸国の銀行取引型システムがある。両制度の特徴は、前者が直接金融重視であるのに対して、後者は間接金融重視の制度である。直接金融が優位な国では、企業の主要な資金調達源は債券・株式市場になり、銀行が占めるシェアは相対的に小さい。間接金融が優位な金融制度の下では、銀行融資が主要な資金調達手段となる。これに対応して家計部門の金融資産保有の形態も異なる。直接金融が優位な場合には、株式や債券が家計部門の資産に占めるシェアが大きく、銀行預金のシェアは小さくなる傾向がある。逆に、間接金融の下

では、株式・債券のシェアは小さく、預金のそれが大きい。しかし、株式・債券のシェアが大きいからといって、必ずしもそれが家計のリスク選好度を示すものではない。企業の従業員に対するストック・オプション制の導入や確定拠出型年金制度（401kプラン）の導入など、外部環境の変化に家計部門が対応しているためだという指摘もある。

　第2の特徴は、直接金融の下では、株式・債券などの証券市場が発達していることである。それに比べ、間接金融の下では、銀行融資が幅を利かせているため、証券市場の発達が遅れる。特に、米国や英国の株式・債券市場は国内証券市場というよりも国際的な証券市場の色彩が強い。世界中から投資資金が集まることによって、株式や債券の発行による資金調達も世界規模で行われる。また、直接金融と間接金融では、企業行動が異なる。株式や債券で資金調達を行う場合には、その企業の業績が株式発行や起債条件に反映される。そのため、低いコストで資金調達を行うには、企業が業績を上げ配当を高水準に維持することが必要になる。そのため、企業は短期的な収益を拡大するような行動に走る。一方、間接金融の場合には、銀行との長期的な関係によって融資が行われているために、そのような傾向はみられない。

　銀行は、融資を行う前、融資後、そして返済に至るまで借り手企業をモニタリングしている。銀行は、積極的に借り手の情報収集に努め、そこで得た情報を加工処理して分析している。また、間接金融は相対取引の性格が強いため、業績が低迷しても追加的融資や救済融資などが行われ、比較的弾力的な取引となる。直接金融のように、期間や金額などが固定された1回限りの取引とは性格を異にする。

　しかし、開発途上諸国の場合には、もう一つ別の分類が必要になる。それは制度金融と非制度金融といわれるものである。制度金融は、法律によって設立規定がなされた金融機関が取引を行っている領域である。非制度金融は、金融業者の設立根拠法もなく、取引も法律によってカバーされていない領域である。これは未組織金融や在来金融とも呼ばれ、開発途上諸国の金融において大きな機能を果たしている。家計、農業、および商人や小規模製造業などの非法人企業への融資・貸し付けを主な業務とする。金貸業者、質屋、日本の頼母子講や無尽、韓国の「契」にあたる組織がこれに含まれる。近年、制度的金融と非制度的金融の中間に位置するようなセミフォーマルな金融も登場している。具体的には、グラミン銀行などのマイクロファイナンスがそれである。これらの機関は、貧困削減を主目的としている点で特異である。

［徳原　悟］

【関連項目】　間接金融／直接金融、金融制度改革、金融自由化、インフォーマル・クレジット、マイクロファイナンス

【参考文献】　Alexander Gerschenkron, *Economic Backwardness in Historical Perspective : A Book of Essays*. Cambridge, Massachusetts : The Belknap Press of Harvard University Press, 1962.／河合正弘、QUICK総合研究所アジア金融研究会編『アジアの金融・資本市場―自由化と相互依存』日本経済新聞社、1996年.／世界銀行（日本証券経済研究所訳）『アジアの公社債市場』㈶日本証券経済研究所、1997年.／奥田英信『ASEANの金融システム―直接投資と開発金融』東洋経済新報社、2000年.／Franklin Allen and Douglas Gale, *Comparing Financial System*. Cambridge : The MIT Press, 2000.／大阪市立大学経済研究所、中尾茂夫編『金融グローバリズム』東京大学出版会、2001年.

金融制度改革
Reform of Financial System

　金融制度改革とは、一国の金融制度を構成する、銀行制度、通貨制度、証券取引制度を改革することである。金融制度改革の実施には大きく分けて、2つの目的がある。1つは、金融の効率性を改善するために金融規制の緩和・撤廃を行い、経済成長を促進すること。もう1つは、通貨危機、銀行危機などの一国の金融制度全体を揺るがすような問題から金融制度を守るために、主として監視体制や規制の枠組みを構築するための改革である。東アジア諸国の金融制度改革においては、1980年代から1997年の通貨・金融危機までの期間に行われた改革が前者に相当する。1997年以降の金融制度改革の特徴は、後者の危機管理体制強化の改革として位置付けられよう。

　1980年代から1997年までのアジア諸国の金

融制度改革の足取りをみると、1980年代には国内金融の効率化を促進する目的で金融制度の改革が行われた。その中身は、金利の自由化、金融機関間の競争促進、証券市場の育成・強化など国内金融システムの自由化であった。1980年代以前の統制色の強い金融制度からの脱却を目指していた。1990年代に入ると、金融制度改革の矛先は、対外金融面に向けられた。金融・資本市場の対外開放、外国金融機関の参入規制の緩和、外国為替管理の自由化などの対外開放が急速に進められた。資本勘定における為替管理の自由化は、先進国でも比較的最近まで管理されていたため、時期尚早の感はまぬがれなかった。

しかし、この資本勘定の自由化により、直接投資、銀行貸付、ポートフォリオ投資やその他の短期資本の形で経常収支赤字をはるかに上回る外国資金が流入した。これに加えて、マレーシアでは1990年にラブアン・オフショア市場が、タイでは1993年にバンコク・オフショア市場が創設され、銀行間の資金取引が活発化した。オフショア市場の創設と銀行業務規制の緩和により、海外資金が急速に流入し始めた。また、このオフショア市場の創設とともに外資系金融機関の参入が活発化し、東アジア諸国の金融部門は急速に競争的な環境へと変貌した。

このように、東アジア諸国は自国の金融部門の諸規制を緩和・撤廃することにより外資を受け入れ、急速な経済発展を遂げてきた。外資の流入により国内貯蓄を凌駕する投資水準を維持することが可能になり、1997年の通貨・金融危機に至るまで、これら諸国は持続的な経済発展を遂げた。外資を梃子にした開発戦略といわれる所以もここにある。このように、東アジア諸国で1980年代後半から進められてきた金融改革は、規制の緩和ないしは撤廃を柱に経済発展をもたらした。

しかし、アジア通貨・金融危機以後、短期金融市場、資本市場の発達の遅れや、銀行部門の健全な活動を促すための自己資本比率規制やプルーデンシャル規制の不徹底、情報公開や会計制度の遅れなどの問題が明らかになってきた。金利規制の撤廃と金融機関間の競争が促進され、利幅が圧迫された。そのた

め、金融機関は利益を引き上げるためにリスクの高い行動に出始めた。不動産融資や株式投資家への融資が行われる一方で、融資を特定の企業家に集中させるなどの問題が生じた。統制的な金融制度から市場型の金融制度への移行により、金融機関は十分な審査能力を備えられなかった。また、政府の指示により融資を行っている限り、融資が不良債権化しても政府の支援により倒産からまぬがれるので、自己資本を増強するインセンティブも生まれない。十分な金融システムの安定性を維持するために、金融当局は銀行やノンバンク金融機関の経営活動を監視するシステムを構築することが必要になろう。金融機関の自己資本比率設定などのプルーデンシャル規制、会計制度や情報開示の徹底、預金者保護制度や破産手続きなどの危機対策の確立など、金融取引の効率性と安定性とを高める諸制度の整備・実効性の強化が急務の課題となる。

この意味で、東アジアの今後の金融制度改革は、これまでの規制緩和重視から、規制の枠組みの変更へと向かうことになろう。金融制度改革とは、単に規制の緩和・撤廃を意味するのではなく、規制の枠組みの転換であることを示している。これまで国内金融市場と国際金融市場を分断してきたシンガポールが、自発的に金融開放への道を歩み出した。情報開示や会計制度などの金融インフラを強化することで、アジア諸国は開放型経済に適応した金融制度を構築する方向に歩み出し始めた試みとして注目される。　　　〔徳原　悟〕

【関連項目】　金融制度、金融自由化、アジア経済危機
【参考文献】　寺西重郎『工業化と金融システム』東洋経済新報社、1991年. ／河合正弘, QUICK総合研究所アジア金融研究会編『アジアの金融・資本市場—自由化と相互依存』日本経済新聞社、1996年. ／奥田英信, 黒柳雅明編『入門　開発金融—理論と政策』日本評論社、1998年. ／藪下史郎『貨幣金融制度と経済発展：貨幣と制度の政治経済学』有斐閣、2001年. ／吉冨勝『アジア経済の真実—奇蹟, 危機, 制度の進化』東洋経済新報社、2003年.

金融仲介機能
Financial Intermediation Function

　銀行や保険会社などの金融機関が、資金余剰主体（最終的貸手）から資金不足主体（最

終的借手）へと資金を移転させる機能のことをいう。この資金移転の仲介役を果たすのが金融仲介機関（Financial Intermediary）である。金融仲介機関には、貨幣的間接証券である預金証書を発行する銀行と、非貨幣的間接証券である保険証書を発行する保険会社の２種類がある。銀行は預金を受け入れると、預金者に対して預金証書を発行する。預金を受け入れた銀行は、融資を行うか、あるいは公債、株式、社債への投資を通じるかして、資金不足主体に資金の移転を行う。

　保険会社も、保険証書を発行して加入者から納付される資金を最終的借手の発行する本源的証券に投資する形で、資金仲介機能を果たす。本源的証券とは、最終的な借手が発行する負債であり、直接証券ともいわれる。金融機関が資金の仲介機能を果たすことにより、効率的な資金の再配分が可能になる。この機能が円滑に働くように、金融仲介機関は情報生産機能、資産変換機能、リスク負担機能を果たしている。

　情報生産機能とは、最終的借手の信用度を測るために、所得、保有資産、経済状況などの情報を最終的貸手に代わって収集、整理、蓄積することである。資産変換機能とは、最終的貸手と借手の間にある流動性選好の違いに適した形の金融サービスを仲介機関が提供することである。銀行のケースをみると、預金者は通常元本が保証されており、いつでも引き出し可能な金融サービスを要求する。その一方で、借り手は比較的長期の資金供与サービスを望む。つまり、金融仲介機関は金融手段の満期変換を行うことで、資金の移転を行っている。また、リスク負担機能とは、最終的貸し手のリスクを金融仲介機関が負担することである。最終的借り手による資金の返済が履行されるかどうかにかかわらず、預金は保証される。また、最終的借り手も最終的貸し手から不意の返済要求を受けなくてすむ。金融仲介機関がこれらの機能を果たすことによって、資金の移転が効率的に行われるのである。

〔徳原　悟〕

【関連項目】　間接金融／直接金融、金融制度、金融制度改革
【参考文献】　堀内昭義『金融論』東京大学出版会、1990年。／岩本康志、齋藤誠、前多康男、渡辺努『金融機能と規制の経済学』東洋経済新報社、2001年。

金融抑圧／金融抑制
Financial Repression, Financial Restrain

　金融抑圧という用語が最初に提示されたのは、ロナルド・マッキノン（Ronald I. Mckinnon）とエドワード・ショウ（Edward S. Shaw）がそれぞれ1973年に上梓した文献においてであった。金融抑圧とは、金融部門における競争制限的な措置と高率のインフレーションとが結びつき、金融部門の成長を妨げる状況のことである。

　例えば、政府が「人為的低金利政策」によって自由競争下での預金金利よりも低い水準に金利を設定するとしよう。そうすると、貸出金利と預金金利の格差が拡大するために、金融部門にレント（超過利潤）が発生することになる。他方、財政赤字を貨幣増発でファイナンスしているために、実質金利がマイナスになるほどの高率のインフレーションが発生しているとしよう。このような状況の下では、金融部門のレントは消滅してしまい、金融部門の発展が妨げられてしまう。つまり、インフレ税という形で金融部門のレントは政府部門に吸い上げられてしまうのである。このような現象は、中南米諸国でしばしばみられた。

　一方、金融抑制は、金融部門に競争制限的な措置が敷かれている点では金融抑圧と同一である。しかし、実質預貸金利差がプラスとなる程度にインフレ率が低いため、金融部門にレントが発生するという点で金融抑圧とは本質的に異なる現象である。金融部門にレントを確実に発生させるためには、高インフレの原因となる財政赤字がないこと、つまり健全なマクロ経済運営がなされていることが条件となる。このような条件の下で、金融部門がこのレントを店舗網の整備や行員の金融技術を向上させるような教育に使用するならば、預金吸収能力が高まり金融部門が発展することになる。そして、金融部門の発展が金融サービスの提供を通じて実物部門の発展を促すという好循環が形成される。金融抑制は、日本をはじめとして東アジア諸国でみられる現象であるが、これは東アジア特有の現象なのか、それとも他の開発途上諸国にも適用可能なのかという点を実証することが今後

の課題となる。　　　　　　　［徳原　悟］

【関連項目】　金融深化、金融自由化、ハイパーインフレーション
【参考文献】　Edward S. Shaw, *Financial Deepening in Economic Development*. New York : Oxford University Press, 1973.／Ronald I. Mckinnon, *Money and Capital in Economic Development*. Washington D. C. : The Brookings Institution, 1973.／青木昌彦、金瀅基、奥野（藤原）正寛編、白鳥正喜監訳『東アジアの経済発展と政府の役割―比較制度分析アプローチ』日本経済新聞社、1997年.

金融レバレッジ
Financial Leverage

　投資資金を借入金で賄うことによって投下資金量を拡大し、投資の収益率を高める手法のこと。少ない資金で金額の大きな取引をすることから、テコ（leverage）にたとえられる。例えば、信用取引、先物取引、デリバティブ取引やレポ取引を通じて証券を購入し、それを担保に金融市場や金融機関から借入を行う。通常、信用取引においては約定総代金の約10%～20%程度の金額を証拠金として積む。証拠金額は信用取引で得た証券を担保として金融機関から借入を行う。この時点で、すでに大きなレバレッジ効果が働いている。つまり、信用取引段階で証拠金額を上回る金額の取引をしているのである。また、担保証券の価格が上昇すれば金融機関からの貸出枠も拡大し、レバレッジ効果はさらに大きくなる。この効果の大きさを示すレバレッジ率は、取引総額／証拠金額で表わされる。

　例えば、取引総額を100億円、証拠金額を10億円とすると、10倍のレバレッジとなる。アジア通貨危機の際に非難を受けた米系ヘッジファンドや、1998年に破綻したロングターム・キャピタル・マネジメント社（Long-Term Capital Management）も、このレバレッジ効果を巧みに使い巨額の利益をあげた。米系ヘッジファンドの中には、100倍近くのレバレッジをかけていたという報告もある。

　1998年以降、これらの高レバレッジ機関（Highly Leveraged Institutions : HLIs）の多くが破綻したことを受け、バーゼル銀行監督委員会（Basel Committee on Banking Supervision）から1999年1月に「銀行と、レバレッジの高い業務を行う機関」、および「銀行と、レバレッジの高い業務を行う機関との取引に関する健全な実務のあり方」というタイトルをもつ2つのレポートが出された。そこでは、高レバレッジ機関は、レバレッジが高く、ディスクロージャーの義務もなく、またオフショア金融センターを通じて業務を行っているために、直接的な規制を受けない。そのため、これら機関に信用供与を行う銀行のリスク管理の手法を改善し、その能力を高めるという間接規制が重要だとされている。　　　　　　　［徳原　悟］

【関連項目】　ヘッジファンド、オフショア金融市場、アジア経済危機、バブル
【参考文献】　バリー・アイケングリーンほか編（松崎延寿訳）『ヘッジファンドの素顔』シグマベイスキャピタル、1999年.／ジョン・L. イートウェル、ランス・J. テイラー（岩本武和、伊豆久訳）『金融グローバル化の危機：国際金融規制の経済学』岩波書店、2001年.

ク

クズネッツ型消費関数
Kuznets' Consumption Function

　クズネッツ型消費関数は、クズネッツ（Simon Smith Kuznets）が米国の時系列データを使用して提示した消費関数であり、長期間において平均消費性向 c がほぼ一定（=0.9）であるという特徴がある。すなわち、クズネッツ型消費関数は、

◇クズネッツ型消費関数

消費 C

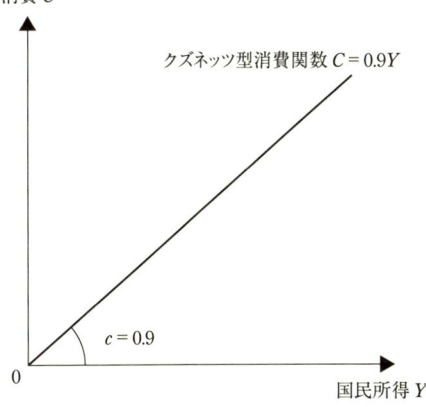

クズネッツ型消費関数 $C=0.9Y$

$c=0.9$

0　　　　　　　　　　　　　国民所得 Y

$C=0.9Y$

のように表わすことができる。　　　［森脇祥太］

クズネッツ逆U字仮説
Kuznets' Inverted U Hypothesis

サイモン・クズネッツ（Simon Smith Kuznets）は、西欧諸国の歴史的経験から得られたデータから、1人当たり国民所得とジニ係数（Gini Coefficient）で測られる不平等度との間の関係は、長期的にみれば、図のような逆U字型の曲線によって示すことができるという仮説を提示した。1人当たり国民所得の水準が低い初期的な発展段階においては、経済発展とともにその国の所得分配は不平等化すると考えられた。しかし、1人当たり国民所得の水準が高くなると、その国の所得分配は平等化に向かう。1人当たり国民所得が低い段階で不平等化が進行する理由として、速水佑次郎は、資本分配率の上昇、大企業と中小企業の並存等にみられる二重構造、農業・非農業間の所得格差の拡大、等をあげている。

実際、日本を対象に、南亮進・牧野文夫協力『日本の経済発展（第3版）』第11章に記載されている長期的なジニ係数の変動を示す図からクズネッツ仮説を確認してみると、第2次世界大戦以前においては日本のジニ係数は上昇したが、逆に戦後期には大きくジニ係数が低下、クズネッツ仮説があてはまる。同時に、戦後期にジニ係数が低下して平等化が進行したのは、経済発展の内生的メカニズムによるのみではなく、農地改革や累進的課税制度の採用、社会保障の充実等の制度改革に依存するところも大きい。クズネッツ仮説については1国の時系列データ以外にも、各国のクロスセクション・データによる実証的検証が活発化しているが、現在までのところその正当性が完全に実証されたとはいい難い。

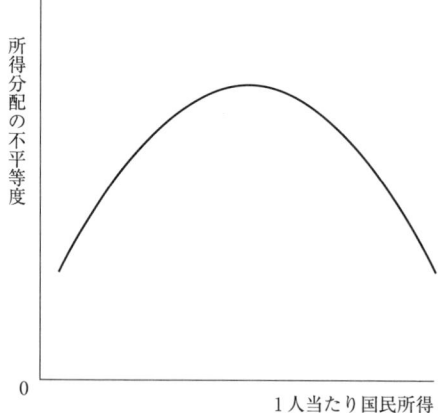

［森脇祥太］

【関連項目】　ジニ係数、所得分配、経済成長／経済発展
【参考文献】　Simon Kuznets, "Economic Growth and Income Inequality," *American Economic Review*, vol. 45, pp. 1-28, March 1955.／速水佑次郎『新版　開発経済学』創文社、2000年。／南亮進、牧野文夫（協力）『日本の経済発展（第3版）』東洋経済新報社、2002年。

クズネッツ循環
Kuznets Cycles

米国の著名な経済学者、統計学者であるクズネッツ（Simon Smith Kuznets, 1901～85）が発見した、平均約20年周期の景気循環のこと。アーサー・ルイス（William Arthur Lewis）が、発見者の名にちなんで1955年に命名した。クズネッツ循環は、住宅や工場などの建設活動を要因として起こると考えられており、建設循環（Construction Cycles）ともいわれる。

クズネッツは、米国の実質GNPデータから計算された成長率の10カ年移動平均値のデータを観察すると、約20年周期の循環がみられることを発見した。また、イースタリン（Richard A. Easterlin）も実証分析から確認している通り、建設関連の実数データを観察すると、やはり約20年周期の循環が読み取れることが指摘されている。トーマス（Brinly Thomas）の移民と経済成長の分析によれば、米国の住宅建設と移民流入との間には明確な相関関係が存在し、住宅建設の要因を明らかにした。

クズネッツ自身もさらに詳細な分析を進めることにより、鉄道業の資本投資と住宅建設が人口動態と密接な関係にあることを明らかにしている。人口増加を通じて鉄道や住宅建設が行われ、それが建設循環となって景気変動に影響を及ぼすことを実証的に分析したのであった。人口が増加するとともに宅地開発地域が外延的に発展し、住宅建設が行われ

る。人間が居住する以上、輸送手段が必要になり鉄道建設が行われる。しかし、その速度は、長期的にみれば人口増加率に制約を受けるので、住宅や鉄道の整備が一定程度に達すると建設需要は頭打ちとなる。ただし、クズネッツ循環だけによる景気変動幅への効果はそれほど大きくなるとは考えられない。というのは、開拓時代や主循環のジュグラー循環と循環が一致するケースは別であるが、基本的に建設循環は緩やかに変動する人口要因に依存しているためである。　　　　〔徳原　悟〕

【関連項目】　キチン循環、コンドラチェフ循環、ジュグラー循環、経済成長／経済発展、近代経済成長
【参考文献】　Simon S. Kuznets, *Capital in the American Economy*. New York, National Bureau of Economic Research, 1968. ／稲田献一、宇沢弘文『経済発展と変動』岩波書店、1972年。／鳥居泰彦『経済発展理論』東洋経済新報社、1979年。／南亮進著、牧野文夫協力『日本の経済発展（第3版）』東洋経済新報社、2002年。

▶国別援助計画
Country Assistance Policies

1998年11月の「対外経済協力関係閣僚会議」幹事会申し合わせにもとづき、案件選定にかかわる透明性の向上を図る目的で、国別援助計画の作成が決定された。国別援助計画はODA大綱、ODA中期政策の下に位置づけられ、具体的な案件策定の指針となる。

国別援助計画は、被援助国の政治・経済・社会情勢および開発計画や開発上の課題を勘案した上で、今後5年間程度を目途とした日本の援助計画を示す。計画では、被援助国の開発計画、開発上の主要課題、他の供与国の動向、援助の意義、ODA大綱との関係、目指すべき方向性、重点分野、課題別援助方針、援助実施上の留意点などを明らかにし、日本の援助計画を国内のみならず国際社会に広く発信している。

2003年7月時点で、バングラデシュ、タイ、ベトナム、エジプト、ガーナ、タンザニア、フィリピン、ケニア、ペルー、中国、マレーシア、カンボジア、チュニジア、ザンビア、ニカラグアの15カ国について国別援助計画を策定済みであり、スリランカ、モンゴル、インド、インドネシア、セネガル、パキスタン、ラオス、カザフスタン、グアテマラについても順次、策定していく予定である。

2002年6月、ODAへの国民参加を具体化し、ODAの透明性を高めるとともに、国別援助計画の策定を目指してODA総合戦略会議が設立された。同会議は外務大臣を議長とする常設の組織で、ODA大綱やベトナム、スリランカを初めとする国別援助計画の見直しを行っている。　　　　〔三浦有史〕

【関連項目】　ODA大綱
【参考文献】　外務省経済協力局編『わが国の政府開発援助上巻2002』財団法人国際協力推進協会、2003年。／外務省ホームページ（http://www.mofa.go.jp/mofaj/）。

クーポン
⇨バウチャー／クーポン

クライアンテリズム【中南米】
Clientelism

ラテンアメリカに広範にみられる社会関係で、支配し権力をもつ者は恩恵をふりまき、支配され権力をもたない者は恩恵の見返りに前者に従う。パトロン＝クライアント関係ともいう。クライアンテリズムの社会では、法律などの抽象的原理よりも個人的な人間関係が重視され行動を規制する。ネポチズム（縁故主義）が広くみられる。アミーゴ（友人）の尊重は、ラテンアメリカの人々が重視する心情であるが、しばしば何らかの利益が媒介している。ラテンアメリカでは、カトリックの代父制度を通じて擬制的な家族関係が形づくられたが、これも保護、恩恵を媒介としている。パトロン＝クライアント関係は農村における地主と小作人の間で強くみられた。こうしたラテンアメリカの人間関係で重要なのは、それがあくまで個別的な関係である点である。階級あるいは何らかの利害を共通する人々による横の団結は脆弱で、そのことが社会の根底からの変革を困難にしている。

パトロン＝クライアント関係はラテンアメリカの政治の基礎を形づくっている。ポピュリズムはラテンアメリカの政治的伝統であるが、それはカリスマ的なリーダーが支持の見返りに恩恵を与え政治目標を追求する運動である。ポピュリズム政権の下で国家は経済、社会分野での介入を強めたが、それは政府と個人的な関係を結ぶことによって利益を得ようというレント・シーキングを助長した。大

統領制、任命官僚制という政治制度では、個人的な関係が優先され、政権交代があると政府の重要ポストは縁故にもとづいて総入れ替えされ、官僚は任期中にその利益を最大化する行動をとり、社会は彼らと手を結ぶことによって利権を得ようとする行動をもたらした。縁故主義、クライアンテリズムはまた、ラテンアメリカの政治や社会において腐敗を増大させることになった。　　　［小池洋一］

【関連項目】　ポピュリズム
【参考文献】　松下洋, 乗浩子編『ラテンアメリカ政治と社会』新評論, 1993年.

クラウディング・アウト
Crowding-out

　政府支出の拡大により政府の資金需要が増加すると利子率が上昇し、民間の資金需要が締め出されてしまう現象をいう。しかし、このような現象は、マネーサプライが一定であり、資金の需給が逼迫しているという状況を想定しない限り、生じない。一般的に政府支出の増加は国債の増発で賄われる。国債は市中で消化されるため、資金が政府に吸い上げられてしまう。しかし、資金需給が逼迫していない限り、資金が政府に吸収されたとしても利子率は上昇しない。というのは、通常、財政支出の拡大は景気低迷時に行われるため、資金需給が緩慢な状況にあるからである。

　景気停滞時の財政支出の増加は、民間投資と消費の低下を補う形でGDPを引き上げる効果をもつ。また、国債増発時に通貨当局がマネーサプライを一定に維持すれば、確かに利子率は上昇する。政府支出はGDPを増加させる効果をもつので、GDPの増加に従い貨幣需要も増加するからである。しかし、好況期でインフレ圧力が高いなどの場合を除いて、通常、通貨当局は順応的にマネーサプライを増加させる。そのため、クラウディング・アウト現象が生じるとは考え難い。

　確かに、1980年代前半に、米国でクラウディング・アウトの懸念が高まったことがあった。レーガン（Ronald W. Reagan）政権下で、インフレ抑制のための厳しい金融引締め政策と、安定的な経済成長を維持するために拡張的な財政政策が実施された。しかし、金融引締めにより米国金利が上昇し、日本やドイツとの金利格差が拡大することで米国は海外からの資金流入が増加した。この海外からの資金流入で米国のクラウディング・アウト懸念は解消された。このケースから確認できることは、開放経済体制下でクラウディング・アウトが生じるには、海外からの資金流入もないという状況が条件となる。［德原 悟］

【関連項目】　金融政策、財政政策
【参考文献】　ジョセフ・E. スティグリッツ（藪下史朗, 秋山太郎, 金子能宏, 木立力, 清野一治訳）『マクロ経済学（第2版）』東洋経済新報社, 2001年.

グラースノスチ【ソ連】
Glasnost［ロ］

　ソ連における情報公開政策のこと。1985年に書記長に就任したゴルバチョフ（Mikhail Sergejeuich Gorbachjov）がソ連経済の停滞打破のために採用したペレストロイカと両輪の政策。元の意味は「声を出す」ことである。マスコミの報道に民間の声を反映させ、タブーとされていた犯罪情報を認め、ポルノも解禁された。しかし、1990年代に入ると、クルクス原子力潜水艦の沈没事件などによって情報公開が後退するようになった。

［安田　靖］

【関連項目】　ペレストロイカ
【参考文献】　宇多文雄『グラースノスチ』新潮選書, 1992年.

グラミン銀行【バングラデシュ】
Grameen Bank

　グラミン銀行は、バングラデシュ生まれの経済学者ムハマド・ユヌス（Muhammad Yunus, 1940〜）が創設した、貧困削減を目的とした小規模金融のこと。グラミン銀行の設立は1983年10月2日であるが、その起源は1970年代にまで遡る。1974年の大飢饉を契機として、1976年6月から開始されたユヌス率いる貧困削減プロジェクト、「グラミン・バンク・プロジェクト」がその出発点であった。グラミンはベンガル語で「村」という意味であるが、その言葉の通り貧しい村落に住む土地なし貧困層を対象に少額融資を行うことで貧困の削減に乗り出した。貧困層への貸

出しにもかかわらず、約98％という高い回収率を実現したことで世界的に注目された。2003年8月のデータによると回収率は99.03％と、依然として高い回収率を維持している。

現在、バングラデシュには約6万8000の村が存在する。2002年9月時点で、約4万1000の村に金融サービスを提供している。支店数は1175ヵ所、借り手も240万人に達している。創設以来の累積貸付額は40億2188万ドル、累積返済額も36億4946万ドルに拡大している。27ドルからの融資で始動されたことを考えると、目覚ましい進展である。商業銀行の融資対象にもならない人々に無担保で融資を行い、しかもその返済率は非常に高い。

ほぼ女性だけに融資を実施していることも、グラミン銀行の特徴である。借り手全体に占める女性の割合は、95％となっている。バングラデシュでは、通常の銀行では女性は融資を受けられないという性差別がある。また、男性にお金を渡すと、家族や家庭のことを顧みずに酒、タバコや博打に使われてしまうことも、女性に融資を行う理由とされている。グラミン銀行の融資金利は16％となっており、バングラデシュの市場貸出金利よりも高い水準にある。それにもかかわらず、延滞することなく返済を履行させるメカニズムがグラミン銀行の融資方法には備わっている。融資を希望する女性で構成される5人組を構成する。この5人一組のグループは、グラミン銀行のメンバーとして教育訓練を受ける。グラミン銀行の方針、生活改善に向けての「16ヵ条の決意」、融資・返済等の方法などがその内容となる。その後、最初の融資を受けることになるが、融資額は1人当たり3000タカから5000タカ、日本円に換算して約6000円から1万円になる。

最初は、グループの2人に融資が行われ、元本と利子の返済を確認するために1ヵ月程監視を行い、確認ができた後に他のメンバーにも貸出しが実施される。融資は1年間で元利含めて完済される。そして、借り入れた資金は、即座に現金収入を得られる事業への投資に使用される。開発途上諸国では高利貸しなどの金融業者が存在する。金融業者は抱き合わせ融資をしていることが多く、借り手の作った製品は安く買い叩かれる。そのため、融資を受けて事業に投資をしてもなかなか所得を上昇させることが難しい。グラミン銀行の場合は、できた製品は市場で売却するため、返済を容易にするとともに、所得の上昇にもつながる。また、このグループ融資の最大の利点は、グループ構成員が相互に各人の融資返済の責任をもつことにある。連帯責任制を導入することにより、1人が返済不履行に陥ると、他の構成員も融資を受けられなくなり、商業銀行のモニタリング機能の役割を果たしていることになる。このような形で融資を行うことにより、グラミン銀行は驚異的な回収率を維持してきた。

農村に住む低所得貧困層の所得の向上に加え、生活改善を促進することもグラミン銀行の重要な任務となっている。そのため、メンバーには共同貯蓄が義務付けられる。また、所得上昇後の生活改善を実現するために住宅貸付なども行われるようになっている。現在、グラミン・グループはグラミン銀行の成功により、グラミン銀行の方針や原理を伝えるグラミン・トラスト、商業銀行からの融資を断られた若干リスクの高い技術志向的なベンチャー事業への融資を行うグラミン・ファンドやその他通信、電話、エネルギー、教育関連の会社を設立して、メンバーの生活改善に取り組んでいる。　　　　　〔徳原 悟〕

【関連項目】　インフォーマル・クレジット、金融制度、マイクロファイナンス

【参考文献】　Shahidur R. Khander, Baqui Khalily, and Zahed Khan, "Grameen Bank: Performance and Sustainability," *World Bank Discussion Papers* 306. Washington D.C.: The World Bank, 1995.／ムハマド・ユヌス、アラン・ジョリ（猪熊弘子訳）『ムハマド・ユヌス自伝―貧困なき世界をめざす銀行家』早川書房、1998年。／岡本真理子、粟野晴子、吉田秀美編『マイクロファイナンス読本―途上国の貧困緩和と小規模金融』明石書店、1999年。／Richard L. Meyer and Geetha Nagarajan, *Rural Financial Markets in Asia: Policies, Paradigms, and Performance*. A Study of Rural Asia, Vol. 3, Asian Development Bank, New York, Oxford University Press, 2000.／Marguerite S. Robinson, *The Microfinance Revolution: Sustainable for the Poor*. Washington D.C.: The World Bank Publications, 2001.／黒崎卓、山形辰史『開発経済学―貧困削減へのアプローチ』日本評論社、2003年。

グラント・エレメント
Grant Element : GE

　グラント・エレメントとは、援助に占める贈与の比率を示す指標である。援助の条件として盛り込まれる金利、据置期間、返済期間が開発途上諸国にとってどれだけ有利であるかを示すものである。この指標は、金利が10%の商業融資を最低基準としており、商業融資のグラント・エレメントは0%となる。金利、据置期間、および返済期間の諸条件が緩和されるにつれて、グラント・エレメントの比率が高まる。無償援助は、当然ながらグラント・エレメントが100%になる。このように、グラント・エレメントは援助の金融条件に着目して、援助の「質」を測るための1つの指標である。金融条件を援助の質を測定する基準として用いた指標に、「贈与比率 (Grant Share)」がある。無償資金協力、技術協力、および国際機関への出資や拠出など、返済義務を伴わない形態の援助のODAに占める比率である。グラント・エレメントの基準に照らすと25%以上のものが、政府開発援助 (Official Development Assistance : ODA) と呼ばれる。

　ODAは、政府およびその実施機関が直接開発途上諸国に供与するケースもあれば、国際機関に対して供与する場合もある。経済協力開発機構 (Organization for Economic Cooperation and Development : OECD) の下部組織である開発援助委員会 (Development Assistance Committee : DAC) のODAの定義によれば、①政府およびその関連実施機関による開発途上諸国および国際機関への資金の供与および拠出を行い、②その主たる目的は、開発途上諸国の経済・社会開発におかれ、③グラント・エレメントが25%以上であること、とされている。DACは、世界銀行やIMFなどのように融資を行う機関ではない。先進諸国が集結して、開発途上諸国向け援助の枠組みや方向付けを行う、「先進国クラブ」である。そこでは、援助の改善・拡大や、いかにして援助の効率性を高めるかが議題となる。

　DACにおいては、これまで援助の質を測る基準として金融条件に着目してきた。しかし、金融条件だけでは、援助の質を十分に把握することができない。被援助国にとっては受けた資金によって財貨を購入するが、その物資の調達条件も重要である。援助資金によってどの国からでも財貨を購入できることを「アンタイド (Untied) 条件」という。物資の購入が援助国に制限されているものを「タイド (Tied) 条件」という。「ひも付き」援助といわれるものは、まさに後者の条件が付された援助のことである。このような調達条件のアンタイド化については、2001年5月にようやく後発開発途上諸国向けのODAに対して正式に決定された。

　さらに、援助の質を高めるために、金融条件や調達条件以外の要素にも着目されるようになった。援助が、開発途上国の経済・社会開発において実際にどの程度の貢献を果たしているのかという観点である。援助の実施によって、開発途上国の貧困緩和、環境への配慮などにどれだけ貢献しているのかが、援助の質として本来問われるべきである。このような観点から、各プロジェクトの事前評価はもちろんのこと、事後的な調査・評価も綿密に行われるようになってきたことは、重要である。ややもすると、援助実施上の手続き論、援助形態や技術論に議論が終始しがちであるが、本来の援助の目的に立ち返れば援助が開発途上諸国の経済・社会開発にどの程度貢献したか否かが、最も重要である。

　日本のODAについても、援助額は世界第2位であるが、贈与比率、グラント・エレメント、アンタイド率においてDAC加盟国の中でも低い水準にあると批判されている。援助の地域的配分がアジアに集中し、しかも経済インフラへの融資比率が高い点などの批判がなされがちである。しかし、経済インフラへの集中とはいっても、その内容を仔細にみるならば、農村開発、地域開発および貧困緩和に関連するプロジェクトが多く、大型インフラ整備や特定産業に密接に関連したものではない。もちろん、プロジェクトの中には批判されて然るべきものもあるが、それだけを取り上げるのはバランスを欠いているといわざるを得ない。

［德原　悟］

【関連項目】　国際復興開発銀行、OECD-DAC、IMF、ODA

大綱

【参考文献】 渡辺利夫, 草野厚『日本のODAをどうするか』日本放送出版協会, 1991年. ／草野厚『ODAの正しい見方』ちくま新書, 1997年. ／小浜裕久『ODAの経済学（第2版）』日本評論社, 1998年. ／青木隆『開発援助論』学文社, 1998年. ／西垣昭, 下村恭民, 辻一人『開発援助の経済学（第3版）―「共生の世界」と日本のODA』有斐閣, 2003年. ／渡辺利夫, 三浦有史『ODA（政府開発援助）―日本に何ができるか』中公新書, 2003年.

グローバル・ガバナンス
Global Governance

　グローバル・ガバナンスという言葉は、経済のグローバリゼーションの深化、冷戦後の世界システム、国連活動の新しい意義、NGOの興隆、環境問題など地球的課題の顕在化などの時代変化を通して、今や21世紀の新しい国際政治学の焦点の一つとなっている。地球の諸問題について国家だけでは十分対応できない。そこでグローバルな地球規模でのガバナンス（統治）が必要になったという考え方である。1995年のグローバル・ガバナンス委員会の『地球リーダーシップ報告書』(*Global Leadership Report*)によると、「地球社会の統治、管理運営、自治の意味を含み、個人と組織、私と公とが、共通の問題に取り組む多くの方法の集合体であり、そのプロセスは利害調整的かつ協力的である」と定義している。「人間の安全保障」、「地球安全保障」の考え方もこの一環である。

　21世紀の国際社会は、1648年のウェストファリア条約から冷戦前まで続いたような国家間の水平的ネットワークをベースとした「国家システム」だけではなく、国際機関（「超地域システム」）、EU、APEC、NAFTAなどのような「地域システム」、多国籍企業の展開による「企業システム」、そして国境を超えた市民社会の連携として強い影響力をもつようになった「NGOシステム（トランスナショナル・シビルソサエティ）」といったサブシステムも大きな役割と影響力をもつようになっている。しかし、グローバル・ガバナンスの問題点は、ガバナンスの主体が存在しないことである。企業統治（コーポレート・ガバナンス）論では、主体は企業であり、冷戦前の世界システムでは主権国家であ る。しかし、地球統治には主体がない。国連が主体となるべきだ、市民社会（NGO）こそが主体となるべきだという議論はある。しかし、価値の多様性を許容して、集団的（多様なプレーヤー）な自己管理（地球管理）を行う統治システムとならざるをえない。一つの実際的な進展としては、NGOの主導で、さまざまなレベルでグローバル・ガバナンスへ向けた合意できる行動基準（コード・オブ・コンダクト）を設定して、それへの参加を声明し、その行動基準に従って各主体が行動していくというやり方が進められている。

［長坂寿久］

【関連項目】　NGO、人間の安全保障
【参考文献】　渡辺昭夫, 土山實男編『グローバル・ガヴァナンス―政府なき秩序の模索』東京大学出版会, 2001年.

グローバル・マトリックス組織
Global Matrix Organization

　グローバル・マトリックス組織とは、世界規模・製品事業部と地域事業部を並立させるような組織構造のことであり、製品のグローバル展開と国や地域特殊な要因への個別対応を両立させるために採用される。この場合、海外子会社の管理は双方の事業部で行われ、2つの方向の命令系統を保有する組織構造が形成される。世界規模・製品事業部制においては、国や地域への個別の対応が軽視され、また、一方で、地域別事業部制においては、製品販売のためのグローバル展開という視点が欠落した経営が行われる。グローバル・マトリックス組織が形成されることによって、双方の組織構造の短所が補強される。

　しかし、グローバル・マトリックス組織が採用された場合、企業はいくつかの問題に直面する。まず、製品事業部と地域事業部のトップである部長の利害関係が異なる場合、2人の事業部長には同等の権限と責任が与えられているために、権力闘争が生じやすくなり、意思決定の合意形成が困難となる。さらに、権力闘争以外にも、双方のコミュニケーションが阻害されることにより、意思決定の合意形成は困難となろう。例えば、製品事業部長と地域事業部長の赴任地が遠く離れていることや、両者の国籍の相違による文化、慣

習、言語の相違は、コミュニケーションの重大な阻害要因となると考えられる。

製品事業部長と地域事業部長の権力闘争を防止して、コミュニケーションの障害を解消し意思決定の合意形成を促進するためには、彼らより上位に位置するトップ・マネジメントによる調整や、事業部長同士が顔を会わせるミーティングの機会を頻繁に設定することが有効であろう。しかし、その場合、トップ・マネジメントと事業部長の業務に関連する負担は、世界規模・製品事業部制や地域別事業部制と比較して飛躍的に増加する。そのため、企業が、グローバル・マトリックス組織を採用した場合、当初の期待通りの成果をあげることが不可能となって、多くの企業が、グローバル・マトリックス組織を解消するような事態が多発することになった。従来、グローバル・マトリックス組織を採用した成功例として、欧州の重電機器メーカーのアセア・ブラウン・ボベリ（ABB）社があげられていたが、ABBもごく最近において、グローバル・マトリックス組織を解消した。

[森脇祥太]

【関連項目】　マザー・ドーター組織、国際事業部制、世界規模・製品事業部制
【参考文献】　J.M. ストップフォード, L.T. ウェルズ（山崎清訳）『多国籍企業の組織と所有政策』ダイヤモンド社, 1976年。／山下達哉, 髙井透『現代グローバル経営要論』同友館, 1993年。

ケ

経営自主権【中国】
Decision-making Autonomy of Management

「経営自主権」の拡大とは、中国の国有企業改革の初期にとられた生産計画、製品販売、労務管理、内部分配などの権限を国家から国有企業に段階的に譲渡する措置を指す。その目的は、企業経営者の責任感、あるいは従業員の労働意欲を引き出し、企業の生産効率を向上させることにあった。

計画経済の下で、政府の国有企業に対する支配が強過ぎたため、企業は行政機関の付属物となっていた。企業経営者は生産・経営に関する決定権限がまったくないことから、経営者および従業員の自主性が抑圧され、企業活動は停滞した。

こうした状況を改善するため、四川省は1978年10月に、全国に先駆けて重慶鋼鉄公司など6つの企業を対象に経営自主権を導入した。計画を上回る業績を達成した場合には、超過分の利益を企業内部に留保することが認められた。1978年末に開催された共産党第11期第3回全体会議は国有企業への経営自主権の付与を決定した。これを受けて、1979年7月に国務院は「国営企業（1992年以降、国有企業と呼称）の経営管理自主権に関する若干の問題について」を公布し、企業に付与する経営自主権の内容を従来よりも拡大させる方針を明らかにした。

経営自主権の拡大により、企業は従来よりも多くの利益を留保できるようになり、生産意欲が大いに刺激された。同時に、賃金の引き上げや奨励金の支給などにより従業員や管理職の生産・経営に対する積極性が高まり、生産の急成長が改革の進展を支えるという好循環をもたらした。しかし、国有企業改革の初期段階、かつ社会主義計画経済という枠組みで進められた国有企業の経営自主権の拡大はさまざまな問題を抱えていた。競争的な市場が欠如し企業の経営状態を反映する十分な情報がない状況下では、企業活動の公平性は著しく損なわれた。

1990年代以降、政府は国有企業の経営自主権を一層拡大させた。1991年に国有企業に直接対外貿易権を付与し、1992年には、生産経営決定権、製品価格決定権など14項目の自主権が付与された。

[孟　芳]

【関連項目】　国有企業改革、計画経済／市場経済
【参考文献】　林毅夫, 蔡昉, 李周（関志雄, 李粋蓉訳）『中国の国有企業改革―市場原理によるコーポレート・ガバナンスの構築』日本評論社, 1999年。

計画委員会
Planning Committee

国家レベルの経済計画を作成する担当部局。旧ソ連の場合、1921年2月にゴスプラン（Gosplan）が計画担当部局として創設され、第1次計画は1929年からスタートした。ゴスプランの特色は共産党の政策を強調していた

ことであり、担当部局、担当企業を名指しする形になり、命令的色彩が強かったことである。ただ、計画はゴスプランだけでできるわけではない。旧ソ連の場合、物資配分を担当する部局や、価格を決定する国家価格委員会もあった。さらに、計画の達成状況をチェックする機関としての中央統計局と国立銀行（ゴスバンク：Gosbank）も重要な役割を果たしていた。ソ連経済は、生産手段を「社会的所有」として国有中心になっていたことが、こうした命令的計画の実施を可能にした。しかし、社会主義国だけが計画を作成していたわけではない。日本、タイやマレーシアなどもつくっていた。日本では、経済企画庁（当時）、タイでは国家経済社会開発庁（National Economic and Social Development Board：NESDB）、マレーシアでは経済計画局（Economic Planning Unit：EPU）が計画委員会に相当する。ただ、こうした市場経済の国々での計画は命令ではなく、指示的計画であった。　　　　　　　　［安田　靖］

【関連項目】　指示的計画、命令的計画
【参考文献】　大野健一『市場移行戦略』有斐閣、1996年．

計画経済／市場経済
Planned Economy, Market Economy

　計画経済と市場経済は、生産や消費の調整メカニズムの様式を示す2大モデルである。計画経済は中央計画経済（Centrally Planned Economy）ともいわれ、ソ連、中国や東欧諸国において採用された経済調整モデルである。中央計画当局が原材料、生産される財・サービスの種類、生産量、資金の計画を策定し、これを指令制目標として国営（有）企業に下す。計画の策定には、膨大な情報の収集と処理が必要になる。製品の多様化や産業連関が複雑になるにつれて、整合的な計画を策定することが困難になる。それは資源配分の歪みを大きくさせる。

　これに対して、市場経済は、市場取引の結果として形成される価格の動きを通じて生産量や消費量が調整される経済である。市場経済では、価格の変動を通じて需給調節と資源配分がなされる。超過需要が発生すれば、製品の価格が上昇する。この製品の生産に原材料、労働、資本などの生産要素が他の製品の生産分野からシフトして生産が拡大され、やがて超過需要が解消される。ここでは、膨大な情報を処理するのではなく、市場価格の動きだけに注目すればよい。このように、生産や消費を中央集権的な計画に委ねるのか、それとも価格メカニズムを通じて間接的に調整していくのかという点で大きく異なっている。

　このような調整メカニズムの相違は、生産手段の所有権のあり方に求めることができる。計画経済の下では、生産手段の所有は原則的に社会的所有の形態をとる。そのため、一国内の生産手段すべてを無駄なく効率的に利用するためには、整合的な計画が必要になる。中央計画当局から原材料、中間財、生産財、消費財の製品の種類や生産量、納期などの指示が国営（有）企業に出される。そして、各国営（有）企業は、この計画通りに生産活動を行うことが至上命令となる。また、生産手段が社会的に所有されているため、各企業は利潤の獲得も認められていない。そのため、新製品や効率的な生産技術の開発を行うインセンティブはない。また、労働者は、計画により職場に割り振られるため、職業を選択する自由はない。しかも、能力に応じて働き、報酬は平等に配分されるため、勤労のインセンティブが働く余地もない。

　一方、市場経済の下では、生産手段の私的所有が法律的に確保されている。そのため、生産する製品の種類、生産量、生産技術、生産立地などのさまざまな決定を自らの責任で各企業が行う。そして、市場では同業他社と競争を繰り広げ、市場競争に勝てば、高い利益を上げることができる。そして、この高い利益が、新規参入の機会をもたらし、それが各企業の生産技術の革新や新製品開発を活発化させるという新陳代謝機能の原動力となる。つまり、所有権の形態によって生産サイドにもたらすインセンティブが大きく異なる。計画経済下では、中央計画当局の命令に一方的に従うことになるので、経済的なインセンティブは働かない。しかし、市場経済下では、生産に関わるあらゆる決定は各企業に委ねられ、市場競争を勝ち抜くことで得られ

る果実を各企業が得るので、大きな経済的インセンティブが働く。また、労働者においても作業効率の向上を通じて企業間競争に貢献でき、企業の利益が増加すれば自らの報酬も増えるので、勤労のインセンティブは高まる。計画経済の破綻の原因は、資源配分の歪みを増幅させたことや国営(有)企業や労働者に有効なインセンティブを与えることができなかったことにあるといえる。

[徳原 悟]

【関連項目】 社会主義市場経済、資本主義、市場社会主義

【参考文献】 大野健一『市場移行戦略―新経済体制の創造と日本の知的支援』有斐閣、1996年。/マリー・ラヴィーニュ (栖原学訳)『移行の経済学―社会主義経済から市場経済へ』日本評論社、2001年。/ジョセフ・E・スティグリッツ (藪下史郎、秋山太郎、金子能宏、木立力、清野一治訳)『マクロ経済学 (第2版)』東洋経済新報社、2001年。

▶計画出産【中国】
Family Plan, Planned Childbearing

「計画出産」とは、出産という家族の意思決定を生産計画のように国家の目標として推進しようとする運動である。1960年代に正式に提唱されたが、それ以前には人口政策をめぐる大論争があった。新中国成立後、社会的安定、栄養や医療条件の改善により死亡率が低下する一方、「多子、多福」という伝統的価値観や家族が社会保険的機能 (養児防老) を担っているため、出生率が高い水準で推移しており、開発途上国によくみられる人口急増の局面に入った。当時北京大学学長であった経済学者の馬寅初 (Mǎ Yínchū) は、人口増加をコントロールする必要性を力説し、「新人口論」を提起した。その主な主張は、中国はすでに人口急増の段階にあり、急速な人口増加は消費と投資を抑え、経済成長にとってはマイナス要因である。人口急増の対策として、晩婚の提唱や家族計画の実施、多子家庭に懲罰的徴税を課すなどが提案された。

この新人口論に対して毛沢東 (Máo Zédōng) は反論した。人間は消費者であると同時に生産者でもあり、「1つの口に対して人間の手は2本もある」と、人間の創意性さえ発揮されれば、生産性の増加は必ず消費の増加を上回る。したがって人が多ければ多いほどよいとの論法であった。批判を受けた馬寅初は後に刑務所に入れられ、馬寅初の提案が計画出産の政策として遂行されるまで、人口増加の問題は放任状態になっていた。人口政策の論争について、「誤って1人を批判することによって、2億人の人口を余計に増加させた」と中国の研究者はよく話題にする。1962年国務院が計画出産を提唱する指示を通達したが、文化大革命の期間中、特に農村地域においては人口計画は実際に形骸化していた。1970年代以降、計画出産は国民経済発展計画に組み込まれるようになり、「晩婚」、「稀」(間隔をおいて次の子供を儲ける)、「少」(子供の数を少なくする)を中心とする計画出産運動が本格的に推進されるようになった。1980年以降は、究極的な計画出産運動ともいうべき「1人っ子」政策が登場した。

[杜 進]

【関連項目】 1人っ子政策

【参考文献】 若林敬子『中国の人口問題』東京大学出版会、1989年。

▶景気循環
Business Cycle

景気循環とは、一般的に、経済活動が活発になるような時期 (好況) と不活発になるような時期 (不況) が交互に訪れる現象をいう。景気には、①キチン循環、②ジュグラー循環、③クズネッツ循環、④コンドラチェフ循環などが存在する。キチン循環は在庫循環と呼ばれ、約40カ月の周期である。ジュグラー循環は設備投資循環と呼ばれ、周期は約8〜10年である。クズネッツ循環は建設循環と呼ばれ、周期は約20年である。コンドラチェフ循環は技術革新がその主要な要因とされ、周期は約50年である。

[森脇祥太]

【関連項目】 キチン循環、ジュグラー循環、クズネッツ循環、コンドラチェフ循環

▶経済開発5カ年計画【韓国】
Five-year Economic Development Plan

第1次経済開発5カ年計画は1961年5月のクーデターによって政権についた朴正熙 (Pak Chŏnghŭi) 大統領の下で、1962年に開始された。韓国で初めて実施された経済開

発計画である。第1次経済開発5カ年計画は、電力、石炭などのエネルギー供給源の確保、農業生産力の増大、基幹産業の拡充、社会間接資本の充足、輸出拡大を主軸にする国際収支の改善に重点目標がおかれ、総量計画よりも個別事業計画が多く盛り込まれた。計画は意欲的であったものの、資金的裏付けが十分になかったために、1964年に修正3カ年計画が発表された。ここで経済成長率の下方修正や個別事業計画の見直しが行われた。

第2次経済開発5カ年計画（1967～71年）は、1961年に設立された経済企画院の主導により作成された。総量計画、部門計画、投資計画の3部門からなり、産業連関モデルを用いて個別事業計画と総量計画の整合性が図られた。第2次5カ年計画の特徴は輸出拡大のための輸出構造の改善に重点がおかれたことにある。輸出企業に対する優遇策が導入された他、外国からの借款が積極的に導入された。

5カ年計画の性格が変化したのは、第3次経済開発5カ年計画（1972～76年）からである。総量計画と部門計画により重点がおかれ、全体としてマクロ指標による中期展望の性格が強くなった。個別事業計画は主要事業のみが例示された。第3次5カ年計画では、重化学工業化の推進が図られた。この背景には輸出の拡大に伴って中間財の輸入が増加し、国際収支が悪化したことがある。

第4次経済開発5カ年計画（1977～81年）では中期展望の性格がさらに強まるとともに、所得均衡や社会福祉などの社会指標が導入された。高成長の実現を受けて、調和的な発展が求められた。また、技術開発の促進による産業の高度化も目標とされた。しかし1979年の第2次オイルショックと世界的なスタグフレーション、国内の急速な景気悪化とインフレ、朴大統領の暗殺、1980年の光州事件の発生など、経済社会は大きく混乱した。この結果、1980年の実質GDP成長率はマイナス2.1％にまで落ち込んだ。

新たに誕生した全斗煥（Chŏn Tu-hwan）政権は、これまでの成長重視から安定重視へと路線を変更した。1982年に開始された経済開発計画は「経済社会発展5カ年計画」に名称が変更された。ここでは福祉の充実や所得格差の是正、民間主導経済への転換が課題とされた。1987年からの第6次経済社会発展5カ年計画は、韓国の先進国入りを目標に、適正成長の持続、国際収支の黒字定着、産業構造調整と技術立国、地域間の均等発展、福祉の増進、市場経済秩序の確立などが課題とされた。

第7次経済社会5カ年計画は、金泳三（Kim Yŏngsam）政権下で「新経済5カ年計画」となった。文民政権である金泳三政権は政治改革を進める一方、新経済の建設と先進国入りを目標に掲げた。民間主導経済への転換や市場開放による国際化などが課題とされた。金泳三政権下で、金融実名制や不動産取引実名制が実施され、経済の健全化も進展した。1996年には韓国のOECD加盟が実現したが、1997年から1998年にかけて通貨・経済危機に見舞われた。5カ年式の経済開発計画は1996年をもって終了した。　　　［向山英彦］

【関連項目】輸出志向工業化、重化学工業化政策、金融実名制
【参考文献】谷浦孝雄『韓国の工業化と開発体制』アジア経済研究所、1989年. ／渡辺利夫編『概説韓国経済』有斐閣、1990年.

経済開発庁【シンガポール】
Economic Development Board

シンガポール工業化に不可欠な外資系企業誘致を任務にする通産省傘下の準政府機関。シンガポール工業化を調査した国連調査団勧告にもとづいて1961年に設立され、当初は、外資系企業誘致、工業団地造成、労働者の技能訓練、企業資金融資など、工業化に関するあらゆる業務を一手に担当した。

1965年の分離独立後、工業化が本格化して業務が多大になると、1968年に全面的な組織改革が行われた。これ以降、工業団地建設はジュロン開発公社、産業資金融資はシンガポール開発銀行など他の政府機関に移譲され、経済開発庁は外資系企業誘致に特化する機関となった。1970年代、1980年代に、日本、米国、ヨーロッパなど外資系企業多数が進出してシンガポール工業化を牽引するが、これは経済開発庁の功績によるところが大きい。

1961年の設立時、経済開発庁の管理職員数

は50名だったが、1971年には317名へと増大した。同庁に配属された若手官僚は、英国、米国、日本など海外有名大学の卒業生が大半を占める。彼らは、米国、日本（東京と大阪）、ヨーロッパ主要国に設置された14の海外事務所を拠点に多国籍企業の誘致に励んだ。歴代長官（7名）も、エリート官僚群の中から、その時々の有力者が任命されている。

1980年代にシンガポール政府がグローバリゼーション政策を打ち出し、シンガポール企業の海外投資を奨励すると、国内企業の外国投資誘導も経済開発庁の任務に加わった。現在は、国内と対外すべての投資関連業務を扱う。　　　　　　　　　　　　　　　［岩崎育夫］

【関連項目】　ジュロン開発公社
【参考文献】　Linda Low and others, *Challenge and Response.* Singapore: Times Academic Press, 1993.／Edgar S. Schein, *Strategic Pragmatism.* Cambridge: The MIT Press, 1996.／Chan Chin Bock and others, *Heart Work.* Singapore: Economic Development Board, 2002.

力」という表現がしばしば「経済活動人口」のかわりに用いられることがあるが、厳密にいえば「労働力」概念は、経済活動人口を「現在活動」の観点から把握しようとするものである点で、注意して用いる必要がある。しばしば国によって年齢基準、特に最低年齢がまちまちであるため、経済活動人口の厳密な測定および比較（時系列・横断的）は意外に困難である。同様に、軍関係者などが政治的理由により調査から除外されることもある。過去の調査によると、フルタイム就業者の情報は比較的正確に把握されるが、パートタイムや自営業、無給の家族労働者の経済活動、特に女性が従事する労働が過少評価される傾向にある。　　　　　　　　　　［新田目夏実］

【関連項目】　労働力方式／有業者方式
【参考文献】　Ralf Hussmanns, Farhad Mehran and Vijay Verma, *Surveys of Economically Active Population, Employment, Unemployment and Underemployment: An ILO Manual on Concepts and Methods.* Geneva: International Labour Office, 1990.

経済活動人口
Economically Active Population

「経済活動人口」とは、ある一定期間に国連の国民経済計算体系（United Nations System of National Accounts）で定義される財とサービスの生産のために労働を提供するか、提供可能であり、提供する意思のあるすべての人口のことをいう。ここでいう財とサービスには、市場向けや物々交換用の生産物だけではなく、生産物の中の自家消費分に対する貢献も含んでいる。経済活動および経済活動人口という用語が厳密に定義されたのは、1982年の第13回労働統計家国際会議（International Conference of Labour Statisticians）であり、現在世界各国の労働統計において広く使用されている。経済活動人口は総称であり、使用目的に即し、「現在活動」（Current Active）と「通常活動」（Usual Active、平常活動と訳されることもある）という2つの観点から調査が行われている。現在活動人口の別称が「労働力」（Labour Force）であり、通常活動人口の別称が有業者人口（Gainful Worker）である。「労働

経済企画院【韓国】
Economic Planning Board：EPB

韓国の高度経済成長期に経済政策を総括した中央行政機関。1961年に発足し、主な業務として国家の総合経済計画の樹立、予算編成、物価安定政策、対外経済政策、投資の優先順位の審議、経済関連機関の意見調整など、国家経済発展における内容を総括した。

1961年の軍事クーデターにより実権を握った朴正熙（Pak Chŏng-hŭi）大統領は、経済発展を政権の最重要目標に設定し、それまで各部（省）庁に分散されていた経済政策関連の業務を一つにまとめて経済企画院を設立した。1963年には経済企画院長官を副総理に格上げし、政府内の地位を強化した。このような経済企画院の地位強化は、政権の正当性を高度経済成長の達成によって確立しようとする朴正熙大統領の意思の反映でもあった。設立初期は大統領の強い後押しもあり、高度の独立性をもつ機関として経済政策全般に対する計画、執行、調整機能を主導した。しかし1970年代になると、韓国を取り巻く経済条件の悪化、石油危機による産業生産の低下、維新体制に対する国民の抵抗、安保環境の急

激な変化により、経済政策の主要な決定は権力の中枢である大統領が中心に主導されることになった。

経済企画院の制度的独立性が縮小され、さらに民間経済部門が活性化するに伴い計画、執行、調整のすべてにおいて機能が縮小された。1980年代になると、韓国経済が国家主導経済から市場主導経済に転換するとともに、経済企画院の地位はさらに低下し、部（省）庁間の業務調整と予算編成機能のみが辛うじて残った。1994年12月の政府組織改編により独立機関としての地位も喪失し、財務部と統合され財政経済院となった。その後、1998年に財政経済部と改称された。　　　　［文　大宇］

【関連項目】　朴正熙、漢江の奇跡、経済開発5カ年計画
【参考文献】　涌井秀行『アジアの工場化と韓国資本主義』文眞堂、1989年.／金正濂『韓国経済の発展―「漢江の奇跡」と朴大統領』サイマル出版会、1991年.／渡辺利夫『韓国経済入門』筑摩書房、1996年.

新たな経営ダイナミズムを導入しようとする狙いがあった。1992年の対外開放の高潮期には、内陸地にも経済技術開発区が許可され、2001年の時点では32の経済技術開発区が設置され、いくつかの地域についてはそれに準ずる優遇政策が適用された。さらには、上述のような中央政府が指定した経済技術開発区の他、各地方政府が独自に経済技術開発区を設置し、その総数は数千単位になった。地方政府の積極的誘致によって対優遇政策は広く適用され、さらに、外資企業に適用された土地利用制度や企業の雇用制度などは次第に国内企業にも波及し、中国経済の国際化と市場経済の導入・定着に大きな役割を果たした。

［杜　進］

【関連項目】　経済特区、改革・開放政策
【参考文献】　大橋英夫『経済の国際化』シリーズ現代中国経済5、名古屋大学出版会、2003年.

経済技術開発区【中国】
Economic and Technology Development Zone

経済開発区とも呼ばれ、外国の資本と技術を導入するために設置された特別地域である。中国は1980年に深圳、珠海、アモイ、潮州の4つの経済特別区を設置したが、この経験を踏まえ、1984年には大連、秦皇島、天津、煙台、青島、連雲港、南通、上海、寧波、温州、福州、広州、湛江、北海など沿海14の開放都市において、条件が整っている都市の一部の地域に「経済技術開発区」を設置した。所得の税減免や関税の免除など税制面での優遇を初め、海外直接投資を誘致する際の許認可の規制緩和など、経済特別区に適用される政策がほぼすべて適用された。1980年代においては、温州と北海を除く12の沿海開放都市に14の経済技術開発区を設置、そのうち上海は3つを占めた。

産業基盤をほとんどもたない「飛び地」として出発した経済特別区とは異なり、これらの沿海開放都市はもともと中国の沿海工業基地であり、すでに一定の生産基盤をもっていた。したがって、誘致された外資企業と国内企業との関係の調整が大きな政策課題であった。すなわち、既存の国内企業の生産能力を動員して輸出を増やすと同時に、国内経済に

経済建設計画【台湾】
Economic Development Plan

台湾の経済建設計画は、行政院（内閣に相当）の経済建設委員会において策定され、中・長期経済建設計画とそれを補完する具体的な重点案件計画の2種類からなる。

1953年に第1次経済建設4カ年計画が開始した。これは、アジアの中ではインドと並んで最も早い時期に試みられた国家主導型の経済開発計画であった。中・長期経済建設計画は、1986年に始まった第9次4カ年計画まで続いた。これらの計画は、台湾がおかれた経済環境を踏まえて経済発展を方向付けるという性格をもち、計画遂行のために各種の優遇策も付与された。

第1次および第2次経済建設4カ年計画では、農業生産の拡大、輸入代替産業の育成、物価安定が重点目標とされた。第3〜5次4カ年計画では、輸出志向工業化に重点がおかれた。第6次および第7次6カ年計画では、インフラ整備と生産財部門の輸入代替化を目的とする重化学工業の育成が重点目標とされた。第1次から第5次までの経済建設計画は、海外の経済環境が良好であったこともあり、目標を達成した。しかし、1973年からの第6次4カ年計画は、第1次石油ショックに

よる経済環境の悪化もあり、計画期間の途中で打ち切られた。また第7次および第8次計画も、第2次石油ショックの発生により経済環境が再度悪化し、目標が未達成となった。第9次4カ年計画では成長目標を大きく上回った。第10次4カ年計画は1990年にスタートしたが、1991年に策定された国家建設6カ年計画に吸収される形で中止となった。国家建設6カ年計画は1996年に終了したが、成果については報告されていない。1997年には、2006年までの10年間に台湾が進むべき発展の方向、目標と方針などをまとめた「台湾経済2000年ビジョン」が発表されたが、2001年の景気低迷もあって見直され、2002年5月7日に新しく6カ年計画「挑戦2008」がスタートした。

一方、中・長期経済建設計画を補完する具体的な重点案件計画としては、1978年から1984年にかけて実施された「十二項目建設計画」や、1985年から5年計画で実施された「十四項目建設計画」などがある。　　［今井　宏］

【関連項目】　十大建設・十二項目建設
【参考文献】　文大字『東アジア長期経済統計　台湾』勁草書房、2002年。／今井宏、高安健一、坂東達郎、三島一夫『テキストブック21世紀アジア経済』勁草書房、2003年.

経済人口学
Economic Demography

人口学は形式人口学と実体人口学からなり、前者は人口規模、年齢構成、出生・死亡など人口それ自体を分析し、後者は人口と関係する社会、経済、文化、自然環境などの相互作用を研究する。人口学は両者の相互作用を分析するが、実際には抽象的に一括して検討するのは難しい。そこで経済変数と人口変数、社会変数と人口変数などを組み合わせての分析が現実的な手法となる。こうした人口と経済の関係を追求するのが経済人口学である。経済学における人口研究は古典派経済学に始まり、豊富な研究成果を蓄積し、しばしば経済学的人口論と呼ばれてきた。しかし、これは人口学からみれば不完全な内容であった。経済学者が分析の対象とする人口変数は、人口規模、人口増加率、労働人口などに限られており、人口学からみて重要な出生・死亡、年齢構成、人口転換などは分析にほとんど組み込まれていない。したがって経済人口学は、すべての人口変数を可能な限り経済体系に組み込んで分析しようという分野であり、人口変数と経済変数の多面的な関係を分析する。　　　　　　　　　　　［梶原弘和］

【関連項目】　マルサスの人口論、ライベンシュタイン・モデル、イースタリン・モデル

経済成長／経済発展
Economic Growth, Economic Development

経済成長とは、経済規模が拡大する過程を示す用語である。一方、経済発展は、経済規模が拡大する過程で経済構造が変化していく点を把握するための用語である。経済成長は、一般的に実質国民所得や1人当たり実質国民所得の伸び率で示される。この伸び率は年ごとに異なるが、これは景気循環と呼ばれる。好況期には成長率が増加し、不況期には成長率が低下する。この景気循環は、在庫循環、設備投資、建設投資、および生産技術の革新や新商品の登場などさまざまな要因によって引き起こされる。経済成長は、成長率のこのような循環とは区別される概念で、実質国民所得や1人当たり国民所得が長期間にわたりどのような変化のプロセスをたどってきたかを示すものである。別のいい方をすれば、その国の総生産高が長期的にどのように拡大してきたかを示すものといえる。

経済成長は、労働、資本、技術などの生産要素を投入することによって実現される。経済が成長するにつれて資本蓄積も進行する。資本蓄積と生産技術の革新によって、労働の生産性が上昇する。これらの一連のプロセスを通じて経済成長が起きる。資本蓄積と技術革新がなく、人口増加による労働投入量の増加だけでは経済成長は進まない。歴史的にみるならば、現代のように持続的な経済成長が生じたのは、産業革命以降のことである。それ以前の時代は、資本蓄積や技術革新の進展よりも人口成長率の方が速く、経済成長は緩慢であった。産業革命以降には、資本蓄積と技術革新が人口の成長率よりも速く進み、趨勢加速的な経済成長現象が観察されるようになった。これは近代経済成長と呼ばれる。しかし、この近代経済成長は、世界中に広まっ

たわけではなかった。現在、先進国といわれる国では、産業革命が比較的早い時期に発生し持続的な経済の成長が生じた。しかし、開発途上諸国は、現在においても産業革命の初期段階にある。このように持続的な経済成長という現象は、比較的新しい現象でしかも世界中に均等に広まったものではなかった。

このような特徴をもつ近代の経済成長は、その成長過程において経済構造を変化させてきた。この経済構造の変化をみるための一つの視角を提供しているのが、ペティー＝クラークの法則（Petty＝Clark's Law）である。この法則は国民所得の水準が上昇していくに従い、労働者の従事する産業が変化することを示す。所得が上昇するにつれて、農業を中心とする第1次産業から、製造業を主体とする第2次産業に労働力が吸収されていき、その後、サービス業から構成される第3次産業へと労働力が移動することを示したものである。この法則にみられるように、所得が増加するとともに、労働力の産業間移動が起きる。これは、経済の供給面での構造変化の表われである。また、所得水準の上昇による需要構造の変化をも反映している。所得が上昇すると、必需品以外の嗜好品や贅沢品を購入する余裕が生じる。また、技術の進歩により、新製品も登場してくる。所得上昇によって、消費者は必需品以外のものに対する需要を高める。この需要に対応できる企業が登場することになり、これがやがてリーディング・インダストリーを構成する。

さらに、所得水準が上昇すると、消費者の嗜好は、物的な財もさることながら各種のサービスを要求する方向へ向かう。これらのサービスを供給するために、新しい企業が登場し労働力の吸収が始まる。やがて、これらの企業からなる産業が経済の中の一大部門を構成するようになる。つまり、経済成長が進む過程において、経済の需給構造が変化する。より具体的にいえば、消費者の欲求の変化、技術革新や新製品を伴う新規企業が登場してくる。経済発展とは、この大きな構造変化を捉えた概念である。

経済成長と経済発展は、それぞれ独立したものではなく、相互依存関係にある。しかし、これらのプロセスの量的な側面に視点をあてるのか、それとも質的な側面に視点をあてるのかによって用いられる概念も異なる。近年では、両概念をあまり区別せずに用いられている論文がよくみられる。　　　〔德原 悟〕

【関連項目】　キチン循環、ジュグラー循環、コンドラチェフ循環、クズネッツ循環
【参考文献】　コーリン・M.クラーク（大川一司, 小原敬士, 高橋長太郎, 山田雄三訳編）『経済進歩の諸条件』上・下巻, 勁草書房, 1953～55年. ／サイモン・S.クズネッツ（塩野谷祐一訳）『近代経済成長の分析』上・下巻, 東洋経済新報社, 1968年. ／鳥居泰彦『経済発展理論』東洋経済新報社, 1979年.

経済成長の収束仮説
Convergence Hypothesis of Economic Growth

経済成長の収束仮説とは、ソロー＝スワン・モデルによって導かれるものであり、初期時点の資本装備率（＝資本労働比率）が低く、1人当たりの国民所得が低い国においては、経済成長率がより急速に上昇する結果、各国間で所得水準が収束するような現象が観察されるとするものである。ソロー＝スワン・モデルにおいては、資本装備率kの成長率γ_kは以下のように与えられる。

$$\gamma_k = \frac{\dot{k}}{k} = s\frac{f(k)}{k} - n \cdots\cdots①$$

①式をkで微分すると以下のように表わされ、その値は、

$$\frac{d\gamma_k}{dk} = s[f'(k) - f(k)/k]/k < 0 \cdots\cdots②$$

となる。kが小さいほどその成長率は高い。各国で観察される経済構造の特徴をまったく考慮しない場合でさえも、所得水準が低い国が高い国よりも資本装備率や1人当たり国民所得においてより急速な成長を遂げる傾向があるという仮説を特に、絶対的収束性という。

絶対的収束性については、経済構造が異なる世界全体レベルにおいてはあてはまらないが、経済構造が同質的な諸国や（例えばOECD諸国）アメリカや日本など先進国の地域レベルにおいては妥当することが多い。また、各国間の定常状態が異なっているとみなして、その状態をもたらす要因（例えば貯蓄率や技術水準等）をコントロールした場合、絶対的収束の場合と同様な収束現象が起こる

とする仮説のことを条件付き収束性という。全く経済構造の特徴が異なる各国間においても条件付き収束性は妥当する場合が多いことが知られている。　　　　　　　［森脇祥太］

【関連項目】　ソロー＝スワン・モデル、定常状態
【参考文献】　バロー＝サラ・イ・マーティン（大住圭介訳）『内生的経済成長論I』九州大学出版会，1997年．

◢経済成長の要因分解
Decomposition of Economic Growth

次のコブ＝ダグラス型生産関数を、
$$Y = AK^{\alpha}L^{(1-\alpha)} \quad \cdots\cdots①$$
Y：総生産、A：技術水準、K：資本ストック、L：労働力、α：資本分配率（$0<\alpha<1$）

両辺について対数をとって時間tで微分すれば以下のように表わされる。
$$\frac{\Delta Y}{Y} = \frac{\Delta A}{A} + \alpha\frac{\Delta K}{K} + (1-\alpha)\frac{\Delta L}{L} \quad (\Delta 変化分) \cdots\cdots②$$

②式は経済成長率を技術進歩と資本、労働の成長率で表わしている。例えば、資本が1％成長すれば総生産はα％増加し、労働が1％成長すれば総生産は$(1-\alpha)$％増加する。また、②式は1人当たり総生産y、資本労働比率kによって以下のように表わすことも可能である。
$$\frac{\Delta y}{y} = \frac{\Delta A}{A} + \alpha\frac{\Delta k}{k} \quad \cdots\cdots③$$

［森脇祥太］

【関連項目】　生産関数、技術進歩

◢経済地理
Economic Geography

すべての経済活動は実態としては地域上で発生し、地域の資源賦存状態により制約され、活動の結果として新たな地域空間を形成する。空間は生産活動、生産様式を反映するだけではなく、さまざまな社会集団の構造と機能を映す鏡でもある。経済地理学はこのような点に注目し、経済現象を「地域」、「空間」を媒介として解明しようとする学際的学問分野である。具体的には、産業の立地・配置・地域分業、産業組織の地域編成などの産業活動の空間性に関する領域、都市問題、過疎・過密、地域の構造不況、資源の枯渇と環境問題などの経済活動による環境・地域問題に関する領域など多様な領域を包含している。かつての立地論や中心地理論は古典派経済学を基礎としていた。しかし、近年の研究はネオマルクシズム、社会学、人類学からカルチュラル・スタディーズまで多岐にわたる学問領域との交流を深め、単なる地域経済の分析からその社会的・文化的意味の検討まで関心の広がりをみせている。　［新田目夏実］

◢経済的手段
Economic Instrument, Market-based Instrument

経済主体が代替的な行動の間で選択をする際の費用と便益に影響を与えることによって、その行動を環境負荷が少ない方向へと変えさせる手段をいう。市場メカニズムを活用して、環境資源に適切な価格付けを行い、経済主体にプラスまたはマイナスの経済的な誘因を与えることによって、環境資源の効率的な使用と配分を促進する。一般的に、直接的な規制と比べると、所定の水準を達成しようとした時に、経済的手段の方が少ない費用ですむ（費用効果性）。直接的な規制では所定の水準をいったん達成してしまうと、それ以上努力する誘因はなくなるが、経済的手段の場合には環境負荷をゼロにしない限り継続して誘因が働く。かつては直接的な規制が環境政策の中心であったが、世界各国でそれぞれ直面する環境問題の質的な変化に伴い、1980年代中頃から次第に先進国において経済的手段が広く用いられるようになった。

経済的手段の典型例として、①税・課徴金、②補助金、③排出量取引、④預託払戻制度の4種類があげられる。これらのうち、環境負荷を少なくする行動に対して補助金を支給することは、「汚染者負担の原則」（Polluter Pays Principle：PPP）に反する上、隠れた産業保護につながるものとして望ましくない。経済協力開発機構（OECD）のPPPに関する理事会勧告（1974年）も、「強制的でかつ特に厳格な汚染管理体制を迅速に実施する」ような例外的な状況か、「新たな汚染管理技術の実験と新たな汚染軽減施設の開発を刺激する」ことを目的とする場合を除い

て、補助金を認めていない。一方で、税・課徴金では、いわゆる「二重の配当」（double dividend）がもたらされる。すなわち、環境負荷を少なくするという本来の目的の他に、その税収によって税制の歪みを是正する効果をもつのである。

理想的には、環境の悪化が生み出す外部費用に相当する税・課徴金を徴収することが望ましい（ピグー税）。しかしながら、環境資源の価格付けに関する情報を入手して、外部費用を数量化することはまだ困難である。そこで、まず受け入れられそうな水準を設定して、これを達成するための税・課徴金を設定した後に、これらを繰り返し変更して、試行錯誤の結果として最適な税・課徴金をみつけるというボーモル・オーツ税も考案されている。さらに、製品本来の価格に預り金を上乗せして、この製品が使用された後に所定の場所に戻された時に、預り金を払い戻す預託払戻制度も、資金の移転を伴うという点で税・課徴金と同じである。

これらに対して、環境負荷を伴う行動に関する新規の市場の創設を伴うものが排出量取引である。これは、あらかじめ許可される汚染物質排出総量が決定され、その総量が各経済主体に何らかの方法で配分された後は、所定のルールに従ってこの排出量が取引されるものである。経済主体は、自らが排出量を削減した場合と取引によって排出量を得た場合の費用を比べて、より費用の低い方を選択する。すでに、米国では1990年の大気清浄法（Clean Air Act）の改正によって二酸化硫黄（SO_2）の排出量取引制度が導入されている。この手段は地球温暖化対策にも取り入れられ、1997年の京都議定書においては排出量取引、共同実施、クリーン開発メカニズム（CDM）が目標達成の手段として盛り込まれた。特に、CDMは開発途上国における地球温暖化対策に関する事業を対象としたもので、民間の資金と技術を活用して、開発途上国における持続可能な開発に資する新しい仕組みとして期待される。

〔原嶋洋平〕

【関連項目】　環境規制
【参考文献】　OECD環境委員会『地球環境のための市場経済革命—先進工業国の新環境政策』ダイヤモンド社, 1992年. ／天野明弘『環境との共生をめざす総合政策・入門』有斐閣, 1997年. ／石弘光『環境税とは何か』岩波書店, 1999年. ／OECD『環境関連税制その評価と導入戦略』有斐閣, 2002年.

経済統合理論
Theory of Economic Integration

経済統合とは、複数の国が一つのグループをつくり、グループ国間での各種経済取引を国内で行われているのと同等に自由化することである。経済統合は、EU（European Union：欧州連合）などでみられるように、近隣諸国間で形成されることが一般的であり、地域統合（Regional Integration）と呼ばれることもある。経済統合といっても、自由化の対象となる経済取引の範囲や統合の程度によって、さまざまな形態をとる。この諸形態を発展段階論的に分類したのが、経済統合理論である。経済統合理論で最もよく知られたものに、ベラ・バラッサ（Bela A. Balassa）の分類がある。

バラッサによれば、経済統合は、①自由貿易地域（Free Trade Area）、②関税同盟（Customs Union）、③共同市場（Common Market）、④経済同盟（Economic Union）、⑤完全な経済同盟（Complete Economic Integration）の5段階に区分される。この5段階を模式的に示すと図のようになる。各段階の内容については以下の通りである。「自由貿易地域」とは、同盟参加国間での貿易取引については関税および数量規制を廃止するが、第三国との貿易取引に関しては、各国が独自の関税および数量規制をもつ段階である。第2段階の「関税同盟」では、同盟国間での財の移動に対する差別的措置が禁止される。また、第三国との貿易については、加盟国間で関税の統一化が図られる。第3段階の「共同市場」では、貿易制限だけでなく、生産要素の移動に対する制限も撤廃される。第4段階の「経済同盟」では、貿易および生産要素の移動に対する制限の撤廃に加え、ある程度の国内経済政策の調和を加盟国間で図ることが必要とされる。そして、最終段階の「完全な経済同盟」では、財政・金融政策、社会政策、および景気政策の統一化を促進する。また、加盟国間の経済政策の決定

は新たに創設される超国家機関で行われ、各加盟国はその決定に拘束されることになる。

このバラッサの分類において、第3段階の「共同市場」と第4段階の「経済同盟」に対しては多くの異論が投げかけられてきた。例えば、ヤン・ティンバーゲン（Jan Tinbergen）は、「消極的統合（Negative Integration）」と「積極的統合（Positive Integration）」という概念を導入して、バラッサとは異なった定義をしている。「消極的統合」とは、財・生産要素の加盟国間の移動を国内取引と同等な条件で可能にするようなあらゆる政策措置のことである。そして、「積極的統合」は、加盟国全体の経済厚生を向上させるための上記以外の協調的ないしは統一的な政策措置を指している。「消極的統合」が完成すると、域内全体で統一した形で価格形成が行われることになる。ティンバーゲンはこの段階を「共同市場」と呼び、「積極的統合」が実現された状況を「経済同盟」としている。

経済統合は、経済取引を自由化することによって加盟国の厚生を向上させる。しかし、第三国との経済取引に対しては相対的に保護が強化されるため、経済取引は完全自由化というよりも差別的自由化となる。そのため、経済統合の最終的な帰結を明示するためには完全自由化を前提とした理論とは別の枠組みが必要となる。そのような理論的フレームワークとしては、ヤコブ・ヴァイナー（Jacob Viner）の研究を出発点とする「関税同盟の理論（Theory of Customs Union）」、および

◇経済統合の深化プロセス

```
自由貿易地域（Free Trade Area）
    ↓
関税同盟（Customs Union）
    ↓
共同市場（Common Market）
    ↓
経済同盟（Economic Union）
    ↓
完全な経済同盟（Complete Economic Integration）
```

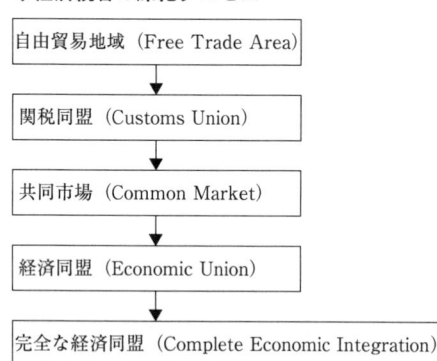

ロバート・マンデル（Robert A. Mundell）により提示された通貨同盟の条件を研究する「最適通貨圏の理論（Theory of Optimum Currency Area）」などがある。　　［德原 悟］

【関連項目】 貿易創出効果、貿易転換効果、共通農業政策、ユーロ
【参考文献】 Jacob Viner, *The Customs Union Issue*. New York : Carnegie Endowment for International Peace, 1950.／Bela A. Balassa, *The Theory of Economic Integration*. Homewood, Illinois : Richard D. Irwin, 1961.／Jan Tinbergen, *International Economic Integration*. Amsterdam : Elsevier, Second Edition, 1965.／ロバート・A.マンデル（渡辺太郎ほか訳）『新版 国際経済学』ダイヤモンド社, 2000年.

経済特区
Special Economic Zone

税制面などで優遇措置や規制緩和措置を講じたり、インフラを整備するなど、企業投資の誘致を目的に他地域と異なった例外的な措置を援用する特定の地域をいう。代表的な事例としては、1960年代から1990年代にかけて韓国や台湾、ASEAN諸国で採用された輸出加工区（中国の「経済特別区」を含む）や、アイルランドなどで成功を収めた金融特区がある。経済特区の主な役割は、第1に、経済発展あるいは経済活性化の起爆剤となること、第2に、制度改革などの実験の場となること、第3に、地域経済の活性化や地域特性に合わせた産業集積の形成につなげること、などがあげられる。

開発途上国にとって経済特区は、経済発展に必要な外国企業の資本や技術を誘致するための重要な手段である。例えば、東アジアの輸出加工区は、輸出促進による外貨獲得の他、工業化の促進、雇用創出、技術移転などの効果をもたらした。中国では、改革・開放政策の下で1980年に広東省の深圳、珠海、汕頭、および福建省のアモイが経済特別区に指定された。これら4都市の成功を受けて、中国政府は以後、多くの経済特区を設置し直接投資の流入を図った。計画経済から市場経済への移行期にあった中国において、経済特区は外国の経済交流の窓口となるとともに、改革の実験の場として、そして他の地域に対する改革・開放政策の手本としても重要な役割を果たした（関志雄）。

開発途上国の開発戦略においては、経済特区の効果を国内経済全体に波及させることが重要である。経済特区と国内産業との連関が欠如すると、経済特区は「飛び地」のまま残り、経済発展は限られたものとなる。

[森美奈子]

【関連項目】輸出加工区／自由貿易区、飛び地経済
【参考文献】朽木昭文「アジア成長の要因とボトルネック」『経済セミナー』日本評論社、1996年9月号。／関志雄「経済特区：中国の経験と教訓」『実事求是』経済産業研究所、2002年。

経済発展
⇒経済成長／経済発展

経済発展段階理論
Theory of Stages of Economic Development

経済発展段階理論においては、各国の経済発展を、ある発展段階から次の発展段階への政治・経済・社会構造の大きな変化を伴う移行プロセスによって説明しており、各国にはそれぞれ固有の歴史経験があることを重視する。経済発展段階理論は、すべての国々の経済発展は収穫逓減法則によってやがて定常状態に到達し、以後停滞的な状態が持続することを主張するスミス（Adam Smith）やリカード（David Ricardo）、マルサス（Thomas Robert Malthus）などの古典派経済学に対する批判として提示された。経済発展段階理論には、リスト（Georg Friedrich List）やヒルデブラント（Bruno Hildebrand）、シュモラー（Gustav von Schmoller）などのドイツ歴史学派、マルクス（Karl Heinrich Marx）およびエンゲルス（Friedrich Engels）、ロストウ（Walt Whitman Rostow）らによるいくつかの見解が存在する。

ドイツ歴史学派は主に19世紀のドイツにおいて展開されたが、古典派経済学との最大の相違は経済発展の段階的相違に注目した点にある。この場合、ある国においては自由放任型の経済政策や自由貿易を行うことが望ましいとされても、経済発展段階が異なる国においては、そのような経済政策や貿易政策を行うことは必ずしも望ましいことではないとされる。ドイツ歴史学派の始祖であるリストは、各国の経済発展は、原始的未開段階、牧畜段階、農業段階、農工段階、農工商段階の5段階を経ることによって進行するとした。リストに続いてヒルデブラントは、経済活動の取引面を重視することによって、自然経済、貨幣経済、信用経済といった3段階に経済発展段階を区分した。また、シュモラーは村落経済、都市経済、領地経済、国民経済、国際経済の5段階に経済発展段階を区分しており、経済発展段階に与える政治と経済の影響を重視した見解となっている。

マルクスやエンゲルスの唯物史観にもとづく歴史的段階論も経済発展段階理論として解釈することができる。生産活動を行う際に生じる人間同士の関係を表わす生産関係が、社会の階級構造を規定する。生産関係に生産力が適応している場合は安定性が維持されるが、生産力の変動によって双方の関係に矛盾が生じた時には、階級闘争によって現在の歴史的段階から新段階へとシフトする。マルクスは、原始共産制段階、奴隷制段階、封建制段階、資本主義段階、共産主義段階の5段階に経済発展段階を区分しており、進歩や堕落、革命などによって経済発展段階が進行するとした。特に資本主義段階においては、自らの労働力以外に生産手段を保有しないプロレタリアートと資本家との階級闘争が深刻化する。階級闘争がエスカレートすると革命が起こり、共産主義段階の前段階である社会主義段階への移行が生じるとした議論は、世界に大きな影響を与え多くの社会主義国が20世紀に成立する一因となった。

第2次世界大戦後、ロストウによって新たな経済発展段階理論が提示された。ロストウの経済発展段階理論の特徴は経済理論と経済史の統合にあり、経済的要因と非経済的要因との相互依存関係が考慮されている。著書『経済成長の諸段階』（*The Stages of Economic Growth*）の副題が「一つの非共産主義宣言」（*A Non-Communist Manifesto*）であることは、マルクスの「共産党宣言」への敵意が込められている。ロストウの発展段階理論は、マルクスとはまったく異なっており、資本主義社会の繁栄を映し出している。ロストウは、伝統的社会、離陸の先行条件

期、離陸期、成熟期、高度大衆消費時代の5段階に経済発展を区分した。経済発展において最も重要視されるのは離陸期であり、それ以後国民所得の持続的な上昇が可能となる。離陸期は約20年間に及ぶとされているが、その期間においては投資が大きな役割を果たすとされた。　　　　　　　　　　　　［森脇祥太］

【関連項目】　スミス、リカード・モデル、マルサス・モデル、古典派経済学、マルクス

【参考文献】　マルクス（武田隆夫、遠藤湘吉、大内力、加藤俊彦訳）『経済学批判』岩波書店、1956年．／ロストウ（木村健康、久保まち子、村上泰亮訳）『経済成長の諸段階』ダイヤモンド社、1961年．／リスト（小林昇訳）『経済学の国民的体系』岩波書店、1970年．／大塚勝夫『比較経済発展論』早稲田大学出版部、1995年．

経済分析
Economic Analysis

　経済分析は、財務分析と並ぶプロジェクト評価のための分析手法。経済分析は国民経済全体の立場から当該プロジェクトが産出する便益および費用について分析するものである。その便益の発生する場所あるいは費用の発生する場所については通常考慮しない。経済分析ではその便益および費用の算出の基礎となる価格については、当該経済で働いている政策的な優遇措置あるいは抑制措置を価格の歪みと捉え、国際的な価格に準拠して計算し直す。特に労賃（熟練労働と未熟練労働とを区分）、為替レート、土地の価格について国際的な機会費用に準拠して計算する。また、税金、補助金、利子などについては、それが国内の資源の移動である限りにおいては、便益および費用の計算の中から除外する。減価償却費についても、費用の対象としない。このように当該経済の市場価格ではなく、国際価格に準拠して得られた価格（計算価格）をもとにして便益と費用を算出することが経済分析である。便益と費用の比率、純現在価値、内部収益率を計算し、そのプロジェクトが当該経済にとってどれだけの経済効果をもつのかが算出される。計算の結果は、お互いに独立した他の案件と比較され、実施の可否、優先順位を検討する際の判断材料の一つとして活用される。経済分析の標準的な流れとして、まずは財務分析を行い、当該経済の市場価格の中で当該案件が財務的に健全であるか否かを確認した上で経済分析に入る。財務分析の段階で準備されたキャッシュ・フロー表を、計算価格を適用して再構成し、便益と費用を再計算する。その上で、その比率、純現在価値、内部収益率を求めることはすでに述べたが、実務的にはこの3つの指標を計算する際に8％、12％、16％の社会的割引率を適用し、経済性は妥当か、社会的に許容しうる適切な収益性の範囲に収まっているかを見ることが多い。また、プロジェクトを取り巻く環境変化をあらかじめリスクとして織り込むために、あくまで蓋然性のある幅の中であるが、建設あるいは準備に必要な期間を変動させ、それに伴う費用の変動を設定し、その中で上記3つの指標がどう影響を受けたかを計算することが多い。このようにリスクを織り込んだいくつかのシナリオを設定することにより、どれくらいの幅の環境変化に対応できるのか、変化を察知した時にどのような費目に働きかけていくのかをあらかじめ想定し、円滑なリスク対応を図れるよう準備することが多い。

　経済分析の方法についてはすでにいくつか

◇経済分析の標準的な流れ

財務予測	キャッシュフロー分析	計算価格の設定のための費目の再構成	計算価格の算定	費用・便益の分析	リスク分析
1. 見積貸借対照表 2. 見積損益計算書 3. 見積資金運用表の作成	1. 純利益のフロー算出 2. 固定資本投資および運転資本のフロー算出 3. 内部収益率、純現在価値の算出	1. 計算価格の準備 2. 移転項目の処理	1. 計算価格による便益の現在価値の計算 2. 計算価格による費用の現在価値の計算	1. 便益と費用の比、差、内部収益率の算出	1. 建設費、需要予測の予測値が変わり、費用が便益を上回る条件を確認

の方法が開発されている。代表的なものにはL/M方式（Little/Mirrelees）、S/V方式（Squire/Van der Tak）、UNIDO方式がある。経済分析の手法は主に工業プロジェクトの便益・費用分析から出発し、他分野への適用が図られてきた。また上記3つの指標以外に、所得分配への考慮、関税などの制度的な要因の考慮が織り込まれるような形で進化してきた。しかし、これらの蓄積にもかかわらず、経済分析自体はいまだに必ずしも完成された体系とはなっていない。各分野ごとに価格の計算には多くの異なる事情があること、国によって制度的な影響が大きく異なること、したがっていまだにさまざまの異なる結果が出てくる余地が大きい。正確で説得力のある経済分析を行うためには、対象となる国の経済を熟知するだけでなく、対象分野の専門知識や、その政策的な環境についても豊富な知識を蓄積することが求められる。そのような蓄積をもった組織は、現実的には世界銀行など数少ない機関に限られている。したがって実務的には、このような組織の計算価格の基準が頻繁に援用されるのが現実となっている。　　　　　　　　　　　　　　［佐原隆幸］

【関連項目】 財務分析、開発計画
【参考文献】 J. P. Glttinger, *Economic Analysis of Agricultural Projects*. 1982. ／Overseas Development Administration, *The Evaluation of Aid Project and Programmes*. 1983. ／国際協力サービス・センター『プロジェクトの経済分析・評価の調査研究』1984年.

経常勘定の自由化
Liberalization of Current Account

　経常収支に計上される取引、主として貿易・サービス取引に伴う為替取引の制限を撤廃することを指す。IMF協定第8条では、経常的支払いに対する制限の回避、差別的通貨措置の回避、外国保有の自国通貨残高の交換性の維持が規定されている。これらの規定を満たした国をIMF8条国といい、経常勘定の自由化が完了したことになる。IMFはまた、同協定第14条で経過的措置として、IMF加盟時における経常取引に対する制限を認めており、同条項適用国をIMF14条国という。14条国の通貨は交換性が回復されていないため、ソフト・カレンシーとなる。14条国は条件が整備され次第、8条国への移行を要求される。

　この条項は明らかに開発途上諸国に対する配慮を目的としているが、交換性を回復することはIMF加盟国にとって基本的な義務となっている。国際自由貿易体制は、通貨の交換性をもつ国同士が相互に財・サービスと市場へのアクセスを保証することによって維持されている。しかし、14条国の通貨は交換性がないために、一方的に自由貿易体制から利益を享受し、世界貿易の安定と拡大に対して応分の責任を果たしていないことになる。そのため、14条国は、為替制限の継続について毎年IMFと協議をしなければならない。

　2003年9月時点で184加盟国のうち約150カ国が8条国となっている。日本は、1960年に「貿易為替自由化計画大綱」が決定され、1964年4月1日からIMF8条国へ移行した。東アジア諸国では1968年11月にIMF8条国への移行を遂げたシンガポールとマレーシアを除くと、8条国入りは1980年代後半から1990年代前半にかけて比較的最近である。また、1990年代においてこれら諸国は、IMFの勧告などにより資本勘定における為替管理の緩和ないしは自由化を進めたが、あまりに急速であったために通貨・金融危機に見舞われる結果となった。　　　　　　　　［徳原 悟］

【関連項目】 アジア経済危機、外国為替管理、金融自由化、資本勘定の自由化
【参考文献】 河合正弘＋QUICK総合研究所アジア金融研究会編『アジアの金融・資本市場—自由化と相互依存』日本経済新聞社、1996年. ／スタンレー・フィッシャーほか（岩本武和監訳）『IMF資本自由化論争』岩波書店、1999年.

経常収支危機
Current Account Crisis

　通貨・金融危機を経常収支危機（Current Account Crisis）と資本収支危機（Capital Account Crisis）に分けて捉える見方がある。Masaru Yoshitomi and Kenichi Ohno, "Capital Account Crisis and Credit Contraction," *ADBI Working Paper* 2, May 1999によれば、1997年のアジア通貨危機は、その深刻さ、期間の長さ、周辺諸国への波及（contagion）度合いなどの点で過去に例を

みないものであり、海外からの大規模な短期資本の流入と反転流出を発端とすることから、資本収支危機と呼ぶことができる。

これに対して、従来型の危機は、マクロ経済政策の失敗により経済ファンダメンタルズが悪化することによって起きることが多く、経常収支危機と呼ばれる。経常収支危機の概念は、いわゆる第1世代モデルの通貨危機の概念とほぼ同じものである。すなわち、財政赤字とそれをファイナンスするための中央銀行による貨幣発行が継続し、国内部門における投資超過と、インフレーションの悪化による自国通貨の過大評価が起きる。これらを原因として経常収支の赤字が拡大し、外貨準備が減少する。経済ファンダメンタルズに問題があるため、海外からの民間資本の流入は増加しない。外貨準備の減少が続き、次第に経常収支の赤字の維持可能性に関する懸念が増大し、自国通貨の切り下げ圧力が高まる。最終的には固定相場制を維持することが不可能となり、政府はIMFに救済を求めることになる。

経常収支危機に対しては、緊縮的な財政・金融政策、自国通貨の切り下げ、構造改革などの組み合わせによる従来型の危機対策が有効である。これらによって経常収支の赤字やインフレーションを改善し、危機を解決することができる。一方、アジア通貨危機に際しては、これらの伝統的な危機対策は有効ではない。　　　　　　　　　　　　［清水　聡］

【関連項目】　アジア経済危機、資本収支危機、コンディショナリティ
【参考文献】　白井早由里『入門現代の国際金融―検証経済危機と為替制度』東洋経済新報社、2002年. ／高木信二編『通貨危機と資本逃避―アジア通貨危機の再検討』東洋経済新報社、2003年.

ケイパビリティ
Capability

アマルティア・K. セン（Amartya K. Sen）の著作で頻繁に使用されている概念であり、「潜在能力」と訳されている。センは「潜在能力」を、「さまざまなタイプの生活を送るという個人の自由を反映した「機能（Functioning）」のベクトルの集合として表わすことができる」と定義している。つまり、所得や富などの手段を利用して、どのような生活を選択できるかという個人の可能性を示している。「幸福であるか」、「自尊心は満たされているか」などの人々の生活状態やその行動を表わす「機能」を自由に選択できてこそ、真の平等が実現されるとセンは考えている。このように捉えるならば、「機会均等」という意味での平等とは大きく異なる。機会均等とは、ある制度の利用可能性が平等であるとか、ある条件や制約が利用者すべてに適用されるということである。そこでは、人間の内面的な多様性、所得や富などの手段の存在とその重要性は考慮されておらず、真の意味での機会均等ではないとセンは主張している。真の平等を実現するためには「潜在能力の平等」を図らねばならないが、その一方で効率性も含めた総合的な観点から平等を捉えないと、かえって潜在能力の平等を個人から奪うことになると主張する。　［德原　悟］

【関連項目】　エンタイトルメント、ファンクショニング、セン
【参考文献】　アマルティア・セン（鈴村興太郎訳）『福祉の経済学―財と潜在能力』岩波書店、1988年. ／アマルティア・セン（池本幸生、野上裕生、佐藤仁訳）『不平等の再検討―潜在能力と自由』岩波書店、1999年. ／アマルティア・セン（德永澄憲、松本保美、青山治城訳）『経済学の再生―道徳哲学への回帰』麗澤大学出版会、2002年.

系列相関
Serial Correlation

回帰モデルの攪乱項が、異時点間で相関をもつ時、系列相関があるという。自己相関（Autocorrelation）ともいう。　　［白砂堤津耶］

【関連項目】　回帰分析、攪乱項、ダービン＝ワトソン比

経路依存性
Path Dependence

社会はさまざまな制度から成り立っているが、この制度の基盤がそれを取り巻く歴史的・社会的・経済的環境に依拠していることを指す。すなわち、歴史の初期条件に制度のあり方、およびその後の進化が規定されるため、歴史的経路依存性（Historical Path Dependence）と呼ばれることもある。このような条件にもとづき構築された諸制度は、制度間の整合性が確保されることにより、社

会システムとして円滑に機能する。いいかえれば、制度設計は、制度的補完性（Institutional Complementarity）をもたせるように行われることになる。一度、補完的な形で諸制度が緻密に張りめぐらされてしまうと、既存の制度が自己拘束的に働き制度改革の障害になる。というのは、既存の制度から利益を得ている既得権益集団が、制度改革を阻止するように行動するからである。このような理由から、制度改革を行うには、補完性の根幹となる複数の制度を同時かつ漸進的に変革していくことが重要になる。これらの制度問題を研究対象とする比較制度分析は、移行経済の制度改革やアジア諸国の経済発展メカニズムの解明にも応用されている。　　［徳原　悟］

【関連項目】　新制度派経済学、移行経済、メインバンク制
【参考文献】　青木昌彦『経済システムの進化と多元性―比較制度分析序説』東洋経済新報社, 1995年.

ケインズ型消費関数
Keynesian Consumption Function

ケインズ型消費関数は、
$$C = c_0 + cY$$
C：消費　c_0：基礎消費　c：限界消費性向（$0 < c < 1$）
として表わされる。

［森脇祥太］

◇ケインズ型消費関数

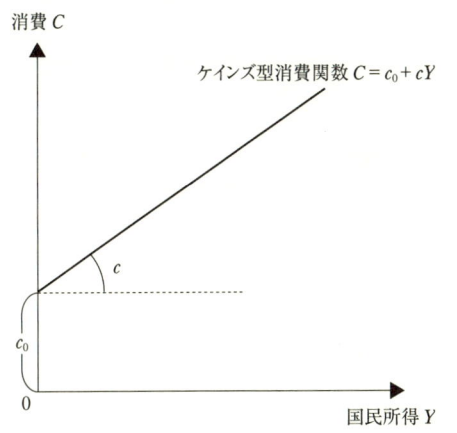

消費 C

ケインズ型消費関数 $C = c_0 + cY$

c

c_0

0　　　　　　　　　　　　　国民所得 Y

ケインズ経済学
Keynesian Economics

ケインズ経済学は、ジョン・メイナード・ケインズ（John Maynard Keynes, 1883～1946）によって打ち立てられた短期のマクロ経済理論である。ケインズは1929年の米国の大恐慌を発端とする世界経済の危機からの脱出のための処方箋を提示した。景気は大きく落ち込み、失業者が溢れる状況に直面した。ケインズの経済学が登場するまでは古典派ないしは新古典派経済学が主流をなしていた。これらの経済学によれば、長期的には賃金が下落し、失業は解消されるという見解を示した。しかし、事態は、賃金が低下するまでの長期間を待つほど悠長ではなかった。

ケインズ経済学は、①経済主体は合理的な決定を行い、効用や利益を最大化するように行動する、②経済活動に関連する情報は各経済主体全体に行き渡るという完全情報の世界を想定していた。ここまでは、新古典派経済学の前提と共通するが、価格の伸縮性が低いという点で異なる。新古典派は価格が伸縮的で需給が均衡するという状態を前提としていた。しかし、ケインズは、特に労働市場においては賃金の下落が緩やかにしか進まないとした。この前提の下で、景気が低迷して生産が落ち込むならば、失業者が増える。この失業者を短期的に生産に復帰させるためには、有効需要を生み出さなければならない。つまり、財政・金融政策を運営して、消費と投資を拡大させなければならないと考えたのである。

ケインズは、新古典派経済学が前提に取り込んでいた「セイの法則（Say's Law）」に誤りがあることを見抜いた。フランスの経済学者セイ（Jean Baptiste Say, 1767～1832）が主張した「供給みずからが需要を生み出す」という考え方の誤りである。生産が行われれば価格の調整メカニズムを通じてすべて販売されるということになる。ケインズは、この法則に批判を加え、有効需要理論を提示した。価格の調整メカニズムが緩慢にしか機能しない世界では、需要が供給の水準を決定する。つまり需要が経済規模を決定すると考えた。したがって、この需要水準を管理する

ことによって景気の落ち込みを緩和できるとしたのである。

例えば、不況時には財政支出を拡大して公共投資を行うならば需要が生み出される。また、同時に金利の引き下げによって投資を誘発する可能性も出てくる。このように財政・金融政策を通じて総需要を管理する理論を打ち出した。このようにして有効需要が喚起されると、それは乗数効果を通じて初期の独立支出の数倍になる需要を生み出す。公共投資によって初期需要が増えると、そこに従事する人々の所得が増える。この所得が消費に向けられ、また他の人の所得になるという波及効果が働くと考えたのである。この意味で、ケインズ経済学は、新古典派とは逆の立場をとる。新古典派経済学では、経済への政府介入は価格メカニズムの障害になるだけで望ましくないという立場をとっていたからである。見解の相違は、価格の調整メカニズムに関する捉え方の違いにある。

このようなケインズ経済学の枠組みを引き継いでいるのが、ケインジアン(Keynesian)と呼ばれる学派である。ケインジアン学派は、短期の問題を取り扱うケインズ経済学を、長期的ないしは動学的な理論体系へと再構築する作業に取り組み出した。しかし、1970年代に入ると、ケインズ経済学は現実の政策問題として批判を受けるようになった。財政政策による公共投資が財政赤字を拡大させたからである。完全雇用を実現するために積極的な政策介入を行った結果として物価も上昇し、米国を初めとする先進諸国はスタグフレーションに見舞われた。景気停滞下の物価上昇に対してケインズ経済学は有効な処方箋を打ち出せなかったこともあり、批判が続出した。

ケインズ経済学の対抗馬としてマネタリスト、合理的期待形成学派、サプライサイド経済学が登場した。マネタリストは、裁量的に貨幣供給量を変化させるのではなく、ルールにもとづき一定量の供給を行うことを提示した。合理的期待形成学派は、経済主体は完全情報にもとづいて将来予測が可能であるため、財政・金融政策は短期的にも効果がないとした。サプライサイド経済学は、経済の生産面に着目して投資を活発化させることにより経済の供給能力が向上し、これが経済を浮上させると説いたのである。その成否はともあれ、現在の経済学では新古典派経済学が優位な状況にある。

［徳原 悟］

【関連項目】 新古典派経済学、財政政策、金融政策、ケインズ型消費関数

【参考文献】 Edmund S. Phelps, *Seven Schools of Macroeconomic Thought*. New York, Oxford University Press, 1990. ／根井雅弘『現代アメリカ経済学―その栄光と苦悩』岩波書店, 1992年. ／森嶋通夫『思想としての近代経済学』岩波新書, 1994年. ／ジョン・メイナード・ケインズ（塩野谷祐一訳）『雇用・利子および貨幣の一般理論（普及版）』東洋経済新報社, 1995年. ／吉川洋『ケインズ―時代と経済学』ちくま新書, 1995年. ／根井雅弘『経済学の歴史』筑摩書房, 1998年.

決定係数
Coefficient of Determination：R^2

決定係数とは、推定した回帰式のデータへの当てはまりのよさを示す尺度であり、被説明変数の変動（全変動）のうち、説明変数の変動によって説明される部分の割合のことをいう。決定係数のとりうる値は $0 \leq R^2 \leq 1$ であり、1に近いほど当てはまりがよいことを示す。

［白砂堤津耶］

【関連項目】 回帰分析

権威主義
Authoritarianism

デモクラシーとも全体主義体制とも異なる、その中間的な政治体制を指す。社会心理学では、エーリッヒ・フロム（Erich Fromm）が『自由からの逃走』（*Escape from Freedom*）の中で、ナチズムを支持した中産階級の態度を、外面的な権力や威信に適合的かつ同調的な権威主義的パーソナリティと呼んだ。スペインの政治学者リンス（Juan J. Linz）はフランコ体制を分析し、「政治体制の類型」にあたって、全体主義体制とは違うが民主主義体制とも異なる非民主主義体制を「権威主義体制」（Authoritarian Regime）と呼んだ。リンスによれば、権威主義の特徴は、①限定された多元主義（すべての集団が全面的に統制されることはない）、②明確な政治イデオロギーの欠如（イデオロギーというよりメンタリティー）、③大衆動員の欠如（全体主義のように大規模な大衆動

員がなされることはない)、④統治の予測可能性、などである。また、アルゼンチンの政治学者オドンネル (Guillermo O'Donnell) は、1960年代のブラジルとアルゼンチンに相次いで登場した軍事政権を「官僚主義的権威体制」(Bureaucratic-Authoritarianism) と名付けた。官僚主義的権威体制国家は工業化のある段階とかなりの相応性をもって現われる新たなタイプの権威主義である。

[甲斐信好]

【参考文献】 E. フロム (日高六郎訳)『自由からの逃走』東京創元社, 1951年. / J. リンス (高橋進監訳)『全体主義体制と権威主義体制』法律文化社, 1995年.

権威主義開発体制
⇨ 開発独裁

限界効用
Marginal Utility

限界効用とは、財の消費量が1単位増加した時に得られる、効用の増加分である。財の消費量が増加するにつれて、限界効用が徐々に小さくなることを限界効用逓減の法則という。図において x 財の消費量が x_1 から x_2 へと増加するにつれて、限界効用 MU の大きさは MU_1 から MU_2 へと低下する。

[森脇祥太]

限界生産力
Marginal Productivity: MP

限界生産力とは、他の生産要素が一定であると仮定して、特定の生産要素が1単位増加した場合の生産 Q の増加分のことをいう。労働力 L の限界生産力 MP_L は

$$MP_L = \frac{\partial Q}{\partial L}$$

で示される。

[森脇祥太]

【関連項目】 収穫逓減の法則

限界費用と利潤最大化
Marginal Cost and Profit Maximization

限界費用 (MC) とは、生産量 Q が1単位変化した時、総費用 TC が何単位変化するかを示すものである。限界費用は、

$$MC = \frac{dTC}{dQ} \quad \cdots\cdots①$$

のように示される。また、企業は利潤最大化のために製品の価格 p と限界費用が一致するように生産量を決定する。すなわち、利潤最大化条件は、

$$p = MC \quad \cdots\cdots②$$

となる。

[森脇祥太]

研究開発
Research and Development: R & D

研究開発は多額な資金を要し、成果の機密保持の必要性が高く、そのために従来は本社で集中的に行われていた。しかし、販売・生

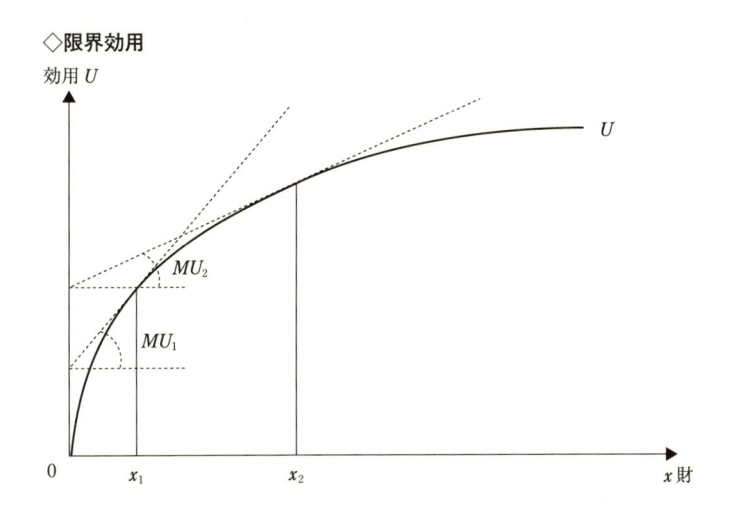

◇限界効用

産活動の国際化の進展や企業間競争の激化によって、研究開発の国際化が促進されるようになった。企業が研究開発を国際化する目的は2つに大別できる。1つは、現地の市場や生産に合わせた製品や技術を開発することである。現地市場で販売を拡大するためには、気候や文化、生活習慣などから生じる市場の特性を把握し、製品開発に反映させる必要がある。また、研究開発と生産とのシナジーを高めるにあたって、生産機能の近くに開発機能が立地する利点は大きい。生産性および品質向上のためには、設計・開発の段階から生産現場との間での情報交流が必要だからである。こうした必要性から研究開発活動についても現地化が推進されている。

もう1つの目的は、情報や人材をはじめとした研究開発のための資源の獲得である。企業間競争の激化から、企業の将来を左右する研究開発に投入する資源を広く世界に求める必要性が高まっている。こうした目的を満たすためには、最先端の研究がなされている地域に研究拠点を設け、①人材の獲得、②情報収集、③他の研究機関との連携などを行うことが重要となる。医薬品、情報技術などの先端分野の研究拠点は研究蓄積が進んだ欧米に設けられる例が多いが、高レベルの人材を低コストで調達するという観点からインド、中国などに研究拠点を設ける例も増えている。

米国企業に比べると日本企業の研究開発の国際化は遅れている。2001年度の日本企業の海外研究開発比率（現地法人研究開発費／国内法人研究開発費）は3.5％であり、2000年度の3.9％と比較すると低下しているが、中期的にみれば上昇傾向にある。現地法人1社当たりの研究開発費が大きいのは、業種では化学、地域では欧州である（経済産業省『第32回海外事業活動調査』2003年）。　［竹内順子］

【関連項目】 多国籍企業、海外直接投資
【参考文献】 榊原清則『日本企業の研究開発マネジメント』千倉書房, 1995年.

原産地規則
Rules of Origin

　原産地規則とは、国際的に取引される産品の原産地（国）を認定するための要件をいう。原産地（国）とは、一般に「ある産品に関して1つの国で完全に生産された場合には当該国、2つ以上の国が生産に関与している場合には最後に実質的な変更が行われた国」と定義されている。自由貿易協定では、特恵関税率の適用産品を限定することにより対外関税率の低い域内加盟国を通じて外国産品が迂回輸入してくるのを防ぐため、協定中に必ず原産地規則を設けている。原産地を認定する要件は、関税分類の変更（tariff jump）と現地調達比率である。しかし原産地規則の国際的統一が遅れているため、各自由貿易協定においても独自の規則が採用されている。例えばAFTAの原産地規則では、現地調達比率のみを要件としているが、NAFTAでは、多くの製品に対して関税分類の変更と現地調達比率の両方を規定している。また現地調達比率そのものも協定ごとに異なっている。

［北村かよ子］

【関連項目】　FTA、AFTA、NAFTA

健全性規制
⇨プルーデンス（健全性）規制

現代企業制度【中国】
Modern Enterprise System

　中国における現代企業制度の確立とは、国有企業を株式会社に転換することにより、企業の経営と所有を分離し、経営責任を明確化することである。その最大の特徴は、従来の企業制度にはなかった法人財産権が確立されたことである。

　1978年の改革・開放政策の導入以来、国有企業改革は一貫して進められてきたが、国有企業の経営不振、財務状態の悪化は徐々に深刻化した。国有企業の税引き前利益率は1980年の24.8％から1995年には8％へ大幅に低下し、赤字企業の割合は1988年の16％から1993年に30％、1996年に45％に上昇した。こうした状況下で、1992年10月の共産党第14回大会において、江沢民（Jiāng Zémín）総書記は「社会主義市場経済」の確立を目指す趣旨の報告を行い、そのための1つのポイントとして、国有企業改革の重要性を強調した。1993年11月の第14期3中全会では、「社会主義市

場経済体制を確立する上での若干の問題についての決定」が採択され、国有企業改革の新たな措置として現代企業制度の確立が公式に規定された。

現代企業制度構想の主な内容は、①国家の所有権と企業の法人財産権の分離、②有限責任制にもとづく自主的経営と損益の自己負担、③政府と企業の分離、政府の企業経営への不介入、④科学的な企業制度と組織管理制度の確立、とされている。この構想が従来の国有企業改革と異なる最大のポイントは、独自の法人財産権を認め、所有権を基礎とする財産関係を明確化しようとすることにあった。

政府は1994年に、国務院指定の100社、省・直轄市指定の1300社、地区・市指定の800社（ともに国有企業、合計2100社）を対象に株式制の導入による現代企業制度の確立に着手した。国有企業を株式会社に転換すれば、利益追求の動機が働くようになり、中・長期的に企業経営の効率化につながることが期待された。政府は国有企業全体の経営を根本的に改善するために、さらに多くの国有企業を株式会社に転換させようとしている。

さらに、「第10次 5 カ年計画（2001〜05年）」において、国有企業による現代企業制度の確立を一層加速する方針が強調された。①国有大・中型企業がルールに則った上場、中外合弁、株式もち合いなどの形態によって株式制を導入し、経営メカニズムを転換すること、②国民経済の発展と国の安全とにかかわる重要企業については、国は持株によって支配権を確保すること、③国有資産管理の効果的な形態を積極的に模索すること、④コーポレート・ガバナンス構造を健全化させること、⑤国有企業に対する監督・管理メカニズムを確立、充実させ、監事会の役割を十分に発揮させること、などがあげられている。

国家統計局が全国の4371社の重点企業を対象に行った調査によると、2001年末時点で、「会社法」にもとづき株式制へ転換した企業は3322社に達し、全体の76％を占める。株式会社に転換した国有企業の中で、資本関係が明確であり、業績が良好な一部の企業について、国内市場での株式公開や海外株式市場への上場などが進められた。2002年末時点で、中国国内の株式市場で株式公開を果たした企業は1300社余り、海外の株式市場への上場企業数は50社となった。

これまでの現代的企業制度の確立により、国有企業のコーポレート・ガバナンスの改善や内部組織の効率化がみられるとともに、国有企業に対する行政面での干渉も徐々に軽減される方向にある。また、国有企業がもっていた学校、病院などの社会福祉機能は企業から切り離され、人事労務制度も効率化されている。一方、多くの国有企業の資本関係は依然として明確化されておらず、企業内部のガバナンスシステムの確立が遅れているなどさまざまな課題がある。　　　　　　　　［孟　芳］

【関連項目】　国有企業改革
【参考文献】　川井伸一「国有企業の会社制への転換」『日中経協ジャーナル』No. 31, 1996年 4 月号. ／柯隆「中国における国有企業民営化の第一歩」『Economic Review』Vol. 5, No. 4, 富士通総研, 2001年10月号.

現地調達比率
Local Contents

財の生産に要する投入財のうち国産品の占める割合を現地調達比率という。開発途上国における輸入代替工業化は多くの場合、最終製品から開始される。国内市場規模が小さく、産業特化の度合いが小さい開発途上国において「規模の経済」と「特化の利益」が大きい川上の生産から工業化を開始することは困難である。したがって、工業化が進展し、部品および素材産業が成長するまでは部品・原材料の調達は、輸入に依存せざるをえない。自動車やエレクトロニクスなどの組立加工型の製品にとって、生産コストの大部分を占める部品・原材料の調達を輸入に依存することに伴うデメリットは大きい。

ただし、政策的に現地調達比率を高めることには弊害も大きい。開発途上国の多くは部品・原材料の輸入増加による貿易収支の悪化を防ぎ、あるいは国内部品産業の成長を促進するという目的のために、企業に対して一定の現地調達比率の達成を義務付ける現地調達比率規制（国産化規制）を設けている。特に、金額が大きく、国内産業連関形成への効果が大きいとみられる自動車産業について

は、アジアのほとんどの国が国産化規制を導入した。しかし、規模を伴わない部品の国産化は、割高な部品の使用という負担を最終製品にもたらす。その結果、価格競争力をもちえない最終製品は政策的な保護の継続を必要とする。

ウルグアイ・ラウンドにおいて貿易関連投資措置（TRIMs）協定が成立したことにより、締結国は原則として、1999年末を期限に国産化規制の撤廃が義務付けられた。開発途上国は5年の経過期間をおくことができるが、すでに中国はWTO加盟後の2002年、東南アジアの主要国でも2003年にマレーシアを除いて、自動車に関する国産化規制が撤廃された。

[竹内順子]

【関連項目】　輸入代替工業化、WTO
【参考文献】　松村文武・藤川清史『国産化の経済分析――多国籍企業の国際産業連関』岩波書店, 1998年.

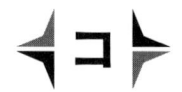

◀コ▶

◀5・13事件【マレーシア】
May 13th Incident

1969年5月13日、マレーシアの首都クアラルンプールを中心にマレー人と華人との間で勃発したマレーシア史上最大規模の種族暴動。典型的な多民族国家のマレーシア（2000年の人口構成は、マレー人47％、華人26％、インド人8％、その他先住民12％）の歴史において、植民地時代にはマレー人を中心とするブミプトラ（土着の民）は農村にとどまり、近代的セクターに非マレー人が集中した結果、種族間に構造的な経済格差が生じた。1957年に英国から独立した時、非マレー人に市民権を付与するかわりに、経済的に遅れているマレー人に「特別な地位」を保証することが憲法153条で定められた。

しかし、独立後もマレー人の経済的地位が依然として改善されないまま、1969年の総選挙で非マレー人が政治的に躍進したため、経済のみならず、政治の分野までも華人に支配されるのではないかという危機感がマレー人社会に広まった。選挙直後に躍進を祝う華人系野党の祝勝デモを見守るマレー系住民の苛立ちは頂点に達し、ついに5月13日夕刻から首都クアラルンプールでマレー人と華人の間で大規模な流血の暴動へと発展し、数百名が殺された。その後、マレーシア全土に宣言された非常事態は1971年2月まで約2年近く続いた。

暴動の原因は、直接的には総選挙の結果にあったものの、多民族国家が長い間抱えてきた種族間の経済格差問題が根にあった。そのため、マレーシア政府は二度と種族暴動を起こさないためにはどうしたらよいかを検討した結果、1971年7月に発表されたのが新経済政策（New Economic Policy: NEP）である。これによってマレー人を中心とするブミプトラの経済的地位を向上させ、他の種族との経済的格差を是正することが多民族社会の調和を図る近道であると認識された。新経済政策がその後のマレーシアの政治・経済・社会全般に及ぶ開発政策に決定的な影響をもたらしたことを想起すると、「5・13事件」がマレーシア現代社会を変革させる起爆剤になったという意味でその歴史的な意義はきわめて大きい。

[小野沢純]

【関連項目】　新経済政策、ブミプトラ政策
【参考文献】　アジア経済研究所編『アジア動向年報1969年版』アジア経済研究所, 1970年. ／長井信一『現代マレーシア政治研究』アジア経済研究所, 1978年.

◀5・16軍事クーデター【韓国】
5.16 coup d'état ［仏］

1961年5月16日、韓国陸軍の朴正煕（Pak Chŏng-hŭi, 1917～79）少将と若手の将校を中心とする約4000人の兵力がソウルの中枢部を制圧し、反共体制の強化、自立経済の確立、不正腐敗の一掃、民政移管などを主な内容とする公約を掲げて軍事クーデターを断行した。軍事革命委員会は、ただちに全国に非常戒厳令を敷いて、国会・地方議会の解散、政党・社会団体の政治活動禁止、閣僚・高位官僚の逮捕、軍事革命委員会による国家機関の運営の挙に出た。これが5・16軍事クーデターである。

クーデター発生の政治的、社会的な背景をみると、政治的には4・19革命により政権を担当した当時の与党が新旧の派閥間の葛藤で

分裂し、多様な社会集団が各々の政治的要求を主張して政局は不安定状態であった。4・19革命を主導した学生たちは、民族の自主統一運動を積極的に展開し、北朝鮮との接触を試みた。このように当時の社会状況は連日のように続くデモ、これに対応するすべのない政府、学生のむこうみずな北朝鮮への接近など極度の混乱が続き、反共分断状況下での国家存続の脅威にまで達した。

これに対して熾烈な朝鮮戦争を戦ってきた軍部内に強い危機意識が生まれた。朝鮮戦争以降、社会的な地位の向上と実質的に武力をもち始めた軍部は、軍内部における昇進への不正が多く、若手将校たちの不満が積もっていた。クーデターの実行勢力は、「われわれは腐敗した現政権を信任しない。国民の生活苦を救い、祖国の危機を克服するために軍事革命委員会をここに組織する」と宣言し、自らの行動の正当性を訴えた。全権を掌握した軍事革命委員会は、6項目の「革命公約」を発表した。①反共を国是とし、反共体制の再整備と強化、②米国を中心に自由主義陣営との関係強化、③不正、腐敗の一掃と正義社会の具現、④国民の基本的生活水準を向上させ、自立経済を達成する、⑤祖国統一のために富国強兵の推進、⑥政治、社会の安定後、軍は本来の任務に戻り、民間人に政権を移譲する、などである。

軍事革命委員会は、その後、国家再建最高会議に再編されて3年間の軍政統治を始めた。軍政期間中には権力の核心機構として与党の民主共和党、中央情報部(KCIA)を設置するとともに、大統領制への復帰と権限強化、国民の基本権の制限、国会権限の制限などを骨子とする憲法改正を行った。

軍事クーデターが起こった当時の韓国では、近代化を牽引するパワーグループは軍部以外には存在していなかった。1951年に米国陸軍士官学校をモデルに改編された韓国陸軍士官学校は、当時の韓国における近代的エリートの唯一の供給源であった。1961年の軍事クーデターは、儒教的風土のなかで厚く培われてきた文治官僚制、ならびにそれを支える思想と倫理を打ち破った画期的な事件であった。1962年から第1次経済開発5カ年計画が開始され、現在に至る韓国の高度経済成長の達成は、軍人政権の出現をもって可能になったものだといっても過言ではない。

さらに軍部は、自らが近代化の担い手として登場したというにとどまらない。官僚機構の育成を図り、しかもその中枢に経済官僚組織を据えたことが大きな重要性をもつ。経済開発5カ年計画の立案と実施に強力な権限をもつ官僚機構として経済企画院を創設、ここに財務部(省)、商工部、農林部、交通部などの経済関係省庁を統括・指導する権限を与えた。経済企画院長官には副総理があたり、開発行政の強力な推進が試みられた。このような新官僚機構の創設と改編の過程においても、旧守的な貴族的官僚が排除され、開発行政の実務官僚として有能な若手が、その出自にかかわらず広範に採用された。

5・16軍事クーデターは、分断国家の危機状況下で軍部による実力行動であり、その後の国家主導の急速な経済発展により肯定的な評価もあるが、軍事文化の社会への影響、軍の不法的な政治介入への前例を残し、民主的な政権交代の遅延、産業化の地域・階層間の不均衡など否定的な側面をも韓国社会に残した。　　　　　　　　　　　　　　［文　大宇］

【関連項目】　朴正煕、4・19革命
【参考文献】　林建彦『朴正煕の時代―韓国「上からの革命」の18年』悠思社, 1991年. ／渡辺利夫『韓国経済入門』筑摩書房, 1996年. ／河信基『朴正煕―その知られざる思想と生涯』光人社, 1996年. ／金潤根『朴正煕軍事政権の誕生―韓国現代史の原点』彩流社, 1996年.

公営企業【台湾】
Public Enterprises

台湾では、経済発展の初期段階において、公営企業(国民党の管理下にあったものは党企業とも呼ばれる)が大きなウェイトを占めた。公共性があり国民生活に影響の大きい分野や収益性の面で民間企業の進出が困難な分野は、基本的に公営とされた。また、国民党による権威主義体制の下で、民間企業の振興よりも政府主導の工業化が優先的に進められた。若干の例外を除けば、1950年代には各産業の主要部門は公営企業が独占し、これが内需のほとんどを占めた。また、公企業は国民党政権の経済的基盤を形成していたため、民

間の中小企業は公営企業と重複しない分野での活動を余儀なくされた。

　公営企業は、大別して、①第2次大戦終了時に日本から接収した企業（台湾糖業、台湾肥料など）、②1970年代の重化学工業化政策の下で新設あるいは拡充された企業（中国石油など）がある。後者についていえば、公営企業は重化学工業化の担い手としてある程度の役割は果たしたものの、輸出主導による経済成長の下では牽引役とはなりえなかった。製造業の総生産額に占める公営企業の割合（付加価値ベース）は、1950年代中頃までは50％以上あったが、それ以降は民間企業の発展に伴って急激に低下し、2001年には11.6％となった。

　民間企業の成長、経済自由化の進展、公営事業の効率化の必要性などのために、政府は1989年に公営企業の民営化と公営企業が独占してきた部門への民間企業の参入許可を決定した。しかし既得権益をめぐっての反対も根強く、公営企業の民営化の進展は遅れている。　　　　　　　　　　　　　　　［今井　宏］

【関連項目】　国民党、中小企業、重化学工業化政策
【参考文献】　文大宇『東アジア長期経済統計　台湾』勁草書房、2002年．

交易条件
Terms of Trade

　交易条件とは、輸出価格指数を輸入価格指数で除した比率のことをいう。輸入価格に比して輸出価格が上昇（低下）する場合、交易条件は改善（悪化）し、自国にとって貿易を行うことが有利化（不利化）する。［森脇祥太］

公開市場操作
Open Market Operation

　公開市場操作とは、中央銀行が公開の市場、主に短期金融市場で債券や手形などを売買して、金融調節を行うことである。中央銀行が債券や手形を購入することを買いオペレーションと呼ぶ。逆に、中央銀行が債券や手形を市場で売却することを売りオペレーションと呼ぶ。中央銀行が買いオペを実施すると、市場に資金が供給される。これにより民間金融機関等の流動性が増加し与信量が増加するため、流動性効果をもつ。また、買いオペレーションは、債券利回りを低下させることによって裁定行動を引き起こす。それが他の短期市場金利を低下させるので、コスト効果をもつ。この金利低下というコスト効果を通じて、民間金融機関は市場から低いコストで資金を獲得し、与信量を拡大させることができる。売りオペレーションの場合には、流動性が低下するとともに、債券利回りが上昇するため、民間金融機関の与信量は低下する。現在、日本ではオペ手段の多様化を図ることによって、ゼロ金利下での金融調節の機動性を確保しようとしている。　［徳原　悟］

【関連項目】　公定歩合政策、法定準備率操作、マネーサプライ、ハイパワード・マネー、不胎化介入
【参考文献】　翁邦雄『金融政策─中央銀行の視点と選択』東洋経済新報社、1993年．／岩田規久男『金融政策の経済学─「日銀理論」の検証』日本経済新聞社、1993年．

公共財
Public Goods

　公共財は、「いったんある人に供給すれば、その人と同じ社会に住む他のすべての人々にも同時に同量を供給することになる財」と定義される。公共財は、非排除性と非競合性という特徴をもつ。

　例えば、灯台やテレビ放送は、非排除性と非競合性をもった公共財である。ある船舶が安全航行のために灯台の光の供給を受けても、他の船舶への同量の光の供給は排除されない。また、一人がテレビをみたからといって、他の人がテレビをみることと競合は発生せず、どの人も同一の番組をみることが可能である。一方、高速道路は、公共財であるが非排除性のみをもつ。あるドライバーが高速道路を利用しても、他のドライバーの利用を排除しないが、渋滞が発生した時には、利用に競合が発生する。非排除性とは、排除するには高い費用が必要となることを意味しており、技術的には特定の人を排除することが可能である。例えば、有料放送は、費用を投入して特殊な受信装置を用意すれば、契約していない人を技術的に排除することが可能である。

　公共財は、地球環境を保護するための費用

負担の問題として取り上げられる。例えば、オゾン層は公共財であり、オゾン層が存在することによる便益は、地球上のいずれの国でも等しく享受できる。オゾン層が紫外線を防ぐことによって、ある国の人が皮膚ガンに罹患せずにすむことは、他の国の人が同様の便益を享受することを排除しない。両国間に競合も発生しない。一方、オゾン層を維持するためにはフロン類の排出を停止するための費用を負担しなければならない。この費用負担をする国としない国の対立が生じる。費用を負担しなくてもオゾン層から受ける便益がなくなるわけではない。便益は享受するが、費用の負担をしない状態を「フリー・ライダー（free rider）」という。国際環境条約では、この「フリー・ライダー」をなくした公平な費用負担のあり方が頻繁に交渉の対象となる。

［渡辺幹彦］

【関連項目】 コモンズ、外部不経済、汚染者負担原則、持続可能な開発

【参考文献】 柴田弘文、柴田愛子『公共経済学』東洋経済新報社、1988年。／柴田弘文『環境経済学』東洋経済新報社、2002年。

公共事業
Public Works

公共事業とは、経常的な行政サービス以外の公共サービスの供給を目的として公的部門が行う投資とその経営を含めた活動である。公共事業は、事業主体の違いと供給するサービスの属性によって2分類される。1つは中央政府や地方自治体政府（行政）が事業主体となり、一般道路、港湾、防災、公衆衛生などの利用料金の徴収が困難か不適切な社会資本形成（社会基盤整備）を伴う行政投資とその経営である。もう1つは、特定の公共サービスを担うべく行政が出資して設立した公的企業体や特殊法人が事業主体となり、多くの場合、利用者からその使用量に応じて料金の徴収が可能な、インフラ・サービス供給のための公的投資とその経営である。日本では、前者の行政投資の財源は一般会計予算であるが、後者の公的投資は政府の一般会計予算からの補助金が一部含まれることがあるが、原則的には政府からの借り入れである財政投融資（原資は主に郵便貯金）と、内外資本市場での債券発行である。開発途上国では一般的にこれらを公共投資プログラム（Public Investment Program: PIP）と称し援助対象案件としてまとめられることが多い。

開発途上国の視点からみると、1960年代からの日本の経済復興発展に伴う急速なインフラ需要に応えるべく創設された制度、財源調達方式、技術革新促進策などの多様なインフラ政策は、彼らにとってきわめて示唆に富む経験であったといえよう。公共事業（公共投資）は、公的資本形成と概念的には同じであるが、国民経済計算上では両者は異なる金額で表示される。つまり公的資本形成は国民所得統計などとの数値の整合性を確保するために、実物資産の社会的純増分に限定しているので、単なる所有権の移転を示す政府の土地買収（用地費・補償費）や有価証券の買い入れなどの所得移転支払い額（Transfer Payment）を公共投資支出額から除いたものである。

公共事業（投資）の効果は2つに分類される、1つは、建設（投資）期間中に発生するフロー効果と呼ばれるもので、投資資金が経済に流入することによって派生する生産・消費・雇用などの経済全体が拡大する効果で需要創出効果とも呼ばれる。フロー効果のマクロ計測手法としてケインズ（John Maynard Keynes）の乗数効果と生産誘発効果がある。乗数効果は、公的資本形成を1単位増加させた場合に誘発されるGDPの増加量を示す。生産誘発効果（係数）とは、公共投資により最終需要が1単位増加された場合に誘発される各産業の生産の増加量を示す。生産誘発係数については産業連関表から算出することができる。公共事業による2つ目の効果は、ストック効果と呼ばれるもので、建設が完了し施設が利用者にサービスを供給することによって効率性、生産性が向上し、経済活動を活性化する効果や、生活環境の改善による生活の質の向上を創出するという効果である。ストック効果は、その機能を他の経済主体が介在することなく、即時に生じる直接効果と効率性などの向上が、2次的3次的に波及する間接効果に分けられる。

公的資本形成の規模を一国の経済規模を示

すGDPと比較してみると、当然のことながら国によっても発展段階によっても大きく異なる。一般的に開発途上国ではインフラ投資需要が大きく、公的資本形成はGDPの約8〜10％程度と高い。発展段階に応じてインフラ需要の所得弾性値はクズネッツ（Simon Smith Kuznets）の環境劣化指数と同じような逆U字（山型）曲線を描くことが経験的にわかっている。開発途上国にとってインフラ開発整備は、経済発展や貧困削減のための前提条件と理解されており、政府開発援助額（ODA）の主流となっている。開発途上国のインフラ整備（主に公的資本形成）と経済社会発展の因果関係はいまだによくわかっておらず、インフラ整備優先分野の選定や規模はもっぱらミクロ的な経済評価手法（費用便益法）を用いてなされている。　［吉田恒昭］

【関連項目】　インフラストラクチャー、公共政策
【参考文献】　奥野信弘『公共経済学』岩波書店，1996年．／内閣府政策統括官編『日本の社会資本』財務省印刷局，2002年．

公共政策
Public Policies

政府の役割は、欧米に近代国家が成立したといわれる17世紀から18世紀以降、時代とともに変化してきた。17世紀アダム・スミス（Adam Smith）の主張した自由放任主義では、「見えざる手」によって効率的な資源配分が達成されるので、国家の経済活動への介入は極力排除されるべきであると主張された。しかし、産業革命による生産力の加速度的増加に伴って、この自由放任主義は社会における富の極度の偏在を招き、やがてはもてる者（資本家）ともたざる者（労働者）の間での熾烈な闘争に発展し、ロシア革命を経て1922年のソビエト社会主義連邦国家が誕生することになった。これ以来、世界の国々は自由主義か社会主義かに2極分化した。政府の役割は、自由主義下では市場経済（資本主義経済）への部分介入であり、一方、社会主義下では政府による中央計画経済運営である。世界におけるこの構造的対立に終止符を打ったのが、1991年のソビエト連邦崩壊である。資本主義経済でも政府は市場メカニズムでは解決できない所得分配や経済の安定化などの役割を果たすべく、経済活動へ介入している。他方、社会主義諸国は市場メカニズムを積極的に導入するようになり、生産手段の民営化を進めている。

現代世界における国家の役割、すなわち公共政策の対象領域は安全保障、外交、教育、福利厚生、公共財サービスの供給、経済活動支援（資源配分の効率化、所得配分、経済安定化）などと多種多様である。これらの中で一般的に公共政策の対象となるのは社会福祉と経済活動支援で、これらを扱う学問が財政学を父とし厚生経済学を母とする公共経済学である。政府や地方自治体が果たすべき基本的な役割で公共経済学が対象とする公共政策の基本的目的は、①資源の効率的配分、②所得と富の分配の是正、③経済の安定的な成長である。これらの目的に資する政府公共部門の政策手段は財政政策（税制、社会保障、行政サービスなど）、公共投資政策（インフラ・サービスなどの供給）、価格政策（補助金、課徴金など）、金融政策、対外経済政策そして規制政策（土地規制、基準と規制など）などにおおむね分類される。

政府の公共政策目的と手段の選択とその執行ルールの決定は、民主主義の統治原則によって行われる。この公共部門における意思決定システム（社会的意思決定）の質を高めるために「良い統治（Good Governance）」という概念が用いられるようになってきた。「良い統治」とは公共の意思決定において、①市民の参加、②プロセスの透明性、③効率性、④情報の公開、⑤計画と結果の説明責任などが求められることである。これらの行動規範をよりどころとして、政策目標、手段、執行の妥当性が分析され、さらに政策執行後の効果の事後検証が求められる。　［吉田恒昭］

【関連項目】　公共事業、PPP、インフラストラクチャー
【参考文献】　J.E. スティグリッツ（藪下史郎訳）『公共経済学（上・下）』マグロウヒル出版，1989年．／マイケル・P. トダロ（岡田靖夫監訳，OCDI開発経済研究会訳）『M. トダロの開発経済学（第6版）』国際協力出版会，1997年．

合計特殊出生率
Total Fertility Rate

合計特殊出生率は、出生率計算に使用する分母の人口数を出産可能年齢（15～49歳）の女性に限定し、各年齢ごとの出生率を合計した出生率である。合計特殊出生率は1人の女性が生涯を通じて何人の子供を生むかを示す推計数値となる。もちろんその年の数値であり、年々変化する。しかし女性が生涯に生む平均的な子供の数が変化していない場合において、晩婚化が進んで出産年齢が高くなる状況が生じるならば、合計特殊出生率は過少に評価される。合計特殊出生率は粗再生産率とも呼ばれ、いわば人口再生の比率を示す。これが約2.1の水準で親世代と子世代の人口が1：1となり、人口置き換え水準にあるといわれる。現在日本の合計特殊出生率は2を大きく下回っているために、将来的に人口が減少することになる。

合計特殊出生率（粗再生産率）は生まれる子供の男女両方を含んでいる。これを女児だけに限定して計測したものが総再生産率であり、1人の女性が生涯、何人の女児を出生するかを表わす。つまり出産ができる女性の再生産率であり、粗再生産率が高くても、男児が多ければ、将来の子供の数は少なくなる可能性がある。もちろん国の婚姻制度なども影響する。

総再生産率に母親世代の死亡率を考慮して計測したものが純再生産率である。死亡する母親を控除し、女性が生涯、何人の女児を生むかを計算した数値である。統計的には純再生産率が将来人口の推計を正確に示す。しかし統計の不備な国も多いことから、各国比較は合計特殊出生率（粗再生産率）が一般的に使用されている。　　　　　　　　　　［梶原弘和］

【関連項目】　生命表、出生率／死亡率、平均余命、乳幼児死亡率
【参考文献】　南亮三郎、上田正夫編『人口学の方法』千倉書房、1978年．／大淵寛、森岡仁『経済人口学』新評論、1981年．

工場長責任制【中国】
Management System by Factory Director's Responsibility

中国における企業経営管理手法の一つであり、1950年代前半および1980年代に全国的に実施された。ただし、1950年代前半と1980年代では、工場長責任制に期待された役割が異なる。1950年代は、社会主義諸国のモデルとなっていたソ連式の制度を中国に導入する一環として位置付けられる。工場長責任制の導入により、それまで問題であった現場責任者の不在などの点は改善されたが、生産現場に対する共産党の指導的役割が弱まったという批判が起こった。これを受けて、1956年の中国共産党第8回全国代表大会において、工場長責任制は企業内の共産党組織（企業内党委員会）を中心とする管理へと転換した。

工場長責任制が1980年代に再度導入された目的は、国有企業改革（当時は国営企業）を経営管理面から支援することにあった。企業内党委員会主導による経営管理は、責任の所在が曖昧になりがちである上、政治組織である企業内党委員会が経営や管理に関与した結果、国営企業の業績は総じて悪化した。こうした状況を受け、責任の所在が明確な工場長責任制が試験的に導入されることになった。やがて法的にも保障された工場長責任制は再び全国に普及した。1989年の第2次天安門事件を契機に、企業内党委員会の役割を再度重視する動きもみられたが、工場長責任制は徐々に拡大していった。

しかし、工場長責任制を導入しても国営企業の経営悪化は続き、さらに大胆な改革が求められるようになった。1990年代には所有と経営の分離を柱とした現代企業制度の確立が提起され、さらには国有企業の株式会社化、売却へと改革は進展した。しかし、工場長責任制に期待された企業の適切な経営管理という課題は、依然として解決されていない。

　　　　　　　　　　　　　　　　［佐野淳也］

【関連項目】　現代企業制度、国有企業改革
【参考文献】　川井伸一「中国企業における指導制度」毛里和子編『毛沢東時代の中国』日本国際問題研究所、1990年．／川井伸一『中国企業改革の研究』中央経済社、1996年．

港人治港【香港】
Ruling Hong Kong by Hong Kong's People

香港人が香港を統治すべきという考え方である。1982年に廖承志（Liào Chéngzhì）・全国人民代表大会常務委員会副委員長（当時）が「20字方針」の中でこれを用いて以降、広く用いられるようになった。「20字方針」とは、香港の将来に対する中国の基本姿勢を「主権回収、設立特区、港人治港、制度不変、繁栄保持」という20字で表現したものである。現在、中国は英国から香港の主権を回復し、特別行政区を設置することに成功した。一国二制度の下、香港の経済・社会制度は返還後も維持され、経済的繁栄を支援しようとする姿勢も変わらない。しかし、港人治港については、今なお残された課題である。

確かに英領植民地時代と比較すれば、一定の進展を遂げた。返還前の最高権力者である総督は、すべて本国から派遣された英国人であった。しかし、香港特別行政区の初代行政長官の董建華（Dǒng Jiànhuá）は、上海生まれの香港人であり、香港各界の代表者による選挙で選出された。行政長官だけでなく、主要な政府職員、さらには立法会の議員も一定の条件を満たす香港人以外は就任できなくなった（香港特別行政区基本法第44条、第61条、第67条）。

半面、香港住民の自発的な意思で代表が選出されているとはいえない部分もある。例えば、2000年頃から江沢民（Jiāng Zémín）国家主席（当時）など、中央の有力な指導者は董長官の再任支持を相次いで表明した。こうした意向が選挙委員会のメンバー800人に、他の人物を推薦しにくくさせた。事実、行政長官選挙への立候補には100人以上のメンバーの推薦が必要であるが、700人超が董長官を推薦し、無投票で再選が決まった。今後、行政長官選挙がどのような状況下で実施されるか、港人治港の成熟度をみる重要な基準となろう。　　　　　　　　　　　　　　[佐野淳也]

【関連項目】　一国両制、香港特別行政区
【参考文献】　真田岩助「1982年の香港」『アジア・中東動向年報1983年版』アジア経済研究所、1983年。／谷垣真理子「香港」小島朋之、国分良成編『国際情勢ベーシックシリーズ①東アジア』自由国民社、1997年.

厚生経済学の第1定理
The First Theorem of Welfare Economics

厚生経済学の第1定理とは、市場において完全競争が成立している場合、実現される均衡（＝一般均衡または競争均衡）がつねにパ

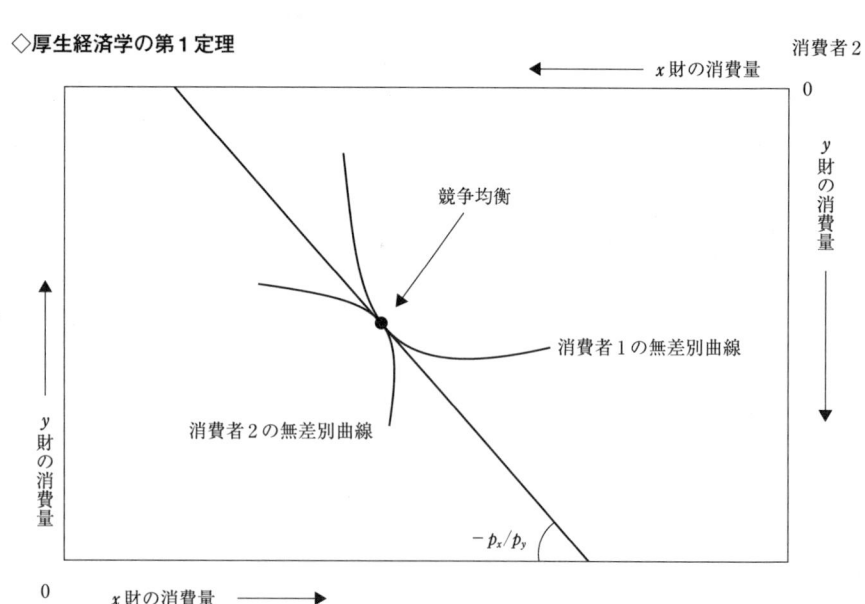

◇厚生経済学の第1定理

レート最適であることをいう。図の競争均衡点においては、つねに消費者1の限界代替率、消費者2の限界代替率、x財とy財の市場価格比は等しくなっている。　　　［森脇祥太］

【関連項目】　パレート最適

厚生経済学の第2定理
The Second Theorem of Welfare Economics

　厚生経済学の第2定理とは、最初に政府による課税や補助金等の適切な再配分政策が採用されれば、その後は、完全競争が実現してパレート最適を実現することが可能となることをいう。　　　　　　　　　　　［森脇祥太］

構造型
Structural Form

　連立方程式モデルにおいて、経済理論にもとづいて構築された個々の方程式を構造方程式という。複数の構造方程式から構成されるモデルを構造型、含まれるパラメータを構造パラメータと呼ぶ。　　　［白砂堤津耶］

【関連項目】　連立方程式モデル、誘導型

構造調整政策
⇨安定化政策／構造調整政策

江沢民【中国】
Jiāng Zémín, 1926～

　1926年8月17日江蘇省揚州市に生まれ、揚州中学校を卒業した後、南京中央大学工学部へ進んだ。1945年に上海交通大学に編入学し、1948年に同大学を卒業した。在学期間の1946年に中国共産党に入党した。新中国成立後、江沢民は技師としていくつかの工場に勤めた後、1955年に研修生として約1年間モスクワに派遣された。帰国後、電子工業部などを経て1985年に上海市長となり、翌1986年に同党書記に就任した。上海在任中の江沢民は、改革・開放を大胆に推進すると同時に、政治的には自由化に反対するという慎重な態度をとった。この政治姿勢が評価され、1989年6月4日の天安門事件直後に、鄧小平（Dèng Xiǎopíng）の推挙で党の13期4中全会で党総書記に選ばれた。同11月鄧小平の全面引退に伴い、中央軍事委員会主席に就任し、毛沢東（Máo Zédōng）、鄧小平に次ぐ「革命第3世代の集団指導体制の核心」に抜擢された。
　江沢民の政治路線は、鄧小平路線の継承と改革・開放の推進を基本としていたが、権力継承の完了に伴い、独自のカラーをも打ち出した。特に江沢民が提唱した「3つの代表論」、すなわち共産党はプロレタリアの先進集団を代表する政党ではなく、①先進的生産力の発展要求、②先進的文化の前進方向、③中国の最も広範な人民の根本的利益を代表する政党であるとした。この理論は2002年の16期党大会で党規約に盛り込まれた。李鵬（Lǐ Péng）人民代表大会委員長、朱鎔基（Zhū Róngjī）総理とのトロイカ体制で、多くの体制改革を推進した。在任中に香港とマカオの主権返還が順調に行われ、また国家首脳として初めての米国訪問（1997年）を実現し、米中間の戦略的パートナーシップの樹立に尽力した。対日関係においても、天皇の中国訪問を実現させ、国家主席として初の日本公式訪問を果たし、「日中共同宣言」を締結した。台湾に対しては平和的に交渉するよう独自の提案（「江八点」）を打ち出した。2002年の党の16期大会で党総書記、2003年の全人代で国家主席の職を辞し、胡錦濤（Hú Jǐntāo）の新指導部への権力移行をスムーズに行い、中国共産党の歴史上初めての平和的な政権交替を実現させた。　　　　　　　　　　　　［杜　進］

【関連項目】　天安門事件、鄧小平、社会主義市場経済
【参考文献】　楊中美（森幹夫訳）『江沢民―中国第三世代の指導者』蒼蒼社, 1996年. ／朱建栄『江沢民時代の「大中国」』朝日新聞社, 1997年.

郷鎮企業【中国】
Township and Village Enterprise

　郷鎮企業は、農村部に立地している農村工業を中心とした非国有企業である。「郷」（村）・「鎮」（町）は、人民公社解体以後の県の下におかれた末端行政単位である。郷鎮企業は町村営企業ともいわれるが、現在では、私営企業も含めて広範な農村企業の総称として使われている。前身は人民公社時代の「社隊企業」で、公社解体後の1984年頃から郷鎮企業と呼ばれるようになった。郷鎮企業には、農村集団所有制企業だけではなく、集団

所有制企業と農民個人が共同出資する共同経営企業（聯営企業）、農民個人が所有、経営する個人経営企業（個体戸）、私営企業が含まれる。郷鎮企業は、企業規模を問わず、事業内容がほとんどすべての分野に及び製造業以外に商業、運輸業、建築業などの産業も含まれている。郷鎮企業は市場動向に敏感に反応する中小規模のベンチャー企業が中心であり、市場経済化を促進する役割も果たしてきた。

郷鎮企業は1970年代末の改革・開放以降、豊かな生活を求める農民の巨大なエネルギーを解放し、農家所得の持続的な上昇をもたらすなどの役割を果たした。1984年3月、国務院は『社隊企業の新局面を切り開くことに関する報告』を発表し、郷鎮企業を一層発展させる方針を示した。主な内容は、①社隊企業を正式に郷鎮企業と改めること、②従来の2つの柱（公社経営と生産隊経営）から4つの柱（郷経営、村経営、個人共同経営、個人経営）に転換すること、③「3つの当地」（当地原料調達、当地生産、当地販売）の制限を撤廃し、郷鎮企業が内外の市場開拓をできるようにすること、などである。

その後、郷鎮企業に対する優遇措置が打ち出された結果、1980年代を通じて、郷鎮企業の従業員数、生産規模、納税額はそれぞれ1978年の2～12倍に拡大した。しかし、1989年以降の経済引き締め政策の実施により、国によるインフラ建設が縮小し、郷鎮企業に対しても積極推進から「調整、整頓、改造」へと方針が転換した。また、税金や資金調達などに関する優遇措置も減少し、郷鎮企業の成長に歯止めがかかった。

その後1992年に、鄧小平（Dèng Xiǎopíng）の「南巡講話」が発表され、中国独自の社会主義の1つの特徴として郷鎮企業の重要性が評価された。これを契機に、郷鎮企業は再び勢力を回復した。2002年末時点で、郷鎮企業の従業員数は約1億3300万人と農村労働力の4分の1以上を占め、企業数は2000万社を超え、GDPの約3分の1、工業生産額の半分近くを占めるまでに成長した。郷鎮企業の発展過程には、地域ごとに多様な成長パターンがみられる。代表的なモデル地域として蘇南、温州、珠江の3つがある。

①蘇南モデル（江蘇省南部地域）

改革・開放以前の社隊企業を基礎として発展したもので、集団所有制企業が発展の主体となり、都市工業の下請けや地場市場向けの生産を行っている。蘇南モデルは「離土不離郷」（土地を離れても故郷を離れない）をスローガンとしており、兼業農家が大多数を占める。

②温州モデル（浙江省温州地域）

独自の流通ネットワークを武器とした私営企業が発展の主体となり、ボタンやファスナーといった雑貨類、機械部品などを全国市場向けに生産している点に特徴がある。企業規模は小さく、家庭内企業が中心である。蘇南モデルと異なり、温州モデルは早い段階から農村を離れることを認めた「離土又離郷」が政策的に実行された。

③珠江モデル（広東省珠江デルタ地域）

香港に近いという地理的優位性を利用して、外資企業や外資との合弁企業が発展の主体となり、主に海外市場向けの生産を行っている。

［孟　芳］

【関連項目】　人民公社、土地改革
【参考文献】　小林誠、山本聡「中国・郷鎮企業の現状と課題」『フィナンシャル・レビュー』（大蔵省財政金融研究所）第33号, 1994年. ／(財)日中経済協会『急成長する中国の私営企業』(財)日中経済協会, 2001年.

高賃金政策【シンガポール】
High-wage Policy

産業構造高度化政策を促進・実現するために、1979年から3年間にわたり実施されたシンガポールの賃金政策。シンガポール政府職員や労働者の賃金は、1972年以降、実質的に全国賃金評議会（National Wages Council：NWC）の勧告にもとづいて決まる仕組みができ上がった。1979年に政府は、労働集約型企業を軸にした産業構造から、資本集約型や技術集約型企業を軸にする産業構造への転換政策を打ち出したが、全国賃金評議会はこれに合わせて同年から3年連続で20%を上回る賃上げ勧告を行った。当時の成長率は10%前後であり、これは実態を無視した「政治的勧告」であったが、政府の狙いは労働者の賃金を意図的に高く設定することにより、低賃金

労働者や多数の労働力に依存する労働集約型企業を淘汰し、貴重な労働力を資本集約型や他の産業部門へと振り向けることにあった。高賃金政策の結果、国民の可処分所得が急上昇してインフレ圧力が高まるのを避けるために、毎月、労働者が退職後の年金として強制的に給与の一定比率を積み立てる、中央積立基金拠出率を大幅に引き上げる措置もとられた。

高賃金政策の目的は産業構造高度化を促進することにあったが、それに伴う企業経営コストの上昇、バブル的な経済の出現、米国経済の低迷などが重なり1985年にはマイナス成長へと落ち込んでしまった。そのため、全国賃金評議会は、1985～86年に2年連続で賃金据えおきを勧告するなど、企業の経営コスト削減政策を余儀なくされ、高賃金政策は「失敗」に終わった。その後、2002年のマイナス成長時に賃金カットが勧告されたが、現在、政府は、賃金を特定政策の実現手段として使うことをやめ、経済成長率にリンクするのを賃金政策の原則にしている。　　　［岩崎育夫］

【関連項目】　全国賃金評議会、産業構造高度化政策

工程間分業
⇨産業内分業／工程間分業

公定歩合政策
Bank Rate Policy

公定歩合とは、中央銀行が民間金融機関に対して行う貸し出しに適用される基準金利である。この基準金利の変更を通じて民間金融機関の与信量を調整するのが公定歩合政策であり、金融調節の重要な手段である。公定歩合の変更は、中央銀行の政策スタンスの変更を示す告示効果をもつ。しかし、金利の自由化が進むに従い、公定歩合と各種預金金利の連動性が希薄になり政策金利としての役割は弱まっている。

中央銀行が民間金融機関に貸し出しを行う方法には「手形の再割引（Rediscount）」と「貸し付け（Loan）」の2種類があり、これにちなんで公定歩合政策は割引政策（Discount Rate Policy）、または貸出政策（Lending Policy）と呼ばれることもある。手形の再割引とは、民間金融機関が割引いた商業手形を中央銀行が再割引し、民間銀行に貸し出しを行う方法である。再割引される手形は、手形の期間および信用度において、中央銀行が定めた割引適格基準を満たす適格手形（Eligible Paper）である。一方、貸し付けは、中央銀行が定めた担保適格基準を満たした手形や国債を担保として、手形貸し付けや当座貸越などの形で行われる。　　　［徳原　悟］

【関連項目】　公開市場操作、法定準備率操作、マネーサプライ、ハイパワード・マネー
【参考文献】　翁邦雄『金融政策―中央銀行の視点と選択』東洋経済新報社，1993年．／岩田規久男『金融政策の経済学―「日銀理論」の検証』日本経済新聞社，1993年．

公的年金
⇨社会保障／公的年金

購買力平価
Purchasing Power Parity

購買力平価説（Purchasing Power Parity Doctrine）は、スウェーデンの経済学者グスタフ・カッセル（Karl Gustav Cassel, 1866～1945）によって提唱された。物価水準の変動によって長期的な均衡為替レートの水準を説明しようとする考え方である。名目為替レートの変動と物価水準の変動との間には、長期的にみると密接な関連性がある。物価上昇率が高い国は為替レートが低下し、物価上昇率が低い国は為替レートが上昇する傾向がある。為替レートは異種通貨間の交換比率であり、その交換比率は、各通貨の購買力で決定されると考えたのが、購買力平価説である。

購買力とは通貨1単位で購入することのできる財貨の数量であるから、その逆数が物価である。二国の通貨の購買力の比率によって決定される為替レートを購買力平価という。日米間でのビックマックの品質が両国で同一とする。ビックマックの貿易において関税と輸送費がかからないとする。現在、日本ではビックマックは1個250円である。米国では2ドル65セントである。したがって、為替レートは1ドル＝94.3円となる。ここでは単純化してビックマックだけを取り上げた。実際

には、両国の通常の生活で必要になる財貨を同一の品目と同一の品質となるように1つのバスケットを構成し、その価格を比較することによって算出される。

このような比較は、為替レートの絶対水準を表わすため、絶対的購買力平価といわれる。この絶対的購買力平価の下では「一物一価の法則」が成立していることが前提とされる。例えば、為替レートが1ドル=94.3円で、日本のビックマックの価格が500円であるとしたならば、米国でビックマックを購入して、それを日本で販売すれば約250円の利益をあげることができる。そのため、このような利益が消滅するまで米国からのビックマックの輸入が増加することになる。このような裁定取引によって、やがて日本のビックマックの価格は250円にまで低下し、一物一価の法則が成立することになるからである。なお、ビックマックを使った購買力平価の算出は、*The Economist*において定期的に掲載されている。

しかし、このような為替レートの算定を実際に行うことは困難である。両国で品目や品質が等しいバスケットを構成することは難しい。このような困難を解消するために考え出されたのが、相対的購買力平価である。均衡為替レートが成立していると考えられるある時点を基準として、その基準時点からの物価変化率を求め、それを両国間で比較することによって為替レートを算出する方法である。両国の物価変化率の差でもって基準時の均衡為替レートに修正を加えれば、現在時点の均衡為替レートが算出されるという考え方である。この購買力平価説は、為替レートの決定要因として物価に着目したことが注目されるべき点である。

とはいえ、実際に購買力平価による均衡為替レートの算出にはいくつかの解消すべき問題がある。まず、均衡為替レートが成立している時点を求めることが難しいという点がある。そして、また物価変動を示す物価指数には、消費者物価、卸売物価などのさまざまな指標が存在するが、どの指標を利用するのかなどの問題がある。基準年の取り方や物価指数の選択によって、均衡為替レートが大きく異なってくる。また、消費者物価指数にはサービスなどの非貿易財も含まれており、これらは貿易が行われないために一物一価が成立しないという問題も生じる。また、現代のように経済構造が長期間安定していない状況下では、購買力平価説を用いて均衡為替レートを算出するのは困難である。例えば、日本の製造業の生産性が上昇し実質為替レートが上昇するとする。この実質為替レートの上昇は名目為替レートにも反映される。しかし、それが必ずしも製品価格に反映されるとは限らない。したがって、物価にも影響を与えないので、購買力平価説が成立しないことになる。

〔德原 悟〕

【関連項目】　為替レート、為替レート制度
【参考文献】　グスタフ・カッセル（笠井正範訳）『貨幣及び外国為替論』富文堂, 1927年. ／ピーター・アイザルド（須齋正幸, 高屋定美, 秋山優訳）『為替レートの経済学』東洋経済新報社, 2001年. ／ポール・R.クルーグマン, モーリス・オブズフェルド（吉田和男監訳）『クルーグマン　国際経済学〔改訂5版〕』エコノミスト社, 2002年.

後発性利益論
Gerschenkron's Theory of the Latecommers Advantage

後発性利益論とは、後発国が先発国の発展によって生み出された「後発性の利益」を享受して工業化を開始することが可能であることをいい、アレクサンダー・ガーシェンクロン（Alexander Gerschenkron）によって提起された。18世紀後半に英国において工業化が開始されると、若干の遅れを伴いながらドイツ、フランスなどの西欧諸国や米国などにおいても次々と工業化が開始された。技術、資本、商品、人口などが各国間で移動することによって、英国で開始された工業化がその他の諸国へと広がったのである。19世紀後半になると工業化はロシアや日本などへも広がり、両大戦間期にはオーストラリア、アルゼンチン、トルコにおいても工業化が開始された。工業化の最先発国である英国においては、工業化は自生的に進行したと考えることができる。しかし、その他の後発国においては、工業化は多分に他律的なものであって先発国の工業化の影響を強く受けた。後発国の工業化は、そのような後発性の利益を内部化

することによって先発国よりも急速に進展したのである。

英国の工業化は綿業によって開始され、蒸気機関の実用化による動力革命と製鉄業によって本格化した。英国の工業化を進展させた大きな要因としては、紡績・紡織機、蒸気機関、製鋼法などの画期的な技術革新が生じたことがあげられよう。この時期に開発された新技術は、最初に英国において事業化・製品化され、その後、後発国へと伝播した。その伝播は、新技術が体化した資本財の貿易、高度な熟練を保持した労働力の移動、企業の海外投資などによって進められた。19世紀における後発国の工業化の開始とその進展は先発国からの技術移転に大きく依存していた。しかし、後発国にとっては先発国から新技術を導入し、それを活用することは工業化の開始とその急速な進展にとって有利であった。後発国は、先発国からの「借り入れ技術（borrowed technology）」による経済発展を展開することが可能であった。

実際、1870〜1910年代までの期間において、工業生産指数が最も上昇したのは後発国である米国とドイツであり、最先発国の英国の工業生産は低迷した。20世紀に入って以後は、最後発国である日本とロシアの工業生産が最も大きく増加した。後発国の工業化にとって先発国からの技術導入はつねに大きな役割を果たしたが、その際、新技術を体化した資本設備への巨額の投資が必要となる。一般的に後発国においては、所得水準が低く貯蓄率が低いために投資能力は低いと考えられる。そのため、国内資本が不足している後発国において工業化を開始するためには、銀行や国家による大規模な国内資本の調達とあわせて後発国からの資本導入を行い、国内投資を増加させる必要がある。

後発国の工業化を支えたのは、鉄道建設、製鉄業、石炭産業、機械工業などであり、巨大な資本需要を生み出した。また、工業化の進展によって道路、港湾、上下水道などの社会インフラの需要が高まり、そのために巨額の資金が必要とされた。国内の資本調達のみで工業化を開始したのは最先発国である英国のみであり、後発国は外債引き受けを中心とした証券投資や直接投資によって海外資本を受け入れて工業化を進めた。特に、米国、カナダ、ロシアなどの最後発国においては、先発国である英国、ドイツ、フランスなどから多くの資本を受け入れて工業化を進めた。米国やカナダにおいては、海外からの移民受け入れによる労働移動も資本輸入とならんで工業化に大きな役割を果たした。　　　［森脇祥太］

【関連項目】　技術移転、海外直接投資
【参考文献】　Alexander Gerschenkron, *Economic backwardness in historical perspective*. Cambridge, MA: Harvard University Press, 1962.／大塚勝夫『比較経済発展論』早稲田大学出版部、1995年。／渡辺利夫『開発経済学―経済学と現代アジア（第2版）』日本評論社、1996年。

合弁事業
Joint Venture

合弁事業とは、異なる国の政府や民間企業が相互に出資して共同で事業経営を行うことをいう。合弁事業の語源は、中国の民族資本が外国資本と共同出資で事業経営を行ったことに由来するが、その後、中国と外国の関係から他国間の関係へと拡張されて使用されるようになった。合弁事業の形態は、ある企業が過半数の株式を所有するようなものからすべての企業がまったく対等なものまで、多様な形態となっている。

開発途上国が先進国との合弁事業によって期待するのは、先進的な技術や知識、経営ノウハウなどの自国への移転がよりスムーズに行われることである。また、合弁事業によって、労働力が相対的に豊富な開発途上国の企業が労働集約的な生産を行い、先進国の企業は製品や技術開発に集中するといった形式での国際分業を構築することも可能となり、開発途上国、先進国双方が利益を得る。実際、改革・開放政策がとられて以後の中国企業は、先進諸国との合弁事業によって技術移転を図ると同時に、豊富な労働力を生かした生産により生産性を高め、中国経済の高成長に寄与した。

また、合弁事業によって先進国企業のリストラが加速し、競争力が高まるといった効果もある。その典型例として、TI（Texas Instruments）が行った合弁事業をあげるこ

とができる。1980年代前半までTIは、DRAM生産における世界のリーディング・カンパニーの地位を保っていた。しかし、1980年代後半には、日本企業のキャッチ・アップによってその地位を追われた。その際、TIはDRAM生産の単独方式を放棄し、特に1990年代以降、NIESや日本などの政府や民間企業と合弁事業を行うことによってDRAM生産の国際的な再配置を行った。その結果、過剰な設備のリストラが急速に進展して、TIの経営状態は改善するに至った。

〔森脇祥太〕

【関連項目】 国際分業
【参考文献】 江夏健一、首藤信彦編『多国籍企業論』八千代出版, 1993年.

後方連関効果
Backward Linkage Effects

後方連関効果とは、1次産業以外の産業の生産活動によって、その産業に使用する原材料(=投入物)を提供する他の新たな産業が誘発的に生み出されることをいい、ハーシュマン(Albert Otto Hirschman)によって提示された。同じくハーシュマンによって提唱された前方連関効果とは対照的な概念となっている。例えば、自動車産業が成立することによって、自動車生産に使用する鉄鋼を生産する鉄鋼業が誘発的に生み出されるような効果のことを後方連関効果という。ハーシュマンは、前方連関効果の力は弱く、工業化の促進に強い影響を及ぼすことができないと考えていた。しかし、後方連関効果、特に最終財の輸入代替は開発途上国の工業化にとって大きな役割を果たすとしている。

ハーシュマンは、連関効果(前方連関、後方連関を含めた)を、誘発された新産業の生産量で測られる連関効果の潜在的な重要性、ならびに誘発された新産業が実際に出現する確率という意味での連関効果の強さの2つに区分して定義する。すなわち、連関効果は、被誘発産業の純産出量とそれが新たに生み出される確率の積の総和によって表わされるとしている。ある産業 W の連関効果は以下のような数式によって表わすことが可能である。

$$\sum_{1}^{n} x_i p_i$$

x_i は i 産業の純産出量、p_i は W 産業の成立によって新たに i 産業が生み出される確率である。ハーシュマンによれば、確率 p は新たに設立された W 産業によって生じる刺激の強さを表わす尺度として理解される。後方連関効果においては、p の大きさは、W 産業が必要とする年間投入量と W 産業が利用する投入量を生産する各企業の年間生産力で測った最小経営規模の比率として表わされる。

〔森脇祥太〕

【関連項目】 前方連関効果、輸入代替工業化
【参考文献】 アルバート・O.ハーシュマン(小島清監修、麻田四郎訳)『経済発展の戦略』厳松堂出版, 1961年. ／渡辺利夫『開発経済学―経済学と現代アジア(第2版)』日本評論社, 1996年.

公有制【中国】
Public Ownership

公有制とは、社会主義国家において土地、天然資源、生産設備などの生産手段を国家または集団が所有することである。中国の憲法では、「中国の社会主義経済制度の基礎は、生産手段の社会主義公有制、すなわち全人民所有制および労働大衆による集団所有制である」と明記されている(憲法第1章、第6条)。

中国では憲法の規定により、土地、天然資源(鉱物資源、水域、森林、山地、草原、未墾地および砂州その他)はすべて国家または集団が所有する(憲法第1章、第9、10条)。また、「国有経済、すなわち社会主義の全人民所有制の経済は、国民経済の中の主導的な力である(憲法第1章、第7条)」と確認されている。

1992年の共産党第14期全国代表大会において、中国の経済体制改革の目標は社会主義市場経済体制の確立であることが宣言された。その後、1993年の憲法改正により、社会主義市場経済制が憲法に規定されたが、社会主義公有制は依然として維持されている。

1997年の共産党第15期全国代表大会において、非公有制経済は中国の社会主義経済の重要な構成部分であることが打ち出された。そして1999年の憲法改正により、「非公有制経

済は社会主義市場経済の重要な構成部分」であることが確認された。この一連の憲法改正によって、社会主義公有制の枠外にあった非公有経済（私営経済、つまり、私営企業や外資系企業など私有の生産手段による経済活動）は、それまでの消極的な位置付けから、徐々に積極的な位置付けへと転換してきた。

現行憲法が規定する社会主義市場経済とは、「公有制を主体とした多種類の所有制経済がともに発展するという基本的経済制度を堅持し、労働に応じた分配を主体とした多種類の分配方式が併存する分配制度を堅持する」ことである。つまり、社会主義公有制を基礎としつつ、各経済主体間の取引については市場原理を導入し、市場メカニズムにより資源配分の最適化を実現するというものである。

このような社会主義市場経済を実現するためには、市場の機能を強化する必要がある。それには公有企業に経営自主権を与えて、自由な商品取引を行わせ、需給関係を反映した価格決定を実現することが重要となる。近年の中国では企業法制の改革、市場の管理に関する法整備、市場取引に関する法整備などが進められてきたが、これらには社会主義計画経済から社会主義市場経済への移行に対応するためという側面がある。

2002年の共産党第16期全国代表大会において、総書記・江沢民（Jiāng Zémín）は公有制経済と非公有制経済は対立せず、各種所有制経済はともに発展可能であると述べた。特に、「生産力を解放し、発展させるという要請にもとづいて、公有制を主体とした多種所有制の経済がともに発展する基本的経済制度を堅持し、それを充実させる」、「各種所有制の経済は市場競争の中でそれぞれの強みを生かし、互いに促進しあい、ともに発展することは十分に可能である」、「いささかも揺らぐことなく公有制経済を強固にし、発展させなければならない」などと強調している。江沢民は、公有制経済を主体として、非公有制経済発展を促進し、社会主義の現代化への過程において相互発展させ、公有制経済と非公有制経済が市場競争において優位であると言明した。また、国有経済構造を引き続き調整し、国有資産管理体制の改革が、経済体制改革における重大な任務であることも指摘した。さらに、公有制の多種多様で効果のある実現可能な形式を探求し、国有企業改革を進め、企業体制管理と技術管理の革新を推進し、個人や私営企業などの非公有制経済が経済成長の促進、就業機会の拡大、市場の活性化などの面で重要な役割を果たせるように指示した。

[孟 芳]

【関連項目】 計画経済／市場経済
【参考文献】 森川伸吾「中国の国家制度の憲法的枠組み」『法律文化』Vol. 4, 1999年．／中国共産党代表大会報告書各年版．

効用
Utility

効用とは、消費者（個人あるいは家計）が、財やサービスを購入して得られる満足感のことをいう。ジェボンズ（William Stanley Jevons）、ワルラス（Marie Esprit Léon Walras）、マーシャル（Alfred Marshall）は、効用を測定可能なものとしており、このような概念の効用を基数効用（Cardinal Utility）という。逆に、ヒックス（John Richard Hicks）は選好の順序による数値で効用は表現されるとしており、このような概念の効用を序数効用（Ordinal Utility）という。

[森脇祥太]

【参考文献】 西村和雄『ミクロ経済学』東洋経済新報社, 1990年．

効用最大化
Utility Maximization

最適消費点 E が存在するための条件（効用最大化条件）は以下のように表わされる。

$$限界代替率 = \frac{x\,財の限界効用}{y\,財の限界効用} = 価格比$$

$$MRS = \frac{MU_x}{MU_y} = \frac{p_x}{p_y}$$

[森脇祥太]

【関連項目】 最適消費点、限界効用、無差別曲線、予算制約式

◇効用最大化

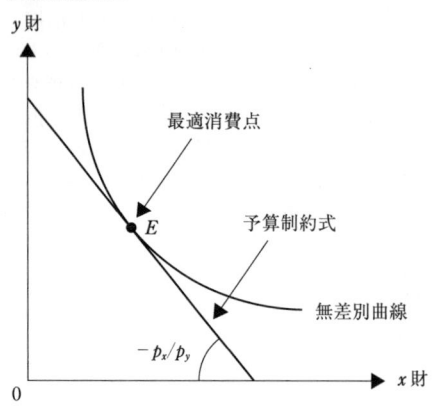

効率賃金仮説
Efficiency Wage Hypothesis

　効率賃金仮説とは、高水準の賃金を労働者に支払うことは、企業にとっての費用を発生させると同時に便益を生み出すことをいう。ニューケインジアンの経済理論の一つである。賃金水準が上昇することによって労働者の生産性が上昇して、企業は利益を拡大することが可能となる。このようなメカニズムが機能する理由としてまずあげられるのが、高賃金によって労働者は食料消費を増やすことが可能となり、栄養状態が改善して生産性が上昇するというものである。このメカニズムは先進国には妥当しないが、開発途上国にはあてはまるかもしれない。また、賃金水準が高ければ、実際に働いている状態を監視することが不可能な状況においても、労働者のインセンティブを高めることができる。高水準の賃金は、企業が雇用する労働者の質を向上させ、忠誠心を引き出し、勤労意欲を高めることに役立つとされる。　　　　　　[森脇祥太]

【参考文献】　デビッド・ローマー（堀雅博、岩成博夫、南條隆訳）『上級マクロ経済学』日本評論社, 1998年.

合理的期待仮説
Rational Expectation Hypothesis

　合理的期待仮説とは、人々がその時点で入手可能なあらゆる情報を効率的に利用して期待を形成すれば、平均的には正しい結果を予測することが可能であるとする仮説であり、バロー（Robert J. Barro）、ルーカス（Robert E. Lucas Jr.）、サージェント（Thomas J. Sargent）らによって提唱された。合理的期待仮説によれば、財政政策や金融政策によるケインズ的な裁量政策は、人々によってその効果が正確に予測されるために、短期的にも長期的にも無効となる（政策無効性命題）。しかし、合理的期待が寄せられるすべての場合において政策の効果が無効となるわけではない。政府によって、人々の予測を裏切って唐突に政策が実行される場合には、その政策は有効となることが知られている。　　　　　　[森脇祥太]

【関連項目】　財政政策、金融政策

合理的農民
Rational Farmer

　開発経済学においては、開発途上国で生活している農民は、非合理的な経済活動を行う貧しい存在と考えられてきた。開発途上国の農村には、偽装失業ともいうべき限界生産力がゼロの労働者が多数存在しており、農業は伝統的で停滞的であるとされてきた。また、開発途上国の農民は、実質賃金率が上昇すると労働供給をむしろ減少させてしまい、働くことをやめてしまう怠惰な存在ともされてきた。シュルツ（Theodore W. Schultz）は、このような非合理的な農民像を否定し、経済発展における農業の役割を重視した。シュルツは、1918～19年にインドでインフルエンザが大流行し農村の労働力が減少した時に、農産物の播種面積が大きく減少したことを理由として偽装失業の存在に疑問を提示した。シュルツは、開発途上国の農民は貧困状態にあるが合理的な存在であるとして、教育と技術開発により農業を発展させることが可能であることを主張した。　　　　　　[森脇祥太]

【参考文献】　絵所秀紀『開発の政治経済学』日本評論社, 1997年.

交流協会【台湾】
Interchange Association

　財団法人交流協会は、日本と台湾との実務関係を処理するため1972年外務省および経済産業省（旧、通産省）により認可された団体で、東京本部の他、台北事務所、高雄事務所

がある。日本と台湾の間では、1952年に日華平和条約(正式名称、日本国と中華民国との平和条約)を結んでいた。この条約は、日本と台湾国民党の間の戦争状態の終了、台湾における日本の領土権の放棄、漁業協定や通商協定の締結に努めることを目的に調印された。しかし、1972年に日本と中国の国交正常化の実現に伴い、日中共同声明で日本は中国における唯一の政府として中華人民共和国政府を承認したために、この条約は失効した。

一方、それまで続いてきた日本と台湾の外交関係は終了したが、経済、文化、技術、人的交流など民間レベルでの日本と台湾の交流関係を維持する必要があり、その役割を果たす機関として交流協会が設立された。主な活動内容は、台湾在留の日本人および日本人旅行者に対する安全と、進出企業の台湾における財産および利益が損なわれないように、関係当局との折衝を含む各種の便宜を図る業務。日本人の台湾への入域および台湾在留、ならびに台湾住民、その他の外国人の台湾から日本への入国に関する業務。渉外事項に関する調査斡旋などに必要な援助。台湾との運輸、通信関係を維持し、関係当局との連絡などに必要な業務。日本の船舶の台湾諸港への入域、船員の病気およびその他の理由による台湾への上陸などに関する業務。台湾近海における日本漁船の安全操業、保証の業務。台湾における在外選挙を行うための必要な業務などを行っている。

交流協会は、国交関係のない日本と台湾との間で貿易、経済技術交流、民間交流を初め、その他の諸関係が支障なく維持、遂行されるための必要な措置を講ずる機関として、過去30年間にわたり重要な役割を果たしてきた。　　　　　　　　　　　　　　　〔文　大宇〕

【参考文献】　財団法人交流協会ホームページ(http://www.japan-taipei.org.tw/).

枯渇性資源
Depletable Resources, Non-renewable Resources

石油、天然ガス、石炭、ウランなどは、自然再生力がなく、使用した分量が減少していくので、枯渇性資源と呼ばれる(非再生可能資源とも呼ばれる)。主要な枯渇性資源の埋蔵量と可採年数は、表に示した通りである。確認埋蔵量や可採年数は増加する可能性がある。また、エネルギーへの変換効率の技術的進歩が顕著である。しかし、資源の消費量がゼロになることはありえないので、埋蔵量の増加や技術開発の可能性は、枯渇性資源の本質的な特性である再生不可能性を変えることはない。例えば、石油の可採年数は現状では40年余であり、それ以後は石油に代替するエネルギーに移行する必要がある。

枯渇性資源に関して開発経済学が焦点を当てるのは、最適な資源消費量のレベルについてである。最適性は世代間の公平性にもとづく。この点で、最も有名なものは、「ホテリングのルール」である。ホテリング(Harold Hotelling)のルールは、世代間の公平性を極力多くの世代がコンスタントに枯渇性資源を消費できることに求める。その結果、資源価格の上昇率が資本の機会費用と等しくなる時に、社会的厚生は最適となると結論付ける。資本の機会費用とは将来に対する割引率である。また、採掘され売却された資源はすべて消費されると仮定される。資源の供給者にとって、割引率>価格上昇率となる場合には、現時点で資源を採掘して売却することが合理的行動である。一方、割引率<価格上昇率となる場合には、極力資源の採掘を遅らせ、売却を将来に延ばすことが合理的な行動である。割引率=価格上昇率となる場合には、複数世代がコンスタントに枯渇性資源を消費できる。これがホテリングのルールであ

◇主要な枯渇性資源の埋蔵量と可採年数

種類	石油	天然ガス	石炭	ウラン
単位	10億バレル	1兆 m^3	10億トン	1000トン
確認埋蔵量	1034	146	984	4363
可採年数	41	62	230	72

(注:ウランの可採年数は1996年時点の数値。それ以外は1999年時点の数値)
(出所:財団法人省エネルギーセンター)

り世代間の公平性が最適となる。　　［渡辺幹彦］

【関連項目】　持続可能な開発、再生可能資源
【参考文献】　J. マルチネス＝アリエ（工藤秀明訳）『エコロジー経済学—もうひとつの経済学の歴史』新評論、1999年。／大沼あゆみ「環境の新古典派的接近」佐和隆光、植田和弘編『環境の経済理論』岩波書店、2002年。

◢5カ年計画【中国】
Five-year Plan

　社会主義国における毎年の経済運営は、年度計画にもとづいて行われており、その大枠と目標は中・長期計画によって決められている。中国の場合は、年度計画の他、中期の「5カ年計画」と長期の「10カ年計画」がある。特に「5カ年計画」は中国の経済社会の発展目標として重要な意味をもっている。中国が1953年に、初めて「5カ年計画」を策定してからすでに9回の「5カ年計画」を完成し、現在では「第10次5カ年計画」が進行中である。

　第1次5カ年計画は1953～57年に実施された。建国当初の指導部は、社会主義計画経済の構築という目標の下に、私有制を廃絶し、集団所有制を経て全人民所有制を目指した。これにもとづき、ソ連の手法を参考に「第1次5カ年計画」が策定された。重工業分野の生産力・技術力の向上、農業分野の集団化により、生産規模を拡大することが目標となった。その結果、中国は急速に中央集権的計画経済に移行した。

　「第1次5カ年計画」が成功を収めたのに対して、その後の第2次から第5次の5カ年計画は目標を達成できなかった。「第2次5カ年計画（1958～62年）」では、ソ連モデルから離れて、大躍進運動（人民公社の設立、大衆動員による鉄鋼・穀物生産などの増産などにより、共産主義という理想社会の実現を目指す）が展開された。しかし、これは非現実的な計画目標であったため、「5カ年計画」の意味が失われた。また、1966年以降の文化大革命の時期では、政治的配慮が優先された結果、経済計画は過大なものとなり、「第5次5カ年計画（1976～80年）」の半ばまでは十分にその機能を発揮することができなかった。

　1978年の改革・開放政策の導入以降、「5カ年計画」の本来の機能が復活した。「第6次5カ年計画（1981～85年）」により、中国独自の社会主義を建設し、経済効率の向上を中心に長期的安定成長を目指すことが明確化された。また、2000年までの長期目標として、①工業生産総額を4倍、②国民の生活水準を4倍（小康水準）にすることが打ち出された。

　そして、第7次～第9次5カ年計画にわたって、国有企業、金融・財政など大幅な改革が行われた。その結果、中国経済の市場化・国際化は著しく進展した。長期発展目標は、計画より早く1995年の時点で、名目GDPが1980年の4倍に達した。

　WTO加盟後の中国は、一層の市場開放、規制緩和による安定的な経済成長を目指している。これに沿って、現在進行中の第10次5カ年計画では「1つの中心、2つの創新、2つの結合」が中心的目標となっている。具体的には、①1つの中心。経済成長の質と効率性を高め、国際競争力を強める。②2つの創新。整備された社会主義市場経済体制の確立、特に国有企業における現代企業制度を確立し、外国技術に頼らず、自らの技術革新能力を育成する。③2つの結合。国内需要の拡大を経済構造調整と産業構造調整の結合を通して達成すること、対外開放を基本方針として堅持し、国民経済の体質強化や経済の安定的発展を結合することである。このように、社会主義計画経済において重要な位置を占めてきた「5カ年計画」は、徐々に市場経済の発展に適応するように変わりつつある。

［孟　芳］

【関連項目】　計画経済／市場経済
【参考文献】　中国総覧編集委員会編集『中国総覧　2000年版』（財）霞山会、2000年。

胡錦濤【中国】
Hú Jǐntāo, 1942～

　1992年10月の第14回中国共産党全国代表大会において、49歳の若さで政治局常務委員に就任し、2002年から2003年にかけて共産党総書記および国家主席という2つの最高ポストを江沢民（Jiāng Zémín）から継承した。現代中国政治では、最高実力者とその後継者が

対立し、後者が失脚に追い込まれた事例も少なくない。江沢民は軍のトップである中央軍事委員会主席のポストに留任するなど、その影響力は依然として無視できない。今後、胡錦濤が名実ともに最高実力者の地位を獲得できるか否か、その動向が注目される。

　胡錦濤をはじめとする新しい指導部、いわゆる「第4世代」（革命第4世代）の指導部の多くは、前指導部でも高官として政権の一翼を担っていたため、従来の経済政策が大きく転換する可能性は小さいとみられる。しかし、前指導部の既定路線を継承しただけでは地域間の所得格差や失業者の増加など、山積する課題の解決は期待できない。これを放置すれば、社会の安定は損なわれ、経済成長も落ち込むことになろう。

　こうした観点から、胡錦濤の経歴を振り返ると、1980年代後半の内陸部での勤務経験が特に注目される。1989年3月、胡錦濤はチベット自治区のトップ（党委員会書記）として、1949年の建国以来初の戒厳令を布告し、独立運動を弾圧した。半面、前任地の貴州省も含め、現場を頻繁に視察し、現状を把握しながら、産業や教育の振興に力を注いできた。発展の恩恵をあまり受けられなかった地域や階層と向き合い、その所得の上昇と格差の是正を実現できるか、中国の経済成長を持続させるという観点からも胡錦濤の手腕が注目される。　　　　　　　　　　［佐野淳也］

【関連項目】　江沢民、小康社会
【参考文献】　稲垣清『中国のニューリーダーWho's Who』弘文堂、2003年．／楊中美『胡錦濤』日本放送出版協会、2003年．

◀国際開発局【イギリス】
The Department for International Development : DFID

　英国の対外援助を一元的に管理する政府機関である。1964年10月、労働党政権下で海外開発省（Ministry of Overseas Development）として設立されたが、その後、政権交替の度に改組の対象とされてきた。保守党政権下では外務英連邦省の外局に相当する海外開発庁、労働党政権下では海外開発省とされた。1997年5月の労働党政権の発足に伴い、国際開発大臣（Secretary of State for International Development）が管轄する対外援助担当機関となる。

　2002年に成立した国際開発法（International Development Act）にもとづき、開発途上国の発展を促進するための援助全般を主な業務とする。援助はすべて無償であり、その形態は、①二国間資金援助（プロジェクト、ノンプロジェクト、ATP：Aid and Trade Provision－英国輸出業者の競争力を強化するための特別枠）、②国際機関への出資・拠出、③技術協力、④緊急援助、⑤NGO支援に分かれる。援助はDFID自身が行うものと、その管轄下で民間部門に対する融資を担当する英連邦開発公社（Commonwealth Development Corporation：CDC）が行うものとがある。

　2003年度の予算規模（会計年度4月〜翌年3月）は、35億4500万ポンドである。サブサハラ地域向けの貧困削減のため、2006年度には予算規模を44億4200万ポンドに引き上げる計画である。　　　　　　　　　　　［三浦有史］

【参考文献】　外務省経済協力局編『わが国の政府開発援助上巻2000』財団法人国際協力推進協会、2001年．／国際協力銀行『国際協力便覧2002』2002年．

◀国際開発金融機関
Multilateral Development Banks

　国際開発金融機関とは、開発途上諸国の経済・社会開発のための資金の調達・供与を行う機関である。これらの機関には、国際通貨基金（IMF）、世界銀行（World Bank）およびその姉妹機関（国際開発協会、国際金融公社、多国間投資保証機関）から構成される世界規模の機関がある。また、欧州復興開発銀行（The European Bank for Reconstruction and Development：EBRD）、アジア開発銀行（The Asian Development Bank：ADB）、米州開発銀行（Inter-American Development Bank：IDB）、およびアフリカ開発銀行（African Development Bank：AfDB）などの地域開発金融機関がある。日本では国際協力銀行がその任に当たっている。

　これらの国際開発金融機関の中でも、とりわけIMFと世界銀行は、開発途上諸国の経

済・社会開発に対して大きな影響力をもつ。現在では、両機関の業務は互いにオーバーラップする部分があるが、もともとは業務内容を異にしていた。IMFは、為替レートの安定や国際収支危機を回避するための流動性の供給などをその業務としていた。一方、世界銀行は、開発途上諸国の道路、港湾、空港、発電などのインフラ投資を促進することが業務であった。しかし、IMFと世界銀行は、それぞれの業務に取り組んでいく過程において、開発途上諸国の経済開発の困難さに直面した。

世界銀行は、インフラ整備を進めていっても度重なる経済危機によって開発途上諸国が離陸できないことを認識するようになった。開発途上国の経済停滞は、物的資本の不足もさることながら、マクロ経済全体の安定性が維持されないことに大きな原因があった。そのため、IMFに先立ち、世界銀行は構造調整融資を行うことによって、開発途上国の経済の構造改革に乗り出した。IMFも、当初は国際収支危機に対処するために融資を行う条件としてマクロ経済安定化政策の実施を開発途上国に求めた。引締め政策とIMFからの信用供与により、短期的には危機から回復するものの、再び危機的状況に陥るという事実が繰り返された。そして、1980年代の中南米諸国で頻発したデフォルト宣言による債務危機によって、大きな方向転換を始めた。開発途上諸国の問題は短期的な問題ではなく、その経済構造に深く根ざした長期的問題であることを認識し、その後、開発途上諸国に対して中・長期の構造調整融資を行うことになったのである。

近年、この両機関によって提唱される経済構造改革に対して大きな疑問が寄せられている。経済構造改革の柱は、規制の緩和・撤廃を行うことによって市場メカニズムの機能を高めることにある。そのため、関税、補助金、金利規制などの価格メカニズムの作用を妨げる要素を除去することが重要である。このような規制や障壁が排除されるならば、資源配分は効率化し経済は活性化するという図式が描かれた。共産主義崩壊後の中東欧諸国での「ショック・セラピー」や、主として中南米で行われた「ワシントン・コンセンサス」といわれる一連の政策パッケージがそれである。また、1997年の東アジアの経済危機やその後のロシア、中南米の危機でも比較的似たような政策が提唱された。もちろん、このような政策に問題がないわけではないが、開発途上諸国の政府自身の経済安定化への取り組み方も問われて然るべき問題である。

IMFや世界銀行が国際開発金融機関としてクローズアップされ、地域開発金融機関は影を潜めているようにみえる。しかし、これら機関も各加盟国の経済・社会開発に対して大きな貢献をしている。欧州復興開発銀行では、共産主義政権崩壊後に、中・東欧諸国が市場経済体制へと移行するのを助けるために、民間経済部門の育成・強化に投融資を行った。アフリカ開発銀行やアジア開発銀行は、貧困削減戦略を通じて地域加盟国の貧困緩和に大きな力を傾けている。米州開発銀行では、中南米諸国で頻発する経済危機に直面して緊急融資枠の創設に取り組んでいる。地域開発金融機関は、その担当地域の実情に沿うような取り組みを行っている。　〔德原　悟〕

【関連項目】　ワシントン・コンセンサス、漸進主義／急進主義、国際開発金融機関の融資制度
【参考文献】　大野健一,大野泉『IMFと世界銀行―内側からみた開発金融機関』日本評論社, 1993年. ／小浜裕久, 柳原透編『東アジアの構造改革』日本貿易振興会, 1995年. ／大野泉『世界銀行―開発援助戦略の変革』NTT出版, 2000年. ／ジョセフ・E.スティグリッツ（鈴木主税訳）『世界を不幸にしたグローバリズムの正体』徳間書店, 2002年.

国際開発金融機関の融資制度
Loan-Lending System by Multilateral Development Banks

IMFや世界銀行などの国際開発金融機関は、開発途上諸国向けの各種融資制度を設けている。この融資は、国際収支危機対策などの短期的な融資から、経済の構造改革を目的とする中・長期の融資までを含む。また、近年においては、貧困削減のための融資制度が設立されている。これらの融資に伴うコンディショナリティやその融資の仕方等には、さまざまな批判がなされている。しかし、IMFや世界銀行は、開発途上国の社会・経済の安定化を目指して、時代環境に対応しな

がら融資制度の改変や新設を行っている。

世界銀行では、構造調整融資（Structural Adjustment Lending : SAL)、セクター調整融資（Sector Adjustment Lending : SECAL)、貧困削減支援融資（Poverty Reduction Support Credit : PRSC) などがある。構造調整融資は1980年に世界銀行によって創設された融資制度である。これは、持続的な経済発展を実現するために、開発途上諸国の貿易政策、資源の効率的な利用、民間部門の発展、公的部門の運営管理にかかわる構造改革を支援するための融資である。これらのマクロ経済上の問題が原因となって国際収支の赤字を続けている国に対して、コンディショナリティを伴う中・長期の融資を行うものである。

これに対して、セクター調整融資は、国際収支危機に直面する国の各産業部門の構造改革を推進するために行われる融資である。農業、エネルギー、教育、交通、貿易などの各産業部門の制度や規制の枠組みの改変によって当該部門の生産効率を向上させることが、その目的である。構造調整融資がマクロ的な改革を支援するのに対して、セクター調整融資はミクロ的な構造調整を促進する役割をもつ。両融資制度を利用する際には、コンディショナリティが課される。

近年、このコンディショナリティのあり方が厳し過ぎるとの批判が続出した。そのため、経済構造改革を推進するに際しても、貧困問題などにもさらに配慮する必要性が認識されるようになった。そこで新たに創設されたのが、貧困削減支援融資である。貧困削減に取り組む開発途上国自身に「貧困削減戦略ペーパー」を提出させ、それを支援するというものである。このような戦略変更には、世界銀行とIMFの開発途上諸国への取り組み方が変化したことが影響している。

IMFにおいても構造調整ファシリティ（Structural Adjustment Facility : SAF、1986年創設）やその拡張版である拡大構造調整ファシリティ（Expanded Structural Adjustment Facility : ESAF、1987年創設）などの構造調整融資制度が1980年代後半に入り創設された。これにより、開発途上諸国への国際収支支援から一歩進んで、経済構造改革にもIMFが乗り出すことになった。これら融資制度の導入以前は、国際収支危機対策として通常1年から3年程度の融資を実施していた。しかし、1980年代前半の累積債務危機により、開発途上諸国の危機の原因は経済構造上にあるという認識がもたれるようになった。このような背景をもって、これら融資制度が創設されていった。さらに、拡大構造調整ファシリティは、1994年にESAF2と改称された。この拡大構造調整ファシリティの特徴は、IMF融資の大部分がスタンドバイ・クレジット方式で行われるのに対して、加盟国からの特別借入や拠出を財源としていることである。また、厳格な達成基準（Performance Criteria）を条件として融資枠の拡大や利用回数を拡大したことも特徴である。しかし、これらの融資は、世界銀行の融資と同様に、コンディショナリティの点で大きな批判を受けることになった。特に、アジア経済危機後の両機関の対応には激しい非難が投げかけられた。そこで、1999年に、拡大構造調整ファシリティを貧困削減・成長ファシリティ（Poverty Reduction and Growth Facility : PRGF) へと改称した。そして、融資のコンディショナリティとしては、開発途上諸国政府が提出した「貧困削減戦略ペーパー」を基準に設けることになった。これら国際機関は、債務開発途上国、アジア経済危機、旧共産圏の移行諸国の経験から政治・経済制度を開発途上国に導入することの難しさを経験した。その過程において、低所得者や社会的弱者に対して大きな打撃を与えることを認識し、融資理念を変更させることになったのである。

[徳原　悟]

【関連項目】　ワシントン・コンセンサス、漸進主義／急進主義、安定化政策／構造調整政策、国際開発金融機関、スタンドバイ協定、一般借入協定

【参考文献】　大野健一、大野泉『IMFと世界銀行―内側からみた開発金融機関』日本評論社、1993年．／小浜裕久、柳原透編『東アジアの構造改革』日本貿易振興会、1995年．／小浜裕久『ODAの経済学（第2版）』日本評論社、1998年．／大野泉『世界銀行―開発援助戦略の変革』NTT出版、2000年．／ジョセフ・E.スティグリッツ（鈴木主税訳）『世界を不幸にしたグローバリズムの正体』徳間書店、2002年．

国際課税
International Taxation

　国家間の経済取引に対して賦課される課税のこと。特に、近年、先進国から開発途上諸国への直接投資などの資本取引が拡大しており、国際課税が重要な問題として浮上している。直接投資を行う企業が本拠地をおく国と、直接投資の受入国との間で課税権が競合する。本国と受入国の双方が課税権を主張すると、二重課税になる。これを回避しながら、自国の課税権を確保することが重要な問題となっている。通常、このケースでは、外国税額控除を行うか、国外で得た所得を免除する方式がとられる。これにより、国家間の課税権の競合を調整している。

　開発途上諸国は直接投資の流入を促進するために、投資企業に対して減免措置を設けている。しかし、本国で外国税額控除制度が利用されている場合には、投資受入国で減免された税額分は本国での課税所得に含まれ、投資企業は本国での課税支払額が増加する。これは、投資国内の税負担の公平性を維持する役割を果たす。

　また、多国籍企業が本国と外国の子会社等の関連企業と取引を行う際にも、課税上の問題が生じる。このような企業内取引において用いられる価格が、市場で取引される価格とは異なった価格設定を行うケースが目立つ。これは、移転価格や内部振替価格と呼ばれるものである。通常、移転価格は市場取引価格よりも低く設定されているため、移転価格で計算した法人所得は市場価格のそれよりも小さくなる。この場合、法人税として納める税額は小さくなるという問題が生じる。このため、法人税額を算定するために、通常の市場取引価格である独立企業間価格を用いて課税所得の算定を行う。国際取引が増加するという状況の下、国内の税負担の公平性を考慮しながら、自国の課税権を確保することが開発途上国にも求められる。　　　　［徳原　悟］

【関連項目】　多国籍企業
【参考文献】　貝塚啓明, 石弘光, 野口悠紀雄, 宮島洋, 本間正明編『グローバル化と財政』（シリーズ現代財政4巻）有斐閣, 1990年. ／川田剛『国際課税の基礎知識』税務経理協会, 2000年.

国際緊急援助隊
International Emergency Relief System

　1987年9月に施行された「国際緊急援助隊の派遣に関する法律」により、紛争に起因しない災害（自然災害および人災）に対して、人命救助や復旧作業などの支援活動を行う「国際緊急援助隊」（Japan Disaster Relief: JDR）が設置され、災害発生後48時間以内に派遣する制度が整った。緊急援助隊は①人命救出のための救助活動を主に行う救助チーム、②救急医療サービスあるいは疫病に備えて防疫活動を行う医療チーム、③災害時の応急対策活動あるいは復旧のための活動を行う専門家チームの3種類のチームからなる。いずれの派遣も被災国からの要請が必要であるが、災害の規模や性格に応じて単独あるいは組み合わせで派遣される。

　緊急援助隊の派遣は外務大臣の派遣命令にもとづいて国際協力機構（JICA）が実施するが、国家公務員、都道府県警察職員、消防機関の職員が参加する場合はいずれも所属先本来の業務の延長として「出張」命令を受けて派遣され、その指揮命令権は所属先に属したまま派遣される。したがって、国際協力機構が派遣の実務を担当するものの、指揮命令権をもたず対応することとなり、したがって隊員の安全配慮義務も本来の所属先に残ったままの派遣となるなどの矛盾を孕んでいる。

　「緊急援助隊の派遣に関する法律」は、1992年6月に改正された。この改正により、自衛隊の参加への道が開かれた。災害の規模が大きく被災地で自己完結的な体制で活動することが求められる場合が想定され、2001年1月のインド西部地震が最初のケースとなった。自衛隊部隊あるいは海上保安庁の船舶や航空機で人員、機材、物資を輸送することが可能となったが、これにより輸送手段を自前で備えた組織が参画できることとなり、緊急援助の機動性が向上した。

　国際緊急援助は緊急援助隊の派遣だけで行われるわけではない。その他の手段としては、物資の供与および資金の供与がある。物資の供与については、国際緊急援助隊派遣の場合と同様に、外務大臣の物資供与の指示を得て国際協力機構が実施する。資金供与の場

合は外務省が独自に実施する。
　国際緊急援助隊の派遣については、人員構成や指揮命令権限が複雑であることから現場での役割分担も複雑となり、調整に負担がかかる。派遣には要請を受ける必要があるために、国内での派遣準備は整っていても、要請が出るまでに時間が空費される可能性がある。被災国の支援需要に一刻も早く効率的に応じるという観点からすると、まだまだ制度面での整理・改善の余地が残る制度である。

［佐原隆幸］

【関連項目】　平和構築、復興・開発支援、人道緊急援助
【参考文献】　外務省監修『経済協力参加への手引き』(財)国際協力推進協会、昭和59年度版、平成14年度版。

国際金融体制
International Financial Architecture

　1990年代に入り、通貨・金融危機が多発したために、国際金融体制を包括的に見直し、再構築する必要があるという認識が高まった。1997年のアジア通貨危機後には、国際会議の場で議論の取りまとめが行われた。1999年2月には、G7主導によりBIS（国際決済銀行）内部に金融安定化フォーラム（FSF）が設置され、国際金融体制改革への取り組みが開始された。特に高レバレッジ機関（HLIs）、オフショア・センターおよび短期資本フローの影響に調査の力点がおかれ、これらに関する報告書が発表された。
　一方、1999年6月に開催されたケルン・サミットのG7蔵相報告において、危機の予防ならびに解決を目的とする国際金融体制改革の論点として、①国際金融機関および国際的アレンジメントの強化および改革、②透明性の強化およびベスト・プラクティスの促進、③先進国における金融規制の強化、④新興市場国のマクロ経済政策および金融システムの強化（具体的には、為替相場制度、金融システム、資本移動、債務管理に関する改革）、⑤危機の予防・管理の改善および民間セクターの関与、⑥貧困かつ最も脆弱な層を保護するための社会政策の促進、の6点が掲げられた。この報告にもとづき、IMFを初めとする多くの国際機関を中心に、改革への取り組みが展開された。

　以上のような国際的な取り組みの結果、新たな制度対応が推進されている。IMFなどの国際金融機関による体制構築にとどまらず、例えばアジア地域では、域内金融協力による体制構築が進められている。また、IMF自身の改革（透明性の改善、融資制度の改革、コンディショナリティの見直しなど）も進んだ。しかし、新興市場国の為替制度や資本移動規制など議論の続いている問題も多く、国際金融体制の改革・確立は長期的な課題となっている。

［清水　聡］

【関連項目】　国際開発金融機関、コンディショナリティ、ヘッジファンド
【参考文献】　財務省ホームページ（http://www.mof.go.jp/）。／神沢正典「変容する国際金融機関」上川孝夫、藤田誠一、向壽一編『現代国際金融論』有斐閣ブックス、2003年。

国際事業部制
International Division Structure

　国際事業部制とは、国際事業部が海外子会社の事業活動を監視・管理することによって、海外子会社の業績に対する責任を負うような組織構造のことをいう。国際事業部制は、企業の国際化の初期段階において、海外子外社の数がごく少数である場合に選択される場合が多い。国際事業部制を採用する企業は、国際化が進展するにつれて海外子会社の数が増加し続けることにより、海外子会社を統括するための国際事業部の業務も増加して、国際事業部の情報処理能力が不足するような問題に直面した。また、技術的問題が海外で発生した場合、国際事業部において技術力が不足しているならば、技術面での国内の製品事業部の協力が必要となる。しかし、そのような場合、技術協力を推進するための、国内の製品事業部との新たな調整業務が発生し、国際事業部を維持するためのコストが高まる。そのため、企業の国際化が十分に進行した段階においては、国際事業部は廃止されるか、その業務範囲が海外子会社の活動を支援するようなスタッフ業務等に限定される。そして、企業の組織構造は、世界規模・製品別事業部制、地域別事業部制、グローバル・マトリックス組織などの形態へと変化をなし遂げることになる。

［森脇祥太］

【関連項目】 マザー・ドーター組織、世界規模・製品事業部制、グローバル・マトリックス組織
【参考文献】 J. M. ストップフォード, L. T. ウェルズ（山崎清訳）『多国籍企業の組織と所有政策』ダイヤモンド社, 1977年。／山下達哉, 高井透『現代グローバル経営要論』同友館, 1993年。

国際下請け生産
International Subcontract of Production

　国際下請け生産とは国際分業の一形態として、国際的な経済自由化を通じて増加した。一般的に、下請け企業は自社製品でなく親企業からの設計、仕様にもとづいて製造、加工を行う企業であり、場合によっては人員供給も受ける。下請け企業には中小企業、零細企業が多いが、中堅企業に成長した企業でも下請け企業として経営を続けるものもある。国際下請け生産は、1980年代後半以降の海外直接投資の急増と世界経済のボーダーレス化に刺激され、拡大傾向にある。先進国企業が国際下請け生産を利用する理由は、自社の生産設備を拡張するよりは、外部の設備を利用した方が生産コストを安くし、価格競争力を強化することができるためである。一方、先進国企業の下請け企業の選定には、資本金、設備、原価、納期の遵守、経営者の素質など、一定基準に達した企業を選ぶ。

　国際下請け生産の代表的な形態にOEM（Original Equipment Manufacturing）生産がある。OEM生産とは相手先商標による製品生産の意味であり、下請け生産または委託生産の一種である。東アジアでも家電製品、OA機器、自動車産業において、完成品、反完成品を相手先ブランドによって生産、輸出するOEM生産方式が多くみられる。OEM生産において製品の発注側は、製造ラインの削減による管理コストの縮小、自社で生産するより低価格での仕入れと販売が可能になる。さらに生産コストの節約は、その分、過当競争を避けて販売力を強化することができる。一方、供給側はOEM先の注文分を含めた大量生産によるコストダウン、技術指導による自社の生産性向上が可能になる。このような両者における利害一致により近年は、OEM生産の国際的な展開が増加している。

〔文　大宇〕

【関連項目】 アウトソーシング、国際分業、OEM
【参考文献】 谷浦孝雄編『国際加工基地の形成』アジア経済研究所, 1988年。／丸屋豊二郎編『アジア国際分業再編と外国直接投資の役割』アジア経済研究所, 2000年。／三木敏夫『アジア経済と直接投資促進論』ミネルヴァ書房, 2001年。

国際資本移動
International Capital Movements

　資本の国際的移転を表わし、単に資本移動ともいう。資本の貸し手によって民間資本、公的資本に区別したり、投資期間の長短によって長期資本移動、短期資本移動と分けられる。国際資本移動の形態は2つに分けられる。1つは間接投資の形態であり、外国の債券とか証券に投資することである。間接投資は金融的な収益を獲得することを目的とする。1990年代半ば以降、世界的に間接投資の資本移動が急速に増大した。1990年代におけるマネー経済の成長は、それまでの実物経済の規模を大きく上回るものであった。大規模な資本が金融や為替変動による収益を求めて国際的に動き、このような動きが1997年のアジア経済危機など世界経済システムの混乱を引き起こしている。

　もう1つは直接投資で、外国で企業を所有し経営する形態であり、経営に参加することを意図して外国企業の株式を保有するための投資のことを指す。これは、企業がその活動を単純なモノの輸出入を超えて国際化していくに際して行う投資活動である。IMFでは一つの目安として、株式の10％以上の所有をもって企業の所有および経営と定義する。直接投資は企業活動のグローバル化の最も重要な構成要素の一つであり、国際資本移動の基本的な形態である。直接投資は資本の移動だけではなく、経営資源とか先進技術などの移動を伴うことが特徴である。直接投資の受け入れ国は、生産の拡大、雇用の拡大による労働所得の増加の他にも、税収の増加、製品販売網の利用などの利益が享受できる。経済発展のために国内の資本や技術が乏しい開発途上国において、直接投資による国際資本の受け入れは最も効果的な発展手段として評価される。

一方、直接投資の問題点としては、多国籍企業が投資受け入れ国の政策決定に影響力をもち、国内政策効果の低下、市場支配力の強い外国企業により国内市場が独占される可能性などが考えられる。さらに、外国企業が投資受け入れ国で直接投資の資金を調達する場合には、資金に対する需要が上昇することから、受け入れ国の利子率が上昇する。その結果、国内企業による投資が抑制される。資本の出し手である投資国への影響としては、生産の海外移転に伴う失業や経済の空洞化の可能性が考えられる。資本の国際間移動は、基本的には国際間の資本収益率の差によって実現する。外国の債券とか証券に投資する間接投資は、利子率、株価、証券の期待収益率を最大化すべく短期間に膨大な資金が移動するという特徴をもつ。直接投資は企業の長期生産活動にもとづく資産収益のリターンを基準に展開される。1997年のアジア経済危機においても、危機発生後、短期資本は急速に流出したが、直接投資の多くの部分はそのまま東アジアにとどまり、両者の性格の違いが浮き彫りにされた。

　国際資本移動において、先進国から開発途上国への資本移動は後者の経済発展を実現するために不可欠である。一般的に先進国は資本蓄積が十分であり、所得水準も高いために資金が豊富な資金余剰国である。しかし、経済は成熟化し、投資機会が相対的に少ない。これに対して開発途上国は、資本蓄積が十分でなく所得水準も低いために国内の資金には限りがある。しかし、経済発展が十分でないだけ投資機会は多い。そのために資金の先進国から開発途上国流入は、資金余剰国から資金不足国への資金流入であり、国際的な資金配分上からは望ましい。開発途上国にとって、先進工業国からの資金の援助は、経済発展を実現する上で不可欠である。　［文　大宇］

【関連項目】　アジア経済危機、金融自由化、海外直接投資、ヘッジファンド
【参考文献】　石見徹、伊藤元重編『国際資本移動と累積債務』東京大学出版会、1990年．／浦田秀次郎『国際経済学入門』日本経済新聞社、1997年．／木村福成『国際経済学入門』日本評論社、2000年．／高龍秀『韓国の経済システム―国際資本移動の拡大と構造改革の進展』東洋経済新報社、2000年．

国際収支
Balance of Payments

　国際収支とは、ある一定期間（1カ月、4半期、1年）における居住者と非居住者とのすべての経済取引（財貨・サービス・所得の取引、対外資産・負債の増減を伴う取り引き、および移転取引）に関する対外的な貨幣の受け払い、およびそのバランスである。各経済取引ごとの貨幣の受け払いを会計的に処理したものが国際収支表（Balance of Payments Statement）である。IMF（国際通貨基金）が作成した『IMF国際収支マニュアル（第5版）』（Balance of Payments Manual, 1993）においても、国際収支と国際収支表とは同一の定義である。なお、国際収支は、定義上ある特定の期間内の取り引きを集計対象としており、フローの統計である。一定時点のある国の対外債権債務状況を示すストック統計は、対外資産負債残高という形で別に公表される。

　現在、統計精度の向上、および比較分析の利便性などを目的として、各国は1993年に改定された『IMF国際収支マニュアル（第5版）』に準拠して国際収支表を作成している。国際収支表は、その作成ルールによって、居住者と非居住者との間の経済取り引きを、市場価格を基準として、所有権、または債権・債務の移転が発生した時点で計上され、複式簿記の原理にもとづき作成される。現在、新マニュアルに沿った国際収支表は、原表と国内発表形式との2種類がある。各国がIMFに報告し、IMFが公表する原表は、新マニュアルに示された「標準構成項目」により作成される。国内発表形式も基本的には「標準構成項目」に準じており、旧統計との連続性や分析上の便宜に応じた形で公表されている。日本では、1996年1月から新マニュアルに準拠した国内発表形式の国際収支表が日本銀行から発表されている（日本銀行国際局編『国際収支統計月報』）。

　新旧マニュアルにもとづいた国内発表形式の「標準構成項目」は表の通りである。日本の国内発表形式では、「分析的発表形式」と呼ばれる概念がこれまで用いられてきた。国際収支表は複式簿記の原理で記載されるた

め、収支尻は事後的に均衡する。国際収支の均衡・不均衡を分析するためには、国際収支表のどこかで線を引き、その線の上（アバブ・ザ・ライン）の収支尻について黒字ないしは赤字（均衡ないしは不均衡）を論じることになる。そして線の下（ビロー・ザ・ライン）の項目で相殺される形となる。旧発表形式では「経常収支」（貿易収支＋貿易外収支＋移転収支）、「長期資本収支」、「基礎収支」（経常収支＋長期資本収支）、「短期資本収支」、「総合収支」（基礎収支＋短期資本収支＋誤差脱漏）、「金融勘定」に区分され、「金融勘定」と「総合収支」が一致するように誤差脱漏で調整されてきた。

しかし、新マニュアルへの移行に伴い、いくつかの項目が廃止された。まず、貿易外収支が廃止され、サービス収支と所得収支が新設された。特にサービス収支は、サービス取引の多様化を反映して内訳が細分化される。また、「長期資本収支」の項目も廃止された。長期債の短期的売買が進むとともに、「短期資本収支」に含まれる短期貸付がロールオーバーされ長期の取引になるという現状に鑑み、従来までの長期・短期の区別が形骸化したことが、その理由である。「長期資本収支」が廃止されたため、経常収支に長期資本収支を加えた「基礎収支」も廃止されることになった。そして、総合収支と金融勘定という区分が撤廃された。金融勘定の項目は廃止され、外貨準備以外は資本収支項目に加えられ、「誤差脱漏」で国際収支の最終的な収支尻はゼロになる仕組みとなった。　［徳原 悟］

【関連項目】　国際資本移動、セキュリタイゼーション、経常勘定の自由化、資本勘定の自由化
【参考文献】　IMF, *Balance of Payments Manual, Fifth*

◇国際収支統計の新旧発表形式

(旧統計：ドルベース)	(新統計：円ベース)
総合収支 ┃ 基礎収支 ┃ 経常収支 　　貿易収支 　　　　輸出、輸入 　　貿易外収支 　　　　運輸、旅行、 　　　　投資収益、 　　　　その他 　　移転収支 資本収支 　長期資本収支 　　直接投資、延払信用、 　　借款、証券投資、 　　その他 短期資本収支 誤差脱漏	経常収支 　貿易収支 　　　輸出、輸入 　サービス収支 　　　輸送、旅行、 　　　その他サービス 　所得収支 　　　雇用者報酬、投資収益 　経常移転収支 資本収支 　投資収支 　　　直接投資 　　　証券投資 　　　その他投資 　その他資本投資 　　　資本移転、その他資産
金融勘定　外貨準備増減　その他	外貨準備増減 誤差脱漏

Edition. Washington D. C. : IMF Publication, 1993. ／日本銀行国際収支統計研究会『国際収支のみかた』日本信用調査, 1996年. ／日本銀行国際収支統計研究会『入門 国際収支―統計の見方・使い方と実践的活用法』東洋経済新報社, 2000年.

国際戦略提携
International Strategic Partnerships, International Corporate Linkages

　企業が他社に対して競争優位を得るという戦略的意図をもって、外国企業と経営資源を相互に補完し協力関係を築くことである。提携は経営資源の国際移転の一形態であり、具体的には合弁事業、共同開発、技術提携、クロス・ライセンシング、共同生産、OEM供給、販売提携などがある。

　国際提携自体は1920年代より行われていたが、戦略性を強めたのは1970年代後半以降である。すなわち、競合する多国籍企業同士による「第三のライバルに先駆けて世界的なリーダーシップを取ることを狙った」(長谷川) 提携が増加した。また、1つの企業が、複数の企業とそれぞれ異なる分野で提携するなど、企業は競争する一方で多様な協力関係を構築するようになった。

　この背景には、技術革新の加速とそれに伴う製品ライフサイクルの短縮、グローバル規模での競争の激化など、企業を取り巻く環境が急激に変化したことがある。多国籍企業といえども、こうした変化に単独で対応するのは、資金、人材、リスク負担などの面で容易なことではない。国際戦略提携は、コストやリスク負担を軽減させるのみならず、必要な経営資源を補完し合うことで迅速かつ柔軟な対応を可能とする。提携パートナーとの相互学習により、新しい知識や価値を創造できるといった利点がある。企業は、世界規模での市場シェアの拡大や製品ラインアップの充実、技術開発における競争優位の確立などに国際戦略提携を活用しており、企業のグローバル戦略において国際戦略提携は不可欠な手段となっている。

　　　　　　　　　　　　　　　［森美奈子］

【参考文献】 M. E. ポーター編（土岐坤、中辻万治、小野寺武夫訳）『グローバル企業の競争戦略』ダイヤモンド社, 1989年. ／長谷川信次『多国籍企業の内部化理論と戦略提携』同文館, 1998年. ／桑名義晴「グローバル競争優位性の構築と国際戦略提携の役割」『世界経済評論』世界経済研究協会, 2003年6月号.

国債／地方債
Central Government Bond, Local Government Bond

　国家や地方政府が資金調達のために発行する債券のこと。国家が発行するものを国債といい、地方政府や地方公共団体が発行するものを地方債という。通常、両者が発行する債券を公債と呼ぶ。また、政府関係機関も政府保証付きの債券を発行して資金調達を行うことがあるが、この債券を政府保証債という。これらの債券は、公募あるいは非公募の形で債券購入を受け付ける。通常は、公募で行われるが、地方債の場合には特定の地方公共団体にしか公募債の発行が認められていない。そのため、地方債の場合には、非公募が大半を占める。この非公募債は、特定の投資家に購入を呼びかけることから、私募債、縁故債と呼ばれる。償還期限、金利などの各種発行条件は、各債券によって異なる。地方債は、災害復旧や、水道、鉄道、清掃などの地方公益企業の資金調達などに限定されている。

　国債においても、公共事業等を行うための建設国債と、経常歳入の不足を賄うために発行される赤字国債とがある。この赤字国債は、特例国債ともいわれる。日本では原則的に経常歳入不足のための国債発行は認められていない。しかし、経済情勢等の悪化による税収不足を補填するために、特例的に国債発行が認められる。

　このような公債制度の下で、日本の国債残高は増加の一途をたどっている。財務省のデータによれば、1993年3月には国と地方を合計した国債残高は、333兆円であった。その後、経済情勢の悪化に伴い、1998年3月には553兆円となり、ほぼ1年間のGDPに匹敵する水準となった。2002年度末にはさらに増加し、657兆円となり、2003年度末には686兆円となり、対GDP比137.6%になると見込まれている。このうち約2割〜3割が地方債である。この水準は先進諸国と比較しても、他に例をみない水準となっている。財政赤字で悪名高いイタリアにおいてさえ対GDP比120%であり、近年低下傾向をたどっている。米、

英、ドイツ、フランスにおいても国債残高は減少傾向にあり、対GDP60%～70%の水準にある。日本は国債および地方債の増発によって、世界的にも突出した水準の公債残高となっている。

これに比較するとアジア諸国の公債発行規模はそれほど大きくない。アジアの公債発行の特徴をみるならば、基本的に健全財政主義の方針がとられているため、公債発行残高が低い。対GDP比20%～40%程度に収まっている。これらの公債の大半は中央政府による国債であり、地方債は、NIES、ASEAN、中国の大部分ではほぼ発行されていない。韓国では地方債が発行されているが、それでも国債発行額と比較すると5%を下回る水準である。シンガポールやマレーシアでも国債発行が行われているが、これは政府と年金基金が資金運用を行う契約を取り交わしているために発行されるものが多い。シンガポールの中央厚生年金基金（Central Provident Fund：CPF）やマレーシアの被雇用者退職金基金（Employees Provident Fund：EPF）は、年金保険料として徴収した資金を運用するために国債を購入する。両国においてこれら機関が国債の最大の保有者となっている。

アジア諸国は、基本的に健全財政主義であるために、公債の発行規模が小さく、債券市場の発達が遅れている。投資家の資産運用形態をみても株式や債券による運用が低調であり、元本が保証され、流動性が高い預金の形態で資産運用がなされている。このため、インドネシアなどでは金融政策手段の1つである公開市場操作を行うために新たに証券を発行するという事態さえ招来している。

［徳原　悟］

【関連項目】　財政と開発戦略、国税／地方税、財政制度、公開市場操作
【参考文献】　木村元一編『アジア開発のメカニズム―財政・金融編』アジア経済調査研究双書186，アジア経済研究所，1970年．／貝塚啓明，石弘光，野口悠紀雄，宮島洋，本間正明編『グローバル化と財政』（シリーズ現代財政4巻）有斐閣，1990年．／世界銀行編（日本証券経済研究所訳）『アジアの公社債市場』財団法人日本証券経済研究所，1997年．／大蔵省財政金融研究所編『ASEAN 4の金融と財政の歩み―経済発展と通貨危機』大蔵省印刷局，1998年．／貝塚啓明『財政学（第3版）』東京大学出版会，2003年．

国際統一商品分類
Harmonized Commodity Description and Coding System：HS

貿易商品の名称および分類についての国際統一システムのことである。1960年代、世界貿易の急速な拡大とともに、貿易に関連する手続きやデータを国際的に統一する必要が生じた。その後、国際機関である関税協力理事会（WCO）は、国際貿易の円滑化、関税分類および統計などでの使用を目的に「HS品目表」を開発した。1988年にHSに関する条約が発効し、世界約80カ国がその条約に加盟している。この分類を採用している国は160カ国以上に上り、世界貿易商品の95%以上がHS商品分類でカバーされている。HSの商品区分は、以下の通りである。

「部」：第1部から第22部までとなる最も大きな分類の区分。
「類」：部をさらに区分したものであり、第1類から第97類までの構成となる。
「項」：類をさらに区分したものであり、4桁の数字で表示する。
「号」：項をさらに区分したものであり、6桁の数字で表示する。

なお、輸出入の統計品目表では、HS品目表の6桁までの番号区分は共通するが、統計細分体系は異なる。

［文　大宇］

【関連項目】　SITC
【参考文献】　国際連合，アジア経済研究所『国際連合標準国際貿易商品分類』アジア経済研究所，1984年．

国際復興開発銀行
International Bank for Reconstruction and Development：IBRD

第2次世界大戦が終盤を迎えた1944年に、米国のニューハンプシャー州ブレトンウッズで44カ国代表による連合国通貨金融会議が開催された。会議で採択された協定にもとづき設立された国際機構が、戦後復興のための投資促進を目的とした国際復興銀行（IBRD/World Bank＝世界銀行）と、通貨システムの安定を図り貿易の拡大を目的とする国際通貨基金（International Monetary Fund：IMF）である。両者による国際通貨金融体制をブレトンウッズ体制と称する。

◇国際統一商品分類

部	類の範囲	「部」の定義
第1部	01～05類	動物（生きているものに限る）および動物性生産品
第2部	06～14類	植物性生産品
第3部	15類	動物性または植物性の油脂およびその分解生産物、調製食用脂、動物性または植物性のろう
第4部	16～24類	調製食料品、飲料、アルコール、食酢、たばこおよび製造たばこ代用品
第5部	25～27類	鉱物性生産品
第6部	28～38類	化学工業（類似の工業を含む）の生産品
第7部	39～40類	プラスチックおよびゴム、これらの製品
第8部	41～43類	皮革および毛皮ならびにこれらの製品、動物用装着具、旅行用具、ハンドバッグその他これらに類する容器ならびに腸の製品
第9部	44～46類	木材およびその製品、木炭、コルクおよびその製品、わら、エスパルトその他の組物材料の製品、かご細工物および枝条細工物
第10部	47～49類	木材パルプ、繊維素繊維を原料とするその他のパルプ、古紙ならびに紙、板紙ならびにこれらの製品
第11部	50～63類	紡織用繊維およびその製品
第12部	64～67類	履物、帽子、傘、つえ、シート、ステッキおよび、これらの部分品、調製羽毛、羽毛製品、造花ならびに人髪製品
第13部	68～70類	石、プラスター、セメント、石綿、雲母その他これらに類する材料の製品、陶磁製品ならびにガラスおよびその製品
第14部	71類	天然または養殖の真珠、貴石、半貴石、貴金属および貴金属を張った金属ならびにこれらの製品、身辺用模造細貨類ならびに貨幣
第15部	72～83類	非金属およびその製品
第16部	84～85類	機械類および電気機器ならびにこれらの部分品、録音機、音声再生機、テレビジョンの映像および音声の記録用または再生用の機器、これらの部分品および附属品
第17部	86～89類	車両、航空機、船舶および輸送機器関連品
第18部	90～92類	光学機器、写真用機器、映画用機器、測定機器、検査機器、精密機器、医療用機器、時計および楽器、これらの部分品および附属品
第19部	93類	武器および銃砲弾、これらの部分品および附属品
第20部	94～96類	雑品
第21部	97類	美術品、収集品および骨董
第22部	00類	特殊取扱品

IBRDは当初28カ国の参加をもって設立された。『世界銀行年次報告2002』（以下計数はいずれも2002年6月末現在）によれば、加盟国は183カ国で、ワシントンに本部をおく。総裁はウォルフェンソン（James D. Wolfensohn）で、歴代米国人が就任している。意思決定は加盟各国代表で構成する総務会において加重表決制（基礎票250票、出資金10万ドル当たり1票）で行われる。ちなみに、加盟国中に占める出資割当額と投票権の比率は、米国がそれぞれ16.87%、16.41%、日本が8.08%、7.87%、ドイツが4.61%、4.49%、フランスと英国がともに4.42%、4.31%で上位5カ国を占めている。

総務会の委任を受けて業務遂行にあたる理事会は、米国、日本、ドイツ、フランス、英国からの5人の任命理事とロシア連邦、中国、サウジアラビアの3カ国と地域代表16カ国からの19人の選任理事で構成され、業務政策の決定、貸付、保証案件の検討や承認を行う。

設立当初は、戦争で疲弊した国々の復興支援を目的とし、その融資対象国および資金使途は欧州諸国、日本の鉄道、道路などの社会・産業基盤建設が中心であったが、戦後復興が一巡した1970年代以降は、開発途上国、

◇国際連合での位置付け

```
                    経済社会理事会（ECOSOC）
┌─────────────────────────────────────────────┐
│     国際復興開発銀行（IBRD）        IMF      │
│世                                            │
│銀          世銀・IMF合同開発委員会           │
│グ    国際金融公社（IFC）                     │
│ル                                            │
│ー    国際開発協会（IDA）                     │
│プ    投資紛争解決国際センター（ICSID）       │
│                                              │
│      多国間投資保証機関（MIGA）              │
└─────────────────────────────────────────────┘
```

低所得国の生活基盤の整備支援に重点が移行している。また、1980年代初頭、ラテン・アメリカ、東欧などの国々の債務危機救済のため構造調整融資（SAL）も始められた。

戦後復興支援から民間セクターの支援へ、さらに貧困国支援と民間投資促進へとその役割を拡大するに伴い、IBRDは、1956年に民間企業向け投融資を行う国際金融公社（International Finance Corporation：IFC）、1960年には市場資金に依存できない低所得国ないし貧困国支援のための国際開発協会（International Development Association：IDA：第二世銀とも呼ばれる）、1966年には投資紛争の調停の場としての投資紛争解決国際センター（International Centre for Settlement of Investment Disputes：ICSID）、また1988年には通貨の交換停止や戦争など、投資にかかわる非商業リスクを保証する多国間投資保証機関（Multilateral Investment Guarantee Agency：MIGA）を設立している。IBRDを中心としたこれら5機関を世界銀行グループと呼ぶ。

IBRDとIDAによる2002年6月末の融資残高はそれぞれ1215億9000万ドル、963億7000万ドルで、2001～02年度中に承認された融資はそれぞれ40カ国向け114億5000万ドル、62カ国向け80億7000万ドルとなっており、またIBRDは所要資金の約9割を世銀債発行で調達している。IBRDとIMFは合同開発委員会を設けその活動につき調整を行っているが、IMFの構造調整ファシリティ（Structural Adjustment Facilities：SAF）とIBRDの構造調整融資（Structural Adjustment Lending：SAL）の重複など検討を求められている点も多い。　　　　　　　　　［飯島　健］

【関連項目】　IFC、IDA、投資紛争解決国際センター、MIGA、IMF
【参考文献】　横田洋三編『国際機構論』国際書院，1997年．／世界銀行『世界銀行年次報告2002』世界銀行，2003年．／世界銀行『世界開発報告2002』世界銀行，2003年．

国際分業
International Division of Labor

自由貿易下における国際分業パターンを決定するための貿易理論としてリカード（David Ricardo）の比較生産費の理論とヘクシャー＝オリーン・モデルがある。比較生産費説においては、国際間の生産技術の相違が国際間の生産費の相違をもたらす。その場合、すべての国々が自給自足的にすべての財を自国において生産するよりも、各国が相対的に生産費において有利な財の生産に特化した方が効率的な生産を帰結する。

また、ヘクシャー＝オリーン・モデルによると、各国の生産要素の賦存状態に応じて、自由貿易のパターンが決定される。すなわち、相対的に労働が豊富な国は労働集約的財を輸出し、逆に、資本が相対的に豊富な国は資本集約的財を輸出するようになる。ヘクシャー＝オリーン・モデルは、国際間の生産技術は等しいと仮定している点で、その相違を仮定しているリカード・モデルとは異なる。リカード・モデルでは生産技術の相違が比較優位を生じさせるが、ヘクシャー＝オリーン・モデルでは生産要素の賦存状態の相違が比較優位を生じさせることになる。

しかし、国際分業にはさまざまなパターンが存在する。特に、天然資源や農産物と工業製品の貿易を国際間で行うことを垂直分業という。この場合、開発途上国が綿花や鉄鉱石等の1次産品を先進国へ輸出し、先進国がアパレル製品や航空機等の工業製品を開発途上国に輸出するような国際分業のパターンが構築される。しかし、垂直分業のような先進国と開発途上国間の典型的な国際分業とは異なったタイプの分業が国際間で展開されている。工業製品のみを対象とした分業のことを水平分業という。現実には、水平分業の中でも、同一の産業内部における国際分業が進行しており、それを産業内貿易という。産業内

貿易においては、例えば、自動車を製造する際に技術力を必要とする部品を日本国内で生産し、それらを開発途上国に輸出して組み立て、最終製品を日本へ輸出するというようなタイプの貿易がある。また、自動車については、米国、英国、ドイツなどの国々から日本への自動車の輸出と同時に、日本からそれら諸国への輸出がなされており、差別化された製品間の国際分業も産業内貿易パターンとして捉えられよう。

垂直分業と産業内貿易以外の水平分業は、異なる産業間における国際分業であり、産業内貿易に対して産業間貿易と定義することができる。上述した比較生産費説やヘクシャー=オリーン・モデルは、国際分業の中でも産業間貿易のみを想定した理論であり、産業内貿易を説明するモデルではない。

産業内貿易の要因として理論的に特に注目されているのは、不完全競争市場における収穫逓増や製品差別化などであり、従来の貿易理論が完全競争や規模に関する収穫一定を前提としていた点と大きく異なっている。産業内貿易においては、各国が差別化された製品を生産しており、各国の消費者の製品需要によって国際貿易が行われる。財の生産に規模の経済が存在するために、ある国がすべての財を自国で生産するようなことは起こらない。要素賦存比率が類似的な国においては、規模の経済にもとづいた産業内貿易がなされるが、著しく異なる国においては、比較優位にもとづいた産業間貿易が展開される。

[森脇祥太]

【関連項目】 比較生産費説、ヘクシャー=オリーン・モデル、規模に関する収穫
【参考文献】 木村福成、小浜裕久『実証国際経済入門』日本評論社、1995年。／P. R. クルグマン、M. オブズフェルド（石井菜穂子、浦田秀次郎、竹中平蔵、千田亮吉、松井均訳）『国際経済：理論と政策（第3版）- Ⅰ国際貿易』新世社、1996年。

国際理解教育
Education for International Understanding

第2次世界大戦後、創設間もないUNESCO（国連教育科学文化機関）が最初に提唱した教育概念。1947年、UNESCOは「国際理解のための教育」（Education for International Understanding）を提唱し、各国での実施を呼びかけた。しかし、その後の世界状況の変化に伴って重点目標も変化し、呼称もしばしば変更された。例えば1955年「国際理解と国際協力のための教育」（Education for International Understanding and Co-operation）、1960年「国際協力と平和のための教育」（Education for International Co-operation and Peace）、1974年「国際理解、国際協力および国際平和のための教育ならびに人権および基本的自由についての教育」（Education for International Understanding, Co-operation and Peace, and Education Relating to Human Rights and Fundamental Freedoms）などである。特に1974年の呼称変更については、同年開催された第18回UNESCO総会で採択された「教育勧告」にもとづいたもので、開発途上国に存在する地球規模の諸問題への配慮を、より鮮明にすることを目的にしたものである。この長い呼称が一般に「国際教育」と略称されることとなった。

日本では、1954年にUNESCOが具体的な実施計画として提唱した「協同学校計画」に参加したことにより、実質的な活動が開始された。1950年代は、上記のように国際理解と国際協力が並列されたものであったにもかかわらず、略称として「国際理解教育」を採用した。また内容においても、時代状況の変化に敏感に対応した教育というよりは、異文化理解や語学教育の側面に傾斜した教育活動が長く続いた。しかしその後、文部科学省を中心に新しい状況を踏まえた国際理解教育の模索が進められており、1980年代以降に日本でも活発化した「開発教育」「環境教育」などの問題解決型教育との整合性、共同化が強調されるようになった。特に日本が提案国となっている「持続可能な開発のための教育」（Education for Sustainable Development）の世界的な普及が今後の大きな課題となっている。

[赤石和則]

【関連項目】 開発教育
【参考文献】 永井滋郎『国際理解教育』第一学習社、1989年。／大津和子『国際理解教育』国土社、1992年。／日本ユネスコ国内委員会『国連持続可能な開発のための教育の10年に関してUNESCOが策定する国際実施計

画への提言案』文部科学省, 2003年.

国税／地方税
National Tax, Local Tax

　国税とは、国が課税および徴収を行う租税である。所得税、法人税、相続税、消費税、酒税、石油税、印紙税などから構成される。一方、地方税とは都道府県や市区町村が課税および徴収を行う租税である。都道府県における租税は、道府県民税、事業税、自動車税、地方消費税、不動産取得税などからなる。市区町村税は、市町村民税、固定資産税、軽自動車税、市町村たばこ税、入湯税から構成される。そして、地方公共団体の財源を確保し、各地方公共団体の財源を均等化させる目的で地方交付税という制度が導入されている。この制度は、国税である所得税、法人税、消費税、酒税、たばこ税などを交付税率にもとづいて地方公共団体に配分するシステムである。また、地方譲与税という制度もあり、国税として徴収した税収を地方公共団体に配分する制度である。地方道路、石油ガス、自動車重量税などが、その対象となる。

　このように、各地方公共団体の財源確保および財源の均等化を促す各種の制度が構築されている。地方公共団体にとっての最大の財源はやはり地方税収入であり、歳入の35％程度を占める。地方交付税交付金がこれに続き、この2つで歳入の約6割を占める。地方債発行による歳入繰り込みは、総歳入の約10％程度を占める。現在、地方分権化の動きが徐々に高まりつつある。中央官庁からの関与を減らし、各自治体に即した自治体運営を称揚する雰囲気が高まっている。同時に市町村合併も現実に進みつつある。市町村合併による事務コストや重複事業の削減を通じて歳出を抑制しようとしている。このような合併による地方公共団体の財源を確保する動きは、地方分権化を射程に入れたものとも考えられる。また、国からの税源の移譲も議論されており、国家の財政構造改革と表裏一体の関係にある。本格的に地方分権化が動き出せば、各地方公共団体が提供する行政サービスの内容に濃淡が表われてこよう。

　このような日本の動きに比べ、アジア諸国の地方政府は、中央政府の出先機関としての性格が強い。アジア諸国においても基本的に租税は国税が中心であり、地方税は限定されている。また、マレーシアのように地方政府に課税権を与えない国もある。このため、地方政府は、石油や天然ガスなどの事業収入で自治体を運営することが基本とされており、連邦政府からの補助金も歳入の約2割程度となっている。このような体制ではあるが、地方政府の独立性はほとんど認められていない。タイ、インドネシア、フィリピンなどでは地方税の賦課は限定されており、基本的には中央政府の財政移転によって運営されている。そのため、地方財政運営の裁量権もほとんど存在しない。つまり、中央政府の計画にもとづいて計画を実行する役割が与えられているというのが現状である。

　韓国などでは、地方自治体に各種の課税を認めているが、歳入に占めるシェアでみると各種使用料、手数料、事業収入などで構成される税外収入が歳入の約40％を占め、税収は20％程度となっている。歳出面では約8割が経済・社会開発に支出される状況にある。台湾においても地方政府の課税権は認められているが、その帰属は中央政府にあるという状況にある。このように、アジア諸国では基本的に中央政府による地方政府の介入の度合いが大きいということがいえる。今後も、経済・社会開発を積極的に進めていく上では、ある程度の中央政府からの介入は続くものと考えられる。しかし、徐々に所得水準が上昇し、大学卒の新中間層が誕生し始めると地方分権の声が上がる可能性がある。　　［徳原　悟］

【関連項目】　財政と開発戦略、中央財政／地方財政、財政制度

【参考文献】　木村元一編『アジア開発のメカニズム―財政・金融編』アジア経済調査研究双書186, アジア経済研究所, 1970年. ／貝塚啓明, 石弘光, 野口悠紀雄, 宮島洋, 本間正明編『グローバル化と財政』（シリーズ現代財政4巻）有斐閣, 1990年. ／川瀬光義『台湾・韓国の地方財政』日本経済評論社, 1996年. ／世界銀行編（日本証券経済研究所訳）『アジアの公社債市場』財団法人日本証券経済研究所, 1997年. ／大蔵省財政金融研究所編『ASEAN 4の金融と財政の歩み―経済発展と通貨危機』大蔵省印刷局, 1998年. ／貝塚啓明『財政学（第3版）』東京大学出版会, 2003年.

国勢調査
Population Census

　全人口について性別、年齢、配偶関係などの基本的属性、職業など経済的属性を調べる人口調査であり、全数調査（聞き取り、書面提出などによりすべての国民を対象とする）を行う。一般的に各国ではほぼ10年ごとに実施され、他の年は標本調査により推計される。

　日本では1920年（大正9年）以来ほぼ5年ごとに実施され、10年ごとの大規模調査とその中間年の簡易調査に大別される。2000年（平成12年）の国勢調査は17回目で、大規模調査が行われた。大規模調査と簡易調査の内容的な違いは調査項目の数である。第2次世界大戦以前の大規模調査項目は基本的属性と経済的属性、簡易調査項目は基本的属性のみに限られていた。第2次世界大戦後は国勢調査の充実が図られ、大規模調査には基本的属性、経済的属性に住宅、人口移動、教育に関する項目が、簡易調査には基本的属性に経済的属性と住宅に関する項目が加えられた。

　2000年の大規模国勢調査では、氏名、性別、生年月日、世帯主との続柄、配偶関係、国籍、現在の住居場所における居住期間、5年前の住居の所在地、在学・卒業などの教育状況、就業時間、所属の事業所の名称および事業の種類、仕事の種類、従業上の地位、従業地または通学地、従業地または通学地までの利用交通手段、世帯の種類、世帯員の数、家計収入の種類、住居の種類、住宅の床面積、住宅の建て方であった。また調査の対象者は当該住居に3カ月以上住んでいるか、または住むことになっている者であり、3カ月以上にわたって住居のない者は、調査時点にいた場所に住んでいるとみなした。日本国内に常住している外国人も対象となるが、外交官およびその家族、外国軍隊の軍人・軍属およびその家族は除外される。なお調査方法は調査区の境界を示す地図を作成し、原則として1調査区に50世帯が含まれるように設定され、合計で約94万であった。また総務庁長官から任命された国勢調査員約83万人が調査票を世帯に配布し、取集する方法で行われた。

[梶原弘和]

【関連項目】　人口転換、従属人口、人口増加
【参考文献】　藤田峯三『新国勢調査論』大蔵省印刷局、1995年．／藪内武司『日本統計発展史研究』法律文化社、1995年．／総務庁は国勢調査結果を全国、都道府県、市町村別で発表している．

国内総生産
Gross Domestic Product : GDP

　国内総生産とは、ある国の国内で一定期間（通常は1年または4半期）に生産された付加価値の総額のことをいう。付加価値とは、総生産額から中間投入額を差し引いた残りの額である。

[森脇祥太]

国民参加型援助
International Cooperation with Civil Participation

　国際協力への国民の参加の機会にはさまざまな形があるが、2003年10月1日の国際協力機構（JICA）の発足に伴い、その設置法第13条3項には「国民等の協力活動」の項目が設けられ、日本のNGO、NPO、民間団体、地方公共団体、大学が開発途上地域の経済・社会開発および復興に協力する活動を促進助長することが盛り込まれた。これにより従来は、一部専門家による活動と位置付けられていた国際協力活動を、広く国民一般が参加できるようODA予算を使って支援することが可能になった。合わせて、国民の国際開発に対する理解を促進しかつ国際貢献により得られた経験を社会還元する契機が広がり、日本人が国際的な場で主体性をもって幅広く活躍する能力を伸張する、国民教育活動が展開する制度的な基盤が整った。

　ODAによる国際協力へ国民が参加する契機は、それまでは青年海外協力隊への参加、シニア海外ボランティア活動への参加、草の根技術協力への参加が主たるものであったが、新しい設置法の中では、これらが「国民等の協力活動」として統合されることで、より幅も奥行きも広がったといえよう。例えば海外でボランティア活動を志すものは、20歳から69歳までODA予算の支援を受け、また安全配慮等については国際協力機構による側面支援を受け、活動を展開することができるようになった。加えて、開発途上国の草の根

レベルで双方の国民が交流と協力の輪を広げることが可能となった。

　地方自治体も従来より国際協力の重要な担い手であった。公害克服の経験を世界に発信し、開発における環境配慮を訴える水俣市の研修事業、一村一品運動で村おこしを進めた経験を分かち合う大分県、ネパールでの保健行政支援を行う埼玉県、いずれも地方自治体の自発的な取り組みが国際協力に拡大していった事例である。これら自治体による活動に加えて、新たな国際協力の主体として、大学やNGOが加わり、ネットワークを形成して、国際協力活動を行うことも可能となった。共通する部分は自発性の尊重である。国際協力の参加主体の裾野が広がり、生活に密着した問題解決とそれに必要な知識と経験を伝えようとする自発性にもとづく協力が、「国民等の協力活動」という制度的枠組みを得て活発に展開される便宜が図られるようになったことは、日本の国際貢献活動が国民的運動としての性格を得たことを示す。　　　［佐原隆幸］

【関連項目】　青年海外協力隊、シニア海外ボランティア、自治体協力、復興・開発支援
【参考文献】　国際協力機構法（JICAホームページ http://www.jica.go.jp/）.

国民総生産
Gross National Product : GNP

　国民総生産とは、ある国の国民が、一定期間（通常は1年もしくは4半期）に生産した付加価値を合計した値のことをいう。国民総生産（GNP）と国内総生産（GDP）の関係は、
　　GNP＝GDP＋（海外からの要素所得受け取り）−（海外への要素所得支払い）
として示される。　　　　　　　［森脇祥太］

国民党【台湾】
Chinese Nationalist Party

　台湾の政党の一つである。1919年10月に三民（民族・民権・民生）主義を掲げる孫文（Sūn Wén）の指導の下で中国国民党として誕生した。孫文の死後、蔣介石（Jiǎng Jièshí）が実権を掌握した。共産党とは2度にわたって協力関係を結んだが、戦後の国家構想をめぐって対立し、1946年から共産党との内戦に突入した。しかし1949年、内戦に敗れた国民党は台湾への逃避を余儀なくされた。台湾では国民党の一党独裁体制が築かれ、権威主義体制が強化された。

　また、国民党が移る以前、大陸からの派遣官吏と台湾住民との衝突を機に発生した2・28事件（1947年2月28日）では、2万人以上の台湾住民が国民党軍によって殺害され、台湾住民の心には国民党政権に対する深い恐怖心が植え付けられた。また政府の要職がほとんど外省人（大陸からの移住者）によって占められたことも、その後の本省人（台湾出身者）と外省人の対立問題（「省籍矛盾」）の原因となった。

　その後、蔣経国（Jiǎng Jīngguó）総裁時代の1980年代半ばから政治的自由化・民主化が進展し、政治体制も国民党の一党独裁体制から多党制へと移行した。1988年に蔣経国が死去すると、李登輝（Lǐ Dēnghuī）が国民党主席に就任した。蔣介石・経国父子時代には外省人が要職を独占したが、李登輝時代には本省人が主流となった。

　2000年3月の総統（大統領に相当）選挙では、国民党の連戦（Lián Zhàn）候補が民進党の陳水扁（Chén Shuǐbiǎn）候補に敗退し、国民党は半世紀にわたって維持してきた政権の座から転落した。この結果、国民党と中華民国の一体性の上に成り立っていた党国体制は終焉を迎えた。従来の国民党体制の根底には、反社会的組織との癒着や金権政治体質があり、これが国民党敗退の一因になった。しかし、現在、立法院（国会）では野党第1党の地位を維持しており、影響力は依然大きい。　　　　　　　　　　　［今井　宏］

【関連項目】　三民主義、蔣介石、蔣経国、李登輝
【参考文献】　若林正丈, 劉進慶, 松永正義編『台湾百科』大修館書店, 1990年.

国有化政策【南アジア】
Nationalization Policy

　独立当時、南アジア諸国では公企業はほとんど存在しなかったが、経済開発が進められる中で基幹産業の国有化が図られるようになった。国有化の進展状況は各国によって違いはあるが、国有化の動きが最高潮に達したの

コクユウカ

は1960年代末から1970年代にかけてである。しかしその後、経済自由化の流れが強まる中で、国有化政策はいずれも後退するようになった。

独立後のネルー（Jawaharlal Nehru）時代、インドでは公共部門は「経済の管制高地」に位置するものとされ、基幹産業の国有化が推進された。公共部門の担当すべき産業分野を規定してきたのが、「産業政策決議」（1948年、1956年）である。「56年決議」では、新規事業の設立に際して国家が排他的責任を負う部門として17産業が指定された。基幹産業についての定義は必ずしも明確ではないが、基礎的、戦略的重要性を有し、また「成長のエンジン」であることが期待された分野である。インドの産業国有化は、基本的には新規事業の設立を公共部門に排他的に担当させるというものであり、必ずしも既存の民間企業を強制的に国有化させるというものではない。

その後、インディラ・ガンディー（Indira Gandhi）が政権を担当するようになった1960年代後半、1970年代の期間を通じて、政治的、ポピュリスト的考え方が頭をもたげ、企業の安易な拡大が顕著になった。1968年に国営繊維公社が設立され、経営不振の民間繊維企業が国有化され、1969年には大手商業銀行14行が国有化された。結果的に公企業の活動範囲は、軽工業、輸送機器、消費財、建設、サービス部門（商業、マーケティング、運輸、コンサルティング）にまで及ぶようになり、「経済の管制高地」に位置すべきであるとの当初の考え方から大きく乖離するようになった。1991年以降の「新経済政策」と呼ばれる経済改革の下で、政府保有の株式放出という形で、微温的な公企業の民営化が進行中である。

独立後、パキスタンは民間主導型の経済開発を目指してきたため、公共部門は必ずしも「成長のエンジン」としての役割を期待されなかった。産業国有化が強く叫ばれたのは、ズルフィカール・アリー・ブットー（Zulfikar Ali Bhutto）政権（1971～77年）の時代である。ブットー政権は、「イスラーム社会主義」の名の下で、銀行や十大基幹産業の、農産物加工業の国有化を実施した。しかしブットー政権の産業国有化には繊維産業は対象外となっており、きわめて政治色の強いものであった。その後、軍事クーデターで成立したジヤーウル・ハック（Zia-ul-Haq）政権（1977～88年）の下では、国有化政策停止が打ち出され、精米、製粉業などの分野で国有化解除が実施された。国有化政策の停止は、1980年代以降、規制緩和を中心とした民間活力重視の政策へと継承された。

バングラデシュは1971年にパキスタンから分離独立して誕生した国である。東パキスタン時代、バングラデシュの民間工業資産の大半は西パキスタン人によって牛耳られていた。独立の父といわれるムジブル・ラーマン（Mujibur Rahman）時代（1971～75年）、バングラデシュではパキスタン人によって放棄された一定規模以上のすべての企業のみならず、ベンガル人所有の企業も含めたすべてのジュート工業、織物工業、製糖業、それに外国人が所有する企業を除くすべての銀行と保険が国有化された。しかし1976年以降、国営工場の民間払い下げが開始されて以来、国有化政策は大きく後退し、民間活力を重視する流れが形成されるようになった。

独立後、スリランカでは二大政党である統一国民党（UNP）とスリランカ自由党（SLFP）との間で頻繁に政権が交代してきたが、産業国有化が熱心に推進されたのは社会主義を標榜し、公共部門重視の姿勢をもったSLFP（Sri Lanka Freedom Party）政権の時代においてであった。1956年には「工業化計画」にもとづいて基幹産業の国有化が打ち出され、また1971年には「企業国有化」にもとづいて基幹産業に限らず、政府が有用と認めた企業が次々に国有化された。やがて行き過ぎた国有化の弊害が顕著になるに及んで、1989年には公共部門にかわって外資系企業を含めた民間部門を主役とする方向に政策転換が図られ、1995年以降、構造調整政策の下で民営化が進行している。　　　　［小島　眞］

【関連項目】　産業政策決議
【参考文献】　小島眞『現代インド経済分析―大国型工業発展の軌跡と課題』勁草書房、1993年. ／渡辺利夫編『アジア経済読本（第2版）』東洋経済新報社、1998年.

国有企業改革【中国】
State-owned Enterprise Reform

中国の企業は所有形態によって、全人民所有制企業、集団所有制企業、私有制企業などに分けられるが、このうち全人民所有制企業を一般に「国有企業」と呼ぶ。国有企業とは、国家資本により設立され、国家が所有し、そのコントロール下にある企業のことを指す。

国有企業改革は1978年末の改革・開放政策の導入とともに始まった。改革の段階は5つに分けられる。①1978〜81年、単純な「放権譲利」型改革期である。②1982〜86年、「経済責任制」、「利改税」を軸とした「放権譲利」の調整期である。③1987〜91年、「国有企業体制」の集大成、株式制導入に向けての転換期である。④1992〜96年、「社会主義市場経済」の下での「工場」と「会社」の2本建て体制期である。⑤1997年以降、「現代企業制度」の確立を軸に株式会社制度に傾斜していく時期である。

1978年から始まった「放権譲利」（政府から国有企業への権限移譲と利潤譲与）によって、国有企業は経営自主権の拡大と請負経営責任制の確立を通じて生産性の向上を実現した。特に、コーポレート・ガバナンス構造の変化として、工場長責任制の導入などによる経営者の権限拡大が注目された。1990年代に入り、市場経済への全面移行が課題となり、これに伴って1992年以降、国有企業の所有と経営、行政と経営の分離、経営請負制や株式制の導入を積極的に行い、企業提携、企業グループの結成、合併などの改革が推進された。

一方、計画経済期において圧倒的なシェアを占めていた国有企業は、経済発展に伴う競争環境の変化に適応できず、経営情況が悪化しつつあり、経済に占める割合も低下した。1978年の工業生産総額では、国有企業は80％前後を占めていたが、1993年に47％、1999年には28％に落ち込んだ。また、国有企業の赤字企業数は1985年の7000社から1998年の2万7000社へと増加し、国有企業全体に占める赤字企業の割合は1985年の10％程度から1998年には41％へと上昇した。

このような状況下で、1998年3月に朱鎔基（Zhū Róngjī）首相は国有企業改革推進の目標として、「3年以内に大中型国有企業の赤字問題を基本的に解決する」ことを公約した。株式制導入の加速とともに、「抓大放小」により国の支援を大企業に集中し、中小企業は破産・合併を中心とする処理が進められた。1999年9月の共産党第15期4中全会における「国有企業の改革と発展の若干の重要問題に関する決定」では、①戦略面から国有経済の配置を再調整すべきこと、②国有企業を株式会社化することによって「現代企業制度」を確立すべきこと、などの方針が打ち出された。国有企業改革において、良好なコーポレート・ガバナンスをできるだけ早期に確立することは、国有企業改革の歴史の中でも画期的な転換点であった。

2001年3月の第9期全人代（全国人民代表大会の略称）第4回会議において、国有大中型企業の赤字解消・黒字転換という目標が基本的に達成されたことが明らかにされた。しかしながら、このような目標を達成することができたのは、工業部内に属する大中型国有企業（国有工業企業の6分の1程度、国有企業全体の20分の1程度）のみであり、1980年代半ばから本格的に実施されてきた国有企業改革はいまだ道半ばといえる。この背景には、競争激化と国有企業自体の抱える構造的な負担がある。政府により、①地方経済の拡大、②雇用の確保という2つの目標達成の手段と位置付けられていた国有企業は、不採算部門への投資を余儀なくされると同時に、社会保障制度が整備されない中で、生産上の必要と関係なく大量の労働力を抱えざるを得なかった。　　　　　　　　　　　　［孟 芳］

【関連項目】　現代企業制度、請負経営責任制、経営自主権

【参考文献】　経済産業省編『通商白書2003』経済産業調査会、2003年．／21世紀政策研究所『中国の国有企業改革とコーポレート・ガバナンス』（「東アジア地域発展シンポジウム」資料）2001年．

国有企業の民営化
Privatization of State-owned Enterprise

国有ないしは国営企業を民間に売却することによって、民間出資の経営形態に移行させ

ることをいう。民営化の対象となる事業に関連する法律や規制も同時に出され、経済構造改革の規制緩和策と併行して実施されることが多い。民営化の方法には、いくつかの形態がある。公営企業を株式会社の経営形態に移行させるが、公企業として存続させる方法がある。株式会社の形態で活動する公営企業の株式を民間に売却することによって、所有権を民間に渡す方式が採用されることもある。また、規制の緩和や撤廃によって公企業の事業を民間に委託する方式がとられることもある。

これらの方式を組み合わせることで、1970年代後半頃から民営化の波が先進諸国に及んだ。英国のサッチャー（Margaret Hilda Thatcher）政権下での経済改革、米国のレーガン（Ronald Wilson Reagan）政権下の規制緩和政策では、数多くの公営企業が民営化された。また、比較的統制色の強いフランスでも、1980年代後半から民営化が進められた。先進国においては、公共財の提供、電力や鉄道などの固定費用の大きな産業、社会的不平等を是正するために、公営企業が設立されてきた。

開発途上諸国においては、それらの要因に加え、工業化を振興するために設立されたものが、数多く存在する。開発途上諸国では、企業を設立できるだけの資本家が育っておらず、また資本家の資金にも制約がある。そのため、国家主導型の企業を設立し、これを中核として工業化を推進した。日本の経済発展の初期段階である明治期には、殖産興業政策の下で多数の官営工場が設立された。しかし、その経営状態は改善されることがなく、民間の資本家に売却されて経営された。開発途上諸国の国有企業もさまざまな法律や規制によって保護されている。そのため、生産効率や経営基盤が脆弱で国家財政を通じた資金投入がなければ存続も危ぶまれる企業が多数ある。

旧社会主義諸国にも民営化の波が押し寄せている。中国、ベトナムや中央アジアの移行経済諸国は、旧体制の下では国有企業が支配する経済構造であった。これら国有企業には、利潤という概念などそもそも存在せず、計画当局の指示通りに生産量を達成することが重要であった。生産された商品の品質は粗悪であり、市場経済体制の下では商品足り得ない代物であった。輸出を行うこともできなかった。現在、移行諸国ではバウチャー形式やクーポン形式の民営化が実施されている。これは、成人した国民に対して国有企業の株式と交換できる譲渡性（バウチャー）あるいは非譲渡性（クーポン）の証書を配布するものである。

先進国、開発途上国、移行諸国を問わず、国営企業の民営化は端的にいって財政負担を軽減するのに大きな役割を果たす。これら企業は国家による補助金や助成金を通じての財政移転によって運営されている。これらの企業を民営化することで、その負担が軽減される。また、民営化されると競争原理にさらされるので、生産の効率化が進むと考えられている。また、先進国などでは公営企業が民業を圧迫し、新規事業の展開や起業を妨げるという批判もある。そのため、民営化および規制の緩和や撤廃が推進されることになった。民営化による株式売却によって国家財政が潤うという指摘もあるが、これは一時的なものである。日本政府によるNTT株の放出時にもそのような指摘がなされた。しかし、財政全体にとって民営化が真に重要なのは、このような一時的な売却益ではなく、移転支出の削減による財政支出の抑制にある。

このような効果があるとはいえ、赤字国有企業を民営化することには困難がある。例えば、中国では国有企業改革が漸進的に進められている。しかし、社会的安全網（セーフティーネット）が十分に整備されていないため、国有企業を解体すれば大量の失業者が発生し、社会不安を引き起こす危険性がある。その一方で、国有企業改革は、中国の行財政改革や金融改革と密接に関連しているため、これを後回しにすることができない。これらは、移行諸国に共通する問題であるために注目すべき点である。　　　　　　　　［徳原　悟］

【関連項目】　財政構造改革、社会的安全網、国有企業改革、バウチャー／クーポン

【参考文献】　岡野行秀、植草益編『日本の公企業』東京大学出版会、1983年．／テオ・ティーマイヤー、ガイ・クォーデン編（尾上久雄、広岡治哉、新田俊三編訳）『民営

化の世界的潮流』御茶の水書房，1987年．／渡辺利夫『開発経済学―経済学と現代アジア（第2版）』日本評論社，1996年．／大野健一『市場移行戦略―新経済体制の創造と日本の知的支援』有斐閣，1996年．／渡辺利夫『開発経済学入門』東洋経済新報社，2001年．

国連環境計画
United Nations Environment Programme：UNEP

　1972年の国連人間環境会議で採択された人間環境宣言と行動計画を実施に移すための機関として、同年の国連総会決議にもとづいて設立された国連の専門機関の一つ。本部はケニアのナイロビにあり、バンコク、バーレーン、メキシコシティ、ジュネーブ、ナイロビ、ニューヨークに地域事務所がおかれている。既存の国連諸機関が行っている環境に関する諸活動を総合的に調整管理するとともに、国連機関が着手していない環境問題に関して、国際協力を推進していくことを目的とする。4年任期で選出される58カ国で構成され、国連の経済社会理事会を通じて総会に報告する管理理事会と、管理理事会を補佐し、環境計画を調整し、環境基金を管理する事務局長によって率いられる事務局、そして環境関係のイニシアチブに要する費用を賄うために用いられる任意基金である環境基金の3つによって構成される。その活動は、オゾン層の保護、気候変動、廃棄物、海洋環境保護（海洋生物資源保護を含む）、水質保全、土壌劣化の防止（砂漠化防止を含む）、熱帯林保全など森林問題、生物多様性、産業活動と環境の調和、省エネルギーと省資源など広範囲な問題に及ぶ。代表的な取り組みとしては、地球資源情報データベース（GRID）、国際環境情報源照会制度（INFOTERRA）、国際有害化学物質登録制度（IRPTC）がある。さらに、野生動植物種の国際取引に関するワシントン条約、オゾン層保護に関するウィーン条約とモントリオール議定書、有害廃棄物の越境移動の規制に関するバーゼル条約、移動性野生動物種の保全に関するボン条約、生物多様性条約などの主要な国際環境条約の事務局としての役割も果たしている。　　［原嶋洋平］

【関連項目】　オゾン層破壊、環境開発サミット
【参考文献】　原嶋洋平「国際環境協力と国連環境計画（UNEP）」国際開発研究フォーラム第6号，1996年．／国際連合広報局『国際連合の基礎知識（改訂第6版）』世界の動き社，2002年．

国連食糧農業機構
Food and Agriculture Organization：FAO

　国連食糧農業機構は1945年に設立され、本部はイタリアのローマ。機構の目的は、農業生産性を改善して栄養状態や生活水準を引き上げるとともに、都市に比較して劣悪な農村の生活状況を改善することにある。現在、国連食糧農業機構は国連における特定目的に設置された最大の機関であり、農林漁業と農村の開発を主導する機関である。また加盟国は183の国とEUである。国連食糧農業機構は発足当初から農業開発を促進して貧困や飢えを緩和するために機能してきた。また多くの人々が健康的な生活を送るために必要な食糧をつねに手に入れることができる、と概念化された食糧安全保障を改善するために働いてきた。1945年に国連食糧農業機構が設立されて今日まで世界の食糧生産は著しく増加し、世界人口増加率の約2倍の増加率を記録した。これにより開発途上国の飢餓人口は50％から20％に減少した。しかし、現在でも開発途上国の約7億9000万人が飢えに苦しみ、この人口は北米と西欧の合計人口を上回る。したがって、機構の現在の目的は、天然資源の維持を図りながら持続的な農業および農村の開発を促進することにある。また環境を破壊することなく、技術的に適切であり、経済的であり、社会的に受け入れられる開発を促進し、現在および将来の世代の必要を満足させることも機構の目標である。　　［梶原弘和］

【関連項目】　農業生産性、農業の生産要素代替、農産物価格政策
【参考文献】　速水佑次郎『農業経済論』岩波書店，1986年．／荏開津典生『飢餓と飽食』講談社，1994年．

国連人口基金
United Nations Population Fund：UNFPA

　開発途上国と移行経済国に人口関連の援助を行う最大の国際機関である。本部はニューヨーク。1966年に国連人口活動信託基金として設立され、1969年に国連人口活動基金（United Nations Fund for Population Activities）と改称。1987年に国連人口基金

(United Nations Population Fund)に再度改称されたが、略語のUNFPAはそのまま残った。その活動はすべて各国政府の自発的な拠出金で賄われ、1998年の基金の歳入額は3億930万ドル、93カ国が資金を提供している。主な活動は、世界人口行動計画の推進・監視、家族計画に関する情報活動、統計収集と整備で、その援助の3分の2近くが家族計画や性の健康を含むリプロダクティブ・ヘルスのために使われている。

人口・開発問題における女性の役割と重要性を継続して強調してきたUNFPAは、1975年には、女性を人口・開発活動に関与させるためのガイドラインを発表。1985年にナイロビで開かれた第3回世界女性会議後には、女性・人口・開発特別ユニットを新設。女性のエンパワーメントおよび教育を受ける機会、保健サービスへのアクセス、就職機会の拡大を通して、人口と開発に関する種々の活動を支援している。また2015年までに世界中の家族計画にリプロダクティブ・ヘルスケアを組み込むことを目指している。1974年の世界人口会議（ブカレスト）、1984年の国連人口会議（メキシコ）、1994年の国連人口・開発会議（カイロ）の準備と開催の中心的役割を果たした。1978年以降、毎年『世界人口白書』を発行している。

[新井典子]

【関連項目】世界人口会議、リプロダクティブ・ヘルス／ライツ、家族計画
【参考文献】国連人口基金編『世界人口白書1995』世界の動き社、1995年．／国連人口基金編『世界人口白書2000』世界の動き社、2000年．

国連難民高等弁務官事務所
The Office of the United Nations High Commissioner for Refugees：UNHCR

世界の難民保護と難民問題の解決を目指す国際活動を先導し、かつ調整する目的で、1951年国連に設立された機関である。本部はジュネーブ。2002年現在、121カ国に281の現地事務所をもち、5000人以上の職員が約2200万の難民や避難民の保護・援助にあたっている。UNHCRの活動予算は、大部分（98％）が各国政府からの任意の拠出金や民間団体、企業、個人からの寄付金によって賄われ、1993年以降、支出額は年間10億ドルを超える。

主な事業内容は、①難民に対する「国際的保護」（難民の諸権利〔強制送還の禁止・就業・教育・居住・移動の自由など〕を守り、促進する）、②緊急事態における「物的援助」、その後の「自立援助」（衣食住の提供、医療・衛生活動、学校・診療所など社会基盤の整備）、③自主的本国帰還の支援、その他の解決方法として一次庇護国での定住または第三国への定住の支援である。

1990年に、UNHCRの活動に難民女性問題を統合する綱領を採択し、難民女性が男性と同等の待遇を享受できることを保障し、彼女たちの肉体的・精神的・物質的福利に資する目的のための活動を行っている。具体的には、難民女性の保護や肉体的安全の確保、健康や家族計画のためのケア・システムの整備、識字教育・成人教育・職業教育などによる難民女性の自立の促進と生産活動への参加能力の開発に取り組んでいる。UNHCRは設立以来、およそ5000万人の難民を助け、1954年と1981年にノーベル平和賞を受賞した。2年ごとに『世界難民白書』を発行している。

[新井典子]

【参考文献】緒方貞子『難民つくらぬ世界へ』岩波書店、1996年．／ジーン・トリア（茅野美と里訳）『国連高等弁務官事務所』偕成社、1996年．／UNHCR国連難民高等弁務官事務所編『世界難民白書2000―人道行動の50年史』時事通信社、2001年．

国連婦人開発基金
United Nations Development Fund for Women：UNIFEM

開発途上国の女性の自立を支援するため、1976年に国連総会が設立した「国連婦人の10年基金」を改称して、1984年に発足した国連の基金である。本部はニューヨーク。UNIFEMの財源は、各国政府の拠出金と団体・個人の寄付からなり、「国連開発計画」（UNDP）と連携して資金援助を行っている。UNIFEMは、①女性の経済的能力と権利の向上、②女性の政策決定の場への参加、③女性に対する暴力の根絶を柱に、開発途上国の開発過程のすべての局面への女性の完全な参加を確保するため、これに関連する活動に対し資金、助言、支援、訓練を提供してい

る。具体的にその活動は、教育（識字）、技術訓練（生活向上・職業等）、人権・人道的援助（暴力・HIV/AIDS、物資補給、医療等）のプロジェクトへの助成金の提供、女性の労働状態を改善する草の根キャンペーンから学校教育、ジェンダーを取り入れた新しい法律の構想にまで及び、女性の政治的、経済的、社会的エンパワーメントを促進する開発途上国のプロジェクトやイニシアチブを幅広く支援している。また、国連システムの中にあって、女性がもつニーズと関心を国家、地域、地球規模の重要問題に結び付ける触媒としても働いている。

UNIFEMは現在、アジア太平洋地域、アフリカ、ラテンアメリカ、カリブ海各地域、中欧、東欧および独立国家共同体の各地域の現実に即したプログラムによるプロジェクトに取り組み、支援対象国は100を超える。日本など先進19ヵ国（1999年現在）に国内委員会があり、基金の拠出を初め多用な活動を行っている。
〔新井典子〕

【関連項目】　UNDP
【参考文献】　国際連合広報局『国際連合の基礎知識』世界の動き社、2002年.／田中由美子、大沢真理、伊藤るり編著『開発とジェンダー——エンパワーメントの国際協力』国際協力出版会、2002年.

国連平和維持監視団【中東】
United Nations Disengagement Observer Force：UNDOF

国連平和維持活動（U. N. Peace Keeping Operations：PKO）の一環として停戦合意履行を監視する組織で1948年国連創設以来のもの。近年においてPKOの任務は拡大し、選挙、文民警察、人権、難民帰還支援、復興開発まで多岐にわたっている。1990年以降の中東での国連の平和維持活動の主なものをあげると、①国連イラク・クウェート監視団（UNIKOM：1991.4〜）、②国連西サハラ住民投票監視団（MINURSO：1991〜）、③国連ソマリア（イスラム国）活動（UNOSOM：1992〜93、1993〜95）などであるが、これに加えて米国主導型の戦後イラク復興支援がある。

ソ連邦崩壊に伴う冷戦構造崩壊が明らかになる前の1980年代末から、民族紛争が多発し始めた結果、国家間の戦争防止よりも、その惨禍の被害者となる少数民族や一般市民の保護が重視されるようになり、「人間安全保障」が国連の目標となっていった。日本は従来、国連中心外交を政策としたため、国連の人道支援活動には積極的であったが、自衛隊など軍派遣が国際貢献として要請されるようになると、憲法9条とも深く関係してくるため、野党や市民団体の間から派遣反対が主張され、国際貢献のあり方が改めて問われることになった。

日本のPKOへの本格的な参加は1989年のナミビア独立支援からで、その後「国際平和協力法」を制定し、文民ばかりでなく自衛隊部隊も派遣することになった。中東への派遣は1996年2月からゴラン高原（1967年の第3次中東戦争からイスラエルが占領している）での国連兵力引き離し監視隊（UNDOF）への自衛隊の部隊（司令部要員2名、輸送部隊43名）の派遣から始まった。また外務省設置法等にもとづく派遣の形で、1988年国連イラン・イラク軍事監視団（UNIMOG）に、1993年国連イラク・クウェート監視団（UNIKOM）に各々政務官1名を派遣した。この法律にもとづく最大規模のものは、1996年の日本選挙監視団のパレスチナ評議会選挙実施への派遣であったが、監視団には、故小渕首相団長（外相、首相になる前の）などの国会議員、中東研究者、学生など総数59名の多数が参加した。またアフガニスタンには1996、98、99年に政務官を派遣している。

2003年3月20日に始まった米国の対イラク戦争により、イラクのサダム・フセイン政権が崩壊し、米国指導によるイラク復興支援として、日本はイラクへのPKO派遣の要請を受けた。イラク復興特別措置法にもとづきイラク南部での医療活動と浄水・給水活動実施のため自衛隊のイラク派遣を決定したが、バグダードの国連現地本部爆破テロ、シーア派指導者たちの爆殺テロなどイラクの治安悪化のため派遣計画修正を強いられる状況となった。しかし、12月9日政府は派遣を最終決定した。
〔四戸潤弥〕

【参考文献】　読売新聞社外報部『ブルー・ヘルメットの素顔—PKO国連平和維持活動』読売新聞社、1991年.／

吉村信亮編『私のPKO―明石康インタビュー』東京ブックレット, 東京新聞出版局, 1996年.

国連ミレニアム開発目標
Millennium Development Goals：MDGs

　国連は2000年9月に、国連ミレニアムサミットを開催し、「国連ミレニアム宣言」を採択した。8つの具体的目標、18のターゲット、48の指標からなる「ミレニアム開発目標（MDGs）」として定め、2015年までに一定の数値目標を達成することを189の加盟国が公約した。現在、国連はすべての国連システムを動員してMDGs達成に向けて努力しているが、目標をほとんど達成できていない。優先的な取り組みを必要とする国は59カ国あり、その進捗状況は厳しいとUNDP（国連開発計画）は指摘している。サハラ以南アフリカでは、現在のペースでは貧困削減の目標達成は2147年まで、乳幼児死亡率の目標達成は2165年までかかってしまうという。目標達成には、政府の取り組みだけでは不十分であり、民間セクターの参加による草の根の支援体制の構築が必要となっている。

＊国連ミレニアム開発目標（MDGs）の内容
達成期限：2015年
参加者：開発途上国の政府、先進国政府、国際機関、市民団体、民間企業、学界、そして地球上に住む人間のすべて
目標とターゲット
目標1：極度の貧困と飢餓の撲滅
ターゲット1：2015年までに1日1ドル未満で生活する人口比率を半減させる。
ターゲット2：2015年までに飢餓に苦しむ人口の割合を半減させる。
目標2：普遍的初等教育の達成
ターゲット3：2015年までに、すべての子どもが男女の区別なく初等教育の全課程を修了できるようにする。
目標3：ジェンダーの平等の推進と女性の地位向上
ターゲット4：初等・中等教育における男女格差の解消を2005年までに達成し、2015年までにすべての教育レベルにおける男女格差を解消する。
目標4：幼児死亡率の削減
ターゲット5：2015年までに5歳未満児の死亡率を3分の2減少させる。
目標5：妊産婦の健康の改善
ターゲット6：2015年までに妊産婦の死亡率を4分の3減少させる。
目標6：HIV／AIDS、マラリア、その他の疾病の蔓延防止
ターゲット7：HIV／AIDSの蔓延を2015年までに阻止し、その後減少させる。
ターゲット8：マラリアおよびその他の主要な疾病の発生を2015年までに阻止し、その後発生率を下げる。
目標7：環境の持続可能性の確保
ターゲット9：持続可能な開発の原則を各国の政策や戦略に反映させ、環境資源の喪失を阻止し、回復を図る。
ターゲット10：2015年までに安全な飲料水を継続的に利用できない人々の割合を半減する。
ターゲット11：2020年までに最低1億人のスラム居住者の生活を大幅に改善する。
目標8：開発のためのグローバル・パートナーシップの推進
ターゲット12：開放的で、ルールにもとづいた、予測可能でかつ差別のない貿易および金融システムの構築を推進する（グッド・ガバナンス《良い統治》、開発および貧困削減に対する国内および国際的な公約を含む）。
ターゲット13：最貧国の特別なニーズに取り組む。
　（①最貧国からの輸入品に対する無関税・無枠、②重債務貧困諸国に対する債務救済および二国間債務の帳消しのための拡大プログラム、③貧困削減に取り組む諸国に対するより寛大なODAの提供を含む）
ターゲット14：内陸国および小島嶼開発途上国の特別なニーズに取り組む（バルバドス・プログラムおよび第22回国連総会の規定にもとづく）。
ターゲット15：国内および国際的な措置を通じて、開発途上国の債務問題に包括的に取り組み、債務を長期的に持続可能なものとする。
ターゲット16：開発途上国と協力し、適切で

生産性のある仕事を若者に提供するための戦略を策定・実施する。
ターゲット17：製薬会社と協力し、開発途上国において、人々が安価で必須医薬品を入手・利用できるようにする。
ターゲット18：民間セクターと協力し、特に情報・通信分野の新技術による利益が得られるようにする。
[長坂寿久]

【関連項目】 人間開発報告書、MDGs／DAC新開発戦略、貧困削減戦略、人間の安全保障、UNDP

国連ラテンアメリカ・カリブ経済委員会
Comisión Económica para América Latina y el Caribe：CEPAL, Economic Commission for Latin America and the Caribbean：ECLAC

国際連合がラテンアメリカで展開する5つの地域経済委員会の一つである。1948年の第5回国連経済社会理事会決議106（VI）によって設立された。2002年1月時点の加盟国・地域は、ラテンアメリカ・カリブ地域の全33カ国、域内加盟国と歴史的・経済的つながりが強い欧米諸国で構成される域外加盟国8カ国、カリブ地域の非独立地域である準加盟国7地域である（1984年にカリブ諸国が加わり英語表記がECLAから現在のECLACに変更された。スペイン語表記は変わらず）。本部はチリの首都サンチアゴにおかれている。

CEPALの設立目的は、ラテンアメリカ地域の経済発展の達成、そのために必要な行動の調整、域内・域外諸国との経済関係の強化である。その後、域内の社会的発展が活動目的に付け加えられた。CEPALは、政策対話フォーラムの開催や政策調整・助言などの活動の他、ラテンアメリカ経済に関する研究成果や統計類を公表している。毎年発表される、『ラテンアメリカ・カリブ経済展望』（*Balance Preliminar de las Economías de América Latina y el Caribe*）は、域内の経済動向を包括的に整理したものである。

CEPALは、ラテンアメリカ地域における経済発展理論の一大研究拠点でもある。古くはCEPALの事務局長であり、UNCTAD（国連貿易開発会議）の初代事務局長を歴任したラウル・プレビッシュ（Raúl Prebisch）が主導した構造学派の中心地であった。CEPALにおける研究はラテンアメリカ経済が抱えるその時々の課題を反映し、貧困の構造、経済発展経路の多様性、輸入代替工業化政策、国際貿易論、高インフレの原因と抑制、累積債務問題、成長を伴った構造改革、社会的平等を伴う生産パターンの変革など多様である。近年では、産業組織、企業育成、制度問題などの理論研究も進められている。
[高安健一]

【関連項目】 ラテンアメリカ経済機構、プレビッシュ報告

ゴー・ケンスィー【シンガポール】
Goh Keng Swee, 1918〜

シンガポール人民行動党政府の蔵相・副首相など要職を歴任したシンガポール経済開発の功労者。1918年にマレーシアのマラッカに生まれたが、シンガポールに移り、ロンドン大学経済学部卒業後の1951年に英国植民地府官僚となる。しかし、この時期に活発化したシンガポール独立運動に参加、1959年に人民行動党に加入し、同年総選挙で国会議員に当選して人民行動党政権の誕生とともに蔵相に就任した。

ゴーは、1960年代は蔵相（1959〜65年、1967〜70年）としてシンガポール経済開発の戦略やグランド・デザインを立案し、経済開発庁やシンガポール開発銀行の創設を主導した。中でも、シンガポール島西部の沼地ジュロンを埋め立てて一大工業団地を造成し、日本や米国企業を誘致して工業化の核にしたことで有名である。1965年にシンガポールがマレーシアから分離独立すると国防相に就任し（1965〜67年、1970〜79年）、シンガポール国軍創設に尽力した。1979年には教育相に就任し（1979〜81年）、教育改革にも辣腕を振るうなど、つねに国家の重要課題を担当した。この間、副首相も兼任して（1973〜84年）、経済政策全般も担当し続けた。

1984年の政界引退後も、シンガポール通貨庁副会長、東アジア哲学研究所長、1985年に中国経済開発顧問に就任するなど、経済行政に関与する。リー・クアンユー（Lee Kuan Yew）の権威主義的で厳格な統治スタイル

と対照的に、ゴーは「ソフト」を特徴にし、経済開発戦略や経済運営で示した専門家能力は国内外で高い評価を受けている。［岩崎育夫］

【関連項目】　リー・クアンユー、経済開発庁、ジュロン開発公社
【参考文献】　Goh Keng Swee, *The Practice of Economic Growth.* Singapore: Federal Publications, 1977.／ゴー・ケンスィー（渡辺利夫, 高橋宏, 荒井茂夫訳）『シンガポールの経済発展を語る』井村文化事業社, 1983年.／Goh Keng Swee, *Wealth of East Asian Nations.* Singapore: Federal Publications, 1995.

コースの定理
Coase Theorem

　コースの定理とは、交渉を行う際に費用が生じない（取引費用が発生しない）場合は、外部不経済を発生させる経済主体と被害を被る経済主体との間の自主的な交渉によって、効率的な資源配分を達成することができるとするものである。コースの定理は、ロナルド・コース（Ronald Harry Coase）によって提起され、コースはその業績によって1991年にノーベル経済学賞を受賞した。［森脇祥太］

戸籍制度【中国】
Residence Register System

　中国には戸口と呼ばれる戸籍がある。戸籍は都市戸籍と農村戸籍に分かれ、出生と同時に決まる。1949年の新中国成立まで、人口移動は基本的に自由であったが、1958年に全国人民代表大会常務委員会が「戸籍登記条例」を発布してから、都市戸籍と農村戸籍はそれぞれ固定化した身分となり、厳しい社会管理体制がとられるようになった。

　しかし、改革・開放政策の進展に伴い、上海や広州など発展した沿海都市には内陸農村部から数多くの人が流入し、1990年代後半以降全国の流動人口は1億人以上に達した。農村部からの流入人口が急増した背景には、発展した沿海部の都市住民と内陸部農民との間の所得格差の拡大がある。例えば2002年の上海市の都市住民1人当たりの可処分所得と四川省農民の1人当たりの純所得を比較すると、前者は後者の6倍を超える。

　人の移動は、農民だけに限らない。北京、上海、広州、深圳などの沿海都市では、多くの頭脳労働者が他の都市から流入して、商社、マスコミ、出版業などに就業している。外資系企業も大量の出稼ぎ労働者を雇用している。このように、都市部で就業しているが都市戸籍を得ていない人が多数存在する。こうした人々の戸籍問題の解決は大きな課題になっている。

　1998年以降、戸籍管理に関する規制を緩和する兆しがようやくみえ始めた。1998年7月に国務院は小都市の戸籍管理制度に関する改革案を承認した。これにより農村戸籍をもつ者が、都市に安定的な住所があり、かつ2年以上居住していることなどの条件を満たす場合は、都市の常住戸籍を申請することができることとなった。1998年8月には戸籍管理の規制緩和に関する公文書が公布され、①新生児が父母のどちらの戸籍に入籍するかは基本的に自由に選択できる、②夫婦別居の場合、配偶者の居住都市に一定期間居住していれば、本人の意思でその都市の戸籍を取得できる、③都市部で投資、起業、もしくは住宅を購入する人、およびその直系親族が都市で安定した住所、職業・収入があり、かつ一定の期間居住している場合は、当該都市の戸籍を取得できることなどが決定された。

　北京、上海、広州などの大都市では、個別の戸籍改革が行われている。北京市では、従来、地方戸籍の人が大学卒業の時点で同市内で就職しなければ、その後北京市に転職しても北京戸籍を取得することは困難であった。これに対し、人材需要が旺盛な外資系企業からの要請もあり、北京市政府は「多国籍企業の地域総括本部を北京へ誘致することに関する規定」を公布し、北京市に地域本部、経営拠点をもつ外国企業に5年以上勤務するなどの条件を満たしている人は、北京市の戸籍を取得できるようになった。

　広州市では、1998年2月から、指定地域内で建築面積が50m²以上の商品住宅を購入し、かつそれに入居した住宅所有者本人およびその親族は入居してから半年後に正式の広州市戸籍に準ずる「ブルーマーク戸籍」を申請することができることになった。上海市でも1998年11月から、他の地域からの転入者が上海市内で10万元から35万元の住宅を購入すれば、上海市の戸籍を取得できるという新しい

制度をスタートさせた。

さらに、国家計画発展委員会は2001年8月に、「第10次国家経済・社会発展5カ年計画(2001〜05年)人口、就業、社会保障重点専門計画」を発表した。この中で、人口抑制と社会保障制度の整備を踏まえ、今後5年の間に、労働力の合理的移動を規制する政策を廃止し、就業を積極的に勧めるなど、戸籍の流動化を図る方針が打ち出された。この計画は、就業メカニズムが未整備であることから都市間、農村間、地区間などで就業政策が無秩序となり、労働市場が分割されていることを認めた他、今後、労働就業登録制度を確立し社会構成員一人一人が社会保障番号をもち、個人の給与口座と社会保障口座を設けるとしている。　　　　　　　　　　〔孟　芳〕

【関連項目】　民工潮、社会保障制度改革
【参考文献】　「労働移動の制限を撤廃」『海外労働時報』1月号, 日本労働研究機構, 2002年.

国家経済社会開発庁【タイ】
National Economic and Social Development Board：NESDB

タイの経済・社会開発政策に関する計画作成・実施の役割を担う。NESDBは、サリット(Sarit Thanarat)首相(在任1959〜63年)によって1959年に設立された。当時は、国家経済開発庁(NEDB)と呼ばれ、経済発展に特化した機関であったが、開発政策は社会政策にも配慮する必要があるとの観点から、1972年に現在の国家経済社会開発庁(NESDB)へと改称された。

NESDBは、ほぼ5年ごとに「経済社会開発計画」を作成してきた。1961年に第1次がスタートし、2003年現在は第9次が進行中である。ただし、この経済社会開発計画は、政策の大まかな目標あるいは方向性を示す長期展望計画であり、NESDBは、政府が実際の政策を決定・実施するためのブレイン的な存在という見方が一般的である。それぞれの「経済社会開発計画」における政策目標と特徴は別表の通りである。　　〔大泉啓一郎〕

【関連項目】　サリット政権
【参考文献】　末廣昭『タイ―開発と民主主義』岩波新書, 1993年. ／末廣昭, 東茂樹編『タイの経済政策―制度・組織・アクター』アジア経済研究所, 2000年. ／末廣昭『キャッチアップ型工業化論』名古屋大学出版会,

◇タイ経済社会開発計画の推移

	政策目標と特徴
第1次 (1961〜1966)	＊民間主導の経済開発体制の確立 ＊産業インフラ(道路、電力、灌漑)の整備 ＊農業部門の重視／通貨の安定
第2次 (1966〜1971)	＊国民所得の増加 ＊農業の多様化と農業生産性の向上 ＊雇用の拡大と教育の充実
第3次 (1971〜1976)	＊経済構造の再編と経済成長の持続 ＊人口の抑制 ＊地域開発の重視／都市・農村格差の是正 ＊民間による重化学工業化の推進
第4次 (1976〜1981)	＊開発利益の公正な配分と社会的政治の実現 ＊貧困の解消／環境保全の重視 ＊輸出向けアグロインダストリーの促進
第5次 (1981〜1986)	＊経済の効率化／開発における公正を重視 ＊公共部門間の調整／国営企業の見直し ＊東部臨海工業地帯における重化学工業計画
第6次 (1986〜1991)	＊重化学工業よりアグロ・労働集約産業の奨励 ＊中小企業・プロジェクトの育成 ＊民間活力の一層の活用
第7次 (1991〜1996)	＊政府・金融の安定化と持続可能な成長 ＊経済開発の成果と所得の地方還元 ＊生活の質の向上と環境の保全
第8次 (1996〜2001)	＊人的資本と社会の開発 ＊経済の安定化 ＊地方経済の活性化と天然資源開発
第9次 (2001〜2006)	＊経済社会の発展と安定の両立 ＊生活の質の向上 ＊貧困問題への取り組み

(資料) 末廣昭『タイ―開発と民主主義』岩波新書、NESDBホームページ(http://www.nesdb.go.th/)より作成

2000年.

古典派経済学
Classical Economics

狭義の古典派経済学とは、18世紀後半から約1世紀間、イギリスで支配的であった経済学のことを指しており、その代表的な経済学者としてアダム・スミス(Adam Smith)、リカード(David Ricardo)、マルサス(Thomas Robert Malthus)、ジョン・スチュアート・ミル(John Stuart Mill)をあげることができる。狭義の古典派経済学はアダム・スミスによって創始され、リカードとマルサスによって発展させられ、ジョン・スチュアート・ミルによって再編された。その理論面における共通した特徴としては、価格決定において供給側の要因を重要視したことがあげられる。

そのような古典派経済学の特徴を考慮して、ケインズ(John Maynard Keynes)は、「セイの法則」に従うケインズ以前の経済学の総称を古典派経済学と呼び、狭義の定義よりも幅広い概念として古典派経済学を捉えている。その定義によれば、マルサスやマルクス(Karl Heinrich Marx)の経済学は古典派経済学から除かれることになり、逆にピグー(Arthur Cecil Pigou)やマーシャル(Alfred Marshall)、ワルラス(Marie Esprit Léon Walras)の経済学も古典派経済学に含まれることになる。以上のように古典派経済学の定義自体は多様であり、その他にマルクスによる定義も存在するが、ここでは、図を用いてケインズの定義による古典派経済学の理論的な枠組みを説明する。

古典派経済学においては、労働市場はつねに均衡しており非自発的失業は存在しない。いいかえれば、名目賃金率が伸縮的であるために、労働需要と労働供給はつねに均衡することになり、完全雇用が実現されている。古典派の考えでは、名目賃金率、物価のような価格を示す変数が伸縮的に変動して需給を調節する結果、市場均衡が実現することになる。また、完全雇用を実現できる国民所得 Y と物価 p との関係を示したのが古典派の総供給曲線 AS_1 であり、横軸に対して垂直な線分で表わすことができる。古典派の総需要曲線 AD_1 は、財市場と金融市場の均衡を実現することができる国民所得と物価との関係を示しており、図のように右下がりの線分で表わすことができる。

古典派経済学においては、財政・金融政策の効果はどのように判断されるのであろうか。政府が公共投資を行い、政府支出を増加させた時、AD 曲線は AD_1 から AD_2 へとシフトする。その場合、物価水準は p_1 から p_2 へと上昇するが、国民所得は完全雇用国民所得 Y_F のままで一定である。古典派理論においては、財政政策は物価水準を上昇させるのみで、国民所得を増加させることは不可能となる。

政府が金融政策を行い、実質マネーサプライが増加した場合も財政政策と同様に、AD 曲線は AD_1 から AD_2 へと右にシフトする。しかし、その際、物価水準は p_1 から p_2 へと上昇するが、国民所得は Y_F で一定のままにとどまる。金融政策の場合も、財政政策と同様に物価が上昇するのみの結果となり有効な結果とはならない。マネーサプライを増加させた時、国民所得という経済の実体面に影響を及ぼすことができず、物価や名目賃金率のみに影響を与えることを「貨幣の中立性」といい、古典派経済学の重要な概念の1つとなっている。以上のように古典派理論においては、財政・金融政策といった政府のマクロ経済政策は有効ではないと考えられており、逆にその有効性を唱えるケインズ経済学とは異なる視点を提示している。

〔森脇祥太〕

◇古典派の $AD-AS$ 分析

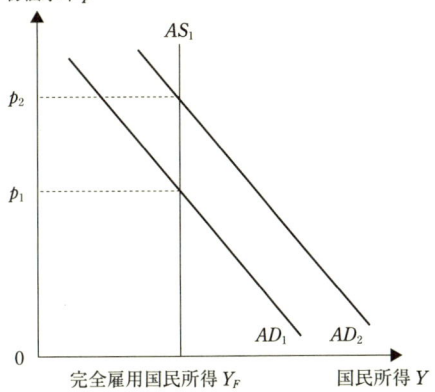

【関連項目】 スミス、ミル、セイの法則、マルクス、財政政策、金融政策、ケインズ経済学
【参考文献】 早坂忠編『経済学史』ミネルヴァ書房、1989年。／足立英之『マクロ動学の理論』有斐閣、1994年。／嶋村紘輝『マクロ経済学―理論と政策』成文堂、1997年．

古典派の第1公準
The First Postulate of Classical Theory

ケインズ（John Maynard Keynes）は古典派経済学における雇用理論の特徴を古典派の第1公準、第2公準としてまとめ、自著『雇用・利子及び貨幣の一般理論』（The General Theory of Employment, Interest, and Money）に記した。ケインズ自身は古典派の第1公準は成立しているが、第2公準は成立していないという。古典派の第1公準とは、実質賃金は労働の限界生産力と等しいとするものである。労働の限界生産力は収穫逓減法則により、図のように右下がりの線分で表わされる。利潤最大化を狙う企業は、労働の限界生産力と実質賃金が一致するように労働需要を決定するから、図中の労働の限界生産力を示す曲線は、労働需要曲線とみなすことができる。　　　　　　　　　　［森脇祥太］

【関連項目】 古典派の第2公準、限界生産力、限界費用と利潤最大化

◇古典派の第1公準
実質賃金 w/p

労働の限界生産力

0　　　　　　　　　　　労働力 L

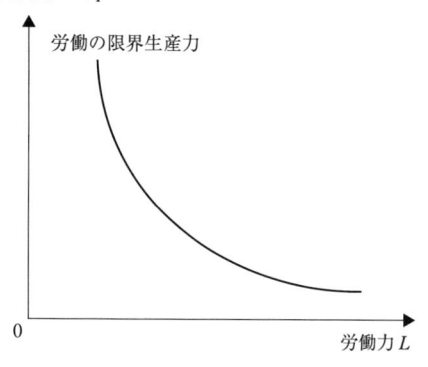

古典派の第2公準
The Second Postulate of Classical Theory

ケインズ（John Maynard Keynes）は古典派経済学における雇用理論の特徴を古典派の第1公準、第2公準として2つにまとめ、自著『雇用・利子及び貨幣の一般理論』（The General Theory of Employment, Interest, and Money）に記した。古典派の第2公準とは、労働供給は労働の限界不効用が実質賃金に一致するように決定されるというものである。労働の限界不効用は、図のように右上がりの線分で表わすことができ、図中の限界不効用を示す線分が右上がりの労働供給曲線である。ケインズは、労働供給は完全雇用が実現するまでは実質賃金よりも貨幣賃金に依存するとみなし、古典派の第2公準は成立していないと評価している。　［森脇祥太］

【関連項目】 古典派の第1公準

◇古典派の第2公準
実質賃金 w/p

労働の限界不効用

0　　　　　　　　　　　労働力 L

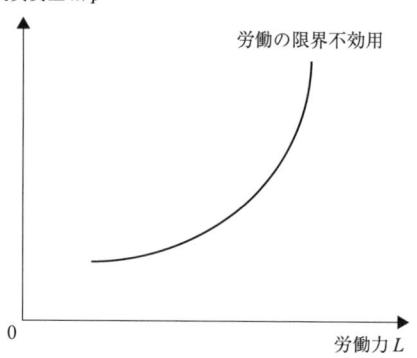

コーポラティズム【中南米】
Corporatism

組合国家主義と訳される。1930年代から1940年代にかけてラテンアメリカで成立したポピュリスト政権がとった政治制度で、諸階級を国家に統合し、それらの利害を調整し政策を立案・実行する仕組み。ラテンアメリカでは20世紀の初めに労働者、資本家、中間層といった新しい社会階級、階層が台頭したが、それらは個々には非力であり、また相互に利害を異にしており、大土地所有者など伝統的なエリートに対抗して、経済発展（工業化）を進めるのは容易ではなかった。こうした中で政治権力を握ったカリスマ指導者は、諸階級を組織化し、それらに排他的代表権とともに種々の恩典を与えることによって、国家機構に統合し、政治の安定と経済発展を脅かす利害対立を調整した。こうした意味でコーポラティズムは近代化、工業化を目指す政

治体制であるが、同時に中世イベリア半島のカトリック的な身分秩序観や、パターナリステックな人間関係重視といった伝統からも影響を受けている。

　コーポラティズムが最も発展したのは、メキシコのPRI（制度的革命党）体制である。1946年誕生したPRIは、メキシコ革命（1911年）によって獲得した権力を維持、強化するため、雑多な集団を糾合する形で1929年に組織された国民革命党（PNR）を引き継いだものである。PRIは、一党支配の性格をもった政党であり、労働者、企業家、農民、一般の４つの部会が組織され、国家の政策はPRIによって諸部会の利害を反映する形で実行される。ブラジルで1937年に誕生した新国家体制もコーポラティズムの重要な例である。議会を解散し独裁を行ったバルガス（Getúlio Dornelles Vargas）は労働者、企業家に対し業種別、地域別組合を組織させ、それらに排他的な労使交渉権を与え、また労働者、企業家などの代表を政府審議会に参加させ、政策を立案する政治を行った。コーポラティズムは、政治的安定を実現し経済発展を促し、また特に労働者階級の地位を向上させたが、他方で一部の特権的な集団を生み、大多数を政治参加、経済発展の利益から排除した。加えて、独裁的な性格をもったその政治手法は議会制民主主義の発展を抑制し、さらにその多階級的性格は階級闘争を通じる問題解決を妨げ、階層的な身分社会を温存させることになった。　　　　　　　　　　　　［小池洋一］

【関連項目】　ポピュリズム
【参考文献】　松下洋, 乗浩子編『ラテンアメリカ政治と社会』新評論, 1993年.

コモンズ
The Commons

　コモンズは、共有資源と訳され一定地域の自然資源、およびその共有に関する利用ルールをいうことが多い。例えば、日本の森林の入会地は、共有ルールを定めた「入会権」にもとづいて森林資源が持続的に利用されているコモンズである。日本以外にも、森林のコモンズであるフィリピンの「カインニン」やインドネシアの「サシ」、灌漑のコモンズであるフィリピンの「サンヘーラ」などがある。世界中で約5000のコモンズが確認されている。

　コモンズの概念は、1968年に*Science*誌に掲載されたハーディン（Garrett Hardin, 1915～2003）の論文「コモンズの悲劇（The Tragedy of the Commons）」により有名になった。ハーディンは、コモンズの例として牧草地を取り上げ、それがフリー・アクセス（誰でも自由に利用できる状態）であると仮定する。牧童は、牛１頭の放牧を増やすと、追加的に得られる収入が共同で負担する追加的な費用より多くなるので、つねに放牧を増やす傾向にある。これにより、牧草地は早晩枯渇してコモンズは「悲劇」を迎える。ハーディンは、この論理を湖沼の汚染などにも拡大し、悲劇を回避するためには、コモンズを私有にするか政府所有にする以外に方法はないと主張した。ハーディンのコモンズ論は、「共有」と「オープン・アクセス」を明確に区別しなかったことや、現実に自然資源が持続的に利用されているコモンズが多数発見されたことなどから多くの批判を浴びた。

　現在、コモンズの概念は、①これを社会的共通資本とみなして公共財として取り扱う、②地球全体を共有地と考えて地球環境問題をグローバル・コモンズとして捉える、③IT分野におけるオープン・ソースなどの共通の開発プラットフォームをコモンズと呼称するなどの発展をみせている。　　［渡辺幹彦］

【関連項目】　公共財、森林減少
【参考文献】　E. Ostrom, *Governing the Commons—The Evolution of Institutions for Collective Action*. Cambridge : Cambridge University Press, 1991. ／浅子和美, 國則守生「コモンズの経済理論」宇沢弘文, 茂木愛一郎編『社会的共通資本—コモンズと都市』東京大学出版会, 1994年. ／井上真, 宮内泰介編『コモンズの社会学—森・川・海の資源共同管理を考える』新曜社, 2001年.

ゴールド・トランシュ
Gold Tranche

　IMFは加盟国に対してクウォータ（Quota：割当額）と呼ばれる出資金の拠出を義務付けている。クウォータの25％は金で、75％は自国通貨で払い込む原則となっていた。この金出資25％に対する引出枠をゴー

ルド・トランシュと呼び、手数料やコンディショナリティなしに無条件で引き出すことが可能である。加盟国の公的機関は国際収支や流動性危機などを理由に、IMFから最大でクウォータの200％までの借入をすることができる。しかし、各加盟国はクウォータの75％を自国通貨で出資しているので、実際の最高借入限度額はクウォータの125％となる。

各加盟国が拠出した自国通貨を他の加盟国が引き出した分は、スーパー・ゴールド・トランシュ（Super Gold Tranche）と呼ばれている。これは、ゴールド・トランシュに加算される。そのため、ゴールド・トランシュからの無条件引出枠は25％プラスαとなる。そして、引出枠の残りの100％部分はクレジット・トランシュ（Credit Tranche）と呼ばれる。クレジット・トランシュからの引き出しは4段階に区切られており、高次の段階に進むほど引き出しの条件も厳しくなる。

その後、1978年4月1日に発効されたIMF協定第2次改正では、金からSDRでの払込みに変更され、リザーブ・トランシュ（Reserve Tranche）と名称変更された。また、第2次改正後にはリザーブ・トランシュの返済義務がなくなったため、準備資産としての役割をもつようになった。返済義務がないのは、実際に引き出しが行われる場合、IMFから外貨を引き出した対価として自国通貨を引き渡すからである。そのため、各加盟国が無条件で引き出すことのできる最高限度額は、割当額の100％となる。　　[徳原　悟]

【関連項目】　コンディショナリティ、国際通貨基金、スタンドバイ協定
【参考文献】　西村閑也、小野朝男編『国際金融論入門（第3版）』有斐閣, 1989年。／滝沢健三『国際通貨入門』有斐閣, 1992年。

コロンボ・プラン
The Colombo Plan

コロンボ・プランは技術協力を通じてアジア太平洋地域の経済・社会開発を促進し、その生活水準を向上させることを目的とした国際機関である。1950年1月、スリランカのコロンボにおいて英連邦外相会議が開催され、「アジアおよび太平洋地域における協同的経済社会開発のためのコロンボ・プラン」（通称「コロンボ・プラン」）が発足した。戦後最も早期に組織された開発途上国援助のための国際機関である。

2002年4月現在、加盟国は域内20カ国、域外4カ国である。コロンボ・プラン自体が援助実施機関として活動するのではなく、加盟各国がそれぞれ相互に協力する点が特徴である。スリランカのコロンボに事務局があり、2年に1回総会を開催する。

日本は1954年10月6日に加盟し、政府ベースの技術協力を始めた。第2次世界大戦後、日本は世界銀行などの国際機関や各国からの資金援助を受ける援助受け取り国であったが、コロンボ・プランへの加盟を契機として、援助供与国としての役割を果たすようになった。毎年10月6日は「国際協力の日」として全国各地でさまざまな行事が行われている。

2001年に50周年を迎えたコロンボ・プランは今後、情報通信技術（ICT）への対応や南南協力への取り組みを強化する予定である。日本は政府開発援助の中期政策に掲げる重点課題の一つでもある南南協力の促進を提案し、2001年度は30万ドルを拠出した。

[三浦有史]

【関連項目】　ODA大綱
【参考文献】　外務省ホームページ（http://www.mofa.go.jp/mofaj/）。

混合経済体制
Mixed Economy

自由な経済活動を認める市場経済の中で、公的部門の役割を積極的に評価し、政府介入を認める経済のこと。自由経済の理想は自由放任の徹底であるが、その場合、いわゆる市場の失敗の問題が発生する。自由経済を主張する人々は、市場の失敗によるデメリットより、政策の失敗のデメリットの方が大きいと主張する。しかし、貧富の格差拡大に対する財政による所得の再配分など、政府の介入が求められることがある。こうした政府介入を認めた自由経済を混合経済という。社会主義と自由経済という別の論点がある。資本主義が共産主義に転換するのは歴史的必然であると議論する場合、共産主義への通過時点で

は、市場経済と公有経済の混合ということになる。逆に社会主義から市場経済への移行過程にある国では、市場経済と共産主義的経済の混合だといっていい。中国における市場社会主義はその典型である。市場経済の欠陥を政府の介入で最小限に抑えようという議論として混合経済体制が論じられていたが、社会主義の崩壊以降、市場経済と計画経済の混合という別の議論を生み出したのである。

[安田　靖]

【関連項目】　市場社会主義、計画経済／市場経済

コンディショナリティ
Conditionality

IMF（および世界銀行）が実施する融資プログラムに付帯する条件をコンディショナリティという。コンディショナリティは、被支援国が定期的な提出を義務付けられる趣意書（Letter of IntentあるいはMemorandum）に盛り込まれている。また、政策によって達成すべき成果の基準をパフォーマンス・クライテリアと呼んでおり、IMFはその達成状況を勘案しつつ段階的に融資を行う。

コンディショナリティは、IMFの主な融資対象が先進国である間は特に問題とならなかったが、1980年代以降、融資対象の大半が開発途上国となるにしたがって重要性を増し、マクロ経済政策（財政・金融政策や為替政策など）に加えて、新古典派的な自由化政策をベースとした広範な構造改革が含まれるようになった。

被支援国の中には、コンディショナリティをIMFによる押し付けと認識する国もあり、1990年代に入ると、その有効性についての議論が高まった。特に、アジア通貨危機において実施されたIMFプログラムに対しては、被支援国の経済ファンダメンタルズに大きな問題がなかったにもかかわらず、従来型のコンディショナリティを付けたために、かえって危機を深刻化させたとの批判が起こった。これを機にIMF内部でもコンディショナリティの見直しが行われた。

2002年9月、IMFは、1979年以来用いられてきたコンディショナリティのガイドラインを改正した。そのポイントは、コンディショナリティの範囲の縮小や、被支援国のオーナーシップ（自主性）を重視することなどにあるが、開発途上国における経済政策の有効性に関する議論が引き続き必要である。

[清水　聡]

【関連項目】　国際開発金融機関、国際金融体制、ワシントン・コンセンサス

【参考文献】　白井早由里『検証IMF経済政策―東アジア危機を超えて』東洋経済新報社、1999年。／高阪章「開発金融の新潮流：『コンディショナリティ』と『オーナーシップ』」日本評論社『経済セミナー』2003年7月。

コンドラチェフ循環
Kondratieff Cycles

ロシアの経済学者、コンドラチェフ（Nikolai D. Kondratieff, 1892～1938）が発見した平均周期約50～60年の長期波動のこと。コンドラチェフは、1780年から1925年の145年分の米国、英国、フランスの物価、賃金率、利子率、輸出入額、石炭の生産量と消費量などの統計を仔細に検討した。コンドラチェフ循環は、これらの統計データが長期的循環をしていることを示すが、例えば、ウォーラーステイン（Immanuel Wallerstein）なども注目しているように、世界の経済・社会の繁栄期と停滞期を示すものと考えられている。

コンドラチェフによれば、統計考察対象期間内に3回の長期波動がみられるという。その時期は、表に示した通りである。このような循環を生み出す要因は、技術革新、農業、

◇コンドラチェフの長期波動

	上昇期	下降期
第1波	1780年代末～90年代初頭→1810～17年	1810～17年→1844～51年
第2波	1844～51年→1870～75年	1870～75年→1890～96年
第3波	1890～96年→1914～20年	1914～20年→1945～55年＊
第4波	1945～55年→1970～75年＊	1970～75年→現在＊

＊印の欄は、世界経済の状況を考慮して、仮説的に示したものである。

戦争、および金の生産量に求められている。これらの要因のうち、農業を天然資源、金の生産量をマネーサプライと書きかえれば、理解しやすくなるであろう。現在では、シュンペーター（Joseph Alois Schumpeter）が指摘した技術革新要因が有力視されている。シュンペーターは、第1波の時期には、綿産業を中心とした産業革命、第2波は蒸気と鉄鋼の時代であり、第3波は電気、化学、自動車と、それぞれの時期に対応した技術的要因を示している。

このような見方をするならば、第2次世界大戦後の高成長期は第4波の時期にあるともいえる。この時期には、コンピューター、原子力、合成繊維や合成樹脂などが開発され、それらの技術が世界的かつ全産業に波及した。しかし、1970年代の石油ショックを迎える頃から、技術革新のペースも衰え下降局面に直面している。なるほど、シュンペーターが指摘する技術革新の要因も重要ではあるが、コンドラチェフ循環の動因を技術革新だけに求めることは困難であろう。重要な点は、コンドラチェフが指摘する4つの要因が共時的に成立するかどうかにある。［徳原 悟］

【関連項目】　キチン循環、ジュグラー循環、クズネッツ循環、経済成長／経済発展、ウォーラーステイン、シュンペーター

【参考文献】　Nikolai D. Kondratieff, "Die langen Wellen der Konjuntkure", *Archin für Sozialwissenschaft und Sozialpolitik*. December, 1926, pp. 573-609.／シュンペーター（吉田昇三監修、金融経済研究所訳）『景気循環論』（全五巻）有斐閣、1958～64年。／稲田献一、宇沢弘文『経済発展と変動』岩波書店、1972年。／南亮進著、牧野文夫協力『日本の経済発展（第3版）』東洋経済新報社、2002年.

サ

最恵国待遇
Most-Favored-Nation Treatment

最恵国待遇原則（MFN原則）は、WTO協定の基本原則の一つとして、加盟国の一方が通商面、関税面などで第3国に与えている条件よりも不利にならない待遇を与えること、またいずれかの国に与える最も有利な待遇も、これを他のすべての加盟国に与えるということである。最恵国待遇原則は、多角的貿易体制を支える基本原則の一つとして、特に遵守が必要とされる。

同種の貿易製品に対して輸入相手国によって異なった関税率を適用するような差別を行うことは、最恵国待遇原則の違反である。しかしながら、表面上は特定国を明示して差別していなくとも、同種の産品と判断される産品の間で異なった取り扱いをすれば、事実上ある特定の加盟国の産品が差別されることになる。例えば、これまでの差別的関税のパネルでは、実質的基準によって同種のコーヒー産品であると判断されるにもかかわらず、ある特定品種の生コーヒー豆についてのみ異なった関税率を設定し、特定国からの輸入への影響が生じた例がある。

最恵国待遇の原則は、GATT以前から考えられてきたものである。これまで多くの2国間通商条約に取り入れられ、貿易の自由化に貢献してきた。しかし1930年代には、最恵国待遇原則を制限するさまざまな制度の導入とともに世界経済のブロック化が進んだ結果、世界経済が不幸な経験を味わった。このような経験の反省から第2次世界大戦後、多数国間条約であるGATTにおいて一般的最恵国待遇条項が規定され、世界規模での自由貿易の安定化が図られた。

一方、地域統合が実現すると、域内諸国間の貿易は自由になるが、域外諸国との間の貿易障壁は残る。地域統合により、域内と域外とでは異なる待遇が与えられることとなり、最恵国待遇の原則に反する結果が生じる。地

域統合は世界経済のブロック化につながる危険性をも有している。したがって、GATT協定では次のような要件に適合する場合に限って地域統合に最恵国待遇原則の例外を許容している。第1に、域内における関税その他の貿易障壁は、実質的にすべて廃止すること。第2に、域外諸国に対する関税その他の貿易障壁は、設立以前より制限的であってはならない。このように地域統合を進める場合には、WTOの基本原則である最恵国待遇原則を形骸化することにならないよう、WTOルールに整合的に運用されることが求められている。

最恵国待遇原則のもつ経済的効果のプラス面としては次の点が考えられる。第1に、最恵国待遇原則は比較優位にもとづき、諸国が最も効率的な供給源から輸入することを可能にし、世界経済の効率化が図られる。第2に、最恵国待遇は、1国に付与した待遇を即時に他の国へ無条件に付与させる一方、貿易制限的措置を行うに当たっても各国に同様に適用しなければならない。そのために貿易制限的措置の導入には、導入コストのみならず対外的にも多くの問題を抱える。多くの国々はこのような負担の回避を望み、貿易制限的措置の導入には消極的になり、これが世界の自由貿易体制を安定化する効果をもった。さらに、このような自由貿易体制の安定化は、貿易および投資を増大させる効果をもつ。

第3に、最恵国待遇原則は自由貿易体制を維持するための費用を減少させる効果をもつ。最恵国待遇原則による平等な待遇は、つねにより有利な待遇(貿易においてはより自由な待遇)の方に統一して実現される。最恵国待遇原則が確立・維持されていれば、WTO加盟国は他国が自国に付与する待遇を第3国に対する待遇と比較する目的で監視したり、自国に不利な待遇の改善を要求して交渉したりするための、監視費用および交渉費用を節約することができる。また、最恵国待遇原則を遵守する限り、WTO加盟国は他のいずれの加盟国からの輸入も区別せず平等に取り扱うために、輸入産品の原産地国を確認するための費用が節約され、経済効率性が改善される。　　　　　　　　　　[文　大宇]

【関連項目】　WTO、GATT
【参考文献】　新堀聡『ウルグアイ・ラウンド後の世界の貿易体制と貿易政策』三嶺書房、1994年./白石孝『グローバリズムとリージョナリズム—新たな世界貿易秩序への模索』勁草書房、1995年./経済産業省報告書『WTOルールの概要』.

最小2乗法
Ordinary Least Squares, Least Squares Method：OLS

回帰分析における最も基本的な手法であり、観測値と理論値との差の2乗和(平方和)が最小になるように、理論式(回帰モデル)のパラメータを推定する方法。

[白砂堤津耶]

【関連項目】　回帰分析

財政請負制【中国】
Government Finance Contracted System

1978年の改革・開放以前の中国の財政は、「統一収入・統一支出(財政収支のすべてを中央政府が管理する方式)」の統一的財政管理制度により、均衡財政原則が貫かれていた。1980年以降、「収支区分・分級管理(1980年に実施。予算を中央と地方に区分し、それぞれ独自に管理する方式)」と「画分税種、核定収支、分級包乾(1985年に実施。税目にもとづいて、中央と地方の財政収支を区分し、それぞれがその財政執行を請け負う方式)」などの財政改革が行われたが、地方政府にとって歳入が増加したとしても中央政府への上納額が増加するだけであり、その分を歳出に充当できない状態が続いた。このような状況を改善し、安定的な財源を確保するために、1988年に「財政請負制」が導入された。

財政請負制とは、歳入のうち一定額または一定率を中央に上納し、残りは当該地方の歳出に充当することをいう。この時決定された財政請負制は次の4つの形態に区分される。第1は、省政府が徴収した税金の総額を中央と地方で分割する。これは河北、山西、遼寧、江蘇、浙江、安徽、山東、河南、湖北、湖南、四川、陝西、甘粛、吉林、黒竜江、江西の16省で採用された。第2は、広東省と福建省で採用された「ワンセット請負(経済発

展水準が比較的高い広東省は一定額の上納金を納め、経済発展水準が低い福建省は財政収入の全額を留保できる他、一定額の補助金が配分される）」である。第3は、中央からの定額補助を受け取るもので、陝西、甘粛、吉林、江西の4省がこれに該当した。第4は、中央からの逓増補助を受け取るものである。民族地区すなわち内蒙古、広西、西蔵、新疆、寧夏の5自治区およびこれに近い性格をもつ青海、雲南、貴州の3省に適用された。

一連の財政請負制の導入を通じて、中央と地方の財政関係に大きな変化が生じた。地方政府が自らの歳入拡大を優先したために、地方の歳入が増加する一方で中央の歳入は伸び悩んだ。この結果として、「中央財政の赤字」と一部の沿海地区の「地方財政の黒字」現象、すなわち「弱い中央財政」と「強い地方財政」の対照が鮮明となり、中央政府の財政政策によるマクロ・コントロールが弱まった。　　　　　　　　　　　　　　　　［孟 芳］

【関連項目】　諸侯経済
【参考文献】　呉軍華「中国の財政改革と地域間所得格差」『Japan Research Review』4月号, 日本総合研究所, 1995年.

再生可能資源
Renewable Resources

森林や魚類などの生物資源は、再生可能資源である。これらは、石油などの枯渇資源と対照的に、過剰に収穫しなければ自然の再生能力により枯渇することはない。適正な収穫の範囲を図1と図2に示した。

図1は、横軸に任意のS期における再生可能資源ストック量を、縦軸にS+1期のストック量を示している。例えば、湖に住む鱒を考える。S期にはC点にある鱒の個体数は、S+1期にはD点となる。鱒の個体数が、A点からB点の間であれば、鱒は、個体数の増減を繰り返して再生し続ける。個体数がB点より右に移行しても、湖内の餌の量には限界があるので、次の時期にはB点以下(左)に戻る。B点を「キャリング・キャパシティー(Carrying Capacity)」と呼ぶ。一方、個体数がA点以下になると、繁殖の相手が見つからないなどの理由により、自然には再生できなくなる。

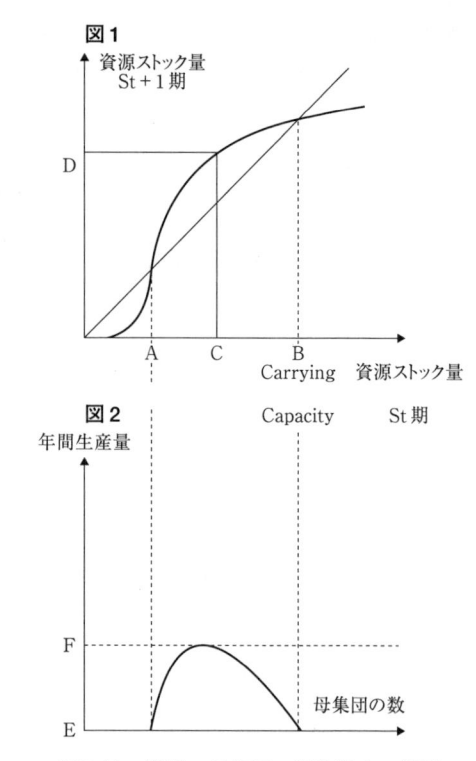

図2は、横軸に母集団の個体数を、縦軸に1年間の資源の生産量（フロー）を示している。収穫が、E点からF点の間にある限りは、永続的に鱒を収穫することが可能である。一方、F点以上に収穫すると過剰収穫となり、人工的な手段（人工養殖や放流など）を加えない限り資源は枯渇する。現在発生している森林資源や漁獲資源の減少は、収穫が図2のF点以上に行われて、再生可能資源の母集団のストック量が減少したことが大きな原因である。　　　　　　　　　　　　　　　　［渡辺幹彦］

【関連項目】　枯渇性資源
【参考文献】　柴田弘文『環境経済学』東洋経済新報社, 2002年.

財政構造改革
Fiscal Structural Reform

財政健全化を目指して財政の歳出と歳入の構造を見直し、財政再建を行うことを指す。1997年11月28日に「財政構造改革の推進に関する特別措置法」、いわゆる財政構造改革法が成立した。この法律の下で、橋本龍太郎内

閣は財政構造改革に着手したが、翌年5月29日の同改正法の成立後の12月11日に、景気情勢の一層の悪化を理由に凍結された。その後、小泉純一郎内閣の下で経済構造改革の一環として財政構造改革が着手された。そこでは、特に歳出構造の見直しが重点的に行われ、無駄な支出を抑制し、2006年度まで財政支出規模を少なくとも現在の水準に抑えることが目標とされている。

急速な高齢化、巨額の財政赤字と債務残高の膨張が長期的な経済発展の障害になるとの認識が強まっている。例えば、2003年の国と地方を合わせた債務残高は対GDP比155.7%である。これはOECD主要加盟国中トップであり、財政赤字で名高いイタリアの120.1%をはるかに上回る。このような財政赤字は、将来世代の財政負担になり、世代間の不公平をもたらす。高齢化が進むことにより、国民負担率の上昇も避けられなくなるという危機意識の下で、財政構造改革が積極的に進められている。そして、2020年頃までのできるだけ早い時期にプライマリー・バランス（Primary Balance：基礎的収支）の黒字化を目指している。これは、公債の利払いや償還費を差し引いた歳出と租税収入だけを財源とした歳入を均衡させることにある。このような財政改革は、赤字を抱える米国や欧州諸国においても積極的に進められているのが現状である。

アジア諸国の財政をみるならば、韓国、台湾、香港、シンガポールの財政構造は総じて健全である。アジア通貨・金融危機後、景気の落ち込みによる税収の低下や、韓国における金融機関への巨額の公的資金投入などにより若干悪化傾向にあった。また、香港はやや財政赤字額が増加基調にある。しかし、これら国・地域は依然として大きな財政余剰を抱えており、財政運営の弾力性を備えている。タイ、マレーシア、インドネシア、フィリピンにおいても国ごとにばらつきはあるものの、比較的均衡財政主義に沿った財政運営が行われているため、財政に関する大幅な構造改革はみられない。中南米諸国とは異なり、アジア諸国は1950年代から1960年代における財政赤字や高率のインフレーションによる経済混乱を教訓として健全財政主義がとられてきたことの結果である。

アジア通貨・金融危機後、若干赤字を計上している国もあるが、景気の回復に伴い改善されていくものとみられる。しかし、今後、公的年金、失業保険、職業訓練プログラムなどの社会保障や社会的セーフティーネット対策において支出の増加が避けられなくなる。そのため、今後とも財政均衡を維持していくには、税収基盤を強化して歳入を確保する必要が出てくる。また、インドネシアでは歳入に占める石油関連収入の割合が非常に高いため、財政収入が原油価格の動向によって左右される。また、財政構造上、開発予算に外国からの援助が計上されるという仕組みをとっているので、財政収支は黒字であっても対外債務残高が増加する可能性がある。そのため、タイやマレーシアと比較するならば、その財政基盤は若干脆弱な構造であるといえる。

歳入を安定的に確保しながら対外債務残高の増加を抑えるためには、歳入構造の改革が必要になる。基本的には、租税収入の基盤を拡大し徴税能力を高めることが重要になる。アジアとは対照的な状況にあるのが、中南米やアフリカ諸国の財政である。これら地域の財政問題は、歳入基盤の脆弱性に加え、大幅な歳出超過を国債でファイナンスする傾向にあることである。そのため、債務残高の増加と高率のインフレを引き起こす可能性を孕んでいる。中南米諸国は、歳入構造の改革はもちろんであるが、歳出抑制による財政赤字の大幅削減が緊急の課題である。　　〔德原 悟〕

【関連項目】　社会的安全網、二重予算制度、財政政策、均衡予算原則

【参考文献】　木村元一編『アジア開発のメカニズム―財政・金融編』アジア経済調査研究双書186、アジア経済研究所、1970年。／堀内昭義編『累積債務と財政金融』研究双書No. 469、アジア経済研究所、1991年。／大蔵省財政金融研究所編『ASEAN 4 の金融と財政の歩み―経済発展と通貨危機』大蔵省印刷局、1998年。

財政政策
Fiscal Policy

財政政策は、金融政策と並ぶマクロ経済政策手段の一つである。財政政策は、主として財政支出の増減および税率の変更によって実

施される。財政政策の目標は、一国の総有効需要を完全雇用水準に維持することにある。景気過熱時には、有効需要の拡大を防ぐことによってインフレーションを防止する。不景気の時には、民間の消費および投資需要の落ち込みを防ぎ、有効需要を引き上げる。財政支出は公共投資支出ともいわれ、不況の際には公共投資支出を拡大させる。また、不況期には、減税の実施、失業保険などの移転支出を増加させることによって、民間の消費や投資を増加させる。逆に、好況時には、財政支出を抑える他、増税や移転支出を抑えることにより、民間の消費や投資を抑制させる。このように、不況時には財政支出の増加や減税によって財政は赤字になるが、好況時には財政支出の減少や税収の増加によって財政は黒字になり、中・長期的には財政バランスが維持される、とケインズ派の経済学者は考えていた。

しかし、現実には、このようなバランスをとることは、民主主義政治の下では困難であるという主張がブキャナン（James Mcgill Buchanan, 1919〜）によってなされた。なるほど、不況期には拡張的な財政政策運営がなされるが、好況期においても減税、社会保障や福祉の拡充などの声が国民から上がり、財政支出の拡大に歯止めがかからなくなる。これにより財政赤字は拡大し、増税や公債発行によってそれを賄わなければならなくなる。公債発行は現世代から次世代への負担転嫁に過ぎないと指摘されたのである。

しかし、公債発行を行う時期が完全雇用なのかそれとも不完全雇用状態なのか、公債は国内債なのか外債なのか、またその資金の使途やその成果としての将来の経済成長の速度をどう考えるかによって議論は異なってくる。現在、先進諸国をはじめ開発途上諸国も巨額の財政赤字を抱え、財政構造改革が進められている。財政赤字を削減するために、「小さな政府」がますます指向されるようになっている。また、財政政策の効果自体に対しても疑問が投げかけられている。

ところで、先に指摘した公共投資支出や税率の変更とは異なり、財政制度そのものが存在することによって経済を安定させるメカニズムが働く。これは、財政の自動安定化装置（Built-in-stabilizer）と呼ばれる。所得税には累進課税制度が用いられる。これは、所得が増加し税率区分が変わると高い税率が適用される制度である。例えば、好況時に所得が増加すると、自動的に以前よりも高い税率が適用される。これにより納税額が上昇し、税収が増加すると同時に、可処分所得の増加が抑制される。個人の消費支出は抑えられ、総有効需要の伸びも抑制される。

逆に、不況期には所得が低下するため、低い税率が適用されて税収が低下し、消費支出を拡大させる効果をもつ。これらは、増税や減税というような税率の変更によってもたらされるものではない。財政制度、すなわち累進的な所得税制が実施されていることから生じる効果である。同様な効果は、失業保険制度からも得られる。不況期には失業保険給付が増加するので財政支出は増加するが、これは消費を拡大させる効果をもつ。好況期には、給付が減少するので、移転支出の減少を通じて財政支出が抑制される。財政支出を削減させることによって総有効需要を完全雇用水準に近づけようとする。このようなメカニズムが財政制度には備わっているのである。

〔徳原　悟〕

【関連項目】　ケインズ経済学、金融政策、財政制度、国債／地方債

【参考文献】　ジェームズ・M.ブキャナン, リチャード・E.ワーグナー『赤字財政の政治経済学—ケインズの政治的遺産』文眞堂, 1979年.／ジョン・メイナード・ケインズ（塩野谷祐一訳）『雇用・利子および貨幣の一般理論（普及版）』東洋経済新報社, 1995年.／ジョセフ・E.スティグリッツ（藪下史郎, 秋山太郎, 金子能宏, 木立力, 清野一治訳）『マクロ経済学（第2版）』東洋経済新報社, 2001年.／貝塚啓明『財政学（第3版）』東京大学出版会, 2003年.

財政制度
Fiscal System

財政制度とは、中央政府と地方政府を含めた歳入・歳出に関する制度全体を指す。具体的には、歳入の主たる源泉となる租税制度、予算制度、および決算や会計制度から構成される。財政制度は、国家の成立とともに最初に構築される制度である。財政は国民国家が行う事業の財源となるので、さまざまな経済制度の中でも最も重要な制度として位置付け

られる。このことは、開発途上諸国にとっても経済・社会開発を実施する上での財政の役割から確認されよう。財政制度の中でも、特に重要なのは租税制度である。租税は国家財政収入の最大の源泉であり、税収が上がらなければ経済開発などの資金を賄うことはできない。

租税収入の乏しい国は、最終的に財政赤字を通貨増発によってファイナンスすることになり、高率のインフレーションや国際収支赤字などの諸問題に直面する。これらのマクロ経済問題は、当該国の経済開発の大きな障害となる。したがって、開発途上諸国の課題はいかに脱税を防ぎながら納税率を高めるかにある。納税率を高めるには、徴税官のモラルが高く、賄賂や汚職などの行政機関内での腐敗が十分に抑制されていること、納税教育による納税者のモラル向上、税制に対する知識の普及が考えられる。また、徴税官の税務にかかわる知識や能力の向上も欠かすことができない。

いくつかの研究結果によると、アジアでは香港、シンガポール、マレーシアでは納税率が高く、タイ、フィリピン、インドネシアにおいて納税率が低く脱税が目立つという。また、行政機関内の会計検査体制が不備な国ほど賄賂や汚職が蔓延する傾向にあるともいわれる。これらは政府および関係機関に従事する職員や会計士のモラルや業務関連の技術、知識の不足が大きな原因なのである。開発途上諸国の財政は、入り口の歳入では脱税等が行われ、出口の歳出も会計・決算制度の運営の仕方が杜撰になっている。そのため、歳入の不足と無駄な資金の利用が重なり、政府部門自体が経済非効率の大きな原因となっている。これらの問題点の改善は、財政運営上の大きな課題である。

予算制度においても開発途上諸国には特徴的な点がある。いわゆる「二重予算」制といわれるものである。その内容は国ごとに異なるが、一般的には、経常歳入と開発歳入とに歳入が分かれる。これに対応して歳出面でも経常歳出と開発歳出とに区分される。この開発歳入には、海外援助資金が含まれる。開発歳出は、この海外援助資金と経常歳入の余剰分が加えられて開発資金となる制度が採用されている。このような予算制度は、歳入源が租税や国債発行にある先進諸国ではみられない。アジア諸国は健全財政主義を採用しており、財政赤字の規模が中南米や他の開発途上諸国と比較して小さいといわれる。しかし、このような二重予算制度の下で、国家財政の実態を把握するためには、政府の対外債務の規模を勘案する必要がある。無償援助資金以外の海外援助であるならば、いずれ返済を履行しなければならない。その際には、政府財政を通じて債務返済が行われるので、援助資金の受け入れを拡大させて積極的に開発を進め続けることは困難になる。

地方政府の歳入・歳出制度をみると、各種地方税や国税からの地方政府への課税権の移譲による税収を自主財源としている。しかし、地方財政の財源の大半は国家財政からの配分や補助金の形で賄われる。近年、中央政府からの補助金の割合が上昇傾向にある。特にASEAN諸国ではこの傾向が顕著にみられる。地方政府は、貧困問題や農村開発などで巨額の開発資金を必要としているが、地方財政の歳入・歳出は基本的には中央政府の予算配分に大きく依存しているため、十分な資金を確保できないでいるのが現状である。

〔德原 悟〕

【関連項目】均衡予算原則、財政と開発戦略、国税／地方税、中央財政／地方財政

【参考文献】木村元一編『アジア開発のメカニズム—財政・金融編』アジア経済調査研究双書186, アジア経済研究所, 1970年./貝塚啓明, 石弘光, 野口悠紀雄, 宮島洋, 本間正明編『グローバル化と財政』（シリーズ現代財政4巻）有斐閣, 1990年./大蔵省財政金融研究所編『ASEAN4の金融と財政の歩み—経済発展と通貨危機』大蔵省印刷局, 1998年./貝塚啓明『財政学（第3版）』東京大学出版会, 2003年.

▶財政投融資
Fiscal Investment and Loan

国または政府系金融機関が行う投資や融資、および政府系金融機関が政府保証を受けて民間部門から投資資金を調達することを指す。日本では郵便貯金、厚生年金、国民年金などの資金からなる資金運用部資金や、簡易保険事業による簡保資金などの資金が用いられる。また、近年、資金調達を市場調達方式

に移行する動きがみられる。これらの資金を財政投融資計画にもとづき各分野に供給する。分野は、住宅、生活環境整備、厚生福祉に始まり、地域開発、産業・技術、貿易・経済協力などの13分野に及ぶ。

　経済協力関係では、国際協力銀行（JBIC）が開発途上諸国向けに行う円借款の一部の財源となっている。経済発展段階が比較的若い段階の頃には、経済成長に大きな役割を果たしてきた。しかし、近年、そのあり方が問われ始めており、政府系金融機関の整理・統合、資金調達における市場重視、融資の費用・便益をはじめとする情報開示が進められている。また、民間金融機関の機能を補完する方向に向かいつつある。しかし、民間金融機関の採算ベースには乗りにくい分野に対しては引き続き重要な役割を果たすものと考えられる。

　開発途上諸国にも同様なシステムが構築されている。シンガポールの中央積立基金（Central Provident Fund：CPF）やマレーシアの従業員積立基金（Employees Provident Fund：EPF）は、財政投融資の重要な財源となっている。これらの機関は、日本の厚生年金制度に相当するもので、雇用者と被雇用者から保険料を強制貯蓄の形で徴収し、退職後の年金や医療費の負担軽減などに利用される社会福祉的なシステムである。保険料として基金にプールされた資金は政府系開発金融機関などを通じて、住宅開発、道路や港湾をはじめとするインフラ整備等に向けられる。発展段階が若い国ほど、自国の経済開発を牽引する役割を財政投融資などの公的金融が担うことになる。　　　　　　〔徳原　悟〕

【関連項目】　政策金融、開発金融機関、JBIC、強制貯蓄
【参考文献】　貝塚啓明、石弘光、野口悠紀雄、宮島洋、本間正明編『グローバル化と財政』（シリーズ現代財政4巻）有斐閣、1990年．／宮脇淳『財政投融資の改革―公的金融肥大化の実態』東洋経済新報社、1995年．／吉田和男、小西砂千夫『転換期の財政投融資―しくみ・機能・改革の方向』有斐閣、1996年．

財政と開発戦略
Public Finance, Development Strategy

　開発途上諸国の経済開発と財政は切っても切れない関係にある。経済開発を実施するのにまず必要となるのは、巨額な資金である。この資金を国民全体から課税、公債発行を通じて強制的に集めることのできるものが財政である。また財政は、産業政策の一環として特定産業に対して交付する補助金や減税措置などでも経済開発を促進することになる。経済開発の初期段階においては、道路、港湾、空港、電気、水道などの主要なインフラ整備に取り組まねばならない。特に、産業集積地付近のインフラ整備は、その後の経済成長を大きく左右するため急務の課題である。対外援助を通じた海外資金にも依存するが、国家財政が大きな役割を果たす。輸出入税、消費税、奢侈税などの新たな税を設けることで課税基盤の拡大と強化を進める。

　課税収入の強化とともに重要な役割を果たすのが、国債発行である。国債発行により開発資金を賄うことが開発を進めるための重要な手段となる。国債による開発資金の調達は、開発途上諸国の国債市場が未発達なため、中央銀行引き受けの形で実施されるのが一般的である。中央銀行が国債を引き受けて、貨幣供給量を増加させる。これが、いわゆる赤字金融といわれるものである。これにより、経済に流通する貨幣量が増加する。この貨幣供給量の増加と同じテンポで国内生産量が増加すれば、インフレは生じない。しかしながら、開発途上諸国の供給サイドには生産量を急速に拡大することができるような状況にはない。つまり、供給制約があるために、貨幣供給量の増加が即座にインフレーションを惹起することが多い。このような問題を孕みつつも、国債発行による開発資金の調達は安易な手段のため、開発途上諸国では頻繁に利用される。

　中南米諸国の財政赤字と高率のインフレーションがつねにマクロ経済問題となっている。また、現在では比較的健全な財政運営を行っているアジアNIES、ASEAN諸国でも、1950年代から1960年代にかけて恒常的な財政赤字を経験した。そのため、インフレーションや国際収支赤字による経済停滞に直面し、健全財政主義を採用したという経緯がある。また、開発途上諸国の工業化は主として自国産業を保護しながら進められる。輸入代替工

業化時には、輸入品に高率の関税が課される。これにより輸入品から当該産業を保護するとともに、輸入関税から上がった税収が当該産業育成のための補助金として充当された。しかし、この補助金は、韓国などでみられるような輸出実績に応じた補助金交付ではなかった。産業全体を保護しながらも、個別企業間での競争を促進するようなインセンティブをつくり出すものではなかった。そのため、保護産業の効率性は一向にあがらず輸入代替工業化戦略が行きづまりをみせた。韓国のようにインセンティブづくりに成功した国は、順調に輸出を伸ばして高成長を享受した。

また、ASEAN諸国では、外資導入を促進するために進出企業に対して各種の減税措置や期間限定の減免措置がとられている。安価な労働力の提供に加えて、税の減免措置を巧みに組み合わせることで先進国企業の誘致を積極的に推し進めてきた。これは、外国企業と国内企業との間での課税の不公平感をもたらす原因にもなっている。そのような技術的な問題はあるが、外国企業誘致に大きな役割を果たしてきた。このように、開発における財政の役割も開発段階や時代状況によって変化する。初期の開発段階では、開発資金の供給源としての役割が最も重要であり、いかに巨額の資金を開発に振り向けられるかが焦点であった。しかし、近年のアジア諸国の開発と財政のあり方をみると、資金調達も重要ではあるが、いかにして競争へのインセンティブをつくり出すことができるかという点に重点がシフトしている。　　　　〔徳原　悟〕

【関連項目】　ハイパーインフレーション、輸入代替工業化、輸出志向工業化、海外直接投資
【参考文献】　木村元一編『アジア開発のメカニズム—財政・金融編』アジア経済調査研究双書186、アジア経済研究所、1970年。／貝塚啓明、石弘光、野口悠紀雄、宮島洋、本間正明編『グローバル化と財政』（シリーズ現代財政4巻）有斐閣、1990年。／大蔵省財政金融研究所編『ASEAN 4の金融と財政の歩み—経済発展と通貨危機』大蔵省印刷局、1998年。／貝塚啓明『財政学（第3版）』東京大学出版会、2003年。

最低生存賃金
Subsistence Wage

農村社会において決定され、人々の生存を保障する最低限の賃金のことを最低生存賃金、または制度賃金といい、その値は1人当たりの農業生産物と等しい。最低生存賃金は、土地に対して人口が過剰な開発途上国の農村に特有な共同体的な社会慣行や制度によって決定される賃金であり、労働市場の需給調整によって決定される賃金ではない。

農業生産に携わっている労働者の中で限界生産力がゼロの労働者のことを余剰労働力といい、就業状態にはあるが生産には何ら寄与していない。そのような余剰労働力は、たとえ表面的には就業状態にあるようにみえても、実質的には失業状態にあり、失業を偽装している状態、すなわち偽装失業の状態にあるとされる。このような偽装失業が生じる要因としては、共同体的な慣行と強い規制力といった開発途上国の農村社会に普遍的に観察される現象をあげることができよう。そのような共同体的な慣行の支配する農村社会においては、仮に余剰労働力が存在しても、そのような人々がある種の安定感に満ちた現在の生活を放棄して、共同体の外部へと移動するようなインセンティブは弱い。このような農村において、ある一定の農地を使用して農業が営まれているとしよう。当然、農産物の生産能力を最大化するためには、農村で生活する人々が最大限、労働力を提供する必要がある。そして、このような共同体的な社会規範が支配する農村社会においては、農産物が生産された時、その生産物は社会を構成するすべての人々の間で平等に分配されることになろう。伝統的で相互扶助的な社会慣行が支配する農村においては、人々の所得分配も平等化し、貧富の差は生じず、一種安定的な社会が実現するのである。　　　　〔森脇祥太〕

【関連項目】　限界生産力、所得分配
【参考文献】　渡辺利夫『開発経済学—経済学と現代アジア（第2版）』日本評論社、1996年。

最低賃金制度
Minimum Wage Legislation

　一般的には最低限の賃金を定めた社会政策であり、労使の労働協約による場合と国が定める場合がある。一般的には後者によるものを指す。労働組合により組織化された部門では賃金は労使間の交渉にもとづいて決定されるが、未組織部門や零細企業の従業員など労働組合の力の及ばない労働者が存在する。組織労働者についてはいうまでもないが、最低賃金制度はこのような労働者の賃金の下限を法的に決定し強制するものである。最低賃金の基準には公正賃金（Fair Wage）と生活賃金（Living Wage）の側面がある。前者は他の類似の労働者と比べて適当であるかどうかの判断基準であるのに対し、後者は生活を維持するのに必要な賃金基準である。しかし実際には、雇用者の支払い能力も反映するため、これらの基準がつねに実現されているとは限らない。最低賃金は男女別、年齢別、熟練別、産業・職種別、地域別などさまざまな基準別に定められる。　　　　　　［新田目夏実］

最適消費点
Optimal Consumption Point

　最適消費点とは、消費者が効用を最大にするよう消費量を決定する点のことをいう。最適消費点を図示した場合、無差別曲線が予算制約線と接する E 点となる。　［森脇祥太］

【関連項目】　無差別曲線、予算制約式

◇最適消費点

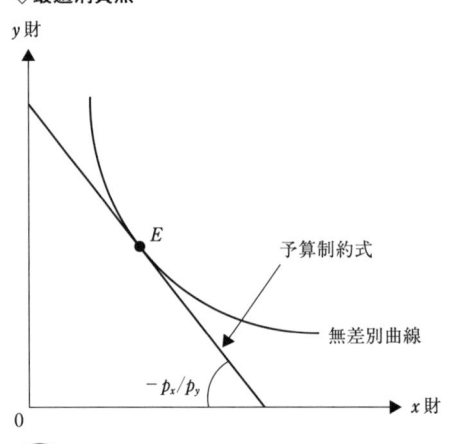

最適成長モデル
Optimal Growth Models

　最適成長モデルとは、ある国の長期的な成長の過程において最適な消費経路を選択するためのモデルのことをいい、ラムゼー（Frank Plumpton Ramsey）によって創始され、キャス（David Cass）、クープマンス（Tjalling Charles Koopmans）、宇沢弘文らによって完成された。最適成長モデルは、当初は、政府が経済計画を立案する際の規範的モデルとして理解されていた。しかし、現在においては、新古典派的なフレーム・ワークにおいても同様の結論を提示することが可能であるとされており、新古典派経済成長理論の一典型として解釈される。

　現在（0）から無限の将来（∞）にわたって、ある国の消費者1人当たり消費 c から得られる効用 $u(c)$ の現在価値 $u(c)e^{-\rho t}$ を集計化した値は、以下のように表わすことができる。

$$\int_0^\infty u(c_t)e^{-\rho t}dt \qquad u'(t)>0,$$
$$u''(t)<0, \quad u'(0)=\infty \quad \cdots\cdots\cdots①$$

t：時間、ρ：主観的割引率（$\rho>0$）

　また、ソロー＝スワン・モデルにおいて使用されるソローの基本方程式は以下のように表わされる。

$$\dot{k}_t = sf(k_t) - nk_t \quad \cdots\cdots\cdots②$$

s：貯蓄率、k：資本労働比率、n：労働人口成長率

$$sf(k)=sy, \quad sy=S/L,$$

◇最適成長モデル

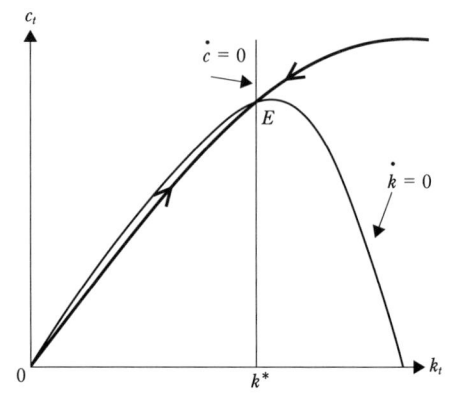

$$S/L=(Y-C)/L=y-c \quad \cdots\cdots\cdots\cdots ③$$

y：1人当たりの国民所得、S：貯蓄、L：労働力、C：消費

③式の関係に注意すると、②式は以下のように変形することが可能である。

$$\dot{k}_t=f(k_t)-c_t-nk_t \quad \cdots\cdots\cdots\cdots ④$$

ここで、k_tの初期的な値k_0は以下のように与えられているとしよう。

$$k_0=\overline{k_0} \quad \cdots\cdots\cdots\cdots ⑤$$

この国においては、④式と⑤式の制約条件の下で①式を最大化することが最適な結果を生み出す。ポントリャーギン（Lev S. Pontryagin）の最大値原理を応用することによって、④式と⑤式の制約条件のもとで①式を最大化するようなc_tとk_tの軌跡を求めることが可能となる。そのため、以下のようなハミルトン関数Hを導入する。

$$H_t=u(c_t)e^{-\rho t}+\lambda_t(f(k_t)-c_t-nk_t)$$
$$\cdots\cdots\cdots\cdots ⑥$$

ポントリャーギンの最大値原理によれば、④式と⑤式に加えて以下のような式が成立することが、最適解が存在するための必要条件となる。

$$\frac{\partial H_t}{\partial c_t}=u'(c_t)e^{-\rho t}-\lambda_t=0 \quad \cdots\cdots ⑦$$

$$\dot{\lambda}_t=\frac{\partial H_t}{\partial k_t}=-\lambda_t(f'(k_t)-n) \cdots\cdots ⑧$$

$$\lim_{t\to\infty}\lambda_t k_t=0 \quad \cdots\cdots\cdots\cdots ⑨$$

⑨式は横断性条件と呼ばれる。⑧式に⑦式を代入して整理すると以下のように示される。

$$\varepsilon_t\frac{\dot{c}_t}{c_t}=f'(k_t)-(n+\rho) \quad \cdots\cdots\cdots\cdots ⑩$$

ε_t：限界効用の弾力性＞0

⑩式はケインズ＝ラムゼー（Keynes＝Ramsey）公式と呼ばれる。

図中には$\dot{k}_t=0$、$\dot{c}_t=0$を表わす線分が描かれている。$\dot{c}_t=0$であれば、⑩式より以下の関係が成立する。

$$f'(k_t)=(n+\rho) \quad \cdots\cdots\cdots\cdots ⑪$$

図中には$\dot{c}_t=0$と$\dot{k}_t=0$を表わす線分が描かれている。$\dot{k}_t=0$の頂点においては、$f'(k_t)=n$の関係（黄金率）が成立しており、$f''(k_t)<0$であることを考慮すれば、$\dot{c}_t=0$を表わす線分は必ず$\dot{k}_t=0$の頂点よりも左側の領域を通ることになる。$\dot{c}_t=0$と$\dot{k}_t=0$を表わす線分が交わる点Eが最適点である。最適点Eを実現することが可能なc_tとk_tの組み合わせを結んだ線分のことを最適成長経路といい、図では太線で描かれている。完全競争の状態が実現している場合、市場メカニズムが有効に機能することによって最適成長経路を実現することが可能である。

〔森脇祥太〕

【関連項目】 ソロー＝スワン・モデル、黄金率、完全競争

【参考文献】 岩井克人, 伊藤元重『現代の経済理論』東京大学出版会, 1994年. ／吉川洋『現代マクロ経済学』創文社, 2000年.

サイト・アンド・サービス
Sites and Services

開発途上国では急速な人口増加と雇用拡大の遅れのために、近代部門で就業できず都市インフォーマル部門で働き、スラムに居住する人口が増大した。このような人口に対処すべく担当部署、専門官庁を設立しスラム対策を打ち出してはいるが、現在までのところ十分な成果をあげているとはいいがたい。スラム対策は初期の単純なスラム・クリアランス（強制立ち退き・スラム撤去）から徐々に住民の経済的状況やコミュニティ開発に関する住民参加を反映したものに変化している。対策の種類としては、低コスト住宅の建設、スラム改良とサイト・アンド・サービス／リセトルメント（再定住）がある。建設・参加主体の観点からみると、住宅公社のような専門部署、国際援助機関、NGO、住民の4者があるが、1970年代以降、世界銀行の都市開発融資とNGOの参画がその後の住宅政策の立案実施にあたって大きな理論的・実践的影響を与えている。世銀とNGOのスラム対策の経験から提唱され広まった特徴的な考え方が、完成した宅地・住宅の供給ではなく受益者の所得と必要性に応じて住宅改良を進める累進的開発（Progressive Development）の考え方である。スラム人口に対する住宅資金融資および融資資金の回収はつねに問題となる点であるが、近年注目されているのが個人ではなくコミュニティを単位として融資し回収するコミュニティ抵当プログラム（Community Mortgage Program）である。

スラム対策は各国固有の状況の中で進行するため単純な一般化は難しいが、以上の流れの中で生じている重要な変化として次の3点を指摘することができる。まずスラム住民をばらばらに扱うのではなく計画段階から住民参加を重視し、安全もしくは公共の必要上移転がやむを得ない場合も、必要なアメニティを備えた代替地を用意し（サイト・アンド・サービス）、移住させる（リセトルメント）ことである。第2が上述の累進的開発の考え方である。移転する場合は、上下水、電気などの宅地だけを供給し、後は受益者自身が建設（Self-help）を行うのが通常であるが、さらに水回りとワンルーム程度の半完成住宅（コアハウス）を提供する場合も多い。第3に、国の関与の低下と自治体およびNGOの役割の増大である。もともと国家財政に占める住宅関連予算はほとんどの国で1～2％程度であり、政府の低コスト住宅の直接供給によるスラム対策ですら不可能な状態にあった。しかし今日起こっている変化は、より積極的な意味での住宅の供給者（Provider）から促進者（Enabler, Facilitator）への変化であり、民間活力の導入を目指した金融施策やNGOや住民組織を巻き込んだ共同事業方式への転換である。この中で、かつて「敵対的」関係にあったNGOと政府はパートナーとして事業に参加するようになり、都市開発の実際は今日新たな段階に入りつつある。なお、コミュニティ抵当プログラムのような住宅金融の実際の資金は、ツーステップローンのような形で海外から供給されることが多い。フィリピンの場合当初世銀が資金援助をしていたが、2001年以降の都市開発プログラムにおいてはアジア開発銀行の役割が増大している。

[新田目夏実]

【関連項目】　住民参加
【参考文献】　ホルヘ・アンソレーナ, 伊従直子『スラムの環境・開発・生活誌』明石書店, 1992年. ／United Nations, *Living in Asian Cities The Impending Crisis—Causes, Consequences and Alternatives for the Future*. New York: 1996.

歳入・歳出構造
Annual Revenue and Expenditure Structures

国家および地方財政の一会計年度におけるあらゆる収入を歳入といい、あらゆる支出を歳出という。この歳入と歳出の各構成項目の状況のことを歳入・歳出構造という。一般的には、歳入・歳出構造とは、一般会計の構造のことをいう。一般会計は、単一予算原則を採用しており、政府の一会計年度の収支を一つの会計で把握できる。政府が特定の事業を行ったり、特定の歳入を設けて事業や運用を行ったりする場合には、それらは特別会計に計上される。

日本の2003年度予算の一般会計における歳入構造をみると、歳入の約50％が租税収入を占めている。所得税、法人税、消費税などの各種租税からの収入である。公債発行等による収入が約45％となっており、残りの約5％がその他の収入となっている。経済状況の悪化に伴う税収不足の状況が、公債金収入シェアの増加に顕著に反映されている。バブルが崩壊した1992年度には、歳入の公債金依存度は10.2％であった。その後、緩やかな増勢をたどっていたが、1998年度には40.3％に増加した。前年度の約2倍の依存度である。確かに、1970年代半ば頃にも日本の公債金依存度が急激に上昇したことがあった。しかし、当時でも約30％程度であった。現在の経済状況を勘案するならば、45％の公債金依存度は、はるかに苦しい状況といえる。

次に歳出面に目を向けると、一般歳出が最大の歳出項目であり、そのシェアは約60％である。一般歳出の構成をみると、社会保障費、公共事業、文教および科学振興、防衛という順に支出がなされている。次に地方交付税交付金などの項目が大きく約20％を占める。国債の償還費および利払いも総歳出の約20％を占める。地方自治体に行っている財政移転分とほぼ同額の金額が、国債費にあてられているという構造をもつ。これらの歳入・歳出構造をみると、日本の財政はプライマリー・バランスでみても大幅な赤字はまぬがれない。プライマリー・バランスとは、歳入から公債金収入を差し引いたものと、歳出から公債の償還および利払い費を差し引いたもの

の財政収支である。2003年度の同バランスは、対GDP比−5.4％、金額にして約30兆円の赤字である。2003年度の租税収入が約41兆円であるから、かなり大きな額である。現在、このプライマリー・バランスを2010年までに黒字に転換させる目標が打ち出されている。

　この財政状況に比べれば、アジア諸国の財政状況は健全そのものである。従来から健全財政主義を進めてきたため、国債未償還残高も少ない。またアジア経済危機後に若干財政赤字を記録したが、その後はもち直している。タイ、マレーシア、インドネシア、フィリピンの財政構造をみると、歳入に占める租税収入のシェアが非常に高いことが特徴である。タイでは約9割、マレーシアとフィリピンでは約8割である。インドネシアは若干落ちるものの約6割が租税収入である。インドネシアの、場合には、歳入の約2割が石油・天然ガスの収入によって賄われているという特徴をもつ。歳出面では、経済・社会サービスへの支出が大きくなっており、歳出の約3割近くを占めているのがこの4国の特徴である。また人件費の支出シェアも高く、歳出の約2割に達する。また、この4国は、対外債務支払いのための費用が歳出に大きなシェアを占めている。マレーシアとインドネシアでは経常予算と開発予算の「二重予算制」を採用している。この制度では、開発予算の歳入に外国からの資金援助を計上することができる。そのため財政上はバランスがとれているが、対外債務管理が不適切になると対外債務が膨張することになる。　　　　［德原　悟］

【関連項目】　二重予算制，政府債務，ソブリン・ローン
【参考文献】　木村元一編『アジア開発のメカニズム―財政・金融編』アジア経済調査研究双書186，アジア経済研究所，1970年．／貝塚啓明，石弘光，野口悠紀雄，宮島洋，本間正明編『グローバル化と財政』〈シリーズ現代財政4巻〉有斐閣，1990年．／大蔵省財政金融研究所編『ASEAN 4の金融と財政の歩み―経済発展と通貨危機』大蔵省印刷局，1998年．／貝塚啓明『財政学（第3版）』東京大学出版会，2003年．

財閥【韓国】
Chabol［韓］

　韓国経済を支えてきた企業集団の総称である。1999年に大宇財閥が解体する前までは、現代、三星、大宇、LG、SKが「五大財閥」と呼ばれていた。財閥の特徴としては、創業者一族が株式を大量に保有し、経営に関与するなど絶対的な経営支配権をもっていることである。一族の株式支配はまた、大量の株式を保有する系列企業が他の系列企業の株式を保有するという相互持ち合いによって成り立っていた。

　三星の李秉喆（I Pyŏngch'ŏl）、現代の鄭周永（Cheung Jooyung）などの創業者は、1945年の解放後あるいは解放直前に事業を開始し、1962年から開始された政府の経済開発計画に呼応する形で事業の多角化を進めた。経済開発計画の担い手になれば、低利融資などの特恵を享受できた。三星財閥は1938年に設立された三星物産から出発し、1950年代に製糖、毛織、生命保険、建設、1960年代から1970年代末にかけて、マスコミ、食品、エンジニアリング、合成繊維、家電、石油化学などの分野に相次いで事業進出した。1969年に三星電子が設立された背景には、同年の「電子産業振興法」の成立があった。現代財閥の鄭周永は、解放後、自動車工場から始め、1967年に現代自動車、1973年現代重工業、1974年高麗化学、1975年現代鋼管を設立するなど、重化学工業を中心に事業の多角化を図った。現代グループもほぼすべての製造業分野と、商社、流通、金融、マスコミなどの非製造業分野を抱える総合財閥となった。

　財閥が事業の多角化を推進した目的は、事業リスクの分散であった。またフルセットの産業をグループ内にもつことは、取引コストの節約につながるという合理的な理由もある。その一方、借金に依存した拡大経営、政官財の癒着、経営の透明性の欠如、コア・ビジネスの不在、重複投資、中小企業の成長阻害などの問題点を内包していた。これらが1997年から1998年に生じた韓国の通貨危機の遠因であったと考えられる。

　政府と各財閥の関係は政権の交代に伴い変化したものの、全体としての「持ちつ持たれつ」の関係には変化がなかった。1980年代以降、家族による株式支配の制限、金融機関の融資限度額の設定など財閥改革が試みられたが、本格的な改革は通貨危機後の1998年2月

に誕生した金大中（Kim Taejung）政権まで待たなければならなかった。金大中政権は企業構造の改革、金融改革、労働市場改革、公共部門改革を柱とする構造改革を実施する一方、ベンチャー企業の振興など「知識基盤経済」への移行を進めた。また財閥トップとの会談において、負債比率を1999年末までに200％以下にするように命じた。2000年11月には、経営再建の可能性が低い52社を、清算、法定管理、売却や合併などで整理すると発表するなど、「ショック療法」も実施した。

社外取締役の選任や結合財務諸表の導入など、経営の透明性の増大につながる制度の整備が進んだ他、系列企業間の相互支払い保証はほぼ完全に解消された。五大財閥（1999年は大宇を除く四大財閥）の負債比率は1997年末の461％から1999年末には164％にまで低下し、事業の再編が進むなど、財閥改革は一定の成果をあげたといえる。通貨危機後、財閥の勢力図も大きく変わった。大宇財閥が解体した他、現代財閥では、現代自動車、起亜、現代精工、現代鋼管など自動車関連企業がグループから離脱した。　　　　　［向山英彦］

【関連項目】三白産業、重化学工業化政策
【参考文献】服部民夫『韓国の経営発展』文眞堂、1988年。／服部民夫、佐藤幸人編『韓国・台湾の発展メカニズム』アジア経済研究所、1996年。

債務関連指標
Debt Related Indicators

開発途上諸国の対外債務残高の規模、満期構成、債務返済能力、返済負担などを示す指標である。これらの指標はいくつも存在するが、どれか1つの指標だけを取り出して債務国の債務状況を把握するのではなく、複数の指標の推移を監視しながら判断材料とする。これらの指標は債務国の格付けを行う場合に、カントリーリスクに反映される。これらの指標の中でまず注目されるのが、対外債務残高の指標である。一般的には対外債務残高をGDPで除したもので、債務国の債務規模を示す。通常、対外債務は外貨建ての債務であるから、この指標は、当該国経済の外国資金依存度を示す指標として位置付けられる。同指標の値がどの程度の水準を超えると危険であるかは、一概に判断できない。つまり、これは、当該国の外貨獲得能力に関する情報は含まれていないからである。

この点に注目した指標としては、対外債務残高を輸出額で除した債務・輸出比率がある。外貨を獲得する能力は債務国の輸出がどれだけ拡大するかに依存している。そのため、輸出が大幅に伸長すれば、それだけ債務返済能力が高いことになる。しかし、この指標にも問題がある。対外依存度の低い国では輸出額が小さくなるので、債務残高がそれほど大きくなくても同比率が上昇してしまうという問題である。この指標では、債務の満期構成や金利の水準などが考慮されていないことも問題である。返済は現在の輸出額で賄うわけではないので、債務返済能力を過小評価してしまう。例えば、長期債務が増大すると債務残高も増加し、同比率は上昇する。しかし、長期債務の返済時期は現在ではなく将来の時点になる。また、金利の支払いについても金利水準の変化によって異なり、実際の利払いは将来時点で行われるので、現在の輸出額で算出することは債務国の返済能力を低く見積もることになりかねない。

そこで対外債務の満期構成に着目した指標がある。通常、これは債務残高を年間の元本返済額で除することによって求められる。しかし、債務残高に占める満期日一括返済型の債務の比率が高くなると、同指標は一定期間の間は変化しない。また、債務返済が集中する場合、債務国の返済能力を十分に反映しない可能性がある。債務関連指標において最も多く使用されているのが、デット・サービス・レシオ（Debt Service Ratio）である。この指標はカントリーリスクにおいても広く利用されている。これは、輸出額を元利返済額で割ったものである。外貨獲得能力を示す輸出と、債務国が1年間に支払う元本と利子の総額を比較したものであり、債務返済能力を示す代表的な指標といえよう。一般的に、デット・サービス・レシオの危険水準は、15％〜20％前後といわれている。この比率を超えて上昇すると債務不履行に陥る危険性が高くなる。

以上の指標は、債務残高と輸出額や債務返済率に着目したものであったが、外貨準備も

債務返済能力の重要な構成要素である。債務残高を外貨保有額で除した、債務／外貨保有高比率がある。また、近年においては、民間部門の対外債務にも大きな関心が示されている。特に、民間対外債務の満期構成が問題視されるようになってきた。これは、アジア通貨・金融危機からの大きな教訓である。通貨・金融危機を経験した国の民間部門では、対外短期債務の残高が膨張していた。これら民間部門の外貨建て借入は、先物市場でリスク・ヘッジされていなかった。そのため、為替レートの暴落と国内経済低迷で債務返済難に陥り、それがまた混乱を拡大するという悪循環の原因となった。このように、対外債務関連の指標にはさまざまなものがあるが、複数の指標を用いて債務国の債務状況を多角的かつ総合的に判断しなければならない。

[徳原 悟]

【関連項目】カントリーリスク、対外債務危機／債務削減戦略、外貨準備、ソブリン・ローン
【参考文献】アービング・フリードマン（国際金融情報センター訳）『カントリーリスク管理の研究―多国籍銀行の新しい戦略を探る』日本経済新聞社、1984年. ／井上久志『カントリーリスクの研究―理論と実証と評価モデル』東洋経済新報社、1985年. ／中村雅秀編『累積債務の政治経済学』ミネルヴァ書房、1987年. ／毛利良一『国際債務危機の経済学』東洋経済新報社、1988年. ／寺西重郎『経済開発と途上国債務』東京大学出版会、1995年.

◀債務削減戦略
⇨対外債務危機／債務削減戦略

◀財務分析
Financial Analysis

　財務分析は経済分析とともにプロジェクトの評価のための分析手法である。財務分析では、プロジェクトを運営する事業体の観点から、財務的に健全な運営が可能かどうかを検討する。プロジェクトに投下する資金および費用と、そこから発生する便益を、年ごとに推計しキャッシュ・フロー表にまとめて比較する。推計に当たっては、当該国の市場価格を用いて計算する。税金および利子は費用として、補助金は便益として算入する（減価償却についてはキャッシュ・フロー分析の中で投下資本の回収が組みこまれているので、ここでは考慮の対象から外される）。

　このようにして得られた費用と便益のキャッシュ・フロー表を使って、費用の現在価値および便益の現在価値を、資本の機会費用に相当する割引率を適用して求める。便益と費用の現在価値の比を便益・費用比率と呼ぶ。差を純現在価値と呼ぶ。純現在価値をゼロにする割引率を求め、これを内部収益率とする。これら3つの値（便益・費用比率、純現在価値、内部収益率）はプロジェクトの財務的な健全性を測る基本的な指標とされ、案件の採否を決める際の重要な判断材料として提示される。3つの指標についてその性格を比較すると以下の通りである。

　結果として算出された値は、当該国の政策的な優遇策（例えば補助金や関税による保護）および抑制策（例えば最低賃金の設定や食糧価格支持政策）の影響を強く受け、特定の政策環境の中でのみ妥当性のある数字であ

◇便益費用比率、純現在価値、内部収益率の特徴

	便益費用比率	純現在価値	内部収益率
算出の方法	資本の機会費用を示す割引率で、便益の現在価値の合計、費用の現在価値の合計を求め、その後その比を算出する。	資本の機会費用を示す割引率で、便益の現在価値の合計、費用の現在価値の合計を求め、その後その差を算出する。	純現在価値をゼロとする割引率を算出する。
財務的な健全性	比率が1以上のプロジェクトは財務的に健全。	純現在価値がプラスであればプロジェクトは財務的に健全。	資本の機会費用以上の内部収益率をもつプロジェクトは健全。
プロジェクトの優先順位付けとの関連	比率の大きい方から選択。	値の大きい方から選択。	値の大きい方から選択。

る。国際協力の対象としてその案件を支援するか否かを判断するためには、いったん政策的に設定されたバイアスを取り払い、便益と費用を再度計算した上で判断する必要がある。これが財務分析に続いて経済分析を追加する理由となっている。　　　　　［佐原隆幸］

【関連項目】　経済分析、開発計画
【参考文献】　国際協力サービス・センター『プロジェクトの経済分析・評価の調査研究』1984年.

砂漠化
Desertification

砂漠化とは、「乾燥地域、半乾燥地域および乾燥半湿潤地域における種々の要因（気候変動および人為的活動）による土地の劣化」と定義される。土地の劣化とは、土地の生産性および植生の劣化を意味する。また、「乾燥度（可能蒸発散量/年降水量）」が0.05以上0.65以下の土地の劣化が砂漠化と定義され、現存する砂漠の拡大は砂漠化に含まれない。砂漠化を引き起こす主な人為的活動は、農地の拡大、過放牧、森林減少、不適切な灌漑、戦争などである。

砂漠化した面積は40億ha、その影響を受ける人口は2億5000万人に達している。砂漠化が特に深刻な地域は、アフリカ（2/3が砂漠地帯・乾燥地帯）、米国（国土面積の30％以上が砂漠化の危機）、南米およびカリブ諸国（1/4が砂漠・乾燥地帯）、スペイン（1/5が砂漠化の危機）などである。

砂漠化は、1977年にケニアで開催された「国連砂漠化会議」で国際問題として認識された。しかし、「砂漠化に対処するための行動計画」が採択されたものの、国際条約は採択されなかった。1992年のリオ環境サミットの「アジェンダ21」で砂漠化が取り上げられたことを受けて、1993年に国際条約採択に向けた交渉が開始された。1994年に「砂漠化に対処するための国連条約（The United Nations Convention to Combat Desertification: UNCCD）」が採択され、1996年に発効した。

砂漠化に対処するための具体的な方法は、①旱魃の早期警戒システムの改善、②水資源管理の改善、③持続可能な土地利用システム

の開発、④森林と家畜管理の改善、⑤植物用シェルターベルトの開発、⑥植林、⑦塩害（砂漠化が乾燥だけでなく塩害ももたらすため）に耐えうる品種の導入などである。砂漠化の進行の根拠となるデータの信憑性に問題があることもあり、対策はあまり進展していない。　　　　　　　　　　　　［渡辺幹彦］

【関連項目】　水資源、森林減少
【参考文献】　亀山康子「地球環境問題をめぐる国際的取り組み」森田恒幸、天野明宏編『地球環境問題とグローバル・コミュニティ』岩波書店, 2002年. ／高橋英紀『人間社会と環境』三共出版, 2002年.

サービス産業
Service Industry

同じ種類の財貨・サービスを生産する企業の集合が産業である。よく用いられるのが産業の3大分類であり、第1次産業（素材の収集、農林魚業など）、第2次産業（素材の加工、製造業、建設業など）と第3次産業（その他）に分けられる。この他に、財貨を生産する「財貨」産業と「非財貨」産業の2分類がある。3分類における第3次産業が、また2分類における非財貨産業がサービス部門として理解される場合が多い。特に製造業と同じく大規模な資本投下を必要とする運輸・通信、電気、ガス、水道などの装置産業を第2次産業に含める場合も多い。日本の産業3大分類では電気、ガス、水道は第3次産業に分類されるが、フュックス（Victor R. Fuchs）の2分類では上述の産業はすべて財貨産業に、クズネッツ（Simon Smith Kuznets）の3分類でも第2次産業に分類されている。なお、情報産業のように単純な3大分類では変化の方向が十分把握できない場合が増加しているため、新しい分類枠組みに関する試みが続いている。

サービス部門の特質として特に重要な点は、①生産物が無形であることと、②生産と消費（需要と供給）が同時であることである。その結果、他産業と比べ、サービス産業には時間と空間に対する依存性という特徴がある。生産と消費が同時（同じ場所、時間）であるため、輸送も貯蔵もできない。ピーク時に備えてその他の時期に計画的に生産ストックしておくこともできない。そのため価

格の平準化が難しく、同じ商品に対して異時点間、異地域間で異なる価格が発生することになる。この問題に対する一つの解決方法は24時間、どこでも同じ商品・サービスを販売可能にすることである。その今日的な形態がコンビニエンス・ストアーであり、POS（Point of Sales、販売時点情報管理）システムを通じての厳格な商品在庫・販売管理システムや輸送システムである。公共料金の振込み、宅配便、ATMなど、当初地点、時間の限定されたサービスであったものも、コンビニを社会的インフラストラクチャーとしてその制約から解放されつつある。

産業構造は一般的に需要構造、生産要素、技術変化とともに変化する。これらの要因は時間に応じて変化する。過去の先進国の経験にもとづき、経済発展に伴い産業構造のウェイトが第1次産業から、第2次産業、第3次産業への変化することを示したものがペティ＝クラーク法則（Petty-Clark's Law）である。その背後にある主要な要因が、第3次産業部門の所得弾力性が他部門より高いことと、第2次産業では技術進歩の効果が著しいために労働節約的な方向に変化するのに対し、第3次産業は労働集約的であることである。このようにして生産物に対する需要と雇用が第3次産業にシフトする。ただし、開発途上国のように、工業化が十分に雇用機会を供給できないために第3次産業が肥大している場合がある。過剰都市化、インフォーマル部門問題といわれるものがこの状態である。

注意すべきは、「サービス経済化」はものをつくらなくなることではなく、むしろものをつくることが簡単になったことから生じたという点である。ただし、第3次産業への移行は第1次産業、第2次産業からの雇用の単純なシフトではない。第3次産業への需要増大は、第2次産業の生産増に伴う派生需要、企業の内部サービスの外部化、物財生産とは別の新たなサービス需要の増大といった異なる要素が関係している。また、情報化社会の進展にみられるように、今日のサービス経済化には、情報の産業化（新しい産業の創出）と産業の情報化（既存産業の情報産業化）という側面があるため、従来の分類では産業構造の変化を十分把握できなくなりつつある。むしろ、専門・技術職の割合の増加など、産業構造ではなく、職業構造の変化の方が社会経済の変化の実態を反映しているとみられる。

［新田目夏実］

【関連項目】 過剰都市化、都市インフォーマル部門、ペティ＝クラークの法則

【参考文献】 コーリン・G.クラーク（大川一司, 小原敬士, 高橋長太郎, 山田雄三訳編）『経済進歩の諸条件』勁草書房、1953-55年. ／井原哲夫『サービスエコノミー』東洋経済新報社、1999年.

サプライ・チェーン・マネジメント
Supply Chain Management

サプライ・チェーン・マネジメント（SCM）とは、サプライ・チェーン（SC：原材料や部品の調達→生産→配送→販売といった生産者から顧客へとつながる一連の業務の連鎖）を効率的に運営するための管理手法のことをいう。企業は、現在、製品のライフ・サイクルの縮小、製品の納期短縮、消費者ニーズに対応する製品バラエティーの確保、などの厳しい問題に直面しており、SCMが注目を集めることになった。企業が、これらの問題に対処して競争を勝ち抜くためには、従来型の大量生産方式を継続するだけでは限界がある。そのため、企業は、個別受注生産、コンカレント生産、効率的消費者対応（ECR）等を実行して、経営戦略を転換することによって対応してきた。そして、戦略転換が進行する企業においては、従来型のSCから新しい戦略に適合したSCへの改善が試みられている。

しかし、SCMを導入する際には、さまざまな問題点について考慮する必要がある。まず、最初の問題点としては、スタンフォード大学のハウ・リー（Hau L. Lee）によって指摘されたブルウィップ効果（Bullwhip Effect）があげられる。ブルウィップ効果とは、SCの川下から川上へと伝達される情報が、川上へさかのぼるに従って劣化した状態で伝達されてしまうことを意味する。製品の販売店は、生産を行っている工場へと、また工場は部品や原材料の業者へと、1週間から1カ月後に必要とされる分量を予測して発注する必要がある。しかし、その予測は、SC

サプライチ

の川上になるほど誤差が大きくなって、必要とされる量の変動幅が拡大する。図1は、パソコンを事例とした場合、川上へとさかのぼるにつれて、オーダー数の変動が拡大することを示す。

SCMを導入する上では、TOC（Theory of Constraints：制約条件の理論）に関する検討も必要となる。精巧に形成されている生産工程においても、全体の生産量を決定する「ボトルネック」となる工程が存在する。非ボトルネックの工程で大きな生産量を達成したとしても、ボトルネックとなる工程の生産量が低ければ、市場ニーズを満足することができない（図2）。ボトルネックとなる工程

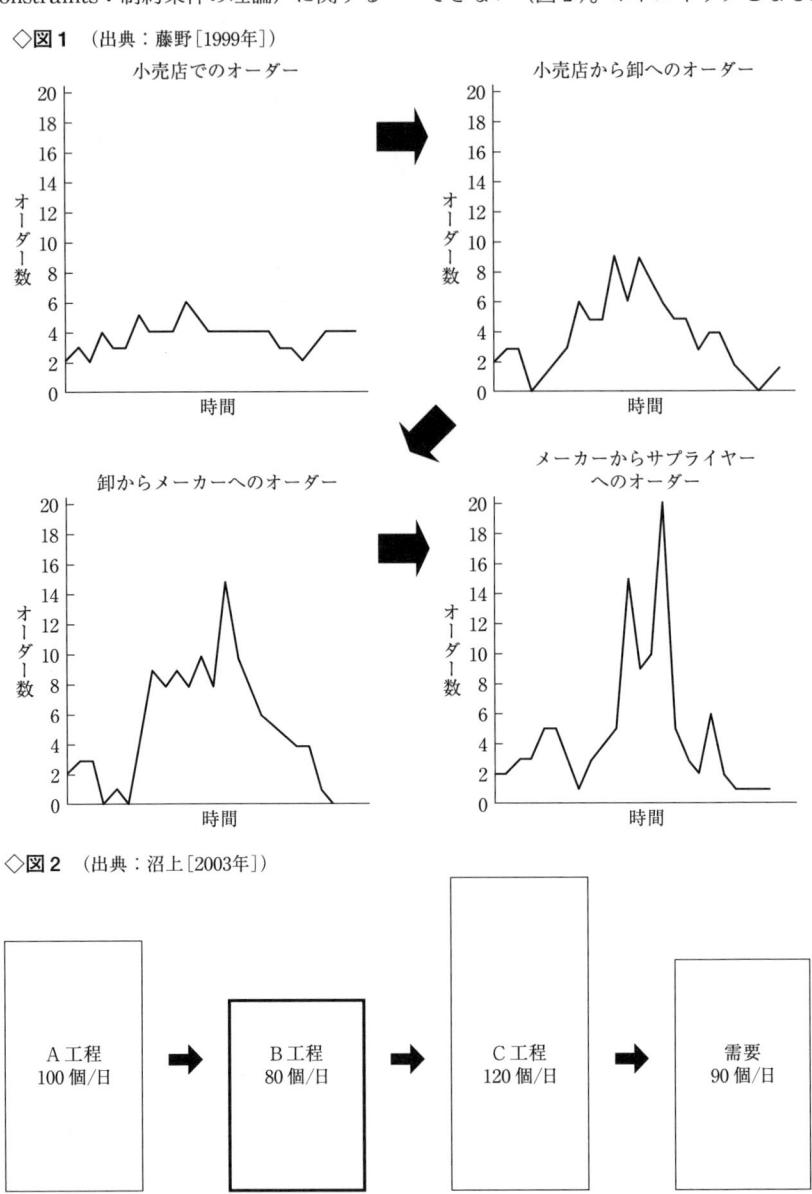

◇**図1** （出典：藤野［1999年］）

◇**図2** （出典：沼上［2003年］）

A工程 100個/日 → B工程 80個/日 → C工程 120個/日 → 需要 90個/日

ボトルネック

に起因する時間的ロスは、全体の生産量の減少へとダイレクトにつながる。そのため、全体の生産量を増加させるためには、ボトルネックをもたらす要因を発見して改善を行う必要がある。ブルウィップ効果やTOCを考慮して、新しい経営戦略に適合したSCMを構築するためには、SCの各業務のプランニングやコンピューターを利用した情報管理を適切に行う必要がある。

プランニングに関しては、各業務の運営状況を実際に調査・分析することによって、ボトルネックを発見して、TOCにもとづく改善が重要である。ボトルネックを考慮しないプランニングを行えば、実行段階で現実との大きなギャップが生じ、困難な状態に陥る。次に、情報管理に関しては、ERP(統合情報システム)やEDI(電子データ交換)を利用したEC(電子商取引)、データウェアハウス等のツールを利用し、即座に市場動向をキャッチし、企業内で情報を迅速に伝達してブルウィップ効果を抑制する。しかし、情報管理に関しては、導入したツールを有効に活用するためにも、担い手である社員の意識を向上させることが重要である。　　　〔森脇祥太〕

【参考文献】　福島美明『サプライ・チェーン経営革命』日本経済新聞社、1998年。／藤野直明『サプライ・チェーン経営入門』日本経済新聞社、1999年。／沼上幹『組織戦略の考え方―企業経営の健全性のために』ちくま新書、2003年。

▶サリット政権【タイ】
Sarit Thanarat Administration

1958年10月の軍事クーデタを経て、陸軍司令官サリット・タナラット(Sarit Thanarat, 1908～63年)が首相に就任した。サリット政権は、政治面では首相に政治権力を集中した強権的な支配体制を確立する一方で、国王の権威の強化と仏教システムの再編に努め、タイのナショナリズム、「タイ式民主主義」の基礎をつくった。

経済面では、「国家の開発(パッタナー・プラテープ)」というスローガンを掲げ、それまでの国営企業中心の経済政策を転換した。政府の役割を経済開発長期計画の策定や産業インフラの整備に限定し、民間企業主導の経済体制を確立した。また、関税障壁による輸入代替工業化を進めるとともに、1959年の投資委員会(BOI)の設立、1962年の「産業投資奨励法」の制定などにより、外資企業を積極的に誘致した。

強権的な政治体制の下で経済開発を進めてきたため、サリット政権は「開発独裁」のイメージが強い。しかし、具体的な経済政策は、国家経済開発庁(NEDB、後にNESDBに改称)、首相府予算局、大蔵省経済局、中央銀行などの多数の経済テクノクラートによって立案され、実施されてきた。また、サリット政権の開発政策は、工業化だけでなく、農業開発や教育制度の整備なども対象としたため、その後のタイの政治、経済、社会の基本的な枠組みをつくった。民間企業主導の経済体制と経済テクノクラートによる開発計画の作成・運営は、サリット政権後も受け継がれ、タイの開発政策の特徴となっている。

〔大泉啓一郎〕

【関連項目】　開発独裁、輸入代替工業化、タノム政権
【参考文献】　末廣昭『タイ―開発と民主主義』岩波新書、1993年。／末廣昭、東茂樹編『タイの経済政策―制度・組織・アクター』アジア経済研究所、2000年.

▶サンガ【タイ】
Sangha〔タ〕

タイにおける僧侶統治機構。タイでは、成人であり、借金がないなど、心身ともに健全な男性であれば、誰でも出家できる。出家すると227の厳しい戒律を守らねばならない。戒律に触れた場合の処分など、サンガの役割は重い。1941年に制定されたサンガ法は、僧侶の中央組織として、サンガ議会による立法、法臣会議による行政およびサンガ裁判所による司法という、三権分立を確立していた。戦後のタイをリードしたサリット(Sarit Thanarat)首相は、サンガ内での派閥争いを理由に、1962年新サンガ法を制定した。新しいシステムは、法王と長老会での中央意志決定を、地区管区経由で村落の住職に伝達するという、内務省の地方行政と対応する上意下達方式であった。サンガの役割は、仏教の無変化を支えることであった。バスの揺れで隣の女性に触れても僧侶は戒律違反に問われる。厳しい戒律を守る自信がなくなった時には還俗すればいいというのが、タイ仏

教の伝統であり、戒律を守れる人々の集まりがサンガであった。守る自信がなくなるとか、守らなかったらサンガから離脱する。そうすればつねにサンガは純粋であり、仏教の無変化性は保たれるのである。しかし、タイの社会の変化の中で、僧侶の意識も大きく変わった。社会的発言をしてはならないという戒律はあるが、貧富の格差拡大など社会的変化に発言しなくてもいいのかなどという議論が、僧侶の社会参加を促し、いわゆる開発僧を輩出するようになった。僧侶の金銭問題や女性問題などの頻発が、瞑想による自己発見などを薦める集団もできている。無変化を原則としていたサンガも変化しつつある。

〔安田 靖〕

【関連項目】 プミポン・アドゥンヤデート
【参考文献】 石井米雄『タイ仏教入門』めこん, 1991年.

参加型開発
Participatory Development

参加型開発が国際協力の中で重要なテーマとして取り上げられるようになった背景には、次のような事情がある。すなわち、①従来の受益者の直接関与しないところで大事な方針や構成要素を決定し、その後に受益者に理解を求めるというソーシャリゼイション(Socialization)アプローチでは、結果的に協力の効果が限定的である。また協力終了引き渡し後の活動がうまく運ばず、自立発展性が望めない事態が無視できないほどに表面化してきた。②プロジェクトの妥当性を上げるためには、受益者のニーズを反映した計画が立案されなければならないが、開発途上国政府の調査能力には限界があり、十分な調査ができない。したがって、専門家に調査をさせ、その結果に従って実行するという従来の方法では成功には至らない。③ローカルな情報の収集には発掘・形成の段階から地域住民との協力関係を形成し、そこから実施段階での協働関係を築くことが不可欠だという認識が高まってきた。④開発行為の立案の段階から、重要な決定事項については情報を開示し、地域社会の意向を組み入れて調整し、採択は住民とともに行う。また、地域社会に開発を理解しそれを担うだけの知識や組織力が欠けている場合には、対話のプロセスと並行して住民の組織化を行う能力形成を行い、実施の段階では住民側の貢献を求めることが不可欠との認識が深まってきた。

国際協力の対象は、基礎的な産業インフラの開発から国づくりの中核をなす組織・制度づくりの領域に広がり、さらには貧困削減などを目的とした地域社会の運営にまで進んでいる。その中で、従来の経済的なリソースの手当てをすれば十分だという時代は去り、開発活動への地域社会の人的・物的資源を動員する社会的動員を図ることの重要性への認識が深まった。参加型開発が主流化する中で、援助側に求められる知識、技能、役割も変わりつつある。案件のもたらす経済的な便益を推計する経済分析の知識に加えて、地域社会の情報を幅広く深く収集し、諸集団の人口学的な特徴や集団間の利害関係、集団内の結束力を分析し、対象案件への協力の可能性や受容能力を知る社会分析の知識の重要性が増してきた。既存の客観データを収集しまとめ上げる調査の技能に加えて、ワークショップなどを通じて地域住民の状況を把握しニーズを顕在化させ、手段-目的についてのコンセンサスを形成する触媒的な役割を果たす技能も求められることとなった。現地NGOや住民組織と協働することが重要となり、現地語を話し現地から発想する能力を備え、対話型で立案し実施する役割の果たせる実務者が、国際開発の重要な要員として要求されるところとなった。

この典型的な例を、近年広く受容され日本の国際協力手法の基礎を成す手法として広まってきたプロジェクト・サイクル・マネジメント手法にみることができる。この手法は、ドイツが1980年代に開発したZOPP手法を発展させて、1990年代にプロジェクトの計画-実施-評価を参加型で行う手法として日本の援助機関に導入された。このように、参加型開発の導入を求める声に応じて、それを実現するための知識、技能、役割、手法面での整備は徐々に整いつつある。しかし、これらの新しい知識、技能、役割、手法を現場で使いこなすだけの能力を備えた実務者の養成はいまだに不十分である。特に地域言語に精通し

地域社会レベルで機能する実務者の養成は大学などの機関でようやく緒につき始めたばかりである。
[佐原隆幸]

【関連項目】 プロジェクト評価、プロセス評価、制度開発
【参考文献】 国際協力総合研究所『参加型開発と良い統治』1995年。／国際協力総合研究所『地球規模の課題』1995年。

三角債【中国】
Triangle Debts

「三角債」とは、中国企業の資金繰りの悪化が連鎖的に起こる現象をいう。三角債が発生する要因としては、①国有企業の予算制約が「緩やか」であること、②1980年代に経済の過熱を抑制するためにとられた金融引締め政策によって、企業の資金繰りが悪化したこと、③投資効率を無視した、インフラ投資、不動産投資などが積極的に行われたこと、④企業に債務に対する返済意識が低く、支払能力があるにもかかわらず支払いを拒むケースが多かったことなどがあげられる。

1980年代の体制改革の一環として、中央政府は、国有企業と地方政府の双方に「放権譲利（決定権を地方政府と国有企業に委ね、分権化した公有制とする）」を実施した。これは地方政府と国有企業の効率性向上に対するインセンティブを高める効果があったものの、総需要を大きく膨脹させた。また政府供与の資金も国有銀行の融資も事実上返済する必要がなかったため、地方政府と国有企業は積極的に投資を行ったが、投資結果に対しては責任を負わなかった。この結果、地方政府によって発行された多くの「白条」（空手形）や企業間の「三角債」が中央の融資限度額を超過した。

1991年末の三角債総額は約3600億元であったが、朱鎔基（Zhū Róngjī）副総理の方針によって銀行融資520億元を投入し、1992年末に清算を終了した。しかし、問題の原因が解消されたわけではなく、1992年以降の景気過熱により、1994年末には、三角債総額は6000億元に急増した。WTO加盟後も高い経済成長を続けているが、依然として三角債問題は深刻である。
[孟 芳]

【関連項目】 国有企業改革

【参考文献】 経済企画庁（現内閣府）編『世界経済白書（平成3年版）』大蔵省印刷局、1991年。

産業許認可制度【インド】
Industrial Licensing System

独立後、インドでは民間部門に対して広範な経済統制を実施してきたが、その中心をなしてきたのが産業許認可制度である。産業許認可制度の使命は、5カ年計画で示されている生産能力や生産水準の目標を可能な限り実現させるべく、希少な資源を計画の優先順位に従って割り当てることにあった。その法的根拠は、「産業（開発・規制）法」（1951年）である。具体的には、工業部門の大宗を網羅する38部門（付表産業）を対象に、一定規模以上の生産単位（動力を使用し、かつ50人以上の労働者を雇用している工場、あるいは動力を使用しないで100人以上の労働者を雇用している工場をもつ企業）は、事前に中央政府より産業許可証を交付してもらわない限り、新規企業の設立、新規商品の生産、既存企業の相当規模の拡張、さらには生産立地の変更は一切認められないことになっている。「産業（開発・規制）法」（1951年）にもとづいて、公益上必要と考えられる場合には、中央政府は企業の経営に直接介入し、あるいは付表産業に該当する商品の価格、生産、分配などを統制できる権限を付与されている。ちなみに産業許可証に記載されている事項は、①生産単位の名称、住所、所有者名、生産活動の場所、②該当する付表産業、③生産中、あるいは生産見込みの品目、④各品目の年間生産能力、などである。

1991年7月に「新経済政策」が発表されて以来、インドでは既存の混合経済体制の枠組みが大幅に改訂され、産業許認可制度は事実上撤廃された。産業許認可制度の対象となる産業は38部門から6部門（アルコール飲料、タバコ、国防機材、爆薬、薬品など）に削減され、大方の民間企業は品目や生産能力を記載した産業許可証の拘束から解放された。産業許認可制度の事実上の撤廃は、5カ年計画の形骸化を意味し、インドでの市場経済化に向けての動きが本格化していることを意味している。
[小島 眞]

【関連項目】 新経済政策
【参考文献】 小島眞『現代インド経済分析—大国型工業発展の軌跡と課題』勁草書房、1993年。／小島眞「グローバリゼーションとインド国民経済の変容」渡辺利夫編『アジアの経済的達成』東洋経済新報社、2001年。

産業空洞化
Industrial Hollowing

生産拠点の海外への移転により国内の雇用が減少したり、国内の技術開発力が低下することをいう。日本で産業空洞化問題が表面化したのは、1980年代の後半である。長期的な円高や巨額の貿易黒字によって諸外国との貿易摩擦が激化し、自動車やエレクトロニクスなどの輸出、産業の海外での現地生産化が進み、国内の生産や雇用が減ったことで大きな論議となった。1985年のプラザ合意以降、急速な円高を背景に製造業の生産拠点の海外移転が活発化し、米国と同様に国内の雇用が減少した。企業の急激な海外移転は、国内産業の衰退化の恐れから空洞化問題として取り上げられるようになった。円高によって国内賃金コストの上昇、輸入製品の国内需要が高まった反面、技術力のある中小企業の倒産、国内産業ネットワークの変化などによって国内生産が縮小した。その結果、製造業を初めとするその周辺産業の多くが海外での生産活動に乗り出した。

日本企業の海外進出の背景には、円高による国内製造業のコストパフォーマンスの悪化というプッシュ要因と、海外市場の成長性などのプル要因が存在する。全体的に日本企業は製品の品質では優位にあるが、それを支える国内賃金コストが海外に比べて割高で、激しい価格競争を勝ち抜くために輸出から海外直接投資による現地生産へと企業経営をシフトした。これにより、最初は日本企業の海外進出が国内経済に産業空洞化を招き、産業発展を阻害すると危惧されたが、むしろ国際分業を促し、日本に産業高度化をもたらしたという見方もある。

産業空洞化に関する議論にはいくつかの見解があり、製造業の生産拠点の海外移転により国内の雇用や技術水準等に影響を与えるという立場、円高の進行により本来国内で経済成長の牽引車となるべき産業が海外へ流出してしまうという批判的な議論がある。一方、こうした変化は国内産業の構造調整過程で避けられない過程であると前向きに解釈する議論がある。その他、企業は比較優位の観点から最適な資源配分を追求しており、円高によって国内に負の現象が現われたとしても致し方ないとの立場があげられる。

一般的に企業が生産拠点を海外へ移転する理由には、比較優位にもとづく利潤最大化行動が背景にあり、これを規制するとマクロ的に経済厚生を低下させる可能性がある。しかし、生産拠点を海外に移転する企業の国内での影響力が大きく、国内経済にある種の外部経済効果を及ぼしているとすると、企業の生産拠点の海外移転に伴い一国の経済厚生が低下する可能性がある。産業空洞化問題の本質は、こうした企業の私的便益と社会的便益とが乖離するところにあろう。

一方、産業空洞化による雇用への影響は、マクロ的にみてそれほど大きくないという見方もある。すなわち、企業の立場から生産拠点の海外への移転が利益に適うものであるなら、一国レベルでみても同じ利益が得られると考えられる。生産拠点の海外への移転は、企業レベルでは国内雇用の減少と海外からの利益移転をもたらす。これを一国全体のマクロ的観点からみれば、国内賃金所得の減少を海外からの利潤所得の増加によって補っているということになる。国民の利益は総合的な国民所得にもとづくと考えるなら、賃金所得が減少してもそれを補うだけの利潤所得があればよいことになる。

しかし、企業の海外展開による影響が最も深刻に及ぼす部門は地域経済であろう。地域経済の場合には、特定の企業に経済的に大きく依存している場合が多く、一つの企業が工場を海外に移転させるだけで、文字通りその地域の経済が空洞化することがある。産業空洞化がどこまで進むかは、代替的な雇用機会の有無と量、通貨急騰の規模と期間、通貨急騰に対する国内外の経済的相殺効果による。産業空洞化の観点から各国を比較すると、米国、日本はなお高い品質力および革新的な技術力によって製品競争力を維持している反面、1980年代の英国は、よいモノづくりがで

きなかったことで競争力を失った。［文　大宇］

【関連項目】　海外直接投資、中国脅威論
【参考文献】　経済産業省『通商白書（総論編）』1995年。／伊藤元重『ゼミナール国際経済入門』日本経済新聞社、1996年。／松田健『アジアから見た日本の「空洞化」―金型産業の世界地図が変わる』創知社、1996年。／吉田敬一『産業構造転換と中小企業―空洞化時代への対応』ミネルヴァ書房、1999年。／小林英夫『産業空洞化の克服―産業転換期の日本とアジア』中公新書、2003年。

産業構造高度化政策【シンガポール】
Economic Restructuring Policy

1979年に開始された、シンガポールの産業構造を労働集約型から資本・技術集約型を軸にするものへの転換を図った野心的な産業政策。「第2次産業革命」（Second Industrial Revolution）とも呼ばれる。

シンガポールは、小さな島国都市国家であり、もともと農業や漁業など1次産業は皆無に近い。英国植民地時代は東南アジアの中継貿易拠点として商業、銀行や保険など金融・サービス産業が経済活動の中心であった。1959年にスタートした工業化は、商業基盤型から製造業中心の産業構造への転換を図ったものであった。当初、深刻な失業問題に対処するため雇用創出に重点がおかれ、労働集約型産業が奨励された。石油精製、造船業といったシンガポールが東南アジア地域にもつ立地性を生かした重化学産業の他に、繊維産業、食品加工業など労働集約型産業が発展した。1970年代前半も、労働集約的な電機製品組み立て産業が発展して生産と輸出の中心を担った。

しかし、シンガポールの労働市場が小さいため、1970年代になると一転して労働力不足へと局面が転換した。これをみて政府は、低賃金労働力に依存した産業開発戦略をとり続けたならば、外国人労働者への依存度が高くなることは不可避である、さらには早晩製造業は限界に突き当たり成長力を失ってシンガポール経済は衰退する、と判断するに至る。ここから、これらの隘路を避けて成長を持続するには、労働集約型中心の産業構造から、「資本集約型」、「技術集約型」の産業構造へと転換し、貴重な労働資源を有効に活用した経済活動への転換を行う必要があるとの結論が導き出された。1970年代前半にそのための推進計画が策定されたが、1974年の石油危機で延期され、1979年に産業構造高度化政策として発表・実施された。

産業構造高度化のための政策は主に、①技術集約型産業の奨励、②既存工場の機械化・コンピューター化、③高賃金政策、④労働者の技能力向上から成り、研究・開発（R＆D）、石油化学産業、化学薬品業、航空機産業などハイテク産業の振興が強調された。産業構造高度化を推進・実現する政府の強力な武器として使われたのが賃金である。高度化政策の開始と歩調を合わせて、全国賃金評議会（National Wages Council：NWC）は1979年から3年連続で約20％の賃上げを勧告したが、これにより低賃金労働力に依存する企業を淘汰するか、マレーシアやタイなど近隣諸国へと追いやろうとしたのである。これに加えて、政府主導で労働者の技術能力を高め、技術集約型企業に対応できる労働力の育成・創出も開始された。

政府の努力にもかかわらず、この一大経済改革は失敗に終わった。その原因は、生産性や成長率をはるかに上回る政策的な高賃金政策により企業の経営コストが上昇して国際競争力を失ったこと、多くの企業や国民が来る高成長を予測して不動産など投機に走り「ミニ・バブル」が発生したこと、第2次石油危機でシンガポール最大の輸出市場である米国経済が停滞したことなどにあった。これら複合要因により1985年にマイナス成長を記録すると、政府は企業コスト削減や国際競争力の回復を意図して高賃金政策を修正するなど、産業構造高度化を推進した政策の多くが撤回された。現在、一部製造業の「高度化」が進んでいるが、それ以上に金融・サービス業が発展し、経済の「ソフト化」が進んでいる。

［岩崎育夫］

【関連項目】　高賃金政策
【参考文献】　平川均「アジア新工業化とシンガポール」奥村茂次編『アジア新工業化の展望』東京大学出版会、1987年。／Lawrence B. Krause and others, The Singapore Economy Reconsidered. Singapore: Institute of Southeast Asian Studies, 1987.／ギャリー・ロダン（田村慶子、岩崎育夫訳）『シンガポール工業化の政治経済学―国家と国際資本』三一書房、1992年.

産業政策決議【インド】
Industrial Policy Resolution

　独立後、インドでは経済開発を進めていく上で政府に大きな期待が寄せられ、「成長のエンジン」としての公共部門の拡大が図られた。公共部門と民間部門の活動範囲を峻別し、産業政策における重要な指導原理を提供したのが、1948年「産業政策決議」の採択である。その後1956年に改訂された。「48年決議」では、「中央政府によって独占されるべき部門」として、兵器・軍需品、原子力、鉄道運輸の3産業、また「新規事業の設立に際して国家（地方・州政府を含む）が排他的アクセスをもつ部門」として8産業が設定された。その後1954年の議会で「社会主義型社会」の実現が社会経済政策の目標に設定されるべきであるとの決議が採択され、また第2次5カ年計画（1955/56～59/60年）で重工業優先政策が打ち出されたことを反映して、「56年決議」では「48年決議」に比べて一段と公共部門の拡大が強調される内容となった。

　「56年決議」の基本的考え方は、「基礎的、戦略的重要性を有する産業や公益事業的性質を有する産業、さらには国家しか担当できない大規模な投資を必要とする産業はすべて公共部門でなければならない」というものである。「56年決議」では、工業部門が第1カテゴリー（新規事業の設立に際して国家が排他的責任を負う部門）、第2カテゴリー（民間部門に対して活動の機会を認めつつも国家による新規事業の設立が次第に拡大していくことが予定されている部門）、第3カテゴリー（将来の発展が民間部門のイニシアチブと企業に委ねられる部門）の3グループに分類され、第1カテゴリーに該当する産業として17産業が設定された。1991年に「新経済政策」が打ち出されて以来、公共部門拡大優先の「産業政策決議」の基本方針は事実上、撤回された。公共部門に留保されるべき産業は大幅に削減され、目下、武器・弾薬など国防関連項目、原子力エネルギー、原子力エネルギー関連物質、鉄道輸送の4産業のみになっている。

[小島　眞]

【関連項目】 国有化政策

【参考文献】 小島眞『現代インド経済分析—大国型工業発展の軌跡と課題』勁草書房, 1993年. ／小島眞「インド工業論」絵所秀紀編『現代南アジア②経済自由化のゆくえ』東京大学出版会, 2002年.

産業内分業／工程間分業
Intra-industry Trade, Division of Industrial Process

　産業内分業とは国際分業の一形態であり、同一産業あるいは同一のカテゴリーに属する財を相互に交換する分業形態である。

　産業内分業の進展の度合いを示す代表的な指標が、グルーベル＝ロイド（Herbert G. Grubel and Peter J. Lloyd）の産業内貿易指数である。ある国のi財についての輸出をX_i、輸入をM_iとすると、産業内貿易指数は、$1-\sum|X_i-M_i|/\sum(X_i+M_i)$と表わすことができる。指数は0から1の値をとり、指数が大きいほど産業内分業が活発であることを示す。すべての財について輸出あるいは輸入のみが行われている（産業内分業が全く行われていない）場合には指数は0となり、すべての財について輸出額と輸入額が合致する（すべての財で完全な産業内分業が行われている）場合は1となる。ただし、この指数は、貿易収支が不均衡である場合にはゆがみが生ずる、製品分類の細分化の度合いによって指数が異なる、という課題も指摘される。

　産業内分業は、同一カテゴリーに属する製品の中でも差別化された製品を交換する製品差別化分業と、生産プロセスを分担する工程間分業に分けることができる。製品差別化分業の例としては、先進国間では、付加価値率や技術水準に際立った差がなく、ブランドやデザインなどの面で差別化された製品を交換する水平的な分業が多くみられる。先進国と開発途上国の間では、要素賦存比率や技術水準の差にもとづいた垂直的な製品間分業が多い。先進国が資本集約的な高付加価値製品や高機能製品を生産し、開発途上国が労働集約的な低付加価値製品や普及品を生産するというパターンである。また、工程間分業としては、先進国が高付加価値部品を供給し、開発途上国が労働集約的な最終組立工程を担当するという形態が代表的な事例である。なお工程間分業は、多国籍企業の本社と海外生産子

会社との間における企業内分業としてもしばしば行われる。

産業内分業は、多国籍企業のグローバル展開により活発化した。とりわけ東アジアでは、日本企業を初めとする多国籍企業が加工組立基地と位置付けて直接投資を拡大したことから、1980年代後半以降産業内分業が急速に進展した。東アジア諸国は、多国籍企業の国際分業の一翼を担うことで生産技術やノウハウなどの経営資源を吸収し、工業化を進めた。

組立型の機械産業は生産プロセスの分割が比較的容易であるために、東アジアにおいて緻密な工程間分業が形成されている。中でもパソコンや携帯電話といった情報技術(IT)製品は、ユニット部品の相互の関係が標準化されているために、各ユニットを独立的に生産・開発することが可能であり、工程を細分化しやすい。このことが新規参入企業の増加や生産地の分散を可能とし、アジア全体に広がる工程間分業が構築された。例えば、CPU(中央処理装置)の後工程はフィリピン、マレーシア、メモリーは韓国、HDD(ハードディスクドライブ)は東南アジア、液晶パネルは日本、韓国、台湾、マザーボード、電源、マウスなどの関連機器は中国で生産するという分業が成り立っている。

[森美奈子]

【関連項目】 垂直分業／水平分業、企業内貿易、国際分業、域内分業
【参考文献】 H.G. Grubel and P.J. Lloyd, *Intra-Industry Trade : The Theory and Measurement of International Trade in Differentiated Products*. London: Macmillan, 1975. ／田中拓男『国際貿易と直接投資—国際ミクロ経済のモデルと検証』有斐閣、1995年。／木村福成、丸屋豊二郎、石川幸一編『東アジア国際分業と中国』日本貿易振興会、2002年。／永盛明洋「IT製品を巡る『競争』と『協調』」木村、丸屋、石川2002年所収.

産業分類 I
Industrial Classification I

経済は多数の産業から構成されるが、産業構造などを分析する際には分析可能な程度に類似する産業を統合し、いくつかのカテゴリーに分ける必要がある。もっとも粗い産業分類として用いられるのが、第1次産業、第2次産業、第3次産業という3分類である。こ

◇産業分類の内訳

第1次産業	農耕、畜産、林業、狩猟、漁業など
第2次産業	製造業、鉱業、建設業、電気・水道・ガス事業など
第3次産業	流通、ホテル・レストラン、運輸、金融、公務、ビジネス活動、教育・保健、共同体サービス、家計、治外法権機関活動、統計上の不一致など

◇ISIC Rev.3 大分類表

コード	産業
A	農業、狩猟業、林業
B	漁業
C	鉱業、採石業
D	製造業
E	電気・ガス・水道業
F	建設業
G	卸売・小売業、自動車・家庭
H	ホテル・レストラン業
I	運輸・倉庫・通信業
J	金融仲介業
K	不動産業、物品賃貸業・事業
L	行政・国防；強制社会保障
M	教育
N	保健衛生・社会事業
O	その他の社会・個人サービス
P	雇用者のいる個人世帯
Q	治外法権機関・団体

れはフィッシャー(Allan George Barnard Fisher)、クラーク(Colin Grant Clark)により始められた産業分類であり、各分類の代表的産業を総称としてそれぞれ農業、工業、サービス業と呼ばれることもある。代表的な分類は表の通りである。鉱業を第1次産業に、また電気・水道・ガス事業を第3次産業に含めることもある。

このような産業分類に関しては、同一もしくは類似の産業についてその標準的な分類体系と定義を規定するいくつかの分類体系が存在する。現在、産業分類として国際的に広く用いられているのが、国際標準産業分類(International Standard Industrial Classification : ISIC)である。国際標準産業分類は、1948年に国連が「全経済活動に関する国際標準産業分類」を公刊したことに始まり、その後の国際的な産業構造の複雑化・多様化

に対応して、1958年、1968年、1989年にそれぞれ産業分類の改訂が行われた。最新版である1989年改訂の第3版（ISIC Rev. 3）では、世界的なサービス活動の拡大に伴い、第2版（ISIC Rev. 2）に比べ第3次産業の分類がより細分化されている。現在では先進国を中心に第3版（ISIC Rev. 3）の利用が徐々に増えているものの、依然として改定第2版（ISIC Rev. 2）に準拠して産業統計を作成する国も少なくない。

　ISICの基本構成は大、中、小、細分類の4段階分類であり、各分類はアルファベット、もしくは0〜9の数字で表示される。基本的な分類コードは最大4桁の数字表記となるが、ISIC Rev. 3は中分類を01〜99の数字表記、大分類をアルファベット表記とすることでより分類の細分化が可能となった。現在、国際標準産業分類は、工業統計の他、生産、雇用、国民所得など多くの経済分野に関連する統計で使用されている。　　［川畑康治］

【関連項目】　標準国際貿易分類
【参考文献】　コーリン・G. クラーク（大川一司、小原敬士、髙橋長太郎、山田雄三訳編）『経済進歩の諸条件』勁草書房, 1953-55年. ／United Nations, *International Standard Industrial Classification of All Economic Activities*. 3rd. rev., N.Y. : Statistical paper ; ser. M, no. 4, rev. 3, 1990. ／河村鎰男、野田容助編『国際産業データシステムの利用と応用』アジア経済研究所, 1996年.

産業分類Ⅱ
Industrial Classification II

　経済発展の過程は、「工業化」と同義に理解される場合が多いが、工業の中心的産業である製造業内部の産業分類に注目すると、一番粗い分類として一般に重化学工業、軽工業という産業分類がよく用いられる。重化学工業とは鉄鋼・非鉄金属の精錬、およびそれらを加工する産業と化学関連工業との総称であり、一般には化学、金属、機械の3産業をもって重化学工業と呼称する。重工業といわれることもある。これに対し軽工業は、食品加工、繊維・衣料、皮革製品、紙製品など非金属の有機物質などを加工対象として、比較的軽い消費財を生産する工業部門の総称である。

　経済発展の過程においては、軽工業が生産設備に大量の資金を必要としないために工業化の初期段階から発達するのに対し、重化学工業は工業化がある程度進展したのちに勃興する。したがって産業発展の初期段階では、繊維や食品などの軽工業が産業の中心的な位置を占めているが、工業化の進展に伴って鉄鋼、機械、化学などの重化学工業のウェイトが高まる傾向がある。こうした傾向は重工業化、あるいは重化学工業化と呼ばれる。

　重工業化は工業発展の1つの指標として捉えることが可能であるが、これを明示的に表わしたものが、ホフマン（Walther Gustav Hoffmann）によって提唱された「ホフマンの法則」である。ホフマンの法則は、提唱された当初、「工業化の進展に伴う資本財産業に対する消費財産業の相対的地位の低下」を意味していたが、電気機械ならびに輸送機械産業などで生産される耐久消費財の需給拡大とともに本来の意味と現実との間に矛盾が生じ、今日では「工業化の進展に伴う重工業産業に対する軽工業産業の相対的地位の低下」として理解されている。

　このような経済発展に伴う軽工業ならびに重化学工業シェアの動きについては、伝統的に所得弾力性ならびに生産性上昇率という2つの需給要因で説明されてきた。すなわち重化学工業は、軽工業より（需要の）所得弾力性が高いために世界経済拡大の下で軽工業以上の成長率が期待でき、また重化学工業は軽工業より技術進歩（生産性上昇）率が高いため、同一生産要素投入量の下で軽工業以上の成長率が期待できる。ここで所得弾力性は需要面から、また生産性上昇率は供給面から、それぞれ重化学工業の（潜在的）成長率が軽工業に比べて高く、その結果、長期的には重化学工業シェアが拡大することを示唆している。

　この需給両面から説明しうる重工業化は、産業連関表を用いた連関効果を計測した場合に、重化学産業が前方・後方ともに連関効果が高いことによっても表わされる。政策へのインプリケーションとして、経済成長率の上昇を意図して重工業化を政策的に誘導する際には、この2つの基準が相対的に高い産業に設備投資を重点的に振り向ければよい、ある

いはそのように産業構造を誘導すればよい、ということになる。実際、日本の通商産業省（現経済産業省）はこの2基準を用いて産業政策を推進したとされる。　　　［川畑康治］

【関連項目】　ホフマン法則
【参考文献】　W. ホフマン（長洲一二，富山和夫訳）『近代産業発展段階論』日本評論社，1967年．／篠原三代平『産業構造論』筑摩書房，1976年．／小野五郎『産業構造入門』日本経済新聞社，1996年．

産業分類III
Industrial Classification III

　産業構造論における農業、工業、サービス業といった産業分類は最も古典的な分類であり、ペティ（William Petty）が産業構造を論じる際に分類に用いたのが最初とされている。この後、クラーク（Colin Grant Clark）がフィッシャー（Allan George Barnard Fisher）の先鞭による第1次産業、第2次産業、第3次産業という産業分類法を広く世に提唱するまで、多くの古典派経済学者がペティによる分類を用いてきた。ペティによる農業、工業、サービス業という分類と、クラークによる第1次産業、第2次産業、第3次産業という分類はアイディアとして非常に類似しており、実際、この2つの産業分類はしばしば同義で使われる。しかし厳密には、農業は第1次産業の中心産業であり、また工業は第2次産業、サービス業は第3次産業のそれぞれ中心的産業であって、必ずしも2つの産業分類は同義ではないことに注意が必要である。

　産業構造との関連では、17世紀後半にペティが、農業、工業、サービス業といった産業分類を用いて各産業の1人当たり所得が異なる事実を発見している。彼は英国南部の農民の賃金に比べて船員の給料が4倍近いという事実や、その当時の工業・サービス業における労働者比率が高かったオランダの1人当たり所得が欧州諸国の中で最も高かった事実に注目し、「農業より工業の方が、工業よりサービス業の方が、（1人当たり）所得が大きい」という結論に達した。その後クラークがペティの発見を踏まえた上で、①一国の所得レベルは産業ごとの所得格差に関係しており、②一国の所得レベルの変化は産業構成の

変化を通じて実現される、と主張した。この2人の発見は、今日、「ペティ＝クラークの法則」として知られる。

　ペティ＝クラークの法則にあるように、労働力比率あるいは付加価値比率でみても一般に農業の割合は、所得水準の上昇とともに低下する傾向がある。その一方で工業およびサービス業のシェアについては、農業ほど明確ではないものの、所得水準の上昇とともに上昇する傾向がある。こうした傾向は、時系列およびクロスセクションのいずれにおいても広く看取される経験法則である。このような産業構造変化の要因としては、第1に、所得水準上昇に伴う需要構造変化がある。エンゲル係数の低下などに代表されるように、農業製品に対する需要の所得弾力性は臨界値の1を下回る。一方、工業製品、サービスに関しては需要の所得弾力性が臨界値1以上と考えられる。この結果、所得水準の上昇に伴って需要全体に占める農業製品の割合は低下し、逆に工業・サービス業の財に対する需要の割合が増大する。産業構造変化の第2要因として、各産業の技術特性がある。農業は天候、土地など自然要因の制約条件が多く、相対的に技術進歩率が低い。その一方で、工業生産力の源泉は技術とそれを体化した機械設備にあり、これは再生産可能な資本の蓄積とともに労働生産性を上昇させる性質がある。したがって工業における相対的な技術進歩率は高く、農業以上に成長率が高いことになる。

［川畑康治］

【関連項目】　ペティ＝クラークの法則
【参考文献】　W. ペティ（大内兵衛，松川七郎訳）『政治算術』岩波書店，1955年．／篠原三代平『産業構造論（第2版）』筑摩書房，1976年．

産業連関表
Interindustry-relations Table

　レオンチェフ（Wassily W. Leontief, 1906～99）によって考案され、投入・産出表、IO表（Input-Output Table）、レオンチェフ表ともいう。産業連関表とは、一定期間（通常1年間）における一国の産業間、時には地域間・国際間の財貨・サービスの流れ（経済的相互依存関係）を、一覧表の形で表わしたものをいう。

産業連関表をヨコ方向（行方向）にみると、中間需要と最終需要からなり、生産された財貨・サービスの需要先を知ることができる。一方、タテ方向（列方向）にみると、中間投入と付加価値からなり、財貨・サービスの生産のために使用された投入費用を知ることができる。日本では、昭和26年表（1951年表）が全国表として最初に作成されて以来、5年ごとに関係省庁の共同作業として今日まで作成されている。　　　　　　　［白砂堤津耶］

三資企業【中国】
Three Types of Joint Venture Enterprises

「三資企業」とは、外国企業単独もしくは中国系企業との共同出資による事業体をいう。「独資企業」、「合弁企業」、「合作企業」の3種類がある。

独資企業とは、外国資本100％の現地法人のことで、「外国企業法（1986年公布）」にもとづく。独資企業は、損益、配当、リスクのすべてが外国投資家に帰属する他、事業運営において中国側の干渉を受けることなく自由な意思決定を行うことができるというメリットがある。このため、外資企業の約30％がこの形態である。ただし、一部のサービス業においては合弁・合作企業に比べて、設立にかかわる制限が多い。

合弁企業とは、外国企業と中国企業が共同出資して設立される企業のことで、「中外合資経営企業法（合弁法、1979年公布）」にもとづく。合弁企業における外資の出資比率は25％以上と定められているが上限規制はない（25％未満でも設立可能であるが、外資系企業として認められず優遇措置の対象にならない）。中国が重点育成産業として認定している通信事業や卸売業などでは現在外資の出資比率が49％以下に制限されている。

合作企業とは、中国企業と外国企業がそれぞれ出資方法、利益の配分、資産の分配方法などをあらかじめ契約に定めて設立する企業のことで、「中外合作経営企業法（1988年公布）」にもとづく。合弁企業と異なるのはすべてを契約で行う点である。一般的には中国企業が土地、建物などの現物を出資し、外国企業が設備、技術などを提供する。合作企業も合弁企業と同様に契約年限（経営年限）があるが、合作企業の資産は契約期限満了時にはすべて無償で中国企業に帰属する。

これまで、中国政府は「三資企業」に対して、税制、土地使用料、輸出入などの面でさまざまな優遇措置を与えた反面、多くのサービス分野において出資比率、進出地域、投資形態などの制限を設けた。WTO加盟後の市場開放と規制緩和の進展に伴い、外国企業による金融、電信、流通、観光などのサービス業への市場アクセスが容易になったが、税制面の優遇措置は徐々に撤廃される方向にある。　　　　　　　　　　　　　　　　［孟　芳］

【関連項目】　改革・開放政策、WTO加盟
【参考文献】　「外国企業法」1986年公布, 2000年改正. ／「中外合資経営企業法」1979年公布, 1990年, 2001年改正. ／「中外合作経営企業法」1988年公布, 2000年改正.

算術平均
Arithmetic Mean

データの総和をデータの個数で除した値。n 個のデータ $x_1, x_2, \cdots, x_n$ の算術平均 $\bar{x}$（エックスバーと読む）は、以下のように定義される。

$$\bar{x} = \frac{x_1 + x_2 + \cdots + x_n}{n} = \frac{1}{n}\sum_{i=1}^{n} x_i$$

われわれが日常使う「平均値」のことであり、相加平均ともいう。　　　　　　　［白砂堤津耶］

酸性雨
Acid Rain

硫黄酸化物（SO_x）や窒素酸化物（NO_x）が大気に放出され、これらが大気中で硫酸や硝酸に変化して、強い酸性を示す降雨、または乾いた粒子状物質として降下する現象をいう。酸性雨の原因物質の発生源は工場、発電所、自動車など人為的なものの他に、火山の噴煙のように自然現象によるものがある。一般的には、pHで5.6以下の雨水が酸性雨とされる。酸性雨によって、森林、土壌、湖沼における生態系への悪影響や建造物の劣化が問題となっている。また、酸性雨は、その原因物質が気流などにより長い距離を運ばれ、発生源から数千キロも離れた地点で観測されることがある。ヨーロッパでは1960年代後半から国境を越えた酸性雨の影響が問題として取

り上げられた。スウェーデンとノルウェーの呼びかけをきっかけとして、1979年に長距離越境大気汚染条約が締結されて、ヨーロッパにおける酸性雨の状況の監視と評価、原因物質の排出量削減対策が着実に進められてきた。特に、ドイツの「黒い森」における森林の枯死がきっかけとなって、酸性雨に対する関心が高まった。この条約の下に、1985年のヘルシンキ議定書では硫黄の排出量を1993年までに1980年対比で30％削減するという目標が設定された。さらに、各国一律の削減にかえて、国別の硫黄の削減目標量を規定したオスロ議定書が1994年に合意された。窒素酸化物については、1988年に採択されたソフィア議定書によって、窒素酸化物の排出量を1987年時点の水準に凍結することが合意されている。

北米においても米国東部の工業地帯で発生した原因物質がカナダに運ばれて、酸性雨による悪影響が顕在化した。これに対して、1980年には両国によって越境大気汚染に関する覚書が交わされた。その後、米国の国内で1990年には大気清浄法（Clean Air Act）が改正され、酸性雨対策に向けた硫黄酸化物や窒素酸化物の本格的な排出量削減対策が盛り込まれ、その翌年には米国とカナダによる酸性雨防止のための大気質協定が締結された。他方、東アジアにおいては、急速な経済成長に伴うエネルギー消費量の増大が硫黄酸化物や窒素酸化物の排出量を増加させている。今後、東アジアで酸性雨による国境を越えた影響が深刻化することが最も懸念される。中国政府の1999年版『環境状況公報』によれば、酸性雨の影響を受けている地帯はすでに国土面積の30％に及んでいる。これに対して、1998年から中国政府は全国に「酸性雨抑制区」と「二酸化硫黄抑制区」を指定して、原因物質の総量規制を行うなど、酸性雨対策を開始している。しかし、欧米とは異なり、域内国相互の経済格差が激しく、地域の経済や政治を統合に向かわせる地域機構が存在していない東アジアでは、地域レベルで酸性雨対策は発達していない。主に日本政府の主導によって、2001年から東アジア12カ国が参加して、①東アジアにおける酸性雨問題の状況に関する共通理解を形成する、②酸性雨による環境への悪影響を防ぐため、国や地域レベルでの政策決定に有益な情報を提供する、③参加国間での酸性雨問題に関する協力を推進する、ことを目的として東アジア酸性雨モニタリングネットワーク（EANET）が本格稼動している。こうした情報の共有の積み重ねによって、東アジアにおいても国境を越えた酸性雨対策の確立が期待される。

[原嶋洋平]

【参考文献】石弘之『酸性雨』岩波書店、1992年。／地球環境研究会編『地球環境キーワード事典四訂』中央法規出版、2003年。／亀山康子『地球環境政策』昭和堂、2003年。／畠山史郎『酸性雨―誰が森林を傷めているのか？』日本評論社、2003年。

三通／小三通【台湾】
Three Links, Mini Three Links

三通とは、台湾と中国との間の通信、通航、通商関係のことである。国民党政権は1949年に台湾へ敗走して以来、中国共産党の武力による台湾統一を懸念し、「三不政策（接触せず、交渉せず、妥協せず）」の方針を堅持するとともに、大陸との間の三通を禁止した。

これに対して、中国は、1981年9月に「台湾の祖国復帰・平和統一の実現に関する方針政策」を発表し、三通、肉親・友人訪問、観光、学術・文化・スポーツ交流のための協議などを提起した。1980年代半ば以降、中国の福建省福州、アモイなどとの間で直接交易が始まり、福建省沿岸一帯には漁船停泊所や宿泊施設が設置された。さらに、中国の大都市から台湾へのダイヤル直通通話、台湾住民の大陸への親族訪問、第三国・地域経由による大陸との郵便物の往来が次々と許可された。1997年4月には、半世紀ぶりに台湾の高雄と中国のアモイ、福州間で条件付きながら直航が実現した。さらに、2001年1月には、台湾の金門・馬祖と大陸との「小三通」が許可され、海運による人と貨物の直接往来が可能となった。ただし、小三通は金門、馬祖の居住者に対する便宜供与の意味合いが強い。

一方、直接通商は現在でも実現していない。しかし、軍事に転用可能なハイテク製品を除き輸出禁止品目はなく、中国からの輸入禁止品目も減少しており、近年では、台湾の

貿易に占める中国の割合が大きく上昇している。台湾当局は三通の禁止を基本原則としているが、ビジネス界では三通の早期実現を望む声も強く、実質的には大陸政策も段階的開放へ向け規制緩和が進むものと予想される。

[今井　宏]

【関連項目】　国民党
【参考文献】　若林正丈, 劉進慶, 松永正義編『台湾百科』大修館書店, 1990年. ／大陸委員会ホームページ (http://www.mac.gov.tw/).

三低現象【韓国】
Three Lows Period

　三低とはドル安、原油安、国際金利安を指す。韓国経済は長い間、経常収支の赤字とインフレに悩まされてきたが、1986年から三低現象が始まった。1985年9月のプラザ合意後の大幅な円高・ドル安を受けて、1986年に入り円に対するウォン安が進んだ。韓国製品の価格競争力が高まり、欧米市場や日本市場への輸出が拡大した。特に自動車やVTRなどの輸出が大きく伸び、日本市場にも安価な韓国製VTRが流入し話題を集めた。輸出額（ドルベース）は1986年に前年比14.6％増、1987年同36.2％増、1988年同28.4％増となった。また原油価格の低下により、1986年の輸入額の伸びが前年比1.4％増と鈍化した結果、貿易収支は大幅な黒字となった。金利も1986年に入り、国際的に低下した。米国のプライムレートは1983年の11％から1986年には7.5％に低下した。金利低下は、膨大な対外債務を抱えていた韓国には大きなメリットとなった。

　こうした三低のメリットを受けて、経済ファンダメンタルズは改善した。経常収支の黒字は、韓国経済が貯蓄超過型の経済になったことを示す。これにはインフレ抑制や金融システムの整備も寄与した。1986年以降、輸出が拡大し日本からの直接投資も増加したことが、国内投資の拡大につながった。また民間消費も拡大し、経済成長率は1986年から3年連続で2桁成長を記録した。

　しかし、三低のもたらしたメリットは長く続かなかった。まずウォンが切り上げられた。ウォンは1985年末の1ドル＝890ウォンから、1989年8月には1ドル＝670ウォンに上昇した。また民主化を背景に高揚した労働運動の結果、賃金が大幅に上昇した。その結果、韓国製品の輸出競争力が急激に低下し、貿易収支は1990年に再び赤字となった。

[向山英彦]

【参考文献】　渡辺利夫編『概説韓国経済』有斐閣, 1990年. ／服部民夫, 佐藤幸人編『韓国・台湾の発展メカニズム』アジア経済研究所, 1996年.

三白産業【韓国】
Three White Industries

　三白とは製粉、精糖、繊維産業を指す。いずれも色が白に近いことからこの呼称になった。これらは米国からの援助物資を入手し加工するだけであり、また当時の国民が必要とした衣食に関連したものであったために、企業にとっても利益が多かった。

　例えば、三星財閥の創始者である李秉喆（I Pyŏngch'ŏl）は貿易業務（三星物産）に乗り出した後、1953年に第一製糖を設立した。援助物資の原糖を日本から導入した製糖機械を利用して製糖した。輸入糖の価格を大きく下回ったこともあり、飛ぶように売れた。その後、李は1954年に第一毛織を設立した。原毛は援助資金で導入した。当時の韓国の繊維産業は綿紡が中心で毛織物はなかったことや、政府が国産品の保護を目的に毛織物の輸入を禁止したために、第一毛織は急速に発展した。三白事業を通じて資本を蓄積したことが、その後の三星財閥の発展につながった。

　この時期に三星と並んで発展したのが、三護紡織である。創始者の鄭載護（Chung Jaeho）は義弟が大統領秘書官だったことから、そのコネを利用して敵産の紡織工場を相次いで手に入れ綿紡績業界の最大手となった。紡織産業は1950年代における製造業生産高の20％以上を占めた。他方、援助物資や敵産資産の取得を通じた政府との癒着関係が、その後の韓国経済を歪めることにもなった。

[向山英彦]

【参考文献】　渡辺利夫・金昌男『韓国経済発展論』勁草書房, 1996年. ／池東旭『韓国財閥の興亡』時事通信社, 2002年.

三不政策【台湾】
Three-no's Policy

1998年6月に米国のクリントン（Bill Clinton）大統領が中国を訪問した際に、上海において米国の対台湾政策について表明したものである。その内容は、①台湾独立を支持しない、②「二つの中国」または「一つの中国、一つの台湾」を支持しない、③台湾が主権国家を構成員とする国際組織のメンバーとなることを支持しないという3点である。従来、三不政策とは1986年頃に台湾の蔣経国（Jiǎng Jīngguó）総統が表明した対中政策であった。すなわち、台湾は中国と「直接通信しない、直接取引をしない、直接交渉をしない」という内容である。この政策は中国の改革・開放政策に伴い、台湾と中国との交流が拡大している中で、台湾当局の対中政策の方針として出されたものである。

クリントン大統領の「三つの不支持政策（三不政策）」は、台湾の国際的地位を基本的に否定するような見解であった。米国は台湾について独立を認めない、国際社会での地位も認めないという姿勢であった。クリントン大統領の三不政策は台湾に大きなインパクトを与えた。国際社会に対する台湾のそれまでの努力が、米国の支持をまったく得られなかったことである。

その後、誕生したブッシュ（George W. Bush）政権は中国に対してクリントン政権の三不政策を改めて言及していない。台湾当局は、クリントン大統領が上海で表明した3つの不支持政策は台湾の国際組織加盟と国際社会での活動にマイナスの影響を及ぼし、したがってブッシュ政権が再び3つの不支持政策を提議しないことを要請して米国の新政策に期待を寄せている。　　　　　　［文　大字］

【関連項目】　蔣経国、三通／小三通
【参考文献】　若林正丈編『台湾』田畑書店、1987年.／大橋英夫、劉進慶、若林正丈編『激動のなかの台湾』田畑書店、1992年.／涂照彦『台湾の選択』平凡社新書、2000年.／霞山会『東亜』2001年5月号.

三民主義【台湾】
Three Principles of the People

三民主義とは、満州人による清朝専制支配からの独立に生涯をかけた孫文（Sūn Wén, 1866～1925年）が発表した、中国革命の政治理論である。三民とは、民族の独立、民権の拡大、民生の安定を指す。民族主義とは、中国人の中国をつくることであり、血統・生活・言語・宗教にもとづく民族、すなわち漢民族の結束力を高め、異民族である清朝や外国列強を排し、民族の自立を促すことを意味する。民権主義では、人民が政治を管理することを目指し、新中国は専制支配ではなく民主共和国とならなければならないという。民生主義では、民族の独立と民権の拡大がなされた上で、民衆の生活を向上させていくことが必要であると説いている。

孫文は革命による清朝の打倒を目指し、各地で武力闘争を計画し失敗を繰り返した。その後、1905年に日本で国民党の前身である中国革命同盟会を結成し、その運動の目標として三民主義を掲げた。1911年に辛亥革命が起こると急遽帰国し、翌1912年1月には中華民国臨時政府の樹立を宣言、臨時大統領に就任した。しかし、その後大総統の地位は軍閥の一人である袁世凱（Yuán Shìkǎi）に譲り、袁の死後も軍閥によって政権がたらい回しにされるようになった。孫文はその後も軍閥の排除を企図するが失敗し、1925年に失意のうちに病没した。

その後、三民主義の理想は国民党に受け継がれ、1927年に蔣介石（Jiǎng Jièshí）が南京に国民政府を樹立し、1928年に北伐を完遂し北京に入城した。1947年に制定された中華民国憲法第一条には、「中華民国は、三民主義にもとづく民有、民治、民享の民主共和国である」と宣言された。その後、共産党との内戦に敗れた国民党が台湾に移動したため、中華民国憲法は台湾の憲法として存続した。　　　　　　　　　　　　［今井　宏］

【関連項目】　国民党、蔣介石
【参考文献】　若林正丈、劉進慶、松永正義編『台湾百科』大修館書店、1990年.

三面等価の原則
Equivalent of Three Aspects

三面等価の原則とは、GDPやGNPが、生産面、支出面、分配面の三面のいずれからみてもつねに等しいことをいう。三面等価の原

則は、
(生産面)　　(支出面)　　　(分配面)
$$Y = C+I+G+EX-IM = C+S+T$$
Y：GDP　C：民間消費　I：設備投資
G：政府支出　EX：輸出　IM：輸入
S：貯蓄　T：政府税収
として示される。　　　　　　　　　　　［森脇祥太］

三来一補【香港】
Three Types of Processing and Compensation
　来料加工（委託元が原材料を提供する委託加工）、来様加工（委託元が仕様書やサンプルを提供する委託加工）、来件装配（委託先が部品を提供する委託組立加工）、補償貿易（外資が設備・技術を提供し、中国企業が製品・役務などを対価として引き渡す貿易方式）の略。中国への海外直接投資が始まる1980年代頃から、中国大陸の豊富な労働力を活用しながら、投資リスクを避けるために行われる加工貿易の代表的な取引形態である。近年、中国の輸出総額に占める外資の加工貿易取引分が約5割に達しているとみられる。生産基地と消費市場として中国を狙う外資にとって、これらの取引形態は低コストな初期費用と経営資源の有効活用として、投資側が享受するメリットがある一方、優良委託先の開拓が難しく、技術・情報漏洩の可能性などが指摘されている。　　　　　　　［王　曙光］
【参考文献】池上隆介『海外ビジネス事情中国』総合法令、1993年．／馬成三『中国経済がわかる事典－改革・開放のなかみを読む』ダイヤモンド社、1995年．／今井理之『対中投資』日本貿易振興会、1995年．

シ

シアヌーク、ノロドム【カンボジア】
Norodom Sihanouk, 1922〜
　カンボジアの国王。18歳の時、御しやすいプレーボーイであるという理由で、フランス軍に担がれて国王になった。しかし、国民の支持を背景に植民地からの独立に努力する英明な国王といわれるようになった。1970年ロン・ノル（Lon Nol）革命で死刑宣告を受けたが、北京で救国統一戦線を結成、ポル・ポト（Pol Pot）派と共同してロン・ノル政府に抵抗した。1975年に政権を奪取したポル・ポト派は、シアヌークを軟禁しながら、農業による立国を唱え、キリング・フィールドといわれる愚行を繰り返した。1978年末、ベトナム軍支援により、ヘン・サムリン（Heng Samrin）政権が成立した。シアヌークは、外国による占領であるとして、国連などでヘン・サムリンを非難し続けた。2000年から国連主導によるカンボジア和平交渉が始まったが、実効支配するヘン・サムリン、依然として国境地帯を支配するポル・ポト派などの諸派の対立をまとめたのが、シアヌークであった。1993年国連カンボジア暫定統治機構（UNTAC）により選挙が行われたが、ヘン・サムリン派の得票が伸びず、王党派（フンシンペック）のラナリット（Norodom Ranariddh）（シアヌークの息子）を第1首相、ヘン・サムリン派のフン・セン（Hun Sen）を第2首相とする変則的な政府を樹立するとともに、シアヌークを再度国王に推戴した。社会主義政権からカンボジア王国に逆戻りしたといえよう。1922年生まれで、シアヌークはすでに80歳を超え、ひそかに国王後継者問題が議論されるようになった。ラナリットは候補の一人ではあるが、フン・セン首相を後継者に推す向きもある。　　［安田　靖］
【関連項目】フン・セン、ポル・ポト政権

シーア派
al-Shī'a［ア］
　預言者ムハンマド死後、4代正統カリフ時代を経て、イスラム国家指導者を預言者の一族クライシュ族から選出すべきか、あるいは預言者の娘婿で4代カリフのアリーの後裔であるハーシム家からかをめぐって対立が生じるようになった。シーアとは、アラビア語で「他の集団と決別して信仰、信念を同じくする集団」という意味だが、イスラム教においては、預言者ムハンマドの死後、イスラム国家指導者である第4代カリフで、預言者ムハンマドの従兄弟、娘ファーティマの婿アリー・ビン・アブー＝ターリブをイスラム国家指導者として支持した人々を「アリーの支持集団（シーア・アリー）と呼んだことに由来

する。彼らは、アリーと彼の妻で預言者ムハンマドの娘ファーティマの後裔（ハーシム一族）がイスラム国家の指導者の地位を世襲的に獲得するとともに、彼らは間違いを一切犯さない「無謬」の存在であると主張している。
　シーア勢力が支配的なのはイラン、イラク南部、レバノンなどで、この地域はシーアの中でも初代イマーム（シーアでの国家指導者称号）アリーから男子後裔12代ムハンマドを仰ぐ「12イマーム派」として有名である。12代イマームは874年に「隠れた」がこの世の終末に再臨するとされる。それまでの間、イスラム法学者が「隠れイマーム」代理となる。「隠れイマーム」代理による統治は、1979年イラク・イスラム革命指導者ホメイニによる「イスラム法学者」統治の理論となった。また法学者のイスラム解釈に従順であることがシーア派信徒の義務であり、イスラム法学者への畏敬の念がスンニー派（多数派）と格段に違っている。
　イスラム国家指導者資格をめぐって歴史的に発生したシーア派もイスラム教義においては多数派であるスンニー派とほぼ同じであるが、シーアは「期間限定結婚契約（ザワージュ・ムタワ）」を認めたり、一部シーアでは多数派との共同礼拝を拒んだり、あるいは礼拝の時に、膝を叩いて天使ガブリエルがアッラーの啓示を間違えないでアリーに伝えるよう喚起したり、あるいはアリーの次男フセインがカルバラで虐殺された日の悲しみを体験するために自ら肉体を傷つける祭り「アシュラー（ムハッラム（第1月）10日）」などの細かい違いがある。　　　　　　　［四戸潤弥］

【関連項目】　イスラム教、スンニー派
【参考文献】　メアリー・M. ロジャース（東真理子訳）『イラン　目で見る世界の国々56』国土社、2001年.

ジェンダー
Gender

　ジェンダーとは、「社会・文化的に規定される性別分類概念」で、ある社会における男性、女性の社会的役割およびその相互関係を明らかにするための分析概念である。男性と女性が生まれながらにしてもっている生物学的な性別（sex）とは区別して用いられる。例えば妊娠、出産、授乳（母乳）は女性のみが行うもので、男性がその機能をかわることはできないが、育児に関しては男性も行うことができる。しかし、社会的価値観や慣習は、生物学的性差にもとづいて、育児は女性の社会的役割として規定する。こうした性別役割分業観は男女間の優劣関係、意思決定などの力関係にまで影響を及ぼし、女性の社会・経済的地位と密接に関係してくる。
　ジェンダーはもともと言語学の用語で名詞を性別化して分類する文法的性別を意味したものであるが、1960年代から1970年代にかけての第2波フェミニズム以降の文脈で、社会的・文化的な性差を表わすものとして使われるようになり、以後広くこの意味で理解され一般に使用されている。だが、セックスは生物学的事実で、ジェンダーは文化的構築物だとする考え方は、1980年代後半以降のポスト構造主義フェミニズムや1990年代のクィア理論（Queer Theory）、ならびに近年の分子生物学や性科学の発展によって覆され、ジェンダーがセックスに先行し、曖昧で一貫しないセックスにまで意味を与えているという概念が生まれた。しかし、このジェンダーがセックスを規定するという1990年代的ジェンダー概念は、一般には定着してはいない。
　1980年代以降、開発の分野でも、「女性」ではなく「ジェンダー」に焦点があてられるようになり、開発へのアプローチにおいて、「開発と女性（Women in Development：WID）」から「ジェンダーと開発（Gender and Development：GAD）」へと転換した。GADアプローチでは、WIDアプローチのように女性のみに焦点をあてたのでは、男性に対して従属的な地位にいるという女性本来の問題解決には至らない、という立場をとる。つまり、開発過程で女性を援助する計画を立てる際、女性だけに目を向けてはいけないと主張し、男女の社会的な関係に目を向けるべきだと提言している。
　1995年北京で行われた第4回世界女性会議を契機に、政府や援助機関で「女性の権利は人権である」とするジェンダー平等の考え方が強調されるようになった。しかしこの折、会議はジェンダー概念の定義と使用をめぐる

論争の場となり、「南」のフェミニスト開発運動家からは、焦点を女性から女性と男性に移行させ、ついには男性中心に戻すものであり、運動を脱政治化すると批判された。他方、カトリックやイスラム原理主義、伝統的プロテスタントなどの保守派の女性たちからは、ジェンダー概念が過激で家族に敵対的であり、生物学が現実であるという観念を脅かすと批判された。

ジェンダー概念をめぐっては今後も理論的な展開がみられるであろうが、開発の分野において重要なことは、開発援助におけるジェンダーの意味そのものを問い直すことである。開発援助におけるジェンダーの視点とは、単に女性対象のプロジェクトを増やすことではなく、貧困が女性にしわ寄せされている社会構造の変革への視点である。そこでは、女性は援助の対象者ではなく、開発の主体者となることが必要である。ジェンダーがまず第一に政治的な概念であることを忘れてはならない。　　　　　　　　　　［新井典子］

【関連項目】「開発と女性」アプローチ、「ジェンダーと開発」アプローチ、世界女性会議
【参考文献】　ジョーン・W.スコット（荻野美穂訳）『ジェンダーと歴史学』平凡社, 1992年. ／キャロライン・モーザ（久保田賢一, 久保田真弓訳）『ジェンダー・開発・NGO—私たち自身のエンパワーメント』新評論, 1996年. ／ジュディス・バトラー（竹村和子訳）『ジェンダー・トラブル—フェミニズムとアイデンティティの攪乱』青土社, 1999年. ／田中由美子, 大沢真理, 伊藤るり編『開発とジェンダー—エンパワーメントの国際協力』国際協力出版会, 2002年.

ジェンダー・エンパワーメント測定
Gender Empowerment Measure：GEM

国連開発計画（UNDP）が1995年『人間開発報告書』で導入した指標で、女性が積極的に専門的・政治的・経済的意思決定に参加できるかどうかを測るものである。HDI（人間開発指標）、GDI（ジェンダー開発指標）が能力の拡大に焦点をあてているのに対して、GEMは、そのような能力を活用し人生のあらゆる機会を活用できるかどうかに焦点をあてている。具体的には、女性の所得、専門職・技術職に占める女性の割合、行政職・管理職に占める女性の割合、国会議員に占める女性の割合を用いて算出される。

これらの値はどの国をとってみても大なり小なりHDI→GDI→GEMの順で低下している。2003年の『人間開発報告書』によると、日本は、HDI指数が0.932で測定可能な175カ国中9位、GDIが0.926で144カ国中13位、GEMが0.515で70カ国中44位となっている。日本の特徴は、教育水準、健康・生活の水準は高く（HDI）、女性の能力開発の指数は全体のものよりも少し下がるものの、他の先進諸国の傾向との差は小さいが、GEMの数値と順位がHDI、GDIと比較して大きく落ち込み、先進諸国では最低となっていることである。GEMの上位5カ国はアイスランド、ノルウェー、スウェーデン、デンマーク、フィンランドで、これらの国ではHDIおよびGEMの順位がともに高い。日本のGEMの数値と順位の低さと、HDIとGDIとの落差は、日本社会の女性の社会参加の困難さという現状を表わし、HDIの順位が高い国でも女性に対する差別が根強いことを示している。なお、2003年度のGEMのデータでは、多くの貧困国が、日本を初めとするはるかに豊かな国よりも、高い数値を出している。　［新井典子］

【関連項目】　ジェンダー、ジェンダー開発指標
【参考文献】　UNDP『人間開発報告書1995』国際協力出版会, 1995年. ／UNDP『人間開発報告書2003』国際協力出版会, 2003年.

ジェンダー開発指標
Gender-related Development Index：GDI

国連開発計画（UNDP）が1995年『人間開発報告書』で発表した指標で、人間開発指標（Human Development Index：HDI）にジェンダーの視点を盛り込み、ジェンダー不平等性を測定する新たな人間開発の指標として、ジェンダー・エンパワーメント測定（Gender Empowerment Measure：GEM）とともに導入された。GDIはHDIと同じ側面と変数（平均寿命、教育達成度、所得）で基本的能力の達成度を測るが、男女間格差にペナルティを課し、それをHDIから割り引くことにより算出される。つまり、その国にまったく男女格差がなければGDIとHDIの値は一致し、HDIよりもGDIの方が下がればジェンダー不平等が存在するということである。そこで、GDIは「ジェンダー不平等を調整したHDI」と位置付けられている。

『人間開発報告書』(1995)によると、GDIは、あるべき状態を1として、1992年において世界全体で0.638、先進国で0.869、開発途上国で0.560であり、1970年のGDIと増加率はそれぞれ、0.432（48％）、0.689（28％）、0.345（62％）である。この数値の改善は、開発途上国における女性の就学率の上昇と先進国における女性の賃金雇用の増加による。こうしたGDIの結果から、「女性を男性と同じように扱っている社会はない」、「ジェンダーの平等は社会の所得水準に左右されない」、「過去20年間に顕著な進歩が遂げられてきたが、道のりはまだ遠い」の3点の結論が導き出された。日本は2003年現在、HDI指数は0.932で175カ国中9位であるが、GDIは0.926で144カ国中13位である。　　　[新井典子]

【関連項目】　ジェンダー、ジェンダー・エンパワーメント測定
【参考文献】　UNDP『人間開発報告書1995』国際協力出版会、1995年。／UNDP『人間開発報告書2003』国際協力出版会、2003年。

▶「ジェンダーと開発」アプローチ
GAD (Gender and Development) Approach

　開発途上国の持続可能な開発にジェンダー平等の視点から多面的・学際的に取り組むアプローチである。1970年初めに開発と女性 (Women in Development：WID) として誕生・発展したアプローチは、1980年代中頃にジェンダーと開発（GAD）へと転換した。GADアプローチでは、WIDアプローチのように女性のみに焦点をあてたのでは、男性に対して従属的な地位にいるという女性本来の問題解決には至らない、という立場をとる。つまり、開発過程で女性を援助する計画を立てる際、女性だけでなく男女の社会的な関係に目を向けるべきだと提言している。こうしたジェンダーの視点は、1985年にナイロビで開かれた第3回世界女性会議で問題提起され、1995年北京での第4回世界女性会議以降、強調されるようになった。

　GADアプローチとして、1980年代中頃、第三世界の女性運動の中から、女性の主体性を尊重し女性のエンパワーメントを開発目標とする「エンパワーメント・アプローチ」が生まれた。また北京会議以降、人権としての平等概念にもとづきジェンダー主流化を目指す「ジェンダー主流化アプローチ」への認識が強まった。こうしたGADアプローチには、ジェンダーや男女の社会的役割や相互関係を理解し、社会的に不利な立場にいる男女双方が社会的発言権を獲得し力を得ることを通じて、制度や政策を変革していく開発を進めるべきだという考えが基本にある。

　GADアプローチでは、社会や経済の枠組み・構造や、そこでの権力関係を問うことが必然化し、既存の体制の中に既得権をもつ集団にとっては脅威となることが予想される。各国の援助機関や国際機関が、GADの視点を部分的に取り込みながらも、WIDを基本にしている理由の一端はここにある。

[新井典子]

【関連項目】　ジェンダー、「開発と女性」アプローチ、世界女性会議
【参考文献】　キャロライン・モーザ（久保田賢一、久保田真弓訳）『ジェンダー・開発・NGO—私たち自身のエンパワーメント』新評論、1996年。／田中由美子、大沢真理、伊藤るり編著『開発とジェンダー—エンパワーメントの国際協力』国際協力出版会、2002年。

▶識字率／非識字率
Literacy Rate, Illiteracy Rate

　「成人識字率」は、15歳以上の人口のうち、日常生活に関する短く簡単な文章について内容を理解しながら読み書きできる人の割合である。「若年層識字率」は15歳から24歳までの人口の識字率を表わす。非識字率とは、同様の読解力をもたない人口の比率を表わす。識字率・非識字率は初等教育を通じて（あるいは就学できずに）基礎的な読み書きを身につけることができなかった人口の比率を示し、初等教育の成果を意味する。国際的にはUNESCOが、教育制度の成果指標として識字率を採用しているが、15歳以上人口ではなく年齢層を15歳から24歳に限定して計測することを提案している。これによって正規の教育制度をより明確に捉えることができるからである。実際に識字率を計測することは困難である。厳密な定義による識字率の推計には、条件を整えて広範囲な調査を実施することが必要となる。世界銀行によれば、多くの国では識字率は自己申告のデータによるか、

非就学者を非識字率人口として推計している。非識字の理由は、通学が困難であったり、中退したりしたため、基礎的な学力を取得できなかったことが考えられる。　[甲斐信好]

【参考文献】　UNDP編『人間開発報告』各年版、国際協力出版会.／世界銀行『世界経済・社会統計』各年版、東洋書林.

識別問題
Identification Problem

連立方程式モデルにおいて、誘導型パラメータから構造パラメータを求めることができるかどうかという問題を識別問題という。誘導型パラメータから構造パラメータが、1つだけ求められる場合を適度識別、2つ以上求められる場合を過剰識別、1つも求められない場合を識別不能という。　[白砂堤津耶]

【関連項目】　連立方程式モデル、構造型、誘導型

私金融
Informal Credit

私金融とは農村部や都市部で自然発生的に形成された金融市場のことであり、未組織金融とも呼ばれる。これには質屋、高利貸し、各種の互助組織（講、契など）、血縁にもとづく貸借などが含まれる。

特徴としては、第1に、金利が高いことである。これは私金融市場では、金利の形成に市場原理が働き、資金需要が供給を上回る結果である。貸し手側からすれば、リスクに見合うリターンという側面もある。第2に、政府の規制対象外におかれていることである。利子所得などが課税されない半面、市場参加者に対する法的保護がない。第3に、貸し手側の取引コストと貸出リスクが低いことである。金融仲介が地域のさまざまな社会的関係の一部として営まれているために、情報の非対称性が少ない上、借り手に対する債務返済圧力も強く働くからである。

韓国では1970年代初頭まで、私金融市場はかなりの規模に達していた。これは「官治金融」の下で金融機関の金利が人為的に低く設定されており、高金利を求めて資金が私金融市場に流入したからである。政府は、1972年に私債を禁止するとともに、相互信用金庫や英国のマーチャント・バンクに似た機能を有する総合金融公社などの設立を認可して、私金融市場の組織金融市場への吸収を図った。また、金利の自由化も進み、私金融市場の規模は大幅に縮小した。一方、総合金融公社による融資拡大が通貨危機の一因となった。

[向山英彦]

【関連項目】　官治金融、金融実名制
【参考文献】　谷浦孝雄『韓国の工業化と開発体制』アジア経済研究, 1989年.／国際金融情報センター編『変動する世界の金融・資本市場　下巻アジア・中南米・中東編』金融財政事情研究会, 1999年.

自己資本比率規制
Capital Adequacy Regulation

最も代表的なプルーデンス規制である。1988年にBIS（国際決済銀行）のバーゼル銀行監督委員会が、自己資本比率の測定方法や達成すべき最低水準に関する国際統一基準などを発表した。その後、90を超える開発途上国で導入されている。

自己資本比率は、自己資本をリスク・アセットで除したものである。自己資本は、資本金や過去の利益の積み立てなどで構成されるもので、他人に返済する義務はない。リスク・アセット（オフバランス項目も含む）は、貸出金を中心とした総資産のうち回収が困難になる可能性がある資産である。自己資本比率は金融機関の健全性を示す指標であり、国際的には8％以上がその目安とされている。ただし、1988年のBIS規制は主に貸出先の信用リスクを想定したものであった。その後、金利や為替などの変動リスク（市場リスク）や金融機関の業務に関わるオペレーショナル・リスクなどを十分に反映したBIS規制の作成が進められてきた。新しいBIS規制では、外部の格付機関などの格付をもとに企業リスクやカントリー・リスクを評価したり、銀行内部でリスクを判断・管理するための「内部格付手法」を導入することなどが検討されてきた。

このように、自己資本比率規制は強化・改善される方向にあるが、それだけで金融システムの安定を維持できるわけではない。金融監督体制の強化、厳格な資産査定と貸し倒れ引当金の計上などを合わせて実施する必要が

ある。金融監督当局にとっては、問題金融機関への対応を決めるにあたって、自己資本比率は重要な指標になる。自己資本不足に陥った金融機関に対しては、金融システムの安定維持の観点から公的資金の注入、他行との合併、閉鎖などの措置がとられる。　[髙安健一]

【関連項目】　プルーデンス（健全性）規制、不良債権問題、金融制度
【参考文献】　堀内昭義、山田俊一編『発展途上国の金融制度と自由化』アジア経済研究所、1997年。

指示的計画／命令的計画
Indicative Planning, Directive Planning

　経済計画を強制力の違いからみた時の分類。社会主義国の計画は強制力が強く、命令的であったが、市場経済の国の計画は、企業の経済活動に参考になるような将来展望を示すだけの計画であり、指示的計画といわれた。ソ連は前者の経済計画の国であり、日本の経済計画は典型的な指示的計画であった。計画という表現は同じであるが、強制力において大きな違いがあった。日本の計画は、企業など各経済主体に対して将来展望を示すことを目的とし、前提となる外生変数の違いや世界的な動きなどに関する仮定を明示して、経済活動の最適化を考えるための判断材料を提供することとされた。これに対してソ連の計画は、企業に対する生産量などに関する命令であり、計画を達成することが義務となっていた。生産に必要な資金や原材料に苦労する必要はなく、製品の販売も国家の役割であった。ただここに大きな問題があった。政府の命令的計画に従っている限り、結果が赤字であっても責任をとる必要がなかったため、市場経済に必要な、企業や労働者のイニシアチブの発揮、コスト低減努力の必要がなかった。指示的計画は企業にイニシアチブを発揮させ、予測される状況の中で最大の成果をあげる努力をさせるものであった。　[安田　靖]

【関連項目】　計画委員会

市場経済
⇨計画経済／市場経済

市場社会主義
Socialist Market Economy

　社会主義の枠内で認められた市場経済のこと。1992年初め、鄧小平（Dèng Xiǎopíng）は南巡講話により、能力をもつ者が先に豊かになってもいいという先富論を提起した。社会主義は、格差の解消を主張していたが、先富論は格差を認める考え方であった。こうした議論にもとづき、1992年末の党大会は社会主義としての公有制を柱とするが、資源配分などについては市場機能を活用することを認めた。この政策は、政治体制を変えずに、経済を自由化することに結び付き、その後の中国の経済を大きく発展させた。　[安田　靖]

【関連項目】　混合経済体制、鄧小平

市場の失敗
Market Failure

　市場の失敗とは、市場の価格調整メカニズムが有効に機能せず、パレート最適の資源配分が達成されないことをいう。市場の失敗の発生原因としては、①外部効果、②公共財、③費用逓減産業、④不完全競争、⑤情報の不完全性、などがあげられる。市場の失敗が発生する場合には、政府が適切に政策介入し、パレート最適の資源配分を実現する必要がある。　[森脇祥太]

【関連項目】　パレート最適、外部効果、公共財、費用逓減産業、情報の非対称性

自然失業率
Natural Rate of Unemployment

　自然失業率とは、労働市場が完全雇用の状態にある場合の失業率のことをいう。自然失業率は、図中のU_Nで表わされる。フィリップス曲線とは、物価上昇率と失業率との関係を表わす右下がりの線分である。これに対して、フリードマン（Milton Friedman）は、長期的にフィリップス曲線は横軸に垂直な線分となる「自然失業率仮説」を唱えた。自然失業率U_Nの状態で財政政策や金融政策が採用されると、短期フィリップス曲線に沿って物価が上昇する（$A \to B$）。物価上昇率がπ_1になると、人々は期待物価上昇率をπ_1へと変更するために、短期フィリップス曲線は右

◇自然失業率

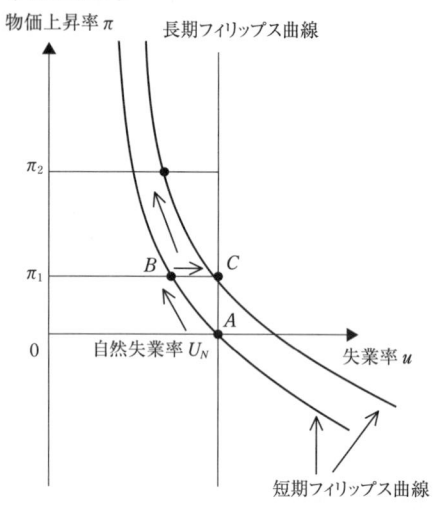

にシフトする（$B \to C$）。同様のプロセスが継続する結果、長期的にフィリップス曲線は横軸に垂直な線分となる。

[森脇祥太]

【関連項目】　財政政策、金融政策

自然保護債務スワップ
Debt-for-Nature Swap

自然保護債務スワップ（DNS）とは、民間企業の保有する開発途上国向けの債権を主に国際NGOが買い取り、当該債務国政府に対して債務返済の代わりに自然保護分野への自国通貨による財政支出を求める手法のことである。

DNSは以下の手順で実施される。①国際NGOは、DNSのパートナーとなる債務国、現地NGOとともに、当該国内で対象となる自然保護プロジェクトを発掘する。②3者は、削減対象となる債務、実施予定の自然保護プロジェクト、債務国による自然保護プロジェクトへの財政支出額を規定するDNSに関する契約を締結する。③国際NGOは、寄付などにより債権買取資金を調達し、セカンダリーマーケットにおいて債権を額面より低い価格で購入する。④国際NGOは、買い取った債権を債務国に譲渡する。⑤債務国は自然保護プロジェクトに財政支出を行う。

DNSの最初の例は、1987年にボリビア政府とコンサーベーション・インターナショナル（CI）が実施したものである。CIは、額面65万米ドルの債権をその15％の価格で買い取り、ボリビア政府は野生生物保護地区の管理強化と基金設立を実施した。

自然保護債務スワップの利点は、まず当該債務国にとって対外債務を削減できることである。債権の買取価格にかかわらず、自然保護プロジェクトには額面と同額の財政支出が要求されるものの、外貨建ての対外債務の償還より、国内の財政支出の方が容易である。一方、国際NGOにとっての利点は、債権買取金額よりはるかに大きな金額を当該国政府に財政支出させることができる「レバレッジ効果」である。先の例では、額面の15％の支出で、ボリビア政府に対して額面相当の自然保護プロジェクトを実施させることができた。ただし、買取価格が高い場合にはレバレッジ効果が低いことや、国全体の債務軽減への効果の少ないことなどの問題点が指摘されている。

[渡辺幹彦]

【参考文献】　環境庁地球環境部編『自然保護債務スワップの現状と我が国の取組み：自然保護債務スワップ等研究会報告書』環境庁地球環境部, 1991年.／磯崎博司「債務自然スワップの意義と課題」野村好弘・作本直行『地球環境とアジア環境法』アジア経済研究所, 1996年.

持続可能な開発
Sustainable Development

持続可能な開発とは、「将来の世代が自らのニーズを充足する能力を損なうことなく、今日の世代のニーズを満たすこと」と定義される。この定義は、2つの重要な概念を含んでいる。すなわち「何にもまして優先されるべき世界の貧しい人々にとって不可欠な『必要物』」に関する概念と、「技術・社会的組織のあり方によって規定される現在および将来の世代の欲求を満たせるだけの環境の能力の限界」に関する概念である。前者は世代内公平性（Intragenerational Equity）、後者は世代間公平性（Intergenerational Equity）といわれる。

第1の概念は、現在の世代の人々が人間らしく豊かで尊厳をもって暮らしていくには、ある程度の環境汚染や資源枯渇を招いても、農業開発や工業開発を行い、「必要物」を得る必要がある、ということである。第2の概

◇持続可能な開発に関する国際会議と関連事項

年	名称	主な成果
1972	国連環境人間会議 （ストックホルム）	「人間環境宣言」 国連環境計画（UNEP）の設立
1982	国連環境計画特別会合 （ナイロビ）	1984年「環境と開発に関する世界委員会」の設置 1987年同委員会報告書 「われら共通の未来（Our Common Future）」
1992	国連開発環境会議 （リオデジャネイロ）	「環境と開発に関するリオ宣言」 「アジェンダ21」 「国連気候変動枠組み条約」 「生物多様性条約」 「森林原則声明」
2002	持続可能な開発に関する世界首脳会議 （ヨハネスブルグ）	「ヨハネスブルグ実施計画」 「持続可能な開発に関するヨハネスブルグ宣言」

念は、現在の世代が必要物を得るために許容される環境汚染や資源枯渇の範囲は、将来の世代が必要物を得られる範囲内に抑えなければならない、ということである。現在の世代は石油などの枯渇性資源を消費しても、将来の世代が極力長期間消費できる量を残さなければならない。また、現在の世代の漁獲資源などの消費は、再生可能な範囲にとどめ、将来世代も消費できるようにしなければならない。この2つの概念が満たされた時に、持続可能な開発が実現される。

持続可能な開発の概念は、いくつかの先駆的研究により整備されてきた。18世紀に、マルサス（Thomas Robert Malthus, 1766～1834）は『人口論』で、「人口は幾何級数的に増加するが、食糧は算術級数的にしか増加しない」として、農業資源の有限性を指摘した。1972年にローマクラブの『成長の限界』は、システムダイナミックスのシミュレーションにより、近い将来の鉱物資源などの枯渇を予測した。1960年代に、ボールディング（Kenneth Ewart Boulding, 1910～93）は『来るべき宇宙船地球号の経済学』で、「過去の地球は、開かれたカウボーイ経済であり、未来の地球は閉じた宇宙船地球号である」と主張した。ボールディングによれば、人口が少なく経済活動の規模が小さかった過去においては、あたかもカウボーイの西部開拓のように、経済規模の拡大に伴う資源の消費の増加が美徳とされた。しかし、未来ではわれわれは宇宙船の中のような閉じられた世界にあり、資源は有限で廃棄物も宇宙船の中で処理しなければならない。

持続可能な開発を実践していくための合意形成の経緯を表に示した。1972年に開催された環境に関する最初の世界的会議である国連人間環境会議において、「人間環境宣言」が採択され、「国連環境計画」が作成された。同会議の開催には、1950～60年代に各国で深刻となった公害や、先述の「宇宙船地球号」の概念の普及という背景がある。1982年の国連環境計画特別会合により「環境と開発に関する世界委員会」が設置された。同委員会は、1987年に報告書「われら共通の未来（Our Common Future）」を採択した（同報告書は、委員長の名にちなみ「ブルントラント・レポート」とも呼ばれる）。持続可能な開発という概念は、同レポートの採択により急速に普及した。1992年に開催された国連開発環境会議においては、持続可能な開発の概念が念頭におかれ、複数の重要な環境国際条約が採択された。また、2002年開催の「持続可能な開発に関する世界首脳会議」は、当初から持続可能な開発の名称が冠せられ、持続可能な開発を実践するための具体的な実施計画が採択された。　　　　　　　［渡辺幹彦］

【参考文献】　D. H. メドウズ, D. L. メドウズ, J. ランダース, W. W. ベアランズ三世（大来佐武郎監訳）『成長の限界』ダイヤモンド社, 1972年.／K. E. ボールディング（公文俊平訳）『経済学を超えて』学習研究社, 1975年.／環境と開発に関する世界委員会『地球の未来を守るために』福武書店, 1987年.／藤崎成昭「開発と環境—「成長圏」アジアと日本の課題」小島麗逸, 藤崎成昭編『開発と環境—アジア「新成長圏」の課題』アジア

経済研究所, 1994年.

自治体協力
International Cooperation by Local Government

　地方自治体が進める国際協力は主に開発途上国の人々の生活に密着したニーズ、いわゆるベーシック・ヒューマン・ニーズ（Basic Human Needs：BHN）を充足し、生活向上を図るために、住民に直接的に働きかける援助を進める上で不可欠である。上・下水道、ごみ処理、母子保健、公衆衛生医療サービス、初・中等教育の充実や改善、農業普及、食糧の確保、職業訓練、雇用創出、公共交通、生活インフラ整備や災害対策などがその中心的な課題である。地方自治体はこれら課題に日々取り組み改善を模索してきた結果、知見および人脈の蓄積を、国際協力に役立てようと、技術協力を中心にさまざまな形で国際協力に参加する事例が出てきている。特徴を拾うと以下のように分類できる。

　①問題解決の経験を伝えようとするものとしては、水俣市の水俣病の克服の経験、青森県の脳卒中克服、秋田県の鉱業廃棄物リサイクル技術、福島県の中国湖北省緑化協力、富山県による中国遼寧市の河川汚染対策指導、石川県による中国太湖水質浄化指導、滋賀県によるブラジルのパトス湖浄化指導、大阪府のタイへの都市交通対策指導、島根県の乾燥地農業指導、広島県によるロシアへの被爆者対策指導、山口県宇部市のペルーへのばい塵公害対策指導、福岡県による中国大連市への大気汚染・水質汚濁対策指導、宮崎県からバングラデシュへの砒素汚染対策指導、鹿児島県による環境循環型持続的農業の指導、などがある。

　②地場産業の振興の経験を伝えようとするものとしては、岩手県の南部鉄器の鋳造技術、栃木県の益子焼き技術、長野県楢川村によるミャンマーへの漆器工芸指導、新潟県のマレーシアイポー市への鋳造技術指導、岐阜県によるラオスへの林産物開発指導、静岡県によるギニアへの零細漁民生活向上指導、京都府によるヨルダン貧農への農業指導、奈良県による文化財を活用した地域振興指導、和歌山県の果樹栽培による山岳民族生活改善指導、徳島県によるフィリピンセブ市の地場産業育成指導、香川県による女性の生活改善指導、大分県による一村一品行政指導などがある。

　③基礎的なサービス改善の経験を伝えようとするものとしては、群馬県の初・中等理数科教育指導、埼玉県のインドネシア母子保健指導、東京都によるハノイのごみ処理指導、兵庫県からトルコへの震災復旧支援、島根県のそろばんによるタイのロイエット県中小企業従事者能力開発指導、沖縄県による米国型保健行政の指導などがある。

　近年、開発途上国（例えばインドネシア）でも地方分権化の動きをみせる国々が増えているが、これに伴い地方自治をどう進めるか、国との機能分担や財源の確保など地方自治の手法が開発途上国にとって参考事例となることが再認識されている。上記のような個別の問題解決への貢献に加えて、地域開発を進める主体としての自治体のあり方を伝えることが、国際協力の新たな課題として取り上げられている。

〔佐原隆幸〕

【関連項目】　国民参加型援助
【参考文献】　国際協力機構ホームページ（http://www.jica.go.jp/）.

失業／不完全就業
Unemployment, Underemployment

　失業とは、一般的には働く意思をもっているにもかかわらず、職に就くことができないような状態を指す。ただし実際の分析にあたり定義上の問題が存在する。またその要因によって失業をさらに下位概念に分類することができる。まず失業の定義・測定をするためには経済活動人口を定義する必要があるが、経済活動人口を定義する2つの方法―現在活動人口方式と通常活動人口方式―の失業の定義は異なる。現在活動人口方式によれば、1週間または1日といった短期の調査期間に従事した経済活動にもとづき労働力人口（就業者・失業者）と非労働力人口を確定する。これに対し、通常活動人口方式は過去1年の間の主たる活動にもとづき通常活動人口（就業者、失業者）と非通常活動人口に分類する。

通常活動人口方式では主たる活動に注目するため、実際には就業と失業状態を1年の間に同時に経験している可能性がある。このため失業数の推定およびその時系列の推移を厳密に行うためには労働力方式が優れている。

ILOによる定義によると、失業は、調査期間中にまったく仕事に就かず、現に就業可能であり、求職中であるという3条件を同時に満たす必要がある。求職中であるとみなされるためには、職業紹介所へ登録したり、張り紙、新聞広告に応募したり、友人、知人への協力を依頼するなど、手段を問わず具体的行動をとっている必要がある。ただし応募してから回答までの期間が長期にわたる場合があるため、求職期間の定義は調査期間と同一ではなく、多くの国では1月くらい以前までを含む。失業者の定義に際し特別な注意を要するグループは、休業者（就業者扱い）、調査期間後に就業予定である者（失業者扱い）、レイオフ中の者（雇用者との契約のあり方、求職活動の有無、就業可能性により、就業・失業・非労働力状態を判断）と求職活動をしている学生（失業扱い）である。しかしながら、以上の定義はあくまでガイドラインであり、実際には各国個別の歴史的事情により適用の厳密性にかなり幅がみられることに注意する必要がある。

失業をその要因の観点から分類すると、まず有効需要の不足に由来する失業状態が「非自発的失業」である。それに対し、需給のミスマッチに由来するものが「自然失業」（摩擦的失業、時に完全雇用失業とも呼ばれる）である。両概念は、仕事がまったくなく就業意思があり、かつ求職活動を行っている労働者に関して適用可能なものである。しかし実際の労働市場をみると、就業者の生産性が非常に低い（能力が効率的に活用されていない）労働者や、労働力と非労働力状態を往復する人口が存在する。前者が不完全就業（過剰就業、偽装失業）状態であり、後者が縁辺労働力（求職意思喪失労働者、付加的労働者）とも呼ばれる労働者群である。彼らは、失業者と同様その能力が十分に活用されていない労働資源であるという意味で、経済政策上の問題である。

不完全就業（偽装失業）は、他の産業に比べ労働の限界生産力が相対的に低い状態にある労働者を指す概念であり、特にアーサー・ルイス（William Arthur Lewis）による二重経済発展理論以降、開発途上国の農村部門の限界生産性に関する重要な前提となった。都市インフォーマル部門における雑業的就業人口も就業しているが、生産性が低いという意味で不完全就業状態にあると考えられる。それに対し、現在職に就いておらず、就業希望であるが、適当な仕事がみつからないと信じるために求職活動を行わない労働力が求職意思喪失労働者であり、家計の事情が悪化した時のみ労働力化するような人口が付加的労働力である。両者は主婦、若年層、高齢者の中に広くみられる。このような状態は、これらの労働者が自ら選択したという意味で「自発的失業」のようにもみえるが、経済の好不況という外的要因に応じて労働市場に参入・退出するという点で、豊富な就業機会の存在下における自発的選択としての失業である自発的失業とは区別される。

失業統計のデータソースには、世帯調査にもとづく人口学的調査や労働力調査などの統計調査と、職業紹介所などにおける届出や登録による業務統計の2種類がある。上述の失業概念はデータソースのいかんにかかわらず適用されるべきものであるが、定義の厳密な適用が容易であるため、世帯調査の方がより正確なデータ収集が可能である。加えて、家計調査によるデータ収集は失業と就業データを同時に測定できる唯一の方法であり、無作為抽出の適用により、全国・全人口の経済活動状況に関する正確な見取り図を作成することが可能である。ただし、カレントなデータが低コストで得られるため、業務統計を用いる国は今でも少なくない。その場合、標本抽出にもとづく家計調査データにもまして国際比較は困難である。　　　［新田目夏実］

【関連項目】　経済活動人口、労働力方式／有業者方式、偽装失業、ルイス・モデル

【参考文献】　梅村又次『労働力の構造と雇用問題』岩波書店、1971年。／Ralf Hussmanns, Farhad Mehran and Vijay Verma, *Surveys of Economically Active Population, Employment, Unemployment and Underemployment : An ILO Manual on Concepts and Methods*. Geneva : International Labour Office, 1990.／小野旭

ジドウコド

『労働経済学』東洋経済新報社, 1998年.

児童（子供）の権利条約
Convention on the Rights of the Child

　1989年、国連総会で採択された条約。2003年現在、192の国・地域が条約を締結している。最新の締結国は東ティモール（2003年4月）。日本は1994年、158番目に締結した。前文と本文54条で構成される。この条約の特徴は、基本的人権が子供に確実に保障されることを条文化した点である。前文はこの点について次のようにうたっている。「子供は、人格の完全かつ調和のとれた発達のため、家庭環境の下で幸福で、愛情や理解のある雰囲気の中で成長すべきこと」、「きわめて困難な条件下で生活している子供が世界のすべての国に存在すること、またこうした子供が特別の配慮を必要としていること」、「すべての国、特に開発途上国における子供の生活条件を改善するために国際協力が重要であること」（日本ユニセフ協会）などである。

　UNICEF（国連児童基金）は、現在この条約にうたわれている子供の権利（生存、保護、発達、参加など）の実現を第一義的な使命とし、各国のUNICEF関係組織、NGOと共同の取り組みを行っている。日本の推進母体である（財）日本ユニセフ協会によれば、現在ほとんどすべての国・地域が、この条約に賛成し、締結国になっているにもかかわらず、世界中で多くの子供たちが「生きる権利」などを奪われ、困難な状況におかれている。特に当面する重要課題として次の諸点をあげている。①静かな緊急事態（特に開発途上国で5歳未満の死亡率が高いこと、栄養、保健面の手立てが緊急を要すること）、②児童労働・児童買春（2億5000万人の子供たちが十分な教育を受けられないだけでなく、有害で危険な労働に従事させられていること、毎年100万人の子供が性産業に送り込まれ児童買春の対象にさせられていること）、③武力紛争の犠牲（子供の兵士への徴用、成人兵士の性的搾取の犠牲が頻発していること）、④HIV/AIDS（青少年のHIV感染者、AIDSによって親を失った子供の数が急増していること）などである。最近は、開発の過程に子供の参画を促す運動も目立っている。子供の問題は、地球規模の諸問題を映す鏡であり、開発の重要課題として、緊急の取り組みが求められている分野である。　　　　［赤石和則］

【関連項目】　開発教育
【参考文献】　ユニセフ（平野裕二訳）『世界子供白書2003』日本ユニセフ協会, 2003年.

指導される経済【インドネシア】
Ekonomi Terpimpin［イ］

　スカルノ（Achmad Soekarno）大統領は、1959年7月に1945年憲法を復活させ、同憲法の下で「指導される民主主義」を実施した。指導される民主主義とは、代議制による協議を通じて生まれる英知によって指導される民主主義のことであり、独裁制でもなければ自由民主主義でもない、インドネシア社会特有の個性に合った民主主義を指しているが、実際にはスカルノ大統領の独裁体制を許す論理に堕してしまった。

　指導される経済は、この指導される民主主義体制下で営まれたインドネシアの経済状況とその裏付けとなる経済政策を表わしている。指導される経済政策によって、すべての経済分野は国家の統制と直接投資管理の下におかれ、外資も合弁規定や生産分与方式を通じて厳しい規制を受けた。国家融資は主に国営企業に配分され、国営企業が肥大化するとともに、軍の経済支配が強化された。この時代に生き残ることのできた民間企業はごくわずかで、軍人や官僚との強力なコネクションをもって国家融資や許認可を受けることのできた華人企業家か、そのような華人企業家と連携したり、軍人や官僚の政治的保護を得られた一部のプリブミ企業家のみが生き残った。

　軍の管理下におかれた基幹産業の国営企業は、経営能力の欠如から不振をきわめ、生産能力が減退し、外貨獲得能力も減退した。当時、破綻状況にあった国家財政はマレーシア対決政策などによってさらに膨張し、中央銀行がスカルノに指導されて紙幣を乱発したために、悪性インフレがはびこった。このように、インドネシアの指導される経済は、まったくの悪循環に陥り、経済再建の糸口を何ら

見出せないまま、歴史にその汚名を残すこととなった。　　　　　　　　　　　　［篠塚　徹］
【関連項目】　スカルノ、ブルディカリ計画
【参考文献】　永井重信『インドネシア現代政治史』勁草書房、1986年。／宮本謙介『概説インドネシア経済史』有斐閣、2003年。

シトフスキー
⇨デ・シトフスキー、ティボール

シニア海外ボランティア
Senior Overseas Volunteers

　政府間の取り決めによって実施されている政府開発援助（ODA）の一つであり、人材育成を通じて、開発途上国の国造りを支援する。開発途上国からの技術協力の要請に応えるとともに、開発途上国の開発に協力したいというボランティア精神をもった人を支援することを目的として、1990年に外務省と国際協力事業団（2003年10月1日、独立行政法人国際協力機構に改組）（JICA）により開始された「シニアー協力専門家派遣事業」を前身とする。1991年度に初めてマレーシア、パラグアイ、サモアへ11人が派遣された。1996年に名称が「シニア海外ボランティア」に変更され現在に至っている。

　対象となる人は、開発途上国の経済開発に貢献しうる高度な専門技術、知識、経験、指導力などを有し、心身ともに健康な40歳から69歳（派遣時）までの日本国籍をもつ中高年齢層である。官公庁や企業・団体を退職した人が中心であるが、休職等により勤務先に在籍のまま事業に参加する場合、JICAがその勤務先に対して人件費の一部を補塡する。

　派遣対象国は、2003年3月現在、アジア、アフリカを中心に46カ国である。相手国政府からの要請にもとづき、派遣先や職種が決定される。対象分野は、①計画・行政、②公共・公益事業、③農林水産、④鉱工業、⑤エネルギー、⑥商業・観光、⑦人的資源、⑧保健・医療、⑨社会福祉の9分野である。募集は、春（4～5月）と秋（10～11月）の2回行われ、募集人数は、2003年度の場合、約300人である。

　2002年4月末時点の派遣者数は598人である。これまでの累計が1014人に達する。派遣期間は、相手国からの要請にもとづいており、原則として1年間ないし2年間である。
　　　　　　　　　　　　　　　　　［坂東達郎］
【関連項目】　JICA、青年海外協力隊
【参考文献】　国際協力事業団『国際協力事業団年報』。／外務省『政府開発援助（ODA）白書』。

ジニ係数
Gini Coefficient

　所得分配の不平等度を示す指標の1つ。下図のように、タテ軸に累積所得比率、ヨコ軸に累積人員比率をとると、所得分配は弓状の曲線で表わすことができ、この曲線をローレンツ曲線と呼ぶ。ジニ係数は、ローレンツ曲線と対角線（完全平等線）で囲まれたアミの部分の面積と、対角線下の三角形ABCの面積の比で示される。ジニ係数は0から1の値をとり、0に近いほど所得分配は平等に近く、1に近いほど不平等度が大きいことを意味する。
　　　　　　　　　　　　　　　　　［白砂堤津耶］

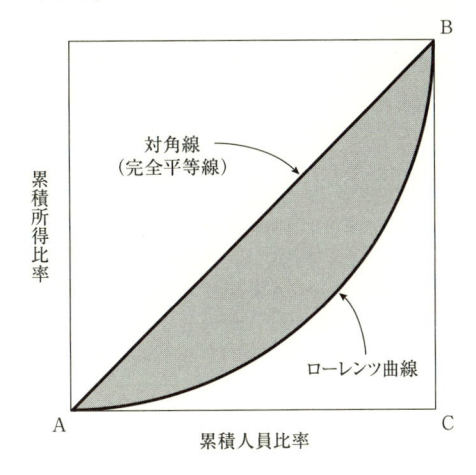

シニョーレッジ
Seignorage

　通貨発行益といわれ、政府・中央銀行が銀行券や貨幣を発行することによって得た購買力のこと。もともとは、金属貨幣が流通していた時代に、鋳貨の改悪を行うことによって領主が獲得した利益を指していた。金属貨幣の金属含有量を下げることによって、領主が保有する貨幣を増加させ、債務や奢侈品の支払いにあてた。同様のことは、政府紙幣の発

行によっても起こる。政府紙幣とは、例えば、1868年に発行された太政官札のように日本政府によって強制通用力を与えられ、流通する紙幣のことである。政府は、紙幣発行により額面と紙幣製造費との間の差額を得る。この差益は政府収入となり、政府は購買力をもつ。紙幣を増加させるに従い、政府収入が増加するのでインフレーションを招きやすい。松方デフレはまさにこの乱発された紙幣の整理によって生じた現象である。

開発途上諸国では、通貨供給は、政府収入を拡大させるための安易な手段として頻繁に用いられるため、高率のインフレーションが発生する。財政赤字をファイナンスするために通貨の供給を拡大させるため、通貨の過剰発行となる。インフレは国債の実質価値を低下させるので、政府はインフレ税の形で利益を得る。中央銀行が発行する日本銀行券についても、シニョーレッジが発生するという議論もある。中央銀行券の発行は、政府紙幣の供給とは異なり、最高発行高に制限が加えられている。また、銀行券を発行する際には、それに見合った安全な資産、例えば地金や国債などを担保として保有することが規定されている。そのため、中央銀行券の発行益は、政府紙幣の場合とは異なり、これら地金や国債の運用益から事務経費等を差し引いたものになる。同様な議論は、国際通貨として使用されているドルにもあてはまる。ドルが海外で保有されている限り、米国は外国から通貨発行益を獲得することができる。　［徳原　悟］

【関連項目】　通貨、ハイパーインフレーション
【参考文献】　堀内昭義『金融論』東京大学出版会、1990年.／玉置紀夫『日本金融史―安政の開国から高度成長前夜まで』有斐閣、1994年.／Pierre-Richard Agénor and Peter J. Montiel, *Development Macroeconomics*. Second Edition, New Jersey: Princeton University Press, 1999.

地主小作関係
Landlord-tenant Relations

戦前期の日本や現代の開発途上国の農村においては、土地を保有している地主が、土地を保有しない小作農に土地を貸し付けている状態を観察することができる。戦前期の日本では、1887年において耕作地中の小作地比率は約40％、1940年においてもその比率は約46％であり、多くの農地が小作地として使用されていた。地主と小作農間の関係については、経済史、経済発展論、開発経済学などの分野において多くの先行研究が存在する。それらの研究においては、地主小作関係を、広大な農地を所有しており、莫大な富を保有している地主によって、貧しい小作農が支配・搾取される関係であると捉えられてきた。しかし、開発経済学において注目に値するのは、地主小作関係をより高い社会的地位にある個人（パトロン）と低い地位にある個人（クライアント）との間の互酬的な関係、すなわち、パトロン＝クライアント関係とみなすような考え方であろう。パトロン＝クライアント関係とは、スコット（James C. Scott）によって提唱された概念である。この場合、パトロンは、自らの影響力や富の力によってクライアントを保護し、援助を与える。一方、クライアントは、その労働力をパトロンに提供し、村落におけるパトロンの立場を支持することによって、パトロンからの保護に報いる。パトロンとクライアントは、上下関係というよりは互酬的な関係で結び付いていると捉えるのである。実際に、開発途上国の貧しい農村においては、農民は生存維持水準で生活を送っていると考えられる。そのような場合、農村においては、生存リスクを低減するために相互扶助の精神が何らかの方法で制度化されていると考える方が現実的であろう。実際、スコットは、東南アジアの農村においてパトロン＝クライアント関係が広範に成立していることを主張した。

　　　　　　　　　　　　　　　　［森脇祥太］

【関連項目】　パトロン＝クライアント関係
【参考文献】　中村隆英『日本経済　その成長と構造（第3版）』東京大学出版会、1993年.／渡辺利夫『開発経済学―経済学と現代アジア（第2版）』日本評論社、1996年.／速水佑次郎『(新版) 開発経済学―諸国民の貧困と富』創文社、2000年.

地場産業
Local Industry

地場産業とは一定の地域に集積した中小企業群が、地元資本をベースに地域内の資源を活用して製品を生産する産業、あるいは資

本、技術、労働力などの地域内で利用可能な資源を基礎に、他地域から移入された原材料を使用して製品を生産する産業である。このような概念の基礎は地域性にもとづくものであり、資本、労働力、技術、原材料を地域内で調達、配置、蓄積する。その結果、地域発展の観点から地場産業の発達は経営や生産に関する技術、経営ノウハウが地域内に蓄積される可能性から高く評価される。

　一方、海外直接投資の立場から分類する受け入れ国の地場企業は外国企業に対して、一般に自国の経済、法律、政治、および言語の面において有利な情報に恵まれている。外国企業は現地におけるコミュニケーションに高い費用を支払うと同時に、その受け入れ国によって現地の地場企業とは異なった規制の適用を受ける場合がある。海外直接投資の長期化と現地での再投資に伴い、近年は投資受け入れ国で長年にわたり企業活動を続ける外資系企業と地場企業との間で区別が難しくなっている。一般的に、企業が法律上どの国籍を有しているか、株主の多くはどの国に居住しているか、どの国の通貨で配当金の支払いを約束しているのか、企業の経営者がどの国の国籍を有しており、それが企業の経営活動に与える影響などによって、外国企業と現地の地場企業との区別が可能になる。

　開発途上国の地場企業は、先進外資企業との取り引きを通じて先進経営ノウハウを学ぶことができる。例えば、外資系企業と地場企業の競合が地場産業全体の生産効率性を上昇する効果、人材訓練機会や中間財の取引を通じて地場企業が生産技術を学習し、生産性を引き上げる効果などがある。直接投資を受け入れる開発途上国は、主に外資系企業による技術移転や、より先進的な経営ノウハウの移転に関心を示す。開発途上国は外資系企業の進出に伴う波及効果が関連する地場産業全般に広がることを期待している。　　［文　大宇］

【関連項目】　多国籍企業、海外直接投資
【参考文献】　洞口治夫『日本企業の海外直接投資』東京大学出版会, 1992年．／丸屋豊二郎編『アジア国際分業再編と外国直接投資の役割』アジア経済研究所, 2000年．

四分位数
Quartile

　データを大きさの順に並べ、4等分した位置の値を四分位数という。小さい方から、第1四分位数（25％点）、第2四分位数（50％点、メディアン）、第3四分位数（75％点）という。

［白砂堤津耶］

四分位偏差
Quartile Deviation

　データの散らばりを示す測定であり、下式によって求められる。

$$四分位偏差 = \frac{1}{2} \times (第3四分位数 - 第1四分位数)$$

　計算も容易であり、しかも極端なデータの影響を受けにくいという長所がある。

［白砂堤津耶］

【関連項目】　四分位数

司法制度改革
Judicial System Reform

　司法制度改革支援は、冷戦終了後旧ソビエト連邦諸国、東欧諸国、ベトナムやカンボジアなどかつての社会主義国が市場経済を導入するにあたり、これまでの中央計画経済を方向付けていた法律を見直し、市場の活動を促進する方向に、商法や民法の諸規定を改訂していくという努力から始まった。援助の新たな課題として注目されている。司法制度改革は単に関連する法律の条文を見直すということにとどまらず、改訂された法を執行する能力を備えた法曹の育成、社会への新しい規範の導入と定着、ひいては商取引慣行の変更、土地所有、土地利用等の組織制度の整備を伴う、社会の根底からの改変を意味する。日本の国際協力の方針として、ODA大綱の中にも開発途上国の市場経済化支援がうたわれている。市場経済化支援の重要な領域として、税制改革、金融制度改革、商品市場制度改革、行政機構改革に取り組んでいるが、司法制度改革への支援はこれら諸改革の根幹部分をなす改革である。

［佐原隆幸］

【関連項目】　移行経済、体制移行融資、計画経済／市場経済
【参考文献】　国際協力総合研修所『体制移行国に対する

整備・政策立案支援のための基礎研究』2002年。／国際協力総合研究所『中・東欧地域別援助検討会報告書』2003年。

資本勘定の自由化
Capital Account Liberalization

資本勘定の自由化とは、国際収支統計の資本収支に含まれる直接投資、証券投資、その他投資に関する取引規制を緩和・廃止し、通貨の兌換性（Convertibility）を保証することをいう。IMFは、IMF協定第8条にもとづいて経常勘定の自由化を達成することを加盟国に対して求めているが、資本勘定の自由化については明確な規定を設けていない。しかし、資本勘定の自由化には国際的な資源配分の効率化などのメリットがあると考えられ、基本的には推進されるべきものと捉えられてきた。

世界的に資本勘定の自由化が進められてきたが、1990年代以降、自由化を進めた開発途上国を中心に通貨・金融危機が頻発するようになった。1997年に発生したアジア通貨危機はその典型的な例である。危機の発生と国内の金融自由化や資本勘定の自由化が密接な関連をもつという見解が一般的になり、資本勘定の自由化の是非に関する議論が高まった。現在も明確な結論は出ていないが、限定的に資本取引規制を是認する意見が多くみられるようになった。

また、資本勘定の自由化は経済改革の順序（Sequencing）の枠組みの中で捉えられることが多い。これは、1980年代以降の移行経済諸国における経済改革の分析にもとづく議論である。資本勘定の自由化の前提として、健全で維持可能なマクロ経済政策と強固な国内金融部門の存在が必要であるという点で、おおむねコンセンサスがみられる。IMFも、開発途上国はこの枠組みを用いて資本勘定の自由化の戦略を立てるべきであるとしている。ただし、この枠組みは理論的に確立されたものではなく、細部では見解が一致しない部分もあるため、実際の運営にあたっては当該国の個別事情を勘案し、ケース・バイ・ケースの判断をする必要がある。　　［清水　聡］

【関連項目】　経常勘定の自由化、資本収支危機、資本流入規制

【参考文献】　白井早由里『検証IMF経済政策―東アジア危機を超えて』東洋経済新報社、1999年。／Shogo Ishii and Karl Habermeier eds., "Capital Account Liberalization and Financial Sector Stability," *IMF Occasional Paper*, No. 211, 2002.

資本係数
Capital Coefficient

資本係数（＝資本産出比率〔Capital-Output Ratio〕）は、生産量1単位当たりに必要とされる資本ストック（建物、機械設備など）のことをいう。その長期的な動向を観察する時には、しばしば限界資本産出比率（ICOR：Incremental Capital-Output Ratio）が使用されている。生産の成長率 $\varDelta Y/Y$ とICORすなわち $\varDelta K/\varDelta Y$ には以下のような関係がある。

$$\varDelta Y/Y = I/Y \cdot \varDelta Y/\varDelta K \quad \cdots\cdots\text{①}$$

$\varDelta$：増加分、Y：生産量、I：投資（＝$\varDelta K$）、K：資本ストック、$\varDelta Y/\varDelta K$：ICORの逆数

①式によれば、投資率が長期的に上昇しても、ICORが上昇すれば生産の成長率は停滞する。日本の経済発展の初期局面においてはICORは上昇したが、その後低下しており、その動向を描くと逆U字型になることが知られている。日本と同様、アジアの開発途上国においても初期局面においてICORが上昇する現象が普遍的に観察される。　　［森脇祥太］

【参考文献】　大川一司、小浜裕久『経済発展論―日本の経験と発展途上国』東洋経済新報社、1993年。

資本市場／生産物市場
Capital Market, Product market

資本市場とは、金融市場のうち長期資金の需給調整が行われる市場のことである。産業構造との関連において、資本市場は借り入れ技術に関する集中融資の問題で、後発工業国の生産物市場にさまざまな影響を及ぼす。

第1に、二重構造問題である。一般に後れて工業化を開始する国ほど、先発工業国で開発された借り入れしうる技術の蓄積は大きくなり、それを有効に利用することで経済発展を実現しうる。このように後発工業国にとって借り入れ可能技術ストックの増大は後発性の利益となる。他方、年々高度化する技術は

資本に体化し、そうした借り入れ技術の具現化に必要な資本設備の巨大化は大量の資本調達を必要とする。歴史的には産業革命の先駆である英国の設備投資資金は企業経営者あるいは少数の富裕資本家によって賄われる程度であったが、英国より後発のフランスでは巨大化する設備投資への融資のためクレディ・モビリエ（貯蓄・投資銀行）を設立し、さらに後発のドイツでは証券業を兼務する巨大なユニバーサル・バンクの設立を必要とした。

今日の後発工業国では借り入れ技術のための資金需要は年々増大している一方で、その資本市場は一般に市場の未成熟性などにより資金供給が不十分である。したがって政策金融による資金供給などを得て、設備資金融資がある特定企業に優先的に供給されることになる。この結果、融資の有無によって生じた技術および資本集約度の企業間格差を通して労働生産性および賃金に著しい格差を生み出すという二重構造問題を招きやすい。

第2に、こうした特定企業への集中融資は国内の企業規模分布に影響を与える。例えば財閥系大企業主体の韓国と中小企業主体の台湾における企業規模分布の違いは、歴史的、文化的、民族的経緯などの要因の他に、資本市場における政策的な集中融資が影響を及ぼしたためと考えられる。韓国では工業化スタート時に国内企業がほとんど存在せず、国内産業を確立するためには、近代的企業を政策的につくり上げる必要があった。したがって特定企業に対し政策的に集中融資を行い、融資を受けた企業が資本集約化、生産規模の拡大を進めた結果、韓国では大規模企業が偏在した。これに対して台湾では農業基盤が整備されていたため在来企業の発達度が高く、特定の企業への集中融資がなされることはなかった。台湾においては相対的に中小企業の比率が高い構造となったのはそのためである。

第3に、資本市場における集中融資の有無は産業構造をも規定する。例えば同じ機械産業に関する韓国と台湾の比較では、大規模な初期投資を必要とする半導体に強い韓国企業と、そのような大規模な初期投資を必要としないパソコンなどのOA機器に強い台湾企業というように、両国の違いはこのような例に

も見出せる。　　　　　　　　［川畑康治］

【参考文献】篠原三代平『産業構造論　（第2版）』筑摩書房, 1976年. ／大野健一, 桜井宏二郎『東アジアの開発経済学』有斐閣, 1997年. ／速水佑次郎『新版　開発経済学―諸国民の貧困と富』創文社, 2000年.

資本収支危機
Capital Account Crisis

1997年のアジア通貨危機以前に発生した通貨危機の大半は、マクロ経済政策の失敗が招いた経常収支の赤字拡大を主な原因としたものであり、経常収支危機（Current Account Crisis）と呼ばれる。これに対し、アジア通貨危機は、海外からの大規模な短期資本の流入および流出を主な原因としており、資本収支危機（Capital Account Crisis）と呼ぶことができる。この分類方法は、Masaru Yoshitomi and Kenichi Ohno, "Capital Account Crisis and Credit Contraction," *ADBI Working Paper* 2, May 1999などにおいて提示されたものであり、現在では有力な見解となっている。

アジア通貨危機発生のメカニズムをみると、まず短期の銀行借り入れを中心に、経常収支の赤字額を大きく上回る海外からの資本流入が発生した。巨額の資本流入は、国内需要を刺激し経常収支の赤字を拡大させるとともに、国内銀行による信用の拡大や対外債務の累積をもたらした。国内の金融機関が自己の能力以上にリスクの高い投資を行った結果、非効率的な資金配分が生じ、資産価格バブルを示現した。このような状況を反映して急激な資本流出が発生し、為替レートや株価が急落する一方、為替防衛のために金利が大幅に引き上げられた。これに伴い、銀行や企業部門の財務状況は大きく悪化し、深刻な通貨・金融危機に至った。

以上のメカニズムにおいては、巨額の資本流入が経常収支の赤字の拡大をもたらしたのであり、その逆ではない。また、経常収支危機の場合と異なり、緊縮的な財政・金融政策や自国通貨の切り下げなどの対策は、むしろ危機を悪化させる可能性がある。資本収支危機に関する分析は、IMFによる従来型の危機対策の見直しや、資本流入およびその効果をコントロールすることが危機の予防につな

がるという考え方に結び付いたといえる。

［清水　聡］

【関連項目】　アジア経済危機、国際開発金融機関、国際金融体制、経常収支危機
【参考文献】　Asian Policy Forum (ADBI), "Policy Recommendations for Preventing Another Capital Account Crisis," Jul. 2000.／白井早由里『入門現代の国際金融―検証　経済危機と為替制度』東洋経済新報社、2002年．

資本主義
Capitalism

　資本主義は、歴史的にみると、一つの過渡的にみられる経済制度であり、マルクス(Karl Heinrich Marx, 1818～83)によれば、歴史の前史の最終段階にあるとされる。マルクスの発展段階史観によれば、一社会は原始共産制→奴隷制→封建制→資本制→社会主義というプロセスをたどるとされる。資本主義社会は、資本制以前の経済制度とは異なるものとして位置付けられる。その特徴としては、商品生産、労働力の商品化、資本家の利潤追求があげられる。商品生産とは、生産者は生産物を自分で消費するためにつくるのではなく、売るためにつくることである。労働力の商品化とは、労働者は賃金と引き換えに自分の労働力を販売していることである。労働者は生産手段をもたないため、自分の労働力を販売しなければ生活ができない。資本の利潤追求とは、資本家が生産を行うのは利潤が得られるからであり、利潤が得られなければ生産は行われないということである。資本主義の下では、商品を生産し販売するために労働力を購入する。労働力を購入した資本家は、利潤獲得を目指して商品生産を行うのである。

　この意味では、資本主義社会は、労働者と資本家という二大階級から構成される。この二大階級が誕生するプロセスを資本の本源的蓄積といい、「私的・国家的暴力を助産婦」として進められ、そのプロセスの典型は英国にみられたという。当時の英国では重商主義政策がとられ、商人たちは膨大な私財を築き上げた。この私財をもとにして投資を行い、毛織物工場などを設立した。これらの毛織物工場はまだ工場制手工業（マニュファクチュア）であり、産業革命後の機械制大規模工場とは区別される。一方、労働者は、主としてほとんどが農民であった。これら農民は、「土地の囲い込み運動 (Enclosure Movement)」によって農地を奪われた。彼らが生計を立てるためにもつ唯一の手段は自分の労働力だけになってしまった。このような資本の本源的な蓄積過程を経て資本主義が形成されたのであるが、この資本制が本格的に定着するまでには、産業革命まで待たなければならなかった。

　産業革命の成果である蒸気機関を導入した大規模機械制工場が登場すると、工場制手工業や零細農民たちは労働力として吸収されてしまった。このようにして形成された産業資本が競争を行い、生産・資本が集中・集積する独占段階に突入していった。独占段階においては、企業は巨大な生産力を抱え、市場を海外に求めるようになる。また、大企業と一緒に金融資本を形成する大銀行も、有利な投資先を海外に求めて動き出す。産業革命を経験した先進諸国は、世界規模での市場獲得競争を展開する。そして国際的なカルテルが形成される。しかし、その生産能力が巨大なため、やがて世界的な大恐慌と市場再分割による世界戦争が開始され、資本主義は没落し社会主義に移行するものと考えられた。

　しかし、第1次、第2次の両世界大戦を経て資本主義経済は、財政・金融政策による経済の微調整（ファイン・チューニング）を行うことにより高度経済成長を謳歌した。耐久消費財やサービスの供給が拡大し、「高度大衆消費社会」や「消費者資本主義」などが実現した。その後、先進諸国の経済・産業構造が重厚長大型から情報産業化へと進みつつあり、「情報資本主義」などと呼ばれる時代がやってきた。

　なお、資本主義という概念と似たものに「市場経済」という概念がある。市場経済とは、自由な経済取引を通じて成立する市場価格にもとづいて資源配分や需給の調整が行われる経済のことである。この定義からも明らかなように、市場経済は資本主義経済に埋め込まれた重要な機構ではあるが、同一の概念ではない。また、最近、資本主義といって

も、現実の資本主義には多様な形態があるという認識がなされるようになってきた。例えば、日本型資本主義、アングロ・サクソン型資本主義などがあり、これらの資本主義国同士で制度間競争が行われているという認識も生まれている。　　　　　　　　　［德原　悟］

【関連項目】　マルクス、ケインズ経済学、シュンペーター、帝国主義
【参考文献】　カール・H. マルクス著、フリードリッヒ・エンゲルス編（向坂逸郎訳）『資本論』全9巻、岩波文庫、1969～70年．／ミシェル・アルベール（小池はるひ訳）『資本主義対資本主義』竹内書店新社、1992年．／岩井克人『資本主義を語る』講談社、1994年．／佐和隆光『資本主義の再定義』21世紀問題群ブックス20、岩波書店、1995年．

◀ 資本逃避
Capital Flight

　資本逃避とは、ある国の経済成長に必要な生産的資源が海外に流出することをいう。1980年代には、主にラテンアメリカやアフリカ諸国に多くみられたが、1990年代後半には、アジア諸国において通貨危機に伴う巨額の資本逃避が発生した。

　資本逃避については、①国内資産の投資収益率が不安定となった場合の資本流出や、非合法的な活動に関連した資本流出などに限定する考え方、②国内資本が不足する開発途上国においては資本流出そのものが望ましくないとの観点から、その範囲を広く捉える考え方がある。それぞれの考え方により測定方法も異なるが、国際収支統計の誤差脱漏に注目する場合が多い。

　資本逃避の発生原因は、政治的要因と経済的要因に大別される。政治的要因としては、国内の政治体制が不安定化し、将来の制度や経済政策の方向性が不透明となった場合、国内資産の投資収益率は不確実になりやすい。このことが資本逃避に結び付く。また政治体制の移行に伴い、国有資産が非合法的に海外に流出する場合もある。経済的要因としては、マクロ経済政策の失敗によって、財政赤字や経常収支赤字が拡大し、為替レートの過大評価、対外債務の累積などが発生すると、インフレーションの進行や為替レートの切り下げ観測につながり、国内資産の投資収益率が低下し、資本逃避が起こる。

　資本逃避は開発途上国の経済発展に大きな影響を与えるために、その抑制は重要な政策課題である。短期的には、資本取引規制がある程度有効な抑制手段であるが、次第に規制回避の動きが強まり、規制維持に伴うコストも高まる。根本的な解決のためには、資本逃避をもたらしている政治的・経済的要因を取り除くことが必要となる。　　　［清水　聡］

【関連項目】　アジア経済危機、国際収支、カントリーリスク
【参考文献】　Niels Hermes, Robert Lensink and Victor Murinde, "Flight Capital and its Reversal for Development Financing," *United Nations University Discussion Paper*, No. 2002/99, Oct. 2002.

◀ 資本流入規制
Capital Inflow Controls

　1990年代には、開発途上国において通貨・金融危機が多発したが、これらの危機は、国内の金融自由化や資本勘定の自由化と密接な関係がある場合が多かった。そのため、アジア通貨危機以降の国際金融体制の改革に向けた取り組みの中で、国際資本移動の管理が重要なテーマの一つとなった。とりわけ開発途上国においては資本勘定の自由化は慎重に行うべきであることや、国際資本移動のモニタリングの必要性などが指摘され、さらに資本取引規制の有効性に関する議論が高まった。従来はIMFを中心に、資本勘定の自由化が望ましいという意見が多かったが、次第に資本取引規制を是認する見方が増加している。

　資本取引規制には、資本流入規制と資本流出規制がある。このうち資本流入規制は、受け入れ国のマクロ経済や金融システムに大きな影響を与える短期資本流入の抑制を主な目的としている。過去には、ブラジル（1993～97年）、チリ（1991～98年）、コロンビア（1993～98年）、マレーシア（1994年）、タイ（1995～97年）などで採用された。規制導入以前には、これらの国はいずれも固定的な為替制度を採用しており、内外金利差にもとづく短期資本流入の増加がマクロ経済に与える影響が懸念されたため、金融政策の独立性の維持を目的に資本流入規制を実施した。規制にあたっては、市場原理を利用した間接的な規制（資本フローへの課税や複数為替レート

の適用など）を主とし、これに取引そのものを規制する直接的な方法を補完的に併用した。

このような規制は、短期資本流入の抑制にある程度有効に機能したとみられる。しかし、規制の実施には大きな管理費用がかかること、また結果的に国内市場を保護することになるために、マクロ経済政策の改善や金融システムの強化が遅れる可能性があることなど問題点も多く、その適用に関しては一層の議論・研究が必要である。　　　［清水　聡］

【関連項目】　資本勘定の自由化、国際金融体制、トービン税
【参考文献】　スタンレー・フィッシャーほか（岩本武和監訳）『IMF資本自由化論争』岩波書店、1999年。／ Akira Ariyoshi et al., "Capital Controls: Country Experiences with Their Use and Liberalization," *IMF Occasional Paper*, No. 190, 2000.

市民的自由
Civil Liberties

市民的自由とは、デモクラシーの要件として政治的権利と並ぶもので、「国家の制約を受けずに見解を述べ、組織をつくり、個人の自立性を育むことのできる自由」とされる。ダール（Robert A. Dahl）の「ポリアーキー」（Polyarchy）を構成する2つの概念、包括性、参加（Inclusiveness, Participation）と自由化、公的異議申立て（Liberalization, Public Contestation）のうち、後者とほぼ重なる。

民主化を計測するフリーダムハウス指標では、民主化について、政治的権利、市民的自由の2つの分野に分けて考えているが、市民的自由は次の4つのカテゴリー、14のチェックリストに分類されている。

カテゴリーA：表現と信教の自由
1　自由で独立した報道機関、文学、その他文化的表現の方法が存在するか
2　信教の自由は認められているか

カテゴリーB：集会と組織化の権利
1　集会、示威行動、公開の公的な議論の自由が認められているか
2　政治的または準政治的結社の組織が認められているか
3　自由に結成された労働組合、農民組合などが存在し、それらに交渉能力があるか

カテゴリーC：法の支配と人権
1　司法は他の権力から独立しているか
2　私法・刑法とも法の支配が守られているか。法の下の平等が認められているか
3　警察はシビリアン・コントロール下にあるか
4　政治的テロ行為、不当な囚獄収監、追放、拷問から守られているか
5　政府による極端な無関心、汚職などにさらされる恐れはないか

カテゴリーD：個人の自立性（Personal Autonomy）と経済的権利
1　オープンで自由な私的議論ができるか
2　個人の自立性があるか。国家が移動、居住、職業などを制限していないか。国家による教化や過度の依存から自由か
3　財産権は保証されているか。個人が企業を起こすことができるか。企業活動は政府や組織犯罪などから自由か
4　ジェンダーの観点、結婚・家族規模の選択など、個人の社会的自由があるか
5　機会均等は認められているか。正当な経済的分配を得る上で、地主、官僚その他不当な障害による搾取や隷従の恐れはないか　　　［甲斐信好］

【関連項目】　フリーダムハウス指標、政治的権利
【参考文献】　Freedom House, *Freedom in the World*. New York: Freedom House, 1999年版.

社会主義市場経済【中国】
Socialist Market Economy

「社会主義市場経済メカニズムの樹立」が中国の経済改革の目標として打ち出されたのは、1992年に開かれた中国共産党第14期大会における江沢民（Jiāng Zémín）報告が最初であった。翌年の人民代表大会の審議を経て「社会主義市場経済」を実行することが正式に中国憲法に定められ、同年11月の中共第14期3中全会においては「社会主義市場経済体制構築の若干の問題に関する決定」（「50カ条」）が正式に採択された。

計画経済体制に市場メカニズムを導入することは、1970年代末から始まった中国の経済体制改革の中心内容であり、中国の体制改革が「市場志向的改革」といわれる所以である。しかし、この決定が採択されるまでの10年余においては、経済体制改革の目標についてさまざまなコンセプトが打ち出されていた。1978年の末に「計画経済と市場経済の結合」のスローガンが登場し、改革・開放政策の開始を告げた。1982年には「計画経済を主として、市場調節を従とする」経済体制の目標が樹立されたが、1984年には「公的所有にもとづく計画的商品経済」へといい回しが変わった。1987年には「政府が市場を調節し、市場が企業を誘導する」と、計画的商品経済をより具体的なイメージで表現するようになった。このように、体制改革の目標モデルの進化について「計画」の要素が次第に後退・消滅し、これに対して「市場」の要素がますます増大してきた。他方、「社会主義」と「資本主義」の対立についていえば、体制としての「資本主義」が一貫して否定されている。したがって、「社会主義市場経済」の確立は、中国経済の全面市場化を意味すると同時に、社会主義体制の堅持の意思表明でもある。天安門事件後、政治体制を維持しながらも、退潮の兆しをみせた経済改革の勢いを巻き返すための重要なメッセージがここに秘められている。

現実には、国内外の大部分の研究者は、社会主義市場経済論を中国の指導部が発した重要な政策メッセージとして認識しているが、「社会主義理論の偉大なる突破」という公式宣伝に付和する者はむしろ少数である。現実の中国経済に社会主義の原理と相容れない資本主義的要素が多く存在している。社会主義市場経済論は、これらの資本主義要素を社会主義の枠組みの中に包容しようとしている。例えば、生産手段の公的所有は社会主義の基本原則とされてきたが、社会主義市場経済論には「公的所有を中心とする多様な所有制度」となっている。また労働と分配については、生産手段の私的所有を否定する社会主義は、当然資本への分配を否定し、労働が唯一の分配基準であるとしている。また労働力は商品ではないという社会主義の原則もある。しかし、生産要素市場の発達を重要課題とする社会主義市場経済論の中では、資本に対する配当は認められ、労働市場の発達も唱えられている。要するに、社会主義市場経済論は、現実に存在する資本主義的要素を社会主義の枠組みの中に包容しようとしているが、なぜこれらの要素が社会主義的といえるのか、社会主義市場経済と資本主義市場経済の根本的な原理とどう異なるか、などについては説得力をもつ理論展開はみられない。市場経済に社会主義を冠することは、共産党の支配を正当化するためであり、中国が目指しているのは一党支配下での行政指導型の市場経済だ、という批判がよく聞かれる。

むろん、社会主義市場経済論は体制移行期の中国経済の矛盾を反映しているため、その政策的アピールを注意深く読めば、体制移行の進展度合いとその時々の政策課題の変化を読み取ることができる。1993年の段階においては、①市場の一層の発達、すなわち製品市場を初め、労働、金融、情報などの生産要素市場の育成、および全国統一市場の形成、②株式会社化を中心とする企業改革の推進、③金融制度と財政制度の改革を通じての間接的手段によるマクロ経済コントロールの強化、などが政策課題として打ち出された。注目すべきは、2003年10月に開かれた中共第16期3中全会において、「社会主義市場経済の完備」に関する決議案が採択され、42カ条からなる課題のうち、①統一市場の建設、②信用意識の強化、③政府機能の転換、④地域経済発展の調和、⑤金融・財政制度の完備、⑥対外開放制度の完備などが特に強調され、市場機能を発揮させるための諸制度の改革を加速すると同時に、地域間、個人間の所得格差の是正に力を入れようという政策の方向性が示されていることである。　　　　　　　　〔杜　進〕

【関連項目】　体制移行融資、計画経済／市場経済
【参考文献】　渡辺利夫『社会主義市場経済の中国』講談社現代新書、1994年．／ジョン・ワン（西口清勝訳）『中国社会主義市場経済』法律文化社、1995年．／マリー・ラヴィーニュ（栖原学訳）『移行経済学：計画経済から市場経済へ』日本評論社、2001年．

社会的安全網
Social Safety Net

　社会的弱者を保護するための諸政策をいう。食糧価格補助金、食糧配給切符、雇用保険、年金等の公的社会保障がその代表的なものである。また、大飢饉や金融・通貨危機などの予期せぬ出来事によって経済事情が悪化して低所得貧困層の生活環境が劣悪化していくことを防ぐための緊急性のある政策支援も行われる。

　開発途上諸国では、社会的セーフティーネットが十分に整備されていることは滅多にない。そのため、一度社会が混乱に陥ると、貧困層、子供、老人、病人、未熟練労働者などの社会的弱者は、その打撃をもろに受ける。農産物の不作によって価格が高騰すると貧困層には手が届かない。栄養失調を起こして病気や死亡することもある。食料を手に入れるために犯罪行為をしたりすることもある。このような社会的弱者に襲いかかる危機は、農産物の不作に加えて、自然災害、飢餓、経済危機などのさまざまな問題に端を発する。しかし、その根底にはこれら社会的弱者が貧困層であるという現実がある。貧困層は、食糧事情、教育水準、衛生状態などがきわめて劣悪な状態にある。これらの状況を改善し、社会的弱者を保護するための制度や政策措置を本来的には国家が提供しなければならない。

　しかし、開発途上諸国では、何よりも財政赤字の削減による予算的な問題が大きな障害となっている。公務員の量的・質的問題も社会的セーフティーネットを構築する上で大きな制約となっている。社会的セーフティーネットが未整備の状態の中で、社会的弱者が困窮状態に陥らされるような事態が開発途上諸国で頻発している。アジア経済危機によるマクロ経済の急速な落ち込みと、その後の市場改革はその一例である。経済危機により、貧困層は職を失い、急速な所得水準の低下を経験した。物価上昇による食料品価格の上昇が家計を圧迫した。食料のみならず、燃料、公共料金の引き上げも加わり、急速に所得分配が悪化していった。IMFによる緊急融資に伴うコンディショナリティにも、公共料金の引き上げや補助金支出の削減が盛り込まれていた。経済状況の悪化による失業に加えて、これらの施策が家計、とりわけ低所得者層に大きな負担をもたらした。その上、失業保険が十分に完備されていなかったため、大きな社会的混乱をもたらした。

　経済危機後の市場改革においても、低所得貧困層には厳しい状況が待ち受けていた。各種規制や補助金制度が資源配分を歪めるという理由で撤廃された。政府の介入を減らし、経済を市場メカニズムに委ねることに等しい。開発途上諸国には必要最低限のものであっても、お金がないために市場に参加することができない人が多数存在する。市場経済論からすれば、これらの人口は需要者としては存在しない。この潜在的需要者をどのようにして市場経済に取り込んでいくかという問題は、開発途上国の経済・社会開発において最も重要なテーマである。

　社会的弱者の人権の尊重、個人のエンパワーメント、および社会参加を促進するような枠組みを構築することなくして、安定的な市場経済秩序を維持することは困難である。貧困の削減、安定的な食料供給、教育機会の提供、健康・衛生状態の改善など、さまざまな問題が山積している。労働者層に対しては、失業保険給付、職業訓練の機会、雇用創出などの各種プログラムを実施する必要がある。乳幼児、老人、病人等の弱者に対するプログラムも欠かせない。市場改革も重要であるが、あわせて潜在的な市場参加者に対する保護措置が十分に整備されていなければ、市場経済は有効に機能しない。　〔徳原　悟〕

【関連項目】　社会保障／公的年金、所得再分配政策、エンパワーメント

【参考文献】　大野健一，大野泉『IMFと世界銀行―内側からみた開発金融機関』日本評論社，1993年．／大野泉『世界銀行―開発援助戦略の変革』NTT出版，2000年．／西垣昭，下村恭民，辻一人『開発援助の経済学（第3版）―「共生の世界」と日本のODA』有斐閣，2003年．

社会的・経済的二重構造
Social and Economic Dualism

　オランダの経済学者ブーケ（Julius Herman Boeke, 1884～1956）が、オランダ植民地時代のインドネシアの経済研究から導き出した概念である。ブーケによれば、「社会」

を構成する要素は、「精神」、「組織形態」、「技術」の3要素に集約可能であるという。これら3つの要素が結合されることによって、1つの「社会経済体制」が成立する。この社会経済体制が支配的原理になる社会を「同質的社会」と呼んでいる。二重社会とは、異なった支配原理をもつ社会経済体制が複数存在する社会である。

二重社会では、この異なった社会経済体制が存在することを明確に識別することが可能である。それぞれの社会経済体制は、相互に排除し合うこともなければ融合することもなく、独立して並存する分裂社会である。確かに、「同質的社会」でも歴史的にみるならば、社会経済体制が入り乱れる時期がある。しかし、それはブーケによれば二重社会ではない。そのような混乱はあくまでも過渡期にみられる現象であり、やがて1つの社会経済体制が支配原理になるとしている。

では、このような二重の社会経済体制はどのようにしてもたらされるのかといえば、先進諸国による植民地化などを通じて社会体制が輸入されることにある。二重社会は、まさにこの輸入された社会体制と在来の社会体制との衝突によって発生する。ブーケによれば、インドネシアの在来的社会体制は、前資本主義的農村社会としての「村落共同体」である。輸入された社会体制の代表として高度資本主義的な「西欧大企業」があげられる。高度資本主義が輸入されたことで、「村落共同体」は変化を余儀なくされたが、根本原理まで破壊し尽くされることはなかった。

村落共同体では、個人的な幸福や利益の追求よりも、家族や共同体全体の幸福、利益が優先される。これらは伝統的な慣習や宗教にもとづくものであり、強靭な社会的根本原理となっている。そもそも共同体の性格からして伝統的な慣習や宗教に依拠したものである。このような共同体原理にもとづいて、土地の配分も行われる。農村社会では土地が重要な生産要素である。土地は伝統的に均分相続される。そこに人口増加圧力が加われば、土地が細分化され農業の零細化が進む。生産は個人の利益追求のためではなく、共同体の成員が生存していくために行われる。そし

て、そこで用いられる技術も伝統的に継承されてきたものである。そもそもが、個人の利益や欲求の追求を根本原理としない以上、より高い水準の技術を導入しようとするインセンティブは生まれない。

一方、都市の原理はこれとは異なり、個人の利益や欲求の追求に高い価値がおかれている。つまり、高度資本主義的な西欧大企業による生産は、都市の消費を満たすためのものである。それは、農村共同体に市場を求めた生産ではない。先に示した3つの社会構成要因に照らすならば、共同体の精神は「社会的利益の追求」となり、組織は生存維持型になり、技術は「伝統的」になる。これに対して都市の原理は、「個人的利益の追求」、「効率性の高い組織」、「科学技術」という対照的なものになる。このような理解にもとづき、ブーケは、二重構造の解消は長期的にも困難であることを指摘した。

その後、ブーケの主張に対して、二重構造は解消可能だという批判が投げかけられた。その1つが、ヒギンズ（Benjamin Howard Higgins, 1912〜2001）による技術的二重経済論である。彼は、二重経済の原因を社会的なものではなく、経済的・技術的要因に求めた。したがって、先進諸国からの経済的・技術的援助が行われるならば、二重経済は解消可能だとした。しかし、インドネシアを初めとする東南アジア諸国の実情に照らし合わせてみるならば、その主張とは異なる結果に出会う。ブーケの社会的・経済的二重経済論を批判的に展開した板垣與一は、二重社会の成立と停滞をもたらしたのは植民地資本主義であると指摘した。植民地資本主義が政治的・経済的不平等をもたらし、それによって土着民社会の能動的意欲や経済的機会が失われ、停滞を余儀なくされているのだと喝破した。

［徳原 悟］

【関連項目】　複合社会、技術的デュアリズム、農業インボリューション、貧困の共有、二重経済

【参考文献】　板垣與一『アジアの民族主義と経済発展』東洋経済新報社, 1962年. ／ユリウス・ヘルマン・ブーケ（永易浩一訳）『二重経済論—インドネシア社会における経済構造分析』秋菫書房, 1979年. ／東南アジア研究会編『社会科学と東南アジア』勁草書房, 1987年.

社会的弱者支援
Strengthening Social Safety Net

社会的弱者支援策は、ソーシャル・セーフティーネット強化策とも呼ばれ、そもそもは構造調整政策に伴う緊縮財政策を実施する際に、特に深刻な打撃を被る可能性の高い貧困層に対し、その影響を和らげるために行う緩和策を指す。食糧配給、食糧価格抑制策（補助金の支給）、雇用維持策、失業対策、基礎的医薬品の配給、基礎的医療サービス維持のための公的補助、基礎教育分野での中途退学防止や進級維持のための補助金給付、その他の公的な社会保障の給付などがあげられる。近年では1997年に発生したアジア経済危機の影響を緩和するために、インドネシア政府に対し世界銀行やアジア開発銀行（Asian Development Bank：ADB）などの国際機関が中心となり、社会的弱者支援のためのソーシャル・セーフティーネット強化としては史上最大規模のプログラムが実施された。

社会的弱者支援のプログラムは、その対象を特定するために、ターゲットとなる貧困層の状況を正確に把握するための調査が事前に十分行われている必要があるが、開発途上国の行政機関の中には貧困プロファイルを把握するだけのデータをもち合わせていない場合や、データがあっても更新がなされず、実態とは乖離しているために、サービスの提供に混乱が生じる場合が少なくない。サービスを得た貧困層の中から、政策意図とは逆に、差別感や不満感あるいは不正感を感じるものが発生し、結果的に政府への不信を増大させてしまう場合もある。貸付機関側にも大規模な支援を行えば救済できるわけではなく、ターゲティングの改善、効果のモニタリング、危機回避後の中期的な開発プロセスとの円滑な連結を確保するために、技術協力で積極的に支援することが不可欠との認識が深まってきた。

［佐原隆幸］

【関連項目】 アジア経済危機、安定化政策／構造調整政策

【参考文献】 国際協力総合研修所『インドネシア国別援助研究会報告書』2000年．

社会保障／公的年金
Social Security, Public Pension

社会保障とは、貧困、失業、老齢、疾病などにより最低限の生活さえも送れなくなってしまった人々を保障するシステムである。社会保障システムは、大きく分けると社会保険と公的扶助から構成される。社会保険は、老齢、退職、障害、死亡に際して各年金の加入者に対して支払うものでる。この年金は公的年金と私的年金から構成される。前者は、国およびその関連機関が運営する年金であり、日本では国民年金、厚生年金保険や各種共済年金がある。公的年金の他に、民間の機関が提供する個人年金、企業年金などがあり、これらは私的年金に含まれる。公的扶助は、国が責任をもって生活難にある疾病者、老人、障害者、および一人親家庭の生活を保護するために、現物ないしは現金給付を行うことである。

これらの各種制度により、国民全般、特に社会的弱者の生活を保護すると同時に、さまざまなリスクに対する社会的安全網を提供するのが社会保障制度である。現在、日本ではこの社会保障システムの根幹をなす公的年金の問題が深刻化している。保健・医療技術の発達や生活水準の向上によって、急速な高齢化が進んでいる。その一方で、少子化が進み、加入者よりも年金受給者の伸び率が高く財源の問題が深刻化している。年金問題は、財源だけの問題にとどまらない。年金の受給は退職と密接に関連する。つまり、企業の定年問題と整合的でなければならない。退職後には所得の源泉がなくなるので、生活を支えていくためには年金が必要不可欠になる。この年金支給年齢と退職年齢との間に長期間のギャップがあると、何らかの手立てを講じなければ、生活を送ることが困難になる。

日本のこれまでの年金基金の積み立て方式は賦課方式をとってきた。これは、加入者の保険料を年金受給者に付与するシステムである。この方式は、年金基金の年間の収支を均衡させるシステムである。賦課方式は、年金制度開始時からある程度基金の蓄積が進むまでは避けられないシステムである。つまり、年金制度開始時点では、加入者の保険料を上

回る年金支給を行わなければならないからである。そのため、積立方式を採用することが不可能になる。高齢化社会では賦課方式よりも積立方式の方が適しているといわれる。積立方式は、簡単にいえば、将来自分が受ける年金を若い時点から積み立てていき、受給年齢に達した際にはそこから年金支給を受けるシステムである。日本では、高齢化の進展に伴い制度変更が円滑に行われなかった。

現在、先進国では同様の問題を抱えているが、2020年前後になると韓国、中国などでも現在の日本の状況に近づくといわれている。また、2020年には全人口に占める65歳以上の人口は台湾では20％、シンガポールでも16％を超えると推定されている。これらアジア諸国の高齢化の速度は、日本のそれを上回る。タイ、マレーシアなどでは、それほど深刻ではないものの、高齢化が徐々に進みつつある。しかし、社会保障制度は十分に整備されていないのが実情である。タイ、マレーシアなどでは、高齢者よりも大学卒業者からなる新中間層によって社会保障制度の充実が求められるようになっている。また、マレーシアでは社会保障制度の整備が国民全体というよりも、マレー系住民を保護するブミプトラ政策の一環として進められてきたという特徴がある。

このように、各国の社会保障制度は、その経済的・社会的環境によって内容を大きく異にする。しかし、経済発展が進み、情報が即座に行き交う世界では社会保障制度に対する国民の意識も触発される。この点が、先進国の経済発展プロセスで直面した状況とは大きく異なる。これからの開発途上国の経済開発の難しさは、この事実を等閑にできないことである。　　　　　　　　　　　　〔德原 悟〕

【関連項目】　所得再分配政策、社会的安全網、開発と税制
【参考文献】　木村元一編『アジア開発のメカニズム―財政・金融編』アジア経済調査研究双書186、アジア経済研究所、1970年。／貝塚啓明、石弘光、野口悠紀雄、宮島洋、本間正明編『グローバル化と財政』（シリーズ現代財政4巻）有斐閣、1990年。／大蔵省財政金融研究所編『ASEAN 4 の金融と財政の歩み―経済発展と通貨危機』大蔵省印刷局、1998年。／貝塚啓明『財政学（第3版）』東京大学出版会、2003年。

社会保障制度改革【中国】
Social Security System Reform

従来、中国の社会保障は、政府機関や都市の国有企業に勤務する従業員を対象とした労働保険、従業員福祉、扶助（生活保障）のみであった。すべての国民を対象とする年金制度や保険制度は存在せず、政府にかわって国有企業が従業員やその家族に対する年金や医療などのさまざまな社会保障費用を負担していた。

1978年の改革・開放政策後、政府は従来の労働保険制度から社会保障制度への移行を目指し、失業保険、養老保険（年金保険）、医療保険を中心とする社会保険、貧弱者・障害者・被災者に対する社会救済、社会福祉および軍人優待制度からなる社会保障体系の整備を進めた。

国有企業改革の進展に伴い、余剰労働人員のリストラ圧力が高まった。加えて、定年退職者の急増により、国有企業の多くは年金支給が困難となった。経済発展に伴い、企業形態の多様化が進み、外資系企業、郷鎮企業、私営企業などの非国有企業の経済全体に占める割合が高まり、企業の枠を超えた広範囲な社会保障制度を確立する必要性が高まった。1990年代以降、年金保険（養老保険）、失業保険、医療保険、労災保険、出産・育児保険などの社会保険制度の整備が進められてきた。具体的には、保険金の一部を個人負担とすることによって、社会保険の財源を企業、個人、国の3者負担に変更し、全国統一的な制度を確立する方向を目指してきた。

年金保険については、保険金は国家、企業、個人の3者が負担する。国が負担する部分は、①社会保険管理機構の人件費を含む管理費用、②年金保険基金の赤字を補填するための救済資金である。企業と個人は年金の保険掛け金を負担する。企業の負担額は従業員の賃金総額の20％以下、個人の負担額は賃金の8％となる（1995年時点では4％）。また、企業が負担する保険掛け金の一部は、個人年金口座に積み立てられ、その合計金額は（企業と個人の負担額を合わせて）従業員の平均賃金の11％に相当する。

被保険者が15年以上年金保険掛け金を納入

した場合、定年退職後に年金が支給される。年金は「基礎年金部分」と「年金口座部分（個人年金口座の積立金）」から構成される。基礎年金部分は、年金保険基金から給付されるものであり、支給額は当該地域の前年度の労働者平均賃金（月給）の20％である。「年金口座部分」は、本人の年金口座の積立金を10年間にわたって、毎月支給する。

医療保険については、1998年に「全国統一医療保険制度」が整備された。年金保険と同様に企業と個人が医療保険掛け金を負担し、不足部分は財政負担で補う仕組みとなっている。個人の負担額はボーナスを含む平均賃金の2％となる一方、企業は会社の平均賃金の6％に相当する金額を負担する。また、企業負担額の7割が医療保険基金に納入され、残りの3割が従業員の医療保険口座に積み立てられる。医療保険の給付額は、一般的に従業員1人当たりの年平均賃金の10％前後であるが、最高給付額は年平均賃金の4倍前後となる。最高給付額を超えた場合は、全額自己負担となる。

失業保険については、国有企業改革の一環として、1986年に一部地域の国有企業の従業員を対象とした失業保険が試験的に導入された。1993年に「国有企業待業保険規定」が公布され、失業保険は全国に広がり、対象者も集団所有制企業や外資系企業の従業員に拡大した。1999年の「失業保険条例」の公布により、失業者に対する社会的な救済制度が正式に確立された。失業保険の掛け金は、企業が従業員の賃金総額の2％、個人が平均賃金の1％を負担する。失業保険基金の不足部分は、地方財政が補助する。給付金額は、地方政府が法定最低賃金以下、最低生活保障金以上の水準で独自に設定することができ、勤続年数10年以上の労働者は最長2年間の失業保険（基本給の60〜75％に相当する）を受けることができる。　　　　　　　　［孟　芳］

【関連項目】　国有企業改革
【参考文献】　中国研究所編集『中国は大丈夫か？　社会保障制度のゆくえ』創土社、2001年。

シャタリン計画（ソ連再生計画）
Shatalin Plan（Five Hundred Day Plan）

ペレストロイカの最終段階（1990年9月）にロシア副首相ヤブリンスキー（Grigory Alekseevich Yavlinsky）とソ連側代表としてのシャタリン（Stanislav Shatalin）が中心になってまとめた危機脱却500日計画のこと。最初の100日に、財政・金融の安定化を図り、250日後までに国家による価格統制を縮小する。さらに400日後までにルーブルと外貨の交換性を回復し、500日後には民営化を完了させ、新たな成長への道を模索する。10月の最高会議で採択された統合案は、こうした原案を骨抜きにしたものであったが、やがてソ連そのものが瓦解した。シャタリン計画といわれるプログラムはもう一つある。それは、1994年に発表された市場経済化プログラム「ロシアの社会経済改造」である。ロシアは1992年1月にショック・セラピー政策を採用したが、その後の経済社会の混乱のため、政府は「1993〜95年ロシア経済の改革発展と安定化」計画を採択し（1993年8月）、重点を通貨安定から、生産重視の政策に変更した。新しい計画は、ペレストロイカを指導していたシャタリンが中心となって策定された。基本的には、3年以内に生産を増大に転じさせ、10年以内に産業構造を転換させることであり、20年後には、世界経済のリーダーに復活することを目的とするとしていた。この計画は、国家による価格規制を復活させ、選択的企業を保護するという、ショック・セラピーに逆行する発想が多く含まれていた。

［安田　靖］

【関連項目】　計画委員会
【参考文献】　和田春樹『歴史としての社会主義』岩波新書、1992年。／小野堅、岡本武、溝端佐登史編『ロシア・東欧経済』世界思想社、1994年。

借款の定義
ODA Loan

政府開発援助（Official Development Assistance：ODA）の中の一協力形態で、開発援助委員会（Development Assistance Committee：DAC）の分類で贈与要素（Grant Element：GE）25％以上をもつ政府資金で貸し付けに使われるもの。開発途上国

の経済・社会の発展のために用いられ、受け入れ国側に返済義務を課す資金による協力を借款という。日本の場合、円建てで貸し付けを行うことから円借款というが、金利、返済期間、据え置き期間とも民間による信用供与よりは有利であり、また従来のプロジェクト借款（特定の期間内に特定の目的を達成するために借り入れられるもので産業インフラや社会インフラ施設の建設などが代表例）に比べて使途の限定が少なく、また執行の制約も低いノン・プロジェクト借款（セクター・プログラム・ローンなど）も導入され、借り入れの条件が徐々に緩和されてきた。

後発開発途上国（LLDC）や重債務貧困国（HIPC）への協力手段としては無償資金協力が重要な位置付けにあるが、円借款は、開発が進展し大規模な資金需要が出てきた国で、返済能力のある開発途上国への支援手段として重要。1999年に旧海外経済協力基金（OECF）と日本輸出入銀行が統合して国際協力銀行（Japan Bank for International Cooperation：JBIC）が発足し、これにより、ODAによる開発途上国向けの低利貸し付け業務と、その他政府資金による国際金融業務を連携させ効果的な支援を行う態勢が整った。開発途上国の開発を促す資金提供と、日本の輸出入振興および日本企業の海外活動振興という、主体も目的も異なった業務を連携させて成果をあげることができるか、国際的にも注目されている。　　　　［佐原隆幸］

【関連項目】　ODA分類表、無償資金協力
【参考文献】　外務省監修『経済協力参加への手引き』(財)国際協力推進協会、昭和59年度版、平成14年度版。

首位都市
Primate City

首座都市とも訳される。開発途上国の都市システムの特徴として、人口規模第1位の都市と2位以下の都市の規模が極端に違う場合が多い。多くの首位都市の実態は首都を擁する巨大都市であるため、首位都市＝巨大都市のように理解されることがある。しかし、首位都市概念は、都市人口の絶対量ではなく、都市規模分布上の人口偏在（相対的比率）の観点から定義される問題である。東南アジアにおけるバンコク、マニラなどがその例としてあげられるが、中南米、ペルシャ湾岸諸国、アフリカなど規模こそ違え同じ傾向がみられる。首位都市問題は一方では、その歴史的背景の観点から、他方、経済発展の偏在の観点から取り上げられることが多い。今日の首位都市の多くは植民地支配に起源をもち、植民地政策の中で内陸からの1次産品の集荷、積み出し港、交易中継都市として、また殖民政庁の所在地である政治・行政都市として発達した。その多くは沿岸地域や交通の要所に立地し、国内の中で「飛び地」（Enclave）として別格の繁栄を誇った。このような都市は、第2次大戦後首都として政治・経済・文化的中心性が強化され、一層首位性が強まった。

首位都市の存在は順位規模法則（rank-size rule）から逸脱した状態として捉えられる。一般に国内で人口規模の小さい都市ほど数が多くなるが、順位規模法則はこの都市の人口規模と人口規模による序列の間には直線的関係（対数線形関係）が存在することを主張するものである。ジェファーソン（Mark Jefferson）による「首位都市の法則」は、特に序列第1位と第2位の都市の人口規模がしばしば極端に開いていることに注目したものである。例外はあるものの、先進国に順位規模型都市システムが多く、首位都市型システムは開発途上国に多い。一般に経済発展とともに地域間の交易が高まり、それにつれて首位都市型から規模序列のなめらかな順位規模型に都市システムが変化するためである。それゆえこの変化は、経済発展の指標として、また特に都市・地域間の格差是正を目指す国土計画の簡便な指標として用いられるようになった。経済発展の度合いに加え、首位都市型都市化を誘発しやすい要因として、狭小な国土・人口規模の小ささ、外国に対する経済依存度の高さ、中央集権的性格の強い国家、国内の都市間関係が特定都市に集中しているような都市システムの存在などが指摘されている。

首位都市化の経済効果については、プラスとマイナスの両面の主張がなされている。国内資源の効率的利用を減じ、生活水準の地域

格差を拡大し、外国との交易を促進する一方、国内開発の障害となると主張される。他方、長期的には首都への集中的投資は規模と集積の経済効果を促進し、知識・人材の集積を通じてイノベーションの波及の中心となるという主張もある。首位都市化のこのネガティブな側面に注目し、その緩和を目指した政策が成長拠点（Growth Pole）、中間都市（Intermediate City）などの分散型開発政策であるが、目立った成功をあげたとはいえない。

それぞれの国のおかれた固有の状況により実際の都市システムは多様な状況を呈している。例えば先進国でもフランスは首位都市型である。また経済発展に伴いつねに首位都市型から順位規模型へ変化するというわけでもない。例えばオーストラリアはシドニーとメルボルンが同規模で並ぶ多極型である。このように、首位性は経済発展の地域的分散の度合いを示すよい指標ではあるが、初期の理論が示唆したような単線的な理解には注意が必要である。また、順位規模モデルは非空間的モデルであるため、地理的パターンとしては非常に異なる都市システムがグラフ上では類似のパターンとして現われることがある。したがって、地図上の分布と同時に検討することが肝要である。　　　　　　　　［新田目夏実］

【関連項目】　過剰都市化、都市インボリューション
【参考文献】　森川洋『都市化と都市システム』大明堂、1990年．／John D. Kasarda and Edward M. Crenshaw, "Third World Urbanization: Dimensions, Theories, and Determinants," *Annual Review of Sociology*. Vol. 17, 1991．／松原宏編『アジアの都市システム』九州大学出版会, 1998年．／高橋伸夫、菅野峰明、村山祐司、伊藤悟『新しい都市地理学』東洋書林, 2001年．

重回帰分析
Multiple Regression Analysis

重回帰分析とは、2つ以上の説明変数で1つの被説明変数を定量的に表わすモデルを統計的に推定することをいう。　　［白砂堤津耶］

【関連項目】　回帰分析

重化学工業化政策【韓国】
Heavy and Chemical Industrialization Policy

朴正熙（Pak Chŏnghŭi）大統領は1973年の年頭記者会見で、韓国経済は重化学工業化の時代に入り、今後、重化学工業の育成に施策の重点をおくという「重化学工業化宣言」を発表した。この宣言では、鉄鋼、造船、機械、石油化学などにおける具体的な数値目標が提示された。1970年代は韓国の重化学工業化の幕開けであり、浦項総合製鉄所や現代造船の建設はその象徴である。

しかし「重化学工業化宣言」にみられるような急速な重化学工業化は、必ずしも当初から計画されていたものではなかった。1971年2月に発表された第3次経済開発5カ年計画では、重点目標として「農漁村経済の革新的開発」「輸出の画期的増大」「重化学工業化の建設」の3点が掲げられていたが、その基調は成長よりも安定と均衡におかれていた。第3次5カ年計画では、重化学工業化は輸入誘発的な産業構造を改善し、慢性的な経常収支の赤字構造を改善するために、国内における基礎素材および中間財産業の育成が必要であると位置付けられていた。

「重化学工業化宣言」には、内外の環境変化が関係していた。一つは、政治的理由である。1971年に国家非常事態宣言を出した朴大統領にとって、壮大な経済目標の提示をもって維新体制の正統性を確保する必要性があった。もう一つは、海外要因であり、自主国防に欠かせない軍需産業の確立であった。この背景には、1960年代末から北朝鮮による武力挑発が相次いだことや、1969年にニクソン・ドクトリンが公表され、海外に展開する米軍兵力の削減方針にもとづき在韓米軍が削減されたことがあった。つまり、防衛産業を育成する上で鉄鋼業や機械工業、電子工業などが重要視されたのである。

重化学工業化の推進にあたり、1973年2月、重化学工業化推進委員会が設置された。委員長の国務総理の下に、経済企画院、商工部、建設部、財務部、科学技術処の職員の他、民間人が委員に加わった。経済企画院主導の経済開発計画とは異なり、大統領府が中心的な役割を担った。

重化学工業化政策は、内外の環境変化により、途中軌道修正を余儀なくされたものの大きな成果をあげた。その要因は、第1に、浦項総合製鉄や蔚山石油化学コンビナート建設

のように、外資の力を借りながらも政府が主導的な役割を演じたことである。第2に、財閥という担い手の存在である。財閥企業は海外から技術や資金を導入しながら、政府が選定した分野へこぞって進出し、事業の多角化を進めた。第3に、「後発性の利益」である。重化学工業の場合、技術の多くがすでに先進国において標準化されており、その導入コストは低かった。第4に、国内資本の動員である。国民投資資金が創設されるなど、政府による金融支援も貢献した。国民投資資金が韓国銀行内に設置され、その資金源は貯蓄組合や年金基金などを対象に発行する債券や金融機関からの預託金、政府特別会計からの転入金などであった。各金融機関を通じて融資されたが、資金配分は国民投資基金が決定した。

しかし、重化学工業化が成功した最大の要因は、合成繊維や自動車など最終財生産の拡大に伴う後方連関効果が強く働いたことであり、輸出志向工業化の結果である。この点に関連して、素材や中間財産業も比較的早期に輸出産業として成長させることによって、国内市場の狭隘性を克服したことも大きい。

［向山英彦］

【関連項目】 経済開発5カ年計画、浦項総合製鉄所、官治金融
【参考文献】 渡辺利夫編『概説韓国経済』有斐閣、1990年。／服部民夫、佐藤幸人編『韓国・台湾の発展メカニズム』アジア経済研究所、1996年。

重化学工業化政策【台湾】
Heavy and Chemical Industrialization Policy

台湾では、1960年代に進められた輸出志向工業化により、日本を中心とする先進国から輸入した中間財を国内の安い労働力を使って組立・加工し、製品を輸出するという加工貿易型経済構造が進展した。しかし、中間財の大部分を輸入に頼っていたために産業基盤が脆弱であり、貿易収支の改善も進まなかった。経済的自立のためには輸入誘導的な産業構造を転換し、中間財・資本財産業の育成が必要であった。同時にインフラ、エネルギー部門の基盤整備の必要性も強まった。

1973年に韓国が重化学工業化宣言を行い、「第1次5カ年計画」の中で鉄鋼、非鉄金属、石油化学、造船、電子、機械の6部門の基幹産業をターゲットとした育成施策が採用された。これに刺激された台湾でも十大建設計画(1973〜77年)が策定され、本格的な重化学工業の育成とインフラ整備に乗り出すことが決定された。重化学工業としては鉄鋼、石油化学、造船の3つの産業が選定された。これらの産業が選ばれた背景には、輸出志向工業化が進展した結果、最終財の輸出が拡大し、その原材料となる鉄鋼素材や石油化学原料の需要が増加し、規模の経済性からみて輸入よりも国内生産に切り替える条件が整ったことがある。

重化学工業化は、産業基盤の整備という面の他に、これまで輸入に頼っていた中間財の輸入代替という側面もあわせもっていたから、第2次輸入代替工業化とも呼ばれる。1950年代が消費財を中心とした輸入代替産業の育成であったのに対し、1970年代は原材料部門での輸入代替が進められた。

重化学工業化の担い手は公営企業であった。孫文 (Sūn Wén) の「民間に委ねられない事業や独占性を帯びた事業は、国家が経営すべきである」という思想がその背後にあった。当時の台湾では民間企業が発達しておらず、基幹産業として国民経済に及ぼす影響が大きいことに加え、多額の資本を必要とし、かつ利益回収までに長期間を要する重化学工業化は、公営企業によって進めざるをえなかった。

巨額の政府投資により1974年から本格的な重化学工業化が進められた。鉄鋼部門では中国鉄鋼公司、石油化学部門では中国石油公司、造船部門では中国造船公司という公営企業に中心的な役割を担うことが期待された。しかし、その後の発展は産業によって明暗がはっきりと分かれた。石油化学工業は3つの産業の中で最も順調に発展した。成功の原因としては、製品の供給先である紡績、プラスチック加工業などの広範な川下産業がすでに十分に発展していたことが大きい。石油化学工業の成長により、1970〜80年代における台湾の最大の産業である紡績、アパレルやプラスチック加工業への円滑な原料供給が可能と

なり、産業の成長に貢献した。これに対して、鉄鋼業や造船業は必ずしも順調に発展したとはいい難い。とくに造船業は、第1次石油ショックの影響による需要の減少により設立当初から困難な状況に追い込まれ、その後の発展を阻害された。また、一貫製鉄所は製品の主要供給先として造船業を想定していたため、当初計画は変更され、需要の落ち込みを輸出で補うことを余儀なくされた。その後も、鉄鋼業は質量両面において国内需要を十分に満たす水準には達していない。

このように、重化学工業化は、育成目標となった産業がその後の台湾の輸出主導型の経済発展の中で中心的な役割を果たすまでには至らなかったという意味において、成功したとはいい難い。　　　　　　　　　　［今井　宏］

【関連項目】　加工貿易型経済構造、十大建設・十二項目建設、公営企業
【参考文献】　文大宇『東アジア長期経済統計　台湾』勁草書房、2002年.／今井宏、高安健一、坂東達郎、三島一夫『テキストブック21世紀アジア経済』勁草書房、2003年.

収穫逓減の法則
Law of Diminishing Returns

収穫逓減の法則とは、生産量が増加するにつれて土地、労働力、資本等の生産要素の限界生産力が逓減することをいう。収穫逓減の法則によって労働力が L_1 から L_2 へと増加した場合、労働力の限界生産力は MPL_1 から MPL_2 へと低下する。

［森脇祥太］

【関連項目】　限界生産力

◇収穫逓減の法則

生産量 Q

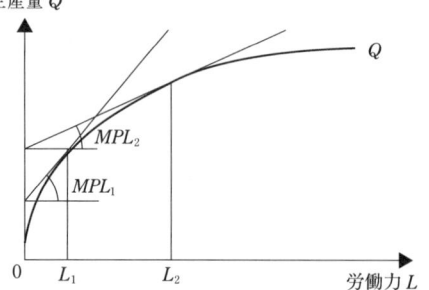

（図：横軸 労働力 L、L_1、L_2、縦軸に MPL_1、MPL_2、曲線 Q）

重層的追跡
Multilayer Chasting Patterns

東アジアの高度経済成長に伴う経済構造変化を表わす言葉。日本、NIES、ASEAN諸国、中国との間には、先発国から後発国へと工業発展の連続的な差をもって、工業製品の国際競争力が比較的なだらかに連なり合う特異な経済関係が特徴付けられる。

世界市場における東アジアの工業製品輸出の拡大は、彼らの輸出競争力が強化されてきたという事実の反映である。重層的追跡過程は、東アジアの工業製品の国際競争力における各国間の位置関係が時間の経過とともにどのように変化してきたかを最も的確に表わしたものであろう。

1980年代における日本、NIES、ASEAN諸国の間にみられる重層的追跡過程を一つの可視的な形で表現してみると、次のようになる。工業製品を労働集約財と資本技術集約財とに分け、その国際競争力指数を計測し、これを観察国の1人当たり所得水準と結合させる（図参照）。その結果、香港、シンガポールにおける労働集約財の国際競争力はピークを超えてすでに下降期に入り、韓国、台湾のそれもピークに差しかかろうとしている。一方、NIESの資本技術集約財の競争力は低水準にありながらも上昇傾向をみせている。NIESが強い競争力をもつ財は、こうして労働集約財から資本技術集約財へと交替しつつある。

一方、NIESは、労働集約財においてASEAN諸国による追跡を受け、逆に資本技術集約財においては日本への追跡を開始した。ASEAN諸国は、NIESとは対照的に労働集約財における国際競争力の急上昇期にある。一部の国では資本技術集約財の国際競争力においても端緒的な変化をみせており、ASEAN諸国がNIESを追いかける形で競争力構造を変化させ始めた様子が読み取れる。

1980年代に世界の成長センターとして注目された東アジアでは、先発工業国である日本に対し、NIESが労働集約的で技術の標準化された繊維製品や電気・電子機械において国際競争力を強め、その世界市場シェアを拡大しながら日本を追跡した。さらに、1990年代

◇工業製品国際競争力の重層構造

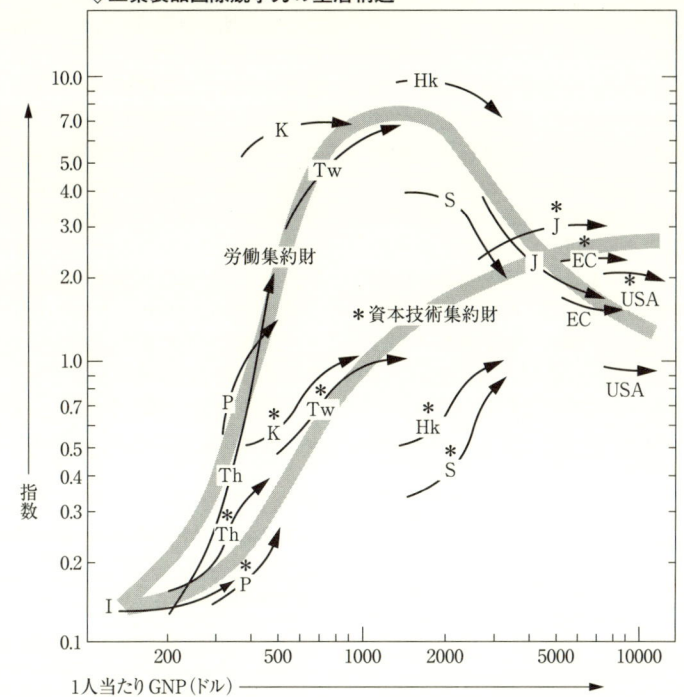

(注) 本図の指数は、$\frac{1}{n}\sum_{i=1}^{n}(E^i_h/E_h)(W^i/W)$ である。(E^i_h/E_h) は h の工業製品輸出総額 (E_h) に対する i 商品の輸出 (E_h) の比率、(W^i/W) は世界の工業製品輸出総額 (W) に対する i 商品の輸出 (W^i) の比率。なお、I:インドネシア、Th:タイ、P:フィリピン、K:韓国、Tw:台湾、Hk:香港、S:シンガポール、J:日本、EC:欧州共同体、USA:米国。

(資料) T. Watanabe and H. Kajiwara, "Pacific Manufactured Trade and Japan's Options," *The Developing Economies*. Vol. XXI, No.4, Dec. 1983.

以降はそれまでこの地域の中間的な成長核であったNIESをASEAN諸国、続いて中国が追うという重層的追跡過程を観察することができる。そしてこの追跡過程が、労働集約的かつ技術の標準化した部門から次第に資本・技術集約的部門へと進み、東アジア諸国の経済成長を一層高めている。　　［文　大宇］

【関連項目】東アジアの奇跡、雁行形態論
【参考文献】渡辺利夫『成長のアジア・停滞のアジア』東洋経済新報社、1985年. ／渡辺利夫『西太平洋の時代―アジア新産業国家の政治』文藝春秋, 1989年.

従属人口
Dependent Population

年齢別人口構造を経済的な関係から、経済活動人口（15歳以上、65歳未満）、年少人口（15歳未満）、老年人口（65歳以上）に区分する。年少人口と老年人口を合わせた人口が従属人口であり、被扶養人口ともいう。年齢だけで人口を単純に区分することは問題ではあるが、経済活動人口と経済的に負担となっている従属人口を分けることで経済的な意味をもたせる。年少人口は将来的に経済活動人口となって労働市場に参入し雇用問題を発生させる。老年人口は年金などの経済的負担問題を考えなければならなくなる。

経済的な年齢別人口を考えるための指数として、
従属人口指数＝（年少人口＋老年人口）／経済活動人口
年少人口指数＝年少人口／経済活動人口

老年人口指数＝老年人口／経済活動人口
老年化指数＝老年人口／年少人口
がある。

　従属人口指数が高いならば経済的負担、つまり扶養のために経済からのもれ（貯蓄ではなく消費）が多くなる。しかし従属人口指数が高く、年少人口指数も高い経済は将来的に経済活動人口の増加が期待でき、労働増加に伴い経済が発展できる可能性がある。逆に従属人口指数が高く、老年人口指数の高い経済は将来的に労働が減少するとともに老年人口の負担が大きくなる。特に老年化指数の高い経済は子供の数が減少、老年人口が増加し、現在の日本のような急速な老年人口の増加に伴う負担が増加するはずである。　　［梶原弘和］

【関連項目】　人口転換、人口ピラミッド、生命表
【参考文献】　石南國『人口論－歴史・理論・統計・政策』創成社、1993年。／梶原弘和，武田晋一，孟建軍『経済発展と人口動態』（東アジア長期経済統計シリーズ第2巻）勁草書房、2000年。

従属理論
Dependency Theory

　開発途上国の経済的後進性の原因を分析し、新たな開発戦略を主張する開発理論の1つ。主流派開発理論にもとづく経済開発の成果がはかばかしくないことを背景に、1960年代頃に中南米諸国を中心にして登場した理論である。論者によって理論的な構成は異なるが、共通する特徴は、開発途上国の低開発は、開発への取り組みが遅れたという時間的な問題ではなく、世界資本主義の構造にもとづくものであるという把握にある。また、開発途上国の経済は、近代部門と伝統部門の二重経済を特徴とするが、伝統部門の遅れは近代部門の出現によるものだと理解する。つまり、開発途上国の低開発状態は、先進国の発展と先進国から移植された近代部門の生成によって生じたものであると考えるのである。

　開発と低開発はコインの裏表であり、「低開発の開発」を行っているということになる。従属理論の世界資本主義構造は、先進国からなる「中心（Centre）」と開発途上諸国からなる「周辺（Periphery）」から構成される（「中枢（Metropolis）」と「衛星（Satellite）」と呼ばれることもある）。この構造の下で、開発途上国は先進国の原材料・食糧の供給基地と位置付けられ、国際的な従属関係の下におかれている。国内では、先進国の企業が進出して近代部門をつくり上げ、在来産業などの伝統部門を停滞させる。このような二重の意味での従属関係によって、開発途上国の生産・経済・社会構造は低開発を余儀なくされると捉えるのが従属理論である。

　そして、このような低開発状態から脱却する方途を、世界経済からの脱却や急進的な国家構造の改革に求める。しかし、外資を梃子とした輸出志向工業化戦略を採用したアジア諸国は急速な経済発展を遂げる。また、中国などの自力更生路線も破綻をきたした状況を、従属理論はどのように説明するのであろうか。ウォーラーステイン（Immanuel Wallerstein）を中心とするグループによって理論的・実証的研究がなお進められている。　　［徳原　悟］

【関連項目】　アミン、フランク、ウォーラーステイン、世界システム論
【参考文献】　西川潤『経済発展の理論（第2版）』日本評論社、1978年。／アンドレ・グンダー・フランク（吾郷健二訳）『従属的蓄積と低開発』岩波書店、1980年。／小野一一郎編『南北問題の政治経済学』同文館、1981年。／イマニュエル・ウォーラーステイン（川北稔訳）『新版　史的システムとしての資本主義』岩波書店、1997年。

十大建設・十二項目建設【台湾】
Ten National Projects of Economic Construction, Twelve National Projects of Economic Construction

　十大建設計画は、台湾で1973～77年に採用された工業化およびインフラ整備政策であり、十二項目建設計画は1978～84年に採用された同趣旨の政策である。

　経済建設計画は、行政院（内閣に相当）の経済建設委員会において策定され、中・長期経済建設計画とそれを補完するための具体的な重点案件計画から成り立っている。中・長期経済建設計画は、1953年に第1次4カ年計画が開始され、その後1986年に始まった第9次4カ年計画まで実施された。十大建設計画や十二項目建設計画は、後者の中・長期経済建設計画を補完する具体的な重点案件計画にあたる。1985年からは十四項目建設計画が5

年計画で開始された。

1973〜77年には、本格的な重化学工業の育成とインフラ整備を目的に十大建設計画が実施された。この背景には、1960年代の輸出主導による急速な経済成長の結果、インフラやエネルギー部門の基盤整備の必要性が高まったことに加え、工業化の原材料となる鉄鋼素材や石油化学原料の需要が増加し、輸入よりも国内生産に切り替える条件が整ったことがある。

インフラ整備では、交通・運輸、港湾・空港、発電所など7つのプロジェクトが選定された。中正国際空港の建設、南北縦貫鉄道の電化、北回り鉄道の新設、南北縦貫高速道路の建設、台中港の国際化、蘇澳港の拡張、原子力発電所の建設が進められた。また、1978年からの十二項目建設計画では、十大建設計画の継続案件として4項目が選定された他、道路、農業近代化、都市開発、護岸、文化などの多様な開発計画が新しく追加された。

十大建設計画では、育成すべき重点産業として鉄鋼、石油化学、造船が選定された。各部門では、中国鉄鋼公司、中国石油公司、中国造船公司という公営企業が設立されたが、これは、①基幹産業として国民経済に及ぼす影響が大きいこと、②各産業が多額の資本を必要とし、かつ利益回収までに長期間を要することから、当局のコントロール下におく必要があると判断されたためである。こうして、政府の大量の資金を投入して十大建設計画が開始され、銑鋼一貫製鉄所、大型造船所、石油コンビナートの建設が進められた。重化学工業化は十大建設計画に続く1978年からの十二項目建設計画に引き継がれた。しかし、第1次石油ショックの影響により重化学工業化政策は停滞を余儀なくされた。造船業では、当初、タンカーを中心とする世界的な船舶需要の伸びを見込んでいたが、第1次石油ショックの影響により世界的に船舶需要が激減し、造船業は設立当初から困難な状況に追い込まれた。また、一貫製鉄所は製品の主要供給先として造船業を想定していたため、当初計画は変更され、国内需要の落ち込みを輸出で補うことを余儀なくされた。一方、石油化学産業は順調に発展した。この背景には、製品の供給先である紡績、プラスチック加工業などの川下産業がすでに十分に発展していたことがある。

しかし、十大建設計画および十二項目建設計画の対象であった造船業、鉄鋼業のみならず石油化学産業も、その後の経済発展の中心的な産業とはなりえなかった。高度成長を可能にした輸出志向型の経済発展において中心的な役割を果たしたのは民間中小企業であり、公営企業による重化学工業化は国際競争力の点で輸出産業にまで発展することはなかった。　　　　　　　　　　　　　　[今井　宏]

【関連項目】　重化学工業化政策、公営企業、中小企業
【参考文献】　文大字『東アジア長期経済統計　台湾』勁草書房, 2002年.

住宅開発庁【シンガポール】
Housing & Development Board

シンガポールでは国民の公共住宅入居率は87％ときわめて高いが、住宅開発庁はその建設を任務にする国家開発省傘下の準政府機関。1959年、政権に就いた人民行動党政府は工業化推進と並んで住宅改善を二大政策課題に掲げ、1960年に住宅開発庁を創設した。同庁は、毎年、綿密な住宅建設計画を立て、実際には計画予定を大幅に上回るスピードで住宅建設を成し遂げた。2002年現在、国民人口338万人に対し、約87万の公共住宅がある。

当初、公共住宅は都市部や周辺部に建設されたが、土地が不足すると郊外の広大な荒地や農地を次々と住宅用地に転用していった。1966年に制定された「土地収用法」による住民立ち退き強制も、建設のスピードを助けた。現在、公共住宅団地はシンガポール島全域に広がり、高層住宅群の数十万人規模のニュータウンは10カ所を上回る。住宅の間取りは1〜5部屋タイプまで多様だが、誰でも入居できるのではなく、月収7000Sドル以下などの制限がある。国民の公共住宅入居率は、1960年の9％から、1970年に36％、2002年現在は87％に及んでいる。

公共住宅建設には、中央積立基金（Central Provident Fund：CPF）の余剰資金が建設資金に援用されるなど重要な役割を果たした。入居も、当初は賃貸形態だけだった

が、マレーシアから分離独立した1965年に国民への帰属意識を高め、かつ政府への政治的支持調達を狙いに分譲が開始された。当時は国民所得が低かったため、政府が中央積立基金を住宅購入資金に利用する制度を導入すると、国民の間で「マイホーム・ブーム」が起こった。2002年現在、国民のマイホーム取得率は85％に達している　　　　　〔岩崎育夫〕

【関連項目】　中央積立基金
【参考文献】　Aline K. Wong ed., *Housing a Nation : 25 Years of Public Housing Board*. Singapore : HDB, 1985. ／丸谷浩明『都市整備先進国シンガポール』アジア経済研究所，1995年．

自由度修正済決定係数
Coefficient of Determination Adjusted for the Degrees of Freedom

　重回帰の場合、説明変数の数を増やしていくと、決定係数の値が自動的に高くなる欠点がある。その原因は、説明力をもたない説明変数でも追加することによって残差が小さくなるからである。こうした欠点を克服するために考案されたのが、自由度修正済決定係数（$\bar{R}^2$）であり、下式の形で定義される。

$$\bar{R}^2 = 1 - \frac{n-1}{n-k-1}(1-R^2)$$

　R^2：決定係数　n：サンプルの数
　k：説明変数の数　　　　　〔白砂堤津耶〕
【関連項目】　決定係数、重回帰分析

自由貿易区
⇨輸出加工区

自由貿易論争
Free Trade Dispute

　自由貿易論争の典型例として、19世紀初頭に展開されたマルサス（Thomas Robert Malthus）とリカード（David Ricardo）による論争を取り上げる。その論争は1815年の穀物法改正をめぐって行われた。18世紀末以来、英国ではフランス革命以後のヨーロッパ大陸の動乱によって穀物の輸入価格が上昇し、その結果、地代が上昇し、地主階級に有利な状況が生じていた。しかし、ナポレオン戦争の終結の結果、穀物価格の急激な低下が予想され、被害を受ける可能性のある地主階級は、輸入穀物に高率の関税を課して穀物価格低下の阻止を企てた。このような保護貿易政策をマルサスは、①食料安全保障、②地主階級の保護によって工業生産に対する有効需要を高める、などの理由から擁護した。それに対してリカードは、自由貿易によって穀物価格が低下すると、労働者の実質賃金が低下して資本家の利潤が増加し、資本蓄積が促進されるとしてマルサスの保護論を批判した。

〔森脇祥太〕

【関連項目】　マルサス・モデル、リカード・モデル
【参考文献】　根井雅弘『経済学の歴史』筑摩書房，1998年．

住民参加
Civil Participation

　プロジェクトへの住民参加という場合、複数のレベルを想定する必要がある。参加の度合いが高まる順に、①プロジェクトを計画し実施する側によるプロジェクトについての情報開示と、それによる住民との情報共有、②プロジェクトの計画に対しての住民側からの意見および修正要求の表明、③プロジェクトの基本的な構成要素選択の意思決定への住民の参画、④事業実施過程で住民からの具体的な労力提供、⑤プロジェクトの計画・実施そのものを住民側で発案し、一部費用負担と抱き合わせで申請し、予算獲得後は主体として実施、という5段階のレベルが設定できる。

　国際協力の中で、住民参加の重要性が議論されたのは、1989年12月に「人々の開発過程への広汎な参加を確保し、開発の成果を公平に分配することが、開発戦略や開発協力の中心的なテーマとなるべきである」とした開発援助委員会（Development Assistance Committee : DAC）の「1990年代の開発協力の政策声明」が最初の事例であった。その後住民参加は「参加型開発」という概念に結晶化し、1990年代の開発援助の底流をなす重要な考え方として定着した。日本でも、1992年に公表されたODA大綱の中の4番目の項目（政府開発援助の効果的実施のための方策）の中で「開発への女性の積極的参加および開発からの女性の受益の確保について十分配慮する」との考え方が示され、地域住民の中で

も女性の参加への配慮を重視する立場を鮮明にした。

　国際協力の実施機関であるJICA（国際協力機構）は1995年に『参加型開発と良い統治（分野別援助研究会報告書）』を作成した。その中で、開発の実をあげ、その効果を持続的なものとするためには、「開発にかかわる地域社会の人々の社会的能力の育成・向上」に留意し、「参加」を拡大すべきとの立場を明らかにしている。その後のJICAのプロジェクトには社会林業など住民のニーズ調査の結果を計画に反映させる積極的な取り組みを行う案件が徐々に拡大し、「受益者の参加」が事業の実施上の具体的な配慮事項として受け入れられつつある。資金協力を行う実施機関であるJBIC（国際協力銀行）も、インドネシアを初めとする地方の小規模灌漑インフラ開発にプロジェクト終了後の住民による管理運営促進を視野に入れ、計画当初から参加型の手法を取り入れる事例が徐々に広がりつつある。今後は、これら個別の成功事例から得られる教訓をもとに、住民参加のレベル設定に配慮した現実的な事業実施ガイドラインの作成に進み、その成果を改めて国際的な場での議論に反映させ貢献していくことが期待される。　　　　　　　　　　　　　　　［佐原隆幸］

【関連項目】　問題解決型アプローチ、制度開発
【参考文献】　国際協力事業団『参加型開発と良い統治（分野別援助研究会報告書）』1995年.

儒教資本主義
Confucian Capitalism

　東アジアの急速な経済発展に儒教が大きな役割を果たしたとする見方。この考え方によれば、東アジアの経済発展は開発国家体制、高い教育水準に裏付けられた良質の労働力、輸出志向工業化、儒教などが支えたとされる。儒教は国家に対する忠、親に対する孝、友人に対する信、年長者に対する敬を強調しており、儒教イデオロギーの下では国家主義的資本主義が受容されやすい。官僚に代表される開発国家体制が良質の労働力を用いて輸出志向工業化を推進し、それを家族的な企業システム（例えば年功序列、終身雇用など）が支えるという形態である。

韓国では儒教の影響が他国よりも強く、強い家父長権をもつ直系三世代家族をつくり出した。直系家族成員は「宗孫」として尊重され、家族の財産は世代交代ごとに男性成員の間で分配されてきた。このような文化的土壌が財閥の形成につながり、また政府の開発意思の国民への浸透という点でプラスに作用したといえよう。

　こうした文化的土壌を無視することはできないが、そのプラス面のみを強調するのは一面的である。政官財の癒着関係や政治的民主化の遅れ、地域主義、技能に対する低い評価などと儒教に関連がないのかどうか、同時に検討される必要があろう。　　　［向山英彦］

【関連項目】　財閥
【参考文献】　服部民夫『韓国の経営発展』文眞堂, 1988年.／金日坤『東アジアの経済発展と儒教文化』大修館書店, 1992年.

ジュグラー循環
Juglar Cycles

　フランスの経済学者ジョセフ・ジュグラー（Joseph C. Juglar, 1819～1905）が発見した平均約10年の周期をもつ景気循環のこと。ジュグラーは、米国、英国、フランスの利子率や物価等のデータの変動率を観察することでこれを発見した。平均20年周期のクズネッツ循環と平均40カ月周期のキチン循環の中間に位置するため、中期循環と呼ばれることもある。ジュグラー循環の主な要因が民間設備投資にあると考えられているため、設備投資循環ともいわれる。現在でも、経済成長率を牽引する要因として民間設備投資の動向に大きな注目が寄せられていることから、ジュクラー循環は景気循環の分析において重要なものであると考えられている。

　米国の経済学者アルビン・ハンセン（Alvin H. Hansen, 1887～1975）は、キチン循環を小循環（Minor Cycles）としたのに対して、ジュグラー循環を主循環（Major Cycles）と呼んだ。ところが、戦後の経済学の動向をみると、景気循環よりも経済成長に関心がシフトしたという理由はあるものの、ジュグラー循環が際立って取り上げられることはなかった。特に米国などでは財政・金融政策の運営によって比較的良好な経済環境に

あったため、「景気循環はなくなった」といわれた時期もあった。また、英国ではジュグラー循環の山と谷の間の乖離幅が小さかったという指摘もなされており、これもジュグラー循環が等閑視された1つの理由と考えられる。

しかし、現実のデータを観察するならば、日本や米国において、約10年周期のジュグラー循環を読み取ることができる。また、民間設備投資の成長率と粗固定資本ストックの成長率の間には相関関係を見出すこともできる。つまり、民間設備投資が増加すると固定資本ストックも増加し、逆に民間設備投資が低下すると固定資本ストックも低下するという関係が読み取れる。このことから、約10年周期で固定資本ストックの調整も行われてきたということができよう。設備投資は、経済成長を先導する主要因であるため、趨勢的な成長経路にある開発途上諸国の経済分析にとっては重要な概念となるであろう。成長段階にある経済では企業家の投資熱は高く、投資のダイナミズムが経済に及ぼす効果は測り知れない。

[徳原 悟]

【関連項目】 キチン循環、コンドラチェフ循環、クズネッツ循環、経済成長／経済発展
【参考文献】 Joseph C. Juglar, *Des Crises Commerciales et de Leur Retour Périodique en France, en Angleterre et aux États-Unis*, Guillaumin, 1862. ／アルビン・ハンセン（都留重人訳）『財政政策と景気循環』日本評論社、1950年. ／稲田献一、宇沢弘文『経済発展と変動』岩波書店、1972年. ／鳥居泰彦『経済発展理論』東洋経済新報社、1979年. ／南亮進著、牧野文夫協力『日本の経済発展（第3版）』東洋経済新報社、2002年.

珠江デルタ【中国】
Pearl River Delta Area

それぞれ中国の雲南省、湖南省、江西省に源を発する西江、北江、東江の3つの河川は、広州市の南で合流して珠江となる。流れはさらに100余りの河川に分かれ、南シナ海に向かって8つの出口で海に注ぐ。この珠江の河口地区は珠江デルタ（珠江三角州）地区と呼ばれ、古くから華南の重要な農業地域であった。改革・開放政策の実行に伴い、輸出加工産業を中心に鉱工業の発展が著しく、中国経済の成長センターとなった。行政範囲としての珠江デルタは、広州、深圳、仏山、珠海、東莞、中山、恵州、肇慶、江門の9つの大都市、100余りの市鎮からなっている。2002年末には、人口は4283万で中国総人口の3.3％に過ぎなかったが、全国のGDPの9.3％を占め、輸出額と海外直接投資の流入額はともに全国総額の20％を超えた。いまや珠江デルタは上海を中心とする長江デルタと並んで、中国経済の最も先進的な対外開放地域となっている。

香港、マカオと地理的に隣接していることが珠江デルタの経済的躍進の最大の要因といえる。事実、香港とマカオを珠江デルタに加えて大珠江デルタ「珠江大三角州」とする分類も中国にはある。改革・開放政策が実施されてからは、深圳と珠海は1980年に経済特別区の指定を受け、1985年には珠江デルタ地区が「沿海開放地区」として指定を受けた。これにより香港・マカオの資本を初め、台湾、日本、欧米諸国がこの地域に集中的な投資を試み、委託契約工場を中心に大規模な産業集積をつくり出した。特に香港の製造業のほとんどが大陸に移転したが、そのうちの80％余りは珠江デルタに移管したといわれる。近年、台湾企業の大量進出によって、情報技術とその裾野産業の発展が著しい。

香港とマカオを含む大珠江デルタの域内は、車3時間で隅から隅へと移動できる「3時間経済圏」である。2003年には大陸と香港、大陸とマカオとの間に、それぞれ「より緊密な経済パートナーシップ協定」（CEPA）が結ばれ、製造業のみではなく、珠江デルタの流通、観光、不動産、広告、市場調査なども躍進の機運が高まっている。

[杜 進]

【関連項目】 華南経済圏、長江デルタ
【参考文献】 丸山伸郎編『華南経済圏―開かれた地域主義』アジア経済研究所、1992年. ／霞山会編『中国総覧』霞山会、2000年.

主体思想
⇨主体（チュチェ）思想

出生率／死亡率
Birth Rate, Death Rate

出生の程度を測る最も一般的な方法として普通出生率（Crude Birth Rate）がある。あ

る期間（通常は1年間）の出生数をその年の年中央人口（日本は10月1日現在の人口）で割った比率であり、人口1000人当たりで算出する。粗出生率とも呼ばれる。普通出生率は実際の出生力を表わしていない。出産は女性が担当し、そのうち出産可能な女性を考慮しなければならない。出産可能女性人口に対する出生数の比率を特殊出生率（Fertility Rate）という。

異なる人口集団（都道府県比較など）における出生率を比較する場合、年齢別人口構成の違いによる影響を除去するために、年齢構成が一定であった時に予想される出生率を推計したものを標準化出生率（Standardized Birth Rate）という。国立社会保障・人口問題研究所では1930年（昭和5年）の全国人口の男女別年齢構成を基準として、都道府県別に推計している。ある年の婚姻件数に対する出生数の比率を婚姻出生率というが、使用頻度は高くない。

死亡率を示す一般的な方法として普通死亡率（Crude Death Rate）がある。ある期間（通常は1年間）の死亡数を年ごとの年中央人口（日本は10月1日現在人口）で割った比率であり、人口1000人当たりで算出する。粗死亡率とも呼ばれる。

死亡率をより厳密に測るために男女年齢別特殊死亡率（Sex and Age Specific Death Rate）が使用される。男女年齢別の死亡数を年中央人口で割った男女年齢別死亡率を、年齢別人口をウェイトとして加重平均して算出する。

地域別あるいは年別に人口を比較する場合、人口の性比ならびに年齢構造に違いがあれば死亡率を正確に比較できない。この構造上の違いを除くために標準となる基本構造をもつ人口を定め、この標準とした人口構成にもとづいて推計した死亡率を標準化死亡率（Standardized Death Rate）という（標準化出生率と同様）。　　　　　［梶原弘和］

【関連項目】　乳幼児死亡率、合計特殊出生率、人口転換
【参考文献】　石南國『人口論―歴史・理論・統計・政策』創成社、1993年。／梶原弘和、武田晋一、孟建軍『経済発展と人口動態』（東アジア長期経済統計シリーズ第2巻）勁草書房、2000年。

ジュビリー2000キャンペーン
Jubilee 2000 Coalition

重債務貧困国（HIPC）の債務を2000年までに100％帳消ししようとする、1990年代後半に推進され、成果をあげたNGOによる国際キャンペーンである。重債務貧困国では、世界銀行・IMF主導による開発計画が頓挫すると、債務返済を優先させた支援政策によって、財政の大半を返済に当てざるをえなくなった。教育や保健などの社会投資をする余裕がなくなり、債務と貧困の度をますます増していった。そこでキリスト生誕の2000年時に一挙に債務を帳消しし、貧困削減のための社会投資ができるようにすべきだという考え方が、1990年代初めにアフリカの現地のNGOやキリスト教協議会から起きた。

そこで英国のNGOを中心に（クリスチャン・エイド、CAFORDなど）、1996年に国際キャンペーン事務局がロンドンに設立され、戦略的にサミットなどの首脳会議に働きかけていき、1998年のバーミンガム・サミットで本問題が取り上げられ、1999年のケルン・サミットで「ケルン債務イニシアチブ」が採択され、2000年の沖縄サミットで一応合意された。日本に事務局が設立されたのは1998年である。キャンペーンを通じて開発途上国の債務問題は国際政治の主要項目となり、ついに2000年末までに要求の大筋が合意され（実行は依然途中であるが）、対人地雷禁止キャンペーン（ICBL）と並ぶNGOの国際キャンペーンの成功事例の一つとなった。

同キャンペーンを通じ、1980年代以降の国際機関の援助政策において中心的概念となってきたSAP（構造調整計画）の見直しにつながり、世界銀行によるHIPC（重債務貧困国）イニシアチブやPRSP（貧困削減戦略ペーパー）を導入する契機となった。世界銀行が1990年代後半に導入した包括的開発フレームワークにもとづくPRSPは、これまでのマクロ経済指標優先の輸出志向型開発政策（ネオリベラリズム）だけではなく、貧困削減のための社会政策（教育と保健）をも重視した新開発戦略計画の策定を求めている。しかも、これら貧困削減戦略ペーパーは、各国ともNGOとの協働で作成するよう世界銀行は指

導している。　　　　　　　　　［長坂寿久］
【関連項目】　対人地雷禁止キャンペーン、NGO、貧困削減戦略
【参考文献】　JUBILEE 2000 Coalition, "The World will never be the same again," 2000.

朱鎔基【中国】
Zhū Róngjī, 1928～

　1990年代中期以降、中国経済の市場経済化を推進した指導者である。特に1998年3月の国務院総理（首相）就任時に公表した「三大改革」（政府機構改革、国有企業改革、金融システム改革）は、彼の強力なリーダーシップがなければ本格的に着手することさえ困難であったと評価されている。

　清華大学を卒業した1950年代初頭から国家の経済運営に携わり、その才能は注目されていた。ところが、1957年の反右派闘争の際、「右派分子」として共産党を除名され、国家計画委員会での幹部ポストを失った。「右派分子」とみられた理由には諸説あるが、率直過ぎる言動が批判を招いた点は共通している。1962年に「右派分子」のレッテルは外されたものの、文化大革命期には再度批判された。

　1978年に党からの除名処分を解除されたものの、その後も長い間注目されなかった。しかし、国家経済委員会副主任や上海市長としての仕事振りが鄧小平（Dèng Xiǎopíng）に高く評価され、1991年から経済担当の副総理などの重職を任されるようになる。さらに、1992年の中国共産党第14回全国代表大会（党大会）では、中央候補委員から政治局常務委員への異例の三段階昇進を果たし、続く1997年の第15回党大会では党内序列が第3位まで上昇した。そして、1998年から2003年まで首相として経済改革を陣頭指揮した。

　一連の経済改革は、失業や「下崗」（レイオフ）などの痛みを伴うものであった。しかし、彼自身の清廉さ、さらには問題点を率直に認め、改革の必要性を訴えかける姿勢が内外の支持を集め、改革を推進させたといえよう。　　　　　　　　　　　　　　［佐野淳也］
【関連項目】　国有企業改革、三角債、下崗
【参考文献】　楊中美『朱鎔基　死をも厭わない指導者』講談社、1998年。／矢吹晋『中国の権力システム』平凡社、2000年。

需要曲線
Demand Curve

　需要曲線とは、価格と需要量（＝最適消費量）の関係を示すものである。価格pを縦軸にとり、需要量xを横軸にとった場合、通常、図のように右下がりの需要曲線が描かれる。　　　　　　　　　　　　　　　　　［森脇祥太］

◇需要曲線

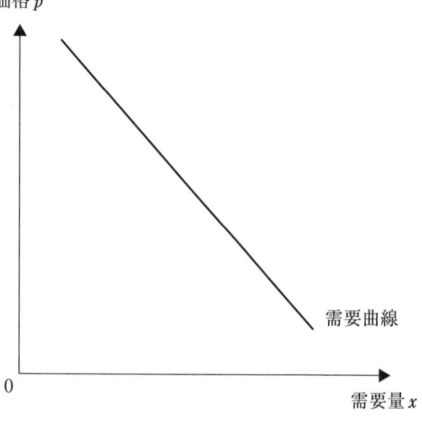

シュルツ、セオドア・ウィリアム
Theodore William Schultz, 1902～98

　米国生まれの農業経済学者であるとともに、人的資本論の創始者でもあり、開発途上諸国の開発問題に多大な貢献を残した。多岐にわたる貢献に対して1979年度のノーベル経済学賞を受賞した。農業経済学においての貢献としては、農業が土地制約にもとづく収穫逓減産業だとする古典派経済学的観念を打破したことがあげられる。農業研究から得られた成果をもとに、農民に科学的農法の教育と訓練を施すならば、農業生産力を向上させることができることを米国の経験をもとに明らかにした。

　開発途上諸国の農業についても多大な関心をもち、その特徴を「慣習的農業」という言葉で浮き彫りにした。開発途上諸国の農業は決して非効率的なものではなく、与えられた技術体系の下で最も効率的に営まれており、安定的な長期の均衡状態にあると捉えたのである。農業を原動力として経済成長を図る方法としては、現代的な農業技術体系の導入を

推奨した。化学肥料、改良品種などの収益性の高い投入要素を「慣習的農業」に導入するならば、農民もまた新たな技術体系の下で効率的な行動をとり、生産力が増大すると考えたのである。

　この妥当性は、例えば「緑の革命」の経験などを検討するならば、容易に証明することができよう。ここでもまた、肥料、品種、土壌改良などの研究開発と、それらの成果を駆使できる農民を教育・訓練することが不可欠となる。シュルツは、先進国か開発途上国かを問わず、研究開発、教育、保健・衛生、学校および訓練所などへの投資が経済成長に欠かせないことを強調した。また、このような主張は、当時の工業化一辺倒の開発戦略に対して一石を投じた。現在でも農業を衰退産業であるとか労働集約的であるとする見方があるが、米国、豪州などの農業をみるならば、それが知識・技術集約的であり、まさしく先端産業の特徴を備えていることが確認できる。

〔徳原　悟〕

【関連項目】　緑の革命、人的資本、収穫逓減の法則、古典派経済学
【参考文献】　セオドア・シュルツ（川野重任訳）『経済成長と農業』農政調査委員会、1971年。／セオドア・シュルツ（土屋圭造監訳、小平裕、川上隆司訳）『貧困の経済学』東洋経済新報社、1981年。／セオドア・W.シュルツ（伊藤長正、大坪檀訳）『「人間資本」の経済学』日本経済新聞社、1985年。

ジュロン開発公社【シンガポール】
JTC Corporation

　シンガポールに進出した企業向け工場団地を計画、造成、管理する通産省傘下の準政府機関。1960年代前半に、ゴー・ケンスィー（Goh Keng Swee）蔵相の発案で、シンガポール島西部の広大な沼地ジュロンを埋め立て、進出企業向け工場団地が建設された。政府は、土地整備やガス、水道、電気の供給だけでなく、工場建物も建設して必要とする企業に賃貸を行った。これにより、進出企業は既存設備を使ってただちに操業を始めることが可能になった。これを担当した機関がジュロン開発公社で、名称も同工業団地の地名に由来している。ただ厳密には、1960年代前半期は経済開発庁の一部局であったが、1968年の同庁の全面的組織改正で、工業団地開発を任務にするジュロン開発公社として創設された。

　当初、工業団地はジュロン地域だけだったが、外資系企業が多数進出して工場用地が不足した1970年代以降は、島内各地に建設された公共住宅団地の一角に工業団地が併設され、シンガポール全域へと広がった。これらの工業団地に入居した企業は、公共住宅団地の住民を雇用する「職住接近」の利点を享受している。また、1990年代にリージョナリゼーション戦略が開始されると、ジュロン工業団地開発方式がアジア新興市場諸国へと「輸出」されている。

　設立以来、ジュロン開発公社が造成した工業団地は、用地約7000ha、工場建物面積約400万m²にも達し、入居企業は、国内企業と外資系企業を合わせて7000社を上回る。現在、その管理・運営下にあるのは、工業団地の他に、ビジネス団地、ウェーファー・ファブリケーション団地、化学工業団地、生物薬品団地などさまざまなタイプからなり、合計38カ所に及んでいる。近年は、外国人労働者向けアパートや住宅も開発・管理する。

〔岩崎育夫〕

【関連項目】　経済開発庁、ゴー・ケンスィー

春窮【韓国】
The Farm Hardship Period

　1960年代初めまでの韓国農村の貧しさを表わす、象徴的な言葉である。春窮期の農民は、厳しい飢えを忍ばなければ、春麦が収穫できる端境期を生きのびることのできない状態であった。韓国農村の食糧不足は、人口増加と朝鮮戦争による破壊の影響が大きい。日本植民地からの解放によって農村には、日本、満州、中国などから約150万人の人々が引き揚げてきた。また、南北におけるイデオロギー対立により、北朝鮮から約80万人の人々が韓国へ逃げてきた。これにより1944年～46年の2年間で約280万人もの人口が増加した。突然の人口増加は、解放後の食糧生産の不振と相まって食糧事情を悪化させた。さらに、朝鮮戦争による破壊は韓国の生産能力を完全に停止させ、食糧不足は慢性的な状態であった。

端境期に自家食糧が底をつきやっと山中で採取した山菜などで糊口をしのぐような絶糧農家が多数生まれた。絶糧化した農民は、金貸しから借りた高利債や、富農から借り入れた年利50％を超える長期穀で端境期を食いつなぎ、それもかなわぬ時には草根木皮をあさらざるをえなかった。「春嶺越え難き」飢えの中で、農民は勤労の意欲を失い、農閑期には酒と賭博にうさをはらすのみであった。1960年代の前半期には、農家の8割方が借金生活をしていた。

この貧しかった農村が、1970年代の中頃には、都市勤労者家計と同様の所得水準にまでいった。1961年の軍事クーデターによって新政権を樹立した朴政権は、ある種の農本主義をアイデンティティとした。その具体的な方策が1970年代に入って全国規模で展開した「セマウル運動」と呼ばれる農村近代化計画であった。極貧の中で勤労の精神を失っていた農民に意欲を湧き起こさせ、疲弊しきった農村を近代化し、農民の所得水準を向上させた。今日、韓国の米の土地生産性は世界の最高水準にある。数百年にわたり農村を覆ってきた貧困を20年を経ずして完全に排除しえた。　　　　　　　　　　　　［文　大宇］

【関連項目】　セマウル運動、「統一」米、漢江の奇跡
【参考文献】　渡辺利夫編『概説韓国経済』有斐閣選書、1990年。／渡辺利夫『韓国経済入門』筑摩書房、1996年。

シュンペーター、ヨーゼフ・アロイス
Joseph Alois Schumpeter, 1883〜1950

オーストリア生まれの経済学者。カール・マルクス（Karl Heinrich Marx）が逝去した年に、また時を同じくして英国ではジョン・メイナード・ケインズ（John Maynard Keynes）が生まれた。その後、シュンペーターは、同時代の経済学者であるケインズとの比較において「悲劇の人」として位置付けられた。しかし、その研究実績は、ケインズに劣らず幅広い影響力をもつ、偉大な社会科学者であった。特に、『経済発展の理論』（Theorie der Wirtschaftlichen Entwicklung, 2. Aufl., 1926.）は、彼の理論的特徴が最も鮮明に読み取れる著書である。

彼は、経済発展の原動力を経済過程の内部に求めた。進取の気性に富む企業家が新技術、新商品の開発、新市場の開拓、原材料供給源の新規開拓、企業の組織改革などのイノベーションに取り組み、これらを結合させると彼はみた。シュンペーターのいうところの企業者とは、技術革新や種々のイノベーションに積極的に取り組む主体を指す。企業を所有している資本家とは異なる存在である。個々のイノベーションの有機的統一を図ることを「新結合」といい、これによって生産過程は一新される。イノベーションを可能にする購買力としての資本は銀行の信用創造によって供給される。企業家は、イノベーションによって利潤が発生することを期待しているので、進んで金利を支払ってでも銀行から資本を得ようとする。

一方、銀行は、信用創造を通じた貨幣流通量の増加によって低下する流通貨幣の価値を補塡するために、金利を課す。信用創造によって得た資本を投下して企業者がイノベーションに取り組み始めると、景気は上昇を始める。信用創造による購買力の増大と、新しい生産工程が稼動していないため超過需要が発生し、インフレ圧力をもたらす。やがて設備が稼動し生産が行われると、超過需要は解消される。そして、この過程で獲得した利潤で銀行への返済が開始されると貨幣流通量が減少していくので、物価は下降していくことになるというのである。シュンペーターは、資本主義経済における経済発展メカニズムの原動力を企業家のイノベーションに求めたのである。しかし、やがて企業家のイノベーションへの誘引も、企業組織の官僚化、企業家の資本家への転進願望等によって損なわれるようになり、資本主義は没落するという体制史観をもっていた。　　　　　　［徳原　悟］

【関連項目】　創造的破壊、マルクス、ケインズ経済学
【参考文献】　ヨーゼフ・アロイス・シュンペーター（塩野谷祐一、中山伊知郎、東畑精一訳）『経済発展の理論』（上・下巻）、岩波文庫、1977年。／小谷義次、置塩信雄、池上惇編『マルクス・ケインズ・シュンペーター――経済学の現代的課題』大月書店、1991年。／ヨーゼフ・アロイス・シュンペーター（清成忠男編訳）『企業家とは何か』東洋経済新報社、1998年。／根井雅弘『シュンペーター――企業者精神・新結合・創造的破壊とは何か』講談社、2001年。

巡礼【イスラム】
ḥajj［ア］

イスラム教徒が行うべき五行（①信仰告白：神は一つ、ムハンマドは神の御使いであると私は証言する。②1日5回の義務の礼拝、③布施：売上げ、あるいは給与などの収入から必要経費を除いた純益2.5%を身寄りの貧者に与える。④日の出前から日没までの年1ヵ月間の断食、⑤巡礼月（イスラム暦12月）でのメッカ巡礼）の一つでハッジと呼ばれる。これに対し、年間を通じて可能なウムラ（随時巡礼）があり、各々の宗教儀礼は異なっているがハッジとウムラを同じ巡礼月に行うことも認められている。

巡礼の条件として細かい規定がある。イスラム教徒、正常な知性、成人、自由民、巡礼の旅行に耐えられる身体能力、旅路の安全確保、それに借金がないこと、メッカまでの旅費の確保と不在中の家族の扶養費が確保されているなどがある。女性は男性の保護者（夫、父、兄弟、親戚など）と同伴が条件となる。故人の代理も認められ、巡礼できなかった父母などの代理のハッジもある。身体が強健でなくても、駕籠などの乗り物での巡礼も認められているが、車椅子巡礼がよくみられる。

巡礼次第は次のようになる。①メッカへの入路口は5カ所（メディナ路、イラク路、イエメン路、ジェッダ路、メッカ東口）と定められている。ここで身体を清め、布2枚で身体を覆い、巡礼意思表明を行う。②カーバ神殿を唱念して7周し、礼拝を行い、神殿側のサッファ＝マルワ間を7回往来し、最後に髪を切り、メッカ到着後の儀礼を果たす。③巡礼月8日に布2枚で身体を覆い、巡礼意思明を唱念する。④ミナへと向かい、礼拝を行い、一夜過ごす。⑤ミナからアラファト山で礼拝する。⑥ムズダリファへ向かい、投石する。⑦犠牲祭を行う。⑧髪を切る。⑨カーバ神殿で前記の儀礼を繰り返す。⑩ミナに宿泊する。⑪投石を行う。⑫カーバ神殿で前記の儀礼を別の儀式として行う。ウムラは①、②のみを行う。大巡礼月には200万人近くの人が一度にメッカを訪問するため、大混雑になる。ホスト国であるサウジアラビア政府は宿泊施設、公共運送、道路などの整備を行っている。同時にメッカはこの時期観光都市、ショッピングセンターに変貌する。［四戸潤弥］

【関連項目】　イスラム教
【参考文献】　坂本勉『イスラーム巡礼』岩波新書、岩波書店、2000年。／野町和嘉『カラー版　メッカ―聖地の素顔』岩波新書、2002年。

蔣介石【台湾】
Jiǎng Jièshí, 1887〜1975

中国、台湾の軍人・政治家。1907年に保定軍官学校を卒業後、日本の陸軍士官学校に留学した。留学中に浙江財閥の政治的代表者である陳其美（Chén Qíměi）や孫文（Sūn Wén）と接触し、中国国民党の前身である中国革命同盟会に加わった。1911年に辛亥革命が起こるや帰国し、孫文を軍事面で援助した。1924年には黄埔軍官学校を創設し、自ら学校長に就任した。1925年に孫文が死去すると、中国国民党の実権を継承した。1928年には北伐を成し遂げるとともに、南京国民政府主席として全権を掌握した。以後、反共政策をとるようになったが、1936年の西安事件で共産党に身柄を拘束されると、周恩来（Zhōu Ēnlái）の仲介に応じて国共合作へと転換した。

以後、国防最高委員会主席・行政院長（首相）として、抗日戦を指導した。第2次世界大戦後には、国共合作を放棄し親米路線に傾倒するようになった。1948年には、憲政下初代大総統（国家元首）に就任したが、その後共産党との内戦に敗れ、1949年には台湾への敗走を余儀なくされた。台湾では、「大陸反攻（中国共産党を打倒し、国民政府の大陸での支配を回復すること）」と「三不政策（大陸とは接触せず、妥協せず、交渉せず）」をスローガンに掲げ、台湾全土に戒厳令を発令した。また、国民党が国家機構を指導する党国体制を確立し、国民党の一党独裁と自身への個人崇拝を強制した。

一方、経済面では、1945年の終戦時点では台湾の農業生産高は戦前の半分以下、工業生産高も3分の1以下に低下していた。さらに、戦後数年間のうちに国民党の台湾逃避に伴い人口流入が激化し、物資の不足、インフレの高進、大陸との緊張関係による多額の軍

事費負担に悩まされた。この状況下で国民党政権は、経済安定、産業基盤の整備などに全力を注いだ。人口は1945年の600万人から1951年には800万人に急増し、その食糧需要を賄うために、農業生産力の向上が急務となった。その対策として、1949年から1953年にかけて3段階の農地改革が実施された。これが地主階級を解体する一方で地主資本の商工業資本への移転を促進し、工業化を加速させた。

1950年代には輸入代替工業化、1960年代には輸出志向工業化、1970年代には資本財の輸入代替工業化といった一連の工業振興政策を進め、輸出主導型の経済成長が軌道に乗った。経済活動の担い手として公企業を重視し、エネルギー、素材、機械、肥料などの基幹産業と金融は公企業に任せた。しかし、それ以外の産業は政府の干渉を最小限度にとどめ、個人、企業の自由な経済活動を認めたため、民間中小企業が発達し、輸出主導型成長の立役者となった。

このように政治面では国民党の権威主義体制が確立され、民主主義を弾圧する動きが1980年代まで続いたが、経済面では、蒋介石総統時代に、その後の台湾の高度経済成長を可能にするさまざまな種がまかれた。また、国民党とともに大陸から台湾に移った優秀な官僚群の存在があったことも、経済発展の初期段階にインフレの抑制や農地改革の成功をもたらした大きな要因となった。　[今井　宏]

【関連項目】　国民党、2・28事件、農地改革
【参考文献】　若林正丈、劉進慶、松永正義編『台湾百科』大修館書店、1990年.

蒋経国【台湾】
Jiǎng Jīngguó, 1910〜88

中国、台湾の軍人・政治家。蒋介石 (Jiǎng Jièshí) の長男。父である蒋介石の側近として、1940年代半ばから国民党の政務に携わった。国民党の台湾逃避後は、特務機構や軍の再編で実力を発揮し、1965年に国防部長、1972年には行政院長（首相に相当）となって政権の実権を掌握するとともに、名実ともに蒋介石の後継者としての地位を確立した。1975年に蒋介石が死去すると、政治、経済、軍事の実権を引き継ぎ、同年に国民党主席に、また1978年には総統（大統領に相当）に選任された。

蒋経国の業績としては、民主化の進展が第1にあげられる。1980年代に至るまで、台湾では国民党による一党独裁の下での強権政治が続き、戒厳令も1949年以来施行されたままであった。その間、経済は大きく発展したものの、民主化や住民の政治的な自由は著しく抑圧されていた。また、「省籍矛盾」と呼ばれる外省人（大陸からの移住者）と本省人（台湾出身者）との対立も解消されなかった。しかし、1975年の蒋介石の死後、徐々に民主化への動きがみられるようになった。この背景には、経済の発展に伴い政治面でもそれに見合った民主化を求める動きが台湾内で強まってきたこと、米国からの人権抑圧に対する抗議や民主化の要求が強まったことなどがあった。このような内外からの圧力に対処するため、蒋経国は少しずつ独裁体制を緩め、民主化を進めることを決断した。1984年に本省人の李登輝 (Lǐ Dēnghuī) を副総統に起用し、1985年には蒋一族から後継者を出さないことを宣言した。1986年にはそれまで認めていなかった国民党以外の政党の結成を認めた。これにより、民主進歩党（民進党）が誕生した。また、1987年に、38年間続いた戒厳令を解除し、1988年には新聞発行の自由が認められた。一方、中国との関係では、1987年11月に民間交流が解禁され、大陸への親族訪問が可能となった。　[今井　宏]

【関連項目】　蒋介石、国民党、李登輝、民進党
【参考文献】　若林正丈、劉進慶、松永正義編『台湾百科』大修館書店、1990年.

小康社会【中国】
Well-off Society

小康とは、「まずまずの」あるいは「多少のゆとりがある」状態を指す言葉であり、由来は中国の古典『礼記』に遡る。社会の理想像を表現した小康が中国の発展戦略において特定の意味をもつようになったのは、1979年の鄧小平 (Dèng Xiǎopíng) と大平正芳首相（当時）の会談以降である。この会談で、鄧小平は「4つの近代化」について触れ、その

目的は小康の実現であり、1人当たりGNPで1000ドル程度（後に、800ドル程度に下方修正）が1つの目安となるといった趣旨の発言をした。

その後、1982年の中国共産党第12回全国代表大会において、小康は2000年末までの到達目標として確認された。1987年の第13回全国代表大会では、小康は3段階発展戦略の中で、第1段階の「温飽」（最低限の衣食が満たされた状態）を実現した後、第3段階の「富裕」（中進国の水準）の前に通るべき段階と位置付けられた。さらに、1991年には国家統計局が1人当たりGDPやエンゲル係数など、16項目の基準を設定し、小康を実現したか否かを数量的に評価できるようにした。2000年時点で、16項目の基準のうち、農民1人当たりの純収入など3項目を除いて基準を超過したこと、総合的な評価で96％の到達度を記録したことから、小康が達成されたと宣言した。

2002年の中国共産党第16回全国代表大会（16全大会）は、第2段階までの達成を強調し、第3段階の実現に向けた一層の努力を提起したが、その際「小康社会の全面的建設」も合わせて指摘された。16全大会では精神面や生活環境面を含むより高度で包括的な概念を全面的な小康社会と定義している。確かにその実現は重要であるが、小康を達成していない階層や地域が依然存在することを認識する必要があろう。　　　　　　　　　　［佐野淳也］

【関連項目】　鄧小平、4つの近代化
【参考文献】　「全面的小康社会について」『月刊中国情勢』中国通信社、2002年12月号.

乗数効果
Multiplier Effect

最も単純なケインズ・モデルは以下のように表わされる。

（需給均衡式）　　　$Y = C + I$　……①
（ケインズ型消費関数）　$C = c_0 + cY$　…②
（投資）　　　　　$I = I_0$　…………③

Y：国民所得　C：消費　I：投資

②式と③式を①式へ代入してYについて整理すると、均衡国民所得Y^*を求めることができる。

$$Y^* = \frac{1}{1-c}(c_0 + I_0) \quad \cdots\cdots\cdots\cdots ④$$

④式を変化分の式で表わすと、

$$\Delta Y = \frac{1}{1-c} \Delta I \quad \cdots\cdots\cdots\cdots\cdots ⑤$$

となる。⑤式より、投資がΔI増加すれば、国民所得は$1/(1-c)$だけ増加する。これを乗数効果という。乗数効果は、政府部門を含む場合や海外部門を含む場合などの、より複雑なモデルにおいても同様に表わすことができる。
　　　　　　　　　　　　［森脇祥太］

【関連項目】　ケインズ型消費関数

消費関数論争
Consumption Function Controversy

短期的なケインズ型消費関数においては、限界消費性向は一定であるが、平均消費性向は所得の増加とともに低下する。しかし、クズネッツ（Simon Smith Kuznets）による米国の長期時系列データを使用した推計によって、平均消費性向は長期的に一定（＝0.9）であることが確認された（クズネッツ型消費関数）。消費関数論争は、平均消費性向が短期的には低下するものの、長期的には一定であるとする見解を整合的に説明するために行われた一連の論争のことをいい、新たに多くの仮説を生み出すことになった。フリードマン（Milton Friedman）は、所得を変動所得と恒常所得に区分し、消費は恒常所得によって決定されるという恒常所得仮説を提起した。一方、安藤（Albert K. Ando）、モディリアーニ（Franco Modigliani）は、消費のライフサイクル仮説を唱え、消費は現在所得ではなく、将来所得によって決定されると主張した。また、トービン（James Tobin）は、流動資産仮説を唱え、消費は絶対所得のみならず、預貯金などの流動資産によっても影響を受けると主張した。　　［森脇祥太］

【関連項目】　ケインズ型消費関数、クズネッツ型消費関数

消費者余剰
Consumer's Surplus

消費者余剰とは、消費者がある財に対して支払ってもよいと考えている最大の金額から、現実に支払った金額を差し引いた残りの

◇消費者余剰

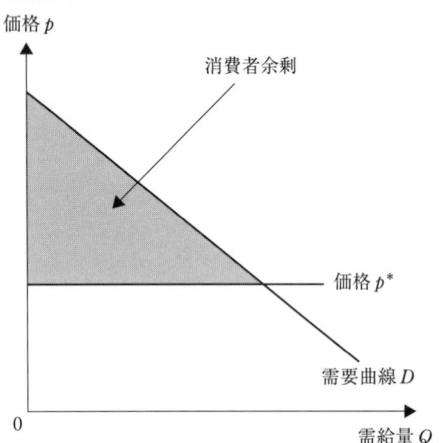

金額のことをいう。　　　　　　　［森脇祥太］
【関連項目】　需要曲線

情報・教育・コミュニケーション活動
Information, Education and Communication：IEC

　公衆衛生分野（家族計画、母子保健、感染症対策、安全な水の供給）、教育分野（基礎教育、識字教育、成人教育）で行政サービスを提供する際に、受益者側の理解を得るために、行政サービスについての情報を視聴覚メディアなどのわかりやすい手段を用いて提供すること。また受益者側からの反応をもとに、情報の内容およびその提供手段を改善していくこと。提供される情報には、そのサービスを受ける必要性、得られる便益についての説明に加え、具体的な提供手段、日時・場所などのサービス提供のロジスティックについての情報が含まれる。受益者に受け入れられやすい内容とするために、身近に事例を取って問題状況を説明し、その解決のために行政が当該社会サービスを提供していること、サービスを利用することにより得られる具体的な利益を紹介するなどの工夫がなされる。情報・教育・コミュニケーション活動が重視されるのは、受益者側の理解を得ることなく行政サービスが実施されても、その趣旨を理解する能力の不足している社会においては底辺まで幅広くサービスを浸透させることができず、施策の目標を達成することができないとの認識が広がってきたことによる。施策の実施に関わる運営コストを低減させる上でも、またその効果を持続させる上でも、受益者側の主体性を育て受益者側自らによる組織づくり、一部費用負担、あるいは労務提供を促進することが求められてきた。　［佐原隆幸］

【関連項目】　家族計画、保健医療
【参考文献】　国際協力総合研修所『分野別（開発と教育）援助研究会報告書』1994年.／国際協力総合研修所『先進各国援助機関・国際機関の人口・エイズ対策協力の現状に関する調査研究報告書』1996年.／国際協力総合研修所『人造り協力事業経験体系化研究—母子保健分野』2000年.／国際協力総合研修所『第二次人口と開発研究』2003年.

情報の非対称性
Asymmetry of Information

　情報の非対称性（不完全性）とは、財の売買が行われる際に、売り手と買い手の間に情報格差が生じている状態をいう。売り手には財の品質に関して十分な情報があるが、買い手にはほとんど情報がない場合、売り手と買い手の間に情報の非対称性が存在していることになる。情報の非対称性が存在する場合、市場の失敗が生じ、資源配分が非効率となり、社会全体の経済厚生は悪化する。開発経済学においても、開発途上国の土地や農産物取引、信用市場などの面での情報の非対称性に注目した研究が数多くある。

　ある財の市場に情報の非対称性が存在する場合、品質のよい財が市場から排除され、逆に品質の悪い財が市場で選択されるようになる逆選択（アドバース・セレクション）と呼ばれるような状態が生じる。特に、情報の非対称性が存在する場合、市場で品質の悪い財のみが取引されるようになることを「レモンの原理」という。逆選択が生じることを防ぐためには、情報をより多く保有する側が品質に関する情報を発信することが有効である。具体的には、学歴、ブランド品、ハンバーガーのチェーン店名などが情報のシグナルである。売り手が財やサービスを標準化し、品質を一定水準に維持することも有効な対策となる。情報の非対称性が存在する場合、逆選択と並んで深刻な問題としてあげられるのは、モラル・ハザード（道徳的危機）である。買

い手が商品の品質に関する知識がない場合、売り手はそれを利用して不良品を売りつけて利益をあげることが可能である。　　［森脇祥太］

【関連項目】逆選択、レモンの原理、モラル・ハザード
【参考文献】丸山雅祥, 成生達彦『現代のミクロ経済学—情報とゲームの応用ミクロ』創文社, 1997年。

植民地
Colony

　植民地とは、ある国の軍事力などの行使によって従属下におかれる国のことを指す。植民地は、支配国が膨張主義的な思考をもち、植民地政策を実施したことの結果として生まれる。支配国が植民地をもつ目的は、時代によって異なる。資本主義の創生期には、ヨーロッパ諸国の資本主義成立を助ける役割を果たした。アジアやアフリカの植民地は、奴隷労働の供給、通商拠点、奴隷労働を利用した食糧生産の役割を果たした。先進諸国において産業資本が確立される頃になると、植民地は先進国の輸出市場としての役割を担った。また、支配国の産業資本に必要な原材料の供給基地としての役割も課された。

　19世紀後半から20世紀前半の時期になると、先進諸国の経済構造の変化により、植民地のあり方も変容していった。この時期は、先進諸国が帝国主義段階に突入し、国内でも独占体制を確立した。国内での資本蓄積が進むにつれて利潤率が低下し、有利な投資機会を国内で見つけ出すことが徐々に困難になった。植民地諸国は、資本が稀少なため資本投下を行うことによって高い利益を得ることが可能であり、先進国の投資対象として位置付けられた。安価な労働、原材料、天然資源などの生産要素の供給基地と輸出市場としての役割は、より強化された。また、領土拡張主義的な思考を先進諸国がもっていたことから、領土獲得戦争に備えた軍事的要衝ともなった。

　このように植民地は、先進国の発展段階に応じてその担わされる役割を変えてきたが、その本質は先進国に有利な経済的機会を与えることにあった。そのため、植民地の経済構造は、モノカルチャー経済といわれる特徴をもつことになった。先進国は、プランテーションや鉱山開発を進めるために、高い水準の技術や、植民地銀行を通じて大規模な資本を開発途上諸国にもち込んだ。そして、それらをもとにインフラ整備なども行った。インフラ整備は、あくまでもプランテーション作物や鉱山から採掘される鉱物資源の輸出を効率化するために行われた。そして、植民地銀行は開発資金を供給する他に、これらの輸出を支えるための送金・為替業務等を行った。このようにして、先進諸国が支配する近代部門が植民地に形成され、1次産品の生産と輸出に特化した経済構造が確立されたのである。

　これにより、植民地の在来産業、特に手工業や零細工業の発展の芽が摘まれてしまった。植民地は、1次産品の生産・輸出を行う一方で、支配国産業の輸出市場としての役割も演じた。したがって、植民地内で必要とされる生産財、消費財などの輸入が奨励された。伝統的な零細手工業は発展どころか、その存続さえも危ぶまれるようになった。そのため、労働者の熟練度は向上せず、未熟練低賃金労働者を生み出すことにもなった。先進諸国が経営するプランテーションや鉱山でも、農民を労働者として利用していた。そのため、労働者は農業と低賃金労働者の二足の草鞋を履くことになり、労働者の熟練度は低水準にとどまった。

　農民は村落共同体に所属しているために、賃金労働者への完全な転進は緩慢にしか進まなかった。農民は土地と労働供給を通じて1次産品の先進国への輸出に寄与したのである。村落部門は、この時期、急激に人口が増加するという経験をした。未墾地の開拓は政策的に禁止されていたため、既存の耕地で人口増加圧力に対応したのである。そのため、土地の細分化とその所有関係が複雑化していった。農民は共同体の規則や習慣にもとづいて行動するため、生活はますます困窮を深めた。村落社会では、すべての農民の生存維持を図るとする慣習をもっていたためである。

　このようにして、植民地化により開発途上諸国の経済構造は二重化していった。植民地独立後、これらの経済構造上の特徴からの脱却を目指して開発途上諸国は工業化を進めたが、多くの国ではその成果ははかばかしくな

い。植民地体制下において受けた傷は、開発途上国の経済に大きな後遺症を残しているといえよう。しかし、その一方で、アジアNIESやASEAN諸国が急速な経済発展を遂げていることにも目を向ける必要がある。

［徳原　悟］

【関連項目】　モノカルチャー経済、社会的・経済的二重構造、南北問題、南南問題、農業インボリューション、複合社会、技術的デュアリズム
【参考文献】　板垣與一『アジアの民族主義と経済発展』東洋経済新報社, 1962年. ／渡辺利夫『成長のアジア・停滞のアジア』東洋経済新報社, 1985年. ／東南アジア研究会編『社会科学と東南アジア』勁草書房, 1987年. ／室井義雄『南北・南南問題』山川出版社, 2002年.

食糧統一買付・一手販売制度【中国】
Compulsory Purchasing and Unified Distribution System of Grain

　1953年から1984年まで中国が採用した食糧流通の管理制度であり、食糧の生産、買付、販売、在庫管理などをすべて政府の統制下におくことが特徴である。1953年の夏、第1次5カ年計画の発足に伴い、政府は工業化と都市化に必要な食糧の調達に乗り出した。しかし、一部の地方が不作のため、食糧は政府の買付価格より約40％も高い価格で市場で売買されていた。農家の売り惜しみが全国に広がり、国家の買付目標が達成できなくなり、政府がもつ食糧の在庫が急速に減少し、食糧供給は危機的な状態にあった。当初、政府内部には買付価格を引き上げるべきだという提案もあったが、計画全体に与える影響が大きいためにこの提案は否決され、かわりに固定価格で強制的に買い付ける方針が決定された。その後、すべての食糧流通市場が国家の支配下におかれ、民間の食糧取引が禁止された。また、食糧の生産と供出に対する政府のコントロールを強化するために、農業集団化が促進された。人民公社の時代において、国家による食糧の統一買付制度が一層強化され、供出量を確保するために、食糧の作付面積についても厳しく指導していた。

　食糧の販売はすべて政府の掌握下にあった。住民に対する食糧の供給は定量配給制度と呼ばれ、年齢、性別、仕事の種類によって人口ごとに定量を決め、「購糧証」と「糧票」を付与する。食糧配給は戸籍管理と連動しているため、都市の戸籍をもたない者は食糧を手に入れることができない制度となっていた。

　慢性的に供給不足が続く状況下で政府は生産を刺激するべく1961年、1966年、1979年の3回にわたって買付価格を引き上げたが、販売価格を据えおいたままであったため、食糧流通部門の赤字が累積された。1984年人民公社の解体に伴い、余剰食糧の自由売買が認められるようになり、それに伴って定量配給制度も次第に廃止された。しかし、1990年代の半ばに食糧生産の減少と穀物価格の高騰が顕著にみられた時期では、買付計画も一時復活した。食糧流通市場の全面自由化は2002年より全国範囲で実施され始めた。

［杜　進］

【関連項目】　人民公社、強貯蓄
【参考文献】　王楽平『中国における食糧貿易の展開』御茶の水書房, 1999年.

諸侯経済【中国】
Lordship Economy

　歴史上中国は、皇帝が諸侯に領地と領地内での管轄権を与え、そのかわりに諸侯から献納を受けるという中央集権制度を長らくとっていたが、中央の統制力が衰微し諸侯による割拠が現われ、国家の分裂を招いた時期もたびたびあった。改革・開放以来、地方分権化を推進した結果、地方政府の権限が大きくなり、財政力からみた「弱い中央・強い地方」の状況が生まれ、また、地方市場の保護という形の「地方割拠」も現われた。このような地方政府の台頭によってつくり出された一連の現象を中国では「諸侯経済」と名付けている。

　改革・開放に伴い、中央政府は大部分の国有企業の管理を地方政府に委譲し、また企業から徴収した利潤と税金の一部を地方政府に留保させるという新制度を採用した。また地方政府のインセンティブを引き出すために、一定額の徴収額を超えた部分について中央と地方が分け合うという財政分益制度、およびさまざまな形の財政請負制度も実施した。この制度の下で、地方政府が管轄下の企業の経営に大きな関心がもたれるようになり、また多くの企業を新設し、税収の拡大に努めた。

地方政府のこのような行動は中国の経済発展を大いに促進する役割を演じる一方で、いくつかの弊害をもたらしている。まず、中央政府が支配できる財源は経済成長に伴い相対的に減少し、中国のマクロ経済管理の能力が著しく弱まってきた。また、地方政府が先を競って収益率の高い製品に投資した結果、「重複建設」と過当競争を招いた。さらには、地方企業を保護するために、地元製品の販売を優先させ、他地方の製品の移入を阻止するなどの市場封鎖策もしばしばとられている。諸侯経済の諸弊害を克服するために、1994年に中央と省政府との間に分税制改革が行われ、また独禁法の強化による市場秩序の整頓も大々的に行われてきた。しかし、地方政府の経済的機能を維持させながら、諸侯経済を超克するためには、行財政改革の一層の推進と法にもとづく支配の確立は不可欠であり、まだ長いのりが残されている。　　　［杜　進］

【関連項目】　地方分権
【参考文献】　天児慧編『現代中国の構造変動4：政治―中央と地方の構図』東京大学出版会、2000年.

女子差別撤廃条約
Convention on the Elimination of All Forms of Discrimination against Women

「女子に対するあらゆる形態の差別の撤廃に関する条約」の略で、「女性差別撤廃条約」ともいう。「国際女性年」（1975年）、「国連女性の10年」（1976～85年）を背景に、1979年12月第34回国連総会で採択され、1981年9月に発効した世界女性の権利章典である。この条約は、「国連憲章」を基礎とし、「世界人権宣言」そして「国際人権規約」の流れに沿い、すでに国連により1967年に採択された「女子差別撤廃宣言」の明確化と包括化、そしてその徹底化を条約による法的拘束力とともに目指したものである。国連の採択した26ある人権条約の一つにあたる。締約国は2001年9月現在168カ国に上り、日本は1980年に署名、1985年に批准した。

条約は、前文15パラグラフと本文6部30条および末文からなる。「女性に対する差別は権利の平等の原則および人間の尊重の原則に反するものである」とし、政治、経済、社会、文化、その他あらゆる分野における性差別の撤廃を目指し、男女平等への障害となっている性別役割分担の見直しとともに社会慣習や意識の変革を呼びかけている。事実上の平等を促進するために、「暫定的な特別措置（アファーマティブ・アクション）」をとることが認められている。条約の履行は、原則として4年に1度提出される政府レポートを、女性差別撤廃委員会（CEDAW）が審査する国家報告制度によって確保されている。なお、1999年の第54回国連総会では、個人通報義務と調査制度を内容とする「女子差別撤廃条約選択議定書」が採択され、2000年12月に発効した。締約国は2002年12月現在31カ国。日本は憲法で保障された司法の独立を妨げるとして署名していない。　　　［新井典子］

【関連項目】　世界女性会議、ジェンダー
【参考文献】　国際女性の地位協会編『女子差別撤廃条約注解』尚学社、1994年. ／米田真澄、堀口悦子編『Q＆Aで学ぶ女性差別撤廃条約と選択議定書』明石書店、2002年.

所得再分配政策
Income Redistribution Policy

所得再分配政策とは、労働やサービスの提供によって得た所得を租税や公的社会保障年金などを通じて高齢者、失業者、病人などの社会的弱者に所得を移転する政策を指す。高所得者や勤労者の稼得所得を低所得者や貧困層に分配することにより、社会的な所得の不平等を緩和するのである。社会的平等は社会的安定を維持するためにも重要である。これによって低所得者や貧困層の人々が少なくとも最低限の生活を維持することが可能になる。貧困線（Poverty Line）以上の水準に貧困者の生活水準を引き上げる。

貧困線は、ラウントリー（Benjamin Seebohm Rowntree, 1871～1954）が英国の貧困研究において提唱した概念である。これは、絶対的貧困（Absolute Poverty）の水準を示すもので、最低限の生活水準を維持することが困難なほどの所得水準にあることを示す。これらの人々は、ベーシック・ヒューマン・ニーズ（Basic Human Needs：BHN）が満たされない状態におかれている。実際に、どの程度の貧困状態にあるのかは、

所得水準によって決められる。世界銀行の定義によれば、1985年の購買力平価で測定すると、1日当たり1ドルの収入状態である。世界銀行の『世界開発指標』では、1993年の購買力平価で測定されているが、それでも1日当たり約1.08ドル以下の所得状態である。

所得だけでは生活実体を十分に捉えることができないので、栄養摂取基準などを併用することもある。生命を維持することが可能な栄養摂取量を基準に、貧困の程度を測定しようとするものである。1日当たりのカロリーや蛋白質の摂取量、幼児死亡率、および平均寿命などを勘案して絶対的貧困の水準が設定される。衣食住の状態、教育、医療などを勘案することもある。このようにして国際的な貧困ラインが設定される。

絶対的貧困とは逆の概念に「相対的貧困(Relative Poverty)」という概念がある。これは、ある国や地域内における大多数の人々の生活水準よりも低い水準にある人々を指す。時代、国、社会的・制度的状況によってその内容が大きく異なるので、国際比較を行う上では困難があるが、国内の貧困状況を把握するのには役に立つ。測定は、所得人員を所得階層ごとに分類してなされる。多く用いられているのが、ローレンツ曲線（Lorenz Curve）である。米国の統計学者ローレンツ（Max Otto Lorenz, 1876～1959）によって考案された。縦軸に累積所得金額をとり、横軸に所得人員の累積度数をとった図表である。所得分布が均等であれば、45度線の均等分布線上に各分布が位置し、分布が不平等になるに従い、45度線から乖離していく。この乖離した線をローレンツ曲線と呼ぶ。そして、この均等分布線とローレンツ曲線との間の面積と均等分布線以下の三角形の面積の比をジニ係数（Gini Coefficient）と呼ぶ。ジニ係数はイタリアの統計学者ジニ（Corrado Gini, 1884～1965）が見出した分析手法であり、この係数が高いほど不平等度が高くなる。ジニ係数は0から1の値域をもち0は完全平等を、そして1は完全不平等を示す。

日本を初め、韓国、台湾では、経済発展の初期段階には不平等度が高かった。経済発展が進むにつれて、不平等度が縮小する傾向が

あり、クズネッツの逆U字仮説があてはまるようにみえる。タイ、マレーシア、フィリピン、中国では経済発展が進みつつあるが、1990年代には不平等度が縮小するどころか、むしろ拡大傾向をたどる兆しがある。市場のグローバル化などを原因としてむしろ、今後も拡大していくのではないかとも予測されている。中でも、中国の不平等化が急速に進行している点が注目される。トリクル・ダウン仮説と類似した「先富論」政策の帰結と考えられる。

［徳原 悟］

【関連項目】　クズネッツ逆U字仮説、経済成長／経済発展、購買力平価、ジニ係数、絶対的貧困

【参考文献】　溝口敏行、松田芳郎編『アジアにおける所得分配と貧困率の分析』多賀出版, 1997年.／ビノッド・トーマス, マンスール・ダイラミ, アショク・ダレシュワー, ダニエル・カウフマン, ナリン・キショー, ラモン・ロペス, ヤン・ワン（小浜裕久, 織井啓介, 冨田陽子訳）『経済成長の「質」』東洋経済新報社, 2002年.／南亮進著, 牧野文夫協力『日本の経済発展（第3版）』東洋経済新報社, 2002年.／ウィリアム・イースタリー（小浜裕久, 織井啓介, 冨田陽子訳）『エコノミスト　南の貧困と闘う』東洋経済新報社, 2003年.

所得弾力性
Income Elasticity

狭義の所得弾力性は、所得が1％変動する場合、需要量、税収入、輸入量、雇用量等の経済量が何％変動するかを示す比率の総称である。所得弾力性には、需要の所得弾力性、租税の所得弾力性、輸入の所得弾力性、雇用の所得弾力性などがあるが、産業構造の文脈で単に「所得弾力性」という時には需要の所得弾力性を指すことが多い。需要の所得弾力性は、他の事情を一定として所得が1％変化した時、ある財に対する需要量が何％変化するかを示す尺度である。ミクロ経済学などでは（需要の）所得弾力性を用いて、さまざまな財を分類している。所得弾力性が正であるような財を正常財（上級財）、負であるような財を劣等財（下級財）、0であるような財を中立財と呼ぶ。また正常財のうち所得弾力性が1以上の財を奢侈品、1以下の財を必需品と呼んでいる。

産業構造との関連では、所得弾力性は経済発展に伴う需要構造変化の方向性を示唆する。すなわちある財Aの所得弾力性が1未満だとすると、この財の支出全体に占める割合

は、所得水準の上昇に伴い低下する。逆に財Bの所得弾力性が1以上であれば、この財の支出全体に占める割合は所得水準の上昇とともに高まる。例えば飲食費の所得弾力性は1未満と考えられるため、「所得水準が高いほど所得に占める飲食費の割合が低くなる」というエンゲルの法則が成り立つ。また一般に耐久消費財の所得弾力性はその耐久財の消費が成熟期に達していない段階において1以上となるため、所得水準の上昇とともに所得に占める工業製品需要の割合が増大する。

これを産業政策の面から考えると、「国内需要あるいは海外需要の面において、所得弾力性の高い財・産業の生産および輸出に特化した方が、所得上昇率を上回る需要増加率を見込むことができ、経済成長や輸出成長の観点からみて望ましい」という命題が考えられる。一般に、長期的な需要の所得弾力性は、農産物よりも軽工業品の方が、そして軽工業品よりも重工業品の方が高い。つまり重化学工業品の需要の伸び率は軽工業品や農産品のそれに比べて高いため、これから一国の経済の成長率を高めようとするならば、重化学工業のような需要成長率の相対的に高い産業を国内産業として、あるいは輸出産業として発展させた方がよいという判断基準が考えられる。これが「所得弾力性基準」として知られているもので、供給面の「生産性上昇率基準」とともに高度成長期の日本における通商産業省（現経済産業省）による産業政策の意義とされてきた。　　　　　　　　［川畑康治］

【参考文献】　宮沢健一『産業の経済学（第2版）』東洋経済新報社，1987年。／西村和雄『ミクロ経済学入門（第2版）』岩波書店，1995年。

◀ **所得分配**
Income Distribution

　所得分配とは、社会を構成する個人間や家計間において平等に所得が分配されているか否かを示すものである。高所得を獲得している個人や家計の所得シェアが、社会全体の所得の中で高い比率を占めれば、その社会は不平等度の高い社会である。開発経済学や経済発展論における所得分配に関する見解の中でも、特に重要なものとして2つの見解をあげ

ることができよう。それは、所得分配が経済成長に与える影響に関するものと、逆に、経済成長が所得分配に与える影響に関するものである。前者については、所得分配が不平等であることが経済成長を高めるとするものと、逆にむしろ平等な方が経済成長を高めるとするものとの2つの異なった見解が存在している。また、後者については、経済成長が所得分配を悪化させるとするものである。近年活発に行われているコンピューター投資や研究開発投資によって、高レベルの技術革新が誘発されると考えられる。そして、このような技術革新にもとづいた経済成長は、国内の所得分配をより不平等な状態へと導くことが確認されたとする研究結果が出されている。

　一般的に所得水準の高い人々の貯蓄率は、所得水準の低い人々の貯蓄率よりも高いと考えられ、その結果、国内に貧富の格差があればあるほど、貯蓄率は高くなり経済成長率を高める。また、同様の関係は投資の分割不可能性によっても説明できる。新産業における初期的投資や革新的な投資を実行するに際しては、巨額のサンク・コスト（埋没費用）が発生すると考えられる。株式市場や資本市場が未発達な開発途上国においては、市場からの資金調達によって巨額の投資を実行することは困難である。この場合、開発途上国において、巨額のサンク・コストを負担することが可能な一部の家族や個人に富が集中していれば、投資を実行することが可能となるであろう。しかし、以上のような所得分配や富の不平等がより高い経済成長を促すとする見解とは逆の結論を提示するものも存在する。すなわち、所得分配の不平等が投資を減少させ、資金の借り入れインセンティブを弱めるという見解である。また、所得分配の不平等がマクロ経済を不安定化させるとする見解も存在する。1990年代に行われた一連の研究の多くの結論は、より大きな不平等が経済成長を低下させるとするとするものであり、その場合、政府による所得や富の再配分政策を行うことが経済成長に対して良好な影響を与えよう。

　経済成長が所得分配に影響を与えることを

確認した多くの研究においては、総所得ではなく、賃金所得が検証の対象とされている。1980年代後半以降、米国および英国などの先進国や多くの開発途上国において、大卒・非大卒およびホワイトカラー・ブルーカラー間の賃金格差が拡大した。これら学歴間、職種間の賃金格差を拡大させている要因として考察されているのは、①国際貿易、②技術革新、③組織変化である。国際貿易によって学歴間や職種間の賃金格差が拡大することは、ヘクシャー＝オリーン・モデルによって説明可能である。あわせて、中間投入財貿易の進展によっても学歴間や職種間の賃金格差は拡大するという見解も存在する。コンピューター投資や研究開発投資の増加によって技術革新が進められると、高学歴やホワイトカラーの労働需要が低学歴やブルーカラーと比較して増加する。この場合、高学歴やホワイトカラーの労働供給が一定であれば、それらの賃金率は相対的に上昇することになろう。さらに、新技術の採用は、ハードのみならず組織の変革を促すために、新しい組織に必要な高学歴やホワイトカラーの労働需要が相対的に増加し、賃金率を上昇させることになろう。これらの要因については多くの実証研究によって検証が進められている。　　［森脇祥太］

【関連項目】　技術革新、ヘクシャー＝オリーン・モデル
【参考文献】　Philippe Aghion, Eve Caroli and Cecilia Garáa-Peñalosa, "Inequality and Economic Growth : The Perspective of the New Growth Theories," *Journal of Economic Literature*, XXXVII, 1999.

ジョモケニアッタ農工大学プロジェクト
Jomo Kenyatta University of Agriculture and Technology Project

中堅技術者の育成を目的として1980年に開始されたこのプロジェクトは、1991年までの7回（累計約91億円）にわたる無償資金協力により、校舎、教職員宿舎、農場関係施設、工学部関連教育施設を整備。1997年まで2回にわたりプロジェクト方式技術協力による専門家派遣、研修員受入れ、機材供与を実施。加えて、青年海外協力隊員が派遣された。これらを通じて、農学部3学科（園芸、農業工学、食品工学）、工学部3学科（土木工学、機械工学、電気電子工学）、理学部1学科（数学コンピューター学科）が整備され、農業教育および工業教育について、理論および実技双方をカバーする学士レベルの高等技術教育を行う態勢が整った。大学教員にふさわしい学歴、技能を備えたケニア人教員の育成も進められた。

日本側から立命館大学、京都大学、岡山大学、鳥取大学、琉球大学などの大学がこのプロジェクトに参画し、教員の育成、大学運営の指導、教材整備を支援した。ジョモケニアッタ農工大学は当初こそ3年制短大レベルの教育機関であったが、1990年には学士課程を備え、1994年にはケニアッタ大学の一分校としての位置付けを脱し、独立した大学に昇格した。東アフリカを代表する高等技術教育機関として同大学の存在感は大きく、協力の意義は高い。国際協力の多くの手段を集中的に動員した、拠点型の国際協力のショーケース的な案件の一例である。　　［佐原隆幸］

【関連項目】　無償資金協力、プロ技協、青年海外協力隊
【参考文献】　国際協力総合研修所『人造り協力事業体系化研究―サブ・サハラ・アフリカ地域』1999年。／国際協力総合研修所『開発課題に対する効果的アプローチ―高等教育』2003年。

ジョルゲンソン・モデル
Jorgenson Model

ルイス（Sir William Arthur Lewis）によって提唱され、フェイ＝レイニス（John C. H. Fei and Gustav Ranis）によって精緻化・洗練化された「二重経済発展モデル」においては、農村もしくは農業部門を伝統部門とし、都市もしくは工業部門を近代部門として、両部門の相互作用による、一国の経済発展のメカニズムを説明する。その場合、伝統部門の経済メカニズムは古典派的であり、「制度賃金」で労働の無制限供給がなされる一方、近代部門は新古典派的で利潤最大化原理にもとづいた生産活動が行われるとする。ルイス・モデルやフェイ＝レイニス・モデルにおいては、伝統部門の役割は「転換点」に到達するまでは、近代部門に対して余剰労働力を供給し、農業余剰分の食糧を提供する、といった受動的な役割を果たす存在とみなされてきた。

一方、ジョルゲンソン（Dale Weldeau

Jorgenson)・モデルは、伝統部門と近代部門の双方の経済メカニズムが新古典派的に機能しているとする。伝統部門と近代部門の双方が利潤最大化原理にもとづいて生産活動しているため、ジョルゲンソン・モデルにおいては「偽装失業」は存在しない。そのため、工業化によって、伝統部門の労働力が工業部門へと移動すると、伝統部門の技術進歩が低い水準にとどまり、労働生産性の上昇が観察されなければ、即座に食糧生産が減少して食糧不足が生じる。ジョルゲンソン・モデルは、他の「二重経済発展モデル」において、伝統的な技術を使用する前近代的な存在として捉えられていた農業部門においても、技術進歩の上昇が必要であり、工業化の進行に積極的な貢献を果たすことが可能であることを示唆した。また、ジョルゲンソン・モデルは、ある国の経済発展を一貫して新古典派的メカニズムによって説明することが可能であることも確認している。　　　　　　［森脇祥太］

【関連項目】　ルイス・モデル、フェイ＝レイニス・モデル、伝統部門、近代部門、限界費用と利潤最大化、転換点
【参考文献】　鳥居泰彦『経済発展理論』東洋経済新報社、1979年。／渡辺利夫『開発経済学―経済学と現代アジア（第2版）』日本評論社、1996年。／速水佑次郎『新版 開発経済学―諸国民の貧困と富』創文社、2000年。

自力更生【中国】
Self-reliance

計画経済時代における中国の開発戦略の主な特徴の一つである。他人の援助に依存せずに自らの力を頼りに経済建設を進めていく方針である。一つの村あるいは一つの企業における自主努力を強調するという国内的コンテクストに使われる場合もあるが、主として対外関係において、資金、資源、技術を外国に依存しないという建設方針を指すものである。中国共産党の自力更生の方針は、戦争時代の厳しい環境の中で芽生えたものであるが、朝鮮戦争への参戦により、米国とその同盟国が中国に対して禁輸措置をとったことも、この方針が力を得た背景の一つとなる。特に唯一の援助国であった旧ソ連との関係が悪化し、専門家の撤退や契約の破棄など多くの困難に遭遇したことによって、国家の主権と尊厳を重んじて外国に依存しないという原則がさらに強調されるようになった。むろん、自力更生の方針は、精神主義の高揚と大衆運動による建設の促進という毛沢東（Máo Zédōng）の開発思想と相通ずるものがあることも指摘すべきであろう。

しかし、実際の政策運営からいえば、自力更生の方針は「経済に必要なものをすべて自らの生産によって賄い、その生産に必要な資金や要素はすべて自国で調達する」という絶対的な閉鎖経済を目指すものではなく、「自力更生を主とし、外国の資源の利用を従とする」と解釈されている。毛沢東の時代においても、経済建設に必要な原材料、穀物、設備などは輸入していた。ただし、貿易を通じての国際分業への参加という発想がなく、また「対外債務を有しない」という原則が貫かれていた。改革・開放政策の初期段階において、先進国家との貿易の拡大や海外投資を受け入れることによって中国の国家主権が脅かされるとの議論もあったが、鄧小平（Dèng Xiǎopíng）を初めとする指導者の強いリーダーシップの下で対外開放が進み、貿易を初め海外直接投資、対外借款、海外からの援助などの規模も次第に拡大し、中国経済の対外依存度が高まりつつある。WTO加盟は中国の民族経済を破滅させる陰謀だと断罪する議論も一部にみられたが、経済グローバル化の時代の流れに沿って相互依存関係を発展させることは中国の国是となり、自力更生の方針は事実上放棄されている。　　　　　［杜　進］

【関連項目】　改革・開放政策
【参考文献】　岡部達味『中国近代化の政治経済学』PHP研究所、1989年。／中兼和津次『中国経済発展論』有斐閣、1999年。

白猫黒猫論【中国】
Color of the Cat Metaphor

生産力の向上（量的拡大）を最優先目標とする鄧小平（Dèng Xiǎopíng）の考え方を、最も端的に示した表現である。鄧小平の経済に関する実用主義的な考え方の源流となっているといえよう。

白猫黒猫論は、大躍進や自然災害によって急落した農業生産をいかに回復させるかという政策論の中で生まれた。1962年7月の中国

共産主義青年団の会議で、鄧小平は「黄色い猫でも、黒い猫でもネズミを捕りさえすればよい猫である」と、出身地である四川省の慣用表現を引用しながら、既存の制度や方法に固執せず、農業生産の向上に資する措置を検討しようと演説した。やがて、黄色い猫の部分は白猫へと置き換えられ、人々の間で広く知れ渡るようになる。

他方、鄧小平の白猫黒猫論は、人民公社の実現を追求してきた毛沢東（Máo Zédōng）にとって容認しがたいものであった。毛沢東による鄧小平批判は、毛沢東が亡くなる1976年まで断続的に行われたが、白猫黒猫論などの鄧小平の現実主義的な発想に対しては、一段と厳しい批判を加えた。白猫黒猫論は鄧小平が失脚する一因になったともいえよう。

しかし、毛沢東が亡くなり、鄧小平が復活した1977年以降は、一転して人々の高い賞賛を浴びることとなった。農業生産に限らず、経済全体の量的拡大にも白猫黒猫論が適用されるようになった。理論的な整合性にこだわらず、生産拡大に資する措置を導入すべきとの白猫黒猫論の本質は、1992年の南巡講話、そして社会主義市場経済へと昇華していった。

［佐野淳也］

【関連項目】　改革・開放政策、人民公社、社会主義市場経済、鄧小平、南巡講話、毛沢東

【参考文献】　鄧小平『鄧小平文選（1938年〜1965年）』北京、外文出版社、1992年。／矢吹晋『鄧小平』講談社、1993年。

シンガポール開発銀行
Development Bank of Singapore

シンガポール政府が1968年に、製造業や加工産業の発展に必要な長期資金を供給することを目的に、EDB（経済開発庁）の金融部門から分離して設立した政府系銀行である。英国の金融誌である *The Banker* によると、シンガポール開発銀行（2003年7月に正式名称をDBS Bankに変更）の資産規模は2001年末時点で817億米ドルであり、ASEANで最大、世界第70位の銀行である。設立当初は政府の経済発展戦略に対応し主に企業に対して資金を供給していた。1970年代に入ると徐々にコマーシャル・ベースの業務を拡大し、商業銀行としての基盤を固めた。近年では、投資銀行業務に力を入れており、資本市場でのプレゼンスを高めている。

1997年の金融危機の余波が残り、国内市場の外国金融機関への開放が進む中で、国内の大手銀行は3行に再編された。政府は1998年に、シンガポール開発銀行に金融危機の影響で経営不振に陥っていた郵便貯蓄銀行（POSBank）を救済合併させた。2001年には、資産規模で国内3位のOCB（オーバーシー・チャイニーズ銀行）が第5位のケッペル・タットリー銀行（Keppel Tatlee Bank）の持株会社を、同2位のUOB（ユナイテッド・オーバーシーズ銀行）が同4位のOUB（オーバーシーズ・ユニオン銀行）をそれぞれ買収した。シンガポール開発銀行は、OUBの買収においてUOBに競り負け、規模の拡大を果たせなかった。

シンガポール開発銀行は、経営近代化に積極的に取り組んできた。その一例として、JPモルガンで副頭取を務めたジョン・オールズ（John Olds）を、持株会社であるDBSホールディングスの副会長兼最高経営責任者（CEO）として迎えたことがあげられる。同氏の在任期間中に（1998年〜2001年）、タイや香港での地場銀行買収、経営陣の刷新、組織改革が実施された。同氏の退任後も、香港での新たな銀行買収や中国拠点の拡充などが進められた。

［高安健一］

【関連項目】　アジアダラー市場

シンガポール政府投資公社
Government of Singapore Investment Corporation

1981年に設立された資金規模の点で東南アジア有数の政府系投資機関。シンガポールでは、すでに1970年代から外国証券取引所で有力企業への株式投資、為替投資などを中央銀行に相当するシンガポール金融庁（Monetary Authority of Singapore）が行ってきた。しかし、中央銀行の投機的活動への批判が強まったため、1981年5月、100％政府出資の政府系企業として、シンガポール政府投資公社が設立された。同公社会長にリー・クアンユー（Lee Kuan Yew）首相（当時）、副会長にゴー・ケンスィー（Goh Keng

Swee) 副首相（当時）が就任するなど、政府の有力閣僚や官僚が経営陣に名前を連ね、「国策会社」の位置付けがなされた。同公社の投資資金規模や投資案件は非公開で、実態は秘密のベールに包まれているが、しばしば現地新聞に掲載される断片的記事から、活動実態の推測が可能である。それによると、投資資金源は、①外貨準備、②財政黒字、③準政府機関や政府系企業が政府に還元した収益金、④中央積立基金の当面の剰余金から成り、これらの資金が、米国、日本、オーストラリア、台湾など世界各地の証券取引所で有望な技術関連企業株式に投資されているのである。

投資方針は、投資先企業の経営権取得や経営参加、短期的利益の獲得ではなく、長期的観点に立ってキャピタルゲインを得ることにおかれている。また、株式投資以外にも、さまざまな金融商品、不動産、資源開発プロジェクト、米国市場を中心にした為替投機や政府債券投資を行っている。　　　　〔岩崎育夫〕

〔参考文献〕　涂照彦「都市経済国家シンガポール」吉原久仁夫編『講座東南アジア学8　東南アジアの経済』弘文堂、1991年．／岩崎育夫「シンガポール政府資本の海外投資」『アジアトレンド』68号、1994年．

新経済政策【インド】
New Economic Policy

インドでは1960年代中頃に始まり、1970年代を通じて、混合経済体制の規制的側面が強化され、長期的な工業化停滞に陥った。1980年代には部分的な経済自由化が導入され、経済成長の回復・加速がみられたが、財政赤字や経常収支赤字などマクロ経済不均衡の拡大、政局の不安定化のために挫折を余儀なくされた。しかし1991年7月、国民会議派のナラシンハ・ラオ（Narasimha Rao）政権は「産業政策声明」を発表し、マクロ経済不均衡の是正のための安定化政策を伴った本格的な経済自由化路線を導入した。これによって既存の混合経済体制の政策的枠組みが改定され、経済自由化の流れが定着するに至った。経済自由化に向けてラオ政権によって開始された一連の経済政策は、「新経済政策」（経済改革）と呼ばれている。

産業政策の面では、公共部門拡大優先の原則、さらには産業許認可制度が事実上撤廃された。公共部門に留保された産業は17部門から4部門に削減され、例外的な分野を除いて公企業は民間企業との競合にさらされることになった。また産業許認可制度の適用対象となる産業が従来の38部門から6部門に削減された結果、大方の民間企業は品目や生産能力を記載した産業許可証の拘束から解放された。混合経済体制の支柱になっていた上記の政策的枠組みが切り崩されたことは、インド経済の計画的側面が有名無実化し、市場経済化に向けての流れが形成されることを意味した。

産業政策の自由化と並行して、対外経済開放の漸進的推進が図られた。従来、インドは国内産業を輸入品との競争から遮断する高度な保護主義を貫いてきたが、1991年7月に為替レートが18％切り下げられ、輸出補助金が大幅に削減されたことを契機に、貿易自由化は着実な進展を示した。輸入関税（加重平均）は1990/91年の87％から1998/99年には20％に引き下げられるとともに、数量制限品目も2001年4月を期してほぼ全廃された。貿易の自由化は為替の自由化にも反映され、1994年には経常勘定におけるルピーの交換性が実現した。資本の自由化（資本勘定におけるルピーの交換性）については、順序を踏んで、今後、一定の条件を満たした上で実施される見通しである。

従来、インドでは外資流入に対する慎重な姿勢が堅持されていたが、やはり1991年7月を期して方向転換が図られた。それまで直接投資の外資出資比率の上限は、「外国為替規制法」（1973年）にもとづいて40％に設定されていたが、34の高度優先産業を対象に51％に引き上げられるとともに、そこでの外資出資比率が51％以内である限り、その直接投資は自動認可されることになった。その後、高度優先産業に該当する産業数の拡充が図られるとともに、自動認可の対象となる外資出資比率の上限が74％、さらには100％にまで引き上げられる産業も誕生した。ポートフォリオ投資についても、1992年より新規に開始された。その他、金融面では、民間部門銀行（外国銀行を含む）の参入拡大、利子率の部

分的自由化、保険業の民間部門への開放（外資出資比率の上限は26％）などの進展がみられる。また公企業改革では、株式放出による市場規律の導入、主管官庁との間での「合意書」取り交わしにもとづく企業自主性の向上が図られているが、思い切った民営化の実行までには至っていない。

「新経済政策」（経済改革）は、既存の混合経済体制の改訂を伴うという意味で画期的ではあったものの、それは工業部門を中心とする規制緩和が中心であり、その範囲は限定されたものであった。1997年以降、経済成長の減速がみられたが、それは第１世代経済改革が一巡したためであり、農業、流通、労働市場の分野で規制緩和のメスが入れられていないフロンティアが依然として残されている。また安定化政策の面でも、補助金供与に伴う財政支出拡大が農業、インフラ向け公共投資の抑制につながることのないよう、健全な財政運営を貫くことが求められている。

［小島　眞］

【関連項目】　産業許認可制度、産業政策決議
【参考文献】　小島眞『現代インド経済分析―大国型工業発展の軌跡と課題』勁草書房，1993年．／小島眞『インド経済がアジアを変える』PHP研究所，1995年．／小島眞「グローバリゼーションとインド国民経済の変容」渡辺利夫編『アジアの経済的達成』東洋経済新報社，2001年．

新経済政策【マレーシア】
New Economic Policy：NEP

新経済政策（NEP）は、マレー人と華人との経済格差の是正を目的としたブミプトラ政策を柱とする、1971〜90年に実施された社会再編政策である。1969年の総選挙で与党連合が後退した際に、マレー人と華人との間で貧富の格差を背景とした大規模な民族衝突が起こり、これが契機となって政府は1970年にNEPを発表した。NEPの目標として貧困撲滅と人種・地域格差の解消の２点が掲げられた。具体的な政策の柱は、マレー人による資本所有比率の向上ならびにマレー系企業の育成であった。1990年までに到達すべき数値目標として、経済成長率8.0％、貧困率16.7％、マレー人による資本所有比率30％（非マレー人40％、外国人30％）が設定された。

NEPの進捗度をみると、貧困率が1970年の49.3％から1990年に17.1％へ低下した点では大きな前進があった。しかしマレー人の資本所有比率は、国営投資信託制度の導入などによって1970年の4.3％から1990年に20.3％まで上昇したものの、目標の30.0％に達しなかった。さらに華人を中心とする非マレー人の資本所有比率が1970年の34.0％から1990年には54.6％へと上昇し、華人による経済支配がさらに高まるという当初の狙いとは逆の結果となった。また、公営企業とマレー系下請け企業の相互協力を通じてマレー系企業の発展を促進するという思惑も期待はずれに終わり、華人系企業に対抗しうる有力マレー系企業は育たなかった。さらに、1980年代半ばには１次産品の価格下落を背景に輸出が低迷し、経済成長率は建国以来のマイナスに陥った。

NEPは、その後の同国における産業政策や企業育成策を方向付けた。1991年にスタートした国家開発計画（NDP、1991〜2000年）においても、貧困の撲滅と社会の再構築が中心課題として踏襲された。

［坂東達郎］

【関連項目】　ブミプトラ政策、5・13事件
【参考文献】　堀井健三編『マレーシアの社会再編と種族問題：ブミプトラ政策20年の帰結』日本貿易振興会アジア経済研究所，1989年．／渡辺利夫編『アジア経済読本（第３版）』東洋経済新報社，2003年．

人口移動
Migration

各地の人口は経済的、社会的要因によって地域間を移動する。人口移動は人口構造を変えるとともに人口の再生産力に影響を与え、将来における当該地域の人口を変化させる要因となる。人口移動は国内移動と国際移動に大別できる。国内移動は国内の都市農村間、都市間、農村間で移動するが、これを以下の３つのパターンで区分することができる。①期間の長さによる区分：１次移動、定期移動、季節移動、永久移動、②移動者の構成：単独移動、随伴移動、家族移動、集団移動、③移動の目的：職業移動、就学移動、通婚移動、である。経済発展に伴う都市の発展は家族を伴う職業移動を増やし、これは永久移動であろうことから都市人口の増加の一方で農

村における人口過疎を生じさせるであろう。また都市における高等教育機会の拡大は就学目的の移動を増やすことになろう。さらに都市部の建設業などにみられる臨時的な労働需要の増加は一時的な季節労働を必要とし、農村からの出稼ぎ労働を増加させる。なお日本の国勢調査では都道県別、市町村別、産業別の労働移動の結果を発表している。

　国際移動は移民などの国際間移出入、人口過疎国への入植などがあるが、現在では国際的な出稼ぎ労働が増加している。出稼ぎ労働は1年未満の短期的なものから契約により数年間に及ぶものまである。東アジアでは経済発展に伴う労働不足から日本やNIESだけでなくタイやマレーシアでも近隣諸国や南アジアからの出稼ぎ労働者を受け入れるようになっている。しかし国際労働移動は不法労働者の増加から統計的に正確な数値を入手するのは難しくなっている。　　　　　　［梶原弘和］

【関連項目】　人口増加、人口ピラミッド、人口転換
【参考文献】　大淵寛、森岡仁『経済人口学』新評論、1981年。／石南國『人口論―歴史・理論・統計・政策』創成社、1993年。

人口センサス
⇨ 国勢調査

人口増加
Population Increase

　人口を一時点、一地域に限定して把握できる集団を人口統計集団という。人口統計集団では出生、死亡、他地域への流出入の量的変動や男女、年齢、職業などの構造変動が生じる。量的変動と構造変動が人口変動であり、人口変動の状態を人口動態という。変化する人口統計集団のある時点の動態の状況を捉えるものが人口静態であり、その統計数量を人口静態統計という。人口増加は人口静態統計の異なる時点の人口規模を比較し、時系列に得られる人口規模の増加である。異時点間の人口増加は、過去から累積された出生・死亡（出生から死亡を差し引いた人口増加を自然増加という）ならびに地域間移動（社会的増加）を集約したものであり、同時にその地域における将来人口の変化を規定する。

　ある期間の人口増加の程度を表わす手段として、増加人口を初期人口で割った人口増加率で示す場合が多い。初期人口のかわりに平均人口あるいは中央人口（年央人口）を用いる。人口増加率は年平均増加率で一般的には計測され、マルサス（Thomas Robert Malthus）が分析したように人口は幾何級数的に増加する。これを前提として将来の人口増加を推計することがある程度可能となる。

［梶原弘和］

【関連項目】　マルサスの人口論、出生率／死亡率、人口移動
【参考文献】　大淵寛、森岡仁『経済人口学』新評論、1981年。／石南國『人口論―歴史・理論・統計・政策』創成社、1993年。

人口転換
Demographic Transition

　人口に関する基本的統計値である出生率、死亡率、両者の差である増加率（自然増加率）は長期的にある一定の変化過程をたどる。国や地域による時間的、数値的差異はあるが、先進国、開発途上国ともに同様の変化過程を経てきた。この長期的な人口変化を人口転換という。図は国連が推計した先進国の死亡率と出生率にもとづいた概念図である。19世紀初期まで先進国は死亡率と出生率がともに高く、自然増加率も低い人口転換の第1局面（多産多死型）にあった。おそらくこれ以前には、時には死亡率が出生率を上回る時期、したがって自然増加率がマイナスであったり、人口移動に伴う人口増加時期を経験し、安定的な人口動態ではなかったであろう。これが19世紀以降に安定して図のような推移を示すようになったのである。

　19世紀中期以降には死亡率が低下を開始し、低下は20世紀初期以降さらに大きくなった。出生率は死亡率が低下を始めても高い率で維持され、したがって自然増加率が次第に高まった。この時期が人口転換の第2局面（多産少死型）に位置し、人口が急増する。しかし出生率は20世紀以降に急速に低下し、死亡率と出生率がともに低下して自然増加率は減速した。これが人口転換の第3局面であり、最終の第4局面への移行過程に位置する。第4局面では死亡率と出生率が低位で再び安定し、自然増加率もさらに低くなる少産

ジンコウテ

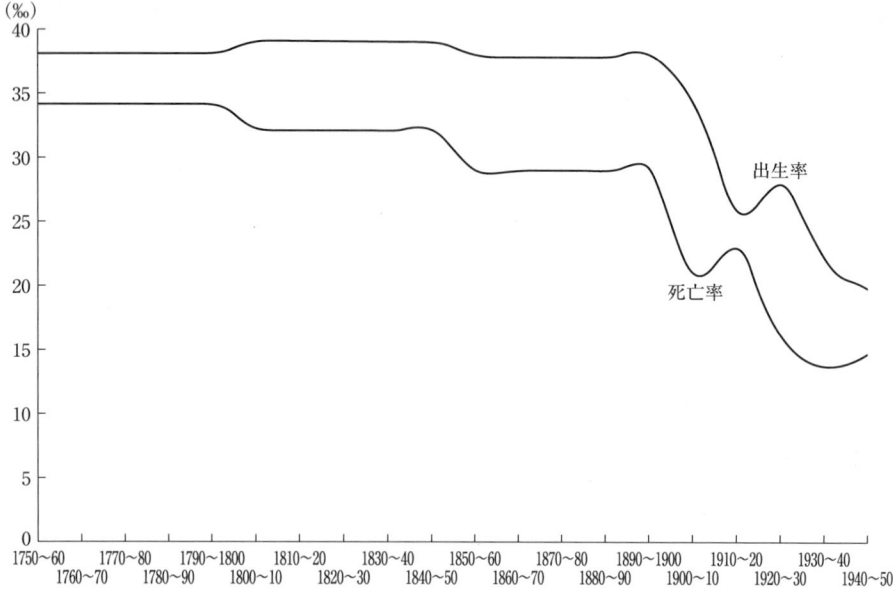

◇先進国の人口動態概念図（1750～1950年）

（出所）United Nations, *The World Population Situation in 1970*, New York, 1971.

少死型となる。

こうした先進国の経験にもとづいた人口転換が、いかなる要因によってもたらされたのかを分析するのが人口転換理論であり、分析する課題は以下の3点である。①第1局面から第2局面に移行した死亡率低下の要因、②多産少死型の第2局面の特徴をもたらす出生率低下が遅れることの要因、③第3および第4局面をもたらす出生率低下の要因、である。死亡率低下要因は一般的に推測できることであり、われわれが生まれて死亡するまでの期間を延ばすにはいかにすればよいかを考えればよい。誕生するまでは母親の健康と栄養状態、誕生時には医療技術、幼児期は体力的に弱いことから病気予防の医療技術、栄養が不可欠であり、これ以降も長寿のためには栄養、医療、衛生などの改善がつねに関連する。したがって医療や衛生上の新技術が誕生し、栄養状態の改善を可能にした時期に死亡率が低下することになる。西欧では農業革命に続く産業革命により生産力が飛躍的に拡大し、科学が進歩した18～19世紀に死亡率の低下が生じた。

近代経済成長が始まる初期に死亡率は低下するのに対し、出生率の低下は経済成長が持続した結果である社会的な変化によりもたらされ、それゆえ後者は前者より遅れて低下する、と考えられる。子供を何人もつかどうかは社会的規範、宗教的考え、個々人の意志により決定される。したがって出生率の低下は社会的規範、宗教的考え、個々人の意志が変わったことにより生じ、こうした変化は時間を要する。経済発展に伴う都市化、核家族化、女性の教育機会の高まり、これに伴う女性の社会参加などが進み、出生率はさらに低下する。先進国の経験は開発途上国でも生じ、増加率は25～30‰から20‰程度にまで低下した。開発途上国から中進国、さらに先進国段階に進展してきた東アジアのNIESの人口転換はではすでに先進国水準に至っている。また人口転換は後発国ほど短い時間で変化しており（人口転換局面加速の法則を参照）、老齢人口の高い増加という新たな問題を生じさせた。　　　　　　　　　　　　［梶原弘和］

【関連項目】　出生率／死亡率、人口増加、人口転換局面加速の法則

【参考文献】　大淵寛, 森岡仁『経済人口学』新評論, 1981年. ／石南國『人口論』創成社, 1993年. ／梶原弘和, 武田晋一, 孟建軍『経済発展と人口動態』（東アジア長期

経済統計シリーズ第2巻）勁草書房, 2000年．

人口転換局面加速の法則
Das Gesetz von der Akzeleration des Phasendurchaus ［独］

　人口転換をもたらす最重要な要因の出生率低下は、西欧で最初に始まり、東欧、南欧でも遅れて開始された。その後は北米、日本さらに開発途上国へ及んだ。世界における人口転換の経験から明らかになった事実は、出生率が低下して人口増加率が減少する局面が始まり、出生率と死亡率が低い水準で再び均衡して人口増加局面が終了するまでに要した時間は、後発国ほど短いということである。ドイツの人口学者マッケンロート（Gerhard Mackenroth）はこれを「局面経過加速の法則」と呼び、出生率低下の開始時期が遅い後発国ほど、その低下が完了して人口増加局面が終局するまでの期間は短くなると分析した。後発国の人口増加をもたらす死亡率の低下は、先進国から生産力拡大のための各種技術、政策、制度、医療衛生技術・制度を導入して、先進国の時間的経過を短くして達成できる。このことは経済発展過程においても変化過程が「圧縮」されて達成されたことに通じる。経済発展の圧縮は、社会構造の変化それ自体を時間的に短縮し、女性を含む教育機会の拡大などにより子供をもつことに関する社会的な通年を急速に変える。それゆえ出生率の低下が先進国の経験を短くして生じると考えられる。東アジアの人口転換は先進国の変化を短い期間で達成した日本の経験をさらに上回る短期間で完了期を迎えた。またいまだ人口増加が続いている開発途上国でも、人口増加率は急速に低下している。　［梶原弘和］

【関連項目】　人口転換、人口ピラミッド、ライベンシュタイン・モデル

【参考文献】　南亮三郎『人口理論―人口学の展開』千倉書房，1964年．／梶原弘和，武田晋一，孟建軍『経済発展と人口動態』（東アジア長期経済統計シリーズ第2巻）勁草書房，2000年．

人口爆発
Population Explosion

　欧米の人口動態にもとづいて分析された人口転換は、非欧米社会である日本でも生じ、

その変化が加速された。日本の経験はさらに加速化されて東アジアの人口転換でも生じた。しかし、開発途上国の人口転換は先進国とは少々事情が異なる。まず人口転換の第1局面から死亡率が低下する第2局面への移行時点において、先進国よりも高い死亡率、出生率の状態から始まっている。多くの開発途上国の生活環境は熱帯、亜熱帯、砂漠などで劣悪であり、乳幼児死亡率が高く、平均寿命も短い。それゆえ人口を維持するため高い出生率を可能とする社会システムが伝統的に構築されてきた。例えば多くの子供をもつことの高い社会的・宗教的価値観、一夫多妻制、低年齢の結婚、などである。開発途上国の死亡率は先進国水準を大きく上回る35‰を超えていたが、高い出生率を維持する社会システムにより出生率は40‰を上回っていた。この多産多死型の第1段階では、自然増加率はかつての先進国のそれと同水準の2〜7‰であり、10‰を上回ることはなかった。しかし1920〜30年代以降にこの状態から死亡率の低下が始まった。しかも死亡率の低下は1950〜70年代に急激であった。1910年代に30‰の後半の水準であった死亡率は1930年代に30‰以下になり、1940年代もほぼ同水準であった。これが1950〜60年代に20‰を下回り、1970年代には10‰の前半、1990年代には10‰を下回った。

　先進国における死亡率低下は、栄養状態の改善、医療・衛生技術の改善とともに生じた。開発途上国でも同じ要因によりもたらされたが、先進国ではこれが社会経済的発展に伴って徐々に導入され、それゆえ死亡率も長期にわたって低下した。しかし開発途上国では先進国で開発された医療・衛生技術・方法が導入され、特に第2次世界大戦後には先進国援助などにより導入が一挙に進み、死亡率低下が急激に生じた。人口転換の第1段階における出生率が先進国の同じ段階のそれをかなり上回り、死亡率が低下する第2段階において自然増加率が先進国水準をはるかに上回った。自然増加率は平均すると25〜30‰であり、国によってはこの水準を上回った。20数年で人口が倍増する増加率である。世界人口に占める先進国と開発途上国の比率は1950年

に32.9対67.1であったが、開発途上国の高い自然増加率を反映して1980年には25.5対74.5、2000年には20.7対79.3になると予想された。こうした状況が人口爆発と呼ばれている。

開発途上国でも出生率の低下が生じている。また局面経過加速の法則が予想したように、出生率も急速に低下している。しかし出生率と死亡率が再度低位で安定するのは21世紀中期であると予想されており、開発途上国の人口規模は今後もさらに増加する。1975年に39.6億人であった世界人口は1996年に57.5億人に達し、世界銀行が現状の人口動態から予想した世界の静止人口は100億人である。100億人の静止人口が正しいかどうかという問題とともに、地球の資源、環境などがこれに耐えられるか否かという問題が提起されており、こうした開発途上国の人口増加に起因している。

開発途上国の人口転換は、外的な要因により死亡率が急激に低下し、それゆえ自然増加率が高水準持続したことが、先進国のそれと異なる。社会経済的な発展が伴っていないがゆえに、増える人口をいかに吸収するかという問題がある。西欧では農業・産業革命や新大陸への移民を通じて増える人口を吸収し、発展に伴う変化が出生率を低下させて、人口問題を終息させることができた。しかし開発途上国は人口の急増が社会経済的発展以前に生じ、しかも人口増加の規模が大きい。ゆえに開発途上国の開発には、かつての古典派経済学のように人口問題がからむ。　　［梶原弘和］

【関連項目】　人口転換、人口転換局面加速の法則、マルサスの人口論
【参考文献】　大淵寛、森岡仁『経済人口学』新評論、1981年。／石南її『人口論－歴史・理論・統計・政策』創成社、1993年。／梶原弘和、武田晋一、孟建軍『経済発展と人口動態』（東アジア長期経済統計シリーズ第2巻）勁草書房、2000年。

人口ピラミッド
Population Pyramid

男女年齢別人口構造を男女別に5歳刻みで積み上げて作図したもの。人口ピラミッドを類型化し、人口構造変化と経済、社会、その他の発展を関連づけて分析する重要な手段と

◇人口ピラミッド

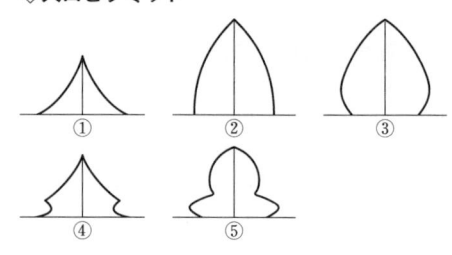

なる。人口ピラミッドは以下の5つの類型に区分される。

①成層型（富士山型）：高出生率、高死亡率の人口転換の第1局面から死亡率が低下して年少人口が増加し、従属人口比率が高い状態を示す。②釣り鐘型：出生率が低下を始め、年少人口が減少するが、過去の年少従属人口が経済活動人口に移動し、経済活動人口が増加する状態を示す。③壺型：出生率がさらに低下して子供の数が大幅に減少し、年少人口の部分が縮小する。また老年人口が増加し、老齢化社会へと向かう。④星型（都市型）：都市への人口移動、集中から若い労働人口の比率が高く、また若い家族が増加することから年少人口比率も高い。⑤ひょうたん型（農村型）：労働人口の都市への流出から若い生産年齢人口と乳幼児人口の比率が少ない状況を示す。

経済発展に伴って一国の人口ピラミッドは、成層型から釣り鐘型、壺型に変化する。死亡率、出生率の長期的変化が人口構造にこうした変動をもたらし、人口構造変化はさらに死亡率、出生率の将来動向に影響する。また年少従属人口比率が高い成層型、働き盛りの人口比率が高い釣り鐘型、老年人口比率が高い壺型は経済に及ぼす効果も当然のことながら違ってくる。年少従属人口比率が高いことは平均的家計の子供の数が多く、家計は貯蓄よりも養育のために消費に所得を向けなければならないために、貯蓄→投資→成長という成長連関は生じにくい。釣り鐘型では経済活動人口比率が高く、生産的な雇用機会に恵まれるという条件が満たされるならば、子供の数が減少し、所得を貯蓄にまわす余裕が生まれ、投資の源泉である貯蓄が増加する。壺型はかつて貯蓄した原資を引退した老年者が

取り崩すために、消費増加、貯蓄減少が生じる。経済が成熟化しているために、成長にマイナスになるとは限らないが、経済の活力は次第に失われるだろう。また経済発展に伴う都市の拡大は、農村から都市への人口移動をもたらし、働く人口が多い都市型、働く人口が少ない農村型という人口構造をつくり出す。

　死亡率低下によって始まる人口転換は、社会経済的変化により生じる。しかし、人口転換それ自体も社会経済的変化の要因であり、経済発展は人口転換もたらすとともに人口転換によって支えられるのである。　　［梶原弘和］

【関連項目】　人口転換、従属人口、出生率／死亡率、人口移動

【参考文献】　大淵寛、森岡仁『経済人口学』新評論、1981年。／石南國『人口論－歴史・理論・統計・政策』創成社、1993年。／梶原弘和、武田晋一、孟建軍『経済発展と人口動態』（東アジア長期経済統計シリーズ第2巻）勁草書房、2000年。

新古典派経済学
Neo-classical Economics

　新古典派経済学という用語は、1870年代前半にジェボンズ（William Stanley Jevons, 1835～82)、メンガー（Carl Menger, 1840～1921)、ワルラス（Marie Esprit Léon Walras, 1834～1910）が限界理論を提示した以後の経済学の総称として一般的に用いられる。限界理論によれば、経済主体が消費や生産などを決定する際には、追加的に1単位の消費や生産を増やした時に得られる満足度や利益と価格を比較して行動する。例えば、消費者が1単位消費量を増やした時に、その1単位から得られる満足度よりも価格の方が低ければこれを購入するというものである。各経済主体は、自らの満足度（効用）や利益を最大化するように行動するという考え方である。そのため、主観的価値が価値論の基礎となった。

　古典派経済学の価値論は労働価値説であった。労働価値説とは、財貨の価値はその生産に投下された労働量によって決定されるというものである。この価値論の点では、古典派経済学とは異なるが、自由主義的な経済観を共有する。そのため、新古典派経済学は、市場経済下での自由競争メカニズムの原理を説き、価格メカニズムを通じての資源配分の効率性を重視する。新古典派経済学の特徴は、第1に、経済主体はつねに合理的判断にもとづいて行動するという前提をもつ。予算制約下において消費者は購入する財貨から得られる満足度が最大化するまで消費する。つまり、財貨の購入量を1単位増加させた時に得られる限界効用と価格が等しくなるまで購入量を増加させるという。また、企業は生産量を1単位増やした場合に、その1単位の生産費用とその収入が等しくなるまで生産量を増加させる。限界費用と限界収入が等しくなる点まで生産量を増加させるのである。このように、消費者や企業というミクロ的な経済主体の経済合理性を理論の根底においている。

　第2の前提は、市場の需給は価格メカニズムを通じて速やかに均衡状態に達するというものである。需要が供給を上回る場合には、価格が上昇することによって需要量の低下と供給量の増加が起こり、需給が一致する。新古典派経済学は、この価格の調整メカニズムに全幅の信頼をおく。価格メカニズムが円滑に機能するためには、経済が完全競争状態になければならない。完全競争とは、消費者と生産者が多数存在して、各主体が取引量を変化させても価格に影響を及ぼさないような状況である。

　第3の前提は、経済行動にかかわるすべての情報が経済主体全員に行き渡り、この情報にもとづいて行動を決定するというものである。これは、情報の完全性と呼ばれる。このような前提にもとづき新古典派経済学の理論体系は構築されている。つまり、新古典派経済学は、予算や資源に制約がある状況において、それらをどのように用いれば、最大の利益を得られるかを分析するためのツールである。これらの特徴をもつ新古典派経済学は、価格メカニズムが円滑に機能するような市場環境を創出するような政策提言を行う。

　また、政府の経済政策は、市場機能を歪めるだけで効果がないとする。ケインズ経済学のように、財政・金融政策を行使して景気の振幅を抑えるような微調整は、かえって景気変動を大きくすると主張する。政府が経済政

策によって介入しようとすると、その情報は即座に経済主体に行き渡る。そして、各経済主体は、政策が実施され効果が出る前に、情報をもとに合理的な行動を起こす。そのため、政策効果があらわれる時点には経済状態が変化するという。経済政策の実施と効果の間にタイム・ラグがあるので、政府は介入せずに市場に委ねることが望ましい。このような価格理論にマクロ経済の所得分析を接合したものを新古典派総合（Neo-classical Synthesis）という。財政・金融政策の運営を通じて完全雇用が実現されるならば、新古典派モデルは妥当するという考え方である。これがサムエルソン（Paul Anthony Samuelson, 1915～）の主張である。しかし、完全雇用を常態とする価格理論と不完全雇用を常態とするケインズ経済学とを接合することは容易ではない。 〔徳原 悟〕

【関連項目】 ケインズ経済学、ミクロ経済学、マクロ経済学
【参考文献】 ポール・サミュエルソン（都留重人訳）『経済学（上・下）』〔第6版〕岩波書店、1966年。／Edmund S. Phelps, *Seven Schools of Macroeconomic Thought*. New York : Oxford University Press, 1990. ／根井雅弘『現代アメリカ経済学——その栄光と苦悩』岩波書店、1992年。／森嶋通夫『思想としての近代経済学』岩波新書、1994年。／伊藤誠編『経済学史』有斐閣、1996年。／根井雅弘『経済学の歴史』筑摩書房、1998年。

新制度派経済学
Neo-institutional Economics

新制度派経済は、社会のさまざまな制度や組織の発展について、個人が合理的な行動するはずだという前提から分析を行う学派である。政府、法律、市場、企業、家族などの制度の発展は、人間の合理的選択の結果であると把握するのである。つまり、新古典派経済学の枠組みの中で制度や組織の発展が説明可能であると考えられている。新制度派経済学の分析において重視されているのは、取引費用（Transaction Cost）および所有権（Property Rights）の概念である。

取引には程度の差はあれ必ず不確実性が伴う。代金を支払っても本当に財貨を手に入れることができるか。契約通り商品の品質が確保され、期日までに納品されるか。取引を行う上でこのような問題を避けて通ることはできない。これらの問題を防ぐために調査や監視を行うことは、取引当事者にとっては費用である。取引費用があまりにも高くなれば、取引は行われなくなる。この取引費用を軽減するために制度が重要になる。制度は、経済取引における「ゲームのルール」である。逆にいえば、取引費用が存在しないところでは、制度は存在しないと考えるのが、この学派の特徴である。

このような取引が行われるためには、所有権が確保されていなければならない。誰の所有物かわからないのに、取引を行うことはできないからである。資本主義社会においては、所有権は個人に属する。所有権制度は、財産の帰属やそれに伴う規定が確実に施行されるためのルールの束である。契約法を創設すれば市場取引の費用は軽減される。新制度学派は、新古典派経済学が前提としていた取り引き費用ゼロの仮定を緩めることによって、制度や組織がどのように変化していくのかを分析する。

これらの取引費用アプローチは、ノーベル経済学賞受賞者のロナルド・コース（Ronald Harry Coase, 1910～）や、オリバー・ウィリアムソン（Oliver E. Williamson, 1932～）に代表される。その他のアプローチとしては、ハーバート・サイモン（Herbert A. Simon, 1916～）の有限合理性論、オリバー・ハート（Oliver D. Hart, 1948～）の所有権アプローチなどがある。新制度学派は、新古典派経済学を取り込む形で展開されてきているが、ここに制度派経済学との大きな隔たりがある。

制度派経済学は、1880年代後半頃に米国で生まれた。ドイツの歴史学派や英国の歴史主義から大きな影響を受けていたが、それほど存在感がなかった。制度学派は、1900年から1930年代にかけて『有閑階級の理論』で知られるソースタイン・ベブレン（Thorstein B. Veblen, 1857～1929）、ミッチェル（Wesley C. Mitchell, 1874～1948）やコモンズ（John R. Commons, 1863～1945）を代表とする学派である。制度派経済学にとっては、経済学は、制度の進化、制度の機能を分析し、そして将来どのような制度が構築されるのかとい

う、制度の動態的・累積的変化の過程を分析する学問であり、古典派経済学の静態論的分析を批判した。

　制度派経済学の主な特徴は、制度研究を経済学の中心に据え、制度を解釈するためには社会心理学を欠かすことができないとした。そして分析を行う際には、統計を駆使した経験的な手法が重要であり、個別研究に重点がおかれている。制度派は、経済学以外の近接領域の学問からの支援を受けた。社会心理学だけでなく、政治学、法律学、経営学などの見解を十分に取り入れなければ正しい解釈ができないとされた。この点は、新制度学派とは対照的である。新制度学派は、新古典派経済学をその枠外にある人間社会の問題にまで援用して説明しようとする。そのため、経済学が万能であるかのごとくの様相を呈した。制度学派の流れは、ロバート・ハイルブローナー（Robert L. Heilbroner, 1919〜）や、ジョン・ケネス・ガルブレイス（John Kenneth Galbraith, 1908〜）や「累積的・循環的因果関係」で知られるカール・グンナー・ミュルダール（Karl Gunnar Myrdal, 1898〜1987）を通じて、現在、「進化論的経済学」に引き継がれている。新制度学派と区別してネオ制度派経済学と呼ばれている。　　[徳原　悟]

【関連項目】　新古典派経済学、累積的・循環的因果関係、ミュルダール
【参考文献】　ロナルド・H. コース（宮沢健一、後藤晃、藤垣芳文訳）『企業・市場・法』東洋経済新報社、1992年. ／ダグラス・C. ノース（竹下公視訳）『制度・制度変化・経済成果』晃洋書房、1994年. ／伊藤誠編『経済学史』有斐閣、1996年. ／ティモシー・J. イェーガー（青山繁訳）『新制度派経済学入門』東洋経済新報社、2001年.

新竹科学工業園区【台湾】
Hsinchu Science Park

　台湾の新竹にあるハイテク工業団地。台北市から約70キロ、台北国際空港から約50キロの地点に位置し、敷地面積が625ヘクタールである。近隣には、工業技術研究院などの研究機関や清華大学、交通大学などの教育機関が立地する。2002年末時点での進出企業は、半導体、コンピューターおよび周辺機器、光学機器、通信機器、精密機械、バイオテクノロジーなど335社、従業員数は9万8685人に

達した。また、2002年の立地企業の総売上額は7055億台湾元であった。業種別では、半導体が総売上額の64.8%、コンピューターおよび周辺機器が17.7%と、あわせて8割強を占めている。1980年の設立以来、政府はインフラや施設整備に約9億1200万ドルを投じている。

　新竹科学工業園区は、ハイテク産業の誘致と育成を目的に1980年に設立された。この背景には、1980年代に入り、台湾ドルの上昇、労働力不足、労働コストの上昇などにより、それまでの輸出の中心であった繊維、加工食品、ゴム・プラスチックなどの軽工業製品が急速に国際競争力を失い、労働集約型産業から資本・技術集約型産業への転換が必要になったことがある。一連の資本・技術集約型産業の育成政策の下で「科学工業園区（新竹）設置管理条例」が制定され、外国から高度技術を導入すること、その受け皿として新竹科学工業園区を設置することが決定された。1990年代に入ると「産業高度化促進条例」が施行され、ハイテク産業への優遇策が拡大したため、新竹科学工業園区を中心に内外からハイテク産業投資が急増した。最近では、IT産業を中心に、外資系企業による台湾企業への生産委託やOEM（相手先ブランドによる生産）による製品調達が進んでいる。また、一部のIT企業は急速に業績を伸ばし、高いグローバルシェアをもつまでに発展している。　　[今井　宏]

【関連項目】　OEM
【参考文献】　新竹科学工業園区ホームページ（http://www.sipa.gov.tw/index_apis.php）.

人的資本
Human Capital

　人的資本とは、人々が習得した技能、熟練、知識、教育などのことをいい、より広い定義としては、人々の健康状態をも含める。企業において生産活動に従事している労働力を考える場合、教育水準が高まることや、オン・ザ・ジョブ・トレーニング（OJT：職務を通じて行う職場訓練）、オフ・ザ・ジョブ・トレーニング（職場外訓練）、などによって、個々の知識は広がり熟練度が高まっ

て、企業の生産性の上昇により貢献すると考えられる。また、開発途上国における初等・中等教育の充実、栄養状態の改善、などによって労働力の質は高まり、経済成長に貢献しよう。このように、労働力が知識や熟練を習得して身につける過程が、設備投資によって物的資本の生産能力が拡大する状態とよく似ていることから、労働力に体化された知識や熟練などのことを人的資本という。開発経済学において、特に人的資本の重要性に注目したのはシュルツ（Theodore W. Schultz）である。シュルツは、アメリカと開発途上国の農業における生産性格差の要因として人的資本投資の格差をあげている。この場合、人的資本投資が低い水準となっているために、開発途上国の農業の生産性はアメリカを下回る。

1950～60年代にかけて、新古典派経済成長理論の研究が活発になされ、それを背景として、各国の経済成長の要因を実証的に確認するための研究が行われた。1957年のソロー（Robert M. Solow）の論文は、1909～49年のアメリカの1人当たり実質GNPの成長要因を成長会計式によって確認した。その結果によると、同期間のアメリカの1人当たりGNPの成長の約90％が技術進歩によって説明される。1人当たり資本ストックの成長率は1人当たりGNPの成長を約10％しか説明できない。成長会計式において技術進歩は、生産の成長率からコストシェアで調整された各生産要素の成長率を控除して求める「残差」値である。ソローの研究結果は、生産要素の投入以外の部分が生産性の上昇の大部分を説明することを示している。ソローの研究以後、「残差」の要因についての研究が盛んに行われたが、シュルツは、「残差」と人的資本への投資との関係に注目し、人的資本への投資の中でもとりわけ、健康や教育への投資の役割を重要視した。なお、1980年代後半以降、内生的経済成長理論の研究が活発に行われるようになったことを背景に、教育や健康への投資等の人的資本への投資が各国の経済成長率の格差を決定する要因であることを検証するための研究が数多く行われている。

シュルツは、人々の健康状態を改善し、教育水準を向上させることによって人的資本の蓄積が進められ、生産性の上昇が実現する効果に注目したが、ベッカー（Gary Stanley Becker）は、人的資本への投資行動自体をより包括的にミクロ経済学の理論によって分析した。ベッカーは、人的資本を一般的人的資本と企業特殊的人的資本とに区分する。一般的人的資本とは、労働者が転職をして企業を移ったとしても、まったく減少することなく労働者に体化されたままの状態が維持されるような人的資本のことをいい、企業の別なく同様に活用することが可能である。逆に、企業特殊的人的資本とは、一般的人的資本以外の人的資本のことをいい、転職によって勤務している企業を移ったとすると、その大きさは減少してしまう。ベッカーは一般的人的資本と企業特殊的人的資本の概念を使用して、アメリカにおける労働者の賃金形成、失業、労使関係、所得分布のパターンなどについて説明した。

［森脇祥太］

【関連項目】　生産性、国民総生産、ミクロ経済学
【参考文献】　ヨトポロス＝ヌジェント（鳥居泰彦訳）『経済発展理論―実証研究―』慶應通信, 1984年.／中馬宏之『労働経済学』新世社, 1995年.／絵所秀紀『開発の政治経済学』日本評論社, 1997年.

人道緊急援助
Humanitarian Emergency Relief

東西冷戦終了後1990年代には、民族あるいは部族間の武力紛争が多発し、難民や避難民の大量発生という状況が日常化した。難民・避難民を救済するために政治的あるいは思想的な動機を離れて、国境を超えて支援の手を差し伸べようとするのが人道緊急援助である。国家主権を乗り超えて行う人道援助は、一方で軍事的な介入を手段として用いる場合もある。1992年12月に国連安全保障理事会は、難民・避難民への支援活動を可能とするために武力の行使を認め、第2次国連ソマリア活動がその最初の事例となった。

人道的な援助は、人命を維持し尊厳を守るための最低限の生活を付与する援助として、1992年の政府開発援助大綱の中でも取り上げられ、援助の基本理念の一つとなっている。しかし日本の援助は、現状では、国家主権を乗り超えて行うという形をとっているものは

ない。日本の人道緊急援助は資金の拠出によるものと、人的な貢献を行うものがある。人的な貢献を行うものは、2種類に分類される。難民・避難民の発生の原因が紛争によるものと、それ以外の原因によるものである。

紛争に起因するものの場合、紛争当事国およびその周辺国に対して実施されるが、これは国際平和協力法の枠組みの中で実施される。現状では直接の紛争地域への協力は紛争終結後の復興ニーズ調査などにとどまっている。一方、周辺地域での難民や避難民への支援および、難民・避難民を受け入れている地域社会の住民に対する支援は行われている。人道緊急援助の中でも、紛争に起因しない難民・避難民の流出対応については、日本は直接人員を派遣して行う支援を実施している。地震などの自然災害に起因して発生する難民・避難民への支援である（表参照）。ただ

	資金拠出による対応	
紛争に起因する難民・避難民の発生の場合	国際機関への拠出で対応。	要請があることを前提。
	国際平和協力法（PKO法）による対応。停戦合意を前提。	緊急援助隊による対応。要請があることを前提。
	人的な貢献による対応	紛争以外の原因による難民・避難民の発生の場合

◇日本の人道緊急援助の主要事例

年	発生国	紛争による難民・避難民への対応（PKOの一環としての対応）	紛争以外の災害による難民・避難民への対応（PKOの枠外でのJICA緊急援助隊による対応）
1992	シエラ・レオーネ アンゴラ	国際平和協力法成立 アンゴラ選挙監視要員（PKO） カンボディア文民警察施設部隊等（PKO平和維持活動）	ニカラグア地震
1994	モザンビーク エルサルバドル ルワンダ バングラデシュ	モザンビーク選挙監視、輸送部隊（PKO） エルサルバドル選挙監視（PKO） ルワンダ難民救援隊派遣空輸隊（人道支援）	エジプト地震（JDR） インドネシア火山噴火物災害（JDR） バングラデシュ洪水（JDR）
1995	チェチェン		
1996	ゴラン高原	ゴラン高原派遣輸送隊（PKO）	エジプトビル崩壊（JDR）
1997			タンザニアにおけるルワンダ難民支援（JICA） インドネシア森林火災（JDR）
1998	ホンデュラス（ハリケーン）	ボスニア・ヘルツェゴビナ選挙要員	
1999	トルコ地震、 台湾地震、 東チモール	東チモール文民警察（PKO） 東チモール国内避難民救援活動（人道支援）	トルコ緊急援助隊（JDR） 台湾緊急援助隊（JDR）
2000	ボスニア・ヘルツェゴビナ	ボスニア・ヘルツェゴビナ選挙監視	マケドニアに対するコソボ難民支援（JICA）

（資料）日本の緊急援助の歴史（「平和構築」JICA、2001年）より抜粋

しこの場合も、派遣は被災国からの支援要請を前提としており、被災国の主権を尊重しつつ行う形は変わらない。　　　　　［佐原隆幸］

【関連項目】　平和構築、PKO、復興・開発支援
【参考文献】　国際協力総合研修所『事業戦略調査研究「平和構築」』2001年。

人頭税
Poll Tax

　人頭税とは、課税対象年齢以上の住民一人一人に対して同額の課税を賦課する税金を指す。各個人の担税能力を考慮せずに、一律にかかるため逆進的課税となる。受益者負担の原則に則り、地方公共団体がサービスの提供に伴う費用の一部を住民に分担させるために導入したのがサッチャー（Margaret Hilda Thatcher）政権下の英国である。1990年4月1日から、18歳以上の男女を対象とした地域住民税が導入されたが、国民からの猛反発を受け、翌年9月末に廃止された。人頭税は、徴税手段として古くから利用されていた。中世からヨーロッパで用いられており、江戸時代頃には琉球王府が財政難を乗り切るために利用していた。課税対象者は15歳以上50歳以下の男女であった。また、スペインの植民地体制下にあったフィリピンでも、スペイン政庁がトリブート（Tributo）と呼ばれる人頭税をフィリピン住民から徴収した。アジア、アフリカ、中南米の植民地でも植民地政府が住民に重い人頭税を賦課していた記録が残されている。納税義務を果たせない場合には、強制労働を課される。　　　［徳原　悟］

【関連項目】　植民地、開発と税制
【参考文献】　沖縄国際大学南島文化研究所編『近世琉球の租税制度と人頭税』日本経済評論社、2003年。

新宮澤構想
New Miyazawa Initiative

　1998年10月、日本政府は、アジア諸国への総額300億ドルの資金支援を内容とする「アジア通貨危機支援に関する新構想」を発表した。「新宮澤構想」は、この構想を宮澤喜一蔵相（当時）が主導したことにもとづく通称である。「新」と呼ばれるのは、1988年に同蔵相（当時）がトロント・サミット蔵相会合で提案した債務救済スキームが、「宮澤構想」と名付けられたためである。

　新宮澤構想の目的は、通貨危機によるアジアの経済的困難の克服を支援し、国際金融市場の安定化を図ることである。アジアの実体経済の回復を目的とした中・長期の資金支援として150億ドル、これら諸国が経済改革を推進していく過程で短期の資金需要が生じた場合の備えとして150億ドルの資金支援を行うとした。

　中・長期支援の内容は、①民間企業債務のリストラクチャリングおよび金融システムの健全化、②社会的弱者対策、③景気対策、④貸し渋り対策である。一方、短期支援の内容は、貿易金融の円滑化である。資金支援の対象国は当初、韓国、タイ、マレーシア、フィリピン、インドネシアの5カ国であったが、1999年5月に別枠でベトナムが加えられた。

　1997年に日本などが中心となって提案した「アジア通貨基金（Asian Monetary Fund）」構想は、米国やIMFなどの反対によって頓挫したが、1998年には通貨・金融危機がエマージング地域全体に拡大し、危機感が強まっていた。そのために、米国も新宮澤構想に対しては積極的な評価をしている。アジア諸国からも総じて歓迎された。

　1999年5月には、「アジアの民間資金活用構想─新宮澤構想の第2ステージ」が発表された。これは、アジア経済の回復を本格化させる目的から、域内外の民間資金の活用を提唱したものであり、その後のアジア債券市場育成イニシアチブ（Asian Bond Market Initiative）などの動きにつながった。　［清水　聡］

【関連項目】　アジア経済危機、JBIC、アジア通貨基金構想
【参考文献】　平田潤監修、児玉茂、平塚宏和、重並朋生『21世紀型金融危機とIMF』東洋経済新報社、1999年。／経済産業省『通商白書』2003年。

人民公社【中国】
People's Commune

　1958年の設立から1983年に解体されるまで、25年間続いた中国農村の基層組織であり、生産、経営、行政、社会サービスなどの諸機能をもち合わせた組織である。人民公社の成立は、中国農村の集団化（農業協同組合化）の延長線で捉えることができる。土地改

革後、農家を経営主体とする小農経済の基礎が整ったが、農機具や役畜などの不足により、農繁期に農家がそれらをもち寄って共同作業を行う「互助組」（日本の「ゆい」に相当する）が組織されるようになった。指導部は、これを農民が協同化を要望する兆しとして捉えて、全国範囲で「初級合作社」と呼ばれる協同化の普及を進めた。初級合作社とは、自営農が自ら所有する土地を合作社にプールし、その土地の管理と経営は合作社が統一的に行う組織である。収穫物から生産費用、税金、合作社の積立金などを差し引いた残りは社員への分配部分となるが、それぞれの農家の土地提供分と労働点数に応じて分配が決まった。当初、農家の初級合作社への入社と退社が自由とされていたが、協同化を進める政治キャンペーンの中で、事実上農家の自由な意思は反映されなくなった。

　農業経営の協同化を推進するために用意された論理は、規模の経済性の追求と「二極分化」の防止であった。当時、農業生産の規模を拡大すれば、灌漑施設や農業機械などの使用を可能とし、生産と経営のコストを節約することもできると考えられていた。また、自営農が経営の失敗などによって土地を失い、農村で新たな支配・従属関係が生まれることに対する危惧も、土地の公的所有・経営を基礎とする協同化を推進する重要な理由とされていた。ただし、農業協同化を推進することによって、農産物の生産と流通に対する管理を強化し、工業化に必要な農産物の「統一買付・一手販売制度」を確立させようとする動機も見え隠れしていた。

　1955年に合作社内の分配をめぐって各地にトラブルが続出していたが、毛沢東（Máo Zédōng）を初めとする急進的に農業協同化を推進するグループは、「一大二公」（大規模経営と公的所有）は農民がともに裕福になる道だ、とするキャンペーンを大いに展開し、高級合作社への移行を急がせた。自然村を範囲とする初級合作社に比べ、高級合作社の規模は200～300の農家に拡大され、配分は農家が提供した労働力のみを基準とし、土地の私有権を事実上否定された。1956年の末には、90％近くの農家が高級合作社に加入するようになった。1958年に、河南省遂平県においていくつかの高級合作社が合併して大規模な経営組織が出現した。毛沢東がこの「七里営人民公社」を訪れた後「人民公社は素晴らしい」と語った。このことを報道されると、地方政府や農村幹部が積極的に人民公社の設立に乗り出し、わずか1カ月のうちに郷を基本単位とする人民公社が全国に普及した。「共産主義社会への移行」という空想が膨らむ中で、農民たちはこの「共産風」に煽られたまま行動するようになった。自宅での炊飯を取り止め、公共食堂で好きなだけ食べてよいとする人民公社さえ現われた。

　急激な制度変化に伴う混乱と無理な増産運動、時折の大躍進運動とも重なり、初期の人民公社運動は農業に大きな打撃を与え、数千万人ともいわれる餓死者を生み出す大惨事を招いた。1961年の共産党工作会議において「農村人民公社条例」（60条）が決定され、基本採算単位を自然村に相当する生産隊に縮小し、人民公社の制度の安定化が図られた。しかし、精神的高揚と大衆運動をもって農業増産を実現する毛沢東の路線は依然として影響力が強く、自力更生の精神と集団化の徹底を武器に、生産性をあげてきたとされる大寨生産大隊をモデルに、「大寨に学ぼう」キャンペーンが長らく続けられていた。

　農家経営請け負い制度の普及、および1983年に行われた行政組織としての郷鎮政府の復活により、人民公社制度は崩壊した。この制度の下で動員された労働によって農村のインフラがある程度整備されたこと、農村工業の発展に一定の基礎を築いたこと、初歩的な教育・医療・社会保障のシステムが創出されたことなど、評価に値する面もあったが、農業労働と農業経営のインセンティブを喚起することができず、生産組織としての効率性はきわめて低かった。またこの制度の下で農民の居住や職業選択の自由が奪われ、社会的不公平がこの制度によって固定化されたことは大きな問題点といわざるをえない。　　　［杜　進］

【関連項目】　大躍進、労働蓄積、毛沢東
【参考文献】　小島麗逸『中国の経済と技術』勁草書房, 1975年. ／中兼和津次『中国経済論―農工関係の政治経済学』東京大学出版会, 1992年. ／渡辺利夫, 小島朋之, 杜進, 高原明生『毛沢東, 鄧小平, そして江沢民』東洋経

済新報社, 1999年.

人民行動党【シンガポール】
People's Action Party

　1954年に結成され、シンガポールが英連邦の自治領の一つになってから今日に至るまで政権を維持している政党である。結成当初は社会主義路線を掲げていた。これはリー・クアンユー（Lee Kuan Yew）を中心とする英語教育エリート集団と、共産主義を志向する華語教育グループが合流して党を結成した際、後者の支持基盤の方が大きかったためである。

　1959年の総選挙で人民行動党は第一党に躍進し、リー・クアンユーが自治領の首相に就任した。やがて内部の路線対立が激化し、共産主義を志向するグループが社会主義戦線を結成、党は分裂した。分裂の際、人民行動党は社会主義路線を放棄した。1963年総選挙では社会主義戦線との選挙戦を制し、マレーシアとの統合を実現した。しかしその後、マレーシア政府との経済路線の違いに加え、マレー人と華人との民族対立が激化し、1965年にシンガポールはマレーシアからも独立した。水や日用品などをマレーシアに大きく依存していた当時のシンガポールにとって、マレーシアからの分離は死活問題であった。そのため、リー・クアンユーは経済発展と社会の安定を最優先課題と考え、開発独裁を推進し、権威主義的な手法による統治を行うようになった。人民行動党は唯一の与党として、全議席を独占し政治的安定の維持に貢献した。

　1980年代以降、野党も議席を確保するようになったが、経済発展と社会の安定という顕著な実績に加え、野党が多数の候補者を擁立しにくい選挙制度などもあって、人民行動党は総選挙で圧倒的多数を占め続けている。腐敗・汚職などにより、民心が大きく離反しない限り、人民行動党が政権政党の地位を失う可能性は当面小さい。ただし、多元化する社会からのニーズを一つの政党で対応し続けることは容易ではないと思われる。　〔佐野淳也〕

【関連項目】　開発独裁、権威主義、リー・クアンユー
【参考文献】　岩崎育夫「シンガポール」佐藤宏, 岩崎育夫編『アジア政治読本』東洋経済新報社, 1998年.

信用創造
Credit Creation

　信用創造とは、銀行が預金者から受け取った預金（本源的預金）をもとにして、貸し出しを通じて最初の預金の何倍もの預金通貨を創造することができることをいう。そのため、預金創造とも呼ばれる。銀行は預金を受け入れると、預金の引き出しを円滑に行うためにその一部を支払準備として保有する。その残りは貸し出しに回すことができるので、信用創造量は支払準備に制限される。貸し出しは、一般的には借り手の預金口座への振込みという形で行われ、これにより預金通貨（派生的預金）が増加する。借り手は、支払いのために借りるのであるが、それは一般的に預金振替で行われる。この預金振替が同一銀行内で行われるならば、現金の引き出しは発生せず貸し出し分だけ預金通貨が増加する。現金の引き出しが生じたとしても、再び他の銀行に預金され、そこで貸し出しを通じての信用創造が行われる。もちろん、このケースでは、現金の引き出しがない場合よりも信用創造量は小さくなる。　〔德原　悟〕

【関連項目】　貨幣乗数、マネーサプライ、ハイパワード・マネー、通貨
【参考文献】　堀内昭義『金融論』東京大学出版会, 1990年.

信用割当
Credit Rationing

　資金需要があるにもかかわらず、金融機関が借り手の信用状態に応じて貸出制限を行うこと、および借り手に対して貸出枠を設定する状況を信用割当という。このような状況では、貸付資金市場で超過需要が発生する。市場が完全な場合には、金利が上昇することで超過需要は解消される。しかし、開発途上諸国でしばしばみられるように金利上限規制や優遇貸出等の政策が採用されている場合には、金利機能が働かず、信用割当が起こる。また、これらの政策が採用されなくとも、スティグリッツ＝ワイス（Joseph E. Stiglitz and Andrew Weiss）が指摘しているように、貸し手と借り手の間に情報の非対称性がある場合には、信用割当が行われる。資金の借り手が取り組む投資プロジェクトのリスク

に精通しているのは、貸し手よりも借り手である。有限責任制の下で貸出金利が上昇するとリスクの低い借り手は撤退し、リスクの高い借り手が残るという逆選択が生じる。いいかえれば、リスクの上昇によって貸し手の期待収益は低下するので、信用割当が行われる。　　　　　　　　　　　　　　［徳原 悟］

【関連項目】　低金利政策、金融抑圧／金融抑制、インフォーマル・クレジット、情報の非対称性

【参考文献】　Joseph E. Stiglitz and Andrew Weiss, "Credit Rationing in Market with Imperfect Information," *American Economic Review*. Vol. 71, No. 3 (June), pp. 393-410, 1981.

森林減少
Deforestation

　一般に森林破壊と呼ばれる現象は、林学用語では、森林減少あるいは森林劣化といわれる。FAO（国連食糧農業機関）によると、森林は「土地の10％を超える樹冠投影面積をもつ高さ5m以上の樹木が0.5ha以上にわたって存在し、かつ他の土地利用目的をもたないもの」と定義される。森林減少とは、「森林であった土地が樹冠投影面積10％以下の土地利用に変化すること」と定義される。また、樹冠投影面積が10％以下になっても、土地の利用方法に変化がなければ、森林減少ではなくて森林劣化と定義される。つまり、森林が伐採されて枝葉が覆い被さる面積が10％以下になった場合を森林劣化と呼び、農地、住宅地、工業用地などに転用された場合を森林減少という。森林劣化の場合、森林は長い時間をかけて自然更新（再び樹木が育成すること）することが可能である。

　2000年時点の世界の森林総面積は約39億haである（表参照）。総陸地面積は約130億haであるので、陸地の約30％が森林である。森林減少面積の確定は困難であるが、FAOが2000年に実施した調査によれば、世界の森林減少面積は、1990～2000年で毎年約940万haであった。

　森林減少の原因は地域により異なる。東南アジアでは、商業伐採と小規模農業が最も大きな原因とされている。同地域では、商業伐採により森林劣化が起こり、伐採後の土地に移民が農地開墾を行い森林減少となる。南米では、小規模農業と植民地政策が最も大きな原因とされている。植民地政策の名残であるプランテーションにより森林が完伐され、農地の拡大により森林減少となる。アフリカでは、薪材の確保、小規模農業、放牧などが森林減少を引き起こしている。

　森林減少に対処するための国際合意として、1992年のリオ環境サミットにおいて「森林原則声明」が採択された。1995年には「政府間森林パネル（The Intergovernmental Panel on Forests：IPF）」が、1997年には「政府間森林フォーラム（The Intergovernmental Forum on Forests：IFF）」がそれぞれ設置され、森林に関する行動計画を採択した。2000年には「国際連合森林フォーラム（The United Nations Forum on Forests：UNFF）」が設置された。UNFFは、それま

◇世界の森林の現状（2000年）

地域	土地面積 （100万ha）	森林面積 （100万ha）	森林面積比率 （％）	森林変化 （1990～2000年） （100万ha/年）
アフリカ	2,987	650	21.8	-5.3
アジア	3,085	548	17.8	-0.4
オセアニア	849	198	23.3	-0.4
ヨーロッパ	571	188	32.8	0.8
ロシア	1,689	851	50.4	0.1
ラテンアメリカ	2,054	964	47.0	-4.7
カナダ・米国	1,838	471	25.6	0.4
合計	13,064	3,869	29.6	-9.4

（出所：FAO, *Global Forest Resources Assessment 2000*. FAO, 2001. ／永田信「森林資源の現状と森林の消失」井上真編『アジアにおける森林の消失と保全』中央法規、2003年。）

でのパネルやフォーラムと比較して実効性が高いと期待されているが、包括的な国際環境条約の締結につながるかは不透明である。

　森林は現在、水源涵養、エコツーリズム、生物多様性の保全、癒しなどの「サービス」をわれわれに提供する生態系として捉えられるようになった。また経済開発の場では、地域社会が主体となって森林保全と貧困緩和の両立を目指す「コミュニティー・フォレストリー」が実施されており、森林は単なる木材の貯蔵庫から、複数の価値をもつ資源として捉えられるようになっている。　　　［渡辺幹彦］

【関連項目】　生物多様性、再生可能資源
【参考文献】　永田信、岡裕泰、井上真『森林資源の利用と再生―経済の論理と自然の論理』農山漁村文化協会、1994年．／K. Brown and D.W. Pearce eds., *The Causes of Tropical Deforestation—The Economic and Statistical Analysis of Factors Giving Rise to the Loss of the Tropical Forests*. London : UCL Press, 1994.／井上真編『アジアにおける森林の消失と保全』中央法規、2003年．

ス

垂直分業／水平分業
Vertical Division of Labor, Horizontal Division of Labor

　国際貿易は、1次産品と工業品との交換である垂直貿易と、工業品相互の交換である水平貿易に分けられる。1次産品と工業品を対象とする分業を垂直分業、工業品相互を対象とする分業を水平分業とするのが広義の分類である。ただし、狭義には、工業品相互の分業のうち、異業種の工業品を対象とする産業間分業―例えば、先進国が付加価値の高い機械、開発途上国が労働集約的な軽工業品を生産するパターン―を垂直分業、同一産業内における分業、すなわち産業内分業を水平分業とする考え方もある。

　さらに、最近では産業内分業についても、交換される財の間に付加価値比率や技術水準などに格差がみられる垂直的産業内分業と、大きな格差がない水平的産業内分業とに細分化されるようになっている。

　垂直的産業内分業には2つの形態があり、多国籍企業による開発途上国への直接投資の増加を背景に先進国と開発途上国との間に多くみられる。第1は、同一カテゴリーに属する製品の中で、品質などで差別化された製品を交換する分業である。例えば、先進国では高機能・高級のテレビを生産し、開発途上国では低機能・中低級のテレビを生産するという分業形態である。第2は、ある製品の生産プロセスにおける分業（工程間分業）のうち、先進国が資本集約的で技術水準の高い部品や素材を生産し、開発途上国では労働集約的な部品や素材を生産するという事例や、先進国から輸入した部品・素材を使って開発途上国で最終組立を行うという事例が該当する。

　水平的産業内分業の最も代表的なものは、同一カテゴリーに属する製品の中で、品質に大きな差異はなく、デザインやブランドなどによって差別化された製品を対象とする分業である。先進国間での事例が多く、例えば、同じ型の乗用車について、日本が欧州に日本ブランド車を輸出する一方で、欧州から欧州ブランド車を輸入する事例が該当する。

　かつて日本と東アジア諸国との間では、工業品と1次産品という広義の垂直分業が主流であったが、80年代後半以降、東アジアの工業化により水平分業が急速に進展した。とりわけ、1985年のプラザ合意以降、日本企業が東アジアを低廉な労働力を擁する生産・輸出基地と位置付けたことで、日本と東アジアとの間で狭義の水平分業すなわち産業内分業が進展した。中でも機械産業は、日本企業の直接投資が最も活発な業種であること、また生産工程が比較的分割しやすいという特性をもつことから、産業内分業がさかんに行われている。東アジアでは韓国や台湾のように、特定分野で高い国際競争力をもつ国や地域が成長してきたものの、ASEANや中国は依然として労働集約的な加工組立基地としての位置付けが強い。このため東アジアの産業内分業は垂直的産業内分業の要素が強いことが指摘されている。　　　　　　　　　　［森美奈子］

【関連項目】　産業内分業／工程間分業、水平貿易、域内分業、国際分業
【参考文献】　田中拓男『国際貿易と直接投資』有斐閣、1995年．／木村福成、小浜裕久『実証　国際経済入門』

日本評論社, 1995年. ／高中公男『東アジア長期経済統計外国貿易と経済発展』勁草書房, 2000年. ／石戸光, 伊藤恵子, 深尾京司, 吉池喜政「東アジアにおける垂直的産業内分業と直接投資」RIETI Discussion Paper Series 03-J-009, 経済産業研究所, 2003年.

水平分業
⇨ 垂直分業／水平分業

水平貿易
Horizontal Trade

　水平貿易とは最終財あるいは工業製品を輸出し合う貿易で、先進国相互間の貿易関係は主にこの分業関係を基礎にしている。これに対して一国が最終生産財あるいは工業製品を輸出し、他国がエネルギー・原材料を輸出する貿易体制を垂直貿易といい、先進国と開発途上国の貿易関係は主としてこの垂直貿易を基礎としている。

　水平貿易にはいくつかのパターンがある。2国間の水平貿易を想定すると、第1に、A国が工作機械を輸出し、B国が衣料製品を輸出するという異業種間の相互貿易形態が存在する。第2に、A国がハイビジョンテレビを輸出しC国が普及型テレビを輸出するといった同一業種内での製品分業形態がある。この形態は、需要の代替弾力性が高ければ「産業内貿易」とも呼ばれる。第3に、A国で生産された部品をD国に輸出し、D国ではそれを組み立てた上で完成品をA国に輸出するという工程間分業形態が存在する。この形態は、同一企業内部で分業された場合には「企業内貿易」とも呼ばれる。

　これらの形態は産業内貿易を除き、「各国は相対的に豊富に賦存する要素をより集約的に用いて生産される財を輸出し合う」というヘクシャー＝オリーン定理によって説明可能である。工業発展との関連において、産業構造が高度化した地域の貿易構造は、垂直貿易から水平貿易へ、さらにより類似した産業製品の輸出入へ移行する傾向がある。例えば東アジアにおいて、かつては日本が工業製品を輸出し、東アジアは1次産品を日本に輸出するという体制であったものが、現在この地域における対日主要輸出品目は、かつての1次産品とその加工品から、繊維・衣料を中心と

する軽工業製品、さらに機械を中心とする重化学工業製品へと変化している。このような貿易構造の変化が生じるのは、域内分業体制を形成する国々において、所得水準上昇に伴い貿易財に対する需給条件が類似してくるためである。

　実際に、2国間の貿易パターンがどの程度類似した産業製品輸出入へ移行したのかを計る指数として、「産業内貿易指数」がある。

$$B_i = \frac{(X_i + M_i) - |X_i - M_i|}{X_i + M_i}$$

　ここで B は産業内貿易指数、i は i 産業を表わし、X と M は特定2国間のそれぞれ輸出と輸入である。輸出入が近似するほど B は1に近づき、輸出入差が大きいほど B は0に近づく。そして一般に商品分類が粗くなるほど、B は大きくなる傾向がある。〔川畑康治〕

【関連項目】　産業内分業／工程間分業、垂直分業／水平分業

【参考文献】　大野健一, 桜井宏二郎『東アジアの開発経済学』有斐閣, 1997年. ／山澤逸平『国際経済学』東洋経済新報社, 1998年.

水利社会論
Theory of Hydrosociety

　中国古代王朝による「水を治めることによって国を治める」といった大規模治水事業による農業を「水力農業（Hydraulic Agriculture）」と呼び、これを基盤とする社会を「水力社会（Hydraulic Society）」と呼ぶ考えが、米国の社会経済学者ウィットフォーゲル（Karl August Wittfogel, 1896～1990）によって提唱され、彼はこのような農業形態が「東洋的専制」を生み出したと主張した。ウィットフォーゲルは大規模な治水事業と小規模灌漑を区別し、小規模灌漑による農業を「水利農業（Hydroagriculture）」と呼び、これを基盤とする社会を「水利社会（Hydrosociety）」と定義した。

　水力社会とは、水を制御する工学的適応により農業を行う社会であり、個々人の力では不可能であるがゆえに国家ないし王朝がこれを行う。水を制御する者と耕作する者は支配・被支配の関係におかれる。水利社会とは、与えられた水条件に適応した品種を採用する農学的適応により農業を行う社会であ

り、地域社会の歴史的な継続により農業が発展してきた。工学的適応は大規模ではなく、長期の積み上げであり、農学的適応と不可分に結びついている。東南アジアの稲作文化が代表的である。こうしたウィットフォーゲルの水利社会論は、大規模ダム建設の見直し、小規模灌漑の有効性などの考え方が強くなってきた現在において再評価されている。

〔梶原弘和〕

【関連項目】　緑の革命、アグロフォレストリー、デルタ農業

【参考文献】　速水佑次郎『農業経済論』岩波書店、1986年。／竹中久二雄編『世界の農業支援システム』農文協、1994年。／荏開津典生『飢餓と飽食』講談社、1994年.

スカルノ、アフマド【インドネシア】
Achmad Soekarno, 1901～70

インドネシア共和国の初代大統領である。1945年8月17日午前10時、インドネシア民族独立の指導者スカルノは、ジャカルタの私邸前で、インドネシア民族の名においてインドネシアの独立を宣言した。

スカルノは、1901年6月東ジャワの州都スラバヤに生まれた。父はジャワの下級貴族（プリヤイ）出身の小学校教師、母はバリ島の出身である。スカルノは6歳までスラバヤで育ち、6歳から15歳までは東ジャワの地方都市モジョクルトで育った。父親が教頭を務める原住民小学校に通ったが、小学校5年を終了後、ヨーロッパ人小学校5年に編入し、2年後にその学校を卒業した。卒業後の1916年、スカルノは父親の旧友で職業政治家であるチョクロアミノト（Cokroaminoto）の家に寄宿して、ヨーロッパ人を対象とするスラバヤの高等学校に進学した。スラバヤでは、チョクロアミノトから政治教育を受け、スカルノは政治家としての意識に目覚めた。

1921年高校を卒業したスカルノは、西ジャワの州都バンドンに移り、バンドン工科大学に入学し、土木を専攻して1926年技師の資格を得て卒業した。スカルノは、卒業1年後には有力な指導者として頭角を現わした。卒業少し前に「バンドン一般研究会」を設立して知識層の民族的自覚を促す活動をしていたが、1927年7月インドネシア国民同盟（翌年5月インドネシア国民党に改称）を結成し、スカルノが初代議長に就任した。国民党は「自由インドネシア」を「大衆行動」によって達成することを目的として活動したが、党勢拡大につれて国民党は民族運動全体のリーダーシップを掌握し、スカルノは国民的指導者の地位を確立した。この後、日本軍のインドネシア占領までオランダ当局によってスカルノは何度も投獄され、特に1934年から1938年初めまでは流刑地フローレス諸島のエンデで過ごした。

1942年に日本軍がインドネシアに侵攻してからオランダ当局による囚われの身を脱したスカルノは、同年7月日本軍の依頼により日本軍と協力して本格的に政治活動を開始した。日本にとり戦局が大分不利になってきた1945年3月にインドネシア独立準備委員会が設立され、その委員会で憲法草案作成の作業がなされ、スカルノによりパンチャシラ（建国の5原則）が提唱された。1965年8月15日に日本は連合国に無条件降伏をしたが、その2日後の8月17日に独立宣言を行った。翌8月18日独立準備委員会は憲法草案を採択（1945年憲法）し、これにもとづいてスカルノとハッタ（Mohammed Hatta）が大統領、副大統領に選出された。その後英軍を主体とする連合軍が上陸してきたが、それに乗じてオランダ軍と旧オランダ領東インド政府官吏も上陸し、再植民地化しようとしていることが判明した。このため、インドネシア国民はオランダと独立のための闘争を展開し、勇敢に戦った。その間、オランダは占領地域に15に上る傀儡国家を設立したが、米国の圧力もありオランダは1949年12月にインドネシアに主権を移譲し、翌1950年8月15日新憲法（1950年憲法）が採択されて、単一のインドネシア共和国が発足（スカルノ大統領、ハッタ副大統領）した。

その後、スカルノはアジア・アフリカ会議（1955年4月）を成功させ、西イリアンをオランダから解放してインドネシアの施政下に収めた（1963年5月）が、「指導される民主主義」の構想の下に次第に独裁色を強めた。ハッタ副大統領とも離反し（1956年12月副大統領辞任）、ナサコム体制（民主主義・宗教・共産主義の融合）を提唱して、1963年に

は終身大統領となって独裁体制を敷いた。「革命はいまだ終わらず」という思想の下でマレーシア連邦結成に反対するマレーシア闘争にのめり込み、軍事費が嵩んでインドネシア経済は疲弊をきわめた。そのような状況の中で1965年10月1日に9・30事件（親共産党系の将校によるクーデターをきっかけとした事件）が発生し、スカルノは失脚し、左翼勢力が一掃され、スハルト（Thojib N J Suharto）の時代を迎えた。1970年6月スカルノはジャカルタの陸軍病院で死亡し、母の眠る東ジャワのブリタールの墓地で永眠している。　　　　　　　　　　　　　〔篠塚 徹〕

【関連項目】パンチャシラ、スハルト、ブルディカリ計画、指導される経済、メガワティ
【参考文献】永井重信『インドネシア現代政治史』勁草書房、1986年．／永積昭『インドネシア民族意識の形成』東京大学出版会、1996年．／白石隆『スカルノとスハルト』岩波書店、1998年．

スクウォッター
⇨ スラム／スクウォッター

スタンドバイ協定
Stand-by Arrangement

　IMFが加盟国に対する融資に用いる方法で、信用供与の規模、期間、政策評価のための実績判断基準などをあらかじめ設定して段階的に融資を行うこと。正式にはスタンドバイ協定であるが、一般的には、スタンドバイ・クレジット（Stand-by Credit）と呼ばれている。通常の信用供与期間は、1年から1年半とされている。スタンドバイ・クレジットの制度が導入されたのは、1952年10月であった。IMF設立当初から、IMF融資は条件付きかどうかという論争が行われてきたが、同制度の導入によりこの論争にも終止符が打たれた。
　当初は、IMF貸出の予約という性格が強く、借入国の政策評価などは盛り込まれていなかった。しかし、その後、中南米をはじめとする開発途上諸国で国際収支危機が頻発した。また、1970年代後半から1980年代前半にかけての累積債務問題が深刻化するとともに、その性格は変化した。IMFは融資を行う際にコンディショナリティを課すようになり、スタンドバイ・クレジットは借入国に融資条件を遵守させる手段となった。同制度の特徴は、IMFからの引出しを一括方式から、段階的な方式に切り替えてきたことである。IMFは、借入国の政策運営を評価するための経済実績判断基準（Performance Criteria）を導入し、この評価をもとに引出しの継続を判断することになった。
　基準として用いられる指標は、マネーサプライの伸び率、インフレ率、国際収支などのマクロ経済状況を表わすものが採用されており、その推移を監視する体制がとられるようになった。マクロ経済指標の改善がみられず条件に達しなければ、最悪のケースにおいては引出しが不可能になることもある。1997年にアジアで発生した通貨・金融危機の際に、韓国、タイ、インドネシアが受けたIMF支援は、スタンドバイ方式であった。なお、アジア危機後には、コンディショナリティの中身に多くの批判が寄せられている。〔徳原 悟〕

【関連項目】対外債務危機／債務削減戦略、アジア経済危機、国際開発金融機関の融資制度
【参考文献】西村閑也、小野朝男編『国際金融論入門（第3版）』有斐閣、1989年．／滝沢健三『国際通貨入門』有斐閣、1992年．

ステープル理論
Staple Theory

　ステープル理論とは、カナダやオーストラリア等の人口密度が低いヨーロッパ諸国の旧植民地を対象とし、国際貿易の進展による1次産品生産の増大により一国の経済成長が促進されることを説明する理論である。ステープル理論は、第2次世界大戦前に、カナダの経済史的研究において誕生したものであり、最初にイニス（Harold Adams Innis）によって提唱され、ワトキンズ（Melville E. Watkins）などに継承された。ステープルとは、ある国の主要輸出品のことをいい、その国の天然条件や技術条件、輸出相手国の需要の変化によって、ステープルは次々と新しいステープルにスイッチする。最終的に、前方・後方連関効果が大きいステープルへと到達することによって、その国の経済は自立を果たすことが可能となる。
　一国の資源は有限であるために、新たな天

然資源の開発や農産品の生産がなされず、単一のステープルに依存している場合、いずれその国の発展は停滞する。ステープル理論は、一国の資源を有効利用した製品開発が新たに試みられることによって、ステープルのスイッチングが連続的に行われることが、持続的な経済発展にとって必要であることを主張する。ステープルのスイッチングは、農民や商工業者、鉱山経営者などの飽きることのない利潤追求によって促進される。ステープルのスイッチングを促進するための前提条件として、公的部門によって社会インフラの供給、所有権などの基本的な法制度の整備、基礎的な研究開発などが行われる必要がある。

カナダにおいては、当初、東部の森林地帯の毛皮や大西洋岸におけるタラがヨーロッパ大陸の需要によって主要な輸出産品とされていた。その後、毛皮や海産物が、木材や小麦へとスイッチして、カナダの発展は内陸部へと進んだ。木材や小麦の生産の増大によって、製材業や製粉業などの加工産業が発達し、労働力の増加によって、生活に必要な財を供給する軽工業やサービス業も新たに発展した。ステープル理論は、前方・後方連関効果の大きな農産品として小麦生産の重要性に注目する。オーストラリアにおいては、当初、金や羊毛といった1次産業に特化した輸出主導型の経済成長がなされていた。1860年代のオーストラリアにおける輸出の国民所得に占める割合（＝輸出率）は、約30％と高い水準にあった。日本においては、近代経済成長の初期時点である1885年の段階で輸出率が約5％であり、工業化を通じて1915年にようやく約20％になった。初期時点のオーストラリアの輸出依存度はきわめて高い水準にあったことが確認されよう。オーストラリアにおいては、初期時点における高水準の輸出によって高成長を遂げ、高成長は高水準の資本形成を誘発して持続的な経済発展を実現したのである。

実際、ステープル理論は、カナダやオーストラリアなど未開拓地が多く残っている欧州の旧植民地における経済発展の初期局面の状況を説明するのには、特に有効であったということができる。アルゼンチンやブラジル、メキシコなどの諸国においても同様に、経済発展の初期局面においてはステープル理論が適用可能であったが、強い前方・後方連関効果をもたらすステープルはついに登場せず、その後の持続的発展は不可能であった。ステープル理論は経済成長一般にあてはまる普遍的理論ではない。

［森脇祥太］

【関連項目】 余剰はけ口理論、前方連関効果、後方連関効果

【参考文献】 石川滋『開発経済学の基本問題』岩波書店、1990年。／大塚勝夫『比較経済発展論』早稲田大学出版部、1995年。／木村福成『国際経済学入門』日本評論社、2000年．／速水佑次郎『新版 開発経済学─諸国民の貧困と富』創文社、2000年．

ストリーテン、ポール
Paul P. Streeten, 1917〜

ポール・ストリーテンは、開発途上国において深刻な問題となっている貧困を対象とした研究で知られる。ストリーテンは開発途上国の貧困をベーシック・ニーズ（Basic Needs）の欠如と捉え、その対策を検討した。彼は経済開発の目的を、実行可能な限り迅速に貧困層の生活水準を向上させ、すべての人間に彼らの十分な潜在力のすべてを発展につなげる機会を提供することであると主張する。そして、人々のベーシック・ニーズを充足することが経済開発の主要課題であるとする。ストリーテンは、ベーシック・ニーズを経済階層によって区分している。すなわち、最貧困層にとっては生命を維持する最低限のもの、2番目の階層には生命を継続的に保つもの、3番目の階層には継続的に生産的な生存を保つもの、4番目の階層には非物質的なもの、すなわち生活や職業に影響する意思決定への参加、とそれぞれの階層のベーシック・ニーズを定義する。

［森脇祥太］

ストリート・チルドレン
Street Children

都市の路上で働き、生活をしている子供たちのこと。先進国でも問題となっているが、特に中南米やアジアの開発途上国の大都市において深刻である。UNICEFの調査によれば1988年時点ですでに3000万人以上とされ、市場経済への移行に伴って旧社会主義圏の都

市でもその数は拡大している。彼らは、主として車の窓拭きや路上での花売り、新聞売り、物乞いなどで生活をしている。売春や麻薬、経済的搾取、性的虐待の危険性にさらされ、人身売買、臓器売買、養子として売られる違法養子縁組など犯罪に巻き込まれることも多い。ドラッグの常用から、精神や学習能力に障害を起こす子供もいる。不衛生な生活環境で感染症の危険性も高く、HIV感染の拡大や、ストリート・チルドレンの少女の妊娠による路上での第2世代の誕生も深刻な問題となっている。

ストリート・チルドレンが発生する原因は、人口増加、農村の疲弊と急激な都市化、経済的不平等にある。出稼ぎや貧困家庭の家計を支えるために路上に働きに出ている場合もあるが、虐待などの理由で家庭を離れ子供だけで路上に暮らしているケースもある。身寄りのない子供たちばかりでなく、家族が崩壊したり離散した場合も多い。ストリート・チルドレンの保護、立ち直りのサポート、貧困層の生活改善などについてはNGOを中心に活動が行われているが、この問題に対する国際的関心と財政支援、物心両面でのサポートの一層の高まりが必要である。子供たちが必要としているのは「冷たい施設の訓練や規律ではなく、家庭とコミュニティーの愛と安定である」(緒方貞子)。根本的な解決のためには、土地改革や失業率の改善、経済的不平等の解消などがなされねばならない。

［甲斐信好］

【参考文献】 国際人道問題独立委員会(日本ユニセフ協会訳、緒方貞子監修)『ストリートチルドレン』草土文化、1988年。／工藤律子『ストリートチルドレン』岩波ジュニア新書、2003年。

▶ **スハルト、トジブ・N・J**【インドネシア】
Thojib N J Suharto, 1921〜

1921年6月8日、ジャワ島中部のジョクジャカルタ近郊で生まれた。初等教育を受けた後、職業軍人の道を歩み、第2次世界大戦中の日本占領下において祖国防衛義勇軍に参加した。1945年の独立以降、国軍に参加し数々の軍功を重ね、1963年には陸軍戦略予備軍司令官に就任した。1965年9月30日、首都ジャカルタで起こった陸軍左派によるクーデター事件(9・30事件)を鎮圧し、これを契機に急速に勢力を強めた。1966年3月には大統領代行に就任し、容共派とされたスカルノ(Achmad Sukarno)大統領から実質的に権限を委譲された。1968年3月、国民協議会において第2代大統領に就任した。

政治面では、翼賛的組織であるゴルカルと国軍を基盤とした強権国家をつくりあげた。対内的にはインドネシア共産党(PKI)を弾圧し非合法化するとともに、対外的にはスカルノ大統領時代の中国、ソ連寄りの政策から転換し、西側諸国との関係を強め、国際連合にも復帰した。一方、経済面では、バークレーマフィアと呼ばれる米国で教育を受けた経済テクノクラートを登用し、経済発展を中心においた政策を進めた。当初は西側諸国からの援助受け入れと外国資本の導入による外向きの経済政策をとったが、1970年代半ば以降は、国際石油価格の高騰により潤沢な石油・天然ガス収入に支えられた内向きの輸入代替工業化を進めた。しかし1980年代後半以降、石油価格の下落を背景に、再び外資導入による輸出志向工業化政策へと転換した。産業基盤や投資関連法制度が整備され、1990年代前半には、日本、NIESをはじめとして諸外国からの直接投資が急増した。

6期30年間に及ぶスハルト独裁時代にインドネシア経済は年平均6.7%の高成長を続け、貧困層の減少、就学率の上昇、平均寿命の上昇、食料自給率の上昇などで大きな功績をあげた。このような目覚しい経済発展から、スハルトは「インドネシア開発の父」と呼ばれた。しかし一方で、社会のすみずみにまで汚職・腐敗が蔓延し、1980年代末にはファミリービジネスの行動が目に余るようになった。軍をバックにした強権政治と相まって国民の不満や反発が高まり、次第に国民の支持を失った。

1997年7月にタイで勃発したアジア通貨危機はインドネシアにも波及し、10月末には急激な外資流出により外貨準備が枯渇し、IMFなどへの金融要請を余儀なくされた。しかし、スハルト政権の政策遂行能力に対して外国投資家の信認が低下したことから、インドネシア通貨は1998年に入ってから急落し

た。スハルトは、1998年3月に大統領7選を果たしたものの、自分の長女や関係の深い政商を入閣させたことが海外投資家の一層の反発を招き、インドネシアからの資本引き揚げを加速させた。インドネシア通貨が暴落しインフレが高進するなかにあって、生活に困窮した国民の間で政府に対する反発が急速に高まった。1998年5月、IMFの融資が再開したが、コンディショナリティ（融資条件）とされた燃料油などの補助金削減に対して国民の抗議行動が拡大し、全国的な暴動へと発展した。14日には首都ジャカルタにおいて大暴動が起こり、華人を中心に500人を超える死者が発生した。5月21日、多方面からの圧力に抗しきれず、スハルトは大統領辞任に追い込まれ、32年間にわたるインドネシア支配に幕が引かれた。　　　　　　　　［坂東達郎］

【関連項目】　メガワティ、脱石油依存経済
【参考文献】　白石隆『スカルノとスハルト』岩波書店、1997年．／佐藤百合編『民主化時代のインドネシア：政治経済変動と制度改革』日本貿易振興会アジア経済研究所、2002年．

スミス、アダム
Adam Smith, 1723〜90

スコットランド生まれの古典派経済学者。経済学の「父」として知られる。主著『国富論』（*An Inquiry into the Nature and Causes of the Wealth of Nations*. London, 1776.）における「神の見えざる手（Invisible Hand）」や「分業」の概念は経済学徒であれば知らぬ者はいないほどに周知の概念である。アダム・スミスは経済学の父といわれるが、まさに経済成長論の父としても位置付けることができる。経済成長は富を増大させていく過程である。スミスが考える富とは、金・銀などの貴金属を蓄えることではなく、毎年国民が作り出す生産物の蓄積である。この生産物の生産量を拡大させることが富の蓄積、すなわち国富の増加となるのである。この点が、貿易によって金・銀などの貴金属や外国貨幣を蓄積することが富であると考える重商主義者（Mercantilist）とは異なる。

スミスの経済成長理論は、生産物の生産量を増大させるという意味で供給サイド主導型の成長モデルである。生産のための投入要素は、土地、労働、資本である。生産量を拡大するには、これらの各生産要素の投入量を増加させるか、大規模生産や技術革新を通じて全投入要素の生産性を向上させるか、あるいはその両方によって行われる。スミスの成長論の特徴は、大規模生産や技術の改良・改善を通じて投入要素全体の生産性を引き上げることによって、経済成長が促進されるという点である。現在からすれば、当然のことと思われるかもしれない。しかし、当時は、マルサス（Thomas Robert Malthus, 1766〜1834）やリカード（David Ricardo, 1772〜1823）は、農業において収穫逓減の法則が働いていると考えられていた。スミスは規模の経済が作用すると考えたのである。

大規模生産を行うならば、生産費用が低下することは知られている。投入要素の増加による費用の増加よりも、生産費の低下幅の方が大きいために利益率が上昇する。大量生産は、分業（特化）体制が確立されて初めて可能になる。例えば、自動車を生産するには数多くの工程を経なければならない。この全工程を一人の人間が順次行うよりも、各工程に特化した人員を工程に配置して流れ作業を行うならば、生産量は増加する。スミスは、分業こそが経済成長の原動力であると考えたのである。

しかし、分業の高度化は市場規模に制限されると考えていた。分業は大規模生産を行う上で効率的なものであるが、大規模生産を行うには市場が大きくなければならない。したがって、市場が拡大するならば、分業の深化とともに生産量が増加し、経済が成長するというシェーマを描くことができる。分業の高度化に加え、技術改良などが加わると、経済成長は自己強化的に進む。しかし、スミスは永遠に経済成長が進むとは考えていなかった。資本家は自己の貯蓄を投資に向け、それを通じて経済成長が実現される。この貯蓄量は、資本ストックから得られる利益に左右される。一方、この点はリカードによって後に批判されることになるが、投資を通じたこの資本ストックの増加は、労働者の需要を拡大させて賃金率を上昇させる、とスミスは考えた。そのため、資本ストックの増加に従い、

利潤が低下していく傾向にあると考えた。利潤低下を回避するには、労働者の賃金水準を低下させるしかない。しかし、その引き下げが可能な範囲は、生存維持水準までである。賃金が生存維持水準まで低下するとそれ以上の人口成長は望めなくなる。また、利潤を引き上げることも不可能になる。このような状態を定常状態（Stationary State）というが、やがてこの状態に経済が落ち着くと考えたのである。この定常状態までの過程において、経済のリーディング・セクターが農業→製造業→商業へと向かうという経済発展観をスミスはもっていた。　　　　　〔徳原 悟〕

【関連項目】　経済成長／経済発展、収穫逓減の法則、規模の経済、定常状態、規模に関する収穫
【参考文献】　Irma Adelman, *Theories of Economic Growth and Development*. Palo Alto, California, Stanford University Press, 1961. ／アダム・スミス（大河内一男監訳）『国富論』（全3巻）、中公文庫、1978年。／鳥居泰彦『経済発展理論』東洋経済新報社、1979年。／伊藤誠編『経済学史』有斐閣、1996年。／速水佑次郎『新版　開発経済学―諸国民の貧困と富』創文社、2000年。

スラム／スクウォッター
Slums, Squatters

スラムは劣悪な居住地域である。スラムが地理的概念であるのに対しスクウォッター（不法占拠者）は居住に関する法的概念である。開発途上国の場合、スラム地域は同時にスクウォッター地域である場合が多い。スラムは多くの場合、密集、不衛生、上下水道の欠如、低所得、高い失業・不完全就業率、低い教育程度、高い犯罪発生率、家族解体などの社会病理的要素を包含する場合が多い。歴史的にみるとスラムは開発途上国に特有の現象ではない。産業革命期ロンドンの労働者階級居住区の悲惨な状況、1920年代に欧州からの移民により生まれたシカゴのスラム、日本における明治～大正期の貧民窟の状況など枚挙にいとまがない。その成立の背景は現在の開発途上国のように主に経済発展の遅れに由来する場合と米国における黒人差別のようなむしろ社会的差別と強い関係がある場合がある。今日、学問的・政策論的に問題にされるスラムは通常近代社会の産業化との関連の中で理解される現象であり、未開社会の貧困問題とは区別される。貧困は農村にも存在するが、密集度が低いため、都市社会における劣悪な居住地域のみがスラムとして扱われるのがつねである。

南アジアのようにカースト制度との関連で貧困地域が存在していた場合もある。しかし一般に開発途上国のスラム問題は第2次世界大戦後急増した都市人口に、近代産業部門の雇用増が追いつかないという状況下で生じたものである。都市近代部門には適当な職がなく、農村にも雇用機会があふれているわけではないので、開発途上国の都市スラムがそのような人口に安価な居住地域と職を得る機会を提供することになった。しかし家賃が安く職の得やすい場所が都市内にそうあるわけではなく、自然と大きなスラム地域は河川敷、鉄道線路敷、港湾周辺などに発達することが多い。スラム人口はその性質上正確な数字は得がたいが、各種調査によると、依然として開発途上国の多くの主要都市の少なくとも2割以上を占めていると推測される。

スラム研究に影響を与えた初期の研究として最も有名なものがオスカー・ルイス（Oscar Lewis）の「貧困の文化」論である。メキシコ、プエルトリコ、ニューヨークなどのスラムの調査にもとづき、貧困は社会的生活様式であり、貧困を生み出すような価値観の反映であり、世代を超えて継承されると主張した。いったん貧困の文化が蔓延すると、「文化」であるがゆえに単なる物理的環境の改善ではスラムをなくすことはできない。このような「行き止まり」（Dead-end）もしくは「絶望のスラム」（Slums of Despair）に対して、その後多くの批判・反証が寄せられた。要約すると、スラムは劣悪かつ貧困地域であるが、過渡的な居住地域（A Way Station）であり、将来の生活改善のチャンスをもたらす「希望のスラム」（Slums of Hope）であるというものである。客観的にみると、スラムには両者の要素が混在しており、スラム居住の長期化・恒常化により前者の要素が強まるといわれている。

スラムの存在は開発途上段階にあり、かつ著しい人口増に対する開発途上国の適応という側面、いわば必要悪としての側面が強い。

かつてスラムは社会不安や政治不安の温床ともみなされていたが、スラム住民の向上意欲は高く決して反社会的存在ではないこと、またスラムは地域として貧困・失業人口に職住を提供することにより社会不安を吸収する緩衝帯であり、劣悪とはいえスラムの家屋は住宅ストックとしての価値があることも認識されている。今日アジア、特に東アジアと東南アジアでは目覚ましい経済発展の結果、スラムの生活から脱却する人口や、改善されたスラムも増えつつある。そのような状況下でなお存続するスラムとそのような地域に住むスラム居住者は絶望のスラム化する恐れがあるので今後注視する必要がある。　　　〔新田目夏実〕

【関連項目】　都市インフォーマル部門、過剰都市化、首位都市、都市インボリューション
【参考文献】　Oscar Lewis, "The Culture of Poverty," in Oscar Lewis, La Vida : A Puerto Rican Family in the Culture of Poverty. Random House, Inc, 1966. ／新津晃一編『現代アジアのスラム 発展途上国都市の研究』明石書店, 1989年. ／新田目夏実「人口爆発と過剰都市化」渡辺利夫編『国際開発学Ⅱ』東洋経済新報社, 2000年, pp. 111-135.

スンニー派
al-Sunna ［ア］

イスラム国家指導者の資格を預言者ムハンマドが属する一族であるクライシュ族の一員であることを主張するグループ。スンナ派ともいう。これに反してムハンマドの従兄弟で娘婿のアリーの後裔にのみ資格があると主張するグループをシーア派と呼ぶ。預言者ムハンマドは632年に死去する。国家指導者であるカリフとして後継者となったのは、預言者ムハンマドがメッカからエルサレムへ一夜にして空の旅を行ったと信じたことからアブー・バクル・スィデーキ（信じる人の先駆け）と預言者に命名された、男性入信者第1号で、かつ預言者の義父のアブドッラー・ビン・アビー・クハーハ・ウスマン・ビン・アミール（カリフ職在位632～634年）であった。第2代カリフ（～644年）となったのはクライシュ族出身で、預言者の義父のウマル・ブニル・ハッターブであった。第3代カリフ（～636年）はクライシュ族ウマイヤ家出身で預言者ムハンマドの娘婿のウスマーン・ビン・アッファーンであった。そして第4代カリフ（～661年）が預言者の従兄弟で娘婿のクライシュ族ハーシム家のアリー・ビン・アブー・ターリブであった。これら4人のカリフ全員がユダヤ教徒や政敵によって暗殺されている。

初代カリフから第4代カリフまでは血縁、婚姻を通じてクライシュ族の系譜であった。これに続くウマイヤ朝のカリフもクライシュ族であったがシーア派がこれを認めず、4代カリフ・アリーの後裔、つまりハーシム一族に限定しようとして対立した。次に成立したアッバース朝は徐々にシーア派を排除してスンニー派となる。アッバース朝以後、イスラム四法学派（ハフィー、シャーフィー、マーリキー、ハンバリー）が支配的学派となり信者の宗教儀礼、現世法を体系化するようになった。スンニー派とイスラム四法学派が同じところで論じられるのはカリフ論をめぐってである。しかしその後、こうしたカリフ理論を否定し、カリフの資格はイスラム法にもとづいて統治を行うかどうかで判断されると主張する勢力が現われた。その中にサラフィーヤや原理主義があり、現代に続いている。

〔四戸潤弥〕

【関連項目】　イスラム教、シーア派
【参考文献】　フィリップ・ハリ・ヒッティ（岩永博訳）『アラブの歴史』上・下, 講談社学術文庫, 1982～83年.

セ

政企合一【中国】
Confound Enterprise Management with Government Administration

計画経済の時代における中国の行政管理と企業経営が未分離の状態を指す。政府は生産、出荷、調達など国有企業（当時は「国営企業」と呼ばれていた）の経営全般を直接に管理し、企業長も上級政府に任命されていた。企業は経営自主権をもたない行政の従属物であり、市場開拓や利潤追求など、本来企業がもつべき機能はなかった。新製品の開発や生産工程の革新への関心もなく、経営の損益に責任を負わない体質であった。体制改革

が始まって以来、政府は次第に企業に経営自主権を与え、損益の自己負担制度を導入してきた。しかし、従業員の生活を抱える企業の社会的負担が大きく、経営リスクを負担することができず、多くの赤字企業を存続させなければならなかった。1990年代以来、社会保障システムの整備の進展により、赤字企業の清算が大規模に行われ、また国家の資本所有権と企業法人の独立した財産権の分離を特徴とするいわゆる「現代的企業制度」の建設が提唱され、企業統治の改善に力を注ぐようになってきた。　　　　　　　　　　　［杜　進］

【関連項目】　経営自主権、現代企業制度
【参考文献】　川井伸一『中国企業改革の研究―国家・企業・従業員の関係』中央経済社、1996年.

政策金融
Policy Based Finance

　開発銀行などの政府系金融機関が、金融手段を使って特定の政策目標を達成することを指す。産業開発振興、貿易促進、中小企業の育成・強化などのために、財政投融資資金を原資とする。民間金融機関の融資対象になりにくい分野に対して、政府系金融機関が資金融通を行う。日本では、日本開発銀行、日本輸出入銀行や各種金融公庫がその役割を果たしてきた。政策金融は公的金融とも呼ばれ、民間金融機関の活動とは区別される。日本では、高度成長期において道路、港湾、通信などの産業基盤の整備や基幹産業の育成等に政策金融が大きな役割を果たした。産業政策が高度経済成長に寄与したかどうかについては、疑問視する向きもある。また、公的金融が民間金融を圧迫していることや財政負担の点で問題が生じており、そのあり方が問われている。

　開発途上諸国では、産業政策の一環として、インフラ整備、産業開発振興、住宅整備の面で広く政策金融が行われている。主としてその任に当たっているのが、各国の開発銀行である。開発途上諸国では、民間金融機関や長期資本市場が十分に育っていないことに加え、投資資金が稀少であるため、重点目標に集中的に資金を振り向ける機能を果たしている。開発金融機関は低利融資を行うことで、市場の未整備を補完する機能を果たしている。しかし、このような低利融資は、ある意味では、融資を受けた産業に補助金を交付していることに等しい。また、融資対象産業の選別が経済原則にもとづくというよりは、政治色を反映していることもある。そのため、このような政策は資源配分の歪みをもたらすという批判がなされている。確かに、実証研究では政策金融の失敗が目立つが、例えば韓国の輸出企業に対する政策金融は成果をあげた。政策金融の成否は、市場競争を促進するようなインセンティブを創出できるかどうかにかかっているといえる。　［徳原　悟］

【関連項目】　低金利政策、金融仲介機能、開発金融機関
【参考文献】　世界銀行（白鳥正喜監訳、海外経済協力基金開発問題研究会訳）『東アジアの奇跡―経済成長と政府の役割』東洋経済新報社、1994年.／奥田英信、黒柳雅明編『入門　開発金融―理論と政策』日本評論社、1998年.

政策対話／政策支援
Policy Dialogue, Policy Support

　政策支援とは、開発途上国や移行国などに対する、経済政策全体に対する指導のことであり、IMFや世界銀行などの国際金融機関はもちろん、日本など先進国もそれぞれの発想にもとづいて実施している。知的支援（Intellectual Support）といわれることもある。また、こうした過程で行われる各国政策当局と支援国の間での政策に関する協議を政策対話という。開発途上国の開発、旧社会主義国の移行などを進めるにあたっては、資金の供給だけでなく、市場経済の現実や政策手法、基礎的な法律制度などについての知識をもつ必要がある。つまり、経済政策も広い意味での技術として考えられ、その意味での技術移転が、迂遠な方法ではあるが、重要であるとされるようになった。　　　　　［安田　靖］

【参考文献】　大野健一『市場移行戦略』有斐閣、1996年.

生産関数
Production Function

　生産関数とは、生産要素と生産量との技術的関係を表わすものである。生産要素とは、生産のために投入される労働・資本（機械、工場設備）・土地などのことをいう。生産量

を Q、労働を L、資本を K とすると生産関数は、

$$Q=f(L, K) \quad \cdots\cdots\cdots\cdots\cdots ①$$

と表わされる。CES生産関数

$$Q=A[\alpha K^{-\rho}+(1-\alpha)L^{-\rho}]^{-\frac{1}{\rho}} \quad \cdots\cdots ②$$
$$(A>0, 1\geqq\alpha\geqq 0, \rho\geqq -1)$$

は、代替弾力性が一定であるという特徴をもった生産関数である。$\rho=-1$ の場合、CES生産関数は代替弾力性が∞の線形生産関数

$$Q=A\alpha K+A(1-\alpha)L \quad \cdots\cdots\cdots\cdots ③$$

となる。また、$\rho=0$ の場合は、代替弾力性が1のコブ＝ダグラス型生産関数

$$Q=AK^{\alpha}L^{(1-\alpha)} \quad \cdots\cdots\cdots\cdots\cdots ④$$

$\rho=\infty$ の場合は、代替弾力性がゼロのレオンチェフ型生産関数

$$Q=A\min[K, L] \quad \cdots\cdots\cdots\cdots\cdots ⑤$$

となる。　　　　　　　　　　　　［森脇祥太］

【参考文献】　西村和雄『ミクロ経済学』東洋経済新報社, 1990年。

生産者余剰
Producer's Surplus

生産者余剰とは、ある財を生産する企業家の総収入から可変費用を差し引いた残余の金額のことをいう。すなわち、

　　生産者余剰＝総収入－可変費用
　　　　　　　＝利潤＋固定費用

である。　　　　　　　　　　　　［森脇祥太］

◇生産者余剰

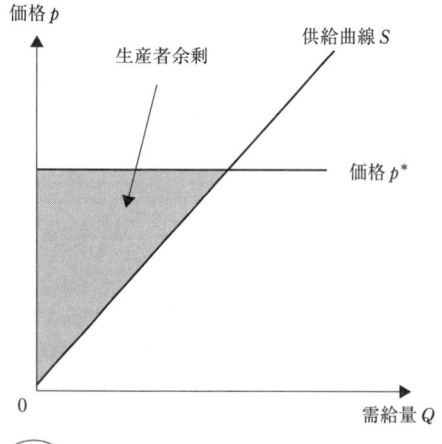

生産性
Productivity

一定の期間に投入された生産要素に対する産出量に関して、生産効率の度合いを示す指標、あるいは貢献度のことである。この場合、産出量としては付加価値額を用いることが多い。生産性にはいくつかの分類があるが、最もよく使用されているのが平均生産性と限界生産性である。平均生産性は、ある単位期間に生産される生産物の総量を、その期間に投入された生産要素の総量で除した値で示される。これに対し限界生産性は、他の投入要素量を不変とした場合に、当該生産要素1単位増加分に対してこの増加分がもたらす生産物の増加分の比率として表わされる。単に「生産性」という場合には、平均生産性を指すことが多い。

労働生産性は、労働投入量に対する産出量の比率で、正確には労働平均生産性という。労働生産力、産出・労働比率とも呼ばれる。同じように資本生産性は、資本投入量に対する産出量の比率で、正確には資本平均生産性という。資本生産力、産出・資本比率ともいわれる。なお産出量と資本投入量との比率を表わす場合には、資本生産性よりも資本生産性の逆数（産出量に対する資本投入量の比率）の資本係数が一般によく使われる。この他、投入要素として認知された要因の加重平均に対する産出量の比率を全要素生産性（Total Factor Productivity : TFP）と呼ぶ。一国の長期的な生産性を考えた場合、労働生産性は経済発展とともに大幅な上昇傾向を示す。これに対し、資本生産性の変動は労働生産性に比べごくわずかである。ここから資本生産性一定として考えられることもあるが、厳密には工業化初期段階で低下し、成熟期で上昇する傾向がある。

生産性を産業別にみた場合、労働生産性は全般的に農業より軽工業の方が、軽工業より重工業の方が高い値を示す。また長期的な生産性上昇率でみた場合、労働、資本のいずれの生産性でも農業より軽工業、軽工業より重工業が高い値を示す。これは重化学工業が、農業、軽工業よりも技術特性として長期的に規模の経済性などによる生産性上昇や費用逓

減を享受しやすく、またそのような効率性上昇を通じての国際比価の低下によって、将来的に比較優位をもつ輸出産業として自立する可能性が高いことを示している。こうした考えは「動学的比較優位」と呼ばれ、幼稚産業保護論の理論的基礎となっている。

これを産業政策の面から考えると、後発工業国では発展初期段階には国内要素賦存などの要因のため重工業産業に比較優位はないが、将来的に一国の経済の成長率を高めようとするならば、重化学工業のような生産性上昇率の相対的に高い産業を国内産業として、あるいは輸出産業として発展させた方がよいという判断基準が考えられる。これが「生産性上昇率基準」として知られているもので、需要面の「所得弾力性基準」とともに高度成長期の日本における通商産業省（現経済産業省）による産業政策の意義とされてきた。また生産性上昇率基準は比較技術進歩率基準ともいわれる。　　　　　　　　［川畑康治］

【関連項目】　幼稚産業保護論
【参考文献】　行沢健三『労働生産性の国際比較』創文社、1976年./篠原三代平『経済学入門』日本経済新聞社、1996年.

▶生産物市場
⇨資本市場／生産物市場

▶静止人口
Stationary Population

静止人口とは、人口増加率がゼロとなる状態をいう。具体的には人口再生産の担当者である女児の出生率に死亡率を考慮した純再生産率が1になることであり、人口が増加も減少もしない仮想的状態である。つねに純再生産率を1に維持することは、強力な人的手段を講じない限り不可能である。こうした考えが出てきた背景は、人口増加、資源賦存の限界、環境破壊の問題が厳しくなってきたからであり、1960年代末には米国を中心に人口ゼロ成長運動（ZPG）が展開され、世界的に大きな反響をもたらした。日本でも15年ぶりに編集された1974年『人口白書』で純再生産率を1にし、静止人口を目指すことが提案された。しかし日本では現在、むしろ人口減少局面への移行が予想されており、静止人口という考えは虚構となっている。また世界的にも静止人口への行動は下火である。［梶原弘和］

【関連項目】　合計特殊出生率、人口ピラミッド、過剰人口

▶政治体制
Political Regime

政治体制とは、政治の仕組み、政治支配の形式であり、これをいくつかに類型化する試みは、古代ギリシャから行われてきた。民主制（Democracy）、独裁制（Autocracy）の二分法はその代表的なものである。

開発との関係で政治体制を論ずる際に最も重要な課題は、政治体制の変革、具体的には民主化と経済発展との関係である。経済発展と民主化との間にはディレンマが存在する。それは経済成長と所得分配の優先順位の問題であり、また経済成長と民主制度との間にある古典的矛盾に関する議論である。経済成長は必ずしも国民の所得を公平にするとは限らない、むしろその逆の現象が多くの開発途上国でみられる、というのが前者である。また古典的矛盾とは、経済発展のためには集権的で安定した政府が要求されるが、民主制度は分権性と政治変動の制度化を意味することが多い。それは経済発展を妨げる結果をもたらすかもしれないという点である。これらはいずれも政治体制の変革と抜きがたく結びついている。

権威主義体制モデルは、開発途上国のおかれた、政治的・経済的に困難な状況を説明するアプローチである。リンス（Juan J. Linz）は全体主義でもデモクラシーでもない「ポスト全体主義型権威主義」の特徴として、限定された多元性、明確なメンタリティー、政治的動員の低さ、予測可能な政策決定方式をあげている。また、権威主義体制モデルに類似したものとして官僚的権威主義モデルや開発独裁モデルがある。オドンネル（Guillermo O'Donnell）のいう「官僚主義的権威体制国家」は、多元主義の下での輸入代替工業化をさらに深化させる段階で現われる権威主義である。また、日本の研究者では村上泰亮の「開発主義」や渡辺利夫の「権威主義体制の溶解仮説」をあげることができる。

経済発展先行論と逆に、民主化が先行すると考える代表的なものに「参加型開発」の考え方がある。これは民主化が経済発展を導く、もしくは同時に起こるという立場である。この主張は先進国の主導する国際機関の多くに共通する。政治的自由は貧困の減少につながる。政治的自由化とは透明性（Transparency）を増すプロセスであり、経済成長のためにはそれが必須である。透明性が増せば経済成長が促進され、経済成長は貧困の撲滅につながる。したがって経済の自由化と政治の自由化とはパラレルであると考えられている。民主化によって多数の国民が意思決定に参加し、主体的に開発事業に取り組めば、プロジェクトが成功する可能性は高くなると想定される。また、より多くの国民が経済発展の成果を享受できるようになれば貯蓄、消費などが上昇し、勤労意欲も向上して、一層の発展が可能になるであろうという主張である。

経済発展を遂げた先進国にとって、長期的には民主制度が最も安定した政治システムであることは明らかであろう。しかし問題は、開発途上国にも同様のことを適用できるかにある。多くの開発途上国は、今なお経済発展と民主化のディレンマの渦中にある。

[甲斐信好]

【関連項目】 開発体制／開発主義、開発独裁、権威主義
【参考文献】 山口定『政治体制』東京大学出版会、1989年。／藤原帰一「民主化の政治経済学―東アジアにおける体制変動」東京大学社会科学研究所編『現代日本社会 第3巻 国際比較2』東京大学出版会, 1992年.

政治的権利
Political Rights

政治的権利とは、デモクラシーの要件として市民的自由と並ぶもので、「人々が束縛なく政治的プロセスに参加できる自由」とされる。ダール（Robert A. Dahl）の「ポリアーキー」（Polyarchy）を構成する2つの概念、包括性、参加（Inclusiveness, Participation）と自由化、公的異議申立て（Liberalization, Public Contestation）のうち、前者とほぼ重なる。

民主化を計測するフリーダムハウス指標では、政治的自由について政治的権利、市民的自由の2つの分野に分けて考えているが、政治的権利のチェックリストは次の8点である。

1 国家元首あるいは政府の長が、自由で公正な選挙によって選出されるか
2 立法府は、自由で公正な選挙によって選出されるか
3 公正な選挙法、平等な選挙運動の機会、公正な投票と集計が行われるか
4 投票によって選ばれた代表が実際に権力をもつことができるか
5 競合的に政党や政治集団を組織する権利があるか。政治システムがそれらに開かれており、自由に参入・退出ができるか
6 反対勢力が存在するか。選挙によって勢力を拡大する機会を与えられるか
7 民族自決の権利を有するか。軍、外国勢力その他強権集団による支配から自由か
8 少数民族は政策決定への参与を保証されているか

[甲斐信好]

【関連項目】 フリーダムハウス指標、市民的自由
【参考文献】 Freedom House, *Freedom in the World*. New York : Freedom House, 1999年版.

政商【インドネシア】
Cukong ［イ］

有力な政治勢力と結び付いて莫大な利益を得る商人・企業のことを政商というが、インドネシアにおいては、スハルト（Thojib N J Suharto）大統領とその一族や国軍の有力者と結び付いて巨大企業に成長した華人ビジネス・グループを指している。チュコンは、スハルトを初めとする有力な将軍に巨額の政治資金を提供し、合弁企業の形で軍企業を支えることによって、貿易を独占し、食糧調達庁の国内流通・輸入許可証や大型国家プロジェクトの物資取り扱いの権利を獲得し、商業上の特権的な地位を築いた。1997年の通貨危機まで随一の華人コングロマリットであったサリム・グループの創始者リム・シウ・リオン（林紹良（Liem Sioe Liong）、インドネシア名：スドノ・サリム（Soedono Salim））は、1950年代に中部ジャワのディポネゴロ師団

(当時スハルト師団長)の物資納入業者となってから事業規模を拡大した。リムはスハルト一族と深く結び付き、独占権や許認可を確保して事業を展開した。スハルト一族、ディポネゴロ師団、陸軍戦略予備軍と連携しながら、多角化を図るため経営・技術面で外資を誘致し、商業、流通、製造、不動産、ホテル、金融などあらゆる産業に進出し、東南アジア最大の華人ビジネス・グループを形成した。なお、1997年7月のアジア通貨危機後のインドネシア経済再建過程で、銀行と企業グループの分離政策が進み、チュコンとして増長したサリム・グループを初め多くの有力華人グループが解体過程にある。　［篠塚 徹］

【関連項目】　KKN、華人コングロマリット、食糧調達庁、ファミリー・ビジネス、スハルト
【参考文献】　村井吉敬, 佐伯奈津子, 久保康之, 間瀬朋子『スハルト・ファミリーの蓄財』コモンズ、1999年。／佐藤百合編『民主化時代のインドネシア』アジア経済研究所、2002年。／宮本謙介『概説インドネシア経済史』有斐閣、2003年。

成人教育
Adult Learning

従来の教育学が未成年の教育 (Pedagogy) を前提に形成されていたのに対し、成人教育学は成人を対象にした教育の方法を対象とする。その特徴は成人が職業生活の中で得た経験の教育的価値を承認し、生涯教育および生涯学習の過程の中で、労働に直結した知見を育むことを支援する。経験を知的体系に結び付け、職場での問題解決に関連付ける時、成人は最も効率的な学習を行うという経験則から、理論の学習と問題解決のための活動を統合しようとする教育方法が成人教育手法 (andragogy) である。成人教育手法に根ざした成人教育の研究は1920年代に出現し、開発途上国支援の中で主に成人への技術移転を促進しようとする国際協力の活動の中にこれを応用しようとの動きが出てきた。成人教育手法に即した取り組みを進めるべきだとの主張は、古くは1976年のUNESCOによる「成人教育の発展に関する勧告」の中で展開された。近年はILOの提唱する開発途上国の組織開発支援の助言指導の方法論、あるいはUNDPの提唱する問題解決プロセスの助言指導の方法論の理論的な背景をなしている。　［佐原隆幸］

【関連項目】　問題解決型アプローチ、制度開発
【参考文献】　UNDP, *Process Consultation for Systemic Improvement of Public Sector Management*. 1990. ／ Milan Kubr, ed., *Management Consulting : A Guide to the Profession*. Third Edition, Geneva : International Labor Office, 1996.

成長の三角地帯【シンガポール】
Growth Triangle

1979年に開始された、シンガポール、マレーシア・ジョホール州、インドネシア・リアウ州で構成する地域開発協力プロジェクトで、東南アジアを代表する地域経済圏の一つ。開発地域が三角形に似ていることから成長の三角地帯と命名されたもの。シンガポール (Si)、ジョホール (Jo)、リアウ (Ri) の頭文字をとって、「シジョリ」(Sijori) の呼称が使われることもある。

成長の三角地帯は、ゴー・チョクトン (Goh Chok Tong) 副首相 (当時) の主唱で始められたが、その狙いはシンガポールの資本と技術力、ジョホール州とリアウ州が豊富にもつ土地と労働力を有機的に結合して地域の一大生産拠点とし、シンガポールの成長を促進しようとしたことにある。マレーシアとインドネシアが応じたのは、シンガポール経済と一体化することにより、当該地域の開発を促進しようと考えたためである。

プロジェクトの開始後、開発の目玉はシンガポールの南に位置し、フェリーで約40分の距離にあるインドネシア・バタム島開発におかれ、ジュロン工業団地をモデルに、バタム工業団地 (Batam Industrial Park) が造成された。2000年末には、シンガポール企業や外資系企業約390社が入居して生産活動を行っている。同工業団地の開発には、シンガポール側が政府系企業、インドネシア側がスハルト (Thojib N J Suharto) 元大統領の政商として有名なサリム・グループ企業が中心となり、「国家的プロジェクト」として位置付けられている。ただ、3カ国プロジェクトでありながら、ジョホール州の関与度は現在でも弱い。　［岩崎育夫］

【関連項目】　リージョナリゼーション
【参考文献】　Lee Tsao Yuan, *Growth Triangle*. Sin-

gapore: Institute of Southeast Asian Studies, 1991. ／岩崎育夫「成長の三角地帯の事例」『学習院大学東洋文化研究所調査研究報告』38号, 1993年3月. ／嘉数啓『国境を越えるアジア成長の三角地帯』東洋経済新報社, 1995年.

制度開発
Institution Building

1960年代末まで、制度開発は開発行政学の独自の領域として研究が重ねられてきたが、近年は制度を担う組織の能力開発の議論に収斂されている。1960年代末にプロジェクトの計画・管理手法としてロジカル・フレームワークの手法が一般化し、この手法が制度を担う組織の能力開発の問題をカバーするに及び、いわゆる一般理論としての制度開発論が後退して個別のプロジェクトを通じての組織開発の方法の研究にその重心が移ることとなった。そこに至るまでの制度開発論の蓄積は、プロジェクトをデザインする上での留意点として活用され、その後の援助の実践の中で生かされている。その代表的な例は以下の通りである。

①1980年代に世界銀行は構造調整融資を行う際の条件として、緊縮財政と開発途上国政府の行政機関の合理化および能力向上を並行的に求めた。専門的能力を備えた行政官による小規模な政府の実現、施策の合理化、計画立案・監理運営能力の向上、市場原理の拡大、民間への行政サービス向上などである。

②援助の効果を持続させるため、二国間あるいは多国間の供与国・機関が、開発途上国政府の援助活用能力向上の一環として、行政機関の組織開発、管理運営能力の向上、人材育成へより多くの資源配分を行うことになった。資金協力による資源移動を主体とした開発援助から、能力開発を目指す技術協力を主体とした開発援助に協力の重心が移行していったのである。

国際開発における制度開発の領域は、社会全体の資源配分の合理化を進める仕組みづくりの側面と、国の基幹をなす組織の開発およびそこに働く管理者の能力開発まで、マクロからミクロの領域をカバーしている。近年その領域は分権化や地域社会の運営向上も包含するようになり、草の根への広がりをもちつ

つある。このように、制度開発の領域が急速に広がり扱うべき課題も多岐にわたるにつれ、逆説的ではあるが、その定義も多様化し、制度開発の軸をなす考え方について関係者のコンセンサスを得ることが難しい状況が発生している。結果的によりわかりやすい議論に収斂することとなり、特に現場で実践を担う関係者にとっては、冒頭に述べた通りロジカル・フレームワークによる整理の中で制度面を扱う現実的かつ具体的な手法が最終的な拠り所として結局のところは使われている。

［佐原隆幸］

【関連項目】　ロジカル・フレームワーク
【参考文献】　M. Esman, *The Maturiny of Development Administration Public Administration Review*. Vol. 8, pp. 125-134, 1988. ／M. Moove "Institution Building as a Development Assistance Method, A Review of Literature and Ideas," Brightow U. K.: Institute of Development Studies at the University of Sussex, 1994.

性と生殖に関する健康／権利
⇨リプロダクティブ・ヘルス／ライツ

青年海外協力隊
Japan Overseas Cooperation Volunteers

国際協力機構（JICA）が政府開発援助（ODA）として実施している事業の一つである。自らの技術、知識、経験などを生かしたいと考えている青年を、技術協力を要請している開発途上国に派遣して、その国造りや人造りに協力する海外ボランティア事業である。

1965年に外務省所管の政府事業として発足

◇青年海外協力隊の派遣地域別実績
　　（2003年5月31日現在）　　（単位：人）

地域	派遣中		帰国		累計	
		(女性)		(女性)		(女性)
アジア	674	389	6,796	2,489	7,470	2,878
オセアニア	220	89	1,834	600	2,054	689
中近東	156	98	1,546	452	1,702	550
アフリカ	600	292	6,807	1,975	7,407	2,267
中南米	618	334	4,514	2,148	5,132	2,482
ヨーロッパ	126	74	377	192	503	266
合計	2,394	1,276	21,874	7,856	24,268	9,132

（資料）　国際協力機構ホームページ
　　　　（http://www.jica.go.jp）

し、海外技術協力事業団の中に日本青年海外協力隊事務局が設置された。1974年に発足した国際協力事業団（2003年10月1日、独立行政法人国際協力機構に改組）が事業を受け継ぎ、名称が「青年海外協力隊」に変更され、今日に至っている。ラオスへの派遣に始まり、2003年5月末時点で66カ国、2394人（うち女性1276人）が派遣されている。累計では78カ国へ2万4268人が派遣された。

対象となる人は、海外協力活動に参加しようとする自発意思と奉仕精神を有し、異文化の人々と生活をともにする協調性があり、心身ともに健康な20歳から39歳（派遣時）までの日本国籍をもつ者である。開発途上国の人々とともに生活しながら、彼らの自助努力を促進させる形で、経済、社会の発展のための協力活動を展開する。協力分野は農林水産、加工、保守操作、土木建築、保健衛生、教育文化、スポーツの7部門、約140職種と多岐にわたる。派遣期間は原則として2年間である。　　　　　　　　　　［坂東達郎］

【関連項目】　JICA、シニア海外ボランティア
【参考文献】　国際協力事業団『国際協力事業団年報』./外務省『政府開発援助（ODA）白書』.

セイの法則
Say's Law

セイの法則とは、供給はそれ自体の需要を生み出し、過剰生産は発生せず、総供給は総需要と恒等的に一致するというものであり、19世紀初頭のフランスの経済学者ジャン・バティスト・セイ（Jean Baptiste Say）によって提起された。セイの法則は古典派経済学の中心命題であり、供給サイドが経済全体の水準を決定するとみなした点で、新古典派のマクロ経済学にも大きな影響を与えた。セイの法則の背景には、市場メカニズムによってつねに均衡が達成されるという考え方が存在する。一方、ケインズ学派のマクロ経済学においてはセイの法則とは異なり、需要サイドが国民経済に与える影響の大きさに注目する。ケインズ学派の背景には、セイ法則と異なって価格が硬直的であり、市場メカニズムが機能しないとする考え方がある。［森脇祥太］

【関連項目】　古典派経済学、新古典派経済学、ケインズ経済学

政府債務
Government Debt

政府債務は、中央政府と地方政府が発行する公債の未償還残高で表わされる。中央政府と地方政府は、歳入不足を賄うために公債を発行する。また政府債務には、政府関係機関や国有企業への政府保証付き融資による債務残高も含まれる。これに加え、外国からの援助や融資を政府が受けているならば、公的対外債務残高の形で政府の対外債務を把握することができる。開発途上諸国では、開発資金を国内資金だけで賄うことが困難なため、対外借り入れに依存する傾向がみられる。無償援助の場合には債務累積の問題はないが、返済義務がある償還融資は、債務管理を厳しく行わない限り対外債務問題を惹起する。この債務管理に失敗して発生するのが累積債務問題である。

アジアをはじめとする開発途上諸国は、1950年代以降、輸入代替工業化を推し進めてきた。1次産品輸出型の経済構造からの脱却に向け、巨額な海外援助を受けながら輸入代替産業の育成に乗り出した。輸入代替産業は、まもなく国内市場の狭隘性に直面したが、保護下において輸出企業へと変貌することはなかった。そのため、外貨収入の稼得能力は低く、対外借り入れは累積するばかりであった。その一方、これらの工業化には国内貯蓄の動員に加え、国債の中央銀行引き受けの形で資金調達が行われた。これにより国内債務も急増した。国内債務の急増によって、高インフレや経常収支赤字が構造化し、金融・財政政策の厳しい引き締めが断続的に行われた。

1970年頃までの政府の対外債務は、融資実施主体が外国政府や国際機関を中心とした公的債務であったため、国際経済にさほど大きな影響を及ぼすことはなかった。1970年代以降、石油危機によるオイル・マネーの還流を背景として、多国籍民間銀行融資団による銀行貸付の形態が増加した。通常、これらの債務は、公的融資よりも返済期間や金利などの面で条件が厳しい。しかし、開発資金の需要が強い開発途上諸国にとっては融資条件よりも、融資を受けることが先決であった。これ

らの融資は、変動利付きのドル建て融資の形をとるのが一般的である。金利は、ロンドン銀行間金利（London Interbank Offered Rate：LIBOR）にリスクプレミアムを上乗せして決定される。1970年代の2度の石油危機と先進諸国のスタグフレーションによる景気後退時に開発を推し進める原動力となったのが、これらの銀行融資であった。

1970年代後半から1980年代前半にかけての米国の高金利・ドル高政策と、1次産品輸出の鈍化が加わり、開発途上国の債務負担が急増した。これにより、開発途上諸国の対外債務問題が、世界経済の最重要課題として浮上した。これらの債務は開発途上諸国の政府債務であり、開発資金や国有企業への融資に主として利用されていた。そして、これらの債務問題を解消するため、IMFや世界銀行などの国際金融機関や多国籍民間銀行からの債務返済期間の引き延ばし、金利・元本返済の減免や新規融資を受けることになった。この融資条件として、市場改革とともに政府財政の改革が盛り込まれた。政府債務の削減のために財政支出の伸びを抑制する他、各種産業への補助金の打ち切り、国有企業の民営化（Privatization）が盛り込まれた。アジア諸国においても1980年代前半は、これらの国内経済構造の調整に取り組まざるをえなかった。

1980年代後半以降になると、この経済改革も一段落したことに加え、海外からの民間資金が流入するようになった。これにより、開発資金の民営化が進んだ。しかし、その後のアジア経済危機において、今度は民間対外短期債務の累積が中心的な問題になった。長期性の開発資金をドル建て短期資金で賄っていたことが、国内企業や銀行のバランス・シートに重くのしかかった。これが、危機をより一層深刻化させた要因であった。銀行が抱える不良債権を買い取るための公的資金の投入が行われ、これが政府債務の拡大を引き起こした。近年のアジア諸国の財政赤字の拡大は、これらの危機処理によって生じたものである。

[徳原 悟]

【関連項目】 ハイパーインフレーション、輸入代替工業化、輸出志向工業化、国有企業の民営化、対外債務危機／債務削減戦略

【参考文献】 木村元一編『アジア開発のメカニズム―財政・金融編』アジア経済調査研究双書186、アジア経済研究所, 1970年. ／貝塚啓明、石弘光、野口悠紀雄、宮島洋、本間正明編『グローバル化と財政』（シリーズ現代財政4巻）有斐閣, 1990年. ／大蔵省財政金融研究所編『ASEAN 4の金融と財政の歩み―経済発展と通貨危機』大蔵省印刷局, 1998年. ／貝塚啓明『財政学（第3版）』東京大学出版会, 2003年.

西部大開発【中国】
Western Development Program

中国の改革・開放の初期の地域政策は、資源利用の効率性を優先させるために、経済や産業の基盤が相対的に整っている沿海地域に投資の優遇政策を付与するものであった。その結果、沿海地域の繁栄とは対照的に、内陸地、特に西部が開発に取り残され、地域間の経済格差が放置できない状態になっている。1999年末に共産党中央委員会と国務院が主催した中央経済工作会議において、「西部大開発」が正式に決定され、翌2000年3月の全人代で国務院西部開発弁公室の設置が認められた。経済格差の是正、社会的公正の重視、国土開発のバランスを図ることが主な政策目標であるが、内需拡大、環境保護、民族宥和の促進などの政策効果も期待されている。しかし、西部大開発は、その実行の可能性と実施方法を綿密に検討した上で決定された政策ではなかった。実は、政策が打ち出された当時は「西部」という地域範囲さえ確定していない状態であった。これまでの中国でしばしばみられるように、新しい政策の発足とは、中央政府の政策宣言に過ぎず、具体的な実施細則や政策手段などについては、地方政府の創意性発揮に任されるところが大きい。試行錯誤を通じて、中央政府は地方から上がってくる政策的要求を調整し、誤りを是正した上で政策の詳細を決めていく、という政策手法である。

次第に固まってきた西部大開発の政策的枠組みは次のようにまとめることができる。まず、開発の重点をインフラ建設におくことである。具体的には、中心都市のインフラを整備すると同時に、交通幹線を建設しこれらの拠点都市を結ぶ。さらに中心都市と交通幹線の周辺に経済区を形成させ、それを重点的に

開発するという「以線串点」、「以線帯面」の開発手法である。第2に、伝統的な全面開発ではなく、生態環境の保護を重要な政策目標とすることである。農地や放牧地として利用されてきた山地や草原の一部の利用を中止し、木や草を植えることによって自然環境を保護する。そのために国家が食糧や資金を提供し、また一部の農家を都市部に移動させる。第3に、民間の力で大規模な産業構造の調整を行い、国際と国内における激しい競争に耐えられる西部独特の産業構造の構築を目指す。第4に、国家財政による西部への資金の投入を徐々に増やしていくが、国家投資はあくまでも呼び水に過ぎず、国内外から民間の投資を呼び込む。第5に、人材を養成するための教育と科学技術の発達に重点をおくこと、などである。　　　　　　　　　［杜　進］

【関連項目】沿海開発戦略
【参考文献】加藤弘之『地域の発展』シリーズ現代中国経済6, 名古屋大学出版会, 2003年.

生物多様性
Biological Diversity, Biodiversity

生物多様性は、「すべての生物の間の変異性をいい、種内の多様性、種間の多様性および生態系の多様性を含む」と定義される。生物が「多様である」とは、生物の個体数が多いことに加えて、種類が多く、かつそれぞれの種が異なる特徴をもつ状態を指す。さらに多様性は、「遺伝子の多様性」、「種の多様性」、「生態系の多様性」という3つのレベルに分けられる。遺伝子の多様性により、黒髪のヒトや金髪のヒトがいる。種の多様性により、数多くの種類の蝶が存在する。生態系の多様性により、南極から熱帯雨林までさまざまな地域がある。

現在までに発見された地球上の生物種数は150万種である。分類されている種は、真菌・軟体動物が5万種、昆虫類が75万種、多細胞植物が25万種、哺乳類が4500種である。発見・分類されていない生物種が多数あり、500〜5000万種の生物が存在すると推定されている（井上民二・和田英太郎編『生物多様性とその保全』岩波書店, 1998年）。自然状態では、1つの種の寿命は100〜1000万年と考えられており、毎年1〜10種の割合で絶滅する。一方、人類出現以来、絶滅のスピードは、それ以前の100〜1000倍になった。過剰捕獲、生息地の破壊、外来生物の流入などにより、1975年頃には毎年1000種が絶滅したという。

生物多様性の喪失を防ぐための「生物多様性条約 (Convention on Biological Diversity: CBD)」が、1992年のリオ環境サミットにおいて採択され、1993年に発効した。関連する国際環境条約としては、「ワシントン条約（絶滅の恐れのある野生動植物種の国際取引に関する条約、1975年発効）」や、「ラムサール条約（特に水鳥の生息地として国際的に重要な湿地に関する条約、1975年発効）」があるが、生物多様性条約は、すべての生物を対象とした包括的な条約である。

生物多様性条約の目的は、生物多様性の保全、その構成要素の持続可能な利用および遺伝資源の利用から生ずる利益の公正かつ衡平な配分の実現である。生物多様性条約のきわだった特徴は、生物多様性を資源として認識し、「天然資源」、「生物資源」、「遺伝資源」の3つのレベルに分け、その主権的権利を資源の原産国に与えたことである。

生物多様性条約の保全の部分に関して、中心的な役割を担っているのが、「地球環境ファシリティ (The Global Environment Facility: GEF)」である。GEFは1991年に設立され、地球温暖化、生物多様性、砂漠化、国際水域保全、オゾン層、残留性有機汚染物質などの地球環境問題に対処するプロジェクトへ資金を拠出している。2003年までに、生物多様性保全活動を含む約1000のプロジェクトが実施されている。

一方、資源としての生物多様性の利用に関しては、2002年に「遺伝資源へのアクセスとその利用から生じる利益の公正・衡平な配分に関するボン・ガイドライン（ボン・ガイドライン）」が採択された。ボン・ガイドラインは、遺伝資源などを産業利用する際に、利用の公平性が保たれるよう当事者が事前に合意すべき項目を提示している。ボン・ガイドラインを利用した公平な資源利用の事例が増えていくことが期待されるが、同じく2002年

に、生物多様性が豊富な国々による「クスコ宣言」が提示され、資源利用から得られる利益をより多く配分するよう先進国に要求するなど、生物資源の公平な利用の促進には多くの課題がある。　　　　　　　［渡辺幹彦］

【関連項目】森林減少、再生可能資源
【参考文献】堂本暁子『生物多様性—生命の豊かさを育むもの』岩波書店、1995年。／Secretariat of the Convention on Biological Diversity, Handbook of the Convention on Biological Diversity. Sterling: Earthscan, 2001.／渡辺幹彦、二村聡編『生物資源アクセス—バイオインダストリーとアジア』東洋経済新報社、2002年。

生命表
Life Table

年齢別死亡率が今後において一定不変と仮定した場合、各年齢に達した人が平均してあと何年生存できるかを死亡率、生存数、平均余命などの生命関数によって示した表である。男女別、年齢別に作成されている。5年ごとに行われる国勢調査の確定人口および人口動態統計の確定データにもとづく精密な方法で作成されるものを「完全生命表」、各年の推計人口、死亡数、出生数にもとづく簡略化された方法で毎年作成される「簡易生命表」、ある期間における年齢別死亡統計にもとづいて作成される「期間生命表」、ある特定集団（コウホート：同じ年に生まれた集団とか、1990〜95年間に結婚した集団などある特定期間に同一の人口現象を経験した集団のことをいう）の年齢別死亡統計にもとづいて作成される「コウホート生命表」に区分される。

生命表は生命保険業務に使用される。生命保険の保険料は、各生命保険会社が被保険者集団について実際に経験した死亡統計にもとづいて算定されている。こうした経験死亡表は、被保険者の性別・年齢別死亡率だけでなく、保険種類別、加入年度別、保険年度別（加入後の経過年数）に区分され算定されている。厚生労働省の生命表と生命保険会社のそれを比較すると、生命保険会社の方が低い死亡率となっている。これは生命保険加入の際に、被保険者の医学的診査や告知書などにより個々調査が行われるために、精度が高くなるからである。もし保険会社が厚生労働省の生命表を使用するならば、保険料金は高くなる。　　　　　　　［梶原弘和］

【関連項目】平均余命、出生率／死亡率、国勢調査
【参考文献】南亮三郎、上田正夫編『人口学の方法』千倉書房、1978年。／大淵寛、森岡仁『経済人口学』新評論、1981年。

整理解雇制【韓国】
New Lay-off System

整理解雇制導入以前の韓国の労使関係は国際標準から乖離するものであった。例えば、厳しい経営環境に直面した場合でもレイオフの実施が困難であったこと、労働争議により生産活動が停止された場合にも賃金が支払われたり、早期退職慰労金が支払われるという慣行が存在したことなどである。こうしたことが起こった背景には、1987年の民主化宣言後に労働運動が高揚する中で正常な労使関係を形成できず、労働組合の既得権が大きくなったことがある。

硬直的な労働市場は企業のリストラや外国企業のM&Aの阻害要因であり、労働市場の改革が1990年代の課題となった。1996年のOECD加盟に際して、国際基準に沿って労働法が改正され労働組合活動が自由化される一方、ノーワーク・ノーペイ原則の徹底や組合専従者に対する給与支払い禁止などの項目が追加された。整理解雇法案は金泳三（Kim Yŏngsam）政権下の1996年に提出されたが、労働組合の強い反発により国会通過には至らず、金大中（Kim Taejung）政権発足後の1998年2月に成立した。この背景には、政労使三者間で合意が図られたことや、通貨危機後の経済危機打開のために外資の導入が必要であったことなどがある。

整理解雇制の導入により、やむをえない経営上の理由がある場合、企業側は60日前までに通知すれば労働者を解雇できるようになった。緊迫した経営上の必要性が発生し、解雇回避の努力をしても解雇が避けられないという条件を満たした時に、労使双方が合理的、公正に解雇者の選定を行うというものである。なお企業側は経営が改善した場合、解雇者を優先的に再雇用する義務がある。1998年7月に成立した派遣労働制とともに、整理解雇制は労働市場の流動性を高めたといえよ

う。　　　　　　　　　　　　　　［向山英彦］

【参考文献】　韓国国際労働財団『外国人投資家のための労務管理マニュアル』1998年./谷浦孝雄編『21世紀の韓国経済』アジア経済研究所、2000年.

世界規模・製品事業部制
Worldwide Product Division Structure

　世界規模・製品別事業部制とは、製品事業部が国内および海外事業を管轄することによって、グローバルな視点にもとづいた事業展開を速やかに行うための組織構造のことをいう。世界規模・製品別事業部制は、主に製品の多角化を推進している企業が、グローバル化を志向する際に採用される。企業は、世界規模・製品別事業部制を採用することによって、海外子会社の事業活動を国際事業部が管理する国際事業部制よりも合理的な事業展開を推進することが可能となる。製品事業部は、担当している製品に関する膨大な知識を基礎として研究開発や生産のための国際的な最適配置を行い、それらの機能の一元的な調整によって、より効率的な経営を行うことができる。この場合、製品事業部と海外子会社とは、国際事業部による仲介を省いて直接的に結合する。そして、製品事業部から海外子会社への技術移転が、両組織間の情報伝達がより容易に行われるようになるために促進される。しかし、世界規模・製品別事業部制は、国や地域の相違に迅速に対応することが困難であるという短所を有するために、企業がターゲットとしている国や地域の範囲が拡大すると、グローバル・マトリックス組織への移行が望ましいことであろう。　［森脇祥太］

【関連項目】　マザー・ドーター組織、国際事業部制、グローバル・マトリックス組織

【参考文献】　J. M. ストップフォード, L. T. ウェルズ（山崎清訳）『多国籍企業の組織と所有政策』ダイヤモンド社、1977年./山下達哉、高井透『現代グローバル経営要論』同友館、1993年.

世界システム論
Theory of World-system

　世界システム論とは、米国の社会学・歴史学者であるイマニュエル・ウォーラステイン（Immanuel Wallerstein, 1930〜）が提唱した世界史観のことである。経済発展段階論においてみられるように、開発途上国は発展段階が時間的に遅れているだけで、やがて離陸して経済発展が実現されるとする単線史観、ないしは一国資本主義的な見方を排除する。開発途上国の現在の低開発状態は、西欧世界によって築き上げられた世界資本主義体制に組み込まれた結果もたらされたものであるという見方をとる。このような視点は、アミン（Samir Amin）やフランク（Andre Gunder Frank）の従属理論と共通するものである。

　しかし、世界システム論の特徴は、このシステムが16世紀頃に成立していたという点にある。16世紀には、すでに英国と並んで西欧諸国が、外国貿易における主導権を握り、世界システムの中核を握っていたとされる。そして、西欧諸国がこの重商主義段階に資本蓄積を進める過程において、周辺国を自らのシステム内に取り込んでいった。西欧諸国の資本主義が、自由競争段階から産業資本形成段階、そして独占段階に向かいながら世界システムは展開されていく。このプロセスにおいて、先進国からなる中心（Center）、低開発状態におかれた周辺（Periphery）、これらの中間的位置にある準周辺（Semi-periphery）が形成されることになった。これら3つのグループは、世界システムにおいてそれぞれ国際分業体制を担う。周辺国は、中心国のための原材料や食料の供給基地と化す。また、中心で生産された製品の輸出市場という機能を背負わされる。準周辺は、中心のために食料や安価な製品などを供給する役割をもつ。この準周辺は中心とともに周辺を搾取する。

　このような体制が確立されることによって、もはや周辺は開発によって発展するどころか、低開発状態を宿命づけられる。すなわち、開発と低開発は表裏一体の関係にあり、ここに「低開発の開発」という考えが表われてくる。植民地体制は、「低開発の開発」が実際に世界規模で行われた実例であるという。植民地化によって西欧資本の近代部門が在来手工業部門を駆逐して、これを壊滅状態に陥らせたのである。プランテーションや鉱山開発などにより、農民を半賃金労働者へと変容させ、不熟練労働者を堆積させる役割を果たした。このように、植民地化によって、

開発途上諸国の経済構造はまったく別物に変えられてしまったという。

このような脆弱な経済構造をもつことに加え、植民地化によって開発途上諸国の政治システムも不安定極まりないものとなった。一方で、中心の政治構造はその経済力に支えられてますます強大化する。しかし、近代社会においては露骨な政治的・軍事的支配という形態はとらず、国際的な分業体制という形での経済的な支配形態をとる。開発途上諸国は被支配国の位置におかれて低開発状態に縛られることになる。国際分業システムから離脱して自由に行動をすることはできない。政治的にも経済的にも強力な中心でさえも、やはりこの分業システムを前提としている以上、離脱は不可能となる。

このように世界システム論は、国際分業体制を前提として成立しているが、50年を周期とするコンドラチェフ（Nikolai Kondratieff）の長期波動によって各国間で産業構造の変化が生じる。そして、産業構造の変化を背景に覇権を握るべく国際的な政治活動が活発化する。その結果として、中核内部で覇権を握る国が変わることがある。世界システム論に従うならば、日本やNIESの目覚ましい成長をどのように説明することができるか。これらの国も国際的な分業体制の一翼を担っていたわけであるが、この点を実証的に説明することができるかどうかは、今後の課題として残されている。　　　　　　〔徳原　悟〕

【関連項目】　従属理論、コンドラチェフ循環、アミン、フランク、資本主義、帝国主義
【参考文献】　イマニュエル・ウォーラステイン（川北稔訳）『近代世界システムⅠ・Ⅱ』岩波書店, 1981年.／イマニュエル・ウォーラステイン（川北稔訳）『新版 史的システムとしての資本主義』岩波書店, 1997年.／川北稔編『知の教科書　ウォーラステイン』講談社選書メチエ, 2001年.

世界女性会議
World Conference on Women

国連は1975年を「国際女性年」と定め、「平等・開発・平和」をテーマとした第１回世界女性会議をメキシコシティで開催し、「メキシコ宣言・世界行動計画」を採択し、これにもとづき「国連女性の10年」（1976〜85年）を開始した。第２回はコペンハーゲンで「国連女性の10年中間世界女性会議」として1980年に開催、前年国連で採択された「女子差別撤廃条約」の署名式が行われた。第３回の「女性の10年最終年世界女性会議」は1985年ナイロビで開催、「ナイロビ将来戦略」が採択され、貧困の中の女性、女所帯の人、未婚の母、老年の女性、障害をもつ女性、文盲、難民、紛争の中の女性といった弱い立場にあったり、特別な困難を抱えている女性のために追加的戦略措置が示された。ここで、「地位向上を必要とする女性の問題」から「男女の関係性を変革することが問題解決につながるジェンダー問題」へと視点が変化し、「開発と女性（Women in Development：WID）」から「ジェンダーと開発（Gender and Development：GAD）」へと開発へのアプローチに新たな展開が生まれた。第４回は1995年北京で開催され、21世紀に向けての指針となる「北京宣言」および「女性のエンパワーメントに関するアジェンダ」として「行動綱領」が採択された。さらに、2000年６月、「女性2000年会議」（北京プラス５）が、国連特別総会としてニューヨークの国連本部で開催され、「政治宣言」と「成果文書」が出され、主要戦略としての「ジェンダーの主流化」（あらゆるシステムにジェンダーの視点を組み入れること）が確認された。

〔新井典子〕

【関連項目】　ジェンダー、「開発と女性」アプローチ、「ジェンダーと開発」アプローチ、女子差別撤廃条約
【参考文献】　アジア女性資料センター編『北京発, 日本の女たちへ――世界女性会議をどう生かすか』明石書房, 1997年.／田中由美子, 大沢真理, 伊藤るり編著『開発とジェンダー――エンパワーメントの国際協力』国際協力出版会, 2002年.

世界人口会議
World Population Conference

多くの開発途上国は、人口増加を抑制するために何らかの家族計画を導入した。しかし、望ましい結果がなかなか得られなかった。1974年に国連主催の世界人口会議がルーマニアの首都ブカレストで開催された。国連は静止人口へ向けて「世界人口行動計画」（World Population Plan of Action）なる人口抑制政策を採択しようとした。しかし、こ

の目的を達成することはできなかった。国の人口規模が国力を示すという考えをする国が依然として多いこと、先進国が人口抑制を論じることへの開発途上国の反発、人口抑制を優先させるべきであると主張する先進国と世界の富の不平等の是正を主張する開発途上国との意見の衝突、などがその要因であった。採択された「世界人口行動計画」は開発途上国に譲歩して修正された。当初の目的は達成されなかったが、今後の人口問題の課題を明らかにできたことが大きな成果であった。これまでのような家族計画だけでなく、人口を総合的な経済開発問題の中で議論することが必要であり、人口増加と経済開発の相互作用を重視すべきであるという考え方が生まれた。

　ブカレスト会議から10年後の1984年にメキシコで再び国際会議が開催された。10年間に世界人口は8億人増加し、そのうち90%が開発途上国における増加であったが、人口増加率は2.0%から1.7%に低下した。メキシコ会議では「世界人口行動計画を継続実施するための勧告」が採択された。人口と開発の関連を重視するが、人口の抑制が一層重要であることを認め、開発途上国の主張も現実的なものになった。中進国や中国の経済発展と人口抑制の成果が世界的に認識された。開発途上国の人口問題は経済開発に加えて社会改革(女性の社会進出、女性の教育機会の拡大など)などが必要であるとされたのは国際的な協力とともにこうした国際的な会議を通じて生まれた議論の結果であった。　　[梶原弘和]

【関連項目】　家族計画、人口爆発、静止人口
【参考文献】　大淵寛、森岡仁『経済人口学』新評論、1981年。／石南國『人口論―歴史・理論・統計・政策』創成社、1993年。／梶原弘和、武田晋一、孟建軍『経済発展と人口動態』(東アジア長期経済統計シリーズ第2巻)勁草書房、2000年。

世界保健機関
World Health Organization : WHO

　世界の人々の保健水準の向上を目的とした国連専門機関の一つ。1946年に署名され1948年に発効した世界保健機関憲章にもとづいて設立された。本部はジュネーブ。日本は51年に加盟した。世界保健憲章「すべての人々が可能な最高の健康水準に到達すること」の理念を基礎に、世界的な保健事業の中心として各国の医療・保健水準や生活向上を目的に活動している他、緊急支援や技術協力、感染症や伝染病対策、たばこ対策など幅広く活動を行っている。総会が定める6地区(アフリカ・ブラザビル、アメリカ・ワシントン、南東アジア・ニューデリー、ヨーロッパ・コペンハーゲン、東地中海・アレクサンドリア、西太平洋・マニラ)に地域機関が配置されている。感染症や伝染病の対策では、1984年には天然痘の撲滅を宣言、また2003年のSARSではその制圧の中心的な活動を担った。癌やHIV/AIDSの問題にも取り組んでいる。

[甲斐信好]

【参考文献】　世界保健機関ホームページ(http://www.who.int/)。

セキュリタイゼーション
Securitization

　金融の証券化ともいわれ、大別すれば2つの現象を示している。1つは、企業をはじめとする資金不足主体が資金調達を行う形態が、銀行借入の間接金融形態から証券市場での起債による資金調達、すなわち直接金融形態に移行する現象を指す。信用力のある企業は、社債、コマーシャルペーパー(CP)、および優先株などの証券を発行して資金調達を行うことが可能になる。これにより、企業は資金調達コストの圧縮や、負債の中・短期化を行うことで債務負担を軽減することができる。このメリットを享受できるのは、信用度が高く高い格付け評価がなされている企業に限定される。

　もう1つは、企業や銀行が保有する資産を市場で売却して資金を調達する現象を指す。例えば、銀行を例にとると、住宅ローン、自動車ローン、リース債権などの小口かつ長期の融資を行っている。これらは銀行の資産であるが、その一方で、銀行は預金という短期の負債を負っている。この短期調達・長期運用のミスマッチを解消するのに資産の売却が必要になる。これら各種ローンを投資家のニーズにマッチする形で組み替えて証券の形で売却するのが証券化である。これにより、銀

行はバランスシート管理の軽減、資金調達コストの圧縮、オフバランス化による自己資本比率の向上などが可能になる。

このような金融の証券化は、国際金融市場、特にユーロ市場で大きく進展したが、それは1973年に導入された変動為替相場制から大きく影響を受けて実現した。変動相場制への移行によって、為替レートはもちろんのこと、金利、債券・株式価格の変動幅が格段に大きくなり、資金の調達や運用を行う企業や金融機関は厳しい経営環境におかれるようになった。激動する経営環境に応じて、企業や金融機関がバランスシートの資産・負債両面を流動化することができるような手段が求められたのである。

また、1980年代に発生した累積債務問題も証券化の大きな促進要因であった。中南米債務国の返済問題を軽減するために、債務返済の株式化が実施された。債務の債権・債務関係を証券化して売買関係に転換する手法が次々に開発されており、代表的なものとしては、変動利付債券（Floating Rate Note：FRN）、NIF（Note Issuance Facility）、債務の株式化（Debt Equity Swap）などがある。　　　　　　　　　　　　　　　［徳原　悟］

【関連項目】　間接金融／直接金融、ユーロ市場
【参考文献】　松井和夫『セキュリタイゼーション―金融の証券化』東洋経済新報社, 1986年.／楠本博『セキュリタイゼーション―日本型証券化のゆくえ』有斐閣, 1987年.

絶対的貧困
Absolute Poverty

　絶対的貧困とは、例えば1人1日当たりのカロリー摂取量や生活の基準（例えば1人1日当たり1800カロリーや1ドルなど）を下回るような絶対的な意味での貧困のことをいう。絶対的貧困の原因としては、人口増加によって農村部の1人当たり耕地面積が減少したとき生じる自作農から小作農への農民層の「下方分解」があげられ、同時に生じている小作農ですらない土地なし労働者の増加も影響すると考えられる。図は、東南アジアや南アジアの代表的な諸国の絶対的貧困の大きさを示している。

　フィリピン、バングラデシュ、ベトナムは農村部の低所得層が全人口に占める比率がほぼ50％の水準にあるか、それを超える高い水準となっている。また、パキスタン、インド、バングラデシュは1日当たり1ドルの生活しかできない低所得層が全人口に占める比率がその他の諸国と比較してとりわけ高い状態となっており、農村部の低所得人口の比率の高さと合わせて多くの国民が絶対的貧困層にあることを示唆している。　［森脇祥太］

【参考文献】　渡辺利夫『開発経済学―経済学と現代アジア（第2版）』日本評論社, 1996年.

◇農村における低所得人口比率、1日1ドル以下人口比率

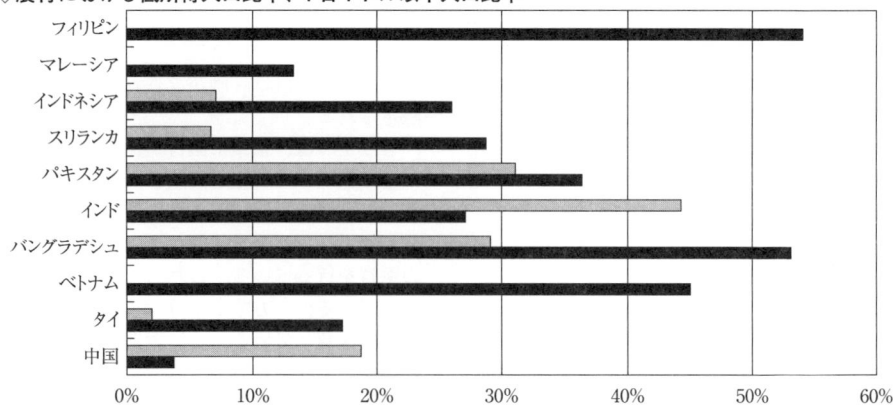

セマウル運動【韓国】
The New Community Movement

韓国で1970年代から始まった農村開発と、地域社会開発のための汎国民的な運動である。極貧の中で生産意欲を失っていた農民に意欲を湧き起こさせ、疲弊した農村を近代化し、農民の所得水準を向上させるのに、この運動は大きな成果をあげた。「セマウル」とは、新しい村づくりという意味であるが、地域の基本単位としての村に限らず、農村社会、さらには都市および職場を含む広い意味での生活空間を称する。

この運動の第1目標は、農民の生産意欲を高めるために勤勉、自助、協同の精神を培うことであった。その一環として河川堤防の改修と拡張、共同洗濯場、沐浴場、共同井戸の建設、下水溝、屋根、塀の改補修などの環境改善事業が積極的に推進された。これらの事業を政府の資金的助力を得ながら村民共同で行うことにより、実践を通じて勤勉、自助、協同の精神を体得させていくという方式がとられた。

第2の目標は、農民の所得増大であり、これを目指して稲と麦の増産が図られた。水利施設整備、地下水開発事業、農機器改良事業、品種改良事業が大規模に試みられるとともに、所得増大のために農家の副業が奨励され、収益性の高い換金作物が開発され、農民の共同作業や肥料、農業機械の共同利用が積極的に推進された。このような所得増大により貧しかった韓国の農村が、1980年代の初め頃には、都市勤労者家計とほとんど変わらぬ所得水準にまで至り、エンゲル係数は日本の農家とほぼ同水準に達した。

第3は、生活インフラ施設の改善と国土整備計画の目標である。農漁村の電化、集落構造の改善、給水施設の設置などの政府支援事業、河川整備、砂防事業、造林事業などの国土整備計画を含む生活環境改善を積極的に進めた。社会インフラ整備の必要性から漢江、洛東江、栄山江など大河川の改修工事の推進が注目される。このようなセマウル運動の成果は、その後、農村近代化の新たな方途を求める多くの開発途上国から大きな関心を集めた。
　　　　　　　　　　　　　　　　［文　大宇］

【関連項目】　朴正煕、漢江の奇跡
【参考文献】　渡辺利夫『韓国経済入門』筑摩書房，1996年．

セン、アマルティア・クマー
Amartya Kumar Sen, 1933～

インドのベンガル州サンティニケタン生まれ。1953年にカルカッタ大学を卒業した後、1959年にケンブリッジ大学で博士号を取得する。その後、デーリー大学、ロンドン大学、オックスフォード大学、ハーバード大学を経て、1998年より現職のケンブリッジ大学トリニティ・カレッジ学寮長に着任する。また、1998年度にはノーベル経済学賞を受賞した。厚生経済学における社会的選択理論、貧困、飢餓、所得分配に関する理論的・実証的研究によって経済学の発展に大きな貢献をしたことが受賞の理由であった。

センは経済学と倫理・哲学との関係を一貫して追究しながら、理論的・実証的分析に取り組んできた点に最大の特徴がある。センは社会的選択理論の研究において、厚生経済学の了解事項であるリベラリズムの価値観の中に解消不能な対立する2つの要素があることを証明した。これは「リベラル・パラドクス」と呼ばれるものである。リベラリズムは、「全員一致の原則（パレート原理）」を容認する一方で、「個人の自由」を容認するという両立不能な原則をあわせ持つ。このような対立を回避するためには、各個人がそれぞれ相手のもつ権利を尊重し合い、そしてお互いのために行動することが必要となる。このような行動様式は、新古典派経済学で想定されている個人の合理的行動とは相容れない。そこでは、各個人は自らの効用（満足度）を最大化するように行動することが合理的であるとされている。他者との関係は排除されており、ひたすら自己利益を求めるような矮小な個人主義的人間が想定されている。

しかし、人間の行動はこのような利己的な動機にもとづいてのみ発現するわけではない。「共感」や「献身」という社会的アイデンティティに関わる動機が行動誘因になることがある。また、信頼、責任、約束、義務等の倫理的な要因が行動を引き起こす動機にも

なる。センは、自己利益だけを人間行動の誘因とする経済学の人間観に対して批判を加え、倫理的側面を完全に切除してしまった経済学に対して倫理の回復を求めている。センは、こうして人間行動の誘因として倫理的な動因を重視する。倫理的な規範は社会的に共有されるものであり、一見すると自由が大幅に制約を受けるという感覚を抱く可能性がある。また、自由と平等が対立するのではないかという疑念を抱くかもしれない。しかし、ここでいう自由とは人間にとってより基底的な自由であり、例えば「貧困や飢餓から逃れる自由」、「マラリアから逃れる自由」という、ある意味で結果としての人々がおかれる状態を重視するものである。このような意味で、個人が選ぶことのできる選択肢を拡大させることが、福祉の最重要課題であるとしている。

各個人にはそれぞれ自分の意志で選ぶことのできる選択肢を有している。この個々の選択肢を「機能(Functioning)」と呼ぶ。これは、「各個人が現在おかれている状況」を指す言葉である。そして、この機能の集合を「潜在能力(Capability)」と呼ぶ。各個人はそれぞれ生活環境や価値観を異にしているために機能が等しくても、潜在能力は大きく異なることがある。この潜在能力を福祉の評価項目に加えることをセンは提唱する。また、このような自由の概念は経済開発においても重視される。経済開発の成果を、国民所得の増加や工業化の進展度によって測定することに対しては批判を加える。開発の成果は、各個人が自己の判断にもとづき選択した生き方をする自由で測るべきであるという。この自由を拡大させることが開発であるとしている。

[徳原 悟]

【関連項目】 ケイパビリティ、エンタイトルメント、ファンクショニング

【参考文献】 アマルティア・セン(鈴木興太郎訳)『福祉の経済学―財と潜在能力』岩波書店、1988年./アマルティア・セン(池本幸生、野上裕生、佐藤仁訳)『不平等の再検討―潜在能力と自由』岩波書店、1999年./アマルティア・セン(石塚雅彦訳)『自由と経済開発』日本経済新聞社、2000年./アマルティア・セン(黒崎卓、山崎幸治訳)『貧困と飢餓』岩波書店、2000年./アマルティア・セン(徳永澄憲、松本保美、青山治城訳)『経済学の再生―道徳哲学への回帰』麗澤大学出版会、2002年./鈴村興太郎、後藤玲子『アマルティア・セン―経済学と倫理学〔改装新版〕』実教出版、2002年.

選挙制度
Electoral System

シュンペーター(Joseph Alois Schumpeter)はデモクラシーを、「政治決定に到達するために、個々人の人民の投票を獲得するための競争的闘争により、決定力を得るような制度的装置」と定義した。これは「多数者による決定」というデモクラシーの最も実現困難な点を「多数者による決定者の決定」におきかえ、議論を整理したものである。この「決定者の決定」の手続きを選挙と呼ぶ。競争的な選挙はデモクラシーのさまざまな定義の中でも欠かすことのできない最も重要な要素である。また、選挙で当選することは権力の正統性を示すことでもある。

選挙にはさまざまな方法がある。日本の国内だけでも、小選挙区比例代表並立制をとる衆議院、都道府県ごとの中選挙区および比例代表制をとる参議院、主として中選挙区制である地方議員など、多様な選挙制度が並存している。世界ではさまざまな選挙制度が採用されている。そして選挙制度の違いによって、選挙の戦い方や結果、政党間の協力関係も変わってくる。例えばフランスの小選挙区における2回投票制は、1度目の投票結果が一定の条件を満たさなかった場合には上位の候補者による第2回目の投票が行われる制度であり、与野党間のさまざまな協力関係が考えられる。

有権者が個人の候補者を選ぶ代表的な選挙制度が小選挙区制である。小選挙区制では有権者は候補者個人に投票し、選挙区から1人の議員を選ぶ。小選挙区制は大きな政党に有利、小さな政党に不利であり、二大政党制を促進するとされる。その問題点は死票が多く、政党の得票率と議席率の間に大きな差が出ることである。また有権者が政党を選ぶ代表的な選挙制度が比例代表制である。比例代表制では有権者は政党に投票し、得票率に比例した議席数が政党に配分されるため、政党の得票率と議席数は小選挙区制に比べて公平である。一方で、政策決定の効率性や政府のアカウンタビリティ、また支持率の低い小政

党も議席を獲得することが可能であることなどが問題点とされる。現実には両方の制度にもさまざまなバリエーションがあり、また小選挙区制と比例代表制の両方を混在させた選挙制度を採用している国も多い。　[甲斐信好]

【関連項目】　デモクラシー
【参考文献】　小林良彰『選挙制度』丸善ライブラリー、1994年。／ピッパ・ノリス「選挙制度の選択―比例代表制・多数代表制・混合制」岩崎正洋、工藤裕子、佐川泰弘、B. サンジャック、J. ラポンス編『民主主義の国際比較』一藝社、2000年。

先決変数
Predetermined Variable

連立方程式モデルなどの計量経済モデルにおいて、ラグ付き内生変数と外生変数を、先に決定されているという点から、先決変数という。　[白砂堤津耶]

【関連項目】　連立方程式モデル、外生変数、内生変数

全国賃金評議会【シンガポール】
National Wages Council

1972年に設立されたシンガポールの協議体である。全国賃金評議会（NWC）は、政府、労働者、経営者それぞれの代表（Member と Alternate Member がほぼ半々）10名前後に加え、議長、事務局から構成されている。経営者代表には、外資系商工会議所からも複数参加している。

NWCの主な役割は、例年5月頃に賃金水準ガイドライン（通常、1年間）を発表し、政府に勧告することである。経済情勢が大きく変わった場合には、期間中でもガイドラインを改訂し、政府に勧告する。こうした勧告には強制力はないものの、暗黙の了解として政府は勧告を受け入れている。経営者側、労働組合側も勧告を基準として、当該期間の賃金交渉を行う。最低賃金制度の存在しないシンガポールでは、NWCの賃金ガイドラインが賃金水準の形成に大きな影響を与えている。また、NWCの勧告は賃金水準に限定されず、給与体系のあり方や中央積立基金の拠出率などにも言及している。最近では、月単位可変型給与体系（MVC）の導入を推奨し、厳しい経済情勢下での賃下げを容認する一方、労働者の雇用は維持するよう求めている。

シンガポールが経済発展を遂げる過程でNWCは総じて、労働者の賃金上昇率を生産性上昇率以下とするよう抑制してきた。特に、政府の意向を受け、1980年代半ばに2年間の賃金凍結を勧告し、それまで進めてきた高賃金政策からの転換を示したことが注目される。経済情勢などを踏まえ、過度な賃上げを抑制するという方針は、当面変更されないと思われる。　[佐野淳也]

【関連項目】　高賃金政策、中央積立基金
【参考文献】　鈴木貴之「労働組合」田村慶子編『シンガポールを知るための60章』明石書店、2001年。／Singapore 2002 Editorial Team, *Singapore 2002*, Singapore, Ministry of Information, Communications and the Arts, 2003.

先住民族条約
ILO Convention No. 169

正式には「独立国における先住民族および種族民に関する条約」。1989年、ILO（国際労働機関）総会で採択された、ILO第169号条約である。主に南米諸国、北欧諸国によって批准されている。先住民に関する最初の条約は、1957年に採択された「先住民に関するILO第107号条約」である。先住民が伝統的に占有する土地の所有権や、彼らに対する教育の機会均等を認めた条約として画期的だとされたが、一方でこの条約の問題点も長い間指摘されてきた。問題点の根幹は、先住民族が社会のマジョリティ（中心的民族）に統合されること、すなわち社会的、文化的、かつ経済的に国民国家の一員になることが、彼らの利益になるという考え方であった。これはその後の先住民族の意識の高揚と相まって、ILOの専門委員会でも「一律の同化主義は時代遅れである」との結論となり、第169号条約の成立につながった。その視点は、同化主義や統合主義の放棄、先住民独自の社会的・文化的・経済的発展の尊重などである。

ILO事務局スタッフであるマヌエラ・トメイ（Manuela Tomei）ら作成の「手引き」（1996年、同訳2002年）によれば、この条約は3つの部分に分かれている。第1は、各国政府が先住民族および種族民とかかわるための概括的な方針である。これを先住民族

(Indigenous People) と種族民（Tribal People）にどのように適用するかの方針が、第1条から第12条まで規定されている。第2は、特定の現実的な問題に対する規定である。土地に対する権利、雇用、社会保障・保健サービス、教育機会、偏見の除去、国境を超えた先住民間の交流などの保証が規定されている。第3は、この条約の運用上の規定である。日本はまだ批准に至っていないが、国会の内外で批准を求める動きがある。

［赤石和則］

【参考文献】　マヌエラ・トメイ，リー・スウェプストン（苑原俊明，青西靖夫，狐崎知己訳）『先住民族の権利・ILO第169号条約の手引き』論創社, 2002年.

漸進主義／急進主義
Gradualism, Shock Therapy

旧社会主義国が市場経済に移行しようとする場合、いかなる国をつくるのか（strategy）、いかなる政策をどのような順序（sequence）で、そしてどのような速度（speed）で実施するかという問題がある。自由を原則にする国家をつくるという戦略をとって、あらゆる部門の自由化を一挙に実施しようというのが、急進主義（shock therapy, big ban）である。まずは自由化しやすい部門から、緩やかな規制緩和から実施しようとする考え方が漸進主義（gradualism）である。国際金融機関は、旧社会主義国に対して急進主義的政策を提案した。国家財政の建て直しのために、公共料金の引き上げ、徴税の強化を要求したし、金融の自由化や貿易や為替も自由化させようとした。こうした急進主義に対して、自由化しやすい部門からの緩やかな規制緩和から始めるべきだという意見もある。対外政策の場合、厳しい輸入規制を次第に緩和し、輸出志向型の政策をとる。貿易の自由化の後、資本の自由化を図る。背後にあるのは、アジア各国の成功経験である。順序立てた対外開放政策により国内産業を育成しながら、次第に完全な開放を実現する。こうした政策がアジアを発展させた。経済学は、自由化は資源の自由な移動を保証し、効率的活用を可能ならしめるという。つまり急進主義は理論からの接近であるが、漸進主義はいかなる政策を、どのような順序で、またどのような速度で実施するかという問題に理論的な解答を示してはいない。

［安田　靖］

【関連項目】　移行経済、価格自由化
【参考文献】　大野健一『市場移行戦略』有斐閣, 1996年.

全体主義
Totalitarianism

全体主義とは、ナチズムやスターリン（Iosif Vissarionovich Stalin）支配下のソ連に代表される、国民生活のすべての領域を全面的に支配下におく政治体制のことをいう。市民的・政治的自由の否定の他、政治面のみならず経済、文化、宗教まで強制的な画一化が行われ、テロが用いられることも多い。全体主義はその特徴として、①全体主義的イデオロギー（その社会で生活するものはすべて公認イデオロギーを忠実に信奉しなければならない）、②独裁者の下、あらゆる政治活動を独占する単一の政党、③テロリズムを信奉する警察統制網、④党や独裁者による一切のマスコミに対する独占と統制、⑤党や独裁者による武力闘争手段に対する独占、⑥経済全体に対する中央からの管理と指導、などがあげられる（Friedrich & Brzezinski）。

これに対して、権威主義が全体主義と異なる点について、リンス（Juan J. Linz）は、①限定された多元主義（すべての集団が全面的に統制されることはない）、②明確な政治イデオロギーの欠如（イデオロギーというよりメンタリティー）、③大衆動員の欠如（全体主義のように大規模な大衆動員がなされることはない）、④統治の予測可能性、などをあげている。

［甲斐信好］

【参考文献】　ハンナ・アーレント（大久保和郎, 大島かおり訳）『全体主義の起原(1)〜(3)』みすず書房, 1981年. ／J. リンス（高橋進監訳）『全体主義体制と権威主義体制』法律文化社, 1995年.

尖度
Kurtosis

分布の尖り具合（平均値への集中度）を示す指標。n個のデータ $x_1, x_2, \cdots, x_n$ について、その算術平均を $\bar{x}$、標準偏差を s とすると、尖度は以下のように定義される。

$$尖度 = \frac{1}{n}\sum_{i=1}^{n}\left(\frac{x_i - \bar{x}}{s}\right)^4$$

正規分布では尖度＝3となるように定義されていることから、尖度＞3の時、正規分布より尖っており、尖度＜3の時、正規分布より偏平であると判断できる。なお、上式から3を引いた値を尖度として定義することもある（統計ソフトのSASやSPSSなど）。

［白砂堤津耶］

【関連項目】 歪度、標準偏差

全斗煥
⇨ 全斗煥（チョンドファン）

先富論【中国】
Theory of Allowing Some People and Areas to Grow Rich First

一部の人あるいは地域が先に豊かになることを容認した理論である。毛沢東時代の中国においては、平等主義が社会全体で浸透し、悪平等（結果面での過度な平等志向）に陥りがちであった。その結果、生産意欲は大きく損なわれ、経済も長い間停滞した。それにもかかわらず、貧しくとも平等であることが望ましいという風潮は毛沢東時代の中国社会を支配し続けた。

こうした風潮を転換させたのが鄧小平（Dèng Xiǎopíng）の先富論である。鄧小平は、社会主義とは皆が豊かになること（共同富裕）であり、平等に貧しいことではないと1980年代から繰り返し主張した。また豊かになるためには、先に条件の整った一部の地域や人々から豊かになることも容認すべきであり、それが国家全体の所得水準の上昇につながると強調した。鄧小平は1992年の南巡講話でも、条件の整った地域から先行的に発展させようと述べており、先富論による改革・開放政策の推進という考え方を一貫して主張した。

中国の発展戦略として先富論が導入された結果、経済特区や経済技術開発区といった対外開放実験地区の設置が容易になった。そして沿海部の大都市（上海など）を中心に、人々の所得や生活水準が著しく向上した。先富論が今日の中国の経済的な繁栄をもたらした要因といえよう。

半面、先富論の弊害として、沿海部と内陸部、都市と農村の間での所得格差の拡大が指摘できる。鄧小平は、先富論を提唱した際、先に豊かになった地域や人々が遅れた地域の発展を支援し、共同富裕を実現すべきとも指摘している。この部分を制度的に実現できるか否かで中国経済の将来が左右されるともいえよう。

［佐野淳也］

【関連項目】 経済特区、経済技術開発区、鄧小平、南巡講話

【参考文献】 渡辺利夫, 小島朋之, 杜進, 高原明生『毛沢東, 鄧小平そして江沢民』東洋経済新報社, 1999年.

前方連関効果
Forward Linkage Effects

前方連関効果とは、ある産業の生産物が他の新しい産業の原材料（＝投入物）として利用されることを通じて、誘発的に他の新たな産業を生み出すことをいい、ハーシュマン（Albert Otto Hirschman）によって提示された。同じくハーシュマンによって提唱された後方連関効果とは対照的な概念となっている。ハーシュマンは、できる限り大きな前方連関効果や後方連関効果を喚起するような発展戦略を策定する必要があることを主張した。例えば、セメント工業が成立することによって、セメントを原材料として使用するセメント・ブロック工業が誘発的に成立するような効果のことを前方連関効果という。

ハーシュマンは、連関効果（前方連関、後方連関を含めた）を、誘発された新産業の生産量で測られる連関効果の潜在的な重要性、ならびに誘発された新産業が実際に出現する確率という意味での連関効果の強さの2つに区分して定義する。すなわち、連関効果は、被誘発産業の純産出量とそれが新たに生み出される確率の積の総和によって表わされるとしている。ある産業 W の連関効果は以下のような数式によって表わすことが可能である。

$$\sum_{1}^{n} x_i p_i$$

x_i：i 産業の純産出量、p_i：W 産業の成立によって新たに i 産業が生み出される確率

ハーシュマンによれば、確率 p は新たに設立された W 産業によって生じる刺激の強さを表わす尺度として理解される。前方連関効果においては p の大きさは、新たに生み出される産業の生産物にとって、W 産業の生産物を投入物として使用することの重要性に依存する。新たに生み出される産業の産出量に占める W 産業からの投入物の比率が高ければ、新たな産業を生み出す強い刺激になると考えられている。

[森脇祥太]

【関連項目】 後方連関効果
【参考文献】 アルバート・O.ハーシュマン（小島清監修，麻田四郎訳）『経済発展の戦略』巌松堂出版，1961年。／渡辺利夫『開発経済学―経済学と現代アジア（第2版）』日本評論社，1996年。

千里馬運動【北朝鮮】

生産向上を目標とする北朝鮮の労働強化運動を称するものである。1日に1000里（約4000km）を走る馬のような速度で社会主義の経済建設を達成するという意味をもつ。1958年から全国的に展開され、千里馬速度、千里馬職場、千里馬作業班運動などに拡大した。また、労働意欲を高めるために与える勲章にも千里馬関連の称号が多く登場した。1972年に採択された現行の憲法には、千里馬運動は社会主義建設のすべての基本である、と規定されている。

千里馬運動は、多くの人を社会主義建設の積極分子にするための共産主義の教養運動でもあった。人々の大衆的な英雄主義を鼓舞し、社会主義建設を積極的に推し進める共産主義の前進運動としても説明される。千里馬運動は思想革命、技術革命、文化革命を中心とする北朝鮮の3大革命と深い関係がある。すなわち、工業、農業、建設、保険、科学、教育など幅広い分野において千里馬運動を推進し、集団的革新運動と労働者の教養改造運動を結合した長期の大衆運動として位置付けられている。

北朝鮮の発表によると、千里馬運動初期の1957～60年までの工業総生産額は年平均36％の成長を達成し、これが千里馬速度の実例である、という。第1次5カ年計画（1957～61年）は全部門において予定より1年早く目標を達成したといわれている。しかし、1970年代に入り労働強化運動の限界が現れた。このような限界を克服するために1976年からは、「3大革命の赤旗勝取り運動」、「80年代速度運動」、「90年代速度運動」など、さまざまなスローガンで労働強化を促したが、世界との技術格差、外貨不足により北朝鮮の自立経済建設は厳しさを増している。

[文 大宇]

【関連項目】 北朝鮮
【参考文献】 重村智計『最新・北朝鮮データブック』講談社現代新書，2002年。／李元馥，松田和夫『ネイバーズ―北朝鮮を見るに見かねて』朝日出版社，2003年。

ソ

相関係数
Correlation Coefficient

対応する2つの変数の相関関係の程度と方向を示す指標。対応する2つの変数のデータが $x_1, x_2, \cdots, x_n$, $y_1, y_2, \cdots, y_n$、それぞれの算術平均が $\bar{x}, \bar{y}$ である時、相関係数 r は以下のように定義される。

$$相関係数\ r = \frac{\sum_{i=1}^{n}(x_i - \bar{x})(y_i - \bar{y})}{\sqrt{\sum_{i=1}^{n}(x_i - \bar{x})^2 \sum_{i=1}^{n}(y_i - \bar{y})^2}}$$

相関係数は -1 から 1 までの値をとり、1 に近い時、強い正の相関があるといい、-1 に近い時、強い負の相関があるという。また、$r=0$ の時を無相関という。

[白砂堤津耶]

操業停止点
Shut-down Point

操業停止点とは、企業が生産を停止してしまう点であり、図の B 点にあたる。A 点が損益分岐点である。操業停止点においては、総収入と可変費用が等しい。価格 p が操業停止点を上回った場合、損失が発生するが、すべての可変費用と一部の固定費用を回収することが可能であるために、生産活動は継続される。一方、価格 p が操業停止点を下回った場合、一部の可変費用とすべての固定費用を回収することはできないために、生産活動が停止される。

[森脇祥太]

◇操業停止点

価格 p、平均費用 AC、平均可変費用 AVC、限界費用 MC

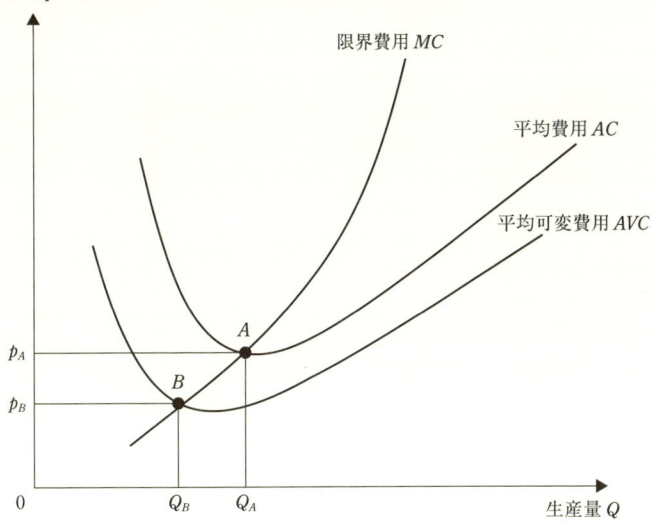

【関連項目】 損益分岐点

創造的破壊
Creative Destruction

　ヨーゼフ・アロイス・シュンペーター（Joseph Alois Schumpeter）が提示した概念。「企業家精神」、「新結合」と並び、彼の経済発展論の中心的な位置を占める。進取の精神に富む企業家が新市場の開拓、新技術、企業組織改革などの技術革新やイノベーションを行う。これら一つ一つのイノベーションを有機的に結合させることによって組織を発展させる。これにより、古い経済構造が経済内部から破壊されていくことを「創造的破壊」と呼ぶ。

　ここでいう企業家は、企業を所有するという意味での資本家とは異なる概念である。企業家とは、技術、商品、組織などの広い意味での革新（イノベーション）を実行する主体のことである。イノベーションとは、新技術の導入だけに限定されず、新市場の開拓、新商品の開発、新しい組織、原材料の新たな供給源の発見が含まれる。これらの新たな要素を組み合わせることが「新結合」となる。このような新結合が行われると、それ以前とは異質の経済構造が生まれる。新しい経済構造が生み出されることから、「創造的破壊」と呼ばれるのである。創造的破壊のエネルギーは、利潤獲得を目指す企業家によって経済内部から生じる。

　利潤は、新結合が行われた時期にだけ生じるものと、シュンペーターは考えた。これらの内容は、シュンペーター経済学の1つの大きな特徴をなしている。経済学では、技術を所与のものとして分析することが通例だからである。また、シュンペーターは、不況はケインズが指摘した有効需要の不足ではなく、新結合が他の企業に普及してしまった結果だと捉える。「創造的破壊」こそが、資本主義の原動力であることを彼は指摘した。しかし、やがて企業者のイノベーションへの誘引も、企業組織の官僚化、企業家の資本家への転進願望等によって損なわれ、資本主義は没落するという体制史観をもっていた。

［徳原　悟］

【関連項目】　シュンペーター、ケインズ経済学
【参考文献】　伊東光晴, 根井雅弘『シュンペーター――孤高の経済学者』岩波新書, 1993年. ／ジョセフ・A. シュンペータ（清成忠男編訳）『企業家とは何か』東洋経済新報社, 1998年. ／根井雅弘『シュンペーター――企業者精神・新結合・創造的破壊とは何か』講談社, 2001年.

贈与に関する交換公文
Exchange of Notes on Grant Financial Assistance

政府開発援助の（ODA）中で、贈与は無償資金協力と技術協力からなる。日本の供与する無償資金協力の場合、その供与に際しては両国政府の間に交換公文（Exchange of Notes：E/N）が締結され、両国政府間に当該案件の供与にあたっての国際約束が締結される。技術協力については交換公文は締結されない。交換公文の締結にあたっては、相手国は国内での関連法令と照らして、そこに盛り込まれる義務の履行を可能とする国内手続きを終え、日本側は閣議決定で了解を得る。交換公文の締結を境に、日本側は正式に援助の約束を行ったこととなり、これ以前の作業は計画段階の作業、これ以降の作業は実施段階の作業として位置付けられる。この交換公文には無償資金協力の制度上の特徴が表われている。

日本の無償資金協力は、第2次世界大戦の戦後賠償の一環として開始されたという事情から、相手国に資材や役務を調達する資金を贈与し、それを受けて相手国がその調達の契約をする形をとっている。一方で、相手国政府が供与された資金を適正に使用して調達を行うよう、交換公文の中には、①日本政府が調達契約の適格性についてこれを認証する、交換公文に付随する調達細目合意議事録の中には、②技術協力と一体として供与される無償資金協力案件については、その適格な実施を促進するために、国際協力機構（JICA）が調達契約に付随して業者の斡旋を行う、③調達は国際協力機構のガイドラインに沿って、国際協力機構が入札図書、入札評価報告を審査し、またその後の落札、契約、認証の手続きを助言し促進すると記載されている。いいかえれば、調達の主体は相手国政府にあるものの、その具体的な手続きについては、実施機関である国際協力機構が斡旋をするということである。

従来一般無償資金による資材や役務の調達は、日本の生産物および日本人の役務に限るタイド（tied）の資金協力が一般的であったが、近年施設建設に伴う資材および役務については、末端部分では相手国内からのあるいは第三国からの調達を認める方式が主流となってきた。日本の業者が調達契約を優先的に確保するという形は、徐々にその見直しが進んでいる。

交換公文の中には、援助を受ける側の講ずべき措置が明示されている。施設建設の場合は、用地の確保、整地、用地までの配電、給・排水、電話線の架設、資機材の通関と陸上輸送、調達に従事する日本の法人および個人に対する免税措置、供与された資金で手当てを想定していないすべての支出についてのローカル・コスト負担、供用後の適正かつ効果的な施設運用と維持管理である。これら措置は、無償資金協力の前提として相手国の義務として設定されているが、多くの開発途上国において義務履行の能力をもたず日本側による経費および作業負担が生じてきている。

その一因は、短期に集中して作業を進める行政能力をもたない国で、日本の官民の事業実施能力を前提とした予算制度と完工期限を強制することにある。日本側業者主導で作業が進められる結果、引き渡し後には施設運用と維持管理面で受け入れ国側の能力不足が顕在化し、その解決のために、追加的に技術協力を要請する事態が発生する。無償資金協力は、開発途上国側の問題は資金不足にあり、日本より資金の供与を行えば、後は開発途上国側でそれを有効に活用できるという想定にもとづいている。この想定を前提とし得ない状況が頻繁に発生する中で、個々の技術論よりは、無償資金協力を取り巻く日本側の制度の見直し、相手側との権利義務関係の再設定を求める声は繰り返し発せられている。病院や訓練センターあるいは灌漑施設などで規模の大きい施設を建設する無償資金協力の場合は、技術協力を先行させて準備を十分に行った上で施設建設に入る、複数期に分けて完工期限をゆるやかにするなど、従来の枠組みの中での改善の余地はある、しかし合わせて開発途上国の能力形式のスピードを念頭において、交換公文の内容および日本の予算制度の適用の仕方についても再検討する余地はある。

［佐原隆幸］

【関連項目】　無償資金協力の定義、無償資金協力、ODA分

類表
【参考文献】 外務省監修『経済協力参加への手引き』(財)国際協力推進協会, 昭和59年度版, 平成14年度版.

ソウルオリンピック
Seoul Olympic Games

　ソウルオリンピックは、1988年9月17日から16日間にわたり韓国の首都ソウルで行われた第24回オリンピック大会である。1976年のモントリオール大会以降、オリンピックは政治的な対立に振り回され、12年ぶりに東西両陣営が集まった大会としてソウルオリンピックの意義は大きい。ソウルオリンピックは、開催時において歴代オリンピックと比べて最大規模の160ヵ国、1万3600人の選手が参加した。1979年から誘致計画が進められ、1980年12月にオリンピック競技開催都市としてソウルを正式に申請した。その後、1981年の国際オリンピック委員会の総会において正式に決定された。韓国が1948年からオリンピックに参加して以来、40年ぶりに大会の誘致が実現し、アジアでは日本に続いて2番目にオリンピック誘致に成功した。

　ソウルオリンピックの成功は、国際社会における韓国のイメージを向上させ、韓国経済の先進化を促進する契機となった。朝鮮戦争以降、40年にも満たない短い期間に達成した高度経済成長と、これを背景にしたオリンピック開催の成功は、韓国国民に大きな自信をもたらした。さらに、国際社会における韓国のイメージ向上は、韓国製品に対する認識を高め、輸出拡大と輸出市場の多様化、技術交流の拡大につながった。大会が決まった1981年以降、オリンピックを挟んで15年間の高度成長を経験した結果、韓国はついに1996年のOECD加盟により先進国メンバー入りを果たした。オリンピック開催は韓国において先進社会を実現し、国民に豊かさの実現をもたらした。

［文　大宇］

【参考文献】 金鍾基ほか「ソウルオリンピックの意義と成果」韓国開発研究院, 1989年（韓国語）.

蘇州工業団地【シンガポール】
Suzhou Industrial Park

　シンガポールおよび中国政府による共同開発プロジェクトの先駆けである。両国の友好の象徴とされるが、国土が狭く、人口も少ないシンガポールが生き残りのために推進している政策の一環でもある。

　蘇州工業団地は、中国・シンガポール蘇州工業園区開発有限公司（CSSD）が開発母体となり、1994年に着工した。当初、CSSDの出資比率はシンガポール側65％、中国側35％とシンガポール側主導であった。出資者には企業だけでなく、経済開発庁も間接的に加わった。さらに、ジュロン開発公社の子会社が開発を手がけるなど、シンガポール政府は初期段階から蘇州工業団地の開発を積極的に支援した。

　着工から2000年まで、プロジェクトは毎年赤字を出し続けた。開発当事者の一つである蘇州市が工業団地（蘇州新区）を独自に建設したこともあって、シンガポール側の対中不信が一時高まった。双方が協議した結果、2001年1月よりCSSDへの出資比率を変更（シンガポール35％、中国側65％）し、中国側への経営権の移譲を決定した。外資系企業の誘致に関するノウハウの提供や人材育成、第1期開発分（8 km²）の誘致活動は、シンガポール側が責任を負うものの、残りの第2期、第3期合わせて62km²の開発は中国に委ねることになり、シンガポールの支援は一歩後退した。

　その後、中国政府が団地の一部を輸出加工区として認定したこと、中国のWTO加盟を契機に外資系企業の進出ラッシュが続いたことにより、プロジェクトは黒字に転換し、累積赤字の解消、さらにはCSSDの上場も現実味を帯びている。またシンガポール政府は本プロジェクトを貴重な教訓として、中国との経済関係の強化に一段と力を注いでいる。

［佐野淳也］

【関連項目】 経済開発庁、ジュロン開発公社、リージョナリゼーション

租税管理
Tax Administration

　租税管理は、納税率を向上させる業務から課税の効率性や公平性を維持し、納税秩序を確立する納税教育まで幅広い業務を指す。税収は、国家および地方財政の重要な財源であ

る。特に、開発途上諸国では財源を確保することが開発にとって重要問題である。開発途上諸国では、租税管理体制が十分に整備されていないことに加え、税務担当官の行政能力にも制約があるため、脱税や税の抜け穴を利用した租税回避が生じている。脱税や租税回避が頻繁に起きると、納税義務を果たすという納税者のモラルが低下する。租税教育を実施することも重要であるが、納税義務を怠った者に対して厳しい罰則が課されるべきである。

しかし、実情は、脱税をしても裁判所の判決は大きく異なっている。その背景にあるのは、汚職や腐敗の蔓延である。税収を確保するために高税率が課されたり、新たな課税が導入されたりする。これにより租税負担の公平原則が損なわれることもある。公平原則は水平的公平と垂直的公平の2つの原則からなる。水平的原則は、同一の所得水準にある人は税負担も同一であるという原則である。垂直的公平は、高所得者ほど税負担が重くなるという原則である。これらの公平性の原理を満たし、資源配分を歪めることのない租税体系を構築することが、税収の確保につながる。

租税管理の範囲は、海外取引の拡大により、対外的側面にまで広がっている。直接投資を通じた多国籍企業の進出により、開発途上諸国は徴税権を確保することも重要になっている。多国籍企業が本拠地をおく国が徴税権をもつのか、それとも進出先の国がもつのかという問題である。二重課税は回避されねばならないので、徴税権確保の国家間競争が起きる。開発途上諸国は、税収の確保に加えて、国内の租税管理を厳格なものにするためにも、多国籍企業に対する徴税権を確保する必要がある。多国籍企業は国内で活動をするので、大幅な特例措置を与えることは自国の法人企業との間に軋轢を生むことになる。

〔徳原 悟〕

【関連項目】 脱税と租税の抜け穴、所得再分配政策
【参考文献】 貝塚啓明、石弘光、野口悠紀雄、宮島洋、本間正明編『グローバル化と財政』(シリーズ現代財政4巻)有斐閣、1990年。/Rudiger Dornbusch ed., *Policymaking in the Open Economy : Concepts and Case Studies in Economic Performance.* New York : Oxford University Press, 1993. /貝塚啓明『財政学(第3版)』東京大学出版会、2003年。

ソフトウェア産業【インド】
Software Industry

インドのソフトウェア輸出は、1990年代を通じて実に年間50%の成長を遂げ、IT不況を迎えた21世紀に入っても、20%台の成長を続けている。ソフトウェア輸出は2002～03年には外貨収入の20%を超え、宝石を抜いてインド最大の輸出項目となった。米国企業はIT支出の削減を強いられている中で、逆にインドへのアウトソーシングを強化する傾向にある。元来、インド経済の発展は国内市場拡大をベースにしたものであったが、ソフトウェア産業は典型的に輸出主導型の発展を示している。

初等、中等教育の普及面で多くの課題を残しているものの、インドはアジア随一の高等教育の層の厚さを誇っている。ソフトウェア産業は、そうした豊富で質の高い人的資源を国際競争力の形成という観点から最も有効に活用し、成功した典型的な比較優位産業である。さらにインドのソフトウェア産業を台頭させる下地を形成し、追い風になったのがグローバリゼーションである。IT革命を伴うグローバリゼーションの流れの中で、留学、海外勤務、移民など海外で活躍するインド人IT専門家・技術者は、世界的規模の人的ネットワークを徐々に形成してきた。この人的ネットワークと米国企業が結び付き、インドのソフトウェア産業を開花させる原動力となった。

2002年末現在、インドのソフトウェア企業は約850社存在する。TCS、インフォシス、ウィプロ、サティアム、HCLなどの大手企業は、いずれも輸出額は100億ルピー(1ルピー=約2.5円)以上であり、ソフトウェア・エンジニアの雇用数もTCSでは2万人を超えるまでになった。インドのソフトウェア産業が世界的に高い評価を受けているということは、その品質管理の高さに裏打ちされている。ちなみに2001年現在、ソフトウェアの品質管理規格CMM(能力成熟度モデル)レベル5に達している企業は、世界全体で58

機関を数える中で、インドだけで36社に及んでいる。CMMレベル5は、計測データを用いた開発工程の改善が組織的、自動的になされていることを意味している。生産性、欠陥率などの数量化されたデータにもとづいて、つねにコスト削減に向けての営みがなされるとともに、定期的に顧客からの評価を仰ぎ、それを業務内容の改善に反映させる仕組みが整備されている。

インドのソフトウェア輸出の業務内容は、当初、コーディングなどのプログラミング・サービスが中心であったが、次第に付加価値のより高いソフトウェア・エンジニアリング・サービスやR＆Dサービス・ソフトウェア製品へと広がりをみせるようになった。またITサービス輸出の一環として、1990年代後半から急成長しているのが、ITESである。ITESとは、ITの活用にもとづいたアウトソーシングのことであり、コールセンターや医療カルテの転写などのサービスが含まれる。ITESの拡大を反映して、最近ではソフトウェアにかわってITサービスという用語が用いられるようになっている。

世界のITサービス市場（ハードを除く）におけるインド・ITサービス輸出の浸透度は、2000年から2002〜03年にかけて1.41％から2.82％へと拡大した。地域別にみて、インド・ITサービス輸出の浸透度が最も高いのが北米であり、同期間中、1.76％から3.92％へと拡大した。ITサービスの提供において、従来はインド人ソフトウェア・エンジニアが顧客側におもむいてサービスを提供するオンサイト方式が中心であったが、経費抑制の観点から徐々にソフトウェア開発をインド国内で担当するオフショア方式が主流になりつつある。また近年、外資系企業はインドに企業内R＆Dセンターを設立する動きが活発化しており、世界のITサービス・センターとしてインドの存在はますます重要になりつつある。　　　　　　　　　　　　　［小島　眞］

【参考文献】　小島眞「グローバリゼーションとインド国民経済の変容」渡辺利夫編『アジアの経済的達成』東洋経済新報社、2001年。／小島眞「インド工業論」絵所秀紀編『現代南アジア②経済自由化のゆくえ』東京大学出版会、2002年。

ソフトな予算制約
Soft Budget Constraint

「ソフトな予算制約」は、ハンガリー出身の経済学者のコルナイ（János Kornai）が最初に提起したコンセプトである。コルナイは、社会主義経済において、企業は政府が定めた目標を達成できなくても経営の破綻はつねにまぬがれるという現象に注目し、「家父的」な政府が赤字企業を救うという意味で、企業の予算制約がソフトなものだと述べた。むろん、ソフトな予算制約の下では企業にコストを節約するようなインセンティブは生まれず、赤字と効率性の低さが放置される。コルナイは、企業の価格変化に対する反応の鈍さ、社会主義経済における不足状態の持続、政府支出の増大に伴うマクロ的不安定など、社会主義経済制度の非効率性と不安定性の源を、ソフトな予算制約下の企業のコスト意識の希薄さによって説明した。この現象は社会主義経済に限るものではなく、資本主義経済の銀行部門や公共事業の分野についてもソフトな予算制約が存在しているという。

では、政府はなぜ慈父のように企業を破産させないのか。コルナイ自身は、政府が失業を恐れるという社会的、政治的制約要因を重視しているが、近年、動学的にゲーム理論を用いてこの現象を経済学的に理解しようとする理論モデルが多く出されている。そのエッセンスは、企業が破産すれば、投資者にとって初期投資はサンクコスト（沈殿費用）になってしまうが、それを回収できるようにするためには赤字企業に対しても清算を避け、再投資を行うしかない。他方、企業は政府の行動パターンを熟知し、清算に追い込まれることはないから、経営が改善されなくても企業は存続するということになる。計画経済から市場経済への移行の時期において、破産の恐れがない企業に経営自主権を与えることで、ソフトな予算制約の問題はますます深刻化している。企業の清算を可能にするための制度整備や、所有制度を中心とする企業統治の改善が重要な政策問題となっている。　　　　　　［杜　進］

【関連項目】　移行経済
【参考文献】　ヤーノシュ・コルナイ（盛田常夫編訳）『「不足」の政治経済学』岩波現代選書、1984年。

ソブリン・ローン
Sovereign Loan

ソブリン・ローンとは、政府や政府から信用保証を取り付けた政府系機関や企業への銀行融資を指す。政府はもちろんのこと、政府系機関や国営企業に対して先進諸国の多国籍銀行が融資を行うことを指している。このような融資は1970年代に急増したが、当時は開発途上諸国への銀行融資の大部分は、政府が絡んだものであった。1990年代にアジア諸国でみられたように、開発途上諸国の民間部門に直接銀行融資を行うことはなかった。多国籍銀行が開発途上諸国の民間部門に直接融資を行うことは、リスクが大き過ぎるという認識が、銀行団の間では一般的であった。そのため、政府から信用保証を得られた案件にだけ融資が行われるようになった。

1970年代にソブリン・ローンが急増したのは、第1次石油ショックによるところが大である。当時、先進諸国は石油ショックにより、景気後退局面にあった。そして、石油価格の高騰により国際収支赤字が生じたのである。非産油開発途上諸国も、1次産品価格の高騰はあったものの、先進諸国の景気後退や石油価格の高騰により、大幅な国際収支赤字を記録した。当時、国際収支が大幅な黒字を記録したのは、産油開発途上国であった。石油価格の上昇により石油代金収入が著しく上昇し、このマネーを国際収支赤字国にいかにして還流させるかが、当時の国際経済において重要な問題となった。いわゆる、オイルマネーの還流問題である。

産油開発途上国は石油代金をユーロ市場で運用した。この資金を開発途上諸国に融資し始めたのが、ソブリン・ローンであった。先進国多国籍銀行は、政府および政府関連部門への融資を大幅に拡大していった。国家の信用保証のゆえに安全であると認識されたのである。当時、米国のシティー・コープ銀行の頭取は、「国家は破産しない」といい切っていた。民間企業が破綻すればこれは消滅するが、国家は破綻しても消滅することはありえない。つまり、多国籍銀行は、債務国が返済を完了させるまで債権者の位置に立ち続けることが可能になる。

このように国家は破産しないという信念に加えて、開発途上諸国への融資は多国籍銀行にとって高い収益を生み出す源泉であった。先進諸国が軒並み経済成長率を鈍化させ、有利な投資機会を見つけ出すことは困難なことであった。これに対して、開発途上諸国は成長率も高いために収益も上がり、しかも政府保証がついた安全な投資先とみられた。しかし、1980年代になると、中南米諸国を中心として相次ぐ債務不履行（Default）が発生し、債務危機が発生した。この債務危機は、開発途上諸国の拡張的な経済運営による財政赤字、インフレーションや国際収支赤字に主たる原因があった。これに加え外部要因が追い討ちをかけた。米国の高金利・ドル高政策である。通常、融資はドル建てで行われる。金利も米国の金利に連動しているため、高金利・ドル高政策は、開発途上諸国の債務負担が元本・利子の支払いに重くのしかかる。開発途上諸国の1次産品輸出が拡大しなかったために、その債務負担の履行は困難となった。

中南米諸国に債務不履行の鐘が鳴り響くと、窮地に追い込まれたのは多国籍銀行であった。返済が行われなければ、銀行破綻が生じる危険が出てきた。そのため、支払い猶予（Moratorium）、新規貸付け（New Money）、および借換え（Rollover）などのさまざまな手段を取り入れながら、債権・債務関係を辛うじて維持したのであった。これは、多国籍銀行にとっては譲歩であるが、銀行破綻よりは望ましいというセカンド・ベストの選択であった。その後、しばらく開発途上諸国向けの銀行融資は減少したが、1990年代に入るとソブリン債（Sovereign Bond）による資金調達法を開発途上諸国は利用し始めた。開発途上諸国は国際市場で国債を発行したが、その格付けは支払能力を反映して低いものであった。このソブリン債も1995年のメキシコ、1998年のロシアのデフォルトを契機に低迷した。

［徳原 悟］

【関連項目】 対外債務危機／債務削減戦略、債務関連指標、外貨準備、カントリーリスク

【参考文献】 本多健吉編『南北問題の現代的構造』日本評論社、1983年．／アービング・フリードマン（国際金融情報センター訳）『カントリーリスク管理の研究』日

本経済新聞社, 1984年. ／井上久志『カントリーリスクの研究―理論と実証と評価モデル』東洋経済新報社, 1985年. ／中村雅秀編『累積債務の政治経済学』ミネルヴァ書房, 1987年. ／毛利良一『国際債務危機の経済学』東洋経済新報社, 1988年.

▶ソ連再生計画
⇨シャタリン計画

▶ソロー＝スワン・モデル
Solow-Swan Model

　ソロー＝スワン・モデルとは、新古典派経済成長理論のことをいい、ソロー（Robert Merton Solow, 1924～）とスワン（Tom W. Swan）によって提示された。ソロー＝スワン・モデルにおいては、固定係数型の生産関数が仮定されているハロッド＝ドーマー・モデルとは異なって、生産要素間の代替がスムーズになされる生産関数が仮定される。使用される生産関数の相違は、モデルによって導かれる経済成長の相違をもたらす。すなわち、ソロー＝スワン・モデルにおいては資本と労働が完全に利用された状態で経済成長が持続するのに対して、ハロッド＝ドーマー・モデルにおいては、資本と労働が完全には利用されない状態で経済成長が持続する。ソロー＝スワン・モデルにおいては、経済成長は安定的なものとなるが、ハロッド＝ドーマー・モデルにおいては、経済成長は不安定なものとなる。

　ソロー＝スワン・モデルにおいて生産関数は以下のように定義される。

$$Y = F(K, L) \cdots\cdots\cdots\cdots\cdots\cdots ①$$

K：資本ストック、L：労働力

①式の生産関数は以下の②～⑥式のような新古典派的性質をもつ。

$$F_K = \frac{\partial F}{\partial K} > 0, \frac{\partial^2 F}{\partial K^2} < 0 \cdots\cdots\cdots ②$$

$$F_L = \frac{\partial F}{\partial L} > 0, \frac{\partial^2 F}{\partial L^2} < 0 \cdots\cdots\cdots ③$$

$n > 0$ の定数である時、

$$F(nK, nL) = nF(K, L) \cdots\cdots\cdots ④$$

$$\lim_{K \to 0}(F_K) = \lim_{L \to 0}(F_L) = \infty \cdots\cdots\cdots ⑤$$

$$\lim_{K \to \infty}(F_K) = \lim_{L \to \infty}(F_L) = 0 \cdots\cdots\cdots ⑥$$

　②と③式は、資本と労働の限界生産力が正の値となること、資本と労働に関して収穫逓減法則が成立していることを示す。また、④式は規模に関して収穫一定となることを示す。⑤と⑥式は、資本と労働がゼロに接近するとその限界生産力は無限大に近づき、資本と労働が無限大に接近するとその限界生産力はゼロに近づくことを示し稲田条件とされるものである。①式は④式の規模に関して収穫一定の仮定より、以下のように労働生産性関数 y として表わすことが可能である。

$$Y = F(K, L) = L \cdot F(K/L, 1)$$
$$= L \cdot F(k)$$
$$y = Y/L = F(k) \cdots\cdots\cdots\cdots\cdots\cdots ⑦$$

さて、貯蓄率 s が以下のように総生産Yと比例的に決められているとしよう。

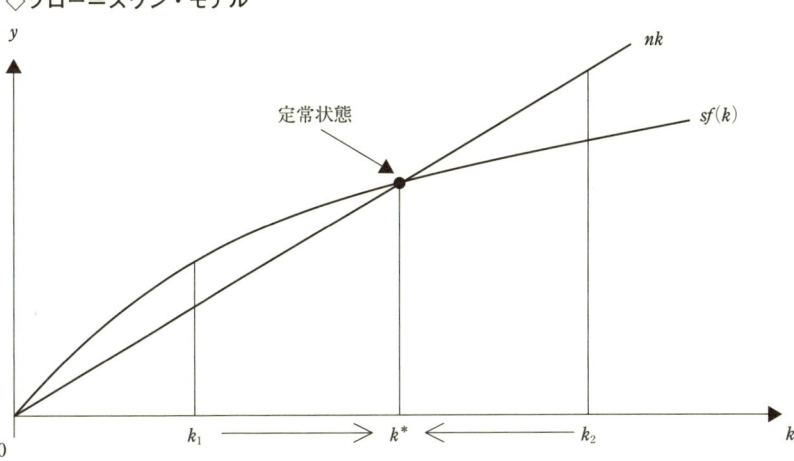

◇ソロー＝スワン・モデル

$$S=sY \quad \cdots\cdots\cdots\cdots\cdots\cdots ⑧$$
S：貯蓄

$S=I$の関係が成立し、$I=\Delta K=dK/dt$であることを考慮すれば⑧式は以下のように示される。

$$\dot{K}=I=sY \quad \cdots\cdots\cdots\cdots\cdots ⑨$$
$\dot{\ }$：時間に関する微分

⑨式をLで割ると以下のようになる。

$$\frac{\dot{K}}{L}=sf(k) \quad \cdots\cdots\cdots\cdots\cdots ⑩$$

労働力人口の成長率$\frac{\dot{L}}{L}=n$とすると、$\dot{k}$は以下のように$\frac{\dot{K}}{L}$の関数で示すことができる。

$$\dot{k}=\frac{\dot{K}}{L}-nk \quad \cdots\cdots\cdots\cdots ⑪$$

⑪式を⑩式に代入して整理すると、以下のようなソローの基本方程式が導出される。

$$\dot{k}=sf(k)-nk \quad \cdots\cdots\cdots ⑫$$

資本労働比率kの値がk_1の時、$sf(k)>nk$となるため、$\dot{k}>0$となって時間の経過とともにkの値は上昇する。そして、k^*までkの値が上昇すると、$sf(k)=nk$となるため、$\dot{k}=0$となってkの値は一定となる。また、資本労働比率kの値がk_2の時、$sf(k)<nk$となるため、$\dot{k}<0$となって時間の経過とともにkの値は低下する。同様にk^*でkの値は一定となり、定常状態が実現する。したがって、k^*においては資本、労働、生産が同率で成長する。ソロー＝スワン・モデルによると、資本労働比率が低く、1人当たりのGDPが低い国においては急速な資本蓄積が進み、高い経済成長を実現することになる。これは、開発途上国の経済成長が先進国よりも急速に進行し、やがてすべての国々の経済成長率が均等化する可能性があることを示唆している。　　　　　　　　　　　［森脇祥太］

【関連項目】　生産関数、ハロッド＝ドーマー・モデル、限界生産力、収穫逓減の法則、規模に関する収穫、定常状態
【参考文献】　バロー＝サラ・イ・マーティン（大住圭介訳）『内生的経済成長論Ⅰ』九州大学出版会, 1997年.

損益分岐点
Break-even Point

損益分岐点とは、企業が利潤最大化を目的とした生産活動を行っても利潤がゼロとなってしまう点のことをいい、図のA点にあたる。企業の利潤πは価格pが損益分岐点を上回ると正になり、下回ると負になる。

［森脇祥太］

【関連項目】　限界費用と利潤最大化

◇損益分岐点

価格p、平均費用AC、限界費用

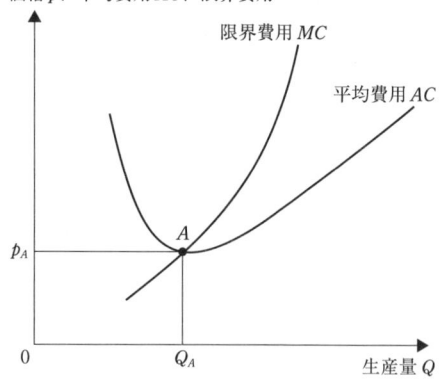

対外債務危機／債務削減戦略
External Debt Crises, Debt Reduction Strategies

　1980年代前半には、中南米諸国を中心に開発途上諸国の対外債務危機が重要な問題として注目された。中南米諸国は相次いでデフォルト（債務不履行）やモラトリアム（支払い猶予）を宣言した。これは開発途上諸国だけの問題ではなく、先進国の多国籍商業銀行にとっても重大な問題であった。多国籍銀行は巨額の開発途上国向け融資を抱えており、これら金融機関の破綻を通じて世界金融恐慌が生じるのではないかという不安が蔓延した。これを受けて先進諸国も開発途上諸国の債務問題に取り組み始めた。債務負担の軽減や債務削減策が相次いで提案された。

　1985年に米国の財務長官ベーカー（James A. Baker）は、ベーカー提案なるものを提示した。その特徴は、中南米を中心とした中所得重債務国に対して総額200億ドルの新規融資を多国籍民間銀行が向こう3年間実施すること、および世界銀行による構造調整融資の増額などであった。つまり、新規資金（ニュー・マネー）の供給に加え、開発途上諸国の構造改革を推進することによって、債務返済が可能になるような経済構造を長期的に構築することが目標とされた。しかし、その後多国籍銀行の貸し倒れ引き当て金の積み上げや、自己資本の拡充などにより、新規融資が伸びるどころか回収にまわる銀行が増え、成果をあげることができなかった。

　そのため、再びベーカー財務長官は1987年9月にメニュー・アプローチを提案した。このアプローチは、債務の株式化（デット・エクイティー・コンバージョン）や証券化（セキュリタイゼーション）などの9項目の手段を通じて、多国籍銀行の開発途上国向け融資を増額させることに力点がおかれた。しかし、新規融資の拡大や債務繰り延べ（リスケジューリング）を行っても一向に債務問題が解消されないとの認識が関係者において強まった。窮状を打開するために、米国の財務長官ブレイディ（Nicolas Brady）は、1989年3月に新債務戦略を提案した。この提案の特徴は、多国籍銀行および国際開発金融機関が元本・利子の返済負担の軽減、および債務の一部放棄などを認めたことである。また、債権国が追加資金の供給を行い、債務国に対しては、引き続き経済構造改革を推進して持続的な成長の可能な経済構造を確立することが求められた。各種の規制を緩和・撤廃し、市場メカニズムが円滑に機能する制度改革への取り組みを債務国に求めた。これにより、資源配分の歪みを是正し、国内貯蓄の増強や資本逃避を防止してマクロ経済の安定化を図ることになった。

　マクロ経済の安定化による外国資金の流入を促進することも重要な提案であった。メキシコをはじめ、フィリピン、アルゼンチン、ブラジルなどが同提案にもとづいて債務削減を実施した。その一方で、重債務貧困国（Heavily Indebted Poor Countries：HIPC）の債務救済措置もとられた。世界銀行によると、重債務貧困国の基準は、1993年の1人当たりGNPが695ドル以下であること、ならびに1993年において現在価値で測定した債務総額が当該国の年間輸出額の2.2倍以上、あるいは対GNP比80％以上の国とされた。1988年のトロント・サミットで合意されたトロント・スキームは、最初の重債務貧困国の債務削減スキームであった。そこでは33％の債務削減および最長25年の債務繰り延べが合意された。また1991年のロンドン・サミットでは、先のトロント・スキームをさらに拡充し、50％の債務削減および最長30年の債務繰り延べが合意された。これは新トロント・スキームと呼ばれる。

　重債務貧困国に対する債務削減スキームの重大な転換点となったのは、1996年のリヨン・サミットで合意されたリヨン・スキームである。80％の債務削減と最長40年間の債務繰り延べに加え、IMFや世界銀行に対して重債務貧困国の債務削減を求めた。世界銀行によると現在、世界42カ国が重債務貧困国に指定されている。その内訳は、中東1カ国・

アフリカ地域34カ国、アジア3カ国、中南米4カ国となっている。これらの指定国は、重債務貧困国イニシアチブによる債務削減スキームが適用可能な国である。現在、42対象国のうち38カ国で同イニシアチブにもとづき債務削減が進められている。また、「ジュビリー2000」などにもみられるように、2000年までに最貧国の債務を帳消しにしようという動きもみられ、今後さらに重債務貧困国の債務削減が進められるものと考えられる。[徳原 悟]

【関連項目】 ワシントン・コンセンサス、安定化政策/構造調整政策、国際開発金融機関、債務関連指標、国際開発金融機関の融資制度

【参考文献】 大野健一、大野泉『IMFと世界銀行—内側からみた開発金融機関』日本評論社、1993年./小浜裕久『ODAの経済学（第2版）』日本評論社、1998年./大野泉『世界銀行—開発援助戦略の変革』NTT出版、2000年./ジョセフ・E.スティグリッツ（鈴木主税訳）『世界を不幸にしたグローバリズムの正体』徳間書店、2002年./Nancy Birdsall and John Williamson with Brian Deese, *Delivering on Debt Relief : From IMF Gold to a New Aid Architecture*. Washington D. C. : Institute for International Economics, 2002.

対人地雷禁止キャンペーン
International Campaign to Ban Landmines : ICBL

1997年12月、カナダの首都オタワにおいて、対人地雷全面禁止条約が122カ国によって署名され、1999年3月に発効した。対人地雷は世界の65カ国に6000万個が埋設され、毎年2万4000人が被害者にあっている（米国国務省、1998年）。しかも、その多くが非戦闘員である子どもと女性たちである。対人地雷全面禁止条約は、NGOの国際的なネットワークによる活動展開を通じて達成された初めての国際条約として知られることになった。この国際条約締結に至る道は「オタワ・プロセス」と呼ばれている。カナダ政府を中心とする中核国とNGOの国際ネットワーク（ICBL）が協働して、従来の国際条約の締結プロセスとは異なる新しい交渉プロセスを開発し、成功させたのである。

ICBLは1992年に欧米6NGOによって創設されたNGOの国際ネットワークである。現在では90カ国、1300以上のNGOが参加している。このネットワークへの参加には、「対人地雷の全面禁止」の支持という以外、特別の条件が課されるわけではなく、非排他的なネットワークであった。1993年にジョディ・ウイリアムズ（Jody Williams）がコーディネーターに任命されたが、事務所を設置せず、当時所属していたVVA（米国退役軍人財団）や自宅を拠点に活動していた。インターネットのホームページをバーチャルな（仮想）事務局とするインターネット時代を先取りする疑似組織形態をとっていた。各国の参加NGOが情報を共有し、各国の政策を監視し、自国政府に対してキャンペーンを行い、さらにNGOと政府のパートナーシップの構築に努力し、NGOと政府の協働によって「例外なし、抜け道なし、留保なし」の全面禁止条約が実現された。ICBLは1997年にノーベル平和賞を受賞した。 [長坂寿久]

【関連項目】 NGO、ジュビリー2000キャンペーン、対人地雷問題

【参考文献】 目加田説子『地雷なき地球へ』岩波書店、1998年./目加田説子『国境を超える市民ネットワーク—トランスナショナル・シビルソサエティ』東洋経済新報社、2003年.

対人地雷問題
Anti-Personnel Mines Issue

国連の推定によれば現在約60カ国で1億1000万個の地雷が敷設され、非戦闘員を中心に毎年2万6000人が殺傷されている。簡単な技術で安価に生産が可能な地雷は多くの開発途上国で製造され、使用、備蓄、売買されている。1個を埋設する費用は3ドル、1個を除去する費用は数百ドルに上るため、紛争終了後も放置され、地雷のある土地は放棄され、生産的な利用を阻み、復興を遅らせる原因となっている。一般市民を巻き込むその無差別性が非人道的であるとして、「地雷禁止国際キャンペーン」（ICBL）などのNGOの地雷廃絶活動が粘り強く展開された。

1996年10月、地雷禁止の賛同国とNGOが主導し、オタワ・プロセスと呼ぶ交渉を開始した。対人地雷の製造、使用、備蓄、売買を全面的に禁止する国際条約を発足させる努力を開始した。1997年12月には日本を含む121カ国がこの対人地雷全面禁止条約に調印した。1999年の発効後は、貯蔵中の地雷については4年以内に廃棄、埋設中のものは10年以

内に除去することを求めている。全面禁止条約の狙いは、不参加国にも強い圧力をかけることにあったが、朝鮮半島での有事を懸念する米国と韓国、地雷の主要生産国である中国、軍の反対をかわせないロシア、インド、北朝鮮、イスラエルなどが調印を保留している。人道上許しがたい兵器であり廃絶すべきだとの国際世論の高まりを主導したICBLは1997年10月ノーベル平和賞を受賞した。

地雷と同様に一般市民への無差別な影響が及ぶ小型武器（拳銃、自動小銃）による死者は国連の推計では年間50万人。女性と子供が犠牲者の過半を占める。10億丁以上が出回る小型武器の不法取引防止に向けて国連は1995年から規制への取り組みを始めた。2001年には国連小型武器会議が開催され、製造、取引、輸出入業者の登録および移動を捕捉するための行動計画が採択された。地雷と同様、紛争後の復興を促進するために厳しい規制を求める世論が形成されつつある。　[佐原隆幸]

【関連項目】　対人地雷禁止キャンペーン、平和構築、復興・開発支援
【参考文献】　国際協力総合研修所『事業戦略調査研究「平和構築」』2001年。

体制移行融資
Systemic Transformation Facility：STF

移行政策支援のために旧社会主義国に提供されている、条件の緩やかな（concessional）IMF融資。融資に際しては、価格の自由化、国営企業の民営化、貿易の自由化などを中心とする政策を一挙に実施するよう求め、合意された政策を実施しなかったり、成果があがらない場合、融資を中断するなどという条件（conditionality）を付すのが通常である。こうした政策の実施を前提に、緩和された条件による融資を行うようになった。こうした融資に際して、融資を受ける側と融資を提供する側の対話（政策対話）が重要であるとされ、市場経済の現実について、経済分析の手法などさまざまな知的支援が行われることが多い。　[安田靖]

【関連項目】　政策対話／政策支援
【参考文献】　大野健一『市場移行戦略』有斐閣、1996年。

大中華経済圏
Greater China Economic Zone

世界銀行は1993年の報告書において、中国大陸、香港、台湾を「中華経済地域」と名付け、その経済力を合わせて評価した上、それが世界経済の将来に与えうる影響について論じた。それ以前にも香港や台湾の一部の学者が「大中華経済圏」のコンセプトを提起したが、中国大陸ではいまだに市民権を得るまでには至っていない。この用語にまつわる強烈な民族主義的響きが、世界に数千万人の華僑をもつ中国にとっては、不必要な民族対立につながる危険性を孕み、外交的には好ましくないという理由からであろう。しかし、経済的側面に限ってみるなら、民族的、言語的、文化的な同一性を背景とする華人経済ネットワークがすでに形成されていることは否めない事実である。

広い意味での中華経済地域（華人経済ネットワーク）には、中国大陸、香港、マカオ、台湾という両岸四地を指すのみか、東南アジアを中心とする世界各地の華人資本も含まれる。こうした華人経済ネットワークの形成は、中国大陸の改革・開放政策への転換に触発され、貿易と直接投資を通じて海外華人がもつ資本、技術、情報、管理知識が中国大陸に流入し、中国の経済大国化を促進している。この華人経済ネットワークは、互恵的利益追求を最大の目標とするものであり、市場メカニズムにもとづくビジネス・ネットワークである。共通の文化や言語の背景は、あくまでも利益共同体の結成を媒介するに過ぎない。

しかし、アジア地域において自由貿易協定（FTA）をめぐる動きが活発化する過程で、大中華経済圏において制度的基盤の整備に新しい進展がみられている。まず、2002年に華人資本の影響力が強いASEANとの間にFTAを含む「包括的経済協力のための枠組み協定」が調印され、10年以内に中国＝ASEANの自由貿易地域を実現させるという。2003年に中国大陸が香港とマカオとの間にそれぞれ「一層緊密な経済貿易協力の取り決め」（CEPA）を結び、経済統合が一層促進される。また、台湾と大陸中国がともに

WTO加盟を果たし、「三通」（直接通航、通商、通信）の実現に向かって大きなステップを踏み出している。　　　　　　　［杜　進］

【関連項目】　両岸三地、華僑・華人
【参考文献】　毛里和子編『現代中国の構造変動 7　中華世界―アイデンティティの再編』東京大学出版会, 2001年.

タイ東部臨海工業地帯
Eastern Seaboard Development Area of Thailand

　バンコクの東200kmほどの海岸に広がるシラチャからマプタプットの工業地帯。1980年代初めにタイ湾で発見された天然ガスをマプタプットで上陸させたことが契機となり、深海港をつくろうという構想につながった。特徴的なのは、マプタプットとシラチャに掘り込み港湾としてつくられ、常時10万t規模の船舶が停泊できることである。バンコクのクロントイ港は、河川港であって外洋から遠いこと、潮の干満によって停泊できる船舶が変動すること、コンテナ取り扱い設備の遅れが目立つこと、などの問題点が指摘されていた。東部臨海工業地帯につくられた深海港が、コンテナ取扱量を激増させ、2001年の実績は横浜港にほぼ並ぶほどとなった。こうした港湾としての地位向上が、この工業地帯における東洋のデトロイト構想を後押しすることとなった。世界の自動車工業をリードする日米独の企業が立地し、輸出を目指す企業活動を行おうとしている。バンコクからは、片側3車線の高速道路が流通を支えている。鉄道も敷設されているが、十分には使われていない。　　　　　　　　　　　　　　　　［安田　靖］

【関連項目】　TDRI
【参考文献】　『タイ国経済概況』（各年版）バンコク日本人商工会議所.

対日請求権資金【韓国】
Reparation from Japan

　対日請求権とは、日本統治下に日本が朝鮮から搬出した地金・地銀の返還、韓国人所有の有価証券の返還、戦争による被徴用者に対する未払い賃金などに対する請求権である。15年に及ぶ折衝の末、1965年に日韓基本条約とともに締結された「財産及び請求権に関する問題の解決並びに経済協力に関する日本国と大韓民国との間の協定」（日韓請求権経済協力協定）において、日本が経済協力を行うことにより、対日請求権問題は「完全かつ最終的に解決された」と明記された。

　韓国側が請求権を放棄する代わりに、日本からの経済協力に同意した背景には、韓国の経済開発を推進するには、日本との国交正常化を実現し、日本の資本を積極的に導入する狙いがあった。経済協力の内容は、日本が無償3億ドル、有償2億ドルを10年間かけて供与するというものであり、1975年に終了した。有償協力は金利3.5％、期間20年、据え置き期間7年という条件で、主な融資対象事業には、鉄道設備改良事業、中小企業育成事業、京釜高速道路建設事業、浦項総合製鉄所建設事業などが含まれた。とりわけ浦項総合製鉄所の建設事業には有償供与額の3分の1以上が融資された。また請求権・経済協力資金の他に、民間から3億ドルの借款が供与され、韓国の重化学工業化に寄与した。なお韓国人の請求権については、韓国政府が日本からの経済協力資金の一部を財源にして補償したが、これが不十分だったこともあり、この問題をめぐる論争が生じた。　　［向山英彦］

【関連項目】　浦項総合製鉄所
【参考文献】　朴宇熙, 渡辺利夫編『韓国の経済発展』文眞堂, 1983年.

対日輸入規制【韓国】
Restriction on Imports from Japan

　韓国経済が長年抱える問題の一つに対日貿易赤字がある。この背景には、高精度の部品や機械、高品質の素材の多くを日本からの輸入に依存しているために、韓国の生産が拡大すると対日貿易赤字が増加するというジレンマがある。対日貿易赤字を是正する目的で1978年に導入されたのが、「輸入先多角化品目制度」である。これは韓国側の最大入超国を対象に、指定された品目の輸入を制限する制度である。指定品目になると、韓国の商社などで組織する貿易代理店協会を通して商工部に輸入承認申請をすることが必要となり、輸入は事実上困難であった。日本に関しては乗用車、カラーテレビ、家庭用ビデオカメ

ラ、工作機械などが指定品目とされた。
　しかし、自由貿易の原則に反することから国際的に批判を受けたことや、OECD加盟（1996年実現）に向けて規制緩和を進める必要があったことなどのために、徐々に指定品目が減らされた。1997年12月にCDプレーヤーや小型乗用車、オートバイなど25品目、1998年6月には小型カラーテレビ、マイクロバスなど40品目が対象から除外され、1999年6月末に同制度は完全に撤廃された。同制度の撤廃後、乗用車や工作機械、家庭用ビデオカメラなどの日本からの輸入が増加した。こうした中で対日貿易赤字が膨らむ傾向にあるが、近年ではその是正策として日本企業の誘致や韓国企業の対日輸出振興、地場企業の技術力向上などに重点がおかれている。

［向山英彦］

【参考文献】　アジア経済研究所『アジア動向年鑑』各年版。

大躍進【中国】
Great Leap Forward

　1958年から1960年にかけて、毛沢東（Máo Zédōng）の主導の下で行われた大衆動員による経済建設の運動である。その直接のきっかけは毛沢東がモスクワで提起した「15年で英国を追い超す」宣言（1957年11月）であったが、「大いにやる気を起こし、高い目標を目指す」とする社会主義建設時期の総路線の下で、ソ連の援助による第1次5ヵ年計画とは異なる開発の手法を模索する試みでもあった。大躍進運動の核心は、鉄鋼と穀物を中心に短期間で大増産を実現させることであった。1956年に策定された第2次5ヵ年計画の達成期（1962年）の目標は、鉄鋼生産1050〜1200万t、穀物生産2.5億t、発電量400〜420億Wであったが、1958年5月の中共第8期2中全会で採択された大躍進の目標値はそれぞれ2500〜3000万t、3〜3.5億t、900〜1100億Wと大幅に引き上げられた。
　第1次5ヵ年計画時期には、各産業部門間のバランスを重視した「均斉的成長」を基礎としたが、大躍進の思想は積極的に「不均斉成長」をつくり出し、大衆の意気込み（「主観能動性」）の高揚によってギャップを埋めていくという「積極的均衡論」であった。矛盾から動力が生まれるという毛沢東の哲学を実践する中で、いわゆる「2本の足で歩む」方針、すなわち中央と地方、近代工業と伝統工業、工業と農業、大型企業と中小企業を同時に発展させることが大いに提唱され、そのための地方分権化の推進と制度的革新が奨励されていた。人民公社と土法製鉄の運動の失敗とが相まって、大躍進運動は経済の大混乱をもたらし、農村に飢饉によって数千万の死亡者を出すという大惨事を招いた。混乱を収束するために思い切った調整政策がとられ、毛沢東も国家主席を辞退することとなった。しかし、精神主義の高揚と大衆運動による経済建設の路線は、毛沢東時代の特徴として文化大革命の時代にも提唱されていた。

［杜進］

【関連項目】　毛沢東、人民公社、土法製鉄
【参考文献】　日本国際問題研究所編『中国大躍進政策の展開―資料と解説』上・下、日本国際問題研究所、1974年。

大陸委員会【台湾】
Mainland Affairs Council

　台湾の最高行政機関で、内閣に相当する行政院の省庁の一つ。台湾政府の中国大陸に対する政策の全般的な立案、調整、評価、実行に責任を負う。
　1978年に中国が改革・開放政策を導入して、両岸の軍事的緊張関係が緩和するとともに、親族訪問など民間ベースでの人的交流が進んだ。1991年4月、台湾の李登輝（Lǐ Dēnghuī）総統は「動員戡乱時期終結宣言」を発表し、中国共産党との戦争状態の終結を宣言した。それとともに、中国共産党を「大陸当局」と位置付け、共産党政権が大陸を支配する政治実体であることを正式に認めた。一方で、大陸委員会は台湾を代表する政治実体として、中国との対等な関係にもとづく対話を主張するようになった。
　対中関係の政策立案機関として、まず1990年10月に総統府に国家統一委員会が設置された。行政院には1988年8月にタスクフォース型の特設委員会が設置されたが、1991年1月にはこれが常設の大陸委員会となり、現在に至っている。さらに、同年11月には、両岸関

係を発展させるための交渉窓口として民間交流機関である財団法人海峡交流基金会が発足し、大陸委員会の監督と指導の下で両岸関係の技術的、実務的な問題を取り扱っている。

また、大陸との関係を規定するものとして、1991年2月に両岸関係の発展と国家統一の推進に関する最高政策方針である「国家統一綱領」、1992年7月に両岸の人民往来により発生する法律問題を処理するために「両岸関係条例」が採択された。しかし、1999年7月の李総統の「特殊な国と国の関係」発言以降、「一つの中国」の原則を対話の出発点と位置付ける中国側との溝が拡大し、両岸の政治対話は停滞している。　　　　　[今井　宏]

【関連項目】　李登輝
【参考文献】　若林正丈、劉進慶、松永正義編『台湾百科』大修館書店、1990年.

台湾銀行
Bank of Taiwan

日本の統治時代には台湾の中央銀行であったが、現在は中央銀行が別途にあり、中央銀行の代行業務として台湾の通貨を発行する国営銀行である。1949年の幣制改革以来、台湾の新紙幣が発行されてきたが、これには台湾銀行の文字が印刷されていた。しかし、2001年から新種の紙幣が投入され、新券には台湾銀行にかわって中央銀行の文字が紙幣に印刷されるようになった。

台湾銀行は、日本の台湾領有後の1897年に、台湾での発券業務を初めすべての銀行業務を営む植民地銀行として設立された。戦前は、台湾を中心に貿易金融、拓殖金融などの分野で中心的な役割を担い、その活動は中国大陸、南洋への資本輸出のみならず、日本内地企業との結び付きなど多方面に及んだ。戦前に台湾銀行がかかわった出来事として、1927年に鈴木商店への債権が原因で昭和金融恐慌の引き金が引かれたことが有名である。これにより、同行は休業に追い込まれた。さらに、この事態が日本の金融恐慌を爆発的に悪化させた。その後、同行は当時の政府の救済融資により再建された。日本統治時代の終了とともに台湾銀行も閉鎖され、1946年に再開された。1998年には省政府の管理下から国営化となり、財政部の管轄下に入った。

台湾では、戦前から営業していた銀行に加え、大陸関連の銀行や外国銀行の支店が営業している。中央銀行は台湾の発券銀行であると同時に、国庫の代理を財政部から委託されている。大陸関連の銀行は、第2次世界大戦後、国民党の台湾移転に伴い大陸から移ってきた銀行である。一般に営業再開の形を取っているが、中国大陸のものとは業務上無関係である。台湾では1989年から金融自由化の一環として民間銀行の設立が認められるようになった。さらに、1997年末には公営銀行の民営化政策を打ち出し、翌年から公営銀行の民営化を断行した。　　　　　[文　大宇]

【参考文献】　玉置紀夫『日本金融史―安政の開国から高度成長前夜まで』有斐閣、1994年. ／施昭雄、朝元照雄編『台湾経済論―経済発展と構造転換』勁草書房、1999年. ／朝元照雄、劉文甫編『台湾の経済開発政策―経済発展と政府の役割』勁草書房、2001年.

ダグ・ハマーショルド財団
Dag Hammarskjöld Foundation

ダグ・ハマーショルド財団とは、第2代国連事務総長のダグ・ハマーショルド（Dag Hjalmar Agne Carl Hammarskjöld, 1905～61）の業績を記念して彼の母国スウェーデンに設立された財団である。同財団は、設立以来、国際開発に関連する調査・研究、ワークショップ、セミナーを活発に行っており、数多くの成果が出版されている。ハマーショルド財団で行われた調査・研究の中でも、開発経済学において特に注目されるのは「もう一つの開発（Alternative Development, Another Development）」概念の提示である。「もう一つの開発」とは、ハマーショルド財団が1975年第7回国連特別総会に提出した報告書の中で提示された概念であり、①衣食住等のベーシック・ニーズの充足、②共同体の人々による相互協力および自力更生、③自然環境との調和、④社会内部の構造的変革、等を重視した開発モデルである。

[森脇祥太]

【参考文献】　鶴見和子『内発的発展論の展開』筑摩書房、1996年.

多国籍企業
Multinational Enterprise (Corporation)

クリストファー・バートレット（Christopher A. Bartlett）とスマントラ・ゴシャール（Sumantra Ghoshal）は、多国籍企業のタイプを、グローバル企業（Global Companies）、マルチナショナル企業（Multinational Companies）、インターナショナル企業（International Companies）、トランスナショナル企業（Transnational Companies）に区分した。現代においてはグローバル競争が激化しており、それに対応するための多国籍企業の戦略目標として、グローバルな効率性、現地環境への適応、イノベーションと学習、などがあげられる。バートレットとゴシャールによる多国籍企業のタイプ別の区分は、上記の戦略目標に適応した区分である。

グローバル企業は、本社に経営資源や組織能力を集中して、海外子会社の活動も本社が自ら調整する企業のことをいう。グローバル企業は、グローバルな効率性の達成に最適であるとされる。グローバル企業における海外子会社は、本社の戦略と計画によって事業活動を行っており、その活動は本社に大きく依存している。本社の強い支配力を通じて海外子会社を直接統治するような中央管理体制により、グローバル企業は生産を行い、標準化された製品の世界規模での販売を促進することが可能となる。また、研究開発の本社への集中も可能となり、グローバルな効率性を追求することができる。

マルチナショナル企業とは、経営資源と組織能力を海外子会社に分散しており、海外子会社の活動に対する本社からの調整がほとんど行われないような企業をいう。マルチナショナル企業は、現地環境への適応の達成に適している。マルチナショナル企業の海外子会社は、現地において研究開発、生産、販売等を行っており、その経営の自由度は高い。そのため、海外子会社は、現場の消費者や政府のニーズにきめ細かく対応することが可能となり、現地環境への適応力は高い。

インターナショナル企業とは、その海外子会社の自律的な経営はある程度は可能であるが、基本的には本社によってコントロールされている企業のことをいう。インターナショナル企業は、グローバル企業とマルチナショナル企業の中間的な形態をとっている。インターナショナル企業においては、海外子会社は、研究開発機能を本社に依存することによって、その技術力と知識を吸収して現地に適合した製品改良を行うことが可能となり、イノベーションと学習のプロセスが推進される。

グローバル競争が激化している今日の状況においては、多国籍企業が競争相手である企業に勝利するためには、すべての戦略目標を同時に達成できることが望ましい。しかし、上記の区分による多国籍企業のタイプは、個別の戦略目標を達成することは可能であるが、すべての戦略目標を同時に達成することは困難であろう。トランスナショナル企業は、すべての戦略目標を同時に達成することが可能なタイプの多国籍企業として提示された。

トランスナショナル企業とは、海外子会社が経営資源と組織能力を保有しており、本社と海外子会社が相互に事業活動の調整を行うという、グローバルな双方向型の調整を行う企業のことをいう。グローバル企業やインターナショナル企業においては、海外子会社の事業活動は、本社のみによって調整されていた。しかし、トランスナショナル企業においては、本社が子会社へと特定の事業活動を行う権限と責任を付与しており、子会社は、特定の事業に関しては、リーダーシップを発揮することができる。この際、海外子会社は、自らの事業活動にとどまらず、本社や他の子会社の事業活動を調整する場合もある。トランスナショナル企業は、本社と海外子会社が

◇多国籍企業（出典：高橋［2001］）

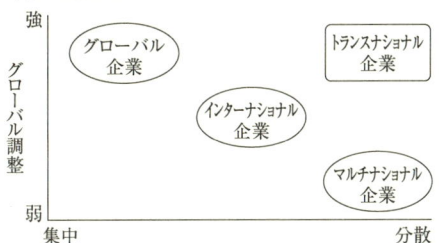

双方向型の調整を行うことによって、グローバルな効率性、現地環境への適応、イノベーションと学習、などの戦略目標を同時に実現することを可能とする。　　　　［森脇祥太］

【参考文献】　C. バートレット, S. ゴシャール（吉原英樹監訳）『地球市場時代の企業戦略』日本経済新聞社, 1990年.／楠木健「国際化戦略」一橋大学商学部経営学部門編『経営学概論』税務経理協会, 1995年.／高橋意智郎「トランスナショナル組織」江夏健一, 桑名義晴編『理論とケースで学ぶ国際ビジネス』同文館, 2001年.

多重共線性
Multicollinearity

重回帰モデルにおいて、説明変数の間に非常に強い相関関係がある時、多重共線性（マルチコリニアリティ）が存在するという。この時、推定した回帰係数は非常に不安定なものになる。　　　　　　　　　　［白砂堤津耶］

【関連項目】　重回帰分析、回帰係数

脱税と租税の抜け穴
Tax Evasion, Tax Loophole

脱税とは、納税者が虚偽や不正申告を行い、税控除や還付を受けるなどして納税義務を怠ることを指す。また、より広い意味では、納税義務があるにもかかわらず、納税をしないことをいう。租税回避は、他の取引に適用される課税要件に合うように変更することによって、経済取引に伴う課税を軽減ないしは回避しようとする行為を指す。前者は、税法違反で犯罪になるが、後者は法律に則っているために犯罪を立証することが難しい。また、ロビー行為などを通じて、税法に特例措置を盛り込ませて、納税を回避することもしばしば行われている。これは、いずれにしても租税構造の欠陥を指しており、租税収入を減少させるものである。

このようなことは、程度の差はあるが、先進国であると開発途上諸国であるとにかかわりなく行われている。しかし、開発途上諸国においては、財政の歳入の減少は開発資金の調達に悪影響を及ぼす。納税者管理体制の整備が遅れているために、十分に担税力のある納税者から税を集めることが困難である。納税者と政府役人との賄賂を通じた癒着により、脱税が組織的になされている。これが、脱税を蔓延させる原因となる。また、課税体系が十分に整備されていないことから、容易に租税を回避するための抜け穴を探すことができる。

租税収入は開発資金の重要な資金源となるので、開発途上諸国は課税体系や納税者管理体制の整備を行うことが急務の課題となる。租税教育を行うことによって、納税義務を周知させることが重要である。しかし、一方で、税負担の公平性が確保されるような税体系の構築がより重要であると考えられる。垂直的および水平的な平等を備えた、効率的で公平な租税体系の構築が欠かせない。また、近年、開発途上諸国のへの多国籍企業の進出が目立つが、それに対応した租税体系の構築も重要な課題となる。　　　　　［德原 悟］

【関連項目】　租税管理、所得再分配政策
【参考文献】　貝塚啓明, 石弘光, 野口悠紀雄, 宮島洋, 本間正明編『グローバル化と財政』（シリーズ現代財政 4 巻）有斐閣, 1990年.／貝塚啓明『財政学（第 3 版）』東京大学出版会, 2003年.

脱石油依存経済【インドネシア】
Promotion of Non-Oil and Non-Gas Manufacturing Sector

インドネシアは、広大な国土に石油、天然ガス、石炭、スズ、ボーキサイトを初めとする鉱物資源や木材、エビなどの豊富な天然資源を有する。独立以降1970年代末までのインドネシア経済は、これらの天然資源に大きく依存していた。中でも石油・ガスへの依存度が高く、国際市況に左右される経済構造からの脱却は同国にとって大きな課題とされてきた。

1970年代は、2度にわたるオイルショックによる国際価格の上昇を背景に石油収入が急増し、同国の近代化を推し進める原動力となった。1981年の輸出に占める石油・ガスの割合は過去最高の82%となった。しかし1982年には国際石油市況の悪化により、国際収支や国家財政が危機に直面した。これを契機にインドネシアは石油に依存した産業構造からの脱却を図ることになった。

1983年にはカウンターパーチェス制（輸出の見返りとして輸入を義務付ける）の導入をはじめとして、ルピア切り下げ、開発プロジ

ェクトの見直し、金融・税制の改革など一連の構造調整策を打ち出した。国際収支や財政の危機を回避するとともに、中・長期的に同国経済の石油への依存度を低下させることを狙ったものである。1980年代半ば以降も規制緩和や投資環境の整備を通じて経済基盤の強化が図られた。第5次5カ年計画（1989～94年）では、非石油・ガス産品の輸出倍増を狙って、民間部門への積極的な投資が行われ、工業部門の高成長による経済構造の改革が目指された。

一連の構造調整策の結果、1980年代後半以降、海外からの直接投資が急増し、輸出志向工業化が順調に進展した。GDPに占める製造業部門の割合は1985年の15.8％から1996年には25.6％へ上昇した。工業製品の輸出が増え、輸出に占める石油・ガスの割合は1985年の68.4％から1996年には24.2％へと低下した。国内歳入に占める石油・ガス収入の割合も1980年代初期の7割以上から1996年には23％となり、インドネシア経済の石油依存からの脱却は着実に進展した。　［坂東達郎］

【関連項目】　スハルト、プルタミナ
【参考文献】　ハリリ・ハディ，三平則夫編『インドネシアの経済開発政策の展開：第1次5カ年計画―第4次5カ年計画を中心に』日本貿易振興会アジア経済研究所，1989年．／三平則夫編『インドネシア：輸出主導型成長への展望』日本貿易振興会，1990年．／小黒啓一，小浜裕久『インドネシア経済入門』日本評論社，1995年．

タノム政権【タイ】
Thanom Kittikhachon Administration

サリット首相の死去を受けて、1963年12月にタノム・キッティカチョーノ（Thanom Kittikhachon, 1911年～）が首相に就任した。タノム首相は、プラパート・チャールサティエン（Praphat Charusatien）副首相と二人三脚で政治・経済運営をしたことから、「タノム＝プラパート体制」と呼ばれる。ともに軍出身であるタノム首相、プラパート副首相は、国防大臣、内務大臣、陸軍司令官を兼任し、政治的自由を厳しく規制した。

経済面では、サリット（Sarit Thanarat）政権時代の輸入代替工業化と外資優遇政策を柱とする民間企業主導の開発政策を受け継いだ。この輸入代替工業化の過程で、経済テクノクラートが育成され、民族資本（ファミリー企業グループ）が形成された。また、ベトナム戦争が激化したことから、北タイや東北タイにおいては共産主義者の浸透・拡大を防ぐため、農業開発を中心とした地方開発にも力点がおかれた。

経済発展による所得向上を背景に、タノム政権後期に民主化運動が拡大した。特に、タノム政権が民選議員が首相や閣僚となることを認めなかったことや、多くの軍の指導者が民間企業の役員になっていることへの国民の不満は、時間とともに高まった。

1973年10月の憲法制定を要請する学生の運動は、民衆の支持を集め、歴史に残る大規模な反政府デモへと発展した。旧王宮前広場に数十万人の人が集結したが、それを取り締まる暴動鎮圧隊や警察がデモと衝突したため、70名余りの死者を出した。その夕方、タノム首相は辞職を発表し、タノム政権は崩壊した。　［大泉啓一郎］

【関連項目】　輸入代替工業化、民主化運動
【参考文献】　末廣昭『タイ・開発と民主主義』岩波新書，1993年．／末廣昭，東茂樹編『タイの経済政策―制度・組織・アクター』アジア経済研究所，2000年．

ダービン＝ワトソン比
Durbin-Watson Ratio

回帰モデルにおける、1階の系列相関の有無を検定するための統計量。　［白砂堤津耶］

【関連項目】　系列相関

ダミー変数
Dummy Variable

回帰モデルにおいて、性別、学歴、季節差などの定性的な要因を、0または1のどちらかの値をとる説明変数として導入するものをダミー変数という。　［白砂堤津耶］

タミル・イーラム解放のトラ【スリランカ】
Liberation Tigers of Tamil Eelam：LTTE

1976年にプラバカラン（Velupillai Prabhakaran）が創設したスリランカのタミル人武装集団。略称LTTE。組織名は、南インドで栄えたタミル・チョーラ王国が虎を象徴としていたことに由来し、イーラムはタミル語で国を意味している。スリランカでは多数派

シンハラ人（仏教徒が多い）と少数派タミル人（ヒンドゥー教徒が多い）から構成される。同じタミル人でも、古くから存在するセイロン・タミル人と19世紀にプランテーション労働者として移住してきたインド・タミル人とが存在する。英国統治時代、分割統治の下で重用されたのは少数派のタミル人の方であった。独立後、タミル人優遇への反動から、シンハラ・ナショナリズムが台頭し、インド・タミル人の選挙権剥奪を皮切りに、タミル人は次第に追いつめられた。公用語はシンハラ語に限定されるとともに、大学受験制度、公務員採用であからさまなシンハラ人優先政策が導入された。それに対するタミル人の抗議運動は抑圧され、タミル人若者をして次第に過激な行動に走らせるようになった。シンハラ人とタミル人の抗争が激化する中で、武闘派として大きく台頭してきたのがLTTEである。

LTTEは1970年代末より拠点を南インド（タミル・ナードゥ州）に移し、本格的な軍事訓練を行い、熾烈な反政府ゲリラ活動を展開した。スリランカ国内の紛争が激化する中で、インドのラジーヴ・ガンディー（Rajiv Gandhi）首相も仲介に乗り出し、インド平和維持軍（IPKF）を派遣したが、LTTEとの間で戦闘状態が泥沼化した。IPKF撤退を掲げたプレマダーサ（Ranasinha Premadasa）首相が登場し、LTTEとの間で停戦合意に達し、1990年にはIPKFが完全撤退したが、スリランカ政権とLTTEの全面衝突が再開された。LTTEは高度に武装された精鋭部隊をもつ一方、容赦ない自爆テロを敢行するという点でもきわだっている。ガンディー元首相、プレマダーサ首相のいずれも、LTTEが送り込んだ自爆テロの犠牲になっている。その後、1994年に登場したチャンドリカ・クマラトゥンガ（Chandrika Bandaranaike Kumaratunga）政権もLTTEとの間で一時停戦を達成した後、再び激しい戦闘状態を迎える結果となった。2002年2月、ノルウェーの仲介でスリランカ政権とLTTEとの間で無期限停戦が成立している。

［小島　眞］

【参考文献】　岡本幸治、木村雅昭編『南アジア　紛争地域現代史』同文館、1994年.

チ

地域教育開発支援調査
Regional Education Development and Improvement Project

開発途上国の初等教育の改善のため、学校や地域社会の参加を得て具体的な投資計画を策定する調査。JICA（国際協力機構）が実施する政策提言型開発調査事業の一つである。専門家によるデータ収集と分析による地域教育行政強化策の提案という従来の方法に加え、提案の内容が具体的に機能するのかどうかを検証する地域社会参加型のパイロット・プロジェクトを組み込んでいる。その中で、計画と実施の両方の段階に学校および地域コミュニティーの意見とイニシアチブを導入し、地域教育行政の強化を図る試みを包含しているのが特色である。

地域教育開発支援調査はまずインドネシアで導入された。その背景にはアジア経済危機の影響から、家計の教育費負担能力が低下し、小学校から中学校への進学の断念、中学校中退など前期中等教育が大幅に後退するという事態の発生がある。前期中等教育制度の維持のため、世界銀行やアジア開発銀行（ADB）は1998年度から奨学金および学校補助金プログラムを開始したが、これを効果的・効率的に活用するだけの教育行政能力の不在、地域固有の事情を取り入れた学校運営の不在が明らかとなり、その後退を食い止めることはできなかった。

地域教育開発支援調査は、前期中等教育の建て直しを目指して、地域住民の参加を得た教育方針の設定、学校長の管理運営能力の強化、教員の教育能力の向上、教科書不足への対応、学校活動への保護者の参加、地域社会の資金拠出と抱き合わせ方式による公共教育投資の導入に焦点を絞り、パイロット・プロジェクト地区での試行の結果も取り入れ、地域教育行政改善策をまとめた。この調査の意義は、改善策そのものよりは、改善策策定の

段階で地域の教育に関心をもつ行政、住民、学校管理者、教員、保護者が地域のニーズに沿った教育内容の設定と資金提供を行う枠組みをつくり上げ、その過程に参加することで従来の中央集権型の教育行政とは異なる意思決定の流れを創出したことにある。この試みが、教育投資のコスト低減と教育の質の向上に向かうかどうか、政策提言型の開発調査による協力のモデルケースでもあるので数年後の評価が注目される。　　　　〔佐原隆幸〕

【関連項目】　開発調査、住民参加
【参考文献】　国際協力総合研修所『インドネシア国別援助研究会報告書』1999年。

地域主義／開かれた地域主義
Regionalism, Open Regionalism

　国際通商交渉は二国間（bilateral）、多国間（multilateral）および地域間（regional）の3つの場で展開される。この3つのうち1990年代以降最も重要な通商交渉の場として活用されるようになったのが地域間である。リージョナルな通商交渉の場は、「何らかの目的のために『地域』を成立させようとする各国の共通意思」と定義される地域主義にもとづいて、複数の国々により人為的に形成されたものである。地域主義が成立する地理的範囲は、歴史、宗教・文化、政治・社会体制、経済発展段階などの面で何らかの共通した性質をもつ国々・地域であり、通常は隣接した複数国・地域である場合が多い。ただし1990年代以降は、距離的にも遠く経済発展段階も異なる諸国による地域主義が増えている。歴史的にみると地域主義が登場したのは1930年代である。英国によるスターリング圏、フランスによるフラン圏、米国による一部ラテンアメリカ諸国との米州ブロックなどである。これら地域主義は排他的経済ブロックの形成が目的であり、さらにこのブロック間の対立が第2次世界大戦の引き金となった。このため地域主義は否定的現象とされたが、第2次世界大戦後も、地域主義の動きは以前にも増して高まることになった。国際連合の下で地域レベルの平和維持、紛争解決、経済協力が積極的に推進されたこと、1948年に発効したGATT（関税および貿易に関する一般協定）第24条において、「自由、無差別、多角主義」というGATT原則の例外として、一定の要件の下で地域貿易協定（RTA）の設立が容認されたこと、さらに開発途上諸国で地域主義が急速に高まったことなどによるためである。植民地からの独立達成と南北問題の発生を背景に、開発途上諸国の地域主義は2つのレベルで進展した。1つは先進諸国（北）に対抗するための手段としての集団化であり、非同盟諸国グループや国際連合でのグループ77がその例である。もう1つは、アフリカ、ラテンアメリカ、東南アジア、中近東など各地域における経済協力機構や地域統合体の設立である。これら経済協力機構、地域統合体は、政治的・経済的自立を共通の目的に隣接する国々によって推進された。

　しかし1980年代までの地域主義の目的と1990年代以降のそれ比較すると大きな違いがみられる。すなわち1980年代までの地域主義は、欧州を例外として主として開発途上諸国で活発化したため、地域主義の目的は域内貿易の拡大や競争力強化といった経済ニーズの充足より域内安全保障の確保や国際社会での発言力の強化などといった政治ニーズの充足におかれることが多かった。経済ニーズが軽視されたのは、輸入代替工業化という内向きの政策をとっていたため地域内での経済補完性が希薄であったためである。しかし1990年代以降の世界各地で展開されている地域主義は、経済ニーズの充足が主たる目的とされている。地域主義は、GATT/WTOの無差別原則・多角的自由貿易主義とは当然のことながら相容れない。しかしその唯一の例外がAPEC（アジア太平洋経済協力会議）である。APECでは、1995年の首脳会議で採択された大阪宣言で「開かれた地域主義」を表明した。開かれた地域主義とは、域外に対しても差別しないという地域協力の考え方をいう。APECが開かれた地域主義を標榜するのは、域内での相互補完関係の強化に加えEUなど域外諸国との相互補完関係の強化をも重視しているためである。　　　　〔北村かよ子〕

【関連項目】　GATT、WTO
【参考文献】　浦野起央、大隈宏、谷明良、恒川恵一、山影進

『国際関係における地域主義』有信堂、1982年。／ハラルド・クラインシュミット、波多野澄雄編『国際地域統合のフロンティア』彩流社、1997年。／岡本次郎編『APEC早期自由化協議の政治過程』日本貿易振興会アジア経済研究所、2001年。

地域統括本社
Operational Head Quarter : OHQ

　地域統括本社は元来、欧州経済共同体（EEC）の形成を契機に、1960年代に米系多国籍企業が急速に拡大した欧州事業を効率的に管理するために導入した組織形態である。当初は本社の国際事業部の出先に近い位置付けであったが、市場の変化に対応するために、本社からの権限委譲により地域の事業運営に関する責任をもつようになった。

　日本企業による地域統括本社の設立は欧米で先行したが、1980年代後半からアジアにおいても、投資件数の増大や地域としての戦略性の高まりなどを背景に活発化した。地域統括本社が任う機能としては、①企画・人事、②財務・法務、③調達・ロジスティックス、④研修・技術支援などがある。大別すると、地域内の拠点を管理・統括する命令系統的な役割と、サービスを一括して地域内の拠点に提供する間接支援的な役割になる。実際には、地域統括本社の役割は企業によってさまざまであるが、戦略立案と実行のための権限が委譲されているか否かがその性格を分けるポイントとなる。日本企業の場合は本社の製品事業部に直結した運営がなされているケースが多く、地域統括本社は間接支援的な役割が強い。

　地域統括本社の立地には運輸・通信などが発達し、管理業務に適した高学歴労働者の採用が容易な地域が適している。したがって、アジアにおける地域統括本社の多くはシンガポール、香港といった都市国家におかれた。シンガポールは産業高度化の一環として、1986年以降、地域統括本社と認定された企業に対して優遇税制を適用するなど、地域統括本社の誘致を政策的に進めている。その後、同種の政策がタイ、マレーシアなどによっても導入され、地域統括本社を誘致対象とする国は増えている。2001年度時点で、地域統括の機能を有する日系現地法人（地域統括本社の形態をとらないものも含む）は2036社に上る（経済産業省『第32回海外事業活動調査』2003年）。

[竹内順子]

【関連項目】　多国籍企業、国際事業部制、世界規模・製品事業部制

【参考文献】　J. M. Stopford & L. T. Wells, Jr., *Managing the Multinational Enterprise*. Basic Books, 1972（山崎清訳『多国籍企業の組織と所有政策』ダイヤモンド社、1976年）。／藤野哲也『グローバリゼーションの進展と連結経営：東南アジアから世界への視点』文眞堂、1998年。

チェネリー、ホリス・バーンレー
Hollis Burnley Chenery, 1918～94

　米国生まれの経済学者で、代替弾力性一定の生産関数（CES生産関数）の計測、資本ストックの調整原理における能力原則（Capacity Principle）、産業構造と経済成長、および産業連関表分析において多大な貢献をなした。開発経済学の先駆者の一人でもある。開発途上国の発展パターンを時系列データ、およびクロスセクション・データを用いて分析した研究は有名である。開発途上国の産業構造の変化と1人当たり国民所得の間にいかなる関係が存在するのかを明らかにするために、51カ国のデータを使って分析を試みた。

　彼は、各国の産業を第1次産業、第2次産業、政府サービス、および民間サービスの4つに分類した。これにより、1人当たり国民所得と人口の各水準に見合った産業構造を特定化した。その後、さらに工業製品輸出比率や1次産品輸出比率などの変数を導入して、各産業の推移と1人当たり所得との間の関係を説明した。その際、分析対象国を人口規模別に3つのグループに分類した。人口が1500万人を超える国は大国、1500万人以下の国を小国とした。また、小国を工業国と1次産品生産国とに分割した。大国および小規模工業国では、1958年のドル価格を基準とすれば、1人当たりGNPが270ドル前後に達すると、第2次産業のシェアが第1次産業のそれを上回るとされる。しかし、1次産品生産国では、このようなシェアの逆転が750ドル以上に達しないと生じないことが明らかにされた。

　所得水準の上昇とともに工業化が進むとい

う結果をもとに、工業化プロセスにおいて主導産業（Leading Industry）がどのように変化するのかをも明らかにした。それが、初期産業（Early Industry）、中期産業（Middle Industry）、後期産業（Late Industry）の概念である。初期段階では、必需品的な最終財をつくる食品加工業や衣類産業が中心となり、中期になると徐々に中間財をつくる産業が登場し、後期になると重化学工業や高付加価値な最終財を生産する産業が中心をなすようになる。　　　　　　　　　　［徳原　悟］

【関連項目】　生産関数、産業連関表
【参考文献】　Hollis B. Chenery, "Patterns of Industrial Growth," *American Economic Review*. Vol. 50, No. 4, pp. 624-654, 1960. ／Hollis B. Chenery and Lance J. Taylor, "Development Patterns: Among Countries and Over Time," *Review of Economics and Statistics*. Vol. 50, No. 4, pp. 391-416, 1968. ／鳥居泰彦『経済発展理論』東洋経済新報社、1979年.

チェンマイ合意
Chiang Mai Initiative

2000年5月にタイのチェンマイで開かれたASEAN＋3蔵相会議において合意された、関係国の通貨当局間の協力強化策をいう。チェンマイ合意は2つの内容からなる。第1に、ASEAN主要5カ国の間で1977年に締結されたASEAN通貨スワップ協定を全加盟国（10カ国）に拡大し、金額も2億ドルから10億ドルに増額された。第2に、ASEAN各国、日本、韓国および中国の相互間で2国間のスワップおよびレポの取り決め（BSA）を個別に締結することとした。2003年7月現在、日本は韓国、タイ、フィリピン、マレーシア、中国、インドネシアとの間でBSAを締結済みであり、シンガポールとも交渉している。

通貨スワップ取り決めとは、支援国が被支援国の通貨を対価に、ドル・円などを短期間供給することによって外貨準備を補強するものである。チェンマイ合意の枠組みは、通常時には過度の資本移動の抑制機能を、また通貨危機が発生した場合にはIMFによる融資の補完機能を期待されている。しかし、取り決め金額は少額であり（2003年5月現在、総額390億ドル相当）、流動性支援の実効性には限界がある。またBSAについては、関係国独自の判断で融資できるのは取り決め額の10％までであり、それ以上の融資はIMFのコンディショナリティを伴ってなされる。各国のIMFに対するスタンスは多様であり、BSAをIMFから独立させるべきであるという意見もある。

さらに、チェンマイ合意の枠組みを機能させるためには、域内諸国の経済状況に関するサーベイランス・メカニズムの確立が前提となる。そのことにより、チェンマイ合意は、域内諸国の経済改革を促進するとともに、加盟国間の政策対話や調整の制度的な枠組みとして機能することが期待される。　［清水　聡］

【関連項目】　外貨準備、AMF、新宮澤構想
【参考文献】　財務省ホームページ（http://www.mof.go.jp/）.／C. Fred Bergsten and Yung Chul Park, "Toward Creating a Regional Monetary Arrangement in East Asia," *ADBI Research Paper* 50, Dec. 2002.

地下経済
Underground Economy

公式統計には表われない、隠された経済活動。麻薬、売春、賭博、あるいは密輸などの非合法活動は、政府が把握していれば、摘発されるはずであり、基本的には地下での活動となる。また、非合法であるために地下経済による利幅は大きく、犯罪組織と絡むことが多い。こうした非合法活動だけでなく、通常の経済主体による活動についても、意図的な情報秘匿やマネーロンダリングなどによって地下経済が活発化することもある。開発途上国や移行国における行政機関の能力は高くなく、汚職なども多い。そうした行政当局の非効率と汚職、法的未整備それに当局の順法思想の不足、さらに企業の情報開示意識の欠落などが、地下経済的な展開を可能にする。財政の改善のために、経済全体の健全な成長のために、地下経済を小さくすることが課題である。　　　　　　　　　　［安田　靖］

地球温暖化
Global Warming

地球温暖化とは、人間活動の拡大に伴い温室効果ガス（GHG）排出量が増大し、温室効果ガスの大気中の濃度が高まることによっ

て、気温が上昇すること。温室効果ガスの代表的なものとして、二酸化炭素（CO_2）、メタン（CH_4）、一酸化二窒素（N_2O）、フロン類がある。温室効果ガスのうち、地球温暖化への寄与度では二酸化炭素が最も大きい。大気中の二酸化炭素の濃度は、産業革命以降大幅に増加した。気候変動に関する政府間パネル（IPCC）の報告書によれば、20世紀中の地球の平均気温はこの100年間で約0.6℃上昇し、このまま推移すると、さらに21世紀末までに平均気温は1990年と比較して1.4～5.8℃上昇すると予測される。気温上昇によって、海面の上昇、異常気象の発生、農産物の減産などの悪影響が懸念されている。特に、地球温暖化の影響は経済的に貧しい国や地域で顕在化しやすいため、南北の経済格差を拡大させるおそれもある。

2000年の時点では、地球全体で年間約230億t（CO_2換算）の二酸化炭素が排出されている。そのうち24.4％は米国が占めており、その後に中国（12.1％）、ロシア（6.2％）、日本（5.2％）、インド（4.7％）、ドイツ（3.4％）が続く。二酸化炭素の排出量を国民1人当たりでみると、南北間の格差はきわめて大きい。例えば、中国は米国の12％、インドは米国の5％という低い水準にとどまっている。地球温暖化が国際政治の課題として取り上げられるようになったのは1980年代の中頃以降であった。当初から、地球温暖化対策をめぐる南北対立は激しい。開発途上国側は、地球温暖化はこれまで先進国が大量な化石燃料を燃焼し、経済活動を進めてきた結果であるから、まず先進国が責任をとって自ら対策を講じるべきだと主張する。これに対して、先進国側からは、今後の経済成長に伴い二酸化炭素の排出量が増加するのは開発途上国であり、開発途上国における対策がなければ不十分であるとの主張が繰り返されてきた。

こうした対立の中で、1992年に気候変動枠組み条約が採択されて、その後も着実に交渉が続けられてきた。この条約の下で、1997年に京都で開催された第3回締約国会議（COP3）では、先進国の温室効果ガス排出量について法的拘束力のある数値目標を定めた京都議定書が採択された。二酸化炭素を含む6種類の温室効果ガスについて、2008～12年の5年間の平均で、先進国全体で1990年レベルの少なくとも5％削減することが目標として設定された。各国ごとの削減目標は、日本は6％、米国は7％、EUは8％とされた。

京都議定書では、森林など（吸収源）による二酸化炭素の吸収分の算入を認めた。特に重要な点は、他国と協力してより低い費用で温室効果ガス排出量を削減して、これを目標達成のために利用することができる仕組み（京都メカニズム）が導入されたことである。具体的には、先進国間での排出量取引、そして他の先進国において実施した事業による排出量削減分や吸収分を自国に繰り入れることができる共同実施が認められた。さらに、開発途上国の持続可能な開発に役立ち、国際的に認証されることを条件として、開発途上国における事業を対象としたクリーン開発メカニズム（CDM）も盛り込まれたことも注目される。しかし、京都議定書による温室効果ガス排出量削減は国内での削減が主であり、これらの仕組みはあくまでも補完的でなければならない。この交渉過程では、開発途上国に対する温室効果ガス排出量削減の義務化も重要な争点となったが、開発途上国による強硬な反対の結果、先送りとなった。さらに、2001年には、米国が京都議定書への不支持を表明したため、米国抜きでの実施を余儀なくされた。京都議定書は今後長期間に及ぶ地球温暖化対策の第一歩に過ぎず、米国の参加と開発途上国の義務化がその成否の鍵を握っている。

［原嶋洋平］

【関連項目】　環境開発サミット
【参考文献】　S.オーバーテュアー，H.E.オット（岩間徹，磯崎博司監訳，国際比較環境法センター・(財)地球環境戦略研究機関訳）『京都議定書—21世紀の国際気候政策』シュプリンガー・フェアラーク東京, 2001年.／気候変動に関する政府間パネル編『IPCC地球温暖化第三次レポート気候変化2001』中央法規出版, 2002年.／地球環境研究会編『地球環境キーワード事典四訂』中央法規出版, 2003年.／亀山康子『地球環境政策』昭和堂, 2003年.

地方債
⇨国債／地方債

地方財政
⇨中央財政／地方財政

地方自治体の国際協力
International Cooperation by Local Government

　従来、国際協力は国家外交の一環として、中央政府が一元的に実施する分野であるとする考え方が一般的であった。地方自治体は、中央政府の依頼を受けて、国際協力の実施機関としての役割が期待される程度であった。こうした側面がまったくなくなったわけではないが、最近では地方自治体の独自の方針による国際協力の施策と実施が目立つようになってきた。その背景には、外務省などが打ち出した「国民参加型の国際協力」政策がある。さらには地方分権型の政治の流れがこの傾向に拍車をかけている。地方自治体は、今日、国レベルの国際協力活動への参加に加え、独自の方針と予算をもって国際協力を推進するようになった。

　国際的には、1980年代半ばから1990年代にかけて、ドイツの諸都市を中心に開催された自治体・NGOの共同会議で「地域主体型の開発協力」（Community-based Development Initiative: CDI）という理念と実施方針が提唱されて以来、自治体主導による開発途上諸国への援助・協力が活発化した。日本では、外務省、JICA、旧自治省などが中心となって、1990年代以降、各種会合や研究会報告で民間企業、NGOに加えて、自治体の国際協力への参加がうたわれ出した。1995年「自治体国際協力推進大綱」、1998年「21世紀に向けてのODA改革懇談会報告」などにその考え方をみることができる。その一環で、各自治体に国際交流協会が相次いで設立されるようになり、「国際交流から国際協力へ」というスローガンも全国の自治体に普及した。2003年に採択された新ODA大綱では、より明確に自治体の役割が強調されている。また、上記のCDIの理念を日本でも普及させようと、自治体職員、NGO職員、大学教員らによって、NGO自治体国際協力推進会議が1996年に設立された。(財)自治体国際化協会も、こうした取り組みと連携しながら、自治体への働きかけを強めている。地方自治体には、より住民に近いところから国際協力に従事できるという強みがある。そのため海外協力のみならず、在住外国人への支援、国際協力の重要性を考える啓発・開発教育なども幅広い意味の国際協力として位置付けられる。

［赤石和則］

【関連項目】　開発教育
【参考文献】　NGO自治体国際協力推進会議編『市民と自治体がつくる国際協力』1997年。／JICA編『地方自治体の国際協力事業への参加』国際協力総合研修所、1998年。

地方税
⇨国税／地方税

地方分権【中国】
Decentralization of Administrative Power

　計画経済時代の中国は中央集権的経済管理制度を採用していたが、数回にわたって地方分権化が試みられた。1956年に毛沢東（Máo Zédōng）が「十大関係を論ずる」という論文を発表し、ソ連より導入した計画経済体制の硬直性を批判し、中央集権的計画管理体制を改め、中央と地方の「2つの積極性」を追求するように呼びかけた。これを受けて1957年末に第1次の地方分権化が行われ、中央所轄の国営企業の大部分が地方に移管されるようになり、より高い生産目標を掲げる地方政府の計画が事実上中央政府の計画に取ってかわった。しかし、大躍進運動の無残な失敗という厳しい現実に直面して、中央政府は1960年に再び集権化に戻らざるをえなかった。1970年代の初頭になると、戦争に備えるという目的もあって第2次の地方分権化が実施された。中央政府は各地方に独立した経済圏を建設することを奨励し、たとえ首都や一部の地域が敵に占領されても、残りの地方が経済的機能を果たせるような多極化の経済構造を創出する構想であった。戦争というリスクへの対応に加え、地方分権化を通じて停滞した経済を活性化しようという狙いもあった。

　中国のように国土が広く、各地方の生産条

件が千差万別であり、情報伝達システムも十分に発達していない経済の場合は、すべての意思決定が中央によってなされることは、多くの無駄が生じる。他方、地方分権化を進めれば経済は活性化するが、経済過熱が生じマクロ経済の管理が困難になる。このようなジレンマの存在こそが、集権と分権が繰り返されてきた理由である。改革・開放政策の実施に伴い、経済活性化を図るために1980年に中国が第3次の分権化を行った。ただし、中央と地方の財政関係の大幅な調整という行政的分権化に加え、企業に経営自主権を付与するという経済的分権化も同時に進行させ、これにより地方分権化が経済の市場化を大いに促進している。他方、地方政府が経済活動の重要なプレーヤーとして登場してからは、経済過熱や諸侯経済の形成などの諸問題をもたらした。1994年以降、財政と金融改革を通じて中央政府のマクロ調節能力が強化され、法にもとづく競争ルールの整備により、地方政府の経済行動を規制しようとしている。制度化された地方分権のあり方を模索する努力が続けられている。　　　　　　　　　　[杜　進]

【関連項目】　諸侯経済、財政請負制
【参考文献】　中兼和津次編『現代中国の構造変動2　経済―構造変動と市場化』東京大学出版会, 2000年.

チャートチャーイ政権【タイ】
Chatichai Choonhavan Administration

「首相は民選議員から選ぶべき」との世論に後押しされ、1988年7月の総選挙で第一党となったタイ民族党のチャートチャーイ (Chatichai Choonhavan、1922～98年) 党首が首相に就任した。チャートチャーイ首相が代議士であったため、チャートチャーイ政権の発足はタイの政党政治の始まりとして位置付けられることが多い。チャートチャーイ政権は、内閣を首相一族とタイ民族党のメンバーを中心に構成した。経済面では、経済テクノクラートや政府民間連絡調整委員会（コー・ロー・オー）を政策決定の過程から遠ざけ、独自の首相政策顧問団（「影の内閣」と呼ばれた）を新設した点で、それまでの政権とは一線を画す。

チャートチャーイ政権が発足した1988年にタイ経済はすでに高成長期に突入していたが、同政権は、外資を積極的に誘致する一方で、それまで抑制的であった大型プロジェクト（石油化学や自動車エンジン国産化など）を次々に認可する経済拡大政策を推進し、成長を加速させた。他方、近隣諸国に対しては、プレム (Prem Tinsulanonda) 前首相が強硬的な姿勢をとったのに対し、チャートチャーイ政権は1980年代後半にインドシナ諸国が市場経済化を進めたこともあって「インドシナ地域を戦場から市場へ」というスローガンを掲げ、これら諸国をタイの経済圏に取り込もうとした（その構想は「バーツ経済圏」と呼ばれた）。

大型プロジェクトの推進の中でチャートチャーイ政権の汚職が問題視され、政治を私物化しているとの批判が高まった。これに対し、1991年2月にスントーン (Sunthon Khongsomphong) 国軍最高司令官、スチンダー (Suchinda Khraprayun) 陸軍司令官を中心に軍はクーデタを断行し、チャートチャーイ政権は崩壊した。　　　[大泉啓一郎]

【参考文献】　末廣昭『タイ―開発と民主主義』岩波新書, 1993年. ／末廣昭, 東茂樹編『タイの経済政策―制度・組織・アクター』アジア経済研究所, 2000年.

中越戦争
Sino-Vietnamese War

1979年2月、中国軍24万がベトナム北部国境地帯へ侵攻し、中越戦争が始まった。中国軍はラオカイ、ドンダン、カオバン、ランソンを次々に攻略した。中国は当初から短期の戦闘を想定しており、3月には撤退を完了したと発表した。

中国のベトナム侵攻の理由は、ベトナムの中国領侵犯に対する反撃とされたものの、実際は旧ソ連の後ろ盾を得てインドシナにおける覇権を強めるベトナムに対する「懲罰」であった。中国軍の侵攻は、ベトナム政府がカンプチア人民共和国（ヘン・サムリン (Heng Samrin) 政権）と平和友好協力条約締結に向けた協議の最中に行われた。

また、ベトナムにおける華僑問題も中越関係を悪化させる火種であった。1976年6月に南北統一を果たしたベトナムでは、1978年3月

の資本主義的商工業の禁止令によって、南部の華僑がボート・ピープルとなって国外に脱出した。また北部では、同年4月、30万ともいわれる華僑が中国国境に押し寄せた。当時の中国は文化大革命後、今後の経済発展に在外華僑の資金を活用したいという思惑があったことから、こうした華僑問題を静観することはできなかった。

旧ソ連は、中越戦争勃発を受け、ベトナム支援を明らかにし、中国軍の早期撤退を要求した。旧ソ連はその後もベトナムを経済的・軍事的に支える最大の支援国となった。しかし、中越戦争とカンボジア侵攻によって、ベトナムは統一国家建設のためのエネルギーの多くを軍事費に費やすこととなり、経済は疲弊していくこととなった。　　［三浦有史］

【関連項目】　カンボジア侵攻、南北統一
【参考文献】　木村哲三郎『ベトナム―党官僚国家の新たな挑戦』アジア経済研究所、1996年.

中央財政／地方財政
Central Government Finance, Local Government Finance

中央財政は、一国全体にわたる歳入と歳出をとりもつ国家財政である。一方、地方財政とは、都道府県、市町村、州などを管轄する地方自治体の歳入・歳出を指す。中央および地方政府の財源は、それぞれ税収および公債発行による資金調達で構成されている。中央政府は、国税収入や国債発行によって財源を確保する。地方政府は、地方税および地方債の発行が歳入源となる。中央政府と地方政府の歳入構造の中で大きく異なるのは、中央政府から地方政府への交付金や補助金による財源の補塡が行われる点である。日本の場合には地方交付税交付金によって、地方政府の財源確保に加え、地方政府間の財源の均等化機能を果たしている。このため、中央政府と地方政府の関係は、対等というよりも中央政府に依存した関係になっている。

現在、日本では地方分権化の動きがみえ出している。地方自治体に対する各中央省庁の過剰な関与をなくし、各自治体に権限を移譲するということである。その一方で、現在、市町村合併の動きもみられるようになった。

財源確保、行政コスト削減やその効率化を目的として進められている。地方分権化が進めば、各地方自治体は自主財源の確保に迫られる。財源が確保できなければ、住民に対する各種サービスの提供に自治体間での格差も生じてこよう。このように、日本の中央財政と地方財政は、現下の行財政改革の一環として推し進められている。

アジア諸国の中央政府と地方政府はどのような関係にあるのかを、ASEAN諸国を例にしてみてみよう。タイ、マレーシア、インドネシア、フィリピンなど各国が採用している財政制度は異なるが、地方財政は中央財政に大きく依存する体質が見受けられる。インドネシアでは、地方自治体は、当該管轄地域の機関ではあるが、国の出先機関としての性格が強い。ある程度の自治権は認められているものの、基本的には国家の政策にもとづいて自治体内の業務を遂行することに重点がおかれている。そのため、基本的に地方政府の財源は国税収入の中から再配分を行うことになっている。歳出においては、経常部分では大半が地方自治体職員の人件費に当てられている。開発歳出においては、地方政府が策定したプロジェクトに対して中央財政からの補助金が充当される形をとっている。これらのことから、地方財政はまさに中央財政に依存した体質になっている。

マレーシアは、英国植民地であったことから、歳入は連邦国家に一元化されるシステムを採用している。この国家歳入のうち約20%が州や地方自治体の予算として移転される。その他の地方財政の財源は自主財源となる。自主財源は、地方財政の歳入の約80%である。自主財源は、石油、天然ガス、および木材などの天然資源の販売収入から構成される。また、歳出もその使途が限定されているため、自治体の財政裁量権はごく限られたのである。タイ、フィリピンにおいては、地方税の徴収が認められているが、歳入に占めるシェアは低く、大部分が中央財政からの補助金に依存する体質となっている。タイでは地方税の歳入に占めるシェアは1割程度といわれている。そのため、地方政府が徴税を行うインセンティブが弱いと指摘される。地方政

府は、税収が上がらなくとも、中央政府が補助してくれると考えるようになるからである。同様な傾向は、フィリピンでもみられる。フィリピンには内国歳入配分金というシステムがある。地方自治体に権限を委譲する際に、中央政府の歳入を地方自治体に配分するために設けられた。この制度導入後に、地方財政に占める補助金のシェアは急速に上昇した。また、経済開発などの特定プロジェクトに対しては十分な権限委譲がなされておらず、歳出を決定する権限も限定的なものとなっている。

〔徳原 悟〕

【関連項目】 均衡予算原則、財政と開発戦略、国税／地方税、財政制度

【参考文献】 木村元一編『アジア開発のメカニズム―財政・金融編』アジア経済調査研究双書186、アジア経済研究所、1970年．／貝塚啓明、石弘光、野口悠紀雄、宮島洋、本間正明編『グローバル化と財政』（シリーズ現代財政4巻）有斐閣、1990年．／大蔵省財政金融研究所編『ASEAN4の金融と財政の歩み―経済発展と通貨危機』大蔵省印刷局、1998年．／貝塚啓明『財政学（第3版）』東京大学出版会、2003年．

中央情報部
⇨維新体制、中央情報部【韓国】

中央積立基金【シンガポール】
Central Provident Fund

中央積立基金（CPF）は、定年退職者の生活保障を目的に1955年に設立された。独立後、シンガポール政府によって制度的な拡充が実施された結果、「住宅保障、財政形成、医療保障の機能をあわせもつ総合的な社会保障システム」として機能するようになった。

CPFの制度的特徴は、次の3点に集約される。第1に、年齢や賃金に応じて算定された雇用者と被雇用者の双方からの掛け金を原資としていることである。2003年10月現在、雇用者が月給の13％、被雇用者が20％に相当する金額を掛け金として拠出し、専用口座に積み立てられている（拠出率は、一般的な事例での数値）。原則的には、すべての雇用者および被雇用者に拠出義務がある。

第2に、専用口座がCPFの加入者である被雇用者の名義になっていることである。専用口座は官庁（日本の社会保険庁に相当するCPF庁）が管理・運用し、積み立てられた資金には、金利も加算される。しかし、加入者全体で資金を蓄え、融通する制度ではないため、年金として支給される金額は、個人名義の専用口座の残高次第ということになる。

第3に、専用口座からの引き出しや口座の運用などが制約されていることである。住宅の購入や医療費の支払い、老後の生活資金などの目的で専用口座から引き出せる額は、加入者の自由意思では決められない。使途別に専用口座（3種類）からの引き出し限度額が定められている。また、拠出金は主として国債購入に充てられている。規制緩和により加入者個人の判断で運用できるようになったが、運用可能な口座や方法は制限されている。こうした制度的特徴から、CPFは国家による強制的な貯蓄制度として評価されることが多い。

CPFがシンガポール経済の発展に果たしてきた役割は大きい。2002年末時点の残高は964億シンガポールドルと、同年の名目GDPの61.9％に相当する。このように巨額の資金は住宅購入時の原資となり、シンガポール住民の持ち家比率を高めた。国債購入に充当された資金は、主に公共住宅や道路建設等の開発整備に用いられてきた。

最近では、景気調整手段としてもCPFが活用されている。例えば、1994年以降、一般的な拠出率は、雇用者も被雇用者も賃金の20％で推移していた。ところが、1999年に雇用者の拠出率が10％に引き下げられた。これは、1997年のアジア通貨危機以降の景気対策として、企業のコスト軽減を目指す政府の方針にもとづくものであった。その後、景気回復に伴い、段階的に雇用者の拠出率は引き上げられ、1999年の引き下げ前の拠出率まで戻される予定であった。ところが、経済情勢や国際競争力等を考慮し、再び雇用者側の拠出率は引き下げられた。財政出動に慎重なシンガポールにおいて、CPF拠出率の調整は政府が実行できる数少ない景気対策である。

国際競争力を維持するため、1980年代前半のような高負担（雇用者が賃金の25％、被雇用者も25％を拠出）は回避しなければならない。他方、定年退職後の生活保障という本来の機能については改善すべき部分が少なくな

い。CPF制度の今後は、この2つの目標を両立できるか否かで大きく変わることになろう。
[佐野淳也]

【関連項目】　全国賃金評議会
【参考文献】　田村慶子『頭脳国家シンガポール』講談社、1993年。／「政府、CPF改正案を受け入れる」『海外労働時報』日本労働研究機構、2002年9月号。／大山啓介「シンガポール基礎レポート」国際金融情報センター『JCIF Country Report』2003年3月19日。

中間層
Middle Class

工業社会は、教育水準の高い熟練した労働者、管理職、技術者などを大量に必要とする。経済発展の結果新しく生まれたこれらの層は「新中間層」と呼ばれるが、これについては、「ニュー・リッチ」「新富裕層」「アッパー・ミドル」などさまざまな名称が与えられ、研究者によって定義もさまざまである。中間層について、マルクス主義では上層（資本家階級）と下層（労働者階級）の間の集団で、農民、商工自営業者を旧中間層、ホワイトカラーを新中間層とする。園田茂人は中間層を下位資本家と上位労働者とし、小規模自営層を旧中間層、大企業管理職・専門技術職（ホワイトカラー）を新中間層としている。リチャード・ロビソン（Richard Robison）とデビッド・グットマン（David S. G. Goodman）は、アジアの経済成長の過程で生まれた裕福な層を、特に世界の他の地域と区別して「ニュー・リッチ」と呼んでいる。

新中間層について、末廣昭は「公正・効率・専門主義」を重視する新たな種類の官僚と経営者、都市住民と定義している。彼らは所得水準の向上や教育、生活環境の改善などにより生まれてきた新しい層である。経済発展の中で貧困層が減少し、全体として所得が向上する過程での主たる受益者でもある。ただし多くの国においては、厳密には中間所得階層ではなく、むしろ上位の所得に含まれるような層である。今後の経済発展の趨勢によって今の地位を失うかもしれない、という意味でまさしく「中間的な」層である。

新中間層は経済発展の結果として新しく登場したため、利害をめぐってそれまでの支配層など古い勢力と衝突する可能性がある。また体制内改革であるために、民主化が穏健なものになる傾向を有する。いいかえれば、命を賭して過激な行動に訴えてまで政治的民主化を求めるようなことは少ない。さらに教育水準の高さや、マスコミへの影響力などから、情報が豊かで、国際的なネットワークをもち、民主化を定着させる力を有している。

新中間層の存在を、社会調査によって明らかにすることには困難がつきまとう。概念的な捉え方により比較は不可能ではないが、内実のない分析となる。地域の固有性に執着するならば、厚い記述が可能になるかわりクロスカントリーでの比較はあきらめねばならない。いくつかの先行研究があるが、まだ定説と呼べるものとして仕上がってはいない。多くの場合は、新中間層を次にあげる3つの条件のうち、いずれか1つを満たすものとして定義している。

1　所得・消費：経済発展の中で所得または消費を著しく増加させた者
2　職種：経営者・企業の管理職・官僚など指導的立場にある者
3　教育：国連の定義による第3段階（高等教育）以上の学歴をもつ者

[甲斐信好]

【関連項目】　デモクラシー、開発体制／開発主義
【参考文献】　末廣昭『開発と民主主義』岩波新書、1993年。／園田茂人「社会階層の構造変容―台頭するアジアの中間層」天児慧編『アジアの21世紀 歴史的転換の位相』紀伊國屋書店、1998年。／吉野文雄「東南アジアにおける中間層の形成」『海外事情』第46巻4号、拓殖大学海外事情研究所、1998年。／服部民夫、船津鶴代、鳥居高編『アジア中間層の生成と特質』アジア経済研究所、2002年。

中継貿易
Entrepôt Trade

貿易の一形態で、輸入した貨物をそのまま再輸出する場合、あるいは保税工場において若干の加工をした上で再輸出する形の貿易の場合、保税制度などにより一般に関税を免除されている。中継貿易では再輸出先が決まっていない場合もある。輸入した製品を国内向けに販売するのではなく、そのまま第3国に再輸出することにより輸出入における中継手数料を得る。ただし中継貿易はこうした形態をとる貿易の慣用的な呼称で、貿易管理に関

する法の観点からは、中継貿易は単に輸入貿易と輸出貿易として把握される。また、貨物が輸出国から輸入国への輸送途上で、自国を通過する取引形態もあるが、貨物の自国通過に伴って運賃、保険料、その他の手数料の取得が期待できるので、自由港制度を採用して通過貿易を歓迎する国は多い。

自由港である香港、シンガポールは中継貿易の中心地として有名である。中継貿易の中心地としては、関税の免除、保税倉庫の活用、金融の便宜提供、海上交通が便利な地域などの要件が必要である。特に、香港は極東地域の中継貿易の拠点として繁栄してきたが、中継貿易港としての発展の背景には、2つの要因があった。第1に、香港はもともと天然の港湾としても良好な条件を備えている。第2に、香港は背後に中国という巨大市場を抱えている。こうした内外の要因が重なり合った結果、中継貿易港としての香港が誕生した。

香港、シンガポールの貿易を中継貿易の面からみると、シンガポールは全輸出の4割弱が中継貿易である。一方、香港は多くの再輸出製品が香港企業の中国・広東省での生産製品であることを勘案すると、実質的な中継貿易としての再輸出の比率は、全貿易の3分の1程度でシンガポールと同じ水準である。輸出の相手国としては、シンガポールはASEAN諸国向け、とりわけマレーシアが大きなシェアを占める。しかし、近年は中国向けの中継輸出が増えている。輸入先もシンガポールはマレーシアが大きな比率を占めるが、日本や米国のウェイトも大きい。これに対し香港は中国の比率が高く、近年は台湾や韓国からの輸入も増加している。　［文 大宇］

【関連項目】　中継貿易港
【参考文献】　渡辺利夫編『もっと知りたいNIES』弘文堂, 1990年.／エズラ・F. ヴォーゲル（渡辺利夫訳）『アジア四小龍』中公新書, 1993年.

中継貿易港【香港】
Entrepôt Trade Harbor

世界三大中継貿易港と呼ばれる香港、シンガポール、高雄。その中で、香港は政府の介入や企業の市場支配力のない完全競争の下で行われる自由貿易で、自由貿易港としての地位を確立している。中継貿易港としての役割を果たすには、2つの基本的要素を備えていなければならない。まず、天然の港湾としても良好な条件を有すること。もう1つは、巨大な市場と世界を結ぶ中枢的な位置において、国際的水準の高い金融・貿易など諸機能を完備した社会的インフラ整備をもつことである。

香港は、中国南部有数の天然良港を土台に発展してきた港湾施設と管理システムをもっている。また、広大なアジア太平洋地域をつなぐ国際航路の中心的位置にあり、中国と世界を結ぶのに不可欠な貿易中継地になっている。こうした内外の要因が重なり合った結果、「中継貿易港・香港」が誕生した。

1980年代以降、中国は改革・開放政策を実施し、世界各国と直接貿易を行っているが、外国企業の多くは、依然として香港経由で中国大陸との輸出入を選択している。1997年7月1日に中国復帰を果たした後、香港はアジア通貨危機などの試練を乗り超え、「一国二制度」の下で世界の金融貿易センターの地位を維持し、中国と世界をつなぐ中継貿易港の役割を果たし続けている。とりわけ、関税や輸出入制限を統一的に廃止した自由貿易地域として、香港は世界各国の対中貿易において依然としてきわめて重要な位置を維持している。例えば、近年急速に増加する日中貿易のうち、香港経由分は1980年代末の約11%から近年の約25%にまで増えている。また、米中やEU諸国と中国間の輸出入も全貿易量の半分ほどが香港経由になっている。

WTO加盟後、中国は直接貿易相手国と通商、通航でき、外国からのヒト、モノ、カネが香港を経由しなくても直接中国大陸へ入るようになった。そのため、香港が中継貿易港としての機能が落ち、香港経済自体も大きな影響を受けるのではないかと懸念する声が上がっている。現在では、香港はコンテナ埠頭の規模および出入港船舶の数、さらに中継貨物へ提供するサービス効率などの各方面において依然として優位性をもっており、コンテナ扱い量も世界一を維持している。しかし、香港と至近距離にある深圳市の塩田港と蛇口港は、急速なインフラ整備が進み、港湾使用

料が香港と比べ割安になっている。加えて、その背後にある珠江デルタ地帯の道路建設も急ピッチで進んでおり、深圳港は明らかに香港の競争相手となりつつある。さらに、中国沿岸部では北の大連から、秦皇島、天津、青島、上海、寧波、厦門に至るまで、国際市場につながる貨物港の拡大増設も加速している。その結果、中国各地の貿易港は今後、中国の輸出入における役割が次第に上昇するだろう。それによって、香港の世界最大中継貿易港としての地位に微妙な変化が生じる可能性も出てきている。　　　　　　　［王　曙光］

【関連項目】　香港特別行政区、香港返還、両岸三地
【参考文献】　野村総研香港『香港と華人経済圏』日本能率協会マネジメントセンター、1992年。／浜下武志『香港-アジアのネットワーク都市』筑摩書房、1996年.／石田収『21世紀の中国と香港』酒井書店、1998年。／Y.C. ジャオ（山本栄治訳）『国際金融センター-香港』東洋経済新報社、1998年。

中国・ASEAN自由貿易協定
China-ASEAN Free Trade Agreement

　2000年11月のASEAN首脳との会議において朱鎔基（Zhū Róngji）中国首相が提案した。東南アジアにおける中国脅威論を沈静化させ、東アジアにおける中国の影響力の増大を図ることが目的であろう。2001年に交渉が開始され、2002年11月には枠組み協定が締結された。枠組み協定の締結に際して、中国は、①カンボジア、ラオス、ミャンマー、ベトナム（CLMV）に対する自由化達成期限の緩和と最恵国待遇の供与、②ASEAN側が望む農産品など8分野の早期関税引き下げ措置（アーリーハーベスト）の実施、③メコン開発を含む経済協力など、ASEANに有利な条件を盛り込み、早期の合意を実現した。今後は、2004年6月末を目標に関税引き下げ交渉を完了すること、サービス貿易および投資自由化の交渉を開始することなどが予定されている。関税引き下げに際しては、除外品目数に上限を設けることなどにより広範な分野を対象とすることを目指す。関税引き下げは2005年1月から段階的に開始され、ASAEN6および中国は2010年、CLMVは2015年を期限として完全撤廃を目指す。
　経済連携の検討のために設けられた

ASEAN中国専門家グループによれば、中国・ASEAN間で関税が撤廃された場合の各国の実質GDP成長率への影響では、ASEAN6のすべてが中国を上回る恩恵を受ける（ASEAN-China Expert Group on Economic Cooperation, *Forging Closer ASEAN-China Economic Relations in Twenty-First Century*, 2001）。しかし、中国との貿易自由化に対するASEAN各国の意欲には温度差がある。現在、中国・ASEAN間でアーリーハーベストの実施に向けて個別の交渉が進められているが、自由化に積極的なタイとの間では2003年10月から第一弾として、果実・野菜など200品目の関税撤廃が開始されることが決定した。一方、フィリピンはメリットに乏しいとしてアーリーハーベストを見送る方針を示している。　　［竹内順子］

【関連項目】　日本・ASEAN包括的経済連携協定、ASEAN
【参考文献】　ASEAN Secretariat, *Framework Agreement on Comprehensive Economic Co-operation Between ASEAN and the People's Republic of China*, 5 November 2002.

中国脅威論
The China Threat

　高い経済成長率の持続により、国際社会における中国のプレゼンスが高まりつつある。それに伴ってさまざまな形の「中国脅威論」が現われている。もとより、脅威感覚はきわめて複雑な心理であり、中国の実力に対する判断、および中国がその実力をどう行使するかについての判断が含まれるが、これらの判断は中国との対比関係の感覚や歴史の記憶などに大きく影響される。また、経済的、軍事的、外交的脅威論等が多面的に議論される場合が多い。
　経済的脅威論は最もわかりやすい。人口や国土の規模からすれば、中国経済が世界市場に大きな影響を与えることはある程度まで予想できよう。例えば、中国の食糧やエネルギーの需給変化が世界市場に及ぼす影響や、中国製品の輸出拡大がもたらす影響等々である。しかし、中国が国際取引のルールに従いさえすれば、対中貿易の影響は予想可能であり、関係国との政策協調を通じて問題を解決することも考えられる。中国の市場拡大が

大きなビジネスのチャンスを世界に提供している事実を合わせて考えるなら、対応の仕方によっては中国の経済発展は関係国の脅威にならないであろう。

　情報の公開が進めば、軍事力の評価それ自身も難しいことではない。問題は軍事力をどのように使うかについての説明である。特に領土問題、台湾問題をめぐって中国が周囲国家の懸念に配慮を示すことは重要であろう。さらには、歴史上の「大中華思想」への警戒を打ち消すには、中国の国家目標や外交理念についての情報の発信も不可欠であろう。

　近年、中国政府は米国やアジア周辺に台頭してきた「中国脅威論」を強く意識し始めている。脅威感覚を和らげるための外交努力もなされている。中国は既存の世界秩序の破壊者ではなく、各国と協調しながら新しい秩序の形成に責任ある行動をとる、という姿勢を示そうとしている。むろん、このような新しい外交姿勢は、中国人の世界認識と自己認識の新思考を前提とするものである。国際協調路線が定着するにはまだ相当の時間を要するに違いない。　　　　　　　　　　〔杜　進〕

【関連項目】　関与政策、大中華経済圏
【参考文献】　天児慧『等身大の中国』勁草書房, 2003年.

中資企業【香港】
China-Affiliated Corp.

　1980年代末から中国国内企業の香港進出が始まり、1990年代初めから中国経済の高度成長を背景に中国企業の対香港投資は本格化し、企業設立も急増している。香港経済界で一般的にこれらの企業を大陸系企業と呼ぶ。ただし、正確に定義すれば、資本金の出所、または資本的背景が中国大陸で、登記が香港で行われる企業は中資企業という。中資企業と呼ばれる企業のうち、香港株式市場への上場を果たした企業（レッドチップ）の他、未上場企業も数多く存在する。香港特別区政府の公式発表によると、現在その数は2000社を超え、投資金額は200億米ドルに上る。これらの企業は金融、保険、運送、旅行、不動産、ホテル、輸出入代理および小売り、製造業などに幅広く広がり、香港経済において重要な役割を果たしている。また同時に、これらの企業による大陸への再投資は、金額こそ把握されていないものの、かなりの比重を占めるとみられる。大陸から香港に流れた資本のうち、中央政府に認可されない地方資本および民営企業による違法な資金移転が多く、中には大陸の犯罪集団や汚職官僚などのブラックマネーも一部流入しているという。そのため、一部の中資企業がこのような違法資金移転に加担しているともみられている。

〔王　曙光〕

【関連項目】　レッドチップ
【参考文献】　日本経済調査会調査資料『香港の財閥と企業集団』1990年. ／游仲勲『世界のチャイニーズ―膨張する華僑・華人の経済力』サイマル出版会, 1991年. ／Y.C.ジャオ（山本栄治訳）『国際金融センター香港』東洋経済新報社, 1998年.

中資機構【香港】
China Capital Mechanism

　香港において経済貿易を中心に活動する中国系機構である。中央各省庁および主要省・市・自治区政府が香港で開設した駐在機構が中心であるが、後に大型国有企業集団や人民解放軍系企業関連の駐在機構も増加した。香港株式市場への上場、または香港で登録する中国系企業（中資企業）との境目が不明瞭な部分もあるが、香港経済界では一般的に、中央省庁および地方政府系の香港駐在機構の他、大陸および国際市場に向けてビジネス活動を展開する中国系企業のうち、明らかに中央および地方政府の背景をもつ企業の本社をも中資機構と称している。中資機構は、中華人民共和国の建国後にも一部存在していたが、1978年からの改革・開放と1984年の中英香港復帰交渉をきっかけに増加した。1997年の香港復帰後、中国政府は香港における中央省庁派出機構の整理に乗り出し、特別行政府の同意と中央政府の批准を設置条件に定めている。現在、香港経済に大きな影響を及ぼす中国銀行、または長期的に大陸と香港貿易に従事する大手グループ「光大集団」「華潤集団」などの香港法人が、中国大陸と香港で代表的な中資機構として認識されている。

〔王　曙光〕

【関連項目】　中資企業
【参考文献】　日本経済調査会調査資料『香港の財閥と企業集団』1990年. ／游仲勲『世界のチャイニーズ―膨張

する華僑・華人の経済力』サイマル出版会、1991年。／Y.C.ジャオ（山本栄治訳）『国際金融センター香港』東洋経済新報社、1998年。

中小企業
Small and Medium-sized Enterprise

中小企業の定義は国や産業などで異なるが、一般的に従業員の寡少な企業体を中小企業と呼んでいる。中小企業の一般的な特徴としては、大企業に比べ著しく賃金が低く、資本設備が少ないことなどがあげられる。大企業と中小企業におけるさまざまな格差に関する問題を二重構造問題として知られている。

中小企業がこのような特性をもつ背景には、労働市場に関しては、大企業労働市場が労働組合などの存在により硬直的であるのに対し、中小企業労働市場が需要独占的であることがあげられる。資本市場に関しては、大企業に比べ金融機関からの融資を受けにくいため相対的に資本設備寡少となり、その結果、労働生産性が低くなり低賃金となる傾向がある。生産物市場に関しては、大企業が寡占的であるため製品価格が下方硬直的であるのに対し、中小企業では競争的であるために価格が非常に弾力的であることも賃金格差を解消できない背景となっている。

また経済発展との関連では、経済の全企業に占める中小企業の割合は、経済成長に伴って、特に製造業において低下する傾向がある。この傾向の背景として考えられるのは、①経済成長による雇用増大が中小企業の労働市場をタイトなものとし、その結果、労働市場における賃金上昇が中小企業の縮小を促す、②経済成長によって生じた技術革新、規模の経済性等が中小企業から大企業への飛躍を可能にする、という2点である。

産業構造との関連では、中小企業は低賃金、寡少資本という特性から、(低賃金)労働集約的な産業に特化する傾向がある。各産業別にみた中小企業規模比率では、繊維・衣服など軽工業では中小企業比率が高く、金属などの重工業において中小企業比率が低いという傾向がある。これは莫大な初期設備投資を必要とし、したがって規模の経済性が働くような技術特性をもつ産業において、中小企業はその特性から競争力をもたないことを示している。

政策との関連では、中小企業は労働集約的製造業の急速な成長の担い手であり、多くの労働者を吸収することが可能である。したがって中小企業を対象とする優遇融資および特別な行政サービスを設け支援することで、都市における失業者の減少、ならびに農村労働人口を吸収するといった役割が期待できる。またこうした政策は、所得平等化といった分配政策の一環としてみることもでき、同時に、柔軟な労働市場を創出するためにも必要である。実際に、台湾が最も代表的であるが、その他の東アジア諸国においてもこのような政策を実施し、生産効率性の上昇、労働者賃金の上昇等、実績をあげている。

また日本における産業連関の実績から、中小企業に向けられた最終需要変化は、大企業に向けられた最終需要変化に比べて経済全体に対しての波及効果が大きいことがこれまでの研究から明らかになっている。これは波及効果という点で、中小企業支援政策の重要性を示している。　　　　　　　　　［川畑康治］

【参考文献】篠原三代平『産業構造論(第2版)』筑摩書房、1976年。／中村隆英『日本経済(第3版)』東京大学出版会、1993年。／世界銀行（白鳥正喜監訳、海外経済協力基金開発問題研究会訳）『東アジアの奇跡―経済成長と政府の役割』東洋経済新報社、1995年。

中心・辺境理論
Centre and Periphery Theory

国内の地域開発において、成長拠点(Growth Pole)となる地域とおき去りにされる辺境地域とに二極化する、そのプロセスを理論的に説明するための理論である。ジョン・フリードマン(John Friedmann)によって構築された理論である。従属理論の国内版として位置付けられる。「中心・辺境理論」は、1960年代頃の地域開発の理論的基盤であった「成長拠点理論(Growth Pole Theory)」に反省を迫るものである。成長拠点理論は、国内の後発地域を開発するために、最初に重点開発地域を決定しそこに開発投資を集中的に行い、その影響が徐々に周辺地域に波及して開発が進むという考え方である。しかし、現実には、成長拠点への開発投資の

インパクトは周辺地域に波及することなく、むしろおき去りにされることがしばしばである。このような二極化の理由は、資本や労働の限界生産性が成長拠点において高いこと、成長拠点で生産される製品の市場競争力が辺境地域の1次産品よりも強いこと、そして開発過程において相対的に低落していく辺境地域への補助金や各種の優遇策などの政治的対応による資源配分の歪みが開発を阻害し、それが周辺地域の停滞をもたらすと指摘されている。　　　　　　　　　　　　　［徳原　悟］

【関連項目】　従属理論、トリックル・ダウン仮説、前方連関効果、後方連関効果

【参考文献】　John Friedmann, *Regional Development Policy : A Case Study of Venezuela*. Cambridge, Mass : The MIT Press, 1966. ／Niles M. Hansen (ed.), *Growth Centers in Regional Economic Development*. New York : The Free Press, 1972. ／John Friedmann and Williams Alonoso (eds.), *Regional Policy : Readings in Theory and Applications*. Cambridge, Mass : The MIT Press, 1975. ／長峯晴夫『第三世界の地域開発―その思想と方法』名古屋大学出版会、1985年。

中東地域紛争
Middle East Conflicts

　中東における地域紛争は主に国境線画定の領土問題に集中され、クルド民族独立問題やパレスチナ問題、西サハラ問題などの民族独立問題は国際問題として位置付けられてきた。第1次世界大戦によるオスマントルコの崩壊によって中東・北アフリカ地域は連合国の再分割対象となり、サウジアラビア、トルコなどを除き、ほとんどの地域が西欧列強の植民地、あるいは委任統治下に組み入れられていった。西欧列強の利害関係の中で現在のアラブ諸国の国境が画定されていった。第2次世界大戦後、アラブ諸国が独立すると、国境線の再画定問題が起こり、アラブ諸国、トルコ、イランなど中東諸国に国境紛争が生じた。イラク・イラン国境、イラク・クウェート国境、サウジアラビア・クウェート国境、バーレン・カタール間のファシスト・デービル島の領有権争い、イランによるUAEのトンブ島占拠、サウジ・イエメン国境、ヨルダンの西岸放棄問題、西サハラ独立問題などがあげられる。共通していることはイラン、西サハラを除き、同じ言語、イスラム文化、アラブ共同体国家概念の共有などから意思疎通が容易であり、その結果、紛争は解決されないまま友好関係は維持されるという形を取ることが多かった。

　これに対し、アラブ・イスラエル紛争と呼ばれる4回にわたる中東紛争がある。1947年の国連によるパレスチナ分割案に端を発した国際紛争であったが、、1991年にイラクがクウェート侵攻をした際、アラファト（Yasir Arafat）に代表されるパレスチナ指導部が侵略国イラク側についたため、戦後アラブ湾岸産油国の怒りを買い、財政支援を失ったアラファトは1993年、パレスチナ暫定国家案とイスラエルとの共存をうたったオスロ合意を受諾、以後、パレスチナ人に国家ができたとしてパレスチナ紛争は地域紛争として位置付けられるようになった。パレスチナはアラブとイスラエル間の国際紛争ではなく、パレスチナ人とイスラエルの地域紛争として扱われることになったのである。9・11事件（米国同時多発テロ）以降、米国はテロとの戦いを宣言、イスラエルはパレスチナをテロとして徹底的弾圧に出るようなったが、地域紛争として位置付けられているため、かつてのように国連で世界の世論を二分する問題でなくなってしまった。　　　　　　　　　　　　　［四戸潤弥］

【関連項目】　イスラエルとパレスチナ、パレスチナ和平

中米共同市場
Central American Common Market : CACM

　中米共同市場は、1960年にグアテマラ、エルサルバドル、ホンジュラス、ニカラグア、コスタリカの5カ国によって発足したが、1970年代には加盟諸国間の経済力の不均衡、輸入代替工業化の行きづまりと政情不安、1980年代には中米紛争が激化したことから完全に機能不全に陥った。しかし1980年代後半以降の中米平和合意による紛争の沈静化と経済自由化の進展に伴い、地域統合の新たな枠組みを構築するための交渉が再開され急速に求心力を回復した。特に1991年末に開催された第11回中米サミットではデグシカルパ議定書が採択され、「地域の経済社会統合を図り、平和自由・民主主義・開発を達成する」ことがうたわれ、そのための調整機関として中米

統合機構と中米議会が設立された。次いで1993年1月には中米統一関税制度が発足するとともに、グアテマラ、ホンジュラス、エルサルバドル、ニカラグアの4カ国が自由貿易地域の結成に合意した。また同年10月の第14回中米サミットでは上記4カ国に加えてコスタリカ、パナマを含む中米全6カ国によって中米経済統合条約が調印され、関税同盟、共同市場よりも統合度の高い経済同盟の結成を目指すことが合意された。この結果、労働力を除く生産要素の移動の自由化、国内消費向け農産品に関する域内政策調整が一応の実現をみたが、現時点では通貨同盟に関しては早期の実現可能性は低いとみられている。経済統合の進展と5カ国経済の堅調な成長に伴い、域内貿易比率は1990年代半ば以降着実に上昇し、2001年には29％を記録した。現在CACMが最も熱心に取り組んでいるのは、域外諸国との自由貿易協定の締結である。すでに1991年にメキシコとの自由貿易圏の形成に合意しているが、現時点ではパナマ、ベリーズを含めた7カ国との間で交渉中である。

〔北村かよ子〕

【参考文献】 田中高「中米における地域統合の現段階」浜口伸明編『ラテンアメリカの国際化と地域統合』日本貿易振興会アジア経済研究所、1998年。／ECLAC, "Regional Integration in Latin America and the Caribbean," *Latin America and the Caribbean in the World Economy : 2001-2002*. New York, United Nations, 2003.

チュコン
⇨政商

主体思想【北朝鮮】
Juche Idea

北朝鮮の金日成（Kim Il-sŏng）主席が唱えた指導原理としての思想であり、北朝鮮のすべての政策や活動の基礎になる朝鮮労働党の唯一の指導思想である。「主体」とは、すべてのものを人間中心に考え、人間に奉仕させる人間中心の世界観として説明されている。すなわち、社会主義革命と建設の主人は人民大衆であり、革命と建設を推し進める力もまた人民大衆にあるとされる。主体は主体経済、主体農法といった幅広い使い方があり、労働生産能率を高めるためには、技術を発展させること、生産組織を改善すること、その他各種の要因が必要であるが、仕事をする人間の主体的な技術能力と思想意識を最も重要視する。

主体思想は金日成独自のものであり、マルクス＝レーニンの共産主義思想とほとんど共通点はない。金日成は、主体とはすべてを北朝鮮の事情に合わせて進める必要があり、マルクス＝レーニン主義の一般原理と他国の経験を北朝鮮の実情に合わせて創造的に適用することである、と説明する。以上の定義でみると、主体思想の核心は北朝鮮の社会主義革命と建設における主体確立を意味する。しかし、主体思想の最大の目的は、金日成崇拝の原理を確立し、独裁と権力世襲を正当化する点にある。

1970年の労働党第5次大会では主体確立は次のように規定されている。主体確立とは、自主精神を基本に創造的な活動を続け、自己革命を自分で達成することである。いいかえると、これは自己更新の必要がある北朝鮮の実情を反映したものであり、中ソ対立という国際情勢の変化の狭間で苦しんできた金日成が、自国の主体性を確保するために主体思想を強調する必要があった。このように初期の主体思想は、北朝鮮の実情を反映した革命と経済建設の推進を強調する素朴な思考に過ぎなかった。しかし、1970年代以降、主体思想は北朝鮮内においてマルクス＝レーニン主義と同格になり、哲学的な性格を飾るようになった。現在の主体思想は、マルクス＝レーニン主義を一層発展させ、社会主義革命と建設の過程で発生する今日のすべてを解決できると宣伝している。1978年からは、海外に北朝鮮よりの団体である「主体思想国際研究所」を設立し、主体思想の国際的な普及を推進している。

一方、金日成は主体思想に儒教的要素を取り込んだ。世襲体制の確立を容易にするためであった。息子の金正日（Kim Chŏng-il）は経歴や政治能力の点で父親に劣った。特に、彼にはカリスマ性が欠けていた。血統を重視する儒教的精神は、息子への権力継承、自らの権威の死後存続に有効であった。その

後、金正日は父金日成の主体思想を基に「主体哲学」を唱え、これにもとづき朝鮮労働党の指導方針も体系化された。しかし、主体思想は主体確立という政治的な目的から始まったものであり、哲学思想ではない。主体思想が北朝鮮内において人民の思想改革に貢献し、政治的にも効果のある統治イデオロギーとして機能していることは確かである。また、対外的には非同盟諸国において共産主義の世界革命論として受け入れられている一方、西欧諸国では民族共産主義として評価されている。しかし、この思想は北朝鮮のように閉鎖的な社会状況でのみ統治イデオロギーとして機能し、1980年代末からの東欧諸国の民主化と開放化、ソ連の崩壊、中国の改革・開放政策などの世界的な趨勢の中で、その威力はなくなった。　　　　　　　［文　大宇］

【関連項目】　北朝鮮、金日成、金正日
【参考文献】　河秀図『主体思想と朝鮮の統一――金日成主義批判』三一書房、1984年。／金哲央『主体哲学概論』未来社、1992年。／鐸木昌之『北朝鮮―社会主義と伝統の共鳴』東京大学出版会、1992年。／木村光彦『北朝鮮の経済』創文社、1999年。

長江デルタ【中国】
Yangtze River Delta Area

長江（揚子江）下流の河口流域は長江デルタ（長江三角洲）と呼ばれる。行政区としては、江蘇省南部、上海市、浙江省北部の15の大都市、すなわち杭州、寧波、湖州、嘉興、紹興、舟山、上海、南通、蘇州、無錫、常州、泰州、揚州、鎮江、南京がこの地域に含まれる。古くから「魚と米の里」といわれ、中国の最も豊かな農業地域の一つである。19世紀の上海開港に伴い、近代的工業と伝統的手工業の発展が著しく、1930年代の初めには中国の鉱工業生産の半分以上がこの地域に集中していた。

改革・開放政策の実行に伴い、特殊政策が適用された珠江デルタの発展は著しい。それに比べ、長江デルタは一時期後れを取っていた。しかし、1984年に南通、上海、寧波、温州が沿海開放都市の指定を受け、経済技術開発区を設置する権限が与えられた。1990年において、共産党と中央政府は上海浦東地域の開発を決定した。1992年の鄧小平（Dèng Xiǎopíng）の南方視察後、浦東開発を竜の頭とする長江沿江開発戦略が決定され、長江下流のデルタ地域と長江上流・中流沿いの都市を結ぶ開発戦略が練られた。このような開放政策が功を奏し、1990年代以降、長江デルタは中国経済の成長センターとなった。2002年の統計によれば、長江デルタは対全国比で土地面積が1％、人口が5.8％であるにもかかわらず、GDPの18.7％、輸出総額の28.45％、海外直接投資誘致額の30％余りを占めている。

これまで、江蘇、浙江、上海は行政的縄張りの中でそれぞれ独立した経済システムを追求し、都市間の協業体制は未発達のままであったが、近年、「長江デルタ大都市圏」の建設が進められている。高速道路と国道を重点とする道路システムが整備されつつあり、産業、観光、商業・貿易、都市金融、物流などの五つの協力体ができつつある。特に国際都市としての上海市の貿易センター、金融センター、情報センターの役割は一層強まり、長江デルタは上海を中心とした巨大都市群に成長している。　　　　　　　　　　［杜　進］

【関連項目】　珠江デルタ
【参考文献】　霞山会編『中国総覧』霞山会、2000年。／黒田篤郎『メイド・イン・チャイナ』東洋経済新報社、2001年。

朝鮮戦争
The Korean War

第2次世界大戦後、米国を中心とする資本主義陣営と、旧ソ連を中心とする共産主義陣営は世界各地で対立を深めた。1945年8月に日本の植民地統治から解放された朝鮮半島では、米ソ対立の中で、北緯38度線を境界に南には大韓民国（1948年8月）、北には朝鮮民主主義人民共和国（1948年9月）が成立した。政治体制の異なる南北の2つの政権は、北緯38度線を挟んでたびたび小規模の武力衝突を繰り返したが、1950年6月25日より38度線付近において南北朝鮮間の大規模な武力衝突に発展した。これにより3年余りにわたる激しい朝鮮戦争が始まることになった。

開戦初期は戦力が優位であった北朝鮮軍の攻勢により、韓国政府が朝鮮半島の南東部の釜山付近まで避難した。しかし、その後米軍

を中心とする国連軍の介入により戦況を回復したが、中国軍の参戦もあり、朝鮮半島全域を戦場に激しい軍事衝突が続いた。1953年7月27日、ようやく休戦協定が成立した。これを契機にアジアにおいて冷戦構造が確立され、日本を含む東アジアの国際関係に大きな影響を与えた。また、この戦争によって同じ民族の間に不信と憎悪が植え付けられ、過去半世紀にわたり南北朝鮮の対立が続いている。南北両政府の国連への同時加盟がようやく実現したのは、この戦争から約40年後の1991年9月のことである。

　朝鮮戦争は、200～300万人にも上る膨大な人的被害のみならず、経済的にも朝鮮半島に多大な被害をもたらした。戦争による物的被害の規模は、当時の韓国の国内総生産の2年分に相当した。設備破壊の結果、1950年の工業生産額は、1949年に比べて繊維産業60%減、機械産業40%減、電気機械産業66%減であった。さらに、生産設備破壊に伴う生産の萎縮は物価騰貴を促し、戦争遂行のための通貨増発がこれに加わって、異常なインフレ様相をもたらした。1949年を100とするソウルの卸売物価指数は、1954年に9940へと上昇し、この時期、韓国の経済システムは完全に破壊されていた。　　　　　　　　　［文　大宇］

【関連項目】北朝鮮、金日成
【参考文献】渡辺利夫『韓国経済入門』筑摩書房、1996年．／萩原遼『朝鮮戦争―金日成とマッカーサーの陰謀』文春文庫、1997年．／和田春樹『朝鮮戦争全史』岩波書店、2002年．

チョウ・テスト
Chow Test

　構造変化のF検定とも呼ばれ、時系列データの構造変化の有無を判定する検定方法のことをいう。　　　　　　　　　　　［白砂堤津耶］

調和平均
Harmonic Mean

　n 個のデータ $x_1, x_2, \cdots, x_n$ の逆数を算術平均したものの逆数を調和平均という。

$$調和平均 = \frac{1}{\frac{1}{n}\left(\frac{1}{x_1}+\frac{1}{x_2}+\cdots+\frac{1}{x_n}\right)}$$

$$= \frac{1}{\frac{1}{n}\sum_{i=1}^{n}\left(\frac{1}{x_i}\right)}$$

［白砂堤津耶］

直接金融
⇨間接金融／直接金融

全斗煥【韓国】(チョンドファン)
Chŏn Tu-hwan, 1931～

　軍人、政治家であり、韓国の第11～12代大統領（1980～88年）。1955年に韓国陸軍士官学校を卒業し、5・16軍事クーデター後、朴正熙（Pak Chǒng-hǔi）大統領によって国家再建最高会議の議長秘書官に抜擢された。1963年に中央情報部の人事課長を経験し、1970年のベトナム派兵に参加した。その後、大統領警護秘書官、1979年に国軍保安司令官の職に任命された。同年の10月に朴正熙大統領が殺害される事件が起き、この事件の合同捜査本部長を務めた。その後、軍部内で粛軍クーデターを行い、朴正熙大統領暗殺事件の責任者として上官である鄭昇和参謀総長を逮捕した。中央情報部の部長代理をも兼務して、軍部を掌握し政権を押さえた。1980年に非常戒厳令を全国に拡大した。5月18日に韓国南西部の光州市において軍部クーデターによる全斗煥の政権掌握に反対する学生・市民の民主化運動を武力で鎮圧し、多数の死傷者が出る流血事件となった。これによって軍部独裁による強権政治が敷かれ、韓国民主化の進展が大きく後退した。

　1981年に憲法改正とともに、第12代大統領に就任した全斗煥政権の第1の課題は、経済問題の解決であった。就任当時、経済成長率は朝鮮戦争以来初のマイナスとなり、急激な物価上昇、巨額な対外債務と貿易赤字など深刻な経済問題が山積した。経済問題で最初に取り組んだのが重化学工業部門の過剰投資の調整と、年率30%にも及ぶインフレの抑制であった。経済に関する有効な政策と国際経済環境の好転の結果、大統領在任中に物価安定、貿易黒字などを達成し、韓国経済が再び飛躍する基盤をつくった。経済がしっかりしなければ、政権維持も難しくなると考えた全斗煥は、執務の合間に経済関係の学者、実務

者を呼び、寝る間を惜しんで経済の勉強を始めたといわれる。1987年に大統領直接選挙制を要求する汎国民的な民主化運動に押され、大統領職の単任制を受け入れて退任した。退任後、光州民主化弾圧の責任と政治資金の不正問題で追及され、約2年間にわたり隠居生活と司法による裁きを受けた。　　［文　大宇］

【関連項目】　民主化運動
【参考文献】　田村哲夫『激動ソウル1500日―全斗煥政権への道』成甲書房, 1984年.

チリ・モデル
Chile Model

　1970年代以降チリで試みられた自由主義的な経済改革。ラテンアメリカを含めた開発途上国、さらには多くの先進国に先んじて実行され、おおむね高い成功を収めたため、しばしばチリ・モデルと呼ばれる。1970年代初めのチリは、生産活動の停滞、失業の増加、財政の破綻、インフレ、これらに起因する社会的、政治的混乱に直面していた。クーデターによって政権に就いた軍部は、シカゴ・ボーイズと呼ばれシカゴ大学のミルトン・フリードマン（Milton Friedman）の薫陶を受けたテクノクラートに経済政策を委ね、自由主義的な経済改革を実行した。その結果、チリの経済改革はしばしば新自由主義あるいはワシントン・コンセンサスと同一視されるが、現実には政策の内容はそれらと同一ではない。改革初期の1970年代の経済政策は、オーソドックスな新自由主義に近いものであったが、それは経済の低迷と対外不均衡をもたらした。そこで1980年代以降はチリがおかれた状況を踏まえて現実的、実践的な政策を採用した。また経済改革と同時に政治改革、社会改革を実行した。すなわち、財政改革（歳出の削減、徴税の強化）、貿易自由化、資本自由化、労働改革（雇用の柔軟化）、国営企業の民営化、年金改革（年金の民営化。年金管理会社による運用）など自由主義改革に加えて、資本自由化に伴う短期資本移動による経済撹乱を防止するため強制預託制度を導入し、また対外均衡を維持するため国内貯蓄の動員を図り、教育の普及など社会政策を実施した。これらはワシントン・コンセンサスの改革とは異なるものである。チリの改革が果たしてモデルたりえるのかについては、チリが小国で1次産品・加工品輸出によって国際経済に参加しえたこと、自由主義的改革が分配を悪化させる危険をもつこと、運用いかんで年金が失われるリスクがあることなど、その特殊性、問題点を指摘する意見がある。

　　　　　　　　　　　　　　　　　［小池洋一］

【参考文献】　細野昭雄, 松下洋, 滝本道生編『チリの選択　日本の選択』毎日新聞社, 1999年.

陳水扁【台湾】
Chén Shuǐbiǎn, 1951～

　台湾の政治家。貧しい農家に生まれたが、苦学の末に台湾大学を卒業後弁護士になった。1979年に、反国民党勢力と警官・憲兵隊が衝突し、多くの負傷者が出た「美麗島事件」で被告弁護団に加わったことがきっかけで、民主化運動に足を踏み入れた。その後、政治家を志し、1981年に台北市議に当選したが、1985年に経営していた雑誌の国民党批判記事が原因で懲役1年の判決を受けた。1987年に民進党に入党、1989年には立法委員（国会議員に相当）に当選し、1994年には台北市長に当選した。しかし、再選を目指した1998年の選挙では国民党の馬英九（Ma Yīng-jeou）候補に敗れた。

　李登輝（Lǐ Dēnghuī）総統の任期満了に伴う2000年3月の総統選挙では、39.3％の得票率で当選した。2位は無所属（後に親民党結成）の宋楚瑜（Sòng Chǔyú）36.8％、3位は国民党の連戦23.1％であった。選挙中は自らを「台湾の子」と称し、党派にこだわらない「全民政府」を主張した。国民党以外では初の総統就任となり、この歴史的政権交代により国民党の一党独裁が名実ともに終焉し、国民党は戦後初めて与党の座を明け渡した。

　しかし、就任直後の立法院（国会に相当）における与党民進党の議席は3分の1に過ぎず、思うような政権運営が進められなかった。2001年12月の立法院選挙では、民進党が87議席を獲得し第一党となったが、単独過半数を占めるまでには至らなかった。民進党に近い台湾団結連盟を加えても過半数を押さえ

ることができず、立法院の運営は困難が続いている。

対中関係では、中国側が台湾独立派とみなす陳総統に対して警戒を緩めておらず、政治対話の糸口がつかめない状況にある。しかし、経済関係は緊密化が進んでおり、2001年1月には、台湾の金門・馬祖と大陸との「小三通（通信、通航、通商）」が許可された。

なお、2004年3月の総統選挙で、国民党の連戦を僅差で破って再選された。　　〔今井　宏〕

【関連項目】　国民党、民進党、李登輝、三通／小三通
【参考文献】　喜安幸夫『台湾の歴史』原書房, 1997年.

ツ

通貨
Currency

現金およびその他の流動的な金融資産を含めたものであり、交換手段、価値保蔵手段、決済手段などの機能を果たすものを指す。現在では、貨幣（Money）と同じ意味で使われている。金属貨幣の時代とは異なり、現在の通貨はその素材価値とはかかわりなく額面の価値をもつものとされている。また、兌換によって通貨が素材価値をもつ金や銀などの金属貨幣に交換されることもない。そのため、通貨価値の安定性を維持することが中央銀行による金融政策の重要な目標の一つとされている。

通貨価値の安定性は、国内の物価水準を安定的に維持することに加え、対外的には為替レートの変動を抑制させることにある。このような抽象的な政策目標に異論を挟む余地はないが、実際上の問題としては、どの物価指標を用いるのか、資産価格の動向も考慮するのかなどの問題がある。また、対外的な面においても、実効為替レートを使うのか、それとも購買力平価を用いるのかなどにおいても議論が分かれている。

これらの相違はあるものの、通貨は、交換手段、価値保蔵手段、決済手段の機能を果たす。交換手段とは、自分が必要とする財貨を通貨と引き換えにして入手することを指す。

通貨の存在しない物々交換の世界では、自分が必要としている財貨をもっている人を探さなければならない。しかも、自分が所有しているものを入手したいと思っている人を見つけなければならない。つまり、取引当事者間で「欲求の二重の一致」が成立しなければ交換は成立しない。しかし、通貨が用いられることで、取引相手を探すコストが大幅に削減される。通貨は一般受領性をもつために、誰にでも受け取ってもらえるために交換手段機能を果たすことが可能になる。なお、現在では、財貨と交換にお金を支払うために、交換手段のことを支払手段ということもある。通貨の一般受領性という性格から、価値保蔵機能の役割をも担うことになる。

通貨は、必要とする財貨をいつでも購入することのできる購買力をもっている。すなわち、貨幣を保有することによって購買力を蓄えておくことができるので、価値保蔵手段と呼ばれる。また通貨は決済手段機能をもつ。信用取引などによって財・サービスの入手時点と代金の支払い時点との間に時間的なズレが生じる。この時間的なズレを伴いながらも債権・債務関係を解消することを決済という。これらの諸機能を担うのが通貨である。

通貨は、その流動性の程度に応じて分類がなされている。この分類は、国や時代によって変化するものであるが、通常、M_1、M_2、M_3、広義流動性などの形で分類されている。日本では以下のような分類構成が採用されている。M_1 は、現金通貨（日本銀行券と補助貨幣）と要求払い預金（当座預金、普通預金、貯蓄預金、通知預金、別段預金、納税準備預金）から構成されている。M_2 は、M_1 に定期性預金（定期預金、据置貯金、定期積金）を含めたものである。定期性預金は、それを担保に借入ができることに加え、解約料などの若干の手数料を支払えばすぐに現金化することができる。M_3 は、M_2 に郵便貯金、その他金融機関の預貯金や金銭信託などを含めたものである。広義流動性とは、M_3 に投資信託、金融債、金融機関が発行するCP（コマーシャル・ペーパー）、債券現先、国債、外債などから構成されている。これらの分類構成に従い、マネーサプライの指標が作

成されているが、日本の代表的な指標はM₂＋CD（譲渡性預金）である。中央銀行は、このM₂＋CDの動きをみながら、通貨価値の安定に努めている。これ以外の通貨集計量の指標として、各金融資産の流動性を考慮してウェイト付けを行ったディビジア・マネー（Divisia Money）や、時期に関してウェイト付けを行ったCEマネー（Currency Equivalent Money）などがある。　［德原　悟］

【関連項目】　マネーサプライ、ハイパワード・マネー、信用創造、金融政策
【参考文献】　堀内昭義『金融論』東京大学出版会, 1990年. ／石田和彦, 白川浩道編『マネーサプライと経済活動』東洋経済新報社, 1996年. ／Muzafar Shah Habibullah, *Divisia Monetary Aggregates and Economic Activities in Asian Developing Economies*. England, Ashagate, 1999. ／日本銀行金融研究所編『新しい日本銀行―その機能と業務』有斐閣, 2000年.

通貨代替
⇨ドル化／通貨代替

テ

低金利政策
Cheap (Easy) Money Policy

　景気低迷時に有効需要を拡大させるために、景気刺激策として公定歩合の引き下げ、公開市場操作による買いオペ、支払準備率の引き下げ、信用割当の緩和などを行って金利水準を引き下げる政策を指す。これとは異なり、資金需給にかかわりなく、法律や行政的介入によって低金利を維持させる「人為的低金利政策」を指す場合もある。人為的低金利政策は、日本の高度成長期や、開発途上諸国において頻繁にみられた。設備投資を行う企業の金利負担を軽減する目的で実施された。

　日本の場合、公定歩合が預金コストよりも低位に据え置かれたため、貸出金利が低下し大企業の投資資金需要を促進した。その一方で、大企業向けの貸出金利が預金金利よりも低いために、銀行は中小企業向け貸出に対して、拘束預金や両建て預金の形で金融資産を保有させ、実効金利を上昇させて損失の穴埋めをしていたといわれる。高度経済成長は、低金利政策を通じて大企業の投資行動を活発化することで実現された。このような資金配分の歪みのしわ寄せは、中小企業や農業部門に向けられ、経済の二重構造化を促進した。

　開発途上諸国の場合には、人為的低金利政策がより大きな影響を経済に及ぼす。開発途上諸国は一般的にインフレ率が高い。そのため、名目金利からインフレ率を差し引いた実質金利がマイナスになることも珍しくない。実質貸出金利がマイナスであれば、借金をしても金利が得られる。同様に、実質預金金利もマイナスになるが、預金の場合には、実質的にみて預金者が銀行に金利を支払わなければならない。このような状態を「金融抑圧（Financial Repression）」という。金融抑圧は、貯蓄の減少を通じて投資水準を引き下げるので、経済成長率も低下する。そのため、開発途上国では、1980年代半ば頃から、市場メカニズムを活用した金融システムを構築するために金融の自由化を進めている。

［德原　悟］

【関連項目】　金融抑圧／金融抑制、金融政策、公定歩合政策、公開市場操作、法定準備率操作
【参考文献】　寺西重郎『日本の経済発展と金融』岩波書店, 1982年. ／堀内昭義『金融論』東京大学出版会, 1990年. ／伊藤修『日本型金融の歴史的構造』東京大学出版会, 1995年.

帝国主義
Imperialism

　資本主義は19世紀後半から20世紀前半にかけて、産業資本を中心とした自由競争段階から、独占資本と金融資本を中心とした独占段階へと移行した。この独占段階における政治・経済制度を総称して帝国主義と呼ぶ。レーニン（Vladimir Ilich Lenin, 1870～1924）によれば、帝国主義段階は資本主義の最高段階であり、やがてこれは消滅し社会主義に取って代わられるという。

　レーニンによれば、帝国主義は以下のように特徴付けられる。①生産と資本の集中・集積が生じ独占がもたらされる、②銀行と産業が結合することによって金融資本が成立し、これが経済全体を支配する、③自由競争段階で生じていた国内企業の過剰生産の吐け口を求めた輸出にさらに拍車がかかるとともに、

国内利潤率の低下による資本輸出が始まる、④国際カルテルや国際トラストが形成され、世界市場を分割する、⑤領土の再分割を求めて帝国主義戦争が勃発する。帝国主義は、上記の特徴を備えた資本主義の最高段階と位置付けられる。

その経済的本質は、独占資本主義にある。自由競争段階における競争の結果として、国内に独占資本体が形成される。この独占資本は、銀行と結び付くことにより大規模な固定資本投資を行う。こうして銀行と結び付いた産業は巨大な生産能力を抱えもつ。その生産物の吐け口を求めて海外進出を図る。また、金融資本は資本蓄積を進め、国内に有利な投資機会がみつからず、利潤率の高い海外へ資本を輸出する。先進諸国がこぞって植民地主義や膨張主義的な行動をとるため、国際独占体が形成され領土分割が行われる。しかし、帝国主義諸国の対抗意識が高まり、領土の再分割を目的とした戦争が行われる。資本輸出による高利潤を獲得するとともに、輸出市場でもあり原材料供給基地でもある植民地が奪い合いになる。この植民地に寄生する金利生活者や労働貴族が登場し、帝国主義は必然的に腐朽性を強めていく。帝国主義は、それ自らの特徴にとって自らを崩壊させることになるというのである。　　　　　　　［徳原 悟］

【関連項目】　資本主義、植民地
【参考文献】　ジョン・アトキンソン・ホブソン（矢内原忠雄訳）『帝国主義論』全2巻、岩波文庫、1941〜42年．／レーニン（宇高基輔訳）『帝国主義論』岩波文庫、1956年．／ルドルフ・ヒルファディング（岡崎次郎訳）『金融資本論』全2巻、岩波文庫、1972年．

定常状態
Steady State

定常状態とは、経済成長が安定的であり均斉成長経路が達成されていることをいう。ソロー＝スワン・モデルにおいて、ソロー方程式は、

$$\Delta k = sf(k) - nk \cdots\cdots ①$$

Δ：変化分、s：貯蓄率、$f(k)$：1人当たり生産量、n：労働人口成長率、k：資本装備率

と表わされるが、定常状態では資本ストックと労働人口が同率で成長するために、$\Delta k=0$ となって、

$$sf(k) - nk = 0 \cdots\cdots ②$$

と表わされる。　　　　　　　［森脇祥太］

【関連項目】　ソロー＝スワン・モデル

低水準均衡の罠
Low Level-equilibrium Trap Model

ある国の人口増加に生産物や所得の増加が追いつかないため、その国の厚生水準が低い水準で均衡してしまい、その水準から容易に離脱することができなくなるような現象をいう。低水準均衡の罠を説明したモデルとして、ネルソン＝ライベンシュタイン・モデル（Nelson-Leibenstein Model）を挙げることができる。

実際、いくつかの開発途上国は、低水準均衡の罠に近い状態に陥っていると考えられ、「貧困」水準の生活しか送ることのできない多くの国民を抱えている。それら諸国は、国内に過大な人口を抱えており、その増加率も依然として非常に高い水準にあって、1人当たりの総生産が減少している場合すら観察される。

表1は、世界の低・中所得水準（1人当たりGNPが9265ドル以下の諸国）に分類される諸国の地域別の経済指標を示している。人口成長率が他の地域と比較して高いのは中東・北アフリカ地域とサハラ以南アフリカ地域で、1990〜99年でそれぞれ、2.2％と2.5％という高い人口成長率となっている。中東・北アフリカ地域とサハラ以南アフリカ地域は、1人当たりGDPの成長率も0.8％、－0.2％となっており、人口増加率に総生産の増加率が追いつかない。特に、サハラ以南アフリカ地域の1人当たりGNPは世界平均の4890ドルと比較してきわめて低い水準にあると考えられ、低所得の段階から離脱することができない状況を示しているといえよう。

表2は貧困比率（1日1ドル以下で生活する人口の割合）、ならびに生活水準の低下している人口の比率（1993年度の平均国内消費の3分の1以下で生活する人口の割合（％））を示している。南アジア諸国は、1人当たりGDPは年平均3.8％の増加、東アジア・太平洋地域に次ぐ高い成長を遂げているが、貧困

◇表1　経済指標

地域	1人当たりGNP(米ドル) 1999年	人口(100万人) 1999年	GDP成長率 1990-99	人口成長率 1990-99	1人当たりGDP成長率 1990-99
東アジア・太平洋地域	1000	1837	7.4	1.3	6.1
ヨーロッパ・中央アジア	2150	475	-2.7	0.2	-2.9
ラテンアメリカ・カリブ	3840	509	3.4	1.7	1.7
中東・北アフリカ	2060	291	3	2.2	0.8
南アジア	440	1329	5.7	1.9	3.8
サハラ以南アフリカ	500	642	2.4	2.6	-0.2

出典　世界銀行(西川潤監訳・五十嵐友子訳)『世界開発報告2000/2001-貧困との闘い』シュプリンガー・フェアラーク東京, 2002年．

◇表2　地域別所得貧困

地域	貧困人口比率(%)			生活水準の低下している人口比率(%)		
	1987	1993	1998	1987	1993	1998
東アジア・太平洋地域	26.6	25.2	15.3	33	29.8	19.6
ヨーロッパ・中央アジア	0.2	4	5.1	7.5	25.3	25.6
ラテンアメリカ・カリブ	15.3	15.3	15.6	50.2	51.1	51.4
中東・北アフリカ	4.3	1.9	1.9	18.9	13.6	10.8
南アジア	44.9	42.4	40	45.2	42.5	40.2
サハラ以南アフリカ	46.6	49.7	46.3	51.1	54	50.5

出典　世界銀行(西川潤監訳・五十嵐友子訳)『世界開発報告2000/2001-貧困との闘い』シュプリンガー・フェアラーク東京, 2002年．

比率と生活水準が低下している人口の比率はともに約40％となっており、成長が貧困を解決しきれていない現状を表している。南アジア諸国はかつて、低位水準均衡のモデル・ケースとして捉えられていたが、現在の貧困を解消するためには、より高い経済成長を実現する必要があると考えられる。また、サハラ以南アフリカ地域では、貧困人口比率、生活水準が低下している人口の比率はともに、世界の中・低所得国の中で最高の水準にあり、1人当たりGDPの成長の停滞が貧困を直接説明する。　　　　　　　　　　　　［森脇祥太］

【関連項目】　ネルソン＝ライベンシュタイン・モデル
【参考文献】　速水佑次郎『新版　開発経済学―諸国民の貧困と富』創文社, 2000年. ／渡辺利夫『開発経済学―経済学と現代アジア（第2版）』日本評論社, 1996年.

あった。構造主義開発理論の特徴は、開発途上国と先進国の経済構造は異なり、先進国経済のための経済理論では開発途上国を分析することは不可能であるというものである。未熟で経済合理性をもたない構造が解消していない開発途上国の開発のためには、政府による上からの指導と市場メカニズムの補完が必要であるとされた。工業化や貿易、所得分配等の経済開発を行う上で重要となる問題において政府の積極的関与が必要とされたのである。このような構造主義開発理論をラルは新古典派経済学の視点から批判し、市場への政府の不介入を主張した。　　　　［森脇祥太］

【関連項目】　所得分配、新古典派経済学
【参考文献】　絵所秀紀『開発の政治経済学』日本評論社, 1997年.

ディリジスム
Dirigisme

ディリジスムとは政府による市場への介入のことをいう。ディーパック・ラル（Deepak Kumar Lal, 1940～）は、初期開発経済学の特徴をディリジスト・ドグマとして批判した。1950～60年代後半の時期において、開発経済学の理論的主流は構造主義開発理論で

適正技術
Appropriate Technology

適正技術とは、「中間技術論」や「もう一つの技術（Alternative Technology）」などにおいて定義された概念であり、開発途上国で従来選択され、利用されていた技術が適正であるか否かを確認するための、技術に関す

る考え方のことをいう。戦後、先進国から開発途上国への技術移転が活発に行われていたにもかかわらず、経済格差の是正は進まず、技術移転の成果が社会全体に波及することが困難な状態が長期間にわたって持続した。開発途上国と先進国の格差は縮小することなく、むしろ拡大した。開発途上国が導入した先進的な技術が真に適正であるのか、そして、真に適正な技術とは何かを追求するための議論が行われることになった。

適正技術に関する代表的な見解として最初に挙げられるのは、シューマッハー（Ernst Friedrich Schumacher）による中間技術論である。彼の中間技術論は、地方分散主義や労働雇用中心主義といったインドのマハトマ・ガンディー（Mahatma Gandhi）の思想的影響を強く受けたものである。シューマッハーによると、中間技術とは先進国から直接導入された近代的技術よりも労働生産性は低いが、開発途上国に固有な在来技術よりも労働生産性が高く、より雇用吸収的であって、開発途上国の企業家や労働者が容易に適応することが可能な技術のことである。中間技術論においては、開発途上国へ近代的技術を直接導入するよりも、むしろその国固有な技術を改善・改良することによって技術力を高めて中間技術を生み出し、漸次的に近代的技術の水準へと接近することを促す方が望ましいとされている。

シューマッハーの中間技術論は主に1960年代に展開されたが、理論的な研究のみにとどまらなかった。実際、1965年には、ロンドンに中間技術開発グループが設立されて、中間技術普及運動が展開され、理論と実践の両面からの検討が行われた。適正技術に関する検討は、1970年代以降、国際機関においても活発になされ、多くの提言が出された。

1976年には、OECDの調査機関である開発センターからジェキエ（Nicolas Jequier）を中心にまとめられた報告書『適正技術―問題点と展望』（Nicolas Jequier ed., *Appropriate Technology : Problems and Promises*. Paris : OECD, 1976）が出版されることとなる。その中でジェキエは、シューマッハーの中間技術論とは若干異なる概念で適正技術を定義した。ジェキエによると適正技術とは、技術が使用される地域社会の価値体系や文化および風土に適合的な技術のことをいう。この場合、適正技術は、シューマッハーの定義する近代技術と在来技術の中間的な性格のものである必要はない。また、ジェキエは、開発途上国における技術革新は、在来的なセクターに存在する企業家、労働者、職人などによって担われるべきであることを主張した。また、1970年代半ばには、UNIDOにおいても適正技術に関する活発な提言が出されており、開発途上国の在来技術の改善・改良を進めることによって、近代的技術と在来技術の並存的発展を行うことの重要性に注目している。

近年、環境問題の国際的な広がりに伴って注目を集めているのが、もう一つの技術に関する考え方である。先進諸国は、工業化によって1人当たりの国民所得を上昇させ、経済的豊かさを達成することが可能となった。その一方、急速な工業化によって国内においては深刻な環境破壊が発生し、CO_2排出問題や水質汚染等は国境を超えた問題となっている。このような深刻化を深める環境問題を背景として生まれたもう一つの技術に関する考え方は、環境破壊を起こさないような技術の体系を構築することを目的としており、環境と調和した健全な地域の発展を促すような技術を追求することが重要であるとされている。そして、開発途上国の発展はできる限り環境や生態系と調和した共生型の技術の開発・普及によって達成されるべきであるとされる。

［森脇祥太］

【関連項目】　技術移転
【参考文献】　大塚勝夫『経済発展と技術選択―日本の経験と発展途上国』文眞堂、1990年．

テキーラショック
⇨メキシコペソ危機

デジタル・デバイド
Digital Divide

先進国と開発途上国、都市と地方、高所得者と低所得者、高学歴者と低学歴者、多数民族と少数民族によってインターネット利用機

会の有無および利用能力に格差が生まれ、結果的に経済的・社会的な格差が拡大する現象のことを指す。米国ではこの問題がいち早く表面化し、クリントン（Bill Clinton）政権時にはその是正措置として学校や図書館などの公共施設でインターネットの利用を可能にするインフラの拡充に努め、また学校での指導員の養成を進めた。2000年に開催された九州・沖縄サミットでは、IT（情報技術）革命についての議論が行われ、開発途上国のインターネット利用を促進しデジタル・デバイドを解消するため政策・制度改革、インフラ整備について協力を進めるという主旨の「IT憲章」が採択された。憲章では、「21世紀を形作る最強の力の一つ」として情報技術の重要性を捉え、電子商取引の普及、通信・物流・通関の規制緩和を進めて情報技術の効用を発揮するに必要な政策・制度改革の必要性をうたっている。あわせて、開発途上国、地方、低所得者、低学歴者、少数民族など従来とは異なる新しい層を情報の受け手として開拓し、社会・経済的な機会を拡大することをデジタル・オポチュニティーと呼び、作業部会（通称ドット・フォース）を設置し、情報技術のもたらす恩恵を広げるためのインフラ開発を含め、各国が協力することが確認された。

　ドット・フォースの取り組みの一つに、開発途上国と先進国間あるいは開発途上国間の経験の共有や、教育および貧困対策などの分野で方策を検討することがある。これに関連して、現在、技術協力の一部活動については、コンテンツのデジタル化を進めていこうという動きがある。日本国内の「ITセンター」から、開発途上国の「ITサテライトセンター」に向けて教育・研修番組を発信するシステムが広がり、異なる開発途上国の研修員への同時技術研修、技術者同士の情報交換、セミナーなどを行う環境が整いつつある。「遠隔技術協力」とも呼ばれ「テレビ会議」システムを通じより効率的な技術協力が進められている。このインフラを開発途上国間でも縦横に張りめぐらし、魅力あるコンテンツをデジタル化して提供し開発途上国との知の交流、創造、普及を効率化しようとする試みである。

　IT導入のための投資計画の作成や、プロジェクト方式技術協力による人材育成といった従来型の協力はすでにASEAN各国で展開されているが、「遠隔技術協力」による協力は、技術協力の方法そのものをIT化し、効率化するものである。デジタル・デバイド解消に寄与しようとする新しい試みでもある。

［佐原隆幸］

【参考文献】　外務省経済協力局『我が国の政府開発援助ODA白書2001年』国際協力推進協会, 2001年。／国際協力機構ホームページ（http://www.jica.go.jp/）。

デ・シトフスキー、ティボール
Tibor de Scitovsky, 1910～2002

　厚生経済学の発展に多大な貢献をしたハンガリー生まれの経済学者。特に、厚生経済学の「補償原理（Compensation Principle）」における「シトフスキーの規準（Scitovsky's Criterion）」は有名である。補償原理とは、政策変更が社会全体に対して好ましい効果を及ぼすか否かを判断する原理であり、そこでは政策変更による利益者と損失者が仮定されており、前者から後者への補償が行われると想定する。その判断規準の一つとして、「シトフスキーの規準」がある。彼は、政策変更後に利益者から損失者に補償が行われても政策変更の利益が上回るというテストと、政策変更を断念させるために損失者が利益者に賄賂を送っても利益者が変更を断念しないというテストが、必要であることを主張した。彼は、厚生経済学を理論的ベースとして国際貿易と経済成長の関係、経済統合、国際収支問題、関税政策、および輸入代替政策などの現実世界の政策問題にも積極的に議論した。また、消費者行動理論を心理学的観点から再構築しようという野心的試みがなされた。

［徳原　悟］

【関連項目】　輸入代替工業化、輸出志向工業化、経済統合理論

【参考文献】　Kenneth J. Arrow and Tibor de Scitovsky eds., *Readings in Welfare Economics*. London: Allen and Unwin, 1969. ／ティボール・シトフスキー（斉藤精一郎訳）『人間の喜びと経済的価値―経済学と心理学の接点を求めて』日本経済新聞社, 1979年。

デット・エクイティー・スワップ
Debt Equity Swap

　デット・エクイティー・スワップとは、債務（Debt）と資本（Equity）を交換（Swap）することをいう。デット・エクイティー・スワップは、元来米国において破産法の適用を申請した企業が経営を再建するための手段として広く利用されていた。すなわち、債務者からみれば、バランス・シートの負債の部に計上されている借入金などを資本の部の資本金あるいは資本準備金に振り替える。一方、債権者からみれば、資産の部の貸出金などを出資金などに振り替えることになる。これにより、債務者にとっては、有利子負債の減少と自己資本の増加を同時に達成することになり、財務体質の向上につながる。また、債権者にとっても、債務者の経営が再建されることになれば、将来の配当の受け取りや株価の値上がりなどが期待できる。

　日本においても、デット・エクイティー・スワップは金融機関による企業の再建手段の一つとして利用されている。金融機関は対象企業の株主となることで経営に対する監視機能を強化できるばかりでなく、従来の企業の再建手段の主流であった債権放棄とは異なり、損失の顕在化を防止できることになる。ただし、デット・エクイティー・スワップは債権者にとって保有株式の増加につながるために、債務者の財務体質が悪化した要因をみきわめ、負債の軽減によって再建が見込まれる場合に限って実施するなど慎重な対応が必要である。このようにデット・エクイティー・スワップは企業の再建手段として開発されたものであるが、開発途上国の累積債務問題を解消するための手段としても利用されている。

　　　　　　　　　　　　［佐々木郷里］

【関連項目】　対外債務危機／債務削減戦略

デモクラシー
Democracy

　デモクラシー（民主主義）というのは、曖昧な概念である。「『民主主義（デモクラシー）』という言葉はある種の魔法の言葉である。誰も『民主主義』に反対することはできない。すべての人々が『民主主義』に賛成する。だが、現実には、すべての人々が考えている『民主主義』の内容は、人によってまったく異なっている。すべての人々が『民主主義』に賛成しながら、すべての人々が『民主主義』をめぐって対立することになる」（白鳥令）。「民主主義はいわば歴史の中の民衆が政治の魔性に挑戦する試みであって、したがって大きな危険を伴ってきたし、また伴い続けるであろう。それはさしあたって、統治の能力をも、経済の繁栄をも、絢爛たる文化をも、まして人間の幸福をも、何ら先験的に保障しているわけではなく、しかも疑いもなく人間にとって最もわずらわしい政治様式である。ただそれは確かに人間の自由と尊厳とにふさわしい政治様式であるというに過ぎない。したがって、この危険な政治様式を生かす者はそのシンボルに仕える者でなくて、これを方法化しうる者をおいてはないであろう」（福田歓一）。

　デモクラシーとは、また、非常に多様な概念である。歴史的にも、また思想史上でもさまざまな定義が存在する。ある研究によれば、デモクラシーには実に262通りものタイプがあるという（David Collier & Steven Levitsky）。デモクラシーのメリットとして白鳥令は、（多くの人が決定に参加することで）全体として問題のすべてをみることができる、よりよい人格と創造的思想が育つという教育的効果がある、政治参加の権利は人間の本質である、という3つをあげている。なぜデモクラシーが望ましいのかということさえも多くの議論があり、自明とはいいがたい。

　またデモクラシーには理念、制度、運動としての3面がある。デモクラシーという言葉の中には、「民衆の支配」という理念、それを実際の政治秩序の中でどのように実現するかという制度、そしてデモクラシーの実現を目指す運動の3つが、複雑に入り組んでいる。さまざまな定義に加えて、実際にはこの3面が錯綜して議論されている。経済学者シュンペーター（Joseph Alois Schumpeter）は古典的デモクラシーとして「人民の意思を具現化するために集められるべき代表者を選出することによって、人民自らが問題の決定

をなし、それによって公益を実現せんとするもの」をあげている。彼はこの古典的デモクラシーが現実に成立する難しさを述べ、その上で今一つのデモクラシーを、次のように定義する。「政治決定に到達するために、個々人が人民の投票を獲得するための競争的闘争を行うことにより、決定力を得るような制度的装置」。シュンペーターは、デモクラシーが一つの政治的方法に他ならないことを主張している。

　ハンチントン（Samuel P. Huntington）は、シュンペーターのデモクラシー観について次のように述べている。「第2次大戦後しばらくの間、源泉ないし目的によって民主主義を定義しようとする古典的な論者と、シュンペーター流の手続き的な民主主義概念を支持する多くの理論家との間で論争が続いた。1970年代までにこの論争は終わり、シュンペーターが勝利した。理論家たちは次第に、民主主義の合理的ユートピア的理想主義的定義と、経験的記述的制度的そして手続き的定義とを区別し、後者のタイプの定義のみが分析的正確さと経験的枠組みを提供し、この概念を有効にするという結論に達した。」その代表例がポリアーキー（Polyarchy）である。

　「デモクラシーは人間の知性が考案した最悪の政治制度だ。ただし他のすべての制度を除いての話だが」というチャーチル（Lord Randolph Henry Spencer Churchill）の有名な言葉がある。もしデモクラシーが普遍的な価値でなく、利害を調整するための制度であるとするならば、単一のデモクラシー観をすべての国にあてはめて判断するのはいかにも危ういことだけは確かである。　　［甲斐信好］

【関連項目】　フリーダムハウス指標、政治的権利、市民的自由、ポリアーキー

【参考文献】　シュムペーター（中山伊知郎、東畑精一訳）『資本主義・社会主義・民主主義』東洋経済新報社、1962年。／白鳥令、曽根泰教教編『現代社会の民主主義理論』新評論、1984年。／S. P. ハンチントン（坪郷實、中道寿一、藪野祐三訳）『第三の波―二〇世紀後半の民主化』三嶺書房、1995年。

デュアリズム
Dualism

　デュアリズムとは、開発途上国の経済において伝統部門と近代部門の二重構造が成立していると捉える考え方である。伝統部門は、農村および農業を意味する場合が多く、伝統的・歴史的な制度・規範が社会に強く影響を与えており、経済メカニズムは古典派的である。近代部門は、都市および工業を意味する場合が多く、先進国から導入された社会体制の下で、経済のメカニズムは新古典派的である。デュアリズムは、開発途上国の経済発展を伝統部門と近代部門の相互作用によって工業化が進行することであると説明する。これは、経済発展論や開発経済学における主要な考え方の一つとなっている。ブーケ（Julius Herman Boeke）やファーニバル（John Sydenham Furnivall）の「二重経済」、「複合社会論」、ヒギンズ（Benjamin Howard Higgins）の「技術的デュアリズム」、ルイス・モデル、フェイ＝レイニス・モデル、ジョルゲンソン・モデル、などの経済発展理論がデュアリズムの影響を強く受けている。

［森脇祥太］

【関連項目】　伝統部門、近代部門、古典派経済学、新古典派経済学、二重経済、ルイス・モデル、フェイ＝レイニス・モデル、ジョルゲンソン・モデル

【参考文献】　鳥居泰彦『経済発展理論』東洋経済新報社、1979年。

デルタ農業
Agriculture in the Delta Area

　大河川の河口流域に上流からの土砂が堆積してできたデルタ地域は、豊富な水および動植物資源に恵まれ、人類の文明誕生の地である。デルタは、主要国の生産基地となって発展を牽引してきた地域である。デルタ農業とはデルタの生態系を利用し、農業、林業、漁業など多くの収穫、所得獲得手段を得ることができる方法である。デルタ地域を開発して利用度を高め、住民の生活を改善する開発計画が各地で進められてきた。アジアではメコン河下流域総合開発計画や黄河デルタ農業開発計画が有名である。メコン開発は1950年代末から始められ、その後、一時中断した後に1995年から再開された。メコン河流域の開発、資源開発、住民の生活改善を目指している。しかし中国が上流にダムを建設し、水資源の国際的利用に問題が生じている。また上流のダム、貯水池建設が下流のデルタ農業へ

与える影響の不透明感、膨大な費用の問題があり、必ずしも順調に計画が実行されているわけではない。黄河デルタ開発も同様の問題を抱えている。　　　　　　　　　［梶原弘和］

【関連項目】アグロフォレストリー、プランテーション農業
【参考文献】Chris Dixon, *Rural Development in the Third World*. Routledge, 1990. ／Gordon Conway and Barbier Edward, *After the Green Revolution*. Earthscan Publications Ltd., 1990.

テロリズム
Terrorism

　歴史的にはテロリズムは、暴力または威嚇により、政治的な対立相手に恐怖状態をつくって打撃を与え、排除し、一方で自集団の結束強化を図る行為。最終的には政権の打倒と権力の掌握まで視野におく行為である。フランス革命やロシア革命時の要人の暗殺やその支持集団への暴力がテロリズムの典型をなしていた。近年は、テロ活動の動機・標的・実行の形態が多様化している。

　冷戦終了後は政治的な動機に加えて民族・宗教的な動機によるものが急増。ユーゴスラビアのコソボ紛争やインドネシアのマルク紛争などが該当する。テロを契機として深刻な民族・宗教対立に陥る事態が増えている。標的は特定要人に対するものから一般市民を無差別に巻き込むものに広がり、公共施設や公共交通機関の破壊、人質を取っての主張の強要、街頭での爆破などの手段が多用されている。日本の地下鉄サリン事件は標的無差別化の事例である。国際化も進んだ。テロ活動の企画、資金調達、手段の選択、実行が国境を超えて組織化されている。ロッカビー（英国）でのパン・アメリカン航空機爆破事件、ルクソール（エジプト）古代遺跡での観光客襲撃事件、ペルー日本大使公邸人質事件、ケニア・タンザニアでの米国大使館爆破事件、2001年のニューヨークおよびワシントンでの同時多発テロがその事例である。

　テロ活動の多様化に鑑み、その防止措置として、国際的な連携を進めることが喫緊の課題となり、爆弾テロ、核テロ防止のため1996年には国際テロ廃絶決議が採択された。しかし実効ある対応は遅れ、米国はイラン、イラク、シリア、リビア、北朝鮮、キューバ、スーダンの7ヵ国をテロ支援国家として指定し、1993年以来続けてきた制裁措置を継続させるとともに、（2001年9月11日の同時多発テロ後の）2002年にはブッシュ（George W. Bush）大統領は一般教書演説の中で、イラン、イラク、北朝鮮を化学兵器、生物兵器、核兵器などの大量破壊兵器を用いたテロを支援する「悪の枢軸」と名指ししその対応を硬化させた。

　2001年9月11日の同時多発テロへの対応として、日本はテロ対策特別措置法（通称テロ特措法）を同年10月29日に成立させた。これにより、自衛隊を戦場に隣接する外国領域に派遣することが可能となり、諸外国の軍隊への支援のための補給活動、被災民救助活動において自衛隊の役割の拡大が実現した。テロ対策のみならず、安全保障政策上でも大きな転換点となった。　　　　　　　　［佐原隆幸］

【関連項目】平和構築
【参考文献】David Greenberg, "The Changing Face of Terrorism," (http://slate.msn.com/id/115391).

天安門事件【中国】
Tiananmen Incident

　北京の天安門広場に多くの民衆が自発的に集まって政治問題を議論し、指導部との直接対話を呼びかけようとする政治運動はこれまでに2度ある。第1次天安門事件とは、1976年の「4・5事件」（4月5日は中国で故人を偲ぶ清明節）であり、故周恩来（Zhōu Ēnlái）総理を追悼するために30万人以上の民衆が集まった。広場に張り出された周総理を偲ぶ詩詞の一部に、当時実権を握る四人組（江青〔Jiāng Qīng〕、張春橋〔Zhāng Chūnqiáo〕、王洪文〔Wáng Hóngwén〕、姚文元〔Yáo Wényuán〕）を公然と批判したものもあった。当局はこの運動を反革命事件とみなし、大衆の背後に鄧小平（Dèng Xiǎopíng）という黒幕があるとして、運動を鎮圧すると同時に、鄧小平がもつ共産党内と政府内のすべての職を解いた。しかし、1978年11月、鄧小平が政治的に復帰する直前に、「4・5事件」は「大衆の自発的な革命行動」として再評価され、関係者の名誉回復と責任追及が行

われた。

　第2次天安門事件は1989年の春に起こった。改革派指導者として学生に人気の高かった胡耀邦（Hú Yàobāng）前党総書記が急死し、その追悼活動を契機に4月に北京の学生が民主化要求の運動を展開した。政治安定を重視する指導部はこの運動を「動乱」と決め付けたが、学生に同情的な知識人、マスコミ、市民が次第に運動に参加するようになり、政府への批判が強まった。運動は北京以外の都市に広がり、国際的にも大きな関心を呼び起こした。さらに学生運動への対応をめぐって共産党指導部の内部にも亀裂が生じ、学生運動を愛国民主運動として評価し、対話を通じて事態の収束を主張する趙紫陽（Zhào Zǐyáng）総書記のグループと、あくまでも高圧的な手段で学生に臨むべきだとするグループとの対立が表面化した。この党内闘争は趙紫陽の失脚によって決着が付けられ、5月20日早朝、北京市に戒厳令が敷かれ、6月4日未明、解放軍が天安門広場を制圧した。当局の報道によれば北京での死者は319名となっている。事件後、中国政府は「人権弾圧」の批判を受け、しばらく国際的に孤立した状態にあった。事件がいつ再評価されるかは、中国の政治民主化の進展を示す一つのシンボルとして広く注目されている。

〔杜　進〕

【関連項目】　鄧小平、4つの基本原則
【参考文献】　矢吹晋編『天安門事件の真相』上・下，蒼蒼社，1990年.

転換点
Turning Point

　転換点とは、近代部門の労働力が、伝統部門の「制度賃金」の水準において無制限に供給されるような段階から、伝統部門の限界生産性と等しい賃金率の水準で制限される段階への移行を画する1時点である。伝統部門において相互扶助的な共同体慣行により「制度賃金」が成立しているならば、近代部門の労働供給曲線は、図のように制度賃金Sをやや上回るWの水準で、横軸に平行な線分となる。近代部門の賃金率が制度賃金を上回らないと、伝統部門の労働力の移動が行われる誘因とはならないからである。近代部門は、We_1M_1で示される利潤を再投資して生産力を高め、伝統部門の労働力を吸収する。その結果、労働の限界生産力（＝労働需要）MPはMP_1からMP_2へ、さらにMP_3とシフトして、近代部門の労働力はL_1からL_2を経てL_3へと増加する。近代部門の発展の結果、制度賃金Sを下回る水準の限界生産力にある伝統部門の余剰労働力が、近代部門へと移動して消滅すると、賃金率は労働の限界生産力により決定され、Sを上回ることになる。図では、転換点を意味するe_3点で、近代部門の労働供給曲線は右上がりとなり、近代部門の労働力がL_3の時、伝統部門の余剰労働力が消滅することになる。近代部門がe_3点を超えて成長すると、MPはMP_3からMP_4へとシフトし、以後、限界生産力と労働供給量との交点によって決まる伝統部内の賃金率は急上昇することになる。

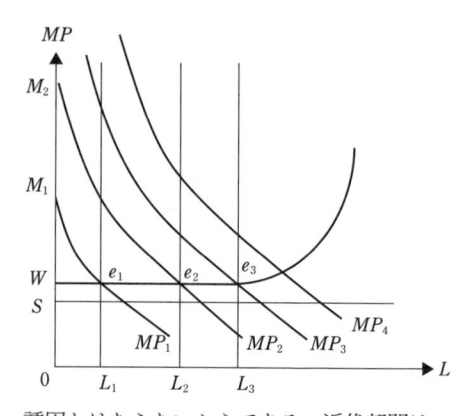

〔森脇祥太〕

【関連項目】　近代部門、伝統部門、限界生産力
【参考文献】　南亮進『日本経済の転換点』創文社，1970年.

転換点論争
Turning Point Dispute

　転換点とは、「制度賃金」によって労働供給が無制限的になされる古典派的世界から、労働供給が限界生産力にもとづく賃金率によって制限される新古典派的世界への移行を意味する時点のことをいう。日本経済に転換点が存在するのか否か、転換点をいつ超えたのか、については数多くの議論が行われてきた。アーサー・ルイス（Sir William Arthur

Lewis）は、出生率の急速な低下を根拠として1958年からの約10年間で日本経済は転換点を迎えるとした。フェイ＝レイニス（John C. H. Fei and Gustav Ranis）は、①非1次産業の資本労働比率が1916年頃まで低下してその後上昇した、②工業の実質賃金率がその頃から急速なスパートを示した、こと等を根拠に転換点は1916～19年頃であるとした。しかし、フェイ＝レイニスの見解は、使用したデータの信頼性についての批判を受けた。

また、ジョルゲンソン（Dale Weldeau Jorgenson）は、1917年以前においても日本に労働の無制限供給は存在しなかったことを示している。一方、南亮進は、戦前においては、農業賃金が労働の限界生産力の約2倍の大きさとなっているが、戦後は両者がほぼ一致することをあげて、転換点は戦後であるとした。そして、①農工間、工業部門の男女間、規模間、などの賃金格差が1960年代の長期波動の下降局面で低下した、②農業労働力の非農業への供給弾力性が1959年以降低下した、ことを根拠として日本の転換点は1960年代であるとした。一方、安場保吉は、日本経済は1900年代初頭に転換点を超えたが、戦争による工業の破壊と海外からの引揚者の増加によって1940年代後半に転換点以前の状態に逆戻りし、1960年代に再度、転換点を超えたとする。その根拠として、繊維工業の女工、日雇人夫などの熟練労働力、などの賃金が1900年代初頭以後、急速に上昇したことをあげている。

［森脇祥太］

【関連項目】 ルイス・モデル、フェイ＝レイニス・モデル、ジョルゲンソン・モデル
【参考文献】 南亮進『日本経済の転換点―労働の過剰から不足へ』創文社、1970年．／安場保吉『経済成長論』筑摩書房、1980年．

転換不況
Recession in Transition

移行国がショック・セラピーなどの政策を実施したことによって生じた不況のこと。ソ連崩壊後、ロシアや中央アジアがそれぞれ独自の移行政策をとったが、多くの国が不況に陥った。中央アジアの場合、2000年頃の経済水準は、独立前に対して50％程度までに落ち込んだ。最大の理由は、ソ連の中央財政からの補助金が打ち切られたことであり、ソ連を含むコメコン諸国への輸出が止まったことである。ソ連の崩壊は、コメコンとして構築されていた経済関係を断絶させたが、独立後の各国はまだそれぞれの国民経済をつくりあげていないのである。さらに、貿易の自由化が輸入の急増をもたらし、国内の中小企業に壊滅的な影響を与えたことにも、注意が必要である。

［安田　靖］

【関連項目】 移行指標、移行経済
【参考文献】 大野健一『市場移行戦略』有斐閣、1996年．

伝統部門
Traditional Sector

開発経済学においては、伝統部門は農業や商業、軽工業などの在来産業や農村を意味する場合が多い。伝統部門と近代部門との相互作用によって経済発展のメカニズムを説明する「二重経済発展モデル」は、開発経済学における最も重要な理論の一つである。以下で、伝統部門の特徴を説明してみよう。農地面積が一定である場合、労働投入量 L と農業生産量 Q の関係を示す生産関数は、図のような曲線で描くことができる。生産関数の接線の傾きの大きさは、労働の限界生産力を示す。農業の総労働投入量が L_3 であれば、伝統部門の賃金水準は労働生産性 $L_3q/0L_3$ となろう。このような賃金のことを「制度賃金」といい、共同体社会の制度的な平等主義の慣行によって決定される。利潤最大化が実現している場合には、実質賃金は労働の限界生産力と等しい水準に決定される。労働の限界生産力が $L_3q/0L_3$ となる労働投入量は L_1 であるから、L_1L_3 の労働者はその水準より

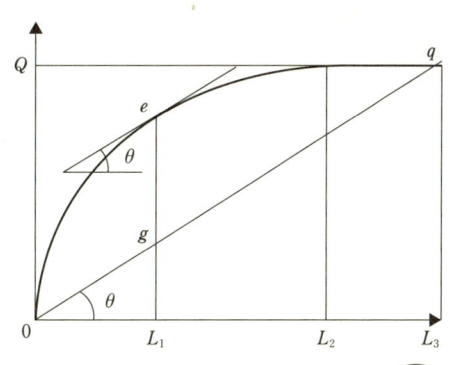

低い限界生産力、あるいはゼロの限界生産力で $L_3q/0L_3$ の水準の賃金を獲得する。二重経済発展モデルにおいては、工業化によって近代部門が持続的発展を遂げる際に、伝統部門に存在する L_1L_3 の余剰労働力の近代部門への移動が重要な役割を果たす。　　［森脇祥太］

【関連項目】　近代部門、二重経済、限界生産力
【参考文献】　渡辺利夫『開発経済学―経済学と現代アジア（第2版）』日本評論社, 1996年.

◀ト▶

ドイツ技術協力公社
Deutsche Gesellschaft für Technische Zusammenarbeit［独］: GTZ

ドイツの開発途上国に対する技術協力を担当する公社（全額を連邦政府が出資）である。1975年、開発援助事業団（BfE）と開発途上国援助促進公社（GAWI）が合併して設立された。

ドイツでは、二国間援助、国際機関を通じたものを問わず、すべての援助を経済協力省（BMZ）が企画・立案している。予算も外務省に計上される緊急援助予算を除き、BMZに計上される。GTZが技術協力、復興金融公庫（KfW）が資金協力を担当する。

主な業務は、①技術協力プログラムの計画・実施・評価のための助言、②他の援助機関に対する技術的助言、③専門家の募集・選考・派遣、④技術協力実施のために必要な機材の調達・提供、⑤技術協力に関する開発政策への貢献などである。公社であるため、株主総会、監査役会、役員会の3つによって意思決定がなされる。監査役会には、経済協力省の他に、外務省、大蔵省、経済省が参加し、協調を図る体制になっている。

役員会の下には、情報技術、通信、監査、戦略、法務、国際移住の6つの局とアフリカ、アジア太平洋・ラテンアメリカ・カリブ諸国、欧州・中央アジア、計画・開発、商業、人事、国際サービスの7つの部がある。2001年の手数料収入は16億9300万マルクであった。　　　　　　　　　　［三浦有史］

【参考文献】　外務省経済協力局編『わが国の政府開発援助上巻2000』財団法人国際協力推進協会, 2001年. ／国際協力銀行『国際協力便覧2002』2002年.

ドイモイ政策【ベトナム】
"Doi Moi" Policy

「ドイモイ」とはベトナム語で「刷新」を意味する。ドイモイ政策は、1986年末の第6回党大会で採択された改革・開放政策をいう。第6回党大会では、資源配分方法を指令計画から市場調節へ、価格を政府固定価格から市場価格へと転換することが決定された。ベトナムにとっての「移行」は、それまでの小規模生産から社会主義大規模生産への転換であったが、第6回党大会からは計画経済から市場経済への転換を意味するようになった。

ドイモイの端緒はすでに1980年代に現われていた。1980年代に入ると、中央集権的な社会主義経済システムを緩和する措置が部分的に導入され、それに伴い実際に企業のインセンティブが向上し、生産の量的増大がみられた。しかし、一方で、価格を市場の需給関係に委ねることによってインフレの高進を招くなど、政府は生産の量的拡大とインフレというジレンマに直面した。

しかし、旧ソ連からの援助の減少、異常気象による農産物の不作などにより、党内の危機感が高まったため、党は1985年6月の第8回中央委員会総会で「価格・賃金・通貨」問題に関する決議を採択し、社会主義工業化路線と決別した。同決議は、緊縮財政によるマネーサプライの抑制、公定価格の引き上げ、為替の切り下げ、金利の引き上げを実施するもので、IMFの安定化プログラムと共通した性格をもち、その後のマクロ経済の安定に寄与した。　　　　　　　　　　［三浦有史］

【参考文献】　木村哲三郎『ベトナム―党官僚国家の新たな挑戦』アジア経済研究所, 1996年. ／Communist Party of Vietnam, *National Congress Documents*. Foreign Language Publishing House, various issues.

「統一」米【韓国】
"Tongil" Rice

　世界的な緑の革命の波とともに、韓国の米生産を画期的に増加させた多収穫新品種稲の名称である。統一米は、1960年代末、ジャポニカ米とインディカ米をベースに新品種として開発され、1970年代韓国農村に広く普及された。経済開発計画の推進とともに1960年代の韓国の農業政策は、食糧増産が最大の目標であった。1962年には農業振興のために作物試験所が設立され、稲作に関する研究基盤を整えた。特に1972年からスタートした第3次経済開発計画では、食糧生産目標を主食の米の自給達成に設定し、稲の新品種開発に積極的に取り組んだ。その結果、多収穫の新品種である統一米の普及は、1976年についに韓国に米の自給を達成させた。韓国の米収穫量は、1960年代まで1ha当たり12kg水準であった。しかし、1970年代には統一米の栽培により1ha当たり45kg水準まで飛躍的に増加し、数量の面で3.7倍以上の増加により食糧不足が解消された。韓国農村の貧しさを表わす「春窮」という言葉がなくなったのもこの頃からである。

　しかし、米の新品種開発が続き、統一米の普及は縮小期に入った。最大の原因は、いもち病や害虫被害である。米増産のために統一米の栽培は、政府の奨励と農家の選好により全国的に広がったが、同じ品種であることがかえって病害虫の被害を全国的規模で拡大させた。特に、1980年のいもち病の伝染は米生産に深刻な被害をもたらし、このような経験から統一米の普及が急速に低下した。さらに1970年代以降、韓国は農村近代化と急速な工業化の進展に伴い、農村人口の都市への移動が始まった。農業は工業化の波に押され、経済全体に占める比重が低下した。1980年代以降は、農業政策も農産物の輸入を通じての安定供給と物価の安定を優先する方向に変更しつつある。　　　　　　　　　　　［文　大宇］

【関連項目】　緑の革命、セマウル運動
【参考文献】　倉持和雄『現代韓国農業構造の変動』御茶の水書房, 1994年. ／増田万孝『緑の革命の稲・水・農民』農林統計協会, 1995年. ／渡辺利夫『開発経済学(第2版)』日本評論社, 1996年.

投資紛争解決国際センター
International Centre for Settlement of Investment Disputes : ICSID

　「国家と他の国家の国民との間の投資紛争の解決に関する条約」により、1966年に設立された。投資受け入れ国政府と外国投資家との間の紛争に対し調停または仲裁の手段を提供するとともに、開発途上国の外資政策や関連法規の整備に助言を与える。条約批准国は134カ国（2000年6月）、いずれも世界銀行のメンバーで、本部をワシントンにおく。開発途上国の外資政策や政府の対応との紛争がしばしば世界銀行にもち込まれ、先進国企業の投資意欲を減殺させていることから、これら紛争を公平かつ合理的に調停、仲裁するとともに開発途上国の外資導入促進支援の見地から設立された。

　ICSIDの機能は実績を重ねるとともに高く評価され、紛争解決機関としてのICSIDの名はすでに20もの投資法、900以上の投資条約にも記載されている。また、投資関連紛争の主たる解決方法として「北米自由貿易協定」、「カルタヘナ自由貿易協定」、「メルコスール投資議定書」など主要な貿易・投資協定に仲裁機関としてその名をみることができる。調停、仲裁作業はワシントン以外の地でも行われ、そのためシンガポール国際仲裁センター、カイロのアジア・アフリカ法律諮問委員会など諸機関と提携関係にある。　［飯島　健］

【関連項目】　国際復興開発銀行
【参考文献】　世界銀行『世界銀行年次報告2002』世界銀行, 2003年.

◇国際連合での位置付け

経済社会理事会（ECOSOC）	
世銀グループ	国際復興開発銀行（IBRD）
	国際金融公社（IFC）
	国際開発協会（IDA）
	投資紛争解決国際センター（ICSID）
	多国間投資保証機関（MIGA）

トウショウ

鄧小平【中国】
Dèng Xiǎopíng, 1904～97

中国四川省の農村に生まれ、1920～25年の5年間勤工倹学（働きながら勉学する）のためパリに赴き、そこで中国共産党に入党。同時期にパリに滞在していた周恩来（Zhōu Ēnlái）と親密な関係になった。帰国後、国民革命軍を経て中共中央委員会の秘書を務め、1931年に中央根拠地で毛沢東（Máo Zédōng）と合流した。以来、紅軍第一軍団政治部主任などを歴任、党内の路線闘争の中で毛沢東を終始支持していた。抗日戦争中は、党総政治部副主任などを務め、1945年に党の中央委員に選ばれた。劉伯承（Liú Bóchéng）・鄧小平軍（後の第2野戦軍）の政治委員として、国共内戦の勝利に大きく貢献した。

建国後、1952年に政務院（後の国務院）副総理に抜擢され、1954年には中共中央秘書長にも選出された。反右派闘争や大躍進運動などでは、一貫して毛沢東を支持し陣頭指揮をとっていたが、大躍進と人民公社運動が失敗した後、次第に現実路線に転じ、毛沢東の急進路線と一線を画すようになった。文革では、劉少奇（Liú Shàoqí）に次ぐ党内第2の「資本主義の道を歩む実権派」として批判を受け、党と政府のすべての職が解かれ、江西省で幽閉生活を送った。1973年に周恩来の強い推薦で再び副総理として政治の舞台に復帰し、病身の周恩来総理にかわって、混乱をきわめた党、政府、軍の組織再建、および経済の建て直しに着手した。鄧小平はこれによって党内急進派の四人組の恨みを買い、周恩来逝去後の第1次天安門事件により建国後2度目の失脚を喫した。しかし、不死身の彼は文革収束後の1977年に副総理として再度復活し、1978年以降は党・政府・軍の実権を掌握し、事実上の最高指導者となった。

新中国の第2世代の指導者としての鄧小平の最大の功績は、党の基本路線を毛沢東時代の階級闘争・継続革命から近代化建設に転換させ、大胆な経済市場化と対外開放を通じて中国の綜合国力の向上に努めたことである。鄧小平が「改革・開放の総設計師」と呼ばれるゆえんである。いわゆる「鄧小平理論」、すなわち彼の伝奇的な政治生命の経験から生み出された政治的信念は、次のような大きな特徴を示している。まず、経済政策については、徹底的に「実事求是」の原則と生産力第一主義を貫くことである。改革・開放初期に鄧小平は「真理の基準」の大論争を組織し、「実践こそが政策を評価する際の唯一の基準」という原則を確立させた。「白猫でも黒猫でもねずみを捕るのがよい猫だ」とする「白猫黒猫論」は、彼の生産力至上の実務主義的特徴を端的に表わしている。1980年代の重要な改革・開放の措置、例えば農村での生産責任制の普及、外資導入と対外貿易の拡大、経済特別区の設立や沿海開放都市の指定、国有企業を中心とする都市部の改革の推進などは、いずれも鄧小平の強いリーダーシップの下で実現されたものである。特に天安門事件後の閉塞した状態を打ち破るために、鄧小平は1992年の春に「南方視察」を行い、国力増強のためにチャンスを逃さずに大胆に改革・開放を推進するよう呼びかけ、社会主義市場経済理論の骨子をつくり上げた。

第2に、経済建設のために平和的国際環境が不可欠だという信念から、鄧小平は毛沢東時代の革命的外交路線を否定し、「大国間関係を重視し、近隣友好を重視する」という徹底的な実務外交を展開した。特に天安門事件後、欧米諸国による対中制裁により国際的に孤立した状況の中で、国内においてはナショナリズムが高揚した。1991年に鄧小平は「冷静観察、站穏脚根、沈着応付、韜光養晦、善於守拙、絶不当頭」（冷静に観察し、自分の足元を固め、落ち着いて対処し、自分の能力を隠し、ぼろを出さないように善処し、決して先頭に立ってリーダーにはならない）という24文字の指示を出し、米国を中心とする先進資本主義諸国との対立を極力避けようとする立場をとった。

第3に、政治改革についてはきわめて慎重な態度をとった。党内民主化や指導部の終身制廃止などの制度改革には積極的な姿勢をみせ、彼の1992年以降の完全引退は、中国共産党の権力委譲メカニズムの確立に貢献したともいえよう。しかし、1989年の天安門事件の際に、学生や知識人の民主化要求に対しては

断固として封じ込めようとした。このことに示されているように、鄧小平は、経済建設のために政治的・社会的安定を第一に重視し、共産党の支配そのものへのいかなる挑戦も許さないという姿勢を崩すことはなかった。鄧小平文選1〜3（1982〜93年）にまとめられた鄧小平理論は、中国共産党の指導的理論として党の規約に入れられている。　　[杜　進]

【関連項目】　改革・開放政策、白猫黒猫論、南巡講話、先富論、天安門事件

【参考文献】　矢吹晋『鄧小平』講談社現代新書，講談社，1993年．／毛毛（長堀祐ほか訳）『わが父・鄧小平（一，二）』徳間書店，1994年．／毛毛（藤野彰ほか訳）『わが父・鄧小平「文革」歳月』上・下，中央公論新社，2002年．

同族企業【台湾】
Family Enterprises

台湾の企業は、資本金の少ない中小企業が圧倒的に多い。その中で、同族企業である台湾プラスチック（台塑）、大同、新光、遠東紡織など大手の企業グループが幅広い分野で事業を展開している。最近では中国への大型投資も増加している。

台湾で、同族企業がその基盤を確立したのは1960年代以降である。当時は、機械、エネルギー、肥料などの基幹産業と金融業は公営企業が中心であり、民間の中小企業は公営企業と重複しない分野、すなわち輸出に活路を見出すしかなかった。しかし、輸出志向工業化の進展に伴い、民間企業の米国など先進国向け輸出が活発化し、生産が拡大した。このような輸出拡大の中心となったのが中小企業であり、輸出主導型の高度成長の過程において資本の蓄積を進め、グループを形成した。

現在、同族企業のグループ数は100を超えているが、韓国の財閥と比較するとその規模は小さい。しかし、集団企業100社の売上高総額の対GDP比は、1970年が24％、1980年が31％、1990年には40％に達し、台湾経済の発展に対する貢献度は高い。また、創業者の家族、同族を中心とした経営形態をとっているところがほとんどである。企業グループの業種は多岐にわたるが、石油、鉄鋼、造船などの基幹産業は公営企業が独占していたため、グループ設立当初は紡織、食品など軽工業分野が主流であった。その後、公営部門への民間部門の参入解禁や台湾の産業構造の変化に伴い、グループの中心企業の業種も労働集約型の軽工業から、次第に高付加価値産業、第3次産業へと移りつつある。

台湾の代表的な大企業集団としては、霖園、台塑、統一、亜東、和信、裕隆、日月光、新光、華新、宏碁、華隆、東帝士、長栄、潤泰などがある。　　[今井　宏]

【関連項目】　公営企業、中小企業

投入係数
Input Coefficient

投入係数とは、生産の技術的関係を表わすものであり、1単位の生産物を生産するのに必要な生産要素の投入量をいう。[白砂堤津耶]

【関連項目】　産業連関表

等量曲線
Isoquants

等量曲線とは、同一の生産量 Q を生産するのに必要とされる生産要素の組み合わせを結んだ曲線のことをいう。図には、労働力 L、資本ストック K を生産要素とした場合の等量曲線 Q が描かれている。同一の等量曲線 Q_1 上に存在するために、図中の点 A と点 B の生産量は等しい。また、生産量の大きさは $Q_1 < Q_2 < Q_3$ である。　　[森脇祥太]

◇等量曲線

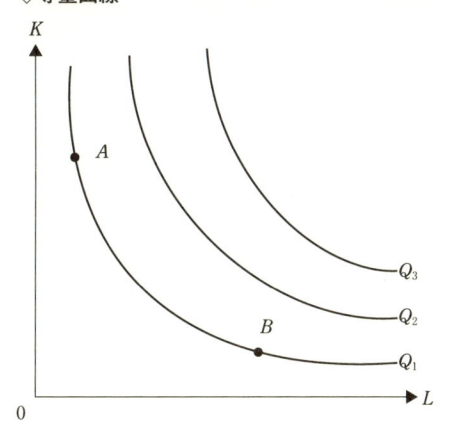

独占
Monopoly

独占には供給独占（Monopoly）と需要独占（Monopsony）という2つのタイプが存在する。供給独占は、市場に財を供給する企業が1社しか存在しないことをいう。需要独占とは、買い手独占のことをいい、市場に財の買い手が1つしか存在しないことをいう。市場が供給独占の状態にある場合、独占企業は、その生産量を増減することによって価格を操作することが可能である。その場合、独占企業は利潤最大化を実現するために限界収入 MR と限界費用 MC が一致するよう生産量を決定する。　　　　　　　　　　［森脇祥太］

【関連項目】　限界費用と利潤最大化

独占・制限的取引慣行法【インド】
Monopoly and Restrictive Practices Act

独立後、インドの産業政策では、計画目標にもとづいた生産・投資の拡大のみならず、経済力集中の回避、小規模工業の保護、地域間の均衡的発展など多元的目標が掲げられた。1965年には経済力集中についての独占調査委員会が提出され、それにもとづいて調査・勧告を旨とする独占・制限的慣行委員会（MRTPC）が設置された。その後1969年には独占・制限的慣行法（MRTP法）が成立した。MRTP法の対象となる企業は、財閥系企業と支配的企業の両者である。財閥系企業の基準は資産総額（連結企業の分も含める）が一定規模以上になる場合であり、支配的企業の基準は生産、供給、分配などの面で市場占有率（連結企業の分も含む）が3分の1以上になる場合である。同法の適用を受けるMRTP会社は、従来の「産業（開発・規制）法」に加えて、MRTP法の規定にもとづいて、生産設備の拡張や新規事業の開始、その他の面で一段と厳しい規制を受けることになった。

MRTP法が発効したのは1970年であるが、その後、産業構造が複雑化し、生産性向上や国際競争力強化を図る上で「規模の経済」を活用する必要性が高まるにつれて、MRTP法にもとづいて政府が大企業の投資決定に介入することは工業発展の抑圧につながるとの認識がされるようになった。そのため1991年7月の「産業政策声明」では、MRTP法は独占的、制限的、不公正な取引慣行の統制・撤廃に焦点が絞られるべきことがうたわれ、大幅に改正された。また、拡張、吸収、合併、接収、取締役の任命などに関して、MRTP会社が事前に政府より了承を取り付けなければならないとするMRTP規定は撤廃されるべきであり、MRTP会社に該当する資産基準の撤廃も要求された。　［小島　眞］

【関連項目】　新経済政策
【参考文献】　小島眞『現代インド経済分析―大国型工業発展の軌跡と課題』勁草書房、1993年。／小島眞『インド経済がアジアを変える』PHP研究所、1995年。

独立発電事業者
Independent Power Producer : IPP

先進諸国と開発途上国の如何にかかわらず、電気事業はその所有形態が政府であろうが民間であろうが、発電・送電・配電のすべてを地域独占していることが多く、その弊害としてサービスの質と効率性の低下が深刻な課題となる。特に開発途上国においては電力事業に対する政府の財政負担が大きく、他の優先的な公共サービスと財源が競合することになり、電力部門の民間資源利用による開発整備は緊急の課題である。この課題解決の最もポピュラーな手段が独立発電事業の導入である。

日本でもすでに導入している独立発電事業とは、国民への電力サービスにおいて政府の財政負担をなくし、競争原理を導入し経済効率性を高め、外資導入などにより技術移転を促進し、電力サービス事業の中で発電部門を分離独立して一つの事業として扱い、これを競争入札させるというものである。したがって、発電事業者は事業の計画・投資・運営にあたっては、電力売買条件を詳細に検討し、買い手の送配電事業者と協議して契約締結をしなければならない。すなわち発電事業者と買い手の間でどのようにリスクを分担するかによって民間事業主体にとっての発電事業の妥当性が決定される。電力売買契約の主な内容は発電事業者（売り手）と送配電事業者（買い手）が、①発電燃料のリスク、②発電サイトのリスク、③購入料金の設定リスク、

④環境適合リスクなどをどのように分担するかを決め、これらのリスク負担を含めて両者が売買コストに合意することである。開発途上国の発電事業は1990年代になってからほとんど外国資本導入を伴う独立発電事業（IPP）方式となっている。

日本でも電力コスト低減化に資するために、1995年に電気事業法が改正され、経済性に優れた中小規模の独立発電事業者（IPP）の発電卸供給が可能になり、電力会社はこの電源調達に入札制度を導入し始めた。さらに2000年にも電気事業法が改正され、特定規模発電事業者は一般電気事業者の送電設備を介して大口需要家への供給も可能になった。すなわち地域独占システムの中で供給サイドの競争原理を十分働かせ、ひいては需要家へのコスト削減を目的とするものである。

［吉田恒昭］

【関連項目】　PPP、PPPの類型
【参考文献】　資源エネルギー庁公益事業部編『電力構造改革―改正電気事業法とガイドラインの解説』2000年.

都市インフォーマル部門
Urban Informal Sector

第2次世界大戦後、開発途上国の都市人口は、近代産業部門の雇用吸収力を超える速度で増大した。その過程で近代部門に職を見出せなかった労働者は、雑業的サービス・商業に従事しその日の糧を稼ぐこととなった。このような職種は一般に低賃金で、雇用は不安定であり、最低賃金制度や労働組合といった組織、法制度の枠外にある。都市インフォーマル部門という用語は1970年代以降、一般にこのような労働者や彼らが従事する経済活動もしくは小規模な店舗を指して用いられるようになったものである。しかし、その定義には曖昧さが拭いがたい。インフォーマル部門就業者の経済活動の実態についても不明な部分が多い。

インフォーマル部門概念は、1971年にハート（Keith Hart）により用いられ、1972年のILOのケニヤ調査報告の中で有名になり、その後ILOの世界雇用計画の中心概念として採用され、国際比較プロジェクトを通じて急速に広まった。ILOの定義としてよく引用される定義は、以下の通りである。（インフォーマル部門とは）「物的資本、人的資本、技術的制約にもかかわらず、その参入者に雇用と収入を与えることを主たる目的として、商品やサービスの生産・流通にたずさわるような小規模な単位」（Salem V. Sethuraman, 1981）。ここで「小規模な単位」とは、経済活動もしくは事業体（Enterprises）を意味している。この定義の中では明示的に示されていないが、インフォーマル部門の特徴として、しばしば①新規参入が容易であること、②現地の資源を利用していること、③家族経営が中心であり、④労働集約的で技術水準が低いこと、⑤労働者の技能が正規の学校教育の外側で得られていること、⑥市場が競争的であること、などが想定されている。この対極にあるのがフォーマル部門である。このアプローチの重要性は、それまで開発政策の失敗の象徴、社会不安、政治不安の温床ともみなされたインフォーマル部門が、雇用機会の確保という点で積極的な役割を果たしていることを指摘した点である。その上で、積極的にこの活動を支援することによりさらに雇用機会を増加し、もって雇用問題、貧困問題などの解決に供することを提唱した。

インフォーマル部門の概念には曖昧な点が多い。①その単位は何であるのか、②フォーマル・インフォーマル部門の境界をどう定めるかについての了解がないまま議論がなされている。単位については、個人、世帯、企業・経済活動が混在して用いられている。どの単位を採用するかは分析目的によるが、例えば個人を単位とした場合には、雇用の安定性、組織化の度合い、賃金の高低に焦点をあてることができる。しかし、企業・経済活動の場合には、より直接的に雇用創出機能について分析し政策的含意を抽出することが可能になる。ILOの関心は後者にあるが、それは雇用創出機能に関心があるためである。

その後の研究によると、インフォーマル部門は、出身地、民族、宗教などのさまざまな制度的要因により分割されており、当初想定されたほどは参入は容易ではなく、業種によっては学校教育の外でかなりの訓練が必要であること、さらにインフォーマル部門が単純

に低賃金であるとはいえないことなども徐々に明らかになってきた。フォーマル・インフォーマル部門は隔絶しているかにいわれるが、実際には、インフォーマル部門がフォーマル部門の下請けに入っている場合もあり、両者の間には重要な連関があることも知られるようになった。インフォーマル部門の概念は、都市経済にみられる二重性、特に都市の雇用問題に関する注意を喚起した点で重要であるが、複雑な都市経済を単純な二分法で理解することには限界がある。政策的含意を抽出するためには、フォーマル・インフォーマル部門という二分法にこだわらずにターゲット・グループ設定した上で分析を進めることが必要である。　　　　　　　　　　［新田目夏実］

【関連項目】　都市インボリューション
【参考文献】　ILO, *Employment, Incomes and Equaliy : A Strategy for Increasing Productive Employment in Kenya*. Geneva : International Labour office, 1972.／Stuart W. Sinclair, *Urbanization and Labor Markets in Developing Countries*. New York : St. Martin's Press, 1978.／S. V. Sethuraman, *The Urban Informal Sector in Developing Countries : Employment, Poverty and Environment*. Geneva : International Labour Office, 1981.

都市インボリューション
Urban Involution

　開発途上国の都市化の特徴として、多くの人口が失業・不完全就業状態にあり、生活の糧を得るためにインフォーマル部門に就業し、スラム居住を余儀なくされていることがあげられる。労働供給が労働需要をはるかに上回っているという状況で都市に人口流入が続くという現象は正常ではない。この点を移動者（供給側）の合理性の観点から説明したものがトダロ労働移動モデルであり、雇用が創出される過程（需要側）から説明したものが、マッギー（Terry G. McGee）の都市インボリューション理論である。マッギー理論の背景にあるのが、ギアツ（Clifford James Geertz）のバザール経済論と農業のインボリューション論である。

　ギアツは東部ジャワ、モジョクトの伝統的小規模経営（バザール経済）の特徴として、少量販売、定価制度の欠如、参入の容易さといった特徴を指摘した。ILOが主導したインフォーマル部門概念と多分に重複している。それに対して農業のインボリューション論は、ジャワ農村では水田耕作という生態学的条件と貧困の共有という共同体的価値規範の下で、人口増加が生産性向上を伴わない労働集約化傾向の中で吸収されたと主張した。マッギーは開発途上国都市の労働市場には自己膨張的性質（Self-inflationary Quality）があるとするが、それを可能にするメカニズムとしてギアツの両概念に注目したのである。ただし、実際には農民層の階層分解が生じており、貧困の共有や農業のインボリューションはその後多くの批判にさらされることになった。また、インフォーマル部門概念についても、労働市場は分断され、参入は必ずしも容易でないことが指摘されるようになった。したがって都市の雇用問題に注意を喚起し、その拡大・悪化過程に関する説明を行った点での意義は評価されるが、ギアツの概念にもとづく都市インボリューション論の適用可能性については注意する必要がある。マッギーの理論がギアツと区別されるのは、「バザール経済」の拡大が単なる生態学的要因や商習慣の結果ではなく、従属論的視点から同時に先進国への従属の結果であると考えたところである。　　　　　　　　　　［新田目夏実］

【関連項目】　都市インフォーマル部門、過剰都市化、農業インボリューション
【参考文献】　Clifford Geertz, *Peddlers and Princes Social Development and Economic Change in Two Indonesian Towns*. Chicago : The University of Chicago Press, 1963.／T. G. McGee, *The Urbanization Process in the Third World*. London, 1971.

トータル・ビジネス・センター【シンガポール】
Total Business Center

　1980年代末にシンガポール政府が打ち出した、自国の経済発展段階と地域における立地の優位性を結合した開発戦略。1970年代、1980年代のシンガポール経済は製造業に主導されたが、1980年代になると近隣東南アジア諸国の製造業の成長が著しく、シンガポールは優位性を失うようになった。他方、1980年代には銀行など金融・サービス業が急成長し、製造業と並ぶ二大産業部門となった。1990年のGDP部門別構成は、製造業が

29.6％、金融サービス業が26.9％で、ほぼ拮抗している。

　このような自国の経済構造と地域経済の変化を受けて、シンガポール政府は製造業と金融・サービス業を有機的に連関させて経済発展を図る、トータル・ビジネス・センター戦略を打ち出した。具体的には、多国籍企業が生産工場をマレーシア、インドネシア、タイなどに移転・設置し、シンガポールをこれら地域子会社群の地域経営本部として、経営戦略、資金調達、ヒトの管理、部品調達、流通などを行うというものである。これは、土地や労働力に不足するシンガポールが、地域諸国に対する優位性を確保しながら、地域諸国との「分業」による有機的連関を図った戦略であり、21世紀のシンガポール経済の姿を先取りした構想でもあった。

　政府は、その実現・促進に向けて、「地域経営本部」(Operational Headquarter : OHQ) 構想や「地域調達センター」(Industrial Procure Center : IPC) 構想を打ち出し、地域経営本部や地域調達センターを設置した企業に対して税制優遇などのインセンティブを提供した。現在、地域経営本部を設置した企業は多国籍企業を中心に100社ほどに上る。
〔岩崎育夫〕

【参考文献】　林俊昭編『シンガポールの工業化』アジア経済研究所, 1990年.

土地改革【中国】
Land Reform

　農民国家にとっては、土地の所有と利用の制度は生産性と社会的安定にかかわる最も根本的な社会経済制度である。中国の皇帝政治の歴史において、土地の究極的所有権は皇帝にあるとされたが、その使用権の売買が活発に行われていたため、大量の土地を擁する地主対土地をもたない小作人との二極分化が起こりやすい構造にあった。大きな天災に見舞われ苦しい生活に耐えられなくなった農民はしばしば蜂起し、既存の社会秩序を破壊しようとした。「耕す者に土地を与える」ことは農民が抱えた永遠の夢であり、開明君主に対する最大の望みでもあった。ちなみに、清朝末期に反政府の太平天国の政権が長く続いたのも、その「均田」の政策が農民の支持を得たからである。

　中国共産党は創立間もなくの1920年代後半から、すでに均田を目標とする土地改革を試みた。いわゆる革命根拠地（老解放区）において、革命政権は地主の土地を没収し、それを農家に平均的に付与した。農村の貧困層は与えられた土地の権利を守るために、共産党の軍隊に加わり、旧政権と戦ったのである。土地改革はまさに共産党が農民を動員するための重要な政策手段であり、共産党の「農村から都市を囲い込む」という政権奪取戦略の根底をなすものであった。農民の立場からいえば、農家子弟は命と引き換えに共産党政権を支え、与えられた土地を守ろうとしたのである。毛沢東（Máo Zédōng）自身もこの点を認め、蒋介石（Jiǎng Jièshí）を打ち破って勝利を収めた原因は、解放区の土地改革にあると明言したことがある。

　全国解放の直後、共産党は政権の基盤を固めるために、全国範囲で農村への浸透を図った。まず、解放軍が流賊を駆除し治安を守るために農村地域に進駐し、その後、都市部や解放区から派遣された幹部を中心に工作隊が組織され、村に入った。工作隊の最初の任務は都市と軍隊を維持するための徴税であったが、租税はすべて裕福な地主から徴収するという方法を取ったため、貧困層から支持を得た。これらの貧困層が後に土地改革と農業協同化の主力となった。1950年6月に土地改革法が告示された。平和的な方法で土地改革を行うことが強調され、地主の土地を貧困層に配分することが一つの目的であった。これは農業生産の主な担い手であった富農と中農を保護し、工業化を推進するために農村の生産力を維持させるというもう一つの目的でもあった。土地改革のために農会が組織されたが、多くの場合富農や中農が農会の中心メンバーを構成していた。農民の多くは地主とは親族関係にあり、かつて地主に助けられた経験をもつ者も少なくなかった。したがって、地主との対抗姿勢を鮮明に打ち出した農会はごくわずかで、大部分の村には伝統的な義務や旧来の権力構造が色濃く残されたままであった。

このままでは土地改革の推進は難しいと判断するに及んだ中央指導部は、「大衆を動員し、階級闘争を繰り広げる」とする急進的な土地改革の方法を打ち出した。1950年の秋に各県に土地改革委員会が設置された。この委員会が各村に工作組を派遣し、農会の改革を指導し、富農と中農の影響力を弱めるべく、土地改革を指導する農会の幹部は貧農を選出し、村の指導者となるよう働きかけた。土地改革の第一歩はすべての村民の階級所属を確定することであった。地主階級と査定された者の土地や生産財は没収され、貧農に分配された。土地改革を推進するために、工作組は村民を動員し、地主に対する「訴苦会」や「公審会」が行われ、次第に過激な体罰や私刑が横行するようになり、数十万人の地主が命を落としたといわれる。階級区分と階級対抗の結果、農村の力関係に大きな変化が生まれ、土地配分の恩恵を受けた貧農は新制度の優位性を享受し、共産党政権への支持は一段と強固なものとなった。これに対して、地主階級の政治的影響力がなくなり、氏族や秘密結社などの農村の伝統的権力構造の影響力も大いに弱められた。貧農を中心とする農会幹部が、その後農業協同化を推進する中堅的な存在となった。1952年秋、農村人口の90％を占める地域において土地改革が完了した。

〔杜　進〕

【関連項目】　毛沢東
【参考文献】　A. エクスタイン（石川滋監訳）『中国の経済革命』東京大学出版会, 1980年. ／柳随年, 呉群敢『中国社会主義経済略史（1949-1984）』北京週報社, 1986年. ／小林弘二編『中国農村変革再考』アジア経済研究所, 1987年.

土地所有形態と農地改革
Holding System of Agricultural Land and Land Reform

農業生産を決定する基本的投入財は土地であり、土地の規模が生産力を左右する。しかし農地は平等に所有されることはない。各国の農地所有の不平等の度合いが高いほど農業所得分配は不平等になる。先進国のように近代部門が発展し、農業の比重が低くなれば農地所有の不平等は大きな問題ではなく、むしろ農業の競争力強化のために規模の拡大が望まれる。しかし開発途上国では農業部門の生産、雇用に占める比重が高く、農地所有の不平等は貧困問題の原因となる。これを解消するために農地改革、つまり大地主から土地を買い上げて小作農や土地無し農民に土地を配分することにより、彼らの農業所得増加を図ることが必要である。特に人口過剰な国では小土地所有者の増加は労働集約的な農業を一般化させ、農業の雇用吸収力を高めるとともに労働の投入増加により農業の土地生産性を高めることができる。

開発途上国で農地改革を実行できた国は少ない（社会主義国は集団農業を行い、土地の私有を禁じている国が多いことから除外）。アジアでも一国全体で農地改革を実施できた国は日本、韓国、台湾のみである。開発途上国で農地改革ができないのは、地主階層の政治・経済的力が強いからである。例外的に日本、韓国、台湾で農地改革が実施できたのは、地主を抑える強い政治力があったからである。日本は占領下にありGHQ（連合国軍総司令部）の命令、韓国、台湾は専政的な軍事政権の政治力により反対を抑えることができた。日本では1945年末に政府は農地改革案を作成していたが、GHQはこれよりも徹底的な農地改革案を提示して実施した。日本政府案は5町歩以上の不在地主を対象としていたが、GHQは1町歩以上の不在地主を農地改革の対象とした。これができたのもGHQの圧倒的な力による。

また台湾では、孫文（Sūn Wén）の「耕者有其田」という考えにもとづく農地改革を中国本土で実施することに失敗した国民党が台湾に移動した後にこれを実行した。国民党は台湾住民の国民党への支持、労働集約的農業による土地生産性の改善、農民の生活安定を目指し、農地改革を断行した。インドでは独立以後に小作制度を改革し、土地所有の限度を法律で制限した。しかし農村人口の10％の地主が全耕地の約半分を占め、85％の人口の貧農は全耕地の3分の1を占めるに過ぎない。つまり法律をつくつても地主は法の抜け道を利用し、彼らの政治・経済力は維持、強化されているのである。

〔梶原弘和〕

【関連項目】　農業生産性、緑の革命、農業の生産要素代

替

【参考文献】速水佑次郎『農業経済論』岩波書店，1986年。／荏開津典生『飢餓と飽食』講談社，1994年。／荏開津典生『農業経済学』岩波書店，1997年。

土地流動化【中国】
Mobility of Land Usage

　改革・開放初期に行われた農村改革によって、中国農村にユニークな土地制度が形成された。土地の所有権は農家ではなく、自然村か行政村にあるという集団所有制度が維持されている。しかし土地の使用については、各農家が集団から農地を請負って戸別に経営するという農家経営請負制を採用している。農地の請負の方法は地域によって多少の違いはあるが、基本的には農家世帯の人口数と労働力数に応じて土地面積が決められ、土地の立地条件などをも十分考慮して平等主義的な方法で行われている。この土地利用方法がもたらした問題の一つは、農家の土地経営の規模が零細で圃場が分散していることである。

　1980年代初めの第１ラウンドの土地経営請負では、その期限は15年とされていたが、1990年代後半に行われた第２ラウンドの契約では30年に延長された。農村人口の流動化に伴い、農家の間に土地利用の状況に大きな違いが現われ、一部に耕作放棄の農家さえ出ている。農地の経営権を譲渡できるような制度が確立できれば、土地利用の効率性を高めることができ、経営規模の拡大にもつながる。農業部が行った農家経営調査の結果では、2000年の時点で、農家に平均的に分配する「口糧田」（飯米田）と「責任田」（請負田）は耕地の76％を占めており、これに対して、競争入札で経営権を獲得できる「競標田」は３％弱、農家の間で経営権を譲渡する「転包田」も５％弱に過ぎなかった。土地の流動化は進んでいないのが現状である。ただし、注目すべきは、村が農家から農地の経営権を買い戻し、それを営利会社に租借するという「反租倒包」の事例が、近年野菜の輸出が盛んに行われた沿海地域に多くみられるようになったことである。

　農家にとって農地の経営権を確保することは、職場と社会保険を確保することでもある。工業化が進んでいる一部の地域において、農民が村を離れて都市に移住する現象が出始めており、農業の大規模経営が実現しつつある。この事実を裏返していえば、都市化が大きく前進しない限りは、土地の流動化を促進することは難しい、ということになろう。　　　　　　　　　　　　　　　［杜　進］

【関連項目】　農家経営請負制
【参考文献】　中兼和津次編『改革以後の中国農村社会と経済―日中共同研究による実態分析』筑波書房，1997年。

飛び地経済
Enclave Economy

　東アジアには輸出加工区（EPZ）や自由貿易地域（FTZ）を設けて外資系企業を誘致して雇用を創出し、製品輸出の拡大を実現した国が多い。しかし、EPZから発生する需要やスピンアウトする人材を全国的な産業の発達、さらには地場企業主導の産業発展につなげることができた国は限られている。EPZに立地する企業は、生産する製品の全量または一定量を輸出することを条件に、部品・原材料や設備に関する輸入関税を免除されている。したがって、EPZは販売や調達を通じた経済効果を国内に及ぼすことはなく、地場の産業とリンケージをもたない一種の「飛び地」（enclave）となりがちである。こうした「飛び地」の発達によって経済成長を遂げた国は飛び地経済と称される。

　その典型的な例はマレーシアである。1970年代にFTZを導入したマレーシアは、政治経済的な安定、インフラなどの基礎的な条件に優れていたため、外資系企業の誘致に成功し、製品輸出が拡大した。特に、エレクトロニクス関連企業の進出が多かったことから、2002年のマレーシアの輸出に占めるエレクトロニクス製品の割合は６割に達した。しかし、FTZ導入から30年を経てもエレクトロニクス産業の投資残高に占める国内資本の割合は１割に満たず、外資への依存がきわめて高い。こうした産業発展の基盤は脆弱にならざるをえない。より好条件の生産国が出現した場合、あるいはマレーシアの投資環境が劣化した場合に、外資系企業が投資を引きあげる可能性が否めないからである。少なくとも、コスト面で不利になっても外資系企業が

生産を維持するだけの優位性を築く必要がある。具体的には、外資系企業の活動をサポートする関連産業の発達や人的資源の質的な向上が想定されるが、こうした条件も潜在的な代替地との絶えざる競争にさらされている。外資主導型の経済成長を遂げた多くの国にとって、外資は成長の「呼び水」として重要な役割を果たした。しかし、そこからの脱却は依然として重い課題である。　　　　[竹内順子]

【関連項目】　輸出志向工業化、輸出加工区、外資主導型成長
【参考文献】　青木健『マレーシア経済入門―2020年に先進国入りをめざす（第2版）』日本評論社、1998年.

トービン税
Tobin Tax

トービン税とは、米国イェール大学教授であったジェームズ・トービン（James Tobin、1918〜2002年、1981年にノーベル経済学賞受賞）が1970年代に提唱した、外国為替取引に対する課税である。トービンは、すべての直物為替取引に対して一定の率（例えば取引金額の0.1％）で課税することにより、投機的な為替取引を抑制することができると考えた。税率が低くても、頻繁に売買を繰り返せば税負担が大きなものとなるからである。

しかし、トービン税にはいろいろな問題点が指摘されており、その実現性には否定的な意見が多い。第1に、世界全体で実施しなければ、必ず課税回避が発生するとともに、課税に関する合意形成はきわめて困難である。第2に、税収が膨大なものになると考えられ、その分配方法が大きな問題となる。第3に、デリバティブ市場が発達したため、直物取引のみの課税では投機を抑制できない。このような金融市場の発達により、課税の効果は薄れる。第4に、大きな利益を見込んで行われる投機取引に対して、低率の課税では抑制効果が小さい。また、投機取引を通常取引と峻別することは困難であり、実効性をもたせるためにはある程度高率の課税とせざるを得ない。その場合、市場の流動性が阻害され、市場のボラティリティを抑制するために導入した課税が、かえってボラティリティを増加させる結果となりかねない。トービン税は、すべての直物為替取引を同じように扱っており、この点に大きな問題があると考えられる。

このように、経済学的にはトービン税の実施は困難と考えられるが、アジア通貨危機以降、欧米の反グローバリズムを主張するNGOなどを中心に、トービン税の導入を求める運動が起こった。導入の主張者は、税収を開発途上国の貧困削減に用いるとしているが、これはトービンの意図したところではない。　　　　[清水　聡]

【関連項目】　資本勘定の自由化、外国為替管理、資本流入規制
【参考文献】　白井早由里『検証IMF経済政策―東アジア危機を超えて』東洋経済新報社、1999年. ／スタンレー・フィッシャーほか（岩本武和監訳）『IMF資本自由化論争』岩波書店、1999年.

土法製鉄【中国】
Iron Manufacture with Indigenous Technology

大躍進時代にはやった土着技術による製鉄法である。「15年で鉄鋼生産の面で英国を追い超す」という目標を掲げた中国は、1958年の鉄鋼生産量を前年度の535万tから一気に倍の1070万tまで増産するという鉄鋼生産の目標を設定した。その目標を実現するために、民衆を動員して鉄鋼生産に励むという「全民動員、大錬鋼鉄」の運動を繰り広げた。「2本の足で歩む」という方針が打ち出された。すなわち近代的輸入技術という「足」と民間の土着技術というもう1本の「足」で目標に向かって走るということである。しかし、近代的設備の増設や電力供給の増加は短期間では不可能であったため、事実上、土着技術による鉄鋼の生産は倍増計画の成否の鍵を握ることとなった。

動員された民衆は、当時民間で使われていた、普及しやすい「小、土」（小型、土着）技術の発掘に腐心した。もとより農村には簡単な農機具の加工工場が存在しており、これらの鍛冶屋がもつ在来の製鉄技術に改良を加え、高さ2m前後の「土高炉」が考案され、あっという間に全国に広がった。「農民が庭で鉄鋼を生産している」と揶揄されるように、最盛期の1958年末には全国で約300万基の土法溶鉱炉がつくられていた。

しかし、溶鉱炉の温度が容易に上がらず、その製品の質は概して悪く、ほとんど使いものにならなかった。鉄鉱石と石炭の過剰採掘や鉱脈の破壊、および燃料として木材を大量に利用することによる森林資源の破壊などの被害がみられ、この運動がもたらした資源の浪費ははなはだしいものであった。さらに、探鉱、運搬、製鉄にかかわる壮年労働力も膨大な数に上り、農業生産に大きな影響を及ぼした。運動を通じて、中国の農民が鉱工業生産の体験をもつことができ、1980年代以降の郷鎮企業の発展に寄与したとの見方も一部あるが、土法製鉄という後世には信じ難い大失敗は、大躍進運動の象徴として中国の経済開発の歴史の1ページとして長く記憶されるに違いない。　　　　　　　　　　　　　[杜　進]

【関連項目】　大躍進、人民公社
【参考文献】　小島麗逸『中国の経済と技術』勁草書房、1971年。/日本国際問題研究所編『中国大躍進政策の展開―資料と解説』上・下、日本国際問題研究所、1974年。

ドミノ理論
The Domino Theory

　共産主義は、隙間があれば次から次へと執拗に忍び込む。ちょうどドミノの駒が次々と倒れるように、ベトナムが赤化すれば、東南アジア全体が赤化する。そうした事態を避けるためには、ベトナム戦争に勝利する必要がある。これがドミノ理論の骨子である。この議論のポイントは、ベトナムが赤化すれば、隣国のラオスやカンボジアだけでなく、タイやマレーシアなども、共産主義に侵されるという点にある。タイやマレーシアなどは第2次世界大戦後、共産主義の浸透に苦しんできただけに、ドミノ理論による危機感は強かった。1975年はドミノ理論が実現した年であった。3月末にカンボジアでは親米ロン・ノル(Lon Nol)政権が倒れ、ポル・ポト(Pol Pot)派が政権を握ったし、4月にはベトナムのサイゴンが陥落し、南北ベトナムの統一への動きが始まった。さらに年末にはラオスで人民革命党が政権を握り、国王は退位した。インドシナ半島3国が社会主義思想によって統合し、インドシナ連邦の成立に進むであろうと予想されるようになり、タイは恐怖した。
　しかし、予想は実現しなかった。理由は、インドシナ半島3国が目指す社会主義の内容が同じではなかったことである。ベトナムとラオスとの関係は良好であったが、カンボジアではポル・ポトによる特異な支配が続き、ベトナムと鋭く対立した。経済的には、ASEAN各国は高い成長を継続させたが、3国の経済は発展しなかった。1988年、ラオスは新経済機構（チンタナカーン・マイ）をとり、ベトナムはドイモイ政策を採用した。ドミノ理論が、逆ドミノ、つまり社会主義から市場経済政策の採用へと転換していったのである。注意すべきは、ドミノ理論の主張には、単に東南アジアへの赤化の波及というだけでなく、ソ連と中国が同じ思想によって革命の輸出を行うという考え方があったことである。しかし、ソ連がベトナムを支援したのに対して中国はカンボジアを支えるなど、ソ連と中国の対立があったし、3国それぞれの社会主義観には違いがあった。こうしたことが、ドミノ理論の浸透を妨げたが、最大の理由は社会主義政策と独裁的政治では成長に制約があったことである。　　　　　　　[安田　靖]

【関連項目】　シアヌーク、フン・セン
【参考文献】　矢野暢『東南アジア政策―疑いから信頼へ』サイマル出版会、1978年。

鳥籠経済論【中国】
Economic Thesis of Birdcage

　計画を主、市場を従と位置付ける主張の中で、最も有名になった考え方の一つである。1982年に中国の陳雲（Chén Yún）・政治局常務委員（当時）が提唱した。陳雲は、1949年の建国以来、計画経済の立案および執行に従事し、1980年代の共産党においては、鄧小平（Dèng Xiǎopíng）に次ぐ権威と人脈を有する政治家であった。
　鳥籠経済論では、経済の活性化あるいは市場調節を鳥、国家計画を鳥籠に見立て、鳥籠がなければ、鳥は逃げてしまうので、いかなる場合にも鳥籠（計画）が必要であると主張している。計画の下での経済活性化を強調した鳥籠経済論は、社会主義の下での市場経済メカニズムの全面導入を目指す社会主義市場経済論が台頭する1990年代初頭まで、改革・開放政策の進展を牽制する理論的根拠とされ

た。なお、鳥籠経済論は計画修正の必要性を認めており、単なる計画経済至上主義とは区別する必要がある。　　　　　　[佐野淳也]

【関連項目】　改革・開放政策、計画経済／市場経済、社会主義市場経済

トリックル・ダウン仮説
Trickling-Down Hypothesis

　トリックル・ダウン仮説とは、先進地域の経済発展の成果が後進地域に浸透（Trickling-Down）することによって、その発展を促進することが可能となるという仮説である。トリックル・ダウン仮説は、一国内のみを対象とする場合と国際間を対象とする場合の2つの場合が存在している。ハーシュマン（Albert Otto Hirschman）は、先進地域の経済発展には後進地域の発展にとって望ましいものとそうでないものがあるとしており、前者のことを浸透効果（トリックル・ダウン効果：Trickling-Down Effects）、後者のことを分裂効果（Polarization Effects）と呼ぶ。

　トリックル・ダウン効果の中でハーシュマンが重視するのは、先進地域による後進地域への商品の買い付けと投資の増大である。また、先進地域は後進地域に存在する偽装失業を吸収し、人々の暮らしを豊かにすることが可能であるという。逆に、分裂効果としては、後進地域から先進地域への優秀な労働力の流出が最も重要な問題であるという。また、後進地域の産業が先進地域との競争に敗れるような事態が生じることにも注目している。ハーシュマンは、長期的にはトリックル・ダウン効果が分裂効果を上回ると考えており、そのためには、政府による公共投資が重要な役割を果たすとした。また、ハーシュマンは経済成長の国際的波及についても言及しており、分裂効果を弱め、トリックル・ダウン効果を強めることが重要であると主張する。そのためには、開発途上国は技術や資本の国外流出を抑制する能力を保持し、関税や外国為替管理を自主的に行う必要がある。重要なことは、輸出市場の拡大を進めながら世界市場と密接に結び付くことであるという。

[森脇祥太]

【関連項目】　外国為替管理
【参考文献】　アルバートO.ハーシュマン（小島清監修、麻田四郎訳）『経済発展の戦略』厳松堂出版、1961年.

取引費用仮説
Transaction Cost Hypothesis

　取引費用仮説とは、財およびサービスが市場において交換される際に、それらの品質の測定、交換する人々の権利を保護し、契約の監視と執行などによって新たに費用（取引費用）が生じることをいう。ロナルド・コース（Ronald Harry Coase）、ダグラス・ノース（Douglass Cecil North）らによって提唱された。従来の新古典派経済学においては、市場取引の際に生じる取引費用の存在はほとんど考慮されなかった。しかし、コースによって、取引費用が存在しない場合にのみ新古典派経済学における競争均衡が成立し、資源配分が効率的となることが確認され、その存在が注目されるようになった。

　一方、経済史学者のノースは、社会に存在する制度が取り引き費用を含んだ総費用に影響を与え、一国の経済発展のパフォーマンスに影響を及ぼすことを主張した。この場合の制度とは、フォーマル、インフォーマルにかかわらず、社会慣習や法律など、すべての制度のことをいう。ノースは、土地、資本、労働力などの生産要素の相対価格や情報費用、技術などが変化することによって制度が変化することに注目した。そして、制度の変化は取引費用を変化させることにより、経済成長のパフォーマンスを決定するとした。ノースによれば、米国、英国、日本などの先進諸国においては、制度の変化は多くの場合で取引費用を低下させるように機能した。先進国における完備された法律体系、強固な個人的所有権、効率的な行政組織、などが取引費用の低下に貢献した。一方、低成長にとどまる多くの開発途上国においては、制度変化が逆に取引費用を高めるように機能している。すなわち、法律による支配や個人所有権が弱く、行政組織は非効率である状態が取引費用を高め、低成長をもたらすことになるのである。

[森脇祥太]

【関連項目】　新古典派経済学
【参考文献】　ダグラス・ノース（竹下公視訳）『制度,制

度変化, 経済成果』晃洋書房, 1994年.

ドル化／通貨代替
Dollarization, Currency Substitution

　自国通貨が信認を失い、自国通貨に代わって米ドルが国内で使用される現象のこと。高率のインフレーション等によって、国内通貨が担っていた計算単位、交換手段、および価値保蔵の機能を、ドルが担うプロセスを指している。ドル化には、「公式のドル化」と「事実上のドル化」がある。前者は、自国通貨と並んでドルを法定通貨とする場合（準公式的ドル化）と、ドルだけが法定通貨になるケース（完全ドル化）があるが、どちらも通貨当局がドルを法定通貨として認めることである。後者は、通貨当局は認めていないが、事実上民間部門でドルが使用されている状況を指している。また、米国と協議して行うケースと一方的に行うケースとがある。

　2000年3月にエクアドルは独立国で最初の完全ドル化を実施したが、米国との協議もなく一方的なものであった。また、翌年にはエルサルバドルも一方的にドル化を実施している。完全ドル化とまではいかないが、中南米やアフリカ諸国で部分的なドル化現象が進んでおり、中東欧諸国ではドルの代わりにユーロがその役割を果たすケースもみられる。最も広い意味では、対ドル為替レートの交換比率を1対1で固定化していることをドル化と呼ぶこともある。

　ドル化を実施した国は、国内通貨価値の安定、為替レートが固定化され通貨危機の可能性が排除され、そして国内金利低下のメリットを得る。しかし、その一方で、ドルはあくまでも米国連邦準備銀行が発行するために金融政策の独立性や最後の貸し手（Lender of Last Resort）機能が失われる。また、為替レートの調整機能が使えないことや、財政政策の運営にも大きな制約が生じる。

　ドル化と類似した通貨代替という用語がある。ドル化と同一の概念として使用されている場合もあれば、交換手段として外国通貨を使用しているケースを表わしていることもある。すなわち、ドル化が非常に進んでいても、国内通貨が取引に使用されている場合には、通貨代替は進んでいないことになる。

［徳原　悟］

【関連項目】　通貨
【参考文献】　Pierre-Richard Agénor and Peter J. Montiel, *Development Macroeconomics*. Second Edition, New Jersey: Princeton University Press, 1999.／白井早由里『入門 現代の国際金融─検証 経済危機と為替制度』東洋経済新報社、2002年.／Morris Goldstein, *Managed Floating Plus*. Washington D. C.: Institute for International Economics, 2002.

内国民待遇
National Treatment

各種の条約や協定において、相手国（企業、産品）に対して自国と同等の権利や待遇を保障することを内国民待遇という。最恵国待遇と並んで世界貿易機関（WTO）の基本原則である。WTOの前身である関税および貿易に関する一般協定（GATT）においても、第3条で、輸入品または国産品に対する国内生産を保護するための課税および規則の適用を禁じている。WTO加盟国が締結しているサービスに関する一般協定（GATS）、貿易関連投資措置（TRIMs）協定、貿易関連知的財産権保護（TRIPs）協定、政府調達に関する協定などにおいても、内国民待遇が原則として適用される。その結果、これらの協定に定められた範囲で、加盟国は互いに相手国において、サービス業の直接投資や投資に関する諸規定、特許権の取得やその保護などの面で差別的な不利益を受けないことが保障される。　　　　　　　　　[竹内順子]

【関連項目】　最恵国待遇、GATT、WTO

内生的成長理論
Endogenous Growth Theory

内生的成長理論とは、1980年代中盤以降、活発に研究が行われた新しい経済成長理論（New Growth Theory）のことをいい、ローマー（Paul M. Romer）、ルーカス（Robert E. Lucas Jr.）、バロー（Robert J. Barro）らによって提唱された。従来の経済成長理論においては、経済成長の最大の説明要因として技術進歩のような外生変数が考えられていたが、内生的成長理論においては経済成長をモデルの内部で決定される変数（内生変数）によって説明されるようになった。その結果、外生変数として処理されていた技術進歩についても、企業のR＆D（研究開発）活動などによって内生的に高められていく過程がモデルに取り入れられるようになっ

◇AKモデル

た。

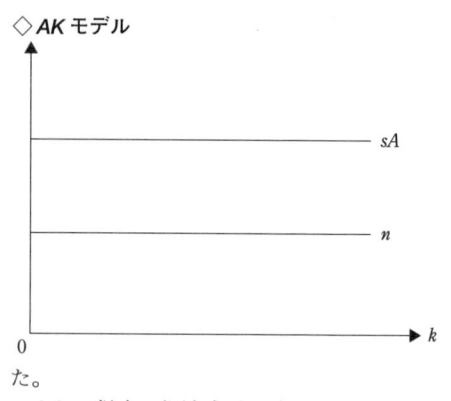

また、従来の経済成長理論、特にソロー＝スワン・モデルによると、1人当たりの国民所得が低い国においては、1人当たりの国民所得が高い国と比較して、資本蓄積が急速に進行して高い経済成長率が実現することになる。その結果、長期的には、すべての国々の経済規模は均等化し、同一の成長率で成長を遂げることになる。しかし、現実には、世界全体の経済成長は、ある一定の値へと収束するよりもむしろ、発散する傾向をみせている。内生的成長理論の大きな特徴として、資本に関する収穫逓減の仮定が取り除かれている点があげられ、この場合、理論的にも経済成長はある一定の値に収束するよりむしろ発散することになる。内生的成長理論によって、先進国と開発途上国の経済格差が縮小しない状態を理論的に説明することが可能となる。ここでは、内生的成長理論の中でもフォン・ノイマン（John Ludwig von Neumann）によって最初に考案されたAKモデルを取り上げ、その理論的特徴を説明することにしよう。

AKモデルにおける生産関数は以下のように示される。

$$Y = AK \quad \cdots\cdots\cdots\cdots\cdots\cdots ①$$

A：技術水準、K：人的資本と物的資本を含む総資本

①式の生産関数においては、資本の限界生産力と平均生産力は$A > 0$で一定となる。①式の両辺を労働力Lで割って、$Y/L = y$、$K/L = k$であるとすれば、①式は以下のように変形される。

$$y = Ak \quad \cdots\cdots\cdots\cdots\cdots\cdots ②$$

②式の両辺を k で割ると、以下のように示すことができる。

$$\frac{y}{k}=A \quad \cdots\cdots\cdots\cdots\cdots\cdots\cdots\cdots\text{③}$$

ソローの基本方程式はソロー＝スワン・モデルによれば、以下のように示される。

$$\dot{k}=sf(k)-nk \quad \cdots\cdots\cdots\cdots\cdots\text{④}$$

④式の両辺を k で割ると以下のように表わすことができる。

$$\frac{\dot{k}}{k}=s\frac{f(k)}{k}-n \quad \cdots\cdots\cdots\cdots\cdots\text{⑤}$$

③式の関係と $f(k)=y$ であることを考慮すれば、AK モデルにおいては⑤式を以下のように表わすことが可能である。

$$\frac{\dot{k}}{k}=sA-n \quad \cdots\cdots\cdots\cdots\cdots\cdots\text{⑥}$$

⑥式より、$sA>n$ であれば資本労働比率 k は正の値で成長すると考えられる。その関係を図示すれば、AK モデルにおいてはソロー＝スワン・モデルと異なって、すべての変数が同率で成長しているような k への収束は観察されないことが理解されよう。すなわち、初期時点の k の水準に関係なく、それぞれが同率（$sA-n$）で成長する。そのため、初期時点の k の格差は解消せず、長期的に持続する。この結果は、開発途上国と先進国の経済格差が解消されない可能性があることが示唆される。

内生的成長理論には AK モデル以外にも、投資が外部効果や収穫逓増の源泉であることに注目したアロー（Kenneth Joseph Arrow）やローマーのモデル、人的資本の蓄積による外部効果や収穫逓増に注目した宇沢弘文やルーカスのモデル、政府支出による内生的成長に注目したバロー（Robert J. Barro）のモデルなど、さまざまなモデルが存在しており、現在、マクロ経済学における最も重要な研究分野の一つとされている。

［森脇祥太］

【関連項目】　技術進歩、ソロー＝スワン・モデル、人的資本、外部効果、収穫逓増の法則、マクロ経済学

【参考文献】　黒柳雅明, 浜田宏一「内生的成長理論―経済発展, 金融仲介と国際資本移動」『フィナンシャルレビュー』第27号, 1993年. ／岩井克人, 伊藤元重『現代の経済理論』東京大学出版会, 1994年. ／バロー＝サラ・イ・マーティン（大住圭介訳）『内生的経済成長論Ⅰ』九州大学出版会, 1997年.

▽内生変数
▽Endogenous Variable

　連立方程式モデルなどの計量経済モデルにおいて、モデルの内部の相互依存関係によってその値が決定される変数をいう。

［白砂堤津耶］

【関連項目】　連立方程式モデル、外生変数

▽内発的発展論
▽Endogenous Development Theory

　内発的発展論は、開発途上国が開発を推進する際に国内で広がる貧富の格差、公害および環境破壊、拡大する先進国と開発途上国の経済格差、などの諸問題に現実に直面した時、従来の開発経済学、経済発展論および経済学全体に対する批判と、それらとは異なる視点を含んだ理論的枠組みを提示している。内発的発展論の問題意識は何人かの日本人の学者によって共有され、その理論的・実証的研究も1980年代以降、鶴見和子、西川潤、また日本の地域経済の問題を研究する宮本憲一らによって徐々に進められている。

　鶴見和子は社会学者の立場から、内発的発展とは「多様性に富む社会変化の過程である」と定義する。そして、内発的発展の目標を「衣食住の基本的要求を充足し人間としての可能性を十全に発現できる条件をつくりだすこと」として、そのことは「現存の国内および国際間の格差を生み出す構造を変革することを意味する」と主張する。また、内発的発展の目標を実現するような社会と人々のライフスタイルは、「それぞれの社会および地域の人々および集団によって、固有の自然環境に適合し、文化遺産にもとづき、歴史的条件にしたがって、外来の知識・技術・制度などを照合しつつ、自律的に創出される」としている。

　経済学者の立場から西川潤は、内発的発展の特徴を以下の4つにまとめる。第1に、経済学のパラダイム転換を必要とし、新古典派の唱える「経済人」にかえて、人間の全人的発展を究極の目的として想定している。第2に、他律的・支配的発展を否定し、分かち合い、人間解放など共生の社会づくりを志向する。第3に、参加、協同主義、自主管理を組

織形態の中心においている。第4に、地域文化と生態系重視にもとづき、自立性と定常性を特色とする。西川は、内発的発展論においては、利潤獲得や個人的効用の極大化といった新古典派的前提から進んで、人権や人間の基本的必要の充足に大きな比重がおかれるとする。経済開発に関して、地域レベルにおける自力更生、自立的発展メカニズム形成が重要な政策となり、その結果、生態系や環境の破壊といった住民の貧困化につながり、自力更生基盤を損なうことを排除した、住民と生態系間のバランスに支えられたものが求められるとした。

宮本憲一も従来の外部の経済主体に依存した発展、すなわち大企業に依存した発展を志向することなく、地域に居住する住民自らの創意工夫と努力によって産業を振興し、地域の発展を遂げていくことの重要性を指摘している。

低所得国段階にある開発途上国は、高い経済成長率を実現することによって、高所得国段階へと発展することが可能である。工業化の成否が高い経済成長率を実現する際の必要条件であるならば、高所得国からの資本導入や知識および技術導入が行われることは必要不可欠であろう。いわば、開発途上国の発展が外部に依存した形で進められる「外発的発展モデル」の重要性が従来の開発経済学や経済発展論においては主張されてきた。しかし、内発的発展論においては、地域の伝統を生かした形での独自性に満ちた産業の持続的発展を実現し、地域に暮らす住民の参加・協同型の内発的発展を選択すること、自然や環境と共生することなどの重要性が主張されており、急速な所得の拡大のみを実現することを経済開発の至上目的とすることへの疑問を提示している。　　　　　　　［森脇祥太］

【参考文献】　宮本憲一『都市経済論』筑摩書房、1980年. ／鶴見和子、川田侃編『内発的発展論』東京大学出版会、1989年. ／大塚勝夫『比較経済発展論』早稲田大学出版会、1995年. ／鶴見和子『内発的発展論の展開』筑摩書房、1996年.

ナイフ・エッジ定理
Knife-edge Theorem

ロイ・ハロッド（Roy Forbes Harrod, 1900〜）は、長期の経済成長過程を明らかにするために構築したモデルにおいて、均衡成長経路が不安定であることを示した。ハロッドによると、現実の経済成長率（G）と資本の完全利用を保証する成長率であるところの保証成長率（G_w）とが一致しなければ均衡は成立せず、均衡経路はナイフの刃の上にあるように不安定であるとした。例えば、経済の初期状態が $G>G_w$ の場合には、資本不足のために企業家は投資を拡大しようとする。投資の拡大はその乗数プロセスを通じて G を引き上げるので、ますます G と G_w との乖離が拡大する。そのため、資本不足は解消されるどころかますます深刻化し、経済は累積的発散過程を進むことになる。逆に、初期状態が $G<G_w$ の場合には、経済が資本過剰状態にあるため、投資が減少する。ここでもまた、投資の乗数プロセスを通じて経済は収縮し、ますます G と G_w との乖離が拡大する。資本過剰は解消されるどころかますます深刻化し、経済は累積的収縮過程を進むことになる。このように、経済は、初期状態が均衡状態にある場合だけ、均衡成長経路を進行することが可能になる。　　　　　　　［德原　悟］

【関連項目】　ハロッド＝ドーマー・モデル
【参考文献】　ロイ・F. ハロッド（宮崎義一訳）『経済動学』丸善株式会社、1976年.

内部化理論
Internalization Theory

内部化とは、多国籍企業がなぜ存在するのかを説明するためのものであり、主にレディング学派〔ピータ・バックレー（Peter J. Buckley）、マーク・カソン（Mark Casson）、アラン・ラグマン（Alan M. Rugman）ら〕と取引コスト経済学派〔デイビット・ティース（David J. Teece）、ヘナート（Jean-Francois Hennart）ら〕に区分される。企業は、自社の製品、技術、情報などを市場において広く一般的に販売する一方で、そのような販売活動は「内部化」され、企業内部においても取引されることがある。多国

籍企業においては、内部化は、国境を超えて促進されているが、多国籍企業の存在自体を説明するために、内部化という現象に注目したのが内部化理論である。

リカード（David Ricardo）の比較生産費説によると、国際間の生産技術の相違が財を生産する場合に必要とされる国際間の生産費の相違をもたらす。その場合、すべての国々が、自給自足的にすべての財を自国において生産するよりも、各国が相対的に生産費において有利な財を特化した生産を行い、国際的な市場取引を行った方が全体的として効率的な生産を行うことが可能である。この場合、各国の比較優位を決定する要因は国際間の生産技術の相違であるが、その要因が変化したとしても、各国の比較優位構造が変化するのみであり、財の自由な取引が損なわれることはない。市場における自由な取引が完全に機能している場合、各国は比較優位に基づいた財の生産に特化して貿易を行うことになるため、多国籍企業が生まれることはない。

しかし、現実的には、意思決定者の限定合理性や機会主義的行動、また情報の非対称性や不確実性のために、市場取引は不完全な状態であると考えられる。いわば、「市場の失敗」が発生している状態においては、企業は取引を内部化することが合理的であると考えられ、国境を超えた内部化を行うべく多国籍企業が誕生することになる。　　　〔森脇祥太〕

【関連項目】　多国籍企業、比較生産費説、情報の非対称性、リスク／不確実性、市場の失敗
【参考文献】　アラン・M. ラグマン（江夏健一、中島潤、有沢武義、藤沢武史訳）『多国籍企業と内部化理論』ミネルヴァ書房、1983年．／長谷川信次「多国籍企業理論の新展開」車戸實編『国際経営論』八千代出版、1989年．／P. J. バックレー、M. カソン（清水隆雄訳）『多国籍企業の将来（第2版）』文眞堂、1993年．／長谷川信次『多国籍企業の内部化理論と戦略提携』同文館、1998年．

内部労働市場
Internal Labor Market

ドーリンジャー（Peter B. Doeringer）とピオーリ（Michael J. Piore）らによって提唱された理論で、企業、工場のような組織の中に存在し、競争的市場とは異なるルールで職務を配分し、賃金を決定するような市場。「市場」とは呼ばれるが、外部労働市場のような競争的市場ではなく、実際には労働の配分、賃金の決定をする場所、機能を意味している。特に企業特殊的熟練、職場訓練による技能習得、固有の職場慣習、労働組合がその特徴を形成する上で重要である。古来、ギルド的組織として内部労働市場的実態は存在していたが、経済発展に伴う企業の大規模化、組織の複雑化、職務遂行に必要な技能の高度化が、その発展の条件を用意したと考えられる。

企業内には企業特殊的技能のヒエラルキーがあり、雇用者は職場訓練により高度な技能を習得しながら下位の職種からより上位の職種に昇進していく。企業特殊的であるがゆえにこのような労働者を外部労働市場から調達するのは困難であるし、仮に存在しても情報の探索コストはゼロではないため、必要な技能・知識をもった人材を必要な時に必要な量だけ採用することは実際には容易でない。そこに若年不熟練労働者を雇用し職場訓練を施し内部調達する必要性が生じる。この際、企業と外部労働市場との接点が雇用時と退職時に限定されるため、雇用は長期・固定化し、外部労働市場において想定されるような流動性が低下することになる。内部労働市場においても賃金は企業特殊的訓練の増加とともに増大する。この点は人的資本理論が予測する通りである。しかし、外部市場における労働需給から隔離されており、労働組合との交渉や各国固有の職場習慣の影響の結果、しばしば労働の限界生産性から乖離するような賃金体系や昇進ルールが生まれる。

例えば、日本では熟練が停滞する高年齢層でも、依然として賃金が上昇する傾向にある。また、昇進にあたって日本企業では生え抜きを重視する傾向が強い。これは日本の賃金制度には生活保障的色合いが強いことを示している。または生え抜き人事により企業内の雇用者の同質性を強化し、労使関係の安定化を図りたいという風土もある。このように内部労働市場の存在には、ある経済的・社会的必然性が存在するものの、特に技術変化の速度の速い今日、技能ヒエラルキーが陳腐化しやすく、そのため企業内訓練より外部のスポット労働市場（パート・派遣労働者、中途

採用)で調達する方が効率的であるともいわれる。

[新田目夏実]

【関連項目】　人的資本
【参考文献】　P. B. Doeringer and M. J. Piore, *Internal Labor Markets and Man Power Analysis*. D. C. Heath and Co., 1971.／大橋勇雄『労働市場の理論』東洋経済新報社, 1990年.

ナッシュ均衡
Nash Equilibrium

　ナッシュ均衡とは、各プレーヤーが別のプレーヤーの戦略を所与とした場合に、自己の選択した戦略が選択可能な戦略の中で最も良好であり、各プレーヤーともに戦略を変更しなくてもよいような状態のことをいう。表は、A国とB国が自由貿易と保護貿易政策を採用した場合の利得表である。この場合、ナッシュ均衡は（4, 4）となり、両国ともに保護貿易を採用する。ナッシュ均衡の利得は、両国ともに自由貿易を採用すれば得られる利得（8, 8）よりも小さく、囚人のジレンマと呼ばれる状態が成立している。このように、ナッシュ均衡は必ずしもパレート最適となるわけではない。また、ナッシュ均衡は、つねに存在するわけではなく、1個ではなく複数個存在する場合（複数均衡）もある。

[森脇祥太]

【関連項目】　複数均衡

◇ナッシュ均衡

		B国の戦略	
		自由貿易	保護貿易
A国の戦略	自由貿易	(8.8)	(2.10)
	保護貿易	(10.3)	(4.4)

南巡講話【中国】
Southern Tour Lectures

　「南巡講話」とは、1992年に鄧小平（Dèng Xiǎopíng）が行った経済改革・対外開放の加速を促す談話のことをいう。鄧小平の指導で1978年から始まった改革・開放政策は、1989年の天安門事件、1991年のソ連解体などで頓挫の危機に瀕した。中国は世界から孤立し、国内には保守派が台頭した他、1988年以降の金融引き締めによって経済成長も停滞した。
　これに対して、鄧小平は1991年に生産力の

◇実質GDP成長率と消費者物価（CPI）上昇率の推移

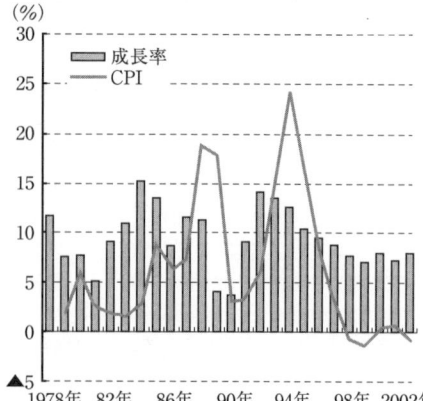

(%)
1978年　82年　86年　90年　94年　98年　2002年
（資料）　国家統計局

向上を重視する「新猫論（白い猫でも黒い猫でもネズミをとる猫は良い猫である）」を発表し、改革派である朱鎔基（Zhū Róngjī）と鄒家華（Zōu Ziāhuá）を副総理に任命した。そして1992年1月下旬、鄧小平は広東省の深圳や珠海、上海、武漢などを視察し、改革・開放と経済発展をさらに加速すべきことを訴え、改革・開放は100年間続くという「南巡講話」を発表した。
　その主な内容は、第1に、「経済建設を中心とする」路線の強調である。保守派によるイデオロギーを優先した議論を批判し、計画と社会主義、市場と資本主義を直結させることは間違いであり、「計画と市場はいずれも経済手段である」と言明した。そして、社会主義と市場経済を結びつけるカギは「公有制」にあるとし、私有制ではなく公有制を主体とする限り、中国の社会主義は揺るがないとした。第2に、社会主義の目的は「生産力の向上、国力の増強、人民生活の向上」（「3つの有利論」）にあり、「公有制を主体とする」ことは「目的ではなく手段である」と主張した。第3に、改革・開放を加速し、大胆な試みが必要であると強調した。「われわれのような発展途上の大国は経済発展を速くしなければならない」、「経済の安定的、協調的発展に留意しなければならないが、安定と協調は相対的なものであり、絶対的なものではない。発展こそ、根本的な道理である」と主

張した。
　鄧小平の発言はその後3月に共産党の正式文書（2号文件）として全国に伝えられ、同年の共産党14期全国代表大会では、これにもとづいた「社会主義市場経済路線」が確立した。また、1992年6月に従来一部の沿海地域に限定されていた対外開放政策を全国に拡大し、かつ加速することが指示された。特に、上海の浦東地区の開発を徹底的に推進することが強調された。
　一方、「南巡講話」を契機に、1992年の外国の対中直接投資（契約ベース）は史上最高値を記録し、国内では不動産投資、株式投資のブームが起こった。この結果、1992年、1993年の経済成長率は2桁の伸びを達成した反面、インフレ率は20％台に上昇するなど、経済の過熱につながった。この時期の不動産投資の大部分は金融機関の不良債権となり、中国の金融改革が難航する一因となっている。ただし、鄧小平の「南巡講話」は、中国の「社会主義市場経済」の確立、改革・開放政策の継続、安定的な経済成長の維持の前提条件となっており、その意義は大きい。

［孟　芳］

【関連項目】　天安門事件、先富論、白猫黒猫論、鄧小平
【参考文献】　矢吹晋『［図説］中国の経済』（増補改訂版）蒼蒼社，1994年.

南南問題
South-south Problem

　南南問題とは、開発途上諸国間での貧富の格差が拡大し、開発途上国の内部で分化現象が生じていることを指す用語である。南南問題は、「後発開発途上国（Least Less Developed Countries：LLDC）」の存在を通して、1960年代末頃までには認識されていた。しかし、それが重要な問題として取り上げられるようになったのは、1970年代に入ってからのことであった。以降、産油開発途上国と非産油開発途上国、輸出の急速な拡大によって急成長を遂げている中所得国（NICSあるいはNIES）と低所得国、そして資源保有開発途上国と無資源開発途上国という形で、開発途上諸国内部で経済的格差が顕著になった。開発途上諸国間で利害の衝突が目立つようになり、南北問題が新たな段階に突入した。
　特に石油危機は、資源ナショナリズムを盾にして、「新国際経済秩序（New International Economic Order：NIEO）」の樹立を目指す石油輸出国機構（Organization of Petroleum Exporting Countries：OPEC）の戦略であった。しかし、これは、交易条件の悪化と経常収支赤字の急増を通じて非産油開発途上諸国の経済に大打撃を与え、南の内部分裂に拍車をかけた。石油危機から特に大きな影響を受けた国は、MSAC（Most Seriously Affected Countries）として、1974年5月に開催された第6回国連資源・開発特別総会で認定され、認定国に対する援助特別計画が採択された。また同総会では、「新国際経済秩序の樹立に関する宣言（NIEO）」も採択された。
　その後、LLDCやMSACの国々は、経済的困難から脱却できず、1980年代には累積債務問題に苦しめられた。IMFや世界銀行は、債務救済の条件としてこれら諸国に貿易・価格の自由化、為替レートの切り下げ、国営企業の民営化、財政支出の削減などを柱とする構造調整策を課した。輸入依存型経済構造の下で構造調整政策が実施されたため、輸入拡大や原材料価格の上昇によって製造業が停滞した。これら諸国の経済的停滞はますます深刻化し、貧困層の生活水準の低下に拍車をかけている。

［徳原　悟］

【関連項目】　南北問題、新興工業経済群、対外債務危機／債務削減戦略、安定化政策／構造調整政策
【参考文献】　斎藤優編『南北問題─開発と平和の政治経済学』有斐閣，1982年.／本多健吉編『南北問題の現代的構造』日本評論社，1983年.／渡辺利夫『開発経済学─経済学と現代アジア（第2版）』日本評論社，1996年.／室井義雄『南北・南南問題』山川出版社，2002年.

南北統一【ベトナム】
Unification of Vietnam

　1975年4月30日に南ベトナムの首都サイゴン（現ホーチミン市）が陥落（北ベトナムからみると「解放」）し、30年にわたった独立戦争が終結した。1976年4月に全国総選挙が実施され、同年6月から開催された統一国会で南北の国家的統一が宣言された。南ベトナム共和国臨時革命政府とベトナム民主共和国

政府が正式に統一され、国号もベトナム社会主義共和国に改められた。

当初、西側では南北ベトナムの統一には時間がかかると予想されていた。しかし、①南ベトナムを取り込んだ社会主義国家の建設、②南北経済格差の早期解消、③カンボジアのポル・ポト（Pol Pot）政権との関係悪化に伴う南部の国防強化の必要性が高まったことなどから、南北統一はサイゴン陥落の約1年後に実現することになった。

統一は北ベトナムの主導により進められた。臨時革命政府が設立されたものの、労働党南部委員会の指揮下にあるサイゴン・ザーディン地区軍事管理委員会が実質的に行政を担当した。統一ベトナムの閣僚の人選においても、南ベトナム民族解放戦線や臨時革命政府からの登用は制限された。

地方行政組織については、1977年5月に省・中央政府直轄市から県・社（村）レベルの人民議会の議員が選出され、同議会による選挙を通じて行政機関である人民委員会も選出された。南北で別々に組織されていた大衆組織も統合された。この過程で労働党の支配力が高まった。労働党は1976年12月に開催された第4回党大会において、南ベトナムの社会改造をうたった第2次5カ年計画（1976～80年）を採択し、党名をベトナム共産党に改称した。　　　　　　　　　　　　　　［三浦有史］

【関連項目】ベトコン
【参考文献】白石昌也『ベトナム』東京大学出版会, 1992年。／木村哲三郎『ベトナム　党官僚国家の新たな挑戦』アジア経済研究所, 1996年。

南北問題
North-south Problem

南北問題とは、南の開発途上諸国と北の先進諸国との所得格差とそれにまつわる諸問題を示した言葉である。「南」や「北」というのは、若干の例外はあるものの、開発途上諸国が赤道を中心にそれよりも南に位置し、先進国が北に位置するという地理的な区分によって命名された。この言葉は、英国のロイズ銀行会長オリバー・フランクス（Oliver Shewell Franks, 1905～92）が米国で行った会議の講演で最初に発したといわれている。彼は、1959年11月に世界銀行が実施したインド調査団に参加して、南北問題の重要性を認識した。この演説は後に「新しい国際均衡―西側世界への挑戦」と題して米国の総合週刊誌『サタデー・レビュー』（1960年1月16日）に掲載された。

南北問題の重要性が認識されるものの、それは「冷戦」という当時の時代状況を色濃く反映したものであった。第2次世界大戦後、次々に独立を果たした開発途上諸国を西側陣営に取り込むことにより、自由世界秩序を維持するという大きな枠組みにおいての南北問題であった。戦後の自由世界秩序は、IMFと世界銀行とによって打ち立てられた自由貿易体制と為替の安定化を基礎としていた。自由貿易とは関税の引き下げや非関税障壁の撤廃のことである。自由貿易体制から多大な恩恵を受けたのは、主として先進諸国であった。

開発途上諸国は、植民地体制下において確立されたモノカルチャー構造を脱却することができなかった。1次産品輸出に特化した経済構造は、先進諸国との所得格差を広げる要因となった。先進諸国は、自国の農業部門を保護するために農産物輸入に対する関税の引き下げには消極的であった。しかも、1次産品はその性格上所得弾力性が低く、先進諸国の所得が上昇しても需要は大きく増加することはなかった。また、生産量が拡大するほど価格が低下するために、輸出所得は伸び悩んだ。

このような状況において、国連貿易開発会議（UNCTAD）でラウル・プレビッシュ（Raúl Prebisch）が、後に「プレビッシュ報告」と呼ばれることになる報告を行った。そこでは、工業製品に対する1次産品の価格は長期的に悪化する傾向があるとされた。そのため、開発途上諸国はモノカルチャー経済から脱却する必要があるとし、保護政策を採用しながら工業化を促進しなければならないことが主張された。これが、輸入代替工業化政策である。この工業化の過程で外貨不足が予想され、援助や補償融資などの融資枠の新たな設定という形で先進諸国は協力を求められた。このような動きの中で、第三世界全体には連帯感が生まれつつあった。

しかし、それもつかの間で、石油危機を境に南の諸国間でも利害対立が生じた。資源を持つ国と持たない国との衝突が「資源ナショナリズム」の台頭により露骨にみられるようになった。また、積極的な工業化を推し進めてきた、中南米諸国とアジアNIESとの間にも大きな経済格差がみえ始めてきた。輸入代替工業化に固執して停滞する中南米と、輸入代替から輸出志向へと工業化戦略を転換して繁栄を享受するアジアNIESという対照的な状況が表われた。1980年代の初頭には、これら諸国も累積債務問題に苦しめられたが、アジアNIESは相対的にうまくこの危機を乗りこえることができたのである。

一方、中南米諸国は、「失われた10年」といわれる経済危機に苦しめられ、ようやく明るい兆しがみえ始めたのは1990年代に入ってからのことであった。1980年代以降、開発途上諸国間の格差はますます顕著になった。これが、いわゆる「南南問題」である。後発開発途上国（Least Less Developed Countries：LLDC）、石油危機の影響を最も強く受けた開発途上国（Most Seriously Affected Countries：MSAC）および重債務貧困国（Heavily Indebted Poor Countries：HIPC）と呼ばれる国々が、アフリカやアジアを中心として存在しこれらは深刻な貧困に苦しめられている。　　　　　〔徳原　悟〕

【関連項目】　南南問題、新興工業経済群、プレビッシュ報告、対外債務危機／債務削減戦略
【参考文献】　斎藤優編『南北問題―開発と平和の政治経済学』有斐閣、1982年．／本多健吉編『南北問題の現代的構造』日本評論社、1983年．／渡辺利夫『開発経済学―経済学と現代アジア（第2版）』日本評論社、1996年．／室井義雄『南北・南南問題』山川出版社、2002年．

◀難民支援
⇨人道緊急援助

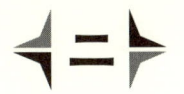

二

2・28事件【台湾】
February 28 Incident

　1945年8月に日本はポツダム宣言を受諾し、台湾の領有権を放棄した。これを受けて、中国の国民党政権は、同年10月25日、旧日本総督府にかわり台湾省行政長官公署を、旧日本軍台湾軍司令部にかわり台湾警備総司令部を設置した。行政長官公署は旧台湾総督府の直轄官署を、警備総司令部は旧日本軍の施設を接収した。また各県にもそれぞれ接収委員会が設けられ、日本統治時代の地方官署を接収した。

　当初、台湾住民は祖国復帰に歓喜したが、大陸から派遣された官吏は私利私欲に走り、その汚職行為が住民の反感を買った。また戦後の台湾では高インフレが進行し、社会混乱が続いた。その最中の1947年2月27日、台北市中の見回りをしていたヤミタバコの摘発隊が老婆を捕らえ、タバコを没収し殴打するという事件が発生した。この横暴に怒った多数の市民が摘発隊を取り囲み、隊員が発砲して市民1人が死亡した。翌2月28日、抗議に押し寄せた住民のデモに省行政長官公署警備隊が発砲して多数の死傷者を出した。混乱は台北市からたちまち台湾全土に波及した。デモ騒ぎが台湾全島に広がることを懸念した蒋介石（Jiǎng Jièshí）は、国民党政府軍の憲兵連隊2000名と、陸軍師団1万1000名を派遣し、暴動鎮圧にあたらせた。その後およそ2週間にわたって、軍隊による市民弾圧が全島で展開され、インテリ層を中心に多数の市民が殺害された。

　事件はその後、隠蔽されたが、李登輝（Lǐ Dēnghuī）総統時代の調査によれば、1カ月あまりの間に殺害された台湾人は最低でも2万8000人を超えるという。さらに、暗黒裁判によって処刑された人数の詳細は依然不明である。事件は国民党政府に対する深い恐怖感を住民の心に植え付け、その後の本省人（台湾出身者）と外省人（大陸からの移住者）の

対立、すなわち「省籍矛盾」の原点となった。　　　　　　　　　　　　　　　　[今井　宏]

【関連項目】　蒋介石、国民党、李登輝
【参考文献】　若林正丈, 劉進慶, 松永正義編『台湾百科』大修館書店, 1990年. ／喜安幸夫『台湾の歴史』原書房, 1997年.

二重経済
Dualistic Economy

　オランダのブーケ（Julius Herman Boeke）は、開発途上国の社会の特徴を、資本主義的な近代部門と前資本主義的な伝統部門の２つの部門の並存関係に求めた。近代部門の資本主義的要素は、旧宗主国である西欧先進諸国から導入された社会体制であり、伝統部門はその国独自の歴史的・伝統的な社会体制によって構成される。伝統部門が国内経済の多くの部分を占めるアジアの開発途上国における経済活動を「東洋的経済」と、その後進性、特殊性に注目した。

　例えば、先進諸国においては、通常の供給曲線があてはまるため、価格が上昇するにつれて財の生産も増加する。しかし、開発途上国の伝統部門においては、人々の欲望が限定的であるため、価格が上昇するとかえって財の生産が減少するような場合がある。また、伝統部門においては実質賃金率がある一定の水準を上回って上昇した場合、労働供給量が逆に減少することがある。そのような開発途上国の労働供給の状態を示すと、図のような後方屈曲型の労働供給曲線を描くことができる。開発途上国の伝統部門に存在する労働力は、ある一定の所得を得た場合、それ以上勤勉に働くことを避けて余暇を選好する怠惰な存在であるとみなされているのである。ブーケによれば、開発途上国の近代部門と伝統部門は独立した存在であり、経済構造が異なっているため、共通した経済政策ではなく、それぞれ異なった政策が実行される必要がある。

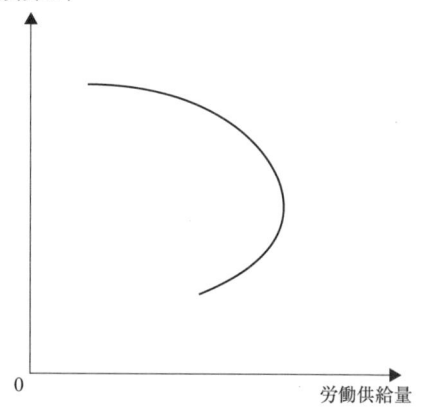

　イギリスのファーニバル（John Sydenham Furnivall）も「複合社会論」によって、ブーケと同様にジャワやビルマのようなアジア諸国の社会には、伝統部門と近代部門の並存関係が存在しているとしている。この社会構造は、それらの地域に在住している多様な人種社会間の相違を反映するという。しかし、実際には、開発途上国の伝統部門と近代部門においては密接な相互依存関係が存在しており、その相互依存関係を無視したブーケやファーニバルの理論では経済発展を有効に説明することはできない。

　「二重経済論」や「複合社会論」に対する批判としては、ヒギンズ（Benjamin Howard Higgins）の「技術的二重構造論」をあげることができる。ヒギンズは開発途上国の近代部門の産業においては先進国から導入された資本集約的な技術が、伝統部門の産業においては在来的で労働集約的な技術が使用されているとする。近代部門の産業においては生産要素の代替は固定的、伝統部門の産業においては可変的である。近代部門の産業としては近代的な製造業を、伝統部門の産業としては伝統的な農業が考えられている。近代部門においては資本集約的で生産要素の代替が固定的な技術が使用されているため、労働力が豊富な開発途上国においては、必然的に失業が生まれる。失業者が伝統部門へと流入して、伝統部門はより一層労働集約的となり、1人当たりの所得は低い水準にとどまる。　　　　　　　　　　　　　　　[森脇祥太]

【関連項目】　供給曲線、伝統部門、近代部門
【参考文献】　西川潤『経済発展の理論（第2版）』日本評論社, 1978年. ／鳥居泰彦『経済発展理論』東洋経済新報社, 1979年.

二重予算制度
Dual Budget System

　二重予算制度とは、中央政府の予算における歳出を、経常歳出と開発歳出とに区分するシステムを指す。国によっては、歳入面においても経常歳入と開発歳入という区分を設ける場合もある。このような予算制度は、開発途上諸国でしばしば採用されている。東アジア諸国においても、インドネシアやマレーシアがこのような制度を採用している。インドネシアの場合には、歳入が経常歳入と開発歳入に分かれている。経常歳入は石油ガス収入と、所得税、付加価値税などからなる税収で賄われる。開発歳入は、もっぱら海外からの援助に依存している。歳出面においても、経常歳出と開発歳出に分かれる。経常歳出は、人件費、地方補助金、債務償還費等からなる。開発歳出においては、治安・防衛、教育・文化・宗教、経済サービスなどに分類され、とりわけ経済サービスは開発歳出の約8割と最大のシェアである。

　インドネシアではこのような歳出・歳入構造の下で健全財政主義がとられている。これは、スカルノ（Achmad Soekarno）大統領時代に財政赤字を国債の中央銀行引き受けによってファイナンスしたために、ハイパーインフレが生じたことに対する反省による。ただし、この健全財政主義の中身をみると、経常歳入から経常歳出を差し引いた経常余剰と、海外援助を歳入源とする開発歳入で開発支出を賄うという意味である。つまり、海外援助で財政赤字を賄っているに過ぎない。そのため、積極的な開発を進めていくにつれ、政府部門の対外債務が増加する。マレーシアの場合には、直接税と間接税の税収に全歳入を依存している。歳入から経常歳出を差し引いた経常余剰が開発予算となる。インドネシアと異なり、国債発行が認められているため、開発予算の不足分は国債発行および対外借り入れによって賄うことができるシステムを採用している。これらの国債の多くが、被雇用者年金基金（Employees Provident Fund : EPF）によって保有されている。

［徳原　悟］

【関連項目】　ハイパーインフレーション、対外債務危機／債務削減戦略、政府債務、財政制度、均衡予算原則

【参考文献】　木村元一編『アジア開発のメカニズム―財政・金融編』アジア経済調査研究双書186、アジア経済研究所、1970年.／堀内昭義編『累積債務と財政金融』研究双書No. 469、アジア経済研究所、1991年.／大蔵省財政金融研究所編『ASEAN 4 の金融と財政の歩み―経済発展と通貨危機』大蔵省印刷局、1998年.

日韓国交正常化
Establishment of Japan-Korea Relations

　1945年に日本の植民地統治から解放された韓国と日本は、その後20年にわたり国交がない状態であった。日本と韓国が国交を正常化したのは、1965年に調印された日韓基本条約にもとづく。日韓基本条約は、開始から締結までに14年間という長期にわたる交渉の末成立した。日韓会談は朝鮮戦争の真っただ中の1951年に米国の仲介によって始まった。会談の開始は、基本的に米国のアジア政策の一環として進められた。米国は最初の予備会談から最後の第 7 次会談に至るまで、日韓双方とかかわりをもちながら仲介役を演じた。

　日韓会談が14年間も長引いた最大の原因は、過去の植民地支配の清算を求める韓国と、朝鮮半島に対する侵略と植民地支配を正当化する日本側との意見対立であった。第 3 次会談を決裂に追い込んだ日本側代表久保田貫一郎の発言（「日本の朝鮮統治は、朝鮮半島に恩恵を与えた」）、第 4 次会談の首席代表沢田廉三の発言（「日清、日露の両戦争は日本を脅かす勢力が朝鮮半島に進出してきたので、それを鴨緑江に押し返した戦争であった」）などは、韓国側の猛烈な非難を受けた。日韓交渉が長引く中で、日本側は旧日本人財産請求権を主張し、韓国側は植民地支配に対する清算を要求した。

　1961年韓国で軍事クーデターによる朴正熙（Pak Chŏng-hŭi）政権の成立後は、日本を対韓援助の主役にしたい米国の圧力によって交渉妥結が急がれた。その結果、1965年 6 月に日韓両国は14年間にわたる1500回にも及ぶ会談を経て日韓条約に調印した。日韓条約調印後、日韓両国とも条約の国会批准を急いだ。韓国の朴政権は国会において与党民主共和党だけで日韓条約を一括通過させ、これに反対する学生・市民デモには軍隊を投入し鎮

圧した。一方、日本でも日韓条約を衆参両院の日韓特別委員会において自民党が強行採決した。本会議でも自民党、民社党だけが出席して承認可決された。国交正常化の焦点であった財産請求権と賠償金請求の協議では、日本側の旧日本人財産請求権と韓国側の対日請求権をともに放棄することで合意した。そのかわりに、日本から韓国に10年間分与する無償3億ドルと、有償の円借款2億ドル（年利3.5％、期間20年）の経済協力資金提供合意により日韓国交正常化は決着した。［文　大平］

【関連項目】　対日請求権資金、朴正熙
【参考文献】　山本剛士「日韓国交正常化」『戦後日本外交史 II』三省堂、1983年.／海峡をへだてて刊行委員会編『海峡をへだてて―日韓条約20年を検証する』現代書館、1985年.／秋月望, 丹羽泉編『韓国百科』大修館書店、2002年.

二部門成長理論
Two Sector Model of Economic Growth

二部門成長理論とは、主に資本財と消費財を生産する二部門の経済成長に関する理論のことをいう。二部門成長理論は、新開陽一、宇沢弘文、稲田献一、ソロー（Robert Merton Solow）、高山晟、ドランダキス（Emmanuel M. Drandakis）らによって提示された。ソロー＝スワン・モデルに代表される新古典派経済成長理論は、主に集計された財・サービスからなる単一のマクロ・セクターを対象とする。しかし、二部門成長理論は、一部門を対象とした経済成長理論においては考慮されていないマクロ経済構造の相互依存関係に注目した分析のためのモデルとして考案された。二部門成長理論の特徴である経済全体を資本財部門と消費財部門に分割してそれらの成長について分析することは、資本家による資本財の購入と労働者による消費財の購入を分割して分析することを意味しており、古典派、特にマルクス経済学の立場を意識した内容となっている。

また、最も単純なタイプの二部門成長理論における仮定として、貯蓄は資本家の利潤のみによってなされ、労働者の賃金はすべて消費財の購入にあてられるとされており、リカード（David Ricardo）やマルクス（Karl Heinrich Marx）による貯蓄関数が採用され

ている。二部門成長理論においても、一部門成長理論と同様に経済成長が定常状態となるための条件が提示されているが、その代表的なものとしては、新開＝宇沢の条件があげられる。すなわち、消費財部門の資本労働比率（＝資本装備率）k_2が資本財部門のk_1を上回った場合は、二部門成長理論においてもつねに定常状態が実現する。また、高山＝ドランダキスの条件としてあげられるのは、資本財部門の代替弾力性が1に等しいか、あるいは1より大であれば、資本労働比率の関係にかかわらずつねに定常状態が実現することになる。　　　　　　　　　　　　［森脇祥太］

【関連項目】　ソロー＝スワン・モデル、定常状態、リカード・モデル、リカードの罠、マルクス、古典派経済学
【参考文献】　佐藤隆三『経済成長の理論』勁草書房、1968年.

日本・ASEAN包括的経済連携協定
Japan ASEAN Economic Partnership Agreement

2001年1月のASEAN歴訪の際に小泉純一郎首相が行った政策演説で提唱された「東アジア・コミュニティ」を実現するための5つの構想の1つである。東アジア諸国間の経済的相互依存関係の深化を受け、経済連携をさらに進めるために国境を超えた生産要素の移動を促し、経済協力のための環境整備を目的としている。2003年10月の日本・ASEAN首脳会議では、「枠組み」として、①2004年初めから協議を開始すること、②2005年初めには交渉を開始し、2012年（ASEAN新規加盟国は2017年）には自由化を完了することなどが合意された。すでに発効している日本・シンガポール経済連携協定（JSEPA）が雛型となり、知的財産権保護、サービス貿易自由化、投資ルール、人の移動などに関する取り決めが含まれる。

日本政府はFTAの内容に関して、包括的で例外事項が少なく、規律性の高いものを目指す方針である。ASEANとの連携協定では、加盟国間の発展段階の格差を考慮し、ASEAN全体の連携枠組みの検討と並行して、相手国の要望にもとづいて二国間交渉を行い、条件の整った国との間で順次FTAを締結していくことも想定している。タイ、フ

ィリピン、マレーシアとの間では2004年早期の交渉開始が合意されている。
[竹内順子]
【関連項目】 ASEAN、FTA

日本資本主義論争
Debate on Capitalism in Japan

　日本資本主義論争とは1927年頃から約10年にわたって「講座派」と「労農派」間において行われた論争のことをいう。講座派は、岩波書店から1932年に公刊された『日本資本主義発達史講座』に結集した学派のことをいい、野呂栄太郎、山田盛太郎、平野義太郎などがあげられる。一方、労農派は、理論誌『労農』に結集した学派のことをいい、猪俣津南雄、向坂逸郎、櫛田民蔵などがあげられる。1920年代後半から30年代にかけての日本経済の混乱を背景に、講座派、労農派ともにマルクス主義思想の立場に立って資本主義体制の矛盾と欠陥を主張して社会革命の可能性について言及した。幕末から現代に至る日本経済史をマルクス理論によって分析しようとする潮流は、現在においても日本の経済史研究においてある位置を占めているが、日本資本主義論争をその源流としている。

　講座派理論は、明治維新を西欧諸国で行われたようなブルジョア革命による近代国家の成立としてではなく、半封建体制もしくは天皇絶対主義体制への移行と捉える。そして、日本資本主義には西洋諸国で観察された封建体制からブルジョア資本主義体制への変革という一般的なパターンがあてはまらないとして、その特殊性に注目する。そのため、講座派理論においては、ブルジョア革命を行った後に社会主義革命を行うといった二段階革命論が提唱された。一方、労農派理論は、資本主義一般の発展法則は日本資本主義にもあてはまっており、その特殊性も一般性へと解消しつつあるとしている。そのため、社会主義革命を一挙に行うとする一段階革命論を提唱することになった。安場保吉は、地主・小作関係を経済外的強制を伴う半封建的関係であるとみなす講座派理論に注目し、開発理論としてのルイス・モデルとの類似点と相違点について言及している。
[森脇祥太]
【関連項目】 ルイス・モデル

【参考文献】 安場保吉『経済成長論』筑摩書房、1980年。／中村隆英『日本経済―その成長と構造（第3版）』東京大学出版会、1993年。／西川俊作、尾高煌之助、斎藤修編『日本経済の200年』日本評論社、1996年。

乳幼児死亡率
Infant and Child Mortality Rate

　生まれて1年以内に死亡する1000人当たり乳児の死亡数を乳児死亡率という。乳児の死亡は母親の体力、誕生後の栄養状態、衛生状態、病気の各種予防接種など国民の生活環境状態を反映していることから、1人当たり所得と同様に国の発展を考える大きな指標となる。日本や東アジアの多くの国でも開発の初期段階における乳児死亡率は3桁の時代があり、発展とともに今日では1桁の水準に達している。現在、開発途上国において乳児死亡率が高いのはサブサハラ地域であり、依然として3桁の水準にある。

　幼児死亡率は1歳以上、4歳未満の子供1000人当たりの死亡数を示す。幼児死亡率も乳児死亡率と同じく栄養、病気、衛生などの環境が劣悪な国ほど高く、経済発展の遅れを反映している。国際機関や先進国は乳幼児死亡率を低下させるために医療、衛生、食糧支援を実施しており、乳幼児死亡率はいまだに高い国もあるが、平均的して世界的に減少してきた。開発途上国における出生率の低下は乳幼児死亡率の低下、つまり以前より子供の生存率が高まり、多くの子供を生む必要がなくなってきたことも大きく影響している。
[梶原弘和]

【関連項目】 平均余命、生命表、人口転換
【参考文献】 梶原弘和、武田晋一、孟建軍『経済発展と人口動態』（東アジア長期経済統計シリーズ第2巻）勁草書房、2000年。／The World Bank, *World Development Indicators*, 2002.

ニューマネー
New Money

　新規貸付資金ともいわれ、先進国の多国籍銀行が債務危機に苦しむ開発途上諸国に対して継続的に新規融資を行うことをいう。1980年代前半の米国の高金利・ドル高政策、構造調整融資に伴う緊縮的なコンディショナリティ等の要因が重なり、累積債務国はまさに「国家破産」も同然の状態となった。この窮

状を打開するために、米国のベーカー(James A. Baker)財務長官は、1985年にソウルで開催されたIMF総会で、後に「ベーカー提案」と呼ばれるものを発表した。この提案の中で、債務国が成長志向型の経済政策を採用しやすくするためには、多国籍民間銀行からの積極的融資が必要であると主張した。この主張の背景には、債務国でコンディショナリティが実施されている最中に、多国籍民間銀行からの融資が大幅に減少し、融資の回収が行われているケースもあるという状況があった。ベーカー提案では、3年間で200億ドルの新規融資を供給することになっていたが、多国籍民間銀行の融資残高はそれほど増加しなかった。

〔徳原 悟〕

【関連項目】コンディショナリティ、対外債務危機／債務削減戦略、国際開発金融機関

【参考文献】毛利良一『国際債務危機の経済学』東洋経済新報社、1988年.

人間開発報告書
Human Development Report

UNDP(国連開発計画)が発行する年次報告書。UNDPは1966年に開発途上国に対する協力活動を推進するために設立された。1990年から「人間中心の開発」という考え方のもとに、『人間開発報告書』を毎年発行している。報告書のテーマは、「ミレニアム開発目標と人間開発」(2003年)、「民主主義と人間開発」(2002年)、「新技術と人間開発」、(2001年)「人権と人間開発」(2000年)、「グローバリゼーションと人間開発」(1999年)など、毎年新たに設定している。「人間開発」の開発目標は、社会の豊かさや進歩を測るのに、経済指標だけでなく、「人間が自らの意思にもとづいて自分の人生の選択と機会の幅を拡大させること」とし、そのため「健康で長生きすること」、「知的欲求が満たされること」、「一定水準の生活に必要な経済手段が確保できること」で、人間にとって本質的な選択肢を増やしていける生活の確保を行っていくとする考え方である。具体的には、物質的・経済的豊かさに加え、教育、文化的活動、バランスある食事と健康による長生き、犯罪や暴力のない安全な生活、自由な政治的・文化的活動、自尊心のもてる生活など、人間中心の視点から貧困問題に取り組むという姿勢である。

本報告書の意義と特色は、一つは、開発途上国の人々の生活実態を先進国との対比において紹介していることである。開発途上国の実態を知る宝庫の報告書となっている。「全世界60万人の4分の3にあたる45億人が開発途上国で暮らしている」、「現在12億人が1日1ドル未満で、20億人以上が2ドル未満で生活している」、「いまだ10億人以上が安全な水を、8億5000万人以上が十分な食料を得ることができない」、「適切な医薬品がなく治療を受けられないために5歳までに死亡してしまう子供たちは毎年1000万人いる」といった具合に、豊かな国と貧しい国の不均衡・格差を調査し、報告している。もう一つは、30に上る「人間開発指標」(Human Development Index：HDI)を開発し、全世界の各国をランク付けして毎年発表している点である(175カ国)。基本的なHDI指標は、①長寿(使用データは出生時平均余命)、②知識(成人識字率、就学率)、③生活水準(1人当たりGDP)の3点を指標としている。この3つの指標の比較によって、教育を重視しているか、衛生に注意を払っているかなど、政府の政策を国際比較することもできる。その他、男女格差を比較する「ジェンダー開発指数(Gender-related Development Index：GDI)」、女性の社会的・政治的・経済的な力についての「ジェンダー・エンパワーメント指数(Gender Empowerment Index：GEM)」、所得が低いことが貧困という経済指標のみからの貧困像ではなく、健康度や識字率なども貧困の一部であるという考えから開発した「人間貧困指数(Human Poverty Index：HPI)」などがある。HDI指標は、1990年に当時UNDP総裁特別顧問だったマブーブル・ハク(Mahbub ul Haq)が開発したものである。また同報告書には人口統計(増加率、都市人口、15歳未満人口、65歳以上人口、合計特殊出生率)、水源利用状況、基礎医薬品入手、1歳児感染予防接種率、避妊方法、医師数、保健医療支出等々、多くの社会指標が収録され、分析されている。英語版はUNDPのホームページ(http://www.

undp.org）に1990年〜最新刊まで報告書の全文が掲載されている。日本語版は国際協力出版会で出版している。　　　　　［長坂寿久］
【関連項目】 UNDP、ジェンダー開発指標、国連ミレニアム開発目標
【参考文献】 国連開発計画（日本語監修横田洋三、秋月弘子）『人間開発報告書─ガバナンスと人間開発』国際協力出版会（発行）、古今書院（発売）、2002年.

人間の安全保障
Human Security

　国連開発計画（UNDP）が1994年の『人間開発報告書』（*Human Development Report*）で最初に提唱した概念。安全保障の対象を国家ではなく個人とし、安全保障を妨げる要因として7つの領域（食糧、環境、健康、個人、地域社会の差別や因習、政治的抑圧や迫害、失業や低所得）をあげ、これらの改善を通じて、「欠乏からの自由」と「恐怖からの自由」を得、もって「個々人の選択の幅」を広げていくことが必要だと提唱した。冷戦終了に伴い、国家間の核戦争の脅威が遠ざかり、個人を取り巻く具体的な欠乏や脅威に焦点をあてこれを防ぐために予防的な対策を進めることを中心概念として「安全保障」と「開発」を統合的に概念化した。

　冷戦後10年が経過するにつれて、個人を取り巻く状況はさらに深刻化している。国家間の紛争よりは、民族対立、テロリズム、感染症、環境破壊、貧困、などが個人の生活を直接脅かすことが明白となった。紛争や感染症に市民が巻き込まれる事例が急増するにつれ、「恐怖」の側面が膨張し、従来の国家の軍事力による安全保障の枠組みでは、生命も財産も人権も十全には保障できない状況となった。国際協力による国家間の連携と協調を通じて、また個人の安全をまず念頭において安全を保障する態勢を組み立て直す必要が強く認識されるに至った。カナダ政府や日本政府が対人地雷全面禁止条約締結を呼びかける中で、「人間の安全保障」という概念は、国際協力政策の基本的な姿勢を表わす重要な概念として採用されるに至り、国際的に市民権を得た。

　2001年1月には緒方貞子難民高等弁務官が「人間の安全保障委員会」を設置し、その中で、紛争と開発の両面にわたってアマルティア・セン（Amartya K. Sen）とともに共同議長として人間の安全保障のために以下の提言を行った。

　紛争の危険からの保護。武器拡散からの保護。移動に際しての保護。戦争から平和への移行の促進。最低辺の貧困層の利害を損なわない貿易慣行と市場機能の強化。最低限の生活水準の確保。基礎的保健サービスの普及。効率的で公平な特許制度。普遍的な基礎教育の充実。グローバルな地球市民としてのアイデンティティの確立。

　1994年のUNDPの「欠乏からの自由」、「恐怖からの自由」、「個々人の選択の幅の拡大」という考え方は、ここでも基本的に継承されている。日本政府の取り組みとしては、1998年12月にODA予算の中に人間の安全保障基金を創設し国際機関に託すとともに、草の根・人間の安全保障無償資金協力のスキームを新設し二国間援助の中でも具体的な取り組みを強化した。コソボの難民帰還支援や、東チモールの復興支援、開発途上国貧困コミュニティの自立支援にこの予算が活用された。しかし、人間の安全保障は、もとより個々の予算項目で個別対応すればすむ範囲を超えている。冷戦後の紛争と開発を扱う際の基本的な考え方として、その広がりは経済協力政策の範囲を超え、テロ防圧や軍事面での対応も含む安全保障政策にもまたがる。一国の包括的な国際協力政策を立案する際に横断的に考慮される事項として、先進国と開発途上国が協働して「欠乏からの自由」、「恐怖からの自由」、「個人の選択の幅の拡大」を築いていく地球規模の共通の課題として、カバーする領域の幅は広い。

　人間の安全保障は国家と個人の新しい責任分担の上に立って脅威や欠乏に対処し安全保障を求めようとする。国家が個人の安全を保障するには軍事力では不十分であるとの認識が深まり、従来の軍事力による保護に加えて、国家は教育や雇用の機会を広げ、個々人が潜在能力を発現する環境を整備し主体的な選択を助長する。民主的な政治体制を維持し、対話を通じて問題の解決に迫り、もって脅威に対処する。いまだに多義的で、定まっ

た定義に至っていないが、人間の安全保障は、国際協力の根本に影響を与える重要な概念として、国家と個人の新しい協働関係をも含む概念である。国際協力の具体的な展開の事例が累積するにつれ、「欠乏からの自由」、「恐怖からの自由」、「個人の選択の幅の拡大」を達成するアプローチとして、徐々に具体化しつつあるというのが現状である。[佐原隆幸]

【関連項目】 対人地雷問題、人間開発報告書、セン、テロリズム
【参考文献】 アマルティア・セン（大石りら訳）『貧困の克服』集英社新書、2002年.

妊産婦死亡率
Maternal Mortality Ratio

出生10万人に対し、妊娠や出産が原因で死亡する女性の数を表わす。「妊産婦」は妊娠中または出産後42日以内の女性を指す。妊産婦は保護を必要とする最も弱い存在であり、妊産婦死亡率は一国の医療・保健・衛生の状態を示す基礎的なデータとして用いられる。また、その改善のためには熟練した医療スタッフの介護が必要とされる。UNDP（国連開発計画）によれば、世界で毎年50万人を超える女性が妊娠と出産が原因で死亡している。非常に大きな地域格差があり、OECD諸国では4085人に1人に対し、最も状況がひどいサハラ以南アフリカでは、女性の13人に1人は妊娠時や出産時に死亡する可能性がある。2000年9月の国連ミレニアム・サミットで決定されたミレニアム開発目標では、1990年から2015年の間に、妊産婦死亡率を4分の3減少させるとしている。[甲斐信好]

【参考文献】 UNDP編『人間開発報告書2002—ガバナンスと人間開発』国際協力出版会、2002年.

ネ

ネ・ウイン【ミャンマー】
Ne Win, 1911〜2002

1962年クーデターで実権を握り、1988年学生中心の民主化運動で引退したビルマ（現ミャンマー）の政治家。1958年ウー・ヌー（U Nu）首相はネ・ウインに選挙の管理を目的とする内閣の組織を委譲した。選挙後、再度政権を取ったウー・ヌーは仏教を国教化し、シャン州の自治権付与を認めた。こうした政策に、仏教徒以外からの反発が強くなり、国軍は連邦崩壊につながると危機感をつのらせた。1962年ネ・ウインが軍事クーデターを起こし、ビルマ的社会主義を提言した。伝統を生かした、搾取のない平等社会をつくろうという議論であった。軍人による内閣、軍人を幹部にする政党（ビルマ社会主義計画党）をつくり、他政党をすべて禁止してしまった。1963年頃からは、銀行や企業の急速な国有化が実施された。通常の社会主義政策との違いは、宗教を許したこと、ビルマ経済がインド人や中国人によって支配されたことへの反発が極端な排外主義となり、鎖国的な結果をもたらしたことである。農業の共同化を行わなかったことも他の社会主義とは違っていた。しかし、強力な国家調達制度と貿易の国家管理により、農民の生産意欲を減殺する結果を招いてしまった。さらに重要なのは人材養成であった。すべてを軍人が決めるというシステムは、軍人以外の国民に希望を失わせた。学生による反発も、デモへの発砲などによる圧制になった。1987年には国連に対して後発開発途上国（LLDC）申請を行い、ネ・ウインは臨時計画党大会で辞任（88年7月）し、ビルマ的社会主義の時代が終わった。しかし、直後、アウン・サン・スー・チー（Aung San Suu Kyi）に率いられた民主化運動が全国をおおうようになり、法・秩序回復評議会（SLORC）による軍政が復活した。2002年10月死亡したが、その直後ネ・ウインの親族による政府転覆事件が発覚した。かつてはタイ以上の経済力を誇っていたビルマは、ネ・ウインが後発開発途上国ミャンマーにしてしまったといえよう。[安田　靖]

【関連項目】 ビルマ的社会主義、ウ・タント、アウン・サン・スー・チー
【参考文献】 桐生稔、西沢信善『ミャンマー経済入門』日本評論社、1996年.

ネガティブ・リスト／ポジティブ・リスト
Negative List, Positive List

海外直接投資の受け入れを促進するために利用する外資政策の手段である。ポジティ

ブ・リストとは原則的に国内産業に対する外資の投資を制限し、例外的に外資の投資を認める分野を列記する方式である。一方、ネガティブ・リストはポジティブ・リストとは反対に、国内産業に対する外資の投資を原則自由とし、例外として投資を制限する分野を明示する方式である。投資の自由化に伴い、一般的に外資政策はポジティブ・リスト方式からネガティブ・リスト方式に移行する。

このようなリストの作成は、海外直接投資を考える外国の企業にリストを通じて投資可能分野、投資制限分野に関する明確な情報を提供することができる。したがって、外国投資家の投資意思決定の迅速化を促すとともに、外資の受け入れにおいて簡潔で透明度の高い行政を実現することも可能である。

外国投資家が同リストを利用すれば投資が可能かどうか簡単に判断することができ、かつ投資の申請、審査等に関係した事務手続き上の無駄を大幅に削減できる。また、このリストは、投資インセンティブが受けられないプロジェクトや投資ができない地域、輸出比率、ローカルコンテンツ比率等を明示することで投資の一層の効率性が得られる。外国投資家は投資受け入れ国に投資しようとする際、投資業種の選定に戸惑うことが多く、このことが投資促進を実施する上でマイナスに作用する。こうした戸惑いをなくし、投資決定の迅速化を図るためにネガティブ・リスト方式を採用する国が多くなっている。

東アジア諸国では韓国が1970年代を通じて投資禁止業種、制限業種を列挙し、制限業種は個別審査が必要であるポジティブ・リスト方式の外資政策を実施した。しかし、1984年の法改正によってネガティブ・リスト方式に改め、投資の自由化を進めた。なおポジティブ・リスト方式は、古く日本が1967年に対内直接投資自由化業種として外資比率50%までを自動認可できる55業種と100%まで自動認可できる17業種を決定したことがある。

[文　大宇]

【関連項目】　海外直接投資、外資政策
【参考文献】　島田克美『概説海外直接投資（第2版）』学文社，2001年．／三木敏夫『アジア経済と直接投資促進論』ミネルヴァ書房，2001年．

ネリカ米【アフリカ】
NERICA

アジア稲とアフリカ稲の交配種で、アフリカのための新しい米（New Rice for Africa）を略して名付けられた新品種。コートジボアールに本部をおく西アフリカ稲開発協会（WARDA）が中心となって開発に取り組み、1990年代前半に交配に成功した。日本からも研究資金が提供された。ネリカ品種は、在来品種に比べて生育期間が短く、収量増が期待でき、しかも雑草との競合に優れ、病虫害にも強い。こうした長所から、貧困に苦しむ「アフリカの希望」と呼ばれる。しかし、西アフリカでは陸稲栽培が多く、急激な普及が焼畑による森林破壊を招くという指摘もあり、水稲用のネリカ米の開発が課題である。

［西浦昭雄］

【参考文献】　若月利之，江本里子「西アフリカの米需給とネリカ米」『農業と経済』2003年6月．／坂上潤一「ネリカ稲の研究開発と問題点」『アフリカレポート』2003年9月．

ネルソン＝ライベンシュタイン・モデル
Nelson-Leibenstein Model

ネルソン＝ライベンシュタイン・モデルとは、一国において人口増加が著しく進行し、国民所得の増加を上回るような状態が持続すると、1人当たりの国民所得が低い水準に停滞してしまうという「低水準均衡の罠」の状態を説明するためのモデルである。図の縦軸は、国民所得 Y、人口 L の成長率 GY、GL を、横軸は1人当たり国民所得 y を示している。曲線 GY と GL は、y が増加する

◇低水準均衡の罠

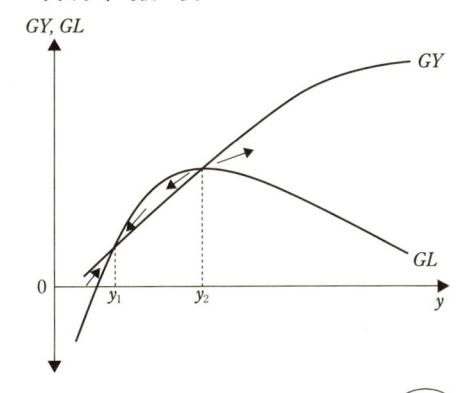

につれて、国民所得と人口成長率がどのように変化するかを示したものである。

GL は、y がきわめて低い水準の時にはマイナスの値となっており、y が上昇するにつれて上昇する。しかし、y が y_2 の水準を超えて上昇すれば、GL は逆に低下することになり、GL は逆 U 字型の曲線となる。国民所得がきわめて低い水準にある時は、死亡率が出生率を上回り、人口増加率がマイナスとなる。また、y の上昇によって人々の生活条件が改善して、出生率が死亡率を上回れば、人口は急速に上昇する。しかし、人口増加には生物学的上限があり、また、y がある一定水準を超えて上昇すると、出生にかかるコストが増加して出生率が徐々に小さくなると考えられる。そのため y が y_2 の水準を超えて上昇すれば、GL は低下する。

国民所得の成長率が、y が増加するにつれて図のように上昇するのは、y の増加によって貯蓄率が上昇し、国民所得の成長率が上昇するからである。ハロッド=ドーマー・モデルにおいては、総生産の成長率が貯蓄率／資本係数によって決定され、資本係数が一定であると仮定すれば、貯蓄率が上昇すると国民所得の成長率も上昇することになるため、曲線 GY は右上がりの形となる。ここで、何らかの要因によって、あるきわめて低い所得水準の国の y が上昇し、y_1 を上回る所得水準を達成することができたとしよう。この場合、図において y は、y_1 よりも右側の領域へと移動することになるが、この領域においては $GY < GL$ の関係が成立しているため、y の成長率はマイナスとなろう。そして、y_1 を超えて y が上昇したとしても、やがて y は減少することになり、y_1 の水準に戻ってしまう。逆に、y_1 よりも低い水準の y の時には、$GY > GL$ の関係から、y_1 へと y は上昇することになるであろう。所得が y_2 を上回った時には、持続的に $GY > GL$ の関係が実現することになり、所得は上昇することになる。所得が y_2 を超えるまで、この国の所得は y_1 という低水準で長期的に一定となるのである。　　　　　　　　　　[森脇祥太]

【関連項目】　低水準均衡の罠、ハロッド=ドーマー・モデル、資本係数

【参考文献】　渡辺利夫『開発経済学―経済学と現代アジア（第2版）』日本評論社, 1996年.

ネルー、パンディット・ジャワハルラル【インド】
Pandit Jawaharlal Nehru, 1889～1964

インドの政治家。マハトマ・ガンディー（Mahatma Gandhi）とともにインド独立運動に尽力し、独立インドの初代首相（在職1947～64）を務め、インドの国家建設、とりわけ外交、経済開発の面で強力なリーダーシップを発揮した。インディラ・ガンディー（Indira Gandhi）はその一人娘である。裕福なバラモンの家系でアラハバートの弁護士・政治指導者であり、インド国民会議派の重鎮でもあったモーティーラール・ネルー（Pandit Motilal Nehru）の長男として生まれる。若くして英国に留学し、1905～12年の間ケンブリッジ大学やロンドンのインナー・テンプルで学び、弁護士の資格を得る。帰国後、弁護士業に飽き足らず、インド国民会議派に参加し、民族運動に身を投じた。当初、急進派の民族運動に与していたが、父モーティーラール・ネルーの盟友であるマハトマ・ガンディーと出会い、サティヤーグラハ（真理の把持）と呼ばれる非暴力抵抗運動に加わるようになった。1921年から1945年までの間に9回の獄中生活を体験した。1928年に会議派書記長、翌1929年には会議派議長に選出され、同年全インド労働組合会議をも兼任した。その後1936年と1946年にも会議派議長を務めた。

ネルーは階級闘争や暴力的手段には批判的であったが、当時の同世代の活動家同様、社会主義的考え方に深く共鳴していた。とりわけネルーに深い影響を与えたのが、英国留学時代に学んだフェビアン社会主義、それに1927年のソ連訪問で印象付けられた計画経済的開発方式であった。すでに1929年の国民会議派大会では、将来のインドのとるべき方向性として、社会主義型社会の実現を示唆していた。

1947年のインド独立後、ネルーは初代首相に就任したが、同時に外相、計画委員会委員長を兼任した。インドの国家建設においてネルーが内外に向けて強力なリーダーシップを

発揮したのが、外交政策と経済開発の分野であった。ネルーは、外交面ではリベラルな国際主義、また内政面では国家が「経済の官制高地」に位置する強い国家観を打ち出すことを信条としていた。外交面では1954年に中国との間で平和5原則を確認し、1955年にはバンドンで開催されたアジア・アフリカ会議で主導的な役割を果たした。東西冷戦の最中、ネルーは非同盟外交をリードし、インドの国際的地位向上に大きく寄与した。

内政面では、副首相パテール（Sardar Vallabhbhai Patel）の助力を得て、藩王国統合の難事業を断行し、独立後の政治体制づくりに尽力した。経済開発のあるべき方向として、ガンディーが農業や補助的な農村工業の発達を重視し、素朴で自給自足的な村落共同体を理想としていたのに対して、ネルーは大規模工業の役割を重視し、国家主導の下で経済近代化を大々的に推進すべきであるとの信念を抱いており、独立後、インドの経済開発にはそうしたネルーの考え方が深く投影される結果となった。基幹産業の国有化、民間部門に対する広範な経済統制を柱とする混合経済体制が確立され、第2次、第3次5計画期間中（1956〜66年）は重工業優先政策が採用された。

ポルトガルの植民地であったゴアを武力で併合した翌1962年に中印国境紛争が勃発し、大敗を喫したことはネルー外交にとって大きな打撃であった。ネルー型開発方式はインドの産業基盤形成という面では多大な貢献をした一方、民間部門の抑圧、閉鎖的経済運営という弊害をもたらし、そのことはインディラ時代に特に顕著になった。このため1960年代後半から1970年代を通じてインド経済は長期的停滞を余儀なくされた。1991年以降、混合経済体制の改訂を伴う本格的な経済自由化が導入されるようになったが、それはネルー型開発方式の呪縛からの解放を意味するものであったともいえる。

［小島　眞］

【関連項目】　インド国民会議派
【参考文献】　堀本武功『インド現代政治史』刀水書房, 1997年. ／スティーヴン・P. コーエン（堀本武功訳）『米国はなぜ台頭するインドに注目するのか―台頭する大国インド』明石書店, 2003年.

農家経営請負制【中国】
Household Managerial Responsibility System

1970年代の末から1980年代初めにかけて、中国の農村に脱集団化の動きが自発的に起こり、集団と農家との間で一定の条件をもって生産・経営を請負という「農業生産責任制」が急速に普及した。さまざまな形の生産責任制度が試された後、これらは個別農家が経営を丸ごと請負方式「農家経営請負制」（「包干到戸」）に収斂するようになった。

農業生産責任制のバリエーションは、請負期間の長さ、請負対象（すべての経営項目か特定の経営項目）、請負の評価（作業の完成、生産量の達成、その他契約によって定めるもの）、請負主体（個人、農家、作業組）などの組み合わせによって決まる。ここで最も重要性をもつのは請負内容と請負主体である。請負の内容は、①作業量を請負「包工」、②農産物の生産量を請負「包産」（「聯産」ともいう）、③経営全般を請負「包干」である。他方、請負主体としては、①労働力、②農家、③作業組などがある。請負主体と請負内容をマトリックスで表現すると、主な生産責任制には次のような組み合わせがある。

	作業量	生産量	経営全般
労働力	包工到労	包産到労	包干到労
作業組	包工到組	包産到組	包干到組
農　家	包工到戸	包産到戸	包干到戸

農業生産責任制が模索された初期においては、集団経営の機能をどこまで残すかが大きな焦点であった。1980年9月の中共中央が「農業生産責任制の強化と改善に関するいくつかの問題」という政策文書を発布し、作業量の請負と生産量の請負方式を紹介したが、農家を主体とする請負制や、経営全般の請負については触れていなかった。1982年1月に発布された「全国農村会議紀要」では、すでに全国で90％以上の生産隊が農業生産責任制を採用したという。しかし、生産量リンク請

負制（聯産承包責任制）を提唱する一方、農家経営請負制（包干到戸）は生産責任制の一つの形態に過ぎないことを強調し、暗にその普及を牽制していた。しかし、1983年1月の中共中央の第1号文献「当面の農村経済政策に関する若干の問題」においては、農家を請負単位とする「包産到戸」と「包干到戸」は農業生産責任制の主要形式になったことを認め、それを評価するようになった。1984年末に行われた調査によれば、「包干到戸」を採用する生産隊はすでに99.1％となった。

なぜ、請負主体が農家に落ち着き、また丸ごとの経営が請負の内容に選ばれたのであろうか。家族は社会における最も基本的な利益共同体であり、消費決定、生産決定、投資決定が農家単位でなされるのが最も自然である。他方、作業量や生産量を請負内容とする場合は、農家にとって自らの努力と労働点数とはリンクするが、報酬の最終的決定は集団での統一的採算によらざるをえず、それぞれの農家にとっては、自分たちの努力と報酬との結び付きは直接的なものではない。これに対して、経営を丸ごと請負う場合は、農家が請負った土地の大きさに応じて、あらかじめ決められた一定の義務を果たせば、残りはすべて農家の収入となる。農家請負制の仕組みは、「交完国家的、留足集体的、余剰下都是自己的」（収穫のうち、国家への税金の上納分、および集団への公益金・共済金などの納付を除けば、残りはすべて農家の所得となる）と表現され、農家にとってきわめてわかりやすい制度である。同時に、経済学の視点からいえば、いわゆる「定額分益小作契約」と同じ仕組みで、農家の生産意欲を引き出す上で最も効率的な制度であった。

農業生産責任制の導入は、人民公社体制の下で疲弊していた農村経済を活性化し、農業生産への農民のインセンティブ（刺激）を高めることを目的としたものであり、農家経営請負制の下では、この目的は見事に達成できた。新制度の普及に伴い農業生産は持続的に上昇し、農家の経営意欲も大いに引き出された。新しい技術の導入や新しい経営内容の導入によって生産と所得が増加し、さらに生産性の向上に伴い余剰労働力が生まれ、郷鎮企業の発展や都市への労働力の流動の増加などの現象がみられるようになり、農村の経済構造に大きな変化がもたらされた。　［杜　進］

【関連項目】　改革・開放政策
【参考文献】　中兼和津次『中国経済論―農工関係の政治経済学』東京大学出版会、1992年. ／厳善平『中国農村・農業経済の転換』勁草書房、1997年. ／山本裕美『改革開放期の中国の農業政策』京都大学学術出版会、1999年.

農業インボリューション
Agricultural Involution

米国生まれの人類学者クリフォード・ギアツ（Clifford James Geertz, 1926〜）が『農業インボリューション』（*Agricultural Involution : The Process of Ecological Change in Indonesia.* California : University of California Press, 1963.）という書物で提示した概念である。インボリューションという概念自体は、米国およびロシアの人類学者ゴールデンワイザー（Alexander Alexandrovich Goldenweiser, 1880〜1940）が文化類型を示すために用いたものだといわれている。現存の枠組みを頑ななまでに守りながら、その内部を複雑化させていく文化の形態を示したものであった。ギアツは、「農業インボリューション」の概念を、1953〜54年にかけての東ジャワでの人類学的調査において形成した。同書は、インドネシアのジャワ島農村社会が、人口増加圧力の下で共同体成員の生存を維持するためにいかに水田稲作農業の形態を変化させていったのかを分析した。

ギアツは生態学的にみて水田稲作（Sawah）が強い雇用吸収能力を備えていることに着目した。水田稲作の生産工程は、耕起、整地、灌漑、排水、種子管理、播種、田植え、除草、収穫、脱穀、精米といった一連の作業を経て完結する。しかもこの工程が、二期作、三期作となって1年間に何回も繰り返される。加えて、用水路や井戸の建設、保守・管理などの作業も必要になる。これらの作業をより雇用吸収的な方向に変えていくならば、人口増加圧力を吸収していくことが可能となる。これに対して焼畑耕作（Swidden）は農作業が比較的単純なため雇用吸収能力が低い。なお、ギアツによれば、水田稲

作は「内インドネシア」の特徴であり、焼畑農業は「外インドネシア」の特徴であると指摘している。インボリューションが進行したのは「内インドネシア」であり、「外インドネシア」では焼畑小農の商業化が飛び火的に進展した。

「内インドネシア」のジャワ島では、オランダ植民地時代の19世紀後半に激しい人口増加が開始された。増加した人口を吸収するだけの規模をもつ非農業部門は存在しなかった。また、植民地政府の政策によって砂糖キビ栽培や未開地への入植は禁止されていた。農民は、砂糖キビ栽培を行うオランダ農園企業に土地だけを提供したのではなかった。土地の開墾から砂糖キビの植付けを行い、収穫とその砂糖精製工場への搬送をするための季節労働力を提供していた。彼らは産業賃金労働者であると同時に、共同体に所属する農民でもあった。ギアツによれば、農民は水田に片足を突っ込みながら、もう片方の足を工場に突っ込んでいたと指摘している。こうした状況の下で、ジャワ島の農民は水田稲作の生態学的特徴を極限まで引き出し、増加する人口をそこで吸収していたというのが、ギアツのみたてである。このように、水田稲作の労働集約度を高めることで増加する人口を吸収していくことを「農業インボリューション」と呼んだのである。

農業インボリューションは、伝統的な村落社会には共同体の全成員に対して生存の維持を保障するという道徳的規範が存在していたからこそ可能になった。人口が増加していくにつれて、土地所有形態の「共同体的所有（Communal Ownership）」的性格が強化された。また、共同体の成員は相互に仕事を与える義務と仕事をする権利という慣習を確立した。つまり、共同体の道徳規範を基礎にして、地主―小作関係などの土地所有関係や労働関係が重層的に複雑化していたのである。これにより、開発途上諸国で頻繁にみられる大地主と奴隷に近い農民とへの二極分解が回避され、社会的・経済的同質性が維持された。

この同質性の背後で、村落共同体の成員間での「貧困の共有（Shared Poverty）」が進行した。人口が増加するにつれて農産物をおおよそ均等に配分するため、相対的には公平であるが、絶対的にみて生活水準は低下していった。この農業インボリューションは、植民地化以前からジャワ村落社会に定着していたものではなく、あくまでもオランダ植民地体制への適応的行動であったとみることができる。

［徳原 悟］

【関連項目】　貧困の共有、複合社会、社会的・経済的二重構造

【参考文献】　原洋之介『クリフォード・ギアツの経済学―アジア研究と経済理論の間で』リブロポート、1985年。／東南アジア研究会編『社会科学と東南アジア』勁草書房、1987年。／矢野暢編『地域研究と「発展」の論理』講座現代の地域研究第4巻、弘文堂、1993年。／原洋之介『エリア・エコノミクス―アジア経済のトポロジー』NTT出版、1999年。／クリフォード・ギアツ（池本幸生訳）『インボリューション―内に向かう発展』NTT出版、2001年。

農業協同組合
Agricultural Cooperative

協同組合は、経済的に弱い地位にある小生産者や消費者が相互扶助的に協力してその経済的立場を強化する目的で出資してつくられた共同企業である。私企業であるが、営利を目的とせずに、出資者である組合員の経済的便益を提供することが設立の基本目的である。組合員の生産物を協同で出荷販売する販売組合、財を共同で購入する購買組合、資金を融通しあう信用組合など、協同組合の内容は多岐にわたる。

協同組合組織の原型は英国にある。英国では18世紀に起きた産業革命が家内制手工業を壊し、資本家と労働者の二大階級をもたらした。資本蓄積に伴う資本主義の発展は生産拡大と多くの労働者を英国にもたらしたが、労働者の生活は貧しかった。このため労働者が協同し、生活を守るために1844年にロッチデール公正先駆者組合が生まれた。この組合は労働者の自主的な意志で設立され、自立・自助の精神で運営され、これが組合経営の安定と繁栄をももたらすという、現在における協同組合の原点といえる思想にもとづいて設立された。こうした協同組合の設立はその後、ヨーロッパ、さらに世界に広がった。ドイツでは、小規模な農業や商工業者の必要資金を融通しあい高利貸しに対抗するシュルツェ・

デーリッチ信用組合（1850年設立）、ライファイゼン農家信用組合（1862年設立）がつくられた。

日本でも養蚕農家、小規模製糸業者、問屋が参加した製糸販売組合として、1877年（明治11年）に群馬県に前橋製糸会舎や碓氷社が設立され、日本における協同組合の先駆けとなった。また二宮尊徳の報徳社は農村救済の協同組合に発展し、その後、農村購買組合などが数多く生まれた。現在の日本の農業協同組合は、第2次世界大戦後、GHQ（連合軍総司令部）が地主制の解体と農村の民主化を進めるために農地改革と農業協同組合に関する指示を出したことに始まる。これを受けて農林省は農業協同組合法の立案を開始し、第1回国会で可決され、1947年11月に農業協同組合法が公布された。これに伴い各地で農業協同組合が設立され、県段階に県連合会、全国的な全国連合会が組織された。農業協同組合の活動は拡大、多様化して今日に至っているが、農民生活を守るという基本は変わっていない。

協同組合の世界的組織として国際共同組合同盟（International Cooperation Association：ICA）があり、7億人を超える組合員を抱える各国の協同組合が加盟している。1934年に定められたICAの規約は、①組合員の加入は自発的かつ差別なし、②総会における1人1票、③出資金への利子制限（出資金による利益ではなく事業利用が目的）、④利潤の平等配分、一部再投資、一部は協同サービスに投入、⑤組合員および公衆の教育への参加、⑥世界の協同組合との協同、である。開発途上国を含む世界的な組織として協同組合が広がりをみせてきたのは、こうした弱者の協同、生活を守るという考えからである。

社会主義における協同組織、例えば中国のかつての集団農業組織である人民公社は、自主的な加入、自主的な運営がなされていないことから協同組合とはいえない。しかし社会主義経済から市場経済への移行に伴い旧社会主義国でも協同組合が設立されている。ロシアでは国有企業を従業員所有企業に変え、従業員が協同経営している。　　　　［梶原弘和］

【関連項目】　国連食糧農業機構、農産物価格政策

【参考文献】　ICAホームページ（http://www.coop.org/）.／荏開津典生『飢餓と飽食』講談社, 1994年.／荏開津典生『農業経済学』岩波書店, 1997年.

農業生産性
Productivity in the Agricultural Sector

生産性は生産に投入される生産要素（農業では一般的に土地、労働、資本）1単位当たりの生産量である。初期的には生産要素の投入増加に伴い、生産量が増加して生産性は上昇する。しかし、収穫逓減法則の作用を受けて次第に生産要素投入に伴う生産増加は逓減し、生産要素投入が生産増加をもたらさないようになり、さらに生産減少の状態が生じる。したがって、生産要素の単位当たり生産性を高い状態に維持することが重要な課題となる。しかし生産要素間には代替、つまりすべての生産要素を同じように増加投入するわけではなく、生産要素の組み合わせが行われる。組み合わせは生産要素の価格により影響を受ける。

農業生産（Y）を土地（B）、労働（L）、資本（K）により増加させる場合、土地の投入は多くの国で限界的であり、労働か資本の投入増加によりもたらされる。開発途上国では資本は不足しているために労働投入に依存しなければならないが、労働投入増加による生産増加は労働生産性を低下させる。農業の各生産要素の生産性は次のように考えることができる。

労働生産性（Y/L）＝土地生産性（Y/B）＊労働1人当たり土地面積（B/L）
この式を増加率で考えると、労働生産性増加率は土地生産性増加率と労働1人当たり土地面積増加率を加えた合計に等しい。経済発展は国民の生活改善、すなわち国民1人当たり生産ないし所得増加とみなすことができるがゆえに、労働生産性の増加は重要である。労働生産性改善は生産増加ないし労働投入の減少によりもたらされる。したがって労働人口が増加している開発途上国が労働投入減少によって生産性を改善する手段の採用は難しい。むしろ土地生産性を増加させ、結果的に労働生産性を改善することが望ましい。土地生産性改善は、土地投入の増加は困難であ

り、生産の増加によりもたらされる。土地投入が不変で生産を増加させるのに最も効果的な手段は、新品種の採用である。日本農業の長期的な変化は、まさに品種改良に伴う生産増加が土地生産性を改善し、結果として労働生産性の改善をもたらすというものであった。世界的にも1960年代以降の緑の革命と呼ばれる新品種の導入は格段に生産を増加させ、土地生産性を増加させたのである。中進国段階以降では労働の減少に伴い農業労働生産性が増加する。その場合、労働減少は農業機械等で代替される。さらに労働人口が減少するならば、1人当たり土地面積の増加が生産性改善に寄与する。現在、日本農業の競争力改善として規模拡大が主唱されているのは、このことを指している。生産性改善の変化は必ずしも各国で同じように推移するわけではない。農地所有構造が不平等であり、規模にも大きな差異がある。プランテーション農業のように機械化された部門と家族経営の小農部門が併存しているのが多くの開発途上国の農業の状況である。こうした複合的な経済構造のゆえに経済変化の効果は一様ではない。緑の革命の評価が分かれるのにもこうした背景がある。　　　　　　　　［梶原弘和］

【関連項目】　土地所有形態と農地改革、緑の革命、農業の生産要素代替
【参考文献】　速水佑次郎『農業経済論』岩波書店、1986年。／Chris Dixon, *Rural Development in the Third World*. Routledge, 1990.／Gordon Conway and Barbier Edward, *After the Green Revolution*. Earthscan Publications Ltd., 1990.／荏開津典生『飢餓と飽食』講談社、1994年。

農業の生産要素代替
Substitution of Production Factors in the Agricultural Sector

生産には生産要素（資本、労働、土地）の投入が必要である。どの生産要素をどれ程投入するかは、生産技術による。一般的な技術であれば機械を労働にかえることはできる。例えば自動車のベルトコンベヤー方式を機械ではなく労働力で行うことができるし、農業においても農業機械と牛、馬、人間は代替可能である。生産における技術的制約がない場合、生産における生産要素の組み合わせは生産要素価格により決定される。一国の生産要素の存在量（要素賦存という）は、土地以外は長期的に変化する。開発途上国段階では労働が豊富で資本は希少である。市場に歪みがない（政府の介入や市場の分断状態がない）ならば、経済原則から豊富に存在する労働の価格である賃金は希少な資本価格よりも相対的に安価であり、生産構造は労働集約的となる。経済原則に従わない場合は競争に負け、市場から排除される。開発途上国における同じ産業に属するある企業ないし組織が資本集約的な生産方法で生産を行えば、生産コストが増加し、製品価格は他の企業を上回るか赤字で生産を続けるしかなく、市場から排除される。しかし市場の歪みや生産技術制約がある場合は、状況が異なる。政府が各種支援を行い先進国から最新の機械購入を容易にしているならば、機械導入が促進される場合がある。また今日のように技術的な問題から機械化をせざるをえない場合も多い。港湾労働ではかつては肉体労働が可能であったが、船舶輸送のコンテナ化により自動化され、また大型輸送は荷物の搬出入の時間的制約から機械へ代替されている。

資本と労働に関していえば長期的には資本蓄積に伴って資本が豊富になり、逆に労働が希少化し、労働の価格が相対的に高くなる。したがって経済発展に伴って生産要素の組み合わせは資本投入が増加し、生産構造は次第に資本集約的となる。日本の場合を考えても、生産要素の組み合わせはすべての産業で機械の導入が労働増加を上回っている。まさに生産要素の代替とは、長期的な生産要素価格変化を受けて、生産要素の組み合わせが変化することであり、相対的に安価となっている生産要素をより多く投入する構造になる。

農業の生産要素代替も基本的には同じである。開発途上国段階では労働集約的な生産方法がとられ、経済発展に伴い農業機械の投入が増加して資本集約的な構造へ変化する。ただし農業では土地制約が影響するために、農業人口が豊富な開発途上国段階では労働集約的な生産方法だけでなく土地節約的（使用量を少なくして生産を増やす方法）で資本節約的な生産方法が求められる。生産量を格段に増加させる新品種の導入がこれにあたる。土

地投入が増加できない状況において、土地単位当たり収量を増加させることにより結果的に土地投入が増加したのと同じ効果をもたらす。ただしこの場合、化学肥料や灌漑などの投入が必要になる。また土地規模が大きな場合は労働にかえて機械の導入が促進される事例も多い。

機械の価格が労働に対して相対的に安くなるに伴い、農業でも労働投入を減らし、機械の導入が促進される。先進国型農業ともいえる機械化された農業において、労働投入はかなり少なくなる。先進国の農業労働人口は全体の数パーセントになっている。生産要素代替は、効率的な生産構造をもたらし、生産性改善を可能にして競争市場で生き残ることができるようにする選択である。　　［梶原弘和］

【関連項目】　土地所有形態と農地改革、緑の革命、農業生産性
【参考文献】　速水佑次郎『農業経済論』岩波書店、1986年. / Chris Dixon, *Rural Development in the Third World*. Routledge, 1990. / Gordon Conway and Barbier Edward, *After the Green Revolution*. Earthscan Publications Ltd., 1990. ／荏開津典生『飢餓と飽食』講談社, 1994年.

農業労働者【インド、バングラデシュ】
Agricultural Labors

南アジアでは、農地の外延的拡大が頭打ちであり、また人口圧力が高いため、農家の経営規模が零細化する傾向にある。一般的に農地保有面積が0.4ha以下になると、自家農業だけで生計を立てることが困難である。ちなみにバングラデシュでは、土地無しに等しい「機能的土地無し世帯」(耕地を所有していないか、所有していても0.2ha以下)の比率は、1984/85年の50％から1996/97年には60％へと拡大した。地主による小作農の追い立ても加わり、自ら耕す農地をもたず、賃金または現物支給と交換に労働を提供する農業労働者が数多く存在する。

インドでは、農村就業者（男子）に占める農業従事者のシェアは、1961年の81.7％から1991年には74.0％へと低下した中で、農業労働者のシェアは22.6％から28.0％へと上昇する傾向を示した。1971年以降、自家農業だけでは生計を立てることが困難な農家数が大幅に増加し、1981年には農村世帯の半分を超えた。労働交換制度が一般的ではないことも、大量の農業労働者を必要とする理由にもなっている。土地無し階層の比率が高いのが南インドであり、農村世帯の過半数を占めている。

農業労働者は農村で最下層を形成するグループであるが、農業生産の拡大や農村雇用計画の実施に伴い、農村貧困が緩和されていることを反映して、1970年代中頃より実質農業賃金は上昇する傾向にある。インドでは1980年代を通じて実質農業賃金は全国規模で平準化が進行したが、これには貧困州からパンジャーブ、ハリヤナ、西ベンガルなど成長地域への農業労働者の移動を通じての波及効果が作用している。ただし1990年代に入ると、農業実質賃金の州間格差が拡大している。農地への人口圧力が増していく中で、非農業部門への就業が増加しているが、農業労働者の間では概してそうした職業移動は緩慢である。

［小島　眞］

【参考文献】　宇佐美好文「インド農村における就業構造の特徴と変化」絵所秀紀編『現代南アジア②経済自由化のゆくえ』東京大学出版会, 2002年. ／渡辺利夫編『アジア経済読本（第3版）』東洋経済新報社, 2003年.

農工間交易条件
Terms of Trade between Agricultural and Industrial Goods

農工間交易条件とは、農業と工業間の商品交換比率である。例えばある年に米10tとカラーテレビ1台が交換できたとする。次の年に米9tとカラーテレビ1台が交換できたならば、農産品の工業品に対する交易条件は10％改善し、逆に工業品は10％悪化したと考える。農産物の工業品に対する交易条件は販売量に変化がないとすれば、これが改善すれば農家の実質所得が増加し、悪化すれば実質所得は減少することになる。農工間の商品交換の品目数は多数であるために、農業部門の農工間交易条件は農産物販売価格指数の非農産物購入価格指数（農家が購入する商品）に対する比率として計算され、基準年を100とした指数で与えられる。

農業部門の工業品に対する交易条件は悪化している場合が多い。その要因は、農産物価格は市況によって決まるのに対して、工業品

価格は市場価格から極端に離れることはないにしても、企業によって決定されるために、農産物に不利に働く。また農産物の需要の所得弾力性は非弾力的であり、生産増加は価格の低下をもたらす。また価格弾力性も非弾力的であり、価格上昇に応じてすぐに供給力を増加できず、価格上昇は輸入増加をもたらす可能性が高い。

工業部門に代表される近代部門の発展は、農工間の生産性格差や交易条件が農業に不利になるような状況をもたらす。農業の生産性改善は工業のそれを下回り、他方で経済発展に伴う都市人口の増加と所得増加は多様な食品需要をもたらし、これを輸入に依存するようになる。一国の農業生産は、工業のように新たな技術展開だけで需要変化に対応できないからである。日本のように国土面積が狭い国に特にあてはまる。そこで農業部門の存続や農家所得維持のために農業保護ないし価格支持政策などが導入されることになる。

[梶原弘和]

【関連項目】 農工間生産性格差、農産物価格政策、農業生産性
【参考文献】 速水佑次郎『農業経済論』岩波書店、1986年. ／荏開津典生『飢餓と飽食』講談社、1994年. ／荏開津典生『農業経済学』岩波書店、1997年.

農工間生産性格差
Productivity Differential between Agricultural and Industrial Sectors

農業、工業における比較生産性とは、両部門の総生産に占める比率を両部門の総労働人口に占める比率で割った値であり、相対的な生産性を示す。ペティ＝クラークの法則で明らかなように、生産・雇用は農業を中心とした第1次産業から次第に工業を中心とした第2次産業に移転する。この過程において、農業の比較生産性が工業のそれよりも低いという現象が生じる。その要因の1つは、工業生産技術と農業生産技術の格差に求められる。工業生産技術は大量生産的特徴から労働量に対して生産が著しく大きく、比較生産性が高い。逆に農業は生産的要因から季節的に労働投入が変化し、最大必要な時期の労働を確保する必要から家族労働を含め労働量が多くなり、比較生産性は低くなる。また計測上の問題として、投入労働ではなく存在労働量で計測することも農業の比較生産性を低くする。したがって、農業の比較生産性は農業労働人口が工業やサービスなどに移転するようになると改善し始め、農工間の比較生産性は収斂する方向に向かう。また農業の生産技術の改善、例えば機械化なども比較生産性改善をもたらす。

農業の比較生産性を低くさせるもう一つは、価格要因である。農業品と非農業品の価格は、農業品価格が競争的（政府による市場介入や価格維持政策がない場合）、非農業品は独占価格、寡占価格的要因が強い。したがって非農業品の農業品に対する相対価格は高く維持され、それだけ工業の相対的な生産性を高まる。農業の比較生産性の悪化から改善への変化は、農業の相対的な縮小の結果であり、農業は相対的縮小産業といえる。その要因は、需要の所得弾力性、価格弾力性に示されるように、農産物の需要の弾力性は非弾力的なものが多く、経済成長に伴う需要の増加は製造業品やサービスに向かう。これを改善するには、農業の工業化ともいえる農産物の加工品化への転換、ブランド商品のような特産品の開発などであり、日本の農業でもこうした変化が生じている。

[梶原弘和]

【関連項目】 農工間交易条件、農業生産性、農業の生産要素代替
【参考文献】 速水佑次郎『農業経済論』岩波書店、1986年. ／荏開津典生『農業経済学』岩波書店、1997年.

農産物価格政策
Price Policy in the Agricultural Sector

農産物価格政策は、既存の農業生産力を工業部門などの近代部門発展のために利用する、低い農業生産力を高める、衰退する農業部門を維持する、などのために展開される。

近代部門発展のために農業生産力を利用する場合、農工間交易条件を政策的に農業に不利にする。農産物価格を工業製品価格（特に農業部門が必要とする化学肥料、農薬、農業機械、製造業品消費財など）に対して長期的に不利にし、製造業部門労働者の賃金財としての食糧価格を低位に抑える。これにより工業部門の発展に伴って増加する労働者への食糧供給の増加を図る。鋏状価格格差（シェー

レ）と呼ばれる価格政策であり、工業製品価格が開いた鋏の上の刃である。農産物価格が下の刃であり、刃の開きが格差を意味する。この場合に問題となるのは、農業生産者のインセンティブが低下し、農業生産力が低下する可能性があることである。社会主義国ではこれを防ぐために集団農業制度を導入し、社会主義教義により生産を鼓舞した。資本主義国では農業生産に不可欠な投入財、例えば化学肥料などを優先的に配分して、不利な価格付けによる生産低下を防いだ。生産停滞を海外からの食糧援助で補うという事例もある。この価格政策は発展の初期過程で実施される、特殊な開発政策の一つである。

　農産物価格政策は、農業生産力拡大のために導入される事例が一般的である。アジアの農産物価格政策は米国の食糧援助政策の転換が実施された1960年代に、農業生産力を工業発展に利用する政策から、農業生産力を拡大する政策へと変わった。特に人口増加に伴う食糧需要増加を賄うために、米の生産増加を重視する価格政策が導入された。韓国では米の政府購入価格を高めに誘導し、米生産へのインセンティブを供与した。またフィリピンでは農業部門が必要とする近代投入財の購入に必要な資金を貸し出す農業銀行が数多く設立された。インドネシアでは化学肥料の販売価格を抑え、農家が購入しやすいようにした。こうした農業生産力拡大のための価格政策は新品種の導入とともに実施され、アジアの多くの国では1970年代以降、米の自給化が達成された。

　衰退する農業部門を支える価格政策は、日本などの先進国で実施されてきた。経済発展に伴い工業やサービス部門は生産性改善の結果、労働者の賃金水準は著しく高まる。農業部門でも生産性を改善するものの、近代部門のそれを下回る。これを改善するために規模、特に農地の拡大が一つの手段である。しかし、農地の流動性が低く、これにも限界がある。これを放置すると農業生産は壊滅するために、先進国では農家の所得を維持するために農産物価格に介入するか、農家所得を補償する所得補塡政策などを実施した。日本では米や特定地域の生産物に価格維持政策を導入した。米国やEUなどでも同様である。この場合に問題となるのは、価格がある程度予想できるために過剰生産が生じることである。日本やEUでは生産調整が行われている。こうした価格政策による農業保護は、競争力を有する国から大きな反発を受けてきた。WTO（世界貿易機関）で農産物自由化問題に容易に結論がでないのは、先進国農業のこうした現状を反映している。　　　　［梶原弘和］

【関連項目】　農工間生産性格差、農産物価格政策、緑の革命
【参考文献】　速水佑次郎『農業経済論』岩波書店，1986年．／荏開津典生『飢餓と飽食』講談社，1994年．／荏開津典生『農業経済学』岩波書店，1997年．

農村開発
Rural Development

　農村開発は、各種開発計画の中の一形態で地理的な区分で定義付けたもの。同様の区分による都市開発と対立概念をなす。地理的な区分以外によるものとして、行政区分による国家開発計画、地域開発計画、市町村開発計画あるいは、セクターの区分による開発計画（農業開発計画、工業開発計画、教育開発計画）がある。いずれの開発計画もそれが具体化されるためには、最終的には個別の開発プロジェクト計画の形をとる。

　農村開発を進める主体としては、中央省庁あるいは地方自治体、計画の目的としては地域経済の成長、分配の公正、雇用の促進あるいは土地利用の高度化などがある。開発の範囲を決める際には、行政区分や河川の流域による区分などが用いられる。開発の手段としては、公共事業によるもの、土地利用の規制による誘導あるいは民間の投資誘導などがある。他の開発行為と同様に、予算、計画主体のもつ権限などにより制約を受ける。一方、農村開発の場合は地域の社会的、文化的そして人口学的な諸条件が強い制約となる場合が少なくない。

　農村開発で近年よく取り上げられるテーマの中には、持続的農業開発、農村工業の振興、換金作物あるいは食糧作物の多角化を通じての収入向上、貧困削減、環境保全、予防型地域保健などがある。農村では農業が主要な産業であるのが通例であるが、農村開発イ

コール農業開発という単純な図式で語ることはできない。農村開発の前提は農村理解にあるが、農村の産業の背景をなす社会的な分業と労働の配分、宗教や社会規範のあり方を立体的に理解することが求められる。そのため国際協力の中で農村開発を取り扱う場合は、伝統的な経済分析手法に加えて、社会学や文化人類学的な基礎知識を用いた社会分析の手法あるいはジェンダーに配慮した分析の手法も求められる。

〔佐原隆幸〕

【関連項目】 開発計画
【参考文献】 Robert Chambers, *Rural Development : Putting the Last First.* Harlow : Longman Scientific & Technical, 1983.（穂積智夫, 甲斐田万智子監訳『第三世界の農村開発―貧困の解決―私たちにできること』明石書店, 1995年）／嘉数啓, 吉田恒昭編『アジア型開発の課題と展望―アジア開発銀行30年の経験と教訓』名古屋大学出版会, 1997年.

農村信用市場
Rural Credit Market

開発途上諸国の農村部において融通される資金市場のこと。この資金融資に加え、貯蓄性商品が取引される市場は農村金融市場（Rural Financial Market）と呼ばれることがある。農村信用市場は、農村部の貧困層の農業経営資金から消費目的の資金まで、各種の資金需要を満たす役割を果たしている。農村信用市場の貸し手は、制度的金融機関とインフォーマルな金融機関から構成される。政府系の農村開発銀行が前者の代表である。農村開発銀行は、国家の農村開発政策を資金的に支える機関である。その融資は、灌漑、農地開発、肥料や農業機械などの農業関連投資に集中する。後者は、高利貸し、地主や富裕農家、商人、グラミン銀行のようなマイクロファイナンスなど多様である。これらのインフォーマル金融を、前者と比較すると、その1件当たりの融資規模が小さく、借り手の資金借入目的も生活関連消費や借金の返済などと多岐にわたる。

開発途上諸国では、一般的に民間商業銀行の支店網が農村地域にまで発達していないため、各種の貸し手が融資機能を担っている。農村信用市場の貸出金利は、制度的金融機関のそれよりも高い水準にある。貸し手と借り手の間の情報の非対称性が深刻なことや借り手の信用状態が低いことに加え、借り手が貸し手を選別する余地がないためである。1980年代前半頃までは、金融制度改革において、これらインフォーマル金融を制度金融に取り込み、マクロ的な貯蓄動員能力を高めることが焦点とされていた。しかし、グラミン銀行などのマイクロファイナンスの成功などが要因となり、農村開発や貧困層向け融資の点でその意義が認められるようになってきた。これらの機関は、高利貸しや質屋などと区別してセミフォーマルな金融機関と呼ばれることもある。

〔徳原 悟〕

【関連項目】 グラミン銀行、マイクロファイナンス、インフォーマル・クレジット
【参考文献】 岡本真理子, 粟野晴子, 吉田秀美編『マイクロファイナンス読本―途上国の貧困緩和と小規模金融』明石書店, 1999年. ／Richard L. Meyer and Geetha Nagarajan, *Rural Financial Markets in Asia : Polices, Paradigms, and Performance.* A Study of Rural Asia, Vol. 3, Asian Development Bank, Oxford University Press, 2000.

農地改革【台湾】
Agricultural Land Reform

台湾の農村では、第2次世界大戦後も前近代的な小作人制度が続いていた。また、第2次世界大戦や大陸での内戦に伴う混乱により農業生産が落ち込んだことに加え、大陸からの移動により人口が急増したため、農業生産力の向上が急務となった。このような状況下で、1949年から1953年にかけて3段階の農地改革が実施された。第1段階では、1949年4月から、小作料が主要作物の年間収穫量の37.5％に引き下げられた（三七五減租）。第2段階では、1951年6月から、日本から接収した土地が10年間の分割払いで小作人に払い下げられた（公地放領）。第3段階では、1952年11月から、地主の農地所有面積に制限を設け、超過分について政府が買い上げた上で小作人に払い下げられた（耕者有田）。買い上げ代金の70％は10年償還の公債で、30％は公営企業の株式で支払われた。

農地改革の結果、多くの自作農が生まれ、農業生産が増加した。1952年には農業生産高が戦前の水準に回復し、その後は輸出余力も生じた。農産品は1960年代半ばまで全輸出の過半を占め、外貨の獲得源として貢献した。

また、小作農を中心に農民の所得水準が次第に高まり、生活水準が向上した。当時、農業は就業人口の過半数、国内総生産の3分の1近くを占めていたため、農業部門の成長は、工業製品の国内市場を拡大する上で大きな役割を果たした。さらに、農地改革は地主階級を解体する一方で、地主資本の商工業資本への移転を促進した。このような台湾の初期の経済政策は「農業をもって工業を育てる」方式であったといわれる。このように農地改革が成功した背景には、国民党政権が地主層との結び付きがなかったことに加え、小作農の支持を得ることを政治的課題としたため、思い切った施策をとることができたことがある。　　　　　　　　　　　　［今井　宏］

【関連項目】　公営企業、国民党
【参考文献】　若林正丈,劉進慶,松永正義編『台湾百科』大修館書店, 1990年。

農民階層分解
Differentiation of Peasantry

近代資本主義の浸透以前の伝統的農村共同体の自営小農民が、商品経済の発展に伴い経営規模を拡大し、資本主義的大経営の富農層や農業資本家と貧農層や賃労者に二極分解していく過程を指す。発達した資本主義社会においては、資本家、地主、労働者が市場における交換を通じて高い効率と生産力を生み出すが、古典的伝統的社会においては3要素は未分化であり、農民は土地を占有し自ら耕作する。伝統的農村社会においても階層は存在するが、比較的均一の土地保有と原始的耕作技術のために低い生産力にとどまり、そのため等しく貧しい状態にあることが多い。このような社会に市場経済が浸透すると、農民間に生産・販売をめぐり競争が生じる。ただし、工業と違い土地が重要な生産手段である農業の生産力拡大のためには、土地の集積が必要となる。そこに土地を取得し富農化しさらには賃労働者を雇用し農業資本家に転じる農民と、経営規模を縮小し貧農化し、ついには土地を失い賃金労働者に転落する農民が生じる理由がある。

資本主義発展期の欧州ではどこの国でも農民層の分解が生じたが、その程度は、各国固有の状況によって異なる。例えば英国では12～13世紀以降土地所有にもとづく身分制的封建社会の崩壊が進行し、15世紀にヨーマン（独立自営農民）層が成立すると本格的に進展し、18世紀には完了した。綿織物の需要増に起因する囲い込み（Enclosure）の進行が、農民層の分解と賃労化を促進した。フランスでは小農民の土地保有権が強く、フランス革命以降、領主権の否定、農民への土地の無償譲渡は行われたが、農民層分解による資本主義的農業の発達は英国に比べ緩慢であった。ドイツの農民解放は1807年のプロイセンの農民解放まで待たねばならなかった。それも不完全なものであり、近年まで農地の所有と耕作の未分化、大農場経営と小農民経営が続いた。

開発途上国の農民層の分解は、先進国とは異なる条件下で進展している。植民地化された諸国にはプランテーション農業などにより商品経済が早くから浸透し、その結果、モノカルチャー経済が発展した。一方、農村共同体には伝統的身分階層は存在したが、農業の生産性が低いため「貧困の共有」ともみなされる比較的均一に貧しい状況が続いた。貧困の共有を可能にしたのが、共同体の相互扶助的な慣行とパトロン＝クライアント関係である。ただしこの背後にある「停滞的農村」のイメージには批判も多く、実際にはかなり早くから変化が生じていたとの指摘もある。例えばフィリピンの中部ルソン、ベトナム南部のメコンデルタ、タイのチャオプラヤーデルタ地域などは、1930年代からすでに人口過密となり、農民の階層分化が進展し、土地所有にもとづくパトロン＝クライアント関係は弛緩し始めていた。しかし農村の社会構造に決定的な変化が生じ始めたのは、1960年代末から始まった緑の革命の導入以降である。

緑の革命は多収量品種と化学肥料、農薬の使用、灌漑設備を必要とする資本集約的農業であり、政府主導の下、低利・無担保融資とともに導入された。高い出生力による人口圧力という背景の下で生産過程の商業化が急速に進展した結果、農村における地主と農民、雇用者と被雇用者の関係は、伝統的「温情的」制度から「経済合理的」側面の強い関係

に変化した。現在のところ東南アジア農村における農業の商業化は、古典的な意味における農業の資本主義化、すなわち農業資本家、地主、賃労働者による農業生産の3分割制をもたらしたとはいいがたい。しかし、緑の革命の影響は大土地所有地域から小農経営地域まで広範囲に及んでおり、農村階層の多様化の過程で、地主や上層農民の商業エリート化と下層農民の賃労働者化が進展している。

[新田目夏実]

【関連項目】 緑の革命、モノカルチャー経済、パトロン=クライアント関係
【参考文献】 梅原弘光編『東南アジア農業の商業化』アジア経済研究所、1989年．/北原淳編『東南アジアの社会学―家族・農村・都市』世界思想社、1989年．

能力貧困測定
Capability Poverty Measure : CPM

1996年度の『人間開発報告書』では、人間開発の状態を捉えるために、人間生活にとって不可欠の3つの要素である「寿命、知識、人並みの生活」を指数化した人間開発指数(HDI)を補完するものとして、「能力貧困測定」(CPM)という概念を追加した。CPMは所得面からの貧困測定を補完するものだとされ、3つの基本的な能力の欠如を考慮している。具体的には、①十分な栄養をとり、健康を保つ能力(標準体重に満たない5歳未満の子供の割合で示す)、②健康的な出産をすることができる能力(医師、助産婦などの保健医療の専門家が立ち会わない出産の割合で示す)、③教育を受け知識を得る能力(女性の非識字率で表わす)の3つの測定値を各国ごとに合計し、3で割った算術平均がCPMである。この平均値が低ければ低いほど、能力貧困の度合いは小さい。

CPMの作成は、アマルティア・セン(Amartya K. Sen)の主張する「潜在能力」概念の具体化に向けての努力であり、その努力は高く評価できるものである。しかし、HDIとCPMとの関係がどうなっているかという点は曖昧である。1997年の『人間開発報告書』では「人間貧困指数」(HPI)という概念が追加された。これは、40歳未満で死亡するであろう人の割合、成人の非識字率、および経済的供給に関する3つの変数(保健衛生サービスを利用できる人の割合、安全な水が利用できる人の割合、5歳未満の栄養失調児の割合)を勘案した指数である。人間開発指数、能力貧困測定、あるいは人間貧困指数で示されている見方は、「貧困」は所得水準だけでは十分に測定できない複合的な現象であるというものである。したがって貧困対策も、分野を横断した多面的かつ包括的なアプローチが必要であるということになる。

[新井典子]

【関連項目】 人間開発報告書、出生率/死亡率、識字率/非識字率、セン、ケイパビリティ
【参考文献】 UNDP『人間開発報告書1996』国際協力出版会、1996年．/絵所秀紀『開発の政治経済学』日本評論社、1997年．

ノーメンクラツーラ【ソ連】
Nomenkratura [ロ]

ソ連における「搾取をこととする特権階級」のこと。ラテン語の原意(Nomenclatura)は、リストとか名簿を意味し、転じて科学ノーメンクラツーラなどと、学問、技術上の専門用語の体系をいう。社会主義の思想は、資本主義は生産財を所有する資本家階級が労働者階級を搾取する社会であると捉え、重要なのは「能力に応じて働き、必要に応じて受け取る」ことのできる社会の構築であると考えていた。そこには、搾取がなく階級のない社会であると考えられた。しかし、現実には、共産党による強固な支配体制が、党幹部に絶対的な権限を与えるようになった。彼らは、社会をリードする「前衛」として特別視され、ノーメン・クラツーラとして特権を享受するようになった。ノーメン・クラツーラの範囲として、党幹部、軍および秘密警察将校、工場支配人、幹部技術者、党の州および地区委員会の役員が含まれる。軍需産業の技師、強制収容所の衛兵なども候補者である。この階級は、富によって権力を得るのではなく、権力によって富を得る。ソ連崩壊後、共産党は崩壊し、国営企業は民営化された。しかし、かつてのノーメン・クラツーラが民営化された企業のトップになるなどという現実が続いている。テクノクラートによる革新までには至っていない。

[安田 靖]

【関連項目】 計画委員会

【参考文献】 ミハイル・S.ヴォスレンスキー（佐久間穆訳）『ノーメン・クラツーラ—ソヴェトの赤い貴族』中央公論社, 1981年.

ノンバンク
Non-Bank

　ノンバンクとは、預金取扱金融機関以外の金融機関の総称。資金調達は、銀行からの借入や社債発行などの形で行われている。日本では、法律上、「貸金業の規制等に関する法律（貸金業規制法）」、および「出資の受入れ、預り金及び金利等の取締りに関する法律（出資法）」の対象になる金融機関をノンバンクという。業態としては、消費者金融、クレジットカード会社、信販会社、住宅金融専門会社（住専）、リース会社、質屋、ファクタリング会社などがある。ノンバンクは銀行よりも規制が緩いため、不動産業者に巨額の融資を行い続けた。バブル崩壊後、不動産価格の下落により巨額の不良債権を抱えた住専は次々に経営破綻を起こした。これが、子会社としてノンバンクを抱える銀行や保険会社の経営を圧迫したのであった。ノンバンクは比較的流動性の低い債務を負うことから、資金調達および資金回収に困難が生じると経営不安に陥る傾向が強いという性格をもつ。

　同様のことが、1990年代のアジア諸国でもみられた。巨額の海外資金の流入によりアジア経済は活況を呈した。株式市場や不動産市場に巨額の資金が流れ込み、資産価格が急速に上昇した。このバブルに一役買ったのが、ノンバンクであった。マレーシアでは、銀行の不動産関連融資をはるかに上回る規模で融資を続けた結果、巨額の不良債権を抱え、閉鎖に追い込まれた。タイでもファイナンスカンパニー（金融会社および金融証券会社）が不動産および株式関連の融資に深く関与し、1997年12月に56社が清算処分された。1998年5月にも7社が再建不可能を理由に国有化された。

　中国でも中国信託投資公司を頂点として、1988年の最盛期には約800社に及ぶ信託投資会社があった。本来の業務であるインフラ整備をよそに、株式や不動産投資に走り不良債権を抱えた結果、当時第2位の規模を誇った広東国際信託投資公司（GITIC）が1998年10月6日に閉鎖された。1998年には239社にまで減少した。2001年末にも87社の信託公司が閉鎖され、今後、閉鎖、改組、整理統合がさらに進むであろう。2002年6月29日には、天津市国際信託投資公司に対して業務停止命令が下されている。
〔徳原　悟〕

【関連項目】　預金取扱銀行、ファイナンス・カンパニー、バブル、不良債権問題

【参考文献】　大場智満, 増永嶺監修, ㈶国際金融情報センター編『変動する世界の金融・資本市場（下巻：アジア・中南米・中東編）』㈶金融財政事情研究会, 1999年. ／戴相龍責任編集（桑田良望訳）『中国金融読本』中央経済社, 1999年.

ハ

バイオマス
Biomass

バイオマス（bio＝生命＋mass＝質量）は生態学の専門用語である。「生物現存量」と訳され、「重量またはエネルギー量で示される生物体の量」と定義される。これが転じて、現在では「一定量が集積した動植物とこれを起源とする廃棄物の総称（化石燃料を除く）」と定義され、生物に由来するエネルギー資源を意味するようになった。

生態学用語としてのバイオマスは、生物の生息状況を調査・研究する時に使われる。例えば、森林の虎の生息状況は数で測られる。一方、海域のプランクトンの生息状況はバイオマスとして量で測られる。量の単位としては、生物体から水分を除いた乾燥炭素重量が用いられることが多い。一方、生物由来のエネルギー資源としてのバイオマスは、バイオマスエネルギー、およびバイオエネルギーと同義で用いられる。

エネルギー資源としてのバイオマスには、次の4つの特徴がある。第1に、再生可能なことである。例えば、森林は再生可能であり、そこから木炭などのバイオマスを永続的に得ることができる。第2に、貯蔵性と代替性が高いことである。例えば、木炭は貯蔵が容易である。また、廃木材などから得られるエタノールは、ガソリンとの混合が可能で代替性がある。第3に、賦存量が膨大なことである。第4に、カーボン・ニュートラルなことである。例えば、木炭に蓄積されているCO_2は、樹木が生育する時に吸収・固定されるものであり、それを燃焼させても地球全体のCO_2の総量は不変である。すなわち地球温暖化に影響を及ぼさないので、カーボン・ニュートラルと呼ばれる。

以上の特徴から、バイオマスへの注目が高まっており、日本政府は、2002年末に「バイオマス・ニッポン総合戦略」を策定し、地球温暖化対策や循環型社会の形成にバイオマスを積極的に利用している。　　　　　　　　　　　　　　　　　　　　　　　　［渡辺幹彦］

【関連項目】　生物多様性、再生可能資源
【参考文献】　社団法人日本エネルギー学会編『バイオマスハンドブック』オーム社, 2002年.／原後雄太・泊みゆき『バイオマス産業社会：「生物資源（バイオマス）」利用の基礎知識』築地書館, 2002年.

ハイパーインフレーション
Hyperinflation

物価が急速かつ大幅に上昇するような悪性インフレーションの状態を指す。物価が上昇する速度や上昇幅についての明確な基準は存在しないが、経済学者の間では、一般物価水準が月率50%以上で上昇するケースをハイパーインフレーションと呼ぶという傾向がある。

ハイパーインフレーションの典型例としては、第1次世界大戦後のドイツのそれがよく知られている。戦後の政治・経済的混乱、復員費用や賠償問題などにより巨額かつ継続的な財政赤字が発生した。この赤字は、中央銀行であるライヒスバンク引き受けによる国債で賄われた。ライヒスバンクが国債を引き受けるごとに通貨の供給が拡大した。通貨供給量の増加が物価上昇をもたらし、物価上昇に合わせて通貨が供給されるという悪循環に陥った。また、巨額の賠償支払い額が決定されたとたんにマルクの為替レートが暴落し、これがまた物価上昇圧力をもたらした。インフレの猛威は、1920年から1923年の4年間に卸売物価が1000億倍上昇したことや、1922年の1年間に物価が5000%上昇したという記録から知ることができる。

第2次世界大戦後にはまた、累積債務問題に苦しむ中南米諸国でも1980年代にハイパーインフレーションが発生した。その原因は、ドイツのケースと同様に、巨額の財政赤字と、それをファイナンスするための通貨供給量の大幅な増加であった。ボリビアでは1985年に1万%、アルゼンチンでは1989年に3100%の物価上昇を経験している。1990年代には移行経済諸国全般で高率のインフレが発生した。ロシアは1992年に2506%、ウクライナでは1993年に1万155%の消費者物価の上昇を記録した。　　　　　　　　　　　　　　　　　　　　　　　　　　　　　　　　　　　　　［徳原　悟］

【関連項目】　インデクセーション、シニョーレッジ、政

府債務
【参考文献】 グレゴリー・N.マンキュー（足立英之, 地主敏樹, 中谷武, 柳川隆訳）『マクロ経済学I』東洋経済新報社, 1996年. ／ジェフリー・D.サックス, フィリップ・ラーレン（石井菜穂子, 伊藤隆敏訳）『マクロエコノミクス』日本評論社, 1996年.

ハイパワード・マネー
High-powered Money

　日本銀行券発行高、貨幣流通高（硬貨）、および日銀当座預金（「中央銀行預け金」とも呼ばれる）の合計を指す。日銀券発行高と貨幣流通高の合計を流通現金という。流通現金には金融機関保有分が含まれており、マネー・サプライ統計の現金通貨とは概念的に異なる。日銀当座預金は、民間金融機関が日銀に保有している当座預金を指す。日銀当座預金の役割としては、①金融機関相互、日銀・国との間の決済、②現金通貨の支払準備、③準備預金、の3点あげられる。日銀当座預金は、銀行がいつでも引き出すことができるので現金と同一視されている。ハイパワード・マネーは最も流動性が高く一般受領性のある通貨から構成されており、民間金融機関の預金通貨創造の基礎となる。ハイパワード・マネーの信用乗数倍だけマネー・サプライが変化するという意味で、「ベース・マネー」や「マネタリー・ベース」と呼ばれることもある。なお、日本では、「マネタリー・ベース」という名称で日本銀行調査統計局編『金融経済統計月報』から年・月末残高と年・月中平均残高データが得られる。　　　　　[徳原　悟]

【関連項目】　マネーサプライ、信用創造、貨幣乗数、金融政策
【参考文献】　堀内昭義『金融論』東京大学出版会, 1990年.

ハイマー理論
Hymer's Theory

　ハイマー理論とは、企業により行われる海外直接投資を決定する要因に関する理論のことで、スティーブン・ハイマー（Stephen Herbert Hymer）によって提唱された。従来の国際資本移動論では、海外投資（海外間接投資）は、各国間の金利格差に依存しており、利潤獲得のために、低金利国から高金利国へと資本移動が行われるとされてきた。しかし、ハイマーは、そのような理論によっては説明することができない状態、すなわち、海外における事業活動による利潤獲得のために行われる海外投資（海外直接投資）に注目して、その要因を説明した。

　ハイマーによれば、事業活動を海外で行う企業は、現地企業と比較して多くの不利な点があるとされる。現地企業は外国企業よりも、現地の市場ニーズや商慣行に関する知識は豊富であり、規制や法律による政府の保護も現地企業は期待することができる。外国企業がそのような不利な点があるにもかかわらず、海外投資を行って事業活動のグローバル化を推進するのは、生産要素へのアクセス、生産技術、流通力、製品差別化力などの点で、現地企業を上回る優位性を保有しているからである。外国企業がそのような優位性を保持することは直接投資の必要条件であるとされる。

　また、必要条件とあわせて十分条件を満足するためには、海外直接投資よりも輸出やライセンシングが選択されるのを排除するための条件を示す必要がある。ハイマーによれば、輸出よりも海外直接投資が選択されるのは、高率の関税、自国通貨価値の上昇、国内人件費の上昇等、輸出が不利となるような条件が発生した場合である。また、ライセンシングとは、他社が自社の優位性を利用することによって利益を獲得することを、直接投資とは、自社が自らの優位性を利用することを、それぞれ意味している。この場合、ライセンシングよりも直接投資が選択されるのは、何らかの障害が発生することによって、ライセンシング契約を締結することが不可能であるためとされている。ハイマーの貢献は、国際資本移動論では説明することが不可能であった海外直接投資要因を理論的に確認した点にある。しかし、ハイマー理論において、十分条件を満足するために重要であると考えられる取り引きコストに関する言及がなされていたか否かに関しては、論争が継続しており依然として結論は出されていない。

[森脇祥太]

【関連項目】　海外直接投資、ライセンシング
【参考文献】　スティーブン・ハイマー（宮崎義一編訳）

『多国籍企業論』岩波書店、1978年。／長谷川信次『多国籍企業の内部化理論と戦略提携』同文館、1998年。

ハウスホールド・モデル
Household Models

ハウスホールド・モデルとは、開発途上国の農家や中小自営業者のように消費と生産を同時に行う主体の行動をミクロ経済理論によって分析するためのモデルである。通常のミクロ経済理論においては、消費者と生産者の行動は部分均衡分析の方法によってそれぞれ別個に分析されてきた。しかし、開発途上国の農家や中小自営業者は生産者であると同時に、消費者であり、それらの行動を統一的に分析するモデルの必要性が生じた。ハウスホールド・モデルによって従来、非合理的とされていた開発途上国の農村の経済活動を説明することが可能となった。食料品価格が上昇すると、農家による食料品販売量が減少するというような通常の企業行動の理論とは異なる現象は、ハウスホールド・モデルによって理論的に説明可能である。　　　　［森脇祥太］

【関連項目】ミクロ経済学、部分均衡理論
【参考文献】黒崎卓『開発のミクロ経済学』岩波書店、2001年。

バウチャー／クーポン
Voucher, Coupon

国営企業民営化政策において国民に交付する証券。私有化小切手といわれる。社会主義経済から市場経済への重要な移行政策の一つが国営企業の民営化であるが、民営化への投資資金が十分ではないことを考慮し、政府がバウチャーとかクーポンといわれる証券を配布することがある。すべての国民に同額の証券を配布する、勤労年月を勘案して配布するなど、国によって手法は異なるが、証券は民営化目的にだけに適用するという原則は、同じである。希望の企業に投資基金などを経由して投資する形をとることが多い。［安田　靖］

【関連項目】国有企業の民営化
【参考文献】大野健一『市場移行戦略』有斐閣、1996年。

朴 正煕【韓国】（パクチョンヒ）
Pak Chŏng-hui, 1917～79

軍人、政治家であり、韓国の第5～9代大統領（1963～79年）。1917年に韓国東南部の慶尚北道の貧しい農家で生まれた。1937年に大邱師範学校を卒業後、3年間は小学校教師を務める。1944年に日本陸軍士官学校を卒業し、関東軍に所属。大韓民国政府の成立後、韓国の国軍創設に参加し、要職を歴任した。1961年に陸軍少将として5・16軍事クーデターを起こし、国家再建最高会議の議長、1962年に大統領権限代行、1963年は後に朴政権の権力の中枢となる民主共和党の総裁となり、当年12月に第5代大統領として就任した。1965年の日韓国交正常化、ベトナム派兵など国内世論の反対が強い問題を強力な指導力を背景に処理した。1967年に再選後、長期の政権維持のために1969年に大統領職の3選への改憲を行った。その後、政権維持の強行策として1972年に国会や政党の解散を伴う維新体制を発表し、全国に戒厳令を敷いて間接選挙による大統領に就任する。

在任期間中は、経済成長のために経済開発5カ年計画の実施、1970年代には農村近代化のためにセマウル運動を提唱し、韓国経済の近代化を目指した。韓国では朴政権下の経済開発政策により国民の絶対的な貧困が解決された。しかし、国民の長期政権への反発と民主化運動により政権基盤が弱くなった。経済成長過程で相対的に疎外された労働者、農民の生存権運動が激しくなる一方、彼はかかる内政の困難を北朝鮮との統一問題で解決しようとした。1972年に自主・平和・統一を基本にした「南北共同声明」、1973年に「平和統一外交政策」を提案し、南北統一を推進したが、北朝鮮の非協調と国際情勢の不一致により成果が得られなかった。長期の独裁政権に対する国民の民主化要求が高まり、1979年に学生を中心とした激しい民主化運動が全国に広がり、10月には中央情報部長であった金載圭により射殺された。　　　　［文　大宇］

【関連項目】開発独裁、維新体制、5・16軍事クーデター、漢江の奇跡、セマウル運動、権威主義
【参考文献】尹秀吉『「韓国的民主主義」批判―朴大統領の歴史的系譜とその本質』緑蔭書房、1984年。／金正濂『韓国経済の発展』サイマル出版会、1991年。／河信

バーゲニング・モデル
Bargaining Models

バーゲニング・モデルとは、ゲーム理論を応用した、各プレーヤー間での交渉（Bargaining）による協力がどのように行われるかを分析するためのモデルである。ゲーム理論の中でも非協力ゲームにおいては、プレーヤーはそれぞれ独立した主体として戦略を決定する。その結果、「囚人のジレンマ」に代表されるパレート最適でない資源配分が実現することになる。このような場合、各プレーヤーが「話し合い」等によって交渉し、協力することによって資源配分の非効率を改善することが可能となる。経済主体間の交渉問題をゲーム理論によって分析する手法は、1950年代初頭、ナッシュ（John F. Nash）によって創始されたが、近年、開発経済学においても開発途上国の農民行動を分析する際に使用される等、幅広い分野での応用が進んでいる。

[森脇祥太]

【関連項目】　パレート最適
【参考文献】　岡田章『ゲーム理論』有斐閣、1996年。

馬山輸出自由地区
⇨馬山（マサン）輸出自由地区

パーシェ価格指数
Paasche Price Index

ドイツの経済学者パーシェ（Hermann Paasche, 1851〜1925）が考案した価格指数。価格を p、数量を q とすると、

$$\text{パーシェ価格指数} = \frac{\sum p_1 q_1}{\sum p_0 q_1}$$

と表わされる。加重平均のウェイトとして、ラスパイレス価格指数が基準時の数量 q_0 を用いるのに対して、パーシェ価格指数では比較時の数量 q_1 を用いる。そのため、パーシェ価格指数では、比較時の数量を毎回調査する必要があり、ラスパイレス価格指数に比べて簡便性では劣る。しかし経済構造の変化を捉える点では、パーシェ価格指数の方が優れている。

[白砂堤津耶]

【関連項目】　ラスパイレス価格指数

バスケット通貨
Basket Currency

SDR（Special Drawing Right：特別引出権）やECU（European Currency Unit：欧州通貨単位）などの「人工通貨」一単位の価値が、複数国の通貨の価値を加重平均することによって決定される通貨のことである。この価値の決定の仕方を標準バスケット方式と呼ぶ。これは、バスケット構成国通貨の対ドル為替レートを、貿易量やGDPを勘案して決めた比率をもとに加重平均し、通貨単位の価値を決定する方法である。この方式をとると、ある構成国通貨が大幅に減価しても、他の通貨が相対的に増価するため、通貨単位の価値は比較的安定するという利点がある。現在、ECUはユーロに通貨の座を譲りユーロ自身が価値をもつことから、標準バスケット方式はSDRの価値を算定するために用いられている。

例えばSDRをみると、当初は金との交換性を唯一保持していた米ドルとSDRは等価であった。しかし、1974年6月に標準バスケット方式が導入され、バスケット構成国は16カ国であった。1978年7月のバスケット構成通貨の一部修正が行われた後、1981年以降、バスケット構成国は5カ国（米国、ドイツ、日本、フランス、英国）に簡素化された。また、バスケット構成通貨額は、5年ごとに見直される。現在は、ドイツとフランスがEU

◇ SDR の標準バスケット（2003年7月9日の計算例）

通貨名	A. 各国通貨額	B. 対ドル為替レート	C. ドル換算額
ユーロ	0.4260	0.88044	0.483851
円	21.0000	118.13000	0.177770
ポンド・スターリング	0.0984	0.61218	0.160736
米ドル	0.5770	1.00000	0.577000
合　計			1.39936/1SDR

統合により1つの地域になったため、4カ国・地域で構成されている。

具体的にSDRの米ドル価値がどのように決定されるのかを示すために、2003年7月9日の計算例を表に示す。表のA欄はバスケット構成通貨とその額は、ユーロ（0.426ユーロ）、日本円（21円）、ポンド・スターリング（0.0984ポンド）、米ドル（0.5770）となっている。B欄は各通貨の対ドル為替レートを示している。C欄は、各構成通貨のドル換算額を示しており、これを合計した1.39936ドルがSDR一単位のドル価値となる。　　［德原 悟］

【関連項目】　対外債務危機／債務削減戦略、一般借入協定、国際開発金融機関

【参考文献】　滝沢健三『国際通貨の話』東洋経済新報社、1981年.／滝沢健三『国際通貨論入門』有斐閣、1990年.

パトロン＝クライアント関係
Patron-Client Relation

パトロン・クライアント関係とは東南アジアの農民社会において観察される、より高い社会的地位にある個人（パトロン）と低い地位にある個人（クライアント）との間の互酬的な関係のことをいい、この概念はスコット（James C. Scott）によって提唱された。パトロンはクライアントに対して保護と便益のいずれか、もしくは双方を与えるべく自らの影響力と資源を用いる。一方、クライアントは、パトロンに対して個人的用役を含む一般的な支持と助力を提供することによってこれに応える。パトロンとクライアントは、上下関係というよりは二方向的な友情ともいうべき信頼関係で結び付いている。

スコットは、東南アジアの農民社会には、その社会で生活するすべての人々の生存維持を保障する必要があるという道徳的規範が存在しており、その規範が相互扶助的な社会秩序を形成しているとしている。東南アジアの農村は貧しく、農村に暮らす人々は彼らの生存を最低限維持できるような低い水準の所得で生活している。人々の関心は、自らの生存を最低限維持するための所得水準を保持することに向けられ、生活面における大きな環境の変化は忌避されている。そのような危険回避的な人々の行動原理は、経済学における利潤最大化原理では説明することが不可能である。

このような農民の行動原理は、農村社会の中で制度化されており、日常的な個々の人間関係の中でも機能している。農村社会において何らかの危機的状況が原因となって、ある農民の所得が生存維持水準を下回ったとすると、この農民は他者による救済を期待する。救済を得て生存を維持することができた農民は、他の農民が危機に陥った際には、逆に自らがその農民の救済を行う義務が生じる。こうした相互扶助的関係は、個々の農民が直面するリスクを他者との関係の中で低減することを意味している。スコットは、東南アジアの農村においてはこのような「生存維持的倫理」が農村社会の構成員の間で共有され、共同体の道徳的規範となっているとしている。

現実には、このような農村社会においてもすべての人々が経済的にも社会的にも平等であるということはありえず、農地の所有規模に応じた社会階層が形成されている。しかし、生存維持的倫理が支配している農村においては、社会階層間の関係が支配・被支配の関係ではなく、保護・被保護の関係となっている。パトロンはクライアントを雇用して農地を与え、その上、農業に必要な種子や農機具、収穫物の販路に至るまで面倒をみる。さらに、脅威を与える外的諸力からクライアントを保護し、農村内での冠婚葬祭、慈善事業、学校運営等についても積極的に貢献する。

一方、クライアントはパトロンに依頼された農業やその他の作業に労働力を提供し、政治的にもパトロンを支持する。クライアントはその生存を維持するための保障をパトロンに期待し、パトロンはクライアントの期待に応じることによって、その威信と社会的地位を確保するのである。そのため、農村社会に存在する生存維持的倫理は、パトロンとクライアントの双方から支持され、受け入れられると考えられる。このようなパトロン＝クライアント関係は永続的なものではない。スコットはパトロン＝クライアント関係が不安定化する要因にも注目した。パトロンに対するクライアントの交渉力は、土地所有の不平等

化や人口成長、商業的農業への移行に伴う生産財・消費財価格の変動、未開地・牧草地・燃料等の余剰資源の喪失、村落の平等化メカニズムの喪失、植民地政府による地主階層の所有権保護、等の要因によって低下することがあることをも示している。　　　〔森脇祥太〕

【関連項目】　限界費用と利潤最大化
【参考文献】　渡辺利夫『開発経済学―経済学と現代アジア（第2版）』日本評論社、1996年。

ハビビ、バハルディン・ユスフ【インドネシア】
Bacharuddin Jusuf Habibie, 1936～

インドネシア共和国の第3代大統領である。ハビビは、1936年6月南スラウェシ州のパレパレで生まれた。父親はブギス人で、母親はジャワ人であった。スハルト（Thojib N J Suharto）が若手将校として1950年に地方の内乱鎮圧のためにスラウェシ島に派遣された時に世話になった家の男の子がハビビで、スハルトは利発なその男の子を可愛がったという。ハビビは秀才の誉れが高く、バンドン工科大学に入ったが、そこを中退して西ドイツのアーヘン大学に行き、1960年にここを卒業し、航空工学（航空機構造力学）の博士号を取得した。その筋の専門家として西ドイツのメッサー・シュミット社に迎えられ、1965年から74年まで勤務し、副社長まで昇進した。

西ドイツでの名声が高まったため、1974年インドネシアに引き戻され、1976年に国営のヌルタニオ航空機製造会社の社長に就任した。1978年にはスハルト政権の研究技術担当国務相になり、それ以降1998年に副大統領になるまでその職を続けた。その間、バタム開発庁長官、PAL（国営造船会社）総裁、BPPT（技術応用評価庁）長官、戦略産業庁長官など多くの要職を兼務している。ハビビは開発内閣のショーウィンドウとしてスハルト大統領の寵愛を受けたが、その大きな理由の一つは、まともな政治家ならば到底発想できない、経済感覚のない大プロジェクト構想（原子力発電所、スンダ海峡トンネル、マラッカ海峡架橋など）を次々に打ち上げたところにあるといわれている。

アジア通貨危機から始まった経済危機の中で、1998年3月にスハルト大統領は7選を果たしたが、ハビビが副大統領に選出された。軍との接点がなく国民の人気もないハビビの副大統領就任によって、強力内閣編成への内外の期待は裏切られ、通貨下落や国内改革を求めるデモの頻発などインドネシアをめぐる政治経済情勢は、一段と厳しくなった。同年5月21日、遂にスハルトは大統領を辞任し、憲法の規定によりハビビが大統領に就任した。大統領就任当時、スハルトとの長年の関係やその政治姿勢から、ハビビは大胆な政治改革に着手できないのではないかとみられたが、政権の維持に意欲を燃やして旧体制側の人間というイメージを払拭する積極的な政治改革を行った。在任中に66の法律が制定され、民主化への動きを加速させた。

その努力も空しく、1999年10月の国民協議会において任期中の責務総括演説が否決されて、ハビビは次期大統領選挙への立候補を断念した。なお、ハビビは、退任後特許収入を得ながらドイツで悠悠自適の生活を送っているという。　　　〔篠塚　徹〕

【関連項目】　改革、スハルト
【参考文献】　「ハビビ大統領略歴」（外務省ホームページ http://www.mofa.go.jp/）。／大槻重之「ハビビ大統領」、「ハビビ大統領の業績」『インドネシア専科』（http://www.jttk.zaq.ne.jp/bachw308/）。

バブル
Bubble

株式や土地などの資産価格が、投資家の期待による投機行動によって上昇することを指す。投資家の投機行動によって形成される価格は、通常ファンダメンタルズと呼ばれる資産の基礎的な価値から乖離することが多い。ファンダメンタルズにもとづく資産価格は、その資産の収益率、金利水準、景気動向などの要因を総合的に判断して得られる価格である。バブルは、投資家が資産価格の上昇を期待して投機行動に走り、資産価格がファンダメンタルズの水準を大幅に上回ることを指す。資産価格が実体的価値を上回り、そして何らかの要因によって資産価格が大幅に低下することの譬えとしてバブル（泡沫）と呼ばれる。

バブルは、資産価格が上昇するという強気の期待が醸成されることによって生じる。一度、価格が上昇を始めるとその期待が実現され、それがさらなる価格上昇の期待を生み出す。この自己実現的プロセスはまさに投資家の群衆行動であり、ある種のユーフォリア（陶酔状態）だといえよう。しかし、弱気相場が成立すると、投資家は一斉に資産を売り払う行動に出るため、資産価格は暴落する。投資家は損失を早い時期に確定し最小限に抑えようとするために、資産を売り切ろうとする。これらは、バブルの発生から崩壊までにみられる投資家の行動と価格変動の関係であるが、この価格変動の要因を何に求めるかは難しい問題である。

市場機能の完全性を想定する効率的市場仮説（Efficient Markets Hypothesis：EMH）によれば、価格は現時点で入手可能な情報を反映しているとされる。そのため、資産価格の上昇は、新たな情報が発生し、それが価格の変化をもたらしたとする。市場において資産価格が正しく評価されない場合には、市場に情報が効率的に伝播されるのを妨げる要因がある。つまり、十分な情報開示を行うべきだとか、売買手数料や取引税が高いなどの取引費用を引き下げるべきだとの対応策が打ち出されることになる。

また、市場機能が完全に効率的であることを前提とすれば、資産価格変動の要因は市場外に求めることも可能である。プログラム取引の登場、インデックスやオプション取引の普及などの金融技術上の問題が原因とされることもある。現に、1989年10月19日月曜日に米国で生じた株価大暴落の原因として、これらの要因が指摘された。また、財政赤字、景気動向、政治家の発言などの要因にも求められよう。しかし、これらの要因だけでバブルと呼ばれるほどの資産価格の上昇と下落を説明するには、価格変動が大き過ぎる。

この大きな価格変動を、投資家のユーフォリアに求める説明もある。著名な経済学者ガルブレイス（John Kenneth Galbraith, 1908〜）は、チューリップ投機、南海泡沫会社から1989年に米国で発生したブラックマンデーまでのバブルの歴史を解説した。そして、そこでの共通要因として、暴落の前には、金融の天才家がおり、機関投資家から個人投資家までが投機に取り込まれていったことを指摘した。多くの投資家が市場に参加するにつれて、値上がりの期待が醸成され強気相場が定着する。そして、強気相場が強気相場を生むという自己拡大的なプロセスが生まれる。この時点で、ほぼすべての投資家は陶酔的熱狂状態に陥っていることになる。富の増大を目の前にしている時の人間心理を重視しており、そのような状況が群集心理となって資産価格を吊り上げる。しかし、やがて神経質な投資家や賢明な人々が手を引き始める。その情報が広まると暴落が発生する。また、時として資金繰りの困難や不正会計の発覚などが暴落の引き金になることもある。投資家は、先物取引やデリバティブなどの高水準のレバレッジを利用しており、暴落は悲劇的な状況になることを指摘している。ガルブレイスによれば、金融上の事件に対する教訓はすぐに忘れ去られてしまい、再びいつの日か投機に巻き込まれるという。そして、投機から免れる唯一の方策は懐疑主義であることだともいう。

［徳原 悟］

【関連項目】　金融レバレッジ、アジア経済危機、新古典派経済学

【参考文献】　ジョン・ケネス・ガルブレイス（鈴木哲太郎訳）『バブルの物語——暴落の前に天才がいる』ダイヤモンド社，1991年．／エドワード・チャンセラー（山岡洋一訳）『バブル——チューリップ恐慌からインターネット投機へ』日経BP社，2000年．／ロバート・J．シラー（植草一秀監訳，沢崎冬日訳）『投機バブル　根拠なき熱狂——アメリカ株式市場，暴落の必然』ダイヤモンド社，2001年．／アンドレイ・シュレイファー（兼広崇明訳）『金融バブルの経済学——行動ファイナンス入門』東洋経済新報社，2001年．／香西泰，白川方明，翁邦雄編『バブルと金融政策——日本の経験と教訓』日本経済新聞社，2001年．

速水＝ルタン・モデル
Hayami-Ruttan Model

速水＝ルタン・モデルとは、誘発的技術革新（Induced Technological Innovation）の理論によって、先進国、開発途上国双方の農業の発展を説明するモデルのことをいう。誘発的技術革新の理論はヒックス（John Richard Hicks）によって提唱され、生産要素の賦存量の変化に応じた生産要素価格の変

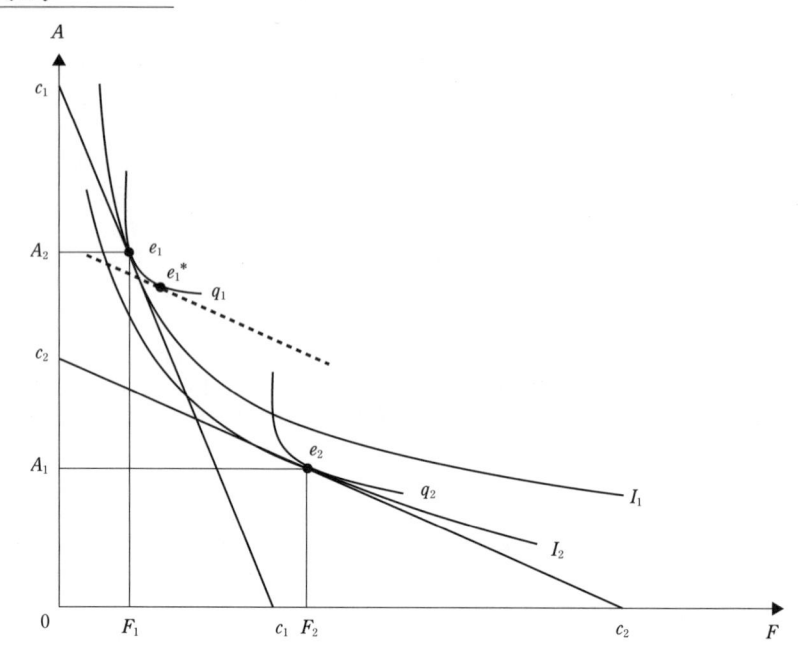

化が技術革新を誘発するというものである。例えば、人口に比して土地面積が狭小な国で肥料産業が発達し、安価な肥料の供給が大量に行われるようになったことを考えてみよう。この場合、地価は肥料価格に比して相対的に上昇する。この国では、肥料をより多く使用して、土地を節約するような技術進歩が生じる。肥料使用的・土地節約的な技術を開発して採用することが、企業家にとっては、土地から肥料への生産要素の代替を促して費用を圧縮し、利益を増やすことにつながる。

肥料 F、土地 A を生産要素とした場合、単位等生産量曲線 q は図のように描くことができる。単位等生産量曲線 q は、1単位の農産物を生産するのに必要な肥料 F と土地 A の組み合わせの軌跡であり、直線 cc は等費用線を表わす。また、単位等生産量曲線の包絡線として、その国において開発可能な技術水準を示す革新可能性曲線 I を描くことが可能である。当初、その国の農業においては、費用最小化点 e_1 で生産活動が行われていたとしよう。肥料の生産量が増加して、地価に比して肥料価格が相対的に低下すると、等費用線の傾きは小さくなるであろう。ここで、技術革新が生じず、従来と同じ技術水準で生産活動が行われるならば、新しい均衡点は e_1^* となって、土地から肥料への代替はほとんど進まない。ここで、肥料価格の相対的低下によって、肥料使用的・土地節約的な技術進歩が生じたとしよう。この時、等費用線は直線 c_1c_1 から c_2c_2 へとシフトし、革新可能性曲線は I_1 から I_2 へとシフトして新しい均衡点は e_2 となる。以前よりも多くの肥料を使用することによって、希少な土地を節約しながら、効率的な生産を行うことが可能となるのである。なお、このような肥料使用的・土地節約的な技術進歩がスムーズに進むためには、政府による治水や灌漑等の土地インフラ整備も必要となる。以上の説明は、アジアにおける「緑の革命」のプロセスを理論的に説明したものでもある。

[森脇祥太]

【関連項目】技術革新、費用最小化条件、緑の革命
【参考文献】Yujiro Hayami and Vernon W. Ruttan, *Agricultural Development : An International Perspective*. Revised edition, Baltimore : Johns Hopkins University Press, 1985.

バランガイ【フィリピン】
Barangay

　フィリピンの地方行政単位は、マニラ首都圏、ムスリム・ミンダナオ自治区、14地方に区分されている。その下に州、高度都市化市（人口20万人、年間収入5000万ペソの規模を有し、基本構造は市と同じだが、州からは完全に独立緒している）、独立市（定められた市として住民投票で拒否した市であるが、地方代表者機関への参加に制限がある。州からは独立している）がある。州の下に町、市がある。以上の地方行政組織の最小単位がバランガイであり、市、町の領域内で約1000人の住民を含み、選挙で選ばれたバランガイ長（バランガイ・キャプテン）らにより管理、運営され、政府のさまざまなサービスを提供する窓口となっている。またバランガイ裁判所が設置され、地域の紛争をバランガイ・キャプテンによる調停にもとづいて解決する。
　バランガイの語源は、古い時代にフィリピン列島に移動してきたマレー人が乗ってきた小型の木船を意味し、1つの集団としてフィリピンで生活を始めたといわれている。現在では基礎的集団としての行政単位を表わす言葉として使用されている。2002年9月現在、全国に州は79、市は114、町は1496、バランガイは4万1953ある。
　1991年の内務自治法により大きな自治権が地方政府に付与された。これまで中央政府が行ってきた公共事業、健康管理、教育委、福祉などの機能が地方自治体に移管された。これに伴いバランガイの役割はより重要になった。

[梶原弘和]

【関連項目】　国家経済開発庁、民衆革命
【参考文献】　梶原弘和『アジア発展の構図』東洋経済新報社、1999年．／国際協力推進協会（APIC）『開発途上国国別経済協力シリーズ：フィリピン』第7版、2000年．／アジア経済研究所編『アジア動向年報』アジア経済研究所、各年版．

ハリス＝トダロ・モデル
Harris-Todaro Model

　ハリス＝トダロ（John R. Harris and Michael P. Todaro）・モデルとは、開発途上国において普遍的に観察される、農村から都市への大規模な労働力の移動と都市における広範なインフォーマル部門の存在を、整合的に説明するためのモデルである。ルイス（William Arthur Lewis）・モデルやフェイ＝レイニス（John C. H. Fei and Gustav Ranis）・モデル、などの二重経済モデルにおいては、都市および工業部門（＝近代部門）において資本蓄積が活発に行われる結果、労働需要も増加して、農村および農業部門（＝伝統部門）から近代部門へと労働力が移動することが説明されている。しかし、現実には、多くの開発途上国において近代部門の労働需要は農村から移動した労働力をすべて雇用することが可能な程には大きくなく、それらの労働力の多くは、賃金と技術水準がきわめて低く、不完全就業を特徴とする都市インフォーマル部門に就業することになろう。この場合の都市インフォーマル部門とは、露天商や行商人、日雇労働者等のサービス業と生業的で小規模な在来的な製造業のことであり、多くの開発途上国で就業シェアが最も大きい産業部門となっている。ハリス＝トダロ・モデルにおいては、農村から大きなインフォーマル部門を抱える都市への労働力の移動は、労働者の合理的意思決定の結果であるとされる。
　ハリス＝トダロ・モデルは、都市におけるフォーマル部門の期待所得が農村所得を上回る時、農村から都市への労働者の移動が起きるとしている。この場合、フォーマル部門とは、高い技術力を保持しており、高賃金を獲得できる近代的な産業を示している。農村よりも高い所得を都市のフォーマル部門で獲得することを期待して、労働者は都市へと移動する。農村から都市への労働移動が生じる条件を、より厳密に定義すると、都市における期待所得の現在価値から農村所得の現在価値と移転に伴う費用を差し引いた、都市期待所得の純現在価値が正の値になれば、農村から都市へと労働力が移動し、負の時は、労働力が農村にとどまる。都市における期待所得の現在価値とは、労働者が都市のフォーマル部門に就業することが可能である確率にフォーマル部門で獲得できる所得の現在価値を乗じた値である。モデルにおいては、フォーマル部門への就業確率は、農村からの移動者が都

市に滞在する期間が長くなるにつれて上昇するとされており、滞在が長期化すればするほど、都市における期待所得は増加する。

また、モデルには、インフォーマル部門における労働者の期待所得は含まれず、インフォーマル部門は、労働者がフォーマル部門に就業する際に一時的な待機の場と考えられている。都市フォーマル部門の賃金が高水準で固定的である場合、フォーマル部門においては、ある一定数の労働者しか雇用できない。この場合、農村から移動した労働者は、都市のフォーマル部門の雇用が限られているため、多くがインフォーマル部門に吸収されることになろう。それらインフォーマル部門の労働者は、将来にはフォーマル部門で賃金を獲得することができることを期待して、インフォーマル部門に長期間滞在する。その結果、開発途上国において長期間にわたって、インフォーマル部門が存在し続けることになる。仮に、都市フォーマル部門の労働需要が増加し、フォーマル部門における雇用量が増加したとしても、同時に、フォーマル部門における就業確率も上昇することになって、農村から都市への労働力の移動が生じる。移動した労働力がインフォーマル部門へと吸収され、その大きさがフォーマル部門の雇用量の増加を上回れば、都市においてインフォーマル部門はかえって拡大することになる。

[森脇祥太]

【関連項目】 ルイス・モデル、フェイ＝レイニス・モデル、近代部門、伝統部門
【参考文献】 渡辺利夫『開発経済学―経済学と現代アジア（第2版）』日本評論社, 1996年.

パレスチナ和平
Palestine Peace

1947年の国連パレスチナ分割案、翌1948年のイスラエル建国を契機に、アラブとユダヤ国家イスラエルは戦闘と停戦を繰り返していたが、79年主力交戦国であったエジプトがイスラエルと単独和平を締結し、戦線から離脱した。1991年のイラクのクウェート侵略でPLOのアラファト（Yasir Arafat）がイラクを支持した結果、アラブ穏健諸国はパレスチナの恩を仇で返した行動に激怒、パレスチナ人の出稼ぎ労働者を国外追放するとともに、エジプトのアラブ連盟復帰を実現させた。窮地に陥ったアラファトは1993年、イスラエルとパレスチナの共存を確認し、西岸、ガザ地区に限定されたパレスチナ国家樹立を盛り込んだオスロ合意を受諾した。アラブ湾岸産油国は1990年代、オスロ合意を受けてパレスチナ人には国家が約束され、難民でなくなったとの立場を取り、冷たい態度を取り続けた。しかし、2000年9月、シャロン（Ariel Sharon）リクード党首がエルサレム旧市街にある「神殿の丘」を訪問した際に、パレスチナ住民と衝突、これ以後インティファーダが再燃した。これを契機にイラクのクウェート侵略で亀裂が入っていたアラブ諸国間の和解が進み、アラブ・イスラエル紛争の形には至らないものの、反イスラエル、パレスチナ支持がアラブ諸国間に蘇っていった。2001年9・11米国同時多発テロを契機に、米国が対テロ闘争を宣言すると、イスラエルは自治領内での過激派指導者攻撃を開始しオスロ合意が危ぶまれるようなった。

このため、米国は2003年4月に、2005年までのパレスチナ・イスラエル紛争を終結させる中東和平のロードマップを策定、イスラエル、パレスチナ双方はこれを受け入れた。内容は①2003年5月まではパレスチナ人の生活の正常化と政治その他の組織を確立。②2003年6月から12月までの移行期間に、新憲法に基づく、暫定国境の画定と主権をもつパレスチナ国家樹立に作業を集中させる。③2004年から2005年までは両国間の永久的地位の合意と、パレスチナ・イスラエル紛争の終結に努力を傾注するというものである。しかしイスラエル入植地問題、アラファトの排除を求める米国、イスラエルの動き、パレスチナ自爆テロなどロードマップの努力目標をそぐような事件が相次ぎ、パレスチナ和平の行方は依然不透明である。

[四戸潤弥]

【関連項目】 イスラエルとパレスチナ、中東地域紛争
【参考文献】 グロリア・エマソン（鴨志田千枝子, 佐藤正和訳）『占領地ガザ―抵抗運動インティファーダの日々』朝日新聞社, 1991年. ／ジェームズ・A. ベーカー, トーマス・M. デフランク（仙名紀訳）『シャトル外交激動の四年』上・下, 新潮文庫, 1997年.

パレート最適
Pareto Optimum

パレート最適とは、ある人の効用を減少させなければ、他の人の効用を増加させることができないような状態のことをいい、資源配分は効率的である。図のようにエッジワース（Francis Ysidro Edgeworth, 1845〜1926）のボックス・ダイアグラムの中で消費者1と消費者2の無差別曲線が相互に接する点をつないだ曲線のことを契約曲線といい、契約曲線上ではパレート最適が実現している。この場合、パレート最適条件は、消費者1の限界代替率（MRS）と消費者2の限界代替率が等しいことによって表わされる。　　［森脇祥太］

【関連項目】　無差別曲線

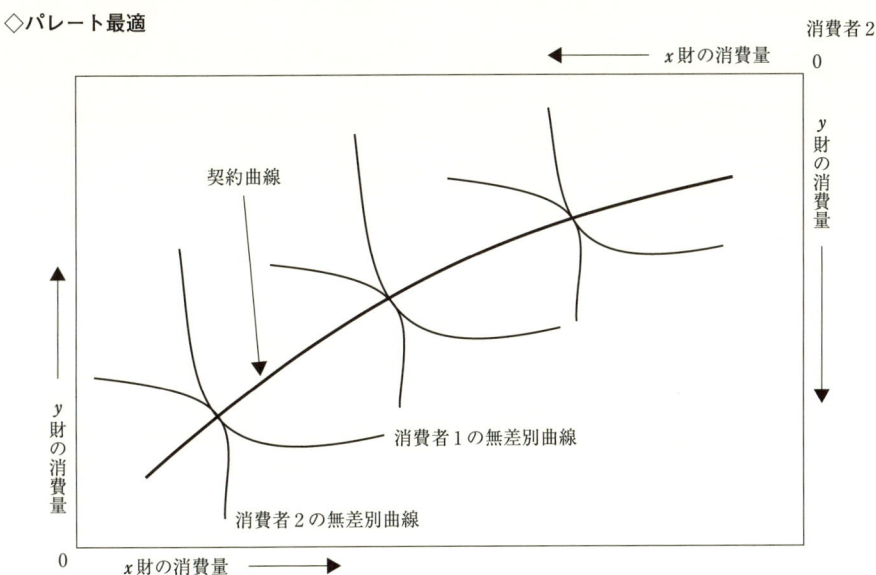

◇パレート最適

ハロッド＝ドーマー・モデル
Harrod-Domar Model

ハロッド（Roy Forbes Harrod）とドーマー（Evsey David Domar）によって提示されたハロッド＝ドーマー・モデルは、短期のケインズ経済理論を長期経済成長理論へと発展させたものである。ハロッド＝ドーマー・モデルにおいては、経済成長は本質的に不安定なものであり、政府による経済計画の役割が重要視され、初期の開発経済学に大きな影響を与えた。ハロッド＝ドーマー・モデルは、資本 K を完全利用することが可能な成長率を保証成長率 G_w としており、以下のように示すことが可能である。

$$G_w = \frac{s}{v} \quad \cdots\cdots\cdots\cdots\cdots\cdots\textcircled{1}$$

s：貯蓄率、v：資本係数 $=\dfrac{K}{Y}$

ハロッド＝ドーマー・モデルにおいては、代替弾力性がゼロの固定係数型生産関数が仮定されているため、資本係数は一定の値である。しかし、ハロッド＝ドーマー・モデルとは対照的に、新古典派経済成長理論のソロー＝スワン・モデル（Solow-Swan Model）においては、生産要素間のスムーズな代替が仮定されており資本係数は可変的である。

①式によれば、ある国において資本が完全利用されている時、貯蓄率が高いほど、また資本係数が低いほど、その国の経済成長率は上昇する。また、労働力 L を完全雇用の状態とすることが可能な成長率を自然成長率 Gn としており、以下のように示すことが可能である。

$$G_n = n + \lambda \quad \cdots\cdots\cdots\cdots\cdots\cdots\textcircled{2}$$

n：労働人口増加率、λ：技術進歩率

ハロッド＝ドーマー・モデルにおいては、

資本と労働力が完全に利用された状態で経済成長(均衡成長)が進行するための必要条件は、保証成長率 G_w と自然成長率 G_n が等しくなることである。均衡成長は以下のように表わすことが可能である。

(均衡成長)　$G_w = G_n$ ……………③

$$\frac{s}{v} = n + \lambda \quad \text{……………④}$$

④式のことをハロッド=ドーマー条件という。

保証成長率や自然成長率に対して、現実のGDPの成長率を意味する支出成長率 G_r は以下のように示される。

$$G_r = \frac{\beta}{s} - 1 \quad \text{……………⑤}$$

I：設備投資、β：投資係数 $\left(= \dfrac{I}{Y_{-1}} \right)$

支出成長率によると、投資係数 β が大きいほど、また貯蓄率 s が小さいほど現実の経済成長率は上昇する。ハロッド=ドーマー・モデルにおいては、保証成長率と自然成長率、支出成長率が一致する時、資本と労働が完全に利用される均衡成長が実現されることになる。しかし、貯蓄率 s、資本係数 v、労働人口増加率 n、技術進歩率 λ、投資係数 β は外生的に与えられているため、保証成長率、自然成長率、支出成長率が一致するとは限らない。むしろ、それぞれの格差が拡大するようなメカニズムが働くのである。

支出成長率が保証成長率を上回っているとしよう。この場合、財市場は需要が供給を上回る超過需要の状態となり、意図せざる在庫が減少すると考えられる。そして、現実の資本は完全利用状態の資本と比較して過少であると判断され、企業家の投資意欲は刺激される。その結果、設備投資は増加し、支出成長率が上昇することになって、現実の経済成長率は保証成長率を上回ってしまう。長期的には、現実の経済成長率は、労働力が完全雇用された状態の経済成長を意味する自然成長率の大きさと一致する水準まで上昇することが可能である。

また、支出成長率が保証成長率を下回る時には、財市場において供給が需要を上回る超過供給の状態が実現している。この場合、意図せざる在庫が増加することになり、現実の資本は完全利用状態の資本と比較して過大であると判断される。その結果、設備投資は減少し、支出成長率が低下して、現実の経済成長率は保証成長率を大きく下回ることになろう。ハロッド=ドーマー・モデルにおいては、一度、現実の経済成長率が保証成長率から乖離してしまうと、その差は時間の経過とともに拡大してしまう。このことを不安定性原理(ナイフエッジ定理)といい、ハロッド=ドーマー・モデルにおいては、経済成長は不安定なものとして捉えられている。

［森脇祥太］

【関連項目】　生産関数、ソロー=スワン・モデル、ナイフ・エッジ定理
【参考文献】　井堀利宏『入門マクロ経済学』新世社,1995年.

パン・アフリカニズム
Pan-Africanism

アフリカ(系)人の主体性の回復およびアフリカの独立と統一を目指す思想・運動。パン・アフリカニズムの思想は、19世紀末に米国やカリブ海地域のアフリカ系知識人によって生み出された。トリニダード出身のアフリカ系人弁護士であるウィリアムズ(Henry Silvester Williams)は、1900年にロンドンでパン・アフリカ大会を開催し、植民地主義と人種差別に対する抗議を行った。1919年には、米国の黒人思想家であるデュボイス(William Edward Burghardt DuBois)がパリで第1回パン・アフリカ会議を開催し、アフリカの植民地におけるアフリカ人の自治を要求した。1945年に開催された第5回パン・アフリカ会議では、運動の主導権がンクルマ(Francis Nwia Kofie Kwame Nkrumah)などのアフリカ知識人に移り、アフリカのナショナリズムと結び付いてアフリカの独立を強く要求した。

パン・アフリカニズムは、アフリカの独立と統一への共通目標としてアフリカ大陸で大きな影響力を与えた。1958年には、前年に独立したガーナでアフリカ独立諸国会議(CIAS)と全アフリカ人民会議(AAPC)が行われ、植民地の独立で結束した。ンクルマらが目指したアフリカ合衆国構想は挫折した

が、1963年には緩やかな国家連合であるアフリカ統一機構（OAU）として結実することになった。パン・アフリカ会議は、タンザニアで第6回会議（1974年）、ウガンダで第7回会議（1994年）が開催され、アフリカ（系）人の連帯が確認された。2002年には現代版パン・アフリカニズムともいうべきアフリカ連合（AU）が発足するなど、パン・アフリカニズムは現在においてもアフリカを代表する思想となっている。　　　　　［西浦昭雄］

【関連項目】　アフリカ連合
【参考文献】　宮本正興, 松田素二編『新書アフリカ史』講談社, 1997年. ／川端正久『アフリカ・ルネサンス―21世紀の針路』法律文化社, 2003年.

▶範囲
Range

データの最大値（x_{max}）と最小値（x_{min}）の差を範囲という。

範囲＝$x_{max}-x_{min}$

データの散らばりを示す測度としては、計算が最も容易である。ただし、極端なデータの影響を受けやすい。レンジともいう。

［白砂堤津耶］

▶漢江の奇跡【韓国】
Miracle of the Han River

韓国の経済発展に対する賞賛の言葉である。漢江（ハンガン）とは韓国を代表する大河である。1970年代以降、韓国は高成長を続けてきたが、慢性的な経常収支の赤字と膨大な対外債務、民主化の遅れなどから、海外からの評価は決して高くなかった。しかし「三低現象」により1986年から3年連続で2桁の成長が続き、経常収支が黒字に転換したことに加え、1987年の「民主化宣言」、1988年のソウル・オリンピックの開催などを契機に、海外の韓国に対する評価が高くなり、「漢江（ハンガン）の奇跡」と呼ばれるようになった。

韓国の経済発展は決して順調に進んだわけではなく、経済混乱や政治変動を伴った。南北分断と朝鮮戦争後の韓国に残されたのは、過剰人口を抱えた貧しい農村地域のみで、工業基盤はきわめて貧弱であった。厳しい飢えを忍ばなければ春麦までの端境期を生きのび

ることができないという意味である「春窮」は、この時期の農村の貧しさを表わす象徴的な言葉であった。恵まれない初期条件にもかかわらずその後めざましい発展を遂げることができたのには、強い開発意思をもった政府の存在と適切な開発政策によるところが大きい。

強い開発意思は朴正煕（Pak Chŏnghŭi）政権誕生後の経済企画院の設立（1961年7月）、経済開発5カ年計画の実施、「重化学工業化宣言」（1973年）の発表に示される。また適切な開発政策は輸出志向工業化政策を採用し、輸出産業の成長をテコに重化学工業化を図ったことである。

しかし、政府主導の開発政策と財閥中心の経済構造からの脱却が遅れたことが、通貨・経済危機の遠因になった。通貨危機後、財閥改革や金融改革など構造改革が推進されて、経済の再生が図られた。　　　　　［向山英彦］

【関連項目】　輸出志向工業化、重化学工業化政策、三低現象、経済開発5カ年計画
【参考文献】　渡辺利夫編『概説韓国経済』有斐閣, 1990年. ／金正濂『韓国経済の発展』サイマル出版会, 1991年.

▶バンサ・マレーシア【マレーシア】
Bangsa Malaysia［マ］

マレーシア国民。マレーシアのマハティール（Mahathir bin Mohamad）首相が1991年に発表した「2020年ビジョン」（ワワサン2020年）において、「バンサ・マレーシア」（マレーシア国民）という国民意識の概念を初めて導入した。1991年2月のマレーシア産業審議会においてマハティール首相自身が発表した『マレーシアの前途』と題する基調演説がやがて「2020年ビジョン」と称されて、新経済政策に代る新しい国策となった。1990年代に生まれた世代が成人して社会の第一線に立つ2020年までに、マレーシアを先進国社会に仲間入りさせる長期ビジョンである。マレーシア社会を経済のみならずあらゆる面で先進国社会にするという構想である。「2020年ビジョン」ではマレー人が、華人が、という従来の発想から脱け出して、多民族国家の国民意識を形成する狙いがある。したがって、これまでのブミプトラ中心の政策を修正

して、より豊かな生活をブミプトラだけでなく、種族にかかわりなくすべてのマレーシア国民が享受することにある。エスニシシティに重点をおき過ぎたこれまでの開発アプローチを見直して、「バンサ・マレーシア」という概念を使った開発戦略を打ち出したのである。

いいかえれば、開発の成果を共有する受け皿としてのマレーシア国民の形成を目指したのである。また、「各種族の固有な文化や慣習、信仰を自由に行うことができて、しかも一つの国民に属していると感じられるような、寛容で自由かつ成熟した社会を目指す」が2020年ビジョンの目標の一つとなっている。これはそれぞれの種族文化を維持しながら、同時にマレーシア国民としてのアイデンティティをもつという多元文化社会への方向性を初めてはっきりと示唆したものである。ブミプトラ政策から脱却するにはなお時間がかかるものの、マレーシアの多民族社会に対する取り組みに新たなアプローチがとられている。 〔小野沢純〕

【関連項目】 新経済政策、ブミプトラ政策
【参考文献】 小野沢純「マレーシアの開発政策とポスト・マハティールへの展望」『国際貿易と投資』、2002年冬号.

ハンセン指数【香港】
Hang Seng Composite Index

ハンセン（恒生）銀行が1964年に内部で開発し、1969年から公表した株価指数。現在、香港取引所の株価動向を示す重要な指数となる。香港取引所に上場される株式のうち、不動産、商工業、金融、公益の4業種から選別し、33の代表銘柄（全銘柄の約5％相当）を時価総額（香港市場の約80％相当）で加重平均して指数化したもの。基準日は2000年1月3日。 〔王 曙光〕

パンチャシラ【インドネシア】
Pancasila ［イ］

インドネシア憲法の前文に「パンチャシラ」と呼ばれる建国5原則がうたわれている。パンチャシラとは、サンスクリット語の「パンチャ」（5の意味）と「シラ」（原則の意味）の複合語である。建国5原則は、①唯一神への信仰、②公平で文化的な人道主義、③インドネシアの統一、④協議と代議制において英知によって導かれる民主主義、⑤すべてのインドネシア国民に対する社会正義からなり、インドネシア共和国の理念を表わす。パンチャシラは共和国独立以来引き続き受け継がれているが、1945年6月の独立準備委員会の席上でスカルノ（Achmad Soekarno）が最初に提唱したものである。

パンチャシラは、独立後のいつの時代にあっても教育目的の中核として位置付けられ、政治的にも利用されてきた。スカルノ政権下の「指導される民主主義」の時代には、社会主義的なイデオロギーと結合し、高等教育の目的はパンチャシラ精神を具現し、社会主義社会を建設する人間の育成とされた。スハルト政権になると、反共主義と経済開発重視という思想体系の下で「開発的人間」の育成との関連で理解されるようになった。この時代には、国民すべてがパンチャシラ精神を身に付けるようにと、幼稚園から大学に至るすべての段階のカリキュラムでパンチャシラの教育が最も重要な位置を占めた。1985年2月に成立した政党・ゴルカル法と同年5月に成立した大衆団体法によって、すべての政治組織と社会団体がパンチャシラを組織存立の唯一原則として受け入れなければならなくなり、受け入れない組織・団体は非合法組織とみなされ、弾圧の対象となった。スハルト政権崩壊後1998年11月に開催された国民協議会の決定によってパンチャシラを唯一の原則とする規定が事実上撤廃され、スハルト（Thojib N J Suharto）による思想統制の手段として利用されてきたパンチャシラは、もはやすべての国民が従う唯一の国家原則ではなくなった。 〔篠塚 徹〕

【関連項目】 指導される経済、スカルノ、スハルト
【参考文献】 永井重信『インドネシア現代政治史』勁草書房、1986年. ／綾部恒雄、石井米雄編『もっと知りたいインドネシア（第2版）』弘文堂、1998年. ／佐藤百合編『民主化時代のインドネシア』アジア経済研究所, 2002年.

バンドワゴン仮説
Band Wagon Hypothesis

バンドワゴン仮説(寡占反応理論)とは、海外直接投資を分析するための理論仮説である。海外直接投資は企業によって自発的に行われるだけではなく、その企業の競争相手が海外直接投資を行う際にそれを模倣して行われる場合もあるとするものであり、フレデリック・ニッカボッカー(Frederick T. Knickerbocker)によって理論的精緻化と実証が進められた。元来、バンドワゴンとは行列の先頭を進む楽隊車のことを示す言葉であり、時流に乗るという意味がある。

ニッカボッカーは、寡占市場における企業の反応を考慮してバンドワゴン仮説を説明した。寡占市場とは、2企業以上の少数の企業によって市場が支配されているような状態をいう。この場合、ある企業が他の企業よりも優れた製品を販売して利益を得るならば、売り手が少数で、製品が代替的である寡占市場においては、他の企業は損害を被ると考えられる。この寡占市場において成熟化が進行している場合、ある企業と他の企業の格差が拡大し、やがて他の企業は、この市場から退出するような事態となる。

他の企業は、そのような状態を招来しないように、ある企業の販売活動を何らかの方法で妨害するか、同様の販売活動を行うことによって、その経営戦略を無効化するような対策を実行する。寡占市場においては、競争企業間の均衡状態を維持するような寡占反応が生じることになる。ニッカボッカーは、この寡占反応の理論を多国籍企業の海外直接投資に応用した。すなわち、米国の大企業187社による海外直接投資についての実証分析の結果により、集中度が高く、製品の多様化が低い産業ほど、海外市場への参入が活発に行われていることが示された。寡占市場においては、ある企業が海外直接投資を行えば、他の企業もそれに追随する状態が成立していることを示したのである。しかし、バンドワゴン仮説においては、最初に海外直接投資を行った企業の行動を説明することが不可能である点にも注意が必要であろう。

[森脇祥太]

【関連項目】 海外直接投資、寡占

【参考文献】 ニッカボッカー(藤田忠訳)『多国籍企業の経済理論』東洋経済新報社、1978年。/齊藤泰浩、竹之内秀行「自動車部品メーカーのグローバル化」『国際ビジネス研究学会年報』1998年。

ヒ

費改税【中国】
Transform Administrative Fees into Taxes

「費改税」とは、費用を税金に統一し、予算外財源(予算外収入)を税収項目に組み込むことをいう。中国では、政府各機関が行政事業費用、罰金、割当金などのさまざまな形態により徴収する非税収収入(予算外収入)の国家収入(予算内収入)に対する割合が3割程度ときわめて高い。中には、「乱収費」(さまざまな名目で不当に徴収を強いる費用)による収入もあり、企業に必要以上の負担を負わせている。1997年に、中央政府は「企業に対する費用徴収を規範化するための決定」を行い、国務院企業負担軽減弁公室を組織し、企業に対する「乱収費」を1999年末までに3741項目にわたって取り消してきたが、予算外収入の規模は依然として大きい。

1998年3月に朱鎔基(Zhū Róngjī)首相は就任演説の中で、「多くの政府機構が国の規定以外のさまざまな費用を徴収していることに対して、国民は大きな不満をもっている」と指摘した。その後、政府は、多様な名目で無秩序に徴収されている費用を廃止すると同時に、中央財源を増やすために、「費改税」を導入する計画を進めた。その主な内容は、①現存する諸費用を全面的に洗い直し、不合理な項目(全項目の1/4以上)を撤廃すること、②合理的費用のうち、受益者が特定しにくい費用やインフラ建設費用などは税金に改めること(狭義の費改税)、③登録・届け出手続き費、訴訟費用、免許事業の納付金、環境保全賦課金など、受益者負担が合理的で税への変更が難しいものは存続すること、などである。

1998年に「費改税」の試みとして、燃料税、車輛購置税などの導入が検討された。道路法を改正し、約530項目の交通・車輛手数

料の徴収を見直そうとした。しかし、地方政府の抵抗が強く、全人代での審議は2度も否決された。ようやく2000年10月の全人代常務委員会議で、「公路法改正法案」が採択されたが、注目された燃料税の導入時期はいまだに確定していない。　　　　　　[孟　芳]

【関連項目】　分税制
【参考文献】　矢吹晋『朱鎔基・中国市場経済の行方』小学館、2000年.

▶比較生産費説
Comparative Cost Theory

比較生産費説とは、リカード（David Ricardo）によって提唱され、各国が相対的に生産費の低い比較優位をもつ財のみを生産して輸出すれば自由貿易のメリットを得ることができるというものである。財の数が2つ、生産要素は労働のみ、貿易に参加する国の数は2つであるとしよう。A国とB国において食料品と繊維がそれぞれ生産されているような状態を考えるとよい。それらの財の生産は競争的に行われており、生産技術は規模に関して収穫不変であるとする。ただし、それぞれの国において生産技術は異なっており、その相違が比較優位を生み出す。A国においては、食料品1単位を生産するのに4時間、繊維1単位を生産するのに2時間の労働時間がそれぞれ必要である。これに対して、B国においては、食料品1単位を生産するのに5時間、繊維1単位を生産するのに10時間の労働時間がそれぞれ必要となるとしよう。

1単位の財生産に必要とされる労働時間数を労働係数 a_L で表わし、食料品を f、繊維を c で表すと、A国、B国の労働係数は表のように表わすことができる。労働係数は労働生産性の逆数であり、その値が上昇（低下）すれば、財を生産する際の効率性は低下（上昇）する。表によれば、A国の労働係数は、食料品においても繊維においてもB国を下回り、食料品と繊維、双方の生産においてA国がB国よりも効率的であり、A国が絶対

◇比較生産費

	a_{Lf}	a_{Lc}
A国	4	2
B国	5	10

優位をもつ。比較優位は、各財の生産に必要な費用（＝機会費用）の大きさによって決定される。例えば、A国においては食料品を1単位生産するのに必要な労働時間で繊維を2単位生産することが可能である。これに対してB国においては、食料品を1単位生産するのに必要な労働時間で繊維を1/2単位生産することが可能である。よって、食料品を1単位生産する際の費用はA国では繊維2単位、B国では繊維1/2単位であるから、食料品生産についてはB国が比較優位をもつ。同様に考えれば、繊維生産については逆にA国が比較優位をもつことになろう。

自由貿易が行われるようになると、A国とB国はそれぞれ、比較優位をもつ財に特化し、国際分業を行うようになる。それぞれの財は競争的に生産されているから、市場への参入退出が停止する状態では企業の利潤はゼロになる。利潤がゼロとなる条件は、価格 p、賃金率 w とすると、A国、B国において以下のように示される。

$$p_f^A = a_{Lf} \cdot w^A = 4w^A, \quad p_c^A = a_{Lc} \cdot w^A = 2w^A \quad \cdots\cdots ①$$

$$p_f^B = a_{Lf} \cdot w^B = 5w^B, \quad p_c^B = a_{Lc} \cdot w^B = 10w^B \quad \cdots\cdots ②$$

$p = a_L \cdot w$ の関係が成立しているとき、左辺は財1単位当たりの収入を、右辺は財1単位当たりの生産にかかる費用を表わしており、①と②において利潤ゼロの条件が成立する。さて、A国とB国における繊維と食料品の相対価格は、①を②で除して③、④のように求めることができる。

$$\frac{p_c^A}{p_f^A} = \frac{1}{2} \quad \cdots\cdots ③, \quad \frac{p_c^B}{p_f^B} = 2 \quad \cdots\cdots ④$$

貿易がない場合、A国においては③の価格比で、B国においては④の価格比で繊維と食料品の両財が同時に生産されている。この場合、仮に両国で貿易が行われたとしても、両国は繊維と食料品を同時に生産することになり、いずれかの財への完全な生産の特化は生じない。ここで、自由貿易が行われるようになるとA国では③の価格比が1/2から上昇する。その場合、繊維を生産することが、賃金が変化しなければ有利となるから、A国では食料品の生産を放棄して繊維の生産に特化す

る。逆に、自由貿易によってB国では④の価格比は2から低下して、食料品を生産することが有利となり、繊維の生産を放棄して食料品の生産に特化する。

　1/2よりも価格比が小さくなれば、A国においては食料品生産が有利になり、繊維生産を放棄して食料品生産に特化する。ただし、この場合、B国においては、食料品生産に特化しており、両国が食料品を生産し繊維が供給されないことになる。また、価格比が2よりも大きくなれば、B国においては繊維を生産することが有利になって食料品生産を放棄して繊維生産に特化する。しかし、この場合、A国も同時に繊維生産に特化し、同様に食料品が供給されない。したがって、繊維と食料品の価格比が $\frac{1}{2} < \frac{p_c}{p_f} < 2$ の範囲にある時、A国は繊維に、B国は食料品に生産を完全に特化した国際分業が成立する。また、この場合、自由貿易が行われることによって、両国の消費者の厚生水準も上昇していることが知られている。

［森脇祥太］

【関連項目】　リカード・モデル、規模に関する収穫、国際分業
【参考文献】　伊藤元重、大山道広『国際貿易』岩波書店、1985年．／木村福成『国際経済学入門』日本評論社、2000年．

▶東アジア経済共同体
　East Asian Economic Group : EAEG

　1990年12月、マハティール（Mahathir bin Mohamad）マレーシア首相は、マレーシアを訪問中の李鵬（Lǐ Péng）中国首相に対して東アジアにおける経済ブロックの形成を提案した。それが「東アジア経済共同体（グループ）」構想であり、構成国にはASEAN諸国、中国、韓国、台湾、日本などが想定されていた。その背景には当時の通商体制をめぐる動きがあった。1990年末の妥結を目指していたGATTウルグアイ・ラウンド交渉の決裂が明らかになる一方で、欧州においては単一市場化の推進、北米においてはNAFTA（北米自由貿易協定）に関する協議の本格化といった地域主義の高まりがみられた。EAEG構想は、東アジア諸国の結束を促し、欧米の保護主義への傾斜を牽制することを意図していた。

　EAEGに対して米国は強い反発を示した。当時、「世界の成長センター」として注目を集めていた東アジアに排他的な地域統合が成立することを警戒していたためである。EAEGはASEAN内においても全面的な支持を取り付けることができなかった。1991年のASEAN経済閣僚会議において、同構想は東アジア経済会議（East Asian Economic Caucus）というより穏健な内容をもつ構想へと修正され、継続的に審議されることとなったが、その後、日の目をみることはなかった。

　1997年のASEAN首脳会議に、日本、韓国、中国の首脳が招待され、初のASEAN＋3首脳会議が開催された。同会議はその年にASEANを襲った通貨危機に対して有効な支援・協力策を模索することが大きな目的であった。しかし、その後、定例化され、現在では自由貿易圏の形成に向けた検討が行われるまでに発展した。ASEAN＋3はEAEG構想が想定していた構成国とほぼ一致している。

［竹内順子］

【関連項目】　ASEAN＋3首脳会議
【参考文献】　山影進『ASEANパワー──アジア太平洋の中核へ』東京大学出版会、1997年．

▶東アジアの奇跡
　The East Asian Miracle

　1960年代以降、高度経済成長と長期にわたる成長持続により、世界の成長センターとして注目される東アジアの経済成長を表わす言葉。1993年に世界銀行が発表したレポート『東アジアの奇跡』によって広く普及した。このレポートは、高い経済成長を続けるアジアの8カ国・地域（日本、韓国、台湾、香港、シンガポール、タイ、マレーシア、インドネシア）の経済成長の実績、政府と産業政策の役割をまとめ、東アジアの経験を他の開発途上国の経済成長モデルとして試みたものである。

　世界銀行は、1970年代末からは政府介入を最小限にとどめるべきだとする新古典派的立場を貫いてきたが、このレポートでは東アジアの成長に積極的な政府介入が行われ、いく

つかの介入政策が高度成長と所得分配の平等化に役立ったことを認めた。政府介入政策に関する世界銀行の意見の変化は注目に値する。このように東アジアの奇跡は世界各国に強い影響を与えた。第2次世界大戦後、最も高い成果をみせたのが東アジアであり、その経験は多くの国々に発展の可能性を示唆した。東アジアの成長の特徴は、成長が急速であったばかりではなく、成長の成果が広く分かち与えられたことである。一般的に経済発展の初期段階においては不平等が拡大するというが、東アジアでは不平等が拡大しなかった。急速な経済成長は貧困の著しい減少をもたらした。1976年の時点でみると、アジアの人々10人のうち6人が1日当たり2ドル未満の貧困状態で暮らしていた。しかし、現在は貧困状態にいる人々の数が10人のうち2人以下に低下している。東アジアの所得向上は多くの人々が教育を受けることを可能にし、これが急速な成長に貢献した。一方、所得分配の平等化はマクロ経済政策の安定的な運営とともに、社会・経済的な安定性も高め、海外からの投資家を引き寄せるのに好ましい環境をもたらした。失業とインフレーションはともに低水準で、政府は大きな財政赤字を出さなかった。政府は教育に投資するだけではなく、インフラストラクチャーや技術にも投資した。

また、東アジアの高度経済成長には、貿易が大きな貢献を果たした。第1に、東アジアは貿易を通じて開かれた経済体制をもち、新たなアイデアや技術をより積極的に受け入れた。第2に、輸出製品の競争力を維持するために東アジアは国際的な品質維持や生産性の基準を達成することができた。すなわち、先進工業諸国の企業と競争し、世界に通じる製品を輸出するために絶え間ない努力を続けた。輸出を増大させた企業には希少な信用を供与することを通して、輸出を促進した。このようにして国内の企業間で輸出を伸ばして、企業の規模拡大を図ろうとする競争が生まれた。

東アジアは驚くほど高い貯蓄率を達成することができたが、その資金を生産的分野に投資することにも成功した。他の諸国の中にも貯蓄率が高い国はあったが、通常は、共産主義下でみられるような強制貯蓄によるものであった。そして、高い貯蓄率の実現に成功した国でも、その資金をうまく投資することには成功しなかった。

一方、東アジアの奇跡は生産性の向上が伴わず、人的資本および物的資本の莫大な投資のみによって達成されるという主張もある。このような説明では、東アジアの奇跡は存在しないことになる。しかし、この主張が正しいとしても、これほど長期間にわたってこれほど速く成長に成功した地域は他にはないという意味で、東アジアが達成した高度経済成長は奇跡といえる。また、東アジアで大きな技術の向上があったことには同意しながら、これらの技術は海外から買ったものであると主張する人々もいる。しかし、技術進歩は、技術格差を縮小するために実施された政府の教育・技術政策によってもたらされたものであり、それが東アジアへの投資を非常に魅力的なものにした。したがって、東アジアの技術進歩が一層の投資の増大をもたらしたのであり、その逆ではないと考えられる。

〔文　大宇〕

【関連項目】　アジア経済危機、新興工業経済群、後発性利益論、輸出志向工業化
【参考文献】　世界銀行（白鳥正喜監訳、海外経済協力基金開発問題研究会訳）『東アジアの奇跡─経済成長と政府の役割』東洋経済新報社、1994年．／大野健一、桜井宏二郎『東アジアの開発経済学』有斐閣、1997年．／速水佑次郎監修、秋山孝允、秋山スザンヌ、洪直信『開発戦略と世界銀行―50年の歩みと展望』知泉書館、2003年．／経済産業研究所ホームページ（http://www.rieti.go.jp/jp/）.

東ヨーロッパ工業連合体
Eastern European Industrial Trust

第2次世界大戦によって大きな被害を被った東欧諸国（東南欧も含む）の戦後復興を果たすために、ローゼンシュタイン-ロダン（Paul N. Rosenstein-Rodan）が考案した工業化のプランのことをいう。東欧のような欧州大陸の後進地域においては、ごく少数の工場が設立されて生産活動を行ったとしても、市場が狭小であるためその発展は困難となる。そこで、消費財の生産を中心とする多数の工場を同時に設立すれば、市場条件の制約

の克服と雇用の拡大を同時に達成することが可能となる。多数の工場を同時に設立することによって生じる相互補完関係によって外部経済を生み出すためには、ビッグ・プッシュといえるような大規模な計画と外部援助が不可欠となる。多数の工場を同時に設立することのメリットを強調している点で、その考えは均衡成長説であるといえよう。　　［森脇祥太］

【関連項目】　外部経済、均斉成長説
【参考文献】　西川潤『経済発展の理論（第2版）』日本評論社、1978年．／絵所秀紀『開発の政治経済学』日本評論社、1997年．

ビジョン2020／ワワサン2020【マレーシア】
Vision 2020, Wawasan 2020

1991年にマハティール（Mahathir bin Mohamad）首相が行った講演の中で発表された国家目標である。2020年までに経済面にとどまらず、政治、社会、文化などあらゆる面にわたって先進国の仲間入りすることを目指している。「ビジョン2020」は以下を9大目標として掲げている。①マレーシア国民としての意識の共有化と国民的統合の達成（バンサ・マレーシア）。②種族文化を守る自由と寛容な社会の創造。③公平・平等な社会の確立。④競争力ある社会。⑤技術・科学に根ざした社会の確立。⑥マレーシア型民主主義の確立。⑦主権国家の尊厳。⑧宗教・道徳のある社会の確立。⑨思いやりのある社会の確立。

マレーシアでは、1971〜90年にNEP（新経済政策）が実施され、ブミプトラ（マレー系国民）の経済的地位の向上などを目指した社会の再構築が進められたが、「ビジョン2020」は、その成果を踏まえた次の30年間のグランドデザインである。1991年から30年間にわたり年平均7％の経済成長を達成し、2020年にGDPを8倍、所得を4倍にすることを目標としている。

1990年代に入り、マレーシアの長期開発計画は「ビジョン2020」にもとづいて策定されている。NDP（国家開発政策、1991〜2000年）、NVP（国家ビジョン政策、2001〜10年）は、生産性向上に重点をおいた産業構造の高度化を進めることによって、2020年に先進国入りすることを目指している。

「ビジョン2020」の最初の10年間の実績を振り返ると、1997年のアジア通貨危機の影響によってマレーシア経済は大きな打撃を受け、1998年の経済成長率はマイナス7.3％であった。その後、緩やかな回復が続いているものの、「ビジョン2020」でうたった年平均7％の経済成長は達成が困難な状況になりつつある。　　［坂東達郎］

【関連項目】　マハティール、新経済政策、バンサ・マレーシア、Kエコノミー
【参考文献】　青木健『マレーシア経済入門（第2版）』日本評論社、1998年．／渡辺利夫編『アジア経済読本（第3版）』東洋経済新報社、2003年．／Mahathir bin Mohamad, *Vision 2020*. Kuala Lumpur : Institute of Strategic and Information Studies.

ビッグ・プッシュ・モデル
Big Push Model

ビッグ・プッシュ・モデルとは、開発途上国の発展が低水準均衡の罠のような状態にある場合、低水準状態の経済をビッグ・プッシュによって高水準へと移行することを可能とするようなモデルのことをいう。ローゼンシュタイン-ロダン（Paul N. Rosenstein-Rodan）によって提唱され、クルーグマン（Paul R. Krugman）によって精緻化・洗練化された。ビッグ・プッシュ・モデルに関してソロー＝スワン・モデルで導出された資本装備率（資本労働比率）の成長率に関する式を図に表わしながら説明してみよう。資本装備率 k の成長率は $sf(s)/k$（s：貯蓄率）と労働人口成長率 n の差で表わされる。k は低い水準においては収穫逓減によって $sf(k)/k$ が低下するが、ある一定以上の k の水準を超えると、逆に収穫逓増によって $sf(k)/k$ が上昇し、その後、再び収穫逓減によって $sf(k)/k$ が低下する。この図においては k_1 が低水準均衡、k_3 が高水準均衡であり複数の均衡が存在している。k_1 から k_3 への移動は、多額の海外援助によって国内資本自体を大幅に増強すれば可能となる。また同様に、国内貯蓄増加政策によって $sf(k)/k$ を上方シフトすれば、k_1 から k_3 への移動が可能となり、ビッグ・プッシュが有効であることを示す結果となっている。　　［森脇祥太］

【関連項目】　低水準均衡の罠、ソロー＝スワン・モデル、ローゼンシュタイン-ロダン

◇ビッグ・プッシュ・モデル

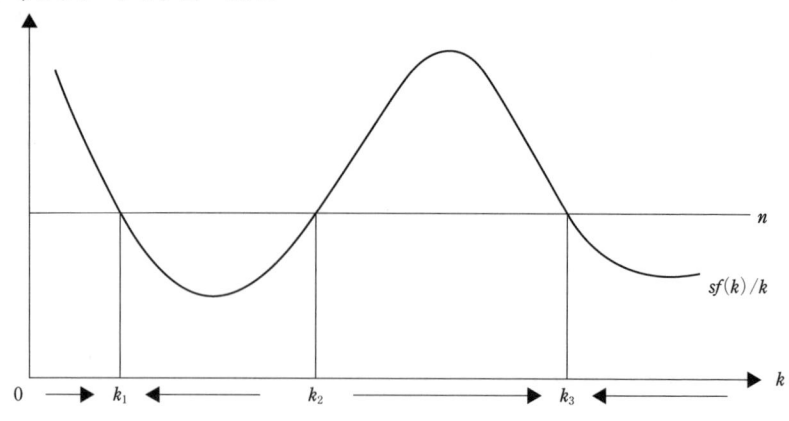

(グラフ: 横軸 k、縦軸に $sf(k)/k$ と n の曲線。$0 \to k_1 \leftarrow k_2 \to k_3 \leftarrow$)

【参考文献】 絵所秀紀『開発の政治経済学』日本評論社, 1997年。／バロー＝サラ・イ・マーティン（大住圭介訳）『内生的経済成長論Ⅰ』九州大学出版会, 1997年.

人づくり援助
Human Resource Development

　第2次世界大戦後の日本の技術協力の歴史の中で、「人づくり援助」という言葉は、多数の指導者が多数の場面で使い続けてきた。その意味合いも国際協力についての考え方が変遷する中で、徐々に変化してきた。人づくり援助とは何かについて議論する際には、いったんその上位概念である人的資源開発をめぐる3つの立場からの議論を確認し、その中での人づくり援助の位置付けを理解することが必要である。3つの立場からの議論とは、第1は、主に世界銀行が唱導するもので、市場で評価される活動を促進することを目的とし、人をそのための手段とし、手段としての価値を高めるため、民間による教育・訓練を尊重する立場。「人的資本」の拡充論とも呼ばれる。第2は、主に国連が唱導するもので、人は単なる手段ではなく、一人一人の可能性を拡大する「人間開発」という目的のための核（手段ではない）であり、特に社会的弱者である貧困層、少数民族、障害者が教育の機会を得ることを「人権」とみなし、これを尊重する立場。そして第3が、主に日本がこれまで唱導してきたもので、国の基本的な制度を運用する公的部門の基幹組織の運営を円滑に進めることを目的に、その管理者となる人材に対し技術や技能を付与してきた。ただし近年は「国づくりのための人づくり」という中心テーマは維持しつつ、民間活動の促進、社会的弱者への配慮を盛り込んだ社会開発という視点が加わり、第1、および第2の活動を包含する立場に拡大したものとなっている。

　人づくり援助の特徴は、その実施過程において相手国関係者との協働を重んじ、問題解決にあたる際に生まれる共感と相互理解を尊重する点にある。この点は他のアプローチとは異なる。人づくり援助が開始された当初から、協働と共感および相互理解を重んじる姿勢は徐々に形成されてきた。歴史的には技術協力の主要な手段および形態が出そろう中で、確立された技術を移転することに力点がおかれた時期（1954〜73年）。開発途上国の開発における組織・制度づくりの重要性が認識され、「人づくり援助」が組織・制度を担う人材の育成として明確に定義された時代（1974〜87年）。市場経済化促進、社会開発、弱者支援という課題を取り込んで「人づくり援助」の領域が広がった時期（1988年〜現在）に分けられる。これら3つの時期を経て、基礎的な技能の育成、国の中核をなす組織・制度の運営能力の育成、地域社会の運営能力の育成とより高度で幅の広い能力の形成が進められてきた。

　アジア経済危機からの脱却と経済の再建、貧困削減と人間の安全保障、紛争の解決と平和構築という新しい援助課題が浮かび上がっ

てきた。従来は互いに独立した領域として扱われてきた「経済開発」、「社会開発」、「安全保障」の課題が相互に密接なかかわりをもつこととなり、新しい時代の人づくり援助は、これら課題を多くの分野の関係者と国境を超えて協働し解決する能力を育成することであることが、徐々に明らかになってきている。

協働、共感、相互理解を重んじる人づくり援助は、従来の「人的資本論」や「人間開発論」を超えて、新しい時代の中でその妥当性を証明していく可能性を秘めている。そのためにはその利点と長所を自覚し、概念の再構成を行い、わかりやすい形でメッセージを発信していく努力が必要である。　［佐原隆幸］

【関連項目】　人間開発報告書、人間の安全保障
【参考文献】　国際協力総合研修所『人造り協力の概念整理に係わる考察』1999年。

1人っ子政策【中国】
One-Child Family Plan

　1980年に正式に打ち出された、1組の夫婦に子供を1人にするという人口抑制政策である。改革・開放政策と並んで中国の近代化政策の一つの柱である。1950年代に入ってからは、中国は「高い出生率・低い死亡率」という典型的な「人口爆発」の局面に入った。人口増加の抑制を主張する馬寅初（Mǎ Yínchū）の「新人口論」は、最高指導者毛沢東（Máo Zédōng）から批判を受けたことによって、中国の人口政策に空白が生まれ、その後十数年にわたって事実上の生育についての放任状態が続いた。1970年代の初頭に政府は「晩、少、稀」（晩婚、晩産、少産〔次の子供を生む時、少なくとも3年以上の時間をおく〕）という人口抑制政策を実行し始めたが、建国後の1950年代と1960年代に生まれた若年層の人口はいよいよ結婚、生育の時期に入り、人口増加の抑制はきわめて厳しい局面に入っていた。

　文化大革命収束後、中国の近代化戦略が本格的に構想される中で、人口政策に大きなスポットがあてられるようになった。一連の研究会や座談会を経て、中央政府は建国後の第1世代（1950年代と1960年代の出生者）の犠牲を求め、20〜30年の間に「1人っ子政策」

を実施する方針を固めた。1980年9月25日、中共中央が人口増加を抑制する問題についてのすべての共産党員、共産主義青年団員宛の公開状を発布した。その内容は、祖国の近代化事業のために、1組の夫婦に子供1人にするようにと呼びかけた。間もなく、1人っ子政策は共産党員と共産主義青年団以外のすべての国民に適用する政策となった。

　1人っ子政策の枠組みは、目標の設定と奨励・懲罰措置からなる。1組の夫婦について原則として都市部は子供1人、農村部は1人目が女の子の場合は、数年の間隔をもって第2子の出産を許可するが、第3子は許可しない。少数民族については計画出産を提唱するものの、その文化と習慣を尊重し、強制的に実行することはしない。いずれの場合も、子供1人しか生まないと宣言する夫婦に「独生子女証」を与え、両親に対する優遇の他、将来子供の就学、就職、医療保険などに優遇的な扱いを保証する。他方、この政策に違反する場合は、罰金や昇給・昇進する際の減点などの罰則も設けられる。政策の実施は基層幹部の責任で行われ、幹部の業績を評価する主要指標となっている。そのために、幹部はつねに目を光らせ、政策違反の家族については、妊娠中絶など厳しい措置を取っている。この政策は、人口増加率を抑える上ですでに効果を上げてきた。中国の人口増加率は明らかに低下の傾向を示し、1998年以降は年率1％を下回るまでになった。特に上海や北京などの大都市においては、人口の自然増加率はすでにマイナスに転じている。専門家の予測によれば、現状が続くならば、2040年に中国の人口増加率はゼロとなり、それ以降は人口規模の減少局面に入るという。

　他方、人口増加の急ブレーキは社会生活に大きな影響を及ぼす。急激な少子化によって、人口高齢化のプロセスが加速される。65歳以上人口の総人口に占める比率でみれば、第1次人口センサスが行われた1953年には4.4％であったが、その後のベビー・ブームを反映し、1964年の第2次人口センサスの結果は3.5％と低下した。しかし、1人っ子政策が実行に移されてからの、1990年の第4次調査では5.6％に上昇し、2000年の第5次調

査はすでに7.0%に達している。国連の1956年の分類基準からいえば、中国はすでに高齢化社会に入っている。高齢化率はさらに2010年には10%を超え、2020年には20%近くに達すると予測される。急速な高齢化の進展によって、年金や医療費の負担が急増し、中国の経済と社会に少なからざる影響を与える。

第2に、政府の人口政策と市民の生育意向との間に大きなギャップがあり、その一つの結果として幼児の性別比が歪められたことである。1歳未満児童について女児を100とした男子児童の比率は、1982年のセンサスでは108.5、1990年のセンサスでは113.9に上昇、さらに1995年の人口1％の標本調査の結果によれば、この比率はさらに116となった。男児を望む農家は妊娠の段階で不法に検査を受け、女子児童の妊娠を中絶するケースが増え、あるいは女子児童を出産しても戸籍登録をしないという現実が、この統計の結果として現われている。人権抑制という視点から中国の人口政策が国外から批判を受けているのも事実である。また、国内についても、女子児童を出産した女性に対する嫌がらせや強制離婚などの人権問題も一部みられる。今後、強制的な手段によらない利益誘導型の人口政策への転換が大きな課題となろう。　［杜　進］

【関連項目】　家族計画、計画出産
【参考文献】　若林敬子『中国の人口問題』東京大学出版会, 1989年. ／陳л燕（中由美子訳）『一人っ子たちのつぶやき』てらいんく, 1999年. ／田雪原（筒井紀美訳）『大国の難―21世紀中国は人口問題を克服できるか』新曜社, 2000年.

費用関数
Cost Function

費用関数とは、生産量 Q と総費用 TC との関係を表わす。費用関数には、短期費用関数と長期費用関数の区別が必要である。短期費用関数とは、短期的に変更不可能な生産要素が存在する場合の費用関数のことである。また、長期費用関数とは、すべての生産要素が変更可能な場合の費用関数のことである。図のように、長期費用曲線 LTC は、短期費用曲線 STC の包絡線として示される。

［森脇祥太］

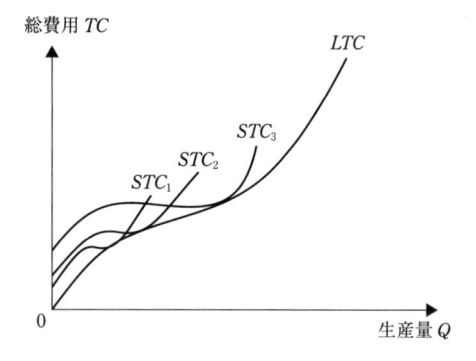

費用最小化条件
Cost Minimization Condition

費用最小化条件は、図のように等費用線と等量曲線の接点Eで実現される。等費用線は、生産要素価格が所与である場合、同一の総費用 TC がかかるような生産要素の組み合わせを示す直線のことをいう。

$$TC = wL + rK \quad \cdots\cdots ①$$

TC：総費用、w：1人当たり賃金、L：労働力、r：資本賃貸率、K：資本ストック

①を K について整理すると等費用線は以下のように表わされる。

$$K = -\frac{w}{r} \cdot L + \frac{TC}{r} \quad \cdots\cdots ②$$

費用最小化が実現している場合、等量曲線の接線の傾き（＝技術的限界代替率：RTS）と等費用線の傾き（＝ $-w/r$）は等しい。

［森脇祥太］

【関連項目】　等量曲線

◇費用最小化

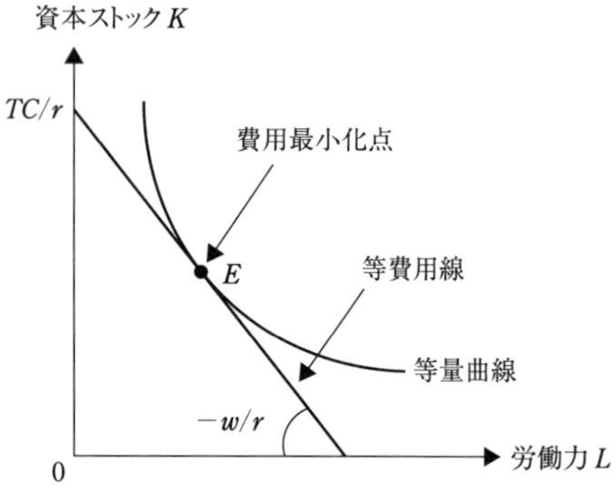

標準偏差
Standard Deviation

データの散らばりの程度を示す指標として統計学上最もよく用いられる。n 個のデータ $x_1, \cdots, x_n$ についてその平均値を $\bar{x}$ とすると、標準偏差 s は以下のように定義される。

$$s = \sqrt{\frac{1}{n}\{(x_1-\bar{x})^2+(x_2-\bar{x})^2+\cdots+(x_n-\bar{x})^2\}}$$
$$= \sqrt{\frac{1}{n}\sum_{i=1}^{n}(x_i-\bar{x})^2}$$

分散の平方根でもある。　　　　　　　[白砂堤津耶]

【関連項目】　分散

費用逓減産業
Decreasing Cost Industry

費用逓減産業とは、固定費用がきわめて大きいために生産量の増加とともに平均費用が逓減する産業のことをいう。費用逓減産業は、電力、ガス、水道、鉄道などの公益産業において多くみられる。費用逓減産業が自由な市場競争を行った場合、単独企業による生産が効率的であることから、独占状態になる傾向がある。その状態を自然独占という。自然独占の状態になった場合、独占企業と同様の価格設定がなされ、社会的な損失が生じる。費用逓減産業の価格設定に対しては政府規制がとられる場合が多い。平均費用と価格が一致するように価格設定がなされるならば、企業に損失は発生せず、企業経営のインセンティブも働く。　　　　　　　[森脇祥太]

【関連項目】　独占

費用便益分析
Cost-Benefit Analysis

工場操業などの事業の採算性を判断する指標として用いられるのが、費用便益分析（CBA）である。CBAでは、事業開始から終了までの期間の便益（事業収入など）と費用（初期の設備投資や操業費用など）を計算して、採算性を判断する。

自動車工場を例に取ると、完成車の出荷総額が便益として計上される。工場建設費、機材購入費、人件費、材料費、減価償却費などが費用として計上される。これにより、工場建設開始から操業終了までの年次ごとの便益

と費用の差を計算する。これはキャッシュ・フロー（CF）と呼ばれる。次にCFを現在価値（NPV）に割り引く。割引率には、資本の機会費用が用いられる。例えば、操業3年目の便益が2億円、費用が1億円、割引率が10％とすると、その時点のCFは1億円で、NPVは、（1億円）×$(1.1)^{-3}$＝約7500万円となる。このように、各年のCFをNPVに割り引き、その総額を求める（式①）。式①の値が正である時は便益が費用を上回ったことになるので、自動車工場の操業は採算性があると判断される。他にも、便益/費用＞1となる時に採算性があると判断する方法や、内部収益率（IRR）が、資本の機会費用より大きい時に採算性があると判断する方法がある。IRRとは、式①がゼロとなる時の割引率である。自動車工場の例では、IRRが12％ならば、採算性があることになる。便益と費用を市場価格で計上するCBAは財務分析（Financial Appraisal）、完全競争価格で計上するCBAは経済分析（Economic Appraisal）と呼ばれる。

CBAは、環境影響を考慮して、式②のように応用することができる。変数 E は、工場建設時の生態系の破壊や製造過程での汚染などの被害を貨幣評価したものである。式②が正の値をとらない時は、環境保全を優先して事業の中止が検討される。　　　　　　　[渡辺幹彦]

$$\sum_{t=1}^{t=T}(B_t-C_t)(1+r)^{-t} \cdots ①$$

B：工場操業の便益、C：工場操業の費用、r：割引率、$1 \leq t \leq T$

$$\sum_{t=1}^{t=T}(B_t-C_t-E_t)(1+r)^{-t} > 0 \cdots ②$$

E：環境破壊のコスト

【関連項目】　環境価値評価、外部不経済
【参考文献】　J.A. ディクソン、R.A. カーペンター、L.A. ファロン、P.B. シャーマン、S. マノピモク（長谷川弘訳）『環境はいくらか』築地書館、1991年.／J.A. ディクソン、M.M. ハフシュミット（長谷川弘訳）『環境の経済評価テクニック―アジアにおけるケーススタディ』築地書館、1993年.

ビルマ的社会主義
Burmese Socialism

ネ・ウイン（Ne Win）の提示によるビルマの伝統的価値観を考慮した社会主義のこ

と。ネ・ウインは1962年クーデターによって、ウー・ヌー（U Nu）政権を打倒した。ウー・ヌー政権が、仏教の国教化や、少数民族への自治権付与問題で、政府内の内紛と民族間の対立を激化させたからであった。議会制政治による腐敗があると論告しながら、ネ・ウインは「連邦の崩壊の危機」を救うための革命であり、ビルマ的社会主義の確立のための革命であると説明した。革命直後にビルマ的社会主義に関する文書を公表し、やがてビルマ社会主義計画党をつくって、軍人支配を徹底させた。

ビルマ的社会主義の特色は、議会制民主主義では民族相互間の不信と混乱からの脱却はできないこと、植民地時代から継続する外国資本中心の経済をビルマ化する必要があること、搾取のない社会をつくるには企業などの国有化が必要であること、そうした社会の建設の中核は国軍が担うこと、などであった。銀行や工場が国有化され、さらにミッション系の小学校や、新聞なども国家の指揮を受けなければならなくなった。ビルマ的社会主義政策は、国有化政策によって経済のビルマ化を実現させるという意味をもっていた。植民地時代には、政治はイギリスに、経済は華僑とインド人に握られていたからである。しかし、ビルマの社会主義は排外思想となり、ビルマを鎖国状態に導いていった。通常の社会主義とは違い、農業の共同化は行わなかったが、コメの低価格国家調達制度と輸出の国営化によって、生産意欲は減退し、輸出量は大きく落ち込んだ。ビルマにおける問題は、社会主義政策だけではなかった。1964年、86年および88年に高額紙幣が突然無効宣言され、政府に対する信頼を失わせてしまった。政府はもちろん企業などすべての分野で軍人が支配する社会になったことが、人材養成を遅らせてしまったこと、自助更生という発想が排外思想に結び付き、物心両面での外国から刺激を受けることができなかったこと、こうしたことが、非効率な社会にしてしまった。伝統的価値観としての仏教を尊重するという通常の社会主義と違う政策をとったが、社会と経済の停滞という帰結は同じであった。

〔安田　靖〕

【関連項目】　ウ・タント、ネ・ウイン
【参考文献】　原洋之介『アジア経済の構図』リブロート、1992年。／桐生稔、西沢信善『ミャンマー経済入門』日本評論社、1996年.

貧困削減戦略
Poverty Reduction Strategy

　重債務貧困国（Heavily Indebted Poor Countries：HIPCs）に対しては、貧困削減戦略ペーパー（Poverty Reduction Strategy Paper：PRSP、貧困削減に向けての開発政策と施策を記載した経済・社会開発3ヵ年計画）の提示を条件に債務を削減し、これにより生まれる財政的な余裕を貧困削減に向ける。国際開発協会（International Development Association：IDA）による譲許的な融資を行う。HIPCイニシアチブと呼ばれるこの政策が1999年の世界銀行と国際通貨基金（IMF）の合同総会において採択された背景には、1990年代に入り最貧国への援助資金の流れが減少し、それに応じて民間資金の流れも縮小していった事情が背景にある。世銀・IMFの方針に対しては多くの援助国が支援を表明し、PRSP作成を助長する協力を行うとの立場を鮮明にした。2001年の段階では72ヵ国（HIPCsおよびIDA融資対象国）がPRSP作成支援対象国とされており、その中には日本が支援をしてきた国も含まれる。債務削減を行うか否か、およびPRSP作成に具体的にどのように参画するかが資金協力および技術協力の重要な課題として浮上した。

　援助協調が具体的な課題として突き付けられることとなったが、しかしそれ以上に本質的な問題は、PRSPの取りまとめの過程に、支援対象国の官民がどれだけ広くかつ深く関与し、まとめられた施策に対してこれを実行していく意欲を有するに至るかというオーナーシップの育成の問題である。当初は援助国側の提案に乗る形で作成する計画が、自身で納得のいく計画に転化させられなければ、PRSPはただの援助資源動員の手続きに終わってしまい、貧困削減の具体的な成果をあげる戦略としては機能しない。

〔佐原隆幸〕

【関連項目】　PRSP、国際開発協会、国際通貨基金、国際復興開発銀行
【参考文献】　国際協力総合研修所『地球規模の課題』1995年。／国際協力総合研修所『援助の潮流がわかる

本』2003年．／国際協力総合研修所『開発課題に対する効果的アプローチ，貧困削減』2003年．

【参考文献】 渡辺利夫『開発経済学—経済学と現代アジア（第2版）』日本評論社，1996年．／速水佑次郎『新版 開発経済学—諸国民の貧困と富』創文社，2000年．

貧困の悪循環
Vicious Circles of Poverty

　貧困の悪循環とは、ある国に深刻な貧困問題が生じている時、その状態をもたらしているのは貧困自体であることを示す概念であり、ヌルクセ（Ragnar Nurkse）によって提示された。貧困の悪循環を説明する場合、ヌルクセが最も重要視した指標は資本蓄積（＝投資）である。ヌルクセは、貧困問題が生じているような開発途上国においては、不活発な資本形成が結果的に需要・供給両面から経済発展を阻害するような状態を生んでおり、結果的に低所得水準の状態から離脱することができない国々が数多く存在することを示した。同様に低所得水準の状態にある国が成長できない要因を説明した「低水準均衡の罠」モデルは、その要因を開発途上国の人口増加であるとした点で貧困の悪循環とは若干異なる。

　まず、供給側から貧困の悪循環を説明してみよう。低い所得水準の国においては、同時に貯蓄率も低い水準にある。貯蓄率が低い水準にあるということは、資本蓄積も低い水準にとどまるということを意味する。資本蓄積が低い水準にとどまり、投資が活発に行われなければ労働生産性も低い水準にとどまり、その国の所得水準も低い水準から上昇することが困難になる。

　需要側から貧困の悪循環を説明してみよう。ヌルクセは、貧困の悪循環の中でも、特に需要面の要因を重要視した。低い所得水準の国においては、購買力も低い。その国の購買力が低いということは、財を生産しても売上があまり見込めないことを意味し、企業の投資インセンティブは弱い。投資インセンティブが弱ければ、当然、資本蓄積は不活発となり低所得の原因となる。低い所得水準にあるがゆえに、資本蓄積水準も低く、需要と供給の双方の要因が相互に影響を及ぼして、その国の経済成長を阻害するのである。

［森脇祥太］

【関連項目】 低水準均衡の罠

貧困の共有
Shared Poverty

　「貧困の共有」の概念は、米国生まれの人類学者クリフォード・ギアツ（Clifford James Geertz, 1926～）が『農業インボリューション』（*Agricultural Involution : The Process of Ecological Change in Indonesia.* California : University of California Press, 1963.）という書物で提示される。この概念は、1953～54年にかけての東ジャワでの人類学的調査において形成された。同書は、インドネシアのジャワ島農村社会が、人口増加圧力の下で共同体成員の生存を維持するために水田稲作農業の形態をいかに変化させていったのかを分析した。ギアツによれば、人口増加圧力が高まるに従い、土地所有形態が「共同体的所有（Communal Ownership）」の性格を強めていったとする。また、共同体の成員は相互に仕事を与える義務と仕事をする権利という慣習をもつに至ったとする。水田稲作を行う土地に制約がある一方で、人口が増加していくことになる。

　これが継続すると大地主と奴隷に近い農民とに二極分解が生じることは、開発途上諸国で頻繁にみられる。しかし、ジャワではこの二極分解が生じたのではなく、土地を分割して共同体の成員に配分するという動きがみられた。土地を細分化することで土地の配分を成員間に行き渡らせたのである。土地を借りて水田稲作を行おうとする小作農自身が、他の成員に土地を貸し付ける。仕事を与える義務と仕事をすることの権利という慣習にこれは由来する。その結果、労働機会および所得分配の均等化が達成される。しかし、所得分配の均等化とはいえ、人口が増加するに従い絶対的な所得水準は低下していく。所得水準が低下するとはいっても、共同体の成員が生存を維持していくことができる水準である。人口が増加するに従い成員間でますます貧しさを分かち合うことになり、これを「貧困の共有」という。伝統的な村落社会には共同体

の全成員に対して生存の維持を保障するという道徳的規範が存在していたとする、スコット（James C. Scott）のモラル・エコノミー論を彷彿させる。　　　　　　［徳原　悟］

【関連項目】　農業インボリューション、複合社会、社会的・経済的二重構造

【参考文献】　原洋之介『エリア・エコノミクス—アジア経済のトポロジー』NTT出版、1999年.／クリフォード・ギアツ（池本幸生訳）『インボリューション—内に向かう発展』NTT出版、2001年.

貧困の女性化
Feminization of Poverty

　貧困層に占める女性比率の高さや、その深刻さの問題である。世界で食糧、飲料水、住居、また保健や教育機会において必要最低条件の基準も満たしえない絶対的貧困状態にある貧困層が10億人以上に上るとみられ、その約7割が女性の貧困層で、「貧困には女性の顔がある」といわれている。ESCAP（国連アジア・太平洋経済社会委員会）では特に農業部門、インフォーマルセクターで働く女性、世帯主として家計維持に責任をもつ女性、高齢女性、若年女性と少女、障害をもつ女性、構造調整政策の影響を受ける女性などを「貧困の女性化」のグループとして位置付けている。

　このような状況の背景には、先進国優先の世界経済の構造と、経済のグローバル化が拡大する中で開発途上国の女性の生活や経済活動の基盤が破壊され、一方「開発への参画」と「開発からの受益」が阻まれてきたことがある。1980年代に開始された構造調整プログラムにより、開発途上国では輸出優先の市場経済への転換が促進され、女性の重要な経済活動の基盤であった農業や自給生産経済が解体された。また1990年代のアジア金融危機や世界経済の停滞・縮小等は、貧困をめぐるジェンダー格差を拡大させた。さらに世界的にシングル・マザーや女性高齢者など女性世帯主が急増し、教育、雇用、福祉、資産の所有などをめぐって存在する根強いジェンダー不平等が、女性とその世帯の貧困化を著しく進めている。1995年第4回国連世界女性会議で採択された北京行動綱領は、戦略目標の筆頭に「貧困の女性化」をあげ、それを現代の経済・社会の構造的問題として捉え、国際機関や各国政府に解決を求めている。　　［新井典子］

【関連項目】　絶対的貧困、世界女性会議

【参考文献】　UNDP『人間開発報告書：ジェンダーと人間開発』国際協力出版会、1995年.／松井やより『北京で燃えた女たち—世界女性会議'95』岩波書店、1996年.

フ

ファイナンス・カンパニー
Finance Company

　ファイナンス・カンパニーは、金融会社および金融証券会社と呼ばれる。預金取扱銀行以外の金融機関としてノンバンクに属する。住宅抵当貸付（モーゲージ会社）、消費者金融、住宅金融、割賦販売、リース、不動産金融などを専門業務とする金融機関である。これら専門金融機関の資金調達は、自己資本、他の金融機関からの借入、コマーシャル・ペーパー（CP）の発行などによって行われる。ファイナンス・カンパニーは米国、フランスなどの先進国だけでなく、アジア諸国にも広くみられるが、その業務形態や資金調達等の点で相違がある。

　タイでは、証券業務と制限付ではあるが銀行業務を兼営することが認められてきた点に特徴があり、商業銀行に次ぐ地位を占める。資金調達は、インターバンク市場やオフショア市場からの借入に依存している。バンコクオフショア市場（Bangkok International Banking Facility：BIBF）は、通常の非居住者間の「外—外」取引を行う市場とは異なり、非居住者と居住者が取引をする「外—内」型の市場であった。そのため、巨額の海外資金がこれらファイナンス・カンパニーを通じて、国内の不動産・株式関連融資や消費者信用に流れ込み、バブルを引き起こした。

　マレーシアのケースで特徴的なのは、その資金調達の形態である。一般的に、資金調達は他の金融機関や金融市場から行われるが、マレーシアでは定期性貯蓄預金や積立預金で資金調達がなされている。韓国では、財閥系企業や財閥系銀行の子会社として金融専門会

社が設立され、資金の迂回融資や海外からの資金調達機能を果たしていた。アジアの金融会社は、いずれもアジア通貨危機後に巨額の不良債権を抱えていたことが判明し、清算・整理統合が進められた。銀行、証券部門の規制を回避する目的で設立された会社も多く、従来から規制や監視を強化すべきだとの主張がなされていた。今後、情報開示や会計ルールなどさまざまな面で規制が課されることになろう。

〔德原 悟〕

【関連項目】 預金取扱銀行、ノンバンク、バブル、不良債権問題、オフショア金融市場
【参考文献】 大場智満, 増永嶺監修, ㈶国際金融情報センター編『変動する世界の金融・資本市場(下巻：アジア・中南米・中東編)』㈶金融財政事情研究会, 1999年. ／国宗浩三編『金融と企業の再構築——アジアの経験』研究双書 No.510, アジア経済研究所, 2000年.

ファミリー・ビジネス【インドネシア】
Family Business

インドネシアは1980年代に入り、脱石油・工業化の時代を迎えたが、この工業化と成長経済の時代にスハルト大統領の子供たちが本格的にビジネス界に参入し、多くの特権を付与されて各々のビジネスの規模と分野を増殖させていった状況をいう。スハルト(Thojib N J Suharto)には息子と娘が3人ずつの6人の子供がいるが、ファミリー・ビジネスには夫人(1996年死亡)、異母弟、義弟も加わる。長女、次男、三男を中心に、さまざまな分野にまたがる自己の企業グループを急速に発展させた。その手法は、運輸、建設、通信、化学、金融、流通など発展に欠かせない社会基盤などのうまみの多い国策的事業を中心に、独占的・優先的な地位を与えられて事業を展開して、容易に利益を得るというものであった。特権は、投資ライセンス、森林伐採などの権利、独占フランチャイズ権、独占的な輸入権、政府資産購入権、外資企業の代理権などである。

国営企業が独占していた産業部門を民間に開放するとファミリー企業が次々に受注した大型プロジェクトのケースは、ファミリー・ビジネスの典型的な例である。特定企業に指名受注させる場合が多く、高速道路建設では長女の企業が(1987年)、石油掘削事業では次男の企業グループ(1988年)が、石油採掘事業では三男の企業グループ(1990年)が、それぞれ経営権または採掘権を取得している。これらの事業を展開するために必要な資金は、国営銀行から審査なしに融資された。

〔篠塚 徹〕

【関連項目】 スハルト、華人コングロマリット
【参考文献】 磯松浩滋『どこへ行くインドネシア』めこん, 1995年. ／村井吉敬, 佐伯奈津子, 久保康之, 間瀬朋子『スハルト・ファミリーの蓄財』コモンズ, 1999年. ／宮本謙介『概説インドネシア経済史』2003年.

ファミリー・ビジネス【フィリピン】
Family Business

ファミリー・ビジネスとは、特定家族が経営を行っている企業であり、創業者や創業精神に求心力を有する企業形態を特徴とする。創業者の事業精神・哲学の継承を重視するあまり保守的になり、時代が求める事業展開に遅れたり、ファミリー重視から倫理観が失われたりする場合が多い。日本の第2次世界大戦における財閥企業にこうした特徴がみられた。現在、世界のファミリー・ビジネスの比率は90％を超え、小規模な企業から世界な企業までさまざまである。アジアでは華僑・華人企業がファミリー・ビジネスとして代表的である。華僑・華人企業は家族・同族経営を中心とし小規模の企業体が多いが、中には株式化して規模を拡大しアジアを代表する企業となっているものも多い。

開発途上国でファミリー・ビジネスが問題となるのは、特定家族を中心とした企業体が経済に占める比重を高め、政治・経済的な発言力を有するようになり、彼らの利益を政治・経済に反映させるようになる場合である。フィリピンでは歴史的形成された百数十といわれる有力家族が政治・経済的に強い発言権を有し、国の政策に影響力を及ぼしてきた。歴代の大統領が公約した農地改革をほとんど実施できなかったことや、1940年代後半から始められた保護主義的な工業化政策が1980年代前半まで転換できなかったのは、有力家族が既得権益を守るために反対してきたからである。現在でもフィリピンの有力家族は政治・経済に人材を輩出しており、世界的な自由化の中で彼らの既得権益を擁護するの

は難しくなっているが、依然としてフィリピンで強い影響力を有している。　　［梶原弘和］

【関連項目】　マルコス、マルコス・クローニー
【参考文献】　梶原弘和『アジア発展の構図』東洋経済新報社, 1999年. ／国際協力推進協会（APIC）『開発途上国国別経済協力シリーズ：フィリピン』第7版, 2000年. ／アジア経済研究所編『アジア動向年報』アジア経済研究所, 各年版.

ファンクショニング
Functioning

　ファンクショニング（「機能」と訳される）は、アマルティア・K.セン（Amartya K. Sen）の著作で頻繁に使用されているケイパビリティ（Capability）と密接な関係のある概念である。センによれば、機能とは、個人の暮らし振りを示す状態や、生活の中で行う行為を示す。重要な機能としては、「十分な栄養を得ているか」、「健康であるか」、「早死にしていないか」などの基本的なことから、「幸福であるか」、「自尊心をもっているか」、「社会生活に参加しているか」などの人間の内面的要素まで多岐にわたり、広範な概念である。すなわち、機能とは、個人が求める豊かな生活を構成するさまざまな要素を集合的に捉えた概念である。各個人の生活内容は、所得、資産、環境等の外的環境と、個人の思想、信念、感情などの内面的な要素に依存しており、機能は複雑多岐にわたる。貧しくて社会参加をする時間的余裕がない人と、自分の怠惰で参加しない人では、「社会参加していない」という機能では同じである。しかし、前者は選択の余地がないのに対して、後者は自分の意思でそうしているのであり、機能は同一であるが潜在能力は異なる。各個人がこれらの機能を所得や富などの手段を利用して自由に追求できることが、「潜在能力」ということである。この「潜在能力の平等」を実現することが真の平等だとセンはいう。

［德原　悟］

【関連項目】　ケイパビリティ、エンタイトルメント、セン
【参考文献】　アマルティア・セン（徳永澄憲, 松本保美, 青山治城訳）『経済学の再生―道徳哲学への回帰』麗澤大学出版会, 2002年. ／鈴村興太郎, 後藤玲子『アマルティア・セン―経済学と倫理（改装新版）』実務教育出版会, 2002年.

フィリピン開発銀行
Development Bank of the Philippines

　フィリピン開発銀行（以下DBP）は、1947年に設立された復興金融公社（Rehabilitation Finance Corporation）を母体として、1958年に設立された開発金融機関である。農業・商業・工業などの分野に融資を行い、資本形成や雇用創出に貢献することを目的とした。マルコス（Ferdinand Edralin Marcos）政権下で資産規模が大幅に拡大し、DBPともう一つの政策金融機関であったPNB（Philippine National Bank）の資産額は合算で、フィリピンの銀行資産全体の50％近くに達した。しかし、政治的に誘導された融資が多かったこと、内部管理がずさんであったこと、破綻した企業を救済したことなどから、不良債権が累積して経営が悪化した。

　1986年以降、アキノ（Maria Corazon Aquino）政権下で政策金融の見直しが行われた。その一環としてDBPは不良債権の大半を政府に移管し、規模を大幅に縮小して再建された。人員の合理化、公的資金の注入が行われるとともに、審査手続きの改善や行員研修の実施による組織強化が図られた。再建は成功し、DBPは住宅、農業、中小企業などの分野に業務を拡大、1995年には商業銀行免許を取得した。また1998年には、資本金を従来の50億ペソから350億ペソに増額した。

　現在、DBPの主な組織目的は農業、工業分野に中・長期資金を供給することであり、特に中小企業に力点をおいている。具体的には、①戦略部門（インフラ、運輸、通信、エネルギー、中小企業、農業、教育、健康、住宅、マイクロファイナンス、環境）への資金供給、②国内の資本市場の育成支援、③海外からの援助資金（ODA）の受け皿などの機能を果たしている。2002年12月時点の総資産は約1510億ペソ、国内第8位の商業銀行である。

　インフラ整備などの開発資金に対する需要が旺盛である一方、国内資本市場が未成熟で中・長期資金の調達が難しいフィリピンでは、DBPの果たす役割は依然大きく、開発政策に即した案件を優先的に実施することが

求められる。 [清水 聡]

【関連項目】開発金融機関、政策金融、ODA大綱
【参考文献】奥田英信「途上国の金融自由化政策と政策金融：フィリピンの事例研究」『一橋論叢』第110巻第6号, 1993年.／辻一人, 上野洋, 関口洋二郎, 大和綾「フィリピン政策金融改革提言調査」『開発援助研究』Vol. 2, No. 2, 1995年.

フェイ＝レイニス・モデル
Fei-Ranis Model

伝統部門と近代部門の相互作用によって、ある国の経済発展メカニズムを説明する「二重経済発展モデル」は、アーサー・ルイス (Sir William Arthur Lewis) によって提示され、フェイ＝レイニス (John C. H. Fei and Gustav Ranis)、ジョルゲンソン (Dale Weldeau Jorgenson) らによって精緻化・洗練化された。フェイ＝レニス・モデルは、「二重経済発展モデル」の中でも代表的なモデルの一つである。このモデルにおいては、伝統部門として農業部門を、近代部門として工業部門を想定している。農業部門は非資本主義的であり、土地と労働を生産要素として使用するが、資本は使用しない。また、農業部門においては、労働者の生存を最低限度維持するための所得を意味する固定的な「制度賃金」が、相互扶助的な社会慣習を反映して成立している。その意味で、農業部門は古典派的世界であるといえよう。それゆえ、制度賃金で、農業部門に過剰に存在する労働力を無制限に工業部門へと移動させることが可能

(1) 農業部門

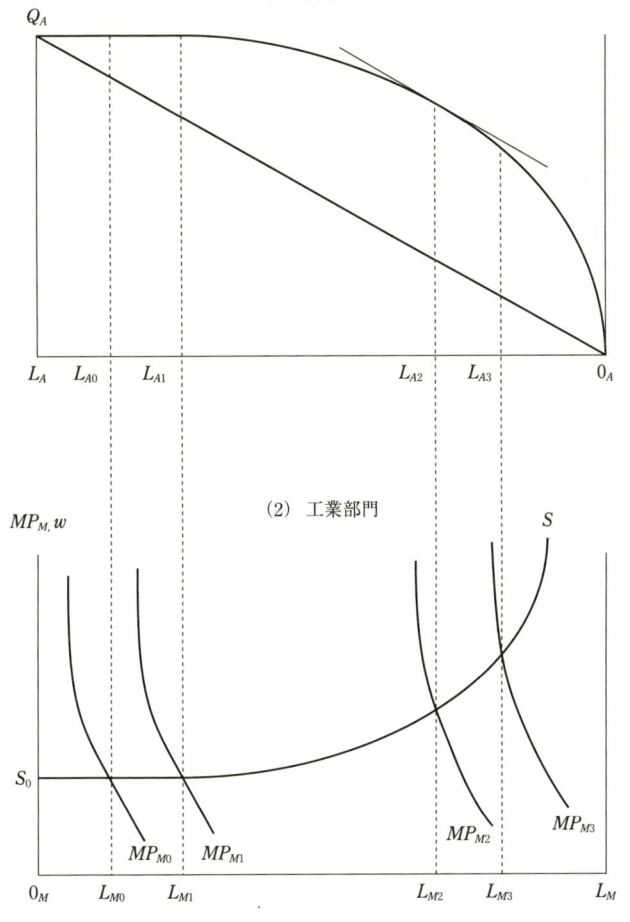

(2) 工業部門

工業部門は、農業部門と異なり、資本主義的で利潤最大化原理にもとづいた生産活動を行っており、新古典派的世界である。工業部門が資本蓄積を行って生産を拡大するにつれて、労働需要も増大し、制度賃金のような低水準の賃金で農業部門から労働力を吸収して利用し、発展を継続することが可能となる。

ある国に農業部門と工業部門が存在しており、その国の労働力はすべて両部門に配分されているとしよう。図においては、農業部門の労働者数は(1)のL_Aを、工業部門の労働者数は(2)のO_Mを原点とする。図の(1)は、農業部門の生産関数を示しており、(2)は、工業部門の限界生産力MPと労働供給曲線Sを示している。工業部門の限界生産力曲線は、生産要素の収穫逓減のために右下がりとなっており、同時にこれは労働需要曲線でもある。また、制度賃金は、農業部門においては労働生産性Q_AL_A/O_AL_Aで、工業部門においてはS_0で表わされる。

当初、農業部門においては、制度賃金によって、労働の限界生産力がゼロの状態の労働者すらも雇用されている。フェイ=レイニス・モデルにおいては、労働の限界生産力がゼロの労働者のことを余剰労働力といい、「偽装失業」の状態にあるとみなされる。農業部門に当初、L_{A0}の労働者が存在していた場合、余剰労働力の大きさは、$L_{A0}L_{A1}$で表わされる。しかし、工業部門における労働需要の増大によって、そのような余剰労働力はすべて工業部門へと移動する。工業部門の限界生産力がMP_{M0}からMP_{M1}へと移動することによって、$L_{A0}L_{A1}$の余剰労働力は消滅する。そして、一層の労働力の移動は、農業部門の生産量を減少させ、その結果、農業生産物価格の上昇を招く。農業部門に余剰労働力が存在する限りは、工業部門の賃金は制度賃金S_0の水準で一定である。しかし、余剰労働力が消滅して後、農業部門から工業部門への労働力の移動が進むと、農産物の相対価格は上昇し、農産物で測った工業部門の実質賃金も上昇する。そのため、農業部門の余剰労働力が消滅した後、工業部門への労働力の移動が進行すると、工業部門の賃金は制度賃金の水準を超えて上昇する。工業部門の労働供給曲線はL_{M1}以後、右上がりの線分となる。フェイ=レイニス・モデルにおいては、このように、工業部門の賃金が一定の状態にある局面から、賃金が上昇する局面への「転換点」となる時点のことを「食糧不足点」という。

余剰労働力が消滅しても、農業部門においては制度賃金が成立しており、その水準を下回る労働の限界生産力しかない労働者も依然として存在している。フェイ=レイニス・モデルにおいては、このような労働者のことを過剰労働力という。農業部門においては、$L_{A1}L_{A2}$の労働者が過剰労働力にあたる。農業部門の労働者がL_{A2}となった時、制度賃金と労働の限界生産力が一致する。それは、図において、労働力がL_{A2}の時、Q_AL_A/O_AL_Aと生産関数の接線の傾きの大きさ（＝労働の限界生産力）が一致することによって確認することができる。食糧不足点を超えて、工業部門の生産が拡大すると、労働需要も増大して、農業部門の過剰労働力が工業部門へ移動することになり、やがてその数は減少していく。工業部門の限界生産力がMP_{M1}からMP_{M2}へと移動することによって、$L_{A1}L_{A2}$の過剰労働力は消滅することになろう。フェイ=レイニス・モデルにおいては、過剰労働力が消滅する時点のことを「商業化点」といい、2番目の転換点を意味する。商業化点以後は、農業部門の賃金はその労働の限界生産力で決定されるようになるため、工業部門においては、賃金の上昇が急速に進行する。工業部門の限界生産力がMP_{M2}からMP_{M3}へと移動することによって、賃金水準が急速に上昇することが、図の(2)によって確認されよう。　　　　　［森脇祥太］

【関連項目】ルイス・モデル、ジョルゲンソン・モデル、伝統部門、近代部門、限界費用と利潤最大化、限界生産力、転換点

【参考文献】鳥居泰彦『経済発展論』東洋経済新報社, 1979年.／渡辺利夫『開発経済学—経済学と現代アジア（第2版）』日本評論社, 1996年.

不確実性
⇨ リスク／不確実性

◀ **不完全就業**
▷ 失業／不完全就業

◀ **不均一分散**
Heteroscedasticity

　回帰モデルにおいて、撹乱項の分散が一定であると仮定できない場合、撹乱項は不均一分散であるという。不均一分散のもとでOLSを行うと、回帰係数の推定量は不偏性を有するが、最小分散の性質を失い、最良線型不偏推定量（Best Linear Unbiased Entimator：BLUE）ではない。不均一分散がある場合の対策としては、加重最小2乗法（Weighted Least Squares：WLS）が用いられる。
　　　　　　　　　　　　　　　　［白砂堤津耶］
【関連項目】　最小2乗法、撹乱項、回帰係数

◀ **不均斉成長説**
Unbalanced Growth Theory

　不均斉成長説とは、開発途上国の発展にとって成長率の高い部門への集中的な投資が最も重要な役割を果たすとして、国内に生じるアンバランスな発展構造を是認する考え方のことをいい、ハーシュマン（Albert Otto Hirschman）によって提唱された。ヌルクセ（Ragnar Nurkse）やローゼンシュタイン-ロダン（Paul N. Rosenstein-Rodan）の「均斉成長説」においては、不均斉成長説とは対照的に、国内の各部門がバランスのとれた発展を行うことが、各部門の相互依存関係の深化を促し、経済発展を促進するとされる。ハーシュマンは、経済発展を先発部門の成長を後発部門が追跡して、やがて追いつき追い越すような追跡過程として捉える。不均衡発展が投資を誘引して初めて開発途上国の新たな発展を促すとして均斉成長説に批判的な立場をとる。
　古典派経済学においては、経済成長の過程によって生じる不均衡状態は価格によって探知され、利潤動機によって確実に排除されるとしていた。均斉成長説は、そのような古典派経済学の考え方を批判して、市場要因によって不均衡状態を解消することは不可能であるために、バランスのとれた成長が必要であることを主張する。また、均斉成長説において

は、政府による経済政策の役割を重要視するが、ハーシュマンは企業によって達成不可能であることが政府によって達成されるという論理は成立しないとして、政府の役割を過大評価することを批判する。激しい競争メカニズムが機能している場合、市場においては、利益が生じる一方で同時に損失も生じているような不均衡な状態が発生する。ハーシュマンによると、政府による発展政策は、そのような不均衡な状態を除去するのではなく、積極的に活用する必要を考える。
　ハーシュマンは、不均衡状態が新たな不均衡状態を誘発し、それがまた新たな発展を誘発するという。このような不均衡発展のメカニズムを「外部経済」によって説明する。ある産業は、前の段階で生み出された外部経済を享受し、それによって新たな外部経済を生み出す。生み出された新たな外部経済は、他の産業によって享受される、というような発展プロセスが進行する。ハーシュマンは、外部経済を生み出す要因として投資の補完性効果をあげている。Aの生産の増加のための投資は、Bの生産を誘発し、これがCの生産を拡大する誘引となる。また、今期の投資は来期の投資を補完的に誘発することになろう。ハーシュマンはこのような投資の補完性は、先進国においてよりも開発途上国において強力に機能すると主張する。一般的に、享受する外部経済が与える外部経済よりも大きな事業への投資は実行されやすいと考えられる。開発途上国のような新たに発展を開始した経済においては、そのような投資機会が比較的多いと考えられる。この場合、外部経済をより多く享受することが可能であるため、連続して一層の投資が誘発的に生み出されることになろう。
　経済発展論においては、ある国の経済発展において均斉成長が実現したか、もしくは不均斉成長が実現したかということも重要なテーマとなる。典型的な不均衡成長をとげた国としては日本があげられよう。日本の近代経済成長過程においては、工業部門の生産成長率が他の部門と比較して著しく高く、大きな成長率格差が生じて産業構造は著しく変化した。また、第1次世界大戦以降、本格化した

工業化の進行によって工業部門と他の部門との労働生産性格差は拡大して産業間の格差構造が形成されることになった。　　　［森脇祥太］

【関連項目】　ローゼンシュタイン-ロダン、均斉成長説、外部経済、近代経済成長
【参考文献】　アルバート・O. ハーシュマン（小島清監修、麻田四郎訳）『経済発展の戦略』巌松堂出版、1961年。／大塚勝夫『比較経済発展論』早稲田大学出版部、1995年.

複合社会
Plural Societies

複合社会は、英国の植民地経済学者ファーニバル（John Sydenham Furnivall, 1878～1960）が、オランダ植民地時代のインドネシア研究から導出した概念である。ファーニバルによれば、複合社会とは同一の政治的支配体制の下に複数の社会集団が分離したまま並存的に混在するが、決して融合されることのない社会と定義される。複合社会では、外部からの侵略や攻撃など、すべての社会集団に共通して影響を及ぼすものに対しては抵抗を示す。しかし、それ以外では、同質的社会でみられるような生活様式、慣習、伝統や宗教などの共通の了解事項は存在しない。

社会的意思が存在しない以上、社会的需要も形成されることはない。唯一の共通基盤としてあるのは、経済的価値だけである。そのため社会規範から解き放たれた経済力が支配する社会となる。すなわち、物質主義、個人主義、経済合理主義が社会を覆い尽くす。経済的価値を追求する各社会集団間の軋轢は強まるばかりで、各集団の溝は広がることはあっても縮小することはない。このような複合社会の誕生は、西欧先進国が植民地化を通じて経済自由主義を移植したことに求められる。

支配国が被支配国に求めるのは、安価な労働力と豊富な原材料である。特に安価な労働者として「東洋外国人」といわれる中国やインドからの移民を、鉱山開発やプランテーション農業に投入した。これにより、中国人社会、インド人社会、現地住民社会という集団が形成された。人種的に構成された各社会集団は、特定の生産分野に組み込まれて、経済的利害関係においても対立する。社会集団の人種的・経済的編成は、現地社会に階層分化をもたらす。社会の上層部は、支配国の人々が占め、中間層に「東洋外国人」が位置し、最下層に土着住民が据えられる。支配国の人は大企業の経営者や技術者となり、中間層の「東洋外国人」は小売・卸売業者、金貸し業者や仲介業を営み、最下層の土着民族は企業の労働者や農民となる。

このような社会構造において、「東洋外国人」は土着民と支配層との間の緩衝材の役割を果たしている。彼らは支配層に対しては土着層との媒介者となる。その一方で経済的才覚をもつ「東洋外国人」は土着層を支配する。これにより、土着層と支配層の直接的な関係は薄れ、対立の矛先をかわすことができる。ファーニバルはこの「東洋外国人」の役割を非常に重視していた。これにより複合社会が確固たるものとして成立する。これにより支配国が被支配国の分割統治を可能する客体的条件が整備されたのである。

分割統治とは、各社会集団の自生的な国民感情や意識の形成に向けての動きを遮断する一方で、各社会集団内部の結束を強化する統治方法である。そして、この分割統治を維持するために支配国は強大な政治的・軍事的力を行使して、外部から強制力を働かせた。このような支配形態は欧米植民地において共通してみられる統治方法であった。支配国からすれば植民地の国民統一は阻止しなければならない。それを行うには、各社会集団の存在は認めるが、それらを対立させることによって統一に向けての力を殺がなければならない。各社会集団に対しては自分たちの言語、習慣、宗教を認めた。これにより、各集団内部での結束力は強まる。しかし、各社会集団の間になると、人種、言語、習慣、宗教などのあらゆる側面で対立が先鋭化する。この先鋭化した対立状態を外部からの政治的・軍事的力で支配国は安定的に維持しようとした。このように、ファーニバルの複合社会論では、社会集団の並存的孤立を確立するための政治的要因に重点がおかれている点に、他の二重経済論とは異なる特徴がある。このような政治的要因によって複合社会が形成されたために、それが解消される可能性があること

も指摘されている。　　　　　　［徳原　悟］
【関連項目】　社会的・経済的二重構造、技術的デュアリズム、農業インボリューション、貧困の共有
【参考文献】　ファーニバル（南太平洋研究会訳）『蘭印経済史』実業之日本社、1942年。／板垣與一『アジアの民族主義と経済発展』東洋経済新報社、1962年。／鳥居泰彦『経済発展理論』東洋経済新報社、1979年。

複合人種社会【マレーシア】
Multi-Racial Society

　マレーシアは、多様な人種、民族、種族から構成される典型的な複合人種国家である。総人口2452万人（2002年央推計）のうち、マレー系（マレー人）が全体の約半分、これに華人とインド系が加わり全体の8割を占める。これら以外に、「オラン・アスリ」と呼ばれる半島マレーシアの少数民族などの先住民が全体の1割強である。インドネシアやフィリピンなどからの外国人労働者である非マレーシア国民も多数いる。またマレーシア国民（マレーシア国籍保有者）は、マレー人とその他先住民から成るブミプトラ（土地の子）と、それ以外の非ブミプトラに大別される。マレーシアが複合人種社会を形成したのは、19世紀後半に英国による植民地経済が確立し、同国がスズや天然ゴムなど工業原料の供給基地として発展したことに伴って、大量の中国人労働者やインド人労働者が移住してきたことによる。
　複雑な多民族社会は、独立以降の開発政策に大きな影響を及ぼすことになった。同国では植民地時代から資本力のある華人が商工業や金融などを支配し、マレー人を中心とする

◇マレーシアの人種構成 （単位：1,000人）

人　種	人　口	構成比（％）
マレーシア国民	22,970.9	93.7
ブミプトラ	15,009.3	61.2
マレー系	12,324.7	50.3
その他先住民	2,684.6	10.9
華人系	5,920.2	24.1
インド系	1,736.7	7.1
その他	304.7	1.2
非マレーシア国民	1,555.6	6.3
総人口	24,526.5	100.0

（注）2000年センサスを基にした推測値
（資料）Department of Statistics, *Monthly Statistical Bulletin.* June 2003

ブミプトラは地方で農業や伝統的な生業に従事してきた。この構造は独立後も基本的に変わらず、人種間の経済格差が拡大した。1957年の独立以降、政府は、スズや天然ゴムなどの1次産品に依存する経済構造からの脱却を目指して、軽工業部門の輸入代替生産に重点をおいた産業育成を進めた。この初期の工業化の推進主体は華人企業であり、華人とマレー人との経済格差が広がった。1970年の人種別貧困率は、華人26％、インド系39％に対して、ブミプトラは65％に達した。
　人種間の経済格差の広がりを背景に、1960年代に華人とマレー人との間で対立が高まった。1965年8月には、華人が大宗を占め人種間平等主義をとるシンガポールが独立した。次いで1969年5月、総選挙で与党連合が後退した際に、クアラルンプールでマレー人と華人との間で大規模な民族衝突（5・13事件）が起こり、多数の華人が死亡した。この5・13事件を契機に、人種間の融和を図り、相対的に貧しいマレー人の経済的地位を向上させ、人種間の経済格差を是正することが歴代政権の最重要政策課題となった。
　1970年に貧困撲滅と人種間の経済格差の是正を目指し、ブミプトラ政策を柱とする新経済政策（NEP、1971〜90年）」が発表された。ブミプトラ政策は、その後の同国における産業政策や企業育成策を方向付け、国家開発計画（NDP、1991〜2000年）、国家展望計画（NVP、2001〜10年）に引き継がれた。
　これら一連の開発政策の実施を通じて、マレーシアの貧困率は1970年の49.3％から1990年に17.1％、2000年に7.5％まで大きく低下し、貧困問題はほぼ解消されたといえる。NVPの前半5カ年（2001〜05年）を計画期間とする第8次マレーシア計画では、Kエコノミーの推進、産業構造の改革と並んで、より一層の貧困の削減がうたわれ、貧困率を2005年に0.5％にまで引き下げることが目標とされている。この貧困対策が対象としているのは、ブミプトラ全体ではなく、都市部のスラムやスクオッター（不法占拠地区）などに居住する貧困者や、地方の少数先住民である。
　　　　　　　　　　　　　　［坂東達郎］
【関連項目】　新経済政策、ブミプトラ政策、バンサ・マ

レーシア
【参考文献】　堀井健三編『マレーシアの社会再編と種族問題：ブミプトラ政策20年の帰結』日本貿易振興会アジア経済研究所，1989年．／堀井健三編『マレーシアの工業化：多種族国家と工業化の展開』日本貿易振興会アジア経済研究所，1991年．／サイド・フシン・アリ編（小野沢純，吉田典巧訳）『マレーシア―多民族社会の構造』井村文化事業社，1994年．

福祉財団【インドネシア】

　インドネシアには多くの財団（ヤヤサン：Yayasan）がある。その多くは、慈善事業、社会事業など広義の福祉事業を行うことを目的として設立されている。財団のなかには、その目的通りに非営利の事業を厳正に行っているものもあるが、スハルト（Thojib N J Suharto）政権時代にはその乱立とスハルト・ファミリーなどの蓄財の手段として使われたことが批判の的となっている。特に指摘されているのは、スハルト大統領とそのファミリーおよび国軍が関係する財団である。スハルト大統領は13の財団の理事長を、ティエン夫人は10の財団の理事長を務めていた。長女トゥトゥットを初めファミリーのかかわる財団も多く、国軍も各派が至る所に財団を設立している。財団は、その設立にかかわる者・団体が権力を有している場合には半ば強制的に資金を集めているが、特にスハルトが関係する財団については、大統領や大臣決定によって特定の財団への寄付を国営企業、高額納税者、一定所得以上の事業者・事業体などに強制している。

　財団はそのようにして得た資金を本来の目的のために使用するが、他方、財団の基金を維持・発展させるという名目の下に民間の銀行や企業の株を購入して資産運用を図る。その対象としてファミリー企業も多く含まれ、それらの企業の発展に寄与するとともに、資産運用の利益の一部がさらにファミリーやその企業に還元された。国軍が設立した財団は、さまざまな分野にまたがる多くの企業を所有しており、有力華人企業とも強く結び付いていた。

　2000年7月に最高検察庁は、スハルト元大統領が理事長を務める7つの財団のビル・土地などを差し押さえた。同年8月同庁は、スハルトを汚職防止法違反で起訴した。起訴理由は、大統領在任中に理事長を務める7つの財団の資金を一族企業のために流用し、国家に1兆4000億ルピアと4億1600万ドルの損害を与えた疑いである（裁判は、被告の健康悪化のため中断されている）。
　　　　　　　　　　　　　　　　［篠塚　徹］

【関連項目】　KKN、ファミリー・ビジネス、スハルト
【参考文献】　白石隆『スカルノとスハルト』岩波書店，1998年．／村井吉敬，佐伯奈津子，久保康之，間瀬朋子『スハルト・ファミリーの蓄財』コモンズ，1999年．／宮本謙介『概説インドネシア経済史』有斐閣，2003年．

複数均衡
Multiple Equilibria

　非協力ゲームにおけるナッシュ（John F. Nash）均衡は、つねに1個だけ存在するというわけではなく、複数個存在する場合がある。表はこのような複数均衡の例である。プレーヤーAとプレーヤーBが戦略1と戦略2をとる場合、ナッシュ均衡は(2, 2)となり2つ存在することになる。
　　　　　　　　　　　　　　　［森脇祥太］

【関連項目】　ナッシュ均衡

◇複数均衡

		プレーヤーBの戦略	
		1	2
プレーヤーAの戦略	1	(2, 2)	(0, 0)
	2	(0, 0)	(2, 2)

不胎化介入
Sterilized Intervention

　為替レートを安定化させるために中央銀行は外国為替市場に介入するが、その介入操作から生じる国内マネーサプライへの影響を遮断するための操作。例えば、現在の為替レートがドル安・円高にあり、ドル高へと誘導するドル買い介入を行うケースを考えることにする。中央銀行は市中銀行からドルを購入するとともに、その代価として円を支払うことになる。この円の支払いは、市中銀行へのハイパワード・マネーの供給を増加させる。ハイパワード・マネーは、その乗数倍のマネーサプライを生み出すため、介入前よりも金融が緩和された状態になる。そこで、中央銀行は、介入前の水準にハイパワード・マネーの量を抑えるために、公開市場操作を実施する。中央銀行は市中銀行に政府短期証券を売

却するという売りオペレーションを通じて、ハイパワード・マネーを吸い上げる。

逆に、円高へと誘導する介入の場合には、中央銀行は市中銀行にドルを売り、円を買うことになる。これにより、ハイパワード・マネー、それゆえにマネーサプライは収縮する。そこで中央銀行は、市中銀行から政府短期証券を購入するという買いオペレーションを実施し、介入前の水準を回復させる。このように、公開市場操作を実施して外国為替市場への介入による国内マネーサプライへの影響を間接的に管理する介入を、不胎化介入という。

公開市場操作を実施しない外為市場への介入を非不胎化介入（Unsterilized Intervention）という。不胎化介入は、理論的には、内外資産の代替性が完全な場合には（リスク・プレミアムが等しいともいえる）、有効ではない。というのは、公開市場操作は、市中銀行の内外資産のポートフォリオを変更させるが、内外資産が完全に代替的な場合には、資産の乗り換えが可能になるからである。また、実証研究からも、不胎化介入の効果に懐疑的な結果が得られている。金融・資本市場の統合化が進む今日、内外資産の代替性が高まりつつあることを考えれば、説得的な結果であるといえよう。　　　　［徳原　悟］

【関連項目】　公開市場操作、ハイパワード・マネー、マネーサプライ、金融政策、為替レート
【参考文献】　河合正弘『国際金融論』東京大学出版会、1994年。／ピーター・アイザルド（須齋正幸、高屋定美、秋山優訳）『為替レートの経済学』東洋経済新報社、2001年。

◀ 復興・開発支援
Assistance for Re-construction and Development

国際協力は、伝統的には経済開発や社会開発、国際交流を軸として展開されてきたが、冷戦終了後の地域紛争の多発により、国際協力の新たな課題として平和構築が前面に登場した。平和構築は、紛争予防、人道緊急援助、復興・開発支援の3段階を想定しているが、紛争解決後に行われるのが、復興・開発支援である。復興・開発支援の課題は、復興の努力と並行して紛争の再発予防措置をとる必要があることである。多国籍軍および平和維持軍による紛争当事者の兵力引き離しや武装解除、小型武器の生産および移動の規制、警察機能の強化と治安の回復、ライフラインの復旧と生活・社会インフラの復旧、難民・避難民の再定住、暫定統治機構による行政機能の回復と正統性を有する当該国当事者への移管、選挙の実施と監視、国の基本的な制度の再構築が喫緊の課題となる。同時に、除隊兵士の社会復帰を促進するための雇用創出、安全な土地利用を可能にするための地雷除去、国の制度を担う人材の確保と育成、対立した当事者間の和解と融和の促進および統合などが必要とされる。

これら復興と紛争再発予防を中心とした国際協力についての経験は、主に欧米諸国に蓄積されているが、カンボジアの復興支援、東チモールの復興支援への参画は日本の貴重な経験である。2001年9月11日の米国での同時多発テロ事件以降のアフガニスタン戦争後の復興支援あるいはイラク戦争後の復興支援は、強力な紛争再発予防努力なしには復興が難しいケースであり、軍事力の行使に制約のある日本にとって未知のケースでもある。この復興のプロセスが円滑に進展しなければ、その後の開発の過程に進むことはできない。このような次第から、復興支援は平和構築プロセスの成功を確保するためのみならず国際協力の実効をあげる上でも、21世紀初頭の最も重要な援助課題の一つとなっている。

　　　　［佐原隆幸］

【関連項目】　平和構築
【参考文献】　国際協力総合研修所『事業戦略調査研究「平和構築」』2001年。

◀ 部分均衡理論
Partial Equilibrium Theory

部分均衡理論とは、他の条件を一定として特定の財の市場均衡についてのみ分析するための理論であり、マーシャル（Alfred Marshall）やピグー（Arthur Cecil Pigou）によって用いられた。部分均衡理論は、すべての財およびサービスの市場均衡について、それらの相互依存関係に注目しながら同時に分析する一般均衡理論と対照的な概念である。

[森脇祥太]

【関連項目】 一般均衡理論

ブミプトラ政策【マレーシア】
Bumiputera Policy

ブミプトラは、「土着の民」という意味のサンスクリット語が起源だが、多民族国家マレーシアでは、マレー人およびその他の先住民（サバ州のカダザン人やサラワク州のイバン人など）を指し、移民系住民（華人・インド系）と区別するために用いた英国植民地当局の用語が独立後も使われている。狭義のブミプトラ政策は1971～90年の20年間に適用された「新経済政策」（NEP）を意味するが、広義のブミプトラ政策は経済的に立ち遅れているブミプトラを優先し、種族間の経済的格差の是正を図る政治・経済・社会政策全体を包括する枠組みとみなされている。ただし、マレーシア政府はBumiputera Policyという用語を公的に使っていない。実態はともかく、多民族社会の中でブミプトラのみを優先するという印象を避けたいからである。

広義のブミプトラ政策は、マレーシアの多民族社会の開発という側面からみると、1970年代初めと1990年代初めに2つの大きな変化があった。1つ目は、1969年の「5・13事件」を境に、植民地時代から継続された自由放任政策を改め、多民族社会の調和に向けて新経済政策（NEP）を導入して政府が積極的に指導する開発主義に転換したことである。その新経済政策の目標（ブミプトラの経済的地位向上）を達成するための装置として導入された大きな枠組みがブミプトラ政策を形成するに至った。その枠組みとは、①英語学校を廃止し、マレーシア語を公立学校の教育言語に一本化（1969年7月発表）、②国立大学入学でブミプトラ優先入学枠導入（1970年）、③国家イデオロギーとしての「ルクンヌガラ」（Rukunegara）（1970年8月）、④憲法改定して種族問題にかかわるセンシティブな事項の討論凍結（1971年2月）、⑤与党連盟党（Alliance）から従来の各野党をも抱き込んだ拡大与党体制となる国民戦線（Barisan Nasional）へ改組（1974年）、⑥新経済政策の履行を義務付ける工業調整法（ICA）を制定した（1975年）。このようにブミプトラ政策は、教育や政治活動、経済活動における自由な活動をある程度規制してでも種族間の調和を優先して開発を進めるという権威主義的開発体制に立脚している。マレー人を中心とするブミプトラ（華人やインド系住民と区別される）の経済的地位向上を20年間という期限付きで実施された新経済政策は目標を達成できなかった。しかしながら、ブミプトラの中間層が拡大し、ブミプトラの経済的地位はこの20年間に着実に向上したことは明白だ。

2つ目の大きな変化は、1990年代に入るとマハティール（Mahathir bin Mohamad）政権が開発政策の重点をブミプトラ政策から2020年までにマレーシアを先進国社会に仲間入りさせるという「2020年ビジョン」（ワワサン2020）へ転換しようとしたことである。新経済政策の期限が来た1990年頃にブミプトラ優先策はもう不要だという非ブミプトラの不満が根強く残り、世論は分かれた。そこでマハティール首相が強力な政治的リーダーシップを発揮して新経済政策にかわる新しい国策として1991年2月に「2020年ビジョン」を発表した。その最大の狙いは、これまでのブミプトラ中心の政策を修正して、より豊かな生活をブミプトラだけでなく、種族にかかわりなくすべてのマレーシア国民が享受することにある。エスニシティに重点をおき過ぎたこれまでの開発アプローチを見直して、「バンサ・マレーシア」（Bangsa Malaysia、マレーシア国民）という概念を使った開発戦略を打ち出した。「2020年ビジョン」の最初の10年（1991～2000年）に「国民開発政策」（NDP）が導入され、さらに次の10年（2001～10年）に「国民ビジョン政策」（NVP）が導入された。しかし、現実の開発政策は、2000年代に入ってもまだブミプトラ政策の呪縛から脱却できていない。確かに、「2020年ビジョン」の下で理系分野における英語による教育の推進や国立大学のブミプトラ入学枠の撤廃（2002年）などが打ち出されたが、ブミプトラ政策を構築するその他の枠組みを変更する動きはまだない。「2020年ビジョン」の基本路線は遂行されるもの

の、種族間の経済格差が大幅に溶解するまではブミプトラ政策の基本精神は依然として残るだろう。　　　　　　　　　　　［小野沢純］

【関連項目】　5・13事件、新経済政策、バンサ・マレーシア
【参考文献】　堀井健三編『マレーシアの社会再編―ブミプトラ政策二十年の帰結』アジア経済研究所、1989年。／サイド・フシン・アリ（小野沢純, 吉田典巧訳）『マレーシア―多民族社会の構造』頸草書房, 1994年.

プミポン・アドゥンヤデート【タイ】
Bhumibol Adulyadej, 1928〜

　バンコク（ラッタナーコーシン王朝）第9代目のタイ国王。兄アナンダ（Ananthamahidol）国王が、寝室で何者かに射殺されたための即位（1946年）であり、即位直後、内閣が総辞職するなど多くの謎が秘められている。いかなる事情があるにしても、ラーマ9世としてのプミポン国王の業績は高く評価されている。第1は、1960年、王妃を伴って、欧米主要国を歴訪し、タイ王室を世界にアピールし、そうした実績を背景に国民の統合意識を強化したことである。反共意識を徹底させ、民族・宗教・王室という三位一体の原理を確立させた。第2は、キングス・プロジェクトなどの実施と視察で、農民を中心とする国民の生活向上に大きな努力を払って王室を印象づけたことである。ただ、1963年の学生革命以降、何回か革命騒ぎの時に国王発言があったことを指摘して、政治への発言が多くなっていることを警戒する向きもある。もう1つの問題は、後継者についてである。高齢の国王には、皇太子と長女という後継候補がある。王の中の王という称号を受けたほどの現国王の地位を継承するのは容易ではない。なお、日本の皇室とは深い親交で結ばれている。　　　　　　　　　　　　［安田　靖］

【関連項目】　サンガ
【参考文献】　末広昭『タイ―開発と民主主義』岩波新書、1993年.

プライマリ・ヘルス・ケア
Primary Health Care：PHC

　1978年9月に世界保健機関（WHO）・国連児童基金（UNICEF）共催の「プライマリ・ヘルス・ケアに関する会議」が旧ソビエト連邦（現カザフスタン共和国）のアルマアタで開催された。この会議では「西暦2000年までに世界中すべての人々に健康を」を実現する鍵としてPHCが位置付けられ、「アルマアタ宣言」にその内容が織り込まれた。PHCとは、経済的、地理的な理由から貧困層には届きにくい大型の病院を中心とした高度な医療サービスに対し、健康上必要不可欠な基本的な保健医療サービスへのアクセスを地理的・経済的に保障し、すべての人が自ら健康を獲得・維持することができることを目指す、地域での実践を重視したアプローチのことである。

　「アルマアタ宣言」ではPHCアプローチ基本活動項目として、①健康問題とその予防対策に関する教育、②食糧供給と栄養改善、③安全な水と基本的衛生環境（トイレ設置）、④家族計画を含む母子保健、⑤主な感染症に対する予防接種、⑥風土病の予防と対策、⑦蔓延疾患とけがの適切な治療、⑧必須医薬品の供給の8項目を提言している。PHCの画期的かつ重要な点は、公正（equity）と参加（participation）という理念を実現するための基本原則―公平／平等性、地域共同体／住民の主体的参加、地域資源の有効活用、予防重視、適正技術、複数の分野からの複合的／多角的アプローチの必要性―にある。PHCアプローチは、宣言が出された当時の社会状況を反映して開発途上国の健康水準の向上を目指すものであり、各開発途上国ではさまざまなPHC活動を通して乳児死亡率の低下などある程度の成果を収めた。また日本を含め先進国の健康施策にも影響を与え、今日でも重要なヘルスケア活動のアプローチとして時代とともに改善・発展が望まれている。
　　　　　　　　　　　　　［新井典子］

【関連項目】　世界保健機構、保健医療
【参考文献】　デイヴィット・ワーナー、デイヴィット・サンダース（池住義憲, 若井晋監訳）『いのち・開発・NGO―子どもの健康が地球社会を変える』新評論、1998年.

プラザ合意／円高
Plaza Accord

　プラザ合意は、1985年9月に日本、米国、西ドイツ、フランス、英国の5カ国蔵相がニューヨークのプラザ・ホテルに集まり、当時

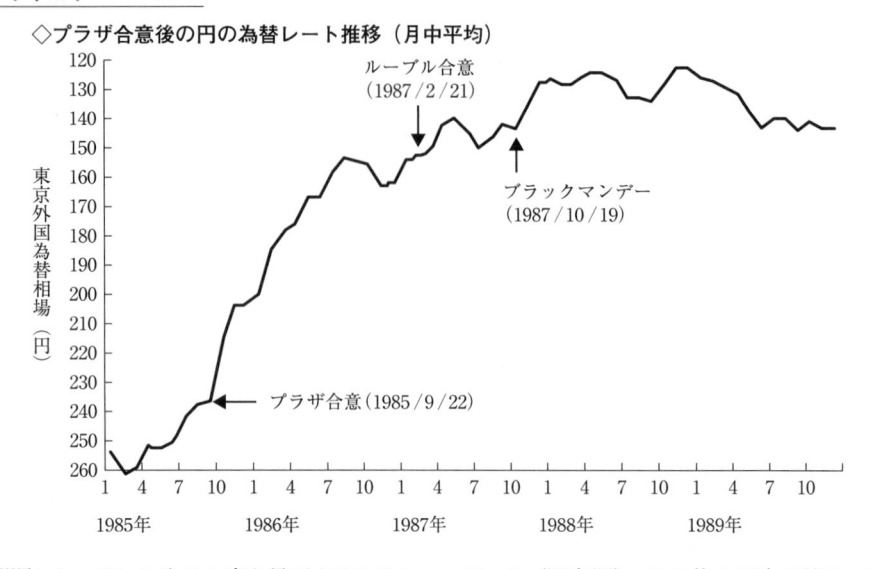

◇プラザ合意後の円の為替レート推移（月中平均）

ルーブル合意
(1987/2/21)

ブラックマンデー
(1987/10/19)

プラザ合意(1985/9/22)

東京外国為替相場（円）

問題となっていた米ドル高を是正するために外国為替市場への協調介入に合意したことである。合意内容は、参加各国の通貨を米ドルに対して一律10～12％の幅で切り上げ、その方法として参加各国は外国為替市場で協調介入を行うというものであった。レーガン（Ronald Wilson Reagan）政権下のマクロ経済政策によるドル高は、米国経済にさまざまな問題を生み出した。ドルの過大評価により米国の製造業は国際競争力を失い、海外から大量の商品が輸入された。農業もドル高による国際競争力の低下と金利高による債務の増大で不振をきわめた。このような経済状況が米国によるドル高是正への強い動機となった。

プラザ合意は国際通貨制度が固定相場制から変動相場制に移行するに伴い、国際投機資金の急激な動きによって世界経済の不安定性が増すことに危機感をもった5大国が、協調介入という通貨・金融政策を通じて国際経済の安定性回復を狙った最初の本格的試みとしても評価される。プラザ合意によるドル高是正の動きは単なる為替取引の問題だけでなく、貿易や産業の構造、国際投資の動きなど、世界経済に広範囲な変化をもたらした。

一方、プラザ合意以降、日本では急激な円高が進んだ。プラザ合意以前は1ドル240円前後であったのが、1985年末には200円に上がった（図参照）。その後も円高が続き、翌年の7月頃には150円位の水準まで円高が進んだ。結局、円高は1988年の半ばまで続いていた。急激な円高は、日本経済に深刻な不況をもたらした。この不況を脱するために日本経済は内需拡大に努めるとともに、輸出企業は国内生産を海外での現地生産に切り替え、部品調達を海外から行うといった対策を本格的に取り始めた。内需拡大により東アジアからの輸入が激増し、日本はこれらの諸国に対する需要吸収者としての地位を確かなものとした。加えて円高による海外生産の有利性の増大は、日本企業の生産拠点の海外シフトと、アジア諸国の供給力強化に貢献し、その拠点からの製品調達（アウトソーシング）を活発なものとした。

円高以降の日本企業のアジア進出は、爆発的ともいえる様相を呈した。NIESへの1986年から1989年までの4年間の直接投資累計額は、過去40年間の累計額の実に64％にも及んだ。対ASEAN諸国への直接投資も同期間への集中率が61％の高さであった。円高後の日本企業は生産、部品調達、技術開発、販売などに携わる多様な傘下企業をアジアの最適地に立地させ、自らのもつ経営資源をこの地域を舞台にシステマティックに編成し、極大利潤を狙うという一段とグローバルな海外事業展開を図るに至った。結果として、東アジア

における日本企業の補完的連携がアジア経済の構造的結合を強める重要な要因として機能した。

円高による日本企業の海外進出は東アジアで輸出力をつくり出し、その輸出力を再び日本が吸収するという形で、東アジアの経済開発に貢献した。日本は、これまでの資本財の供給基地機能に加えて、東アジアの工業財を吸引する需要吸収者機能もあわせて強化した。円高により日本はアジアの成長を牽引する有力な原動力としてそのプレゼンスを高めた。　　　　　　　　　　　　　［文　大宇］

【関連項目】　為替レート制度、円の国際化
【参考文献】　吉野俊彦『円とドル―円高への軌跡と背景』日本放送出版協会、1987年。／渡辺利夫『転換するアジア』弘文堂、1991年。／河合正弘『円高はなぜ起こる―変動する為替レートと日本経済』東洋経済新報社、1995年。／伊藤元重『ゼミナール国際経済入門』日本経済新聞社、1996年。

ブラック・マーケット
Black Market

政府の規制や法律をかいくぐる目的で設立された非合法的な市場であり、地下市場や闇市場とも呼ばれる。麻薬、密輸品、外国為替をはじめとしたさまざまな商品をそれぞれ取り扱う市場が存在する。中でも、外国為替、特にドルの闇市場は比較的多くの開発途上諸国や移行経済諸国において存在する。

開発途上諸国や移行経済諸国では一般的に厳しい外国為替管理が実施されている。外国為替管理下では、輸出代金として得た外国為替は中央銀行に売却する義務がある。一方、外国為替の供給は、外貨割当制やライセンス制によって制限されている。また、公定為替レートや取引ごとに適用レートが異なる複数為替レート制が導入されていることも特徴である。このような為替管理の実施が闇市場創出の基盤を作り出す。割当制による外国為替の供給制限によって、輸入取引や外国資産の取得を阻まれる経済主体が出てくるため、外国為替の需要圧力は増大する。中央銀行が外国為替を売却しない限り、この需要圧力は闇市場に向かう。

この圧力によって闇市場レートが公定為替レートを上回れば、ライセンスや割当を受けた輸出業者は輸出額の過小申告を、そして輸入業者は輸入額の過大申告を行うインセンティブをもつ。例えば、輸出業者は、輸出額の過小申告によって得た外貨で対外資産を購入することができる。また、その差額を国内の闇市場で売却して利益を得ることもできる。一方、輸入業者は、輸入額を水増ししたインボイスを作成し、中央銀行から輸出業者の口座に輸入代金を振り込ませる。その後、水増し分を輸入業者の海外口座に輸出業者から振り込ませることで、対外資産を入手できる。この輸出入業者の対外資産の購入は資本逃避と呼ばれる。輸出入額の不正申告により、闇市場に売却可能なドル為替を入手できる。

この闇市場で成立する対ドルレートは、ほぼ市場実勢レートを反映している。闇レートと公定レートとの乖離が激しくなると為替の切下げ圧力がかかり、ますます資本逃避が拡大する。それにより外貨準備の不足に直面し、公定レートの大幅な切下げに直面する。また、輸入価格の上昇から生じるインフレや、輸入関税収入の減少から起こる財政赤字により、緊縮的な経済政策運営を余儀なくされる。これが闇市場のマクロ経済に及ぼす影響である。　　　　　　　　　　　　［徳原　悟］

【関連項目】　資本逃避、外国為替管理、外国為替割当制度
【参考文献】　Rudiger Dornbusch, "Latin American Trade Misinvoicing as an Instrument of Capital Flight and Duty Evasion," *Occasional Papers 3*. New York : Inter-American Development Bank, 1990.／寺西重郎『工業化と金融システム』東洋経済新報社、1991年。／Pierre-Richard Agénor and Peter J. Montiel, *Development Macroeconomics*. Second Edition, New Jersey : Princeton University Press, 1999.

フランク、アンドレ・グンダー
Andre Gunder Frank, 1929～

1929年ドイツのベルリンで生まれる。従属理論（Dependency Theory）において指導的な役割を果たしてきた。フランクの世界観では、世界資本主義体制が先進国の中枢（Metropolis）と開発途上諸国で構成される衛星（Satellite）との二極の構造をもつと考えられている。また、同様の二極構造が国内でも構造化されているという。すなわち、国内では中枢と深い関係をもつ富裕層と、その

他の国民という関係が存在する。国内の二極構造と国際的な二極構造が緻密に連鎖しており、その結節点の役割を開発途上諸国の富裕層が果たしているという認識である。

開発途上諸国の先進国への従属は、形態を変えながらも連綿と続いていることを重視する。開発途上諸国を植民地にすることにより、プランテーションやモノカルチャー経済を定着させ、貿易において従属させる。このような1次産品輸出経済からの脱却を目指した工業化においても、その資金において従属関係におかれる。さらには、技術面においても遅れをとっているため、先進諸国に頼らねばならない状況にある。フランクによれば、開発途上諸国の国内の生産・社会構造は、先進国との関係においてつねに一方的に規定されることになる。世界資本主義体制の中枢に位置する先進諸国は、先の従属関係を通じて、自分達にとって好ましい生産・社会構造をもつような状況に開発途上諸国を陥れていると把握している。先進諸国は、「低開発の開発」をしていることになる。

このような視点に立つならば、低開発から脱却するための処方箋は、世界経済との関連を断ち切ることしかないといえよう。実際に、フランクは、開発途上諸国に残されている開発戦略は、社会主義的自力更生しかないと主張している。しかし、自力更生モデルや社会主義モデルは旧共産圏諸国の崩壊によって破綻している。また、アジアNIESは外資を梃子とした輸出志向工業化により飛躍的な発展を遂げた。フランクの主張は破綻をきたしたといえるが、ウォーラーステイン(Immanuel Wallerstein)を中心として従属理論の再構築の動きもみられる。　　　[徳原 悟]

【関連項目】　アミン、従属理論、ウォーラーステイン、世界システム論、植民地、帝国主義、モノカルチャー経済

【参考文献】　アンドレ・グンダー・フランク(大崎正治, 前田幸一, 中尾久訳)『世界資本主義と低開発』柘植書房, 1976年. ／アンドレ・グンダー・フランク(西川潤訳)『世界資本主義とラテンアメリカ』岩波書店, 1978年. ／アンドレ・グンダー・フランク(吾郷健二訳)『従属的蓄積と低開発』岩波書店, 1980年.

プランテーション農業
Plantation Agriculture

英国で生じた産業革命は西欧や北米に波及し、その過程において新しい生産技術、製品が開発され、生産力が飛躍的に高まった。生産力の拡大に伴い、資源確保と生産物の捌け口が必要になってきた。石油、鉄鉱石、銅、錫などの地下資源だけでなくゴム、天然繊維、砂糖、コーヒーといった農作物の確保も重要になった。生産力が高まるに伴い必要資源量は量だけでなく同質なものを求められるようになった。したがって既存の小規模な生産地からの調達では要求を満たすことはできない。そこで新たに生産可能な地域を求めることになったが、アフリカやアジアには技術がなく、これを補うとともに地下資源や農作物生産に必要な土地を自国が優先的に確保するために開発途上国の植民地化が19世紀後半以降激しくなった。また植民地化は市場確保の観点からも望ましく、資本主義社会はマルクス(Karl Heinrich Marx)の規定した帝国主義段階へと移行した。植民地化された開発途上国での農業は、本国への資源供給のための伝統的な農産物ではなく、新たな農産物を大規模な農地で単一栽培された。これがプランテーション農業であり、ゴム、コーヒー、砂糖、茶、繊維作物、など工業原料や嗜好品が栽培された。生産手法は植民地宗主国の政策や現地の状況に応じて多様である。

例えばジャワを支配したオランダは小農の土地を対象としてプランテーション農業を展開し、これがオランダに対する敵対感情の温床になった。英国はマレーシアやスリランカにおいて未開の土地、ジャングルや山間部を対象としてプランテーション農業を展開し、プランテーション農業は独立以降も農業部門で重要性を有している。しかし熱帯の未開地でのプランテーション農業の展開は、労働力確保の問題が生じた。これを英国は人口が豊富な中国やインドからの労働移動で補った。熱帯ジャングルの労働がどれほど過酷であったかは、英国が残しているマレーシアの死亡率統計で明らかである。1890年代から残っているマレーシアの人口統計によれば、20世紀初期までの中国人およびインド人の死亡率は

高く、この死亡率を補うためにさらに多くの中国人、インド人がマレーシアに送り込まれたのである。マレー人の統計だけは出生率が死亡率を上回り、マレー人は熱帯のジャングルの危険性を認識していた。英国はプランテーション農業労働として海外労働に依存しなければならなかったのである。海外からの労働移動は人為的に多民族国家という特徴を付与され、今日まで多民族の融和という問題を生じさせた。

　プランテーション農業は輸出可能な生産物をもたらしたというプラスの一方で、単一生産物への依存、多民族国家の成立というマイナスを生じさせた。独立以降、植民地宗主国に人為的につくられた特徴をどのように解消したかは、植民地宗主国が実施してきた植民地政策に対する国民感情により異なる。植民地宗主国のやり方に反発してきた国では、プランテーション農業の国有化や農地の分配からプランテーション農業が停滞した国が多い。プランテーション農業を小農の分野にも適用し農産物輸出の増加・多様化を達成した国もある。しかしプランテーション農業は、開発途上国の意志・要求で形成されたものではなく、先進工業国の要求から生じた農業形態であったために、開発途上国の開発に何らかの問題を生じさせてきたことは疑いない。

[梶原弘和]

【関連項目】　土地所有形態と農地改革、アグリビジネス、農業生産性
【参考文献】　Harry T. Oshima, *Economic Growth in Monsoon Asia : A Comparative Survey*. University of Tokyo Press, 1987.（渡辺利夫・小浜裕久監訳『モンスーンアジアの経済発展』勁草書房、1989年.）／青木健、大西健夫『ASEA躍動の経済』早稲田大学出版会, 1995年.

フリーダムハウス指標
Freedom House Index

　ある国の政治体制が民主的であるか否かは、多分に定性的な判断の問題であり、これを指標化することは困難である。しかし、ある一時点において各国の民主化を比較したり（例えば1995年時点でのASEAN各国の民主化度の比較）、時系列的に一国の民主化の変化を追ったりする場合（例えば1970年代以来のタイにおける民主化の変遷）、指標化の利点は大きい。このためさまざまな指標作成の試みがなされ、「民主化の進展」を計ろうとしている。民主化を計測する際には2つの大きな問題点がある。1つは、どのように民主化を指標化するかという方法論であり、もう1つは、どのくらいの長い期間計測できるかという期間の問題である。特に後者の問題解決には、継続して膨大なデータを収集し続ける組織の存在が望ましい。

　民主化研究において最も多く用いられるのが、ニューヨークに本部をおく非営利団体で、1973年以来世界の各政治体制の政治的自由度をモニタリングしてきたフリーダムハウスの指標である。世界銀行やUNDPの『人間開発報告』もこの指標を利用している。またUSAIDではフリーダムハウス指標を参考に、中南米への援助配分で民主化の状況を20％の割合で考慮に入れる。この指標はいくつかのチェックリストから算出した得点によって算出され、毎年1回改定される。リストでは政治的自由度について、政治的権利、市民的自由の2つの概念を適用する。デモクラシーについては多種多様な研究があるが、上記の2つの概念は、その中でも最も広く受け入れられているダール（Robert A. Dahl）の「ポリアーキー」（Polyarchy）、具体的には包括性、参加（Inclusiveness, Participation）と自由化、公的異議申立て（Liberalization, Public Contestation）という2つの概念を使ったものである。同指標では、最小限のデモクラシーの定義として「人々が、政府によって任命されたのではない競争的なグループ・個人の中から、権力をもったリーダーを、自由に選ぶことができる政治システム」（Freedom House, 1999）とする。これはシュンペーター（Joseph Alois Schumpeter）によるデモクラシーの定義を踏まえた上で、政治的多元性の確保というダールの概念を取り入れている。

　フリーダムハウス指標の集計は、個別のチェックリストについて0～4点の素点を配し、その結果を総合し（足し合わせ）、政治的権利、市民的自由度の各項目をそれぞれ1～7点で評価する。1点が最も自由な政治体制であり、7点が最も非自由な政治体制で

ある。政治的権利と市民的自由度の得点合計から「自由」（2～5点）、「部分的に自由」（6～11点）、「非自由」（12点以上）とされる。調査員がその国に派遣されることもあるが、実際の決定をみると実態を反映して、かなり弾力的な得点の付け方がなされているようである。また、政治的権利と市民的自由の関係についてフリーダムハウスでは、「発達した市民社会がなければ、デモクラシーを維持していくことはきわめて難しい。（中略）政治的権利と市民的自由のランクが大きく食い違っている国はなく、すべての国においてランクの差は2以内である」と述べている。

[甲斐信好]

【関連項目】 デモクラシー、政治的権利、市民的自由、ポリアーキー
【参考文献】 Freedom House, *Freedom in the World*. New York：Freedom House, 各年版.

プリブミ優先政策【インドネシア】

民間の経済活動を促進する過程で民族資本を育成する観点から、政府がプリブミ（現地人：pribumi）を優遇する政策をとることをいう。スカルノ（Achmad Soekarno）政権時代、経済の基幹部門はオランダ系商社を中心とする欧米大資本が押さえ、商業と中小工業はインドネシア国籍をもたない華人が担っていた。そのため、経済の外国支配を脱却して経済のインドネシア化を図ることが、この時代の国家目標の一つであった。その政策の中心となったのが、1951年から1956年まで実施された「ベンテン（要塞）計画」である。外国支配の経済構造の中に政府が積極的に介入して、プリブミ企業を保護する「要塞」を築くことが目的であった。その方法は、特定の消費財を「ベンテン輸入商品」に指定し、プリブミ業者に輸入許可証を発行して希少な外貨を優先的に割り当て、国営銀行（バンク・ネガラ・インドネシア）から融資を行って、輸入業者を短期間で育成するというものであった。この結果、プリブミ輸入業者は急増したが、その過半は輸入許可証を華人などの有力輸入業者に売却するだけの仲介業者であった。結局、大部分の対象者は泡沫業者に終わり、成果をあげずにベンテン計画は1957年に打ち切られた。またこの時期に、バティック（ろうけつ染め）と丁子たばこについても、それぞれの生産者組合を発足させて原材料である綿布と丁子の輸入・流通独占権をプリブミ産業に付与した。しかし、輸入部門が持続的に拡大しなかったなどの理由で、この政策は成果をあげることができなかった。以後、スカルノ政権は、国営企業を中核として国家の直接介入によって経済のインドネシア化を進めた。

スハルト（Thojib N J Suharto）政権は、経済の復興と開発を最優先に掲げ、外資の自由化、華人資本の動員、国営企業の整理統合、を経済の基本政策に据えた。だが、1974年1月の反日・反華人暴動（マラリ事件）と石油ブームの到来によって、政府は外資規制、華人資本規制、プリブミ優先、国営企業の拡大という政策に方向転換した。プリブミ優先政策に関しては、外資企業はプリブミをパートナーとする合弁形態をとること、パートナーがノン・プリブミ（実質的には華人）である既存の外資企業またはノン・プリブミ所有の国内企業は、（所有）株式の50％を直接プリブミへ、または株式市場を通じて売却することを定めた。同時に政府は、プリブミを対象にして低利子金融制度も設けた。しかし、ノン・プリブミ資本のプリブミ化は法律によらずに投資調整庁の窓口規制に委ねられたため、その効果は限定的であった。

1979年からの第2次石油ブームの下では、「経済的弱者グループ」（プリブミを指す）を政府プロジェクト入札、政府物資調達の際に優先する大統領令が公布された。この政府調達政策は、若干のプリブミ企業の復興や成長を促す効果があった。このように、スハルト政権の確立期において華人資本の規制とプリブミ資本の優先という政策が掲げられたが、華人資本のプリブミ化が法制化されなかった結果、その効果はきわめて限られたものとなった。スハルト政権の後半期から末期にかけて、政府は華人コングロマリットに対抗・対応して、特定企業への許認可配分という手法によってファミリー・ビジネスを中心とするプリブミ大資本を育成した。なお、1983年以降、政府公式文書では「プリブミ」という言

葉にかわって「インドネシア・アスリ：Indonesia asli」(本来のインドネシア人) という言葉が使用されている。　　　［篠塚 徹］

【関連項目】　華人コングロマリット、ファミリー・ビジネス、スハルト、ブミプトラ政策
【参考文献】　尾村敬二『インドネシア政治動揺の構図』有斐閣、1986年. ／佐藤百合編『民主化時代のインドネシア』アジア経済研究所、2002年.

不良債権問題
Non-Performing Loan

不良債権とは、経営悪化や破綻などにより元利返済が滞り、回収が困難になる危険性の高い貸出金のことである。国際的に、金融機関が保有する債権は返済の確実性によって、正常先、要注意先、破綻懸念先、実質破綻先、破綻先の5段階に分類され、破綻懸念先以下が不良債権（国際標準では延滞期間3カ月以上）とされている。金融機関は、不良債権を処理するために、将来予想される損失に見合った貸し倒れ引当金をあらかじめ費用として計上する「間接償却」や、債権の放棄や売却によって金融機関の貸借対照表から切り離し、損失として計上する「直接償却」を実施する。不良債権を円滑に処理するには、破産法、抵当権行使法、裁判制度、不動産市場を初めとする制度を整備する必要がある。

金融の自由化と国際化が進展した1980年代以降、開発途上国と先進国の双方で金融危機が頻発した。通常、金融監督機関は、金融機関に対して、保有債権の適切な評価と貸し倒れ引当金の計上を実施した上で、自己資本比率を決められた水準以上に維持することを要求する。金融機関が市場で十分な資本を調達できない場合に、国際金融業務からの撤退、早期是正措置の発動、公的資金の注入、他の金融機関との合併、一時国有化、清算などの措置を実施し、金融システムの安定化を図る。民間金融機関だけで不良債権を処理できない場合には、政府が設立した公的な資産管理会社が不良債権を買い取って、集中的に処理することがある。1997年に金融危機に見舞われ、IMF支援プログラムの対象国となったタイ、インドネシア、韓国では、公的資金を活用した不良債権の処理と金融システムの安定化政策が実施された。　　　［高安健一］

【関連項目】　金融自由化、プルーデンス（健全性）規制、金融制度改革
【参考文献】　IMF, *Macroprudential Indicators of Financial System Soundness*. IMF, 2000.

フリーライダー
Free Rider

フリーライダーとは、費用負担することなく、「ただ乗り」（フリーライディング）することによって、公共財を消費しようとする人のことをいう。公共財には、費用を負担することなく消費しようとする人を排除することができないという特徴（非排除性）が存在しており、フリーライダーが現われることがある。この場合、民間部門においては公共財を供給しようという誘因が弱められることになろう。そして、民間部門のみに公共財の供給を委ねた場合、その供給は過少となると考えられ、政府部門による供給が必要となる。
　　　［森脇祥太］

【関連項目】　公共財

プリンシパル
Principal

プリンシパルとは依頼人のことをいい、エージェント（代理人）との関係のことをエージェンシー関係という。エージェンシー関係のゲーム理論による分析がエージェンシー理論であり、開発経済学においては地主（プリンシパル）・小作農（エージェント）間に結ばれる契約等を分析する際に使用される。プリンシパルは一般的にエージェントの行動を正確に知ることができないために、エージェントが引き起こすモラル・ハザードによって不利益を被る可能性がある。　　　［森脇祥太］

【関連項目】　エージェント、エージェンシー理論、モラル・ハザード

プルタミナ【インドネシア】
Pertamina［イ］

インドネシア政府は、1960年に石油産業管理に関する政府規則を公布し、石油、天然ガスの開発は国営企業の権限に属し、国が開発できない場合には請け負い業者を雇うことができると規定した。その政府規則により、プルミナ（Permina：北スマトラの油田を管

理)、プルミガン (Permigan：中部ジャワの油田を管理)、プルミンド (Permindo：シェルとの合弁会社の後身、のちにプルタミナと改称)の3社が国営石油公社に指定された。外資系石油会社は、石油開発の請け負い契約をこれら3公社と結び、一定率の利益を政府に配分した。その後、プルミガンはプルミナ (責任者はイブヌ・ストウォ (Ibunu Sutowo)：陸軍出身・軍医)に吸収されたが、1968年にプルタミナ (前身はプルミンド)とプルミナが統合されて、単一の国営石油公社プルタミナとなり、初代総裁にイブヌ・ストウォが就任した。

　新生プルタミナは請け負い方式にかえて生産分与方式により外資と契約を結び始めたが、この方式は、生産量から生産コストを引いた量の35％を政府が取得するというものであった。プルタミナは次第に条件を厳しくし、生産量が一定の水準を超えた場合には政府の取得分が増えるようにし、1970年代の石油ブームもあって巨額がプルタミナに流れ込んだ。スハルト (Thojib N J Suharto)により職務権限を鉱業相の所管から外して大統領直属の権限としていたストウォは、次々に子会社を設立し、石油関連の国家プロジェクトにも進出した。その結果、石油化学、製鉄、アルミ精錬、通信、不動産、航空、船舶などプルタミナの活動領域は大幅に拡大し、「国家の中の国家」と呼ばれるほどに肥大化した。

　多角化の結果プルタミナはコングロマリット化し、その過程で巨額の債務を背負い、放漫経営もあって、1975年2月には債務不履行に陥った。1975年初めの債務総額は105億ドルに達していた。ストウォの庇護者であったスハルト大統領も、この事実を前にして内外の厳しい批判に屈し、1976年3月ストウォ総裁を解任した。その後救済計画を経てプルタミナは再建されたが、2001年の石油・ガス法改正と2003年6月の大統領令により、2006年には完全な株式会社に民営化され、それまでに病院、ホテル、航空などの本業以外の業務を切り離し、石油・ガス業務に専念することとなっている。　　　　　　　　　［篠塚　徹］

【関連項目】　スハルト、脱石油依存経済

【参考文献】　ヘミッシュ・マクドナルド (益子義孝, 北村正之訳)『スハルトのインドネシア』サイマル出版会, 1982年.／佐藤百合編『民主化時代のインドネシア』アジア経済研究所, 2002年.／宮本謙介『概説インドネシア経済史』有斐閣, 2003年.

ブルディカリ計画【インドネシア】
Berdikari［イ］

　1964年にインドネシアのスカルノ (Achmad Soekarno)大統領が提唱した経済の自立政策のことをいう。ブルディカリとは、「自分の足で立つ」という意味であり、スカルノはこの政策にもとづく計画を立てて経済困難を乗り切ろうとした。インドネシアの悲願であった西イリアンのオランダからの解放は、国際社会の後押しもあって、米国と国連事務総長の調停の下に1962年8月にオランダとの間で停戦が成立 (「西イリアン協定」の調印)し、翌1963年5月にインドネシアの施政下に移る形で実現した。この段階で米国は西イリアン解放後の課題は経済再建であるとし、米国ミッションをジャカルタに派遣して経済再建策を検討した。この結果、欧米や日本などの西側諸国からの経済援助を前提とする経済再建策が作成され、IMFからも融資を受けることが決まった。ところが、スカルノは新たにマレーシア連邦の結成を英国による新植民地主義だとして反対し、マレーシア対決 (コンフロンタシ)政策を打ち出したため、今度は西側諸国がインドネシアにそっぽを向き、米国やIMFは経済援助を停止した。折しも「指導される民主主義」のスカルノ独裁体制の下で強気に出たスカルノは、ブルディカリ計画を提唱して、援助に依存しない製鉄所、造船、肥料生産などの輸入代替化の国家投資計画を発表した。しかし、すでに1950年代から疲弊していたインドネシア経済における大幅な赤字財政下では何ら資金的な裏付けはなく、一層の貨幣の乱発によって恐るべきハイパーインフレが加速された。ブルディカリ計画はまったく実効性をもたないまま挫折し、やがてスカルノは破局を迎えた。

［篠塚　徹］

【関連項目】　指導される経済、スカルノ、自力更生
【参考文献】　宮本謙介『概説インドネシア経済史』有斐閣, 2003年.

プルーデンス（健全性）規制
Prudential Regulation

　金融監督当局が、金融システムの安定性と効率性を維持するために、金融機関に遵守を求める規制である。開発途上国で金融危機が頻発した背景には、健全性規制が不十分であったことがある。主なプルーデンス規制としては、自己資本比率規制、金融機関の資産分類基準、貸し倒れ引当金の計上基準、金融機関による企業への出資・融資制限、外貨ポジション規制などがある。金融監督当局は、そうした規制を金融機関に課すことによって、貸し出しや投資の決定、ポートフォリオの管理方針などに影響を与え、適切なリスク管理を促す。また、近年では、金融機関の貸出先の債務支払い能力（信用リスク）に加えて、金利や為替の変動による市場リスクやオペレーショナル・リスクなども重視されている。1990年代後半より、IMF（国際通貨基金）、世界銀行、BIS（国際決済銀行）などが、健全性についてのガイドラインの作成に取り組んでいる。
[髙安健一]

【関連項目】　金融自由化、自己資本比率規制、金融監督機関、金融制度

ブレトンウッズ体制
Bretton Woods System

　1944年に米国のニューハンプシャー州のブレトンウッズに45カ国の代表が集まって決めた第2次世界大戦後の世界の通貨体制である。1930年代の世界大恐慌による経済的荒廃に続いて第2次世界大戦による破壊は国際金融市場の荒廃と国際貿易量の激減をもたらした。かかる経験を踏まえてブレトンウッズ体制では、自由貿易の推進、戦後の通貨システムの安定、戦争による破壊からの復興と経済発展を重要な目標とした。このような目標を達成するために関税および貿易に関する一般協定（GATT）、国際通貨基金（IMF）、国際復興開発銀行（IBRD）という3つの仕組みをつくり、それぞれの目標を担った。

　国際通貨制度の安定のためにブレトンウッズ体制下では、以下のことを決めた。①世界の通貨体制は金価値に保証された米ドルを本位通貨とする金・ドル本位制とし、金1オンスを35米ドルと兌換する。これは戦前の金本位制の変形である。②国際収支調整は基礎的不均衡時を除き、平価を維持する固定相場制をとった。すなわち、各国の自国通貨と米ドルとの交換比率を固定したのである。しかし、固定相場制は1973年に主要国が変動相場制に移行して崩壊した。③各国は経常取り引きにおける通貨の平価での自由交換性を維持する。そのために必要があればIMFが短期融資を行う。さらに、IMF加盟国は割り当てによる出資金のほか、出資額に応じて外貨を出せる特別引出権（SDR）などによって国際流動性を得ることができる。

　ブレトンウッズ通貨体制は四半世紀にわたって、世界経済の協力体制を維持するのに機能した。IMF加盟国はおおむね順調に復興と発展を遂げ、貿易や投資も着実に増加した。この成功を支えたのは何といっても西側世界のGDPの40%を占め、6億5000万オンスの金を保有した米国の圧倒的な経済力・政治力・軍事力であった。しかし、1960年代に入って世界の経済環境は徐々に変化し始めた。米国はベトナム戦争で1400億ドルという巨額の戦費を支払ったほか、日本やドイツが国際競争力を回復したこともあり、米国の国際収支が急速に悪化し始めた。恒常的な国際収支の赤字により米国は1963年についに対外純債務国に転じた。金の保有量も1960年代末には半減して3億オンス以下まで減少した。

　このように1960年代の米国の国際収支赤字によるドルの信認低下や平価変更の思惑、あるいは資本移動の自由化による為替投機の激化などから、世界経済がブレトンウッズ体制では必ずしも有効に対応できない局面が出てきた。ドルを補完する流動性としてIMFにおける特別引出権（SDR）の創設もあったが、結局1971年8月に米国はドルの金に対する交換性を停止し、ドルは事実上大幅な切り下げとなった。ここに金・ドル体制による固定相場制としてのブレトンウッズ体制は崩壊し、金の裏付けをもたないドルとの固定相場制度であるスミソニアン体制を経て、1973年には主要通貨のほとんどが変動相場制に移行した。その後の国際通貨制度は事実上のドル本位制と変動相場制から成り立つポスト・ブ

レトンウッズ体制の時代に入った。［文　大字］
【関連項目】　IMF、国際復興開発銀行
【参考文献】　本間雅美『世界銀行の成立とブレトン・ウッズ体制』同文舘出版、1991年。／石見徹『国際通貨・金融システムの歴史』有斐閣、1995年。／山本栄治『国際通貨システム』岩波書店、1997年。／B. アイケングリーン（高屋定美訳）『グローバル資本と国際通貨システム』ミネルヴァ書房、1999年。／行天豊雄『通貨覇権の行方と21世紀の国際通貨体制』(財)国際通貨研究所、IIMA NEWSLETTER、No. 2、2000年。／財務省ホームページ（http://www.mof.go.jp/）。

プレビッシュ＝シンガー命題
Prebisch-Singer Thesis

リカード（David Ricardo）の比較生産費説やヘクシャー＝オリーン（Eli F. Heckscher and Bertil Ohlin）・モデルのような従来の国際貿易理論によると、国際分業によって各国間で自由貿易が展開されるならば、それら諸国の経済厚生は高まり、経済発展を促進する効果が得られる。その場合、開発途上国がその比較優位にもとづいて１次産業の生産に特化し、先進国は工業製品の生産に特化して自由貿易を行えば、開発途上国と先進国の双方の経済発展にとって望ましい結果となる。

このような自由貿易に依存して開発途上国の経済開発を促進しようとする考え方に対し、１次産品輸出に頼った経済開発は困難であるとしたのが、ヌルクセ（Ragnar Nurkse）、プレビッシュ（Raúl Prebisch）、シンガー（Hans Wolfgang Singer）らによる「輸出ペシミズム論」である。輸出ペシミズム論においては、１次産品の輸出に依存した経済開発は困難であり、経済開発にとってより重要なのは工業化である。そのためには自由貿易よりもむしろ、国内工業を保護するための貿易政策を採用することが重要であるとされた。

プレビッシュ＝シンガー命題によると、１次産品の工業製品に対する交易条件は長期的に悪化傾向をたどる。その場合、１次産品を輸出し工業製品を輸入する開発途上国の貿易収支は赤字化し輸出に依存する経済成長が不可能となる。

１次産品の需要の価格弾力性が工業製品のそれに比較して小さいことがその理由の第１としてあげられる。プレビッシュが定義する交易条件とは、輸出数量指数に商品交易条件を乗じた所得交易条件である。商品交易条件がある国の輸出価格指数と輸入価格指数の比であるとすれば、輸出価格の下落は商品交易条件を低下（＝悪化）させる。１次産品の輸出価格が下落した場合、１次産品の需要の価格弾力性は相対的に小さいので、輸出数量が伸びないために所得交易条件は悪化する。また、エンゲル法則によって、１次産品の需要の所得弾力性が工業製品のそれと比較して小さいこともプレビッシュ＝シンガー命題が成立するための理由としてあげられる。

さらに、先進国の技術は開発途上国よりも一般的に優れていると考えられ、後者の技術力は先進国に存在する多国籍企業によって支配される。そのため、先進国の工業製品の価格形成には、優れた技術力により生じるレントと多国籍企業の市場支配力による独占的利潤が付加される。また、先進国においては、優れた技術力によって１次産品の代替品や合成品を生産することが可能であり、１次産品の需要を減少させる要因となろう。

最後に注目すべきは、先進国と開発途上国の商品市場と労働市場の相違である。先進国においては、独占的な商品市場が存在しており、労働者は強力な労働組合によって組織化されている。仮に工業部門の労働生産性が上昇した場合にも、賃金コストが増加するため工業製品の価格は硬直的となろう。先進国の労働生産性の上昇によるメリットは先進国の内部に吸収されるのである。逆に、開発途上国においては、商品市場は競争的であり、労働市場には過剰労働力が存在している。その結果、労働生産性が上昇しても賃金コストは上昇せず、供給能力の増大によって、１次産品価格は低下傾向を示すと考えられる。１次産品部門における労働生産性の上昇は自由貿易を通じて先進国の消費者へ移転されるという。

［森脇祥太］

【関連項目】　比較生産費説、ヘクシャー＝オリーン・モデル、交易条件、多国籍企業
【参考文献】　西川潤『経済発展の理論（第２版）』日本評論社、1978年。／宮川典之『開発論の視座』文眞堂、1996年。／絵所秀紀『開発の政治経済学』日本評論社、1997年。

プレビッシュ報告
Prebisch Report

アルゼンチンの経済学者、ラウル・プレビッシュ（Raúl Prebisch, 1901～86）が、1964年ジュネーブで開催された第1回国連貿易開発会議（United Nations Conference on Trade and Development: UNCTAD）で行った報告のこと。本報告の理論的基礎は、プレビッシュが国連ラテンアメリカ経済委員会（Economic Commission for Latin America: ECLA、1984年にラテンアメリカ・カリブ経済委員会〔Economic Commission for Latin America and the Caribbean: ECLAC〕に改称）の事務局長時代に行った研究にある。その中でも、プレビッシュ＝シンガー命題と呼ばれる、1次産品交易条件の長期的悪化傾向を示した分析は有名である。

プレビッシュは従属理論的な立場にたち、世界経済の構造が中心と周辺から構成されていると把握した。先進国は工業製品に特化した貿易構造をもつのに対して、開発途上諸国は1次産品輸出に特化した構造をもつことを示した。そして、工業製品に対する1次産品の交易条件が悪化することは、開発途上国に低開発を強いるとした。他の従属理論家とは異なり、世界経済からの離脱よりも貿易を促進するような体制の構築を呼びかけた。

プレビッシュ報告では、先進国の1次産品輸入の拡大、開発途上国の軽工業品に対する特恵制度の創設、1次産品の価格安定化、国際収支赤字に対する補完融資制度の創設などが、盛り込まれていた。また、1968年にニューデリーで開催された第2回会議においても、同様の内容が盛り込まれた報告がなされた。これが「新プレビッシュ報告」と呼ばれるものであり、開発途上国の開発戦略として具体化させることを目的に報告された。しかし、開発途上諸国間の利害対立が生じて、具体化することはなかった。先発開発途上国は軽工業品に関心があるのに対して、後発開発途上国は1次産品にある。また、産油開発途上国と非産油開発途上国との間にも利害の相違があったことが、その原因といえる。

［徳原 悟］

【関連項目】　従属理論、国連貿易開発会議、国連ラテンアメリカ・カリブ経済委員会、交易条件
【参考文献】　ラウル・プレビッシュ（外務省訳）『新しい貿易政策をもとめて―プレビッシュ報告』国際日本協会, 1964年. ／ラウル・プレビッシュ（正井正夫訳）『新しい開発戦略を求めて―新プレビッシュ報告』国際日本協会, 1968年.

プレム政権【タイ】
Prem Tinsulanonda Administration

クリアンサック内閣の総辞職を受けて1980年3月に、プレム・ティンスーラーノン（Prem Tinsulanonda）が首相に任命された。就任当時の経済状況は、第2次石油危機の影響を受けて、高インフレ、輸出不振、経常収支赤字の拡大、慢性的な財政赤字など、1960年以降最も深刻な不況下にあった。対外債務残高は100億ドルを超え、債務返済率も危険水準である20％に達した。1981年にはIMFからの救済融資を、1982年と1983年には世界銀行から構造調整融資（SAL）を受けた。

プレム政権下で実施された第5次経済社会開発計画（1981～86年）では「経済・社会の再構築」が基本政策とされ、サリット（Sarit Thanarat）政権以降続いた民間企業主導の経済体制が強化された。1981年6月に「経済問題解決のための政府・民間連絡調整委員会」（コー・ロー・オー）が設置され、実際の経済政策の立案・運営にあたって、タイ銀行協会、タイ産業連合会、タイ商業会議所など民間の意見を取り入れるシステムが構築された。また、経済テクノクラートや大学教官など専門家の意見を反映させるために、国家経済社会開発庁（NESDB）や投資委員会（BOI）の権限が拡張された。このような民間企業主導の経済体制や経済テクノクラートを重視する政策は、1980年代後半からの外資主導による高成長の基盤となった。

プレム政権は、第2次石油危機以降の経済停滞を打開するため、1981年、1984年のバーツの切り下げ、税制の優遇などを通じて輸出向け外資企業の進出を促進した。このことから、プレム政権の経済政策は輸入代替工業化から輸出志向工業化への転換期として捉えられている。1980年代後半には、外資企業が生産する工業製品や、地場企業によるブロイラ

ーや冷凍エビなどの農産物加工製品などが主な輸出品目となった。

　プレム首相は、軍部出身でありながら軍とは一線を画し、他の政党や王室などの政治勢力にも気を配り、衝突を回避するという調整役を果たしてきた。1981年4月と1985年9月に起こった軍による2度のクーデタがいずれも失敗に終わったことは、プレム首相が政治的安定を優先していたことを示すものである。1988年7月に「首相は民選議員から選ぶべき」との世論の中でチャートチャーイ（Chatichai Choonhavan）へ首相をバトンタッチした。

［大泉啓一郎］

【関連項目】　輸入代替工業化、輸出志向工業化
【参考文献】　末廣昭『タイ―開発と民主主義』岩波新書、1993年./末廣昭、東茂樹編『タイの経済政策―制度・組織・アクター』アジア経済研究所、2000年.

プロ技協
Project-type Technical Cooperation

　国際協力機構（JICA）が実施する技術協力の特定の実施形態を表わす言葉。プロジェクト方式技術協力の略称。開発途上国の特定の機関に対し日本人専門家の派遣を通じた技術指導、日本での技術研修、前述2つの活動に関連した機材の供与という3つの協力手法を組み合わせ、相乗効果をあげつつ行う技術移転の実施形態。

　通常5年前後の期間を設定し、受け入れ機関の業務実施能力（計画―実施―評価の能力）の強化を目的として設定し、その達成に必要な技術・技能の習得項目を合意し、具体的な技術移転活動（技術指導、技術研修、機材供与）を行う。技術移転活動の実施にあたっては、投入の内容、費用および責任を日本側と受け入れ国側でどのように分担するかを決める合意議事録（Record of Discussion：R/D）を事前に締結する。また討議議事録にもとづいて、日本人専門家派遣の時期・期間・職務内容、日本での研修の時期・期間・研修内容、供与される機材の投入時期・数量・内容を盛り込んだ暫定協力実施計画を合意する。

　実質的に多年度にわたる投入量を協議する形となっており、日本政府の単年度予算主義の原則に反する部分もあるが、効果的・効率的な実施を支えるために、慣行として定着している。プロ技協は、技術協力の実施形態として採用されたが、二国間援助の別形態である無償資金協力と組み合わせで実施されることが多い。後者が施設・機材の大規模投入を可能にする中で、それを活用する開発途上国機関の能力形成をプロ技協で支援する。従来より多くの評価調査報告書で無償資金協力とプロ技協との緊密な連携の必要性が指摘された結果、現在ではプロ技協による支援なしに施設・機材が供与される例は減少してきている。

［佐原隆幸］

【関連項目】　ODA分類表、技術協力、贈与に関する交換公文
【参考文献】　外務省監修『経済協力参加への手引き』（財）国際協力推進協会、昭和59年度版、平成14年度版.

プロジェクト・サイクル
Project Cycle

　開発プロジェクトは、一定の期間内に人的・物的・金銭的・知的資源を動員して、定められた目的を達成するために、計画（Plan）、実施（Do）、評価（See）および事後措置（Follow-up）という段階をたどって運営される。プロジェクト・サイクルとは、この連続的に展開される各段階および一連の段階の全体を指し、プロジェクトの一生を表わす。国際協力の主な手段である借款および技術協力を例に取ると、この段階は表のように整理される。

　借款、無償資金協力、技術協力と、国際協力の手段によりその重点のおき方は異なるが、計画段階はおおむね①発掘・形成、②諸計画との調整、③実行可能性調査、④審査、⑤投入資源の確保の段階に分かれる。実施段階は、①建設あるいは実施（詳細設計、入札図書作成、入札、施工ともいう）、②執行監理、③完了検査の各段階に分かれる。評価および事後措置段階は(1)自己運用監理、(2)事後評価、(3)事後措置の段階に分かれる。

　プロジェクト・サイクルの各段階を円滑に運用することが、プロジェクトの目的の効率的な達成のために不可欠であるというのが、これまでのオーソドックスな考え方であった。しかし、近年、プロジェクトの目的を達成するには、プロジェクト・サイクルの円滑

◇形態別プロジェクトサイクルの比較

	借款の例		無償資金協力	プロ技協	開発調査
計画	発掘・形成	Identification/Formulation (Project Profile)			
	諸計画との調整	Public Investment Program			
	実施可能性調査	Feasibility Study Report			
	審査	Appraisal Report			
	融資交渉	Loan Agreement			
実施	建設・実施	Project Administration			
	執行監理	Memorandum, Review Report			
	建設完了検査	Project Completion Report			
評価	自己運用監理	Operation Maintenance Report			
	事後評価	Project Impact Report			
	事後措置	Follow-up			

表は借款の例を基本として、ODAの主要形態である無償資金協力、プロ技協、開発調査のプロジェクトサイクルを比較して示す。借款と無償資金協力は細部は異なるものの資金協力としてほぼ同様のステップを踏む。一方プロ技協には融資交渉のステップはない。また、開発調査については、これがODA案件の計画段階を担うスキームであることから審査以降のステップは存在しない。なお、網掛けの濃さの違いは、各スキームの縦の流れをより見やすくするために付けてある。

な運用では不十分だとする考え方が力を増している。その背景は、調査ではプロジェクトによって影響を受ける側の情報は十分には収集されず、結果的に当初の調査で想定した以上の副作用が実施段階に入った後で確認され、その補償がプロジェクトで想定された便益をも上回ってしまう事例が少なからず発生したことによる。

結果的に、小規模な実験的なプロジェクトを試み、そこで得た知見をもとに徐々にその規模を拡大していくことが円滑な目標達成につながるとする漸進適用型（adaptive approach）の考え方と、計画段階での環境影響評価や社会影響評価などを充実させ、より徹底した調査で対応するべきという考え方の2派に議論が分かれている。実施段階での地域社会の意向を想定し、計画の段階をどのように進めるかが、今後のプロジェクト・サイクルの議論の焦点となろう。不確定要素の存在とそのリスクを多めに設定し、柔軟な対応が可能な計画立案手法を求める議論である。計画段階で財務的、経済的な便益が出るような調査さえできれば、後は問題なく実施できるとする考え方は、現実離れしてた過去の思想となっている。

［佐原隆幸］

【関連項目】　開発計画、費用便益分析、プロジェクト評価
【参考文献】　外務省監修『経済協力参加への手引き』（財）国際協力推進協会、昭和59年度版、平成14年度版、1984年、2002年。／嘉数啓、吉田恒昭編『アジア型開発の課題と展望―アジア開発銀行30年の経験と教訓』名古屋大学出版会、1997年。

プロジェクト評価
Project Evaluation

「プロジェクト評価」という言葉には、その実施前に是非を問う審査に重心をおいた考え方と、開始後の進捗管理、終了時および事後評価に重心をおいた考え方のどちらを選択するかにより、意味する内容および含意される手法には大きな違いがある。前者の考え方をとる場合には、審査ポイントとして、技術面、経済・財政面、制度面、社会面および環境面が主要な審査項目となる。後者の考え方をとる場合には、最も標準的な評価手法として5項目評価について触れる必要がある。5項目評価は開発援助委員会（DAC）の評価部会が1988年に整理した評価項目であるがその概要は以下の通りである。

①目標達成度：当初計画した達成目標、あるいは実施途中で再設定した目標に照らし

て、実際に達成された結果を検討する。あわせて達成に至った（あるいは至らなかった）要因あるいは条件について分析する。②妥当性：当初計画した内容が、受益者のニーズを反映していたか、あるいは案件の基本要素である投入―成果―案件目的―上位目標の組み立ての背景にある手段―目的の連鎖、および案件の基本要素の組み立てを支える外部条件を的確に把握し、結果的に案件設計が十分なものであったかを分析する。③効果：案件の実施によって得られる正および負の影響、想定していた（いなかった）影響についてその及ぶ範囲および大きさについて分析する。案件によって視点は異なるが、組織面、財務面、技術面、制度面、社会・文化面、環境面、政治面の中で特に影響の大きいものを分析する。④自立発展性：案件の自立性および持続性を技術面、財務面、経済面、運営・管理面、から検討する。⑤効率性：案件の実施段階で投入が成果に結びついた過程を観察し、投入の選択、経済性およびタイミングを問い、成果を生む過程が効率的だったかを分析する。

　プロジェクト評価は、時間軸に沿って節目ごとに実施される。基本的には事前評価―中間評価―終了時評価―事後評価の4回実施され、各評価ごとに上記5項目の分析項目の中で重点をおかれるものとそうでないものがある。事前評価では想定される効果に、中間評価では目標達成度、効率性、妥当性に、終了時評価では目標達成度に、事後評価では効果、妥当性、自立発展性に重点がおかれる。

〔佐原隆幸〕

【関連項目】　経済分析、財務分析
【参考文献】　*DAC Principles for Project Appraisal and Evaluation.* DAC, Oct. 1988.／源由理子『国際協力プロジェクト評価』国際開発ジャーナル社, 2003年.

プロセス評価
Process Evaluation

　評価の種類を分類する方法はさまざまであるが、古典的な方法としては総括的評価と形成的評価に二分する方法が一般的である。総括的評価は結果評価とも呼ばれ、事業あるいは事業の集合体のもたらした効果を検証する、いわゆる事業の下流部分の調査を指す。形成的評価は事業の発掘や形成段階で目標設定の妥当性の向上と目標を明確化するため、事業を必要とする状況の分析および受益者のニーズ分析を行う、いわゆる事業の上流部分の調査を指す。加えて、開始された事業の実施過程に光をあて、目標達成のために選択された手段の妥当性の分析、手段の修正の必要性を確認する、いわゆる事業の中流部分の調査をも指す。プロセス評価は、上記の分類の中では形成評価の中に入り、その時系列的な分類からすると中流部分（実施過程）に該当する。

　プロセス評価の議論に関連して留意すべき議論が2つある。1つは、近年のプロセス・コンサルテーションの議論である。シャイン（Edgar H. Schein）他の提唱するプロセス・コンサルテーションの議論では、プロセス評価者の役割をさらに上流にまで広げ、実施過程より前の、事業を必要とするに至った状況分析やニーズ分析から一貫して参画すべきと勧める。またその役割も、第三者としてではなく、事業実施者自身が主体となって状況分析やニーズ分析を行い、目標設定や成功基準を設定するように導く触媒役として、事業の実施を側面支援する役割を提唱する。評価者の役割を事業実施者の後見役として位置付ける。2つは、経験学習の議論である。コルブ（David A. Kolb）他の提唱する学習過程促進の議論では、課題解決の手段として事業を実施する場合、問題状況の分析、解決につながる代替案の比較検討、選択、実施過程で現われる反作用の分析と対応について、関係者を幅広く動員し協働することから組織体としての学習効果が発生する。学習を通じて持続的な課題解決のための組織制度の整備が進み、組織開発が達成されるとする。事業はそれを担う組織と一体化しており、事業の進め方の中に組織開発の契機があるとする。プロセス評価は、ここでは発掘―形成―選択―運営の全過程の妥当性を上げ、それを通じて組織開発を促進することと同義として扱われる。

　モニタリングが、当初設定した実施スケジュールの進捗状況と、当初設定した成功指標の達成度合いを問う、機械的な作業であるの

とは異なり、プロセス評価は事業実施にあたる組織の主体性の形成と、実施過程における学習効果の向上を目指す。実施過程における関係者のコンセンサス形成、協力関係の強化、関連活動との連携向上を通じて実施過程を刺激し促進する。プロセス評価は事業の進捗管理という側面は残しつつも、その意義は事業実施機関の組織開発あるいは能力開発の手段として、経営管理手法の一部として理解するのが実態に即しているといえよう。

[佐原隆幸]

【関連項目】 プロジェクト・サイクル、プロジェクト評価
【参考文献】 David A. Kolb, *Experiential Learning : Experience as the source of Learning and Development.* Prentice-Hall, 1984. ／M. Easterby-Smith, *Evaluation of Management Education, Training and Development.* Aldershot, pp. 12-42, 1986. ／Edgar H. Schein, *Process Consultation.* Addison Wesley, 1987. ／山谷清『政策評価の理論とその展開』晃洋書房, 1997年。

プロダクトサイクル論
Product Cycle

プロダクトサイクル論とは、生産費、生産量、輸出、海外投資と技術ライフサイクルの関連を説明するものであり、ヴァーノン（Raymond Vernon）によって提起された。後発国は、プロダクトサイクルを通じて先発国企業の直接投資を受け入れ、新しい技術知識を次々と導入していくという後発性利益を享受することが可能となる。渡辺利夫の作成した図を使用しながらプロダクトサイクル論について説明してみよう。

0期からt_1期までの新技術の生成期においては、技術開発国の少数の国内企業によって、高度な技術力を必要とするX財が独占的に生産・販売されているとしよう。この期間において、X財の生産費はXP_1と高い水準にあるために、その生産量はXQ_1にとどまっている。新技術の生成期を過ぎてt_1期以降の成長期に入ると、X財の生産に必要な新技術が、他の国内企業や、比較的高い技術力をもつ後続先発国の企業に普及するようになる。その結果、成長期においてX財の生産は大幅に増加し、「規模の経済」効果によって生産費はXP_1からXP_2へと低下し、

輸出量もNE_1からNE_2へと増加する。しかし、t_2期からt_3期の期間に入ると、技術開発国の生産は依然として増加するが、後続先発国の国内生産と輸出が増大するために、技術開発国の輸出は減少する。t_3期以後の成熟期になると、後続先発国から技術開発国へのX財の輸出が開始される。そして、技術開発国の生産は減少し、その輸出もマイナスとなる。この段階においては、後続先発国のみならず、開発途上国においてもX財の生産が行われるようになる。開発途上国は低賃金労働力の利用によるコスト上の優位性を生かして生産を拡大する。その結果、技術開発国の国内生産は開発途上国からの輸入の増加によって急速に減少していく。

以上のようなプロセスは、技術開発国が技術の成熟化によって、外国直接投資を通じて生産拠点を後続先発国、開発途上国へと移転することによって生じる。そして、この行動自体によって、新製品のライフサイクルの変化が加速することになる。つまり、技術開発国はX財の生産拠点を後続先発国、開発途上国へと移転し、自国においてはより高度な別の技術製品（Y財）を開発して生産し、これを輸出することになる。図には、技術的により高度なY財の生産費、生産量、輸出がX財に続いて変化する状態が示されている。

[森脇祥太]

【関連項目】 独占、規模の経済
【参考文献】 "International Investment Trade in the Product Cycle," *Quarterly Journal of Economics*, pp. 190-207. Vol. 80, 1966. ／渡辺利夫『開発経済学―経済学と現代アジア（第2版）』日本評論社, 1996年。／渡辺利夫『開発経済学入門』東洋経済新報社, 2001年。

分益小作制
Sharecropping System

分益小作制とは、土地を借用する代償として、小作農から地主へ収穫物のある一定の割合を納めるというような契約（分益小作契約：Sharecropping Contract）が結ばれることをいう。小作農から地主へ収穫物の約半分が納められ、地主は小作農が種子や肥料を購入するコストを負担するような双方向型の契約が結ばれているような場合が多い。南・東南アジアなどの開発途上国においては、人

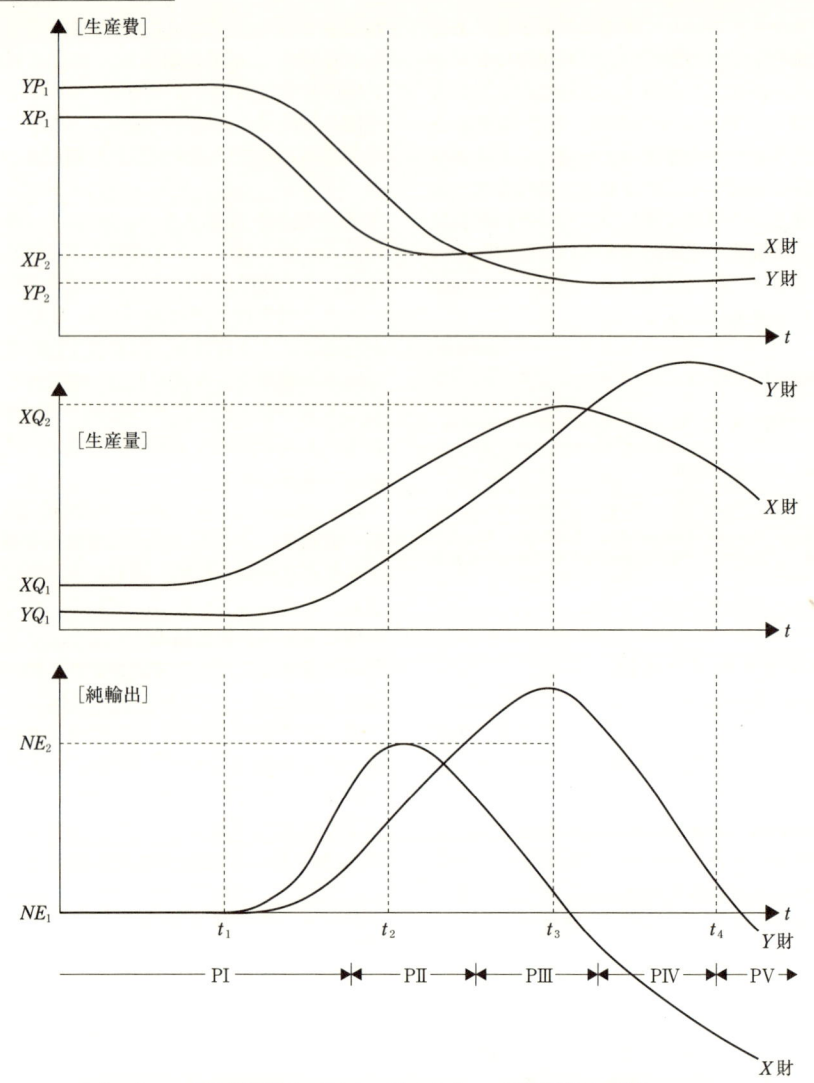

PI ：生産のすべてが技術開発国で行われ、輸出もすべて技術開発国に発する。
PII ：後続先発国で生産が開始され、技術開発国の輸出はもっぱら開発途上国に向けられる。
PIII：技術開発国の開発途上国向け輸出が、後続先発国にとって代わられる。
PIV ：後続先発国が技術開発国に輸出を開始する。
PV ：開発途上国が技術開発国に輸出を開始する。

口増加によって土地が希少化した。その結果、多くの土地を保有する一部の農民が地主となって、土地を保有しない多数の農民が小作人や賃労働者となるような農民層の階層分解が生じた。従来の研究においては、農民層の階層分解によって成立した地主・小作関係の中でも、分益小作制は、前者による後者の支配・収奪を意味する前近代的な関係とみなされてきた。

しかし、深刻な不確実性や情報の非対称性が存在する開発途上国の農村においては、地主・小作間において分益小作制のような契約が結ばれることが合理的であることがミクロ経済理論によって説明されるようになった。

分益小作制と異なり、契約時に定められた土地単位当たりの定額地代を小作人が地主に支払うような契約が結ばれた場合を考えてみよう。この場合、定額地代を上回る利益はすべて小作人のものとなるから、小作人の労働意欲は高まるであろう。しかし、天候要因に起因する農業生産の変動リスクもすべて小作人が負担する必要がある。また、地主が直接、賃金契約によって土地なし層を雇用する場合は、農業生産の変動リスクや労働の監視費用を地主がすべて負担することとなる。分益小作制は、労働意欲と農業生産の変動リスクの負担の大きさから、これらの制度の中間に位置すると考えられ、不確実性や情報の非対称性が存在する場合における合理的な制度としての説明が可能である。

［森脇祥太］

【関連項目】 リスク／不確実性、情報の非対称性
【参考文献】 速水佑次郎『新版 開発経済学―諸国民の貧困と富』創文社、2000年。／黒崎卓『開発のミクロ経済学―理論と応用』岩波書店、2001年。／原洋之助『開発経済論（第2版）』岩波書店、2002年。

文化大革命【中国】
Great Proletarian Cultural Revolution

正式の名称は「プロレタリア文化大革命」（無産階級文化大革命）であり、「文革」あるいは「プロ文革」と略称される。この政治運動は1966年に毛沢東（Máo Zédōng）によって発動され、1976年に彼の逝去に伴って終焉した。1981年の共産党16期6中全会で採択された「建国以来の党の若干の歴史問題に関する決議」において、文革は「党と国家と各民族の人民に大きな災難をもたらした内乱」と断罪された。中国では文革を「十年の災害」と呼ぶ人が多い。

文革運動の詳細についてはいまだに明らかにされていないところが多く、文革がもたらした損失についての総合的評価もなされていない。しかし、ほとんどの中国人がこの運動に巻き込まれ、文革が政治、社会、経済にきわめて大きなインパクトを与えたことは否めない事実である。文革の背景については、民衆の自発的運動という視点、すなわち民衆による党内の官僚主義、特権化への批判としての自発的運動であるという理解も一部あった。しかし毛沢東が発動した党内の路線闘争・権力闘争として、彼の思想、情勢に対する判断、彼の行動様式、および彼がもつ絶大な権力といった側面から文革の起因を理解する方が一般的である。

文革の理論的根拠は毛沢東の「継続革命論」であった。毛沢東は、社会主義社会への移行段階において、ブルジョア対プロレタリアの階級闘争が存在し、資本主義に復活する危険性はつねにある。ただし、闘争の分野は文化や芸術などの「上部構造」にあり、また敵対階級の代表は「党内の資本主義の道を歩む実権派」である。この階級闘争に勝ち抜くためには、大衆を動員し社会主義教育運動や思想革命を絶えず行わなければならない、と継続革命の必要性を強調していた。大躍進運動が失敗に終わった直後の1960年代の前半に、学術や文芸界の「ブルジョア反動思想」への批判はエスカレートした。毛沢東の妻の江青（Jiāng Qīng）は自ら革命的京劇を指導し、文芸の陣地をブルジョアの支配から奪還しようとした。後に四人組の一員となった文学評論家の姚文元（Yáo Wényuán）が大きな役割を演じた。彼は劇評論文「新編歴史劇『海瑞免官』を評す」において、ブルジョア階級は文芸の手法で共産党と毛沢東を批判していると警鐘を鳴らした。毛沢東はこの論文を支持し、全国で文芸分野での反ブルジョアの文化大革命運動を展開するよう指示を下し、これが文革の口火を切った。

毛沢東は文革に消極的な幹部を解任し、元秘書陳伯達（Chén Bódá）を組長、江青を副組長、姚文元などの理論家をメンバーとする「中央文化革命指導小組」を組織し、この運動の指導に乗り出した。間もなく、清華大学や北京大学など高等教育機関において運動を拡大しようとする学生や若手教員とそれを抑制しようとする大学当局の衝突が起こり、毛沢東は造反派の学生らを支持した。1966年8月1日党の8期11中全会が開催され、「革命的教員・学生」の参加という異例な形で、「プロレタリア文化大革命に関する決定」（16条）を採択した。「資本主義の道を歩む実権派」の打倒、新文化の創造、教育革命の推進などが主な内容であった。8月5日に毛沢東は自ら「私の大字報」を張り出し「司令部に

砲撃せよ」と煽った。彼の狙いは国家主席だった劉少奇（Liú Shàoqí）ら党と政府の実権派を打倒することにあったことが明らかになった。8月18日以降、毛沢東は天安門広場で数回にわたって紅衛兵接見を行い、「破四旧」（旧思想、旧文化、旧風俗、旧習慣を一掃する）を呼びかけた。学生たちは街頭に出て、文化遺産を含む古いものを破壊したり、反革命分子とされた人々に暴力をふるったりした。造反運動は紅衛兵同士の武装闘争に発展し、一部の労働者や農民も学生闘争に加わり、大混乱の局面となったが、毛沢東は軍の介入を命じ各地に革命委員会を設立し事態を収束させた。

林彪（Lín Biāo）事件の後、四人組を中心とする急進的文革派と、周恩来（Zhōu Ēnlái）・鄧小平（Dèng Xiǎopíng）を代表とする穏健派との間に、激しい路線闘争と権力闘争が繰り広げられた。1976年4月に周恩来の逝去に伴い第1次天安門事件が起こり、鄧小平の失脚を招いたが、毛沢東の逝去後、四人組が逮捕された。その1年後、再び政治の舞台に復帰した鄧小平は、文革期の犠牲者の名誉回復や失脚した幹部を復職させた。文革の苦い経験は、中国民衆の鄧小平路線への支持につながったのである。　　　　〔杜　進〕

【関連項目】　毛沢東、鄧小平、劉少奇

【参考文献】　小島晋治編集責任『岩波講座現代中国4 歴史と近代化』岩波書店, 1989年. /毛里和子編『現代中国論1　毛沢東時代の中国』日本国際問題研究所, 1990年. /厳家祺, 高皋（辻康吾監訳）『文化大革命十年史』上・下, 岩波書店, 1996年. /天児慧『中華人民共和国史』岩波書店, 1999年. /小島朋之『現代中国の政治』慶應義塾大学出版会, 1999年.

分散
Variance

データの散らばりの程度を示す指標の1つ。n 個のデータが $x_1, x_2, \cdots, x_n$、その平均値を $\bar{x}$ とすると、分散 s^2 は以下のように定義される。

$$s^2 = \frac{1}{n}\{(x_1-\bar{x})^2 + (x_2-\bar{x})^2 + \cdots + (x_n-\bar{x})^2\}$$
$$= \frac{1}{n}\sum_{i=1}^{n}(x_i-\bar{x})^2$$

標準偏差を2乗した値でもある。

〔白砂堤津耶〕

【関連項目】　標準偏差

分税制
Separation of Taxation System

「分税制」とは、各種税収の帰属を中央と地方に分離することである。分税制が導入された背景には、地方政府に対する財政請負制の導入後、中央政府の財政基盤が弱体化した

◇分税制導入後の税金体制

中央税	地方税
1）消費税	1）営業税
2）営業税（人民銀行、国有商業銀行本店、保険会社本社）	2）不動産税
3）輸入品消費税・増値税	3）固定資産投資方向所得税
4）関税	4）国有・集団企業所得税（地方所属）
5）国有企業所得税（中央所属）	5）車輛・船舶税
6）金融所得税（地方銀行、外資系銀行、ノンバンク、信用者）	6）都市維持建設
	7）土地使用税
7）企業調節税	8）個人所得税
8）その他工商税	9）印紙税（証券関連を除く）
	10）農業税、産品税、耕地使用税
9）輸出戻し税	11）遺産相続税、契約税、その他

中央と地方共有収入（中央と地方共有税）
 1）増値税（中央75％、地方25％）
 2）証券取引印税（中央88％、地方12％）
 3）資源税（海洋石油資減税を中央、それ以外は地方）

ことがある。国家財政収入に占める中央財政収入の割合は、1988年の47％から1993年には22％に低下し、「強い地方政府」と「弱い中央政府」の対照が明白となり、財政請負制の限界が露呈された。この問題を解決するために、1993年11月の共産党14期3中全会において、地方財政請負制を分税制に改める方針が採択された。同年12月15日に「分税制財政管理制度の実行に関する国務院の決定」が公布され、1994年より施行されることとなった。

分税制の内容は、国家権益の維持あるいはマクロ・コントロールに必要な税収を「中央税」、地方の充実に必要な税収を「地方税」、経済発展と直接的にかかわる税収を（中央と地方の）「共有税」とすることである。また、分税制への移行に伴って、税収全体に占める中央政府分の割合が高まり、中央への資金集中が行われた。この結果、中央財政収入の割合は1994年以降50％台に回復している。

一方、分税制の実施と同時に既得財源が減少する地方に対して、中央財政から一部（消費税と増値税の75％部分）が還元されている、また、特定プロジェクトに対する補助金の交付などの財政移転制度が整備され、財源の豊かな沿海部の資金が内陸部に再配分されている。中央と地方の支出に関する考え方は、中央は安全保障、外交、教育・文化、地方発展への配慮等を基本とし、地方は経常的な運営、地方の経済発展を基本としている。

〔孟　芳〕

【関連項目】　財政請負制
【参考文献】　呉軍華「中国の財政改革と地域間所得格差」『Japan Research Review』4月号, 日本総合研究所, 1995年. ／渡辺利夫編『ジレンマのなかの中国経済』東洋経済新報社, 2003年.

フン・セン【カンボジア】
Hun Sen, 1951〜

1998年からのカンボジア首相。かつてはポル・ポト派東部地方軍副司令官であったが、ポル・ポト（Pol Pot）が、ベトナムのタイニン省攻撃命令を下したのに反抗し、フン・センはベトナムに逃亡した。ポル・ポトに反抗することは、処刑を意味したからである。その後、反ポルポト戦線を結成し、1978年にベトナム軍とともにプノンペンを攻撃した。新しいヘン・サムリン（Heng Samrin）政権において、外務大臣に就任し、国連主導のカンボジア和平交渉の過程で重要な役割を演じた。国連カンボジア暫定統治機構の下で行われた1992年の選挙では、フン・セン率いる人民党が圧勝すると考えられていたが、シアヌーク（Norodom Sihanouk）への支持がフンシンペック党（党首は王子ラナリット）を第1党にした。このためラナリット（Norodom Ranariddh）をカンボジア王国第1首相とし、フン・センが第2首相に就任し、シアヌークを王位に据えた。社会主義的ポルポト派政権から、王国へと一転したのである。しかし、ASEAN加盟を目前にした1987年7月に、ラナリットが全権掌握を狙って革命騒ぎを起こしてしまい、一時期国外追放になった。1988年の選挙では人民党が第1党になり、フン・センは完全にカンボジアの政治的実権を握ることになった。国王シアヌークはすでに高齢であり、退位したいという希望をもっているが、シアヌークの息子ラナリット、王妃モニカ（Norodom Monineath）などの候補者の中で、フン・センも候補者になっているという説もあるほど、フン・センの存在は大きくなっている。

〔安田　靖〕

【関連項目】　シアヌーク、ポル・ポト政権
【参考文献】　冨山泰『カンボジア戦記』中公新書, 1992年. ／クリストフ・ペシュー（友田錫監訳）『ポルポト派の素顔』日本放送協会, 1994年.

平均余命
Life Expectancy

ある年齢の人があと何年生きることができるかという期待値を示す。当該年齢以上の生存者の延べ生存年数を当該年齢の生存者数で除して算出する。したがって各年齢の平均余命が確認できることになる。また平均余命は長期的に変化する。一般的に使用される平均寿命は、出生時（ゼロ歳）における平均余命であり、ゼロ歳平均余命とも呼ばれる。2000年（平成12年）国勢調査によれば平均寿命は

男子77.72年、女性84.60年となっている。

［梶原弘和］

【関連項目】 生命表、乳幼児死亡率、人口ピラミッド

米州自由貿易圏
Free Trade Area of America：FTAA

　1994年に開催された第1回米州首脳会議において、キューバを除く南北米大陸34カ国の間で2005年までに域内の貿易・投資に関する障壁を撤廃し、米州自由貿易圏（FTAA）を創設することが提唱された。FTAAは域内の総人口が8億人、国内総生産（GDP）合計が11兆ドルを超える世界最大の地域経済統合となる。1998年のサンホセ閣僚宣言によって機構、一般原則、目的などが明確にされた。2001年の第3回米州首脳会議において、2005年1月までに交渉を終了し、2005年12月までに協定を発効させることが合意された。FTAAへの参加には民主主義体制の維持を条件とする「民主主義条項」が盛り込まれている。交渉は、市場アクセス、投資、サービス、政府調達、紛争解決、農業、知的所有権、補助金・アンチダンピング・相殺措置、競争政策の9つのグループにおいて行われる。

　米州には、すでにNAFTA、メルコスール、アンデス共同体といった自由貿易地域が存在する。したがって、FTAAにとっては、これらとの整合性の確保と利害調整が課題となる。2003年10月現在、交渉は停滞しており、2005年の創設は見送られる公算が強まっている。最大の問題は農業である。中南米諸国、特にブラジルは米国の農業補助金の削減に強い関心を示しており、FTAA交渉に含めることを主張しているが、米国は農業問題に関する交渉はWTOベースで行うという方針を貫いている。こうした状況に対して、メルコスールは結束強化とEUとのFTA交渉を加速することで米国を牽制しようとしている。一方、米国はメルコスール以外の中南米諸国との間で二国間ベースのFTAを締結する姿勢を示しており、打開の見通しはたっていない。

［竹内順子］

【関連項目】 NAFTA、MERCOSUR、中米共同市場、アンデス共同市場

【参考文献】　Summit of the Americas, *Declaration of Principles, Partnership for Development and Prosperity : Democracy, Free Trade and Sustainable Development in the Americas*. 1994.

米比通商協定／ベル通商法【フィリピン】
Philippine-American Preferential Trade Agreement, Bell Trade Act

　フィリピンは1946年7月4日に米国から独立し、アジアで最も早く植民地支配から離脱することができた。しかし米国はフィリピン独立の条件として米比通商協定、いわゆるベル通商法の承認を求めた。同法は、①米比両国の貿易を8年間無関税とし、その後20年間、毎年5％ずつ関税を引き上げる、②砂糖、ココナッツ油、タバコなどの対米輸出品に関して米国が量的輸入規制を行う、③ペソ為替相場の変更、対ドル交換停止などは米国大統領の同意を必要とする、④米国人だけに内国民待遇権（パリティー条項）を与え、米国資本はフィリピン人と同様に天然資源の開発に従事することを認める、という内容であった。1934年の独立法（タイディングズ・マクダフィー法）では特恵関係は10年で解消されることになっていたが、ベル通商法では28年間の特恵を認め、フィリピン経済の米国への依存を温存させることになった。米国はベル通商法の承認と引き換えに「フィリピン戦災復興法」による復興支援を行うことにしていた。

　このためフィリピン議会は1946年4月30日、復興法とベル通商法を受け入れることを議決した。パリティー条項の成立は「1935年憲法」の修正が必要であり、憲法修正には下院の3分の2の賛成が必要であった。このため共和国初代大統領ロハス（Manuel Roxas）は選挙違反などの難癖をつけて反対派の議席剝奪などを行った。この背後には米国の強力な支援があり、ロハス政権は1947年3月14日に米比軍事基地協定を結び、クラーク基地やスービック海軍基地を含む合計22カ所を99年間提供することに合意した。また同月21日には米比軍事援助協定も結ばれた。フィリピンは独立を達成したが、米国による経済的、軍事的、国際関係的な影響力を強く受ける体制が温存されることになり、このこと

がその後のフィリピン政治経済に大きな問題として残った。　　　　　　　　　［梶原弘和］

【関連項目】　ラウレル＝ラングレイ協定、マルコス
【参考文献】　Renato Constantino, *The Making of A Filipino*. Manila Books, 1969. ／梶原弘和『アジア発展の構図』東洋経済新報社, 1999年。／アジア経済研究所編『アジア動向年報』アジア経済研究所, 各年版。

平和構築
Peace-building

　冷戦終了後、地域的な紛争が多発している。貧困、非民主的な統治、民族的・宗教的な亀裂、相互信頼の不足感、少数グループに対する恒常的な不平等や権利の剥奪、それに起因する社会正義の欠如感、対立をあおる扇動者の存在、小型武器の流入などその原因は複合的である。冷戦期に押さえ込まれていた潜在的な対立の芽が、抑制を失い拡大していく中で紛争状況が徐々に深刻化し恒常化しつつある。

　従来紛争に対する対応は、政治的な利害調整努力、軍事的な抑止力の行使に限定されていた。しかし、これら紛争予防の努力が実らず、暴力的対立が発生する事例が続発するに及び、紛争発生後の被害者や難民に対する緊急人道援助や、復興支援、開発支援への援助需要が増大してきた。1995年に開発援助委員会（DAC）は「紛争、平和と開発タスクフォース」を設置し、開発援助の資源を動員して平和構築に対応していくという方向性を明示した。「紛争、平和と開発協力ガイドライン」を1997年5月にまとめ、これに応じて多くの援助機関が対応を本格化し、開発援助の中で平和構築の問題は中心的な位置付けを得ることとなった。

　平和構築のプロセスは大きく5段階に分類される。①潜在的な緊張状態における緊張要因除去の努力。②緊張が高まる中での紛争予防努力。③紛争勃発後の政治的な調停努力、紛争当事者の軍事的な引き離し努力、および紛争と並行して行う人道支援。④停戦合意後の武装解除、地雷除去、帰還難民の再定住、ライフラインの復興。⑤中期的な開発努力への迅速な連結努力。この中で開発援助が対応するのは、第1段階の緊張要因除去のための貧困削減支援、ガバナンスの改善、第3段階の緊急人道援助、第4段階の地雷除去、帰還難民の再定住支援、復興支援、第5段階の中期的な開発努力の早期立ち上げのための計画立案支援と調整支援の領域である。

　日本の平和構築支援は、軍事的な対応が限

◇平和構築支援のプロセス

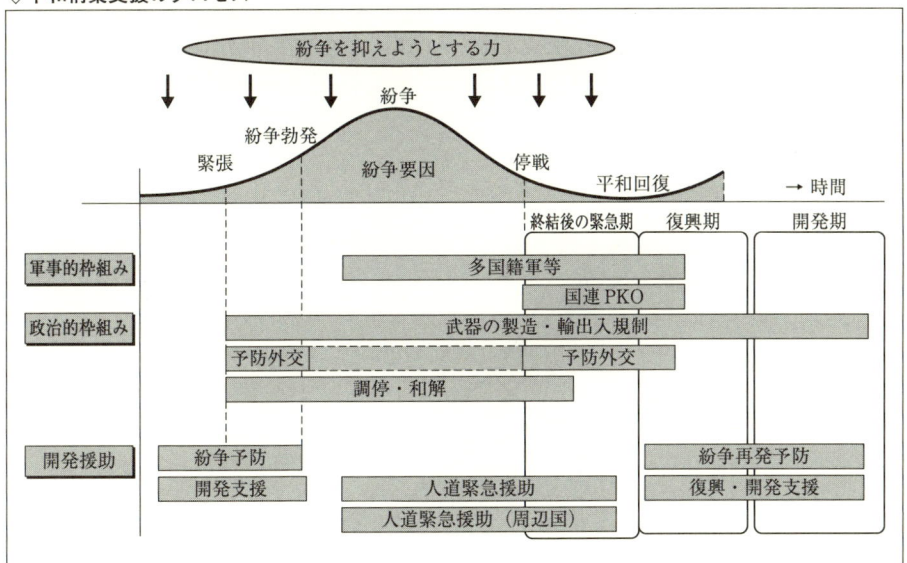

（資料）　国際協力総合研修所、2001年3月、事業戦略調査研究「平和構築」p.5

られてきた。軍事的な対応が必要な時期に日本の関係者が不在となることから、状況の把握が遅れ、結果的にその後の復興支援への引き継ぎが遅れる事態を招来している。紛争後のシナリオ作成の段階で不在であることは、中期的な開発努力の協働作業にリーダーシップを発揮しにくい原因ともなっている。平和構築の協力プロセスの中に不在の時期があることが、日本の貢献の効果を低減させているという批判があるが、反論は難しい。

[佐原隆幸]

【関連項目】 人道緊急援助、復興・開発支援、民主化支援、対人地雷問題、PKO、テロリズム
【参考文献】 国際協力総合研修所『地球規模の課題』1995年. ／「JICA事業における新たな取り組み, 紛争と開発」『国際協力事業団年報』2000年. ／国際協力総合研修所, 事業戦略調査研究『平和構築』2001年3月.

ヘクシャー＝オリーン・モデル
Heckscher-Ohlin Model

ヘクシャー＝オリーン・モデルは、スウェーデンの経済学者ヘクシャー（Eli Filip Heckscher）とオリーン（Bertil Gotthard Ohlin）によって考案され、サムエルソン（Paul Anthony Samuelson）とジョーンズ（Ronald Winthrop Jones）によって洗練化された。リカード（David Ricardo）の比較優位説を発展させたものである。リカードの比較優位説は、国際間の生産技術の相違が比較優位を決定し、それにもとづいて自由貿易が行われるとした。これに対して、ヘクシャー＝オリーン・モデルにおいては、国際間の要素賦存比率の相違が比較優位を決定して自由貿易がなされるとした。また、リカードの比較優位説においては、生産要素は労働のみとされるが、ヘクシャー＝オリーン・モデルにおいては、生産要素として労働と資本の使用が考慮されている。さらに、比較優位説においては、各国の財の生産が比較優位をもつ財に完全に特化された状態で自由貿易が行われるが、ヘクシャー＝オリーン・モデルにおいては、そのような財の生産における完全特化が実現していないような状態、不完全特化の状態でも自由貿易は行われる。

ヘクシャー＝オリーン・モデルにおいては、基本的に貿易に参加する国、使用される生産要素、生産される財は2つであり、競争的な環境で生産が行われている。そして、ある一定の条件において、①リプチンスキー（Tadeusz Mieczrslan Rybczynski）の定理、②ストルーパー（Wolfgang Friedrich Stolper）＝サムエルソンの定理、③ヘクシャー＝オリーンの定理、④要素価格均等化定理、等の4つの定理が成立する。まず、リプチンスキーの定理とは、財の価格が一定である時、ある国の労働（資本）が増加した場合、労働（資本）を集約的に使用している財（A財）の生産量が増加して、資本（労働）を集約的に使用している財（B財）の生産量

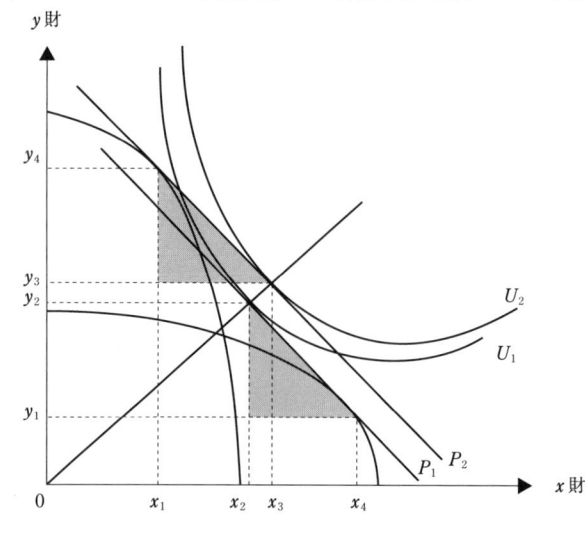

が減少するというものである。

　財の価格が一定である時、両財を生産する際の生産要素価格と要素比率は一定となる。ここで、労働が増加してA財の生産に使用されたとしよう。A財を生産する際の要素比率は一定であるから、その状態を維持するためには資本も同時に増加する必要がある。この場合、B財の生産に使用されている資本が移動してA財の生産に使用されれば、B財の要素比率が労働使用的に変化するから、要素比率を一定に維持するためにはB財の生産に使用されている労働が移動してA財の生産に使用される必要がある。労働が増加する場合、結果として生産要素がA財では増加してB財では減少するため、労働集約的財であるA財の生産量が増加するのである。

　ストルーパー＝サムエルソンの定理とは、生産要素比率が一定である時、例えば、労働集約的財（資本集約的財）の価格が上昇した場合、賃金率（資本賃貸率）が相対的に上昇して、資本賃貸率（賃金率）が相対的に低下するというものである。労働集約的な財Aの価格が上昇すれば、財Aの生産を促進する誘因が生じて財Aの生産量が増加すると考えられる。財Aの生産量が増加すれば、労働集約的な財であることから労働需要が増加して、相対的に賃金率が上昇し、資本賃貸率は低下することになる。

　ヘクシャー＝オリーンの定理は、ヘクシャー＝オリーン・モデルの中でも、最も重要な理論であり、それぞれの国が自国に相対的に豊富にある生産要素を使用して生産する財に比較優位をもつというものである。相対的に労働（資本）が豊富な国が労働集約的財（資本集約的財）を輸出する。

　労働集約的に生産される財を x、資本集約的に生産される財を y としよう。また、A国がB国よりも労働が相対的に豊富であるとしよう。その場合、ヘクシャー＝オリーンの定理による自由貿易均衡は図のように示される。A国の生産可能性フロンティアは x 財の生産に偏向するような形状であり、B国のものは y 財の生産に偏向するような形状となっている。自由貿易が行われているために、双方の国において生産者と消費者が直面する x 財と y 財の相対価格は等しい。A国においては生産可能性フロンティアと価格線 P_1 が接する点で x 財を x_4、y 財を y_1 の量だけ生産する。A国の消費者は、価格線 P_1 と社会的無差別曲線 U_1 が接する点で x 財を x_2、y 財を y_2 の量だけ消費し、x 財の生産と消費の差 x_2x_4 を輸出して y 財の生産と消費の差 y_1y_2 を輸入する。同様にB国においては、y 財の生産と消費の差 y_3y_4 を輸出して x 財の生産と消費の差 x_1x_3 を輸入する。図から相対的に労働が豊富なA国においては労働集約的な x 財を輸出し、資本が豊富なB国においては資本集約的な y 財を輸出することが確認されよう。なお、図においては、自由貿易均衡が実現しているため両国の輸出輸入は均衡しており、アミで表わされた両国の貿易三角形は合同となる。

　要素価格均等化定理とは、価格が与えられた時、両国が両財を同時に生産する不完全特化の状態にあるならば、基本的に各国の賃金や資本賃貸率は均等化するというものである。当初、A国は労働が豊富であるからB国と比較して要素価格比率（賃金率・資本賃貸率比率）が小さい状態である。自由貿易が開始されると、A国においては労働集約的財が輸出財となり価格が上昇するため、生産が刺激されて労働需要が増加し、賃金率が上昇する。逆にB国においては、資本集約的財が輸出財となり価格が上昇するため、資本需要が増加して資本賃貸率が上昇する。自由貿易によって、両国の要素価格比率は均等化することになるのである。

〔森脇祥太〕

【関連項目】　比較生産費説
【参考文献】　伊藤元重, 大山道広『国際貿易』岩波書店, 1985年. ／西村和雄『ミクロ経済学入門（第2版）』岩波書店, 1995年. ／木村福成『国際経済学入門』日本評論社, 2000年.

ベーシック・ヒューマン・ニーズ
Basic Human Needs：BHN

　国際労働機関（ILO）により、1976年にジュネーブで開催された「世界雇用会議」で提起された開発戦略である。従来の開発戦略は必ずしも貧困者層の所得分配に十分配慮してこなかったという反省を踏まえている点で、新しい開発戦略の視点を提供した。「人間の

基本的必要」には、貧困層の労働者家族が最低限の生活を享受できるために必要とされる財・サービスが含まれる。衣食住や家庭で必要とされる家具・設備だけでなく、安全な飲料水、公衆衛生、公共輸送手段、保健、文化・教育施設などの社会的資本も含まれる。貧困労働者層のBHNを充足させ、その生活水準を向上させるためには、貧困層の雇用機会を拡充することが欠かせない。この点にILOが提起したBHN戦略の最大の特徴がある。

このBHN戦略の思想は、その後世界銀行や開発援助委員会（DAC）にも引き継がれている。しかし、例えば世界銀行のBHN戦略は、どちらかといえば人的資源開発に重点がおかれてきた。人的資源開発では、生産的労働に従事できる人間の開発と、そのための教育が重要視される。そこでは、老人や病人などの所謂「社会的弱者」が援助戦略の対象になりにくいという問題が生じる。また、人的資本投資が行われるかどうかは、生産性や所得の増加に依存するという問題も生じる。ILOのBHN戦略では貧困層の需要面を重視しているのに対して、世界銀行の場合は、生産的な労働者の供給面に重点がおかれているという違いがある。

このような相違はあるものの、両者は実は表裏一体の関係にあるといえる。需要面を重視するにも最終的には雇用を拡大せねばならないが、そのためには人的資源の開発をしなければならない。その後、これらの問題に鑑み、国連開発計画（UNDP）は「人間開発戦略」を提唱した。そこでは「人間の基本的必要」と「人的投資」が両輪となり、貧困層が開発に参加できることを目指している。人間を中心とした開発戦略に取り組み始めたということができる。　　　　　　［徳原　悟］

【関連項目】　人間開発報告書、人的資本、シュルツ、ベッカー
【参考文献】　西川潤編『社会開発―経済成長から人間中心型発展へ』有斐閣、1997年．／江原裕美編『開発と教育―国際協力と子供たちの未来』新評論，2001年．

ベッカー、ゲーリー・スタンレー
Gary Stanley Becker, 1930〜

米国生まれの経済学者で、1992年にノーベル経済学賞を受賞した。ミルトン・フリードマン（Milton Friedman, 1912〜）率いるシカゴ学派を代表する研究者である。人的資本の研究で有名であるとともに、ミクロ経済学的な消費者選択の理論や時間配分の理論を導入して、出生力の分析、離婚、人種差別、性差別、犯罪と処罰、自殺などの社会的・心理学的領域の諸現象を分析したことでも知られる。ノーベル賞受賞の理由も、広範な人間行動に対してミクロ経済学的分析を導入し、その適用範囲を拡大しことにある。

その基本的な主張は、きわめて単純明瞭なものである。多くの人々は、財貨を購入する際、そのコストと利益を秤にかけ、利益が上回れば購入するというものである。これは、人間があらゆる選択を行う場合に適用できる原則であるとする。例えば、夫婦が何人の子供を産むかという決定は、子供の養育のコストと利益次第である。妻が高給の職をもっている場合、育児手当や税控除などが手薄な場合、教育費がかさむ場合などは、夫婦は子供の数を減らす行動をとる。犯罪を例にすると、潜在的な犯罪者が犯罪を犯しても、刑罰が軽ければ犯罪は増加するというものである。この論理に従えば、駐車違反は、反則金が安く、しかもめったに捕まることがないので、駐車場をいくら整備しても一向に減らないことになる。捕まる確率が低く反則金が安いため、駐車料金を払うよりも路上駐車をした方がコストは安いというインセンティブを運転者にもたらすことになる。

これらの結論に対しては、道義的な観点から批判を浴びることもあるが、重要なのは行為の選択者のインセンティブに働きかけるような対応策が必要であることを、これらの分析が示唆していることである。　　　［徳原　悟］

【関連項目】　人的資本、新古典派経済学、シュルツ、ベッカー・モデル
【参考文献】　ゲーリー・S. ベッカー（佐野陽子訳）『人的資本―教育を中心とした理論的・経験的分析』東洋経済新報社、1976年．／ゲーリー・S. ベッカー，キディ・N. ベッカー（鞍谷雅敏，岡田滋行訳）『ベッカー教授の経済学ではこう考える―教育・結婚から税金・通貨問題まで』東洋経済新報社、1998年．

ベッカー・モデル
Becker's Model

　ベッカー（Gary Stanley Becker）は消費者選択理論を出生力分析に応用した。消費者選択理論の基本的な仮定は、家計は不変の嗜好の下で自己の所得で消費する場合、家計の総効用を極大化するように行動するということである。この考えを応用し、夫婦が子供を生むかどうかの決定は合理的になされ、子供は耐久消費財のようなものであり、親は子供からサービスの流れを享受すると考えた。しかし消費量は所得の増加に伴って増加するが、所得水準と出生力は逆相関し、先進国の出生力は所得の増加とともに低下してきた。この現実を説明するために、ベッカーは子供の質という概念を取り入れた。子供に対する支出増加が子供の質を高めるとベッカーは考える。良質の子供とは多くの支出を要した子供であり、価格が高いとか、道徳的に優れているという意味ではない。親は自分の欲する子供の質（費用の過多）を選択し、子供への支出を決定する。例えば有名私立学校への進学、習いごとなどへの支出である。当然、親の所得水準の上昇は子供への支出増加を可能にし、子供の質を高める選択がなされる。豊かな親は子供により多くの支出をするが、そ

◇子供の量と質との選択

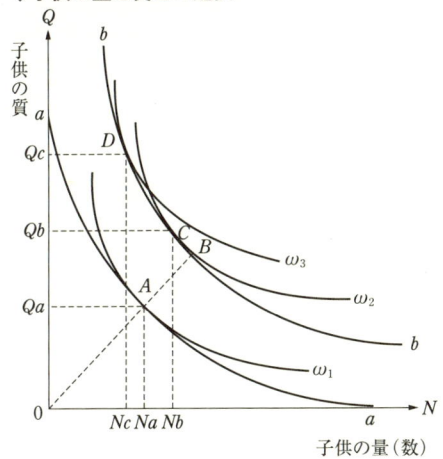

（出所）S. H. Cochrane, "Children as By-products Investment Goods and Consumer Goods : A Review of Some Microeconomic Models of Fertility," *P. S.*, 29 : 3, Nov.

れによって子供から多くの効用が期待できるからである。したがって子供の量（数）と質はそれぞれが同時に決定される。

　図の縦軸が子供の質（Q）、横軸が子供の数（N）を示す。子供の質は支出増加に伴って上昇すると仮定されている。家計の所得（Y）は子供の数（N）と質（Q）を乗じたものと子供以外の財に支出したものの合計となる。子供の質と子供の数を選択する予算線（Y）は限界効用逓減法則からaaのように非線形となる。今、無差別曲線がω_1で与えられれば、予算線と無差別曲線の接点Aで子供の質Qa、子供の数Naが決まる。耐久消費財の場合、所得水準の上昇に伴って良質の物を選択し、量に対する需要の所得弾力性は小さい。子供に対しても同様に反応するならば、所得の上昇はより子供の質（支出増加）を選択することになる。家計の所得がaaからbbに増加した場合、予算線と無差別曲線の接点が原点とAを結ぶ延長線上Bにあれば、子供の質と数は増加するが、質と数の関係は以前と同じである。しかし、所得増加に伴って質をより選択する無差別曲線を選好するようになり、Cで子供の質と数が決定される。さらに子供の質が選好されるならばDが選択される。

　ベッカー・モデルでは子供の質という考えを導入してある程度説明力を高めたが、完全ではない。そのために家政学的分析、つまり母親の時間の機会費用分析などが導入された。しかし、こうした経済理論を援用した出生力分析には、つねに現実適応性とういう観点からの批判が繰り返された。　　　[梶原弘和]

【関連項目】　イースタリン・モデル、ライベンシュタイン・モデル、経済人口学

【参考文献】　大淵寛、森岡仁『経済人口学』新評論、1981年．／石南國『人口論―歴史・理論・統計・政策』創成社、1993年．／梶原弘和、武田晋一、孟建軍『経済発展と人口動態』（東アジア長期経済統計シリーズ第2巻）勁草書房、2000年．

ヘッジファンド
Hedge Funds

　ヘッジファンドには必ずしも定まった定義はないが、一般的には私募形式で販売される投資ファンドの形態をとる。投資家と運用者

の間ではパートナーシップ契約が結ばれるが、投資家が巨額の資金を有する富裕層や機関投資家に限定される一方、運用者は運用手数料に加えて成功報酬を得る。その運用方法は、自己資本のみならず借り入れやデリバティブなどを利用したレバレッジの高さが特徴となっており、相場変動に左右されない絶対的な投資リターンを追求する。ヘッジファンドと呼ばれるのは、高い収益率をあげるために市場リスクのヘッジ手段を駆使するからである。

ヘッジファンドの起源は20世紀半ばにさかのぼるが、近年、世界的な金融・資本取引の自由化に伴う国際分散投資機会の拡大や、デリバティブなどの運用手段の発達により、その規模が急速に拡大した。投資家が限定的であり、また運用者も専門的であるために、情報開示や金融規制の対象となることを免れてきたが、その行動が1990年代の通貨危機発生の一因となったと非難された。また、1998年に米国の代表的なヘッジファンドであるLTCM（Long Term Capital Management）社が破綻し、規制の必要性が広く認識された。

この流れを受けて、米国では1999年4月に大統領作業部会報告書が発表され、ヘッジファンドと取引を行う金融機関のリスク管理や、ヘッジファンドに対する規制の強化の必要性が指摘された。一方、アジア通貨危機以降の国際金融体制改革への取り組みの中では、金融安定化フォーラム（FSF）において、ヘッジファンドなどの高レバレッジ機関（HLIs）に関する調査・提言が継続的に行われており、最新の報告書は2002年3月に発表された。この報告書は、HLIsの最近の状況を概括するとともに、ヘッジファンドに対する規制やリスク管理・情報開示などに関する改善の状況について述べている。　　［清水　聡］

【関連項目】　アジア経済危機、資本勘定の自由化、国際金融体制
【参考文献】　中尾武彦「ヘッジファンドと国際金融市場」大蔵省（当時）広報誌『ファイナンス』1999年7月（財務省ホームページより入手可能）./鳥畑与一「21世紀型金融危機と資本規制問題」上川孝夫，新岡智，増田正人編『通貨危機の政治経済学』日本経済評論社，2000年．

ペティ＝クラークの法則
Petty-Clark's Law

　ペティ＝クラークの法則とは、経済発展が進行するとともに1次産業から2次産業、さらには3次産業へと中心産業が変化することをいう。通常、経済発展の初期時点においては、1次産業の生産と就業のシェアが高く、1人当たりの国民所得も低い水準にとどまる。その後、工業化によって2次産業の生産と就業シェアが上昇するにつれて、1次産業のシェアは低下する。さらに、工業化がピークを迎えると、2次産業の生産と就業シェアは低下し、経済の成熟化によって3次産業のシェアが上昇する。ペティ＝クラークの法則は、時系列データによって特定国の歴史的変化の実証を分析のみならず、特定時点の世界各国のクロスセクション・データによる分析にも同様にあてはまる。

　ペティ＝クラークの法則は、17世紀に英国のウィリアム・ペティ（William Petty）によって最初に見出され、20世紀に英国のコーリン・クラーク（Colin Grant Clark）によって再発見された。ペティは、オランダにおいては、工業と商業の就業シェアが高いため、1人当たりの国民所得も他国と比較して高い水準となっていることをあげ、産業間に生産性格差が存在することを示した。労働生産性は商業が最も大きく、次いで工業、最も低いのは農業であった。クラークは、世界各国の長期統計を使用してペティの発見を裏付け、経済発展における産業構造変化の法則性を確認した。経済発展が進行するにつれて、農業から工業、さらに商業へと生産性の低い産業から高い産業へと産業構造がシフトし、1人当たりの国民所得も上昇する。

　経済発展の原動力が2次産業、特に工業の発展に依存することは、世界各国の発展において、実証されてきた事実である。アジアにおいては、日本が最も早く工業生産のシェアを拡大し、その後、経済のサービス化を反映してその生産シェアを低下させた。日本に続いて、台湾、韓国等のNIESが工業の生産シェアを上昇させ、若干の遅れを伴って東南アジア諸国においても上昇が観察された。しかし、インド、バングラデシュなどの南アジア

諸国を東アジア諸国と比較すると、工業の生産シェアの上昇は緩慢である。NIESにおいてはサービス産業の生産シェアは50％を上回っており、これら諸国でも日本同様に、経済のサービス化が進行している。

　経済発展が進行するとともに、産業構造の中心が1次産業から2次産業、さらには3次産業へとシフトする要因については、人々の需要の変化、産業間の不均等発展等があげられる。1人当たりの国民所得が低い段階においては、人々は食糧をより多く消費する。やがて、所得水準が上昇することによって、衣服や電化製品などの工業製品をより多く消費することになる。さらに所得が上昇すると、教育や娯楽などのサービス製品をより多く消費するようになる。産業構造のシフトは、人々の需要が1次産品、工業製品、サービス製品へとシフトすることの反映である。また、産業間の不均衡発展は主に農工間の生産性格差によって生じる。農業が工業の生産性を下回る場合、長期的に農業から工業へと労働力の移動が生じ、工業部門の生産、就業シェアが上昇する。農業から工業への産業構造のシフトは、両部門の生産性格差による。

[森脇祥太]

【参考文献】　鳥居泰彦『経済発展理論』東洋経済新報社, 1979年.／渡辺利夫『開発経済学入門』東洋経済新報社, 2001年.

ベトコン【ベトナム】
Viet Cong

　ベトナム戦争中に「ベトナム共和国」で反政府活動を行っていた「南ベトナム民族解放戦線」、およびそれを支援するために南ベトナムで活動していた「ベトナム民主共和国」の一員（軍人だけでなく支持者も含む）の総称。ベトナム語の"Vietnam Cong San（ベトナム共産）"を短縮した"Viet Cong"に由来する。

　ベトナムは、1954年7月に調印されたジュネーブ協定によって、北緯17度線の臨時境界線をもって暫定的に南北に分割され、北ベトナムは「ベトナム民主共和国」、南は「ベトナム共和国」となった。同協定では2年後に全国総選挙を実施し、平和的に統一することをうたっていたものの、南ベトナムの拒否によって実現しなかった。

　ジュネーブ協定締結後、南ベトナムで活動していたベトナム労働党（ベトナム共産党の前身）、ベトナム独立同盟（ベトミン：ベトナムにおける民族解放革命を担う統一戦線）の関係者のほとんどは総選挙に備え、南に残留した。当初、彼らは政治闘争を志向したものの、1955年10月に親米反共を掲げるゴー・ディン・ジェム（Ngo Dinh Diem）政権が誕生し、反体制活動家の弾圧に乗り出したため、活動の重点を政治闘争からゲリラ闘争へ移した。

　1960年12月に南ベトナムに「南ベトナム民族解放戦線」が結成されるなど、武力解放を図る組織の整備が進められた。1962年2～3月、解放戦線は第1回大会を開催し、米国傀儡政権の打倒、南ベトナム人民の団結などの活動に注力することとなった。

[三浦有史]

【関連項目】　南北統一
【参考文献】　白石昌也『ベトナム』東京大学出版会, 1992年.／木村哲三郎『ベトナム　党官僚国家の新たな挑戦』アジア経済研究所, 1996年.

ベル通商法
⇨米比通商協定／ベル通商法

ペレストロイカ【ソ連】
Perestroik［ロ］

　ソ連経済の停滞打破のために、1985年に書記長に就任したゴルバチョフ（Mikhail Sergejeuich Gorbachjov）が採用した経済「建て直し」政策のこと。中央銀行法、商業銀行法などによって、いわゆるモノ・バンク方式を修正し、「賃貸法」などによって公共設備を使う商業活動を認めた。それまでの計画重視、財政重視の社会主義的な政策から、市場経済を意識した政策に変えたのである。レーニン（Vladimir Ilich Lenin）は「一歩前進、二歩後退」といい、1922年に採用したNEPを思い出させる政策転換であった。社会主義実現のために一時的に市場経済に後戻りしようとしたのであるが、レーニンの死後、NEP政策は廃止された。ペレストロイカは沈滞したソ連経済の建て直しのための政策であったが、期待されたほどの効果をもたなか

った。長期にわたった計画重視の姿勢が、国民のイニシアチブの発揮を忘れさせており、中央銀行法と商業銀行の分離も名目だけであった。国営企業のままで、経営者が企業家精神を発揮することもなかった。ペレストロイカの失敗が、その後のソ連崩壊とその後のショック・セラピー採用につながった。

[安田　靖]

【関連項目】　移行経済
【参考文献】　小川和男『ペレストロイカの経済学』ダイヤモンド社、1988年。

ペロニズム【中南米】
Peronism

アルゼンチンの政治運動。創始者であるフアン・ドミンゴ・ペロン（Juan Domingo Perón）にちなんでこう呼ばれる。労働者を中心とする大衆の強い支持を受けた政治運動で、社会正義、経済自立、自主外交を主要な政策内容とする。ペロニズムは、1930年代以降ラテンアメリカで生まれたポピュリズムの典型とされるが、他の国のポピュリズムが労働者だけではなく広範な社会層を支持基盤としているのに対して、ペロニズムは労働者に強い支持基盤を求め、その権利を保護し、社会保障制度を高度に発展させたことに特徴がある。ペロンは1943年の軍事クーデターによって政治の舞台に登場し、国家労働局長、福祉長官、副大統領を務めた後、1946年から1955年、1973年から1974年に二度にわたって大統領に就いた。

ペロニズムは、ラテンアメリカの他のポピュリズム同様、1次産品輸出経済の停滞の中で、誕生しつつあった労働者、中間層などを基盤に、工業化を通じた経済自立を実現しようとする運動である。ペロンは、労働者を保護したが、その政治運動を認めず、ペロニスタ党、労働者総同盟（CGT）を設立し、労働者階級をそれらの支配下においた。他方で、労働者の労働条件、社会保障を高め、また2番目の夫人であったエバ・ペロン（María Eva Duarte de Perón：エビータ）を通じて慈善活動を行い、第三世界のモデルともいわれた福祉国家をつくりあげた。しかし、その政策は、農業を停滞させ財政を破綻

させるなどして、アルゼンチン経済に多くの困難をもたらした。ペロニズムはアルゼンチン政治において重要な役割を果たしたが、軍政の登場、経済自由化とともに、その政治的影響力は低下していった。

[小池洋一]

【関連項目】　ポピュリズム
【参考文献】　松下洋『権威主義と従属―ラテンアメリカの政治外交研究』有信堂、1987年。

変動係数
Coefficient of Variation

異なるデータの集団間の散らばりの程度を比較するための指標。標準偏差を s、算術平均を $\bar{x}$ とすると、変動係数 CV は以下のように定義される。

$$CV = \frac{s}{\bar{x}} \times 100 \ (\%)$$

[白砂堤津耶]

【関連項目】　標準偏差、算術平均

ホ

貿易結合度
Intensity of Trade

貿易結合度は、2国間の貿易関係の緊密度を測る指標である。いま、i国の輸出に占めるj国への輸出シェアを (X_{ij}/X_i)、j国の輸入額が世界全体の輸入額に占めるシェアを (M_j/W) とすると、貿易結合度 (I) は、

$$I = (X_{ij}/X_i)/(M_j/W)$$

で求められる。

この値が1より大きくなるほど、2国間の貿易関係が緊密であることを示す。例えば、仮に日本の輸出額に占める対米輸出額が30％、世界全体の輸入額に占める米国の輸入額シェアが20％だとすれば、貿易結合度は1.5となり、両国の貿易関係は平均以上に緊密ということになる。世界の成長地域として注目されてきた東アジアは、輸出志向工業化の推進とともに貿易関係が著しく拡大した。日本、東アジア間の貿易結合度の変化を計った図をみると、多くの国・地域間において貿易結合度が上昇しており、この地域の貿易面における相互依存関係が深まっていることがわかる。

ボウエキジ

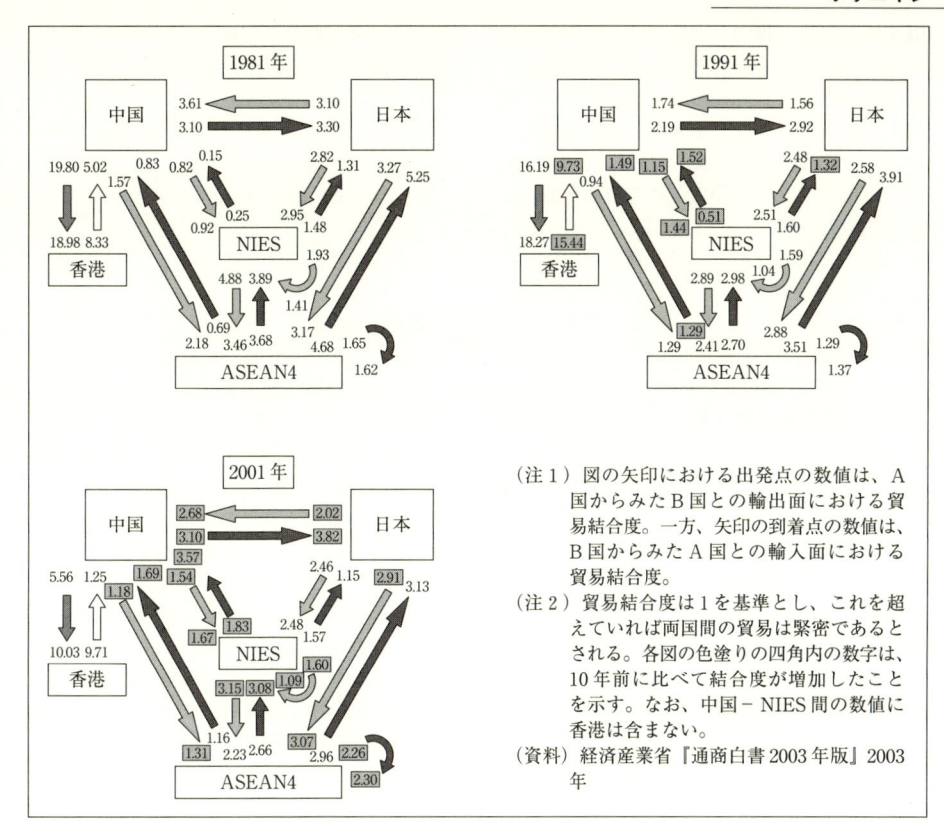

(注1) 図の矢印における出発点の数値は、A国からみたB国との輸出面における貿易結合度。一方、矢印の到着点の数値は、B国からみたA国との輸入面における貿易結合度。
(注2) 貿易結合度は1を基準とし、これを超えていれば両国間の貿易は緊密であるとされる。各図の色塗りの四角内の数字は、10年前に比べて結合度が増加したことを示す。なお、中国－NIES間の数値に香港は含まない。
(資料) 経済産業省『通商白書2003年版』2003年

　この地域は、1981年時点で、中国―NIES、中国―ASEAN諸国間の貿易関係を除いて、貿易結合度は1を超える水準にあった。事実上、この時期は中国の改革・開放政策が始まったばかりで、中国の対外関係は薄いものであった。しかし、1981年に結合度の低かったNIES―中国間の貿易は、1991年に上昇がみられた。さらに、1991年から2001年までの10年間は、多くの地域間で貿易結合度が上昇し、東アジアの貿易面における相互依存関係の進展がうかがえる。

　さらに、東アジアの主要な輸出先である日本、米国、EUとの貿易関係を貿易結合度で分析した研究によると、日本は1980年代以降、東アジアの輸出先としてのシェアは縮小しつつあるが、東アジアとの貿易結合度は各国とも1以上（1.5～3.7）の緊密な関係を示している。これに対して東アジアの総輸出に占めるシェアが大きい米国は、貿易結合度が総じて1前後（0.8～1.2）となっており、輸出シェアの低いEUに対しては各国とも1に満たない貿易結合度（0.4～0.5）である。このように貿易関係の緊密さという観点からみると、東アジアと日本は、EUはもとより米国以上に密接な関係を構築していることが貿易結合度分析を通じてわかる。　　［文　大宇］

【参考文献】　向山英彦「中国との貿易結合度が増す韓国，台湾」さくら総合研究所『アジア・マンスリー』2000年11月．／渡辺利夫『成長のアジア・停滞のアジア』講談社学術文庫，2002年．／中村江里子「中間財で強い東アジアの域内貿易関係」国際貿易投資研究所『季刊・国際貿易と投資』No. 50, 2002年．／経済産業省『通商白書』2003年．

貿易自由化
Trade Liberalization
　貿易自由化とは、貿易に対して国が採用している規制を撤廃し、輸出、輸入を自由に行うことを意味する。しかし、一般的に貿易制

473

限が輸入関係に集中していることから輸入自由化への論議が中心である。輸入自由化は、輸入製品に対する関税、数量などについて制限を加えることなく、輸入の自由化を促進することである。ちなみに、日本は1981年に輸入自由化率（輸入総額に占める自由化品目の輸入額の百分比）が99％を超えた。

これまで国際貿易における貿易自由化は、GATT（関税および貿易に関する一般協定）を通じて論議されてきた。貿易を制限する措置には、関税の他にも輸入の禁止や数量制限などさまざまな措置があるが、GATTはこれらの貿易制限措置を基本的に関税におきかえることとして、その他の措置を原則的に禁止した。その上で、各国の交渉により関税を徐々に引き下げていくことにより、より自由な貿易を可能にしようとした。

GATTによる貿易自由化論議の歴史的な経緯をみると、1960年代には関税引き下げ交渉が中心であったが、1970年代の東京ラウンドでは非関税障壁についても各国間で論議が始まった。1980年代後半から1990年代前半のウルグアイ・ラウンドでは農業、サービス、知的所有権、紛争処理など、これまでの財を中心とした貿易自由化の論議に加えて、質的にも、量的にも非常に幅広い分野において貿易自由化を扱うようになった。現在、WTOではすべての貿易において関税、その他の制限的通商規則を実質上廃止することによって、協定を締結した国・地域内の貿易自由化を図っている。

一方、アジアにおいては、APEC（Asia-Pacific Economic Cooperation：アジア太平洋経済協力）を中心に貿易自由化の論議が活発化している。APECでは、アジア太平洋地域における自由で開かれた貿易取引や投資環境をつくることにより、地域全体の経済発展に利益をもたらすことを目指している。APECでは、域内の貿易自由化を促進する取り組みとして、貿易や投資の障壁となっている各国の異なる規格・基準あるいは制度の統一化を進めている。例えば、規格や基準の統一化作業として貿易データベースの整備・電子化の推進、税関手続の統一化などがあげられる。域内の統一された基準を採用することにより、各国制度の明確化、透明性の向上を図り、APEC内の貿易、投資をより行いやすくすることが狙いである。　　　［文　大字］

【関連項目】　自由貿易論争、GATT、ASEAN自由貿易地域、APEC
【参考文献】　浦田秀次郎編『貿易自由化と経済発展―途上国における生産性分析』アジア経済研究所，1995年．／OECD『市場自由化の重要性―貿易・投資自由化の利益』中央経済社，1999年．／外務省ホームページ（http://www.mofa.go.jp/）．

貿易創出効果
Trade Creation Effect

非効率的な製品生産を行う国が、より効率的な生産を行う国と関税同盟を結ぶことにより、新たな貿易を創出する効果。貿易創出効果による経済への影響は、関税の自由化によってもたらされる効果と基本的には同じである。A国（非効率的な生産国）がB国（効率的な生産国）と関税同盟を結ぶことによって生じる貿易創出効果のA国への影響は、次のように示される。A国の小麦に関する需要曲線（D）と供給曲線（S）を図のように仮定する。B国は小麦生産が効率的であるために、A国より低い価格（Pb）で小麦を供給することができる。

関税同盟を結ぶ以前は、B国からの小麦の輸入に対してA国ではtの関税を賦課していた。ここで両国が関税同盟を結び、両国間の貿易における関税を撤廃すると、A国でのB国からの小麦の輸入価格は$P'b$からPbへと低下する。関税同盟結成以前におけるA国の小麦の消費はOD_0、生産はOS_0、輸入はS_0D_0である。一方、関税同盟が結ばれたこ

◇**関税同盟の形成による貿易創出効果**

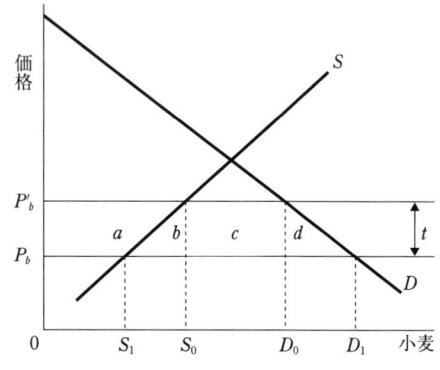

とで、A国の消費は OD_1 に拡大するのに対し、生産は OS_1 に低下し、輸入は S_0D_0 から S_1D_1 へと拡大する。このようにA国は関税同盟を結ぶことにより、非効率な小麦生産において消費の拡大、生産の低下となり、その需給バランスを合わせるための輸入が拡大する。この輸入の拡大が貿易創出効果によるものである。

一方、関税同盟によるA国の資源配分効果を余剰分析によって求めることができる。関税同盟後のA国の消費者余剰は $a+b+c+d$ 分上昇し、消費者は利益を得る。しかし、生産者余剰は関税撤廃による価格低下により減少（a の面積）し、生産者は損失を被る。また、政府は c の関税収入を失う。とりわけ、消費者、生産者、政府の余剰増減を合計すると、関税同盟はA国に $b+d$ の余剰拡大をもたらす。ここで、b は S_1S_0 の供給源が生産費の高い国内から生産費の低いB国へシフトしたことによる利益であり、d は消費者余剰の純増である。

このように関税同盟の結成によって関税の引き下げ、撤廃が行われると、同盟国のうち非効率な財の生産を行っていた国はその財の生産をやめ、より効率的な生産を行っている国から安価な財を輸入するようになり、域内に新たな貿易が創り出される。一般的に関税同盟によって貿易創出効果が発生する場合には、加盟国の資源配分が向上し、経済厚生水準が上昇する。

【関連項目】貿易転換効果、経済統合理論
【参考文献】浦田秀次郎『国際経済学入門』日本経済新聞社、1997年．／マイケル・P. トダロ（岡田靖夫監訳、OCDI開発経済研究会訳）『M. トダロの開発経済学（第6版）』国際協力出版会、1997年．／木村福成『国際経済学入門』日本評論社、2000年．

貿易転換効果
Trade Diversion Effect

貿易転換は、関税同盟の結成により1国あるいはそれ以上の加盟国の貿易が、効率的な非加盟国（例えば先進国）から非効率的な加盟国へシフトする場合に生じる。A、B、Cの3国関係において、A国の小麦に対する需要曲線と供給曲線がそれぞれ D、S であり（図参照）、B国とC国は Pb と Pc の価格で

◇関税同盟の形成による貿易転換効果

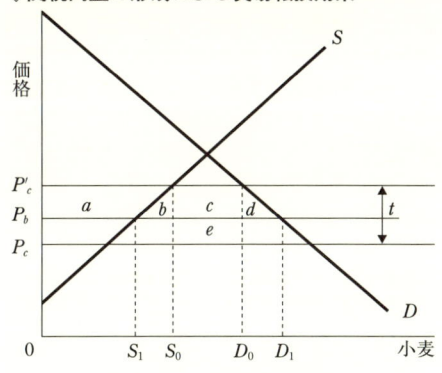

小麦を供給できる。C国はB国よりも小麦の生産が効率的であるために、Pc は Pb の下に位置する。関税同盟以前、A国は小麦の輸入に t の関税を賦課した。関税によりB国、C国から輸入される小麦の国内価格は t だけ上昇する。このように関税同盟以前は、C国から輸入される小麦の価格がB国からの輸入価格よりも低いので、A国はC国からだけ小麦を輸入する。関税を加えたC国からの輸入価格は $P'c$ であり、A国での消費は OD_0、生産は OS_0、輸入は S_0D_0 となる。

A国とB国が関税同盟を結成し、両国間の関税が撤廃されると、B国からの輸入価格（Pb）がC国からの輸入価格（$P'c$）よりも低くなるので、A国はC国からではなくB国から小麦を輸入するようになる。このようにA国の輸入が関税同盟の結成によって、効率的なC国から非効率的なB国に転換することを貿易転換効果という。A国の消費者余剰は、$a+b+c+d$ の部分が拡大して消費者は利益を得る。反面、生産者余剰は a の部分だけ縮小するので、生産者が損失を被るとともに、政府も関税撤廃によって関税収入（$c+e$）を失う。政府収入低下のうち、c の部分は消費者余剰の上昇によって相殺されるが、e の部分は完全に失われる。とりわけA国の貿易転換効果による経済厚生のレベルは、$b+d-e$ の大きさに依存する。その結果、関税同盟結成による貿易転換効果が加盟国の資源配分の効率性を高めるのか、あるいは低下させるのかは、いちがいには断定できない。

関税同盟を結ぶ国々の生産効率が高いならば、貿易転換効果が起こっても加盟国の経済厚生は向上すると考えられる。また、需要曲線と供給曲線が弾力的であれば、貿易転換効果が起きても加盟国の経済厚生が向上する可能性が高い。さらに、関税同盟の加盟国数が多ければ多いほど貿易転換の可能性が低くなり、関税同盟結成による経済厚生の向上が期待できる。　　　　　　　　　　[文　大宇]

【関連項目】　貿易創出効果、経済統合理論
【参考文献】　浦田秀次郎『国際経済学入門』日本経済新聞社、1997年。／マイケル・P. トダロ（岡田靖夫監訳、OCDI開発経済研究会訳）『M. トダロの開発経済学（第6版）』国際協力出版会、1997年。／木村福成『国際経済学入門』日本評論社、2000年。

貿易保護
Trade Protection

関税は製品貿易を行う時に賦課される税金であるが、一般的には輸入に際して課せられる輸入関税を指す。例えば、ある商品の国際価格が1万円の時、輸入国政府が10％の関税をかけると、国内価格は1万1000円になる。関税の分だけ輸入品の価格は国内品と比べて割高となる。

関税の機能としては、まず財源確保の機能があげられる。関税は課税も徴税も比較的簡単であり、政府の主要な収入源となる。国内の徴税体制が十分に整っていない開発途上国では、港や空港で確実に課税できる関税が国家財政を支える重要な財源となる。次に、関税は国内の産業保護のためにも利用される。国内への輸入品に高い関税を課せば、それだけ輸入品の国内価格が上昇するので、同じ製品を生産している国内産業にとっては有利になる。しかし、関税による国内産業保護は国内生産者への事実上の補助であり、一方、高い輸入品を購入する消費者が不利となる。すなわち、関税は所得を消費者から生産者へ再分配する機能をもつ。また関税は、不必要な商品や贅沢品の輸入を制限する手段としても利用される。開発途上国では、関税による不必要な製品の輸入抑制によって国際収支を改善することができる。

輸入割り当ては輸入品の数量に対する制限である。多くの場合、輸入割り当て量は過去の輸入実績に依存する。輸入割り当てはつねに輸入品の国内価格を吊り上げる効果がある。輸入が制限された場合の最初の効果は、当初の価格において需要が国内供給と輸入による供給の合計を上回ることである。その結果、超過需要が解消されるまで価格は引き上げられる。最終的には、輸入割り当ては輸入関税の場合と同額の輸入数量を実現するような関税率が適用された場合と、同一の水準に国内価格を上昇させる。一方、輸入制限は外国資本に国内市場向けの直接投資を促す役割がある。輸入制限による収入の減少は、輸入制限の製品を生産する企業を、輸入制限という貿易障壁を克服する手段として輸出先市場への参入を促す動機となる。

関税と輸入割り当ての違いは、関税が政府の主要な収入源の役割をもつのに対し、輸入割り当てでは、政府が収入を得ない。輸入割り当てでは輸入許可書をもっている者のみが輸入品を購入することができ、輸入品を国内市場においてより高い価格で販売することができる。このために輸入を制限する手段として関税ではなく輸入割り当てが使われた場合、政府が関税を通じて得られていた収入は、輸入割り当ての許可書を獲得した者の収入となる。輸入許可書をもっている者が獲得する利益は割り当てレント（quota rents）として知られる。輸入割り当ての費用・便益を評価するにあたってレントを誰が受け取るかが重要な問題である。

また、輸入数量制限に比べて関税には次のような長所がある。第1に、輸入数量制限に比較して関税は内容がわかりやすい。輸出に際して相手国がどの産品にどのような貿易制限措置をとっているのかを詳細に調べるのは大変なことである。しかし、各国の関税については輸入製品ごとの関税率の一覧表が公表されるので、外国の輸出業者にとっても一目瞭然である。第2に、関税は貿易制限の度合いが低い。輸入数量制限は、決められた数量以上は輸入ができないが、関税の場合、関税の分だけ価格が高くても輸入したいと思われる商品であれば、輸入が可能である。第3に、関税は自由化交渉を進めやすい。貿易自由化交渉に際しても各国の平均関税率の算出

や、相手国と自国の関税との比較が簡単なので、相手国のどの産品の関税を何％引き下げて欲しいといった交渉が能率的に行われる。しかし、関税は代表的な貿易障壁であるために、世界貿易の拡大を追求するWTOは、加盟国が交渉を通じて相互に関税を引き下げることを目指している。　　　　　　　［文　大宇］

【関連項目】　貿易自由化
【参考文献】　P.R. クルグマン、M. オブズフェルド（石井菜穂子、浦田秀次郎、竹中平蔵、千田亮吉、松井均訳）『国際経済：理論と政策（第3版）Ⅰ国際貿易』新世社、1996年。／朝倉弘教、藤倉基晴『WTO時代の関税』日本放送出版協会、1996年。／伊藤元重、伊藤研究室『通商摩擦はなぜ起きるのか—保護主義の政治経済学』NTT出版、2000年。／村上直久『WTO—世界貿易のゆくえと日本の選択』平凡社新書、2001年。

貿易摩擦
Trade Friction

　貿易摩擦とは、相手国との貿易不均衡が悪影響を及ぼし、貿易相手国との間に摩擦が生じることをいう。これまで国際間の貿易問題を解決するために関税および貿易に関する一般協定（GATT）があり、1995年からはGATTを発展させた世界貿易機関（WTO）が発足し、その役割を担っている。WTOではサービス貿易や知的所有権などを対象とした貿易自由化の推進と、加盟国間の貿易摩擦に対する裁判所的な立場をさらに強化した。

　第2次大戦後、自由貿易体制を維持しながら拡大を続けてきた世界貿易は、1970年代に入り、石油危機などの影響もあってその勢いが鈍化した。同時に自国の利益を優先する動きによって先進国相互間、先進国と開発途上国の間で貿易摩擦が発生し、保護主義の傾向が強まった。1970年代以降に貿易摩擦が増大した背景としては、1960〜70年代にかけて世界の工業生産、貿易面で先進国の中では日本、NIESを代表格に開発途上国の地位が急速に高まり、相対的に欧米先進工業国の地位が低下したことがあげられる。第1次石油危機以降の多くの欧米先進国の経済は成長鈍化、失業増大、高インフレ、経常収支赤字の拡大に悩まされた。特定商品の特定市場に対する輸出が急増し相手国産業に打撃を与えるような場合には、貿易摩擦が発生しやすい。

　貿易摩擦が発生する産業は、構造的特徴によりいくつかに分けられる。開発途上国が比較優位をもつ労働集約型産業の場合、先進国の中小企業への影響が大きいため、保護主義的な動きが生じやすい。鉄鋼、造船などの資本集約型産業の場合は、工程や設備の標準化が進み賃金の安い国に立地することが比較優位となる。これらの産業は先進国でも基幹産業としての性格が強く、工業化の進んだ新興工業国の追い上げや先進国間の競争が激しいために保護主義の格好の対象産業である。高度な技術と設備を必要とする自動車などは、先進国においても戦略・基幹産業となっている産業である。これらの部門は機能の差別化により先進国間の水平貿易が成り立っている場合には問題が生じないが、需要の変化、生産性の格差などから水平貿易の進展が損なわれた場合は貿易摩擦を起こすことがある。

　　　　　　　　　　　　　　［文　大宇］

【関連項目】　GATT、WTO
【参考文献】　経済企画庁『年次世界経済報告—石油危機への対応と1980年代の課題』大蔵省印刷局、1980年。／小宮隆太郎『貿易黒字・赤字の経済学—日米摩擦の愚かさ』東洋経済新報社、1994年。／伊藤元重『ゼミナール国際経済入門』日本経済新聞社、1996年。

法定準備率操作
Reserve Requirement Policy

　民間金融機関は、その預金債務の一定割合を支払い準備金として中央銀行に預けることを義務付けられており、所要準備や法定準備とも呼ばれる。中央銀行預け金は、所要準備と払い戻しが自由な預け金とから構成されているが、中央銀行に預託すべき所要準備の比率を操作することによって、民間金融機関の信用創造能力に影響を与え、金融調節を行う。法定準備率が引き上げられると、民間金融機関は払い戻しが自由な預け金からの振替によって所要準備を積み増しする。そうすると、民間金融機関の現金準備が減少するので、貸し出しを回収するか、もしくは保有する有価証券を売却して現金準備を回復しなければならない。法定準備率の引き上げは、民間金融機関の預金の減少を通じてマネーサプライを縮小させる効果をもつ。この操作は、民間金融機関の準備量を直接操作するので、非常に大きな効果をもつ。公定歩合操作や公

開市場操作の効果を確実にするための、補助的措置として使用されることが多い。

[徳原 悟]

【関連項目】 公開市場操作、公定歩合政策、マネーサプライ、ハイパワード・マネー、信用創造
【参考文献】 翁邦雄『金融政策―中央銀行の視点と選択』東洋経済新報社、1993年。／岩田規久男『金融政策の経済学―「日銀理論」の検証』日本経済新聞社、1993年。

補完性原理
Principle of Subsidiarity

　欧州連合（EU）の行う政策は、本来、明確に権限委譲された分野に限られるが、硬直的運用はかえって発展を阻害する危険性がある。そこでローマ条約は、加盟国が単独で対処するよりは、共同体で取り組んだ方が効果的で、達成度が高いと見込まれる政策分野については、EUが実行することを認めている（同条約5条・旧3b条）。これを「補完性原理」と呼ぶ。補完性原理は、単一欧州議定書（1987年）で初めて環境分野に導入され、マーストリヒト条約（1993年）で一般条項となった。だが、EU裁判所の判例によって確立した法理ではなく、ローマ教皇の回勅や国内規範（ドイツ基本法）などに淵源があるため、解釈は必ずしも一致していない。ヨーロッパ連邦を目指す立場では、積極的に活用し、中央集権化を推し進めようとするのに対し、消極派は「明確に効果的と判断される」政策に限り実施を認める条項と理解する。その捉え方の違いが、同原理はEU官僚の支配強化と大国優先主義を招くとの疑念を生み、小国デンマークのマーストリヒト条約批准拒否という事態にまで発展した。

　改めてアムステルダム条約（1999年）付属議定書は、構成国の単独政策では、①解決が難しく、②条約の目的に抵触する恐れがある、また③EUレベルの方が効果が期待できる、など運用に関するガイドラインを示したが、曖昧さは依然として払拭されていない。そこで理事会は、委員会が提出するすべての提案について、補完性原理に照らし妥当かを審査することになった。適用状況の検証を通して過度な中央集権化を避けようとの考えによる。さらにヨーロッパ理事会ならびに議会に対しても、委員会は報告責務を負う。委員会も、法案の趣旨説明や、文言内容、体裁、配置など、さまざまな立法面での改善策を講じることで、EUが取り組むべき政策は一体何が望ましいかを明らかにする努力を始めた。趣旨が曖昧な法案は提出しないとの姿勢を貫き、内容をつめていけば、自ずと共通政策にするだけの価値ある分野かの判断も決するはずだからである。実際、以前よりも加盟国から取り上げる政策の数は減り、立法件数は減少している。しかも法案趣旨が明瞭となることで、よく関係者が政策意図を理解し、結果としてEU行政の効率化につながっているとの評価もある。地域統合体が政策の効率的実現を目指し「補完性原理」を導入すれば、一方で分配問題の発生は避けられない。EUが、立法技術の改善という思いがけない視点から、この難題に取り組んでいることは後発地域体にも大いに参考となる。

[横山真規雄]

【関連項目】 EU
【参考文献】 Penelope Kent, *Law of the European Union* (3rd ed). Pearson Education, 2001. ／Antonio Estella, *The EU Principle of Subsidiarity and its Critique*, Oxford Universitiy Press, 2002.

朴正熙
⇨朴正熙（パクチョンヒ）

保健医療
Health

　保健医療への公的支出は、UNDP（国連開発計画）の定義では、中央および地方政府予算、海外借入金および贈与（国際機関やNGOの寄付を含む）、社会健康保険基金からの経常および資本収支からなっている。すべての政府機関およびその他政府の業務を執行する機関などが病院、母子センター、歯科予防センター、主要医療部門のあるクリニックや、国民健康保険事業や家族計画、予防医療などに支出したものである。同じく民間支出は、直接的な家計支出（現金支出）、民間の保険、寄付、民間企業による直接的な支払いである。保健医療への公共支出と保健医療の民間支出の合計が保健医療への支出総計となる。予防医学、治療医学、家族計画、栄養

指導、緊急医療を含むが、水道、衛生設備は含まない。保健医療支出に関するデータは国家間の比較がきわめて難しい。世界銀行によればほとんどの開発途上国では国民保険会計制度が整備されていない。民間の保健医療事業が主要であるが、民間の記録は存在しないことが多い。国によっては公共事業が総支出の大部分を占めており、地方自治体が財政援助を行っているところもある。したがってデータを国家間の比較に使う場合は注意が必要である。

[甲斐信好]

【参考文献】 UNDP編『人間開発報告』各年版、国際協力出版会./吉田勝次『アジアの民主主義と人間開発』日本評論社、2003年.

浦江総合製鉄所
⇨浦江（ポハン）総合製鉄所

ポジティブ・リスト
⇨ネガティブ・リスト／ポジティブ・リスト

ポーター仮説
Porter Hypothesis

環境規制が強化されると、企業はこれを遵守するために追加的な費用の負担を強いられるために、企業の競争力が低下すると考えるのが一般的であった。これに対して、マイケル・ポーター（Michael E. Porter）は一石を投じた。1991年に*Scientific American*誌に掲載された論文の中で、適切に設計された環境規制は、費用節減と品質向上につながる技術革新を刺激し、その結果、他国に先駆けて環境規制を導入した国の企業は、国際市場において他国の企業に対して競争上の優位を獲得するという仮説を提示して注目を集めた。環境規制の強化による技術革新が、これを遵守するために企業が負担する短期的な費用を上回るような便益を企業にもたらすことがあるというのである。この実証的な根拠として、米国の化学産業やドイツと日本の公害経験があげられた。この仮説に従えば、環境規制はマクロ経済にプラスの影響を与え、経済成長の強い後押しとなる。確かに、環境規制の強化によって、企業にその生産活動を改善する機会を与えたり、海外の競争相手に先駆けて技術開発に励むきっかけとはなりうるが、つねに技術革新が実現するとは限らない。この仮説に対してはいくつかの検証が行われているが、これを一般化できるだけの十分な証拠は得られていない。しかしながら、環境規制が企業の競争力を阻害するという旧来の考え方に見直しが求められている。今後は、開発途上国の事情も考慮して、この仮説が実現するための環境規制のあり方についての検討が期待される。

[原嶋洋平]

【関連項目】 環境規制
【参考文献】 Michael E. Porter, "America's Green Strategy," *Scientific American*, April, p. 168, 1991./伊藤康「環境保全と競争力―『ポーター仮説』の先にあるもの」環境経済・政策学会編『経済発展と環境保全』東洋経済新報社、2001年./松岡俊二「国際資本移転と途上国の環境問題―持続的発展と直接投資・政府開発援助」森田恒幸、天野明弘編『地球環境問題とグローバル・コミュニティ』岩波書店、2002年.

ポートフォリオ投資
Portfolio Investment

株式や債券などの有価証券の利子・配当（インカム・ゲイン）や、価格変動に伴う売買差益（キャピタル・ゲイン）を取得する目的で投資を行うこと。経営参加を目的とした株式購入を示す直接投資とは区別される。近年、国際的な分散投資が活発化しており、有価証券の運用に伴うリスクと予想収益率を比較考慮して最適な組み合わせとなる証券に投資をすることを、ポートフォリオ投資と呼ぶこともある。

これらの投資が国際間にわたって行われる場合には、その資金移動は国際収支にも当然計上される。IMFの国際収支統計の分類によれば、株式やその他の負債性証券の取引がその対象になる。負債性証券とは、債券、政府短期証券（TB）、譲渡性預金（CD）やコマーシャル・ペーパー（CP）などの金融市場で取引される商品と、金融派生商品が含まれる。なお、金融派生商品については、実際に契約者間で受け渡しが行われる金額が計上される。つまり、取引時の想定元本については計上されない。国際的なポートフォリオ投資が活発化する中で、1990年代には、アジア諸国にも証券投資による資金流入が増加した。しかし、資金流入形態別にみると圧倒的

な規模であったのは、直接投資と、主として銀行貸付からなる「その他」投資であった。危機後も直接投資は他の形態よりも相対的に安定した傾向を示している。証券投資の形態による資金流入が顕著に大きかったのは、韓国とインドネシアであった。特に、1993年以降、両国の資金流入額に占める証券投資の割合は半分近くを占めていた。

しかし、アジア経済危機以後、両国の証券投資による資金流入は大幅に低下した。インドネシアの場合には、主に株式投資からの撤退が大きく、韓国の場合には、負債性証券からの流出が目立っている。アジア危機において銀行借入を中心とする「その他」投資からの資金流出が大きな原因であったといわれるが、韓国とインドネシアでは証券投資も危機を深刻化させた要因の1つとしてあげることができる。　　　　　　　　　　　［徳原 悟］

【関連項目】　国際収支、アジア経済危機、資本勘定の自由化
【参考文献】　IMF, *Balance of Payments Manual.* Fifth Edition, Washington D. C.：IMF Publication. ／高橋琢磨, 関志雄, 佐野鉄司『アジア金融危機』東洋経済新報社, 1998年. ／吉冨勝『アジア経済の真実―奇蹟, 危機, 制度の進化』東洋経済新報社, 2003年.

浦項総合製鉄所【韓国】
POSCO

浦項（ポハン）総合製鉄所（2002年3月にPOSCOに社名変更）は、世界屈指の総合製鉄所の一つである。韓国の鉄鋼業界は、高炉一貫メーカーのPOSCOと中小の電炉メーカーからなるガリバー的寡占市場となっている。

POSCOの成長は韓国の鉄鋼業の歩みそのものであるが、建設までの道のりは険しかった。総合製鉄所建設の構想は1962年の第1次経済開発5カ年計画にまで遡る。しかし、資金調達の目途が立たず、計画は立ち消えとなった。その後、米国のコッパーズ社を中心に国際借款団（KISA）が結成されたが、世界銀行が対外債務負担が過大であると警告したことから、再び頓挫した。最終的には、対日請求権資金を転用すること、日本の鉄鋼企業の協力を受けることで着工に至った。

浦項総合製鉄の第1期工事は1973年7月に完成し、その後、1983年まで4期にわたる増設工事が行われ、粗鋼生産能力は910万tとなった。自動車や造船業の発展を背景に需要が拡大し、1983年には全羅南道の光陽で第二製鉄所の着工に取りかかった。1992年10月の第4期工事の完了により、粗鋼生産能力は2080万tとなった。2000年8月に、新日本製鉄と戦略的提携契約に調印し、基礎的技術開発や第三国における合弁事業などで協力を進める計画である。2000年10月には、政府保有株式の売却により民営化が終了した。　［向山英彦］

【関連項目】　重化学工業化政策、対日請求権資金
【参考文献】　渡辺利夫, 金昌男『韓国経済発展論』勁草書房, 1996年.

ポピュリズム【中南米】
Populism

大衆を支持基盤とした政治運動で、ラテンアメリカの政治の特徴を最もよく表わすものである。ブラジルのバルガス（Getúlio Dornelles Vargas）政権、アルゼンチンのペロン（Juan Domingo Perón）政権、メキシコのカルデナス（Lázaro Cárdenas del Rio）政権が典型である。ポピュリズムの傾向はペルーのアプラ（アメリカ人民革命同盟）、ボリビアのMNR（民族主義的革命運動）、ベネズエラのAD（民主行動党）などの政治運動にもみられる。ポピュリズムは、カリスマ性をもったリーダーによって指導される、労働者階級、中間層、さらに一部の上層階級を含む多階級を支持基盤とする、労働者など大衆の生活向上を目指し雇用・社会保障制度を整備する、階級闘争よりも階級調和を目指し、諸階級の利害を調整する制度をもつ、民族主義的なイデオロギーをもつなどの特徴を有する。ポピュリズム出現の理由、その歴史的な意義は、その運動が、ラテンアメリカにおいて19世紀後半から20世紀初めにかけて発展した1次産品輸出経済が行きづまりをみせる中で、農村を基盤とする政治勢力に対抗して、都市を基盤とする階級を支持基盤として、1次産品輸出経済の制約を克服して工業化を通じた経済発展を目指した点にある。

ポピュリズム政権は、政治、経済の混乱と米国の介入によって、1960年代から1970年代

にかけて軍事政権にとってかわられたが、1980年代における民主化の動きの中で、再び同様な政治スタイルが現われた。IMFなど国際金融界との協調が不可欠なため基本的には市場原理にもとづく新自由主義政策をとるが、政権基盤を強固にするため大衆に働きかける点ではかつてのポピュリズムと同じである。ネオ・ポピュリズムと呼ぶべき政治スタイルは、ペルーのフジモリ（Alberto Kenya Fujimori）政権、アルゼンチンのメネム（Carlos Saúl Menem）政権に典型的にみられる。大衆の高い支持率を受けて、しばしば議会を無視し、強引に経済改革を進める政治手法は、委任民主主義とも呼ばれる。こうしたポピュリズムの伝統はラテンアメリカにおける民主主義の未成熟を表わしている。

［小池洋一］

【関連項目】　ペロニズム
【参考文献】　松下洋, 乗浩子編『ラテンアメリカ政治と社会』新評論, 1993年。／遅野井茂雄編『冷戦後ラテンアメリカの再編成』アジア経済研究所, 1993年。

ホフマン法則
Hoffmann's Law

ホフマン法則とは、世界各国において工業化が進行するにつれて、消費財生産の中心の段階から資本財（生産財）生産が中心の段階へと生産構造が漸次的に変化する現象が普遍的に観察されるというものであり、ドイツの経済学者ホフマン（Walther Gustav Hoffmann）によって提示された。ホフマンは、19世紀中盤から20世紀中盤におよぶ西欧諸国、南米諸国、日本などの世界各国の工業統計データを使用して、それら諸国でホフマン法則が成立していることを確認した。消費財産業とは食料品産業、繊維産業、皮革産業、家具産業等であり、軽工業に区分される。また、資本財産業とは金属加工業、機械工業、化学工業等の主に資本財を生産している産業のことをいい、重化学工業に区分される。

ホフマンは、工業化の第1段階を消費財産業が優位である段階としており、消費財と資本財の付加価値構成比（ホフマン比率）が約5対1であるとした。工業化の第2段階を資本財産業が消費財産業よりも急速に拡大する段階としており、消費財と資本財の付加価値構成比は約2.5対1に低下するとした。さらに、工業化の第3段階は消費財産業と資本財産業が均衡する段階としており、消費財と資本財の付加価値構成比は約1対1になるとしている。なお、ホフマンは、一層の工業化の進展によって第3段階から資本財の比率が消費財を上回るような第4段階への移行もありうることも言及している。

ホフマンの推計値によると、1890年以前に工業化を開始した諸国のホフマン比率は、英国が1851年に4.7、フランスが1861～65年に4.5、日本が1900年に4.8となっている。また、1890年以後に工業化を開始した諸国については、ブラジルが1919年に6.2、メキシコが1940年に5.2、インドが1925年に4.2となっており、それぞれ工業化の第1段階にあるといえよう。工業化の開始期が異なる国々においても工業化の第1段階のホフマン比率の値は、ほぼ同じである。工業化の第1段階から第2段階へのシフトは、資本財産業の成長が消費財産業を大きく上回ることによって実現する。また、他の国よりもシフトのペースが速い国も存在する。日本は20世紀初頭には第1段階であったが、その後、第1次世界大戦前には第2段階を迎えた。ホフマン比率は、日本においては、1913年に2.7となっており、急速な重化学工業化が進行したことを裏付ける結果となっている。また、フランスは1896年に2.3、英国は1901年に1.7、ブラジルは1940年に2.3となっており、第2段階に到達していると考えられよう。第3段階への到達が最も早かったのは米国であり、1890年頃には第3段階へ入ったとされている。また、英国は1924年には1.5、フランスは1921年には1.5となっており、これらの諸国では第2次世界大戦前に第3段階に到達したと考えることができよう。米国は、第1次世界大戦前に資本財産業の比率が消費財産業を上回っており、第4段階へ到達した可能性があるとされている。

アジアにおいては日本が1930年代後半に工業化の第3段階へ到達した。日本においては、軍備の増強によって本格的な重化学工業化が進行した。また、台湾および韓国は、1960年代に第1段階から第2段階へと移行

し、1970年代には第2段階から第3段階へと移行した。特に、台湾および韓国は他の先進諸国と比較した場合、重化学工業化の速度は著しく速く「圧縮型産業発展」の特徴が表われている。重化学工業化の速度が国際間で著しく異なっていることについてホフマンは、産業の輸出依存度と原材料の国内利用可能性、国家の産業政策、等の要因が大きな影響を与えることを示している。　［森脇祥太］

【参考文献】ホフマン（長洲一二、富山和夫訳）『近代産業発展段階論』日本評論社, 1967年。／渡辺利夫『開発経済学入門』東洋経済新報社, 2001年。

ポリアーキー
Polyarchy

　米国の政治学者ロバート・ダール（Robert A. Dahl）によるデモクラシーのモデル。正確にはポリアーキーとは理念としてのデモクラシーに近づく上での過程を指す。具体的にはどのくらいの政治参加が可能かという包括性、参加（Inclusiveness, Participation）と、反対派に対する許容度を示す自由化、公的異議申立て（Liberalization, Public Contestation）という2つの概念を使ったものである。ダールは、民主主義が成立するための構成要件は、「市民の要求に対し、政府が政治的に公平に、つねに責任をもって答えることだ」とみる。その上で「民主主義という用語を、完全に、あるいはほぼ完全にすべての市民に責任をもって応えるという特性を有する政治体系について使用する」。さらに、「そういう体系が現実に存在するか、かつて存在したか、そもそも存在しうるかということについては、当面のところ問題にしない。（中略）ただし、この種の仮説的政治体系についての概念をもつことはできる」と限定している。

　ダールのポリアーキーはデモクラシーという茫洋とした概念を明確にし、時系列や国際比較を可能にした点において非常に優れたモデルである。これによりデモクラシーの実証分析が容易になり、変動のメルクマールができたからである。民主化を計測するフリーダムハウス指標は、ダールの概念をもとにつくられている。しかし、ポリアーキーはもともと、米国の政治を分析するためにつくられたモデルであり、これをもって多様な世界を分析するには限界がある。　［甲斐信好］

【関連項目】デモクラシー、フリーダムハウス指標
【参考文献】R. ダール（高畠通敏, 前田修訳）『ポリアーキー』三一書房, 1981年。

ポル・ポト政権【カンボジア】
Pol Pot Regime

　1975年4月から1979年1月までカンボジアを統治していた特異な共産党政権。1970年、ロン・ノル（Lon Nol）首相は革命を起こし、元首シアヌーク（Norodom Sihanouk）を追放し、死刑を宣告した。ポル・ポト（Pol Pot）は、北京において、シアヌークとともに救国統一戦線を結成し、1975年にはロン・ノル政権を倒した。背後には、ロン・ノル政権の腐敗とシアヌークをかついでいたポル・ポト派の武力があった。政権を奪取したポル・ポトは、クメールの栄光の復活を掲げて、都市を無人の地にし、通貨を廃貨した。農業立国を唱えて国民を農地改良と称する作業に動員し、かつての高級官僚や高等教育を受けていた人、都市に住んでいた人々など、多くの自国民を処刑した。100万人とか200万人といわれるほどの数であり、母国を殺戮の場にしてしまった。ヘン・サムリン（Heng Samrin）軍が、1979年1月に、ポル・ポト政権を打倒したが、ベトナム軍に支援されていたことを理由に、タイを中心とするASEAN諸国は、ヘン・サムリン政権を認めようとはしなかった。ベトナム軍は1989年9月に撤退し、国際社会もポル・ポト派によるジェノサイドを認めるようになった。ポル・ポト派、ヘン・サムリン派など多くの対立はあったが、国連主導で1991年10月に和平合意が調印された。合意調印以後もポル・ポト派は国境付近で争乱を起こし、次第に国際的、国民的な支持を失った。しかも、ポル・ポト派は1993年の国連カンボジア暫定統治機構による選挙を拒否したため、その後のカンボジア政治にも参加する資格を自ら失ってしまった。ポル・ポトは、森の中で1998年に死亡した。残されている国際的な課題は、国際法廷の設置によるポル・ポト派に対する審判

である。国連とカンボジア政府との基本的な合意はできたが、細部の詰めはまだである。

[安田 靖]

【関連項目】 フン・セン、シアヌーク
【参考文献】 クリストフ・ペシュー（友田錫監訳）『ポルポト派の素顔』日本放送協会、1994年。

香港特別行政区
Hong Kong Special Administrative Region

香港の正式名称である。香港特別行政区基本法（1990年制定）第1条によると、香港は中国の「不可分の一部分」と定義されている（基本法の邦訳は、劉清泉、1997年を引用、以下同じ）。さらに同基本法第12条では、「高度の自治権を享有する地方行政組織であり、中央人民政府に直轄される」とされている。香港特別行政区は中国の地方行政単位の一つであり、省・自治区・直轄市と同レベルの一級行政区であると解釈される。そのため香港特別行政区は、すべての主権国家が保有する外交権をもっていない。香港に関する外交事務は中央政府が担当し、香港には連絡事務のための出先機関が設置されている。治安の維持は香港特別行政区政府の管轄であるが、防衛に関しては中国の軍隊（人民解放軍）が担当し、1997年の返還以降は香港域内にも人民解放軍の部隊が駐留するようになった。

半面、「高度の自治権を享有する」香港特別行政区は、他の一級行政区にはない特色をもっている。その多くは、英領植民地であった特殊事情や中国への返還に対する懸念などを配慮した結果である。同時に、一国二制度という基本方針の下で、中央から香港特別行政区に付与された特権ともいえる。特に重要なものは、次の2つである。

第1に、本土と異なる経済システムの存続が容認されたことである。香港は中国に返還された後も社会主義制度を導入せず、英領植民地時代からの資本主義制度が続いている。制度の転換を強制する動きもみられない。社会主義制度と資本主義制度の共存を認める一国二制度はおおむね機能しているといえよう。むしろ、中国が市場経済化と対外開放を一段と加速させる過程で、香港特別行政区との間の経済理念上の相違は縮小している。

他方、経済運営面では、香港は中国から独立している。それを端的に表わす例は香港ドルの発行が継続していることである。最近、中国の法定通貨である人民元が香港でも流通しているものの、香港の法定通貨は依然として香港ドルのみである。また、香港特別行政区政府は独自の財政・税制を実施できる。中央政府の徴税権は香港には及ばず、中央政府への上納もない（基本法第106条、第108条）。半面、中央政府から香港への制度的な財政支援（交付金など）は期待できない。さらに「中国香港」の名称で、WTOなどの国際経済機構に単独で参加することに加えて、英領植民地時代にとり交した国際的な経済取り決めなどをそのまま享有している（基本法第116条）。

第2に、独自の行政・立法機構を有するだけでなく、中央政府や他の一級行政区政府から介入されず、共産党組織による直接的な関与もないことである。行政機関の首長である行政長官の選出方法およびその改正が基本法の付属文書として明文化されていること、立法権を有する立法会の一部議員を香港住民が直接選べることなどを勘案すれば、政治的透明度や公平性の維持などの点では中国本土より優れているといえよう。

確かに、基本法第18条は緊急時の中央政府による香港への介入を認めており、基本法の最終解釈権も中国の全国人民代表大会常務委員会に帰属する（基本法第158条）。しかし、1984年の中英共同声明によって、返還後50年間は現行制度を維持することを国際的に約束している。その破棄は、中国に対する国際的な信用を低下させ、経済的な繁栄の基盤を損ねかねない。したがって、こうした香港の特色を中国は今後も維持し、介入を手控える可能性が高いと思われる。

[佐野淳也]

【関連項目】 一国両制、港人治港、香港返還
【参考文献】 劉清泉『香港特別行政区基本法いろは』大空社、1997年。／興梠一郎『「一国二制度」下の香港』論創社、2000年。

香港返還
Hong Kong's Reversion to China

1997年6月30日をもって英国による植民地支配が終了し、香港に対する主権は中国に返

還され、同年7月1日に香港特別行政区が成立した。香港返還とは、こうした一連の流れを指す。

共産党が国民党との内戦に勝利し、中華人民共和国が成立した1949年まで遡ると、広義の香港返還問題に対する中国の外交戦略や指導者の意向などを読み取ることができる。1949年当時の人民解放軍と香港に駐留していた英国軍の戦力差、地理的条件といった要素を勘案すれば、中国が香港を武力で奪回できる機会はあったと考えられる。しかし、人民解放軍は香港まで進軍しなかった。米国による中国封じ込めの動きに対抗するためには、香港を英国の植民地としてとどめておいた方が、英国は米国と統一歩調を取れなくなるとの判断が働いたためとみられる。

1960年代以降、中国の香港政策は「長期打算、充分利用」という方針にもとづいて展開されるようになった。「長期打算、充分利用」とは、当面は西側諸国や海外華僑との経済交流の場として香港を活用し、自国の経済建設に必要な資金や技術、情報などを香港から導入する。他方、水、食料品などは国際価格よりも低い価格で中国から十分供給する。また、香港社会の安定を確保するという観点から、香港における社会主義運動を積極的には支援せず、本土での政治的な運動も波及させない。1970年代末まではこうした方針が総じて貫かれた。ただし、香港が中国の一部との主張を放棄したわけではなかった。あくまで、総合的な判断から現状維持が望ましいと考え、返還問題の棚上げを選択しただけであり、中国の指導部は時期が到来し、条件さえ整えば、香港を取り戻したいという意思をもっていた。

1970年代末から1980年代初頭にかけ、香港返還問題は実現に向けて動き始めた。契機は、新界地域の租借期限が1997年に到来することから、英国が租借の延長を目指して、中国に交渉を呼びかけたことであった。英国としては、香港の大部分を占める新界地域の利用権を引き続き確保し、香港の将来に対する懸念を払拭したいというのが交渉開始時点における方針であった。新界地域には貯水池や発電施設があり、香港島や九龍地域だけでは「自立不可能」な状態に陥ることから、新界地域のみの返還は英国側の選択肢にはなく、租借の継続を求めたのである。

しかし、中国は、1840年のアヘン戦争以降失った土地や威信を回復するために香港の全面返還が不可欠と考えていた。台湾も含めた国家統一を目指す上でも返還を実現させなければならなかった。共産党政権の正統性に関わる重要な問題でもあり、中国政府は香港の「回収」、香港の祖国への「復帰（回帰）」を前提条件として交渉に臨んだ。中国側の強硬姿勢に対し英国側は譲歩し、主権は中国、実際の統治権は英国という方式での決着を図ろうとしたものの、中国側はその点で妥協する意思は全くなかった。結局、香港全地域の返還は、資本主義制度を返還後50年間維持することなどを柱とする一国二制度とともに、1984年の中英共同声明に盛り込まれた。

その後、中英共同の返還準備作業が進められた。双方の意見が対立した時期もあったが、香港の繁栄を維持するという点では利害が一致していた。そのため、対立は限定的なものにとどまり、香港返還は大きな混乱もなく実施された。

〔佐野淳也〕

【関連項目】　一国両制、香港特別行政区、両岸三地
【参考文献】　小島朋之『中国現代史』中央公論新社，1999年．／興梠一郎『「一国二制度」下の香港』論創社，2000年．

マイクロファイナンス
Microfinance

　マイクロファイナンスとは、バングラデシュのグラミン銀行に代表されるように、貧困からの脱却を目指して、低所得貧困層向けの融資を行う小規模金融のことを指す。それは融資の側面を捉えて、マイクロクレジットともいわれる。小規模金融では、小口融資の他に、貯蓄手段などの金融サービスを提供する。そのため、マイクロファイナンスは小規模金融が提供するあらゆる金融サービスを包含した概念として位置付けられる。マイクロファイナンスは、主にNGOによって運営されており、雇用創出、貧困者の所得の引き上げ、農村部門の健康、教育および栄養状態の改善を目的としたプロジェクトの一環としての小規模融資である。

　これらの動きがみられるようになったのは、1970年代初頭頃からである。当時のマイクロファイナンスをみると、3つのタイプに分けることができる。1つは、農業金融に端を発するものであり、農業技術の改善を通じた農村の経済成長を促進することに主眼がおかれていた。また、農村の中小規模の企業への融資も行われていたが、目立った成果をあげることはできなかった。第2は、グラミン銀行にみられるように、貧困緩和を目的とした小規模融資を行う機関である。この種の機関は、貧困層が所得を得ることができるようにするための融資を行う。第1のタイプとは異なり、中小規模の企業への融資は行わない。第3のタイプは、制度金融から融資やその他の金融サービスを享受することのできない企業や家計を対象に、金融サービスや融資を行うものである。しかし、これらの機関は、特に低所得貧困層だけに金融サービスを供与することを目的としていないため、第2のタイプとは異なる。

　これら各種の機関が1970年代に設立され、1980年代に入るとその成果がみられるようになり、注目されるようになってきた。これらマイクロファイナンスが成果をあげることのできた要因はさまざまである。運転資本用の小規模融資で、しかも返済期間が数週間から数カ月単位と比較的短いことがあげられる。返済のインセンティブを高めるために、再融資の条件に返済履行が含まれている。また、返済を確実にするためにグループをつくり、グループ成員同士の監視が行われる。その際、グループの一員が返済を怠るならば、他の成員は融資を受けられないという条件が盛り込まれている。これらの融資に際する要件は、制度金融における銀行のモニタリング機能の代わりを果たすものである。銀行は、融資を行う前に借り手の資産状況、資金の使途、返済能力などを審査する。融資後においても、資金が契約通りのプロジェクトに投下されているか、返済は可能かなどの情報を収集し、それを加工・分析している。

　マイクロファイナンスでは、グループをつくり成員間の監視によりこれらの機能を代替させている。これにより成果をあげることができた。しかし、これらの成果にもかかわらず、今後取り組むべき課題も残されている。現在行われている融資は短期のものであるが、農業活動への中・長期的な融資においてもこれらのモニタリング機能が効果的かどうかは未知数である。制度金融とアクセスを絶たれた小規模農業における融資も、農村部門の貧困解消にとって重要な問題である。また、融資が実施される地域の拡大によって融資の取引費用が上昇する可能性もある。借入・返済などに伴う職員の移動が都市部から奥地の農村部へと広範囲に及ぶようになる。また、大部分のマイクロファイナンス機関は、融資に大きな力を傾けているが、貯蓄手段の提供については比較的遅れているなどの問題が指摘できる。この課題は残されているものの、マイクロファイナンスの登場は、農村金融改革の1つのパラダイムを形成しているということができる。　　　　〔徳原　悟〕

【関連項目】　グラミン銀行、インフォーマル・クレジット、金融制度、回転貯蓄信用組合

【参考文献】　ムハマド・ユヌス, アラン・ジョリ（猪熊弘子訳）『ムハマド・ユヌス自伝―貧困なき世界をめざす銀行家』早川書房, 1998年. ／岡本真理子, 粟野晴子,

吉田秀美編『マイクロファイナンス読本―途上国の貧困緩和と小規模金融』明石書店、1999年。／Richard L. Meyer and Geetha Nagarajan, *Rural Financial Markets in Asia : Policies, Paradigms, and Performance*. A study of Rural Asia, Vol. 3, Asian Development Bank, New York : Oxford University Press, 2000. ／Marguerite S. Robinson, *The Microfinance Revolution : Sustainable for the Poor*. Washington D. C. : The World Bank Publications, 2001. ／Douglas R. Snow, Gary Woller, and Terry F. Buss eds., *Microcredit and Development Policy*. New York : Nova Science Publishers, Inc., 2001.

マキラドーラ【中南米】
Maquiladora

　米国に接するメキシコの国境地帯に存在する輸出保税加工区。1965年にメキシコ政府が制定した国境工業化計画によって誕生した。マキラドーラでの生産は、資本財・中間財の輸入関税の免除、外国資本全額出資企業の承認、低賃金労働力の利用、米国での付加価値関税制度（製品価額ではなく米国産の中間財を差し引いた付加価値額に対して課税する制度）などの利益があるため、1970年代前半から、衣料、エレクトロニクス、自動車などの分野で、米国企業はもちろん、欧州、アジア企業などが相次いで工場を設立した。進出企業にとっては、マキラドーラへの立地は製品コスト引き下げを通じて競争優位を実現する手段となった。米国にとっては、マキラドーラはメキシコからの不法入国を抑制するという利益をもった。メキシコにとっては、雇用の増大、外貨獲得などの利益があった。しかし、中間財のほとんどが米国などから輸入されるため付加価値は小さく、また生産は単純な組立を中心とするもので技術移転効果は小さいものであった。

　マキラドーラは1990年のNAFTA（北米自由貿易協定）の発効によって転機を迎えた。米国にとっては、NAFTA発足後にマキラドーラが存続するとメキシコ経由で第三国製品が無税で流入することになる。他方、マキラドーラがなくなると、メキシコにとっては外国投資が減少するという問題があり、また第三国企業にとっては中間財輸入に対する関税支払いが発生するという問題があった。最終的に2000年末をもってマキラドーラの関税払い戻し制度は廃止されたが、メキシコは、外国投資を引き続き受け入れるため、産業分野別生産促進措置（PROSEC）を導入し、特定の中間財に優遇税率を適用した。他方で第三国は、2000年のEU・メキシコFTA（自由貿易協定）のように、FTAを結ぶことによってメキシコでの関税減免を実現し、マキラドーラ消滅の不利益を回復しようとしている。

［小池洋一］

【関連項目】　NAFTA
【参考文献】　浦田秀次郎編『FTAガイドブック』ジェトロ, 2002年。

マクロ経済学
Macroeconomics

　マクロ経済学とは、日本や米国などの国民経済全体の動きについて分析するための学問である。マクロ経済学において特に注目されている変数は、GDP（国内総生産）、インフレ率、市場利子率、失業率等であり、これらを変動させる要因や変数間の相互作用が考察される。マクロ経済学にはケインズ学派と新古典派の2つの学派が存在する。ケインズ学派の特徴は、価格メカニズムが機能せず、国民所得水準は需要サイドの要因によって決定されるとする。他方、新古典派の特徴は、価格メカニズムが機能しており、国民所得の水準を決定するのは供給サイドの要因であるとする。すなわち、「セイの法則」が機能するような状態を想定している。

［森脇祥太］

【関連項目】　ケインズ経済学、新古典派経済学、セイの法則

マザー・ドーター組織
Mother-Daughter Organization

　マザー・ドーター組織とは、1970年頃まで欧州で普及していた本社と海外子会社の社長との個人的関係によって海外子会社を管理するような組織構造のことをいい、欧州特有の組織構造としてローレンス・フランコ（Lawrence G. Franko）によって指摘された。欧州においては、企業の創業者である社長が、兄弟・親戚や信頼できる人物を海外子会社の社長として任命してきた。この場合、海外子会社の社長には自主的に企業経営を行うような幅広い権限と責任が付与されており、業績が良好である限りにおいて、本社に

よる経営への介入が行われることはない。マザー・ドーター組織は、企業が国際化を進める初期的局面においては適切であるが、企業の国際化が進行した場合、マザー・ドーター組織を採用している企業は、世界規模製品事業部制、地域別事業部制などへと組織構造を変化させるのが望ましい。しかし、長期間にわたり、欧州企業はマザー・ドーター組織を採用し続けたため、現代においても、その影響を受けており、欧州企業の海外子会社は日米企業に比べて自主性が高く、欧州企業は、日米企業とは異なる国際経営を展開している。
[森脇祥太]

【関連項目】 国際事業部制、世界規模・製品事業部制、グローバル・マトリックス組織
【参考文献】 L. Franko, *The European Multinationals*. Harper & Row, 1976. ／岩田智『グローバル戦略』大滝精一, 金井一頼, 山田英夫, 岩田智『経営戦略―創造性と社会性の追求』有斐閣アルマ, 1997年.

馬山輸出自由地域【韓国】
Masan Free Trade Zone

韓国では輸出志向工業化の一環として保税加工制度が導入された。保税加工とは特定の原材料または半製品を輸入し、関税留保の状態でそれを加工精製して外国へ再輸出するものである。保税加工は保税工場の他、工場団地で行われる。

1970年に慶尚南道馬山市に造成された馬山輸出自由地域は、1966年に設置された台湾の高雄と並ぶ初期の東アジアを代表する輸出加工区であり、韓国最初の保税工業団地である。外国投資の誘致により、「輸出振興、雇用拡大および技術の向上をもって、国民経済の発展に寄与する」ことを目的とし、輸出自由地域を管理運営するために設置された馬山管理庁に大幅に権限が委譲された。

入居企業は、生産のために輸入する原材料や機械設備などに対する輸入関税が免除される他、法人税などの減免措置や通関手続きの簡素化などの特典が与えられた。また輸出自由地域では労働争議も規制された。半面、製品の販売先が輸出に限定されるという制約を受ける。

馬山輸出自由地域の設立後、繊維や雑貨、電機・電子などの労働集約産業分野を中心に日本の企業が多数進出した。しかし、1980年代後半以降、労働運動の高揚を背景に大幅な賃上げ要求が生じ労働争議が多発したこと、他の東アジア諸国の投資環境が整備されたことなどから、1990年代に入り撤退する企業が相次いだ。
[向山英彦]

【関連項目】 輸出志向工業化
【参考文献】 谷浦孝雄『韓国の工業化と開発体制』アジア経済研究, 1989年.

マーシャルの非効率
Marshallian Inefficiency

マーシャル（Alfred Marshall, 1842～1924）の非効率とは、地主と小作農の間に分益小作契約が結ばれた場合、小作人は生産要素投入（労働や肥料など）に応じた収入を得ることができないため、最適な水準よりも低い水準の生産要素投入しか行わず、土地の使用が非効率となるようなことをいう。分益小作契約とは、小作農が土地を借り入れる時、地主に対して収穫物の一定の割合を納める契約を結ぶものである。この場合、収穫量が増加するにつれて地主の取り分も絶対的に増加する。その結果、小作人は労働意欲が失われ、農業生産への要素投入量が最適水準よりも小さくなる可能性がある。マーシャルの非効率が実際に存在するか否かに関しては、理論と実証の両面で盛んに研究がなされており、地主が低い機会費用で小作農に契約条件を履行させることが可能な場合、分益小作制が採用されてもマーシャルの非効率は生じないとするような結果も出されている。
[森脇祥太]

【関連項目】 分益小作制
【参考文献】 黒崎卓『開発のミクロ経済学―理論と応用』岩波書店, 2001年.

マネーサプライ
Money Supply

マネーサプライ（通貨供給量）とは、ある一定時点における一国内の民間非金融部門（個人、一般法人企業、地方公共団体等）が保有する通貨残高のことをいう。通貨の保有量は、企業や個人の通貨需要によって決定されるが、統計的には通貨発行主体の側から捕捉されているので、マネーサプライといわれる。通貨は、現金通貨、ならびに比較的容

に現金化できる金融資産によって構成される。日本では、M_2+CD（現金通貨＋預金通貨＋準通貨＋譲渡性預金（CD））が代表的なマネーサプライ指標として利用されている。同指標の通貨発行主体は、日本銀行と預金取扱銀行（国内銀行、在日外国銀行、信用金庫等）である。日本銀行は現金通貨（日本銀行券＋補助貨幣（硬貨））を発行している。厳密にいえば、補助貨幣は中央政府が発行しているが、統計的には日銀発行として分類されている。預金取扱銀行は、預金通貨である要求払預金、準通貨（Quasi Money）の定期性預金、および譲渡性預金を発行している。

［徳原 悟］

【関連項目】　通貨、ハイパワード・マネー、預金取扱銀行、信用創造

【参考文献】　日本銀行経済統計研究会編『経済指標の見方・使い方』東洋経済新報社、1993年．／日本銀行調査統計局『金融経済統計月報』ときわ総合サービス．

マハティール・ビン・モハマド【マレーシア】
Dato' Seri Dr. Mahathir bin Mohamad, 1925～

マハティール・モハマドは、1925年12月20日、ケダ州の州都アロースターで生まれた。1946年にUMNO（統一マレー国民組織）が設立されて以来の党員であり、1981年以降は総裁を務めてきた。1964年の総選挙で国会議員に初当選したが、1969年に落選、1974年に復帰し、以後、1974年に教育省大臣、1976年に副首相兼務、1978年に通商産業省大臣と、重要閣僚を歴任し党内基盤を固めていった。

1981年7月、フセイン（Haji Hussein bin Onn）首相が健康上の理由で辞職したことを受けて、第4代首相に就任した。マレー系国民の経済的地位の向上を目指して、ブミプトラ政策を強めるとともに、工業化による経済発展を最重要政策とした。1981年12月に日本や韓国の勤労倫理や経済哲学を学ぶことによって経済開発を進めようとする「ルック・イースト（東方）政策」を発表し、この一環として日本へ留学生や研修生の派遣を始めた。その後も強力なリーダーシップにより、国民車メーカー・プロトン社の設立やマルチメディア・スーパー・コリドー（MSC）の建設などの大型国家プロジェクトを立ち上げ、経済発展を進めた。首相就任以降の20年間にマレーシアを1次産品の輸出国からエレクトロニクス産業を中心とした工業国へと発展させた。一方、1997年の通貨危機に際しては、IMFの支援を拒否し資本取引規制を導入するなど、グローバル・スタンダードに対して独自の経済政策を進めた。

2002年6月、UMNO党大会の閉幕演説で党総裁を辞任することを発表した。ブミプトラ政策が行きづまったことに対する失望と健康上の問題が辞任の理由であると考えられる。2003年9月のイスラム諸国会議機構（OIC）首脳会議を最後に、10月31日付けで首相を辞任し、党と政府の一切の要職から退いた。

［坂東達郎］

【関連項目】　ブミプトラ政策、マルチメディア・スーパー・コリドー

【参考文献】　マハティール・ビン・モハマド（高多理吉訳）『マレー・ジレンマ』井村文化事業社、1983年．／M. ラジェンドラン（安藤一生訳）『マハティールの夢：先進国めざすマレーシア』サイマル出版会、1995年．／萩原宣之『ラーマンとマハティール：ブミプトラの挑戦』岩波書店、1996年．

マルクス、カール・ハインリッヒ
Karl Heinrich Marx, 1818～83

ドイツ生まれの哲学・思想家。経済学においては、英国古典派経済学の批判的研究を行った。これらの研究の集大成が、『経済学批判』および『資本論』である。その経済学体系は壮大であるが、ここではマルクスの経済発展史観および経済成長論についてみることにする。マルクスの経済発展史観は、史的唯物論に立脚している。史的唯物論は、物質的財貨の生産力と生産関係の統合によって生み出される生産様式という観点から人間社会の歴史的発展を説明しようというものである。社会的生産力とは、人間の労働を通じて天然資源や環境などの自然を変えながら物質的財貨を手に入れる力を指す。一方、社会的生産関係とは、労働や資本などの主要な生産手段の所有関係を指す。この社会的生産力と社会的生産関係の各歴史的段階におけるあり方が、その時代の社会的生産様式を決定すると考えるのである。

そして、社会は、生産関係の総体である経済制度と法律的・政治的制度から構成されるとする。前者を「下部構造」と呼び、後者を

「上部構造」と呼ぶ。上部構造と下部構造は相互に影響し合うものの、究極的には下部構造が上部構造を規定するという。社会的生産力と社会的生産関係は相互作用を及ぼしながらも、生産力に応じて生産関係も変容される。このような視点から、マルクスは、原始共産制、奴隷制、封建制、資本主義、社会主義という生産様式の段階を社会はたどるとした。そして、マルクスは、資本主義的生産様式までを人類社会史の前史として位置付ける。社会主義的生産様式が成立することによって階級闘争が消滅して人類の歴史が始まると考えた。この人類社会の前史の最終段階である資本主義の発展論をマルクスは『資本論』において展開する。

マルクスの発展論の特徴は、古典派経済学とは異なり、生産の集中・集積、つまり独占化への動きを提示したことにある。資本家は、機械設備などの資本、労働力、および原材料を手に入れるために資金を投下する。これらの生産手段を用いて生産活動を行い、資本家は剰余価値を手に入れる。この剰余価値によって資本家の資本蓄積が進む。また、賃金が上昇すれば人口も増加し、労働力も増加する。この資本蓄積と人口増加によって拡大再生産が行われる。資本蓄積が進むと、旧来よりも高い水準の技術が体化された機械設備が導入される。これにより、労働時間当たりの生産性が向上する。すなわち労働節約的な機械設備が導入されることになる。この生産性の高い機械設備はやがて社会に普及していくが、弱小資本家はそれを導入できずに没落していく。これにより生産の集中・集積過程が進む。

一方、労働節約的な技術の導入は、過剰な労働力を生み出し、賃金の低下と失業の増大をもたらす。これは、資本家からすれば安価な労働力をいつでも獲得することができることを意味する。「産業予備軍（Industrial Reserve Army）」と呼ばれる所以である。このようなプロセスにおいて、国民総生産は拡大して剰余価値の総額も増加する。しかし、マルクスは、利潤率は低下していくと主張する。剰余価値とは、労働力から生み出されるものである。労働者の賃金は、1日の生活資料を購入できる水準に決定される。しかし、労働者が生産過程で生み出す財貨の価値は賃金を上回る。この余剰分を剰余価値という。そのため、生産量が増加すると剰余価値も増えることになる。しかし、資本家はこの剰余価値を得るために、労働力と機械設備などの固定資本に資金を投下している。そして、技術革新によりこの固定資本の金額が大きくなる。

この固定資本の金額と総賃金を分母におき、分子に先の剰余価値をおくならば、固定資本の金額が大きくなるにつれて利潤率は低下する。利潤率低下によって経済恐慌が発生し、弱小資本の整理・統合が進み、やがて利潤率は回復する。しかし、生産の集中・集積が進むにつれて恐慌が深刻化し、ついに資本主義の発展は途絶えると考えたのである。

〔徳原 悟〕

【関連項目】　資本主義、帝国主義、計画経済／市場経済、従属理論、世界システム論
【参考文献】　カール・マルクス（武田隆夫、遠藤湘吉、大内力、加藤俊彦訳）『経済学批判』岩波文庫、1956年.／カール・マルクス（岡崎次郎訳）『資本論』（全8巻）国民文庫、大月書店、1972-75年.／伊藤誠編『経済学史』有斐閣、1996年.／根井雅弘『経済学の歴史』筑摩書房、1998年.／速水佑次郎『新版　開発経済学―諸国民の貧困と富』創文社、2000年.

マルコス・クローニー【フィリピン】
Marcos's Crony

政治権力を集中し、政治の中枢にいる大統領などが経済的利権を自分の取り巻きや関係者（子供や親戚）にのみ与え、政治経済的な支配権を牛耳る場合が開発途上国には多くみられる。取り巻きや関係者をクローニーといい、経済が彼らを中心に動いていることからクローニー・キャピタリズム、仲間内資本主義とも呼ばれている。

フィリピンのマルコス政権は大統領2期目の1972年に戒厳令を布き、政治権力を集中した後にクローニーの形成が始まった。マルコス（Ferdinand Edralin Marcos）は政府主導の開発を進め、フィリピンの改革を目指した。マルコスは既存企業家ではなく、重化学工業化を展開するために新しい企業家を求めた。大規模な開発プロジェクトに多くの人間が集まり、次第にマルコス・クローニーと呼

ばれる取り巻き集団が形成されていった。こうしたクローニーが形成されて、政治経済運営はクローニーの利害を反映するようになり、経済効率や国民の繁栄という目標が薄れていった。マルコスの夫人であるイメルダ・プロジェクトといわれた彼女の出身地であるレイテ島には外国援助プロジェクトが多く策定・実施された。国民の不満はクローニーの前にはじき飛ばされ、中心にいたマルコスには届かなかった。クローニーは繁栄したが、国は次第に疲弊し、フィリピン経済は1980年代初期に自立不可能の状態に至り、IMF・世界銀行のコンディショナリティー下（管理下）におかれることになった。ここにおいてクローニーが支配した多くの企業が倒産し、マルコス・クローニーは崩壊した。2003年にスイス銀行がマルコスの隠し財産の返還を発表したが、その金額は数億ドルであり、クローニーを通じていかに多くの国費が無駄になったかを示している。このことが同時にフィリピン経済が東アジアの中で取り残される要因の一つであった。　　　　　　　　［梶原弘和］

【関連項目】　マルコス、ファミリー・ビジネス、民衆革命

【参考文献】　福島光丘編『フィリピンの工業化―再建への模索』アジア経済研究所、1990年．／アジア経済研究所編『アジア動向年報』アジア経済研究所、各年版．／梶原弘和『アジア発展の構図』東洋経済新報社、1999年．

マルコス、フェルディナンド・エドラリン【フィリピン】
Ferdinand Edralin Marcos, 1917～89

フィリピン第10代大統領（1965～86年）フェルディナンド・マルコスは、フィリピン最大の島、ルソン島北部のイロコス・ノルテ州、サラット町で1917年9月11日に生まれた。イロコスの有力な家系出身であり、父親も政治家であった。フィリピンで最も権威あるフィリピン大学法学部に入学するが、1938年に3年前の父親の政敵射殺容疑で訴えられ、1939年に地裁で有罪判決を受けたが、翌年最高裁で無罪を勝ち取った。第2次世界大戦中は抗日ゲリラとして日本軍と戦ったといわれているが明らかな証拠はない。戦後は1946～47年にロハス（Manuel Roxas）大統領の法律補佐官として活躍後、1949年にイロコス・ノルテ州選出の下院議員に最年少で当選した。1954年にはフィリピンを代表する有力家系出身の女優であるイメルダ（Imelda Remedios Visitacion Romualdez）と結婚した。1965年の大統領選挙では自由党は現職大統領のマカパガル（Diosdado Macapagal：現アロヨ（Gloria Macapagal Arroyo）大統領の父親）が候補者として選出されたためにマルコスは国民党（ナショナリスタ）から候補者として出馬し、大統領に選出された。

マルコスは第1次4カ年計画を実施し、計画目標は下回ったが、経済計画が実行から終了まで継続できた最初のものであった。フィリピン社会は有力な家系に支配され、革新的な変化を求められていた。経済計画の遂行はその一環であり、マルコスはフィリピンを改革するために新しい社会建設を目指し、知識人からも多くの支持を集めた。国民の支持により1969年の大統領選挙では史上初めて大統領に再選した。しかし再選後にテロやゲリラ事件が多発し、社会不安が激化した。ベトナム戦争における米国支持への反対運動、共産党の軍事組織である新人民軍（NPA）の成立によるゲリラ戦、ミンダナオのイスラム教徒などの反政府活動が激化した。中央と地方の経済格差が激化し、国民の不満が大きくなった。これに対してマルコス政権は政情不安と犯罪頻発を理由に1972年に戒厳令を布告した。議会は解散され、反対派の指導者逮捕、厳しい検閲が実施された。

1973年1月には新憲法が発布された。新憲法はマルコスに絶対的な権力が与えられ、選挙は無期限で延期された。権力を集中したマルコスは当時急速に発展していた韓国、台湾のように国家主導による経済発展を目指した。開発を指揮する国家経済開発庁をつくり、重化学工業部門の育成を目指す十大建設計画を実行した。しかし輸出が増加しない状況下で重化学工業化による借金が増加し、一方で1980年代初期の第2次石油危機、世界的高金利、先進国の不況から経済状況は悪化した。こうした中で長らくマルコスに敵対してきた政敵ベニグノ・アキノ（Benigno S. Aquino Jr.）元上院議員が米国から帰国し、マニラに到着直後に暗殺される事件が起き、

政情不安の激化、海外からの投資・融資が停止し、政治・経済的不安定から反マルコス勢力が結集した。マルコスは国民の支持を得るために1986年2月に大統領選挙を実施し、反マルコス勢力はニノイの夫人コラソン・アキノを候補者として選挙を戦った。結果はマルコスの当選であったが、選挙結果に疑義が出され、国民の大きな反発を引き起こした。国軍は離反、米国の亡命受け入れによりマルコスはハワイに脱出し、20年に及ぶ大統領の職を失い、コラソン・アキノ（Corazon Cojuanco Aquino）が第11代大統領に就任した。マルコスは1989年9月28日ハワイで病死した。マルコスは権力を集中させたが、これをNIESのように経済発展をもたらす力として活用できずに終わったばかりでなく、フィリピンのその後の政治経済的不安の要因を残すにとどまった。

[梶原弘和]

【関連項目】 マルコス・クローニー、NEDA、アキノ
【参考文献】 福島光丘編『フィリピンの工業化―再建への模索』アジア経済研究所、1990年. ／アジア経済研究所編『アジア動向年報』アジア経済研究所、各年版. ／梶原弘和『アジア発展の構図』東洋経済新報社、1999年.

マルサスの人口論
The Principle of Population in Malthus

産業革命による急速な生産力の拡大とフランス革命による自由思想は、経済と人口との関係に楽観主義をもたらした。空想社会主義者は、科学の進歩と人間理性強化による社会と人間の完全性を主張し、過剰人口を否定した。これに対してマルサス（Thomas Robert Malthus, 1766～1834）は、最低生活水準で生きることを運命づけられた人間社会を過剰人口から説明し、空想的社会主義の楽観論を否定した。この反論の手段として『人口論』（*The Principle of Population*）を発表した。初版は論争書として世に出たが、その後豊富な資料にもとづく実証分析を行い、全面的な改定を加えた。初版から5年後に第2版が出版され、純粋な学術書となりマルサスの生存中に第6版まで改定された。

マルサスの人口論（第6版）は、3つの基本命題を証明することを目的としている。①人口は必然的に食糧により制限される、②人口は非常に有力かつ顕著な妨げにより阻止されない限り、生存資料の増加するところではつねに増加する、③人口の優勢な力を抑えて生存資料と同一水準に保たせるもろもろの妨げは、すべて道徳的抑制、罪悪および困窮に帰着する、の3つである。人口は制限されなければ幾何級数的に増加し、25年ごとに倍増するが、食糧は算術級数的にしか増加しない。したがって人口と食糧の比率は200年で256対9になることを分析した。このことから人口は食糧により制限されると同時に、食糧の増加に伴って増加する。また人口と食糧の増加率の相違から、人口は食糧以上に増加しようとする。この時点において、人口と食糧の不均衡を是正するために、人口の側では増加を抑制する積極的妨げ、食糧の側では生産を増加させる人的努力が生じる。それゆえ人口、食糧ともに以前より高い水準で新たな均衡状態に達する。しかし均衡は恒久的ではなく、破られて不均衡が生じ、さらなる均衡へ向かう累積過程が経済の波状性をもたらす。

マルサスは経済は累積的に拡大するのではなく、収穫逓減が作用する土地と、つねに増殖しようとする人口との間で波状的に発展するものと捉え、貧困の発生過程を明らかにした。また罪悪と困窮を伴う積極的妨げを避けるために罪悪を伴わない予防的妨げ、つまり道徳的抑制（晩婚の勧め）により人口増加を抑えようとした。マルサスは、人口が経済によって規制される消極的側面と人口が経済を拡大させる積極的側面を結び付け、人口と経済の動態過程を明らかにした。人口の経済に及ぼす積極面こそがマルサスの「人口原理」であった。しかし産業革命以降に急増する人口に直面し、これが終息する気配がない状況の中で、マルサスは人口のもつ消極的側面を強調する悲観的結論を展開せざるをえなかった。人口の積極的側面と消極的側面はいつの時代でも、どこの国でも作用し、過剰人口が発生する可能性をマルサスは明らかにした。マルサスの人口の経済に及ぼす悲観的視点はこれ以降の経済学に暗い影響を与え、資本主義経済は発展の天井である定常状態に達して成長を停止すると分析され、リカード

(David Ricardo)、さらにミル（John Stuart Mill）の理論的体系において公理としての地位を得た。しかし1880年代から出生率が低下し、人口増加に対する認識が大きく変わり、またヨーロッパにおける生産力増大のゆえに経済と人口の関係はマルサスが考えた方向には進まなかったことから、19世紀後半にはマルサスへの批判が増大した。マルクス経済学、ドイツ歴史学派、新古典派が中心的な批判者であった。

なおマルサス主義とはマルサスの人口論に従い、人口増加を道徳的抑制により防ぎ、貧困と悪徳を避けるという考え方である。また新マルサス主義とは、人口増加は道徳的抑制では防げないとし、人為的な産児制限によりこれを防ぐという考え方である。開発途上国の人口増加を考えるに際し、頻繁に登場する用語である。　　　　　　　　　［梶原弘和］

【関連項目】　経済人口学、人口転換、人口爆発
【参考文献】　大淵寛, 森岡仁『経済人口学』新評論, 1981年.／石南國『人口論―歴史・理論・統計・政策』創成社, 1993年.／梶原弘和, 武田晋一, 孟建軍『経済発展と人口動態』(東アジア長期経済統計シリーズ第2巻) 勁草書房, 2000年.

マルサス・モデル
Malthus Model

マルサス・モデルとは、人口成長の変動要因を食料生産の増加パターンとの関連によって説明したものである。マルサス・モデルは人口と食料生産の関係からその国の貧困の要因を説明している。すなわち、人口増加は、1、2、4、8、16……のように等比数列的に増加するが、食料生産は1、2、3、4、5……のように等差数列的にしか増加しない。その結果、人口増加は食料増加を上回ることになり、食料が人間の生存に必要不可欠であることを考慮すれば、必然的に人口増加は食料生産の制約によってある水準に抑制されることとなる。人口増加が等比数列的に増加するのは、人間が本能の赴くままに生殖活動を行い、ねずみ算的に出生が増加するためである。また、食料生産が等差数列的にしか増加しないのは、農業生産が土地による資源制約に直面しているためである。

ある国のすべての労働力が農業に従事しており、その消費のすべてを農産物が占めているような状態を考えてみよう。その国の土地において、農地として使用できる面積は一定であるとしよう。また、マルサス（Thomas Robert Malthus, 1766〜1834）の『人口論』が出版された1798年の英国を考えた場合、これらの仮定は必ずしも強い仮定だとはいえないであろう。マルサス・モデルが想定するように、人口が等比数列的に増加するならば、農業労働力も同様に増加すると考えられる。農業労働力が増加すると、農地面積は固定的であるために、収穫逓減法則が作用して農業における労働の限界生産力は減少する。

その場合、農業の1人当たり生産量qは図のような左上方に凸な形状で描くことが可能である。図によると、労働投入量が増加するにつれて、1人当たりの農業生産は低下し、同時に1人当たりの食料消費量も低下する。1人当たりの食料生産量の低下には、食料が人間の生存にとって必要不可欠であることを考慮すれば、ある種の必要最低限の量が存在することは明白であろう。この必要最低限の量のことをマルサスは、最低生存費水準と呼んだ。図には、最低生存費水準$\tan\theta$とその場合の農業の労働力L^*が図示されている。L^*の状態から人口が増加して農業労働力が増加した場合、農業生産量は$\tan\theta$を下回ることになる。$\tan\theta$を下回る水準の食料量では人間の生存は不可能となる。その場合、堕胎や「間引き」等の出産制限によって人口抑制が図られる。そして、飢饉や栄養状態の悪化による伝染病の蔓延等によって人口が減少

◇マルサス・モデル

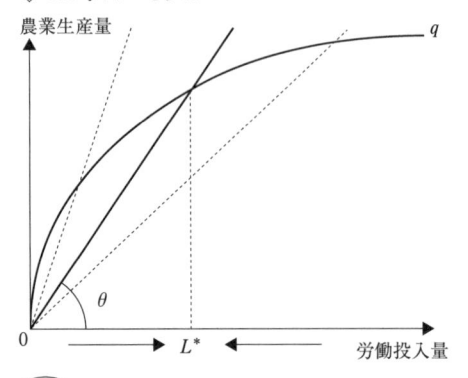

する。その結果、人口が減少して農業労働力は L^* の水準にまで減少し、食料消費量は $\tan\theta$ の状態に回復する。逆に、L^* の状態から人口が減少して1人当たりの食料消費量が増加すれば、$\tan\theta$ の水準までは人々は人口を増加させようとするから、農業労働力は L^* の水準にまで増加する。ある国の人口と農業労働力は L^* の水準で均衡する。人々の消費量は生存維持的な $\tan\theta$ の水準にとどまることになり、貧困状態が持続する。このような状態のことを「マルサスの罠」といい、貧困の原因が収穫逓減法則と人口増加によって説明されることを示す。　　　　［森脇祥太］

【関連項目】　収穫逓減の法則、限界生産力
【参考文献】　鳥居泰彦『経済発展論』東洋経済新報社、1979年．／早坂忠編『経済学史』ミネルヴァ書房、1989年．／渡辺利夫『開発経済学—経済学と現代アジア（第2版）』日本評論社、1996年．／速水佑次郎『新版 開発経済学—諸国民の貧困と富』創文社、2000年．

マルチメディア・スーパー・コリドー【マレーシア】
Multimedia Super Corridor : MSC

マルチメディア・スーパー・コリドー（MSC）は、1996～2020年にかけて、首都クアラルンプール近郊に高度情報通信インフラを整備した地域をつくり、海外の有力マルチメディア関連企業を誘致することにより、マレーシアをマルチメディア・情報関連技術の一大研究開発センターにしようとする国家プロジェクトである。1995年8月、マハティール（Mahathir bin Mohamad）首相により発表された。マレーシア政府は、同国を2020年までに先進国の仲間入りさせる「ビジョン2020」構想を掲げており、MSCはその中核プロジェクトに位置付けられる。政府は、MSCの実現を通じて同国の産業構造を、現在の加工組立型産業から高度に洗練された情報通信産業へ転換する計画である。

クアラルンプールの中心部に位置するペトロナス・ツインタワーから新クアラルンプール国際空港（KLIA）にかけての東西15km、南北50kmの地域に光ケーブルが敷設され、2020年の完成を目指して情報技術関連の研究開発地域であるサイバージャヤ（Cyberjaya）と新行政都市プトラジャヤ（Putrajaya）の建設が進められている。

MSCの開発と並行して、電子政府（行政のペーパーレス化）、多目的スマートカード、スマートスクール（遠隔教育）、テレメディスン（遠隔医療）など7つのプロジェクトが政府主導によって進められている。また法制面からMSCを後押しするために、サイバー法（情報関連法）の整備が進められ、デジタル署名法、改訂著作権法、コンピューター犯罪法、テレメディスン法、マルチメディア通信法、オプティカルディスク法などが制定された。MSCへの進出企業には、最長10年間の法人税免除、外資出資規制の撤廃、無制限の外国人雇用など、MSCステータスと呼ばれる投資優遇措置が与えられる。2003年9月末時点で930社がMSCステータスを取得している。　　　　［坂東達郎］

【関連項目】　マハティール、ビジョン2020／ワワサン2020、Kエコノミー
【参考文献】　青木健『マレーシア経済入門（第2版）』日本評論社、1998年．／Goh, Chen Chuan, *Multimedia Super Corridor*. Kuala Lumpur : Leeds Publications, 1998．／Mahathir bin Mohamad, *Vision 2020*. Kuala Lumpur : Institute of Strategic and Information Studies.

マレーシア共同市場
Malaysian Common Market

シンガポール政府は1959年に工業化を開始し、植民地時代の中継貿易基地から工業国への転換を図った。工業化戦略は当時の開発途上国開発に一般的な輸入代替型が採用されたが、それが成功する鍵の一つは工業製品を吸収する国内市場の形成・確保にあった。当時のシンガポールは人口160万ほどの小都市社会であった。政府が考えたのがマレーシアと併合してマレーシア共同市場（約1500万）を創設することであった。シンガポール工業製品の市場を確保するだけでなく、新生マレーシアの工業基地になるのが、狙いであった。これが1963年にシンガポールがマレーシア併合を選択した最大の経済的要因だが、シンガポールの工業化を調査した国連調査団の勧告に従ったものでもある。

1963年9月にマレーシア共同市場が誕生したが、その直後からマレーシア中央政府とシンガポール州政府の間で経済開発におけるシンガポールの位置付けをめぐる対立が発生し

た。シンガポールがマレーシアの工業基地になるのを望んだのに対し、中央政府はマレーシア後発地域の開発を優先して、開発が進むシンガポール開発を後回しにしたことが原因であった。1963～65年の2年間に、シンガポールに進出した外国企業約50社が、税制優遇措置の特典が享受できる「創始産業」（Pioneer Industries）認定の申請を中央政府に提出したが、実質的に認可件数はゼロであった。中央政府はシンガポールの突出的発展を経済的にも政治的にも望まなかったのである。

マレーシア共同市場は、シンガポールの狙い通りに機能しなかっただけでなく、1965年にシンガポールがマレーシアから追放されて崩壊した。これ以降、シンガポールは輸出志向戦略へと転換したが、皮肉にもこれがシンガポール成長の原動力となった。　〔岩崎育夫〕

マレーシア重工業公社
Heavy Industries Corporation of Malaysia：HICOM

マレーシア重工業公社（HICOM）は、1980年11月に重化学工業化政策を推進するための中核企業として設立された公営企業である。1980年代を通じて傘下に上場企業5社を含む17の子会社、27の関連会社を設立し、自動車製造（プロトン）、セメント製造（ケダ・セメント）、鉄鋼（ペルワジャ製鉄所）などの国家プロジェクトの建設を次々と推進した。

マレーシアでは、1980年代に入り、国家開発計画の重点が重化学工業分野における輸入代替工業化に移り、HICOMをはじめとする公営企業が多数設立された。この背景は、第1に、1960～70年代の民間資本による輸入代替工業化が消費財や軽工業品などの分野において一応の成功を収めたものの、重化学工業の振興はほとんど進捗しなかったことである。第2に、ブミプトラ政策の推進という観点から、公営企業とマレー系下請け企業との間で技術や経営の連携を強めることによって、マレー系企業の育成を図ることが期待されたことである。

しかし、1980年代後半には、景気低迷から財政収支の悪化が顕在化した。この結果業績不振の公営企業に対して見直し気運が高まり、公営企業が技術や経営面でマレー系企業を十分に支援することができなかった。そのために、公営企業を民営化し、外資導入による輸出工業化を柱とする民間主導型の経済成長へと舵を切ることとなった。1991年に「民営化基本計画（1991～2000年）」が策定され、1991～95年にかけて24の直轄事業を含む200余りの公営企業やプロジェクトが民営化された。HICOMも1993年に民営化され、1995年にDRB社が株式の32％を取得しDRB-HICOMグループとなった。　〔坂東達郎〕

【関連項目】　ブミプトラ政策、新経済政策
【参考文献】　横山久, モクタール・タミン編『転換期のマレーシア経済』日本貿易振興会アジア経済研究所, 1992年./原不二夫編『マレーシアにおける企業グループの形成と再編』日本貿易振興会アジア経済研究所, 1994年./原不二夫編『ブミプトラ企業の抬頭とマレー人・華人経済協力』日本貿易振興会アジア経済研究所, 1995年.

マンデル＝フレミング・モデル
Mundell-Flemming Model

マンデル＝フレミング・モデルは、財市場、貨幣市場、国際収支を同時に均衡させる国民所得と利子率を決定することを目的としており、マンデル（Robert A. Mundell）とフレミング（John Marcus Flemming）によって考案された。マンデル＝フレミング・モデルはIS-LM-BP分析とも呼ばれ、海外部門を含んだIS-LM分析とみなすことができる。マンデル＝フレミング・モデルによれば、資本移動が完全なケースで固定相場制の場合には財政政策は有効となるが、金融政策は無効となる。資本移動が完全なケースで変動相場制の場合には財政政策は無効であるが、金融政策は有効となる。一方、資本移動がないケースでは、固定相場制の場合、財政政策と金融政策はともに無効となり、変動相場制の場合、財政政策と金融政策はともに有効となるとされる。　〔森脇祥太〕

【関連項目】　国際収支、IS-LM分析、財政政策、金融政策

ミクロ経済学
Microeconomics

　ミクロ経済学とは、消費者や企業家などの個別経済主体の行動と市場メカニズムについて分析するための学問である。ミクロ経済学においては、完全競争が仮定され、個々の消費者や企業家は価格受容者（プライス・テイカー）であるとされる。消費者や企業家は、市場において与えられた価格を受容して、効用最大化や利潤最大化を実現するよう行動する。その結果、社会に存在するすべての資源が効率的に配分され、パレート最適の状態を達成することが可能となる。また、ミクロ経済学においては、完全競争の仮定が成立しない場合についても考察される。独占や寡占等の不完全競争、外部効果、公共財、情報の不完全性、費用逓減産業等の市場の失敗と呼ばれる現象があげられよう。近年、開発途上国の経済活動を市場の失敗の概念を応用して分析する研究が開発経済学においても活発になされている。

[森脇祥太]

【関連項目】完全競争、パレート最適、効用最大化、限界費用と利潤最大化、独占、寡占、外部効果、公共財、情報の非対称性、費用逓減産業、市場の失敗

水資源
Water Resources

　地球上に「水」は豊かであるが、「淡水」は偏在している。水資源は希少資源として認識されつつある。表1に示したように世界の年間取水量は3240km³であり、1人当たりの年間取水量は645m³である。欧州や北米の先進国では、1人当たりの取水量がそれぞ

◇表1　地域別年間取水量

地域	データ年	総取水量 (km³)	1人当たり取水量 (m³)
アフリカ	1995	145.14	202
欧州	1995	455.29	625
北米	1991	512.43	1,798
中米	1987	96.01	916
南米	1995	106.21	335
アジア	1987	1,633.85	542
オセアニア	1995	16.73	591
世界計	—	3,240.00	645

（出所：世界資源研究所、国連環境計画、国連開発計画、世界銀行編『世界の資源と環境1998-1999』中央法規、1998.）

◇表2　水資源に関連する国際会議、国際合意

年	名称	文書名	水資源に関する内容
1972	国連人間環境会議	「人間環境宣言」第2原則・天然資源の保護	注意深い水の計画と管理による保護の重要性の明記。
1977	国連水会議	「マルデルプラダ行動計画」	水資源開発目的の明確化、環境配慮の徹底、利害関係者のパートナーシップの構築、など。
1992	国連開発環境会議	「アジェンダ21」18章「淡水資源の質及び供給の保護」	行動の基礎、目標、行動、実施手段（マルデルプラダ行動計画を踏襲）。
1997	世界水フォーラム（第1回、モロッコ）	—	水ビジョンの策定を提唱。
2000	世界水フォーラム（第2回、オランダ）	「世界水ビジョン」「行動のための枠組み」	水危機の緩和、持続可能な水利用に関するビジョン、国際河川流域の共同管理など。
2002	持続可能な開発に関する世界首脳会議	重点分野「WEHAB」	水が、エネルギー、健康、農業、生物多様性とともに重点分野。
2003	世界水フォーラム（第3回、日本）	「水行動集」	安全な水にアクセスできない人口の半減、水のガバナンスとコミュニティーの取り組みの強化。

れ、625m³、1798m³と多い。最も取水量が少ないのはアフリカで1人当たり202m³である。アジアは542m³である。1人当たりの取水量が少ないことは、水資源へのアクセスに関する紛争の発生を招きやすい。

国連開発計画（UNDP）は、水資源に関して7つの問題を指摘している。①世界中で11億人以上の人口が安全な飲料水を確保できない。②世界の人口の3分の1が水不足に直面しており、現在の水の使用傾向が続けば、2025年には世界の人口の3分の2が重度または中度の水不足に直面する。③浅層地下水の汚染と枯渇が進んでいる。④今後20年間で、世界の水の総需要は40％増加（食糧生産のための水需要は17％増加）する。⑤水洗トイレに飲料水を使用する方法は、経済的に非効率で環境的に負荷が多く持続不可能である。⑥淡水生態系の劣化により、旱魃、洪水などの自然災害が頻発する。このような自然災害は生態系が脆弱な地域に発生しやすく、そのような地域は貧しい人々の居住地であることが多いので、水資源をめぐる紛争が激化する。⑦水資源管理においてジェンダーの問題が発生する。

水資源の供給不足が強まる中で、国際河川流域の水資源の利用を巡る対立がいくつか存在する。とりわけ、ヨルダン川、ナイル川、ガンジス川、ブラマプトラ川、メグナ川、メコン川、ドナウ川、コロラド川、ラプラタ川の流域で国家間の対立が顕著である。

表2に示したように、水資源を持続的に利用するための国際的合意が進展してきた。1972年の「国連人間環境会議」の合意文書に、初めて水資源の希少性が明記された。1977年の国連水会議では「マルデルプラダ行動計画」が採択され、その後の水資源確保への取り組みに関する基本的枠組みが提供された。1997年、2000年、2003年には閣僚級会合である世界水フォーラムが開催され、「世界水ビジョン」、「行動のための枠組み」、「水行動集」が採択された。また、2002年開催の「持続可能な開発に関する世界首脳会議（WSSD）」においては、水が最優先課題の一つとして取り上げられた。　　　〔渡辺幹彦〕

【関連項目】　砂漠化、再生可能資源、枯渇性資源、持続可能な開発

【参考文献】　M. ド・ヴィリエ（鈴木主税, 佐々木ナンシー, 秀岡尚子訳）『ウォーター：世界水戦争』共同通信社, 2002年.／高橋裕『地球の水が危ない』岩波書店, 2003年.

3つの代表【中国】
Three Represents

中国共産党が政権政党（執政党）の地位を今後も維持していくために構築された理論的な枠組みである。江沢民（Jiāng Zémín）総書記（当時）は2000年2月に広東省を視察した際、①先進的生産力、②先進的文化、③最も広範な人民の根本利益の3つを共産党が代表しなければならないと演説した。この部分が3つの代表論と総称されるようになった。

3つの代表論が提唱された背景として、中国社会の変化を指摘できる。その変化とは、次の2点である。第1は、社会主義（共産主義）イデオロギーで国家を統合する力の衰退である。改革・開放政策の導入に伴う経済的繁栄の実現により、社会主義イデオロギーに対する人々の信奉度が著しく低下した。そこで国民各層の利益を共産党が代弁し、実現するという新理論で国家を統合していく必要性が生じた。第2は、私営企業の台頭である。私営企業は、生産や雇用の面で中国経済に不可欠な存在として成長した。ところが、私営企業の経営者は共産党への入党を禁止されていたため、その政治的地位は経済的な重要度ほど高くはなかった。これを放置すれば、共産党以外の政治勢力が結集しかねないという危機感が私営企業家などを政権基盤に取り込むための理論枠組み、すなわち3つの代表論を形成する契機となった。

社会主義の原則に忠実な左派からは、労働者と農民の利益を代表する共産党に敵対勢力ともいえる私営企業家の入党を容認している3つの代表論への激しい抵抗があった。しかし、江沢民は左派の雑誌を廃刊に追い込む一方、表現面で左派に譲歩し、共産党の規約に3つの代表論を盛り込むことに成功した。短期的には、3つの代表論が共産党の支持基盤の拡大のみならず、江沢民の政治的影響力の確保にも寄与したといえよう。　〔佐野淳也〕

【関連項目】　江沢民

【参考文献】 朱建栄『中国 第三の革命』中央公論新社, 2002年.

ミード、ジェームズ・エドワード
James Edward Meade, 1907〜95

英国の経済学者。国際資本移動と国際貿易の研究において多大な功績を残したことを理由に、1977年度第9回ノーベル経済学賞受賞者となる。ミードの国際貿易研究における代表作『貿易と厚生』は、幼稚産業保護論を理論的に批判したのである。幼稚産業保護の可否の判断基準となる、ミル＝バスタブル・テスト（Mill＝Bastable Test）は、産業保護の必要条件にはなるが、十分条件足り得ないとした。

ミル＝バスタブル・テストによれば、保護対象産業の将来の収益性だけでなく、将来の利益が保護時における生産の非効率性を贖える以上のものでなければならないとする。しかし、ミードは、保護企業が生産を通じて獲得する学習効果を長期間保持できれば、保護は必要ないとした。生産過程における学習効果を通じて生産性を向上させることができれば、十分に企業は利益をあげることができ、学習期間のコストを贖えるとする。

保護が必要になるのは、このような学習効果が即座に他の企業に漏出して模倣される場合である。学習効果による利益を十分に享受できなければ、企業家精神を発揮しようとする企業家のインセンティブは損なわれるからである。ミードは、理論的な研究から幼稚産業保護の安易な実施を批判した。彼の厚生分析にもとづいた国際貿易の研究成果は、その後に展開された「有効保護」などの研究に先鞭をつけた。

経済成長理論の研究でも有名である。ハロッド（Roy Forbes Harrod）が行った均衡の不安定性の証明が不十分であることを示し、逆に均衡の安定性を論証した。ミードの経済成長理論は、新古典派経済理論のまさに先駆的業績と位置付けられる。また、国際金融の研究では、国際収支の均衡・不均衡を判断するための概念として、「自生的取引（Autonomous Transaction）」と「調整的取引（Accommodating Transaction）」を考案したことでも知られる。

［徳原 悟］

【関連項目】 有効保護率、幼稚産業保護論、新古典派経済学、リスト
【参考文献】 James E. Meade, *Trade and Welfare* (The Theory of International Economic Policy, Vol. 2). London : Oxford University Press, 1955. ／ジェームズ・ミード（山田勇監訳）『経済成長の理論』ダイヤモンド社, 1964年.

緑の革命
Green Revolution

緑の革命とは、小麦、トウモロコシ、米という世界3大穀物の生産量が、新品種の開発・普及によって革命的に増大したことをいう。第2次世界大戦中に米国の農務省を中心とした農学者はメキシコ政府、ロックフェラー財団の支援の下で今日の国際トウモロコシ・小麦改良センターの前身にあたる研究チームをつくり、高収量品種の開発に着手した。その結果、メキシコ北部地域で生産倍増が可能な小麦とトウモロコシの新品種開発に成功し、1960年代までにさらに3倍の収穫が可能な品種に改良された。新品種開発は米も対象にされ、1962年にフィリピンにロックフェラー財団、フォード財団、フィリピン政府、その他先進国の支援により国際稲作研究所（International Rice Research Insutitute : IRRI）が設立され、米の高収量品種の開発が始められた。IRRIでは小麦、トウモロコシの成果にもとづき米の新品種開発が進められ、その結果インディカ米を改善したIR8という新品種が生まれた。

人口が増加し、食糧穀物の増産が必要になっていた開発途上国に高収量品種は急速に普及した。高収量品種の普及は伝統的な農業に比較して革命的な生産力の増加をもたらした。1970年代にアジアの穀物生産は3倍に増加し、人口増加と穀物輸入に苦しんできた南アジアでも画期的な成果をあげた。パキスタンは1968年に小麦の自給化達成（ただし平年作の場合）、インドも1974年に全穀物の自給化宣言を行った。緑の革命の成果を世界的にみれば、1950年に17億エーカーの農地から6.92億tの穀物収穫高が、1992年には17.3億エーカーの農地から19億tの収穫を得た。農地が1.76％増加したのに対して、穀物生産は

174.6％増加したことになる。世界的に農地がほとんど拡大できない状況にあって、穀物の生産増加は人口が爆発的に増加する開発途上国の飢餓を阻止する大きな力になった。しかし緑の革命には問題もあった。

　高収量品種の導入には近代的な農法を必要とする。灌漑施設、農薬や化学肥料の投入、農業機械などの投入が必要になり、また管理能力、適切な水や肥料の投入量・時期などが求められる。伝統的な農法は在来の投入財で事足りたが、新品種は各種近代投入財を必要とし、費用がかかる。しかも高収量品種は在来種より病虫害にかかりやすく、管理が悪いと収穫の品質に問題が生じ、投入費用を回収できない場合もある。したがって高収量品種の導入は条件のよい農地をもち、灌漑や化学肥料などの近代投入財を購入できる中・上農に有利であった。開発途上国政府は高収量品種の普及を図るために農業銀行などを設立して、小農への資金支援や化学肥料価格の抑制などを行った。しかし小農の不利な状況は容易に改善せず、穀物生産増加の一方で小農階層の没落、自作農から小作農、農業労働者さらには都市への移動といった変化が開発途上国で生じた。緑の革命は生産増加というマクロ的成果の一方で、小農没落というミクロ的な問題を生じさせたのである。その要因は、歴史的に形成された農地所有構造の不平等からもたらされ、改めて開発途上国における農地問題の重要性を認識させた。農地改革を実施した日本、韓国、台湾では高収量品種の普及が生産増加をもたらしただけでなく、農民の所得増加、生活改善につながったからである。こうした問題があるとはいえ、人口が現在も増加している開発途上国では、今後もさらなる農業生産増加が望まれている。

[梶原弘和]

【関連項目】　土地所有形態と農地改革、農業生産性、人口爆発
【参考文献】　速水佑次郎『農業経済論』岩波書店、1986年. ／Chris Dixon, *Rural Development in the Third World*. Routledge, 1990. ／Gordon Conway and Barbier Edward, *After the Green Revolution*. Earthscan Publications Ltd., 1990. ／荏開津典生『飢餓と飽食』講談社、1994年.

ミニフンディオ【中南米】
Minifundio

　ラテンアメリカの零細農地所有。ラテンアメリカと土地所有の特徴は、ラティフンディオ（大土地所有）とミニフンディオの両極端の所有形態が存在していることにある。土地所有の不均衡は、この地域における不公正な分配と社会格差の要因の一つとなった。

　ミニフンディオが典型的にみられるのは中米、アンデス地域など、スペインの植民地支配に先立って先住民社会が存在した地域であり、これらの地域では植民者がつくったラティフンディオの周辺に、少人数の労働力によって主に自給的農業を営む夥しい数のミニフンディオが生まれた。高度な先住民社会が存在した中米、アンデス地域では、土地は先住民共同体（コムニダ・インディヘナ）によって総有された。先住民共同体に属する土地のうち牧草地や山林は共同で利用され、耕地は成員によって個別に利用された。耕地規模をみた場合、各成員の耕地はミニフンディオに分類される。スペインの植民地支配後も、植民者の分与地は先住民の占有地を侵してはならないとされ、先住民共同体による土地所有は維持されたが、エンコミエンダ制によって植民者には先住民に分与地での賦役を課す権利を与えられていたため、実質的には先住民共同体の解体に向かった。さらに19世紀前半の独立以降は、総有制の廃止を含む土地の私的所有制度が導入され、先住民共同体の農民の分解が進み、多くが零細なミニフンディオ農民あるいは小作人、賃金労働者となった。

　土地所有の著しい不平等、それに伴う社会格差、貧困の解決には、大土地所有制の下で放置あるいは非効率利用されている土地などの再分配が必要となる。加えて、ミニフンディオに対する資金、技術、生産物の市場化の支援も不可欠である。零細農民の組織化、協同組合の組織も、農業技術の向上、生産要素の調達、生産物の販路拡大などの点で重要な手段である。

[小池洋一]

【関連項目】　ラティフンディオ
【参考文献】　西川大二郎編『ラテンアメリカの農業構造』アジア経済研究所、1974年. ／石井章編『ラテンアメリカの土地制度と農業構造』アジア経済研究所、1983年.

ミュルダール、カール・グンナー
Karl Gunnar Myrdal, 1898〜1987

スウェーデン生まれの経済学者。限界分析で有名なヴィクセル（Johan Gustaf Knut Wicksell, 1851〜1926）や購買力平価説の提唱者として知られるカッセル（Karl Gustav Cassel, 1866〜1945）から強い影響を受けた、北欧学派の代表的な経済学者である。1974年にはノーベル経済学賞を受賞した。ミュルダールの業績は多岐にわたり、その経済学の貢献に対してノーベル経済学賞が授与された。

理論的な貢献は、ヴィクセルの貨幣経済理論を動学化したことである。ヴィクセルは、正常利子率（均衡利子率ともいわれる）とは、貸付可能資金への需要とそれを供給する貯蓄が均衡する時に成立する利子率と規定した。その意味では、この概念は「事後的（ex post）」に成立する概念といえる。これに対して、ミュルダールは、この正常利子率に「期待（Expectation）」の概念を導入することにより、「事前的（ex ante）」にも成立する概念であると主張した。期待の概念を導入することにより、正常利子率は投資プロジェクトの期待収益率と一致すると把握した。

このような経済理論の動学的アプローチの先駆的な業績を積み上げるとともに、経済学方法論をも提唱した。科学と規範は異なるものであることを強く主張した。経済学において、「完全競争」や「均衡」という概念がしばしば用いられる。これらの概念が時として、「最善の形」とか「ありうべき姿」というように特定の価値判断が持ち込まれる。そして、現実がそのような方向に進まないことに対して、これは誤りであるという指摘がなされる。ミュルダールは、科学と価値判断とを明確に区別することを主張しており、科学者は自分の分析に混入されている価値判断を明確に示すべきであるという。そして、経済学を研究する目的は、その成果をいかにして実践的に活用していくかにあると捉える。実際に、経済学研究の成果の実践は、多様な利害関係から構成される社会において行われるので、大きな摩擦や軋轢を生み出すことになる。そのため、実践に際しては、政治的要因を考慮する必要性があるという。この利害関係は、その社会の政治に色濃く反映されることになる。それにもとづき、いくつかの選択肢が俎上に上るが、どの選択肢を採用するかに関しては科学に立脚した客観的な判断が可能になるという方法論を提示している。

これらの方法論にもとづき、開発途上諸国の貧困問題にも取り組んだ。先進諸国と開発途上諸国との間に横たわる経済格差の発生因、その拡大深化プロセスを説明するために、「累積的・循環的因果関係」という概念を用いた。例えば、所得が低いために健康を害し、健康ではないから仕事ができずさらに所得が低下するという連鎖的因果関係がしばしば開発途上国においてみられる。そこから脱却できないことを循環的因果関係と呼ぶ。この関係は累積的な効果をもつ。貧しいものはますます貧しくなるのに対して、豊かな人はますます豊かになるという累積効果が加わる。このような累積効果をもつ循環的な因果関係から脱却することが、開発途上諸国の貧困からの脱出を可能にする。しかし、開発途上諸国では社会的、制度的な要因によって国家的な総合政策を堅実に実施していくことが困難である。そのため、経済的にも市場メカニズムが富裕者にとって有利な形で働くことになる。市場の力によって国内全般にそれが波及して貧困を解消するどころか、市場の力によって弱い部分が破壊されてますます貧困を増長するという逆流効果が大きくなるという。そのため、社会的・経済的制度を変革することが重要であると主張する。この点から、ミュルダールは自他ともに認める制度派経済学者である。この開発途上諸国の貧困は、先進国と開発途上国が経済発展を通じて世界が真に統合されることによって解消可能であると考えられる。その表われが、彼の「福祉国家」の希求である。　　　［徳原 悟］

【関連項目】累積的・循環的因果関係、購買力平価、新制度派経済学

【参考文献】グンナー・ミュルダール（小原敬士訳）『経済理論と低開発地域』東洋経済新報社, 1959年。／グンナー・ミュルダール（小原敬士, 池田豊訳）『豊かさへの挑戦』竹内書店, 1964年。／グンナー・ミュルダール（板垣與一監訳, 小浪充, 木村修三訳）『アジアのドラマ―諸国民の貧困の一研究』（上・下巻）東洋経済新報社, 1974年。

ミル、ジョン・スチュアート
John Stuart Mill, 1806～73

　英国生まれの経済学者。教育学、政治学、経済学の分野で思想家として活躍したジェームズ・ミル（James Mill, 1733～1836）を父にもつ。父から受けたリカード経済学の教養が、その学説に色濃く反映されている。古典派経済学の最後を飾る代表者の一人として学説史に残る。彼の経済学原理の特徴点は、静態理論と動態理論の2部構成にある。静態理論では、生産論、分配論、交換論を取り扱っている。生産論では、土地の収穫逓減法則を回避不能なものと捉え、生産力の絶対的な制約としている。そのため、経済政策は分配の改善に焦点をあて、社会の経済的進歩を図ることが重要だと説く。分配論において、所有権や分配制度は、収穫逓減法則とは異なり、変革が可能であることが示されている。

　交換論は分配論の現象形態を示すものとして扱われている。経済成長との関係で重要なのは、動態理論である。彼の動態論は、経済的進歩の行く末とその到達点を明らかにすることを目的としている。ミルは、資本の増加と人口増加によって農業が収穫逓減法則の壁にぶつかるとする。その結果、地代の高騰、食糧価格の上昇による名目賃金の上昇、利潤率の一般的低下傾向が現われる。やがて資本蓄積と人口増加が停止した定常状態に経済が帰着する。しかし、ミルによれば、この定常状態は新たな社会的進歩のための踏み台であり、忌避されるべきものではない。分配や所有制度を改善することによって、社会的により公正な分配が可能になるからである。この指摘は、ミルの社会改良主義者としての一面を表わしている。私有財産制を改革して最大限の自由と自主性を国民全般に与えるような方向に近づけていくことが、重要な目標であるとミルは説くのである。　　　　　［徳原　悟］

【関連項目】　古典派経済学、収穫逓減の法則、スミス
【参考文献】　ジョン・スチュアート・ミル（末永茂喜訳）『経済学原理』全5巻, 岩波文庫, 1959～63年. ／伊藤誠編『経済学史』有斐閣, 1996年.

民営化
Privatization

　国営企業を株式会社など民営化させる政策であり、市場経済への移行における中心的政策。社会主義は、搾取のない社会をつくることを目的にし、経済を計画によって運営しようとした。銀行も企業も国有化され、銀行は財政計画によって融資を行い、企業は計画に従って指示された商品を指示された数量だけ生産していた。計画に従っていれば、企業が赤字を計上しても、これを財政が負担した。これに対して市場経済では、企業は自己責任で生産、販売する。商品が市場で消費者に選択されるには、つねに生産性を上昇させる努力が必要である。つまり、社会主義から市場経済への移行のためには、計画で指示されたことだけを実行する企業を、生産性の上昇に努力する企業にしなければならないのであり、その最初の条件が政府に依存する企業の民営化である。民営化のためには国民の出資を求めねばならないが、国民には資力がない。各国政府が国民にバウチャーとか、クーポンといわれる証券を無償交付したのは、貧しい中であっても、民営化は急がねばならないと考えられたからであった。国家資産委員会とか、投資基金などを通して、国民が希望の企業に投資し、小さな商店、レストランなどの民営化は急速に進展する国が多くなった。しかし、大企業の民営化は、戦略産業であるなどという理由から、十分には進展していないこと、民営化されても、かつての工場長が社長になり、従業員が株主になるなど、旧体制を温存する企業が多く、期待された企業家精神の発揮は難しいというのが実情である。こうした民営化政策の代替戦略として「ツー・トラック・アプローチ」を採用する国もある。つまり、国有企業はそのままにしておき、生産性の上昇、補助金の漸次削減を行う一方、非国有部門の拡大を図るという、迂回作戦である。性急に所有権を移転するのでなく、国民経済における国有部門のウェイトを引き下げる作戦である。　　　　［安田　靖］

【関連項目】　移行指標、バウチャー／クーポン
【参考文献】　大野健一『市場移行戦略』有斐閣, 1996年.

民工潮【中国】
Peasant Worker Flow

　農民労働者が洪水のごとく都市部へ大量に押し寄せる現象を表現する言葉。中国で「民工潮」がマスコミで正式に定着したのは1993年のことであったが、それ以前は「盲流」という否定的なニュアンスの表現が一般的であった。農村労働力の大規模流動に対する社会的評価の変化を反映している。

　人民公社解体後、農村労働力が集団労働の束縛から解放された結果、大量の余剰労働力が顕在化した。都市への出稼ぎは、余剰労働力を抱える農家にとって所得向上の重要な手段となる。他方、改革が進む都市においては非熟練労働に対する需要が増え、特に輸出産業が盛んな沿海地域において若年労働者への需要が増加した。このように、農村労働力を送り出すプッシュ要因と、都市部の労働力を吸収するプル要因が重なり、民工潮をつくり出した。農村労働力の都市部への出稼ぎの人数は、1990年代の半ば頃すでに6000万人の規模を超えた。

　農村の出稼ぎ労働者は、都市部の非国有企業を中心とする新しい産業部門の発展を支えている。例えば、華南地域を中心とする沿海都市の経済技術開発区などに農村から若年労働者が大規模に集まり、中国の労働集約的輸出産業を支えている。内陸地域においても、建築業やサービス業を中心に農村労働者が多く働いており、都市の労働市場の活性化をもたらしている。一方、出稼ぎ労働者の家族への仕送りは、すでに貧困地域農村の大きな収入源となっている。さらに、数年の出稼ぎを経て帰郷する労働者の中には、都市での経験を生かし故郷で創業する者も少なくない。むろん、労働力の大量流出は農業生産にある程度のマイナスの影響を及ぼすことは考えられるが、上述のようなデメリットを上回るメリットを農村にもたらしていることは事実である。民工潮は労働力の有効利用を通じて中国経済の効率性向上、および地域間と農工間の所得格差の縮小に寄与している。他方、生活習慣や価値観の違いにより、農村労働力と都市住民との間の摩擦も増えており、劣悪な労働条件や賃金不払いによるトラブルが頻発している。農村労働力の権利を保障し、農村人口の都市への自由な移住を可能にする環境整備が必要であろう。　　　　　[杜　進]

【関連項目】改革・開放政策、農家経営請負制
【参考文献】南亮進、牧野文夫編『流れ行く大河—中国農村労働力の移動』日本評論社、1999年.

民衆革命【フィリピン】
People Power (EDSA) Revolution

　フィリピンでは、1986年にマルコス（Ferdinand Edralin Marcos）大統領が、そして2001年にはエストラダ（Joseph Ejercito Estrada）大統領が民衆の蜂起によって退陣に追い込まれた。これらの事件は、民衆革命、ピープル・パワー、エドサ革命などと呼ばれている。

　1983年8月、米国亡命から帰国した反政府勢力のリーダー、アキノ（Benigno Ninoy Aquino）元上院議員がマニラ国際空港で射殺され、反マルコス運動が急速に高まった。これに対してマルコス大統領は、繰り上げ選挙の実施により権力の回復を図ろうとした。1986年に実施された大統領選挙は不正に満ちたものであり、候補者であるマルコス大統領およびアキノがともに勝利を宣言した。2月22日、エンリレ（Juan Ponce Enrile）国防長官とラモス（Fidel V. Ramos）国軍副参謀長がケソン市の2つの軍事基地を占拠し、カトリック教会のシン（Jaime Cardinal Sin）枢機卿に協力を要請した。枢機卿の呼びかけにより民衆がエドサ通り（エピファニオ・デ・ロス・サントス・アベニュー）に結集し、25日にマルコス大統領はクラーク基地からハワイに逃亡、アキノ（Maria Corazon Aquino）政権が誕生した。

　それから15年後、再び民衆革命が起こった。1998年に就任したエストラダ大統領は、当初から旧マルコス・クローニーとのつながりを指摘されていたが、次第に縁故主義を復活させた。2000年入り後、株式市場におけるインサイダー取引疑惑、違法賭博が絡んだ汚職疑惑などが続発し、アロヨ（Gloria Macapagal Arroyo）副大統領、アキノ元大統領、ラモス前大統領、シン枢機卿らにより大統領に対する辞任要求が高まった。12月に

大統領の弾劾裁判が開始されたが、大統領派の上院議員の妨害により裁判は紛糾した。2001年1月16日、エドサ通りに民衆が集まり、集会参加者は15万人に及んだ。19日には国軍が大統領支持を撤回、閣僚が次々と辞任を表明した。20日にアロヨ副大統領が大統領への昇格手続きをとり、エストラダ大統領は大統領府を去った。

2度の民衆革命は、フィリピン民主主義の根強さと同時に、政治的腐敗やガバナンスの弱さを示すものであるといえよう。[清水 聡]

【関連項目】マルコス、アキノ、アロヨ
【参考文献】デイビッド・J. スタインバーグ（堀芳枝、石井正子、辰巳頼子訳）『フィリピンの歴史・文化・社会』明石書店、2000年。／アジア経済研究所『アジア動向年報2001』2001年。／渡辺利夫編『アジア経済読本（第3版）』東洋経済新報社、2003年。

▸民主化運動【韓国】
Korea Democracy Movement

韓国の学生運動は、反権力闘争としての長い歴史があり、実際に社会の改革に大きな役割を果たしてきた。1929年の韓国西南部の光州で起きた反日学生運動は、独立に対する国民的な渇望を代弁する大規模な運動であった。1960年の4・19学生革命では、不正、腐敗、独裁に反対する学生デモを発端に全国的な反政府運動が広がり、李承晩（I Sŭng-man）政権が崩壊した。その後も、1964年には日韓国交正常化に反対する学生運動、1969年には朴正煕（Pak Chŏng-hŭi）大統領が3選を実現するために行った憲法改正に反対する闘争、1970年代は維新体制に対する反独裁、反政府闘争など、学生と軍事政権との間で激しい闘争が続いた。

1980年代の全斗煥（Chŏn Tu-hwan）政権時代にも軍事政権に対する学生の民主化闘争は繰り広げられた。多くの犠牲を伴った学生運動は、ついに1987年大統領直接選挙や言論の自由化を含めた「民主化宣言」を勝ち取った。韓国の学生運動は、反独裁闘争や民主主義の実現を訴えることで一般市民との間に強い連帯感をもち、社会改革をリードする役割を果たした。民主化の進展以降、韓国の社会運動は労働運動に始まり、公害反対運動、消費者運動、NGO組織など、学生運動から現実的な社会生活者の視点に立つ社会改革運動へと多様化した。

韓国の労働運動は1945年の日本植民地からの解放と同時に活発化した。この時期の労働運動はイデオロギーによる影響が強く、右翼と左翼に分かれた組織抗争であった。1960年の4・19学生革命により一時的に労働争議が活性化したが、1961年の朴正煕軍事政権成立後は、すべての労働争議が禁止された。1960年代は労働争議に対する政府の介入が強化され、企業利益優先の労働行政が続いた。1970年代以降、急速な工業化の進展とともに、韓国の労働運動は本格的な労働者権利運動として動き始めた。朴正煕政権は維新体制と重化学工業化推進のために、工業労働者の増大に伴う労使紛争が社会的な不安要因になることを恐れ、徹底的な労働統制を展開した。特に、外資系企業が進出する輸出自由地域では、労働組合の設立や労働争議が非合法化され、外資に有利な投資環境を提供した。

1970年代と1980年代の特徴をみると、1970年代は、主として繊維産業の若年女子労働者の基本的人権闘争としての性格が強く、労働三権（団体、交渉、争議）の禁止に伴う基本的な労働者権利の保障が目標であった。一方1980年代の労働運動は、1970年代労働運動の延長線上にあるが、大きな相違点は重工業部門の男子労働者が労働運動の中心となり、労働組合指導層に政治的な要求を含む運動課題が意識されたことである。長い間、労働争議自体が実質的に非合法化されてきたために、労働運動全体を通じて過激、非妥協の性向が強いことも一つの特徴である。

韓国の急速な経済成長は所得分配に不満をもつ工業労働者や、政治参加意識の高い都市中産層を生み出した。国民の権利意識の成熟と高揚する労働運動の結果、1980年代後半には政府が労働組合側の要求を認めた。1987年の民主宣言に伴い、これまで制限されてきた労働三権が保障された。その後、憲法や労働関係法の改定によって労働争議に対する政府の介入が緩和され、労働運動の自由化が着実に進んだ。[文 大宇]

【関連項目】全斗煥、4・19革命、日韓国交正常化
【参考文献】平川均、朴一編『アジアNIEs―転換期の韓

国・台湾・香港・シンガポール』世界思想社，1994年．／深川由起子『2時間でわかる図解 韓国のしくみ』中経出版，1998年．／愼斗範『韓国政治の五十年——その軌跡と今後の課題』プレーン出版，1999年．

民主化運動【タイ】
Democratization Movement

　1973年10月の政変後、タイ国王はテレビ・ラジオを通じて事態の収拾を呼びかけるとともに、サンヤー（Sanya Dharmasaki）を首相に任命した。それまでの経済開発を最優先する政策は改められ、1970年代を通じて労働者や農民を対象とする社会開発が重視されるようになった。国家経済開発庁（NEDB）が国家経済社会開発庁（NESDB）と改称され、「社会」を加えたことは、このことを象徴している。

　1975年1月の総選挙において、民主党、社会党、社会主義戦線などの社会主義的スローガンを掲げる政党が善戦した。このような中で「労働関係法」が制定され、サリット（Sarit Thanarat）政権以来禁止されていた労働組合の団結と活動が可能になった。1976年4月に発足したセーニー（Seni Pramoj）政権下では、社会民主主義が基本路線とされ、医療費控除や固定資産税の導入、税の直間比率の見直しなど、所得格差の是正を目的とした政策が実施された。

　1976年10月にタマサート大学の学生集会で学生と警察が衝突し、多数の死傷者を出した（「血の水曜日事件」と呼ばれる）。その後、ターニン（Thanin Kraivichien）政権、クリアンサック（Kriangsak Chammanard）政権は、社会的安定を優先する政策を重視し（「上からの民主化」と呼ばれる）、国民の支持を得ようとした。第4次経済社会開発計画（1976～81年）では、開発利益の公正な配分が目標として掲げられた。

　このように1970年代後半の開発政策は、民主化運動の高まりを背景に社会開発重視へと傾斜した。しかし、1979年の第2次石油危機を契機に、高インフレ、経常収支赤字、財政赤字が深刻化するとともに、大型ファイナンスカンパニー「ラージャ・ファイナンス」が倒産するという金融危機も発生したため、1980年代以降の開発政策の重点は、マクロ経済の安定化を目指した構造改革へと移っていった。　　　　　　　　　　　［大泉啓一郎］

【関連項目】輸入代替工業化、プレム政権
【参考文献】末廣昭『タイ——開発と民主主義』岩波新書、1993年．／末廣昭、東茂樹編『タイの経済政策——制度・組織・アクター』アジア経済研究所、2000年．

民主化支援
Support for Promoting Democratization Process

　民主主義という概念には多くの定義があり、そのために民主化支援という概念も多様な考え方を取りうる。しかし国際協力の中で民主化支援といった場合は、通常は開発途上国および（社会主義から）資本主義体制に移行しようとする国の制度を、市場経済が十全に機能する方向に転換させるための制度づくりの支援を指す。しかし支援の内容は、①経済面での活動を市場志向に転換する支援だけでなく、その基礎となる②民主的な手続きを踏んだ統治導入への支援、すなわち国民主権原理の確保、複数政党制の導入、選挙による代表者の選出と代表者による討論および投票の過程を踏まえた意思決定、多数決による意思決定、三権分立による権力の暴走の抑止の制度を整える支援、および③国民の自由と福祉を拡大する統治導入への支援、すなわち基本的人権の保障、人権侵害行為の摘発、行政の透明性の向上と説明責任の履行促進、国民への行政サービスの量・質の向上支援までをも広く含んでいる。

　日本は、1992年に閣議決定した政府開発援助大綱（ODA大綱）以来、援助実施上の留意点の一つとして「民主化の促進、市場志向型経済導入の努力ならびに基本的人権および自由の保障状況に十分注意をはらう」とし、民主化支援に取り組む姿勢を鮮明にしてきた。ただしこのことは、日本の民主化支援の内容が、他国ドナーあるいは国際機関などの考え方と同一のものであったことを意味しない。世銀などの国際機関が、援助供与のコンディショナリティの一つとして、上記②の民主的な手続きを踏んだ統治導入を求めている事例や、米国や北欧諸国が上記③の自由と福祉を拡大する統治導入の一環として、人権状況の改善を求める事例はあるが、日本の支援

は、時にこれらドナーの主張に同調しつつも、これまでは主に上記①の市場経済化を支えるための民法や商法の導入、法曹の育成、など民主化を達成するために必要な条件づくりへの技術的な支援が中心となってきた。

　冷戦終了後に地域紛争が頻発し、国際協力の課題の中でも平和構築が重要な課題として浮かび上がってきた。そして、民主化支援は紛争終結後の復興過程において、紛争再発防止と関連させて議論されることとなった。日本の支援の中でも、カンボジアや東チモールでの復興支援においては、民主化支援の要素を色濃く反映した活動が展開された。紛争当事者が停戦合意している間、国民（住民）投票により民意を確認し新たな政権の枠組みを形成することは、停戦を恒久的なものにするための手段の一つである。公正な投票実施を確保するための選挙支援、流言飛語を抑止し正確な情報を提供し、和解および避難民の再定住の過程を促進するためのメディアの活用などは最近の支援の好例である。交番制度の導入による治安回復支援、復興過程を主導する行政官の能力形成と参加型で透明性の高い行政の促進、紛争後の人権侵害や土地をめぐる係争を処理する法曹の育成支援もその好例である。

　日本の民主化支援は、民主化を進める人材の育成を通じて貢献するという点で、派手な支援ではないが、徐々にその幅と奥行きが広がりつつある。　　　　　　　　　　［佐原隆幸］

【関連項目】　平和構築、復興・開発支援
【参考文献】　国際協力総合研修所『民主的な国づくりへの支援に向けて』2003年。

民主化指標
⇨フリーダムハウス指標

民主主義
⇨デモクラシー

民進党【台湾】
Democratic Progressive Party

　台湾の政党の一つで、正式名称は民主進歩党である。台湾では長らく国民党の一党独裁体制が続いたが、蔣経国（Jiǎng Jīngguó）総裁時代の1980年代半ばから政治の自由化・民主化が進展した。しかし、当時は中国青年党や中国民主社会党などの政党は存在したものの、これらは実際には国民党の関連団体であり、事実上国民党の一党支配が続いていた。1986年5月に反国民党勢力の支持母体である「党外公共政策研究会」に合法的地位が与えられ、同年9月に民主進歩党（以下、民進党）が創設された。これにより初めて真の野党といえる政党が結成された。その後、1989年1月の「人民団体法」の公布・施行によって、民進党は正式に合法政党となった。

　民進党は、党の基本綱領に「主権独立自主の台湾共和国の建設」をうたい、もともとは台湾独立を目指す政党である。また、台湾の将来についても台湾住民の自決に委ねることを綱領に盛り込んでいる。その後、1999年5月に「台湾前途決議文」が採択され、台湾はすでに事実上独立国家であるという認識や、独立の現状に関するいかなる変更も住民投票を経なければならないなどの項目を盛り込んだ。また政権党を目指すために、台湾独立綱領には変更を加えていないものの、実質的には党の台湾独立の主張を凍結した。支持者には本省人（台湾出身者）が多い。

　2000年3月の総統選挙で陳水扁（Chén Shuǐbiǎn）候補が当選し、初めて与党となった。しかし、就任当初の民進党の立法院（国会）における議席数は3分の1に過ぎず、政権運営は難航した。また、その後の立法院選挙では第一党となったが、単独過半数には達しなかった。民進党寄りの台湾団結連盟を加えても過半数を押さえることができず、立法院の運営は困難が続いている。また、政権を担う上での経験と人材が不足しており、陳政権を支える基盤は弱い。　　　［今井　宏］

【関連項目】　国民党、蔣経国、陳水扁
【参考文献】　喜安幸夫『台湾の歴史』原書房、1997年。／民主進歩党ホームページ（http://www.dpp/org.tw）

ム

無差別曲線
Indifference Curve

　消費者に同一の効用を与える財の組み合わせがある。X 財と Y 財を想定して、同一の効用を与えるこの組み合わせを結んだ点の軌跡が無差別曲線である。ある消費者にとっては、図の点 A と点 B の効用水準は等しい。

　通常、無差別曲線は図のように右下がり（代替性の仮定）で、原点に対して凸の形（限界代替率逓減の仮定）となり、互いに交わらない（推移律の仮定）。また、右上方に位置する曲線ほど効用水準は大きい（不飽和の仮定）。すなわち、効用水準の大きさについては、$U_1 < U_2 < U_3$ の関係が成立する。

［森脇祥太］

【関連項目】　効用

◇無差別曲線

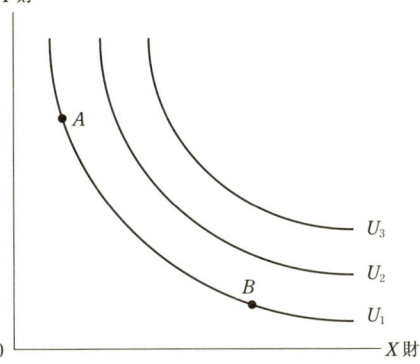

（図：Y 財を縦軸、X 財を横軸とし、3本の無差別曲線 U_1, U_2, U_3 を示す。曲線 U_2 上に点 A、曲線 U_1 上に点 B がある。）

無償資金協力
Grant Financial Assistance

　無償資金協力では、施設や機材を供与する形態をとる場合、原則として基本設計調査を行う。この調査は、当該施設や機材が開発途上国の経済・社会開発の促進のために必要不可欠なものであるのかどうか確認するとともに、相手国の受容能力を勘案し、必要十分な規模、構成、レベルの施設や機材を吟味し選定するためのものである。上記基本設計調査

◇無償資金協力とその他の形態の協力のプロジェクトサイクル

		貸し付けによる資金協力	無償資金協力	プロ技協
計画		発掘・形成		
		諸計画との調整		
		実施可能性調査	基本設計調査	
		審査		
		融資交渉		
実施		詳細調査・建設・実施	詳細調査・建設・実施（調達）	
		執行監理		
		建設完了検査	完工検査	
評価		運用監理		
		事後評価		

表は貸し付けによる資金協力と無償資金協力およびプロ技協を比較したもの。共通のステップであっても、各形態に特徴的に見られる実務上の作業を明示している。貸し付けによる資金協力と無償資金協力は同じ資金協力でも実施可能性調査の取り扱い、詳細調査・建設・実施の取り扱い、建設完了検査の呼び方が異なる。プロ技協には融資交渉のステップはない。なお網掛けの濃さの違いは、各スキームの縦の流れをより見やすくするために付けてある。

は、その結果を資金供与決定の判断材料とするという点で計画段階の調査と位置付けられる。供与決定後に改めて詳細な調査が行われる。

　日本の無償資金協力には特別の事情がある。資金供与を決定する際には交換公文（Exchange of Notes：E/N）が交わされるが、ODAも単年度予算主義の枠内で運用されるため、交換公文締結の翌年度末までには（したがって最大2年間の時間枠内で）施設建設および機材の供与は終了していなければならない。そのため、基本設計調査においては外部条件のほとんどは安定的なものとみなし、可能な限り詳細に、詳細調査の一部を先取りする形の調査が進められる。結果的に、外部条件の大幅な変更が発生した場合には、調査の提案する方向性と実態の間には乖離が生じる。病院施設、職業訓練施設、零細漁民訓練センターなどの定番の無償資金協力分野の案件については、定番の施設設計が繰り返し使用され定番の機材が導入されるという事態が発生する。2年間の時間枠では、現地の状況に合わせて柔軟に仕立て直しをする時間

的な余裕が失われているためである。当該施設機材を十分に使いこなすためには、施設建設と機材調達に並行して集中的に現地技術者を養成する技術指導を行うこと、施設全体を満足な形で運営する管理能力を育成すること、が不可欠となる。施設の近代化と大型化が進むに伴い、技術協力との連携は不可欠のものとなる。

戦後賠償の一環として始まった無償資金協力は、相手国に資材・役務を調達する資金を供与する形を取っており、調達契約を締結する主体は相手国にある。相手国は理論的には日本以外の調達先を選択することもできる。しかし、国際約束を形成する交換公文の中で、日本が調達契約の適格性を認証すること、調達にあたって入札図書の審査、入札評価、落札、契約、認証に関するガイドラインは日本側が設定したものを採用すること、が確認されている。現実的に2年間の時間枠の中でガイドラインを満たしつつ国境を超えて合意を形成し調達を進める能力は、日本の主体以外には存在せず、結果的に無償資金協力の調達は日本の団体に限定されるタイド状況が発生している。また、返済を求めない無償資金協力であるために、案件の成立を先行させる開発途上国政府は、調達に関連する条件について異を唱えることがないまま推移してきた。

単年度予算制度の中で短期間に供与を完了する必要性のために、現状では日本の無償資金協力に精通した、日系コンサルタント、および日系調達業者が無償資金協力の実務において主導的な役割を果たし、他国からの競争を事実上排除する形となっているが、開発途上国のコンサルタントや調達業者の能力開発を進め日本の要求する厳しい調達適格性を満たす力をつけることは、開発途上国の無償資金協力の受容能力を高める上で不可欠である。　　　　　　　　　　　　［佐原隆幸］

【関連項目】　ODA分類表、借款の定義、技術協力
【参考文献】　外務省監修『経済協力参加への手引き』(財)国際協力推進協会, 昭和59年度版, 平成14年版.

無償資金協力の定義
Grant Financial Assistance

政府開発援助（Official Development Assistance：ODA）の中の一協力形態で、開発援助委員会（Development Assistance Committee：DAC）の分類で贈与要素（Grant Element：GE）100％の二国間贈与の活動として位置付けられ、開発途上国の経済・社会の発展のために、受け入れ国側に返済義務を課さない資金贈与による協力をいう。日本の場合、戦後賠償という形態の贈与がその始まりとなったが、現在では賠償の意味合いはなくなり、後発開発途上国（LLDC）や重債務貧困国（HIPC）への協力手段として重要な位置付けを得ている。一般会計予算から支出され、その使途により①一般プロジェクト無償、②水産無償、③食糧援助、④債務救済無償、⑤草の根無償、⑥文化無償、⑦緊急無償などに分類される。かつて比較的大規模な予算枠を占めていた食糧増産無償は廃止された。

これら形態の中でも①と②の無償資金協力については、その実施の前後に受け入れ機関に対して技術協力による能力形成および制度整備を行い、管理運営態勢を確保することの重要性が認識され、技術協力との連携が進んでいる。連携の深化はそれ自体は好ましいことであるが、しかし、もともと異なる主旨の予算を組み合わせての連携であるために、一部手続き上の困難が存在する。無償資金協力が戦後賠償に端を発することから、当時の事務処理の流れを引き継いで、相手国政府との国際約束にもとづき、相手国政府に資材や役務を調達する資金を贈与する形となっており、その資金を用いて調達契約する主体が相手国政府であるために、論理的には日本の技術協力による支援を拒絶できる余地が残されている。技術協力との連携を相手国に義務化することはできず、日本以外の国による低価格のコンサルタント・サービスを得て資材や役務の調達に当たり供与資金のより合理的な使い方を求める事態が発生することもありうる。調達契約する主体をどのように設定するか、事務の流れをどう設定するか、管理体制を見直す上で、今後の整理が必要な課題が残

っているといえる。　　　　　［佐原隆幸］

【関連項目】　無償資金協力、ODA分類表
【参考文献】　外務省監修『経済協力参加への手引き』(財)国際協力推進協会、昭和59年度版、平成14年度版.

ムスリム連盟【パキスタン】
All India Muslim League

　パキスタンの独立を導いたムスリムの政治組織。正式名称は、全インド・ムスリム連盟。20世紀に入って、インド国民会議派によるスワラージ（自治）要求が高まる中、ムスリムの間ではサイヤド・アフマド・ハーン（Syed Ahmad Khan）を中心に会議派によるムスリム支配を不安視する声が出始めた。1905年のベンガル分割令後、ムスリム代表団はインド総督ミントー（Sir Gilbert Elliot-Murray-Kynynmond Minto）の理解を得ながら、同年12月、ダッカにてムスリム連盟の創立大会を開催した。当初、ムスリム連盟は大地主、弁護士など一部エリートで占められていた。

　1919年からの数年、ムスリムの間でカリフ擁護運動が高まる中、ガンディー（Mahatma Gandhi）の呼びかけでムスリムとヒンドゥーが提携し、非協力運動を展開した時期があった。当初、ムスリム連盟は、緩やかな連邦政府の下での自治を想定していた。しかし、会議派において中央集権的な政府構想が打ち出され、また1935年インド統治法の下での最初の州議会選挙で会議派が大勝し、ムスリム連盟に対する優越的姿勢が強まるにつれて、1937年のラクノウ大会以降、ムスリム連盟は大衆路線による組織拡大を決定するとともに、ムスリム独自の政権を目指す姿勢を打ち出した。第2次大戦中の1940年3月、ラホール大会でジンナー（Muhammad Ali Jinnah）はヒンドゥーとムスリムの2民族論を打ち出し、ムスリムのための分離独立国家を主張した。1947年8月14日にパキスタンが、翌日インドが分離独立した。

　独立後のパキスタンの制憲議会では、ムスリム連盟が絶対多数を占めた。国家元首であるジンナー初代総督の、リヤーカット・アリー・ハーン（Nawabzadah Liaqat Ali Khan）首相の下で、独立後の政治体制の確立が図られたが、早くも翌1948年にジンナーが病死し、1953年にはリヤーカット・アリー・ハーンが暗殺され、ムスリム連盟は大きな打撃を受け、政局は不安定化した。1958年、アユーブ・ハーン（Mohammad Ayub Khan）が軍事クーデターで実権を握り、基礎的民主主義という名の下で政治的安定性が図られたが、政党活動は停止されるに至った。　　　　　　　　　　　［小島　眞］

【参考文献】　佐藤宏編『南アジア現代史と国民統合』アジア経済研究所, 1988年.

名目保護率／有効保護率
Nominal Rate of Protection: NRP, Effective Rate of Protection: ERP

　名目保護率は、関税が賦課された輸入品の国内価格と関税のない自由貿易下での輸入品の国際価格を比較し、パーセンテージで示したもの。ある財の名目保護率（NRP）は次のように求められる。

　　$NRP = (P_d - P_w)/P_w$　　（P_d：国内価格、P_w：国際価格）

　例えば、保護のない自由貿易条件下での自動車の国際価格（P_w）が1万ドル、関税がかかった輸入自動車の国内価格（P_d）が1万1000ドルの場合、名目関税保護率は10％となる。一般的に、完全自由貿易下での流通経費等を無視すれば、名目保護率はゼロとなる。

　しかし、商品の生産にあたっては原材料や部品などの中間財を必要とする。多くの場合、製品生産に必要な原材料や中間財を輸入する際に関税が賦課される。このために関税によるある産業への保護水準を測定するには、生産で使われている中間財への関税の影響も考える必要がある。このような観点から保護を表わす指標が有効保護率である。

　有効保護率は、国内産業の特定の加工段階での付加価値と保護のない自由貿易下での付加価値を比較し、これをパーセンテージで示すものである。すなわち、製品に賦課された

すべての関税によって、ある産業の付加価値がどのように影響されるのかを測定した指標である。有効保護率（ERP）は次のように求められる。

ERP＝$(v'-v)/v$
　v'：保護がある場合の生産物1単位当たりの付加価値
　v：保護がない場合の生産物1単位当たりの付加価値

例えば、コンピューターの国際価格が1000ドル、そのうち投入財の価値が800ドル、最終組立過程での労働の付加価値が200ドルと仮定する。10％の名目関税率が輸入コンピューターに課されたとすると、輸入コンピューターの国内価格は1100ドルとなる。この場合、国内の生産過程で関税をかける以前は単位生産量当たり労働投入に200ドルを使うことができたのに対し、いまは300ドルを使うことが可能である。このような条件下の有効保護率は、最終生産物（コンピューター）に対する10％の名目関税率は単位生産量当たりの付加価値でみて、国内組立過程に50％という有効保護率を与える結果になる。したがって、どんな名目関税率に対しても、生産過程の付加価値が小さければ小さいほど有効保護率は大きくなる。多くの開発途上国は、有効保護率が大きなプラスとなるが、これは最終製品を生産する産業を保護し、育成するためである。有効保護率がマイナスになると、国内産業が保護を受けていないことになり、生産が非効率であることを意味する。［文　大宇］

【関連項目】　貿易保護
【参考文献】　朝倉弘教, 藤倉基晴『WTO時代の関税』日本放送出版協会, 1996年. ／浦田秀次郎『国際経済学入門』日本経済新聞社, 1997年. ／マイケル・P. トダロ（岡田靖夫監訳, OCDI開発経済研究会訳）『M. トダロの開発経済学（第6版）』国際協力出版会, 1997年

命令的計画
⇨指示的計画／命令的計画

メインバンク制
Main Bank System

　主力銀行ともいわれ、企業が外部資金調達に際して主たる取引先として利用する銀行を指す。具体的には、戦後日本の大企業と都市銀行の企業金融から企業統治関係までを総称する用語である。戦後日本の企業金融の特徴は系列融資にある。系列融資とは、企業グループに属する銀行が、グループ内企業に対して重点的に融資を行うことである。同一グループの銀行がメインバンクとなるわけである。メインバンクは、融資のみならず、従業員への給与支払から企業間取引の決済などのあらゆる金融サービスを取引先企業に提供する。

　企業と銀行は相互に株式の持ち合い関係を結ぶことで、外部者からの乗っ取りを防止する手段にもなる。株式の持ち合いに加え、銀行は融資先企業に役員を派遣することで、経営に関与するとともに、これをモニターすることが可能になる。また、内部情報を得ることができるために、銀行の情報生産機能を効果的なものにする。メインバンク制においては企業と銀行の関係は非常に密接であるが、企業はその主力取引銀行の競争相手である複数の大銀行からも融資を受けている。これは離反行動のようにもみえるが、そうではない。巨額の資金需要を抱えている場合、それを主力銀行だけでファイナンスすることは難しい。そこで、主力銀行が幹事役を務めてシンジケート団を組織し、資金需要に応えることができるのである。

　このような行動は、銀行にも大きなメリットがある。大銀行はそれぞれ主要取引先企業を抱えている。しかし、取引先企業が優良企業であれば、貸出競争をしてでも取引関係を拡大したくなる。このような略奪的競争を防ぐ機能をこの協調融資団は果たす。つまり、大企業にとっては安定的な資金調達が可能であり、主力銀行にとっては過剰な融資獲得競争をせずとも継続的に融資できる取引企業が確保されるという、相互依存的なメリットが存在する。しかし、この関係は、旧大蔵省や日本銀行などの規制当局による参入や店舗開設の規制などがあって機能したことも見逃せない点である。　　　　　　　　　　［徳原　悟］

【関連項目】　間接金融／直接金融、金融仲介機能、金融制度改革、金融自由化
【参考文献】　青木昌彦, ヒュー・パトリック編（白鳥正喜監訳, 東銀リサーチインターナショナル訳）『日本のメインバンク・システム』東洋経済新報社, 1996年. ／

ポール・シェアード『メインバンク資本主義の危機―ビッグバンで変わる日本型経営』東洋経済新報社, 1997年.

メガワティ・セティアワティ・スカルノプトリ【インドネシア】
Diah Permata Megawati Setyawati Soekarnoputri, 1947〜

1947年1月23日、ジャワ島中部のジョクジャカルタで、スカルノ（Achmad Sukarno）初代大統領（1945〜67年）の長女として生まれた。1987年、野党・インドネシア民主党（PDI）の国会議員に初当選し、政治家としての道を歩み始めた。建国の父であるスカルノを父とするカリスマ性をもち、幅広く国民的人気を集めた。1993年12月にはPDIの党首に就任し、民主化の推進に向かってスハルト（Thojib N J Suharto）政権との対立を強めた。1996年6月の党大会で、スハルト政権の後押しを受けた党内反対派によってPDI党首を解任されたことを契機に、同党メガワティ派が分裂した。しかし、政府がPDIメガワティ派を認めず選挙登録を拒否し、1997年の総選挙に出馬することができず国会議員の席も失った。

スハルト政権崩壊後の1998年10月、スカルノを支えた旧国民党勢力やキリスト教徒を支持基盤とする闘争インドネシア民主党（PDI-P）が設立され、党首に選出された。1999年6月の総選挙において、PDI-Pは第1党となった。10月の国民協議会（MPR）における大統領選で、インドネシア最大のイスラム社会団体ナフダトゥール・ウラマ（NU）の総裁であるアブドゥルラフマン・ワヒド（Abdurrahman Wahid）に敗れたものの、副大統領に選出された。2001年7月、MPR特別総会において、ワヒド大統領が罷免されたことを受けて第5代大統領に就任した。メガワティ政権発足後、社会・政治情勢は徐々に安定したが、政治的にはイスラム過激派や地方における分離独立運動など、経済的には国家財政と銀行部門の再建などの難しい課題に直面している。　　　　［坂東達郎］

【関連項目】　スハルト
【参考文献】　秋尾沙戸子『運命の長女：スカルノの娘メガワティの半生』新潮社, 2000年. ／松井和久, 加藤学「2001年のインドネシア…大統領罷免とメガワティ政権の発足」アジア経済研究所『アジア動向年報』日本貿易振興会アジア経済研究所, 2002年.

メキシコペソ危機
Mexico's Peso Crisis, Tequila Shock

メキシコは1994年12月に、ペソの対ドル相場の変動幅を狭い範囲に誘導するターゲット・ゾーン政策を放棄し、完全変動相場制へ移行した。ペソの対ドル相場は、切り下げ発表前の1ドル＝3.5ペソから1995年1月末には1ドル＝6.7ペソへ暴落した。メキシコ通貨危機は、1997年にアジア、1998年にブラジルとロシアで発生した通貨危機などとともに、資本が短期間のうちに急激に流出することによって引き起こされる資本収支危機に分類される。メキシコ特産のアルコール度の高い蒸留酒になぞらえて、しばしばテキーラ・ショックと呼ばれている。

メキシコは、1982年に顕在化した累積債務問題を経済自由化政策の下でようやく克服した。そして、1994年にNAFTA（北米自由貿易協定）が発効し、先進国クラブであるOECD（経済協力開発機構）の25番目の加盟国となった矢先に通貨危機に見舞われた。通貨危機が発生した背景として、1994年に経常収支の赤字が295億ドル（名目GDP比8％）に拡大するとともに、外貨準備高が急減したことが指摘できる。また、財政赤字を埋め合わせるために、米ドルに連動した国債であるテソボノスを国外の投資家に大量に販売していたことから、外国人投資家のメキシコ経済に対する信認が失われると、テソボノスに売りが浴びせられ換金された資金が国外に流出した。米国のクリントン（Bill Clinton）政権（当時）は、隣国のメキシコの窮状を救うべく、1995年1月末に総額528億ドルの国際支援パッケージをまとめ上げ、メキシコの流動性に対する懸念を払拭した。その後、メキシコ経済は輸出の急回復をきっかけにV字型の回復を達成した。しかしながら、銀行システムが受けた打撃は大きく、不良債権の処理は遅れた。　　　　　　　　　　［高安健一］

【関連項目】　資本収支危機、流動性危機、資本逃避、ポートフォリオ投資
【参考文献】　石黒馨『開発の国際政治経済学』勁草書房, 2001年. ／安原毅『メキシコ経済の金融不安定性』新評論, 2003年.

メコン開発
Greater Mekong Sub-region：GMS

インドシナ半島を大きく蛇行する国際河川メコンを中心とする地域開発計画。アジア開発銀行（ADB）が主導し、関係各国を網羅する形で進められている。チベットを源流とするメコンは中国、ミャンマー、ラオス、タイ、カンボジア、ベトナムを潤す世界第7位の流域をもつ川である。メコンを利用する開発計画は、フランスのインドシナ半島占領以前から始まった。フランスは、メコンをさかのぼって中国雲南省への進出を狙い、鉄道建設さえ行った。しかし、カンボジアとラオスの国境近辺にあるコーンの滝が妨げとなり、中国へのルート開発は断念せざるをえなかった。第2次大戦後、日本などの調査を軸として、ESCAP（現在のECAFE）の下部機関として暫定メコン委員会がつくられた。この委員会は、メコン下流域に限定した調査だけを担当する機関とされていたこと、支流の利用は認めていたが、本流の利用については下流への流量を減少させないという厳しい条件を付けていたため、ラオスのナムグム・ダム以外の具体的な開発プロジェクトはほとんど実施されなかった。ベトナム戦争が半島全域に広がったことも、開発の具体化を妨げた。ベトナム戦争が終わり、カンボジアにも和平がもどったことが新しい展望を開いた。日本は1992年にインドシナ開発フォーラムの開催を提唱した。そして、アジア開発銀行が、Greater Mekong Sub-region計画として具体的なプロジェクト作成のための調査を行うとともに、関係各国高官レベルでの協議を続けている。　　　　　　　　　　［安田　靖］

【関連項目】　アジア・ハイウェー
【参考文献】　野本啓介「メコン地域開発をめぐる地域開発の現状と展望」『開発金融研究所報』2002年9月号．

メコンデルタ
Mekong Delta

ベトナム南部のメコン川流域の総称である。メコン川を龍に喩え「九つの龍が縦横無尽に走っているよう」でもあることからクーロン（九龍）デルタともいう。

ベトナム統計局の分類では、ロンアン（Long An）、ドンタップ（Dong Thap）、アンザン（An Giang）、ティエンザン（Tien Giang）、ビンロン（Vinh long）、ベンチェ（Ben Tre）、キエンザン（Kien Giang）、カントー（Can Tho）、チャビン（Tra Vinh）、ソクチャン（Soc Trang）、バクリュウ（Bac Lieu）、カマウ（Ca Mau）の12省を指す。

メコンデルタのコメの作付け面積（2000年時点、以下同じ）は、393万6100ヘクタールにおよびベトナム全体の51.4%を占め、生産量も1669万3800トンと同51.3%を占める。東南アジア最大の穀倉地帯の1つであり、ベトナムを世界第3位のコメ輸出国に押し上げた。

一方で、メコンデルタは工業化が遅れ、1人当たりの所得が低い貧困地域でもある。全国平均の1人当たりGDPが381ドルであるのに対し、ロンアンが310ドル、ドンタップ221ドル、アンザン303ドル、ティエンザン291ドルなどとなっている。　　　　　　［三浦有史］

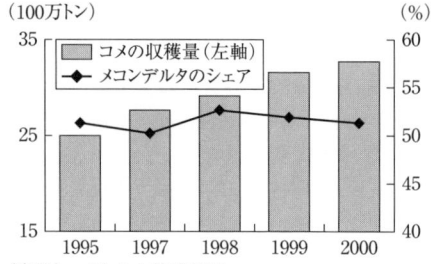

◇コメの生産量とメコンデルタのシェア

（資料）ベトナム統計総局『Statistical Year Book 2000』より作成

【関連項目】　メコン開発
【参考文献】　General Statistical Office, *Socio-Economic Statistical Data of 61 Provinces and Cities in Vietnam*. Statistical Publishing House, 2001.

メディアン
Median

データを大きさの順に並べた時、中央にある値をメディアンという。データが偶数個の時には、中央の2つの値の算術平均をメディアンとする。中央値、中位数ともいう。

　　　　　　　　　　　　　　　　［白砂堤津耶］

【関連項目】　モード

毛沢東【中国】
Máo Zédōng, 1893〜1976

1940年代以降、中国共産党総書記に就任、中華人民共和国の成立時に中央人民政府主席と軍事委員会主席となり、生涯新中国の最高指導者であった。毛沢東は革命家といわれるほか、哲学思想家、文学者、戦略戦術家としても名を馳せた。湖南省湘潭県韶山の農家に生まれ、私塾等を経験してから、長沙師範学校に進み、後に北京へ赴き北京大学の図書館助理となった。そこで、青年毛沢東は初めてマルクス主義に触れた。故郷に戻ってからは湖南共産主義小組を組織し、1921年に中国共産党の創立大会当時に代表として出席した。

毛沢東が中国革命に大きな影響力をもつようになったのは、彼が提示した理念と革命の戦略に共鳴する者が党内に多かったからである。「毛沢東思想」と呼ばれるものは、マルクス・レーニン主義を独自の解釈で再構成したもので、中国革命を指導する独特の理論である。例えば、都市部の産業労働者を重視する伝統的な社会主義革命の理論と異なり、毛沢東は革命の原動力を農民運動に求め、土地改革を通じて農民を動員し、農村から都市を囲い込む戦術で政権を奪取する戦略を提示した。

建国後まもなく、毛沢東は中国の朝鮮戦争への参戦を決定し、これによって米国との対立およびソ連との同盟関係が決定付けられた。しかし、1960年以降はソ連との関係も悪化し、米国帝国主義に並んで、ソ連現代修正主義も中国の敵となった。毛沢東は米ソを第1世界、その他の先進国を第2世界、開発途上国を第3世界とするいわゆる「3つの世界論」を展開し、中国の第3世界の代表としての役割を強調していた。

国内においては、毛沢東は社会主義革命を急進的に推し進めた。建国の礎である「中国人民政府政治協商会議共同綱領」においては、新政権の性格を、多様な国民階層による帝国主義反対、反封建主義、反官僚資本主義を基本任務とする新民主主義革命としていたが、毛沢東は早くも1953年に新民主主義革命から社会主義革命への移行を提起し、農業、手工業、資本主義工商業に対する社会主義的改造を推進した。農村においては、土地改革後間もなく、毛沢東の主導によって農業協同化が急速に推進され、1958年の人民公社設立運動に導いた。鉱工業についても大衆動員による大躍進運動が毛沢東の推進によって大々的に展開された。大躍進運動の失敗後、毛沢東は一時期政策指導の第一線から退き、理論研究に専念した。社会主義への過渡期において階級闘争が存在し、敵対する階級に対してプロレタリア独裁を施さなければならないとする「継続革命論」はこの時期にあたためられたものといわれる。

毛沢東はこの継続革命論を文化大革命の理論的根拠として用いた。彼はブルジョア思想はすでに中国の文学、芸術等の分野を占領しているとして、プロレタリア文化大革命の必要性を主張した。1966年に学生の文革運動を阻害したとする理由で、当時の党と政府の指導者を批判し、それがやがて国家主席の劉少奇（Liú Shàoqí）を初めとする「党内の資本主義の道を歩む実権派」を打倒するキャンペーンに発展した。

1976年毛沢東の逝去に伴い、彼の急進路線に追随してきた四人組が逮捕され、中国に大きな混乱をもたらした文化大革命が終焉を迎え、毛沢東路線は事実上清算された。1981年6月27日に開かれた中国共産党の11期6中全会においては、「建国以来の党の若干の歴史問題に関する決議」（歴史決議）が採択され、毛沢東に対する評価は「功績第一、誤り第二」とされたが、晩年の毛沢東が推進した農業協同化、大躍進、文化大革命はすべて否定された。

毛沢東思想の特徴としては、まず、私利私欲を捨て去った人々による、平等で、自給自足の理想郷（ユートピア社会主義社会）を追求することがあげられる。この理想社会の実現のために、毛沢東は思想教育、批判と自己批判の重要性を強調し、「魂の深層から革命を起こす」ことを提唱した。第2に、毛沢東

は「矛盾動力論」にもとづく独特の社会発展の理論をもっていたため、秩序を嫌い、対立と闘争を好む傾向にあった。第3に、政治的目標を達成するために、毛沢東はしばしば大衆動員という手法を用いた。むろん、毛沢東の絶対的権威がこれらを可能にした。こうした毛沢東の絶対的な権力に対してチェック機能を果たしえなかったことが、当時の中国共産党が抱えた大きな欠陥といわざるをえない。

[杜 進]

【関連項目】 人民公社、大躍進、文化大革命
【参考文献】 竹内実監修、毛沢東文献資料研究会編『毛沢東集』全10巻, 北望社, 1972年. ; 補巻全10巻, 蒼蒼社, 1983-86年. ／スチュアート・シュラム（北村稔訳）『毛沢東の思想』蒼蒼社, 1989年. ／渡辺利夫, 小島朋之, 杜進, 高原明生『毛沢東, 鄧小平, そして江沢民』東洋経済新報社, 1999年. ／金冲及主編（村田忠禧, 黄幸監訳）『毛沢東伝 一八九三〜一九四九』上・下巻, みすず書房, 1999年, 2000年. ／ジョナサン・スペンス（小泉朝子訳）『毛沢東』岩波書店, 2002年.

モード
Mode

データの中で、最も数多くある値をモードという。最頻値、並み数ともいう。

[白砂堤津耶]

【関連項目】 メディアン

モノカルチャー経済
Monoculture Economy

モノカルチャー経済とは、植民地支配下におかれた開発途上諸国の経済構造を指す用語である。モノカルチャーとは、文字通りの意味にとれば、単一の作物を栽培することである。この言葉を広く解釈するならば、単一ないしは少数の農作物や原材料となる鉱物資源や木材などの生産に特化している経済ということができる。すなわち、モノカルチャー経済とは、これらの農産物、鉱物資源や木材などの生産に特化した構造を指す。このような経済構造をもつのは植民地体制下におかれた開発途上諸国のため、その経済構造の特徴を表わす言葉として用いられるようになった。

第1次世界大戦から第2次世界大戦の時期にかけて、先進諸国は帝国主義的な膨張政策をとっていた。国内経済の資本蓄積の高度化と独占化が進み、投資機会や輸出市場を海外に求めるようになった。それらを求めて先進諸国が領土拡張主義的な行動をとったことにより、開発途上諸国は先進諸国の植民地体制の軍門に降った。先進諸国は、開発途上諸国を植民地化することによって、食糧、原材料そして安価な労働力の供給基地として位置付けた。植民地支配の方法はさまざまであったが、政治的・軍事的な圧力を外部からかけることによって国民統一の感情が芽生えるのを阻止した。

被支配国の内部では、主として人種の違いにもとづくさまざまな社会集団の存続を認める一方で、社会諸集団間での結束を阻止する統治方法を採用した。これには、一般的に間接統治と分割統治とがある。このような統治形態をとりながら、先進諸国は高い水準の技術と資本を導入して近代的な生産を行った。そこでは近代的な経営手法を取り入れて、支配国の食糧需要を満たすための農産物と、工業生産のための原料である金属、鉛、ゴム、木材などが生産された。これらの生産は、開発途上国内部に「飛び地経済（Enclave Economy）」をつくり出した。近代的な生産部門と、在来的な農業、手工業、および零細工業からなる二重構造である。在来部門は、この近代部門に土地および労働力を提供した。プランテーションや鉱山開発を代表例とする近代部門が成立し、その生産物が先進諸国に輸出された。このように少数の農産物や原材料を輸出することをモノイクスポート（Mono-export）と呼ぶ。

植民地化されたことによって、開発途上諸国はモノカルチャー経済やモノイクスポートといわれるような特殊な経済構造をもつようになった。この開発途上諸国に深く刻み込まれた経済構造は、第2次世界大戦後の独立後も開発途上諸国に重大な影響を及ぼした。一般的に、開発途上諸国の主要輸出品目は、農産物や原材料から構成される1次産品である。1次産品はその性格上、製品差別化が図りにくく、先進諸国の需要状況によって国際市場で価格設定が行われるため、輸出所得を安定的に確保することが困難である。特に、先進国が輸出する工業製品価格と比較すると、1次産品の交易条件は長期的に悪化する傾向にあるという指摘がなされた。これに

は、1次産品の性格もさることながら、先進諸国における貿易障壁、技術革新による合成品や代替品の登場などの要因も含まれる。

また、これらの商品を生産する部門が飛び地的に生み出されたことにより、国内の他の産業部門との連関が乏しく、国内経済の発展も困難な状況になった。

そのため、開発途上諸国は、輸入代替工業化戦略を採用することによって、国内経済の工業化を積極的に推進した。しかし、輸出稼得能力をもつ産業を育成することができず、1次産品輸出に依存している国も数多く存在する。しかし、日本の植民地体制下におかれていた台湾は、米、砂糖、樟脳生産を行うモノカルチャー経済構造を有していたが、現在では輸出志向戦略を通じて目覚ましい経済発展を遂げ、先進諸国に近い水準にまで到達している事例もある。　　　　　　　［徳原 悟］

【関連項目】 植民地、二重経済、輸入代替工業化、輸出志向工業化、南北問題、南南問題
【参考文献】 板垣與一『アジアの民族主義と経済発展』東洋経済新報社、1962年。／渡辺利夫『開発経済学研究―輸出と国民経済形成』東洋経済新報社、1978年。／ハリー・T. オオシマ（渡辺利夫、小浜裕久監訳）『モンスーンアジアの経済発展』勁草書房、1989年。／渡辺利夫『開発経済学―経済学と現代アジア（第2版）』日本評論社、1996年。／渡辺利夫『開発経済学入門』東洋経済新報社、2001年。

モノバンク・システム
Mono-bank System

ソ連、中国などの旧共産主義諸国における中央銀行を頂点とした、国営銀行だけで構成される銀行システムのことであり、単一銀行システムともいわれる。西側の銀行システムとは異なり、銀行は国家の指示に従い出納業務を遂行する機関となっている。そのため、銀行が独自の判断にもとづいて融資業務を行うことはなく、国家財政資金の金庫番に過ぎない。そもそも、社会主義経済においては、銀行の信用創造を通じて資金が創造され、それが投資を通じて資本に転化することはない。通常、貨幣は価値尺度や計算単位の機能を果たすだけである。しかし、社会主義体制の崩壊後、旧共産圏諸国も市場経済化の波にさらされ、現在では、国営銀行、民間銀行、および外資系銀行からなる銀行システムをもつに至っている。外資系銀行の参入により、西側の経営管理手法、人材教育、新しい金融技術の導入が急速に進みつつある。特に中国では、WTO加盟により、金融の自由化・国際化が避けられなくなっており、ますます先進国型の銀行システムへと近づいていくことになろう。　　　　　　　［徳原 悟］

【関連項目】 金融自由化、金融制度改革、金融制度、WTO加盟
【参考文献】 戴相龍責任編集（桑田良望訳）『中国金融読本』中央経済社、1999年。

モラル・ハザード
Moral Hazard

モラル・ハザードとは、道徳的危険のことをいい、アドバース・セレクション（逆選択）とともに、情報の非対称性が存在する時に生じる問題として知られる。例えば、医療保険が完備されると、モラル・ハザードが起きて効率性が損なわれる場合がある。診療費が無料になるような医療保険が提供された場合、通常なら病院へ行かないような軽い症状の患者まで診療を受けることになる。この場合、医療への過剰な需要が生じ、保険料が増加することによって、医療保険制度が存在しない場合と比較して社会全体の便益が低下する。ミクロ経済理論においては、このようなモラル・ハザードが生じる原因を人々の道徳心が欠如しているためであるとするよりも、むしろ人々の合理的な行動の結果であるとした分析が行われている。

開発途上国においては、信用市場に容易にアクセスして金融サービスを享受することが困難であり、これが貧困化をもたらす要因となっている。開発途上国においては借り手のニーズをすべて満たすことができないような低水準で利子率が決められる「信用割当」という現象がある。貸し手と借り手の間に深刻な情報の非対称性が存在する場合、モラル・ハザードが生じ、デフォルト（債務不履行）の危険性が高まる。貸し手が借り手についての情報に乏しく、行動をコントロールすることができない場合、借り手は利子率が高水準にあれば、よりリスクの高い行動をとるようになる。そのため、貸し手は利子率を低い水準に据え置きながら、借り手を選別する信用

割当のような現象が生じることになり、信用市場へのアクセスが困難な状態となると考えられる。

[森脇祥太]

【関連項目】　情報の非対称性
【参考文献】　武隈慎一『ミクロ経済学（増補版）』新世社、1999年．／黒崎卓、山形辰史『開発経済学―貧困削減へのアプローチ』日本評論社、2003年．

モンクット王工科大学【タイ】
King Mongkut's Institute of Technology Ladkrabang Project：KMITL

モンクット（Maha Mongkut）とはタイの近代化に尽くした国王の名。その名をとって命名されたこの大学は、日本の人づくり協力の代表例。わずか23名の学生をもって開始された電気通信訓練校を母体とした専門学校が、日本の協力（政府ベースおよび大学間連携ベース）により、学生数1万2000人（1998年当時）のタイ国で代表的な工科大学にまで発展し、急速な工業化に伴う人材ニーズに見事に対応した日本の拠点型協力のショーケース的案件である。

協力期間中、相手側はその発展に応じて数回改名。まず電気通信訓練センター（1960年）。ノンタブリ電気通信学校（1965年）。モンクット王工科大学（1971年）。モンクット王工科大学ラカバン校（1976年）。1975年には修士課程、1982年に博士課程を設立。その後タイ国の独自予算で理学部、建築学部を加えて50以上の科学技術分野をカバーする総合大学に発展した。

1970年代に、急速な日本の東南アジア進出に反発して反日暴動が発生した際には、モンクット王工科大学は日本の利益団体と見なされて批判される事態も生じたが、タイ王室の支援もあり、タイの工業化を推進するタイの国づくりに欠かせない重要な存在として国民的な敬愛を得た。1960〜93年までの約30年間に3回にわたるプロジェクト方式技術協力および2回にわたる無償資金協力が行われた。これらの大規模投入の合間には、個別専門家による指導および助言がなされ、効果の確認と持続性の確保が図られた。あわせて、直面する課題の解決のための追加的投入の計画が進められた。並行して東海大学による支援により、技術訓練を中心とした組織から総合的な教育の組織へ脱皮が進められた。1993年までに派遣された専門家は64名。教育施設・資材整備に投入された資金は約49億円。協力分野は電気通信およびその関連のデータ処理、半導体工学、電力工学、データ通信、放送、機械工学にまたがる。

これら集中投入による拠点づくりは日本の人づくり技術協力の特徴の一つとなっている。しかし、協力の開始当初から30年間を見越したグランド・デザインがあったわけではなく、その都度関係者が喫緊の問題解決のために行動した結果が累積された案件であったという方が適切である。個別案件の連携と累積、関係者の協働により成果をあげた。「継続は力なり」を象徴する案件でもある。

[佐原隆幸]

【関連項目】　無償資金協力、プロ技協、人づくり援助
【参考文献】　『国際協力事業団　10年の歩み』1984年．／国際協力総合研修所『プロジェクト方式技術協力活動事例シリーズNo.61　モンクット王工科大学ラカバン校拡充（タイ）』1993年．／『国際協力事業団二十五年史』1999年．

問題解決型アプローチ
Problem Solving Approach

解決のしかたがあらかじめわかっていない課題に取り組むために、①問題状況の分析、②問題の背景にある因果関係の分析、③解決の手段―目的の関係の分析、④入手し得る手段の中から制約の大きいものを除き、実行可能性が高く、また問題解決につながりやすい手段の選択、⑤試行と結果の分析、⑥問題解決策の本格実施、⑦残された課題の確認とそれを含んだ問題状況の再分析、⑧新たな問題解決行動への取り組みという、問題解決のための一連の行動を進めることを問題解決型アプローチと呼ぶ。

国際協力の近年の課題として、組織・制度づくりなど、開発途上国の個々の状況を踏まえて、直面する課題に取り組む能力を個別に形成するという需要が高まっている。従来のような教科書の中に定型化された知識では対応できない課題を扱う際には、まずは従来の定型知の適用の対象として課題を捉えることをやめ、開発途上国の文脈の中で問題を捉え直し整理する。その進め方を指南するものと

◇ Kolbの学習過程促進型アプローチの図解 （Kolb, 1984）

第1段階：具体的な経験の分析。組織・制度と現実との乖離、問題のある状況を確認。

新たな問題の確認。残された問題の確認。

第4段階：実施。効果の検証。

第2段階：問題の観察と分析。問題の整理と解決策の関係を整理。

第3段階：解決行動のための基本方針の策定。続いて詳細実行計画の策定（目的、対象、実施ステップ。成功指標、導入が必要な技術的な事項を決定）。

して、この問題解決型アプローチが援用されている。

もともと学習心理学の中の成人学習促進理論の領域で体系化された考え方である。経験を基礎にした学習理論とも呼ばれ、問題解決のための一連の行動を進めていく中で、組織成員が経験と学習を統合させ、新しい行動様式を確立し、永続的な問題解決が可能になるとする。近年の代表的な唱導者としてはコルブ（David A. Kolb）があげられる。

この考え方は、組織開発論の基礎を成す考え方として応用され、すでに多くの機関で組織の抱える問題解決の方法として採用されている。病院における医療事故の減少のために、医師、薬剤師、看護師、事務、などさまざまな役割を担う人間集団が、事故発生を単に個人の問題として捉えるのではなく、システムの問題として把握し、問題状況についての個々の立場からの事例をもちより、互いの経験を共有・活用し、仕事の流れとの関連で問題を把握する。問題に対応するために必要な規則と手順を考案し、これを遵守する仕組みをつくり、遵守状況の再確認と問題発生状況の再確認を行う。措置後の問題発生状況を確認し、残された問題の解決のために必要な新たな措置（関係者の行動変化を促す規則と手順、その徹底、その簡素化あるいは代替措置の考案）の導入などが一例である。

この考え方は、人工知能の問題解決と呼ばれる分野にも応用され、初期状況―目標状況―必要な手段の列挙―制約条件を明示して問題を描写し、その問題を解決するための手段を順序立てて提示し、問題解決の処方箋を提供する。知の性格が従来の定型知の適用で良しとするのでなく、組織成員が個々の経験にもとづいて蓄積してきた暗黙知をも動員し木目細かく問題解決にあたる、知の総動員の時代が到来していることを示す。国際協力の世界でも、技術を移転するという発想から、国境を超えて問題解決のための知を創造するという発想が主流になることを示す。［佐原隆幸］

【関連項目】 制度開発、成人教育
【参考文献】 David A. Kolb, *Experiential Learning : Experience as the Source of Learning and Development.* New York : Prentice-Holl, 1984.

ユ

有業者方式
⇨労働力方式／有業者方式

有業率
⇨労働力率／有業率

有効保護率
⇨名目保護率／有効保護率

誘導型
Reduced Form

　構造型に含まれる内生変数を、先決変数と撹乱項のみで表わしたモデルを誘導型という。誘導型を構成する個々の方程式を誘導型方程式、これらのパラメータを誘導型パラメータと呼ぶ。　　　　　　　　　　［白砂堤津耶］

【関連項目】　連立方程式モデル、構造型、内生変数、先決変数、撹乱項

行方不明米兵問題【ベトナム】
Missing in Action：MIA

　行方不明米兵とは、ベトナム戦争中に行方不明になった米兵のことをいう。行方不明米兵問題はベトナムだけでなく、ロシア（第2次世界大戦）や北朝鮮（朝鮮戦争）にも存在する。米国では戦時捕虜（Prisoner of War：POW）問題と同様に行方不明米兵問題に対する関心が高く、この問題へのベトナム政府の対応が国交正常化におけるネックとなっていた。

　行方不明米兵問題は、自らも数十万ともいわれる行方不明兵を抱えるベトナムにとって、容易に譲歩できない問題であった。しかし、最大の支援国であった旧ソ連からの援助が減少する中で、ベトナムは西側諸国との関係改善を急ぐ必要があったために、次第にこの問題に対して譲歩するようになった。

　行方不明米兵問題は、ベトナムが1987年に問題解決に協力することを表明し、米国が同問題にかかわる人道援助を約束したことから進展した。1988年から行方不明米兵の共同捜索が始まり、その後、対越経済制裁の解除（1994年2月）、連絡事務所の設置（1995年1月）、国交樹立（1995年7月）に発展した。

　遺骨の発掘・収集を進めている共同タスクフォース（Joint Task Force Full Accounting）によれば、ベトナム戦争時の行方不明米兵はベトナム、ラオス、カンボジア、中国に点在し、1975年時点では2585人とされた。同タスクフォースが設立された1992年には2585人、2003年6月時点で1874人とされていた。国別の内訳は、ベトナム1428人、ラオス382人、カンボジア56人、中国8人である。

［三浦有史］

【参考文献】　Joint Task Force Full Accounting (http://www.pacom.mil/jtffa.htm).

輸出加工区／自由貿易区
Export Processing Zone：EPZ, Free Trade Zone：FTZ

　税制、関税、インフラ面においてさまざまな優遇措置を与え、外国企業を誘致するための特別な地域のこと。輸出加工区は次のような特徴をもつ。①輸出加工区の進出企業には、加工区外の外国企業や国内企業以上に優遇が与えられている。通常、製品の輸出比率によって優遇の程度が決定される。②土地、電力・水道・ガス、輸送設備、あるいは工場・建物などを、政府が格別の条件で進出企業に提供する工場団地である。③輸出財の生産のための財の輸入に対する関税は免除され、輸出も無税である。④労働争議の回避のために、輸出加工区内の企業に勤める労働者への政府による労働統制が厳しい。輸出加工区制度は雇用の創出が期待でき、国内産業と競合しないという長所があり、東アジアではこの制度が経済成長を牽引する役割をもった。反面、国内産業への技術移転が弱く、一国経済の飛び地経済として、周辺地域にその経済効果を発揮することは限定的であるという欠点も指摘される。

　輸出加工区のスタートは、1959年のアイルランドのシャノン空港であるといわれる。しかし、1965年に設置された台湾の高雄輸出加工区の成功によって世界的に注目されるよう

になった。それ以後、輸出加工区はNIESを中心に開発途上国全域に拡大した。1966年以前は、開発途上国で輸出加工区が2カ所しかなかったが、1966～70年に6カ所、1971～75年に23カ所、1976～78年は21カ所と、1970年代以降急増した。輸出加工区が開発途上国に普及した理由の一つとして、次のことが考えられる。輸入代替型工業化政策から輸出志向型工業化政策、あるいは開放政策への転換は、輸入代替市場に既得権益をもつ国内資本家や企業の力が強ければ強いほど困難を伴うのが一般的である。しかし、輸出加工区は国内経済からは隔離され、生産された製品はほとんどが輸出され、国内市場には競争相手が登場しない。それゆえ、保護主義下で優遇されてきた現地の既得権益勢力の抵抗にあうことが少ない。

輸出加工区と自由貿易区は、輸入代替工業化過程における国内市場保護による弊害を軽減し、工業化のための外貨獲得に最大の目的がある。このような観点から、輸出志向型工業化政策で最も導入の容易な政策であろう。実際、輸出加工区の設置が現地資本、企業家に反対された事例はほとんどなく、輸出を目指す多くの開発途上国に急速に受け入れられた。

自由貿易区は、一般的に香港のような無関税地域を指すが、香港やシンガポールのような自由港型、台湾のように原材料などを輸入し加工を施して再輸出する輸出自由地域型がある。さらに、加工後国内に移入するまでは輸入品に関税も賦課されず輸入規制もない外国貿易地域タイプ、内陸国への移送拠点となる港湾を対象とする中継地タイプなどがある。日本では輸入促進のために自由貿易区に類似したものとして総合保税地域がある。従来の保税地域は保税倉庫、保税展示場など個々の施設を指定の対象としていた。しかし、近年は輸入促進地域（Foreign Access Zone：FAZ）の創設に伴い、一定地区全域を保税地域として指定する必要性が生じたこともあり、空港や港湾と有機的に連結した貿易関連施設を整備する傾向が高まった。そこで関税法の一部を改正する形で創設されたのが総合保税地域である。

総合保税地域は、公益性を有する土地・施設のうち、一定の基準を満たすものについて税関長が許可し指定する。主に指定される地域は、①港湾・空港地域であり、②輸入貨物が相当程度流通し、または流通することが見込まれ、③輸入促進基盤整備事業および輸入貨物流通促進事業を行うことにより輸入促進が相当程度図られると認められる地域である。この指定により、総合保税地域において保管、加工、展示などの保税機能が活用でき、また地域内の保税運送手続きが不要になるなど、手続きも簡略化され、輸出入の促進地域となる。この総合保税地域は恒久措置であり、指定は必ずしも臨時措置としての輸入促進地域（FAZ）のみに限定されない。

〔文　大宇〕

【関連項目】　輸出工業団地、輸出志向工業化
【参考文献】　平川均『NIES』同文館、1992年．／高橋誠『世界資本主義システムの歴史理論』世界書院、1998年．／大野健一『途上国のグローバリゼーション―自立的発展は可能か』東洋経済新報社、2000年．

輸出工業団地
Export Industrial Complex

輸出工業団地とは、主に輸出製品の生産や組み立てを行う企業を誘致するために設けられた特別な地域である。輸出工業団地では関税の手続きが簡素化され、輸出産業に原材料、部品、機械設備の保税輸入が認められるなど輸出優遇措置が与えられる。開発途上国では直接投資を呼び込む方策として、工業団地設立に最適な土地を選んでそのビジネス環境を優先的、集中的に改善する方法が効果的な開発手段である。

東アジアにおける輸出工業団地は台湾の高雄に設置されたのを初め、韓国、中国、ASEAN諸国へと広まった。これらの国では輸出工業団地の設置を通じて国内の輸出企業のみならず、海外の投資家にも関税や投資優遇策を提供し、投資・雇用を刺激する効果で経済発展を促した。投資側にとっても輸出工業団地は、安い労働力、低い土地賃貸料、少ない規制の恩恵を受けることができ、輸出工業団地のインセンティブは特に魅力的である。一方、国によっては輸出工業団地の優遇措置を受けるための条件を設けている。例え

ば、マレーシアでは、輸出工業団地に設立された企業は全製品を輸出向けにするか、あるいは製品の80％以上を輸出すること。原材料、コンポーネントは、主に輸入品を認めるが、できるだけ国内の原材料、コンポーネントを使用するように奨励している。　［文　大実］

【参考文献】　川端基夫、宮永昌男『大競争時代の「モノづくり」拠点―工業団地のサバイバル戦略』新評論、1998年.

輸出志向工業化
Export Oriented Industrialization

輸出志向工業化とは、1960年代半ばに韓国、台湾などのNIES諸国において始まり、1970年代には東南アジア諸国で採用された、工業製品の輸出によって工業化を推し進め、高度成長を実現するという発展戦略のことをいう。1950年代から1960年代にかけて多くの開発途上国において採用された輸入代替工業化政策は、所得と市場の発展段階が低い水準にある開発途上国の工業化に大きな貢献を果たした。しかし反面、輸入代替工業化には多くの問題点があり、対照的な政策としての輸出志向工業化の役割が、開発経済学において注目されるようになってきた。

輸入代替工業化の第1の問題点は、国内市場規模の大きさによってその進行が制約されることである。例えば、アジアの開発途上国の中でも、人口規模が大きく「大国」と規定することが可能なのは、インド、中国、パキスタン、インドネシアなどに過ぎない。人口規模が小さく、国内市場（＝レディマーケット）が狭小な多くの開発途上国においては、輸入代替の機会は早い段階で枯渇してしまう。第2の問題点としては、輸入代替工業化のために採用された保護政策がマクロ、ミクロ両面に与える大きな悪影響があげられよう。自国の為替レートの過大評価は、投入財の輸入を有利にする一方で、貿易収支を赤字化させ深刻な外貨不足の状態をもたらし、開発途上国の経済をマクロ的に不安定な状態にさせる。また、輸入数量統制や高率の輸入関税は、輸入代替を行う企業家を競争から隔離することとなり、彼らが効率的な経営を行うインセンティブを喪失させる。開発途上国における過度の工業部門保護政策は、一方で、農業部門の発展を軽視することを意味しており、食料供給の停滞によって工業化の進行が妨げられる事態も生じる。第3の問題点としては、資本集約的生産が行われることがあげられる。輸入代替工業化においては、外資系企業が大きな役割を果たしており、生産面においては先進国の要素賦存度を反映した資本集約的な技術が使用される。大規模な過剰労働力を抱える開発途上国において、工業化による雇用吸収が困難になることを意味する。

以上のような輸入代替工業化の問題点を解消すべく、1960年代半ば以降、東アジア諸国において輸出志向工業化政策が採用されるようになった。その結果、輸入の自由化が進められ、優遇金利や為替レートの過大評価も見直された。これら一連の市場自由化措置によって、市場を歪め、資源配分を非効率化する諸制度の廃止が促進されたのである。しかし、従来の保護政策によって「既得権」を獲得していた国内勢力の抵抗は激しく、改革を進めるためには強力な政府が必要となった。韓国、台湾には行政能力の高い官僚機構と強力な政府が存在しており、輸出志向工業化政策を推進する大きな力となった。また、これら市場自由化とあわせて、多くの輸出促進政策も行われた。輸出産業に対しては、補助金の直接交付、事業所得税、法人税等の国内税の軽減、免除、特恵的利子率の適用などの保護が与えられた。その結果、特に労働集約的製品を中心として輸出が大きく増加し、国内雇用も誘発的に大きく増加することになった。特に、韓国、台湾においては輸出志向工業化政策によって最終財輸出が増加し、その結果、機械、金属、化学部門の需要が拡大するという「後方連関効果」によって第2次輸入代替である重化学工業化が急速に進行した。　　　　　　　　　　　　［森脇祥太］

【関連項目】　輸入代替工業化、後方連関効果
【参考文献】　渡辺利夫『開発経済学―経済学と現代アジア（第2版）』日本評論社、1996年.

輸出税／輸入税
Export Duties, Import Duties

　開発途上諸国では、多くの対外取引に対して税を課すことが一般的である。輸出品に課される輸出税と輸入品に課される輸入税を総称して、関税（Tariff）という。輸入品の国内市場への流入を阻止する他、財政収入を増大させることが目的になる。この財政収入の増大を目的としたものを、財政関税（Revenue Tariff）と呼ぶ。一般的には、関税とは輸入関税のことを指すが、開発途上諸国の場合には税収基盤を拡大し、財政収入を増加させるためにしばしば輸出品に対しても課税が行われる。輸出関税が課されると輸入品の価格が上昇し、それを輸出する企業の価格競争力は低下し、貿易収支に対しては逆調的な効果をもつ。これを利用して、日本では貿易黒字の削減策として輸出税の導入も議論されたことがある。

　このように何らかの政策目標にもとづいて輸出品に対して課税を新たに加えることを、輸出課徴金（Export Surcharge）と呼ぶ。輸入品に賦課される税を輸入税といい、これは一般的にみられる徴税である。日本でも輸入農産物に対する課税で議論されているように、国内産業を保護するために輸入関税が課される。これは、輸入課徴金（Import Surcharge）と呼ばれ、産業保護政策など特定の目的のために新たに賦課される税金である。開発途上諸国でも、品目ごとに詳細な関税率が設定されている。工業化に必要な資本財に対しては低い税率が適用され、嗜好品には高い税率が適用されている。開発途上諸国では、国内産業保護、貿易収支赤字の削減、外貨準備の維持などの面で、広範な輸入品が課税対象とされる。しかし、このような手厚い関税措置によって、国内資源配分の歪みが大きくなる。そのため、開発途上諸国でも漸進的にではあるが、関税率の引き下げが行われるようになった。

〔徳原　悟〕

【関連項目】幼稚産業保護論、貿易保護、名目保護率／有効保護率、開発と税制
【参考文献】伊藤元重, 大山道広『国際貿易』岩波書店, 1985年. ／小田正雄『現代国際経済学』有斐閣, 1997年. ／ジェラルド・M. マイヤー（松永宣明, 大坪滋訳）『国際開発経済学入門』勁草書房, 1999年.

輸出促進政策
Policy for Export Promotion

　輸出拡大を目的とする政策であり、輸出産業に対する直接補助金の交付、輸出産業への事業所得税・法人税等国内税の軽減・免除、輸出産業に対する特恵的利子率の適用など多様である。一般に輸入代替工業化においては、輸入品の輸入重要度を基準に輸入数量規

◇韓国の主要輸出促進政策（1962〜72年）

政策区分	時期	内容
1. 貿易政策	1962年6月	・貿易振興公社設立
	1962年11月	・輸出入リンク制
	1967年2月	・輸出実績による貿易業者の差別化
	1969年1月	・輸出保険法の実施
2. 金融政策	1961年10月	・輸出用原材料の輸入支援金融
	1964年7月	・輸出産業育成資金の融資
	1966年10月	・輸出金融優先制度の導入
	1967年7月	・輸出産業用施設財輸入における外貨支援融資
	1972年3月	・輸出入金融制度の統合と効率化
3. 為替政策	1962年1月	・外国為替管理法および実施条例新設
	1964年5月	・単一変動相場制導入
4. 関税政策	1964年3月	・輸出用資本財輸入に対する関税免除
	1964年4月	・輸出用原材料輸入に対する関税免除
5. 租税政策	1961年1月	・輸出所得に対する法人税および所得税の50％減免
	1962年1月	・営業税免除
	1968年8月	・海外市場開拓費用の税金優遇

制、差別関税の適用、自国通貨の過大評価、国内企業への低金利政策などの保護主義手段が用いられる。しかし、このような保護主義は要素価格体系と資源配分に歪みをもたらし、開発途上国に潜在する労働集約財の比較優位を顕在化することができない。輸出促進政策による市場自由化は、保護主義貿易の制約を取り除くことにより、労働過剰、資本不足である開発途上国の要素賦存状況に適した技術と生産方式の採択を促す。

一方、輸出促進政策の寄与は実効為替レートという概念を用いてこれを評価することができる。輸出業者が輸出を通じて入手するのは、輸出外貨と輸出補助の2つである。輸出業者は、まずは稼得した外貨を公定為替レートの下で現地通貨として受け取る。これに加えてさまざまな形態の輸出補助金を現地通貨単位で入手する。すなわち輸出業者の実効為替レートとは、公定レートを通じて1ドルと交換して得られる現地通貨に、1ドル当たりの輸出に対して与えられる補助額をプラスしたものであり、輸出業者は2つの支援を受ける。

いち早く輸入代替工業化から輸出志向工業化への政策転換を行い輸出拡大と高度経済成長を達成した韓国経済の輸出促進政策をみると、1962年の第1次経済開発5カ年計画以来、本格的な輸出主導型体制に転換し、1964年に為替制度と金利改革を行った。1960年代以降、政府が実施した輸出促進政策の基本は、輸出産業に対する金融、税制上の支援、市場に合わせた適正水準の為替レート維持、輸入規制障壁の撤廃による市場自由化であった。1960年代半ばから本格的に実施された総合的な輸出促進政策の中で最も基本的な支援手段として、以下の2つが注目される。すなわち、輸出優待金融が自動的に承認されたことと、輸出生産用の中間財輸入に対する非関税および関税減免制度(関税還給制)も同じく自動的に承認されたことである。

この基本的な促進政策の他にも、輸出生産用の中間財投入と輸出販売に対する国内間接税の減免、輸出所得に対する直接税の減免(1973年廃止)、輸出実績にもとづく輸入業の営業許可リンク制、輸出用の中間財の国内供給者に対する関税および間接税の減免、主要輸出産業の固定資産に対する加速償却制の許容などがあった。これらの輸出促進政策は、その後の経済状況の変化により部分的に変更されることもあるが、1980年代初めまでその基本骨格は維持された。　　[文　大字]

【関連項目】　輸出志向工業化
【参考文献】　渡辺利夫『開発経済学(第2版)』日本評論社、1996年. ／安忠栄『現代東アジア経済論』岩波書店、2000年.

輸入代替工業化
Import-Substitution Industrialization

輸入代替工業化とは、開発途上国の政府が輸入数量制限を行ったり、高率の関税を課したりして国内企業を保護育成するための政策を採用し、自国の国内生産によって輸入を代替しながら工業化を促進しようとすることをいう。多くの開発途上国は、第2次世界大戦以前、先進諸国の植民地として1次産品生産に特化したモノカルチャー型の構造を構築していた。それら諸国は、1次産品を輸出し、工業製品を輸入するといった貿易を行っていたが、長期的に1次産品価格は工業製品価格と比較して低下していった。その結果、多くの開発途上国の交易条件が悪化し、1次産品輸出によって工業化に必要とされる外貨を獲得することが困難となった。また、1次産品の国際価格は大きく変動する危険性が高いため、1次産品輸出への依存は、開発途上国の発展を不安定なものとした。そのため、多くの開発途上国において工業化による発展、すなわち輸入代替工業化による発展が志向された。

例えば自動車の生産を考えてみよう。鉄やプラスチックなどの原料や素材からハンドルやエンジンなどの自動車部品が加工、生産される。そして生産された自動車部品は、中間投入財として組み立てられ、最終製品である自動車が生産される。一般に、開発途上国においては、鉄やプラスチックなどの素材産業はスケール・メリットを生かすことができないために、比較劣位にある。また、技術水準が低い開発途上国において自動車の部品生産を行うことは、生産の特化による精密加工が必要となるために不可能に近い。そのため、

開発途上国においては、外国から工場の機械や設備などの資本財、原料・素材、中間投入財などを輸入して、それらを使用して最終財である自動車の組み立てを行うことから生産を開始することが望ましい。発展の初期的段階において、自動車生産に必要とされるすべての財を国内で調達、生産することは不可能に近いと考えられよう。

ここで、ある国において自動車の輸入に制限を課する保護政策が採用されたとしよう。この場合、この国においては、自動車の国内需要を満たすために新たな自動車生産がなされる必要がある。自動車生産が増加してその国内需要を上回ると、自動車の海外への輸出が開始されることになる。国内需要と輸出を合計した自動車の総需要が増加すれば、その生産に必要な原料・素材、中間投入財、資本財などの輸入も増加する。やがて、それら投入財の輸入規模が「有効最小生産規模」に到達すると、投入財の国内生産が開始され輸入代替が促進される。輸入代替工業化によって、最終財の生産から投入財の生産へと工業化の深化が生じるのである。

輸入代替工業化政策において実際に採用される政策手段としては、輸入数量制限や関税政策などがあげられる。これらの規制政策は、最終財の輸入に関しては厳しく、投入財の輸入に関しては緩やかに課せられる。その結果、投入財の輸入は最終財と比較してより自由に、かつ安価に行われることとなる。加えて、実勢レートと比較して投入財の輸入に有利な為替レートの設定も行われるため、輸入代替を行う企業の生産はより円滑になされる。また、これらの企業に対しては、市場金利よりも低い金利で融資がなされるといった金融的優遇政策も採用されるために、より有利な条件で設備投資を行うことが可能である。さらに、これらの企業は、優先的に政府から電力やガス、水道などの公共財が安価で提供されるためにコスト面で有利な状態となる。　　　　　　　　　　〔森脇祥太〕

【関連項目】　モノカルチャー経済、交易条件、公共財
【参考文献】　渡辺利夫『開発経済学―経済学と現代アジア（第2版）』日本評論社、1996年。

輸入ライセンス
Import License

輸入ライセンス制度とは、貿易障壁の一つである輸入数量制限を実施する際に、商品の輸入を特定の業者のみに認める制度である。この制度は、外貨準備高や国内で調達可能な財源が乏しい開発途上国において、希少な開発資金の配分をコントロールするための政策手段である。輸入ライセンスの許可は、生産活動における不可欠の財ならびに国内では入手不可能な製品輸入を基準とし、外資制約に配慮しながら輸入代替工業化を進めようとする政府の戦略を反映している。

輸入ライセンス制度は商品の輸入が妨げられて国内価格が上昇し、厚生水準の低下が生じる点では関税と同じである。しかし、この制度は国内価格の上昇に伴う資源配分の非効率がもたらす利益低下のみならず、輸入ライセンスを獲得するためのレント・シーキング活動により資源の浪費が生じ、関税より一層の利益低下の可能性がある。レント・シーキング活動とは、レントの獲得を目的として政策に影響を与えようとする活動であり、合法的なロビイング活動のようなものから非合法的な贈収賄などまでを含む。政府による輸入ライセンス制度が実施されている国においては、海外から必要な投入物を輸入しなければならない製造業者が、外国為替担当の官僚たちによって影響を受けやすい。生産活動に不可欠な投入物の購入に必要な輸入ライセンスを獲得できないと、製造業者は破壊的な被害を被ることになる。また輸入許可証の交付が遅れれば費用がかさむことになる。このことが汚職行為を生みだすインセンティブとなる。既存の研究によると、輸入ライセンスに伴うレントが1964年のインドで国民所得の5.1％、1968年のトルコでGNPの15％と推計されている。　　　　　　　　　〔文　大宇〕

【関連項目】　レント追求仮説
【参考文献】　P.R. クルグマン、M. オブズフェルド（石井菜穂子、浦田秀次郎、竹中平蔵、千田亮吉、松田均訳）『国際経済：理論と政策（第3版）―Ⅰ国際貿易』新世社、1996年。／木村福成『国際経済学入門』日本評論社、2000年。

ユーロ
Euro

　1999年1月、欧州連合（EU）加盟国11カ国によって導入された統一通貨。2002年からは、従来のマルク、フラン、リラなどの国内通貨は廃止され、EU統一紙幣、統一硬貨が使用されている。それとともに、欧州中央銀行により金融政策も統一化された。ユーロは、国家主権に由来する通貨発行権のEUへの委譲を意味することから、古典的主権概念の変容をうかがわせ、EU連邦化を推し進めると政治学的には注目された。だが構想の具体化した当初から、EU経済は統一通貨使用に耐えられるだけの社会基盤を備えているか、疑問視する見解があった。ロバート・マンデル（Robert A. Mundell）の「最適通貨圏」理論によれば、米国と比べ域内の産業分布状態には偏りが認められ、経済交流状態も劣る。また、ユーロ導入で改善はみられるものの、同一製品の価格差、賃金差も依然として大きい。当初喧伝された経済的メリットもいささか過大評価であることが明らかとなった。実際に日本円・米ドルに対する為替相場も、発行後2年間は30％も下がるなど低迷した。しかし、早期失敗論の予測を裏切り、その後は市場における評価は転じ、安定した流れをたどっている。

　このような推移をみるにつけ、改めて通貨統合のもたらす意義と貨幣の本質とが問い直されている。ユーロ導入と運用実績が通貨発行体（EU）の信頼性向上に貢献し、それが逆に通貨自体の安定化につながる互換的関係が認められるからである。そこには、通貨の本質を商品価値に求める「貨幣商品論」だけでは説明できない面があり、権威の創造性と捉える「貨幣権威説」の見解が妥当する点が少なくない。いずれにしても、ユーロ導入の本旨が、EUの結集力を強化し、ひいては政治統合を推し進める点にあったとすれば、現在まで、一応の成果をあげたと評価ができる。その後の加盟国拡大・ニース条約締結に伴うEU政治体制の強化を支える点で、安定したユーロ通貨の存在は看過できない。今後、EUをモデルにする地域統合体は、統一通貨を単に経済活性化のためだけではなく、政治的結集につなげる手段と捉え、そのための工夫と適切な導入時期をみきわめる必要がある。

［横山真規雄］

【関連項目】　EU
【参考文献】　横山真規雄「ユーロと政治統合」渡辺利夫編『国際開発学Ⅰ』東洋経済新報社, 2002年. ／山下英次『ヨーロッパ通貨統合』勁草書房, 2003年.

ユーロ市場
Euro Market

　所在地通貨以外の通貨建てで取り引きが行われる金融・資本市場のこと。ロンドンを中心に1950年代の後半以降、西ヨーロッパ諸国に普及していったことから「ユーロ」と呼ばれる。1960年代の後半頃から、香港、シンガポールなどのアジア諸国や、カリブ海諸国にも市場が開設された。ユーロ市場は、外貨建て定期預金の受け入れと貸付けを行うユーロ・カレンシー市場、一般企業向けの中長期金融市場であるユーロ・クレジット市場、そして債券市場のユーロ・ボンド市場から構成されている。しかし、ユーロ・カレンシー市場だけを指して、ユーロ市場と呼ぶこともある。

　ユーロ市場は、預金準備率や預金保険等の通貨当局からの規制や税制などから免除された国際的銀行間市場であるため、競争的な市場である。その起源は、ロンドンのユーロ・ドル市場にある。当時、ソ連を初めとする共産圏諸国が米国政府による資産凍結を恐れて、ドル預金勘定を米国から欧州所在銀行に移したことにより、ユーロ市場が発生した。その後、西ヨーロッパ諸国が戦後復興を遂げドルを蓄積していったことや、米国のドル防衛策の一環として長期資本流出を防ぐための金利平衡税（Interest Equalization Tax）が1963年7月に導入されたことも市場拡大に寄与した。また、1965年の米国による対外投融資自主規制や、定期性預金などの金利上限を規定するレギュレーションQを嫌い、ユーロ市場での資産運用が増加したのである。1970年代には、産油開発途上諸国が原油価格高騰によって得た巨額のオイル・マネーをユーロ市場で運用し、先進国や非産油開発途上国への資金還流の役割を果たした。

　ユーロ・ドル預金の特徴は、それが米国の

債務ではないということである。それは、ユーロ・ドル預金を受け入れた銀行が所在する国の債務である。もう1つの特徴は、ユーロ預金を引き受けた銀行には信用創造能力がないということである。ユーロ・ドル取引の決済は、米国のCHIPS (Clearing House Interbank Payment System) を通じて行われる。そのため、決済時には米国の銀行に勘定が移るので、ユーロ・ドル預金を受け入れた銀行は、預金の金額と期間に合わせてしかユーロ・ドルの貸出をできないことになる。

[徳原 悟]

【関連項目】オフショア金融市場、アジアダラー市場
【参考文献】ユルク・ニーハンス（天野明弘、井川一宏、井出文男訳）『国際金融のマクロ経済学』東京大学出版会、1986年。／山本栄治『基軸通貨の交替とドル―「ドル本位制」研究序説』有斐閣、1989年。／Gunter Dufey and Ian H. Giddy, *The International Money Market*. Second Edition, New Jersey : Prentice Hall, 1994.

ヨ

幼稚産業保護論
Infant Industry Protection

工作機械、船舶、自動車、電気機械などの機械工業の発展は、開発途上国の経済発展にとって重要な役割を果たす。機械製品は、生産財として企業の生産活動を促進する一方、消費財として人々の暮らしの利便性を高め、さらには輸出財として開発途上国の外貨収得に貢献する。実際、日本を含む東アジア諸国の急速な経済発展は、機械工業の発展に依存する部分が大きい。機械工業の成長はその国の経済発展に大きく貢献すると考えられよう。幼稚産業保護論によると、技術力が未熟であり、生産性が低い状態にある開発途上国の機械工業の発展を促すためには、その自立が実現するまでの期間、機械工業が国際競争に直面することを避けるための何らかの保護的政策手段が採用される必要が生じる。

例えばある開発途上国において、機械製品の輸入に対して関税が課せられるという機械工業保護政策が採用されたとしよう。その国は、関税が課せられない場合、自由貿易価格で機械製品を輸入することができるから、国内価格が自由貿易価格を上回ると機械製品の生産は減少してまったく生産が行われない状態になることもある。関税が課せられた場合、自由貿易価格と比較して国内価格は上昇し、より多くの機械製品が継続的に生産されよう。機械製品の生産活動は継続的に行われることとなり、生産を通じた学習効果を得られることも期待される。もし、生産が継続的に行われ、機械工業の生産性がlearnig by doing（実践による学習）効果によって上昇するならば、機械工業のような産業を保護する政策、すなわち幼稚産業保護政策を実行することが有意義であるとされる。逆にいえば、ある国の機械工業にlearnig by doing効果が存在しないならば、幼稚産業保護政策を採用することは無意味になろう。ある産業においてlearnig by doing効果の存在をその特徴とする、「動学的規模の経済」や「時間の経済効果」が存在して時間を通じた生産性の上昇が観察されることが、幼稚産業保護政策を採用するための必要条件の一部となる。

幼稚産業保護政策が適切な政策として採用されるための条件としては、「ミルの基準」、「バステーブルの基準」、「ケンプの基準」、などもあげることができる。「ミルの基準」とは、幼稚産業保護政策の選択によって、機械工業がある時点において生産性の上昇を実現することができても、その時点において、同時に私企業ベースでの採算をとることができなければならないというものである。私企業ベースでの採算がとれていない場合は、それ以後も何らかの形によって保護政策を継続し続ける必要が生じて、自立した産業として国際競争力をもつことは不可能となろう。

「バステーブルの基準」とは、機械工業の保護によって将来のある時点で得ることが期待される社会的利益の割引現在価値が、現時点で機械工業の保護のために必要な社会的費用を上回らなくてはならないというものである。「ケンプの基準」とは、機械工業においてある企業が生産活動の経験を深めて技術力を向上させても、その成果が容易に他の企業に漏出するような「動学的規模の経済」が存在しているか否かをいう。このような場合、

個別企業は独自の努力による経験の深まりや技術力向上によって得られる成果をすべて自己のものとすることができず、実行のためのインセンティブが不足してしまう。そのため、政府による市場への適切な介入が必要とされるのである。　　　　　　　　［森脇祥太］

【関連項目】　規模の経済
【参考文献】　伊藤元重、清野一治、奥野正寛、鈴村興太郎『産業政策の経済分析』東京大学出版会、1988年。／木村福成、小浜裕久『実証 国際経済入門』日本評論社、1995年。

預金取扱銀行
Deposit Taking Bank

　預金（普通預金、定期預金、貯蓄性預金）を資金調達手段として取り入れる金融機関の総称。預金を引き受けないで与信活動を行うノンバンク（Non-bank）とは区別される。預金取扱銀行は、通常「銀行」といわれるが、その内容は国や時代によって異なる。日本では銀行法にもとづいて設立された普通銀行、具体的には都市銀行、地方銀行、および第二地方銀行協会加盟銀行（旧相互銀行）を指す。また、信用金庫、信用組合なども預金取扱銀行に含まれる。

　米国の投資銀行はその名称にもかかわらず証券引き受け業務を業容としている。そのため、ここでいう預金・貸出業務を行っている銀行には含まれない。ヨーロッパでは、銀行業務と証券業務を兼業するユニバーサル・バンク（Universal Bank：兼業銀行）が主流を占めている（保険業務を行うものもある）。この預金取扱銀行とその他の金融機関との違いは、信用創造機能の有無にある。銀行は、貸し出しを通じて借り手の口座に預金設定をすることで信用創造を行う。借り手は何らかの支払いを行うために借り入れを行っているから、支払期日が到来するとそれは支払代金受取人の口座に振り込まれることになる。預金の引き出しが行われない限り、国内銀行システム内の口座に入ることになる。銀行は決済手段となる預金通貨を発行できる点で、他の金融機関とは異なる。

　銀行は中央銀行とともに、経済の重要なインフラである決済システムを担う。開発途上諸国の金融システムが銀行中心のシステムである理由もここにある。貨幣経済が円滑に機能するためには、決済システムが不可欠であり、この決済機能を担うのが銀行だからである。近年、銀行を中心とする金融システムは望ましくないとする見解が目立つが、証券市場を中心とした金融システムにとっても決済システムが不可欠なのである。　　［徳原　悟］

【関連項目】　間接金融／直接金融、金融制度、金融制度改革、信用創造、ノンバンク
【参考文献】　堀内昭義『金融論』東京大学出版会、1990年。／岩本康志、齋藤誠、前多康男、渡辺努『金融機能と規制の経済学』東洋経済新報社、2001年。

預金保険機構
Deposit Insurance Agency

　金融機関からの預金流出や決済機能の麻痺などのシステミック・リスクを回避するために設立される機関である。預金保険機構は、経営が健全で支払い能力があるにもかかわらず一時的に流動性不足に陥った金融機関に対して特別融資を実施したり、金融機関の預金・債務を保証する。こうした措置は、金融機関の連鎖的な倒産や決済システムの麻痺が、国民経済に深刻な影響を及ぼす恐れがあることから正当化されている。その一方で、支払い能力を欠いた金融機関が高い預金金利を提示して預金を集める事態を引き起こすリスクもある。金融システムが不安定な間は、預金・債務を全額保護することは止むをえないが、モラルハザードを回避するために早期に部分預金保護制度に移行できる体制を整える必要があると考えられている。　　［高安健一］

【関連項目】　金融監督機関、不良債権問題、金融制度
【参考文献】　金融安定化フォーラム編『預金保険の国際ガイダンス』財務省印刷局、2001年。

予算制約式
Budget Constraint

　予算制約式とは、消費者の所得と財の価格が与えられている場合に、消費者が最大限購入可能な財の組み合わせを示すものである。x 財の価格を p_x、y 財の価格を p_y、所得を M とすると、予算制約式は

$$p_x x + p_y y = M$$

で表わされる。また、予算制約式を図で表わしたものを予算制約線という。　　　［森脇祥太］

◇予算制約式

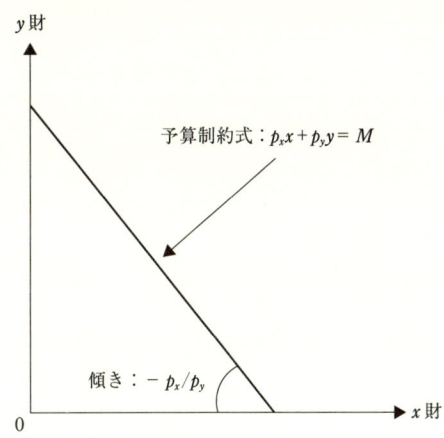

予算制約式：$p_x x + p_y y = M$

傾き：$-p_x/p_y$

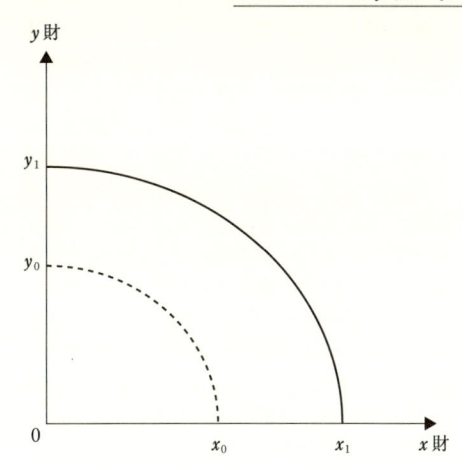

【参考文献】 絵所秀紀『開発の政治経済学』日本評論社, 1997年. ／中西訓嗣, 広瀬憲三, 井川一宏編『国際経済理論』有斐閣, 2003年.

余剰はけ口理論
Vent for Surplus Theory

　余剰はけ口理論とは、国際貿易を通じてそれまで未利用状態にあった資源を有効に活用することが可能となり、経済成長が促進されることをいう。ラ・ミント（Hla Myint）によって提唱された。開発途上国の農村には生産にほとんど貢献しない余剰労働力が大量に存在しており、生産技術の水準も低く社会資本整備も遅れているため、鉱物資源の開発は進まず、農産物の供給も非効率な状態にあると考えられる。外国との間に国際貿易が行われることになると、開発途上国においては、輸出財として鉱物資源や農産物等の一次産品の開発が促進され、資源の有効活用が進む。

　例えば、ブラジルのコーヒーやマレーシアのゴムなどは輸出財として開発され、その後の両国の経済発展に大きく貢献した。図には、国際貿易が行われる以前、資源の利用が非効率な状態の「生産可能性曲線」$x_0 y_0$ が描かれている。国際貿易により、資源の有効活用が促進された結果、$x_0 y_0$ は $x_1 y_1$ へとシフトする。工業化によって輸出を促進し、経済開発を進める「輸出志向工業化」の有効性が多くの開発途上国において確認されている。しかし、潜在的に1次産品開発に可能性のある開発途上国も多く存在しており、それら諸国の経済開発に余剰はけ口理論はなお有効な視点を提供している。　　　　［森脇祥太］

【関連項目】　ラ・ミント、輸出志向工業化

4つの基本原則【中国】
Four Basic Principles

　鄧小平（Dèng Xiǎopíng）が1979年に提唱して以来、今日まで一貫して続いている中国共産党の政治路線である。4つとは、①社会主義の道、②プロレタリア独裁、③共産党の指導、④マルクス・レーニン主義と毛沢東思想を指す。そのうち、3番目の「共産党の指導」が堅持すべきものとして最も強調される。

　4つの基本原則が提唱された背景には、1970年代末における民主化要求の高まりがある。当時、北京などの大都市では、知識人や学生による自由や人権を求める運動（「北京の春」）が活発であった。当初は、毛沢東思想の見直し、さらには毛沢東（Máo Zédōng）の後継者であり、階級闘争を最優先する方針を全く変えようとしない華国鋒（Huà Guófēng）党主席（当時）に対する批判が中心であった。政治的復活を果たした鄧小平を支持する意見もあったことから、こうした運動は弾圧の対象ではなかった。華国鋒派から政治の主導権を奪う過程で、むしろ奨励された面もあった。しかし、鄧小平を初めとする指導者の思惑を越え、共産党による一党独裁への反対、複数政党制の導入などの意見が次第に高まり、運動に対する姿勢は厳し

い取り締りへと転換した。こうした中で示された4つの基本原則は、民主化要求に対して一定の制限を設け、それを越えないよう民衆に求めたものといえる。同時に、経済面では柔軟に対応する一方で、政治面では社会主義の原則に忠実であり続けた鄧小平の考え方を端的に表わしたものともいえよう。

その後、4つの基本原則は、共産党の党規約や1982年制定の憲法にも明記され、党および国家が堅持すべき政治路線として定着した。1987年の中国共産党第13回全国代表大会(13全大会)では「1つの中心、2つの基本点」という新方針が示されたが、4つの基本原則は改革・開放政策の継続と並ぶ「2つの基本点」であり、経済建設という「1つの中心」を支える重要な構成要素として位置付けられた。こうして、4つの基本原則は政治路線としてのみならず、経済の発展を追求する前提条件としても認識されるようになり、今日まで続いている。

ただし、13全大会後の少なくとも数年については、4つの基本原則をめぐり、共産党の指導部内でも意見の相違がみられた。その相違は、「2つの基本点」の内、どちらを重視するのかという点に集約できる。改革派指導者は、4つの基本原則の重要性を否定しなかったものの、改革・開放政策の推進を強調した。他方、改革・開放による弊害を懸念した指導者は、4つの基本原則に力点をおいた。1980年代後半から1990年代前半の中国政治は、こうした意見の相違と両者の力関係の変化で説明可能な部分が多い。例えば、1989年の第2次天安門事件直後のように、政治的引き締めが強まった時期は、後者を重視する勢力が主導権を握り、4つの基本原則が繰り返し強調された。

現在、4つの基本原則については、「共産党の指導」以外の部分での形骸化が進み、あまり注目されていない。しかし、共産党の指導が含まれているため、放棄あるいは見直しには相当の混乱を引き起こすことが予想され、当面はこの原則は維持されるであろう。半面、民主化要求が再び高まった場合、「共産党の指導」をめぐる意見の相違が表面化する可能性は否定できない。いずれにせよ、4つの基本原則、特に「共産党の指導」が継続していくのか否か、今後の動向を注目する必要がある。

〔佐野淳也〕

【関連項目】 改革・開放政策、天安門事件、鄧小平
【参考文献】 鄧小平『鄧小平文選1975~1982』東方書店、1983年./小島朋之『模索する中国』岩波書店、1989年./渡辺利夫、小島朋之、杜進、高原明生『毛沢東、鄧小平そして江沢民』東洋経済新報社、1999年.

4つの近代化【中国】
Four Modernizations

周恩来(Zhōu Ēnlái)が提起した国家発展戦略であり、農業、工業、国防、科学技術の4分野を近代化し、中国経済を先進国の水準にまで引き上げることを狙った考え方である。なお、中国語を厳密に翻訳すれば「4つの現代化」となることから、日本でも「4つの現代化」と表記している文献も少なくない。

1950年代に設定されていた工業大国化に関する目標などを踏まえ、周恩来総理(当時)が4つの近代化を最初に提唱したのは、1964年12月の第3期全国人民代表大会第1回会議であった。しかし、直後に勃発した文化大革命により、この構想は頓挫した。1975年にも周恩来は4つの近代化を再び提唱し、20世紀末までに先進国の水準に到達させるという最終目標も合わせて提示した。しかし、革命の推進を最優先と考える四人組の妨害により、またも目標達成に向けての具体的措置は実施できなかった。

4つの近代化が国家目標として位置付けられたのは、文化大革命の終結が宣言された1977年の中国共産党第11回全国代表大会以降である。やがて4つの近代化は憲法前文にも明記されるようになるが、その際、農業と工業の序列が逆転するとともに、先進国の水準に到達するという部分は削除された。鄧小平(Dèng Xiǎopíng)により3段階の発展戦略が提起され、20世紀末までに小康状態を実現し、21世紀前半までに中進国レベルへの到達を目指すことになった。

中国経済の現状から判断すると、農業以外の3つの分野における近代化は総じて進展したといえよう。半面、民主化運動家が4つの近代化をもじって主張した「5つ目の近代

化」、すなわち政治の民主化は今なお重要な課題として残されている。　　　　　［佐野淳也］

【関連項目】小康社会、鄧小平、文化大革命
【参考文献】小島朋之『模索する中国』岩波書店、1989年。／小島朋之『中国現代史』中央公論新社、1999年。

予防原則
Precautionary Principle

　予防原則は、「健康や環境に対して深刻かつ不可逆的（取り返しがつかない）な潜在的脅威が存在する際に、明確な証拠が得られるのを待たずに、その脅威による被害を減ずるための対策に着手する公共政策の原則」と定義される。

　例えば、1950年代に熊本県水俣湾で水俣病が発生した。当初から、湾岸の工場廃水に含まれる水銀により疾病が引き起こされているとの指摘があった。しかし、学会が因果関係を確定したのは、1963年であった。当初指摘の時点では、人々の健康への潜在的脅威は存在するが、科学的な証拠が存在するわけではない。しかし、証拠が確立した時点で対策に着手したのでは、健康被害は拡大しており、汚染は取り返しがつかない状態になっている。このような悲劇を繰り返さないために、予防原則が登場した。

　予防原則に従って早期に対策に着手すれば、健康への被害を回避できるだけでなく、対策費用も少なくてすむ。例えば、水俣湾全体に広がった汚染を浄化するよりも、工場廃水の浄化処理を行うことの方が安価である。ただし、費用負担者にとって、工場の廃水処理の費用は確実に発生する一方、湾全体の浄化費用にかかわる負担は、因果関係の特定の結果や、自然の浄化作用の程度により変わるので、確実に発生するとは限らない。政策担当者が短期的な出費を嫌い対策を先延ばしにして悲劇的な結果を生まないように、予防原則は、早期の対策着手が結果的に費用対効果に優れていることを強調している。

　予防原則は、1970年代にドイツで森林破壊問題が議論された時から認識されるようになり、1990年代には国際環境条約に明示的に盛り込まれるまで普及した。1992年のリオ環境サミットで採択された「環境と開発に関するリオ宣言」の「原則15」は、「環境を保護するために、予防的アプローチ（Precautionary Approach）は各国の能力に応じて広く適用されなければならない。…完全な科学的確実性の欠如が、環境悪化を防止するための費用対効果の大きな対策を延期する理由とされてはならない」と主張し、表現は若干異なるものの予防原則を踏襲している。「カルタヘナ議定書（2000年）」「ストックホルム条約（2001年）」「モントリオール議定書（1987年）」、「国連気候変動枠組条約（1992年）」などの環境条約にも予防原則が明示されている。　　　　　　　　　　　　　　　　　　　　［渡辺幹彦］

【参考文献】P. Harremoës, D. Gee, M. MacGarvin, A. Stirling, J. Keys, B. Wynne and S.G. Vaz, *The Precautionary Principle in the 20th Century—Late Lessons from Early Warnings*. Sterling : Earthscan, 2002.

4・19革命【韓国】
The April 19th Revolution

　1960年4月19日、韓国で不正・腐敗の反対を訴える学生を中心に反政府運動が起き、李承晩（I Sŭng-man, 1875〜1965）大統領が政権から下野し、自由党政権が崩壊した。学生を中心とした政治民主化運動が4・19革命である。1948年の大韓民国の政府樹立以降、政権を維持してきた李承晩政権は、長期の政権維持とともに不正、腐敗が蔓延し、国民の不満が高まっていた。国民の不満は学生たちの反政府運動を契機に一気に爆発し、全国で数十万人がデモに参加、各地で警察官と衝突し、多数の死傷者を出す流血の惨事となった。

　この革命は政権奪取や特定のイデオロギーの実現を目的にしたものではない。4・19革命発生の社会的な背景をみると、①農村経済破綻により都市に集中した住民の貧困が深刻化したこと、②朝鮮戦争によって北朝鮮からの避難民が増え、脆弱な経済条件下で多くの人々が生活基盤を喪失したこと、③経済不況による失業者の急増など、経済不安による社会的な動揺が大きな要因としてあげられる。さらに、経済的な要因としては、①朝鮮戦争により基幹産業の破壊と回復が後れ、②生活物資の絶対量が不足し、③政経癒着による腐

敗と不正が蔓延し、国家の経済システムが崩壊寸前であった。これらが総合的に作用し、政権に対する国民の不満が噴出したのである。

一方、4・19革命は、韓国の政治発展史において重要な転機をもたらした事件としてその意義は大きい。4・19革命は韓国内の民主意識の発展をもたらし、民主主義の発展のための避けることのできない過程となった。さらに、この革命は公権力の乱用に対する民権の勝利を意味し、主権在民の民主主義の原理を立証した。また、20世紀後半に全世界的に広がったスチューデント・パワーの韓国版としても、その意義は大きい。しかし、その後の政権担当勢力の脆弱性、経済・社会基盤の未熟性により4・19革命は未完の革命として挫折し、国民に民主主義と社会正義実現のための貴重な教訓を与えた。　　　［文　大宇］

【関連項目】　朝鮮戦争、民主化運動
【参考文献】　池明観『韓国民主化への道』岩波新書, 1995年. ／渡辺利夫『韓国経済入門』筑摩書房, 1996年.

ラ

ライセンシング
Licensing

ライセンシング（ライセンス供与）とは、企業が保有している特許使用権の海外販売のことをいう。研究・技術開発を行った企業は、取得した特許権を使用する権利を海外市場で販売することにより利益を獲得することが可能となる。現代のように研究・技術開発に巨額の資金が必要とされる場合、ライセンシングによる費用の回収は企業経営の健全化・安定化にとって重要な役割を果たす。しかし、一方でライセンシング以外にも海外直接投資によって子会社を設立し、その子会社において特許を取得した技術を使用すれば、親会社が研究・技術開発に要した費用を自社内において回収することが可能である。この場合、海外直接投資がライセンシングによる企業の技術力の市場取引を代替することになり、企業内部に自社技術を残すことも可能となる。

また、技術水準が先進諸国と比較して低いと考えられる開発途上国の企業は、ライセンシングによって技術導入を図り、生産性を高めることが可能となる。日本経済は、1950年代後半から1970年代前半にかけての高度経済成長期に開発途上国型の経済構造から先進国型へと局面移行を遂げた。局面移行を達成することを可能とした数多くの要因の中でも、日本企業による西欧先進各国からのライセンシングを通じた技術導入は、きわめて重要な役割を果たした。日本は第2次世界大戦によって西欧先進諸国からの技術導入が途絶することとなり、それらの諸国と比べて技術力が遅れた。しかし、高度経済成長期に行われた活発な技術導入によって技術力の遅れを回復し、西欧諸国の技術水準へとキャッチアップすることができた。鉄鋼業、機械工業、石油化学、電力産業、などの多くの産業で海外からの技術導入が行われ、高度経済成長を牽引したのである。　　　　　　　　［森脇祥太］

【関連項目】 海外直接投資
【参考文献】 中村隆英『日本経済その成長と構造（第3版）』東京大学出版会，1993年．／田中拓男『国際貿易と直接投資—国際ミクロ経済のモデルと検証』有斐閣，1995年．

ライベンシュタイン・モデル
Leibenstein's Model

　人口転換論が一貫した理論的枠組みを欠き，特に出生の推移を分析できていないことを批判したライベンシュタイン（Harvey Leibenstein, 1922〜94）は，独自の出生力理論を明らかにした。その基本的な論点は，出産行動が合理的な意志決定にもとづいて行われ，夫婦が望ましい子供の数を決定する場合に追加的な子供から得られる効用と不効用を均衡させる，という仮定である。つまり夫婦がさらにもう1人子供を生むと決定するのは，付加される子供の限界効用が限界不効用を上回っている場合であり，下回っている場合には追加的な子供の出産はあきらめる。追加的な子供をもつことによって得られる効用は，第1には，人間として生まれ育ち，本能的に子供をもちたいという感性を満足させる効用であり，子供を消費財とみなしてその消費によって満たされる満足ということになる。第2は，子供が稼ぐ所得や労働（家事など）により満たされる効用であり，子供を生産手段とみなしてその生産活動から得られる効用である。第3は，保障の源泉としての効用であり，親が自分の老後を子供に託すことを期待して得られる満足である。子供をもつことによる不効用は，子供を育てる直接費用と間接費用から生じる。直接費用は子供を育てるに際して必要となる養育，教育などのすべての費用である。間接費用は母親が出産や育児のために職を放棄することによる機会費用，子供が教育を受けることによって子供から得られる所得を失うことである。

　図は縦軸に効用と不効用の大きさ，横軸に1人当たり所得水準（親の所得）を示している。消費効用と同じく子供をもつことによって得られる効用にも限界効用逓減の法則が適用され，子供の数が多くなれば追加的な子供によって得られる効用は小さくなる。図のn番目の子供の効用曲線U_nが$n-1$番目の子供の効用曲線U_{n-1}の下位にあるのはこのことを示している。不効用（D）は逆であり，子供の数が少ないほど不効用は小さく，したがってn番目よりも$n-1$番目の子供の不効用曲線が下位にある。また効用曲線が右下がりであるのは，所得水準の上昇に伴って子供から得られる効用が低下することを示す。子

◇所得水準と子供の効用・不効用

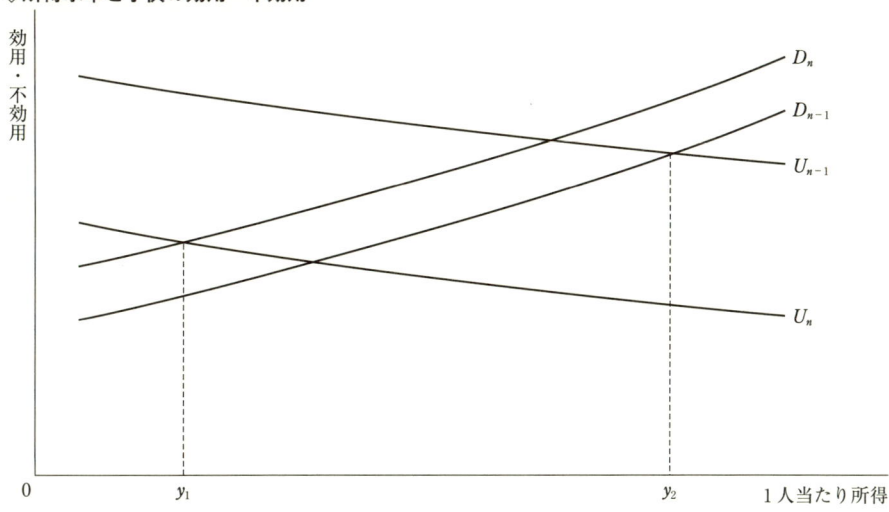

（資料）　H. Leibenstein, "An Interpretation of the Economic Theory of Fertility," *Journal of Economic Literature*. Vol. 12, No. 2, June 1974.

供をもつことにより本能的に満足できる効用は一般的には所得と関係しないが、経済発展による社会変化は子供をもつことの意識を確実に変化させる。第2の子供の稼ぎや労働を期待する状況も、開発途上国の農村や都市で多くみられるが、経済発展に伴って親の所得が上昇し、子供の労働に期待する度合いは小さくなる。第3の効用も、所得水準の上昇からは親が蓄えによって老後の準備ができ、また経済発展に伴い社会保障制度が充実するために小さくなる。それゆえ所得が上昇するほど子供から得られる効用は逓減する。

また不効用曲線が右上がりであるのは、所得が増加するに伴って子供をもつことによる不効用が大きくなることを示している。経済発展に伴って高等教育を受けた人材の雇用が増加し、親は子供に教育機会を与えなければならなくなり、子供が長期に教育を受けることによる直接費用も大きくなる。また経済発展とともに労働市場が逼迫し、女性の教育機会の拡大に伴って女性の就業機会が拡大する。したがって女性が就業をあきらめることによって生ずる機会費用は大きくなり、間接費用の増加のゆえに子供の数を減らしさらに子供をもたないという選択がされるようにもなる。

図の1人当たり所得水準が y_1 以下の場合、効用 U_n が不効用 D_{n-1} を上回っているので親は n 番目の子供をもつことになる。所得が y_1 の水準から上昇すると n 番目の子供は効用よりも不効用が大きくなるので、親は n 番目の子供をもつことはない。所得が y_1 を超えても y_2 までは $n-1$ 番目の子供は効用が不効用を上回っているので、$n-1$ 番目の子供はもつことになる。さらに所得が上昇するに伴って、追加的に出産する子供は $n-2$、$n-3$ のように少なくなる。したがって経済発展に伴って所得水準が上昇し、平均的な家計の子供の数は減少する。人口転換における出生率低下はこうした出生に関する効用と不効用の変化から生じ、所得変化は経済発展の成果によりもたらされる。これが社会的規範を緩め、個々人の出生に対する考えを変えていく過程は期間を要することから、出生率低下は死亡率低下よりも遅れるとみなすことができる。

ライベンシュタインの出生力に関するモデルは長期的な発展（所得水準変化）を視野に入れており、先進国だけでなく開発途上国の人口動態を考える上で大いに参考になるが、しかし1950年代の経済学者はこのモデルにあまり注意を払わなかった。それはモデルとして精緻化されていなかったからである。1960年代以降、ベッカー（Gary Stanley Becker）に代表されるミクロ経済理論の援用から多くの出生力に関する分析が発表された。しかしモデルの精緻化は出生力の分析を発展させたが、経済発展に伴って長期に変化する人口動態を分析する力を失わせることになった。

[梶原弘和]

【関連項目】 イースタリン・モデル、ベッカー・モデル、経済人口学

【参考文献】 大淵寛、森岡仁『経済人口学』新評論, 1981年. ／石南國『人口論―歴史・理論・統計・政策』創成社, 1993年. ／梶原弘和, 武田晋一, 孟建軍『経済発展と人口動態』（東アジア長期経済統計シリーズ第2巻）勁草書房, 2000年.

ラウレル＝ラングレイ協定【フィリピン】
Laurel-Langley Agreement

米比通商協定（いわゆるベル通商法）により米国経済への依存を強いられてきたフィリピンであったが、次第に米国一辺倒の貿易構造を是正し、関税や輸入制限などに関する自主権を得たいという要望が強くなった。その背景には、市場保護による工業化の促進によりフィリピン経済の発展をもたらしたいものの、米国のフィリピンでの自由な経済活動がこれの障害になっているという考えがあった。両国の交渉の結果1954年12月に米比通商協定は改定され、ラウレル＝ラングレイ協定として1956年1月1日より発効した。

新協定によりフィリピンは、米国からの輸入に対して一般関税率の25％を新たに賦課し、今後その率を順次引き上げ、1974年までに米国の輸入も他国と同等にする。また米比は特恵関税を漸次廃止することを規定するとともに、フィリピンは関税および特定輸入税の賦課、フィリピンの対米輸出品の輸入割り当ての緩和、国内産業保護のための輸入規制、ペソのドル交換比率の自主権、などを獲

得した。

　新協定によりフィリピンの市場保護による工業化は促進されたが、しかし国内市場に依存した工業化であり、1980年代初期まで続けられた。これがフィリピン経済に過大な負担となって、同国経済をその後も低成長たらしめた要因であった。米国一辺倒の是正が自主的発展の道を開いたが、これが発展に結び付かなかった。なおラウレル＝ラングレイ協定は1974年に失効し、この時点でパリティー条項（米国人だけに内国民待遇権を与える）も失効した。多くのフィリピン人はパリティー条項を不当な米国の要求と考えてきたのであり、同条項の失効は歓迎された。　　［梶原弘和］

【関連項目】　米比通商協定／ベル通商法、ファミリー・ビジネス
【参考文献】　Renato Constantino, *The Making of A Filipino*, Manila Books, 1969.／梶原弘和『アジア発展の構図』東洋経済新報社, 1999年.／アジア経済研究所編『アジア動向年報』アジア経済研究所, 各年版.

ラスパイレス価格指数
Laspeyres Price Index

　ドイツの統計学者・経済学者ラスパイレス（Étienne Laspeyres, 1834～1913）が発案した価格指数であり、日本の政府統計（消費者物価指数、卸売物価指数など）でも広く用いられている。価格を p、数量を q とすると、

$$\text{ラスパイレス価格指数} = \frac{\sum p_1 q_0}{\sum p_0 q_0}$$

と表わされる。この式は0時点を基準としており、基準時の数量 q_0 が比較時（1時点）においても変化しないことを仮定している。このため、基準時に比べて数量が多くなっている財を過小評価し、逆に数量が少なくなっている財を過大評価する危険性がある。

［白砂堤津耶］

【関連項目】　パーシェ価格指数

ラティフンディオ【中南米】
Latifundio

　ラテンアメリカに広範にみられる農地の大土地所有。土地所有形態には他に先住民の農村共同体（コムニダ・インディヘナ）の総有、農地改革によって創設された共同所有（エヒード）、零細土地所有（ミニフンディオ）、中規模農業所有があるが、ラテンアメリカに特徴的なのはラティフンディオである。ラティフンディオは植民地支配にその起源があり、奴隷、賦役などを生産基盤としたが、19世紀における奴隷制の廃止、輸出向け農業の発展の中で、徐々に資本主義的農業へと転化し、同時に賃労働が一般化した。大土地所有制はラテンアメリカの不公正な分配、社会格差の要因の一つとなった。

　ラティフンディオは、現実には先住民社会の有無と土地占拠のあり方、加えて植民地支配と農業のあり方によって多様な形をとっている。すなわち先住民が絶滅したカリブ海、先住民が希薄なブラジルでは黒人奴隷が導入され、サトウキビなどを栽培する大農場（アシエンダ。ブラジルではファゼンダ）が生まれた。これに対してスペイン、ポルトガルなどの植民地支配以前に先住民社会が存在したメキシコ、中米、アンデス地域などでは、先住民の賦役労働を基礎とし穀物生産などを行う大農場が生まれた。他方で先住民による共同所有が存続したが、19世紀初めの独立以降土地の私的所有が進み、一部が大土地所有に吸収された。最後に、人口が希薄なアルゼンチンのパンパでは、ガウチョ（牧童）を使って粗放的な牧畜を行う大農場が成立した。

　ラテンアメリカではいくつかの国で大土地所有制を改める試みがなされたが、社会主義のキューバなどを除いてほとんど進展しなかった。メキシコでは革命後の1915年の土地法、1917年の憲法によって、ラティフンディオの解体、ミニフンディオの保護、エヒードの創設が規定され、1930年代のカルデナス（Lázaro Cárdenas del Río）政権下で実際に土地再分配、エヒードの創設がなされたが、1940年代以降は農業生産の増大に重点が移され、さらに1992年の憲法改正以降はエヒードの土地の私的所有が認められ、農地改革は中断された。ラテンアメリカでは農地、相続などの財産税がほとんどなく、このことも不平等な土地所有の要因となっている。　［小池洋一］

【関連項目】　ミニフンディオ
【参考文献】　西川大二郎編『ラテンアメリカの農業構造』アジア経済研究所, 1974年.／石井章編『ラテンアメリカの土地制度と農業構造』アジア経済研究所, 1983年.

ラテンアメリカ経済機構
Sistema Económico Latinoamericano : SELA, Latin American Economic System

　ラテンアメリカ、カリブ諸国の経済・社会の発展を目的に、1976年に設立された地域経済機構である。社会開発のための域内協力の推進、多国間協同企業の設立、国際問題に関する対先進国共通政策の策定などに取り組んできた。加盟国はブラジル、アルゼンチン、メキシコを初めとする域内28カ国で、社会主義国であるキューバも含まれる。米国やカナダが加盟国しているOAS（米州機構）などの他のラテンアメリカの地域機構とは異なり、SELAは域内諸国だけで構成される政府間組織であり、共通の問題について協議を行う。本部は、ベネズエラの首都カラカスに設置されている。

　各加盟国の代表で構成されるラテンアメリカ理事会（The Latin American Council）が主要な意思決定機関であり、年に1回開催される。理事会では、SELAとしての方針の決定、特定の問題についての宣言の取りまとめなどを行う。行動委員会（Action Committees）は、複数の加盟国が関心を示す特定の分野について、協力プログラムを推進する。活動が継続している常設の委員会として、RITLA（ラテンアメリカ技術情報ネットワーク）とOLDEPESCA（ラテンアメリカ漁業開発機構）がある。

　1980年代に累積債務問題が深刻化した際に、ラテンアメリカ首脳会談が1984年にエクアドルの首都キトで開催され、CEPALとSELAの共同提案を受けた「キト宣言」が採択された。これは、累積債務問題に関する債務国側の基本的な姿勢を示すものであり、①債務国側、債権国側の双方に責任があること、②債務問題と貿易問題が密接に関連しているために先進国の保護貿易主義を撤廃すべきこと、③開発のための資金を確保する必要があることなどが主張された。　　　［高安健一］

【関連項目】国連ラテンアメリカ・カリブ経済委員会
【参考文献】浜口伸明編『ラテンアメリカの国際化と地域統合』アジア経済研究所, 1998年.

ラ・ミント
Hla Myint, 1920～

　ビルマ（ミャンマー）生まれの経済学者。厚生経済学、および開発経済学を分析の基礎として、開発途上国の経済開発問題に積極的に関与した。ミントは、「古典派および新古典派的アプローチ」の理論的立場をとる。外国貿易をはじめとするさまざまな経済活動は、適切な経済政策運営を行うことができるならば、市場機能に委ねた方が、経済発展に大きな貢献をもたらすとする見解をとる。開発途上諸国関連の研究で有名な概念は、「余剰はけ口論（Vent for Surplus Theory）」である。これは、土地や労働などの低い利用状態にある資源を動員して、輸出可能な1次産品を生産して輸出するというものである。国内需要が存在するか否かにかかわらず、外国向け1次産品を生産して輸出を行うことが、開発途上国の経済発展に寄与するという考え方である。

　また、これに関連して、「輸出代替」政策という概念を提示している。これは、国内に比較的豊富に賦存する天然資源に加工を施し、これを工業製品に仕立て上げて輸出するというものである。ミントは、これらの概念を駆使して、開発途上国の経済発展における貿易の役割を重要視した。貿易に門戸を開くことによって、初めて海外需要が発生し輸出が可能になると把握していた。また、海外直接投資を受け入れる際に、保護貿易を行うか自由貿易を行うかによって、開発途上国の経済発展に異なった影響が及ぶことを指摘した。保護貿易の場合には、直接投資は保護市場での販売を目的として行われる。それに対して、自由貿易下では、輸出を目的としているため、先進国の技術や資本の導入が促進され、輸出市場開拓の障害からも免れる。また、先進国の貿易障壁からも逃れられるなどの、メリットがあるという。これらの主張は、1974年の国連総会でうたわれた、「新国際経済秩序（NIEO）」により、開発途上国がますます保護主義的な動きを強めていた時期だけに、開発途上国にとっては奇異に感じられた。しかし、アジアNIES諸国の輸出志向型戦略の成果にも裏打ちされる形で、その

後大きな注目を集めた。 ［德原 悟］

【関連項目】 余剰はけ口理論、輸入代替工業化、輸出志向工業化

【参考文献】 ラ・ミント（渡辺利夫、小島眞、高梨和紘、高橋宏訳）『低開発国の経済理論』東洋経済新報社、1973年。／ラ・ミント（木村修三、渡辺利夫訳）『開発途上国の経済学』東洋経済新報社、1981年。

ラモス、フィデル・ヴァルデス【フィリピン】
Fidel Valdez Ramos, 1928～

フィリピン共和国第12代大統領（在任1992～98年）。父はフィリピン外相を務めたナルシソ・ラモス（Narciso Ramos）。1950年にフィリピン国軍に入った。マルコス（Ferdinand Edralin Marcos）政権下で、軍・警察関連の要職を歴任した。1986年のエドサ革命ではアキノ（Maria Corazon Aquino）を支持して、新政権の樹立に貢献した。アキノ政権下では国防相を務め、不安定な政権の維持に尽力した。1992年6月、アキノ大統領の後継指名を受け、フィリピン初の多党下での大統領選に勝利して大統領に就任した。

ラモス政権の課題は、前政権が十分に果たせなかった政治的安定と経済成長の達成であった。政策目標として、①治安の回復と政治的安定、②持続的な経済成長、③エネルギー・電力の確保、④官僚組織の合理化などを掲げた。治安面では、1995年に国軍内部の反政府組織である国軍改革運動（RAM）と和解したのを初め、1996年にはイスラム勢力のモロ民族解放戦線（MNLF）と和平協定を締結するなどの成果をあげた。

経済政策に関しては、外資誘致を重視し、停電対策や政情・治安の安定を最優先課題とした。また、投資環境整備のための自由化・規制緩和に積極的に取り組んだ。具体策として、金融面では外国為替取引の自由化、新中央銀行の設立、外銀参入の認可などを、貿易・投資関連では外国投資法の改正、関税改革プログラムなどを実施した。これらの措置を受けて、1993年以降、海外からの直接投資が輸出加工区を中心に急増するとともに、エレクトロニクス関連の輸出が急増して経済成長を牽引した。フィリピンは1994～97年の4年間にわたり、4％以上の実質GDP成長率

を達成した。1995年に行われた中間選挙では、経済面の着実な成果が与党の大勝利に貢献した。ラモスは、1998年に大統領を退任した後も絶大な政治力を維持しており、アロヨ（Gloria Macapagal Arroyo）政権の樹立にあたっても重要な役割を果たした。［清水 聡］

【関連項目】 マルコス、アキノ、民衆革命

【参考文献】 片山裕「ラモスは何を変えたか」五百旗頭真編『「アジア型リーダーシップ」と国家形成』TBSブリタニカ、1998年。／渡辺利夫編『アジア経済読本（第3版）』東洋経済新報社、2003年。

リ

リアル・ビジネス・サイクル理論
Real Business Cycle Theory

リアル・ビジネス・サイクル理論（実物的景気循環理論）とは、実物的な技術ショックを景気循環の主要因とする理論であり、プレスコット（Edward C. Prescott）、プロッサー（Charles I. Plosser）、キング（Robert G. King）らによって提唱された。この場合の技術ショックは、TFPによって表わされ、一時的もしくは恒久的なTFPの変動が景気循環の主要因となる。リアル・ビジネス・サイクル理論は、景気循環の各時点において、企業や家計といった経済主体の動学的な最適条件が満足されることを想定しており、新古典派的な景気循環理論であるといえよう。また、リアル・ビジネス・サイクル理論は、景気循環を技術ショックのような供給側の要因から考察した点でも、経済変動をマネーサプライや物価水準といった需要側の要因から考えるケインズ経済学とは異なる。 ［森脇祥太］

【関連項目】 景気循環、TFP、ケインズ経済学

リカードの罠
Ricardian Trap

ある国で近代的産業である商工業が発展しても、その国に存在する農地面積がそれぞれ一定であれば、収穫逓減法則によって食料品価格が上昇する。リカードの罠とは、そのような食料品価格の上昇によって労働者の賃金が上昇して、労働コストが高まることになる

ため、資本家の利潤が圧迫されて長期的に商工業の発展が低い水準にとどまることをいう。当初、一国の商工業の賃金が、労働者の生存を最低限保障するような低い水準にあるとすれば、商工業を経営する資本家の利潤も高まり、その利潤によって旺盛な資本蓄積が行われるであろう。資本蓄積が活発になされれば、商工業に従事する労働力に対する需要も増大する。人口の大きさが短期的には変化しないことを考慮すれば、労働供給は短期的に一定であると考えられよう。そのため、労働需要の増加によって、商工業の賃金は生存維持的な水準から一時的に上昇することになる。

賃金の上昇によって、社会的に扶養されねばならない人口規模が拡大するし、労働供給も長期的に増加する。その結果、賃金は元の生存維持的な水準に低下する。「マルサス法則」のために、一時的に上昇した賃金も当初の水準に戻ってしまうことになるのである。

資本家は、旺盛な資本蓄積を行って雇用を増やし、商工業の生産を増加させると同時に、低賃金の労働力を使用することによって、労働のコストを抑制することが可能となる。そのため、資本家の利潤は拡大して、さらなる資本蓄積を行うことも可能となるであろう。資本家が、労働力を、その生存を最低限維持するような低い水準の賃金で、無制限に使用することが可能となるために、長期的に商工業の発展が維持されることになるのである。

しかし、上記のようなメカニズムは、農業部門を支配する収穫逓減法則によって機能しないことになる。ある国の農地がそれぞれ、一定の面積であるとしよう。それら農地の生産性が土地の肥沃度によって異なっていると仮定しよう。商工業において資本蓄積が進行すると、労働需要が増加して長期的に人口も増加し、食料需要も増加する。当初、食料生産が最も生産性の高い農地で行われている時点においては、食料需要が増加しても、食料価格は上昇しない。しかし、食料需要がより一層増加して、そのような生産性の高い土地の生産能力を超えた場合には、食料生産はより生産性の低い土地において行う必要が生じる。その場合、生産性の高い土地と比較して食料生産を行うのにかかる費用が増加するため、食料需要の増加によって食料価格は上昇することになろう。

食料価格の上昇によって、商工業で雇用される労働者は、従来通りの賃金の水準では、その生存を維持することが不可能となるため、賃金は上昇する。生存維持水準の賃金の上昇は、労働コストの上昇を意味しており、資本家の利潤を圧迫することから、資本蓄積は抑制されざるをえない。結局、食料需要の増加によって、食料生産がより生産性の低い農地で行われるようになれば、食料価格は上昇し、資本蓄積は抑制され、商工業の発展は長期的に停滞することになろう。この場合、労働者の所得は生存維持水準にあり、資本家の利潤は減少しているが、地主の所得は、「差額地代」の発生によって逆に増加することになる。

［森脇祥太］

【関連項目】リカード・モデル、マルサス・モデル、収穫逓減の法則、最低生存賃金
【参考文献】速水佑次郎『新版 開発経済学―諸国民の富と貧困』創文社, 2000年。

リカード・モデル
Ricardo Model

リカード・モデルは、主著の『経済学及び課税の原理』(On the Principles of Political Economy, and Taxation)において展開された経済発展メカニズムを説明する理論的枠組みであり、経済発展における資本蓄積の役割の重要性を指摘する。リカード・モデルにおいては、資本蓄積が進行してもやがて経済は、自然資源の制約によって停滞し、「定常経済」の状態に陥るとされる。そのモデルを説明するためにリカード(David Ricardo)は、①投下労働価値説、②差額地代論、③賃金生存費説、④収穫逓減法則、の4つの概念を使用した。投下労働価値説は、財の均衡価格は生産のために費やした労働量に比例するという考え方である。三土修平によると、投下労働価値説は、産業の長期均衡において利潤率が投下された資本に比例的になることを考慮した場合、成立しないという。しかし、リカード自身も投下労働価値説が完璧ではないと承知しており、「修正を含んだ投下労働

価値説がその時代に期待しうる最良の価値論であった」と評価されている。

リカードの差額地代論は、ある国の土地の生産性には格差が存在することを前提条件としている。ある国に、面積が等しいが生産性が異なるいくつかの土地が存在するとしよう。その国では当初は最も生産性の高い土地に労働力と資本を集中して投入する。経済発展とともに食料需要が増加しこれに対処するために、労働力と資本をより生産性の低い土地へと投入する必要が生じる。この場合、競争的な環境においては生産性の高い土地は希少資源となり、生産性の低い土地との間の限界生産力の格差が地代となって農業資本家から地主へと支払われる。これが「差額地代」である。生産性の高い土地を保有する地主は、生産性の低い土地との間の限界生産力の差額を地代として獲得する。土地の生産性格差が最も低く、それ以上土地の拡大は望めないような土地の地代はゼロである。

賃金生存費説とは、労働者の賃金が、その生存維持に必要な最低限の消費財購入の可能な水準で決定されることをいう。リカードはマルサス（Thomas Robert Malthus）の人口法則の影響を強く受けて賃金の生存費説を展開した。実質賃金率が生存維持水準の賃金を上回る時、人々の生活水準も豊かとなって人口増加が生じる。しかし、人口増加は労働供給を増加させるために、労働市場は超過供給の状態となって実質賃金率は低下する。人々の生活水準も低下し、人口増加が抑制されて結果的に当初の水準の賃金率で均衡する。逆に、実質賃金率が生存維持水準の賃金を下回ると、労働者はその生存を維持することが不可能となって人口は減少する。その結果、労働市場は超過需要の状態となって実質賃金は上昇し、当初の水準の賃金率を回復する。

最後に収穫逓減法則であるが、リカード・モデルにおいては特に土地の収穫逓減が注目されている。経済発展によって、食料生産のために生産性の低い土地を利用する必要が生じる。土地の利用が増加した時、その増加によって得られる生産力の増加分は徐々に小さくなるために、土地の限界生産力は逓減する

と考えられたのである。　　　　［森脇祥太］

【関連項目】 限界生産力
【参考文献】 西川潤『経済発展の理論（第2版）』日本評論社、1978年．／三土修平『経済学史』新世社、1993年．／根井雅弘『経済学の歴史』筑摩書房、1998年．

リー・クアンユー【シンガポール】
Lee Kuan Yew, 1923〜

1959〜91年の31年間、シンガポール首相を務め、退任後も上級相（1991年〜現在）として閣内にとどまるシンガポールの代表的政治家。1923年9月、華人4世としてシンガポールに生まれ、小学校から英語教育学校で学び、1950年に英国ケンブリッジ大学法学部を優秀な成績で卒業。帰国後、弁護士事務所で働くが、英国留学中に政治に目覚めて反英独立運動に参加する。1954年10月、英国留学仲間、それに華語教育の共産系グループと一緒に人民行動党（People's Action Party）を結成し、書記長となる。

1959年総選挙で人民行動党は、華人大衆の力を背景に国会51議席中43議席を獲得して政権を握り、リー・クアンユーが首相に就任する。しかし、政権掌握直後に政治イデオロギーや社会志向がまったく違う英語教育グループと共産系グループの主導権争いが表面化する。数の上でリー・グループは劣勢だったが、政権の立場を利用した容赦ない弾圧と巧妙な政治運営で共産系グループを押さえ込み、1963年に政権基盤を万全なものにして、人民行動党の一党支配体制をつくり上げた。

就任当初、リー政権の課題は2つあった。1つが、英国からの独立とマレーシア併合問題である。1963年9月、歴史的・地理的に緊密なマレーシアの一州になり植民地からの独立を果たす。しかし、マレーシア中央政府とシンガポール州政府との間で、経済政策、政治体制、そして種族問題をめぐる対立が発生、わずか2年後の1965年8月9日、マレーシアから追放されて「独立国家」となった。後年リーは、首相在任中の最大の失政は、マレーシア併合に失敗したことであると述懐している。

もう1つが、経済開発である。リーは、経済開発では目覚ましい成果をあげた。シンガポールの工業化は、政府主導の下、日本や米

国など外資系企業の投資と輸出に依存する方式がとられ、開発戦略は1959〜65年が「輸入代替型」、1965〜88年が「輸出志向型」が採用されている。経済開発には、国内の政治安定と外国投資が不可欠だったが、リーが国内政治社会の安定創出と国民管理、ゴー・ケンスィー（Goh Keng Swee）が開発戦略と外資系企業誘致、という政治と経済の「分担体制」がとられた。この「二人三脚」で1970年代後半にシンガポール経済はテイクオフを遂げ、NIESの一員となった。

　1990年11月、リーはゴー・チョクトン（Goh Chok Tong）に首相を譲ったが、新設の上級相に就任して内閣にとどまり、第2世代指導者の国家運営を見守る体制をつくった。しかし、内政にはさほど関与せず、国際会議で世界の政治経済について発言するなど言論活動に力を注いでいる。1994年にはベトナム政府から経済開発顧問就任を要請されたが断った。一部国民の間には、リーの厳格で権威主義的な統治スタイルに対する批判もあるが、国家建設の功労者として広く尊敬されている。家族も政治的・社会的な要職に就いている。クワ・ギョクチュー（Kwa Geok Choo）夫人もケンブリッジ大学卒業の弁護士で、1955年にリー、夫人、リーの弟の3人で「リー＆リー法律事務所」を設立、現在はシンガポール最大の法律事務所に発展した。長男リー・シェンロン（Lee Hsien Loong）は副首相兼蔵相で、2004年にはゴー首相の後任首相就任が確実視されている。長男夫人ホー・チン（Ho Ching）は、有力政府系企業のテマセク持株社社長。次男リー・シェンヤン（Lee Hsien Yang）は、最大の政府系企業シンガポール・テレコム社会長。

〔岩崎育夫〕

【関連項目】　人民行動党、ゴー・ケンスィー
【参考文献】　リー・クアンユー（黄彬華, 呉俊剛編集, 田中恭子訳）『シンガポールの政治哲学―リー・クアンユー首相演説集　上・下』井村文化事業社, 1988年. ／岩崎育夫『リー・クアンユー』岩波書店, 1996年. ／リー・クアンユー（小林利寿訳）『リー・クアンユー回顧録―ザ・シンガポール・ストーリー　上・下』日本経済新聞社, 2000年.

リージョナリゼーション【シンガポール】
Regionalization

　シンガポールは、資金力や技術力に優れた外国企業を国内に誘致し国民労働者との組み合わせで生産を行い輸出するという発展パターンをとった。シンガポールはこれにより1970年代に成長を遂げた。しかし、労働力など生産要素が絶対的に不足したため、1980年代になると政府はグローバリゼーション（Globalization）戦略を打ち出し、シンガポール企業の世界投資を奨励した。1980年代後半に中国を先頭にアジア諸国が目覚ましい成長を遂げると、アジア新興市場に集中的投資を行い、シンガポールの新たな成長源とする戦略を打ち出した。これがリージョナリゼーション戦略である。

　同戦略は、「GDP（国内総生産）からGNP（国民総生産）へ」というスローガンで説明されたが、成長源を国内市場から海外市場へと拡大する政策目的をよく示している。1994年には「海外投資促進委員会」が設置され、政府が先頭に立って中国、ベトナム、フィリピン、インドなどアジア新興市場への民間企業投資誘導が始まった。アジア投資は、民間企業単独もあるが、大規模投資の大半が政府と民間企業の「官民一体方式」で行われている。その代表的投資として、先駆的な1980年代末の「成長の三角地帯」、1990年代の中国の「蘇州工業団地」、ベトナムの工業団地開発、インドの「バンガロールハイテク工業団地」などがある。

　注目されるのは、アジア投資を誘導する際、政府が中国投資は華人資本、インド投資はインド資本と組んで行うなど、国内の種族要因を巧みに使い分けたことである。ただ、リージョナリゼーションは鳴り物入りで始まったが、2001年に蘇州工業団地投資が挫折するなど、必ずしもすべてが政府の期待通りには進んでいないのが実情である。　　〔岩崎育夫〕

【関連項目】　蘇州工業団地、成長の三角地帯

リスク・シェアリング
Risk-sharing

　リスク・シェアリングとは、経済的変動に伴うリスク（危険）を回避するために各経済

主体間で採用されているさまざまな方法のことをいう。特に開発経済学においては、リスクに直面する程度が強い農村におけるリスク・シェアリングについての研究が進められている。信用市場や保険市場が完備していない開発途上国の農村においては、貧しい農家は天候悪化や急激な経済的変動によって、飢餓状態にさえさらされるようなリスクが存在する。そのため、各農家間において所得や収穫物をある一定の配分でシェアするようなリスク・シェアリングがなされることが知られており、そのパターンは共有地の共同使用や、非公式の共同保険、非公式の信用取り引きなど、多様な形態をとっている。リスク・シェアリングは農村内部のみならず、農村間、地域間といった広範囲にも及ぶ。

[森脇祥太]

【関連項目】 リスク／不確実性
【参考文献】 黒崎卓『開発のミクロ経済学―理論と応用』岩波書店、2001年.

リスク／不確実性
Risk, Uncertainties

リスク（危険）と不確実性とは、不確実性の経済理論においては同じ意味として扱われており、将来の結果を事前に予測することができないことをいう。不確実性の下で個人が期待効用を最大化するように行動することを期待効用仮説といい、フォン・ノイマン（John Ludwig von Neumann）とモルゲンシュテルン（Oskar Morgenstern）によって理論化された。期待効用とは、効用の期待値を合計したものである。期待効用EUは、確率p_1で効用U_1、確率p_2で効用U_2が得られる時、以下のように表わすことができる。

$$EU = p_1 U_1 + p_2 U_2$$

また、不確実性の経済理論においては、リスクに対する行動によって個人が区別される。すなわち、所得の期待値が等しい時、①不確実性よりも確実性（リスクが小）を好む個人のことを危険回避者、②確実性よりも不確実性（リスクが大）を好む個人のことを危険愛好者、③確実性と不確実性が無差別（リスクに無関心）である個人のことを危険中立者、と区別することが可能である。開発途上国においては、生産面ならびに雇用面において1次産業中心の産業構造が形成されており、農業に依存している国が数多く存在する。開発途上国の農業生産は技術水準が未熟であるために天候要因に大きく左右され、個々の農家は生産量や価格の急激な変動といった不確実性に直面している。特に影響が深刻なのは、不確実性に対処する経済力をもたない農村部に広範に存在する貧困層である。農産品を原材料として使用したり、農民へ日常的なサービスを提供したりする他の産業においても、農業生産の不確実性の影響は無視し得ない大きさとなろう。リスクと不確実性への対処法を理論的、実証的に考察することが、開発途上国の発展にとって重要な問題となる。

[森脇祥太]

【参考文献】 黒崎卓『開発のミクロ経済学―理論と応用』岩波書店、2001年.

リスト、ゲオルグ・フリードリッヒ
Georg Friedrich List, 1789～1846

ドイツ歴史学派の先駆者として知られる。後発国ドイツの立場を代弁して、古典派経済学が主張する「自由貿易論」に批判を加えた。それが、いわゆる「幼稚産業保護」論と呼ばれるものである。リストは、自由貿易からの利益を享受できるのは、それに参加する国々の経済発展段階がほぼ同レベルにある国同士の間だと考える。開発途上国の工業化は先進国から大きな遅れをとっている。工業化を進めるにも、自由貿易体制の下では、先発工業国の安価な商品に国内市場は席捲されてしまう。首尾よく工業化を実現しても、幼稚産業の競争力は乏しく世界市場で先進国の工業に太刀打ちできない。

後発国の立場を保護できる唯一の手段が関税など各種の保護措置である。保護措置があって初めて後発国は工業生産力を高めることができる。その結果として、後発国と先発国が対等な立場をもつことが可能となる。リストは、後発国の国家的な生産諸力の向上とその統合にも目を向けた。財貨を生産する生産者の力だけでなく、精神的な生産力にも注目した。例えば、教育による知識の向上は次世代の生産力を高め、医者は病人の生産力の回

復に役立ち、公務員は円滑な社会秩序の構築に資することで、物質的な生産力の向上に寄与するとした。

リストは経済発展において農業と工業の関係にも着目し、両部門の調和的発展が不可欠であることを指摘した。農業が十分な食糧、原料および労働者を提供してこそ、工業化を実現できる。工業部門の成果を取り入れて農業の近代化を促進することで、国民的生産力を強化できると考えた。リストは、原始未開→牧畜→農業→農業・工業→農業・工業・商業の5段階からなる経済発展史観をもつ。特に、工業、商業が登場する段階には国家の保護的な介入が欠かせないとする。リストは、国家介入による保護を利用しながら、国民経済の生産力の調和的発展を重要視した。その際、物的生産者のみならず、精神的生産者の生産力向上への貢献を強調していることが、その特徴である。　　　　　　　　　〔德原　悟〕

【関連項目】　古典派経済学、経済成長／経済発展
【参考文献】　フリードリッヒ・リスト（小林昇訳）『経済学の国民的体系』岩波書店、1970年.／伊藤誠編『経済学史』有斐閣、1996年.

李登輝【台湾】
Lǐ Dēnghuī, 1923～

台湾の政治家。台湾の日本統治時代に教育を受け、京都大学に入学するが、学徒動員で日本陸軍に加わり終戦を迎える。戦後、台湾に戻り、台湾大学に学んだ。その後米国のコーネル大学に留学し、農業経済学博士課程を修了した。1971年にはその能力を認められ、国民党政権の農業担当の閣僚に就任した。当時の蔣経国（Jiǎng Jīngguó）総統の信頼が厚く、1984年には副総統に抜擢された。1988年1月、蔣経国総統の死去に伴い、本省人（台湾出身者）としては初めての総統に就任した。当初は国民党内の政治基盤が弱いことから短命政権ともみられていたが、本省人と外省人、改革派と保守派、軍部など各勢力のバランスをうまくとったことや、宋楚瑜（Sòng Chǔyú）台湾省長の後ろ盾を利用したことにより、1990年3月には再選を果たした。

内政面では、中国に対抗するために、国力の充実、民生の安定向上、防衛力の強化を政策の三本柱とし、三民主義（民族の独立、民権の拡大、民生の安定）にもとづく民主共和制を唱えた。また、就任以来積極的に民主化を推進し、1994年12月の統一地方選挙を皮切りに中央、地方選挙における直接選挙を実現させた。1996年3月には、台湾で初の正副総統直接選挙が行われ、得票率54％で初の公選の総統に就任した。さらに、民主化政策の仕上げとなる第4次憲法改正が1997年7月に実現した。その後、総統を1期務めた後、2000年の任期満了に伴い引退した。

中国との関係では、1990年10月、中国政策の決定機関として総統府に「国家統一委員会」、行政院（内閣に相当）に「大陸委員会」を設置した。また、同年11月には、両岸関係の最高政策方針となる「国家統一綱領」と両岸の交流にかかわる各種の規定をまとめた「両岸関係条例」を採択するとともに、民間交流機関である財団法人海峡交流基金会（海基会）を発足させた。さらに1991年4月には「動員戡乱時期終結宣言」を発表し、中国共産党との内戦状態の終了を宣言した。宣言の中で、中国共産党を「大陸当局」と位置付け、同党政権が大陸を支配する一つの政治実体であることを正式に認める一方、台湾についても同地域を実効的に支配する政治実体とし、中国との対等の関係を主張した。

1993年4月には、台湾側の民間交流窓口である海峡交流基金会の辜振甫（Gū Zhènfǔ）理事長と中国側の海峡両岸関係協会の汪道涵（Wāng Dàohán）会長がシンガポールで会談し、共存のための対話を定期的に継続することで合意した。1995年1月には、中国の江沢民（Jiāng Zémín）国家主席が台湾政策に関する8項目提案を行い、同年4月には李登輝総統が6項目の正式回答を発表した。両指導者とも平和的統一の達成を目標とする点では共通していたものの、積極的な歩み寄りはみられなかった。1995年6月の李登輝の私人としての訪米とそれに反発した同年7、8月および1996年3月の中国による台湾海峡でのミサイル訓練の実施により、台中間の緊張が高まった。

その後、1998年10月に台湾の海基会・辜振甫理事長が訪中して、中国の海協会・汪道涵

会長との民間レベルのトップ会談が実現した。しかし、1999年7月に李登輝総統が「両岸関係は国家と国家の関係、少なくとも特殊な国と国の関係」といういわゆる二国論発言を行ったことから、「一つの中国」の原則を政治対話の前提とする中国側が態度を硬化させた。また、2000年の総統選挙で中国側が独立派とみなす民進党の陳水扁（Chén Shuǐbiǎn）政権が誕生したこともあり、台中間の政治対話は途切れている。中国側は李登輝を「台独派」（台湾独立派）の代表とみなしており、公職引退後もその言動に警戒感を強めている。　　　　　　　　　　　[今井　宏]

【関連項目】　国民党、蔣経国、三民主義、大陸委員会
【参考文献】　若林正丈、劉進慶、松永正義編『台湾百科』大修館書店, 1990年.

リトル＝ミリーズの方法
Little-Mirrlees Method

リトル（Ian M. D. Little）とミリーズ（James A. Mirrlees）が提唱する開発途上国における開発プロジェクトの評価方法。最初に彼らがこの手法を提唱したのは、OECD（経済協力開発機構）の報告書（『工業プロジェクトの分析』(OECD, *Manual of Industrial Project Analysis*. II Vol., OECD Development Centre, Paris, 1968.）の第2巻の『社会的費用・便益分析』(OECD, *Manual of Industrial Project Analysis for Developing Countries, Vol. 2, Social Cost-Benefit Analysis*. OECD Development Centre, Paris, 1968.）においてであった。その後、これに修正を加えて発展させものが、リトル＝ミリーズの方法といわれるものである。彼らは、開発途上諸国に適した評価方法を提示した。

一般的に開発途上諸国では、高率のインフレや、関税、外国為替等の規制により、価格体系が歪められているため、投資プロジェクトの評価も、先進諸国のものとは異なる。彼らの手法は、投資プロジェクトの評価を行うための通常の方法と比較して、費用・便益の評価において商品の国際価格を用いていることが大きな特徴である。例えば、アマルティア・セン（Amartya Kumar Sen）の手による1972年のUNIDO（国連工業開発機関）の評価方法では、国内市場価格が使用されている。これに対して、リトル＝ミリーズがニュメレールとして国内市場価格よりも国際価格を用いているのは、財貨の社会的便益をそれが適切に示しているためである。国際価格は、開発途上諸国が国際貿易に参加する上での要件でもあるからである。

また、センの場合には、現在消費を最大化するプロジェクトが選択されるのに対して、彼らの投資プロジェクトの選考基準は、将来消費の極大化におかれている。投資を重視していることになる。現在消費を控えて貯蓄に回し、それをもとに投資が実施される。この投資によって将来消費が増えるプロジェクトほど、社会的純便益の高いプロジェクトとなる。その他にも、彼らは、所得分配、雇用とシャドウ賃金率、国際収支への影響、計画策定機関の役割、および民間部門の取り扱いなどの点においても、開発途上諸国の実情に沿った評価手法を提唱している。リトル＝ミリーズの方法はプロジェクト評価の基礎的な位置を占めるものといえよう。　　[徳原　悟]

【関連項目】　費用便益分析、プロジェクト評価、開発計画
【参考文献】　Ian M. D. Little and James A. Mirrlees, *Manual of Industrial Project Analysis*, Vol. II. Paris, OECD Development Centre, 1968. ／Ian M. D. Little and James A. Mirrlees, *Project Appraisal and Planning for Developing Countries*. New York : Basic Books, 1974.

リプロダクティブ・ヘルス／ライツ
Reproductive Health/Rights

ライフサイクルを通し、性と生殖に関する健康を権利として捉えようという概念。1994年9月カイロで開かれた国連国際人口・開発会議で採択された行動計画（カイロ文書）の中で提唱され、1995年の北京女性会議では「リプロダクティブ・ヘルス／ライツ」を人権の一つとしてあげている。リプロダクティブ・ヘルスは、①満足のいく安全な性生活、②いつ、何人、子供をもつ・もたないを決める自由、③必要な家族計画の方法および法律に反しないその他の出生調節の方法の利用、④妊娠・出産に関する適切な保健サービスなどを享受する権利を含んでおり、すべての年

齢層の男女の性と生殖に関連するあらゆる健康問題を扱う包括的なアプローチである。リプロダクティブ・ライツには、カップルや個人の①自由にかつ責任をもって子供の数、間隔、産む時期を決定する権利、②そのための情報と手段を入手する権利、③性と生殖に関する最高水準の健康を享受する権利、④性と生殖に関する一切の差別、強制、暴力の撤廃が含まれる。またこれらの権利向上のためには、互いに尊敬の念に満ちた対等な男女関係が前提として重要であることに注意を喚起している。

リプロダクティブ・ヘルス／ライツは「生涯にわたる女性の健康」を論じる概念ともいえる。家族計画、妊産婦死亡、望まない妊娠、性感染症、HIV/AIDS、女性に対する有害な伝統的慣行、女性差別からくる暴力・性的暴力、不妊、栄養不良と貧血、生殖器系の感染症と癌といった問題に注目する。妊娠、出産、中絶、避妊などに関して社会的圧力、強制の影響を受けている開発途上国の女性にとってとりわけ重要であるが、母体保護法問題や堕胎罪条項の存在、少子化が問題になる日本にとっても重要な概念である。

[新井典子]

【関連項目】 家族計画、世界女性会議
【参考文献】 北村邦夫編『リプロダクティブ・ヘルス／ライツ』メディカ出版, 1998年.

李鵬【中国】
Lǐ Péng, 1928～

1980年代半ばから1990年代に活躍した、江沢民（Jiāng Zémín）や朱鎔基（Zhū Róngjī）らとともに「第3世代」（革命第3世代）を代表する中国の指導者の一人である。この間、国務院総理（1988～98年）、全国人民代表大会（全人代）常務委員会委員長（1998～2003年、国会議長に相当）などの要職を歴任し、2003年春の第10期全国人民代表大会第1回会議で政治の第一線から完全に退いた。

経済政策に関する彼の基本的な考え方は、計画経済の原則や制度を維持しながら、対外開放や市場経済化などを慎重に進める必要があるというものであった。とりわけ、1990年代初頭の引き締め政策の実施に当たっては、総理として主導的な役割を果たした。またソ連留学（1948～55年）以来、電力や水利関連の業務に従事する機会が多く、発電設備を備えた三峡ダムの建設に対しても、指導者の中で最も積極的であった。

また、1989年の第2次天安門事件の際に戒厳令を布告するなど、民主化を要求する民衆に対して強硬姿勢で臨んだ。民主化運動に同情的な姿勢を示したために総書記を解任された趙紫陽（Zhào Zǐyáng）とは対照的な行動を選択した結果、民主化運動が武力鎮圧された後も共産党および国家のポストを維持できたともいえる。半面、民衆や欧米諸国からは非難の標的となった。全人代常務委員長に転じてからは、立法機関（全人代）による行政機関（国務院）への監督機能の強化に取り組んだが、彼自身に対する評価はほとんど高まらなかった。

[佐野淳也]

【関連項目】 改革・開放政策、江沢民、朱鎔基、天安門事件
【参考文献】 小島朋之『脱社会主義への中国』芦書房, 1992年.

劉少奇【中国】
Liú Shàoqí, 1898～1969

経済政策等をめぐる意見の相違から毛沢東（Máo Zédōng）に敵視され、失脚した中国の政治家の一人である。彼自身および家族への度重なる迫害は、文化大革命の凄惨さを示す象徴的な事例である。

劉少奇は中国共産党の設立直後から党の組織活動に従事した。とりわけ国民党支配地域における地下活動は、彼の存在なしでは組織の維持さえ困難であったといわれる。遵義会議（1935年）では毛沢東を支持し、党内における主導権の掌握にも貢献した。中華人民共和国の成立後、中央人民政府副主席などを経て、1959年には国家主席に就任した。1962年からは鄧小平（Dèng Xiǎopíng）とともに調整政策を実施した。これにより、毛沢東が推進した大躍進運動などに伴う混乱を収束させ、農業生産の回復に大きな役割を果たした。調整政策により、実務家としての評価は一段と高まった。

劉少奇は現実主義的な政策を実施し、毛沢

東に対する個人崇拝にも反対したが、毛沢東を全面否定しようとしたわけではない。しかし、人民公社に象徴される平等主義的な社会の実現を目指す毛沢東にとって、劉少奇の政策は容認しがたいものであった。やがて毛沢東が権力奪回のために発動した文化大革命の中で、劉少奇は「資本主義の道を歩む実権派」あるいは「走資派」の代表として糾弾されるようになった。相次ぐ批判に対し、劉少奇は自己批判を行い、反省の意を示したものの、1968年10月の中国共産党第8期中央委員会第12回全体会議で党籍を永久剥奪された。1969年、河南省に護送され、劣悪な環境下で病死した。死後も繰り返された劉少奇批判は、1980年の名誉回復でようやく終止符が打たれた。

[佐野淳也]

【関連項目】 人民公社、大躍進、文化大革命、毛沢東
【参考文献】 矢吹晋『文化大革命』講談社, 1989年.

流動性危機
Liquidity Crisis

通貨危機が、一時的な流動性の逼迫に過ぎない流動性危機であるのか、あるいは将来の債務返済を不可能とする健全性危機（Solvency Crisis）であるのかを峻別することは、危機の解決を図る際に重要となる。流動性危機は、一国のファンダメンタルズが良好で、固定相場制の維持が可能であるにもかかわらず、何らかの原因で投資家の期待が変化することによって発生する。その解決のためには、一時的な債務支払いの停止や流動性の供給が有効である。一方、健全性危機は、経済政策の失敗によりファンダメンタルズが悪化し、固定相場制の維持が不可能となった状況において発生する。したがって、その解決のためには、危機発生国において経済改革を進めると同時に、対外債務のリストラクチャリングを行わなければならない。ただし、実際に2つの危機を峻別することは容易ではないため、債務のリストラクチャリングは遅れがちとなる。そこで、危機に際して債権者（国際機関、民間金融機関など）の対応をルール化することが議論されてきた。

アジア通貨危機以降の国際金融体制改革においては、危機の予防および解決に際しての民間セクターの関与（Private Sector Involvement）が重要な論点となり、流動性危機における債務返済の一時的な猶予（Standstill）や、健全性危機に関連するソブリン債券の集団的行動条項（Collective Action Clauses）などについて議論された。さらに、2001年11月には、IMFのアン・クルーガー（Anne O. Krueger）筆頭副専務理事が、健全性危機における国家破産メカニズム（Sovereign Debt Restructuring Mechanism）の導入を提唱した。国家にも破産を認める大胆な提案は2003年に事実上棚上げとなったが、民間でもIIF（Institute of International Finance）などの機関を中心に、債券契約への集団的行動条項の導入や、危機に際しての市場関係者の行動規範の制定などが活発に議論されている。

[清水 聡]

【関連項目】 国際開発金融機関、国際金融体制、対外債務危機／債務削減戦略
【参考文献】 小野有人「国際金融危機における『民間セクター関与』」外国為替貿易研究会『国際金融』2001年11月1日. ／孕石健次「IMFの『国家債務再編メカニズム（SDRM）構想』の顚末」東京リサーチインターナショナル『国際金融トピックス』2003年6月13日.

留保政策【インド】
Reservation Policy

インドでは1960年代中頃に食糧不足が顕在化したことにより、重工業優先政策が後退し、1960年代後半以降、政策の重点は工業から農業に移行するとともに、雇用確保の観点から小規模工業重視の政策が打ち出された。小規模工業保護の支柱をなしたのが、1967年に採用された留保政策である。留保品目に該当する項目については、中・大企業はそれを製造することができないが、販売を担当することは可能である。ただし、中・大企業でも、事業継続（carry on business）許可証を交付された場合、生産の75%以上を輸出する場合のみ、例外的に留保品目の生産が認められる。なお小規模工業とは、固定資産額が一定規模以下（1999年の基準では1000万ルピー以下）の企業のことをいう。留保品目として1967年に47品目が設定されたことを皮切りに、留保政策はその後徐々に拡充され、ガンディー（Mahatma Gandhi）的思想の流れ

を汲むジャナタ党政権下の1978年当時、留保品目はそれまでの180品目から一挙に800品目以上にまで拡充された。

　目下、経済自由化の下で、留保政策は妥当性を失いつつある。留保品目が残存する中で、2001年4月からは輸入数量制限品目がほぼ全面的に撤廃された。留保政策は小規模工業を中・大企業との競争から遮断し、保護することが狙いであったが、小規模工業は輸入自由化の下で国内の中・大企業よりも手ごわい輸入品との競争にさらされている。従来、留保政策は小規模工業の保護に重点をおき過ぎていたため、当該企業は小規模工業の特典を保持すべく、あえて小規模工業の枠を超えて成長することを回避する傾向にあった。また留保品目に該当する大企業の参入を阻んでいるため、国際競争力強化という面ではマイナスであり、アパレル、履き物など留保品目の解除が広がりつつある。輸出入両面での厳しい競争に立ち向かうためには、留保政策を撤廃し、新規投資、技術向上を図ることが急務な課題になっている。　　　　　　［小島　眞］

【関連項目】　新経済政策
【参考文献】　小島眞『現代インド経済分析―大国型工業発展の軌跡と課題』勁草書房、1993年。／小島眞「インド工業論」絵所秀紀編『現代南アジア②経済自由化のゆくえ』東京大学出版会、2002年。

留保賃金
Reservation Wage

　留保賃金とは、労働者に労働供給の意思決定をさせるのに最低限必要な賃金を指す。労働者は少なくとも家族を養っていけるだけの賃金が支払われなければ、労働供給を行おうとはしない。より一般的にいえば、家族を扶養できるだけではなく、労働者はその国の文化水準や習慣などにもとづく一般的な生活水準を営めるだけの賃金を提示されなければ労働供給を行わない。賃金が留保賃金水準以下であるならば、労働よりも余暇を選択する。先進諸国では、最低賃金法によって最低限度の賃金が保証されている。しかし、開発途上諸国では、最低賃金法は未整備であるか、整備されていても機能していないことが多い。労働者に賃金を支払う企業は利潤の最大化を最大の目標としているので、必ずしも留保賃金水準が保証されているわけではない。仮に最低賃金法により定められた賃金水準と留保賃金水準が等しいとすると、留保賃金が労働の限界生産力水準を上回る場合には、企業は労働者を雇用せず失業が増加することになる。政府は、食糧供給、住宅改善プログラム、保健・衛生プログラムを実施して留保賃金水準を低下させ、雇用の拡大を促進する必要がある。　　　　　　　　　［徳原　悟］

【関連項目】　偽装失業、分益小作制、効率賃金仮説
【参考文献】　原洋之介『開発経済学（第2版）』岩波書店、2002年。

両岸経済
⇨海峡両岸経済

両岸三地【中国、台湾、香港】
Three Entities on Cross-Straits

　中国、台湾、そして香港という3つの政治的・経済的実体を総称した表現である。香港だけでなく、台湾、中国でも通用する。

　共産党が国民党との内戦に勝利し、中華人民共和国を成立させてから今日までの三者の関係は、1997年の香港返還を境として大きく変化した。返還前の香港は、中国と台湾の窓口的な機能を果たしていた。政治面では、中国、台湾双方の事実上の政府機関が並存し、香港を舞台に自らの正統性を主張した。その一方、周恩来（Zhōu Ēnlái）の内部演説などから、共産党と国民党の間の連絡活動も香港で行われていた模様である。経済面では、中国が改革・開放政策を採用した1970年代末以降、香港経由での中国と台湾の貿易、台湾の対中投資活動が活発化した。加えて、中国側が台湾との直接的な通商、通信、通航、いわゆる「三通」を呼びかけたのに対し、台湾側が接触せず、交渉せず、妥協せずとの「三不政策」で応じたため、香港が中台間の通信、通航の経由地としても発展した。

　しかし、返還後は、製造業の中国への生産シフトが進展するなど、香港経済の対中依存が次第に強まった。政治的にも中国に配慮する姿勢が明確になっている。台湾においても、対中進出が加速し、中国との経済関係は緊密化している。地域限定の三通（小三通）、

旧正月期間中のチャーター機の運行（香港、マカオ経由）なども実現し、中国と台湾が直接接触する関係が政治面を除いて構築されつつある。今後、中国経済の発展を背景とした華南経済圏の形成が期待されるが、香港にとっては産業構造の転換などを進めない限り、相対的地位の低下は避けられないであろう。

[佐野淳也]

【関連項目】 一国両制、華南経済圏、改革・開放政策、三通／小三通、三不政策、香港返還
【参考文献】 谷垣真理子「香港」小島朋之、国分良成編『国際情勢ベーシックシリーズ①東アジア』自由国民社、1997年。／興梠一郎『「一国二制度」下の香港』論創社、2000年。

臨界最小努力
Critical Minimum Effort

開発途上諸国が長期的な安定成長を実現するためには、資本蓄積率を特定水準以上に引き上げる必要があるという、ライベンシュタイン（Harvey Leibenstein, 1922～94）によって提示された仮説である。貧困に悩む開発途上諸国では、貯蓄率が低いために投資率も低く、投資率が低いから経済成長も低く貯蓄率も低くなるという「悪循環」がみられる。この悪循環を突破しない限り、貧困からの脱却もできない。貧困から抜け出せないのは、何がしかの要因によって１人当たり所得が増加して生存維持水準を上回るとしても、国民の限界消費性向が高いために貯蓄は行われないからである。また、所得増加による消費水準の上昇は出生率を高める傾向にあるので、所得は再び生存維持水準に戻ってしまう。これらの要因を打ち消すほどの所得上昇が起きれば、貯蓄をすることが可能になる。

この貯蓄率の上昇は、投資可能資金の形成を促し、やがて投資率が上昇することになる。投資率が上昇し産出量が増加すれば所得はさらに上昇し、貯蓄も拡大する。このように悪循環から抜け出して経済に好循環を形成させるためには、何らかの最低限の努力が必要になる。開発途上諸国の政府は、安定的な経済成長を実現するという目標を実現するに際して、このような努力を行わねばならない。政府は貯蓄率を引き上げるために、消費を抑制させるような強制貯蓄を国民に対して実施することもできる。

[徳原 悟]

【関連項目】 強制貯蓄、中央積立基金
【参考文献】 Harvey Leibenstein, *Economic Backwardness and Economic Growth: Studies in the Theory of Economic Development*. New York : John Wiley and Sons, 1957. ／岡田和喜『貯蓄奨励運動の史的展開―小額貯蓄非課税制度の源流』同文舘、1996年。

ル

ルイス・モデル
Lewis Model

1950年代にアーサー・ルイス（Sir William Arthur Lewis）によって構築された発展モデルである。このモデルでは開発途上国の発展過程が都市と農村との相互依存関係、つまり二重経済の交錯の過程として記述される。ルイス・モデルはその後、フェイ（John C. H. Fei）＝レイニス（Gustav Ranis）モデルやジョルゲンソン（Dale Weldeau Jorgenson）モデル、トダロ（Michael P. Todaro）モデルといったようなさまざまなタイプの「二重モデル」として拡張、精緻化され、開発経済学や経済発展論に大きな影響を与えた。ルイスは、その功績によって1979年にノーベル経済学賞を受賞した。

ルイス・モデルは、土地や資本といった生産要素に比して労働力が過剰な開発途上国を対象とする。そして、開発途上国の一般的な

◇ルイス・モデル

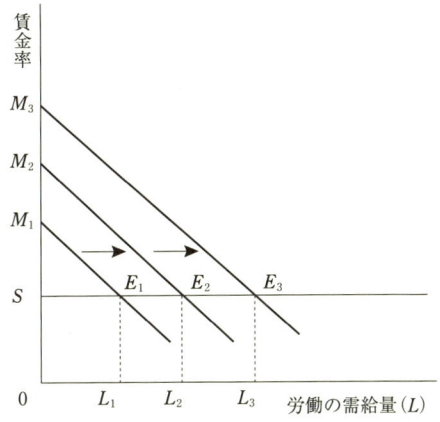

特徴を都市近代部門と農村伝統部門との二部門の並存と交錯として捉える。都市部門が先進的な近代部門であり、農村部門が後進的な伝統部門である。ルイス・モデルにおいては、開発途上国の発展の原動力となるのは工業化の進展に伴う都市近代部門の拡大であり、この拡大に対して、農村伝統部門は労働力を「無制限」に供給することにより大きな役割を演じる。すなわち、農村部門から都市部門へと労働力が移動することによって工業化が進展し、一国の経済発展が実現すると考えられた。

ルイス・モデルによると、農村部門には限界生産力がゼロ、もしくはそれに近い労働力が大量に存在する。現実に労働はしていてもその限界生産力がゼロ、もしくはその近傍にあるがゆえに、彼らは実質的な失業者であり、その意味で偽装失業（Disguised Unemployment）者群である。偽装失業者を抱える農村伝統部門の平均賃金は、生存維持的水準にある。農村伝統部門に滞留する労働力は、低い賃金水準で都市近代部門に対して「無制限」に労働力を供給する。

図には右下がりの労働需要曲線と横軸に平行な労働供給曲線が図示されている。農村部門は生存維持水準の賃金 S で無制限に労働力を供給するため、労働供給曲線は横軸に平行に描かれる。農村伝統部門の賃金がきわめて低い水準にあるため、都市部門は大きな利潤を獲得することが可能である。都市近代部門の労働需要曲線は右下がりに描かれる。その交点 E_1 に対応する L_1 で近代部門の雇用量が決定され、その賃金は E_1 である。図の労働需要曲線は同時に都市近代部門の限界生産力曲線でもある。したがって、近代部門の総生産量は $OL_1E_1M_1$ であり、支払賃金額は OL_1E_1S である。総生産額から支払賃金額を差し引いた SE_1M_1 が近代部門の利潤である。これが拡大生産過程に投下されてより大きな生産と労働需要が発生し、雇用量は L_2、L_3…と拡大するが、賃金は E_1、E_2、E_3 と低水準に固定されたままである。都市近代部門の資本蓄積は農村伝統部門の低賃金労働力を際限なく利用しながら可能となる、という人口過剰の開発途上国の経済発展に道を開いた理論がルイス・モデルである。　［森脇祥太］

【関連項目】　偽装失業、転換点、二重経済
【参考文献】　Arthur W. Lewis, "Economic Development with Unlimited Supplies of Labor," *Manchester School of Economics and Social Studies*, vol. 22, No. 2, pp. 131-191, May, 1954.／John C. H. Fei and Gustav Ranis, *Development of the Labour Surplus Economy : Theory and Policy*. Homewood, Richard D. Irwin, 1964.／南亮進『日本経済の転換点―労働の過剰から不足へ』創文社、1970年.／渡辺利夫『開発経済学―経済学と現代アジア（第2版）』日本評論社、1996年.／渡辺利夫『開発経済学入門』東洋経済新報社、2001年.

累積的・循環的因果関係
Cumulative and Circular Causation

ミュルダール（Karl Gunnar Myrdal）が、先進諸国と開発途上諸国との間に横たわる経済格差の発生因と、その拡大深化プロセスを説明するために用いた概念。例えば、開発途上国は1次産品を輸出するが、工業製品に比べて価格が低いために所得が低い。増産によって所得を増加させようとすると、価格がさらに低下して所得も低下する。このように、因果関係が連鎖的につながり、そこから脱却できないことを循環的因果関係と呼ぶ。そして、この関係は累積的な効果をもつことになる。先進国は付加価値の高い工業製品を生産しているため、ますます豊かになっていく。一方、開発途上国のそれは付加価値が低いために生活水準が低下していくため、格差が拡大する。この循環的因果関係が好循環をもたらすことを「上方への累積過程」といい、悪循環をもたらす場合には「下方への累積過程」と呼ぶ。

このような累積効果をもつ循環的な因果関係から脱却することが、開発途上諸国の貧困からの脱出を可能にする。そこで、援助などを通じて工業化を進めることが政策課題となる。工業化による貿易の拡大によって、開発途上国における国民の生活水準の向上が期待される。しかし、熟練度の低い労働者、資本不足、道路や港湾などのインフラの未発達により工業化の利益が国内に波及する力は弱い。他方、工業化は伝統的製造業部門を破壊するという逆流効果をもたらす。開発途上国では、特に社会的・制度的な理由から市場経済の動きに身を委ねると波及効果よりも逆流

効果の方が大きくなるため、「貧困の罠」から抜け出せなくなる。ミュルダールは、開発途上国がこの悪循環から脱出するための方策を「世界共同体」の創出と、開発途上国自身が開発計画を策定することに求めている。前者は、先進諸国と開発途上諸国が共同体をつくり、開発を進めることである。後者は、先進国の開発政策に従うのではなく、自国の経済外的要素を勘案しながら、自国に適した開発戦略を策定することに求めるということである。

〔徳原 悟〕

【関連項目】　ミュルダール
【参考文献】　グンナー・ミュルダール（小原敬士訳）『経済理論と低開発地域』東洋経済新報社、1959年．／グンナー・ミュルダール（板垣與一監訳、小浪充、木村修三訳）『アジアのドラマ―諸国民の貧困の一研究』（上・下巻）東洋経済新報社、1974年．

ルースな社会構造【タイ】
Loosely Structured Society

米国の人類学者ジョン・F・エンブリー（John F. Embree）がタイ社会の特徴として提示した造語。1950年に「タイ国―ひとつのルースな構造の社会システム（Thailand, A Loosely Structured Social System, *American Anthropologist*, Vol. 52, No. 2, pp. 181～193, 1950)」と題する論文の中で発表した。

第2次世界大戦後、米国大使館の文化担当官としてバンコクに赴任したエンブリーは、1939年に行った日本の農村調査と比較してタイ人の行動様式を問題提起的にまとめ、その中でタイ社会の特徴を「ルースな構造」として捉えた。「ルースな構造」とは、多様な個人の行動を認めながらも安定した社会システムを指す。タイ社会では、集団が個人に要請する義務は緩やか（ルース）であり、各人は個々の対人関係を基盤にして行動する。集団への所属意識は弱いものの、各人が環境の変化に速やかに対応することで、社会は安定性を保っているとした。

エンブリーが提示した「ルースな構造」という概念は、明確に定義されたものではなかったが、タイを含めて東南アジアの社会研究に強い影響を与えた。タイ社会を対象とした日本の研究としては、東北タイでのフィールド調査をもとにした、個々の人間の間だけで生じる「二人間関係の論理」の指摘（水野浩一）や、この「ルースな構造」を人間社会の成り立ち（例えば稲作）から考察した社会構造と生態環境との関係に関する研究（高谷好一）などがある。

経済面でも、「ルースな構造」は、タイ人のジョブ・ホッピングの原因としてもち出されることが多く、またタイでのビジネスにおいては「ルースな構造」の上に成り立つ血縁・地縁などの「顔見知りの社会」を理解する必要があるなどの指摘（ホルムズ（Henry Holmes))もある。

〔大泉啓一郎〕

【参考文献】　矢野暢『東南アジア世界の論理』中公叢書、1980年．／坪内良博編『東南アジアの社会（講座東南アジア学3）』弘文堂、1990年．／ヘンリー・ホルムズ, スチャダー・タントンタウィー（末廣昭訳・解説）『タイ人と働く：ヒエラルキー的社会と気配りの世界』めこん、2003.

レアル・プラン【ブラジル】
Real Plan

1994年にブラジルで採用された経済安定化政策。安定化政策によって導入された通貨の名称（レアル）からこう呼ばれる。ブラジルでは1980年代以降インフレが高進したが、民主化その他の理由から財政均衡など総需要抑制を内容とするオーソドックスな経済安定化政策を厳格に導入することができなかった。続いて1980年代半ば以降、インフレの主な要因がさまざまな部門で採用された物価スライド制にあるとの認識から、物価、賃金その他を凍結するヘテロドックス（heterodox）な安定化政策が採用された。しかし、ヘテロドックスな安定化政策は財政均衡を伴うものでなかったため、インフレの抑制は実現できなかった。加えて凍結によって発生した相対価格に歪みが凍結解除とともに調整されると、物価が急激に上昇しハイパー・インフレを引き起こした。

これに対して1993年に蔵相に就いたカルドーゾ（Fernando Henrique Cardoso）は、

為替レートを米ドルに固定し（1ドル＝1レアル）諸物価のアンカー（錨）とする政策によって、インフレの抑制を図った。カレンシー・ボード制の点ではアルゼンチンのカバロ（Caballo）・プランと同様の政策である。アンカー政策によって、国内の物価は、まずは貿易財が国際物価に近づき、続いて非貿易財価格が低下し、その結果諸物価が安定化しインフレが収束すると期待された。事実ブラジルの物価は急速に低下し、1990年代半ばに2000％を超えていた物価上昇率は一桁までになった。

しかし、レアル・プランにも問題はあった。為替の安定を維持するために高金利政策が採用されたが、それは資本自由化と相まって多額の外資流入を招き、レアルが上昇し貿易収支を悪化させた。貿易収支赤字は直接投資とともに借款によってファイナンスされたが、それは対外債務を増大させることになった。貿易収支赤字と要素所得支払いは経常収支を悪化させた。為替の過大評価と高金利政策はまた国内の経済活動を停滞させ、失業を増大させた。1995年3月には為替レートに幅をもたせるバンド制に移行したが、その後アジア、ロシアの通貨危機の影響もあって、ブラジル経済への信頼性が低下し、ついに1991年1月変動相場制へと移行した。　　［小池洋一］

【関連項目】　カバロ・プラン
【参考文献】　西島章次, Eduardo Tonooka『90年代ブラジルのマクロ経済の研究』神戸大学経済経営研究所, 2002年.

冷戦と開発・民主化
The Cold War, Development, Democratization

第2次世界大戦後の米国の対外政策には、当初、社会・経済的発展がデモクラシーの基礎になるという考えがあった。経済発展に伴う民主化の実現を信じる姿勢である。しかし、大戦終了後間もなく始まった東西冷戦は、相手政府が民主的か否かを問わず、反共軍事政権の援助へと米国を導いていったのである。

冷戦の終結、つまり1989年にベルリンの壁が崩壊し社会主義国が次々と民主化された事実は、米国にとってもはや非民主的な反共政権を擁護する必要がなくなったことを意味した。同時に、冷戦崩壊の前後から民主化の議論を促進させるいくつかの要因が存在した。まず「第3の波」と呼ばれる民主化運動のインパクトならびに伝播がある。サミュエル・ハンチントン（Samuel P. Huntington）によれば、1974年4月のポルトガルの民主化運動が、民主化の「第3の波」の始まりであった。この第3の波の中で、デモクラシーを求める運動は、さまざまなメディアを通じて伝播し、次々と近隣の諸国に影響を与えた。米国のレーガン（Ronald Wilson Reagan）大統領、英国のサッチャー（Margaret Hilda Thatcher）首相など、いわゆる新保守主義の優勢のために民主化が促進されたという事実もある。市場経済化、規制緩和、小さな政府、民営化と競争の強調により、それにふさわしい政治システムが必要とされ、政治の世界でも公正な競争をベースとした民主化が必須であるとされた。世界銀行、国際通貨基金（IMF）などのコンディショナリティを正当化するものとして民主化が要求された。経済にふさわしい、透明で責任の明確な、かつ腐敗の少ない政府が望ましいとされたのである。

このような土壌の上に、冷戦の終結の結果として多くの国々が反共主義のくびきから解放され、社会主義の崩壊がデモクラシーの勝利だと理解された。その端的なあらわれは、東欧の復興を目的としたEBRD（European Bank for Reconstruction and Development、欧州復興開発銀行）の憲章第1条に、その設立の目的を「複数政党制デモクラシー、多元主義と市場経済を促進する」とうたったことに示される。

一方、1990年代に入って、民主化運動を担う側であわせて起こったのは「第4の波」とでも表現すべき情報化の流れである。UNDPの『人間開発報告』（Human Development Report）1999年版によれば、ラジオが開発されてから使用者が5000万人に達するまでに28年、TVが同様の人数まで13年であったのに対し、インターネットはわずか4年で到達している。インターネットで瞬時にして海外の生の情報が手に入るだけでなく、送り手との双方向のやり取りが可能になった。

国外の動きを知ると同時に、国内の民主化の動きをリアルタイムで国際世論に訴えることができるようになったのである。

　1992年5月のタイでの民主化運動は「（政府によって情報を統制されている）テレビ・ラジオ対新聞・携帯電話・ファックスの戦いだった」といわれる。携帯電話を手にした新中間層が互いに連絡を取りながら民主化を求めるデモ隊の先頭に立ったことから、「携帯電話革命」とも呼ばれた。スハルト（Thojib N J Suharto）大統領の退陣へとつながった1998年のインドネシアでも、「現在の学生運動の武器はインターネットと携帯電話、ファックスだ」と述べられている。一国が情報的に孤立した状態であることを不可能にしたこと（衛星放送）、情報の双方向性と瞬時性（インターネット）などがIT（情報技術）の影響力である。本来軍事技術であったインターネットが広く利用されることになったのも、米ソ対立の終結がきっかけであることを考えると、これもまた冷戦の影響であるといえる。　　　　　　　　　　　　［甲斐信好］

【関連項目】　デモクラシー、開発体制／開発主義、開発独裁
【参考文献】　S. P. ハンチントン（坪郷實、中道寿一、藪野祐三訳）『第三の波—二〇世紀後半の民主化』三嶺書房、1995年.／山根裕子『経済交渉と人権―欧州復興開発銀行の現場から』中公新書、1997年.／川田順造、岩井克人、鴨武彦、恒川惠市、原洋之介、山内昌之編『岩波講座 開発と文化』全7巻、岩波書店、1997～98年.

レオンチェフ逆行列
Leontief Inverse Matrix

　レオンチェフ逆行列とは、産業連関分析において、ある産業において1単位の最終需要（消費、投資、輸出等）が発生した場合、各産業に対してどれだけの生産波及があるかを示すマトリックスであり、産業連関分析において中心的役割を担う。日本では、産業連関表（全国表）の公表の際、逆行列表も公表されている。　　　　　　　　　　　　　［白砂堤津耶］

【関連項目】　産業連関表

レッドチップ【香港】
Hang Seng China-Affiliated Corporation

　香港取引所に上場される中国系企業（H株以外）の株式を指す。売買通貨は香港ドル、上場銘柄は27社（2002年末現在）。レッドチップ株上場資格をもつのは、中国国内で登録される他、香港あるいは海外市場でも登録できる株式会社（国有機関や地方政府による直接的あるいは間接的な持ち株比率が35％以上と定められる「中外合弁企業」）に限られる。1984年に香港初の中国資本参入によるレッドチップ上場があった。1987年以降、中国系企業が積極的に企業買収を行い、1992年8月にレッドチップ企業が初めてハンセン指数採用銘柄となった。この勢いは1997年7月の香港返還後にも続いたが、アジア通貨危機の影響や広東国際信託投資公司（GITIC）の経営破綻で大打撃を受け、企業業績、株価のいずれも一転して低迷期に入った。1999年後半から中国WTO加盟の進展と中国経済の成長の影響を受け、株価は回復期に入り、レッドチップ企業は再び中国系企業が香港市場での資金調達における重要な役割を果たすようになった。　　　　　　　　　　　　　［王　曙光］

【関連項目】　ハンセン指数、H株
【参考文献】　日本証券経済研究所編『図説 中国・香港の証券市場』日本証券経済研究所、1997年.／平岡証券編『レッドチップ完全ガイド—香港上場中国関連企業』NECクリエイティブ、1998年.

レフォルマシ
⇨改革

レモンの原理
Lemons' Principle

　レモンの原理とは、ある財の市場に情報の非対称性が存在する時、市場では品質の悪い財（不良品）ばかりが取引される状態になることをいい、アカロフ（George A. Akerlof）によって提示された概念である。アカロフは中古車市場を例にあげてレモンの原理を説明した。中古車の売り手は、中古車の性能や品質に関する知識が豊富にあると考えられる。売り手は、外観や走行距離からでは判断することができない真の品質に関しても知っていよう。しかし、中古車については、外観や走行距離によって価格設定が行われるために、真の品質に関する知識のない買い手は、品質の悪い中古車（レモン）を買ってしまうことがある。このように、中古車市場において

は、売り手と買い手の品質に関する知識に情報の非対称性が存在しており、品質の悪い中古車のみが市場で取引されてしまう場合があることが知られている。　　　　　[森脇祥太]

レント追求仮説
Rent-seeking Hypothesis

　レント追求仮説とは、開発途上国の政府が何らかの規制政策を実行する場合、人々の間で規制によって発生するさまざまな種類の特権や利権などのレントを獲得するための競争が行われるようになることをいい、クルーガー (Anne O. Krueger) によって定着した概念である。例えば、ある開発途上国において輸入数量制限政策が実行されたとしよう。その際、政府によって輸入ライセンスを与えられた輸入業者にのみ輸入が認められる。この場合、輸入業者は、輸入ライセンスを取得することによって利益を得るために、その取得に多大なエネルギーを注ぐことになるであろう。輸入業者間においてレントを追求するための競争が行われることになる。輸入数量制限ではなく、関税政策が施行された場合にはこのようなレントが発生することなく、厚生損失はより少なくなる。レントの発生によって、より一層、資源配分が歪められ非効率な状態が生じるのである。　　　　　[森脇祥太]

【参考文献】　絵所秀紀『開発の政治経済学』日本評論社, 1997年.

連立方程式モデル
Simultaneous Equations Model

　経済変数間の複雑な相互依存関係を、複数個の方程式によって表現したモデルのことを連立方程式モデルあるいは同時方程式モデルという。　　　　　　　　　　[白砂堤津耶]

◀口▶

労働移動
Labor Migration

　より高い賃金、よりよい雇用機会を求めての移動。労働移動は経済発展論の中では特に農工間賃金格差の平準化要因として扱われる。しかし、農工間賃金格差が「農村」と「都市」の地域間賃金格差と重複するため、実際には地域間労働移動の文脈の中で扱われることも多い。労働移動は個々の労働者の観点からすると、より高い賃金を獲得するための移動であるが、経済全体の観点からすると、資源の最適配分の実現、すなわち部門間の賃金格差を解消し経済全体の産出量を極大化する役割を担っている。

　開発理論の中で労働移動を導入する端緒となったのがアーサー・ルイス (William Arthur Lewis) による二部門経済発展モデルである。ルイス・モデルによると、都市の近代産業部門は農村の過剰で安価な労働力を吸収しながら成長する。ここには失業という概念はなく、労働力移動は地域間賃金格差に対する自然かつ合理的反応として想定されている。しかし、徐々に明らかになってきたように、開発途上国の都市には近代産業部門の雇用吸収力をはるかに超える求職者が集まり、その結果、近代部門からあふれた労働者は都市インフォーマル部門に滞留することになった。都市のこのような不安定就業、低賃金状態の下でなおかつ農村から都市へ継続する移動に合理的説明を与えたのが、いわゆるトダロ (Michael P. Todaro) 労働移動モデルである。

　トダロ・モデルでは、潜在的な移動者は農村における所得と都市の期待所得を比較し、移住のコストなども考慮してなお都市の期待所得が高いならば都市に移動すると考える。ただしここで考慮される所得は移動時点の所得ではなく、都市滞在中に都市近代部門で稼得できる生涯期待所得である。都市近代部門における期待所得は、同部門における就業確率と近代部門の平均賃金の積として与えられる。このようにして計算された都市の期待所得が農村の所得を上回るならば、仮に移動時点における雇用が賃金水準の低い都市インフォーマル部門であっても、移動は経済合理的である。このモデルは開発途上国に蔓延する失業・不完全就業と継続する人口移動という矛盾する状態を単純かつエレガントに説明したため、その後の研究に大きな影響を与え

た。

　トダロ・モデルに対する重要な批判として以下のものがある。まず労働の同質性が仮定されているが、多様な人口学的・社会的背景をもった移動者が、すべて同じ確率で都市近代部門に吸収されるとは考えにくい。トダロ・モデルの中では、近代部門の就業確率は都市の滞在期間が長期化するにつれ増加すると仮定されているが、年齢、教育程度、移動前の労働経験、性別、出身地域、民族背景などの差異によりその過程が妥当しない場合が考えられる。第2に、トダロ・モデルにおいては就業過程はランダム・プロセスとみなされている。職探しは個人の資源と職探しにかかわる費用を考慮して最適な組み合わせをみつける能動的過程であるという見方は、このモデルにはない。トダロ・モデルにおいては、すべての移動者がフォーマル部門を目指すことが仮定されているが、年齢、性別、教育程度、出身地などの背景によっては都市インフォーマル部門の就業と賃金を目的として移動する場合がある。過去の移動研究や都市スラムの研究によれば、職探しにあたって家族、親族、友人、民族集団、同郷出身者といった社会的ネットワークの重要性が繰り返し指摘されている。

　トダロ・モデルは、移動は個人の人的資本に対する投資であるとする人的資本理論の系譜に属するモデルであるが、このモデルを補完するものとして重要なものにオデッド・スターク（Oded Stark）の家族移動モデルと、ダグラス・マシー（Douglas S. Massey）の累積的移動モデルがある。スターク・モデルでは、移動は個人の効用を極大化する便法ではなく、移動の決定単位は家族であり、農村の家族がしばしば不安定な天候などにより生じる家計の危機を最小化するために用いる戦略であるとされる。それに対しマシーは社会的ネットワークの累積性を指摘し、転出先と転入先のネットワークが発展するにつれて加速的に移動のコストが低下し、移動が容易になることを指摘した。最後に、アジアの移動者の中には、季節移動者のような短期の移動者が多数含まれている。特に若年者のように長期定着の意図なく「試しに」都市に移動するような移動者も多い。トダロ・モデルは基本的には長期的観点の中で移動の合理性を考慮するモデルであるので、このような短期的移動者のようなタイプは別途考慮する必要がある。　　　　　　　　　　［新田目夏実］

【関連項目】　人的資本、ルイス・モデル、二重経済、二部門成長理論
【参考文献】　Michael P. Todaro, *Internal Migraion in Developing Countries*. Geneva : International Labour Office, 1976.／Douglas S. Massey, "Social Structure, Household Strategies, and the Cumulative Causation of Migration," Population Index 56(1), pp. 3-26, 1990.／Oded Stark, *The Migration of Labor*. Cambridge : Massachusetts : Blackwell Publishers, 1991.

労働蓄積
Labor Accumulation

　貧困のゆえに貯蓄率が低く、資本が不足のゆえに経済成長が制約される。これは、開発途上国の経済開発にとって克服しなければならない低所得―低貯蓄―低成長のジレンマである。この低所得の悪循環を打ち破るために、開発途上国に相対的に豊富な労働力を動員し、資本蓄積の役割を演じさせようとする戦略は、開発経済学の先駆者の1人であるフィンランド人の経済学者ヌルクセ（Ragnar Nurkse）によって提唱された。この開発戦略の基本的な発想は、農村にある余剰労働力をより生産的な用途に再配置し、とりわけ労働集約的なインフラ建設のプロジェクトに投入することによって、資本形成と経済成長を促進するということである。

　ヌルクセが提起したこの戦略の有効性については、次の2つの問題が提起されている。まず、農村の余剰労働力が建設プロジェクトに動員される場合、農業生産はどのような影響を受けるか。いいかえれば、余剰労働力と呼ばれる農村労働力の限界生産性がゼロか否かの問題である。第2に、どのような手段で効率的に農村余剰労働力を動員できるかとの問題である。多くの実証研究に示されているように、農村労働の限界生産性はゼロではなく、労働力の移転は農業生産の減少につながる可能性が大きい。また、いかなる形での労働力の移転も個人的もしくは社会的コストを伴う。したがって、労働力再配置の評価は便益と費用のそれぞれの大きさに依存する。一

部の学者は、集団化時代の中国農村においてヌルクセの発想は現実になったと主張している。彼らは、人民公社の制度の下で農民の無償労働で水利工程や耕地整備がなされたことはまさに労働蓄積の典型だと考えている。しかし、中兼和津次の「毛沢東型の労働貯蓄モデル」に示されているように、過剰な労働貯蓄がなされた結果、資本蓄積と農業生産が大きく低下する可能性がある。　　　　［杜 進］

【関連項目】　人民公社
【参考文献】　Ragnar Nurkse, *Problem of Capital Development in Underdeveloped Countries*. New York : Oxford University Press, 1953.（ラグナー・ヌルクセ, 土屋六郎訳『後進諸国の資本形成（改訂版）』厳松堂, 1977年.）／中兼和津次『中国経済発展論』有斐閣, 1999年.

労働力方式／有業者方式
Currently Active Population Approach, Gainful Worker Approach

ILOの定義によれば、経済活動人口の人数、雇用、失業状態を測定する場合「現在活動」（Current Activity）の観点から測定する方法と「通常活動」（Usual Activity）の観点から測定する方法がある。前者が現在活動人口方式であり、後者が通常活動人口方式である。実際には前者は労働力方式として、後者は有業者方式として言及される場合が多い。日本では現在活動人口方式は「労働力調査」において、また通常活動方式は「就業構造基本調査」として実施されている。両方式ともある最低年齢以上の労働年齢人口を対象とするが、この年齢はしばしばそれぞれの国の事情によって異なる。労働力方式は、1週間または1日といった短期の調査期間に実際に従事した経済活動にもとづいて労働力の状態を決定することを原則とする。まず①労働年齢人口の中の就業者を確定し、②残っている人口の中で失業中の者を確定し、最後に③以上の手順を経てなおかつ残る残余の人口を非労働力人口と分類する。ここで、就業者には調査期間に従事した者と休業中の者を含める。また失業者には、仕事に従事せず求職中であるか、現在就業可能（available for work）である者を含む。

それに対し通常活動人口方式は過去1年の間の主たる活動にもとづき労働力の状態を確定するものである。まず①労働年齢人口を就業・失業を問わず経済活動に参加したとみなされる期間の長短により通常活動人口と非通常活動人口に分類し、次に②通常活動人口を就業者と失業者に分類する。通常活動人口であるかどうかを決定する基準として、例えば就業・失業期間が通算半年（26週）以上あるといった基準が考えられるが、国際的に定まった基準があるわけではない。現在活動人口方式は、直近の活動について質問するため正確なデータを入手することが可能であり、また繰り返して調査することで就業・失業・非労働力状態の変化を迅速に把握することができるという利点がある。しかし開発途上国のように、繰り返し調査が困難な場合や、農業主体で労働力の季節変動が大きい地域では、通常の活動を調べる通常活動人口方式は依然として有効な調査方法である。　　［新田目夏実］

【関連項目】　経済活動人口、失業
【参考文献】　Ralf Hussmanns, Farhad Mehran and Vijay Verma, *Surveys of Economically Active Population, Employment, Unemployment and Underemployment : An ILO Manual on Concepts and Methods*. Geneva : International Labour Office, 1990.

労働力率／有業率
Labor Force Participation Rate

人口の経済活動への参加の度合いを測る場合、一般に15歳以上の経済活動人口を15歳以上の総人口で除し100倍することによって経済活動人口率（経済活動参加率、経済活動率などとも呼ばれる）を得ることができる。ここで、経済活動人口として労働力人口を用いたものが労働力率（または労働参加率）であり、有業者を用いたものが有業率（または有業者率）である。この定義から明らかなように、労働力（有業）率は、15歳以上の総人口の増減と15歳以上の経済活動人口の増減という異なる要因により変化する。両者は関係しているが、前者は主に「供給側」の要因であり、後者は「需要側」の要因とみることができる。

15歳以上の総人口の変化は、まず出生率および死亡率の変化といった人口学的要因との関係が深い。先進国の場合、人口変動は長期

の人口転換の結果生じたものであるが、開発途上国の場合、急速な死亡率の低下と継続する高出生率のために「人口爆発」ともいわれる人口増加が第2次大戦後の比較的短期間に生じた。それに対し、先進国では戦後のベビーブームの一時期を除き出生率は低下し続け、現在少子化が問題となっている。そのため、労働供給をどのように維持するかという問題が重要になっている。開発途上国においても、特に東アジア、東南アジア諸国を中心に出生率は低下局面に入りつつある。ここで、出生率の低下の背景にある女性の教育水準の上昇や女子雇用労働力の増加は、経済発展にもとづく所得の増大や産業構造の変化と関連が深いという意味で、労働供給の長期的変化は労働需要の決定要因と間接的に関係していることにも注意しなければならない。

以上供給側の決定要因に対し、労働需要の決定要因は、一般的には企業家が合理的に行動するという前提の下、資本と労働の代替性の問題に帰着する。すなわち、同一水準の生産のために異なる資本量と労働量の組み合わせが可能な場合、実質賃金が上昇すると労働量が減少する。ただし資本の蓄積が進むと労働需要曲線は上方にシフトするので、例えば、成長しつつある企業では、賃金が上昇しても必ずしも労働需要が低下するとは限らない。この一般的図式は、実際には短期より長期的変化の分析の場合により適合的であり、短期の場合、資本と労働の代替性および調整速度はかなり制約的である。なぜなら資本集約度の変更は生産方法の変更を意味しているが、仮に賃金が上昇しても、既存の設備をただちに廃棄し新しい設備に取りかえるというわけにはいかないからである。短期的局面、特に不況下では、労働需要の調整は労働力人口の数ではなく労働投入量（労働者数×労働時間）の調整の問題として考えるのがより適当である。この場合、労働需要の減少に対して労働者数の削減と労働時間の短縮という対応がありうるが、どちらの対応がより支配的になるかは、レイオフ制度の有無や終身雇用制などの各国固有の雇用慣行により異なってくる。

経済活動人口率は、一般的には農業主体、自営業主のウェイトが高い経済で大きく、経済発展に伴い雇用労働が増大するにつれ低くなる傾向にある。年齢別・男女別に参加率をみると、男子の参加率は女子より高く、15～19歳から上昇し30～35歳前後でピークを迎え、55歳以降急激に減少するという逆U字型パターンを示すことが多い。女子は各年齢層で男子より参加率が低いだけでなく、20～24歳の若年層と40～54歳の中年層の参加率のピークとなることが多いが、男子と比べ国によりまた年次により年齢パターンがかなり異なる。一般に欧米諸国の女子参加率はその他の地域と比べ高い。また時系列でみると、近年男子の参加率は低下傾向にあるが、女子の参加率は上昇傾向にある。

一般的にいって15～19歳の参加率の減少については進学率の上昇との、また65歳以上人口の参加率の減少については年金制度の普及・充実との関連が深い。ただし女子労働力の参加率の変化については、男子にもまして短期的・長期的変化の影響を受けやすい。短期的には不況の際、家計補助のため雇用労働力として労働市場に参入する割合が増大する。女子に多い仕事と家庭の両立を可能にするパートタイム労働はその典型である。長期的には産業構造の変化、特に筋力に依存しない雇用労働力に対する需要の増大により、女子労働力の活用機会が拡大することが重要である。

〔新田目夏実〕

【関連項目】　経済活動人口、失業、労働力方式／有業者方式、人口爆発、人口転換

【参考文献】　Ralf Hussmanns, Farhad Mehran and Vijay Verma, *Surveys of Economically Active Population, Employment, Unemployment and Underemployment : An ILO Manual on Concepts and Methods*. Geneva : International Labour Office, 1990. ／小野旭『労働経済学』東洋経済新報社、1998年。

ロジカル・フレームワーク
Logical Framework

ロジカル・フレームワーク手法と呼ばれるプロジェクトの計画・監理運営・評価手法。その起源は、1960年代後半に米国国際開発庁（USAID）が、議会での予算要求資料としてプロジェクトの構成要素を4行4列のわかりやすい1枚の表に表わして、使用したことに始まる（表参照）。表の列は下から上に向か

概要	指標	データ入手手段	外部条件
インパクト			
案件目的			
アウトプット			
インプット			

ってプロジェクトの流れを手段―目的の論理（縦の論理）で説明する。一方、表の行は、各手段とそれをとった際の外部条件を表わし、「プロジェクトで手段を講じた場合、もし外部条件の充足がなされれば、その時には想定した目的が達成される」というプロジェクト内部の動きと外部の補完的な動き（横の論理）を説明する。プロジェクトの内容を縦および横の2つの論理で鳥瞰的に表わすこの手法は、案件目標をまず明示して個々の行動を管理しようという、目標管理型の手法が国際協力の世界に導入された最初の動きである。この手法は、その合理性と論理一貫性とにより多くの援助機関で採用された。英国の援助行政庁（Overseas Development Administration：ODA、現在の組織の前身）ではこれをプロジェクト・フレームワーク手法と呼ぶなど、多くの援助機関で独自の名前をつけたが、その内容はロジカル・フレームワーク手法を超えるものではなかった。

しかしやがて、ロジカル・フレームワーク手法をとったとしても、援助を提供する側の論理と、それを受ける側の論理には食い違いがあることが指摘されるようになった。協力の範囲がインフラ開発という直線的な案件から、人材育成や組織制度開発に進展し、また地域社会の運営までも射程に入れるようにその幅と奥行きが広がるにつれて、この食い違いは放置しておけないと認識されるようになった。ドイツの技術協力公社（GTZ）は、そのロジカル・フレームワークの作成過程に受益者を広く参加させることが必要だとして、1983年にZOPP手法（目標管理型プロジェクト立案手法）を提唱し、関係者が参加するワークショップを通じてその意見を取り入れながら表の作成にたどり着く手法を開発した。ノルウェーの援助機関がまずこれを導入。その手法は続いて日本でも採用され、現在では国際協力機構（JICA．前事業団）の実施する案件のほとんどが、精粗の差はあるにせよこの手法を通じて立案されている。

1990年頃、国際協力事業団では、ロジカル・フレームワークに基礎をおいた案件評価の手法を開発していた。ZOPP手法が紹介されるに及び、計画立案部分をZOPP手法で作成し、できあがった4行4列の表をそのまま案件のモニタリングおよび評価に連結させる方向に方針転換した。この方針は、国際高等教育開発機構（FASID）によりPCM手法として新装した形でまとめられ、計画立案からモニタリングおよび評価までを一貫して扱う手法として完成された。

PCM手法はその起源をロジカル・フレームワーク手法とする。しかしワークショップを通じて参加型で計画立案、モニタリング、評価するところに新しさがある。その大まかな流れは、計画段階では①参加者分析（案件にかかわる主要なアクターの利害を分析し、プロジェクトの実施可能性を探る）、②問題分析（解決すべき問題の抽出と、それを取り巻く問題群の構造を探る）、③目的分析（問題解決に向けて手段―目的の関係を明らかにする）、④代替案分析（問題解決に向けてとりうるアプローチを選択し、実施可能性の高いものを確認する）、⑤マトリックスの作成（案件の全体像を表に表わす）、⑥行動計画表の作成（誰が、何を、いつまでに、どこまで、どのように実施するかを明示する）、実施段階では⑦モニタリング（行動計画表に照らした進捗確認ならびに外部条件の変動の確認および対策の検討）、評価段階では⑧中間評価（モニタリングの結果を踏まえて案件目的達成のための手段の妥当性を確認し、要すれば変更する）⑨終了時評価（主眼は目的達成の見通しを判断することにおかれ、協力の延長やフォローアップの要否を決める）⑩事後評価（主眼は協力の効果を検証することにおかれ、今後の同種計画への教訓を引き出す）と進む。

上述のPCM手法を含め、ロジカル・フレームワーク手法の長所・短所については、以下のような議論がある。長所としては、簡便に全体像が鳥瞰できることから、①プロジェクトの透明性の向上、②関係者間のコミュニ

ケーションの促進、③運営管理の効率の向上、参加型の立案が確保されることから④ニーズの取りこみの向上による妥当性の確保、そして⑤経験の蓄積とフィードバックの改善、などがある。短所としては、計画時に集中的な討論を重ねてつくるために、①変更および見直しへの消極的な態度の発生と硬直化、さらに情報収集とコンセンサス形成をワークショップに依存することから、②情報の質の確保の困難、③手段―目的について関係者の合意が得られない場合の対応の困難、④潜在資源の有効活用など、問題解決型とは異なった発想が求められる課題への対応の困難、などがある。　　　　　　　　［佐原隆幸］

【関連項目】　プロジェクト・サイクル、米国国際援助庁、ドイツ技術協力公社、開発計画
【参考文献】　国際開発高等教育機構『開発援助のためのプロジェクト・サイクル・マネジメント』FASID、1997年．

ローゼンシュタイン-ロダン、ポール・N.
Paul N. Rosenstein-Rodan, 1902〜85

ポーランド生まれの経済学者。開発経済学の分野でも「均斉成長（Balanced Growth）」や「ビッグ・プッシュ（Big Push）」などの概念を提示したことで知られる。また、工業化が経済発展の起爆剤になりうるという仮説を、東ヨーロッパ諸国の分析を通じて提示したことでも有名である。ヤング（Allyn Abbot Young, 1876〜1929）の論文（"Increasing Return and Economic Progress," Economic Journal, Vol. 38, pp. 527-542, 1928）にもとづき、規模に関する収穫逓増を前提とすれば、政府主導型の工業化が有効であることを示した。

また、第2次世界大戦中のポーランドの農業部門に偽装失業者が存在したことを、実証分析を通じて明らかにした。当時、ドイツの占領下にあったポーランドでは、農業人口が20％減少したにもかかわらず、農業生産が低下しなかったことを、その理由とした。その他、先進国から開発途上諸国への援助供与の基準と条件に関しても有力な主張をしている。援助の目的は、受入国の自律的経済成長が可能になるまで経済成長を引き上げることにあるし、この目標に対して受入国自身がどの程度自助努力をしているのかが援助供与の基準になるとした。この努力の程度を測定する指標は、投資吸収能力（Absorptive Capacity）と呼ばれている。この指標にもとづき、開発途上国の5カ年に必要な援助資金額を算定し、開発計画を策定した。

これらの主張の背景には、先に指摘した東ヨーロッパの分析から得られた「均斉成長」や「ビッグ・プッシュ」の考えが読み取れる。政府の介入や国際援助の後押しを受けて、生産財および消費財産業を同時に創設する総合的な工業化を推し進めれば、開発途上諸国は「貧困の罠」から脱出できるというものである。これに対して、ハーシュマン（Albert Otto Hirschman, 1915〜）は不均斉成長論を提示しており、開発戦略のあり方を問う意味でも興味深い。　　　　［德原　悟］

【関連項目】　偽装失業、不均斉成長説、均斉成長説、収穫逓増の法則
【参考文献】　Paul N. Rosenstein-Rodan, "Problems of Industrialization of Eastern and South-Eastern Europe," Economic Journal, Vol. 53, June-September, 1943. ／Paul N. Rosenstein-Rodan, "Disguised Unemployment and Underdevelopment in Agriculture," Monthly Bulletin of Agricultural Economics and Statistics, Vol. 6, 1957. ／Paul N. Rosenstein-Rodan, "International Aid for Underdeveloped Countries," Review of Economics and Statistics, Vol. 43, pp. 107-138, May, 1961. ／鳥居泰彦『経済発展理論』東洋経済新報社、1979年．

ロメ協定
Lome Convention

欧州連合（EU）が、構成国の旧植民地であったACP諸国（A：アフリカ、C：カリブ、P：太平洋）との間で締結した地域開発協力協定。その淵源は1958年のローマ条約第4部「海外の国および領域の連合」にさかのぼる。多数の植民地を擁していたフランスが、EEC（当時）向け輸出に便宜を図ることで、植民地経営の安定化を狙ったことが導入の直接的理由とされる。その後、各地で独立が相次ぎ当初目的は失われたが、旧植民地と友好関係を構築するため、第1次（1963年）ヤウンデ協定および第2次（1969年）ヤウンデ協定（カメルーン首都名）締結へと発展していった。英国加盟後の1975年に取り交わされ、第4次改定版までつくられたのがロ

メ協定（トーゴ国首都名）である。ロメ協定はACP参加国が多く、内容的に「開発途上国に最も有利な経済協力協定」といわれた。その特徴は第1に、開発・経済協力の行われる分野が、通商、工業技術、金融開発、文化社会発展、環境保護など多岐に及び、充実していた点にある。第2の特徴は、閣僚理事会の他に、大使委員会、共同総会、事務局など実施機関が整い、継続的運営体制が組まれていた点にある。ところが、EU側が経済的負担を重荷とするようになるとともに、ACP側の交渉能力が低下したこともあって、第2次ロメ協定以降、漸次内容に変化がみられる。援助効果を高めるため、援助対象となる政策プログラムをEU・ACP間で検討協議する「政策対話制度」が導入されたり、人権・環境分野の改善要求なども行われるようになった。

ロメ協定は、2000年の第4次改定協定失効に伴い、コトヌー協定（ベナン首都名・6月23日締結）に取ってかわられることになった。細部は2008年までに取り決められるが、大幅な見直しが予想され、少なくともACP諸国がこれまでのような特別の地位を認められることは期待できない。EU開発援助政策の変質は明らかで、政策志向型援助体制に移行すると見込まれている。ロメ体制はつねに世界の開発協力体制の一歩先を歩んできただけに、このような変質の原因と経緯の探究は、ODA問題全般を考えていく際にも有用である。　　　　　　　　　　［横山真規雄］

【関連項目】　EU
【参考文献】　John Pinder, *The Building of the European Union*. OPUS, 1998. ／前田啓一「EU開発政策の変貌について―ロメ協定からコトヌー協定へ」日本EU学会編『ニース条約と欧州統合の新展開』有斐閣、2002年.

ワ

歪度
Skewness

分布の非対称性を示す指標の1つ。n個のデータ $x_1, x_2, \cdots, x_n$ について、その算術平均を $\bar{x}$、標準偏差を s とすると、歪度は以下のように定義される。

$$歪度 = \frac{1}{n}\sum_{i=1}^{n}\left(\frac{x_i - \bar{x}}{s}\right)^3$$

歪度がゼロに近いほど分布は左右対象に近い（ただし歪度がゼロであっても左右対象でない場合もある）。歪度が正の時、分布の裾が右方向に長く、歪度が負の時、分布の裾が左方向に長くなる。非対称度ともいう。

［白砂堤津耶］

【関連項目】　尖度、標準偏差

ワシントン・コンセンサス
Washington Consensus

ワシントン・コンセンサスは、ジョン・ウィリアムソン（John Williamson）による造語である。1980年代に中南米諸国で頻発した、累積債務問題への対処の経験から導き出された政策パッケージの総称である。その由来は、この政策パッケージがワシントンを本拠地とするIMFや世界銀行などの政策サークルで合意をみたことによる。

この政策パッケージは、以下の10項目からなっている。①財政赤字の削減、②公共支出の再編成、③租税改革、④金融改革、⑤単一為替レートの設定、⑥数量規制から関税への移行、および関税率の段階的引き下げ、⑦外国直接投資の流入を阻止する障壁の撤廃、⑧国有企業の民営化、⑨新規参入および競争制限的な規制の撤廃、⑩所有権の確立。この内容には、政府は健全なマクロ経済運営、および教育、健康、インフラ整備などを通じた所得分配の改善に責任をもち、それ以外の経済活動は原則的に市場メカニズムに委ねるという考え方がみられる。そこでは主流の新古典派経済学が理論的支柱となっている。

政策パッケージは、1980年代に累積債務危機に陥った中南米諸国で「構造調整」という形で実際に試みられた。そして、1990年代前半には、社会主義体制から市場経済体制への移行を目指すロシア・東欧諸国などに「ショック・セラピー」という形で導入された。1990年代後半には、アジア経済危機に陥った国々が経済回復するための処方箋として提示された。しかし、アジア経済危機後、このワシントン・コンセンサスに対する批判が噴出した。批判が集中したのは、資本移動の自由化であった。金融・資本市場が未整備な国が急速に資本移動の自由化を行っても、経済危機を引き起こすだけで持続的な経済成長にはつながらないというものであった。中南米諸国の累積債務問題の原因が巨額の財政赤字にあり、これは「政府の失敗」であったといえる。しかし、アジア危機は、資本自由化による民間債務の急増という「市場の失敗」であり、政府による「資本規制」が行われていれば阻止できたと考えられる。　　　［徳原　悟］

【関連項目】　対外債務危機／債務削減戦略、新古典派経済学、漸進主義／急進主義、安定化政策／構造調整政策
【参考文献】　John Williamson ed., *Latin American Adjustment : How Much has happened*. Washington D.C. : Institute for International Economics, 1990.／Pedro-Pablo Kuczynski and John Williamson eds., *After the Washington Consensus : Restarting Growth and Reform in Latin America*. Washington D.C. : Institute for International Economics, 2003.

ワヒド、アブドゥルラフマン【インドネシア】
Abdurrahman Wahid, 1940〜

インドネシア共和国の第4代大統領である。ワヒドは父の名前であって、本人の名前はアブドゥルラフマン（Abdurrahman）のみで苗字をもたない（以下は便宜上ワヒドと呼称する）。愛称のグス・ドゥル（ドゥル兄さん）で呼ばれることも多い。

ワヒドは、1940年8月東ジャワのジョンバン地方で生まれた。祖父はインドネシア最大のイスラム団体「ナフダトゥール・ウラマ（NU）」の創設者であり、父はスカルノ（Achmad Soekarno）大統領時代に宗教相を務めている。ワヒドは、1959年からジョンバンのプサントレン（伝統的なイスラム寄宿学校）で学んだ後、1964年からエジプトのカイロにあるアズハル大学で学んだ。1966年にはイラクのバグダッド大学文学部に入り、文学と社会学を学んだ。

1974年にインドネシアに戻り、教職に就きながら、雑誌『テンポ』のコラムニストとしても活躍し、スハルト（Thojib N J Suharto）政権批判を繰り広げた。次第にワヒドは、カリスマ性をもつイスラム学者として名をあげるようになり、その幅広い教養でも人々の尊敬を集め、1983年から1985年までジャカルタ芸術委員会議長を務めた。1984年に、ワヒドは祖父の創設したNUの議長に就任した。ワヒドへの会員からの信認は厚く、1999年まで3期議長を務めた。ワヒドは、海外での評価も高く、エジプト政府から「イスラム伝道賞」（1991年）を、フィリピン政府から「マグサイサイ賞」（1993年）を受賞し、1994年にはイタリアで開かれた世界宗教平和会議の議長を務めた。1990年代初めからワヒドの視力は低下し始めたが、1998年2月発作で倒れ、脳外科手術を受けて数カ月間入院生活を送った。視力が一段と悪化し、一時は全盲状態に陥った。

スハルト大統領辞任後の1998年7月、ワヒドはNUの政治部門として「民族覚醒党（PKB）」を結成し、政治活動を始めた。翌1999年10月の国民協議会（MPR）における大統領選挙でメガワティ（Diah Permata Megawati Setyawati Soekarnoputri）候補を破り、第4代大統領に就任した。同月、メガワティ副大統領とのコンビで「国民統一内閣」を発足させたが、食糧調達庁が絡む資金疑惑とその一貫性のない言動から政務実行能力が問われ、2001年7月MPRにおいて大統領職を罷免された。　　　［篠塚　徹］

【関連項目】　食糧調達庁、スハルト、メガワティ
【参考文献】　Web site：早崎隆志「アブドゥルラフマン・ワヒド」『インドネシア歴史探訪』(http://www.tcat.ne.jp/~eden/Hst/indonesia/).／Web site：「インドネシアのイスラーム」『アジアの声（主宰・坪内隆彦）』(http://park5.wakwak.com/~asia/).

ワワサン2020
⇨ビジョン2020／ワワサン2020【マレーシア】

A

ADB（アジア開発銀行）
Asian Development Bank

1963年に開催されたアジア・太平洋経済社会委員会（ESCAP）の閣僚会議で設立が決定され、1966年に発足した。アジア・太平洋地域における経済発展と相互協力を推進し、域内開発途上国の経済開発プロジェクトを支援する国際開発金融機関である。特に、貧困の緩和、人的資源の開発支援、女性の地位向上、そして環境保護を戦略目標とし、公共セクター、民間セクターを問わず積極的に支援している。その機能の主なものとしては、①開発途上の加盟国に対する融資、株式投資、②開発プロジェクト、開発プログラム実施のための技術支援と助言、③開発途上国の開発政策調整支援、などがあげられる。

本部をマニラにおく。加盟国は、2002年にポルトガルと東チモールが加盟して61カ国となった。うちアジア・太平洋域内加盟国が44カ国、米国を含む域外加盟国が17カ国である。総裁は任期5年、歴代日本人で現在は千野忠男。意思決定は加盟国の代表により構成される総務会で、総務会の委任を受けて業務遂行にあたる理事会は、域内国から8人、域外国から4人、地域代表として選任される。日本からは域内国理事の1人として単独で理事が席を得ている。2001年12月現在、授権資本は438億3000万ドル、出資比率では、日本と米国が15.89％で並び、中国6.56％、インド6.45％、インドネシア5.55％、カナダ5.33％、韓国5.13％、ドイツ4.41％と続く。

2001年の融資承認額は53億4000万ドルで、借入国はインド15億ドル（28.1％）、中国9億9000万ドル（18.7％）、パキスタン9億6000ドル（17.9％）、インドネシア5億ドル（9.4％）、バングラディッシュ2億9000万ドルが上位に並ぶ。使途別では、通信・運輸関係が14億3000万ドル（26.7％）と多く、エネルギー6億6000万ドル（12.4％）、農業・天然資源関係6億ドル、金融関係5億7000万ドル、社会インフラ4億9000万ドルが上位5位にある。

なお、同期間の技術援助供与額は1億5000万ドル、受益国はインドネシア1600万ドル（13.7％）、中国1200万ドル（10.7％）、ベトナム800万ドル（7.2％）などで、その対象分野は農業・天然資源関係2200万ドル（15.2％）、社会インフラ1900万ドル（13.2％）、金融関係1300万ドル（9.0％）となっている。通常融資の原資は払込資本金30億7000万ドル、利益準備金78億8000万ドルの他、ADB債の発行や金融機関の協調融資などで248億1000万ドルを調達している。2001年には借り手の要望に応じLIBORベースの資金調達も始めた。

低所得国向け低利長期融資の原資を得るためにアジア開発基金（ADF）を設け、2001年12月現在、199億1000万ドルの枠供与を受けている。また、1988年に日本が創設した日本特別基金（JSF）の他、多くの加盟国から情報通信技術日本基金（JFICT）、貧困削減日本基金（JFPR）など合計10億6000万ドル、技術援助特別基金（TASF）9億1000万ドル、アジア開発銀行研究所特別基金（ADB-ISF）6000万ドルが寄せられており、技術援助、人材開発の目的とする無償資金援助、融資に利用されている。　　〔飯島　健〕

【参考文献】　アジア開発銀行『アジア開発銀行年次報告2002』アジア開発銀行.

AMF（アジア通貨基金構想）
Asian Monetary Fund

1997年7月にタイで通貨危機が発生した直後から、米国や国際金融機関に頼らず、アジア諸国の中で危機に対処する必要があるとの機運が高まり、域内に1000億ドル規模の基金を設立するという「アジア通貨基金（AMF）構想」が生まれた。その後、日本を中心とするアジア諸国は、一連の国際会議の場でAMF設立を非公式に提案したが、米国およびIMFの猛反対にあった。反対の理由は、①組織・機能などの面でIMFと重複する、②資金供与にあたりIMFと異なるコンディショナリティを付ければ、被供与国のモラル・ハザードにつながりかねない、というも

のであった。また、アジア諸国の結束強化に対する警戒感もあったものと思われる。強硬な反対を受けて、アジア諸国のAMF設立に対する意欲は後退し、同年11月、アジアの新たな金融協力の枠組みとしてマニラ・フレームワークを合意する一方で、AMF構想は棚上げとなった。

その後、アジアにおいては①チェンマイ・イニシアチブを核とした流動性支援メカニズムの強化、②域内諸国に対するサーベイランス・メカニズムの確立、③域内諸国の為替レートの安定、などを目標とした金融面での協力が進められている。このように実質的にはAMF構想の精神が生かされている。日本を含めたアジア諸国においては、AMF設立に対する期待が根強く残っている。

ただし、AMFの機能や組織についての具体的な提案は、今のところ少ない。実際に設立を検討する場合には、加盟国の範囲やIMFとの機能分担など、慎重な判断を要する問題が多い。　　　　　　　〔清水　聡〕

【関連項目】　アジア経済危機、国際通貨基金、新宮澤構想
【参考文献】　平田潤監修、児玉京、平塚宏和、重並朋生『21世紀型金融危機とIMF』東洋経済新報社、1999年.

APEC（アジア太平洋経済協力会議）
Asia-Pacific Economic Cooperation

APECは1989年1月にホーク（Robert James Lee Hawke）・オーストラリア首相（当時）によって提唱され、同年11月に発足した。アジア太平洋地域の経済発展、地域協力、貿易、投資に関する閣僚レベルの協議体である。現在、非公式首脳会議、閣僚会議、貿易担当会議、高級事務レベル会議などの定例開催に加えて、必要に応じて分野ごとの担当大臣会合が開催されている。発足当初の参加国はASEAN6カ国（ブルネイ、インドネシア、マレーシア、フィリピン、シンガポール、タイ）、韓国、ニュージーランド、オーストラリア、カナダ、米国、日本の12カ国であった。その後、1991年に中国、香港（中国返還後は、中国香港）、中国台北、1993年にメキシコとパプアニューギニア、1994年にチリ、1998年にロシア、ベトナム、ペルーが加わり、2003年7月現在、メンバーは21カ国・地域に拡大している。

APECは、①開かれた地域協力、②WTO原則との整合性の確保、③コンセンサス・ベースによる意思決定などを基本原則としている。③は参加国の多様性を考慮したもので、特に、APECの早急な制度化に懸念を示していたASEANへの配慮から盛り込まれた。APECの活動は、①貿易・投資の自由化、②貿易・投資の円滑化、③経済・技術協力の3つの分野にわたるが、1993年に開催された初の首脳会議（シアトル会議）において、クリントン（Bill Clinton）米国大統領（当時）がAPECを軸とする貿易自由化を提唱したことによって、自由化推進のための協議体としての性格を強めた。1994年の首脳会議（ボゴール会議）では、「APEC経済首脳の共通決意の宣言」（ボゴール宣言）が採択され、①2020年（先進経済は2010年）までに貿易・投資の域内自由化を達成する、②貿易・投資の円滑化と開発協力を促進するという長期的な目標が設定された。開発協力の具体的な内容としては、人材育成、科学技術協力、中小企業の振興、経済インフラストラクチャーの改善などがあげられた。1995年の首脳会議（大阪会議）では、ボゴール会議で合意された長期目標を実現するための中・長期計画である「大阪行動指針（OAA）」が採択された。さらに、1996年のマニラ会議では、貿易・投資の自由化・円滑化のための個別行動計画（IAP）と共同行動計画（CAP）が初めて作成された。

ただし、FTAとは異なり、APECが目指す自由化は参加国の自主性を尊重した非拘束的なものである。かつ、「開かれた地域協力」という原則にもとづき、自由化は参加国以外にも適用される。したがって、目標の達成は加盟国の経済状況や国際環境に大きく左右される可能性がある。APECを取り巻く環境はボゴール宣言当時とは大きく変化している。1997年7月、タイに端を発した通貨危機はアジア全体に伝播し、多くの国で政治・経済的な安定が損なわれた。こうした混乱の最中に開催された同年のAPEC閣僚会議は、経済不安の打開に向けた協力策を打ち出すことができなかった。さらにメキシコ危機の際と比較

すると、アジアの危機に対する米国の冷淡さは明らかであり、APECに対するアジア諸国の期待は低下した。

1998年の首脳会議ではアジア経済危機への対応として「キャパシティ・ビルディング」のための協力がうたわれたが、従来の活動の域を出るものではなかった。加盟国とテーマが多様化したことによって、コンセンサスの形成や柔軟な対応が難しくなった。また、米州において米州自由貿易協定（FTAA）の創設に向けた協議が本格化しているが、アジアにおいてもASEAN＋3という形で政府間協力が進められるなど、米州、アジアがそれぞれの地域連携に関心を傾注させている。こうした状況下でAPECが存在意義を取り戻すためには、個別の経済協力分野において成果を示すことが求められる。　　　　［竹内順子］

【関連項目】　PECC
【参考文献】　山澤逸平、鈴木敏郎、安延申『APEC入門』東洋経済新報社、1995年。／APEC Secretariat, *Key APEC Documents* (1999年以前は *Selected APEC Documents*)、各年版。

ASEAN（東南アジア諸国連合）
Association of South East Asia Nations

1967年8月、ベトナム戦争が激しさを増し、中国の軍備増強が進められる中で、自由主義体制の維持と経済自立という目標を共有するインドネシア、マレーシア、フィリピン、シンガポール、タイの5カ国は「バンコク宣言」を採択し、ASEANを発足させた。バンコク宣言はASEAN創設の目的を「東南アジア諸国の平和と繁栄のため、協調と平等の精神の下で域内の経済発展、社会進歩、文化的発展を推進する」とうたっている。ASEANの創設は、各国政府が差し迫った問題であった国内社会・経済の安定化に取り組むために、近隣諸国との関係を安定させるという政治・安全保障面での意義が大きかった。反面、第1回首脳会議が開催された1976年まで地域機構としての活動は低調であった。

第1回首脳会議では、政治協力を明記したASEAN協和宣言がなされるとともに、経済協力の具体策が示された。1976年に域内国共同で大型産業プロジェクトを実施するASEAN工業化プロジェクト（ASEAN Industrial Project: AIP）、1977年に域内関税の引き下げを内容とするASEAN特恵貿易取り決め（ASEAN Preferential Trading Arrangements: PTA）などがなされた。しかし、加盟国間の利害調整は難しく、実質的な成果には乏しかった。ASEANとしての活動が国際的に注目され、開発途上国における地域協力の成功例という評価を得るようになったのは、各国経済が目覚しい発展を遂げた1980年代後半以降のことである。

1980年後半以降のASEANの活動は次の3点が特徴的である。第1に、経済協力の深化である。1992年に合意されたASEAN自由貿易地域（AFTA）の創設がその典型であるが、外国直接投資の誘致を目的とした域内市場の統合に向けたスキームが次々に発表された。第2に、「拡大ASEAN」の実現である。冷戦終結後のインドシナ情勢の変化を受けて、1992年の第4回首脳会議ではインドシナ諸国との友好協力関係の推進が合意された。同年、ベトナムがオブザーバーに就任、1995年には正式に加盟した。その後、1997年にラオス、ミャンマー、1999年にカンボジアが加わり、ASEANは東南アジア10カ国のすべてを包括する地域機構となった。ASEAN10の合計人口は5億4800万人、GDP合計額は6460億ドルに上る（2000年）。第3に、より広域の地域機構への参加である。経済面では1989年にAPEC、安全保障面では1994年にASEAN地域フォーラム（ARF）が創設され、ASEANはその中核として機能するようになった。

ただし、ASEANはこうした「拡大と深化」によって新たな問題を抱え込むことになった。それは原加盟国であるASEAN6と新規加盟国であるカンボジア、ラオス、ミャンマー、ベトナム（CLMV）との間の著しい経済格差であり、市場統合に向けた動きを減速させる要因にもなっている。さらに、1997年に発生した通貨・経済危機によってASEAN諸国は経済不振に陥ったが、その後の経済回復に格差が生じており、とりわけインドネシアでは依然として社会・経済的に不安定な状況が続いている。1998年のASEAN

首脳会議において、市場統合のスケジュールを前倒しすることが合意され、外国資本のASEANに対する関心をつなぎとめようとしたが、その後のASEANへの投資の流入状況をみる限り、効果は乏しかったといえる。市場統合については、関税引き下げは進捗しているものの制度運営上の問題が多く、実質的な貿易障壁となっている。こうした状況にあって、ASEAN諸国は域外国、とりわけ中国、日本との経済関係の緊密化を促進するFTAに対する関心を高めている。しかし、こうした方策はASEAN経済が往時のダイナミズムを取り戻すための特効薬にはなりえない。国内の構造改革の推進と同時に、市場統合の実質化と域内経済格差の縮小を地道に進めることが必要である。地域協力機構としてのASEANの意義は後者において大きい。

[竹内順子]

【関連項目】　AFTA、ASEAN＋3首脳会議、日本・ASEAN包括的経済連携協定、中国・ASEAN自由貿易協定

【参考文献】　山影進『ASAENパワー——アジア太平洋の中核へ』東京大学出版会、1997年。／Institute of Southeast Asia Studies, ASEAN Secretariat, "ASEAN Annual Report," 各年版。

ASEAN自由貿易地域
ASAEN Free Trade Area：AFTA

　1992年の第4回ASEAN首脳会議（シンガポール・サミット）においてAFTAの創設が合意され、ASEANは経済統合に向けて第一歩を踏み出した。合意を促した当時の事情としては次の3点があげられる。第1に、GATTウルグアイ・ラウンドが難航する一方で、EU、NAFTAなどの地域経済統合に進展がみられたことである。第2に、ASEAN各国が高成長を遂げ、自由化に対する抵抗感が従来に比べて弱まったことである。特に、自由化に対して慎重であったインドネシア、タイの姿勢が変化した意味が大きい。第3に、市場経済化を進める中国に対する警戒感が高まったことである。1980年代後半以降、ASEAN各国の経済発展に対する外資の影響力が急速に増大した。欧米における地域統合の動きや中国の台頭に対抗し、外国企業にとって魅力ある投資先であり続けるために、人口3億3000万人の単一市場という将来像を提示する必要があった。

　当時、域内の貿易自由化に関しては、タイ政府によるAFTA構想とインドネシア政府による共通実効特恵関税（CEPT）構想が存在したが、シンガポール・サミットでは2つの構想を統合し、CEPTを適用することによって段階的に域内関税を引き下げ、ASEANを自由貿易地域化する方針が示された。各国は関税品目をCEPT適用品目、一時除外品目、センシティブ品目に分け、合意したスケジュールにもとづき適用品目の拡大と段階的な関税引き下げを実施し、最終的には域内関税を0〜5％にすることとなった。域内産とみなされるためには40％以上の域内調達率が条件とされる。

　関税引き下げの達成期限は合意当初、2008年とされていたが、1995年に未加工農産物をCEPTの対象に含めるとともに、達成時期を2003年に変更することが合意された。また、1996年には企業内貿易（同一企業の域内拠点間の貿易）に関する関税率の減免を内容とするASEAN産業協力（AICO）スキームが導入された。さらに、1998年には通貨危機後の経済低迷克服のための措置の1つとして、関税引き下げの達成時期を2002年へと前倒しした。その一方で、1995年以降に加盟した新規加盟国のAFTAへの統合については猶予期間を設けており、CEPT対象品目の関税引き下げ達成期限をベトナムについては2003年、その他の国については2006年とした。最終的には、ASEAN 6は2010年までにすべての品目、その他の国は2015年までに一部のセンシティブ品目を除くすべての品目について関税を撤廃する予定である。

　2003年1月1日からASEAN 6では2003年版適用品目リストに含まれる4万4160品目（全関税品目の99.6％に相当）に5％以下の関税率が適用され、CEPTスキームにおける平均関税率は1993年当時の12.76％から2.39％へと低下した（ASEAN事務局）。一部の国に遅れがみられるものの、AFTAの成立は達成されたといえる。ただし、ASEANの輸出入に占める域内貿易の割合は2000年でも2割程度であり、手続きの煩雑さなどを理由にCEPTスキームの利用状況も低

迷している。かつ、域内で活動する多国籍企業にとっては通関業務の遅さ、物流業に関する規制などが国境を超えたビジネスを行う上での障害となっており、実質的な市場の一体化に向けての課題は多い。通貨危機後の経済回復が力強さを欠くこと、投資誘致を強化する国が世界的に増加していることなどから、国際社会、とりわけ外国資本にとってASEANの位置付けの相対的な低下は否めない。ASEANへの外資の流入が低迷する一方、中国の経済的なプレゼンスは高まっており、2002年には世界最大の外資受入国となった。2003年のASEAN外相会議では、経済統合を次の段階にステップアップするという方針が示され、現行のモノ、サービスに加えて、2020年までにカネ、ヒトの移動を自由化するASEAN経済共同体（AEC）の創設が合意された。しかし、非関税障壁の撤廃や物流環境の改善を推進し、実質的な統合市場としての価値を高めることが先決であろう。

［竹内順子］

【関連項目】 ASEAN、日本・ASEAN包括的経済連携協定、中国・ASEAN自由貿易協定
【参考文献】 Joseph L. H. Tan, ed., *AFTA in Changing International Economy*. Institute of Southeast Asian Studies, 1996. ／青木健編『AFTA―ASEAN経済統合の実情と展望』日本貿易振興会, 2001年.

◀ASEAN＋3首脳会議
ASEAN plus 3 Summit

ASEAN＋3首脳会議は、1997年11月にマレーシアで開催されたASEAN発足30周年記念の首脳会議に日本、中国、韓国の首脳が招待される形で始まった。1997年夏のアジア通貨危機発生直後であったことから、同会議は日本を含む東アジア諸国が地域協力の必要性を強く認識する場となった。1998年に定例化することで合意し、以後ASEAN首脳会議にあわせて年1回開催されている。1999年からはASEAN＋3外相会議が定例化された他、財務相会議、経済閣僚会議、労働相会議なども開催されている。

東アジアの経済危機の最中にスタートしたASEAN＋3首脳会議にとって最大の協議事項は、いうまでもなく経済危機からの脱出と安定化であった。1998年の首脳会議において、通貨・金融の安定のために協調を強めることが合意されたが、それ以降も通貨・金融問題の協議が続き、日本も積極的に貢献する姿勢を示した。1999年の首脳会議では、ASEAN＋3という枠組みでは初めての声明となる「東アジアにおける協力に関する共同声明」が採択された。同声明には、経済危機の再発を防ぐためのセーフガードとして、構造改革の継続と協力の強化が不可欠であること、通貨・金融分野においてASEAN＋3の枠組みを通じて東アジアに自助・支援メカニズムを形成することなどがうたわれている。

ASEAN＋3は、東アジアにおける協力の方向性を見定め、「未来の課題」を探るために、研究組織として民間有識者で構成される東アジア・ビジョン・グループ（EAVG）と、官レベルの取り組みである東アジア・スタディ・グループ（EASG）を設けた。ASEAN＋3にとって、重要な検討課題の1つは自由貿易地域の形成であるが、EASGは2002年の首脳会議において中・長期的な東アジアFTAの創設を提言した。この提言を受けて、各国首脳からも個別のFTAを積み上げて東アジア自由貿易圏を形成するべきであるという認識が示された。同会議では朱鎔基（Zhū Róngjī）中国首相（当時）による日中韓FTAの提案もあったが、同時期に、開催されたASEAN首脳との会議において、中国は「中国・ASEAN自由貿易協定」の枠組み協定を締結し、日本は「日本・ASEAN包括的経済連携協定」の構想を前進させるなど、個別のFTAに関して著しい進捗がみられた。個別のFTAの積み上げによって長期的には東アジア自由貿易圏の形成につなげるというシナリオに合致した動きといえる。

EASGはもう1つの検討課題である「東アジアサミット」についても言及した。2000年の首脳会議でゴー（Goh Chok Tong）シンガポール首相は、ASEAN＋3を日中韓3カ国がASEANに対する協力のあり方を話し合う場から、東アジア地域の協力を進めるための場へと発展させる可能性について、EASGに検討を委ねた。これに対して、EASGは漸進的な推進の重要性を指摘した。経済危機への対応から出発したASEAN＋3は、東アジ

アの政治・経済協力の枠組みとして定着し、より大きな役割を担おうとしている。

　ASEAN＋3の構成国は、1990年にマハティール（Mahathir bin Mohamad）マレーシア首相（当時）が提唱したが、成立しなかった「東アジア経済グループ（EAEG）」の構成国とほぼ一致している。EAEGが不成立に終わった理由は、ASEAN内部の足並みの乱れや日本の消極的対応などであるが、より大きかったのはアジアに排他的な地域統合が誕生することを警戒する米国の反対であった。当時、「世界の成長センター」として注目を集めていた東アジアにおける経済的利益の拡大を意図していた米国にとって、EAEGは容認し難い動きであった。現在のところ、米国がASEAN＋3を牽制する動きはない。

〔竹内順子〕

【関連項目】　ASEAN
【参考文献】　末廣昭，山影進編『アジア政治経済論—アジアの中の日本をめざして』NTT出版，2001年．

B

BULOG（食糧調達庁）【インドネシア】
Badan Urusan Logistik ［イ］

　1966年インドネシアの国家食糧司令部として活動を開始し、翌年正式に発足した。当初の機能は、公務員や軍人のために米を確保して、これを配給することであった。1970年に全国的な米の価格を安定させる機能をもつようになり、米の在庫と供給を包括的に管理し、米が不足する際には輸入する役割を担った。具体的には、村落単位協同組合を通じて農民から米を買い付け、手持ちの在庫米を市場に放出したり輸入をしたりして、価格安定のために国内米市場を管理した。1971年以降、小麦、砂糖、牛肉、大豆、メイズ、緑豆、ピーナッツと、管理する食糧が順次増加していった。価格安定機能を行使するために、政府から補助金を受け、中央銀行から低利融資を受けている。

　このように食糧調達庁が基本的食糧の輸入・流通を管理・運営する独占権をもち、傘下に財団も有していることから、かねてから輸入業者との癒着や豊富な資金をめぐる政治家などの汚職が指摘され、その多くが顕在化した。スハルト（Thojib N J Suharto）時代、同庁が政界と財界のパイプ役となって、政界に資金を流し込む役割を果たしてきた。財界の主役として、サリム・グループなどの政商が存在する。

　スハルト政権崩壊後も、ワヒド（Abdurrahman Wahid）大統領罷免の一因は同庁福祉財団の資金を政治家に流したという嫌疑であり、アクバル・タンジュン（Akbar Tandjung）ゴルカル（Golkar）党総裁も、同庁予算外資金の流用問題で一時拘留された。また、メガワティ（Diah Permata Megawati Setyawati Soekarnoputri）大統領のロシアとの戦闘機などの購入契約に絡む問題（スホイゲート）にも、同庁が登場する。このため、同庁の独占権に対する批判が高まり、1999年6月輸入・管理独占権が廃止され、米以外への政府補助と輸入規制も打ち切られた。ただし、米の管理権は残されている。

〔篠塚　徹〕

【関連項目】　KKN、華人コングロマリット、政商、ファミリー・ビジネス、福祉財団、スハルト、ワヒド、メガワティ
【参考文献】　村井吉敬，佐伯奈津子，久保康之，間瀬朋子『スハルト・ファミリーの蓄財』コモンズ，1999年．／佐藤百合編『民主化時代のインドネシア』アジア経済研究所，2002年．

C

CDF（包括的な開発フレームワーク）
Comprehensive Development Framework

　世界銀行のウォルフェンソン（James D. Wolfensohn）総裁は、1997年の世銀・IMF年次総会で、開発効果を高めるためには他の関係機関との緊密な協力体制の構築が必要であることを訴えた。これは「包括的な開発フレームワーク（CDF）」として体系化され、開発途上国の開発にかかわる多くの機関や組織に影響を与えている。

　その基本概念は、①受け取り国自身がオー

◇CDF のイメージ

		持続的な成長と貧困緩和のために必要な事項			
		構造的	人的	物理的	その他
このプロセスを支援できるパートナーの活動	政府				
	援助機関				
	市民社会				

ナーシップ（主体性）をもって作成した開発課題に世銀や他のパートナーも参加し、共有された計画の下でそれぞれが戦略的に支援すること、②受け取り国政府、市民社会、民間セクター、援助供与国・機関およびその他の開発関係者とのパートナーシップの構築を重視すること、③経済成長やインフレなどのマクロ経済の安定化や構造改革の重要性を認めつつも、教育、医療などの社会的側面を重視する包括的なアプローチをとるべきこと、などである。

CDFでは、各プレイヤーがどのような活動を行っているのかを当該国政府が把握しやすくするためにマトリックスを作成する。横軸に持続的な成長と貧困緩和のために必要な事項、縦軸にプレイヤーが列挙された表にもとづいて、ある国において何が行われていて、何が欠けているのかを把握し、包括的な戦略策定を目指す。CDFはプロセスであり、より大きな開発効果を達成するためのツールでもある。　　　　　　　　　　［三浦有史］

【関連項目】　PRSP
【参考文献】　世界銀行東京事務所ホームページ（http://www.worldbank.or.jp/）.

◀ D ▶

◀ DAC新開発戦略
⇨ MDGs／DAC新開発戦略

◀ DUP活動仮説
Directly Unproductive Profit-seeking Hypothesis

DUP（直接非生産的利益追求）活動仮説とは、クルーガー（Anne O. Krueger）によるレント追求仮説をより一般化したものであり、バグワティ（Jagdish Natwarlal Bhagwati）によって提示された。DUP活動とは、直接的に生産的でない活動を行うことによって金銭的利益のみを獲得する行動のことである。DUP活動には、レント追求活動とともに、関税保護追求活動や独占追求活動等、政府による規制政策によって特権や利益を得るためのさまざまな活動が含まれる。これらのDUP活動は、政府に対するロビー活動によって政策化され、社会に対して大きな影響を与える。DUP活動は、レント追求活動と同様、資源配分を歪めるために、社会全体の効率性が損なわれる。
　　　　　　　　　　　　　　［森脇祥太］

【関連項目】　レント追求仮説
【参考文献】　絵所秀紀『開発の政治経済学』日本評論社，1997年.

◀ E ▶

◀ EBRD（欧州復興開発銀行）
The European Bank for Reconstruction and Development

欧州復興開発銀行（EBRD）は、中東欧諸国および旧ソ連邦諸国を対象に市場経済への移行や民間部門の育成に関する支援、民主化、自由化の促進を目的に1991年4月に設立された国際開発銀行である。2002年末時点の加盟国は60カ国に達し、欧州委員会と欧州開発銀行の2機関から構成されている。本部はロンドンにおかれている。EBRDの主要業務は、第1に投融資業務である。EBRDは民間部門への投融資が中心となっており、公的部門向けは全体の40％以下とすることが目標として設定されている。これは、旧社会主義諸国が市場経済化や民営化を促進するにあたって民間部門の育成が不可欠と考えられていることによる。2000年末時点の国別投融資コミ

ットメントは、第1位のロシア（全体の21.7％）、以下ポーランド（同21.2％）、ウクライナ（同11.0％）、クロアチア（同5.7％）、カザフスタン（同4.8％）などとなっている。総額は27億ユーロである。第2は、技術支援業務である。EBRDは加盟国から拠出された資金を業務のベースとしており、2000年には、16の基金から295件、総額6800万ユーロ相当の技術協力資金が提供されている。EBRDへの国別出資比率は、米国の10％を筆頭に、日本、英国、フランス、ドイツ、イタリアがそれぞれ8.5％で並んでいる。

［佐々木郷里］

【関連項目】 ADB、IDB、アフリカ開発銀行

EU（欧州連合）
European Union

　EUは、世界の地域統合の中でも最も長い歴史を有し、かつ最も統合度が高い地域統合であるばかりでなく、最も加盟国数の多い巨大地域統合である。このため欧州の地域主義は、世界の地域主義にきわめて大きな影響を及ぼしてきた。EUは、1951年に設立された欧州石炭鉄鋼共同体（European Coal and Steel Community：ECSC）、1959年に設立された欧州経済共同体（European Economic Community：EEC、1993年に欧州共同体〔European Community：EC〕と改称）および欧州原子力共同体（European Atomic Energy Community：EURATOM）の3つの共同体を母体に、1993年11月に発効した欧州連合条約（通称マーストリヒト条約）により設立された。EU設立時の加盟国は12カ国であったが、1995年にフィンランドと欧州自由貿易連合（EFTA）からオーストリア、スウェーデンが加盟し15カ国となった。また1989年以降の中・東欧諸国における体制転換に伴い、ポーランド、チェコなど10カ国とEU加盟を前提とするFTAを柱とした連合協定を締結しており、近い将来より巨大な地域統合体が誕生することが確実視されている。

　欧州の地域主義の特徴は、第1次ならびに第2次世界大戦への反省および戦後の米ソ二大大国に対する脅威を共通認識とし、政治的安定および戦後復興の早期化を共通目的に政府主導で強力にかつ段階的に推進されたことである。欧州の地域統合は、次のようなプロセスで進められてきた。第1段階は、関税同盟の設立である。1958年から加盟諸国は域内関税の引き下げを開始し、1968年までに域内関税を全廃するとともに、同年8月から対外共通関税を設定し関税同盟を設立した。第2段階は、共同市場の設立である。共同市場は1992年末に設立されたが、そのために欧州理事会はまず1985年に「域内市場白書」を提出し、非関税障壁および税制上の障壁（付加価値税など）撤廃を推進、次いで1987年に「欧州単一議定書」の発効によって「モノ、人、資本、サービスの移動が保証された域内国境のない領域」すなわち共同市場を設立させることに成功した。第3段階、通貨同盟（EMU）の設立である。

　通貨同盟へのプロセスは、1979年の欧州通貨制度（EMS）の発足と欧州通貨単位（ECU）の創設からスタートした。続いて1989年にEMUを達成するための具体的プログラムを示した「欧州経済・通貨統合に関する報告書（通称ドロール報告）」を公表し、全加盟国のEMSへの参加、欧州中央銀行の設立による単一金融政策の実行、為替レートの恒久的固定化および単一通貨の導入が提示された。1992年にはマーストリヒト条約が調印され、EMUの参加条件として、物価安定、政府財政状況、為替相場の安定、長期金利の水準の4条件が示され、単一通貨導入のための基礎を固めた。最後に1998年の欧州特別理事会において、1999年1月よりEMUを正式に設立することが決定された。ただし加盟15カ国中1999年1月時点で単一通貨ユーロを導入したのは12カ国にとどまった。それは1997年調印の改正欧州連合条約（アムステルダム条約）で、それまでの全会一致原則が改められ、参加できない国の棄権を認める「建設的棄権」と一部加盟国が率先して共通政策を進める「柔軟性の原則」が導入されたためである。通貨同盟を設立したEUの今後の目標は、欧州憲法の制定など経済、政治外交面において共通政策をこれまで以上に増やし、より深く統合を進めて完全なる経済統合を完成させ

ることである。しかしEUの前途には問題も多い。中東欧諸国の新規加盟によるEUの財政負担の増大や、通貨同盟設立により景気調整手段としての金融政策を失ったことによる域内の経済格差拡大の可能性などである。

[北村かよ子]

【関連項目】　地域主義
【参考文献】　佐々木隆生, 中村研一編『ヨーロッパ統合の脱神話化』ミネルヴァ書房, 1994年. ／西孝「ユーロランドを見る視点」青木健, 馬田啓一編『地域統合の経済学』勁草書房, 1999年. ／久保広正『欧州統合論』勁草書房, 2003年.

F

FELDA（連邦土地開発公社）【マレーシア】
Federal Land Development Authority

マレーシアの連邦土地開発公社。開発途上国における入植計画の最も成功した事例として注目されてきた。独立直前の1956年に連邦政府機関として発足したFELDAの目的は、土地なし農民を入植させ、最終的に土地の所有権を入植者に移転し、自作農民として自立させるというもの。植民地住民の福利厚生に無関心だった英国植民地当局がなぜ土地なし農民を救済するに至ったか。当時、非合法化したマラヤ共産党のゲリラ活動が農村地域の貧しき農民をオルグして植民地当局に圧力をかけていたので、植民地経営を継続するには民生安定を図るしかないと判断した植民地当局は、貧農対策に立ち上がらざるをえなかった。そこで世界銀行の援助を受けてFELDAの入植プロジェクトを推進した。1957年の独立とともに誕生したばかりのFELDAを広く理解してもらうため、英語、マレー語、中国語、タミル語で「貧しい必要はない」のパンフレットを発行した。これは土地なし農民に呼びかける言葉であった。

FELDAの土地開発・入植事業は単に過剰人口を吸収するというのではなく、失業手当てもなく、入植者自身が自助努力によってよき農民となることが期待されていた。割り当てられた保有地の規模は、単に生活できる規模でなく、10エーカーを目安として商業生産が十分に可能になる規模であった。ジャングルを開拓して、整地し、天然ゴムの植え付けを行い、同時に入植家屋を建築するという初期の作業を、FELDAが請け負う業者に委託する。入植者には収穫による収入が得られるまで数年間の手当てがFELDAから支給された。1970年代に入ると、FELDAの入植事業は、ブミプトラ政策の強力な推進装置の色彩が強まり、入植者のほとんどがマレー人の土地なし農民になった。1970〜80年代に天然ゴムやパーム油の国際価格が高騰すると、それに連動してFELDA入植者の収入が都市サラリーマンを上回る時もあった。しかし、1980年代後半からの高度成長時代を迎えて、工業化の波がFELDA入植事業を後退させた。

[小野沢純]

【関連項目】　ブミプトラ政策、新経済政策
【参考文献】　堀井健三「マレーの農民の階層分化と労働力移動：FELDAの役割を中心に」梅原弘光, 水野広祐編『東南アジア農村階層の変動』アジア経済研究所, 1993年. ／平尾幹夫「FELDAの開発方式の変遷に見る土地開発における中央・都市関係」東京都議会議会局『マレーシアの地方自治と経済政策』2001年.

FTA（自由貿易協定）
Free Trade Agreement

自由貿易協定（FTA）とは、複数国の間で関税などの貿易障壁を取り除き、自由貿易地域を形成するための取り決めをいう。地域貿易協定（RTA）の中で最も多く活用されている地域統合手段であり、1990年代に入りその数が世界的に急増した。FTAが急増した要因としては、貿易自由化による利益を自国経済の活性化のために利用したいとする国が急増したことに加えて、利害関係が一致するならばわずか2国間（地域）でも締結が可能であるという簡便性があるためである。この結果FTAはWTOにかわる通商戦略の要とみなされるようになり、地域統合に消極的であった日本など東アジア諸国もFTA締結に対して積極的な姿勢に転じた。

1990年代以降のFTAは、次の3つの点でそれまでとは異なる特徴がみられる。第1は、EUやNAFTAなど既存の地域統合体が特定国とFTAを締結する動きを活発化させていることであり、またその国が必ずしも地

理的に近接した国ではないことである。第2は、2国によるFTAが急増していることである。第3は、FTA協定に規定される内容が、関税・非関税障壁の撤廃によるモノおよびサービスの自由化、円滑化にとどまらず、直接投資の保護・自由化、知的財産権や環境の保護、経済協力一般など貿易自由化とは直接関係のないものまで含んでいることである。

　FTAは、締結国にどのような経済効果をもたらすのであろうか。FTAの経済効果は、関税障壁の撤廃による域内貿易に与える効果（静態的効果：static effect）と、FTAの締結により域内国・地域で生産性の上昇や資本の蓄積などが生じる効果（動態的効果：dynamic effect）とに分類される。静態的効果に関して最初に理論的な枠組みを構築したヴァイナー（Jacob Viner）によれば、静態的効果で最も重要なものは、「貿易創出効果」と「貿易転換効果」である。貿易創出効果とは、従来関税障壁が存在したために輸出が阻まれていた域内の低コスト生産国の製品が、FTA締結による域内関税の撤廃によって域内の高コスト生産国に対して輸出を拡大できることをいう。また域内の高コスト生産国の消費者は域内他国からの低コスト商品を購入・消費できるというメリットがあり、域内輸出入国双方の経済に利益をもたらす。貿易転換効果とは、従来域外国から輸入されていた低コスト製品が、FTA締結による域内関税の撤廃によって域内国で生産された高コスト製品におきかわってしまうことをいう。域内の高コスト生産国の域内諸国向け輸出は増えるものの、域内輸入国では関税収入が失われる上、消費者のコスト負担が増加することから、域内全体の利益はプラス、マイナスともに生じる。

　FTAの「動態的効果」は、バラッサ（Bela A. Balassa）によれば生産性上昇と資本蓄積の2つである。生産性上昇は、①域内貿易の増加による規模の拡大効果、②域内市場での競争促進効果、③域内加盟国、地域から優れた経営ノウハウ・技術が流入する技術拡散効果、④加盟国・地域間の競争により国内規制や制度が見直される国内政策・制度革新効果の4つの具体的効果で説明されている。資本蓄積による経済効果とは、FTAの締結が市場の拡大、競争の促進、国内政策・制度の革新、投資自由化などを促進させ域内の事業環境が改善されることにより域内外企業の投資活動が活発化し、域内諸国の成長が高まることをいう。ただしFTA協定に規定された原産地規則が厳格な場合は、競争力のある域外企業よりも競争力で劣る域内企業の投資の方が促進されるという投資転換効果が生じる場合もある。以上のようにFTAの域内諸国に対する経済効果は、理論上はプラス、マイナス両面がありうるが、多くのFTAでは、自国経済にとってプラスの効果を最大化しマイナスの効果を最小化できるように、相手国を選別するとともに協定内容に工夫をこらしている。　　　　［北村かよ子］

【関連項目】　RTA、EU、NAFTA、原産地規則
【参考文献】　B. バラッサ（中島正信訳）『経済統合の理論』ダイヤモンド社、1963年。／J. Viner. "The Custom Union Issues," in J. Bhagwati, P. Krishna, and A. Panagariya, eds., *Trading Blocs*. The MIT Press, 1999. ／浦田秀次郎編『FTAガイドブック』日本貿易振興会、2002年。

G

GATT（関税および貿易に関する一般協定）
General Agreement on Tariff and Trade

　一般的に、GATTと呼ばれる。関税その他の貿易障害の軽減、通商の差別待遇の廃止など、世界貿易の拡大と円滑な取引の促進を目的として1948年に発効した多国間条約である。

　1930年代の世界的な不況の際、多くの国は自国の産業を保護するために関税の引き上げ、貿易数量制限、為替制限などの貿易障壁を設けた。かかる自国中心の措置は、その後、世界貿易の秩序を混乱させ、世界経済全体をますます不安定なものとした。これが第2次世界大戦の一つの要因ともなる。第2次世界大戦の悲惨な経験から、各国は世界平和を確立するために雇用の拡大、生産水準の向上、世界経済の繁栄が必要であり、そのため

GATT

◇GATTの多角的交渉の変化

	交渉の通称	交渉期間	参加国・地域数
第1回	—	1947年	23カ国・地域
第2回	—	1949年	13カ国・地域
第3回	—	1951年	38カ国・地域
第4回	—	1956年	26カ国・地域
第5回	ディロン・ラウンド	1960〜61年	26カ国・地域
第6回	ケネディ・ラウンド	1964〜67年	62カ国・地域
第7回	東京ラウンド	1973〜79年	102カ国・地域
第8回	ウルグアイ・ラウンド	1986〜94年	123カ国・地域

(注) ディロン・ラウンド、ケネディ・ラウンドはそれぞれの交渉の提唱者(ディロン米国務長官、ケネディ米国大統領)。東京、ウルグアイは交渉が開始された開催地である。

には自由で円滑な貿易の発展が必要であるという考えが生まれた。第2次世界大戦後、この考えを実現するための枠組みとしてブレトンウッズ体制づくりが始められた。

1944年に米国のブレトンウッズで開催された会議にもとづき、1945年には国際復興開発銀行(International Bank for Reconstruction and Development : IBRD、世界銀行)が、1947年には国際通貨基金(International Monetary Fund : IMF)が誕生し、金融面から国際経済を支える枠組みが発足した。続いて各国は、貿易面から国際経済を支える枠組みとして、GATTを締結し、1948年より貿易に関する国際的な枠組みとしてGATT体制を機能させた。このGATT体制が戦後の国際貿易を支えてきたのである。

GATTは国際貿易の基本原則として2つを定めている。第1に、貿易を制限する措置には、関税の他にも輸入禁止や数量制限などさまざまな措置があるが、GATTはこれらの貿易制限措置を関税におきかえることにして、その他の措置を原則的に禁止した。関税措置についても、各国の交渉により関税を徐々に引き下げていくことにより、より自由な貿易を可能にしようとしている。第2に、GATTのルールでは、ある国に対して適用する関税率を、すべての国に対しても同様に適用しなければならない。このように、ある国との貿易関係において最も有利な待遇を与えた場合、他の国にも同じ待遇を与えなければならないという原則を「最恵国待遇」の原則という。

また、GATTのルールでは、国内製品を保護するために国内製品には安い税を課す一方、同種の輸入品には高い関税を課すような差別待遇を禁止している。このように外国製品にも国内の製品と同様の待遇を与える原則を「内国民待遇」の原則という。例えば、りんごを輸入する場合、国内産のものと外国からの輸入品に同様の待遇を与えなければ、内国民待遇の違反である。GATTは、より自由な貿易関係をつくるために最恵国待遇と内国民待遇の2つの基本原則を設け、貿易に関する差別待遇の撤廃を進めたのである。

1948年に発足したGATT体制はその後、貿易交渉を重ねることにより強化されてきた。GATTを締結した国々は過去8回にわたり、世界貿易の拡大のために多角的交渉を行ってきた。多角的交渉とはGATT締結国が集まり、関税引き下げなどの貿易自由化のために行う交渉である。初期の交渉では、締結国の関税引き下げが主な交渉対象であったが、次第に、GATTを補完する貿易ルールの必要性が論じられるようになった。例えば、1964年からのケネディ・ラウンドではダンピング防止協定が定められた。1973年から始まった東京ラウンドでは現在のWTO協定の原型ともいうべき、10種類の貿易ルールが策定された。そして1995年、GATTのルールを大幅に拡充させてWTOが設立された。一方、WTOでは自由貿易、規制緩和の市場経済を目指しているが、加盟国間の利害が激しく対立し、多国間交渉が進まず困難に直面している。そのために近年は、2国間もしくは複数国間で関税やその他の制限的な通商障壁を撤廃する自由貿易協定(Free Trade

Agreement：FTA）が注目されている。

[文　大宇]

【関連項目】　ブレトンウッズ体制、WTO、FTA
【参考文献】　外務省ホームページ（http://www.mofa.go.jp/）．／金子晃，田村次朗編『WTO（国際貿易機関）―GATT・WTOルールの変遷と今後の展開』同文書院インターナショナル，1997年．

◀ H ▶

H株【香港】
Hang Seng China Enterprises

　香港取引所に上場される中国企業の株式を指す。売買通貨は香港ドル、上場銘柄は74社（2002年末現在）。H株上場資格をもつのは、中国で企業登録を行い、中国証券監督委員会に選ばれて香港市場に上場している国有企業に限られる。1993年7月に青島ビールが上場第1号となり、香港市場で中国株ブームを巻き起こした。1994～96年に低迷が続き、1997年7月の香港返還前後に急速な上昇に転じたものの、1997年秋からのアジア通貨危機の影響で暴落し、その後も低迷が持続した。1999年以降、中国のWTO加盟の話題と中国経済の回復・成長が明らかになったのを受け、株価水準はややもち直している。今後、国内投資家への開放や同時上場の中国A株との価格差などが注目される中で、H株価も回復基調に入った。

[王　曙光]

【関連項目】　ハンセン指数、レッドチップ
【参考文献】　日本証券経済研究所編『図説　中国・香港の証券市場』日本証券経済研究所，1997年．／内藤証券中国部編『チャイナ・ストック・ワールド〈2002〉中国上場企業ガイド』近代セールス社，2002年．

◀ I ▶

IDA（国際開発協会）
International Development Association

　1960年に国際復興開発銀行（International Bank for Reconstruction and Development：IBRD）に併設する形で設立された。IBRDが中所得貧困国に対し市場条件に近い条件で融資や保証の支援を行っていたが、低所得貧困国の開発にはより緩やかな条件（無利息・長期など）による支援が不可欠として、IDAを併設した。「第二世銀」とも称され、下表の通りIBRD、IFC（International Finance Corporation）、ICSID（International Centre for Settlement of Investment Dispute）、MIGA（Multilateral Investment Guarantee Agency）とともに世界銀行グループを構成する。

　IBRDとIDA両機関の業績・決算報告が掲載される『世界銀行年次報告2002』によれば、IDAの加盟国は162カ国で、本部はワシントンのIBRD内にある。意思決定は加盟各国代表で構成する総務会において、加重表決制で行われる。ちなみに、加盟国中に占める出資割当額と投票権の比率は、1位の米国がそれぞれ23.6％、14.4％、2位の日本が22.1％、11.0％である。総裁のウォルフェンソン（James D. Wolfensohn）および総務会の委任を受けて業務遂行にあたる理事会の24人の理事はともにIBRDの総裁、理事が兼務している。

　融資対象国の基準は1人当たりGNIの水準で決めており、2002～03年度は、島嶼国を例外とし、原則2000～01年の実績で875ドルを下回る国としている。2002年6月末の融資残高は963億7000万ドル、2001～02年度中に承認された融資は62カ国80億7000万ドルに及び、その運用原資はIBRDの収益の移転、47カ国からの自発的拠出金枠1091億1000万ドルなどに支えられている。

[飯島　健]

◇国際連合での位置付け

経済社会理事会（ECOSOC）	
世界銀行グループ	国際復興開発銀行（IBRD）
	国際金融公社（IFC）
	国際開発協会（IDA）
	投資紛争解決国際センター（ICSID）
	多国間投資保証機関（MIGA）

【関連項目】　国際復興開発銀行、IFC
【参考文献】　世界銀行『世界銀行年次報告2002』世界銀行，2003年．

IDB（米州開発銀行）
Inter-American Development Bank

　米州開発銀行（IDB）は、中南米およびカリブ海地域の経済的、社会的開発の促進に寄与することを目的に1959年に設立された最大でかつ最も長い歴史をもつ国際開発銀行である。加盟国は、設立当初、米州機構の構成国に限定されていたが、現在では、域内借入国26カ国の他、米国、カナダなど20カ国の合計46カ国となっている。日本は欧州諸国などとともに1976年に加盟している。本部はワシントンDCにおかれている。

　IDBの主要業務は、域内加盟国の開発政策の策定に対する助言を行うことに加え、経済、社会開発プロジェクト、地域および地域内統合、国家・制度改革を実施するための資金と技術援助を提供することである。国別融資残高は、ブラジルが最大であり、以下、コロンビア、メキシコ、ペルー、アルゼンチン、チリなどが続く。また、部門別の融資残高では、農業、エネルギー、運輸・通信、環境・保健衛生などが多い。なお、IDBの活動を補完するために、米州投資公社（IIC）が設立されている。IICは、域内加盟国の中小企業を中心とした民間部門に対して、融資あるいは出資を行っている。また、日本はIDBおよびIICに対する域外国中第1位の出資国であり、IDBに対する出資比率は現在5％となっている。

[佐々木郷里]

【関連項目】　ADB、アフリカ開発銀行、EBRD

IFC（国際金融公社）
International Finance Corporation

　開発途上国における民間部門の持続的な投資活動の支援を目的に、1956年に設立された国際開発金融機関である。世界銀行グループの一員であり、世界銀行総裁がIFCの総裁を兼務している。IFCに加盟するには、世界銀行のメンバーでなければならない。本部は米国の首都ワシントン特別区におかれており、設立時に31カ国であった加盟国数は、2002年末には175カ国となった。

　世界銀行が開発途上国の政府や公的部門を援助対象としているのに対して、IFCは民間部門の育成を主たる業務としている。民間部門の投資活動支援により、貧困の削減や生活水準の向上を目標に掲げている。IFCの主な機能は、開発途上国における民間セクターのプロジェクト・ファイナンスへの参加、開発途上国の民間企業による国際金融市場での資金調達の支援、産業界・政府に対するアドバイスや技術支援などである。IFCは2002年までに、140カ国の2825社に対して、340億ドルの資金支援を行うとともに、210億ドルのシンジケートローン（国際協調融資）を組成した。ただし、IFCはプロジェクトに必要な資金を全額拠出するのではなく、その一部を提供することにより海外の民間資金が開発途上国に流れるようにする触媒機能を担う。

　IFCが開発途上国の企業に対して提供する金融商品とサービスは、①長期資金融資（主要国通貨建ておよび現地通貨建て、固定金利および変動金利）、②出資、③劣後債、優先株、社債などの購入、④リスク管理手法（為替や金利のスワップ、ヘッジ手段）などである。また、IFCは近年、開発途上国の経済発展における中小企業の役割を重視し、技術支援やその育成に積極的に取り組んでいる。

[高安健一]

【関連項目】　国際開発金融機関、国際復興開発銀行

IMF（国際通貨基金）
International Monetary Fund

　1944年、米国ニューハンプシャー州のブレトンウッズで、連合国45カ国の代表により連合国通貨金融会議が開催された。会議で採択された「国際通貨基金協定」により1945年に誕生したのがIMFで、同会議の成果として国際復興開発銀行（International Bank for Reconstruction and Development：IBRD）も設立された。ワシントンに本部をおく。総裁はケーラー（Horst Köhler）。加盟国は184カ国（2003年8月現在）で、それぞれの経済規模に応じた出資割当額（Quota）を出資し、総務会に代表を出す。この出資額を基準に、加重表決による票数が決まる。出資割当額と票数の比率は、1位の米国がそれぞれ17.46％、17.14％、2位の日本が6.26％、6.15％で、3位ドイツ、4位にフランス、英国が続く。IBRD（世界銀行）とは合同開発

委員会を通じて連携を保つ。

　IMFは戦後の国際通貨システムを「金ドル本位制」とし、金1オンス＝35ドルと金平価を定め、その他通貨はドルとの間で平価を定める固定相場制を採用した。通貨に関する国際協力、為替の安定と規制の撤廃、国際収支均衡への支援を目的とし、一般引出権（出資割当額の2倍）、特別引出権（Special Drawing Right：SDR）の融資枠を設定、その資金使途は構造調整資金、体制移行資金など多岐にわたる。一般引出権の引き出し額が出資割当額の100％を超えると経済運営に関しコンディショナリティが課される。なお、原資調達は出資金、増資の他、1962年と1997年に35の金融機関と合計460億ドル相当の借り入れ取り決めを結んでいる。

　戦後の国際通貨システムは、米国の圧倒的経済力と金準備を背景とした「金ドル本位制」で始まったが、ベトナム戦争、米国企業の多国籍化、貿易収支の赤字などからドルは信認を失い、経済力の回復した欧州諸国が金選好に走った。その結果、金ドル平価と金の市場価格が大きく乖離し、金の二重価格制を容認せざるをえなくなった。この間、IMFはドル流動性不足に対処すべく特別引出権（SDR）を創設している。

　1971年、米国の金兌換停止により金ドル本位制を基盤とするブレトンウッズ体制は崩壊、先進諸国は変動為替制に移行し、同年末には「スミソニアン協定」でドルの切り下げを実施した。ドル安は1973年に石油価格の暴騰に波及したことから、1976年に「IMF協定」は改定され、金の公定価格の廃止、出資金の一部（25％）金払い込み制の廃止、価格表示の基準を金からSDRに変えるなど、金との決別を決めた。

　1981年に始まるレーガン（Ronald Wilson Reagan）政権の経済政策は高金利、ドル高時代を招来したが、累積債務を抱える開発途上国の債務を増大させた。1985年の「プラザ合意」はドル高を是正したものの経常収支赤字1000億ドル台定着もありドル安の基調が続いた。1987年の「ルーブル合意」によるドル安定のための政策協調もドル安の歯止めにはならなかった。この間、ドルの不安定化の波及を懸念した欧州では、欧州通貨制度（EMS）、欧州経済通貨同盟（EMU）による地域通貨の安定の模索が続き、1999年には統一通貨「ユーロ」が実現した。

　IMFが進めた金融の自由化、金融市場の開放により、世界の資金フローは活発化したが、市場開放を進めたアジア新興工業国では、民間企業の無秩序な資金取り入れ、強引なドルペッグ政策に市場資金の投機的な動きも重なって、1997年に通貨危機を招くこととなった。通貨システムの安定を図り、通貨に関する国際協力と緊急時の資金支援を役割とするIMFは、国民通貨ドルに依存する現行国際通貨システムの再考や巨大化する国際金融市場の秩序維持など課題を投げかけられているが、あわせて通貨危機に際しての機動性とコンディショナリティの妥当性が問われている。　　　　　　　　　　　　　　〔飯島　健〕

【関連項目】　ゴールド・トランシュ、SDR、AMF、コンディショナリティ、国際開発金融機関、国際開発金融機関の融資制度、プラザ合意／円高、ブレトンウッズ体制、一般借入協定

【参考文献】　Barry Eichengreen, *Globalizing Capital : A History of the International Monetary System.* New Jersey： Princeton University Press, 1996.／IMF『国際通貨基金年次報告2002』IMF.

IS-LM分析
IS-LM Analysis

　IS-LM分析とは、財市場と貨幣市場を同時に均衡させる国民所得と利子率の決定を目的としており、財政政策や金融政策等の諸効果を確認するための分析である。IS-LM分析はヒックス（John Richard Hicks）とハンセン（Alvin Harvey Hansen）によって考案された。

　財市場の均衡（IS均衡）を示すのがIS曲線であり、その均衡を実現する国民所得と市場利子率の組み合わせを結んだ右下がりの線分として示される。また、貨幣市場の均衡（LM均衡）を示すのがLM曲線であり、その均衡を実現する国民所得と市場利子率の組み合わせを結んだ右上がりの線分として示される。

　このモデルにおいては輸出、輸入は考慮しない。海外との取引をモデルに組み込んだIS-LM分析のことをマンデル＝フレミン

IS-LM

グ・モデル（Mundell-Flemming Model）という。

総需要 Y_D は、①式のように表わされる。

$$Y_D = C + I + G \quad \text{①}$$

Y_D：総需要、C：消費、I：設備投資、G：政府支出

①式は、需要面からみた国民所得 Y を示している。

消費 C は、ケインズ型消費関数として以下の②式のように表わされる。

$$C = c_1 + c_2(Y - T) \quad \text{②}$$

c_1：基礎消費、c_2：限界消費性向、$0 < c_2 < 1$、$(Y-T)$：可処分所得、T：租税

ケインズ型消費関数の場合、国民所得が増加して可処分所得が増加した場合、消費は増加する。すなわち、消費 C は可処分所得の増加関数 $C(Y-T)$ と表わすことができる。また、国民所得に占める消費の比率（$\frac{C}{Y}$：平均消費性向）は、国民所得が増加（減少）するにつれて低下（上昇）する。

設備投資 I は、市場利子率 r の関数として以下の③式のように示される。

$$I = I(r) \quad \text{③}$$

設備投資 I は市場利子率 r が低下（上昇）すると増加（減少）し、設備投資 I は利子率 r の減少関数である。

政府支出 G と租税 T はモデルの外部で決定される変数（＝外生変数）である。

$$G = \bar{G} \quad \text{④}$$
$$T = \bar{T} \quad \text{⑤}$$

ここで、総供給を Y_S とすると、Y_S は以下の⑥式で表わされる。

$$Y_S = C + S + T \quad \text{⑥}$$

S：貯蓄

貯蓄関数 S は、②式を⑥式に代入することによって導出することが可能であり、それは、可処分所得の増加関数になる、以下の⑦式によって示される。

$$S = S(Y - T) \quad \text{⑦}$$

財市場の均衡は $Y_D = Y_S$ によって示すことができ、⑧式のように表わされる。

$$S(Y - T) + T + I(r) + G \quad \text{⑧}$$

⑧式を成立させる国民所得 Y と市場利子率 r の組み合わせは、すなわち財市場の需要と供給を均衡させる国民所得 Y と市場利子率 r の組み合わせを意味する。Y と r の関係を検討して、IS 曲線を導出してみよう。国民所得 Y が増加すると、貯蓄 S は Y の増加関数であるから、S が増加して、財市場は⑨式のように供給超過の状態となる。

$$S(Y - T) + T > I(r) + G \quad \text{⑨}$$

供給超過状態を解消し、財市場が均衡するためには、市場利子率 r が低下して、設備投資 I が増加する必要がある。逆に、Y が減少した時に財市場が均衡するためには、r が上昇する必要がある。このように、財市場の均衡を維持するためには、国民所得 Y と市場利子率 r は、逆相関の関係になる必要があり、その関係を図示すると、図1のように右下がりの IS 曲線が導出される。また、IS 曲線は政府が財政政策を行い、政府支出 G が増加した場合には IS_1 から IS_2 へ、減少した時には、IS_1 から IS_3 へとシフトする。

次に、LM 曲線を導出してみよう。貨幣需要 M_D は⑩式のように示される。

$$M_D = L_1(Y) + L_2(r) \quad \text{⑩}$$

L_1：貨幣の取引需要、L_2：貨幣の資産需要

貨幣の取引量は、国民所得 Y が増加（減少）すると増加（減少）する。よって、貨幣の取引需要 L_1 は Y の増加関数となる。また、市場利子率 r が上昇すると債券利回りが上昇し、人々は貨幣を手放して債券を購入する。これは、貨幣から債券へ人々の需要が移動したことを意味しており、貨幣需要は減少する。貨幣の資産需要 L_2 は、r の減少関数となる。また、貨幣供給 M_S は実質マネーサプライとして以下のように示される。

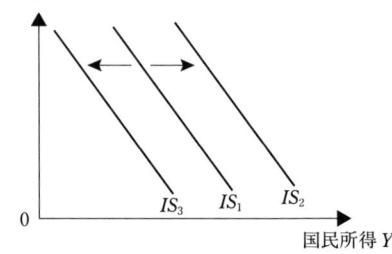

◇図1　IS 曲線

◇図2　LM曲線

市場利子率 r

LM_3　LM_1　LM_2

国民所得 Y

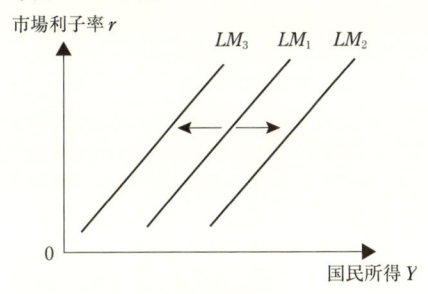

◇図3　財政・金融政策の効果

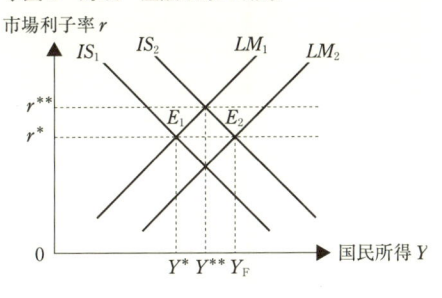

市場利子率 r

IS_1　IS_2　LM_1　LM_2

r^{**}　E_1　E_2
r^*

Y^*　Y^{**}　Y_F　国民所得 Y

$$M_S = \frac{M}{P} \quad \cdots\cdots\cdots\cdots\cdots\cdots\cdots ⑪$$

M：名目マネーサプライ　P：物価水準

　貨幣市場の均衡は $M_S = M_D$ であることから LM 曲線は⑫式で表わすことができる。

$$\frac{M}{P} = L_1(Y) + L_2(r) \quad \cdots\cdots\cdots ⑫$$

ここで Y が増加したとすると、貨幣の取引需要 L_1 は増加する。その結果、貨幣市場は以下のような需要超過の状態となる。

$$\frac{M}{P} < L_1(Y) + L_2(r) \quad \cdots\cdots\cdots ⑬$$

　貨幣市場の需要と供給が均衡するためには、市場利子率 r が上昇して貨幣の資産需要 L_2 が減少すればよい。貨幣市場が均衡するためには、Y と r は正の相関関係にある必要があり、その関係を図示すると、LM 曲線は図2のような右上がりの曲線となる。
　また、LM 曲線は、中央銀行がマネーサプライを増加させるような金融政策（公定歩合政策、公開市場操作、預金準備率操作等々）を実行した場合、図2のように LM_1 から LM_2 へとシフトし、逆にマネーサプライを減少させた時には、LM_1 から LM_3 へとシフトする。財市場と貨幣市場の同時均衡を実現

する国民所得 Y と市場利子率 r の組み合わせを示したのが、図3の均衡点 E_1 である。点 E_1 において IS-LM 均衡が実現しているのである。
　IS-LM 分析の枠組みを用いて、財政、金融政策の効果を図3によって確認してみよう。当初、国民所得は Y^* の水準にあり、貨幣市場と財市場は均衡しているが、失業が存在する状態を考えてみよう。政府が政府支出を増加させ、IS_1 から IS_2 へと IS 曲線がシフトすることによって、国民所得を Y_F へと増加させることが可能である。しかし、財政政策のみの場合、市場利子率は r^* から r^{**} へと上昇し、民間企業の設備投資が減少する「クラウディング・アウト」現象が生じる。その結果、国民所得は Y^{**} となって完全雇用を達成することができない。そこで、財政政策と同時に金融政策を行いマネーサプライを増加させることにより、LM_1 から LM_2 へと LM 曲線をシフトさせれば、完全雇用国民所得 Y_F を実現することが可能となる。財政・金融政策を同時に展開することによって、市場利子率を一定の水準 r^* に保ったままで国民所得を増加させ完全雇用を達成することが可能となるのである。　　［森脇祥太］

ISO（国際標準化機構）
International Organization for Standardization
　ISO（国際標準化機構）とは、1947年に創設された、スイスのジュネーブを本部とする工業分野の標準的な国際規格を設定するための非政府系機関のことである。現在、日本工業標準調査会（JISC）、米国国家規格協会（ANSI）など、100カ国以上の会員によって構成されている。なお、電気・電子分野はISOから除外されており、IEC（国際電気標準化会議）が担当している。
　ISOが設立された理由としては、工業原材料や部品（ネジや写真フィルム等）等の製品が各国の独自規格で製造され、国際市場において取引されるならば、それらの使用者が不利益を被ることになる点があげられよう。その不利益をできる限り縮小するために、標準的な国際規格の規定が要請され、それを推進するための国際機関が必要とされた。企業が

ISOの規格を取得するためには、認定された各国の審査登録機関で審査を受ける必要がある。ISOの規格は、法的拘束力とはならないが、世界各国の企業がその取得を促進しているために、デファクト・スタンダード化しつつあるのが現状である。そのため、未取得の状態では、取引を拒絶される、企業イメージや社会的信用が損なわれる、等の不利益を被ると考えられる。

ISOの中でも、最も著名なものとしてISO9000とISO14000があげられる。ISO9000とは、品質ISOとされるものであり、顧客ニーズに適合した製品の品質を実現するために、設計管理、購買、工程管理等の点で、満足するべき要求事項を規定した規格のことをいう。また、ISO14000とは、環境ISOと呼ばれるものであり、製品やサービス、また、企業の事業活動自体が環境に与える負の影響を軽減することを目的とした要求事項の規格のことをいう。ISO14000は、企業のみならず、各地域の自治体による取得も行われている。　　　　　　　　　　　　　［森脇祥太］

【参考文献】　中條武志『ISO9000の知識（第2版）』日本経済新聞社, 2001年。／吉澤正『ISO14000入門』日本経済新聞社, 2003年。

ISO14000

ISO14000は、国際標準化機構（International Organization for Standardization：ISO）が制定した環境管理システムの国際規格である。複数の規格から構成されていることからISO14000シリーズとも呼ばれる。表に示したISO14000の中で、1996年に環境マネジメントシステム（ISO14001、14004）と環境監査（ISO14010、14011、14012）が発効した。今後、他の規格も出される予定である。ISO14000発効の背景には、企業、自治体、学校法人などの組織による環境対応に対して、法規制の遵守のみならず、自主的な取り組みが求められるようになったことがある。

ISO14000の規格に従い環境マネジメントシステムに取り組む組織は、①環境保全のための方針、目的・目標など計画の策定、②マネジメントシステムの実施・運用・記録、③実施状況の点検、④見直しというサイクルを備えたシステムを構築する必要がある。そして、これを継続的に運用・実施するとともに、システムを継続的に改善することにより環境負荷の低減を図ることが求められる。さらに、自ら構築した環境マネジメントシステムが、ISO規格に適合したものであると認証（正式には「審査登録」）されるためには、ISO14000の審査登録機関に認証申請し、審査を受ける必要がある。

ISO14001の審査登録を受けた国内の組織は、2003年5月時点で約1万1600の企業・事務所・教育機関と468の自治体に達した。グリーン調達の普及により、ISO14001審査登録済の企業が製造・提供する環境配慮製品やサービスが優先的に購入される趨勢にあり、特に企業にとって同規格の認証取得は必須となりつつある。　　　　　　　　　　　［渡辺幹彦］

【参考文献】　大石直暢, 五十畑進『ISO14000と品質・環境統合マニュアル』工業調査会, 1996年。

◇ ISO14000の構成

名称	規格番号	内容
環境マネジメントシステム	14001, 14004	組織が環境方針を策定して、環境マネジメントシステムを、構築・維持・改善するための規格。
環境監査	14010～12	環境監査の一般原則の規格・実施手順の基準、監査実施者の資格要件、監査計画の規格。
環境ラベル	14020～25	環境に配慮した製品に優先度を与えることを目的としてラベルで環境表示を行うための基準。
環境パフォーマンス評価	14031～32	組織の環境行動・実績、製品、サービスなどが環境に及ぼす影響を評価するための定性的・定量的基準。
ライフサイクルアセスメント	14040～49	製品の環境への影響をライフサイクル（原料調達から廃棄まで）によって評価する基準およびその評価手法。

JBIC（国際協力銀行）
Japan Bank for International Cooperation

　1999年10月に海外経済協力基金（OECF）と日本輸出入銀行（輸銀）を統合して設立された政府系金融機関である。2002年度末現在、資本金が7兆4898億円、出融資残高が21兆1500億円、職員数が883名である。

　一般の金融機関と競合しないことを旨とし、①海外経済協力業務（開発途上地域の経済および社会の開発または経済の安定に寄与するための貸付など）、②国際金融業務（日本の輸出入もしくは海外における経済活動の促進または国際金融秩序の安定に寄与するための貸付など）、の2つを主要業務とする。このうち、海外経済協力業務において、円借款など日本の政府開発援助（ODA）における有償資金協力を実施している。

　円借款は、開発途上国の経済発展に必要な経済社会基盤整備などに不可欠な資金援助であり、支出純額ベースで日本のODAの3分の1を占める。開発途上国政府に対して、平均金利2.5％、平均返済期間29年間と、民間金融機関による貸付に比較して長期かつ低利で開発資金が融資されている。円借款は、経済社会基盤整備のために融資されるプロジェクト借款と、経済安定や経済構造改革のためのノン・プロジェクト借款に分けられるが、

◇国際協力銀行の業務概要

海外経済協力業務　ODA
・円借款 　経済・社会基盤の整備を進める開発途上国に対して、低金利で返済期間の長い資金を提供し、開発途上国の「自助努力」による経済発展、経済的自立を支援
・海外投融資 　開発途上地域において開発事業を行う民間企業等の支援のための出融資
・調査 　上記業務に必要な調査
国際金融等業務
・輸出金融 　日本企業が、発電・通信設備、船舶などのプラントや技術を開発途上国に輸出する際に必要な資金の貸付等
・輸入金融 　石油、LNG、鉄鉱石などの重要物資を輸入する際に必要な資金の貸付等。なお、資源関係以外の航空機輸入等、真に必要なものについては、保証制度を活用
・海外投資金融 　日本企業が、開発途上国において、現地生産、資源開発などの事業を行う際に必要な資金の貸付等
・アンタイドローン 　日本の貿易、投資等、海外経済活動のための環境整備や、開発途上国等が行う構造調整などに資する日本からの資材料の調達を条件としない資金協力
・ブリッジローン 　国際収支上の困難を抱えた開発途上国政府の対外取引に対し、外貨資金繰りを手当てするために必要な短期資金の貸付
・出資 　海外において事業を行う日系合弁企業などに対する出資
・調査 　上記業務に必要な調査

（資料）　国際協力銀行年次報告書2002

◇円借款地域別承諾額　　　（単位：億円、％）

地域	1999年度	2000年度	1966～2000年度合計
アジア	8,592 (81.5)	5,527 (82.8)	160,724 (81.3)
中近東	726 (6.9)	75 (1.1)	8,571 (4.3)
アフリカ	367 (3.5)	314 (4.7)	13,486 (6.8)
中南米	851 (8.1)	449 (6.7)	12,947 (6.6)
オセアニア	0 (0.0)	54 (0.8)	645 (0.3)
東欧・その他	0 (0.0)	256 (3.8)	1,233 (0.6)
合計	10,537 (100.0)	6,674 (100.0)	197,605 (100.0)

（注）債務救済分を除く。括弧内は地域別割合。
（資料）2001年版・政府開発援助（ODA）白書
　　　（外務省編）

プロジェクト借款が大半を占める。2000年の供与対象国はアジアを中心に18カ国である。中国（全体の32.1％）、タイ（同14.3％）、フィリピン（同11.1％）、ベトナム（同10.6％）、ペルー（同6.7％）が上位を占める。

[坂東達郎]

【関連項目】　ODA大綱、ODA分類表、借款の定義、開発調査、JICA
【参考文献】　国際協力銀行『国際協力銀行年次報告書』／外務省『政府開発援助（ODA）白書』．

JETRO（日本貿易振興機構）
Japan External Trade Organization

日本貿易振興会は1958年（昭和33年）に特殊法人として設立。日本の貿易を総合的かつ効率的に実施するための中枢機関として設立された。以来JETROは時代の要請を受けてさまざまな貿易振興業務を担ってきた。2003年10月から独立法人化した。名称も日本貿易振興会から日本貿易振興機構へ変更された（英文表示は同じ）。JETROの組織は、海外79カ所（760名）、国内は本部（東京）、大阪本部および36カ所（840名）のネットワークをもつ。

JETROは設立当時の戦後の経済復興という時代の要請に沿って輸出振興の業務を中心に展開したが、1980年代前半頃から貿易黒字の増大、経済摩擦の激化などの事態に対応して、海外への企業進出への支援と輸入促進の業務を重点的に行うようになった。さらに、外国企業の対日投資促進に一層力を注ぐとともに、中堅中小企業の海外投資支援、開発途上国の部品産業などの裾野産業育成、地域経済活性化支援、国際交流の促進などへと事業を多角化した。1998年7月には、わが国最大の地域研究機関であるアジア経済研究所と統合し、開発途上国研究機能をあわせもつ貿易・投資振興、地域・開発研究の総合機関となった。

現在のJETROが実施している主な業務を概観すると、第1に、海外経済情報を収集・調査分析し、民間企業など一般に情報提供すること。97カ所の海外事務所を通じて収集する国際経済の動きや世界各国の経済、貿易、投資などの動向を日刊紙『通商弘報』や月刊誌『ジェトロセンサー』あるいは『ジェトロ貿易投資白書』などの媒体を通じて情報提供する。調査・研究活動としては現地日系企業のビジネス上の障害に関する実態把握などの調査・研究も実施している。国内の36カ所の貿易情報センターでは貿易・投資にかかわる海外ビジネス相談に常時応じている（年間3万件の貿易投資相談）。東京と大阪に設置された専門図書館「ジェトロ・ビジネスライブラリー」には世界各国の貿易統計や関税率表、各種統計書、会社録（ダイレクトリー）など50万の蔵書があり、誰でも利用できる。

第2に、開発途上国の経済発展への支援。JETROは開発途上国に対して輸出促進、産業育成、人材育成などの支援活動を展開している。例えば、JETROの展示場で年数会、開発途上国の「展示会」を開催し、開発途上国の輸出業者の訪日を受け入れ、日本人バイヤーと商談を設営し、日本の消費者に開発途上国の産品を紹介する。また、開発途上国の裾野産業育成のため、自動車や電気・電子分野の技術者育成に協力している他、日系企業の現地部品メーカーからの部品調達の拡大、日本との技術提携などの推進を支援している。

第3に、外国企業の対日アクセスを支援し、あわせて日本経済活性化を図る。

JETROが外国企業の対日直接投資促進の中核機関として近年積極的に機能している。東京に設置した「Invest Japan BSC（対日投資ビジネス・サポート・センター）」では、外国企業に対し市場調査やパートナー発掘、法人設立の行政手続にかかわる情報提供とコンサルティング・サービスを提供している。この他、日本の産業・経済の実態や日本の投資環境、マーケット情報、日本の優れた企業や製品、技術、サービスなどの対日アクセス情報を海外に伝え、経済交流を促進する。また、海外から優秀な人材確保や欧米諸国の対日ビジネス促進キャンペーンにJETROが協力する体制がとられている。

第4に、地域の国際化・経済活性化に関する業務。地方自治体や地域業界団体と連携して地域の国際化に資する海外企業の国内誘致業務や中堅・中小企業の輸出を含めた海外ビジネス展開の円滑化のための総合的サポート業務を担う。地場産業団体や地方公共団体などが海外に派遣する経済ミッションに対して、海外事務所が便宜供与することになる。

JETROの事業は特殊法人という枠組みがあったので、時代の要請に対応させて活動するとはいえ、時々の行政に強く影響され、必ずしも整合性のある海外支援を継続的に遂行しにくいという課題があった。独立法人として機動性のあるサービスが期待されている。1998年にJETROに統合されたアジア経済研究所は、開発途上国研究機関として、日本の経済協力政策の方向を踏まえながら、開発途上国をめぐる政策的課題や国際情勢の変化に対応した研究テーマをフォローするとともに、開発途上国研究ネットワークを構築し、研究交流を行っている。また「アジア経済研究所開発スクール」を運営し、開発専門家の育成にも取り組んでいる。　　　　　〔小野沢純〕

JICA（国際協力機構）
Japan International Cooperation Agency

1974年8月1日に、海外技術協力事業団と海外移住事業団が統合されて設立された特殊法人国際協力事業団が前身である。2001年12月に閣議決定された「特殊法人等合理化計画」を受けて、2003年10月1日に独立行政法人国際協力機構となる。

2003年10月1日現在、資本金が843億7000万円、役職員数が1329名、2003年度の予算は1697億円である。

開発途上地域の経済、社会の発展に寄与し、国際協力の促進に資することを目的とする。業務は、①開発途上国への技術協力（研修員受け入れ、専門家派遣、機材供与、プロジェクト方式技術協力、開発調査）、②青年海外協力隊員の派遣、③無償資金協力（調査・実施の促進）、④開発協力（投融資等）、⑤海外移住者・日系人への支援、⑥技術協力のための人材の養成および確保、⑦国際緊急

◇JICAの事業実績（2001年度）

協力の内容	実績概要
1. 日本全体のODA実績	1兆1790億円
2. JICAの技術協力経費実績（注）	1600億円
3. 援助対象の開発途上国・地域数	152カ国＋3地域
4. 研修員受入数（新規）	2万1024人
5. 専門家派遣数（新規）	3233人
6. 調査団員派遣数（新規）	9391人
7. 協力隊員派遣数（新規）	1137人
8. その他ボランティア派遣数（新規）	438人
9. プロジェクト方式技術協力件数	237件（56カ国）
10. 開発調査件数	234件（67カ国）
11. 無償資金協力件数	233件（82カ国）
12. 緊急援助件数	9件（9カ国）

（注）管理費を除く。
（資料）国際協力事業団年報2002

◇技術協力の地域別構成比（2001年度）

地域	金額（億円）	割合（％）
アジア	742.84	46.4
中近東	121.46	7.6
アフリカ	240.41	15.0
中南米	318.19	19.9
大洋州	46.80	2.9
ヨーロッパ	31.47	2.0
国際機関	6.91	0.4
その他	91.91	5.7
合計	1,600.00	100.0

（資料）国際協力事業団年報2002

援助隊の派遣、⑧援助効率促進などである。

特に日本のODAの中核である技術協力を一元的に実施し、無償資金協力の大半（2002年度予算では約75％）を担当する。

技術協力では、アジア（2001年度は全体の46.4％）を中心とし150カ国以上の開発途上国を対象に、保健医療・飲料水の確保などの基礎生活分野からコンピューター技術や法律・制度の整備などの先端技術やソフト面の協力を含む幅広い分野において、人造りを通じての国造りを実施している。一方、無償資金協力業務では、一般無償、水産無償、食糧増産援助の3分野において、施設の建設および資機材の調達を行うために必要な基本設計に関する調査団の派遣、無償資金協力が円滑に行われるための調査や、援助プロジェクトのフォローアップのための調査などを実施している。その他、海外での大規模自然災害に対する国際緊急援助業務、日本の青年男女を開発途上国に派遣してその国造りや人造りに協力する青年海外協力隊事業、経済・社会基盤の整備を中心とした開発計画調査などを実施している。

独立行政法人化を進める中で、①より一層の効果的・効率的な事業の実施、②事業の透明性確保や説明責任、③市民参加による市民レベルの国際協力、④カンボジア、東チモール、アフガニスタンにおける経験を生かした平和構築支援、などの改革が行われた。

［坂東達郎］

【関連項目】　青年海外協力隊、シニア海外ボランティア、国際協力銀行
【参考文献】　国際協力事業団『国際協力事業団年報』．／外務省『政府開発援助（ODA）白書』．

Kエコノミー【マレーシア】
Knowledge-Economy

Kエコノミーは、マレーシアの産業構造を人材開発の強化や情報技術産業の育成などにより高度化し、産業構造の中心を現在の加工組立型産業から高付加価値の知識集約型産業へ移行させようとする構想である。マハティール（Mahathir bin Mohamad）首相が2000年3月に提唱した。それまでのマレーシアの高成長を支えた要因が資本と労働の投入の増加であったのに対して、Kエコノミーでは、知識をベースにした生産性の向上による持続的な経済発展が目指されている。

マレーシアは2020年までに先進国入りすることを目標とする「ビジョン2020」構想を掲げているが、Kエコノミーは、この構想に明確な方向付けをするとともに、マルチメディア・スーパー・コリドー（MSC）計画による海外の有力IT関連企業の誘致や、電子政府の推進、多目的スマートカードの開発などのプロジェクトを支えている。

2002年9月にマレーシア国際問題戦略研究所（ISIS）が発表したKエコノミーのマスタープランは次の7つの戦略から構成されている。①人的資本の開発と確保。②知識集約型経済への移行を推進するための機関の設立。③経済の全部門で知識を適切かつ持続的に活用するための社会・情報インフラの整備。④経済の全部門で科学と技術を獲得し応用するための能力の向上。⑤知識集約型経済への移行に際しての民間部門の指導的役割の確保。⑥公的部門の知識集約型行政サービスへの発展。⑦知識・情報格差の是正。

これらの戦略に関連して、マスタープランには136件の提言が盛り込まれている。そのうち64件が人的資源の開発にかかわるもので、教育の質の向上、職業訓練・再訓練の整備、外国人専門家の活用の3つが柱となっている。また政府は、Kエコノミーへの移行を進めるために、産学連携の強化や、在外マレーシア人科学者の帰国奨励策を打ち出している。

［坂東達郎］

【関連項目】　マルチメディア・スーパー・コリドー
【参考文献】　Goh, Chen Chuan, *Multimedia Super Corridor*. Kuala Lumpur：Leeds Publications, 1998．／渡辺利夫編『アジア経済読本（第3版）』東洋経済新報社, 2003年．／Mahathir bin Mohamad, *Vision 2020*. Kuala Lumpur：Institute of Strategic and Information Studies.

KDI（韓国開発研究院）
Korea Development Institute

韓国の開発行政を主導したのは経済企画院であり、それを補佐したのが韓国開発研究院（Korea Development Institute, KDI）である。KDIは1971年に、「計画の執行に関する政府の専門的・技術的な能力を一層強め、政策誘導のための問題の研究と資料の整備そして計画技術を発展させること」を目的に、経済企画院傘下に設立された政策研究機関である。設立の背景には、総合的な経済開発計画を実施するために必要な経済分析や計画作成の知識を有する人材が不足していたことがあった。設立当初のスタッフには主として米国の有名大学および国際機関に勤務していた「海外頭脳」が召集された。そのために韓国政府は彼らを優遇した。初代の院長は金滿堤（Kim Mahnje）で、後に経済企画院長官も務めた。

KDIは中・長期の経済計画を初め、個別政策に関わる分野で研究活動を行ってきた韓国を代表するシンクタンクの一つである。最近のプロジェクトをみると、高齢化社会の経済的影響、南北経済交流、技術革新体制の再構築などの他に、世界銀行との共同プロジェクトも行われている。1979年から*Journal of Economic Policy*を刊行している。

【参考文献】 谷浦孝雄『韓国の工業化と開発体制』アジア経済研究所、1989年．／深川由起子『韓国・先進国経済論』日本経済新聞社、1997年．

KKN【インドネシア】
Korupsi, Kolusi, Nepostisme ［イ］

インドネシア語の汚職（Korupsi）、癒着（Kolusi）、縁故びいき（Nepotisme）の頭文字を取ってKKNという。スハルト（Thojib N J Suharto）政権崩壊（1998年5月）と前後して、「KKNの追放」が叫ばれるようになった。1980年代後半以降、インドネシア政府は経済の自由化を積極的に進めたが、その表向きの動きの裏では政治権力にアクセスをもつスハルト家を初めとする特定の企業人などによる利権構造、すなわちKKNが深化していった。

経済自由化政策では、関税引き下げ、外資規制撤廃などの貿易・投資の規制緩和や銀行設立の自由化、外国銀行支店開設認可などの金融自由化が進んだ。また、国営企業がもっぱら行ってきた公共事業や資源開発事業に民間企業が参入することが奨励され、民間資本を活用する政策がとられた。このような自由化政策が推進されたにもかかわらず、公正に市場経済が発展していくための国内的な制度やルールが未整備であるために、銀行による放漫融資や特定企業への独占的発注、軍関係機関などの公的部門によるサイドビジネスなどからあがる裏財源の増大など、自由化がかえってスハルト一族やその取り巻きらの利権享受、KKNの深化を助長してしまった面がある。こうした腐敗の構造がスハルト権威主義体制に内在する矛盾であることを国民が次第にはっきりと認識するようになり、その蓄積された不満がスハルト政権崩壊の遠因となった。

スハルト体制下のKKN体質に象徴される権益構造の解体がポスト・スハルトの改革の焦点となっているが、その後の政権が抜本的な改革に臨んでいるとは必ずしもいえない。現在のメガワティ（Diah Permata Megawati Setyawati Soekarnoputri）政権下における腐敗の構造も目に余る、とする見方もある。

［篠塚 徹］

【関連項目】 スハルト、ファミリー・ビジネス、メガワティ

【参考文献】 加納啓良『インドネシア繚乱』文藝春秋、2001年．／佐藤百合編『民主化時代のインドネシア』アジア経済研究所、2002年．

KOTRA（大韓貿易投資振興公社）【韓国】
Korea Trade-Investment Promotion Agency

1962年に、韓国の貿易振興を目的に大韓貿易振興公社が設立された。その後、韓国企業の海外投資支援および外国企業の対韓投資誘致業務も追加され、1995年に大韓貿易投資振興公社（KOTRA）に改められた。

KOTRAの主な業務は、海外市場開拓事業、投資誘致、国内外展示会開催、貿易情報サービスなどである。また出先機関を世界各地に配して、貿易取引の斡旋、海外市場開拓、事業提携支援などを行っている。日本では、東京、大阪、名古屋、福岡に貿易センタ

一がある。

近年の特徴として、外国からの直接投資を積極的に誘致している。通貨危機後、経済の再生および企業のリストラのためには外国直接投資が不可欠であるとの認識にもとづき、外資規制が大幅に緩和された。1998年11月に制定された「外国人投資促進法」により、開放業種の拡大と租税減免措置の拡充がなされた他、外国人投資企業によるM＆Aや不動産取得などが可能となった。1998年4月、KOTRA内に外国投資支援センターが設置され、投資情報の提供、フィージビリティ調査および進出先選定の支援、操業後の苦情処理など、外国人投資家に対するワンストップ・サービスが開始された。

また対日貿易赤字の是正のために、日本企業の誘致および韓国企業の対日輸出促進に力を入れていることも近年の特徴である。日本のJETROや地方自治体と協力しながら、日本各地で投資セミナーを開催し、高い技術力を有する日本の中小企業の誘致に力を入れている。さらに日本市場を目指す韓国企業の輸出や投資を支援している。 〔向山英彦〕

【関連項目】 輸出志向工業化
【参考文献】 大韓貿易投資振興公社ホームページ（http://www.kotra.or.jp/）．

M＆A
Mergers and Acquisitions

M＆Aとは、ある企業が合併、買収、資本参加等の手段によって他の企業の所有権を全部、もしくは一部のみ獲得することをいう。合併（Merger）とは、企業統合を行うことによって別の企業が生み出されることをいう。しかし合併の場合、法律的には、統合した中の1社が合併後も存続し、他の企業は消滅する。このことは、合併が統合される企業間において対等の条件で実行された場合についてもあてはまる。

買収（Acquisition）とは、ある企業が他の企業の株式の50％以上の取得によって所有権を獲得することをいう。ただし、株式取得が50％未満であっても、何らかの方法で現実的には他の企業を支配可能となる場合、買収が成立しているとみなすこともできる。さらに、企業間で少数の株式の持ち合いを行って相互に影響を及ぼし合ったり、少数の株式取得によって一定の影響力を与えたりすることを資本参加（Capital Participation）や少数買収（Minority Acquisition）という。日本においては、M＆Aは合併よりも買収の形式によって行われることが多い。合併によって統合された新会社となるよりも、買収によって子会社とされる場合の方が多い。買収によって子会社化された場合には、事業スタイルに適合した形態での経営を継続して、従業員のインセンティブを高めることが可能となる。

また、日本企業においては、それぞれの企業が独自の経営形態を形成しており、企業文化や風土、雇用慣行も異なるために、単純な合併を行った場合、さまざまな障害が生じることになろう。M＆Aが実際に行われる理由としては、複数の企業の能力を合計した以上のメリットが発揮される効果（シナジー効果）が期待される点があげられよう。シナジー効果の存在については、さまざまな角度から実証分析が行われているが、日本を対象とした場合、その存在を明確に裏付けるような結果は出されていない。 〔森脇祥太〕

【参考文献】 小田切宏之『企業経済学』東洋経済新報社、2000年．

MDGs／DAC新開発戦略
Millennium Development Goals, The New Development Strategy

ミレニアム開発目標とは、1990年代に行われたサミットや国連の一連の会議における議論をもとに、OECD、IMF、世界銀行が策定した貧困の削減、保健・教育の改善および環境保護に関する開発目標である。2000年9月の国連総会で149カ国の支持を得て採択された。具体的には、2015年までに、①3億人の貧困からの救済、②5500万人の乳幼児の死亡防止、③400万人の妊産婦の死亡防止、⑤1億2800万人の児童の小学校への通学などが目

標とされ、国際社会の協調が呼びかけられた。世界銀行は2002年2月に、一連のMDGsを達成するためには、今後15年間に追加支援として400〜600億ドルの資金が必要であるとの試算を発表した。

　DAC新開発戦略は、1996年5月にOECD（経済協力開発機構）のDAC（開発援助委員会）の第34回上級会合で採択された開発戦略であり、ミレニアム開発目標作成の下地となった。同戦略は10億人以上の人々が絶対的貧困に苦しむ中で、開発問題に取り組むことが先進国にとって重要な人道的責務であると捉えた。そのために政府開発援助の量を維持・拡大し、貧困層を救済することが必要であると強調した。具体的には、2015年までに、①貧困層比率の半減、②初等教育の普及、③乳児と5歳未満の幼児死亡率の3分の1への削減、④妊産婦の死亡率の4分の1への削減などを目標に掲げた。　　　　　［三浦有史］

【関連項目】　PRSP、CDF
【参考文献】　「ミレニアム開発目標について」世界銀行東京事務所ホームページ（http://www.worldbank.or.jp/）2002年4月．／「DAC新開発戦略（21世紀に向けて：開発協力を通じた貢献）序文及び要約」外務省ホームページ（http://www.mofa.go.jp/mofaj/）．

MERCOSUR（南米南部共同市場）
Mercado Comun del Sur ［西］

　1991年にアルゼンチン、ブラジル、パラグアイ、ウルグアイの4カ国が調印したアスンシオン条約にもとづいて創設された。1995年1月1日に関税同盟として正式に発足、同日より一部の保護品目を除いて域内関税は原則として撤廃された。また、域外に対しては、全貿易対象品目（約9000品目）の約85％にあたる品目について対外共通関税率（0〜20％）が適用されている。域内貿易においてメルコスール原産とみなされる現地調達率は原則60％である。域内の合計人口は約2億1000万人、GDPの合計額は約9100億ドルである。ただし、加盟国間の規模の格差は大きく、域内人口の75％、GDPの64％をブラジルが占める。1996年にチリ、1997年にボリビアがメルコスールとFTAを締結し、準加盟国となった。

　メルコスールは関税同盟であるが、統合を深化させるために、①サービス貿易の自由化、②生産要素の移動の自由化、③政策協調（マクロ政策および対外貿易、農業、工業、財政・金融、外国為替・資本、サービス、税関、交通・通信などのセクター別経済政策）、④関連分野における法制度の調和などの推進を図っている。メルコスール発足後、ブラジル・アルゼンチン間の貿易は増加しているが、対米依存度は依然として高い。そこで、EU、アンデス共同体などとの関係を強化し、対外関係の多様化を図るために、FTAの締結が検討されている。メルコスールは2005年の発足を目指して協議が進められているFTAAの一角を形成する有力な勢力でもある。しかし、FTAAについては米国主導に対する警戒感の高まり、農業問題をめぐる対立などにより交渉が行きづまっている。

［竹内順子］

【関連項目】　FTAA、中米共同市場、アンデス共同市場
【参考文献】　梅津和郎、奥田孝晴、中津孝司『途上国の経済統合—アフタとメルコスル』日本評論社、1999年．

MIGA（多国籍投資保証機関）
Multilateral Investment Guarantee Agency：MIGA

　開発途上国の経済開発には対内直接投資の促進が必要であるとして、直接投資にかかわる非商業的リスクを保証する機関として設立された世界銀行グループの一機関である。開発途上国への直接投資には、商業的リスクの他に、内乱、戦争、外貨送金規制など政治的リスクも看過できず、投資家にとっての不安要因となっている。MIGAはIBRD（International Bank for Reconstruction and Development）、IDA（International Development Association）などの調査機能をも背景にこれらリスクに起因する損失を保証す

◇**国際連合での位置付け**

経済社会理事会（ECOSOC）	
世銀グループ	国際復興開発銀行（IBRD）
	国際金融公社（IFC）
	国際開発協会（IDA）
	投資紛争解決国際センター（ICSID）
	多国間投資保証機関（MIGA）

るとともに、直接投資に取り残された国々の投資誘致を支援することをも目的としている。2002年6月末で加盟国は157カ国、授権資本は10億SDRで、増資約8億5000万ドルが了承されており、またIBRDから1億5000万ドルの運転資金供与を受けている。設立以来2000〜01年度までの保証取り扱いは78の開発途上国で500件を超え、その総額は90億ドルを超えるが、この保証により実現した投資総額は410億ドルに及ぶ。

国際機関、各国の公的保険機関・金融機関、保険企業などとの連携を進め、政治的リスク保険への参入を勧奨するとともに、再保険の紹介などを行っている。保証の対象は海外直接投資と付帯融資で、保証依頼は投資家と被投資国の連名で行われる。金額の限度はカントリーリミットが4億2000万ドル、1案件当たり最高額は2億ドルでいずれも再保険実施後のネット。保証期間は原則15年、一部20年のものもある。　　　　　　　〔飯島　健〕

【関連項目】　国際復興開発銀行、IFC、国際開発協会
【参考文献】　世界銀行『世界銀行年次報告2002』世界銀行, 2003年.

NAFTA（北米自由貿易協定）
North-America Free Trade Agreement

無条件最恵国を原則としていた米国の通商政策は1980年代半ば以降、GATTウルグアイラウンドの難航とEUの成立を受けて、地域主義の傾向を強めた。1989年の米加自由貿易協定発効後、米国は1990年にメキシコからの提案を受けてFTA交渉を開始したが、これにカナダが参加する形で、1992年12月のNAFTA締結に至った。NAFTAは総人口4億1100万人、GDP合計額11兆1000億ドルという世界最大の経済圏となった。NAFTA合意に際して、カナダとメキシコは最重要市場である米国へのアクセスの改善と直接投資の流入を期待していたが、米国は財・サービスに関するメキシコ市場の開放と同時に、NAFTAがメキシコ経済の成長を促し、それがメキシコからの不法入国者等を抑制することを期待していた。

NAFTAには従来のFTAにない2つの特徴があった。1つは、財の貿易のみならず、サービス貿易、投資、知的財産権の保護、政府調達などに関するルールが盛り込まれたことである。これには投資収益、ライセンス収入などを増大させていた米系企業および米国の利益が反映されている。FTAに財貿易以上の内容を盛り込むという米国の主張はGATTウルグアイラウンドにおいても展開され、NAFTAは、WTOをベースとした多国間交渉が貿易以外の分野に拡大する契機となった。

もう1つは、先進国と開発途上国との間の初のFTAであったことである。1990年代初頭、NAFTAをめぐり、米国内では激しい論争が起こった。それは単純化すれば多国籍企業を中心とする推進派と労働組合および環境団体を中心とする反対派の対立であった。メキシコという低賃金で環境・労働規制が緩い国との間の貿易・投資が自由化されることによって、米国からメキシコへの企業の流出が進み、雇用の悪化や環境汚染が進むことが危惧された。こうした懸念を払拭するために、1993年に環境保護、労働基準、緊急輸入措置などに関する補完協定が締結された。

NAFTAは1994年1月に発効し、自動車、繊維・衣料、農産物などの一部の品目を除いて関税が即時撤廃された。残りの品目についても段階的な関税引き下げが行われ、10年以内（一部15年）に撤廃される予定である。関税撤廃が適用される域内製品とみなされるためには、原産地規制を満たす必要がある。NAFTAにおける原産地規則は、①現地調達率が取引価格方式（〔財の取引価格－非NAFTA産の原材料・部品価格〕／財の取引価格）で60％以上、または総費用から間接費用を除いた純費用を用いる純費用方式（〔財の純費用価格－非NAFTA産の原材料・部品価格〕／財の純費用価格）で50％以上、②加工後の関税番号の変更などを条件としている。さらに、品目によっては特定部品や原材料について北米製品の使用を義務付けられたり、一般よりも高い現地調達率を課されるよ

うになったものもある。例えば、自動車の現地調達率は米加自動車協定で50％と定められていたが、NAFTAでは2003年を期限に62.5％まで引き上げられ、北米での生産を新規に開始する域外企業にとっては厳しい内容となった。NAFTA発効後、10年を経た2004年をもってかなりの分野で関税および規制の撤廃が完了する予定である。域内貿易は順調に拡大しており、NAFTA諸国の輸出入に占める域内向けの割合は1994年の42.1％から2000年には45.8％へと上昇した。これは主として、カナダとメキシコの対米輸出依存度と米国の対メキシコ輸入依存度の上昇によってもたらされたものであった。現在、米州自由貿易圏（FTAA）の交渉が最終段階に差しかかっているが、NAFTAの外延的拡大を目指す米国とそれを容認できない諸国との利害対立のために交渉は難航している。　［竹内順子］

【関連項目】　FTAA
【参考文献】　細野昭雄『APECとNAFTA―グローバリズムとリジョナリズムの相克』有斐閣、1995年。

◀NAIC（新興農業関連工業国）【タイ】
Newly Agro-Industrializing Country

　1980年代半ばに、経済成長の著しい韓国、台湾などがNICS（新興工業国）と呼ばれたのに対し、タイはそれらとは異なる工業化路線を進むという意味からNAIC路線を打ち出した。アグロという文字が象徴するように、農水畜産業とその加工産業であるアグロインダストリーを軸として、輸出の拡大、雇用の創出、農民所得の引き上げなど図ろうとした。しかし、1980年代後半以降は、外資企業の進出により電気、自動車、化学産業などの成長が著しかったことから、タイはNAICよりも、「第5のNIES」と呼ばれることが多くなった。

　第2次世界大戦以後、多くの開発途上国が、1次産品の価格下落と輸入代替工業製品の台頭を理由に、農産物の輸出を通じての工業化を断念せざるを得なかった。この中にあって、タイは輸出農産物の多様化と高付加価値化により輸出を伸ばし、工業化を以下の点から支えた。第1に、繊維などの輸入代替産業に必要な原材料や機械の輸入のための外貨

を調達したこと、第2に、農産品の生産地である農村や地方の商人・上層農民の所得向上をもたらし、工業製品を吸収する国内市場を提供したこと、第3に、ライスプレミアムや輸出税など中央政府に開発財源を与えたこと、第4に、国内の新しい地場資本家、つまりアグリビジネス・グループの形成に寄与したことである。　［大泉啓一郎］

【関連項目】　輸入代替工業化、輸出志向工業化
【参考文献】　末廣昭『タイ―開発と民主主義』岩波新書、1993年。／末廣昭『キャッチアップ型工業化論』名古屋大学出版会、2000年。

◀NEDA（国家経済開発庁）【フィリピン】
National Economic and Development Authority

　NEDAはマルコス時代の1970年代初期に創設され、政府主導の開発計画を策定・実施する中心的な組織であった。アキノ（Corazon Cojuanco Aquino）政権以降から現在までも中・長期開発計画の取りまとめと策定、国際機関による援助、ODAなどの対外援助の受け入れ機関としての機能を有している。開発に関する意志決定は、大統領を議長、NEDA長官を副議長、これに中央銀行総裁、財務長官、貿易工業長官、農業長官を初めとする援助関係省庁で構成されるNEDA理事会（NEDA Board）に委ねられている。理事会の下に開発予算調整委員会、投資調整委員会、社会開発委員会、インフラ委員会、公共料金関係委員会がおかれ、各省庁間の調整を行っている。主要な調整としては、NEDA理事会がプロジェクトの貸し付けと再貸し付けの最終承認を、投資調整委員会が政府借り入れ、BOT（Build, Operate, Transfer：建設、運営、移譲）プロジェクト、大規模贈与に関する開発計画の承認を、中央銀行の通貨委員会がNEDA理事会の決定に従って借り入れの認可を行う。財務省は承認プロジェクトに対するローン契約を行うとともに、BOTプロジェクトの国営企業、地方政府の海外借り入れに対する中央政府の保証を供与する。

　NEDAの内部組織は長官の下に、以下の3室がおかれている。①国家開発室（National Development Office：国家レベ

の開発計画策定）、②地域開発室（Regional Development Office：地域レベルの開発計画を取りまとめる）、③一般支援室（General Support Office：総務、管理を担当）。

実際の計画取りまとめは国家開発室の国家計画・政策局が行っている。地域の開発計画は各地域事務所が各地域開発会議の事務局として取りまとめ、最終的には本部の地域開発調整局に提出される。1991年地方自治法の制定により中央の人材、財源、事業が地方に移管され、地方分権が強化されている。これに伴いNEDAの地域間調整役としての機能がより重要になっている。　　　　〔梶原弘和〕

【関連項目】　マルコス、フィリピン開発銀行
【参考文献】　梶原弘和『アジア発展の構図』東洋経済新報社、1999年。／国際協力推進協会（APIC）『開発途上国国別経済協力シリーズ：フィリピン』第7版、2000年。／アジア経済研究所編『アジア動向年報』アジア経済研究所、各年版。

NGO（非政府組織）
Non-Governmental Organization

NGOは、NPO（非営利法人）とほぼ同様の意味で使われているが、一般的には「国際協力にかかわる市民団体」を指す。基本的には「非政府」（政府から独立した組織）、「非営利」（営利を目的とせず、公益を目的とする組織）、「ボランタリー」（市民の自発的な参加によって運営される組織）、「国際協力」（地球的課題など国際的に連携・協力して活動を行う組織）によって活動している団体をいう。

NGOという言葉は元来は国連用語で、1945年の国連の発足に伴って制定された国連憲章第71条に、「経済社会理事会（ECOSOC）はNGOと協議するために適当な取り決めを行うことができる」旨規定されている。国連の定義では、NGOは「政府ないし政府間の協定によって設置された団体ではなく、国連と協力関係をもつ政府以外の団体」ときわめて広い定義となっている。そのため日本のNPO法による「市民団体」のみならず、経営者団体、宗教団体、政党、労働組合、協働組合、職能団体、消費者団体などすべてを含む。しかし、現在では国連との協議資格の有無にかかわらず、地球環境、保健衛生、人権、平和、開発、安全、難民問題等々、地球的課題に取り組むすべての市民団体を指す。

こうした市民団体をNGOやNPOと呼ぶことが一般的であるが、OECDはCSO（Civil Society Organization：市民社会組織）という言葉を使っており、開発途上国ではPO（People's Organization）などと呼ぶ場合もある。OECDは先進国クラブの国際機関として、先進国的な「市民社会」論の立場から市民団体の必要性をみており、また国連に対抗する意味でCSOを使っているといわれる。これに対して、開発途上国では、（独裁制などのため）「市民」社会はまだ形成されておらず、貧しい「人民／民衆／大衆」による組織だという意味で自らをPOと呼んでいる場合もある。

NGOには大きく分けて2種類ある。一つは開発途上国の人々の生活改善を目指して直接的な活動を行っている市民団体で、「開発NGO」、「草の根NGO」、「実践型NGO」などと呼ばれる。これらは具体的な開発支援（難民支援、医療支援、自立支援など）を実践したり、開発計画を援助したりすることを主たる役割とする。もう一つは「アドボカシーNGO」と呼ばれる政策提言型のNGOである。政府開発援助（ODA）や企業活動が開発途上国の人々に与えている影響や、開発途上国や地球的課題の実態や問題点を調査し、その改善と代替政策の提案を行う活動を行っているNGOで、1990年代に形成されたNGOの国際ネットワークはこれらアドボカシー型NGOのイニシアチブによるものである。

NGOは、1990年代に国際ネットワークを形成し、国際社会を動かすサブシステムとして大きく顕在化した。1992年の地球サミットにおける「アジェンダ21」の採択、1999年のシアトルのWTO閣僚会議における街頭デモを含むNGOの抗議行動の盛り上がり、重債務貧困国の債務を2000年までに帳消ししようとするNGOの国際キャンペーン「ジュビリー2000」の成功、対人地雷禁止条約（1999年発効）を実現させた「地雷禁止国際キャンペーン（ICBL）」、地球温暖化防止のための気候変動枠組み条約（1991年）および京都議定

書の締結（1997年）に活躍した「気候行動ネットワーク（CAN）」、戦争犯罪人などを裁く国際刑事裁判所設立規定（1998年）とその規定発効（2002年）を促した「国際刑事裁判所を求めるNGO連合（CICC）」の活動、NGOと協働してつくり上げた環境にやさしいオリンピック、グリーンゲーム（シドニー2000オリンピック）の成功、HIV／AIDS薬など開発途上国への必須医薬品入手キャンペーンを通じてWTOのTRIPS（貿易関連知的所有権）協定の実質的改訂を実現した（2003年）国境なき医師団、オックスファムなどの国際キャンペーン等々、NGOの国際ネットワークは多国間条約形成の新しい担い手として登場している。国境を超えたこれらNGOの活動は「TCS（Transnational Civil Society）」と表現されている。　　　［長坂寿久］

【関連項目】　NPO、対人地雷禁止キャンペーン、ジュビリー2000キャンペーン、環境開発サミット、人間開発報告書
【参考文献】　朝日新聞「地球プロジェクト21」『市民参加で世界を変える』朝日新聞社、1998年.／西川潤、佐藤幸男編『NPO／NGOと国際協力』ミネルヴァ書房、2002年.／加田説子『国境を超える市民ネットワーク』東洋経済新報社、2003年.

NIES（新興工業経済群）
Newly Industrializing Economies

「新興工業経済群（NIES）」は、製造業品の輸出拡大を通じて急速な経済発展を遂げてきた開発途上国・地域、特に韓国、台湾、香港、シンガポールの「アジア四小龍」を指す言葉として用いられている。この言葉が最初に使われたのは1988年6月のトロント・サミットにおいてであったが、もとをたどれば、1979年に経済協力開発機構（OECD）によって出版された報告書（*The Impact of the Newly Industrializing Countries on Production and Trade in Manufactures*）で最初に用いられた「新興工業諸国（Newly Industrializing Countries：NICS）」を改称したものである。同報告書の定義によれば、NICSとは、輸出志向工業化戦略を通じて、生産、雇用、輸出面での工業部門のシェアを急速に拡大させ、1人当たりGNPの先進工業諸国との格差を急速に縮小させた国・地域である。そして、同報告書では計10カ国・地域が列挙されており、アジアでは韓国、台湾、香港、シンガポール、中南米のブラジル、メキシコ、ヨーロッパのギリシャ、ポルトガル、スペイン、ユーゴスラビアであった。

　これら10カ国・地域は、1970年代には輸出志向工業化戦略を梃子にして急速な成長を遂げた。しかし、1980年代に入ると、NICS内部で経済成長率の格差が急速に拡大し、「成長のアジアNICS」と「停滞の中南米・ヨーロッパNICS」との二極分解が生じた。中南米NICSが累積債務危機に陥り、ヨーロッパNICSも、観光収入や出稼ぎ労働者の送金に依存する経済構造へと後退し、停滞を余儀なくされた。その一方で、アジアNICSは労働集約的な製品の輸出を拡大させ、高度経済成長を謳歌した。この二極分解が、NICSからNIESへの名称変更が行われたことの一つの理由となった。もちろん、このような名称変更には国際政治的な配慮もあった。台湾と香港を一つの「独立国」として数えることによって、いたずらに中国との関係を混乱させたくなかったという事情もあった。現在では、NIESという用語は、アジア4カ国・地域を指す言葉となっている。

　NIESの輸出志向工業化戦略は、世界経済の構造に堅固に組み込まれたものであった。それは、世界経済の地殻変動を惹起するものであり、世界の成長センターが大西洋からアジア太平洋地域へと移行したことを示す。NIESは日本から機械や部品を輸入し、米国に完成品を輸出するという、貿易構造をもった。その輸出成長率が急速であることに耐えかね、ついに米国は1989年にNIESに対する一般特恵関税を廃止した。これは、NIESが貿易面からみて開発途上経済をもはや卒業したことを意味した。NIESは、輸出の拡大を通じた経済成長により、賃金の上昇や為替レートが増価し、労働集約的製品の価格競争力が損なわれ始めた。

　そのため、NIESは自国の産業構造を高度化させる一方で、直接投資を通じて労働集約的な部門を後発地域のASEAN諸国に移転させた。ASEAN諸国は、労働集約的な製品の輸出を拡大することで経済成長を促進させた。さらにこの流れは地域的広がりをみせ、

ベトナム、ラオス、カンボジアへと波及している。また近年、中国の台頭も目覚ましいものがある。NIESの直接投資はアジア太平洋地域のダイナミックな「構造転換連鎖」の不可欠な動因となった。その後、1996年に韓国が先進国クラブOECDへの加盟を果たすなど、NIESは名実ともに先進国に名乗りをあげようとしている。1997年にはアジア経済危機に見舞われたものの、急速な経済回復を遂げている。NIESは、2度の石油危機、国際収支危機、およびアジア経済危機などいくつもの危機を乗り超えてきた。これは、アジア経済が柔軟な対応能力と強靭な市場経済を構築してきたことの証左といえよう。〔徳原 悟〕

【関連項目】輸出志向工業化、南北問題、南南問題、プラザ合意／円高

【参考文献】OECD, *The Impact of the Newly Industrializing Countries on Production and Trade in Manufactures*. Paris: OECD, 1979(大和田悳郎訳『OECDレポート―新興工業国の挑戦』東洋経済新報社、1980年）．／渡辺利夫『開発経済学―経済学と現代アジア（第2版）』日本評論社、1996年．／室井義雄『南北・南南問題』山川出版社、2002年．

NPO（非営利法人）
Non-Profit Organization

NPOは、「公益のために自主的に活動している市民組織」である。理念としは、「市民が自主的（ボランタリー）に」「非営利を目的として」「政府や企業から独立（インディペンデント）し」「共通の目的、理念の下に」「公益のために」活動をする団体である。NPOとともに、PVO（Private Voluntary Organization：民間ボランティア団体）、慈善団体（Charity Organization）、CBO（Community-Based Organization）などのいい方もある。またNPO部門（セクター）について、第3（サード）セクター、独立（インディペンデント）セクター、ボランタリー・セクター、フィランソロピー・セクターなどとも呼ばれている。第3セクターとは、第1セクターは政府（行政）で国益を中心に行動する、第2セクターは営利を目的として民間が行う企業（ビジネス）活動、第3セクターは市民が自主的に参加して公益を中心として行動する部門という意味であるが、日本では「三セク」は行政主導で営利を目的として民間が参入して行う事業という別の意味となっている。

NGOとNPOはほとんど同意であるが、前者は国連用語あるいは国際協力団体に対して使われるのに対し、後者は法律的用語でもある。日本ではNPOとは、いわゆるNPO法によって法人格を取得した民間非営利団体を指している。しかし、狭義には、NPO法による法人格を取得していない市民活動団体（いわゆる「任意の団体」）を含み、広義には社団法人、財団法人、社会福祉法人、学校法人、宗教法人、医療法人までも含み、さらに最広義には労働団体、経済団体、協同組合などを含む。NPO数などのデータでどこまでを含むかは国により異なる。

欧米では、市民団体は書類の申請にもとづき自由に設立（法人格取得）される法体系となっている国が多いが、日本では明治以来の民法と官僚制度によって、市民による団体の設立は厳しく規制されてきた。1995年の阪神・淡路大震災時のボランティア活動の盛り上がりなどを経て、日本で公益を目的とする市民活動団体に対し法人格を与えるための法律、「特定非営利活動促進法」（いわゆるNPO法）が導入・施行されたのは、ようやく1998年12月のことである。同法は民法の例外規定的に導入されたため、同法に「特定」された非営利活動に対して法人格が与えられる。しかし、国会答弁などを通じて、実質的にいかなる分野のものでも対象となりうる約束となっている。同法で「特定」されている活動分野（当初12項目であったが、2003年5月の改正で17項目となった）は、①保健・医療・福祉、②社会教育、③町づくり、④学術・文化・芸術・スポーツ、⑤環境保全、⑥災害救援、⑦地域安全、⑧人権・平和、⑨国際協力、⑩男女共同参画社会、⑪子供の健全育成、⑫情報化社会、⑬科学技術、⑭経済活動、⑮職業能力開発・雇用機会拡充、⑯消費者保護、⑰これら活動の連絡・助言・援助、である。

2003年9月末時点の認可数は1万3250である。目的は保健・医療、社会教育、連絡・支援、子ども、町づくりなどが多い。国際協力活動を目的とするNPOは3131法人で、全体

の24％を占める。国際協力NGOセンター（JANIC）の調査によると日本の開発協力関係NPOの主たる活動分野は、教育・訓練・子供・青少年・家族、健康・衛生・栄養・医療改善・水、農村開発・農業、都市・住居（スラムなどの居住改善）、植林、環境・公害、エコロジー・生物多様性、難民・避難民・被災民、文化・スポーツ支援、が主たるもので、他にジェンダー（社会的性差）・女性、人口・家族計画、民主主義・良き統治・制度の発展、参加型開発（地域社会づくり）、障害者、少数民族、人権、平和・紛争、食料・飢餓、エネルギー・交通基盤、小規模企業・露天業、消費者保護、債務、金融・貿易、適正技術、等々多様な分野にわたる。また、提供する協力や支援の形態は、資金援助、物資供給、人材派遣（ボランティア、専門家等）、人材（研修生等）受け入れ、緊急救援、情報提供・交換、草の根ボランティア、フェアトレード、在日外国人支援、開発教育、地球市民教育、政策提言、NGO間ネットワークの推進、などである。　　[長坂寿久]

【関連項目】　NGO
【参考文献】　世古一穂『協働のデザイン』学芸出版，2001年．

O

ODA大綱
The Official Development Assistance Charter

　政府は1992年に政府開発援助（ODA）大綱を閣議決定し、①人道的配慮、②相互依存関係の深化、③環境の保全、④平和国家、⑤自助努力支援などの理念や原則にもとづいてODAを実施することを内外に示した。大綱の全文は外務省のホームページ（http://www.mofa.go.jp/mofaj/）に掲載されている。日本のODAは、現在、ODA大綱、それを具体化した政府開発援助に関する中期政策、国別援助計画の体系にもとづいて実施されている。

　ODA大綱には、①環境と開発を両立させる、②軍事的用途および国際紛争助長への使用を回避する、③国際平和と安定を維持・強化する（軍事支出、大量破壊兵器・ミサイルの開発・製造、武器の輸出入などの動向に十分注意を払う）、④民主化の促進、市場指向型経済導入の努力ならびに基本的人権および自由の保障状況に十分注意を払う、という4原則が示されている。軍事政権下にある国や核実験を行った国に対しては、ODAを停止する措置をとることがある。

　大綱が制定された背景には、ODAの急速な量的拡大がある。1980年代に入ると貿易収支の黒字が拡大し、黒字還流を目的としたODAの必要性が叫ばれるようになった。また環境問題が重要なテーマに取り上げられるなど、ODAが取り組む課題は多様化した。日本は1989年には世界最大の援助国となり、ODAを理念化する必要に迫られた。

　2002年6月、外務省はODAへの国民参加を具体化し、ODAの透明性を高めることなどを目的にODA総合戦略会議を立ち上げ、ODA大綱の見直しを進めている。　　[三浦有史]

【関連項目】　国別援助計画
【参考文献】　下村恭民、中川淳司、齋藤淳『ODA大綱の政治経済学』有斐閣、1999年．／渡辺利夫『開発経済学入門』東洋経済新報社、2001年．

ODA分類表
ODA Classification by Budget and Mode of Activities

　政府開発援助（Official Development Assistance：ODA）は、開発途上国の経済・社会の発展のために経済開発協力機構（Organization for Economic Cooperation and Development：OECD）の開発援助委員会（Development Assistance Committee：DAC）メンバーである先進国が開発途上国に供与する公的資金のうち譲許要素（グラントエレメント）が25％以上あるものを指す。

　その種類は、贈与、貸し付けおよび国際機関への出資および拠出からなる。贈与の中はさらに区分され、技術協力と無償資金協力に分けられる。2000年現在の予算区分で日本の贈与を分類すると、技術協力は、代表的な形態としては、研修員受入れ、専門家派遣、機材供与、プロジェクト方式技術協力、開発調査、青年海外協力隊派遣、国際緊急援助、そ

◇日本の経済協力の予算区分

経済協力	(1) 政府開発援助（ODA）	(1-1) 二国間贈与	(1-1-1) 技術協力 研修員受入れ 専門家派遣 機材供与 プロジェクト方式技術協力 開発調査 青年海外協力隊 国際緊急援助 その他
			(1-1-2) 無償資金協力 一般無償 水産無償 文化無償 食糧無償 食糧増産援助（その後廃止） 緊急災害無償 債務救済無償（経済構造改善努力支援ノンプロジェクト無償） その他
		(1-2) 政府貸付	
		(1-3) 国際機関への出資拠出	
	(2) その他政府資金（OOF）	(2-1) 輸出金融	
		(2-2) 直接投資金融	
		(2-3) 国際機関融資	
	(3) 民間資金（PF）	(3-1) 銀行貸付	
		(3-2) 民間輸出信用	
		(3-3) 直接投資	
		(3-4) 途上国債権購入	
	(4) NGOによる贈与		

（外務省資料より作成、ODAはアミかけ部分に相当）

の他に区分される。無償資金協力は、代表的な形態としては、一般無償、水産無償、文化無償、食糧援助、食糧増産援助（その後廃止）、緊急災害無償、債務救済無償（経済構造改善努力支援ノンプロジェクト無償）、その他に区分される。

公的資金による開発途上国支援はODA以外の方法によっても実施される。譲許要素は高くないため、援助としての位置付けを得てはいないが、広く経済協力の手段として認識されているものに、その他政府資金（Other Official Fund: OOF）がある。輸出金融、直接投資金融、国際機関融資にその形態が大別される。

公的資金以外の民間資金（Private Fund: PF）による支援は、広い意味での経済協力の一部として整理される。主要な形態は銀行貸付、民間輸出信用、直接投資、開発途上国債権購入に区分される。その他、民間資金の一部であるが、非政府組織（NGO）による贈与も、小額であるがいまや重要な経済協力の一部として認識されている。上記区分を以下の表に示す。

［佐原隆幸］

【関連項目】 ODA大綱、技術協力、借款の定義、無償資金協力

【参考文献】 外務省監修『経済協力参加への手引き』(財)国際協力推進協会, 昭和59年度版以降平成14年度版まで．／外務省経済協力局編『我が国の政府開発援助2000』上・下, 国際協力推進協会, 2001年．

OECD-DAC（経済協力開発機構 開発援助委員会）
OECD Development Assistance Committee

1960年に組成された先進国による開発援助グループ（Development Assistance Group：DAG）が、翌年米国を加えて再編された経済協力開発機構（Organization for Economic Cooperation and Development：OECD）の開発援助委員会（Development Assistance Committee：DAC）に改組された。同じ年に米国では対外援助法が制定され国際開発庁（US Agency for International Develepment：USAID）が発足し、一方、開発途上国はカイロで国連貿易開発会議（United Nations Conference on Trade and Development：UNCTAD）の前身となる開発促進を訴える会議（1962年）を開いた。援助側と、被援助側がそれぞれ意見集約の場を成立させたといえる。

DACは、開発途上国の持続可能な開発への支援を効果あるものとする援助国のフォーラムの一つである。援助国の援助活動を定期的に検討し援助額の拡大と援助の効率化を図るとともに、援助国が協調して、無償ないしより緩やかな条件での借款を拡充することを目的としている。その機能は、5つの部会すなわち資金面作業部会、統計作業部会、評価作業部会、ジェンダー平等作業部会、環境作業部会の存在で理解できよう。

加盟国は、OECD加盟30カ国のうちアイスランド、トルコ、メキシコ、チェコ、ハンガリー、ポーランド、韓国そしてスロバキアを除く22カ国と欧州委員会の23メンバーで構成される。事務局はパリにあり、OECDの開発協力局が担当する。議長はジャンクロード・フォール（Jean-Claude Faure）が務める。DACとしては、閣僚級のハイレベル会合、実務責任者によるシニアレベル会合がそれぞれ年1回開催されるが、活動計画、実行状況の確認などは各国の駐在代表により毎月開催される本会合で処理される。経常業務は機能別に6部会あり、上述の通りである。

加盟援助国は、2～3年に一度、DAC本部による実績、援助政策に関する審査を受ける。

DAC加盟国の2002年の援助額は569億6000万ドルで援助国の国民総所得（GNI）比では0.23％となった。国連の目標の0.7％のほぼ3分の1にとどまる。援助国・地域別では米国が129億ドル（GNI比0.12％）、日本92億2000万ドル（同0.23％）、EU15カ国合計で295億8000万ドル（同0.34％）、カナダなどその他5カ国合計52億6000万ドルとなった。DACは、「ミレニアム開発目標」、「ドーハ発展アジェンダ」、「モンテレー・コンセンサス」などの議論を踏まえ、①貧困の撲滅、②紛争解決と平和への取り組み、③安定した資金フローの増加、④開発途上国の自律的発展とガバナンスのための環境整備、⑤貿易と投資の活発化による民間の資金と力の活用、⑥援助額の拡大とアンタイド化など、多くの課題に取り組み各国の援助政策に反映させている。

〔飯島　健〕

【関連項目】　米国国際援助庁、国連貿易開発会議、貧困削減戦略

【参考文献】　OECD Development Assistance Committee, *Development Co-operation Report 2002*. OECD.

OEM（相手先ブランド生産）
Original Equipment Manufacturing

相手先ブランド生産（OEM）とは、取引相手である企業のブランドを用いて販売される製品を生産することをいう。例えば、日本企業が生産した部品を米国企業が使用して製品を生産するとする。そのために日本が米国に輸出することをOEM輸出という。また、東南アジアや中国企業が生産した部品を日本企業が使用して製品を生産するために行う輸入のことをOEM輸入という。現在、グローバリゼーションの進展によってOEM輸出入による国際貿易が活発に行われるようになった。伝統的に日本企業は外注・下請制度による社会的分業構造の下で、精巧で技術集約的な機械関連部品の生産に競争優位をもっている。そのため、米国企業が自社内でそのような部品を独自に開発することが技術・コストの両面で不可能な場合や、米国内で調達することが困難な状況にある。その場合、米国企業は日本製の部品をOEM協定によって自社製品の部品として使用することによって、より優れた製品を生産することが可能となる。

また、量産型で労働集約的な機械関連部品

に関しては、東南アジアや中国企業が生産する部品を使用すれば同様の優れた効果を期待することができる。また、OEMによって、技術・コスト両面の優位性を得ることができるだけでなく、取引相手のブランドによって販売されるために、実際に生産を行っている企業の国籍は問題とはならず、政治問題となりがちな貿易摩擦の問題を回避することが可能である。しかし、実際には、OEMの受注側の企業に研究開発を行う負担が生じており、そのコストを回収することができないような、短期間での契約の打ち切りといったリスクを考慮する必要も生じる。また、長期間の契約が行われれば、受注企業のサンク・コストが高くなることから、撤退することが不可能となり、発注側企業の価格交渉力が強まるといった状態が生じる。　　　　［森脇祥太］

【参考文献】　田中拓男『国際貿易と直接投資―国際ミクロ経済のモデルと検証』有斐閣、1995年.

P

PECC（太平洋経済協力会議）
Pacific Economic Co-operation Council

　PECCは、1980年に当時の大平正芳首相とフレーザー（John Malcolm Fraser）・オーストラリア首相によって提唱された「環太平洋共同セミナー」の開催を契機に、アジア太平洋地域における国際協力関係を推進する目的で1982年に発足した。2003年10月現在、オーストラリア、ブルネイ、カナダ、チリ、中国、コロンビア、エクアドル、中国香港、インドネシア、日本、韓国、マレーシア、メキシコ、ニュージーランド、PIF（Pacific Islands Forum）、ペルー、フィリピン、ロシア、シンガポール、中国台北、タイ、米国、ベトナムの23の国・地域が加盟しており、準加盟国にフランス南太平洋地域とモンゴルがある。

　PECCは、「産・官・学」の3者からなる非政府組織であり、こうした構成が「政府間交渉のぶつかり合いを回避し、自由な活動が可能である」（PECC事務局）という特徴につながっている。具体的な活動としては、貿易、金融、コミュニティ構築フォーラムと複数の領域にまたがる横断的テーマの下に2ないし3のタスクフォースを設置し、調査、提言を行っている。PECCを通じての加盟国間の相互認識の高まりが、政府間協議の場としてのAPECの設立に結びついたといわれる（PECC事務局）。APECにおける唯一の公式オブザーバー機関でもある。　　［竹内順子］

【関連項目】　APEC
【参考文献】　小島清『続・太平洋経済圏の生成』文眞堂, 1990年.

PKO（国連平和維持活動）
United Nations Peacekeeping Operation

　PKO（国連平和維持活動）は、冷戦時に安全保障理事会が拒否権制で機能停止に陥り、国連憲章の想定する集団安全保障メカニズムが機能しない事態の中で、何とか紛争地域の平和の維持を図ろうとする努力から徐々に形が整ってきたもの。紛争当事者間の停戦合意が成立後国連が軍事組織を派遣して、停戦合意の遵守、兵力の引き離し、武装解除の監視を行い、紛争の再発を防ぐ緩衝としての役割を背負いつつ、その間に当事者間の交渉を進展させ平和的な解決へのプロセスを進める。

　受け入れ国の同意をもとに派遣され、中立、非強制的な姿勢を維持し、自衛の場合を除いては武器は使用しない。紛争当事者間の同意が崩れ、兵力引き離しの合意が不調となった場合には、平和維持活動を行う基盤は失われる。平和維持活動に従事する軍事集団は、平和維持軍（Peacekeeping Force：PKF）と軍事監視団（Military Observer Group）があるが、通常はPKFを指すことが多い。

　冷戦終了後も拒否権制の弊害を除くことはできず集団安全保障メカニズムは機能していない。一方で、国家間の紛争に加えて地域紛争や内戦が多発する状況が生まれた。冷戦期に派遣されたPKOが40年間で13件にとどまったのに対し、冷戦終了後の1988～2000年までに42件と急速に拡大した。平和維持活動の役割も、紛争再発を防ぐ緩衝としての役割に

加えて、①難民や避難民への人道的な支援、②行政の再建までの空白を補い、速やかな復興とその後の開発につなげるための暫定統治機構の導入、③住民の参加を通じて当事者間の合意枠組みを強化するための選挙の準備や公正な実施の監視等が加わり、軍事集団の派遣に加えて、行政官や警察官が派遣され、その役割が拡大している。

　PKOへの日本の参加は、憲法や自衛隊法の制約から従来きわめて限定的なものにとどめられてきた。結果的に、文民要員（行政官や警察官）の派遣あるいは、人道緊急支援を担うNGO・市民団体の活動が先行してきた。1992年6月のPKO協力法（国際連合平和維持活動に対する協力に関する法律）により自衛隊部隊のPKOへの参加が可能となったものの、「PKO参加5原則」国会決議によりPKFへの参加は実質的に凍結された。その内容は、PKOへの参加は、①停戦合意が存在している、②受け入れ国などの同意が存在している、③中立性を保って活動する、④上記①～③の原則が満たされなくなった場合、一時参加を中断または終了させる、⑤武器の使用は自己または他の隊員の生命、身体の防衛のために必要な最小限度に限るというもので、他国の姿勢に比べその消極性は否めない。

　1998年6月にPKO協力法は改正され、PKFへの自衛隊の参加凍結は解除されたものの、今後自衛隊の役割がどのように展開していくかはいまだ明らかではない。［佐原隆幸］

【関連項目】　平和構築、人道緊急援助、復興・開発支援、民主化支援
【参考文献】　国際協力総合研修所『事業戦略調査研究「平和構築」』2001年.

▸PPP
Public Private Partnership

　民間の資源を活用して組織的・制度的にインフラ整備を行い始めたのは、1980年代の英国である。その方式はBOT（Build Operate Transfer）と称された。PPPはPFI（Private Finance Initiative）と同義で、ともにBOT方式の延長線上で実務的に進化した呼称である。1990年代初頭に登場したPFIの日本語訳は、当初「民間資金によるインフラ整備」であった。しかし、その内容が次第にインフラ資金の調達方法という範囲を超えてプロジェクト・サイクル全般（計画、財源調達、契約、建設、運営管理、契約完了事後処理、廃棄処理）に広がったことから、日本語訳は「民間資源を活用したインフラ整備運営管理」、略して「民活インフラ整備」に落ち着いた。1997年に英国では政権が労働党にかわり、それまでの保守党との差別化のためにPFIをPPPと呼び始めた。この用語は公共と民間を対等の立場と認識し、公共の出資も含めた多様な官民協調方式の可能性を示したものである。現在ではPFIとPPPは同義と考えてよい。世界銀行が開発途上国における民活インフラ整備を奨励するにあたってPPP用語を用いており、この用語が世界的に広く認知されるようになった。

　BOTやPPPが導入された動機は、行財政改革（小さな政府）の一環である「行政量の減少」と「行政・公共サービスの質の向上」である。英国の場合はEUとの関係で財政赤字をGDPの3％以内、公的債務をGDPの60％以内にしなければならないという外圧も大きく作用した。いずれにせよ、民間で供給ができる公益サービスは民間へ移すという原則によるものである。この原則はVFM（Value for Money）という考え方にもとづいている。納税者は「最も高い価値（Value）のあるサービスを、最小限の公共資源（Money）で提供して欲しい」のである。PPP方式の選択導入にあたっては、このVFMの考え方にもとづいて、公共部門が従来の調達方式で事業を行った場合の事業費である「公共部門事業基準値（Public Sector Comparator：PSC）」を試算し、これを同一のサービス（事業）を民間事業体が提供する場合の事業費と比較し、官民どちらがその事業を担当すべきかを判断する。

　PPPの形態は3つに大別される。①公共機関へのサービス提供型：民間事業体が施設の建設・運営を行い、市民に対しサービスを提供する対価として、事業費（コスト）を公共機関から回収する。病院、スポーツ施設、情報システムなど。②ジョイントベンチャー型：官民双方の資金を用いて施設の建設を行

い、運営は民間が主導し、収益は官民で折半する。再開発事業・鉄道など。③独立採算型：公共から事業許可（コンセッション）を受けた民間事業者が事業リスクを全面的に負い施設の建設・運営を行い、事業コストは利用料金などから回収し、公共機関は基本計画、資格供与、事業の監視などを行う（許認可）のみである。有料橋など。

いずれの場合でも肝心なのはリスクの認知・分析・定量化である。リスクは経済リスク、社会リスク、政治リスク、技術的リスク、マーケットリスク、管理運営リスクなど多種多様である。これらのリスクの民間事業体への適切な移転管理によるVFMの最大化こそがPPPの根幹である。

開発途上国の目的である持続的経済成長にとって、インフラ整備は必要不可欠である。今後も経済発展に伴って、ますますインフラ需要は増大すると予想される。これには開発途上国政府やODAからの資源では不足することは明らかで、開発途上国のPPPに海外の民間企業の参加が一般的になっている。日本のODA分野でも1996年には「民活インフラ支援策」を打ち出し、開発途上国のインフラ部門における民間投資促進をするために関連法規整備やODA事業との連携を図って開発途上国での日本企業による民活インフラ整備を促進している。

[吉田恒昭]

【関連項目】　PPPの類型、インフラストラクチャー
【参考文献】　西野文雄編『日本版PFI』山海堂，2001年．／ジャン・イヴ・ペロ、ゴーティア・シャトリュス編（(社)国際建設技術協会訳）『インフラと公共サービスの財政―官民パートナーシップ（PPP）』(社)国際建設技術協会，2001年．／日刊建設工業新聞社編『PFIで施設ができた』2003年．

PPPの類型
Type of PPP

PPP（Public Private Partnership）はPFI（Private Finance Initiative）と同義である。公共機関側と民間側が事業投資と運営に関して、それぞれの役割と権利をどのように分担するかによって多種多様な類型に分けられる。両者によって分担されるべき領域は投資資金の調達、施設の建設、施設所有、使用、経営などである。これらの組み合わせの違いによって、以下に示すような類型がある。

BLT（Build Lease Transfer）

民間あるいは公共事業者が資金調達をして施設建設を行うが、施設を所有するリスクを回避するために施設所有権を金融機関などに移転し、そこからリースを受けて事業を運営する方式。この方式は誰が事業（サービス）を市民に直接提供するのかで、以下の3つの方式がある。①公共機関は施設所有権と営業権を担保に起債して財源を市場から調達し、その施設を民間の事業主体に一定期間リースして、建設資金の回収をはかるものである。民間事業主体は全責任をもって、その施設の運営と維持管理にあたる。契約期間終了後に、再リースや所有権の民間への売却をするオプションもある。②これとはまったく逆に民間の事業主体が自ら資金調達を行い、施設を建設後に、公共主体にその施設をリースして使用権を与え、民間事業体はリース代で資金を回収し、契約終了後に所有権を公共に引き渡す方式もある。③民間の金融機関などが資金調達し施設建設を行い、その所有権を有し、他の民間事業者が施設のリースを受けて事業を行う方式。

BOO（Build Own Operate）

民間事業者が施設を建設した後、公共機関側に所有権を譲渡することなく民間事業者が所有運営する方式。

BOOT（Build Own Operate Transfer）

民間事業者が資金調達と施設建設を行った後も、その施設を所有し、運営を一定期間行い、公共機関側に所有経営権を譲渡する方式。

BOT（Build Operate Transfer）

インフラ投資・サービス供給における官民協調方式（PPP）の多様な形態の中で、初期の1980年代に英国のサッチャー（Margaret Hilda Thatcher）政権の主張する「小さな政府」を動機として導入された一形態である。民間事業者が自らの資金調達で施設建設を行い、一定期間（多くは20年間程度）所有・運営した後、公共機関に所有権を譲渡する方式。PPPの方式の中では最もポピュラーなものである。

ROT（Rehabilitate-Operate-Transfer）
　民間事業者が施設の新規建設ではなく既存の施設を補修改修し、一定期間運営した後に公共機関側へ譲渡する方式。　　　［吉田恒昭］
【関連項目】　PPP、インフラストラクチャー、公共事業
【参考文献】　井熊均『PFI　公共投資の新手法』日刊工業新聞社、1998年。／ジャン・イヴ・ペロ、ゴーティエ・シャトリュス編（（社）国際建設技術協会訳）『インフラと公共サービスの財政』（社）国際建設技術協会、2001年。／西野文雄編『日本版PFI』山海堂、2001年。

PRSP（貧困削減戦略ペーパー）
Poverty Reduction Strategy Paper

　貧困削減戦略ペーパー（PRSP）は、世界銀行が提唱した「包括的な開発フレームワーク（CDF）」を実行に移すために作成される長期開発計画である。PRSPの策定にあたっては、①市民の参加を募り、国としてのオーナーシップ（主体性）をもつこと、②貧困層の受益する成果（Outcome）を重視すること、③貧困の多様性を踏まえた包括的な戦略であること、④内外の関係者との協調というパートナーシップを重視すること、⑤貧困削減に対する長期の見通しを示すことが5原則として示されている。

　世銀・IMFは、1999年のケルン・サミットでの貧困削減と債務削減に関する議論を踏まえ、重債務貧困国（Heavily Indebted Poor Countries：HIPCs）、およびすべてのIDA融資対象国に対してPRSP作成を義務付け、それにもとづいて支援することを決定した。2002年7月末時点で、72カ国がPRSPの対象となっている。

　PRSPは従前の開発途上国の長期開発計画に比べ、①経済成長のみならず貧困削減にも目標を設定していること、②対象となる開発課題が網羅的であること、③作成プロセスにおいて情報公開を進めたことが特徴である。PRSPは、その策定プロセスに国民を参画させることにより受け取り国のオーナーシップを、その作成・実行プロセスに世銀が関与することにより受け取り国とのパートナーシップの確保に成功したとされる。

　PRSPは過去に例のない斬新な取り組みによって作成された、と世銀は自賛している。世銀は「国別援助戦略（Country Assistance Strategy：CAS）」にもとづきPRSPに対応した援助戦略を公表し、PRSPにおいては世銀がコーディネーターとしての役割を果たし得ることを強力に印象づけた。　　［三浦有史］
【関連項目】　CDF
【参考文献】　世界銀行東京事務所ホームページ（http://www.worldbank.or.jp/）。

R

RCA（顕示的比較優位）
Revealed Comparative Advantage Index

　顕示的比較優位指数は、ある国のある財の輸出を世界的な平均と比べて国際競争力を計測する指標である。すなわち、ある国がある財の生産に特化している程度を輸出額を用いて推計し、その特化の度合いにその国の比較優位が現われていると仮定した指数である。計測方法は、i 国の j 製のRCAは以下の式によって計算される。

　　RCA ij＝（i 国の j 財輸出額／i 国の輸出総額）／（世界の j 財輸出額／世界の輸出総額）

　この計算結果の数値が1を超えると、その国はその財について世界の輸出シェア以上のシェアをもつことから、比較優位があると判断される。日本の東アジア貿易における比較優位構造をRCAで計測した分析によると、最終製品全般において比較優位が低下しており、特に、テレビ受像機、VTRなどの製品・半製品の分野においては、対中国との貿易において比較優位の低下が目立つ。この製品は1990年代半ば以降、NIESに対しても比較優位が低下した分野である。このような比較優位低下の背景には、中国に立地した日系企業を含めた中国との国際分業構造が考えられる。輸出からノックダウン生産、現地への本格的な生産工場の進出といった国際分業関係が、NIESおよびASEAN諸国と同様、中国においても進展してきた。さらに、製品・半製品といった分野から高機能素材・部品などへ貿易構造の中心がシフトするという国際分業形態の深化が、日本と中国の製品貿易に

おけるRCA分析から読み取れる。

韓国の輸出製品のRCA変化をみると、近年好調である自動車や電気・電子機器が比較優位をもっており、国際競争力が向上している。一方、1980年代に主要な輸出品目であった繊維、玩具、時計などの軽工業製品は、1990年代後半からRCAが著しく低下した。韓国も、産業構造の高度化に伴い他の東アジアとの間で国際分業が進展し、相対的に高付加価値の製品輸出への移行が進んでいることがRCA分析から考えられる。

中国のIT製品のRCA変化を分析した研究によると、そのRCA指数は1990年の0.64から2000年には1.26に上昇した。分野別では、コンピューター・同周辺機器(0.07から1.38)、事務用機器(0.60から2.82)、映像機器(0.46から1.77)の伸びが目覚しい。他方、IT製品の中で特に付加価値の高い半導体など電子部品(0.01から0.19)と測定器・検査機器(0.49から0.66)に関しては、RCA指数は水準としてはまだ低い。各分野におけるRCA指数から判断すると、中国は事務用機器、その他の電子部品、音響機器、測定器・検査機器においてASEANと比べて比較優位がある。一方、コンピューター・同周辺機器、通信機器、半導体等電子部品、映像機器においては比較劣位にある。2000年時点の比較で東アジア諸国のIT製品のRCA指数は、ASEANが2.76、NIESが2.59、日本が1.46である。　　　　　　　　　　[文　大子]

【参考文献】　経済企画庁『世界経済白書』2000年。／関志雄「中国の台頭とIT革命で雁行形態が崩れたか」中国経済新論ホームページ (http://www.rieti.go.jp/users/china-tr/jp/), 2002年。／経済産業省『通商白書』2003年。

RTA（地域貿易協定）
Regional Trade Agreement

地域貿易協定とは、複数の国の間でのみ貿易障壁を取り除き特恵関税地域を形成するための協定をいう。GATT（関税および貿易に関する一般協定）の第24条では、地域貿易協定を、①モノの貿易に関して貿易障壁を撤廃し自由貿易を目指す自由貿易協定（Free Trade Agreement）、②域外関税も共通化している関税同盟（Custom Union）、③①と②を形成するための中間協定（Interim Agreement）の三つに分類している。地域貿易協定は、1958年のEEC（欧州経済共同体）の設立を嚆矢として、1980年代までは主にラテンアメリカなど開発途上諸国で活発化したが、1990年代以降は世界各地でみられるようになった。その背景として以下の3点があげられる。第1に、欧米における巨大な地域統合の深化、拡大の動きがその他諸国の地域主義を刺激したためである。欧州では1993年に成立したEU（欧州連合）が1999年1月に統一通貨ユーロを発足させたばかりか、その地理的範囲を東方へと拡大する動きを強めている。さらに米州では、NAFTA（北米自由貿易地域）と中南米諸国を統合し米州自由貿易地域（FTAA）を2005年までに設立するための交渉が1998年から開始された。第2に、GATTウルグアイ・ラウンド交渉が難航し長期化した結果、自由貿易交渉において多国間より少数国間の方が意見の調整や合意が得やすいという認識が広がったためである。第3に、「外向き」(outward looking)への政策転換により、貿易、投資の自由化・規制緩和を推進する開発途上諸国が増えたためである。外資主導型の輸出志向工業化政策を維持、強化することを目的に、これら開発途上諸国は市場アクセスと外国直接投資の誘致手段として地域統合に大きな期待をかけている。　　　　　　　　　　[北村かよ子]

【関連項目】　FTA、GATT、EU、NAFTA、地域主義
【参考文献】　de Melo, J. and Arbind Panagariya eds., *New Dimensions in Regional Integration.* Cambridge: Cambridge University Press, 1993. ／青木健、馬田啓一編『地域統合の経済学』勁草書房, 1999年。

S

SAARC（南アジア地域協力連合）
South Asian Association for Regional Cooperation

南アジア地域協力連合（SAARC）は、インド、スリランカ、ネパール、パキスタン、バングラデシュ、ブータン、モルディブの7カ国によって、1985年に発足した地域協力機

構である。同機構は域内の大国であるインドとの対立を回避することに加えて、加盟諸国間の相互理解と協力強化を通じて「民族的自決、集団的自立の強化」の達成を目標としてうたったSAARC憲章によって設立された。ネパールのカトマンズに常設の事務局が設置されている。当初は農業、地方開発、気象、通信、科学技術、保健・人口、運輸、教育、麻薬防止、女性問題、観光の12分野に関して、それぞれ定められた総合行動計画にもとづき域内協力を推進することが目的とされ、地域協力の核心部分である貿易・工業などの経済分野はあえて枠外におかれた。加盟国の経済構造の補完性が希薄で、域内貿易拡大の可能性が乏しいことに加えて、経済力や産業発展段階に大きな較差があったためである。しかし1993年に至り南アジア特恵貿易協定(South Asian Preferential Agreement : SAPTA)が調印された(同協定の発効は1995年12月)上、1997年には2005年までに非関税障壁を撤廃し自由貿易地域を設立することが決定された。このように1990年代に入り貿易、工業など経済分野での協力強化が急速に進展した背景としては、加盟参加国の多くの国で政権交替が起こり民主化が進展したこと、新政権の下で経済の自由化・規制緩和、民営化が進展したことに加えて、世界的に地域統合の動きが活発化したことなどがあげられる。経済自由化・規制緩和によって輸出増加を主因として1990年代後半以降各国経済は好転したが、SAPTA調印後の域内貿易は3％前後という低率で推移している。これは特恵関税が適用される対象品目や特恵マージンが基本的に各国に委ねられていること、関税引き下げスケジュールについての規定がないことに加えて、加盟国間の貿易構造に補完性がないことなどによるものである。

[北村かよ子]

【参考文献】 村山真由美「南アジアにおける経済協力の可能性」近藤則夫編『現代南アジアの国際関係』アジア経済研究所, 1997年. ／濱口恒夫「南アジア域内の国際関係」古賀正則, 内藤雅雄, 中村平治編『現代インドの展望』岩波書店, 1998年.

SDR（特別引出権）
Special Drawing Rights

SDRは、1969年に創設された人工的な対外準備資産である。1960年代には、国際的な準備資産として金やドルが使用されていたが、金についてはその供給に限度があること、ドルについては米国の国際収支の赤字を背景にその信認が薄れていたことから、新たな準備資産の創設の必要性が唱えられていた。このような中、考案されたのが、IMF（国際通貨基金）によるSDRである。

IMFは、準備資産の補充が必要と判断される時に、各参加国にSDRを配分する。参加国は、国際収支の管理上必要が生じた時に、他の参加国からSDRを対価として外貨を取得することができる。すなわち、外貨不足に陥った参加国は外貨に余裕のある他の参加国にSDRを譲渡し、その対価としてドルなどの通貨を受け取ることになる。各参加国は、SDRを使用する権利とともに、一定限度までSDRを受け取り通貨を供給する義務を負っている。なお、IMFの加盟国は、IMFの一般会計から通貨を引き出すことができたが、このSDR制度の創設により新たな引き出しの手段が加わったことから、一般の引き出しと区別するために特別という名称が付けられている。

SDRの価値は、当初、金価値の保証が付けられており、1SDR＝0.888671gに設定された。これは1米ドルと等価であった。その後、本格的な変動相場制への移行とともに、1974年から標準バスケット方式が導入され、世界貿易に占めるシェアの高い16カ国の通貨の加重平均がSDRの価値とされた。さらに、1981年から米ドル、日本円、ドイツ・マルク、フランス・フラン、英ポンドの5カ国の通貨による標準バスケット方式に変更され、現在は米ドル、日本円、ユーロ、英ポンドで構成されている。

[佐々木郷里]

【関連項目】 国際開発金融機関
【参考文献】 古海建一『外国為替入門』日本経済新聞社, 1990年.

SITC（標準国際貿易分類）
Standard International Trade Classification

国連によって作成された貿易統計で用いられる品目分類体系である。品目分類体系には、国連以外にも、関税協力理事会（Custom Co-operation Council）による関税品目表がある。SITCは、統一的な品目分類、時系列処理が可能であり、国際比較分析に適している。原材料、中間製品、最終製品という加工段階および産業源泉別に分類されているためである。

一方、関税品目表はその主たる目的が関税率を示すことにあり、SITCのように加工段階別に商品分類がなされておらず、経済分析を行う際には再分類が必要になる。SITCは、1950年に導入された「国際連合標準国際貿易商品分類（SITCオリジナル）」に始まり、1960年のSITC改訂版（Revised：SITC・R1）、1975年のSITC・R2、そして1988年のSITC・R3と、これまで3回改訂されてきた。改訂を重ねるごとに基本項目の数が増加した。SITCオリジナルでは基本項目が570項目であったが、1960年のSITC改訂版（Revised：SITC・R1）では1312項目、1975年に導入されたSITC・R2では1832項目、そして最新版の1988年に導入されたSITC・R3では3121項目となっている。

基本項目の増加は、各時期における新商品の登場を反映している。例えば、1960年代以降の急速な技術進歩によってSITC・R1では分類できない新商品が「機械類および輸送機械」（7類）において多数続出したため、SITC・R2では7類が大幅に拡充された。なお、大分類の1桁コードによる商品分類は表の通りである。　　　　　　　　［徳原 悟］

【関連項目】　国際統一商品分類
【参考文献】　United Nations, *Standard International Trade Classification, Revision 3*. New York：Statistical Paper, Series M, No. 34／Rev. 3, 1988.

◇SITC 1桁コード品目分類表（Revision 3）

コード	品目
0	食料および動物（主に食用）
1	飲料およびタバコ
2	非食品原材料
3	鉱物性燃料
4	動植物性油脂
5	化学製品
6	工業製品
7	機械類および輸送用機器
8	雑製品
9	特殊取扱品

T

t 値
t-value

回帰分析において t 値は、最小2乗法によって推定された回帰係数が有意であるか否かを検定するために用いられる。もし有意であるならば、推定された回帰係数が統計的にみてゼロでないと判定できる。　［白砂堤津耶］

【関連項目】　回帰係数、回帰分析、最小2乗法

TDRI（タイ開発研究所）【タイ】
Thailand Development Research Institute

1984年につくられたタイで最も信頼されているシンク・タンク。韓国のKDIを意識して、タイ政府の経済社会開発庁がつくった研究機関。目的は、政策立案資料、政策効果に関する研究、基礎的経済社会分析、国内外での研究ネットワークの形成、国民への政策説明などである。研究員は、大学や政府機関からの出向者が多い。設立当初は、カナダ、米国や日本などからの援助資金が中心であったが、最近は、受託資金収入（約90%）が運営資金の中心になっている。職員は約120名、2003年現在の理事長は元首相のパンヤラチュン・アナンド（Panyarachun Anand）。

［安田 靖］

【関連項目】　タイ東部臨海工業地帯
【参考文献】　『タイ国経済概況』（各年版）バンコク日本人商工会議所.

TFP（全要素生産性）
Total Factor Productivity

全要素生産性とは、労働や資本など生産に必要なすべての生産要素についての生産性であり、生産に対する生産要素投入以外の貢献のことをいう。コブ＝ダグラス型生産関数は

次のように表わされる。

$$Y = AK^\alpha L^\beta \quad \cdots\cdots\cdots\cdots\cdots ①$$

Y：総生産，A：技術水準，K：資本ストック，L：労働力，α：資本分配率，β：労働分配率

この場合，TFPは以下のように示される。すなわち，TFPは技術水準Aを表わす。

$$TFP = A = \frac{Y}{K^\alpha L^\beta} \quad \cdots\cdots\cdots\cdots ②$$

②式を対数化して時間tで微分すると，TFPの成長率 GR は以下のように表わされる。

$$GR = \frac{\Delta Y}{Y} - \alpha \frac{\Delta K}{K} - \beta \frac{\Delta L}{L} \quad \cdots\cdots ③$$

GR は総生産の成長への資本と労働の貢献の部分を差し引いた残差である。　　　〔森脇祥太〕

【関連項目】　生産関数

U

UNCTAD（国連貿易開発会議）
United Nations Conference on Trade and Development

「南北問題」の解決なくして世界の安定的発展はないとして、1962年に開発途上国の代表がカイロに集い、貿易と開発による開発途上国の経済発展を訴える「カイロ宣言」をまとめた。この「会議」が国連の支持を得て、1964年3月には国連貿易開発会議（UNCTAD）として開催されたが、その提言が評価され、同年末にUNCTADは国連総会の補助機関として経済社会理事会の下に常設化された。本部はジュネーブにあり、加盟国は国連全加盟国とバチカンの192カ国（2003年6月現在）。その役割を大別すると、①各国の貿易、開発に関する経験の交換とコンセンサスの形成、②貿易・投資政策の調査・研究、③技術支援となるが、現在はその対象分野も広がり、貿易、観光、投資、金融など広範な分野について意見をまとめ、先進国との協議を通じて多くの成果をあげている。市場経済のグローバル化が進む中で、新たに開発途上国間の経済格差の拡大、「南南問題」が深刻化しており、ますますその活動が期待されている。

GATTが無差別を原則とし先進国寄り、UNCTADは特恵許容を求める開発途上国の意見集約の場といった性格の違いを調整するために、1968年に両者共同で国際貿易センター（International Trade Center UNCTAD/WTO：ITC）を設置している。　〔飯島　健〕

【関連項目】　WTO、南北問題、南南問題
【参考文献】　国際連合広報局『国際連合の基礎知識』世界の動き社、2002年.

UNDP（国連開発計画）
United Nations Development Programme

国連における、開発途上国の経済・社会開発のための援助機関である。資金・技術援助にかかわる2つの機関をまとめて1966年に発足した。本部はニューヨークの国連内にあり、経済・社会の変革と開発を目指す開発途上国に対して、国連の専門機関、政府機関、企業、NGOなどのネットワークと、多くの事例や経験を駆使して課題に取り組んでいる。2002年末現在、134カ国に事務所を配置し、アフリカやアジア・太平洋地域の国々を中心に174カ国で開発援助プロジェクトを実施中であるが、その分野は行政、司法制度の整備、経済開発政策から農林漁業、工業化への着手など、きわめて広範に及ぶ。特に、国連の「ミレニアム開発目標（MDGs）」（2015

◇国際連合での位置付け

- 総会
  - 経済社会理事会（ECOSOC）
    - 国連貿易開発会議（UNCTAD）
      - 国際貿易センター（ITC-UNCTAD/WTO）
      - 国際投資・多国籍企業委員会（CIITC）
      - 開発のための科学技術委員会（CSTD）
    - WTO（旧GATT）

◇国際連合での位置付け

- 総会
  - 経済社会理事会（ECOSOC）
    - 国連開発計画（UNDP）
      - 国連婦人開発基金（UNIFEM）
      - 国連ボランティア計画（UNV）
      - 国連資本開発基金（UNCDF）

年までに貧困を半減）に沿い、①民主的ガバナンス（法制度など社会システムの整備）、②貧困の削減、③危機予防と復興（紛争・災害の警戒と解決）、④エネルギーと環境（クリーン・エネルギーの確保と環境の保全）、⑤情報通信技術、⑥HIV/AIDS蔓延の抑止などを重点施策とし、またこれら各分野を通じて人権、ジェンダー、南南問題などにも取り組み、年間20億ドル強の援助を実施している。

支援の実施にあたってはUNDPの被支援国駐在代表が国連援助活動の現地調整官として援助活動全般につき調整にあたる。毎年、『人間開発報告』で開発進展状況を報告、併せて学者、専門家の論調を紹介し開発への取り組みを啓蒙している。　　　　［飯島 健］

【関連項目】　国連ミレニアム開発目標、貧困削減戦略、南南問題
【参考文献】　国際連合広報局『国際連合の基礎知識』世界の動き社, 2002年.

◀ UNESCO（国連教育科学文化機関）
United Nations Educational, Scientific and Cultural Organization

　教育、科学、文化における国家間の協力を促進し、世界の平和と安全に貢献することを目的とする国連専門機関の一つ。1946年にユネスコ憲章にもとづいて設立された。同憲章の前文「戦争は人の心の中で生まれるものであるから、人の心の中に平和の砦を築かねばならない」は特に有名である。本部はパリ。日本は1951年に加盟した。ユネスコの具体的活動としては、開発途上国の教育支援、識字運動、遺跡や文化財の保存などの他、平和・人権教育の推進、国際共同研究の推進などを行っている。米国はユネスコが「南」の国に操作されているとして1984年末に脱退したが、放漫経営や恣意的な人事が改善されたとして2003年9月に復帰した。事務局長は1999年より日本の松浦晃一郎が務めている。

［甲斐信好］

【参考文献】　最上敏樹『ユネスコの危機と世界秩序』東研出版, 1987年. ／国連科学教育文化機関ホームページ (http://unesco.org/).

◀ UNICEF（国連児童基金）
United Nations Children's Fund

　国連総会の補助機関で、生存、保護、成長など主として開発途上国の児童の援助を目的としている。1946年に設立された「国連国際児童緊急基金」（United Nations Children's International Emergency Fund）を前身とし、1953年に改組され常設化したが略号UNICEFはそのまま用いられている。本部はニューヨーク。1965年にノーベル平和賞を受賞した。1989年11月国連総会において採択された子供の権利条約（児童の権利に関する条約）にもとづき、子供の基本的人権の実現を使命として掲げるようになった。［甲斐信好］

【参考文献】　UNICEF『世界こども白書』各年版. ／UNICEFホームページ (http://unicef.org/).

◀ UNIDO（国連工業開発機関）
United Nations Industrial Development Organization

　1966年に工業開発に関する国連の補助機関として発足し、1985年に経済社会理事会指揮下の専門機関となった。本部をオーストリアのウィーンにおく。開発途上国と移行経済国の持続的工業開発を可能とするために必要な知識、情報、技能、技術を提供支援する国連の専門機関の一つである。具体的行動としては、開発途上国の長期・中期・短期工業化政策とその推進計画の立案、技術専門家の派遣による技術指導の実施や、工業技術、投資、生産、経営など情報データの蓄積と発信などを行っている。

　1997年には、①競争力ある技術を目指した工業統括管理と統計の整備、投資と技術開発の奨励、品質と生産性の向上、②クリーン・エネルギー、環境対策としての京都議定書（温室効果ガス排出規制）とモントリオール議定書（地球温暖化ガス、フロンの使用規制）の目標に向けた推進活動と環境管理の推進、③生産性の向上と雇用の推進のための中小企業の経営支援、女性企業家の参入支援、

◇国際連合での位置付け

経済社会理事会（ECOSOC）
国連工業開発機関（UNIDO）

農産品加工の推進など、8つの項目（modules）を掲げ、総合的ないしは選択的にメニューを作成し支援を実行している。

2002～03年の活動資金は3億4900万ユーロで、その過半をメンバー国の自発的拠出金に依存している。また、2002年承認分を含めた技術援助支援承認額を地域別にみるとアフリカ諸国が49.5％、アラブ諸国が21.8％、その他地域が28.7％となっている。東京事務所は開発途上国の投資促進専門官を招聘し企業に対し現地情報を提供せしめるとともに、技術者の現地派遣などを行っている。　　［飯島　健］

【参考文献】　国際連合広報局『国際連合の基礎知識』世界の動き社, 2002年.

USAID（米国国際援助庁）
The United States Agency for International Development

1961年11月、「対外援助法（Foreign Assistance Act）」第201条および251条にもとづき、援助プログラムの実施・運営を目的として国務省傘下の総合的援助機関として設立された。長官および副長官は上院の同意にもとづき大統領によって任命される。

贈与を中心とした二国間援助を主な業務とする。業務内容は、USAIDが直接管理するものと国務省と共同管理するものとに分かれる。前者は、①開発援助（Development Assistance）、②児童救済プログラム（Child Saving and Disease Program）、③国際災害援助（International Disaster Assistance）、④信用プログラム（零細・小規模企業開発および住宅保障プログラム）など資金と技術協力を組み合わせて開発途上国の社会・経済開発を支援するものである。後者は、①経済支援資金（Economic Support Fund）、②東欧・バルト諸国支援（Assistance for Eastern Europe and the Baltic States）、③旧ソ連諸国支援（Assistance for the Independent States of the former Soviet Union）、④食料支援など米国の国益を反映した経済支援である。

2002年度の予算規模（会計年度10月～翌年9月、要求ベース）は77億1700万ドルで、USAIDが直接管理する援助が31億7500万ドル、国務省と共同管理する援助が45億4200万ドルであった。現在、アフリカ教育イニシアチブ、クリーンエネルギー・イニシチブなど大統領の提案による16のイニシアチブにもとづく援助を展開している。　　［三浦有史］

【参考文献】　外務省経済協力局編『わが国の政府開発援助上巻2000』財団法人国際協力推進協会, 2001年. ／国際協力銀行『国際協力便覧2002』2002年.

WTO（世界貿易機関）
World Trade Organization

1930年代の列強による為替切り下げ競争とブロック経済化が第2次世界大戦を招いたとの反省に立って、1944年に米国ニューハンプシャー州ブレトンウッズに連合国代表が集い、戦後の通貨・金融・貿易システムのあり方を討議した。多角的貿易体制の構築に向けての討議の結果は、「関税と貿易に関する一般協定（General Agreement on Tariffs and Trade: GATT）」として1947年10月に調印された。すでに米国の提案による国際貿易機関（International Trade Organization: ITO）創設案があり、翌年にはハバナ憲章（1948年）にうたわれたが、当の米国が批准に失敗し成立に至らず、その結果、暫定協定としてのGATTが半世紀の間自由貿易推進の役割を担ってきた。

GATTは成立以来協定締約国間で数々の交渉を重ねて関税引き下げに貢献した。また、ケネディ・ラウンド、東京ラウンド、ウルグアイ・ラウンドの多角的貿易交渉では関税問題を超えて非関税障壁や、ダンピング、政府調達、補助金、農業、サービス、知的所有権、投資など広範な分野をとりあげ、多角的交渉の実をあげた。しかし、GATTがITOの設立を予期した上での暫定協定であったことから、監視、紛争処理能力を充分備えておらず、強制力ある多角的貿易機構の創設が望まれていた。WTO創設はGATTのウルグアイ・ラウンド（1986～93）のマラケシュ会議で合意された。

WTOは1995年1月に設立され、国際連合の一専門機関として位置付けられている。本部をジュネーブにおき、意思決定や事務局長の任命は加盟国の担当閣僚をメンバーとする閣僚理事会が行う。閣僚理事会の下に加盟国代表が理事を務める一般理事会があり、紛争処理機関、貿易政策審査機関をも兼ねる。事務局長はスパチャイ（Supachai Panitchpakdi）（任期：2000年9月から3年間）。財政は加盟国分担金で賄う。

WTOは財、サービス、知的所有権などに関する貿易の自由化と円滑化のための国際合意をまとめ、これを推進するとともに、政府間の貿易紛争を公平に処理することを主たる目的とする。またその機能としては、①加盟国による多角的貿易交渉の場を提供するとともにこれを運営、②加盟国間の貿易紛争の解決、③加盟国の貿易関連政策を監視・監督、④他の国際機関との協力を行う、などがあげられる。新規加盟については、国または国際的協定の執行において自治権を有する独立関税地域で加盟を望むもので、WTO協定の合意があれば、加盟国の3分の2以上の多数決をもって承認される。GATT加盟を果たせなかった中国と台湾が2002年1月に加盟を果たしている。

WTOは、GATTの基本理念である貿易無差別の原則、「最恵国待遇」と「内国民待遇」を継承しているが、両者の違いの主なものは、GATTが暫定的国際協定にとどまったのに対し、WTOは正式な国際機関で、またサービス貿易、直接投資、知的所有権など国際取引の広範な問題を対象としている。特筆すべきは、紛争処理手続きである。GATTではパネルの設置には全会一致を要するコンセンサス方式を採用し、対抗措置も財の分野に限られていたが、WTOではパネルの設置は1カ国の支持でも可能なネガティブコンセンサス方式となり、対抗措置も財・サービス・知的所有権の分野なら異分野の制裁も可能となった。提訴から対抗措置承認までの期間も最長35カ月と明示され、再審制度も整備された。

1999年11月末に始まったWTO閣僚会議では、貿易・投資の自由化が失業の輸出や環境破壊をもたらしているとの労働組合、NGOの非難デモにより成果なく終わった。自由化、市場経済、グローバル化への疑問にどう答えるか、WTOに課せられた課題は大きい。

〔飯島 健〕

【関連項目】 内国民待遇、最恵国待遇、GATT、貿易自由化、WTO加盟

【参考文献】 外務省経済局国際機関第一課編『解説WTO協定』日本国際問題研究所，1996年．／佐々波楊子，中北徹編『WTOで何が変わったか』日本評論社，1997年．

WTO加盟【中国】
China's Access to the WTO Membership

改革・開放政策の実施に伴い、中国と国際主要経済機関との関係が次第に修復されるようになった。世界銀行とIMFのメンバー国の資格が確定されて、1986年に中国政府が正式にGATT（関税および貿易に関する一般協定）の加盟国資格の復帰（初期メンバーであった中国は一度この組織から脱退した）の申請書類を提出した。しかし、天安門事件後に国際社会が対中制裁に踏み込んだこともあって、中国の申請に対する審議が持久戦になる様相を呈した。その後、GATTのWTO（世界貿易機構）への移行に伴い、中国はWTO加盟の申請国になり、多くの紆余曲折を経て、2001年のドーハ会議において申請が可決され、ついにWTO加盟という長年の夢をかなえたのである。

申請から加盟の実現まで15年もの歳月を費やしたことは、世界貿易の歴史上きわめて異例な事態であった。交渉を長引かせた政治的、国際関係的な理由はもちろんあるが、経済的にみれば、中国経済に存在する非市場的要素が最も重要な阻害要因であった。というのは、GATT/WTOはもともと市場経済間の貿易政策を調整する機構であり、非市場経済の加盟は基本的には認められていない。確かに、中国は市場志向型の経済体制を目指しているが、経済組織と経済運営に多くの非市場的要素が存在し、市場経済との制度的ギャップを埋めることができなければ、国際クラブの一員としては認められないのである。したがって、WTO加盟の交渉は、世界が中国の制度改革についての理解を深めるプロセ

スでもあり、また中国の経済制度が国際的監察を受けるプロセスでもあった。

　実は、市場経済制度を導入し定着させることは、中国のWTO加盟の主要目的の一つでもある。むろん、大国としての国際的プレゼンスを向上させ、国威発揚を発揮させようとする外交的考慮もある。また対外依存度が高まりつつある中国経済にとって、貿易の摩擦を回避し貿易環境を安定化させるために、紛争解決メカニズムとしてのWTOを活用したいという経済的実利の視点も重要であろう。しかし、政府指導部にとっては、WTOの加盟を通じて、中国の経済体制の改革を完成させることが最も重要な狙いである。体制改革の推進にあたって、政府はしばしば既得権益に譲歩し、改革の難問を先送りしてきた。国内の抵抗勢力を抑えるには、経済のグローバル化という大義名分とWTOという強烈な「外圧」を活用することが効果的と考えられる。現実に、WTOの規定は中国の体制改革の究極的な「法典」とされ、経済運営のすべてをこれに準ずるようにと政府指導者が呼びかけている。

　むろん、これまで手厚く保護されてきた経済部門にとって、関税の引き下げと開放の拡大は自らの存亡にかかわる大問題である。WTO加盟の国内経済への衝撃を和らげるために、中国政府は開発途上国待遇の要求など条件面での交渉を慎重に行ってきた。中国が交渉相手から勝ち取った最大の譲歩は、WTO体制への全面移行まで5年間の過渡時期を与えられたことである。この猶予期間をもって、金融業や農業のような敏感な産業の対外開放体制を整えなければならない。

　WTO加盟の中国経済に与える影響を予測するために、多くの計量分析がなされている。CGE（Computable General Equilibrium）モデルを利用したいくつかの代表的な計測の結果によれば、製造業全体に与える影響はプラスに働く。すなわち、保護を受けてきた一部の産業が打撃を受けるが、海外直接投資が一層活発化し、製造業の国際競争力が強まると予想される。他方、農業の二極分化が顕在化してくる。関税割当制度の導入により、大豆、小麦、トウモロコシなどの土地集約的な作物の輸入が増える。しかし、中国の資源条件に見合う労働集約的産業、特に野菜、果物、肉類などの輸出が増加することが予想される。また、サービス業に対する外資進出の加速化が予測される。銀行業、保険業、証券業が対外開放によって大きな衝撃を受けることも考えられる。特に金融サービス業の開放に伴い、金利の自由化、為替レートの弾力化、資本取引の段階的自由化など、中国のマクロ経済の運営にとってリスク要因が増大することが予想される。総じていえば、グローバル化がもたらす利益を手中にするためには、中国は構造調整の対価を払わなければならないが、社会的セーフティーネットの整備と適切な政策運営が要求されるのは必至である。　　　　　　　　　　　　　〔杜　進〕

【関連項目】　改革・開放政策、WTO
【参考文献】　鮫島敬治，日本経済研究センター編『中国WTO加盟の衝撃』日本経済新聞社，2001年．／Lardy, Nicholas, *Integrating China into the Global Economy*. Brookings Institution, 2002.／大橋英夫『経済の国際化』シリーズ現代中国経済5，名古屋大学出版会，2003年．

索　引

和文事項索引
欧文事項索引
和文人名索引
欧文人名索引

＊ページ数の後のl, rは、ページの左段、右段を意味する。
＊太字の数字は、見出し語のページである。

和文事項索引

ア

相手先ブランド生産　**587**r
アウトソーシング　1l, 103r, 322r, 446r
悪の枢軸　363r
悪平等　317l
アグリビジネス　2r, **581**r
アグロインダストリー　188r
アグロフォレストリー　**3**l
アジア開発基金　556r
アジア開発銀行　25r, 163r, 164r, 246l, 336r, 510l, **556**l
アジア開発銀行研究所特別基金　556l
アジア共通通貨構想　**3**r
アジア共通バスケット通貨構想　4l
アジア経済危機　4l, 62r, 63r, 86l, 165r, 168r, 244l, 246l, 480l, 555l, 584l
アジア経済研究所　574r
アジア債券市場育成イニシアチブ　286r
アジア太平洋経済協力　474l
アジア太平洋経済協力会議　337r, **557**l
アジアダラー市場　5l
アジア通貨危機　3r, 35r, 68r, 119l, 139l, 167l, 193l, 238l, 239r, 241r, 295r, 344r, 414l, 470l, 541l, 547r, 560l, 567r
アジア通貨基金　286r
アジア通貨基金構想　**556**r
アジア通貨・金融危機　45r, 114l, 197l, 207l, 558l
アジア・ハイウェー　**5**r
アジア四小龍　583l
アシエンダ　531r
アジェンダ21　78r, 208l, **582**l
アジェンダ2000　107r
アストラ・グループ　68l
圧縮型産業発展　482l
アッパー・ミドル　345l
アドバース・セレクション　266r, 513l
アドボカシーNGO　582r
アパルトヘイト　7r
アファーマティブ・アクション　269r
アフガニスタン戦争　443l
アフリカ開発会議　**6**l
アフリカ開発銀行　7l, 163r, 164r
アフリカ開発のための新パートナーシップ　7l
アフリカ統一機構　6r, 7l, 421l
アフリカ独立諸国会議　420r
アフリカ連合　7l
アムステルダム条約　106r, 478l, 563r
アラブ・イスラエル紛争　350r
アラブ共同体統一国家　8l
アラブ国家　15r
アリサン　28l, 49l
アーリーハーベスト　347l
アルーシャ宣言　31l
アルゼンチン経済危機　**8**r
アルマアタ宣言　445r
アワミ連盟　27l
アングラマネー　113l
アングロ・サクソン型資本主義　241l
アンタイド化　587r
アンタイド条件　124r
アンタイド率　124r
アンチダンピング　464l
安定化政策　**10**l
安定と開発　**11**l
アンデス共同市場　**11**r
アンデス共同体　464l
暗黙知　515r

イ

硫黄酸化物（SO$_x$）　220r
域内調達率　559r
域内分業　**12**l
域内貿易　11r, 74r, **593**l
域内貿易自由化　11r
移行経済　**12**r, 141l, 238l, 447l
移行国　13l, 71r, 181r
移行指標　**13**l
蔚山石油化学コンビナート→蔚山（ウルサン）石油化学コンビナート
維新憲法　13l
維新体制　**13**r, 130l
イースタリン・モデル　**14**r
イスラエルとパレスチナ　**15**r
イスラム　8r, 17r, 224r, 263l, 298l
イスラム革命　17r
イスラム教　**16**l, 17l
イスラム銀行　**17**l
イスラム原理主義　**17**r
イスラーム社会主義　179l
委託加工貿易　**18**l
1次移動　276r
1次産品交易条件　455l, 512r
一大二公　287l
一物一価の法則　156l
一国二制度　**18**r, 44r, 152l,

和文事項索引（イ～オ）

	346r, 483l
一国両制	18r
一酸化二窒素（N$_2$O）	340l
一村一品運動	178l
一般引出権	569l
一般会計予算	149l
一般均衡理論	20r, 443r
一般借入協定	19r
一般特恵関税	21r
一般プロジェクト無償	506l
一般無償	576l, 586l
一夫多妻制	279r
移転価格	22r, 166l
移転価格操作	22r
移動の自由	106r
移動平均	22r
稲田条件	325r
委任民主主義	481l
イノベーション	250l, 262r, 319l
移民・難民行政	107r
依頼人	32r, 451r
イラク戦争	443r
イラクのクウェート侵攻	350r
イラン・イスラム革命	18l
入会権	191l
インカム・ゲイン	479l
インサイダー	60l
インサイダー取引	501l
インセンティブ契約	32r
インターナショナル企業	333l, 333r
インターバンク・レート	75l
インディカ米	367l, 497l
インデクセーション	23l
インデックス	415l
インド	88l
インド国民会議派	23r
インドシナ経済圏	72l
インド人民党	24r
インドネシア・アスリ	451l
インドネシア援助国会議	25l
インドネシア銀行再建庁	25l
インドネシア債務再建庁	26l, 68l
インドネシア支援国会合	25l
インドネシア石油公社	68l
インドネシア民主党	11l, 509l
インド・パキスタン戦争	26r
インナーシティ問題	27r
印パ分離独立	65l
インフォーマル金融	28l, 48l, 405l
インフォーマル・クレジット	28l
インフォーマル・ファイナンス	28l
インフォーマル部門	209l, 371l, 372l, 418l, 434l
インフラ・サービス供給	149l
インフラ需要	150l
インフラストラクチャー	28r
インフラ整備	267r
インフレ圧力	262r
インフレーション	9l, 43r, 59r, 109l, 118r, 197l, 198l, 199l, 200r, 236l, 241l, 324r, 379l, 409r, 426l, 539l
インフレ率	293r, 356r, 486l

◀ ウ ▶

ヴァイシャ	68r
ヴァルナ	68r, 69l
ウィーン条約	182l
上からの民主化	503l
迂回輸出	22l
請負経営責任制	30l
失われた10年	30r, 387l
ウジャマー	31l
ウジャマー社会主義	31r
宇宙船地球号	231r
右派分子	260l
浦項総合製鉄所	250r, 480l
売りオペレーション	148l
ウルグアイ	579l
ウルグアイ・ラウンド	146l, 474l, 597l
蔚山（ウルサン）石油化学コンビナート	32l, 250l
ウンマ会議	8r

◀ エ ▶

永久移動	276r
エイズ	87l
衛星	254l, 447r
英連邦開発公社	163r
エコツーリズム	290l
エージェンシー関係	32r, 451r
エージェンシー理論	32r, 451r
エージェント	32r, 451r
エスニシティ	422l, 444l
エドサ革命	501l, 533l
エリート官僚群	130l
沿海開発戦略	33l
沿海開放地区	258r
沿海開放都市	352l
円経済圏	35l
エンゲル係数	33r, 34l, 219l, 265r, 313l
エンゲルの法則	33r
エンゲル法則の逆転	33r
円圏	3r
縁故主義	9r, 121l, 501l
円借款	573r
援助行政庁	552l
エンタイトルメント	34r
円高	214l, 443l, 445r
円の国際化	35l
エンパワーメント	35r, 183l, 244r
エンパワーメント・アプローチ	227l

◀ オ ▶

オイル・マネー	305r, 324l, 522r
黄金の三角形	36r
黄金率	37l
欧州共同体	563l
欧州経済共同体	338l, 563l
欧州経済通貨同盟	569r

和文事項索引（オ〜カ）

- 欧州原子力共同体　563*l*
- 欧州自由貿易連合　563*l*
- 欧州石炭鉄鋼共同体　563*l*
- 欧州単一議定書　563*r*
- 欧州通貨制度　563*r*, 569*l*
- 欧州通貨単位　563*r*
- 欧州復興開発銀行　13*l*, 163*r*, 164*r*, 546*l*, **562***r*
- 欧州連合　106*r*, 107*l*, 135*r*, 478*l*, 522*l*, 553*r*, 563*l*, 592*r*
- 欧州連合条約　563*l*
- 大阪会議　557*r*
- 大阪行動指針　557*r*
- 汚職　9*r*, **37***r*, 199*l*, 339*r*, 442*r*
- オスロ議定書　221*l*
- オスロ合意　15*r*
- 汚染者負担原則　38*l*, 134*r*
- 汚染の逃避地　**38***r*
- オゾン層　149*l*, 307*r*
- オゾン層破壊　**39***l*
- オタワ・プロセス　328*l*
- オーナーシップ　193*r*, 432*r*, 561*r*
- オフ・ザ・ジョブ・トレーニング　283*r*
- オフショア金融市場　5*l*, 35*r*, 39*r*, 114*l*, 117*l*
- オフショア・センター　167*l*
- オプション価値　80*l*
- オプション取引　415*l*
- オペレーショナル・リスク　453*l*
- オラン・アスリ　441*l*
- オランダ病　**40***l*
- オン・ザ・ジョブ・トレーニング　283*r*
- 温室効果ガス　82*l*, 340*l*
- 温室効果ガス排出量　340*r*
- 温州蜜柑　61*r*
- 温州モデル　154*r*
- 温飽　265*l*

カ

- 外延的発展　**40***r*
- 買いオペレーション　148*l*, 356*l*, 443*l*
- 海外開発省　163*l*
- 海外経済協力基金　249*l*, 573*l*
- 海外研究開発比率　144*l*
- 海外子会社　1*l*, 41*l*, 92*r*, 103*r*, 125*r*, 167*r*, 333*l*, 333*r*, 486*l*
- 海外生産子会社　216*r*
- 海外調達　1*l*
- 海外直接投資　41*l*, 131*l*, 214*l*, 395*l*, 410*r*, 423*l*, 528*r*
- 改革　42*l*
- 改革・開放　72*l*, 153*l*, 154*l*, 268*r*, 306*r*, 348*r*, 375*l*
- 改革・開放政策　42*l*, 44*l*, 61*l*, 62*l*, 136*r*, 144*r*, 180*l*, 223*l*, 247*l*, 258*l*, 273*r*, 317*l*, 329*r*, 342*l*, 346*r*, 352*l*, 366*r*, 429*l*, 598*r*
- 改革・開放の総設計師　368*l*
- 外貨集中制度　46*l*
- 外貨準備　9*l*, **43***l*, 115*r*, 521*l*
- 外貨割当制　447*l*
- 回帰係数　44*l*, 334*l*, 594*l*
- 回帰分析　**44***l*
- 回帰モデル　195*r*, 335*r*, 439*l*
- 階級構造　137*l*
- 階級闘争　137*r*, 368*l*, 374*l*, 461*r*, 489*l*
- 海峡交流基金会　538*r*
- 海峡両岸経済　**44***l*
- 会計検査体制　199*l*
- 戒厳令　490*r*
- 外国為替管理　**44***r*, 117*l*
- 外国為替管理法　45*l*
- 外国為替取引　376*l*
- 外国為替闇市場　45*r*
- 外国為替割当制度　**45***r*
- 外国人労働者　**46***l*
- 外国直接投資　459*r*, 592*r*
- 会仔　28*l*, 49*l*
- 外資主導型成長　**46***r*, 376*l*
- 外資政策　47*r*, 48*l*
- 外省人　178*r*
- 外生変数　48*r*
- 買い手独占　370*l*
- 回転貯蓄信用組合　**48***r*
- 海南幇　61*r*
- 開発　**546***l*
- 開発NGO　582*r*
- 開発援助　226*l*
- 開発援助委員会　94*r*, 124*l*, 256*r*, 457*r*, 468*l*, 506*r*, 579*l*, 585*r*, 587*l*
- 開発援助事業団　366*l*
- 開発教育　**49***l*
- 開発金融機関　50*l*, 436*r*
- 開発計画　**50***r*
- 開発計画調査　576*l*
- 開発経済学　32*l*, 49*l*, **51***l*, 93*r*, 236*r*, 271*l*, 284*l*, 338*r*, 358*l*, 365*r*, 381*r*, 412*l*, 419*l*, 495*l*, 518*l*, 532*r*, 549*l*
- 開発主義　54*l*, 301*l*
- 開発戦略　200*l*, 467*l*
- 開発体制　54*l*, 55*l*, 92*l*
- 開発調査　**54***r*, 94*l*, 575*r*, 585*r*
- 開発的人間　422*r*
- 外発的発展モデル　382*l*
- 開発統一党　11*l*
- 開発独裁　**55***l*, 211*r*, 288*l*
- 開発途上国援助促進公社　366*l*
- 開発と女性　36*l*, 225*r*, 227*l*
- 「開発と女性」アプローチ　**55***r*
- 開発と税制　**56***l*
- 開発プロジェクト　456*r*
- 開発プロジェクト計画　404*r*
- 開発プロジェクトの評価方法　539*l*
- 開発マクロ経済学　51*r*
- 開発ミクロ経済学　51*r*
- 外部経済　57*l*, 58*l*, 439*r*
- 外部経済効果　104*r*
- 外部経済性　66*r*
- 外部効果　58*l*, 229*r*, 495*l*
- 外部性　58*l*, 97*r*
- 外部調達　1*l*
- 外部不経済　58*l*, 58*l*, 187*l*
- 外部労働市場　105*l*, 383*l*
- 改良品種　261*l*
- カイロ宣言　595*l*

カウンターパーチェス制 334r	過剰流動性 19r	カーボン・ニュートラル 409l
華裔 61l, 62l	過剰労働力 109r, 438r, 518r	神の見えざる手 296l
価格支持政策 403l	可処分所得 34l	空手形 213l
価格指数 412l, 531l	華人 60r, 62l, 146l, 276l, 296l, 302r, 441r, 444l	借り入れ技術 74l, 157l
価格自由化 59r	華人企業 67r, 441l	借換え 324r
価格自由化の効率基準 60l	華人経済ネットワーク 329r	カリブ共同体 74r
価格受容者 86r, 495l	華人コングロマリット 67r, 302r	カリブ自由貿易連合 74r
価格政策 150r	華人資本 67r, 450r	カリブ諸国連合 75l
価格双軌制 59r	華人ネットワーク 68l	カルタヘナ議定書 527r
価格弾力性 403l, 403r	華人ビジネス・グループ 303l	カルタヘナ自由貿易協定 367r
価格の調整メカニズム 142l, 281r	華人マネー 39r	カルテル 240r
価格メカニズム 10r, 164l, 281r	カースト 68r, 297r	カレンシー・ボード制 8r, 73l, 76l, 546l
下級財 270r	家政学的分析 469l	為替管理 39r
華僑 60r, 62l, 343l	課税の垂直的公平性 56r	為替管理の緩和 139r
華僑・華人企業 435r	化石燃料→枯渇性資源	為替管理の自由化 117l, 139l
華僑・華人資本 62l	寡占 69r	為替市場介入 43r
華僑・華人ネットワーク 62r	寡占価格 403r	為替自由化 275r, 316l
華僑送金 61r	寡占市場 423l	為替制限 565r
華僑問題 342r	寡占反応理論 423l	為替レート 75l
学習効果 497l	仮想評価法 80l	為替レート制度 76l
革新可能性曲線 416l	家族移動 276r	為替レートの過大評価 241l, 518r
拡大ASEAN 558r	家族移動モデル 549l	為替レートの弾力化 599r
拡大構造調整ファシリティ 165l	家族計画 66l, 70l, 310r	簡易生命表 308l
	価値論 281l	環境 7l
拡大生産者責任 38l	合作企業 220l	環境意識 81r
撹乱項 63r	カーディ 70r	環境円借款 77l
家計調査 233r	家電リサイクル法 38l	環境会計 77r
囲い込み 406r	家内制手工業 399l	環境会計ガイドライン 78l
下崗 63r, 260l	カナダ国際開発庁 71l	環境開発サミット 78l
加工組立基地 217l	華南経済圏 71r, 543l	環境価値評価 79r
加工貿易 18l	ガバナンス 13l, 72r, 587r	環境規制 38r, 80l, 479l
加工貿易型経済構造 64r, 251l	ガバナンスの改善 6r, 465r	環境教育 175r
	カバロ・プラン 73l	環境クズネッツ曲線 81l
貸し渋り 286r	下部構造 488r	環境経済統合勘定 77r
貸し倒れ引当金 453l	株式制導入 180l	環境サミット 527l
貸出政策 155l	貨幣供給量 200l	環境資源 134r
カシミール問題 26r, 65l	貨幣権威説 522l	環境条約 527r
加重最小2乗法 439l	貨幣市場 569r, 571l	環境スワップ 82l
加重算術平均 65r	貨幣乗数 73r	環境税 82r
華潤集団 348r	貨幣商品論 522l	環境政策 78r, 80l, 81r
過剰識別 228l	貨幣代替資産 73r	環境と開発 585l
過剰就業 233l	貨幣的間接証券 118l	環境都市クリチバ 83l
過剰人口 66l, 491l	貨幣の中立性 189r	環境破壊 79r, 359l, 393l
過剰都市化 66r, 209l	下放 73r	環境負荷 134r, 572r
	下方への累積過程 544r	

和文事項索引（カ～キ）

環境マネジメントシステム　572r
雁行形態論　83r
漢江の奇跡　421l
韓国開発研究院　577l
韓国銀行　84l
韓国のOECD加盟　129r
監視費用　195l
慣習経済　84r
慣習的農業　260r
関税　519l
関税および貿易に関する一般協定　43l, 380r, 453l, 474l, 477l, 565r, 597r
関税協力理事会　172r
関税政策　548l
関税同盟　135r, 351l, 474r, 475r, 563r, 579l, 592l
関税同盟の理論　136l
間接金融　85r, 115r
間接投資　168r
間接費用　529l
完全競争　86r, 175l, 281r, 499l
完全競争市場　86r
完全雇用　189l, 198l, 229r
完全雇用国民所得　189l
完全雇用の維持　115l
感染症　87l, 393l
完全生命表　308l
完全特化　466r
完全な経済同盟　135r
完全変動相場制　509r
環太平洋共同セミナー　588l
官治金融　84l, 87r, 228l
ガンディー＝アーウィン協定　89l
カントリーリスク　90l, 206l, 228r
広東国際信託投資公司　408r, 547r
広東幇　61l
環日本海経済圏　72l
カンプチア救国民族統一戦線　90r
カンボジア　504l
カンボジア侵攻　90r, 343l

カンボジアの復興支援　443r
カンボジア和平　91l, 463r
関与政策　91l
管理変動相場制　76r, 115r
官僚主義　461l
官僚主義的権威体制　143l
官僚的権威主義モデル　301r
官僚テクノクラート　92l

◀キ▶

飢餓　313r
機会費用　104r, 138l, 161r, 424r, 431r, 487r, 529r
機会費用分析　469r
幾何平均　92r
期間生命表　308l
帰還難民の再定住　465r
企業家精神　319l, 497l
企業国有化　179r
企業システム　125l
企業統治論　125l
企業内教育　104r
企業内分業　93l
企業内貿易　92r, 291l, 559r
企業年金　246r
企業リスク　228r
危険回避の行動原理　413l
気候行動ネットワーク　583l
気候変動枠組み条約　78r, 82l, 340l
技術移転　12r, 41r, 93r, 428r, 456l
技術援助　556r, 568l
技術援助特別基金　556r
技術格差　426r
技術革新　29l, 40r, 95r, 132r, 193r, 271r, 296r, 319l, 359r, 479l
技術協力　94r, 163r, 192r, 320l, 366l, 456l, 506l, 506r, 575r, 585r
技術協力公社　552l
技術経済協力局　95l
技術集約型　215l
技術進歩　95r, 209l, 273l,

284l, 426r
技術進歩率　420l
技術提携　171l
技術の外部経済　57r
技術の外部効果　58l
技術の限界代替率　96l, 430r
技術的デュアリズム　52l, 96r, 362r
技術的二重経済論　245r, 388r
技術導入　382l, 528r
基数効用　159l
規制緩和　97r, 164l, 276l, 592r, 593l
規制緩和政策　97l
規制の撤廃　164l
季節移動　276r
基礎医療　29l
偽装失業　96r, 98l, 109r, 160r, 201l, 233l, 273l, 378l, 438l, 544l
基礎教育　29l
基礎的収支　109l, 170l, 197l
期待収益率　169l
期待所得　417r, 418l
期待物価上昇率　229r
北朝鮮　98r, 351l
キチン＝クラム循環　99l
キチン循環　99l, 128r, 257r
既得権　518l
キト宣言　532l
機能　140l, 314l
機能的土地無し世帯　402l
規模に関する収穫　100l
規模に関する収穫一定（不変）　175l, 424l
規模の経済　11r, 100l, 145r, 251r, 287l, 296r, 370l, 459l
規模の不経済　100r
基本設計調査　505l
基本的人権　503r, 585l
逆行列表　547l
逆進性　56r
逆進的課税　286l
逆選択　103r, 266r, 513l
逆輸入　103l
キャッシュ・フロー表　138r, 207r

和文事項索引（キ〜ク）

キャッシュ・フロー分析		207r
キャッチアップ型工業化		54l
キャピタルゲイン	275l,	479l
9・11事件（米国同時多発テロ）	18l, 350r, 363l,	418r
9・30事件	293l,	295l
急進主義		**316**l
キューバ危機		101r
教育投資		**104**r
共感		313l
供給曲線		**105**l
供給サイド主導型の成長モデル		296l
供給独占		370l
強権政治		37r
共産主義	137r, 192r,	377l
共産党	295r, 373r,	407r
鋏状価格		403r
行政院	254r,	538l
行政機構改革		237r
行政村		375l
強制貯蓄	**105**r, 426l,	543l
行政の透明性		503l
競争均衡		21l
協調介入		446l
協調融資	5l,	40l
協調融資団		508r
強貯蓄		**106**l
共通移民・難民政策		**106**r
共通実効特恵関税構想		559l
共通だが差異ある責任		78l
共通農業政策		**107**l
共同市場	135r, 351l,	563r
共同体原理		245l
共同体の所有		399l
共同体的な社会規範		201r
共同農業		**107**r
京都会議		77r
京都議定書	135l, 340r, 582r,	596l
恐怖からの自由		393l
共有資源		191l
局地経済圏	18r,	**108**l
局面経過加速の法則		280l
寄与度・寄与率		**108**l
許認可制度		24l
ギルド的組織		383r
緊急援助		163r
緊急災害無償		586l
緊急人道援助		465l
緊急無償		506r
均衡為替レート		155r
銀行危機		116r
均衡国民所得		265l
均衡財政主義		197l
均衡成長経路		382r
銀行取引型システム		115r
銀行のモニタリング機能		485r
銀行融資		324l
均衡予算原則		**108**r
均衡利子率		499l
緊縮財政		304r
均斉成長	52r, 331l, 439r,	553l
均斉成長説	52r, **109**r,	439l
金銭的外部経済	57l,	**110**l
金銭的外部効果		58l
近代経済成長	**110**r,	132r
近代産業部門		66r
近代社会		111r
近代世界システム		30l
近代投入財		498l
近代部門	52l, 96r, 98l, **111**r, 254l, 309r, 362r, 364l, 365r, 388r, 403l, 417r, 437r, 512r, 544l, 548r	
金・ドル本位制	453l,	569l
金融インフラ		5r
金融改革	181r,	554r
金融会社		434r
金融勘定		170l
金融監督機関		**112**l
金融監督体制	4r,	112l
金融機関の仲介機能		114l
金融危機	4l, 112r, 274r,	451l
金融恐慌		332l
金融協力体制		35r
金融グローバル化		4r
金融コングロマリット		112r
金融・財政政策		305r
金融債務		114r
金融サービス	118l, 123l,	485l
金融サービス業の開放		599r
金融システム	113l,	524l
金融システムの安定化		451l
金融システムの構築		356r
金融システムの自由化		117l
金融実名制		**112**r
金融資本	240r,	356l
金融自由化	73r, **113**l, 238l,	316l
金融自由化論		113l
金融証券会社		434l
金融商品		73r
金融深化		**114**l
金融政策	115l, 150r,	189r
金融制度		115r
金融制度改革	**116**r, 237r,	405r
金融仲介	85r,	114r
金融仲介機関	50l,	118l
金融仲介機能	25r, 113l,	**117**l
金融・通貨危機	103r,	244l
金融・通貨危機→通貨・金融危機も見よ		
金融的の優遇政策		521l
金融特区		136l
金融の証券化		311r
金融派生商品		479l
金融貿易センター		346r
金融抑圧	**118**r,	356l
金融抑制		118l
金融レバレッジ		**119**l
金利の自由化	117l, 155l,	599r
金利平衡税		522r

◀ ク ▶

クィア理論		225r
クウォータ		191r
草の根NGO		582l
草の根技術協力		177r
草の根キャンペーン		184l
草の根・人間の安全保障無償資金協力		393l
草の根ボランティア		585l
草の根無償		506r

クシャトリヤ		68r
クスコ宣言		308l
クズネッツ型消費関数		
	111r, 119r, 265r	
クズネッツ逆U字仮説		111r,
	120l, 270r	
クズネッツ・サイクル		111r
クズネッツ循環	120r, 128r,	
	257r	
グッドガバナンス		71r
国別援助計画		121l
クーポン	181r, 411l, 500r	
組合国家主義		190r
クライアンテリズム		121r
クラウディング・アウト		
	122l, 571r	
クラーク基地		464r
グラースノスチ		122r
グラミン銀行	28l, 36l, 116r,	
	122r, 405r, 485l	
グラミン・グループ		123r
グラント・エレメント		124l,
	124r, 585r	
クリチバ		83l
クリーン開発メカニズム		
	135l, 340r	
グリーンカード制		112r
クールノー均衡		69r
クレジット・トランシュ		192l
黒い森		221l
クロスセクション・データ		
	120r, 338r, 470r	
クロスボーダーM＆A		41l
クロス・ライセンシング		171l
クローニー		489r
クローニー・キャピタリズム		
	2l, 489r	
グローバリゼーション政策		
		130l
グローバル化	536r, 598r,	
	599r	
グローバル・ガバナンス		125l
グローバル企業		333l
グローバル・マトリックス組織		
	125r, 167r, 309l	
クローリング・バンド制		76r
クローリング・ペッグ制		76r

軍事監視団		588r
軍事クーデター	14l, 146r,	
	262l, 389r	

ケ

契	28l, 49l, 116r, 228l	
経営自主権		126l, 342l
計画委員会		126r
計画経済	42r, 60l, 106l,	
	127l, 243l, 323r, 396r	
計画出産	70r, 128l, 429r	
計画的商品経済		243l
景気刺激策		356l
景気循環	99l, 111r, 120r,	
	128r, 257r	
景気循環理論		533r
景気変動		281r
経済安定化政策		30r
経済開発協力機構		585r
経済開発区		131l
経済開発5カ年計画		128r,
	421r	
経済開発庁		129r
経済活動人口		130l, 550r
経済企画院	92l, 129l, 130r,	
	147r, 421r, 577l	
経済技術開発区	131l, 317l,	
	501l	
経済恐慌		489r
経済協力開発機構	94l, 124l,	
	134r, 509l, 539l, 579l, 583l,	
	587l	
経済協力開発機構 開発援助委員会		
		587l
経済協力省		366l
経済グローバル化		273r
経済計画		229l
経済計画局		127l
経済建設計画		131r
経済構造改革		164l, 327l
経済構造改善努力支援ノンプロジェクト無償		
		586l
経済人口学		132l
経済成長		132l
経済成長の収束仮説		133r

経済成長の要因分解		134l
経済成長論	296l, 380l, 497l	
経済地理		134l
経済的手段		134r
経済統合		360r
経済統合理論		135r
経済同盟		135r, 351l
経済特別区		43l, 136r, 258r
経済特区	72l, 136r, 317r	
経済のブロック化		194r
経済発展		132r, 470r
経済発展史観		488r
経済発展段階理論		111r,
	137l, 309l	
経済発展論	111l, 271l, 381r,	
	439r, 548l	
経済ファンダメンタルズ		
	140l, 193l	
経済分析		138l
経常勘定の自由化		45l, 139l
経常収支		170l
経常収支赤字		45r, 114l,
	275l, 477l	
経常収支危機		139r, 239r
継続革命	368l, 461r, 511r	
ケイパビリティ		140l, 436l
系列相関		140r
系列融資		508r
経路依存性		140r
ケインジアン		142l
ケインズ学派		305l, 486r
ケインズ型消費関数		141l,
	265l, 570l	
ケインズ経済学	52r, 109l,	
	141r, 281r, 533r	
ケインズ的な裁量政策		160r
ケインズ派		198l
ケインズ・モデル		265l
ケインズ＝ラムゼー公式		203l
決定係数		142r
欠乏からの自由		393l
ケネディ・ラウンド		566r,
	597r	
ゲーム理論	32r, 53r, 323r,	
	412l, 451r	
ケルン債務イニシアチブ		
		259r

和文事項索引（ケ～コ）

ケルン・サミット	167*l*, 259*r*	ケンプの基準	523*r*
権威主義	**142***r*, 316*r*		
権威主義開発体制	37*r*, 54*r*, 55*l*, 444*r*		
権威主義開発体制→開発独裁			
権威主義体制	42*l*, 142*r*, 147*r*, 264*l*		
権威主義体制の溶解仮説	301*r*		
権威主義体制モデル	301*r*		
権威主義的パーソナリティ	142*r*		
限界効用	**143***l*		
限界効用逓減の法則	143*l*, 469*r*, 529*l*		
限界資本産出比率	238*r*		
限界収入	281*r*		
限界生産性	105*l*, 300*r*, 549*l*		
限界生産力	**143***r*, 325*r*, 438*l*		
限界代替率	58*l*		
限界代替率逓減の仮定	505*l*		
限界費用	281*r*		
限界費用と利潤最大化	**143***r*		
限界分析	499*l*		
限界理論	281*r*		
研究開発	**143***r*, 215*r*		
研究開発機能	333*r*		
研究開発投資	271*r*		
研究・技術開発	528*r*		
権原剝奪状態	34*r*		
現在価値	207*r*, 417*r*, 431*r*		
原産地規則	144*l*, 580*r*		
原始共産制	137*r*		
顕示の比較優位	**591***r*		
研修員受け入れ	94*r*, 575*r*		
建設循環	120*l*		
健全財政主義	109*l*, 199*r*		
健全性危機	541*l*		
健全性規制	**453***l*		
現代企業制度	**144***r*, 151*r*, 180*r*		
現代財閥	205*r*		
現代造船	250*r*		
現代の企業制度	299*l*		
現地NGO	212*r*		
現地人	450*r*		
現地調達比率	**145***r*, 580*r*		

◀コ▶			
5・13事件	146*l*, 441*r*, 444*l*		
5・16軍事クーデター	146*r*, 353*r*, 411*r*		
講	228*l*		
高インフレ	477*l*		
公営企業	**147***r*, 181*l*, 251*r*, 369*l*		
交易条件	52*r*, 75*r*, **148***l*, 454*l*, 520*r*		
交易中継都市	249*r*		
黄海経済圏	72*l*		
公開市場操作	84*r*, 115*l*, **148***l*, 356*l*, 442*l*, 477*r*		
黄河デルタ農業開発計画	362*r*		
交換公文	505*r*		
交換性の回復	45*l*		
後期産業	339*l*		
高級合作社	287*l*		
公共経済学	150*r*		
公共財	**148***r*, 150*r*, 451*l*, 495*l*		
公共事業	**149***l*		
公共政策	**150***l*		
公共投資プログラム	149*r*		
公共部門事業基準値	589*l*		
合計特殊出生率	**151***l*		
公債	109*l*, 171*r*, 200*r*		
公債金依存度	204*r*		
公債制度	171*r*		
公債発行	109*l*, 198*l*		
工作隊	373*r*		
講座派	391*l*		
耕者有其田（耕者有田）	374*r*, 405*r*		
公衆衛生	29*l*		
光州事件	102*r*, 129*l*		
高収量品種	497*l*		
工場制手工業	240*l*		
工場団地	516*l*		
工場長責任制	**151***l*		
交渉費用	195*l*		
港人治港	**152***l*		

厚生経済学	313*r*, 360*r*, 532*l*		
厚生経済学の第1定理	**152***l*		
厚生経済学の第2定理	**153***l*		
公正賃金	202*l*		
厚生年金	199*r*		
厚生年金保険	246*r*		
構造改革	164*l*		
構造型	**153***l*		
構造主義開発理論	358*l*		
構造調整計画	259*r*, 555*l*		
構造調整政策	2*r*, **10***l*, 335*l*, 434*l*		
構造調整ファシリティ	165*r*, 174*l*		
構造調整プログラム	88*r*, 434*l*		
構造調整融資	10*l*, 164*l*, 165*l*, 174*l*, 304*l*, 327*l*		
構造転換連鎖	584*l*		
構造パラメータ	153*l*		
光大集団	348*r*		
公地放領	405*r*		
郷鎮企業	**153***r*, 247*l*		
高賃金政策	**154***r*		
工程間分業	216*r*, 217*l*, 290*r*		
公定歩合	356*l*		
公定歩合政策	115*l*, **155***l*		
公定歩合操作	84*r*, 477*r*		
公的異議申立て	242*l*, 302*l*, 449*r*, 482*l*		
公的債務	589*r*		
公的資金の注入	451*l*		
公的資本形成	149*r*		
公的年金	57*l*, 197*r*, **246***l*		
公的扶助	246*l*		
高度大衆消費社会	240*l*		
抗日戦	263*r*, 368*l*		
購買力平価	**155***r*, 270*l*, 355*l*		
購買力平価説	155*r*, 499*l*		
江八点	153*r*		
後発開発途上国	22*l*, 249*l*, 385*l*, 387*l*, 394*r*, 506*r*		
後発性（者）の利益	47*l*, 74*r*, 238*r*, 251*l*		
後発性利益論	**156***r*		
交番制度の導入	504*l*		
合弁企業	220*l*		

609

合弁事業	157r	
後方屈曲型の労働供給曲線	388l	
後方連関効果	158l, 317r, 518r	
黄埔軍官学校	263r	
コウホート生命表	308l	
公有制	158r	
効用	159r, 281l, 313r, 529l	
効用曲線	529r	
効用最大化	159r	
高利貸し	228l	
効率賃金仮説	160l	
効率的市場仮説	415l	
合理的期待仮説	160l	
合理的期待形成学派	142l	
合理的選択	282l	
合理的農民	160r	
交流協会	160r	
高レバレッジ機関	470l	
枯渇性資源	161r, 231l	
5カ年計画	162l	
国営企業	298r, 472l, 577r	
国営企業の民営化	354l	
国債	122l, 171r	
国際NGO	230l	
国際移動	276r	
国際稲作研究所	497r	
国際開発協会	77l, 163r, 174l, 432r, 567l	
国際開発局	163l	
国際開発金融機関	163r, 568l	
国際開発金融機関の融資制度	164r	
国際開発庁	587l	
国際課税	166l	
国際カルテル	357l	
国際機関	182r	
国際協調融資	568r	
国際共同組合同盟	400l	
国際協力機構	54r, 94r, 95r, 166r, 177r, 235l, 304r, 320l, 456l, 552l, 575l	
国際協力銀行	163r, 200l, 249l, 573l	
国際協力事業団	235l, 305l, 575l	

国際協力の日	192r	
国際緊急援助	585r	
国際緊急援助隊	166r, 575r	
国際金融公社	163r, 174l, 568l	
国際金融市場	77l, 453l	
国際金融センター	5r, 35l, 40r	
国際金融体制	167l, 241r	
国際金融体制改革	541l	
国際決済銀行	112r, 228r, 453l	
国際高等教育開発機構	552r	
国際事業部制	167r, 309l	
国際下請け生産	168l	
国際資本移動	168r, 241r, 410l, 497l	
国際資本移動のモニタリング	241r	
国際収支	115l, 169r	
国際収支赤字	199l, 200l	
国際収支危機	164r, 165r	
国際収支調整	453r	
国際収支表	169r	
国際女性年	269l, 310l	
国際人権規約	269l	
国際水域保全	307r	
国際戦略提携	171l	
国際通貨基金	10l, 19r, 41l, 45l, 76l, 163r, 172r, 432r, 453l, 546r, 566l, 568r, 593r	
国際電気標準化会議	571l	
国際統一商品分類	172r	
国際トウモロコシ・小麦改良センター	497r	
国際トラスト	357l	
国債発行	200r	
国際標準化機構	571r, 572l	
国際標準産業分類	217r	
国際復興開発銀行	172r, 453l, 566l, 567l, 568l	
国際分業	174r	
国際平和協力法	285l	
国際貿易機関	597r	
国債未償還残高	205l	
国際理解教育	175l	
国際連合森林フォーラム		

	289r	
国際労働機関	49r, 315r, 467r	
国産化規制	145l	
国産品奨励	89l	
黒人差別	297l	
国税	176l	
国勢調査	177l	
国内移動	276r	
国内産業保護	476l, 519r	
国内総生産	177r	
国内貯蓄制約	113r	
国民参加	585r	
国民参加型援助	177r	
国民参加型の国際協力	341l	
国民総所得	587r	
国民総生産	178l	
国民党	64r, 147r, 178l, 223r, 263r, 264l, 354r, 387r, 406l, 538l	
国民党の一党独裁体制	178r	
国民年金	199r, 246l	
国民の基本的ニーズ	29l	
国有化政策	178r	
国有企業	57l, 181l, 298r, 567l	
国有企業改革	151l, 180l	
国有企業の民営化	180r	
国連	31r, 594l, 595l, 596r	
国連イラク・クウェート監視団	184l	
国連イラン・イラク軍事監視団	184r	
国連開発計画	25r, 183r, 226l, 226r, 392l, 393l, 394l, 468l, 496l, 595r	
国連開発の10年	54l	
国連環境開発会議	77r, 78l, 231l	
国連環境計画	39l, 182l, 231l	
国連カンボジア暫定統治機構	224r	
国連気候変動枠組条約	527l	
国連教育科学文化機関	175l, 596l	
国連憲章	269l	
国連工業開発機関	596r	
国連砂漠化会議	208l	

和文事項索引（コ～サ）

国連児童基金	49r, 234l, 445l, 596r	
国連食糧農業機構	49r, **182r**	
国連女性の10年	269l, 310l	
国連人口会議（メキシコ）	183l	
国連人口・開発会議（カイロ）	183l	
国連人口基金	**182r**	
国連ソマリア活動	284r	
国連難民高等弁務官事務所	183l	
国連人間環境会議	78l, 182l, 496l	
国連婦人開発基金	**183r**	
国連婦人の10年基金	**183r**	
国連兵力引き離し監視隊	184l	
国連平和維持活動	184l, 588r	
国連平和維持監視団	**184l**	
国連貿易開発会議	21r, 386r, 455l, 587l, 595l	
国連ミレニアム開発目標	**185l**	
国連ミレニアム・サミット	394l	
国連ミレニアム宣言	185l	
国連ラテンアメリカ・カリブ経済委員会	186l	
国連ラテンアメリカ経済委員会	455l	
小作地	236r	
小作人制度	405r	
小作農	32r, 85l, 236l, 406l, 451r, 459r, 487r	
誤差項	63r	
56年決議	179l, 216l	
互助組	287l	
個人主義的人間	313r	
個人年金	246r	
個人の自由	313r	
コースの定理	59r, **187l**	
ゴスバンク	127l	
ゴスプラン	126l	
戸籍制度	**187l**	
コソボ	393l	
コソボ紛争	363l	
五大財閥	205r	
国家開発計画	50r, 404r	
国家経済開発庁	211r, 503l, 581r	
国家経済社会開発庁	95l, 188l, 455r, 503l	
国家主義的資本主義	257l	
国家情報院	14l	
国家統一委員会	538r	
国家統一綱領	332l, 538r	
国共合作	263r	
国共内戦	368l	
国境なき医師団	583l	
固定係数型生産関数	419l	
固定資産に対する加速償却制	520l	
固定相場制	43r, 73l, 76r, 453r, 494r, 541l, 569l	
古典派経済学	137l, **189l**, 190l, 219l, 260r, 281l, 283l, 305r, 378r, 439l, 500l	
古典派の第1公準	**190l**	
古典派の第2公準	**190l**	
子供の権利条約	234l, 596r	
コファンコ家	2l	
コブ＝ダグラス型生産関数	134l, 594r	
コーポラティズム	**190r**	
コーポレート・ガバナンス	112r, 114l, 125l, 145l, 180l	
コマーシャル・ペーパー	311l, 355r, 434l, 479r	
コミュニティー・フォレストリー	290l	
コムニダ・インディヘナ	498r, 531r	
コメコン	91l, 365r	
コメの低価格国家調達制度	432l	
コモンズ	**191l**	
雇用の所得弾力性	270r	
雇用保険	244l	
ゴラン高原	184r	
ゴルカル	11r, 295r, 561r	
ゴールド・トランシュ	191r	
コロンボ・プラン	192l	
混合経済体制	192r, 275l, 397l	
コンサルタント・サービス	506r	
コンディショナリティ	164r, 165r, 167r, **193l**, 244l, 293l, 296l, 391l, 490l, 503r, 546r, 556r, 569l	
コンドラチェフ循環	30l, 128l, **193l**	
コンドラチェフの長期波動	310l	
コンフロンタシ	452r	

◀ サ ▶

最恵国関税	21r
最恵国待遇	**194r**, 380l, 566l
債券	171r
在庫循環	132r
最後の貸し手	379l
財市場	569r, 570r, 571l
最終需要	220l
再就職サービスセンター	64l
最小2乗法	**195r**, 594l
財政	**200l**
財政赤字	57l, 108l, **197l**, 198l, 275l, 426l
財政請負制	**195r**
財政改革	354l
再生可能資源	**196l**
財政関税	519l
財政・金融政策	282l
財政構造改革	176l, **196r**, 198l
財政再建	196r
財政支出	122l
財政政策	189r, **197l**
財政制度	**198l**
財政投融資	149l, **199r**, 299l
財政の経済安定化機能	109l
最低生存賃金	112l, **201l**
最低生存費水準	492r
最低賃金制度	**202l**
最低賃金法	542l
最適消費点	**202l**
最適成長モデル	**202l**
最適通貨圏	4l, 522l

611

和文事項索引（サ〜シ）

最適通貨圏の理論　　　136*r*
サイト・アンド・サービス
　　　　　　　　　　203*r*
再都市化　　　　　　　27*l*
歳入・歳出構造　　　204*r*
サイバージャヤ　　　493*l*
財閥　　　　　205*l*, 369*l*
最頻値　　　　　　　512*l*
債務管理　　　　　　305*r*
債務関連指標　　　　206*l*
債務救済措置　　　　327*r*
債務救済無償　506*r*, 586*l*
債務繰り延べ　26*l*, 327*l*
債務削減　　　　　　327*l*
債務削減戦略　　　　327*l*
債務残高　　　　　　197*l*
債務の株式化　312*l*, 327*l*
債務負担　　　306*l*, 327*l*
債務不履行　206*r*, 324*r*, 327*l*,
　　513*r*
財務分析　　　　　　207*r*
債務返済　　　　　　327*l*
債務返済難　　　　　207*l*
債務返済能力　　　　206*l*
債務・輸出比率　　　206*r*
債務累積　　　　　　305*r*
再輸出　　　　　　　346*l*
在来金融　　　　　　116*l*
在来部門　　　　　　512*l*
産業空洞化　　　　　214*l*
差額地代論　　　　　534*r*
先物市場　　　　　　207*l*
先物取引　　　　　　119*l*
先物レート　　　　　 75*l*
砂漠化　　　　208*l*, 307*r*
サハラ以南アフリカ　185*l*,
　　357*r*, 394*l*
サービス産業　　　　208*r*
サービス収支　　　　170*l*
サービスに関する一般協定
　　　　　　　　　　380*l*
サービス貿易　　　　580*r*
サブ・カースト　　　 69*l*
サプライサイド経済学　142*l*
サプライ・チェーン・マネジメ
　　ント　　　　　　209*r*
サーベイランス・メカニズム

　　　　　　　　339*r*, 557*l*
差別関税　　　　　　520*l*
サポーティング産業　 47*r*
サムライ債　　　　　 35*r*
サリット政権　　　　211*l*
サリム・グループ　68*l*, 302*r*,
　　303*r*, 561*r*
サンガ　　　　　　　211*r*
参加型開発　212*l*, 256*r*, 302*l*
三角債　　　　　　　213*l*
産業（開発・規制）法　213*r*,
　　370*l*
産業革命　　132*r*, 150*l*, 194*l*,
　　240*r*, 278*l*, 340*l*, 399*r*, 448*r*
産業許認可制度　213*r*, 275*r*
産業構造　　12*r*, 238*r*, 270*r*,
　　338*r*, 349*l*, 471*l*
産業構造高度化　155*l*, 592*l*
産業構造高度化政策　215*l*
産業国有化　　　　　179*l*
産業資本　　　309*r*, 356*r*
産業政策　　　200*r*, 299*l*
産業政策決議　179*l*, 216*l*
産業政策声明　275*l*, 370*l*
三峡ダム　　　　　　540*r*
産業内分業　　　　　216*r*
産業内貿易　92*r*, 175*l*, 291*l*
産業内貿易指数　216*l*, 291*l*
産業分類 I　　　　　217*l*
産業分類 II　　　　　218*l*
産業分類 III　　　　　219*l*
産業予備軍　　　　　489*l*
産業連関　　　145*r*, 349*l*
産業連関表　149*r*, 218*l*, 219*r*,
　　547*l*
産業連関分析　　　　547*l*
サンク・コスト　271*r*, 323*r*,
　　588*l*
3K　　　　　　　　 46*r*
三護紡織　　　　　　222*r*
残差　　　　　　　　284*l*
三資企業　　　　　　220*l*
三七五減租　　　　　405*r*
産出・資本比率　　　300*r*
算術平均　　　　　　220*l*
産出・労働比　　　　300*r*
産出労働比率　　　　 96*l*

三条保障線　　　　　 64*l*
酸性雨　　　　　　　220*r*
三星財閥　　　205*r*, 222*l*
三大改革　　　　　　260*l*
三通　　18*r*, 221*r*, 330*l*, 542*r*
三低現象　　　222*l*, 421*l*
暫定統治機構　443*r*, 589*l*
三白産業　　　　　　222*r*
三不政策　　19*l*, 221*r*, 223*l*,
　　263*r*, 542*r*
三民主義　　　223*l*, 538*r*
三面等価の原則　　　223*l*
産油開発途上国　　　385*l*
三来一補　　　　　　224*l*

シ

シアトル会議　　　　557*r*
シーア派　　　　　　224*l*
西安（シーアン）事件　263*r*
私営企業　　　247*r*, 496*l*
ジェノサイド　　　　482*l*
シェーレ　　　　　　403*r*
ジェンダー　 7*l*, 225*l*, 226*r*,
　　242*r*, 405*l*
ジェンダー・エンパワーメント
　　指数　　　　　　392*r*
ジェンダー・エンパワーメント
　　測定　　　　226*l*, 226*r*
ジェンダー開発指数　392*r*
ジェンダー開発指標　226*l*,
　　226*r*
ジェンダー主流化アプローチ
　　　　　　　　　　227*r*
ジェンダーと開発　36*l*, 56*l*,
　　225*r*, 310*l*
「ジェンダーと開発」アプロー
　　チ　　　　　　　227*r*
ジェンダー平等　225*r*, 227*l*
塩の行進　　　　　　 89*l*
シカゴ学派　　　　　468*r*
時間の経済効果　　　523*r*
識字教育　　　　　　183*r*
識字率　　　　　　　227*r*
識別問題　　　　　　228*l*
直物レート　　　　　 75*l*

和文事項索引（シ）

資金運用部資金	199r	
資金調達コスト	312l	
資金不足主体	85r, 117r	
私金融	88l, 228l	
資金余剰主体	85r, 117r	
時系列データ	120r, 338r, 470r	
資源ナショナリズム	385r, 387l	
資源の効率的配分	150r	
資源配分	60l, 266r, 327r, 378r, 475l, 520l, 521r, 548l	
資源配分効果	475l	
資源配分の効率性	475r	
資源配分の非効率化	518r	
資源輸出	40l	
自己資本	361l	
自己資本比率	26l, 117r, 228r, 451l	
自己資本比率規制	228l, 453l	
自己資本不足	229l	
自己相関	140r	
事後評価	458l, 552r	
資産価格バブル	239r	
資産バブル	4r	
資産変換機能	118l	
指示的計画	229l	
支出成長率	420l	
市場経済	12r, 13l, 42r, 44r, 59r, 60l, 127l, 193l, 229l, 243l, 323r, 406l, 411l, 500r, 546r, 598r	
市場経済化	213r	
市場経済化促進	428r	
市場原理	97r	
市場志向型の経済体制	598r	
市場志向的改革	243l	
市場社会主義	229l	
市場取引型システム	115r	
市場の失敗	58l, 229r, 555l	
市場のボラティリティ	376l	
市場密着型	92r	
市場メカニズム	10r, 60l, 150r, 203l, 243l, 305r, 358r, 495l	
市場利子率	486r, 569r, 570r, 571l	

市場リスク	228r, 453l	
自助努力の促進	6l	
シジョリ	303r	
システミック・リスク	524r	
システムダイナミックス	231l	
自生的取引	497l	
自然失業	233l	
自然失業率	229r	
自然成長率	420l	
自然潜在供給力	14r	
自然増加率	280l	
自然村	375l	
自然独占	431l	
事前評価	458l	
自然保護債務スワップ	230l	
持続可能な開発	49r, 78r, 175r, 227l, 230r, 340r	
持続可能な開発に関する世界首脳会議	79l	
自治体協力	232l	
質屋	228l	
失業	232r, 426l	
失業保険（制度）	57l, 197r, 198r, 244r	
実行可能性調査	456r	
実効為替レート	75r, 355l	
実事求是	368r	
実質為替レート	73l, 75r, 156r	
実質実効為替レート	76l	
実質賃金率	365l, 535l	
実質預金金利	356r	
実践型NGO	582r	
指定カースト	69r	
私的限界費用	59l	
史的唯物論	488l	
自動安定化装置	198l	
児童（子供）の権利条約	234l	
指導される経済	234r	
指導される民主主義	234r, 292r, 422r, 452r	
シトフスキーの規準	360r	
シナジー効果	578r	
シニア海外ボランティア	94r, 177r, 235l	
ジニ係数	120l, 235r, 270l	
シニョーレッジ	235r	

地主	32r, 236r, 451r, 459r, 487r	
地主階級	256l, 374l	
地主小作関係	236l, 391l, 399l, 460l	
地主資本	406l	
地場産業	236r	
自発的失業	233l	
支払準備率	356l	
支払い準備率操作	84r	
支払い猶予	324r, 327l	
シビリアン・コントロール	242r	
四分位数	237l	
四分位偏差	237l	
司法制度改革	237l	
死亡率	258r, 277r	
資本移動	494r	
資本移動の自由化	453r	
資本勘定の自由化	45r, 117l, 238l, 241r	
資本技術集約財	252r	
資本規制	555l	
資本係数	238r	
資本財	251l	
資本参加	578r	
資本産出比率	96l	
資本市場	50l, 238l	
資本収益率	169l	
資本自由化	354l, 546l	
資本収支	41l	
資本収支危機	139r, 239r, 509r	
資本集約型	154r, 215l	
資本集約的技術	96r	
資本集約的財	174r, 467l	
資本集約的生産	518r	
資本集約的生産方法	401r	
資本主義	137r, 192r, 240l, 356r, 399l	
資本主義社会	282r, 406l	
資本主義的な近代部門	388l	
資本使用的技術進歩	96l	
資本生産力	300r	
資本節約的技術進歩	96l	
資本装備率	37l, 133r, 390r, 427r	

613

和文事項索引（シ）

資本蓄積　109r, 132r, 267l, 309r, 326l, 357l, 433l, 438l, 489l, 534l, 549r
資本蓄積率　543l
資本逃避　45l, **241l**
資本取引規制　238l, 241r
資本取引の段階的自由化　599r
資本と労働の代替性　551l
資本の自由化　275r
資本の本源的な蓄積過程　240r
資本分配率　134l
資本輸出　357l
資本流出　45l
資本流入規制　**241r**
資本労働比率　74r, 96l, 365l, 390r, 427r
資本論　488r
市民社会組織　582r
市民的自由　**242l**
社会開発　36l, 428r
社会基盤整備　149l
社会資本形成　149l
社会主義　59r, 107r, 229l, 323l, 331l, 356r, 377l, 400l, 407r
社会主義革命　511r
社会主義型社会　216l, 396r
社会主義からの移行過程　13l
社会主義公有制　159l
社会主義市場経済　144r, 158r, 180l, **242l**, 274l, 385l
社会主義市場経済論　42r, 243r, 377r
社会主義初級段階論　42r
社会主義的自力更生　448l
社会主義的生産様式　489l
社会主義への過渡期　511r
社会的安全網　181l, **244l**, 246l
社会的意思決定　150r
社会的・経済的二重構造　52l, **244r**
社会的限界費用　59l
社会的公平性　59l
社会的弱者　56r, 244r, 468l

社会的弱者支援　**246l**
社会的純便益　539r
社会的生産関係　488r
社会的生産力　488r
社会的セーフティーネット　599r
社会的選択理論　313r
社会的二重経済論　97l
社会的費用　59l
社会的不平等　181l
社会的無差別曲線　467r
社会的利益の割引現在価値　523r
社会保険　246r
社会保障　**246r**
社会保障制度改革　247r
弱者支援　428r
社隊企業　153r
シャタリン計画　**248r**
借款　456r
借款の定義　**248r**
ジャーティ　68r, 69l
ジャポニカ米　367l
首位都市　**249l**
重回帰分析　**250l**
重回帰モデル　334l
重化学工業　218l, 255l, 300r, 339l
重化学工業化　148l, 251r, 481l
重化学工業化政策　**250l**, 251l
重化学工業化宣言　32l, 250r, 251l, 421l
重化学工業品　271l
収穫一定　100l
就学移動　276r
収穫逓減　100l, 491l
収穫逓減産業　260r
収穫逓減の法則　112l, 137l, **252l**, 296r, 400l, 492l, 493l, 500l, 533r, 534l
収穫逓増　66l, 100l, 427l
収穫逓増状態　66l
収穫不変　66l
自由化政策　12r
従業員積立基金　200l
就業確率　417r

自由競争　309r, 356r
重工業化戦略　106l
重工業優先政策　216l, 397l, 541l
私有財産制　500l
重債務貧困国　249l, 259r, 327r, 387l, 432r
収支区分・分級管理　195r
重商主義　309r
重商主義者　296r
終身雇用制　105l, 257l
囚人のジレンマ　384l, 412l
私有制企業　180l
重層的追跡　**252r**
従属人口　**253l**
従属人口指数　253l
従属変数　44l
従属理論　7r, **254l**, 309r, 447r, 455l
十大建設　**254l**
十大建設計画　251r, 254l
住宅開発庁　**255l**
集団安全保障メカニズム　588r
集団移動　276r
集団化　286r
集団所有制　162l
集団所有制企業　180l
集団農業制度　404l
集団農業組織　400l
自由度修正済決定係数　**256l**
十二項目建設　**254r**
十二項目建設計画　132l, 254r
十年の災害　461l
周辺　7r, 254l, 309r
周辺資本主義　7r
自由変動相場制　76r
自由貿易　137l, 174r, 384l, 424r, 454l, 466r, 523r, 532r
自由貿易協定　144r, 329l, 351l, **564r**, 566r, 592l
自由貿易均衡　467l
自由貿易区　**516r**
自由貿易体制　195l
自由貿易地域　135r, 375r
自由貿易論　537r
自由貿易論争　**256l**

和文事項索引（シ）

自由放任主義	150*l*	準周辺	309*r*	初期産業	339*l*
住民参加	**256*r***	準通貨	488*l*	初期条件指標→移行指標	
十四項目建設計画	132*l*,254*r*	巡礼	**263*l***	初級合作社	287*l*
終了時評価	458*l*	浄	69*l*	職業移動	276*r*
主観能動性	331*l*	生涯期待所得	548*r*	職業教育	183*r*
儒教	257*l*	小規模金融	122*r*,485*l*	職業訓練	244*l*
儒教資本主義	**257*l***	小規模工業	541*r*	職業訓練プログラム	197*r*
ジュグラー循環	128*l*,**257*r***	上級財	270*r*	殖産興業	181*l*
珠江デルタ	**258*l***	商業化点	438*r*	職場訓練	104*r*
珠江モデル	154*l*	商業銀行のモニタリング機能		植民地	36*r*,215*l*,**267*l***,337*r*,
種族間の経済格差問題	146*r*		123*r*		343*r*,357*l*,440*l*,444*l*,520*r*,
主体思想→主体（チュチェ）思想		消極的統合	136*l*		564*l*
		譲許要素	585*r*	植民地化	406*r*,448*l*
主体性	562*l*	証券化	327*l*	植民地銀行	267*r*,332*l*
シュタッケルベルグ均衡	69*r*	条件付き収束性	134*l*	植民地経営	553*r*
出産可能女性人口	259*l*	証券投資	4*r*	植民地支配	249*r*,389*r*,498*r*,
出産可能年齢	151*l*	小康社会	**264*l***		531*r*
出生率	151*l*,**258*r***,277*r*	小康水準	162*l*	植民地資本主義	245*r*
出生力調整	14*r*	小三通	221*r*,355*l*,542*r*	植民地政策	267*l*
出生力調整費用	15*l*	乗数効果	149*r*,**265*l***	植民地体制	309*r*,386*r*,512*l*
出生力の分析	530*r*	少数買収	578*r*	食糧援助	506*r*,586*l*
出生力理論	529*l*	小数民族	70*r*	食糧援助政策	404*l*
主導産業	339*l*	省籍矛盾	178*r*,264*l*,388*l*	食糧価格支持政策	207*r*
首都鉄鋼公司	30*l*	小選挙区制	314*r*	食糧価格補助金	244*l*
シュードラ	68*r*	譲渡性預金	479*l*	食糧価格抑制策	246*l*
ジュネーブ協定	471*l*	小農	449*l*	食糧増産援助	576*l*,586*l*
ジュビリー2000	582*l*	小農経済	287*l*	食糧調達庁	**561*l***
ジュビリー2000キャンペーン		消費関数	111*r*	食糧統一買付・一手販売制度	
	259*r*	消費関数論争	**265*r***		268*l*
需要吸収者	446*r*	消費者資本主義	240*r*	食糧配給切符	244*l*
需要曲線	**260*r***	消費者選択理論	469*l*	食糧不足点	438*r*
主要債権国会議	25*r*	消費者余剰	265*r*,475*l*,475*r*	諸侯経済	**268*r***,342*l*
需要独占	349*l*,370*l*	商品交易条件	454*r*	女子差別撤廃条約	**269*l***,310*r*
需要の価格弾力性	454*l*	商品市場制度改革	237*l*	序数効用	159*r*
需要の所得弾力性	270*r*,403*r*	上部構造	461*r*,489*l*	女性	55*r*,123*l*,540*l*
需要の代替弾力性	291*l*	情報・教育・コミュニケーション活動		女性2000年会議	310*r*
ジュロン	186*r*		**266*l***	女性のエンパワーメント	36*l*,
ジュロン開発公社	129*r*,	情報資本主義	240*r*		310*r*
261*l*,321*r*		情報生産機能	118*l*	ショック・セラピー	164*l*,
ジュロン工業団地開発方式		情報通信技術日本基金	556*r*		248*l*,365*l*,472*l*,555*l*
	261*r*	情報の完全性	281*l*	所得移転	56*r*,57*l*
シュワーベの法則	34*l*	情報の非対称性	97*r*,266*r*,	所得交易条件	454*r*
順位規模モデル	250*l*	460*r*		所得再分配政策	**269*r***
遵義会議	540*r*	情報の不完全性	229*l*	所得収支	170*l*
春窮	261*r*,367*l*,421*l*	情報費用	378*l*	所得税の累進性	56*r*
純現在価値	51*l*,138*l*,207*l*	上方への累積過程	544*r*	所得弾力性（弾性値）	33*r*,
純再生産率	151*l*,301*l*	剰余価値	489*l*	150*l*,218*r*,219*r*,**270*r***	

所得弾力性基準		301*l*
所得の再分配機能		56*r*
所得分配	111*r*, 201*r*, **271***l*, 313*r*, 426*l*, 539*r*	
ジョモケニアッタ農工大学プロジェクト		272*l*
所有権		282*l*
所有権アプローチ		282*r*
所有権制度		282*r*
ジョルゲンソン・モデル		**272***r*
地雷禁止国際キャンペーン		328*r*
地雷除去	443*r*, 465*r*	
自力更生		**273***l*
自律的経済成長		553*l*
自律的蓄積		7*r*
自律的発展		7*r*
白猫黒猫論	273*r*, 368*r*	
新ODA大綱		341*l*
人為的低金利政策	118*r*, 356*l*	
新開=宇沢の条件		390*r*
辛亥革命	223*r*, 263*l*	
シンガポール		5*l*, 441*r*
シンガポール開発銀行	129*r*, **274***l*	
シンガポール政府投資公社		**274***r*
進化論的経済学		283*l*
新規貸付け		324*r*
シンク・タンク		594*r*
新経済政策	24*r*, 146*r*, 179*l*, 213*r*, 216*l*, **275***l*, **276***r*, 427*l*, 441*r*, 444*l*	
新結合	262*r*, 319*l*	
人権	71*r*, 184*l*, 428*l*, 582*r*	
人権弾圧		364*l*
人権問題		91*l*
人権抑制		430*l*
人口圧力		402*l*
人口移動	27*l*, **276***r*	
人口過疎		277*l*
新興工業経済群		**583***l*
新興工業国	581*l*, 583*l*	
人口構造	276*r*, 280*r*	
人口政策		429*l*
人口静態統計		277*l*
人口成長		492*l*
人口成長率		396*l*
人口ゼロ成長運動		301*l*
人口センサス→国勢調査		
人口増加	120*r*, 132*r*, 277*l*, 279*l*, 310*r*, 404*l*, 492*r*, 493*l*	
人口増加圧力	85*l*, 267*r*, 433*r*	
人口増加率		420*l*
人口転換	132*l*, 277*r*, 279*r*, 530*l*	
人口転換局面加速の法則		279*l*
人口転換理論		278*l*
人口動態		530*r*
新興農業関連工業国		581*l*
人口爆発	279*l*, 429*l*, 551*l*	
人口ピラミッド		**280***l*
人口変動		277*l*
新国際経済秩序	385*r*, 532*r*	
新国際経済秩序の樹立に関する宣言		385*r*
新古典派	305*l*, 486*r*	
新古典派経済学	53*l*, 141*r*, 281*l*, 282*l*, 313*r*, 358*r*, 378*r*, 497*l*	
新古典派経済成長理論	202*r*, 284*l*, 390*l*, 419*r*	
新古典派総合		282*l*
新古典派的世界		364*r*
新古典派モデル		282*l*
人材育成		552*l*
新債務戦略	31*l*, 327*l*	
シンジケートローン	5*l*, 40*l*, 568*r*	
新自由主義		9*l*
人種差別撤廃		107*l*
新人口論		128*l*
新人民軍		490*r*
新制度派経済学		**282***r*
新竹科学工業園区		**283***l*
新中間層	56*r*, 176*r*, 345*l*	
人的資源		376*l*
人的資源開発	7*l*, 428*l*, 468*l*	
人的資本	**283***r*, 428*l*	
人的資本投資		284*l*
人的資本理論	104*r*, 383*r*	
人的資本論	260*r*, 429*l*	
人的投資		468*l*
人道援助		284*r*
人道緊急援助		**284***r*
浸透効果		378*l*
人頭税		**286***l*
新トロント・スキーム		327*r*
新猫論		384*l*
シンハラ・ナショナリズム		336*l*
新品種		401*l*
新富裕層		345*l*
新プレビッシュ報告		455*l*
新保守主義		546*r*
新マルサス主義		492*l*
新宮澤構想		**286***r*
人民解放軍	483*l*, 484*l*	
人民公社	42*l*, 162*l*, 268*l*, 274*l*, **286***r*, 400*l*, 501*l*, 511*r*, 550*l*	
人民公社運動		368*l*
人民行動党	186*r*, 288*l*, 535*r*	
信用乗数		73*l*
信用創造		**288***r*
信用創造機能		86*l*
信用リスク		453*l*
信用割当	103*r*, **288***r*, 356*l*, 513*r*	
信用割当政策		113*r*
森林減少		**289***l*
森林破壊		289*l*
森林劣化		289*l*

◀ス▶

推移律の仮定		505*l*
水産無償	506*r*, 576*l*, 586*l*	
垂直的技術移転		93*l*
垂直的公平		322*l*
垂直的産業内分業		290*l*
垂直的製品差別化		92*r*
垂直的な平等		334*r*
垂直分業	174*r*, **290***l*	
垂直貿易	12*l*, 291*l*	
随伴移動		276*r*
水平的技術移転		93*r*
水平的公平		322*l*
水平的産業内分業		290*l*

水平的な製品差別化	92r		政策支援	**299**r	制度賃金	272r, 364l, 364r, 437r, 438l
水平的な平等	334r		政策対話	299r		
水平分業	174r, 290l		政策提言型の開発調査	337l	制度づくりの支援	503l
水平貿易	12l, **291**l, 477r		政策パッケージ	554r	制度的金融機関	405l
水利社会	291r		生産可能性曲線	525l	制度的補完性	141l
水利社会論	**291**r		生産可能性フロンティア	57r, 467l	青年海外協力隊（員）	177r, 272l, **304**r, 575r, 576l
水利農業	291r		生産関係	137r	青年海外協力隊派遣	94r, 585r
水力社会	291r		生産関数	95r, 299r, 325l, 438r	税の公平性	56r
水力農業	291r		生産財	47r	セイの法則	141r, 189l, **305**l, 486r
数量制限	566l		生産者余剰	**300**l, 475l		
数量制限品目	275r		生産手段の公的所有	243l	製品差別化	410r
据置期間	124l		生産性	**300**r	製品差別化分業	216r
スクウォッター	**297**l		生産性上昇率基準	301l	製品調達	446r
スクリーニング仮説	105l		生産物市場	238r	政府開発援助	94r, 124l, 150l, 192r, 235l, 248r, 304r, 320l, 506r, 573r, 585l, 585r
裾野産業	574r		生産誘発効果	149r		
スタグフレーション	129l, 142l, **306**l		生産様式	489l		
			生産要素	299r, 430l, 430r, 536r	政府開発援助大綱	284r, 503l
スタンドバイ協定	**293**l				政府債務	**305**r
スタンドバイ・クレジット	19r, 165r, 293l		生産要素移動の不完全性	96r	政府支出	122r
			生産要素価格	401l	西部大開発	**306**r
ステープル理論	52l, **293**r		生産要素投入	95r, 400r, 487r	政府短期証券	479r
ストック・オプション制	116r		生産要素の技術的代替可能性	96l	税負担の公平性	166l, 334r
ストック効果	149r				政府調達	464l, 580l
ストックホルム会議	78l		生産要素の限界生産力比率	96l	政府調達に関する協定	380l
ストックホルム条約	527r				生物現存量	409l
ストップ・アンド・ゴー政策	10l		生産要素の賦存状態	174r	生物多様性	**307**l
			静止人口	301r	生物多様性条約	78r, 182l, 307r
ストリート・チルドレン	**294**r		政治体制	**301**r		
			政治的権利	302l	政府のアカウンタビリティ	314r
ストルーパー＝サムエルソンの定理	466r		政商	68l, 302r		
			正常財	270r	政府の失敗	555l
スーパー・ゴールド・トランシュ	192l		正常利子率	499l	政府保証債	171r
			成人教育	183r, **303**l	清明節	363r
スービック海軍基地	464l		税制改革	237l	生命表	**308**l
スプロール化現象	27l		成層型人口ピラミッド	280l	制約条件の理論	210l
スミソニアン協定	569l		生存維持（的）水準	297l, 543l, 544l	整理解雇制	**308**r
スミソニアン体制	453l				世界革命論	352l
スラム	66r, 203l, **297**l		生存維持的倫理	413r	世界華商会議	61l
スラム・クリアランス	203r		生存資料	491r	世界規模・製品事業部制	167r, **309**l, 487l
スンニー派	**298**l		静態論的分析	283l		
			成長拠点	250l, 349l	世界共同体	545l
セ			『成長の限界』	231l	世界銀行	10l, 12r, 25r, 31l, 37r, 87r, 124l, 163r, 164r, 172r, 193l, 203r, 227r, 270l, 299r, 306l, 327l, 329r, 336r,
生活賃金	202l		成長の三角地帯	303r, 536r		
政企合一	**298**r		制度開発	**304**l		
政策金融	299l		制度金融	28l, 116l		

和文事項索引（セ〜タ）

367r, 385r, 386r, 425r, 432r, 453l, 468l, 490l, 546r, 568l, 578r, 598r
世界銀行グループ　567r, 568l, 579r
世界金融恐慌　327l
世界経済のボーダーレス化　168l
世界システム論　29r, **309l**
世界資本主義　254l
世界女性会議　183l, 225r, 227l, **310l**
世界人権宣言　269l
世界人口会議　183l, **310r**
世界人口行動計画　310r
世界貿易機関　38r, 44r, 380l, 404r, 477l, **597r**
世界保健機関　**311l**, 445l
石油危機　215r, 385r, 387l, 477l
石油禁輸措置　17l
石油輸出国機構　385r
セキュリタイゼーション　**311r**, 327l
セクター開発計画　50r
セクター調整融資　165l
セクター・プログラム・ローン　249l
世俗主義　24l
世代間公平性　230r
世代間の不公平　197l
世代内公平性　230r
積極的均衡論　331r
積極的統合　136l
絶対的購買力平価　156l
絶対的貧困　269r, **312l**, 579l
設備投資循環　257r
説明責任　503l
セーフティーネット　56r, 181r
セマウル運動　14l, 262l, **313l**, 411r
ゼロ金利　148r
全アフリカ人民会議　420r
全インド・ムスリム連盟　507l
前衛　407r
1987年の民主化宣言　308r

選挙制度　**314r**
先決変数　**315l**
先行条件期　137r
全国賃金評議会　154r, 215r, **315l**
戦後賠償　320l, 506r
潜在能力　140l, 314l, 436l
「潜在能力」概念　407r
潜在能力の平等　436l
前資本主義的な伝統部門　388l
先住民族条約　**315r**
先進国クラブ　124l
漸進主義　**316l**
全人民所有制企業　180l
全体主義　142r, **316l**
尖度　**316r**
先発国　156r
先富論　229r, 270r, **317l**
前方・後方連関効果　293r, 294r
前方連関効果　158l, **317r**
専門家派遣　94r, 456l, 575r
全要素生産性　300r, **594r**
千里馬運動　318l

ソ

相関係数　**318r**
操業停止点　**318r**
総合収支　170l
総合保税地域　517l
相互扶助　437r
相互扶助的な共同体原理　111r
相互扶助的な社会秩序　413l
総再生産率　151l
創始産業　494l
走資派　541l
創造的破壊　**319l**
宗孫　257r
相対的購買力平価　156l
相対的貧困　270l
抓大放小　180r
贈与　320l, 597l
贈与に関する交換公文　**320l**
贈与比率　124l

贈与要素　94l, 248r
ソウルオリンピック　**321l**, 421l
粗再生産率　151l
組織開発　304l, 458r, 515l
組織制度開発　552l
ソーシャリゼイションアプローチ　212l
ソーシャル・セーフティーネット強化策　246l
蘇州工業団地　**321l**, 536l
租税改革　554r
租税回避　322l
租税管理　**321l**
租税逃避地　39l
租税の所得弾力性　270r
租税の抜け穴　**334l**
外向き政策　53l
蘇南モデル　154r
ソビエト連邦崩壊　150l
ソフィア議定書　221l
ソフトウェア産業　**322l**
ソフト・カレンシー　139l
ソフトな予算制約　**323l**
ソブリン債　324r, 541l
ソブリンリスク　90r
ソブリン・ローン　324l
ソ連　126r, 229l
ソ連再生計画　**248r**
ソ連モデル　162l
ソロー＝スワン・モデル　37l, 133r, 202r, **325l**, 357l, 380r, 419r
ソロー中立的技術進歩　96l
ソローの基準　96l
損益分岐点　318r, **326l**
村落共同体　98l, 245l, 267l

タ

タイ　4l, 36r, 117l, 335r, 342l, 455r
第1次印パ戦争　26r
第1次石油ショック　131r, 255l, 324l
第1次中東戦争　15r

和文事項索引（タ～チ）

第1世代モデルの通貨危機	140*l*
大字	205*l*
対英不服従運動	24*l*
対越経済制裁	516*r*
対外援助法	597*l*
対外開放政策	316*l*
対外共通関税	11*r*
対外金融の自由化	114*l*
対外債務	546*l*
対外債務管理	205*l*
対外債務危機	**327***l*
対外債務残高	197*r*, 206*l*
対外債務のリストラクチャリング	541*l*
対外債務問題	306*l*
対外純債務国	453*r*
タイ開発研究所	594*r*
対外ポートフォリオ投資	41*l*
体化された技術革新	95*r*
体化されない技術進歩	95*r*
大韓石油公社	32*l*
大韓貿易投資振興公社	577*r*
大飢饉	34*r*, 244*l*
大気清浄法	135*l*
大恐慌	141*r*, 240*r*
タイ国際協力プログラム	95*r*
第3次印パ戦争	27*l*, 65*r*
第3次中東戦争	15*r*, 17*r*
第三世界	386*r*
第3の波	546*l*
タイ式民主主義	211*l*
対人地雷禁止キャンペーン	259*r*, **328***l*
対人地雷禁止条約	582*l*
対人地雷全面禁止条約	328*l*
対人地雷問題	**328***l*
大進大出	33*l*
体制移行経済	42*l*
体制移行融資	**329***l*
代替弾力性	300*l*, 390*l*
大中華経済圏	**329***l*
大中華思想	348*l*
タイド	320*l*
タイ東部臨海工業地帯	**330***l*
台独派	539*l*
タイド条件	124*r*
第2次印パ戦争	27*l*
第2次石油ショック（オイルショック）	20*l*, 129*l*, 132*l*
第2次輸入代替工業化	251*r*
第二世銀	174*l*, 567*r*
対日請求権	390*l*
対日請求権資金	**330***l*
対日貿易赤字	578*l*
対日輸入規制	**330***l*
太平天国	373*l*
太平洋経済協力会議	588*l*
大躍進	162*l*, 273*l*, **331***l*, 341*l*, 368*l*, 377*l*, 461*l*, 511*l*, 540*l*
太陽政策	103*l*
第4次中東戦争	15*r*
第4の波	546*l*
大陸委員会	**331***l*, 538*l*
大陸反攻	263*l*
代理人	32*r*, 451*l*
代理人関係	32*r*
台湾	19*l*, 49*l*, 53*l*, 176*r*, 263*r*, 504*l*, 513*l*
台湾銀行	**332***l*
台湾総督府	387*r*
台湾独立派	355*l*
台湾問題	91*l*
高い貯蓄率	426*l*
多角的自由貿易主義	337*l*
多角的貿易交渉	598*l*
多角的貿易体制	194*l*
高山＝ドランダキスの条件	390*r*
タキン党	1*r*
ダグ・ハマーショルド財団	332*l*
ターゲティング	246*l*
多元主義	142*r*, 546*l*
多元文化社会	422*l*
多国間援助	71*r*
多国間実効為替レート	76*l*
多国間投資保証機関	163*r*, 174*l*
多国籍企業	22*r*, 31*l*, 125*l*, 171*l*, 216*l*, 322*l*, **333***l*, 334*r*, 382*r*, 423*l*, 454*l*, 560*l*, 580*l*
多国籍銀行	324*l*
多国籍商業銀行	327*l*
多国籍投資保証機関	**579***r*
多国籍民間銀行	392*l*
多産少死型	277*r*
多産多死型	277*r*
多重共線性	**334***l*
ただ乗り	451*r*
タックス・ヘブン	39*r*
脱税	199*l*, 322*l*, **334***l*
脱石油依存経済	**334***l*
タノム政権	**335***l*
ダービン＝ワトソン比	335*r*
ダミー変数	**335***l*
タミル・イーラム解放のトラ	90*l*, **335***l*
多民族国家	421*r*, 449*l*
多民族社会	422*l*, 444*l*
単一為替レート	554*r*
単一銀行システム	513*l*
単一金融政策	563*r*
単一通貨導入	563*r*
単一予算原則	204*l*
単位等生産量曲線	416*l*
短期金融市場	148*l*
短期資本移動	168*r*, 354*l*
短期資本流入	242*l*
短期循環	99*l*
短期費用関数	430*l*
炭素エネルギー使用の削減	77*r*
炭素税	82*r*
単独移動	276*l*
単年度予算主義	456*l*

チ

地域開発計画	50*r*, 404*r*
地域間移動	277*l*
地域間賃金格差	548*r*
地域教育開発支援調査	**336***l*
地域協力機構	592*r*
地域金融力	35*r*
地域経営本部	373*l*
地域経済	214*r*
地域経済機構	532*l*
地域システム	125*l*

和文事項索引（チ〜ツ）

地域主義	**337**l
地域調達センター	373l
地域統括本社	**338**l
地域統合	135r, 194r, 592r
地域別事業部制	125r, 167r, 487l
地域貿易協定	337r, 564r, **592**l
小さな政府	198l
チェンマイ・イニシアチブ	557l
チェンマイ合意	**339**l
地下経済	**339**r
地下市場	447l
地球安全保障	125l
地球温暖化	80r, 82r, 307r, **339**r, 409l
地球温暖化対策	135l
地球温暖化防止	77l
地球環境	148r
地球環境ファシリティ	307r
地球環境問題	78r
地球サミット	78r, 582r
知識集約型経済	576l
窒素酸化物（NO$_x$）	81l, 220r
チット・ファンド	28l, 49l
知的財産権	565l, 580r
知的支援	299r
知的所有権	464l, 474l
血の水曜日事件	503l
地方交付税交付金	176l, 204r, 343l
地方債	**171**r
地方財政	343l
地方自治体の国際協力	**341**l
地方税	**176**l
地方分権	**341**r
地方分権化	**342**l
チャオプラヤーデルタ	406r
チャートチャーイ政権	**342**l
中位数	510r
中印国境紛争	397l
中越戦争	**342**r
中央計画経済運営	150l
中央厚生年金基金	172l
中央財政	**343**l
中央情報部	13r, 147l
中央値	510r
中央積立基金	106l, 155l, 200l, 255r, **344**l
中外合作経営企業法（1988年公布）	220l
中外合資経営企業法（合弁法、1979年公布）	220l
中華経済地域	329r
中間技術（論）	358r, 359l
中間協定	592r
中間財	47r, 48l, 251l, 507r
中間需要	220l
中間層	**345**l
中間投入財貿易	272l
中間都市	250l
中間評価	458l
中期循環	257r
中継貿易	**345**r
中継貿易基地	493r
中継貿易港	**346**l
中国・ASEAN自由貿易協定	347l, 560r
中国革命同盟会	263r
中国脅威論	**347**r
中国共産党11期3中全会	42r
中国銀行	348r
中資企業	**348**l
中資機構	348r
中小企業	**349**l
中小企業支援政策	349r
中心	7r, 254l, 309r
中心・辺境理論	**349**r
中枢	254l, 447r
中選挙区制	314r
中ソ対立	91l
中東地域紛争	**350**l
中南米諸国	327l
中農	373r
中米共同市場	**350**r
中立的技術進歩	96l
チュコン	68l
主体思想	98r, 101r, **351**l
超過利潤	118r
長期資本移動	168r
長期資本収支	170l
長期費用関数	430l
長江デルタ	352l
長江デルタ大都市圏	352r
調整的取引	497l
朝鮮戦争	**352**r, 511l
朝鮮労働党	351l
チョウ・テスト	**353**l
調和平均	**353**l
直接金融	85r, 115r
直接投資	4r, 12l, 62l, 114l, 166l, 168r, 237l, 275r, 459l, 476r, 565l, 586r
直接投資の自由化	114l
直接費用	529l
貯蓄関数	390l
チリ・モデル	**354**l
賃金インデクセーション	23l
賃金生存費説	534r
沈殿費用	323r

ツ

通貨	**355**l
通貨危機	4l, 116r, 286r, 421r, 425r, 470l, 488r, 541l, 556r, 560l
通貨供給	409l
通貨供給量	487l
通貨・金融危機→金融・通貨危機も見よ	
通貨・金融（経済）危機	117l, 129r, 139l, 167l, 238l, 239r, 241l, 558r
通貨代替	**379**l
通貨統合	522l
通貨同盟	4l, 351l, 563r
通貨の兌換性	238l
通貨バスケット	76r
通貨発行益	235r
通婚移動	276l
ツー・トラック・アプローチ	500l
壺型人口ピラミッド	280r
釣り鐘型人口ピラミッド	280r

和文事項索引（テ〜ト）

◀テ▶

低開発の開発	309r
定期移動	276r
低金利政策	356l, 520l
提携パートナー	171l
帝国主義	267l, 356l, 511l
帝国主義段階	448r
定常経済	534r
定常状態	37l, 137l, 297l, 357l, 390r, 500l
低水準均衡の罠	357r, 395r, 433l
停戦合意の遵守	588r
低年齢結婚	279r
ディビジア・マネー	356l
ディリジスム	358l
出稼ぎ労働（者）	277l, 501r
手形の再割引	155l
適格手形	155r
適正技術	358r, 445r
適度基準	66l
適度識別	228l
適度人口	66l
テキーラ・ショック	509l
テキーラ・ショック→メキシコペソ危機	
テクノクラート	11l, 55l, 62r, 211r, 335l, 342l, 407r, 455r
デジタル・オポチュニティー	360l
デジタル・デバイド	359r
デット・エクイティー・コンバージョン	327l
デット・エクイティー・スワップ	361l
デット・サービス・レシオ	206r
デファクト・スタンダード	572l
デフォルト	9l, 90r, 327l, 513l
デフォルト宣言	164l
デモクラシー	361l
デュアリズム	362l
デリバティブ	415r, 470l
デリバティブ市場	376l
デリバティブ取引	119l
デルタ農業	362r
テロ支援国家	363l
テロ対策特別措置法	363l
テロリズム	316r, 363l, 393l
天安門事件	33l, 91l, 151r, 363r, 368r, 384l, 540l, 598r
転換点	364l
転換点論争	364r
転換不況	365l
電子製品製造サービス	1l
伝統産業	52l
伝統（的）社会	111r, 406l
伝統的な農村部門	96r
伝統的農村共同体	406l
伝統部門	52l, 98l, 111r, 254l, 272r, 362r, 364l, 365l, 388r, 417r, 437l, 544l
天皇絶対主義体制	391l

◀ト▶

ドイツ技術協力公社	366l
ドイツ歴史学派	137l, 537r
ドイモイ政策	366r, 377r
統一買付・一手販売制度	287l
統一収入・統一支出	195r
統一通貨	522l
「統一」米	367l
統一マレー国民組織	488l
東海大学	514r
動学的規模の経済	523r
動学的比較優位	301r
投下労働価値説	534r
投機行動	414r
東京ラウンド	597r
投資委員会	455r
投資吸収能力	553r
同質的社会	245r, 440l
投資と輸出の拡大循環メカニズム	53l
投資プロジェクト	539l
投資紛争解決国際センター	
	174l, 367r
鄧小平理論	368l
闘争インドネシア民主党	509l
同族企業	369l
道徳的危険	513r
東南アジア諸国連合	558l
投入係数	369r
等費用線	430r
東方政策	488l
透明性	302l
東洋外国人	440l
東洋の経済	388l
東洋の専制	291r
東洋のデトロイト構想	330l
等量曲線	369r
独裁制	301l
独資企業	220l
特殊死亡率	259l
特殊出生率	259l
独占	370l, 489l
独占資本	356r
独占資本主義	357l
独占状態	431l
独占・制限的取引慣行法	370l
独占的競争市場	86r
特別特恵措置	22l
特別引出権	453r, 569l, 593l
独立自営農民	406l
独立発電事業者	370l
独立変数	44l
都市インフォーマル部門	52l, 203r, 371l, 417l
都市インボリューション	372l
都市近代部門	52l, 544l, 548l
都市戸籍	187l
都市国家	338l
都市スラム	549l
トータル・ビジネス・センター	372r
トダロ・モデル	52l, 67l, 548r
トダロ労働移動モデル	372l
土地改革	373l
土地収用法	255r
土地所有形態	399l
土地所有形態と農地改革	374l
土地節約的生産方法	401r

621

土地節約的な技術の開発	416*l*	
土地無し農民（労働者）		
	312*r*,374*r*,402*r*,564*l*	
土地の囲い込み運動	240*r*	
土地の劣化	208*l*	
土地流動化	**375***l*	
特化の利益	145*r*	
特許権	380*l*	
特恵関税率	144*r*	
特恵的利子率	518*r*,519*r*	
ドット・フォース	360*l*	
ドーナツ化現象	27*r*	
ドーハ発展アジェンダ	587*r*	
飛び地	131*l*,137*r*,249*r*,375*r*	
飛び地経済	47*r*,**375***r*,512*r*,516*r*	
トービン税	**376***l*	
土法製鉄	331*r*,**376***r*	
ドミノ理論	**377***l*	
トランスナショナル	333*r*	
トランスナショナル企業	333*l*	
鳥籠経済論	**377***r*	
トリックル・ダウン仮説	270*r*,**378***l*	
取引	166*l*	
取引費用	187*l*,282*l*	
取引費用仮説	**378***r*	
トリブート	286*l*	
ドル化	**379***l*	
ドル・ペッグ	35*r*	
ドル・ペッグ制	4*r*	
ドル流動性不足	569*l*	
奴隷制	137*r*,531*r*	
奴隷労働	267*l*	
ドロール報告	563*r*	
トロント・サミット	286*l*,327*r*,583*l*	
トロント・スキーム	327*r*	

◀ナ▶

内外金利差	241*l*	
内国民待遇	**380***l*,566*r*	
内国民待遇権	464*r*,531*l*	
内需拡大	446*r*	
内生的成長理論	284*l*,**380***l*	

内生変数	**381***r*	
内発的発展論	40*r*,**381***r*	
ナイフ・エッジ定理	**382***r*,420*l*	
内部化理論	**382***r*	
内部収益率	51*l*,138*r*,207*r*,431*r*	
内部振替価格	166*l*	
内部労働市場	**383***l*	
仲間内資本主義	489*r*	
ナサコム体制	292*r*	
ナチズム	142*r*,316*r*	
ナッシュ均衡	**384***l*,442*r*	
ナフダトゥール・ウラマ	509*l*,555*l*	
南巡講話	154*l*,229*r*,274*l*,317*l*,**384***l*	
南南協力	192*r*	
南南問題	**385***l*,387*l*	
南米南部共同市場	**579***l*	
南北格差是正	49*r*	
南北共同声明	411*r*	
南北首脳会談	102*r*	
南北統一	**385***r*	
南北問題	337*r*,**386***l*,595*l*	
難民	284*r*	
難民帰還支援	184*l*	
難民支援	6*r*	
難民問題	582*r*	

◀ニ▶

2・28事件	178*r*,**387***r*	
ニクソン・ショック	76*l*	
ニクソン・ドクトリン	13*r*,250*r*	
二国間援助	71*r*,366*l*,456*r*,597*l*	
二国論発言	19*l*,539*l*	
二酸化炭素（CO_2）	77*r*,340*l*	
二酸化炭素排出権取引	82*r*	
西アフリカ稲開発協会	395*r*	
西イリアン協定	452*r*	
二重課税	166*l*,322*l*	
二重経済	245*r*,362*r*,**388***l*	
二重経済発展モデル	52*l*,	

	111*r*,272*r*,365*r*,417*r*,437*l*	
二重経済発展理論	233*l*	
二重経済論	52*l*,96*r*,**388***r*,440*r*	
二重構造	52*l*,120*l*,356*r*,362*l*,512*r*	
二重構造問題	238*r*,349*l*	
二重構造理論	96*r*	
二重社会	245*l*	
二重の配当	135*r*	
二重モデル	543*l*	
二重予算制度	199*l*,205*l*,**389***l*	
2020年ビジョン	421*r*,444*r*	
二大政党制	314*r*	
二段階革命論	**391***l*	
日華平和条約	161*l*	
日韓基本条約	330*l*,**389***l*	
日韓国交正常化	**389***r*,411*r*,502*l*	
日系現地法人	338*l*	
日中韓FTA	560*r*	
二人間関係の論理	545*r*	
二部門経済発展モデル	548*r*	
二部門成長理論	**390***l*	
日本	35*l*,53*l*,286*l*	
日本・ASEAN首脳会議	**390***l*	
日本・ASEAN包括的経済連携協定	**390***r*,560*r*	
日本開発銀行	50*l*,299*l*	
日本型資本主義	241*l*	
日本工業標準調査会	571*l*	
日本資本主義論争	**391***l*	
日本・シンガポール経済連携協定	**390***r*	
日本特別基金	556*r*	
2本の足で歩む	331*l*	
日本貿易振興会	574*l*	
日本貿易振興機構	**574***l*	
日本輸出入銀行	299*l*,573*l*	
乳児死亡率	**391***l*,445*l*	
入植プロジェクト	564*l*	
乳幼児死亡率	279*r*,**391***l*	
ニューケインジアン	160*l*	
ニュー・マネー	327*l*,**391***l*	
ニュー・リッチ	345*l*	
人間開発	428*l*	
人間開発指標	226*l*,226*r*,	

和文事項索引（ニ〜ハ）

	392*r*, 407*l*
人間開発戦略	468*l*
人間開発報告書	226*l*, 226*r*, 392*l*, 393*l*, 407*l*, 449*r*, 546*r*, 596*l*
人間開発論	429*l*
人間環境宣言	78*l*, 231*r*
人間中心の開発	392*l*
人間の安全保障	125*l*, 184*r*, 393*l*
人間の基本的必要	467*r*
人間貧困指数	392*r*, 407*r*
妊産婦死亡率	394*l*
任命官僚制	122*l*

◀ヌ▶

ヌ＝アトリー協定	1*r*

◀ネ▶

ネオ制度派経済学	283*l*
ネオマルクシズム	134*r*
ネガティブ・リスト	394*r*
ネポチズム	121*l*
ネリカ米	395*l*
ネルソン＝ライベンシュタイン・モデル	357*r*, 395*l*
年金	244*l*
年金改革	354*l*
年金基金	246*r*
年功序列	257*l*
年功賃金制	105*l*
年少従属人口比率	280*r*
年少人口指数	253*l*

◀ノ▶

農家経営請負制	397*r*
農業インボリューション	398*r*
農業インボリューション論	372*l*
農業協同組合	399*l*
農業協同組合化	286*r*
農業経済学	260*r*
農業所得分配	374*l*
農業生産性	**400***r*
農業生産責任制	397*r*
農業の生産要素代替	**401***l*
農業保護	403*l*, 404*r*
農業余剰分	272*r*
農業労働者	**402***l*
農工間交易条件	**402***r*
農工間生産性格差	**403***l*
農工間賃金格差	548*r*
農産物価格政策	**403***r*
農産物完全自由化	107*l*
納税者管理体制	334*l*
農村開発	199*r*, **404***r*
農村金融市場	405*l*
農村戸籍	187*l*
農村信用市場	405*l*
農村伝統部門	52*l*
農地改革	120*r*, 400*l*, **405***r*, 435*l*, 498*l*
農地所有の不平等	374*r*
農民運動	511*l*
農民階層分解	**406***l*, 460*l*
能力原則	338*l*
能力貧困測定	**407***l*
ノーメンクラツーラ	**407***l*
ノンバンク	117*r*, **408***l*
ノン・プリミヌ	450*l*
ノン・プロジェクト借款	249*l*, 573*r*

◀ハ▶

バイオマス	**409***l*
買収	578*l*
排出量取引	134*r*
売買差益	479*l*
ハイパーインフレーション	23*l*, 31*l*, 105*r*, 389*l*, **409***r*, 545*r*
ハイパワード・マネー	73*r*, 76*l*, **410***l*, 442*r*
ハイマー理論	**410***l*
ハイリスク・ハイリターン	
	63*l*
パイロット・プロジェクト	336*r*
ハウスホールド・モデル	**411***l*
バウチャー	181*l*, **411***l*, 500*r*
パキスタン	507*l*
白条	213*l*
バークレー・マフィア	92*l*, 295*r*
バーゲニング・モデル	**412***l*
覇権主義	91*r*
覇権的な世界システム	8*l*
バザール経済論	372*l*
馬山輸出自由地区	**487***l*
パーシェ価格指数	**412***l*
バスケット通貨	156*l*, **412***l*
バステーブルの基準	523*r*
派生需要	209*l*
派生的預金	288*r*
バーゼル銀行監督委員会	119*l*
バーゼル条約	182*l*
バタム工業団地	303*r*
パーツ経済圏	342*r*
パッタナー・プラテープ	211*r*
発展指向型国家	53*l*
パートタイム労働	551*r*
パートナーシップ	6*l*
パトロン＝クライアント関係	121*r*, 236*r*, 406*r*, **413***l*
ハバナ憲章	597*r*
パフォーマンス・クライテリア	193*l*
バブル	204*r*, 408*l*, **414***r*, 434*r*
バブル崩壊	408*r*
バーミンガム・サミット	259*r*
速水＝ルタン・モデル	**415***r*
パラグアイ	579*l*
バラッサの分類	136*l*
バラモン	68*r*
バランガイ	**417***l*
パリ・クラブ	19*r*, 25*r*
ハリス＝トダロ・モデル	**417***l*
パリティー条項	464*r*, 531*l*
パルワガン	49*l*
パレスチナ・イスラエル紛争	418*r*

623

和文事項索引（ハ～ヒ）

パレスチナ和平　**418***l*
パレート原理　313*r*
パレート最適　21*l*,58*l*,152*r*,
　229*r*,384*l*,**419***l*,495*l*
ハロッド中立的技術進歩　96*l*
ハロッド＝ドーマー・モデル
　325*l*,396*l*,**419***r*
ハロッドの基準　96*l*
ハロン　39*l*
犲→犲（ほう）
パン・アフリカニズム　**420***r*
範囲　**421***l*
反右派闘争　260*l*
反華人　67*r*
バンガロールハイテク工業団地
　536*r*
漢江（ハンガン）の奇跡　**421***l*
反グローバリズム　376*l*
バンコク・オフショア市場
　114*l*,117*l*,434*r*
バンコク国際銀行市場　40*l*
バンコク宣言　558*l*
反国民党勢力　354*r*
バンサ・マレーシア　**421***r*,
　427*l*,444*r*
反システム運動　30*l*
ハンセン指数　**422***l*,547*r*
パンチャシラ　42*l*,292*r*,**422***l*
反都市化　27*l*
バンドワゴン仮説　**423***l*
反日暴動　514*l*
半封建体制　391*l*

ヒ

ピアホエイ　49*l*
非営利法人　**584***l*
費改税　**423***r*
比較技術進歩率基準　301*l*
比較生産性　403*l*
比較生産費（優位）説　174*r*,
　424*l*,454*l*,466*l*
比較優位　64*r*,93*l*,106*r*,
　175*l*,424*r*,454*l*,467*l*,591*l*
比較優位構造　383*l*
東アジア経済共同体　**425***l*

東アジア酸性雨モニタリングネ
　ットワーク　221*r*
東アジア自由貿易圏　560*r*
東アジアの奇跡　**425***r*
東チモール　504*l*
東チモールの復興支援　393*r*
東ヨーロッパ工業連合体
　426*r*
非貨幣的間接証券　118*l*
非協力運動　89*l*
非銀行金融機関　114*r*
ヒギンズのモデル　97*l*
ピグー税　135*l*
非公有経済　159*l*
非国有企業　501*l*
被雇用者退職金基金　172*l*
被雇用者年金基金　389*l*
非再生可能資源　161*r*
非産油開発途上国　385*l*
非識字率　**227***r*
非自発的失業　189*r*,233*l*
ビジョン2020　**427***l*,493*l*,
　576*r*
非制度金融　116*l*
非政府組織　**582***l*
非中立的技術進歩　96*l*
ヒックス中立的技術進歩　96*l*
ヒックスの基準　96*l*
ビッグバン・アプローチ　10*r*
ビッグバン戦略　60*l*
ビッグ・プッシュ　52*r*,553*l*
ビッグ・プッシュ・モデル
　427*r*
人づくり援助　**428***l*
人づくり協力　514*l*
一つの中国　19*l*,332*l*,539*l*
1つの中心、2つの基本点
　526*l*
1人っ子政策　70*l*,128*r*,**429***l*
避難民　284*r*,504*l*
非排除性　451*l*
非不胎化介入　443*l*
非ブミプトラ　441*l*
被扶養人口　253*r*
ピープル・パワー　501*r*
非貿易財産業　40*l*
「ひも付き」援助　124*r*

費用関数　**430***l*
費用効果性　134*l*
費用最小化条件　**430***r*
標準化死亡率　259*l*
標準化出生率　259*l*
標準バスケット方式　412*r*,
　593*r*
標準偏差　**431***l*
標準国際貿易分類　**594***l*
ひょうたん型人口ピラミッド
　280*l*
費用逓減産業　229*r*,**431***l*
平等主義　317*l*,365*r*
費用便益　51*l*
費用便益分析　**431***l*
開かれた地域協力　557*r*
開かれた地域主義　**337***l*
非利用価値　80*l*
肥料使用的な技術開発　416*l*
ビルマ社会主義計画党　394*l*
ビルマの社会主義　394*r*,**431***l*
美麗島事件　354*l*
貧困　294*r*,313*r*,357*l*,393*l*,
　395*l*
貧困解決　71*l*
貧困削減　164*r*,212*r*,404*l*
貧困削減支援融資　165*l*
貧困削減・成長ファシリティ
　165*l*
貧困削減戦略　164*r*,**432***l*
貧困削減戦略ペーパー　165*l*,
　259*r*,432*l*,**591***l*
貧困削減日本基金　556*r*
貧困人口　67*l*
貧困線　269*l*
貧困層　244*l*,246*l*,269*r*,
　294*r*,373*r*,393*r*,405*r*,434*l*
貧困の悪循環　109*r*,**433***l*
貧困の共有　399*l*,406*r*,**433***l*
貧困の女性化　**434***l*
貧困の文化　297*l*
貧困の罠　545*l*
貧困比率　357*r*
貧困撲滅　9*l*
貧困問題　199*r*,374*r*,**433***l*,
　499*r*
品種改良　401*l*

和文事項索引（ヒ〜フ）

ヒンドゥー復興主義 24r
貧農 374l, 374r

フ

ファイナンス・カンパニー 408l, 434r
ファミリー企業 442l
ファミリー・ビジネス 295r, 435l, 435r, 450r
ファンクショニング 436l
ファンダメンタルズ 414r, 541l
不安定性原理 420r
フィージビリティ調査 578l
フィリップス曲線 229r
フィリピン開発銀行 436r
封じ込め政策 91r
フェイ＝レイニス・モデル 52l, 272r, 417r, 437l
フェビアン社会主義 396r
フェミニスト開発運動家 226l
フェミニズム 225r
フェルドマン＝ドーマー・モデル 106l
フォーマルな金融 28r
フォーマル部門 372l, 417r, 549l
付加価値 177r, 220l, 486l
不確実性 282l, 460r, 537l
不確実性の経済理論 537l
不可触民 69r
ブカレスト会議 311l
不完全競争 229r, 495l
不完全雇用 282l
不完全雇用状態 198l
不完全就業 232r, 233l, 417r
不完全特化 466r, 467l
不均一分散 439l
不均衡成長 439r
不均衡発展 439r
不均斉成長 52r, 331l
不均斉成長説 109l, 439l
複合社会 52l, 440l
複合社会論 97l, 362r, 388r
複合人種社会 441l

福祉国家 499r
福祉財団 442l
複数為替レート 241l
複数為替レート制 76r
複数均衡 442r
複数政党制 503r, 546r
複線型工業化 65l
不効用 529l
不浄 69l
武装解除 443r, 465r, 588r
不胎化介入 442r
普通死亡率 259l
普通出生率 258r
物価スライド（制） 23l, 105r
福建籍 61l
復興開発 184l
復興・開発支援 443l
復興金融公庫 366l
復興支援 95l, 465l
不等価交換 7r
プトラジャヤ 493l
富農 373l
腐敗 9l
不服従運動 88r
部分均衡理論 443r
不法占拠者 297l
不飽和の仮定 505l
ブミプトラ 146l, 427l, 441l, 444l
ブミプトラ政策 247l, 276l, 441l, 444l, 488l, 494l
富裕 265l
プライス・テイカー 86r, 495l
プライマリー・バランス 109l, 197l, 204r
プライマリ・ヘルス・ケア 445l
プラザ合意 33l, 41r, 214l, 222l, 290r, 445l, 569l
ブラジル 579l
ブラジルの通貨危機 9l
ブラック・マーケット 46l, 447l
ブラックマネー 348l
ブラックマンデー 415l
フランス南太平洋地域 588l

プランテーション 96r, 267l, 309r, 448l, 512r
プランテーション農業 401l, 440l, 448l
プランテーション農業労働 449l
フリーダムハウス指標 242l, 449l, 482l
プリブミ 450l
プリブミ企業 450l
プリブミ企業家 234r
プリブミ優先政策 450l
不良債権 4r, 31l, 113l, 117l, 436r
不良債権問題 451l
フリーライダー 149l, 451r
プリンシパル 32r, 451l
ブルウィップ効果 209r
ブルジョア 461l
ブルジョア革命 391l
ブルジョア反動思想 461l
ブルタミナ 68l, 451l
ブルディカリ計画 452r
プルーデンス（健全性）規制 112r, 114l, 117l, 228r, 453l
ブルントラント・レポート 231r
ブレイディー提案 31l
ブレトンウッズ 566l
ブレトンウッズ体制 76l, 172r, 453l, 569l
プレビッシュ＝シンガー命題 52l, 454l, 455l
プレビッシュ報告 386r, 455l
プレム政権 455r
プロ技協 456l
プロジェクト・サイクル 456r, 589l
プロジェクト・サイクル・マネジメント手法 212r
プロジェクト借款 249l, 573l
プロジェクトの事前評価 124r
プロジェクト評価 138l, 457l
プロジェクト・ファイナンス 568r
プロジェクト方式技術協力

625

	$272l, 456l, 514l, 585r$	
プロセス・コンサルテーション		$458l$
プロセス評価	$458l, 459l$	
プロダクトサイクル論	$459l$	
プロレタリア（プロレタリアート）	$137r, 461l$	
プロレタリア独裁	$525l$	
フロン	$39l, 340l$	
分益小作契約	$487r$	
分益小作制	$459l$	
文化人類学	$405l$	
文化大革命	$73r, 260l, \mathbf{461}l, 511l, 541l$	
文化無償	$506r, 586l$	
分業	$296l$	
分散	$\mathbf{462}r$	
分税制	$\mathbf{462}r$	
紛争の再発予防措置	$443l$	
紛争予防	$465l$	
分裂効果	$378l$	

◀ ヘ ▶

米加自動車協定	$581l$
米加自由貿易協定	$580l$
平均寿命	$463r$
平均生産性	$300r$
平均費用曲線	$100r$
平均余命	$\mathbf{463}r$
米国国際援助庁	$597l$
米国国際開発庁	$551r$
米国国家規格協会	$571r$
米州開発銀行	$163r, 164r, 568l$
米州機構	$532l, 568l$
米州自由貿易協定	$558l$
米州自由貿易圏	$\mathbf{464}l$
米州首脳会議	$464l$
米州投資公社	$568l$
米比通商協定	$464r, 530r$
兵力引き離し	$443l, 588l$
平和維持軍	$443l, 588l$
平和構築	$6r, 94r, 443l, \mathbf{465}l$
ベーカー提案	$392l$
北京の春	$525r$

ヘクシャー＝オリーン定理		$291l, 466r$
ヘクシャー＝オリーン・モデル		$174r, 272l, 454l, \mathbf{466}l$
ベーシック・ニーズ	$294r, 332r$	
ベーシック・ヒューマン・ニーズ	$232l, 269l, \mathbf{467}r$	
ベースマネー		$73r, 410l$
ベッカー・モデル		$\mathbf{469}l$
ヘッジファンド		$4r, 119l, \mathbf{469}r$
ペティ＝クラークの法則	$133l, 209l, 219l, 403l, \mathbf{470}l$	
ベトコン		$471l$
ベトナム共産党		$386l$
ベトナム戦争		$335r, 377l, 471l, 558l$
ベトナム独立同盟		$471r$
ヘドニック価格法		$80l$
ベトミン		$471r$
ペーパーカンパニー		$39r$
ヘルシンキ議定書		$221l$
ベル通商法		$464r, 530r$
ベルトラン均衡		$69r$
ベルリンの壁		$546l$
ペレストロイカ		$122r, 248r, 471r, 472l$
ペロニズム		$\mathbf{472}r$
便益・費用比率		$138r, 207r$
ベンガル大飢饉		$34r$
返済期間		$124l$
返済負担		$206l$
ベンテン（要塞）計画		$450l$
ベンテン輸入商品		$450l$
変動係数		$\mathbf{472}r$
変動相場制		$76l, 312l, 453r, 494l, 546l, 593r$
変動利付債券		$312l$

◀ ホ ▶

幇		$61r$
貿易関連知的財産権保護協定		$380l$
貿易関連投資措置協定		$146l,$

		$380l$
貿易結合度		$\mathbf{472}r$
貿易自由化		$194r, 316l, 365r, 473l, 565l$
貿易障壁		$565r$
貿易数量制限		$565r$
貿易創出（創造）効果		$22l, 474r, 565l$
貿易転換効果		$475l, 565l$
貿易保護		$\mathbf{476}l$
貿易摩擦		$41l, 92r, \mathbf{477}l$
包括的経済協力のための枠組み協定		$329r$
包括的な開発フレームワーク		$561l$
包干到戸		$397r$
放権譲利		$180l, 213l$
封建制		$137r$
包産到戸		$398l$
法・秩序回復評議会		$394r$
法定準備率操作		$115l, \mathbf{477}r$
報徳社		$400l$
包容政策		$103l$
補完性原理		$\mathbf{478}l$
北伐		$223l$
北米自由貿易協定		$367r, 425l, 486l, 509l, 580l$
保健医療		$\mathbf{478}r$
保護主義		$517l$
保護主義的な工業化政策		$435r$
保護主義貿易		$520l$
保護政策		$518l$
保護貿易		$384l$
保護貿易政策		$256l$
ボゴール会議		$557l$
ボゴール宣言		$557l$
星型人口ピラミッド		$280l$
ポジティブ・リスト		$\mathbf{394}l$
補償原理		$360l$
保証成長率		$382l, 420l$
補助金削減政策		$10l$
ポスト全体主義型権威主義		$301l$
ポスト・ブレトンウッズ体制		$453l$
保税加工		$487l$

和文事項索引（ホ～ミ）

保税工業団地　　　　　47*l*
保税工場　　　　　　　487*l*
保税倉庫　　　　　　　517*l*
保税展示場　　　　　　517*l*
ポーター仮説　　　　　479*l*
ホテリングのルール　　161*r*
ボート・ピープル　　　343*l*
ポートフォリオ　275*r*,443*l*,
　　453*l*
ポートフォリオ投資　　45*r*,
　　114*l*,117*r*,479*l*
浦項（ポハン）総合製鉄所
　　　　　　　　250*r*,480*l*
ポピュリスト　　　　　88*l*
ポピュリズム　　472*l*,480*r*
ポピュリズム政権　　　480*r*
ホフマン比率　　　　　481*l*
ホフマン法則　　218*r*,481*l*
ボーモル・オーツ税　　135*l*
ポリアーキー　242*l*,302*l*,
　　362*l*,449*r*,482*l*
ポル・ポト政権　　　　482*r*
ボン・ガイドライン　　307*r*
本源的証券　　　　　　86*l*
本源的預金　　　　　　288*r*
香港　　　　　　　　　19*l*
香港特別行政区　152*l*,483*l*,
　　484*l*
香港ドル　　　　　　　483*r*
香港の主権返還　　　　153*r*
香港返還　　19*l*,483*r*,567*l*
本省人　　　　　　　　178*r*
ボン条約　　　　　　　182*l*

▶マ◀

マイクロクレジット　　485*l*
マイクロファイナンス　116*r*,
　　405*l*,485*l*
埋没費用　　　　　　　271*r*
マカオ　　　　　19*l*,329*r*
マカオの主権返還　　　153*r*
マカオ返還　　　　　　19*r*
マキラドーラ　　　　　486*l*
マクロ経済安定化政策　10*l*,
　　164*l*

マクロ経済学　　305*l*,486*r*
マクロ経済政策　115*l*,197*r*
マクロ経済の安定化　　327*r*
マクロ経済理論　　　　141*r*
摩擦的失業　　　　　　233*l*
マザー・ドーター組織　486*r*
馬山（マサン）輸出自由地域
　　　　　　　　　　　487*l*
マーシャルの非効率　　487*r*
マーストリヒト条約　　478*l*,
　　563*l*
マーチャント・バンク　228*r*
窓口指導　　　　　　　115*l*
マニュファクチュア　　240*l*
マニラ・フレームワーク　557*l*
マネーサプライ　73*r*,114*r*,
　　122*l*,189*r*,355*r*,410*l*,442*r*,
　　477*r*,487*l*,533*r*,571*l*
マネタリスト　　　　　142*l*
マネタリー・ベース　　410*l*
間引き　　　　　　　　492*r*
麻薬　　　　　　　　　36*l*
マラヤ共産党　　　　　564*l*
マルクス経済学　　　　390*l*
マルクス主義　　545*l*,391*l*
マルクス・レーニン主義
　　　　　　　　511*l*,525*r*
マルク紛争　　　　　　363*l*
マルコス・クローニー　489*r*,
　　501*l*
マルサス主義　　　　　492*l*
マルサスの人口論　　　491*l*
マルサスの罠　　　　　493*l*
マルサス法則　　　　　534*l*
マルサス・モデル　　　492*l*
マルチコリニアリティ　334*l*
マルチナショナル企業　333*l*,
　　333*r*
マルチメディア・スーパー・コ
　　リドー　　488*l*,493*l*,576*r*
マルデルプラダ行動計画　496*l*
マレー系企業　　　　　276*l*
マレーシア共同市場　　493*l*
マレーシア国民　　　　421*l*
マレーシア重工業公社　494*l*
マレーシア対決　　　　452*r*
マレーシア併合問題　　535*r*

マレー人　　　　276*l*,441*r*
マンデル＝フレミング・モデル
　　　　　　　　494*r*,569*r*

▶ミ◀

見えざる手　　　　　　150*l*
ミクロ経済学　270*r*,284*r*,
　　495*l*
ミクロ経済理論　　86*l*,411*l*
未熟練低賃金労働者　　267*r*
未熟練労働者　　　　　46*l*
水資源　　　　　　　　495*l*
未組織金融　　　116*l*,228*l*
未組織部門　　　　　　202*l*
3つの世界論　　　　　511*l*
3つの代表　　　153*r*,496*l*
緑の革命　　261*l*,367*l*,401*l*,
　　407*l*,416*r*,497*l*
水俣病　　　　　　　　527*l*
南アジア地域協力連合　592*r*
南アジア特恵貿易協定　593*l*
南ベトナム民族解放戦線　471*l*
ミニフンディオ　498*r*,531*l*
ミャンマー　　　　　　36*l*
ミルの基準　　　　　　523*l*
ミル＝バスタブル・テスト
　　　　　　　　　　　497*l*
ミレニアム開発目標　　185*l*,
　　392*l*,394*l*,578*r*,587*r*,595*r*
民営化　　13*l*,306*l*,329*l*,500*r*,
　　593*l*
民活インフラ支援策　　590*l*
民活インフラ整備　　　589*l*
民間企業債務のリストラクチャ
　　リング　　　　26*r*,286*l*
民間ボランティア団体　584*l*
民間輸出信用　　　　　586*r*
民工潮　　　　　　　　501*l*
民衆革命　　　　　9*r*,501*l*
民衆の支配　　　　　　361*r*
民主化　　　　　　　　546*l*
民主化運動　　502*l*,503*l*
民主化支援　　　　　　503*r*
民主化指標→フリーダムハウス
　　指標

和文事項索引（ミ〜ユ）

民主化宣言 502*l*
民主主義 71*r*
民主主義→デモクラシー
民主主義条項 464*l*
民主制 301*r*
民進党 264*r*, 354*r*, **504*l***
民族資本 335*r*
民族対立 393*l*
民族紛争 184*l*
ミンダナオ問題 9*r*

◀ ム ▶

無差別曲線 21*l*, 58*l*, 202*l*, 469*r*, **505*l***
無差別原則 337*r*
無償援助 124*l*, 199*r*, 305*r*
無償資金協力 94*r*, 272*l*, 320*l*, 456*r*, **505*l***, 506*r*, 575*r*, 585*r*
無償資金協力の定義 **506*r***
ムスリム連盟 507*l*
「無制限労働供給」モデル 52*l*
無利子銀行 17*l*

◀ メ ▶

明治維新 391*l*
名目為替レート 75*l*, 155*r*
名目実効レート 76*l*
名目賃金率 189*r*
名目保護率 **507*r***
命令的計画 229*l*
メインバンク制 508*l*
メキシコ会議 311*l*
メキシコ革命 191*l*
メキシコ危機 557*r*
メキシコ通貨危機 509*l*
メキシコペソ危機 **509*r***
メコン開発 347*l*, **510*l***
メコン河下流域総合開発計画 362*r*
メコンデルタ 406*r*, **510*l***
メタン（CH_4） 340*l*
メディアン **510*r***

メルコスール 11*r*, 464*l*, 579*l*
メルコスール投資議定書 367*r*

◀ モ ▶

毛沢東思想 511*l*, 525*r*
もう一つの開発 332*r*
もう一つの技術 358*r*
盲流 501*l*
目標管理型プロジェクト立案手法 552*l*
モーゲージ会社 434*r*
モード **512*l***
モニタリング 116*l*, 246*l*, 458*r*, 552*l*
モニタリング機能 485*r*
モノイクスポート 512*l*
モノカルチャー経済 40*r*, 52*l*, 267*l*, 386*r*, 406*r*, 448*l*, 512*l*
モノバンク・システム 513*l*
モラトリアム 90*r*, 327*l*
モラル・エコノミー論 434*l*
モラル・ハザード 32*r*, 451*r*, 513*l*, 524*l*
モロ民族解放戦線 533*l*
モンクット王工科大学 514*l*
モンゴル 588*l*
問題解決型アプローチ **514*r***
モンテレー・コンセンサス 587*r*
モントリオール議定書 182*l*, 527*r*, 596*r*

◀ ヤ ▶

ヤウンデ協定 553*r*
闇市場 46*l*, 447*l*
闇社会 60*l*
ヤヤサン 442*l*

◀ ユ ▶

ゆい 287*l*
唯一思想体系 102*l*
有業者人口 130*l*
有業者方式 **550*l***
有業率 **550*l***
有限合理性論 282*l*
有効最小生産規模 521*l*
有効需要 198*l*, 319*l*
有効需要理論 141*r*
有効保護 497*l*
有効保護率 **507*r***
融資条件 296*l*
誘導型 **516*l***
誘発的技術革新 415*r*
郵便貯金 199*l*
輸銀 573*l*
行方不明米兵問題 **516*l***
輸出依存度 83*r*
輸出加工区 47*l*, 65*l*, 136*r*, 321*r*, 375*r*, **516*r***, 533*l*
輸出課徴金 519*l*
輸出工業団地 **517*r***
輸出志向（型）戦略（政策） 259*r*, 316*l*, 513*l*, 532*r*
輸出志向工業化 47*l*, 55*l*, 61*r*, 65*l*, 92*l*, 108*r*, 131*r*, 251*l*, 251*l*, 257*l*, 264*l*, 369*l*, 455*r*, 487*l*, **518*l***, 520*l*, 525*l*, 583*r*
輸出志向工業化政策 295*r*, 421*r*, 517*l*, 518*l*, 592*l*
輸出志向工業化戦略 64*r*, 583*l*
輸出税 **519*l***
輸出促進政策 **519*r***, 520*l*
「輸出代替」政策 532*r*
輸出の国営化 432*l*
輸出ペシミズム論 454*l*
輸出補助（金） 22*r*, 275*r*
輸出保税加工区 486*l*
ユダヤ国家 15*r*
ユニバーサル・バンク 239*l*
輸入依存度 83*r*

和文事項索引（ユ～リ）

輸入課徴金	519*l*	幼稚産業保護論	301*l*, 497*l*,	ラブアン・オフショア市場	
輸入関税	518*l*		523*l*, 537*r*		114*l*, 117*l*
輸入競争産業	46*l*	預金準備率	39*r*	ラムサール条約	307*r*
輸入許可書（証）	476*r*, 521*r*	預金創造	288*r*	乱収費	423*r*
輸入禁止	566*l*	預金取扱銀行	524*l*		
輸入先多角化品目制度	330*r*	預金保険機構	524*r*	◀ リ ▶	
輸入数量制限（規制、統制）		予算外収入	423*r*		
476*l*, 518*l*, 519*r*, 521*r*, 548*l*		予算制約式	524*r*	リアル・ビジネス・サイクル理	
輸入数量制限品目	542*l*	予算制約線	21*l*	論	533*r*
輸入税	519*l*	予算線	469*r*	リオ環境サミット	208*l*, 307*r*
輸入促進地域	517*l*	予算内収入	423*r*	リオ宣言	78*r*
輸入代替工業化	11*r*, 52*r*,	余剰はけ口理論	525*l*, 532*r*	利改税	180*l*
64*r*, 65*l*, 145*r*, 186*r*, 200*r*,		余剰労働力（者）	97*l*, 98*l*,	リカードの罠	533*r*
211*r*, 264*l*, 295*r*, 305*r*, 335*l*,		201*r*, 272*r*, 438*l*, 549*r*		リカード・モデル	174*l*, 534*l*
337*l*, 455*r*, 494*l*, 513*l*, 518*l*,		予想収益率	479*r*	リザーブ・トランシュ	192*l*
519*r*, 520*l*, 521*r*		４つの基本原則	525*r*	利子・配当	479*r*
輸入代替工業化政策	31*l*, 47*l*,	４つの近代化	526*l*	利潤最大化	190*l*, 214*r*, 438*l*
360*r*, 386*r*, 517*l*		四人組	363*r*, 461*r*, 526*r*	リージョナリゼーション	
輸入代替産業	64*r*, 131*r*,	ヨハネスブルグサミット	79*l*		536*r*
251*r*, 305*r*		ヨハネスブルグ宣言	79*l*	リージョナリゼーション戦略	
輸入代替生産	441*r*	予防原則	527*l*		261*l*
輸入の所得弾力性	270*r*	ヨーマン	406*r*	利子率	569*r*
輸入ライセンス	521*l*, 548*l*	４・19革命	146*r*, 502*l*, 527*r*	リスク	370*r*, 537*l*, 590*r*
輸入割り当て	476*l*	４・５事件	363*l*	リスク回避	536*r*
緩やかな予算制約	12*r*	48年決議	216*l*	リスク管理	114*l*
ユーロ	3*r*, 412*r*, 522*l*, 522*r*,			リスク・シェアリング	536*l*
569*r*		◀ ラ ▶		リスク負担機能	118*l*
ユーロ・カレンシー市場				リスクプレミアム	306*l*, 443*l*
	522*r*	ライスプレミアム	581*r*	リスク・ヘッジ	207*l*
ユーロ・クレジット市場		ライセンシング	410*r*, 528*r*	リスケジューリング	90*r*,
	522*r*	ライセンス制	447*l*	327*l*	
ユーロ市場	312*l*, 324*l*, 522*l*	ライフサイクル	38*l*, 171*l*,	リセットルメント	203*r*
ユーロ・ボンド市場	522*r*	209*r*		リーディング・インダストリー	
		ライベンシュタイン・モデル			133*l*
◀ ヨ ▶			529*r*	離土不離郷	154*r*
		ラウレル＝ラングレイ協定		離土又離郷	154*r*
良い統治	6*r*, 150*r*		530*r*	リトル＝ミリーズの方法	539*l*
幼児死亡率	185*l*, 270*l*, 391*r*	ラオス	36*r*	リプチンスキーの定理	466*r*
要素価格均等化定理		ラスパイレス価格指数	531*l*	リプロダクティブ・ヘルス	
	466*r*	拉致疑惑	102*r*		183*l*
要素価格体系	520*l*	ラティフンディオ	531*r*	リプロダクティブ・ヘルス／ラ	
要素価格比率	467*r*	ラテンアメリカ・カリブ経済委		イツ	539*l*
要素比率	467*l*	員会	455*l*	リベラリズム	313*l*
要素賦存（状態）	96*r*, 401*r*	ラテンアメリカ経済機構	532*l*	リベラル・パラドクス	313*l*
要素賦存度	518*l*	ラテンアメリカ自由貿易連合		流動性	355*r*
要素賦存比率	175*l*, 466*r*		11*l*	流動性危機	541*l*
幼稚産業保護政策	523*l*				

629

和文事項索引（リ～A）		

リ

流動性ジレンマ論	19r
流動性不足	524r
留保政策	**541**r
留保賃金	**542**l
利用価値	80l
両岸関係	331r
両岸関係条例	538r
両岸経済→海峡両岸経済	
両岸三地	**542**l
リヨン・サミット	327r
リヨン・スキーム	327r
離陸	111r, 137r
臨界最小努力	**543**l
輪廻転生	69l

ル

累進的課税制度	120r
ルイス・モデル	272r, 391l, 417r, **543**l, 548r
累積債務危機	165r
累積債務問題	20l, 30r, 186r, 293l, 305r, 312l, 361l, 385r, 387l, 532l
累積的移動モデル	549l
累積的・循環的因果関係	283l, 499r, **544**l
ルクンヌガラ	444l
ルースな社会構造	545l
ルック・イースト政策	488l
ルピーの交換性	275r
ルーブル合意	569l

レ

レアル・プラン	**545**r
レイオフ	233l, 551l
冷戦	**546**l
レオンチェフ逆行列	**547**l
レオンチェフ表	219r
歴史決議	511l
歴史的経路依存性	140r
レギュレーションQ	522l
劣後債	568l
劣等財	270r
レッドチップ	348l, **547**l
レディマーケット	518l
レバレッジ	230r, 470l
レフォルマシ	42l
レポ取引	119l
レモンの原理	266r, **547**l
連関効果	158l, 218r
連合国軍総司令部	374r
連帯責任制	123r
レント	118r, 454r, 476r
レント・シーキング	121r, 521l
レント追求仮説	548l, 562r
連邦土地開発公社	**564**l
連立方程式モデル	548l

ロ

労働移動	417r, **548**l
労働移動モデル	548r
労働価値説	281l
労働供給曲線	190r
労働供給（無制限的）	364r
労働係数	424l
労働交換制度	402r
労働集約型産業	215l, 477r
労働集約的技術	96r, 388r
労働集約的生産構造	401r
労働集約的製品	106r, 174r, 467l, 520l, 583r
労働集約的輸出産業	501l
労働需要曲線	190l
労働使用的技術進歩	96l
労働生産性	300r, 454r
労働節約的技術	97l
労働節約的技術進歩	96l
労働蓄積	**549**l
労働投入量	551l
労働の限界生産力	364r, 365r, 438l, 492l
労働の限界不効用	190l
労働平均生産性	300l
労働力人口	232l
労働力の商品化	240l
労働力方式	**550**l
労働力率	**550**r
老年化指数	254l
老年人口指数	254l
労農派	391l
ローカル・コスト	320r
6・15南北共同宣言	103l
ロジカル・フレームワーク	304l, **551**l
ローマクラブ	231l
ローマ条約	106l, 107l
ロメ協定	74l, **553**l
ローレンツ曲線	235l, 270l
ロングターム・キャピタル・マネジメント社	119l
ロンドン銀行間金利	306l
ロンドン・サミット	327r

ワ

歪度	**554**r
賄賂	199l
ワークパーミット	46l
ワシントン・コンセンサス	164r, 354l, **554**l
ワシントン条約	182l, 307l
和平演変	91l
割引政策	155l
割引率	161r, 431l
ワルラス均衡	21l
ワワサン2020	421r, **427**l, 444r

A

ACP諸国	553r
ADB債	556l
ASEAN協和宣言	558l
ASEAN経済閣僚会議	425r
ASEAN経済共同体	560l
ASEAN工業化プロジェクト	558l
ASEAN産業協力	559l
ASEAN自由貿易地域	558r, 559l
ASEAN首脳会議	425r, 559l, 560l

和文事項索引（A〜Z）

ASEAN地域フォーラム　558r
ASEAN通貨スワップ協定
　　　　　　　　　　339l
ASEAN特恵貿易取り決め
　　　　　　　　　　558r
ASEAN＋3首脳会議　560l

◀B▶

BHN戦略　　　　　　468l
BIS規制　　　　　5r,228r

◀C▶

CEPT構想　　　　　559r
CEマネー　　　　　 356l
CO_2排出問題　　　　 359r

◀D▶

DAC新開発戦略　　　**578r**
DUP活動仮説　　　　**562l**

◀E▶

EU共通政策　　　　 107l
EU・メキシコFTA　　486r

◀G▶

GATTウルグアイ・ラウンド
　　　　425l,559l,580l,592r
GATT加盟　　　　　 598l
GATT第24条　　　　 592l

◀H▶

H株　　　　　　　　**567l**

◀I▶

IMF協定　　　　76l,238l
IMF支援プログラム　　451l
IMF14条国　　　 45l,139l
IMFの安定化プログラム
　　　　　　　　　　366r
IMFのコンディショナリティ
　　　　　　　　　　339l
IMFの8条国への移行　43l
IMF8条国　　45l,46l,139l
IMFプログラム　　　　193l
IMF融資　　　　　　 329l
IO表　　　　　　　　219r
$IS\text{-}LM$分析　　　　　**569r**
IT革命　　　　　　　322r
IT憲章　　　　　　　360l

◀K▶

Kエコノミー　　441r,**576l**

◀L▶

L/M方式　　　　　　139l
LTCM社　　　　　　 470l

◀M▶

MFN原則　　　　　　194r

◀N▶

NEP政策　　　　　　471r

◀O▶

ODA総合戦略会議　121r,
　585r
ODA大綱　121l,237r,256r,
　503r,**585l**
ODA中期政策　　　　121l
ODA分類表　　　　　**585r**
ODA予算　　　　　　177r
OECD加盟　308r,321l,331l
OEM生産　　　　　　168l
OEM調達　　　　　　 1l

◀P▶

PCM手法　　　　　　552r
PKO協力法　　　　　589l
PKO参加5原則　　　 589l
PPPの類型　　　　　**590l**

◀S▶

S/V方式　　　　　　139l

◀T▶

TRIMs協定　　　146l,380l
TRIPs協定　　　　　380l
t値　　　　　　　　**594r**

◀U▶

UNIDO方式　　　　　139l

◀W▶

WTO加盟（中国）　43l,162r,
　220r,273r,321l,330l,
　513r,547r,567l,**598r**
WTO協定　　　　　　598l
WTO原則　　　　　　557r

◀Z▶

ZOPP手法　　　212r,552l

631

欧文事項索引

A

A Proposal of Asian Common
　Currency　　　　　　　　**3**r
AAPC　　　　　　　　　**420**r
Absolute Poverty　　　　**312**r
Accommodating Transaction
　　　　　　　　　　　497l
Acid Rain　　　　　　　**220**r
Acquisition　　　　　　　**578**l
ACS　　　　　　　　　　**75**l
ACU　　　　　　　　　　**5**l
ADB　　25r, 163r, 510l, **556**l
ADB-ISF　　　　　　　**556**r
ADF　　　　　　　　　**556**r
Adult Learning　　　　　**303**l
Adverse Selection　　　**103**r
AEC　　　　　　　　　　**560**l
AfDB　　　　　　　7l, 163r
African Development Bank
　　　　　　　　　　　　7l
African Union　　　　　　**7**l
AFTA　　　　144r, 558r, **559**l
Agency Theory　　　　　**32**r
Agent　　　　　　　　　**32**r
Agri-Business　　　　　　**2**r
Agricultural Cooperative
　　　　　　　　　　　399r
Agricultural Involution
　　　　　　　　　　　398r
Agricultural Labor　　　**402**l
Agricultural Land Reform
　　　　　　　　　　　405r
Agriculture in the Delta Area
　　　　　　　　　　　362r
Agro-Forestry　　　　　　**3**l
AICO　　　　　　　　　**559**r
AIDS　　185r, 234l, 311r, **583**l,

596l
All India Muslim League
　　　　　　　　　　　507l
al-Shi'a　　　　　　　　**224**r
al-Sunna　　　　　　　**298**l
Alternative Technology
　　　　　　　　　　　358r
al-Umatu al-Arabiatu al-
　Wahidah　　　　　　　**8**l
AMF　　　　　　　　　**556**r
ANCOM　　　　　　　**11**r
Andean Common Market
　　　　　　　　　　　11r
Annual Revenue and Expend-
　iture Structures　　　**204**r
ANSI　　　　　　　　　**571**r
Anti-Personnel Mines Issue
　　　　　　　　　　　328r
APEC　　125l, 337r, 474l, **557**l,
　558r, **588**l
Appropriate Technology
　　　　　　　　　　　358r
ARF　　　　　　　　　**558**r
Argentine Economic Crisis
　　　　　　　　　　　　8r
Arithmetic Mean　　　**220**r
ASAEN Free Trade Area
　　　　　　　　　　　559l
ASEAN　　4r, 41r, 47r, 50r,
　62l, 62r, 63r, 92l, 136r,
　172l, 199r, 200r, 201l, 252r,
　268l, 274l, 290r, 343r, 347l,
　425l, 446r, 449l, 463r, 473l,
　517r, 557l, **558**l, **559**l, 560l,
　583r, 591r
ASEAN plus 3 Summit
　　　　　　　425r, **560**l, 558l
Asia Currency Unit　　　**5**l
Asian Development Bank
　　　　　　　　　　　556l

Asian Economic Crisis　　**4**l
Asian Highway　　　　　**5**r
Asian Monetary Fund
　　　　　　　　286r, **556**r
Asia-Pacific Economic
　Cooperation　　　　　**557**l
Assistance for Re-construc-
　tion and Development
　　　　　　　　　　　443l
Association of South East
　Asian Nations　　　　**558**l
Asymmetry of Information
　　　　　　　　　　　266r
AU　　　　　　　　　　　**7**l
Authoritarianism　　　**142**r
Autonomous Transaction
　　　　　　　　　　　497l

B

Backward Linkage Effects
　　　　　　　　　　　158l
Badan Urusan Logistik
　　　　　　　　　　　561l
Balance of Payments　**169**r
Balanced Budget Principle
　　　　　　　　　　　108r
Balanced Growth　　　**52**r,
　109r, **553**l
Band Wagon Hypothesis
　　　　　　　　　　　423l
Bangsa Malaysia　　　**421**r
Bank of Korea　　　　　**84**l
Bank of Taiwan　　　　**332**l
Bank Rate Policy　　　**155**l
Barangay　　　　　　　**417**l
Bargaining Models　　**412**l
Basic Human Needs　　71r,
　467r

欧文事項索引（B〜C）

Basket Currency 412*r*
Becker's Model 469*l*
Bell Trade Act 464*r*
Berdikari 452*r*
BfE 366*l*
Bharatiya Janata Party 24*r*
BHN 71*r*,232*l*,467*r*
BIBF 40*l*,434*r*
Big Push 52*r*,553*l*
Big Push Model 427*r*
Big Ban 316*l*
Biodiversity 307*l*
Biological Diversity 307*l*
Biomass 409*l*
Birth Rate 258*r*
BIS 112*r*,228*r*,453*l*
BJP 24*r*
Black Market 447*l*
BLT 590*r*
BMZ 366*l*
BOI 455*r*
BOO 590*r*
BOOT 590*r*
Borrowed Technology 74*l*
BOT 581*r*,589*l*,590*r*
Break-even Point 326*r*
Bretton Woods System 453*l*
BSA 339*l*
Bubble 414*r*
Budget Constraint 524*r*
BULOG 561*l*
Bumiputera Policy 444*l*
Burmese Socialism 431*r*
Burocratic Technocrat 92*l*
Business Cycle 128*r*

◀ C ▶

Caballo Plan 73*l*
CACM 350*r*
CAN 583*l*
Canadian International
  Development Agency 71*r*
CAP 107*l*
Capability 140*l*,314*l*

Capability Poverty Measure 407*l*
Capital Account Crisis 239*r*
Capital Account
  Liberalization 238*l*
Capital Adequacy
  Regulation 228*r*
Capital Coefficient 238*r*
Capital Flight 241*l*
Capital Inflow Controls 241*r*
Capital Market 238*r*
Capitalism 240*l*
Caribbean Community 74*r*
CARICOM 74*r*
CARIFTA 74*r*
Cast 68*r*
CBO 584*l*
CD 479*r*
CDC 163*r*
CDF 561*r*
CDM 135*l*,340*r*
Central American Common
  Market 350*r*
Central Government Bond 171*r*
Central Government Finance 343*l*
Central Provident Fund 344*l*
Centre and Periphery
  Theory 349*r*
CEPAL 186*l*
CEPT 559*r*
CGI 25*l*
Chabol 205*l*
Chatichai Choonhavan
  Administration 342*l*
Cheap (Easy) Money Policy 356*l*
Chiang Mai Initiative 339*l*
Chile Model 354*l*
China Capital Mechanism 348*r*
China-Affiliated Corp. 348*l*
China-ASEAN Free Trade
  Agreement 347*l*

China's Access to the WTO
  Membership 598*r*
China Threat 347*r*
Chinese Nationalist Party 178*l*
Chow Test 353*l*
CIA 36*r*
CIAS 420*r*
CIDA 71*r*
Civil Liberties 242*l*
Civil Participation 256*r*
Classical Economics 189*l*
Clientelism 121*r*
CLMV 558*r*
CO_2 82*r*,409*l*
Coase Theorem 187*l*
Coefficient of Determination 142*r*
Coefficient of Determination
  Adjusted for the Degrees of
  Freedom 256*l*
Coefficient of Variation 472*r*
Cold War 546*l*
Colombo Plan 192*l*
Colony 267*l*
Color of the Cat Metaphor 273*r*
Comisión Económica para
  América Latina y el
  Caribe 186*l*
Common Agricultural Policy 107*l*
Common Immigration and
  Asylum Policy 106*r*
Commons 191*l*
Comparative Cost Theory 424*l*
Compensation Principle 360*r*
Comprehensive Development
  Framework 561*r*
Compulsory Purchasing and
  Unified Distribution System of Grain 268*l*
Compulsory Saving Strategy 106*l*

Conditionality	193*l*	
Confound Enterprise Management with Government Administration		298*r*
Confucian Capitalism	257*l*	
Construction Cycles	120*r*	
Consultative Group on Indonesia		25*l*
Consumer's Surplus	265*r*	
Consumption Function Controversy		265*r*
Contracted Management Responsibility System		30*l*
Contribution	108*r*	
Convention on the Elimination of All Forms of Discrimination against Women		269*l*
Convention on the Rights of the Child		234*l*
Convergence Hypothesis of Economic Growth		133*r*
Convertibility	238*l*	
COP3	340*l*	
Corporatism	190*r*	
Correlation Coefficient		318*r*
Corruption	37*r*	
Cost Function	430*l*	
Cost Minimization Condition		430*r*
Cost-Benefit Analysis	431*l*	
Country Assistance Policies		121*l*
Country Risk	90*l*	
Coupon	411*l*	
CP	434*r*,479*r*	
CPF	106*l*,172*l*,200*l*	
CPI	37*r*	
CPM	407*l*	
Creative Destruction	319*l*	
Credit Creation	288*r*	
Credit Multiplier	73*r*	
Credit Rationing	288*r*	
Credit Tranche	192*l*	
Critical Minimum Effort		543*l*

Crowding-out	122*l*	
CSO	582*r*	
Cukong	302*r*	
Cumulative and Circular Causation		544*r*
Currency	355*l*	
Currency Substitution	379*l*	
Current Account Crisis		139*r*
Currently Active Population Approach		550*l*
Customary Economy	84*r*	
CVM	80*l*	

◀ **D** ▶

DAC	94*r*,124*l*,248*r*,256*r*, 468*l*,506*r*,579*l*,585*r*,587*l*, 587*r*	
Dag Hammarskjöld Foundation		332*r*
Das Gesetz von der Akzeleration des Phasendurchaus		279*l*
Death Rate	258*r*	
Debate on Capitalism in Japan		391*l*
Debt Equity Swap	361*l*	
Debt Reduction Strategies		327*l*
Debt Related Indicators		206*l*
Debt-for-Nature Swap	82*l*, 230*l*	
Decentralization of Administrative Power		341*r*
Decision-making Autonomy of Management		126*l*
Decomposition of Economic Growth		134*l*
Decreasing Cost Industry		431*l*
Default	90*r*,324*r*	
Deforestation	289*l*	
Demand Curve	260*r*	
Democracy	361*l*	

Democratic Progressive Party		504*l*
Democratization	546*l*	
Democratization Movement		503*l*
Demographic Transition		277*r*
Department for International Development		163*l*
Department of Technical and Economic Cooperation		95*l*
Dependency Theory	254*l*, 447*r*	
Dependent Population	253*l*	
Depletable Resources	161*r*	
Deposit Insurance Agency		524*r*
Deposit Taking Bank	524*l*	
Deregulation Policy	97*l*	
Desertification	208*l*	
Deutsche Gesellschaft für Technische Zusammenarbeit		366*l*
Development	546*l*	
Development and Taxation System		56*l*
Development Bank of Singapore		274*l*
Development Bank of the Philippines		436*r*
Development Dictatorship		55*l*
Development Economics		51*r*
Development Education	49*l*	
Development Finance Institution		50*l*
Development Program and Project		50*r*
Development Strategy	200*l*	
Development Studies	54*r*	
Developmentalism	54*l*	
DFID	163*l*	
Differentiation of Peasantry		406*l*
Digital Divide	359*r*	

欧文事項索引（D〜E）

Direct Finance　　　　85*r*
Directive Planning　　229*l*
Directly Unproductive Profit-
　seeking Hypothesis　562*l*
Dirigisme　　　　　　358*l*
Discount Rate Policy　155*l*
Disguised Unemployment
　　　　　　　　　　98*l*
Disturbance Term　　63*r*
Division of Industrial
　Process　　　　　216*r*
"Doi Moi" Policy　　366*r*
Dollarization　　　　379*l*
Domino Theory　　　377*l*
DTEC　　　　　　　95*l*
Dual Budget System　389*l*
Dualism　　　　　　362*l*
Dualistic Economy　　388*l*
Dummy Variable　　335*r*
Durbin-Watson Ratio　335*r*
Dutch Disease　　　　40*l*

◀ E ▶

EAEG　　　　　　　425*l*
EANET　　　　　　221*r*
East Asian Economic Group
　　　　　　　　　　425*l*
East Asian Miracle　　425*r*
Easterlin's Model　　14*r*
Eastern European Industrial
　Trust　　　　　　426*r*
Eastern Seaboard Develop-
　ment Area of Thailand
　　　　　　　　　　330*l*
EBRD　　163*r*,546*r*,562*r*
EC　　　　　　　　563*l*
ECAFE　　　　　5*r*,510*l*
ECLA　　　　　　　455*l*
ECLAC　　　　186*l*,455*l*
Ecological City Curitiba
　　　　　　　　　　83*l*
Economic Analysis　　138*l*
Economic and Technology
　Development Zone　131*l*
Economic Commission for
　Latin America and the
　Caribbean　　　　186*l*
Economic Demography　132*l*
Economic Development
　　　　　　　　　132*r*
Economic Development
　Board　　　　　　129*r*
Economic Development Plan
　　　　　　　　　131*r*
Economic Development Strat-
　egy in Coastal Area　33*l*
Economic Geography　134*l*
Economic Growth　　132*r*
Economic Instrument　134*r*
Economic Planning Board
　　　　　　　　　130*r*
Economic Relationship
　between Mainland China
　and Taiwan　　　　44*l*
Economic Restructuring
　Policy　　　　　　215*l*
Economic Thesis of
　Birdcage　　　　　377*r*
Economically Active
　Population　　　　130*l*
Economies in Transition
　　　　　　　　　　12*r*
Economies of Scale　100*l*
ECSC　　　　　　　563*l*
ECU　　　　　412*r*,563*r*
Education for International
　Understanding　　175*l*
EEC　　338*l*,553*r*,563*l*,592*r*
Bullwhip Effect　　　209*r*
Effective Rate of Protection
　　　　　　　　　507*r*
Efficiency Wage Hypothesis
　　　　　　　　　160*l*
EFTA　　　　　　　563*l*
EKC　　　　　　　　81*l*
Ekonomi Terpimpin　234*r*
Electoral System　　314*r*
Empowerment　　　35*r*
EMS　　　1*l*,563*r*,569*r*
EMU　　　　　563*r*,569*r*
E/N　　　　　　　505*r*
Enclave Economy
　　　　　　　375*r*,512*r*
Enclave　　　　　　375*r*
Enclosure　　　　　406*r*
Endogenous Development
　Theory　　　　　381*r*
Endogenous Growth Theory
　　　　　　　　　380*l*
Endogenous Variable　381*r*
Engagement Policy　91*l*
Engel's Coefficient　33*r*
Engel's Law　　　　33*r*
Entitlement　　　　34*r*
Entrepôt Trade　　　345*r*
Entrepôt Trade Harbor
　　　　　　　　　346*l*
Environmental Accounting
　　　　　　　　　77*r*
Environmental Kuznets
　Curve　　　　　　81*l*
Environmental Regulation
　　　　　　　　　80*l*
Environmental Taxation
　　　　　　　　　82*r*
Environmental Valuation
　　　　　　　　　79*r*
EPB　　　　　　　130*l*
EPF　　172*l*,200*l*,389*l*
EPZ　　　　　375*r*,516*r*
Equivalent of Three Aspects
　of National Accounting
　　　　　　　　　223*r*
ERP　　　　　　　507*r*
ESAF　　　　　　　165*l*
ESCAP　　　　　5*r*,510*l*
Establishment of Japan-
　Korea Relations　389*r*
EU　　25*r*,74*r*,106*r*,107*l*,
　108*r*,125*l*,135*r*,337*r*,478*l*,
　522*l*,553*r*,559*l*,563*l*,564*r*,
　580*l*,592*r*
EURATOM　　　　563*l*
Euro　　　　　　　522*l*
Euro Market　　　　522*r*
European Bank for Recon-
　struction and Development
　　　　　　　　　562*r*
European Union　　563*l*

| 欧文事項索引 (E〜G) |

Exchange of Notes on Grant Financial Assistance	320*l*
Exchange Rate	75*l*
Exchange Rate Regimes	76*l*
Exogenous Variable	48*r*
Export Duties	519*l*
Export Industrial Complex	517*r*
Export Oriented Industrialization	518*l*
Export Processing Zone	516*r*
Extensive Development	40*r*
External Debt Crises	327*l*
External Diseconomy	58*r*
External Economies	57*l*
External Effect	58*l*

◀ F ▶

Family Business	435*l*, 435*r*
Family Enterprises	369*l*
Family Plan	128*l*
Family Planning	70*l*
FAO	49*r*, 182*r*, 289*l*
Farm Hardship Period	261*r*
FASID	552*r*
FAZ	517*l*
FDI	41*l*
FDI-led Industrialization	46*r*
February 28 Incident	387*r*
Federal Land Development Authority	564*l*
Fei-Ranis Model	437*l*
FELDA	564*l*
Feminization of Poverty	434*l*
Finance Company	434*r*
Financial Analysis	207*r*
Financial Deepening	114*r*
Financial Intermediation Function	117*r*
Financial Leverage	119*l*

Financial Liberalization	113*l*
Financial Repression	118*r*
Financial Restrain	118*r*
Financial Supervisory Agency	112*l*
Financial System	115*r*
First Postulate of Classical Theory	190*l*
First Theorem of Welfare Economics	152*r*
Fiscal Investment and Loan	199*r*
Fiscal Policy	197*r*
Fiscal Structural Reform	196*r*
Fiscal System	198*r*
Five Hundred Day Plan	248*r*
Five-year Economic Development Plan	128*r*
Five-year Plan	162*l*
Food and Agriculture Organization	182*r*
Forced Saving	105*r*
Foreign Access Zone	517*l*
Foreign Currency Reserves	43*r*
Foreign Direct Investment	41*l*
Foreign Exchange Allocation System	45*r*
Foreign Exchange Control	44*r*
Foreign Workers	46*l*
Forward Linkage Effects	317*r*
Four Basic Principles	525*r*
Four Modernizations	526*r*
Free Rider	451*r*
Free Trade Agreement	564*r*
Free Trade Area of America	464*l*
Free Trade Dispute	256*l*
Free Trade Zone	516*r*
Freedom House Index	449*l*

FTA	329*r*, 557*r*, 560*r*, **564***r*, 567*l*, 580*l*
FTAA	464*l*, 558*l*, 592*r*
FTZ	375*r*, **516***r*
Functioning	314*l*, **436***l*

◀ G ▶

GAB	19*r*
GAD	36*l*, 56*l*, 225*r*, 310*r*
GAD Approach	227*l*
Gainful Worker Approach	550*l*
GATS	380*l*
GATT	43*l*, 337*l*, 380*l*, 453*l*, 474*l*, 477*l*, **565***r*, 592*l*, 595*r*, 597*r*, 598*r*
GAWI	366*l*
GDI	226*l*, **226***r*, 392*r*
GDP	177*r*
GE	124*l*, 248*r*
GEM	226*l*, **226***r*, 392*r*
Gender	225*l*
Gender and Development Approach	227*l*
Gender Empowerment Measure	226*l*
Gender-related Development Index	226*r*
General Agreement on Tariff and Trade	565*r*
General Arrangements to Borrow	19*r*
General Equilibrium Theory	20*r*
Generalized System of Preferences	21*r*
Geometric Mean	92*r*
Gerschenkron's Theory of the Latecommers Advantage	156*r*
GHG	339*r*
GHQ	374*r*, 400*l*
Gini Coefficient	235*r*
GITIC	408*r*, 547*r*
Glasnost	122*r*

Global Governance	125*l*	Hang Seng China-Affiliated		Housing & Development	
Global Matrix Organization		Corporation	547*l*	Board	255*r*
	125*r*	Hang Seng Composite Index		HPI	392*r*
Global Warming	339*r*		422*l*	HS	172*r*
GMS	510*l*	Harmonic Mean	353*l*	Hsinchu Science Park	283*l*
GNI	587*r*	Harmonized Commodity		Human Capital	283*r*
GNP	178*l*	Description and Coding		Human Development Report	
Gold Tranche	191*r*	System	172*r*		392*l*
Golden Rule	37*l*	Harris-Todaro Model	417*l*	Human Resource	
Golden Triangle	36*r*	Harrod-Domar Model	419*l*	Development	428*l*
Governance	72*r*	Hayami-Ruttan Model		Human Security	393*l*
Government Debt	305*r*		415*r*	Humanitarian Emergency	
Government Finance Contracted System	195*r*	HDI	226*l*,226*r*,392*r*,407*l*	Relief	284*r*
		Health	478*r*	Hymer's Theory	410*l*
Government of Singapore Investment Corporation		Heavy and Chemical Industrialization Policy	250*l*,251*l*	Hyperinflation	409*r*
	274*r*	Heavy Industries Corporation of Malaysia	494*l*	◀ I ▶	
Government-controlled Financial Markets	87*r*	Heckscher-Ohlin Model	466*l*	IBRA	25*r*,68*r*
Gradualism	316*l*	Hedge Funds	469*r*	IBRD	172*r*,453*l*,566*l*,567*l*,
Grameen Bank	122*r*	Heteroscedasticity	439*l*	568*r*,579*r*	
Grant Element	124*l*	HICOM	494*l*	ICA	400*l*
Grant Financial Assistance	505*l*,506*r*	High-powered Money	410*l*	ICBL	328*l*,328*r*
Great Leap Forward	331*l*	High-wage Policy	154*r*	ICSID	174*l*,367*l*,567*r*
Great Proletarian Cultural Revolution	461*l*	HIPC	249*l*,259*r*,327*r*,387*l*	IDA	77*l*,174*l*,432*r*,567*l*,
		HIPCs	432*r*	579*r*	
Greater China Economic Zone	329*r*	Historical Path Dependence	140*r*	IDB	163*r*,568*l*
				Identification Problem	228*l*
Greater Mekong Sub-region	510*l*	HIV	87*l*,185*r*,234*l*,295*l*,	IEC	266*l*,571*r*
			311*r*,583*l*,596*l*	IFC	174*l*,567*r*,568*l*
Green Revolution	497*r*	HLIs	470*l*	IGGI	25*l*
Gross Domestic Product	177*r*	Hoffmann's Law	481*l*	IIC	568*l*
		Holding System of Agricultural Land and Land Reform	374*l*	Illiteracy Rate	227*r*
Gross National Product	178*l*			ILO	2*l*,49*r*,233*l*,303*l*,
				315*r*,371*l*,372*l*,467*r*,550*l*	
Growth Pole	250*l*	Hong Kong Special Administrative Region	483*l*	ILO Convention No. 169	315*r*
Growth Triangle	303*r*				
GSP	21*r*	Hong Kong's Reversion to China	483*r*	IMF	5*l*,10*l*,12*r*,19*r*,25*r*,
GTZ	366*l*,552*l*				31*l*,41*l*,43*r*,45*l*,76*l*,77*l*,
		Horizontal Division of Labor	290*l*		88*r*,103*l*,124*l*,163*r*,164*r*,
◀ H ▶					167*l*,168*r*,169*r*,172*r*,
		Horizontal Trade	291*l*		191*r*,192*l*,193*l*,238*l*,239*r*,
		Household Managerial Responsibility System	397*r*		244*l*,286*r*,293*l*,296*l*,299*r*,
ḥajj	263*l*				306*l*,327*l*,339*l*,385*r*,386*r*,
Hang Seng China Enterprises	567*l*				432*l*,452*r*,453*l*,479*r*,490*l*,
		Household Models	411*l*		541*l*,546*r*,566*l*,568*r*,

欧文事項索引 (I〜J)

578r, 593r, 598r
Imperialism 356r
Import Duties 519l
Import License 521r
Import-Substitution Industrialization 520r
Income Distribution 271l
Income Elasticity 270r
Income Redistribution Policy 269r
Independent Power Producer 370r
Indexation 23l
Indian National Congress Party 23r
Indian-Pakistan Wars 26r
Indicative Planning 229l
Indifference Curve 505l
Indirect Finance 85r
Indonesian Bank Restructuring Agency 25r
Indonesian Debt Restructuring Agency 26l
INDRA 26l
Induced Technological Innovation 415r
Industrial Classification I 217l
Industrial Classification II 218l
Industrial Classification III 219l
Industrial Hollowing 214l
Industrial Licensing System 213r
Industrial Policy Resolution 216l
Infant Industry Protection 523l
Infant and Child Mortality Rate 391r
Infectious Disease 87l
Informal Credit 28l, 228l
Information, Education and Communication 266l
Infrastructure 28r
Innercity Problems 27l

Input Coefficient 369r
Institution Building 304l
Intellectual Support 299r
Intensity of Trade 472r
Inter-American Development Bank 568l
Interchange Association 160r
Inter-Governmental Group on Indonesia 25l
Interindustry-relations Table 219l
Intermediate City 250l
Internal Labor Market 383l
Internalization Theory 382r
International Bank for Reconstruction and Development 172r
International Campaign to Ban Landmines 328l
International Capital Movements 168r
International Centre for Settlement of Investment Disputes 367r
International Cooperation by Local Government 232l, 341l
International Cooperation with Civil Participation 177r
International Development Association 567l
International Division of Labor 174r
International Division Structure 167r
International Emergency Relief System 166r
International Finance Corporation 568l
International Financial Architecture 167l
International Monetary Fund 568r
International Organization

for Standardization 571r
International Strategic Partnerships, International Corporate Linkages 171l
International Subcontract of Production 168l
International Taxation 166l
Internationalization of the Japanese Yen 35l
Intra-firm Trade 92r
Intra-industry Trade 216r
Intra-regional Trade 12l
Investment in Education 104r
Invisible Hand 296l
IPC 373l
IPP 370r
IR8 497r
Iron Manufacture with Indigenous Technology 376r
IRR 431r
IRRI 497r
ISIC 217r
Islam 16l
Islamic Bank 17l
Islamic Fundamentalism 17r
IS-LM Analysis 569r
ISO 571r, 572l
ISO14000 572l
ISO9000 572l
Isoquants 369r
Israel and Palestine 15r
ITC 595r
ITO 597r

◀ J ▶

Japan ASEAN Economic Partnership Agreement 390r
Japan Bank for International Cooperation 573l
Japan External Trade Organization 574l
Japan International Coopera-

欧文事項索引 (J〜M)

tion Agency 575*l*
Japan Overseas Cooperation
　Volunteers 304*r*
JBIC 200*l*,249*l*,257*l*,**573***l*
JDR 166*r*
JETRO 574*l*,578*l*
JFICT 556*r*
JFPR 556*r*
JICA 54*r*,94*r*,95*r*,166*r*,
　177*r*,235*l*,257*l*,304*r*,320*l*,
　341*l*,456*l*,**575***l*
JISC 571*r*
Joint Venture 157*r*
Jomo Kenyatta University of
　Agriculture and Technol-
　ogy Project 272*l*
Jorgenson Model 272*r*
JSEPA 390*r*
JSF 556*r*
JTC Corporation 261*l*
Jubilee 2000 Coalition 259*r*
Juche Idea 351*l*
Judicial System Reform
 237*r*
Juglar Cycles 257*r*

◀ K ▶

Kashmir Problems 65*l*
KCIA 13*r*,147*l*
KDI 577*l*
Keynesian 142*l*
Keynesian Consumption
　Function 141*l*
Keynesian Economics 141*r*
KfW 366*l*
Khadi 70*r*
King Mongkut's Institute of
　Technology Ladkrabang
　Project 514*l*
Kitchin Cycles 99*l*
Kitchin-Crum Cycles 99*r*
KKN 577*l*
KMITL 514*l*
Knife-edge Theorem 382*r*
Knowledge-Economy 576*l*

Kolusi 577*l*
Kondratieff Cycles 193*r*
Konglomerasi 67*r*
Korea Central Intelligence
　Agency 13*r*
Korea Democracy Movement
 502*l*
Korea Development Institute
 577*l*
Korean War 352*r*
Korea Trade-Investment Pro-
　motion Agency 577*r*
Korupsi 577*l*
KOTRA 577*r*
Kurtosis 316*r*
Kuznets' Consumption
　Function 119*r*
Kuznets Cycles 120*r*
Kuznets' Inverted U
　Hypothesis 120*l*

◀ L ▶

Labor Accumulation 549*r*
Labor Force Participation
　Rate 550*r*
Labor Migration 548*l*
LAFTA 11*r*
Land Reform 373*l*
Landlord-tenant Relations
 236*l*
Laspeyres Price Index 531*l*
Latifundio 531*l*
Latin American Economic
　System 532*l*
Laurel-Langley Agreement
 530*r*
Law of Diminishing Returns
 252*l*
Lay-off 63*r*
LDC 22*l*
Leibenstein's Model 529*l*
Lemons' Principle 547*r*
Leontief Inverse Matrix
 547*l*
Lewis Model 543*r*

LG 205*r*
Liberalization of Current
　Account 139*l*
Liberation Tigers of Tamil
　Eelam 335*r*
Licensing 528*r*
Life Expectancy 463*r*
Life Table 308*l*
Liquidity Crisis 541*l*
Literacy Rate 227*r*
Little-Mirrlees Method
 539*l*
LLDC 249*l*,385*l*,387*l*,394*r*,
　506*r*
Loan-Lending System by
　Multilateral Development
　Banks 164*r*
Local Contents 145*r*
Local Economic Bloc 108*l*
Local Government Bond
 171*r*
Local Government Finance
 343*l*
Local Industry 236*r*
Local Tax 176*l*
Logical Framework 551*l*
Lome Convention 553*r*
Loosely Structured Society
 545*l*
Lordship Economy 268*r*
Lost Decade 30*r*
Low Level-equilibrium Trap
　Model 357*r*
LTTE 335*r*

◀ M ▶

M & A 308*r*,578*l*
M_1 355*r*
M_2 114*r*,355*r*
M_3 355*r*
Macroeconomics 486*r*
Main Bank System 508*l*
Mainland Affairs Council
 331*r*
Malaysian Common Market

Malthus Model	493*r* 492*l*	
Management System by Factory Director's Responsibility	151*r*	
Maquiladora	486*l*	
Marcos's Crony	489*r*	
Marginal Cost and Profit Maximization	143*r*	
Marginal Productivity	143*r*	
Marginal Utility	143*l*	
Market Economy	127*l*	
Market Failure	229*r*	
Market-based Instrument	134*r*	
Marshallian Inefficiency	487*r*	
Masan Free Trade Zone	487*l*	
Maternal Mortality Ratio	394*l*	
May 13th Incident	146*l*	
MDGs	185*l*,578*r*,595*r*	
Median	510*r*	
Mekong Delta	510*l*	
Mercado Comun del Sur	579*l*	
Mercantilist	296*l*	
MERCOSUR	579*l*	
Mergers and Acquisitions	578*l*	
Metropolis	447*r*	
Mexico's Peso Crisis	509*r*	
MIA	516*l*	
Microeconomics	495*l*	
Microfinance	485*l*	
Middle Class	345*l*	
Middle East Conflicts	350*l*	
MIGA	174*l*,567*r*,579*l*	
Migration	276*r*	
Mill-Bastable Test	497*l*	
Millennium Development Goals	185*l*,578*r*	
Mini Three Links	221*r*	
Minifundio	498*r*	
Minimum Wage Legislation	202*l*	

Miracle of the Han River	421*l*	
Missing in Action	516*l*	
Mixed Economy	192*r*	
MNLF	533*l*	
Mobility of Land Usage	375*l*	
Mode	512*l*	
Modern Economic Growth	110*r*	
Modern Enterprise System	144*r*	
Modern Sector	111*r*	
Monetary Policy	115*l*	
Money Multiplier	73*r*	
Money Supply	487*r*	
Mono-bank System	513*l*	
Monoculture Economy	512*l*	
Monopoly	370*l*	
Monopoly and Restrictive Practices Act	370*l*	
Moral Hazard	513*r*	
Moratorium	90*r*,324*r*	
Most-Favored-Nation Treatment	194*r*	
Mother-Daughter Organization	486*r*	
Moving Average	22*r*	
MP	143*r*	
MSAC	385*r*,387*l*	
MSC	488*l*,**493***l*,576*r*	
Multicollinearity	334*l*	
Multilateral Development Banks	163*r*	
Multilateral Investment Guarantee Agency	579*r*	
Multilayer Chasting Patterns	252*r*	
Multimedia Super Corridor	493*l*	
Multinational Enterprise (Corporation)	333*l*	
Multiple Equilibria	442*r*	
Multiple Regression Analysis	250*l*	
Multiplier Effect	265*l*	
Multi-Racial Society	441*l*	

Mundell-Flemming Model	494*r*,570*l*	

◀ N ▶

NAFTA	11*r*,108*r*,125*l*, 144*r*,425*l*,464*l*,486*l*,509*r*, 559*l*,564*r*,**580***l*,592*r*	
NAIC	581*l*	
Nash Equilibrium	384*l*	
National Economic and Development Authority	581*r*	
National Economic and Social Development Board	188*l*	
National Tax	176*l*	
National Treatment	380*l*	
National Wages Council	315*l*	
Nationalization Policy	178*r*	
Natural Rate of Unemployment	229*r*	
NEDA	581*r*	
NEDB	211*r*,503*l*	
Negative List	394*r*	
Nelson-Leibenstein Model	357*r*,395*r*	
Neo-classical Economics	281*l*	
Neo-institutional Economics	282*l*	
NEP	146*r*,276*l*,427*l*,441*r*, 444*l*	
NEPAD	7*l*	
Nepostisme	577*l*	
NERICA	395*r*	
NESDB	95*l*,**188***l*,211*r*, 455*r*,503*l*	
New Community Movement	313*l*	
New Development Strategy	578*r*	
New Economic Policy	275*l*,276*l*	
New Growth Theory	380*l*	

New Lay-off System 308*r*	OAU 6*r*,7*l*,421*l*	Original Equipment
New Miyazawa Initiative 286*l*	ODA 77*r*,94*r*,124*l*,150*l*, 177*r*,235*l*,248*r*,304*r*,320*l*,	Manufacturing 587*r*
New Money 324*r*,**391***r*	393*r*,436*r*,505*r*,506*r*,	Outsourcing 1*l*
Newly Agro-Industrializing	552*l*,573*r*,576*l*,581*r*,582*r*,	Overpopulation 66*l*
Country 581*l*	585*r*,590*l*	Overseas Chinese 60*r*
Newly Industrializing	ODA Classification by Budget and Mode of Activities	Overseas Chinese Capital 62*l*
Economies 583*l*	585*r*	Overseas Chinese Network 62*r*
NGO 28*r*,49*r*,50*l*,82*l*, 125*l*,163*r*,177*r*,203*r*,234*l*,	ODA Loan 248*r*	Overurbanization 66*r*
259*r*,328*l*,328*r*,341*l*,478*r*,	OECD 22*l*,25*r*,38*l*,72*r*,	Ozone Layer Depletion 39*l*
485*l*,502*l*,**582***l*,589*l*,598*r*	94*l*,124*l*,133*r*,134*r*,197*l*,	
NICS 385*l*,581*l*,583*l*	509*r*,539*l*,578*r*,579*l*,582*r*,	
NIEO 385*r*,532*l*	583*l*,584*l*,585*r*	◀ **P** ▶
NIES 22*l*,48*l*,158*l*,172*l*, 200*r*,252*r*,268*l*,277*l*,278*r*,	OECD Development Assistance Committee 587*l*	Paasche Price Index 412*l*
310*l*,385*l*,387*l*,446*r*,470*r*,	OECD-DAC 587*l*	Pacific Economic Co-operation Council 588*l*
473*l*,477*l*,491*l*,536*l*,**583***l*,	OECF 573*l*	
591*r*	OEM 171*l*,283*r*,587*r*	Palestine Peace 418*l*
NIF 312*l*	Office of the United Nations High Commissioner for	Pan-Africanism 420*r*
Nomenkratura 407*r*		Pancasila 422*l*
Nominal Rate of Protection 507*r*	Refugees 183*l*	Pareto Optimum 419*l*
	Official Development Assistance Charter 585*l*	Partial Equilibrium Theory 443*r*
Non-Bank 408*l*		
Non-Governmental Organization 582*l*	Offshore Financial Market 39*r*	Participatory Development 212*l*
Non-Performing Loan 451*l*	OHQ 338*l*	Path Dependence 140*r*
Non-Profit Organization 584*l*	OJT 283*r*	Patron-Client Relation 413*l*
	Oligopoly 69*r*	PDI 11*l*,509*l*
Non-Renewable Resources 161*r*	OLS 195*l*	PDI-P 509*l*
	One Country, Two Systems 18*r*	Peace-building 465*l*
North Korea 98*r*		Pearl River Delta Area 258*l*
North-America Free Trade Agreement 580*l*	One-Child Family Plan 429*l*	
		Peasant Worker Flow 501*l*
North-south Problem 386*l*	OPEC 385*r*	PECC 588*l*
NPA 490*r*	Open Market Operation 148*l*	Pecuniary External Economies 110*l*
NPO 37*r*,177*r*,582*l*,**584***l*		
NPV 431*r*	Open Regionalism 337*l*	People Power (EDSA) Revolution 501*r*
NRP 507*r*	Operational Head Quarter 338*l*	
NU 509*l*,555*l*		People's Action Party 288*l*
NWC 154*r*,215*r*	Optimal Consumption Point 202*l*	People's Commune 286*r*
		Perestroik 471*r*
◀ **O** ▶	Optimal Growth Models 202*r*	Perfect Competition 86*r*
		Peronism 472*l*
	Ordinary Least Squares, Least Squares Method	Pertamina 451*r*
OAA 557*r*		Petty-Clark's Law 133*l*, 470*r*
OAS 532*l*	195*r*	

欧文事項索引 (P〜R)

PFI	589*l*, 590*l*	
PHC	445*l*	
Philippine-American Preferential Trade Agreement	464*r*	
PIP	149*r*	
PKI	295*r*	
PKO	184*l*, 588*r*	
Planned Childbearing	128*l*	
Planned Economy	127*l*	
Planning Committee	126*r*	
Plantation Agriculture	448*r*	
Plaza Accord	445*r*	
PLO	15*r*, 418*l*	
Plural Societies	52*l*, 440*l*	
PO	582*r*	
Pol Pot Regime	482*r*	
Policy Based Finance	299*l*	
Policy Dialogue	299*r*	
Policy for Export Promotion	519*r*	
Policy for Foreign Capital	47*r*	
Policy Support	299*r*	
Political Regime	301*r*	
Political Rights	302*l*	
Poll Tax	286*l*	
Polluter Pays Principle	38*l*	
Pollution Haven	38*r*	
Polyarchy	242*l*, 302*l*, 362*l*, 449*r*, 482*l*	
Population Census	177*l*	
Population Explosion	279*l*	
Population Increase	277*l*	
Population Pyramid	280*l*	
Populism	480*r*	
Porter Hypothesis	479*l*	
Portfolio Investment	479*r*	
POSCO	480*l*	
Positive List	394*r*	
Poverty Reduction Strategy	432*r*	
Poverty Reduction Strategy Paper	591*l*	
PPP	11*l*, 38*l*, 134*r*, 589*l*, 590*l*	
Prebisch Report	455*l*	

Prebisch-Singer Thesis	454*l*	
Precautionary Principle	527*l*	
Predetermined Variable	315*l*	
Prem Tinsulanonda Administration	455*r*	
PRGF	165*r*	
Pribumi	450*l*	
Price Policy in the Agricultural Sector	403*r*	
Prices Liberalization	59*r*	
Primary Health Care	445*l*	
Primate City	249*l*	
Principal	451*r*	
Principle of Population in Malthus	491*l*	
Principle of Subsidiarity	478*l*	
Privatization	500*r*	
Privatization of State-owned Enterprise	180*r*	
Problem Solving Approach	514*r*	
Process Evaluation	458*l*	
Processing Deal Trade	18*l*	
Processing Export-oriented Economic Structure	64*r*	
Producer's Surplus	300*l*	
Product Cycle	459*l*	
Product Market	238*r*	
Production Function	299*r*	
Productivity	300*r*	
Productivity Differential between Agricultural and Industrial Sectors	403*l*	
Productivity in the Agricultural Sector	400*r*	
Project Cycle	456*r*	
Project Evaluation	457*r*	
Project-type Technical Cooperation	456*l*	
Promotion of Non-Oil and Non-Gas Manufacturing Sector	334*r*	
PRSC	165*l*	

PRSP	259*r*, 432*r*, 591*l*
Prudential Regulation	453*l*
PSC	589*r*
Public Enterprises	147*r*
Public Finance	200*l*
Public Goods	148*r*
Public Ownership	158*r*
Public Pension	246*r*
Public Policies	150*l*
Public Private Partnership	589*l*
Public Works	149*l*
Purchasing Power Parity	155*r*
Purchasing Power Parity Doctrine	155*r*
PVO	584*l*

◀ Q ▶

Quartile	237*r*
Quartile Deviation	237*r*

◀ R ▶

R & D	143*r*, 215*r*, 323*l*
R^2	142*r*
Range	421*l*
Rational Expectation Hypothesis	160*l*
Rational Farmer	160*r*
RCA	591*l*
Real Business Cycle Theory	533*r*
Real Effective Exchange Rate	76*l*
Real Name Financial Transaction System	112*r*
Real Plan	545*r*
Recession in Transition	365*l*
Reduced Form	516*l*
Reform and Open-door Policy	42*l*
Reform of Financial System	

Reformasi	116r
Reformasi	42l
Regional Education Development and Improvement Project	336r
Regional Trade Agreement	592l
Regionalism	337l
Regionalization	536r
Regression Analysis	44l
Regression Coefficient	44l
Reimport	103r
Renewable Resources	196l
Rent-seeking Hypothesis	548l
Reparation from Japan	330l
Reproductive Health/Rights	539r
Rescheduling	90r
Research and Development	143r
Reservation Policy	541r
Reservation Wage	542l
Reserve Requirement Policy	477r
Reserve Tranche	192l
Residence Register System	187l
Restriction on Imports from Japan	330r
Returns to Scale	100l
Revealed Comparative Advantage Index	591r
Ricardian Trap	533r
Ricardo Model	534r
Risk	537l
Risk-sharing	536r
Rollover	324r
ROT	591l
Rotating Savings and Credit Associations	48r
RTA	337r, 564r, 592l
Rukunegara	444l
Rules of Origin	144l
Ruling Hong Kong by Hong Kong's People	152l
Rural Credit Market	405l
Rural Development	404r

◀ S ▶

SAARC	592r
SAF	165l, 174l
SAL	10l, 165l, 174l
Sangha	211r
SAP	259r
SAPTA	593l
Sarit Thanarat Administration	211l
SARS	87r, 311r
Satellite	447r
Say's Law	141r, 305l
Schwabe's Law	34l
Scitovsky's Criterion	360r
SDR	43r, 192l, 412r, 453r, 569l, 593r
SECAL	165l
Second Postulate of Classical Theory	190l
Second Theorem of Welfare Economics	153l
Securitization	311r
Seignorage	235r
SELA	532l
Self-reliance	273l
Senior Overseas Volunteers	235l
Seoul Olympic Games	321l
Separation of Taxation System	462r
Sequence	316l
Serial Correlation	140r
Service Industry	208r
Sharecropping System	459r
Shared Poverty	433r
Shatalin Plan	248r
Shock Therapy	316l
Shut-down Point	318r
Sijori	303r
Simultaneous Equations Model	548l
Sino-Vietnamese War	342r

Sistema Económico Latinoamericano	532l
SITC	594l
Sites and Services	203r
SK	205r
Skewness	554r
SLORC	394r
Slums	297l
Small and Medium-sized Enterprise	349l
Social and Economic Dualism	244r
Social Safety Net	244l
Social Security	246r
Social Security System Reform	247r
Socialist Market Economy	229r, 242r
Soft Budget Constraint	323r
Software Industry	322r
Solow-Swan Model	325l, 419r
Solvency Crisis	541l
South Asian Association for Regional Cooperation	592r
Southern China Economic Zone	71r
Southern Tour Lectures	384l
South-south Problem	385l
Sovereign Bond	324r
Sovereign Loan	324l
Sovereign Risk	90r
Soviet Collective Farming	107r
Special Drawing Rights	593l
Special Economic Zone	136r
Squatters	297l
Stabilization Policy	10l
Standard Deviation	431l
Standard International Trade Classification	594l
Stand-by Arrangement	293l

Stand-by Credit	293*l*	
Staple Model	52*l*	
Staple Theory	293*r*	
State-owned Enterprise Reform	180*l*	
Stationary Population	301*l*	
Stationary State	297*l*	
Steady State	357*l*	
Sterilized Intervention	442*r*	
STF	329*l*	
Street Children	294*r*	
Strengthening Social Safety Net	246*l*	
Structural Adjustment Policy	10*l*	
Structural Form	153*l*	
Subsistence Wage	201*r*	
Substitution of Production Factors in the Agricultural Sector	401*l*	
Summit on Environment and Development	78*l*	
Super Gold Tranche	192*l*	
Supply Chain Management	209*r*	
Supply Curve	105*l*	
Support for Promoting Democratization Process	503*r*	
Sustainable Development	230*r*	
Suzhou Industrial Park	321*l*	
Systemic Transformation Facility	329*l*	

◀ T ▶

TASF	556*r*
Tax Administration	321*r*
Tax Evasion	334*l*
Tax Loophole	334*l*
TB	479*r*
TCS	583*l*
TDRI	594*r*
Technical Assistance	94*r*
Technological Dualism	96*r*
Technological Innovation	95*r*
Technological Progress	95*r*
Technology Transfer	93*r*
Ten National Projects of Economic Construction	254*r*
Tequila Shock	509*r*
Terms of Trade	148*l*
Terms of Trade between Agricultural and Industrial Goods	402*r*
Terrorism	363*l*
TFP	300*r*, 533*r*, 594*r*
Thai International Cooperation Program	95*r*
Thailand Development Research Institute	594*r*
Thanom Kittikhachon Administration	335*l*
The April 19th Revolution	527*r*
Theory of Allowing Some People and Areas to Grow Rich First	317*l*
Theory of Economic Integration	135*r*
Theory of Hydrosociety	291*r*
Theory of Stages of Economic Development	137*l*
Theory of the "Flying Geese" Pattern of Development	83*r*
Theory of World-system	309*l*
Three Entities on Cross-Straits	542*r*
Three Links	221*r*
Three Lows Period	222*l*
Three Principles of the People	223*l*
Three Represents	496*r*
Three Types of Joint Venture Enterprises	220*l*
Three Types of Processing and Compensation	224*l*
Three White Industries	222*r*
Three-no's Policy	223*l*
Tiananmen Incident	363*r*
TICAD	6*l*
TICP	95*r*
Tobin Tax	376*l*
TOC	210*l*
Tokyo International Conference on African Development	6*l*
"Tongil" Rice	367*l*
Total Business Center	372*r*
Total Factor Productivity	594*r*
Total Fertility Rate	151*l*
Totalitarianism	316*r*
Township and Village Enterprise	153*r*
Trade Creation Effect	474*r*
Trade Diversion Effect	475*l*
Trade Friction	477*l*
Trade Liberalization	473*r*
Trade Protection	476*l*
Traditional Sector	365*r*
Transaction Cost Hypothesis	378*r*
Transfer Pricing	22*r*
Transfer to a Lower Level	73*r*
Transform Administrative Fees into Taxes	423*r*
Transition Indicator	13*l*
Triangle Debts	213*l*
Tributo	286*r*
Trickling-Down Hypothesis	378*l*
TRIPS	583*l*
Turning Point	364*l*
Turning Point Dispute	364*r*
t-value	594*r*
Twelve National Projects of Economic Construction	254*r*
Two Sector Model of Economic Growth	390*l*
Two-tracks Price System	

Type of PPP	59r 590l	

U

Ujamaa 31l
Ulsan Petrochemical Industrial Complex 32l
UMNO 488l
Unbalanced Growth Theory 439l
Uncertainties 537l
UNCTAD 21r, 94l, 386r, 455l, 587l, 595l
Underemployment 232r
Underground Economy 339r
UNDOF 184l, 184r
UNDP 25r, 72r, 183r, 185l, 226l, 226r, 303l, 392l, 393l, 394l, 449r, 468l, 478r, 496l, 546r, 595r
Unemployment 232r
UNEP 39l, 182l
UNESCO 94l, 175l, 227r, 303l, 596l
UNFF 289r
UNFPA 182r
UNHCR 183l
UNICEF 49r, 234l, 294r, 445l, 596r
UNIDO 94l, 359r, 596r
UNIFEM 183r
Unification of Vietnam 385r
UNIKOM 184r
UNIMOG 184r
United Nations Children's Fund 596r
United Nations Conference on Trade and Development 595l
United Nations Development Fund for Women 183r
United Nations Development Programme 595r
United Nations Disengagement Observer Force 184l
United Nations Educational, Scientific and Cultural Organization 596l
United Nations Environment Programme 182l
United Nations Industrial Development Organization 596r
United Nations Peacekeeping Operation 588r
United Nations Population Fund 182r
United States Agency for International Development 597l
UNTAC 224r
Urban Informal Sector 371l
Urban Involution 372l
USAID 551r, 587l, 597l
Utility 159r
Utility Maximization 159r

V

Variance 462r
Vent for Surplus Theory 525l
Vertical Division of Labor 290l
VFM 589r
Vicious Circles of Poverty 433l
Viet Cong 471l
Vision 2020 427l
Voucher 411l

W

WARDA 395r
Washington Consensus 554r
Water Resources 495r
Wawasan 2020 427l
WCO 172r
Weighted Arithmetic Mean 65r
Well-off Society 264r
Western Development Program 306r
WHO 311l, 445l
WID 36l, 225r, 227l
WID Approach 55r
Women in Development Approach 55r
World Bank 163r, 172r
World Conference on Women 310l
World Health Organization 311l
World Population Conference 310r
World Trade Organization 597r
Worldwide Product Division Structure 309l
WTO 38r, 44r, 107r, 146l, 194r, 337r, 380l, 404r, 464l, 477l, 483r, 564r, 580r, 583l, 595r, 597r, 598r

Y

Yangtze River Delta Area 352l
Yen Credit for Environmental Preservation 77l

Z

ZPG 301l

和文人名索引

◀ア▶

アウン・サン　　　　　　　　$1r$
アウン・サン・スー・チー
　　　　　　　　　　　$1r, 394r$
赤松要　　　　　　　　　　$83r$
アカロフ、G. A.　　　　　$547r$
アキノ、ベニグノ・ニノイ
　　　　　　　　$2l, 490r, 501r$
アキノ、マリア・コラソン
　　$2l, 9l, 436r, 491l, 501r,$
　　$533l, 581r$
アクバル・タンジュン　　$561r$
アナンダ　　　　　　　　$445l$
アミン、サミール　　$7r, 309r$
アユーブ・ハーン　　　　$507r$
アラファト、Y.　　$15r, 350r,$
　　$418l$
アレン、R. G. D.　　　　$34l$
アロー、K. J.　　　$20r, 381l$
アロヨ、グロリア・マカパガル
　　　　　$9l, 490r, 501r, 533r$
アンドウ、A. K.　　　　　$265r$
アンベードカル、B. R.　　$89r$

◀イ▶

イースタリン、R. A.　　$14r,$
　　$120l$
李承晩（イスンマン）　　$502l,$
　　$527l$
板垣与一　　　　　　　　$245r$
稲田献一　　　　　　　　$390l$
イニス、H. A.　　　　　　$293r$
猪俣津南雄　　　　　　　$391l$
李秉喆（イビョンチョル）
　　　　　　　　　$205r, 222r$

イメルダ・R. V.、R.　　$490r$
岩崎育夫　　　　　　$55r, 92l$

◀ウ▶

ヴァイナー、ヤコブ　　$136l,$
　　$565l$
ヴァーノン、R.　　　　　$459l$
ヴィクセル、J. G. K.　　$66l,$
　　$499l$
ウィットフォーゲル、K. A.
　　　　　　　　　　　　$291r$
ウィリアムズ、H. S.　　$420r$
ウイリアムズ、ジョディ
　　　　　　　　　　　　$328r$
ウィリアムソン、オリバー
　　　　　　　　　　　　$282r$
ウィリアムソン、ジョン
　　　　　　　　　　　　$554r$
ウォーラーステイン、イマニュ
　エル　$29r, 193r, 254r, 309l,$
　$448l$
ウォルフェンソン、J. D.
　　　　　　$173l, 561r, 567r$
宇沢弘文　　$202r, 381l, 390l$
ウ・タント　　　　　　　$31r$
ウー・ヌー　$31r, 394l, 432l$

◀エ▶

エストラダ、J. E.　　$9r, 501l$
エッカウス、R. S.　　　　$96r$
エッジワース、F. Y.　　$20r,$
　　$419l$
エンゲル、C. L.　　　　　$33r$
エンゲルス、F.　　　　　$137l$
エンブリー、ジョン・F　$545r$
エンリレ、J. P.　　　　　$501r$

◀オ▶

王洪文　　　　　　　　　$363r$
汪道涵　　　　　　$19l, 538l$
大平正芳　　　　　$264l, 588l$
緒方貞子　　　　　$295l, 393l$
オドンネル、G.　　$143l, 301r$
オリーン、B.　　　$454l, 466l$
オールズ、ジョン　　　　$274r$

◀カ▶

華国鋒　　　　　　　　　$525r$
ガーシェンクロン、アレクサン
　ダー　　$47l, 115r, 156r$
カソン、マーク　　　　　$382r$
カッセル、グスタフ　　$155r,$
　　$499l$
カバロ、ドミンゴ　　　　$73l$
カルデナス、L.　　$480r, 531r$
カルドーゾ、F. H.　　　$545r$
ガルブレイス、ジョン・ケネス
　　　　　　　　　$283l, 415l$
ガーレイ、ジョン　　　　$85r$
ガンディー、インディラ　$24l,$
　　$88l, 89r, 179l, 396r$
ガンディー、サンジャイ　$88l$
ガンディー、フェローズ　$88l$
ガンディー、マハトマ　$23r,$
　　$71l, 88r, 359l, 396r, 507l,$
　　$541l$
ガンディー、ラジーヴ　$24l,$
　　$88l, 89r, 336l$

◀キ▶

ギアツ、クリフォード　372*l*,
　398*r*,433*r*
キチン、ジョセフ　　　　99*l*
金日成（キムイルソン）　98*r*,
　101*l*,102*l*,351*l*
金正日（キムジョンイル）
　　　98*r*,101*r*,**102***l*,103*l*,351*r*
金大中（キムデジュン）　13*r*,
　99*l*,**102***l*,206*l*,308*r*
金満堤（キムマンジェ）　577*l*
金泳三（キムヨムサム）　113*r*,
　129*r*,308*r*
キャス、D.　　　　　　202*r*
キング、R. G.　　　　 533*r*

◀ク▶

櫛田民蔵　　　　　　　391*l*
クズネッツ、サイモン　110*r*,
　119*r*,120*l*,120*r*,150*l*,208*r*,
　265*r*
グットマン、デビッド　345*l*
クープマンス、T. C.　202*r*
久保田貫一郎　　　　　389*r*
クマラトゥンガ、チャンドリカ
　　　　　　　　　　　336*l*
クラーク、コーリン　217*r*,
　219*l*,470*r*
クラッセン、D. R.　　 27*l*
クラム、W. L.　　　　99*r*
クリアンサック・C.　503*l*
クリントン、B.　91*r*,223*l*,
　360*l*,509*l*,557*r*
クルーガー、アン　53*l*,541*r*,
　548*l*,562*l*
クルーグマン、P. R.　427*r*
クールノー、A. A.　　69*r*
グルーベル、H. G.　　216*l*
クワ・ギョクチュー　536*l*

◀ケ▶

ケインズ、ジョン・メイナード
　109*l*,141*r*,149*l*,189*l*,190*l*,
　262*l*
ケーラー、H.　　　　568*r*
ゲール、D.　　　　　 20*r*

◀コ▶

小泉純一郎　102*r*,197*l*,390*r*
江青　　　　　　　363*r*,461*r*
江沢民　19*l*,99*l*,144*r*,152*r*,
　153*l*,159*l*,162*r*,242*r*,496*r*,
　538*r*,540*l*
ゴーカレー、G. K.　　23*r*
胡錦濤　　　　　153*r*,**162***r*
ゴー・ケンスィー　　186*r*,
　261*l*,274*r*,536*r*
ゴシャール、スマントラ　333*r*
辜振甫　　　　　　19*l*,538*r*
コース、ロナルド　187*l*,
　282*r*,378*r*
ゴー・チョクトン　303*r*,
　536*l*,560*r*
ゴー・ディン・ジェム　471*r*
コモンズ、J. R.　　　282*r*
胡耀邦　　　　　　　　364*l*
ゴールデン、ヒルダ　　66*r*
ゴールデンワイザー、A. A.
　　　　　　　　　　　398*r*
コルナイ、J.　　　　323*r*
ゴルバチョフ、M. S.　122*r*,
　471*r*
コルブ、D. A.　　458*r*,515*r*
コンドラチェフ、N. D.
　　　　　　　　193*l*,310*r*

◀サ▶

サイモン、ハーバート　282*r*
サイヤド・アフマド・ハーン
　　　　　　　　　　　507*l*

和文人名索引（キ〜シ）

向坂逸郎　　　　　　　391*l*
サージェント、T. J.　 160*r*
サッチャー、M. H.　　181*l*,
　286*l*,546*l*,590*r*
サムエルソン、P. A.　282*l*,
　466*l*,466*r*
サリット・タナラット　55*l*,
　92*l*,188*l*,211*l*,211*r*,335*l*,
　455*r*,503*l*
サリム、スドノ　68*l*,302*r*
沢田廉三　　　　　　　389*l*
サンヤー・D.　　　　503*l*

◀シ▶

シアヌーク、ノロドム　**224***l*,
　463*r*,482*r*
ジェキエ、N.　　　　359*l*
ジェファーソン、M.　249*r*
ジェボンズ、W. S.　 159*r*,
　281*l*
シトフスキー→デ・シトフスキ
　ー
ジニ、C.　　　　　　270*l*
シャイン、E. H.　　 458*r*
ジャーウル・ハック　179*r*
謝建隆　　　　　　　　68*l*
シャストリ、L. B.　　88*l*
シャタリン、S.　　　248*r*
シャロン、A.　　　　418*r*
周恩来　　363*r*,368*l*,462*l*,
　526*r*,542*r*
ジュグラー、ジョセフ　257*r*
シュタッケルベルグ、H. v.
　　　　　　　　　　　 69*r*
シューマッハー、E. F.　359*l*
シュモラー、G. v.　　137*l*
朱鎔基　153*r*,180*l*,213*l*,
　260*l*,347*l*,384*r*,423*r*,540*l*,
　560*r*
シュルツ、セオドア・ウィリア
　ム　　　160*r*,**260***r*,284*l*
シュワーベ、H.　　　 34*l*
シュンペーター、ヨーゼフ・ア
　ロイス　　95*r*,99*r*,194*l*,
　262*l*,314*r*,319*l*,361*r*,449*r*

647

和文人名索引（シ～ト）

ショウ、エドワード　　　85*r*,
　　113*l*, 118*r*
蔣介石　　178*l*, 223*r*, **263***r*,
　　264*l*, 373*r*, 387*r*
蔣経国　　178*r*, 223*l*, **264***l*,
　　504*l*, 538*l*
ジョルゲンソン、D. W.
　　　　　　272*r*, 365*l*, 437*l*
ジョーンズ、R. W.　　　466*l*
白鳥令　　　　　　　　　361*r*
シン、J. C.　　　　　　 501*r*
シンガー、H. W.　　52*r*, 454*l*
新開陽一　　　　　　　　390*l*
ジンナー、M. A.　　89*r*, 507*l*

◀ス▶

鄒家華　　　　　　　　　384*r*
末廣昭　　　　　　　54*r*, 345*l*
スカルノ、アフマド　　　11*l*,
　　234*r*, **292***l*, 295*r*, 389*l*, 422*r*,
　　450*l*, 452*r*, 509*l*
スコット、J. C.　　236*r*, 413*l*,
　　434*l*
スターク、オデッド　　　549*l*
スターリン、I. V.　　　 316*r*
スチンダー・K.　　　　 342*r*
スティグリッツ、J. E.   288*r*
ストウォ、イブヌ　 68*l*, 452*l*
ストリーテン、ポール　 **294***r*
ストルーパー、W. F.　　466*r*
スパチャイ・P.　　　　　598*l*
スハルト、トジブ・N・J　5*l*,
　　11*l*, 55*l*, 67*r*, 92*l*, 293*l*,
　　295*l*, 302*r*, 414*l*, 422*r*, 435*l*,
　　442*l*, 450*r*, 452*l*, 509*l*, 547*l*,
　　555*r*, 561*r*, 577*l*
スペンサー、D. L.　　　　93*r*
スミス、アダム　　109*l*, 137*l*,
　　150*l*, 189*l*, **296***l*
スルヤジャヤ、ウィリアム
　　　　　　　　　　　　 68*l*
スワン、T. W.　　　　　 325*l*
スントーン、K.　　　　　342*r*

◀セ▶

セイ、ジャン・バティスト
　　　　　　　　141*r*, 305*l*
セーニー・P.　　　　　　503*l*
セン、アマルティア・クマー
　　34*r*, 140*l*, **313***l*, 393*l*, 407*l*,
　　436*l*, 539*l*
全斗煥　　113*l*, 129*l*, **353***l*, 502*l*

◀ソ▶

宋楚瑜　　　　　　　　　538*l*
園田茂人　　　　　　　　345*l*
ソロー、R. M.　　96*l*, 284*l*,
　　325*l*, 390*l*
孫文　　61*r*, 178*l*, 223*l*, 263*r*,
　　374*r*

◀タ▶

高山晟　　　　　　　　　390*l*
高谷好一　　　　　　　　545*r*
タクシン・S.　　　　　　 95*r*
田中由美子　　　　　　　 36*l*
ターニン・K.　　　　　　503*l*
タノム・キッティカチョーノ
　　　　　　　　　　　　335*l*
ダル、ジャナタ　　　　　 90*l*
ダール、ロバート　242*l*, 302*l*,
　　449*r*, 482*l*

◀チ▶

チア・キアン・リオン　　 68*l*
チェネリー、ホリス・バーンレー
　　　　　　　　　　　　338*l*
千野忠男　　　　　　　　556*l*
チャーチル、L. R. H. S.　362*l*
チャートチャーイ・C.
　　　　　　　　342*l*, 456*l*
張春橋　　　　　　　　　363*r*

趙紫陽　　　　　　 33*l*, 364*l*
チョクロアミノト　　　　292*l*
鄭載護（チョンジェホ）　222*r*
鄭周永（チョンジュヨン）
　　　　　　　　　　　　205*l*
鄭昇和（チョンスンファ）
　　　　　　　　　　　　353*l*
全斗煥（チョンドファン）
　　113*l*, 129*l*, **353***l*, 502*l*
陳雲　　　　　　　　　　377*l*
陳其美　　　　　　　　　263*r*
陳水扁　　　　　　 19*l*, 354*r*, 504*l*
陳伯達　　　　　　　　　461*l*

◀ツ▶

鶴見和子　　　　　　　　381*r*

◀テ▶

鄭載護　　　　　　　　　222*r*
ティース、デイビット　　382*r*
鄭周永　　　　　　　　　205*l*
鄭昇和　　　　　　　　　353*l*
ティラク、B. G.　　　　　23*r*
ティンバーゲン、ヤン　　136*l*
デ・シトフスキー、ティボール
　　　　　　　　110*l*, **360***l*
デービス、キングスレー　 66*r*
デブリュー、G.　　　　　 20*l*
デュボイス、W. E. B.　　420*l*

◀ト▶

董建華　　　　　　　　　152*l*
鄧小平　　42*r*, 70*l*, 153*l*, 154*l*,
　　229*l*, 264*r*, 273*r*, 317*l*, 352*l*,
　　363*r*, **368***l*, 377*r*, 384*l*, 462*l*,
　　525*r*, 526*l*, 540*r*
トダロ、M. P.　　　　　 548*r*
トービン、ジェームズ　 265*r*,
　　376*l*
ドーマー、E. D.　　106*l*, 419*l*
トーマス、B.　　　　　　120*r*

和文人名索引（ト～フ）

トメイ、マヌエラ 315r
ドランダキス、E. M. 390l
トリフィン、R. 19l
ドーリンジャー、P. B. 383l

◀ナ▶

中兼和津次 550l
ナッシュ、J. F. 412l, 442r
ナラシンハ・ラオ 24r, 275l

◀ニ▶

ニエレレ、J. K. 31l
二階堂副包 20r
西川潤 40r, 381r
ニッカボッカー、フレデリック 423l
二宮尊徳 400l

◀ヌ▶

ヌルクセ、R. 52r, 109r, 433l, 439l, 454l, 549r

◀ネ▶

ネ・ウイン 32l, **394l**, 431r
ネルー、パンディット・ジャワハルラル 88l, 89r, 179l, **396r**
ネルー、モーティーラール 396r

◀ノ▶

ノージック、ロバート 34r
ノース、ダグラス 378r
盧泰愚（ノテウ） 113l
野呂栄太郎 391l

◀ハ▶

ハイエク、F. A. v. 109l
ハイマー、スティーブン 94l, 410l
ハイルブローナー、ロバート 283l
馬寅初 128l, 429l
馬英九 354r
バーグ、L. v. d. 27l
朴正煕（パクチョンヒ） 13r, 55l, 92l, 102l, 128r, 130r, 146r, 250l, 353r, 389r, **411l**, 421r, 502l
バグワティ、J. N. 53l, 562l
パーシェ、H. 412l
橋本龍太郎 77r, 196r
バジパイ、アタル・ビハリ 24r
ハーシュマン、A. O. 52r, 109r, 158l, 317r, 378l, 439l, 553r
バックレー、ピータ 382r
ハッタ、M. 292r
ハーディン、G. 191r
パテール、S. V. 89r, 397l
ハート、K. 371l
ハート、オリバー 282r
バートレット、クリストファー 333l
ハビビ、バハルディン・ユスフ 414l
ハマーショルド、ダグ 31r, 332l
速水佑次郎 120l
バラッサ、ベラ 53l, 135r, 565l
原洋之介 85l
バルガス、G. D. 191l, 480r
パレート、V. 20r
バロー、R. J. 160l, 380l, 381l
ハロッド、ロイ 382r, 419l, 497l
ハンセン、アルビン 257r, 569r
ハンチントン、サミュエル 362l, 546r
パンヤラチュン・アナンド 594r

◀ヒ▶

ピオーリ、M. J. 383l
ヒギンズ、B. H. 52l, 96r, 245r, 362r, 388r
ピグー、A. C. 189l, 443l
ヒックス、J. R. 96l, 159l, 415r, 569r
平野義太郎 391l
ヒルデブラント、B. 137l

◀フ▶

ファーニバル、J. S. 52l, 97l, 362r, 388r, 440l
フィッシャー、A. G. B. 217r, 219l
フェイ、J. C. H. 272r, 365l, 417r, 437l
フェルドマン、G. A. 106l
フォール、ジャンクロード 587l
フォン・ノイマン、J. L. 380r, 537l
ブキャナン、J. M. 198l
福田歓一 361r
ブーケ、J. H. 52l, 97l, 244r, 362r, 388l
フジモリ、A. K. 481l
フセイン、b. O. 488l
フセイン、サダム 184r
ブッシュ、G. W. 91r, 223l, 363r
ブットー、ズルフィカール・アリー 179l
プミポン・アドゥンヤデート **445l**
フュックス、V. R. 208r
ブラッドベリー、F. 93r
プラバカラン、V. 335r

和文人名索引（フ〜モ）

プラパート・チャールサティエン　335*l*
フランク、アンドレ・グンダー　7*r*, 309*r*, **447*r***
フランクス、オリバー　386*l*
フランコ、ローレンス　486*r*
フリードマン、ジョン　349*l*
フリードマン、ミルトン　73*r*, 109*l*, 229*r*, 265*r*, 354*l*, 468*r*
ブレイディ、N.　327*r*
フレーザー、J. M.　588*l*
プレスコット、E. C.　533*l*
プレビッシュ、ラウル　52*r*, 186*l*, 386*r*, 454*l*, 455*l*
プレマダーサ、R.　336*l*
フレミング、J. M.　494*l*
プレム・ティンスーラーノン　342*r*, 455*r*
プロッサー、C. I.　533*l*
ブローデル、フェルナン　29*r*
フロム、エーリッヒ　142*r*
フン・セン　224*r*, **463*l***

ヘ

ベーカー、J. A.　327*l*, 392*l*
ヘクシャー、E. F.　454*l*, 466*l*
ベッカー、ゲーリー・スタンレー　284*r*, **468*l***, 469*l*, 530*r*
ペティ、ウィリアム　219*l*, 470*r*
ヘナート、J−F.　382*r*
ベブレン、ソースタイン　282*l*
ベルトラン、J. L. F.　69*l*
ペロン、エバ　472*l*
ペロン、フアン・ドミンゴ　472*l*, 480*r*
ヘン・サムリン　90*r*, 224*r*, 342*r*, 463*r*, 482*r*

ホ

ボウレイ、A. L.　34*l*

ホーク、R. J. L.　557*l*
朴正熙　13*r*, 55*l*, 92*l*, 102*r*, 128*r*, 130*r*, 146*r*, 250*l*, 353*r*, 389*r*, **441*l***, 421*r*, 502*l*
ボズラップ、E.　56*l*
ホゼリッツ、バート　66*r*
ポーター、マイケル　479*l*
ホー・チン　536*l*
ホテリング、H.　161*l*
ホフマン、W. G.　218*r*, 481*l*
ホメイニ　17*r*, 225*l*
ボールディング、K. E.　231*l*
ポル・ポト　91*l*, 224*l*, 377*l*, 386*l*, 463*l*, 482*r*
ホルムズ、H.　545*r*
ポントリャーギン、L. S.　203*l*

マ

マカパガル、ディオスダド　9*l*, 490*r*
マギー、S. P.　94*l*
牧野文夫　120*l*
マシー、ダグラス　549*l*
マーシャル、A.　159*r*, 189*l*, 443*l*, 487*r*
松浦晃一郎　596*l*
マッギー、T. G.　372*l*
マッキノン、ロナルド　113*l*, 118*r*
マッケンロート、G.　279*l*
マハティール・ビン・モハマド　421*r*, 425*l*, 427*l*, 444*r*, **488*l***, 493*l*, 561*l*, 576*l*
マブーブル・ハク　392*r*
マルクス、カール・ハインリッヒ　137*l*, 189*l*, 240*l*, 262*l*, 390*l*, 448*r*, **488*l***
マルコス、フェルディナンド・エドラリン　436*r*, 489*r*, **490*l***, 501*r*, 533*l*
マルサス、T. R.　66*l*, 137*l*, 189*l*, 231*l*, 256*l*, 277*r*, 296*r*, 491*l*, 492*r*, 535*l*
マンスフィールド、E.　94*l*

マンデル、ロバート　136*r*, 494*r*, 522*l*

ミ

水野浩一　545*r*
ミッチェル、W. C.　282*l*
三土修平　534*r*
ミード、ジェームズ・エドワード　**497*l***
南亮進　120*l*, 365*l*
宮澤喜一　286*l*
宮本憲一　381*l*
ミュルダール、カール・グンナー　52*r*, 283*l*, **499*l***, 544*l*
ミリーズ　539*l*
ミル、ジェームズ　500*l*
ミル、ジョン・スチュアート　189*l*, 492*l*, **500*l***
ミントー、G. E−M−K.　507*l*

ム

ムジブル・ラーマン　179*l*
ムハンマド　8*r*, 16*l*, 224*r*, 298*l*
村上敦　52*l*
村上泰亮　54*l*, 301*l*

メ

メガワティ・セティアワティ・スカルノプトリ　**509*l***, 555*r*, 561*r*, 577*r*
メネム、C. S.　481*l*
メンガー、C.　281*l*

モ

毛沢東　42*r*, 74*l*, 128*r*, 153*r*, 273*r*, 274*l*, 287*l*, 331*r*, 341*r*, 368*l*, 373*r*, 429*l*, 461*r*, **511*l***, 540*r*

650

和文人名索引（モ〜ン）

モディリアーニ、F.　　265r
モニカ、N.　　463r
モルゲンシュテルン、O.　　537l

ヤ

ヤースィン、アフマド　　15r
安場保吉　　391l
ヤブリンスキー、G. A.　　248r
山田盛太郎　　391l
ヤング、A. A.　　553l

ユ

ユヌス、ムハマド　　122r

ヨ

姚文元　　363r, 461r

ラ

ライベンシュタイン、H.
　　14r, 529l, 543l
ラウントリー、B. S.　　269r
ラオ、ナラシンハ　　24r, 275l
ラグマン、アラン　　382r
ラザリ・I.　　2l
ラスパイレス、E.　　531l
ラナリット、N.　　224r, 463r
ラーマン、ムジブル　　179r
ラ・ミント　　52r, 525l, **532r**
ラムゼー、F. P.　　202r
ラモス、ナルシソ　　533l
ラモス、フィデル・ヴァルデス
　　2r, 9r, 501l, **533l**
ラル・クリシュナ・アドバニ
　　24r
ラル、ディーパック　　358l

リ

リカード、D.　　137l, 174r,
　　189l, 256l, 296r, 383l, 390l,
　　424r, 454l, 466l, 491r, 534r
リー・クアンユー　　55l, 186r,
　　274r, 288l, **535r**
リー・シェンヤン　　536l
リー・シェンロン　　536l
李承晩　　502l, 527r
リスト、ゲオルグ・フリードリ
　　ッヒ　　137l, **537l**
李登輝　　19l, 178r, 264r, 331r,
　　354r, 387r, **538l**
リトル、I. M. D.　　53l, 539l
リー、ハウ　　209r
李秉喆　　205r, 222r
リプチンスキー、T. M.　　466r
李鵬　　153r, 425l, **540l**
林紹良（リムシウリオン）
　　68l, 302r
リヤーカット・アリー・ハーン
　　507l
劉少奇　　368l, 462l, **540r**
劉清泉　　483l
劉伯承　　368l
廖承志　　152l
リンス、J. J.　　142r, 301r,
　　316r

ル

ルイス、アーサー　　52l, 120r,
　　233r, 272r, 364r, 417r,
　　437l, 543l, 548r
ルイス、オスカー　　297r
ルーカス、R. E.　　160l, 380l

レ

レイニス、G.　　272r, 365l,
　　417r, 437l
レオンチェフ、W. W.　　219r
レーガン、R. W.　　122l, 181l,
　　446l, 569l
レーニン、V. I.　　356r, 471l

ロ

ロイド、P. J.　　216r
ロジャース、E. M.　　94l
ロストウ、W. W.　　52r, 111r,
　　137l
ローゼンシュタイン-ロダン、
　　ポール・N.　　52l, 109r,
　　110r, 426l, 427l, 439l, **553l**
ローゼンブルーム、R. S.　　93l
盧泰愚　　113l
ロハス、M.　　464l, 490l
ロビソン、リチャード　　345l
ローマー、P. M.　　380l
ローレンツ、M. O.　　270l
ロン・ノル　　91l, 224l, 377l,
　　482r

ワ

ワイス、A.　　288r
渡辺利夫　　49l, 52l, 108l,
　　301r, 459l
ワトキンズ、M. E.　　293r
ワヒド、アブドゥルラフマン
　　509l, **555l**, 561l
ワルラス、M. E. L.　　20r,
　　159l, 189l, 281l

ン

ンクルマ、F. N. K. K.　　420r

(651)

欧文人名索引

◀ A ▶

Advani, Lal Krishna 24*r*
Akbar Tandjung 561*r*
Akerlof, George A. 547*r*
Allen, Roy George Douglas 34*l*
Ambedkar, Bhimrao Ramji 89*r*
Amin, Samir 7*r*,309*r*
Ananthamahidol 445*l*
Ando, Albert K. 265*r*
Aquino, Benigno Ninoy 2*l*,490*r*,501*r*
Aquino, Maria Corazon 2*l*, 9*l*,436*r*,491*l*,501*r*,533*l*, 581*r*
Arafat, Yasir 15*r*,350*r*, 418*l*
Arrow, Kenneth Joseph 20*r*,381*l*
Arroyo, Gloria Macapagal 9*l*,490*r*,501*r*,533*r*
Atal Bihari Vajpayee 24*r*
Aung San 1*r*
Aung San Suu Kyi 1*r*,394*r*
Ayub Khan, Mohammad 507*r*

◀ B ▶

Baker, James A. 327*l*,392*l*
Balassa, Bela A. 53*l*,135*r*, 565*l*
Barro, Robert J. 160*l*,380*l*, 381*l*
Bartlett, Christopher A.

Becker, Gary Stanley 333*l* 284*r*, 468*r*,469*l*,530*r*
Berg, L. van den 27*l*
Bertrand, Joseph Louis François 69*r*
Bhagwati, Jagdish Natwarlal 53*l*,562*l*
Bhumibol Adulyadej 445*l*
Bhutto, Zulfikar Ali 179*l*
Boeke, Julius Herman 52*l*, 97*l*,244*r*,362*r*,388*l*
Boserup, Ester 56*l*
Boulding, Kenneth Ewart 231*l*
Bowley, Arthur Lyon 34*l*
Bradbury, Frank 93*r*
Brady, Nicolas 327*r*
Braudel, Fernand 29*r*
Buchanan, James Mcgill 198*l*
Buckley, Peter J. 382*r*
Bush, George W. 91*r*,223*l*, 363*r*

◀ C ▶

Caballo, Domingo 73*l*
Cárdenas del Rio, Lázaro 480*r*,531*r*
Cardoso, Fernando Henrique 545*r*
Cass, David 202*r*
Cassel, Karl Gustav 155*r*, 499*l*
Casson, Mark 382*r*
Chatichai Choonhavan 342*l*,456*l*
Chén Bóda 461*r*

Chén Qíměi 263*r*
Chén Shuǐbiǎn 19*l*,354*r*, 504*r*
Chén Yún 377*r*
Chenery, Hollis Burnley 338*r*
Cheung Jooyung 205*r*
Ching, Ho 536*l*
Chŏn Tu-hwan 102*r*,113*l*, 129*l*,353*r*,502*l*
Choo, Kwa Geok 536*l*
Chung Jaeho 222*r*
Churchill, Lord Randolph Henry Spencer 362*l*
Chǔyú, Sòng 538*l*
Clark, Colin Grant 217*r*, 219*l*,470*r*
Clinton, Bill 91*r*,223*l*,360*l*, 509*r*,557*r*
Coase, Ronald Harry 187*l*, 282*r*,378*r*
Cokroaminoto 292*l*
Collier, David 361*r*
Commons, John R. 282*r*
Cournot, Antoine Augustin 69*r*
Crum, William L. 99*r*

◀ D ▶

Dahl, Robert A. 242*l*,302*l*, 449*r*,482*l*
Dal, Janata 90*l*
Davis, Kingsley 66*r*
de Scitovsky, Tibor 110*r*, 360*r*
Debreu, Gerard 20*r*
Dèng Xiǎopíng 42*r*,70*l*, 153*l*,154*l*,229*r*,273*r*,317*l*,

欧文人名索引 (D〜H)

352*l*, 363*r*, **368*l***, 377*r*, 384*l*,
462*l*, 525*r*, 526*r*, 540*r*
Doeringer, Peter B.   383*l*
Domar, Evsey David   106*l*,
419*l*
Dǒng Jiànhuá   152*l*
Drandakis, Emmanuel M.
    390*l*
DuBois, William Edward
    Burghardt   420*r*

◀ **E** ▶

Easterlin, Richard A.
    14*r*, 120*r*
Eckaus, Richard S.   96*r*
Edgeworth, Francis Ysidro
    20*r*, 419*l*
Embree, John F.   545*l*
Engel, Christian Lorenz
    Ernst   33*r*
Engels, Friedrich   137*l*
Enrile, Juan Ponce   501*r*
Estrada, Joseph Ejercito
    9*r*, 501*r*

◀ **F** ▶

Faure, Jean-Claude   587*l*
Fei, John C. H.   52*l*, 272*r*,
365*l*, 417*r*, 437*l*, 543*r*
Fel'dman, Grigorii
    Alexandrovic   106*l*
Fisher, Allan George
    Barnard   217*r*, 219*l*
Flemming, John Marcus
    494*r*
Frank, Andre Gunder
    7*r*, 309*r*, **447*r***
Franko, Lawrence G.   486*r*
Franks, Oliver Shewell   386*l*
Fraser, John Malcolm   588*l*
Friedman, Milton
    73*r*, 109*l*, 229*r*, 265*r*, 354*l*,
468*r*

Friedmann, John   349*r*
Fromm, Erich   142*r*
Fuchs, Victor R.   208*r*
Fujimori, Alberto Kenya
    481*l*
Furnivall, John Sydenham
    52*l*, 97*l*, 362*r*, 388*r*, 440*l*

◀ **G** ▶

Galbraith, John Kenneth
    283*l*, 415*l*
Gale, David   20*r*
Gandhi, Feroze   88*l*
Gandhi, Indira   24*l*, 88*l*, 89*r*,
179*l*, 396*r*
Gandhi, Mahatma   23*r*, 71*l*,
88*r*, 359*l*, 396*r*, 507*l*, 541*r*
Gandhi, Rajiv   24*l*, 88*l*, **89*r***,
336*l*
Gandhi, Sanjay   88*l*
Geertz, Clifford James
    372*l*, 398*r*, 433*r*
Gerschenkron, Alexander
    47*l*, 115*r*, 156*r*
Ghoshal, Sumantra   333*l*
Gini, Corrado   270*l*
Goh Chok Tong   303*r*, 536*l*,
560*r*
Goh Keng Swee   186*r*, 261*l*,
274*r*, 536*l*
Gokhale, Gopal Krishna
    23*r*
Golden, Hilda H.   66*r*
Goldenweiser, Alexander
    Alexandrovich   398*r*
Goodman, David S. G.   345*l*
Gorbachjov, Mikhail
    Sergejeuich   122*r*, 471*r*
Grubel, Herbert G.   216*r*
Gū Zhēnfǔ   19*l*, 538*r*
Gurley, John G.   85*r*

◀ **H** ▶

Habibie, Bacharuddin Jusuf
    414*l*
Hammarskjöld, Dag Hjalmar
    Agne Carl   31*r*, 332*r*
Hansen, Alvin Harvey
    257*r*, 569*r*
Hardin, Garrett   191*r*
Harris, John R.   417*l*
Harrod, Roy Forbes   382*r*,
419*l*, 497*l*
Hart, Keith   371*l*
Hart, Oliver D.   282*r*
Hatta, Mohammed   292*r*
Hawke, Robert James Lee
    557*l*
Hayek, Friedlich August von
    109*l*
Heckscher, Eli Filip   454*l*,
466*l*
Heilbroner, Robert L.   283*l*
Heng Samrin   90*r*, 224*r*,
342*r*, 463*r*, 482*r*
Hennart, Jean-Francois
    382*r*
Hicks, John Richard
    96*l*, 159*r*, 415*r*, 569*r*
Higgins, Benjamin Howard
    52*l*, 96*r*, 245*r*, 362*r*, 388*r*
Hildebrand, Bruno   137*l*
Hirschman, Albert Otto
    52*r*, 109*r*, 158*l*, 317*r*, 378*l*,
439*l*, 553*r*
Hla Myint   52*r*, 525*l*, **532*r***
Hoffmann, Walther Gustav
    218*r*, 481*l*
Holmes, Henry   545*l*
Hoselitz, Bert F.   66*r*
Hotelling, Harold   161*r*
Hú Jǐntāo   153*r*, **162*r***
Hú Yàobāng   364*l*
Huà Guófēng   525*r*
Hun Sen   224*r*, **463*l***
Huntington, Samuel P.

(653)

362*l*,546*r*
Hussein bin, Onn   488*l*
Hymer, Stephen Herbert
94*l*,410*l*

◀ **I** ▶

I Pyŏng-ch'ŏl   205*r*,222*r*
I Sŭng-man   502*l*,527*r*
Imelda Remedios Visitacion,
  Romualdez   490*r*
Innis, Harold Adams   293*r*

◀ **J** ▶

Jefferson, Mark   249*r*
Jequier, Nicolas   359*l*
Jevons, William Stanley
159*r*,281*l*
Jiǎng Jièshí   178*l*,223*r*,
  263*r*,264*l*,373*r*,387*r*
Jiǎng Jīngguó   178*r*,223*l*,
  264*l*,504*l*,538*l*
Jiāng Qīng   363*r*,461*r*
Jiāng Zémín   19*l*,99*l*,144*r*,
  152*r*,153*l*,159*l*,162*r*,242*r*,
  496*r*,538*r*,540*l*
Jinnah, Muhammad Ali
89*r*,507*l*
Jones, Ronald Winthrop
466*l*
Jorgenson, Dale Weldeau
272*r*,365*l*,437*l*,543*r*
Juglar, Joseph C.   257*r*

◀ **K** ▶

Keynes, John Maynard
109*l*,141*r*,149*r*,189*l*,190*l*,
  262*l*
Khongsomphong, Sunthon
342*r*
Kim Chŏng-il   98*r*,101*r*,
  102*l*,103*l*,351*r*

Kim Il-sŏng   98*r*,**101***l*,102*l*,
  351*l*
Kim Mahn-je   577*l*
Kim Tae-jung   13*r*,99*l*,
  102*r*,206*l*,308*r*
Kim Yŏngsam   113*l*,129*r*,
  308*r*
King, Robert G.   533*r*
Kitchin, Joseph A.   99*l*
Klassen, D. R.   27*l*
Knickerbocker, Frederick T.
423*l*
Köhler, Horst   568*r*
Kolb, David A.   458*r*,515*l*
Kondratieff, Nikolai D.
193*r*,310*l*
Koopmans, Tjalling Charles
202*r*
Kornai, János   323*r*
Kriangsak Chammanard
503*l*
Krueger, Anne O.   53*l*,541*r*,
  548*l*,562*l*
Krugman, Paul R.   427*r*
Kumaratunga, Chandrika
Bandaranaike   336*l*
Kuznets, Simon Smith
110*r*,119*r*,120*l*,120*r*,150*l*,
  208*r*,265*r*

◀ **L** ▶

Lal, Deepak Kumar   358*l*
Lal Krishna Advani   24*r*
Laspeyres, Étienne   531*l*
Lee, Hau L.   209*r*
Lee Hsien Loong   536*l*
Lee Kuan Yew   55*l*,186*r*,
  274*r*,288*l*,**535***r*
Leibenstein, Harvey   14*r*,
  529*l*,543*l*
Lenin, Vladimir Ilich   356*r*,
  471*r*
Leontief, Wassily W.   219*r*
Levitsky, Steven   361*r*
Lewis, Oscar   297*r*

Lewis, William Arthur   52*l*,
  120*r*,233*r*,272*r*,364*r*,
  417*r*,437*l*,543*r*,548*r*
Lǐ Dēnghuī   19*l*,178*r*,264*r*,
  331*r*,354*r*,387*r*,**538***l*
Lǐ Péng   153*r*,425*l*,**540***l*
Liào Chéngzhì   152*l*
Liaqat Ali Khan,
  Nawabzadah   507*l*
Liem Sioe Liong   68*l*,302*r*
Linz, Juan J.   142*r*,301*r*,
  316*r*
List, Georg Friedrich   137*l*,
  537*r*
Little, Ian Malcolm David
53*l*,539*l*
Liú Bó-chéng   368*l*
Liú Shàoqí   368*l*,462*l*,**540***r*
Lloyd, Peter J.   216*r*
Lon Nol   91*l*,224*l*,377*l*,
  482*r*
Lorenz, Max Otto   270*l*
Lucas Jr., Robert E.   160*r*,
  380*l*

◀ **M** ▶

Mǎ Yínchū   128*l*,429*l*
Ma Yīngjeou   354*r*
Macapagal, Diosdado   9*l*,
  490*r*
Mackenroth, Gerhard   279*l*
Magee, Stephen P.   94*l*
Mahathir bin Mohamad
421*r*,425*l*,427*l*,444*r*,**488***l*,
  493*l*,561*l*,576*r*
Mahbub ul Haq   392*r*
Malthus, Thomas Robert
66*l*,137*l*,189*l*,231*l*,256*l*,
  277*r*,296*r*,491*l*,492*r*,535*l*
Mansfield, Edwin   94*l*
Máo Zédōng   42*r*,74*l*,128*l*,
  153*r*,273*r*,274*l*,287*l*,331*l*,
  341*r*,368*l*,373*r*,429*l*,461*l*,
  511*l*,540*r*
Marcos, Ferdinand Edralin

436*r*, 489*r*, **490*l***, 501*r*, 533*l*
Marshall, Alfred　　159*r*,
　189*l*, 443*r*, 487*r*
Marx, Karl Heinrich　　137*l*,
　189*l*, 240*l*, 262*l*, 390*l*, 448*r*,
　488*r*
Massey, Douglas S.　　549*l*
McGee, Terry G.　　372*l*
Mckinnon, Ronald I.　　113*l*,
　118*r*
Meade, James Edward　**497*l***
Megawati Setyawati Soekar-
　noputri, Diah Permata
　　　509*l*, 555*r*, 561*r*, 577*r*
Menem, Carlos Saúl　　481*l*
Menger, Carl　　281*l*
Mill, James　　500*l*
Mill, John Stuart　　189*l*,
　492*l*, **500*l***
Minto, Sir Gilbert Elliot-Mur-
　ray-Kynynmond　　507*l*
Mirrlees, James A.　　539*l*
Mitchell, Wesley C.　　282*r*
Modigliani, Franco　　265*r*
Monineath, Norodom　　463*r*
Morgenstern, Oskar　　537*l*
Mujibur Rahman　　179*r*
Mundell, Robert A.　　136*r*,
　494*r*, 522*l*
Myrdal, Karl Gunnar　　52*r*,
　283*l*, **499*l***, 544*r*

◀ N ▶

Narasimha Rao　　24*r*, 275*l*
Nash, John F.　　412*l*, 442*r*
Ne Win　　32*l*, **394*l***, 431*r*
Nehru, Jawaharlal　　179*l*
Nehru, Pandit Jawaharlal
　　　　　　88*l*, 89*r*, **396*r***
Nehru, Pandit Motilal　　396*r*
von Neumann, John Ludwig
　　　　　　　380*r*, 537*l*
Ngo Dinh Diem　　471*r*
Kwame Nkrumah,　Francis
　Nwia Kofie　　420*r*

No T'aeu　　113*l*
North, Douglass Cecil　　378*r*
Nozick, Robert　　34*r*
Nurkse, Ragnar　　52*r*, 109*r*,
　433*l*, 439*l*, 454*l*, 549*r*
Nyerere, Julius Kambarage
　　　　　　　　31*l*

◀ O ▶

O'Donnell, Guillermo　　143*l*,
　301*r*
Ohlin, Bertil Gotthard　　454*l*,
　466*l*
Olds, John　　274*r*

◀ P ▶

Paasche, Hermann　　412*l*
Pak Chŏng-hŭi　　13*r*, 55*l*,
　92*l*, 102*r*, 128*r*, 130*r*, 146*r*,
　250*l*, 353*r*, 389*r*, **411*r***,
　421*r*, 502*l*
Panyarachun Anand　　594*r*
Pareto, Vilfredo　　20*r*
Patel, Sardar Vallabhbhai
　　　　　　　89*r*, 397*l*
Perón, Juan Domingo　　472*l*,
　480*r*
Perón, María Eva Duarte de
　　　　　　　　472*l*
Petty, William　　219*l*, 470*r*
Pigou, Arthur Cecil　　189*l*,
　443*r*
Piore, Michael J.　　383*l*
Plosser, Charles I.　　533*r*
Pol Pot　　91*l*, 224*r*, 377*l*,
　386*l*, 463*l*, 482*r*
Pontryagin, Lev S.　　203*l*
Porter, Michael E.　　479*l*
Prabhakaran, Velupillai
　　　　　　　　335*r*
Praphat Charusatien　　335*l*
Prebisch, Raúl　　52*r*, 186*l*,
　386*r*, 454*l*, 455*l*

Prem Tinsulanonda　　342*r*,
　455*r*
Premadasa, Ranasinha　　336*l*
Prescott, Edward C.　　533*r*

◀ R ▶

Rahman, Mujibur　　179*r*
Ramos, Fidel Valdez　　2*r*,
　9*r*, 501*r*, **533*l***
Ramos, Narciso　　533*l*
Ramsey, Frank Plumpton
　　　　　　　　202*r*
Ranariddh, Norodom
　　　　　　　224*r*, 463*r*
Ranis, Gustav　　52*l*, 272*r*,
　365*l*, 417*r*, 437*l*, 543*r*
Razali Ismail　　2*l*
Reagan, Ronald Wilson
　　122*l*, 181*l*, 446*l*, 546*r*, 569*l*
Ricardo, David　　137*l*, 174*r*,
　189*l*, 256*l*, 296*r*, 383*l*, 390*l*,
　424*l*, 454*l*, 466*l*, 492*l*, 534*r*
Robison, Richard　　345*l*
Rogers, Everett M.　　94*l*
Romer, Paul M.　　380*l*
Rosenbloom, Richard S.
　　　　　　　　93*r*
Rosenstein-Rodan, Paul N.
　52*r*, 109*r*, 110*r*, 426*r*, 427*r*,
　439*l*, **553*l***
Rostow, Walt Whitman
　　　　　52*r*, 111*r*, 137*l*
Rowntree, Benjamin
　Seebohm　　269*r*
Roxas, Manuel　　464*r*, 490*l*
Rugman, Alan M.　　382*r*
Rybczynski, Tadeusz
　Mieczrslan　　466*r*

◀ S ▶

Salim, Soedono　　68*l*, 302*r*
Samuelson, Paul Anthony
　　　　　　　282*l*, 466*l*

欧文人名索引（S〜Y）

Sanya Dharmasaki 503*l*
Sargent, Thomas J. 160*r*
Sarit Thanarat 55*l*,92*l*,
 188*l*,211*l*,211*r*,335*l*,455*r*,
 503*l*
Say, Jean Baptiste 141*r*,
 305*l*
Schein, Edgar H. 458*r*
Schmoller, Gustav von 137*l*
Schultz, Theodore William
 160*r*,**260***r*,284*l*
Schumacher, Ernst
 Friedrich 359*l*
Schumpeter, Joseph Alois
 95*r*,194*l*,**262***l*,314*r*,319*l*,
 361*r*,449*r*
Schwabe, Herman 34*l*
Scitovsky, Tibor de 110*r*,
 360*r*
Scott, James C. 236*r*,413*l*,
 434*l*
Sen, Amartya Kumar 34*r*,
 140*l*,**313***r*,393*r*,407*l*,436*l*,
 539*l*
Seni Pramoj 503*l*
Sethuraman, Salem V. 371*r*
Sharon, Ariel 418*r*
Shastri, Lal Bahadur 88*l*
Shatalin, Stanislav 248*r*
Shaw, Edward S. 85*r*,113*l*,
 118*r*
Sihanouk, Norodom **224***l*,
 463*r*,482*r*
Simon, Herbert A. 282*r*
Sin, Jaime Cardinal 501*r*
Singer, Hans Wolfgang
 52*r*,454*l*
Smith, Adam 109*l*,137*l*,
 150*l*,189*l*,**296***l*
Soekarno, Achmad 11*l*,
 234*r*,**292***l*,389*l*,422*r*,450*l*,
 452*r*
Soeryadjaya, William 68*l*
Solow, Robert Merton 96*l*,
 284*l*,325*l*,390*l*
Spencer, Daniel Lloyd 93*r*
Stackelberg, Heinrich von
 69*r*
Stalin, Iosif Vissarionovich
 316*r*
Stark, Oded 549*l*
Stiglitz, Joseph E. 288*r*
Stolper, Wolfgang Friedrich
 466*r*
Streeten, Paul P. **294***r*
Suchinda Khraprayun 342*r*
Suharto, Thojib N J 5*l*,
 11*l*,42*l*,55*l*,67*r*,92*l*,293*l*,
 295*l*,302*r*,303*r*,414*l*,422*r*,
 435*l*,442*l*,450*r*,452*l*,509*l*,
 547*l*,555*r*,561*r*,577*l*
Sukarno, Achmad 295*r*,
 509*l*
Sūn Wén 61*r*,178*l*,223*l*,
 263*r*,374*r*
Supachai Panitchpakdi 598*l*
Sutowo, Ibunu 68*l*,452*l*
Swan, Tom W. 325*l*
Syed Ahmad Khan 507*l*

◀ T ▶

Tandjung, Akbar 561*r*
Teece, David J. 382*r*
Thakshin Shinawatra 95*r*
Thanin Kraivichien 503*l*
Thanom Kittikhachon 335*l*
Thatcher, Margaret Hilda
 181*l*,286*l*,546*r*,590*r*
Thomas, Brinly 120*r*
Tilak, Bal Gangadhar 23*r*
Tinbergen, Jan 136*l*
Tobin, James 265*r*,376*l*
Todaro, Michael P. 52*l*,
 417*l*,543*r*,548*r*
Tomei, Manuela 315*r*
Triffin, Robert 19*r*

◀ U ▶

U Nu 31*r*,394*l*,432*l*
U Thant 31*r*

◀ V ▶

Vajpayee, Atal Bihari 24*r*
Vargas, Getúlio Dornelles
 191*l*,480*r*
Veblen, Thorstein B. 282*r*
Vernon, Raymond 459*l*
Viner, Jacob 136*l*,565*l*

◀ W ▶

Wahid, Abdurrahman 509*l*,
 555*l*,561*r*
Wallerstein, Immanuel **29***r*,
 193*r*,254*r*,309*l*,448*l*
Walras, Marie Esprit Léon
 20*r*,159*r*,189*l*,281*l*
Wāng Dàohán 19*l*,538*r*
Wáng Hóngwén 363*r*
Watkins, Melville E. 293*r*
Weiss, Andrew 288*r*
Wicksell, Johan Gustaf Knut
 66*l*,499*l*
Williams, Henry Silvester
 420*r*
Williams, Jody 328*r*
Williamson, John 554*r*
Williamson, Oliver E. 282*r*
Wittfogel, Karl August
 291*r*
Wolfensohn, James D. 173*l*,
 561*r*,567*r*

◀ Y ▶

Yang, Lee Hsien 536*l*
Yáo Wényuán 363*r*,461*r*
Yassin, Sheikh Ahmed 15*r*
Yavlinsky, Grigory
 Alekseevich 248*r*
Young, Allyn Abbot 553*l*
Yunus, Muhammad 122*r*

Z

Zhāng Chūnqiáo　363*r*

Zhào Zǐyáng　33*l*,364*l*
Zhōu Ēnlái　363*r*,368*l*,462*l*,526*r*,542*r*
Zhū Róngjī　153*r*,180*r*,213*l*,**260***l*,384*r*,423*r*,540*l*

Zia-ul-Haq　179*r*
Zōu Ziāhuá　384*r*

開発経済学事典

平成16年5月30日　初版1刷発行

編　者　渡辺利夫
　　　　佐々木郷里
発行者　鯉渕年祐
発行所　株式会社　弘文堂　　101-0062　東京都千代田区神田駿河台1の7
　　　　　　　　　　　　　　　　　　TEL 03(3294)4801　　振替 00120-6-53909
　　　　　　　　　　　　　　　　　　http://www.koubundou.co.jp
組版・印刷　三美印刷株式会社
製　　本　　牧製本印刷株式会社
装　　幀　　藤林省三

© 2004 Toshio Watanabe, Kyori Sasaki. Printed in Japan

[R] 本書の全部または一部を無断で複写複製（コピー）することは、著作権法上での例外を除き、禁じられています。本書からの複写を希望される場合は、日本複写権センター（03-3401-2382）にご連絡ください。

ISBN4-335-45024-9